SCHWEIZERISCHES PRIVATRECHT

Schweizerisches Privatrecht

HERAUSGEGEBEN VON

MAX GUTZWILLER · HANS HINDERLING
ARTHUR MEIER-HAYOZ · HANS MERZ
PAUL PIOTET · ROGER SECRÉTAN†
WERNER VON STEIGER · FRANK VISCHER

HELBING & LICHTENHAHN VERLAG AG
BASEL UND STUTTGART

«Schweizerisches Privatrecht»
erscheint in französischer Sprache
im Universitätsverlag Freiburg i. Ue.
unter dem Titel:

«Traité de droit privé suisse»

ACHTER BAND

Handelsrecht

ERSTER HALBBAND

HERAUSGEGEBEN VON

WERNER VON STEIGER

em. Professor an der Universität Bern

HELBING & LICHTENHAHN VERLAG AG
BASEL UND STUTTGART 1976

ISBN 3 7190 0672 7
© 1976 by Helbing & Lichtenhahn Verlag AG, Basel
Satz und Druck: Basler Druck- und Verlagsanstalt Basel
Einband: Max Grollimund, Reinach

Grundlagen des Handelsrechts	Seite 1
Das Handelsregister	
Die Geschäftsfirmen	
Die kaufmännische Buchführung	

ROBERT PATRY
Professeur honoraire à l'Université de Genève
Juge au Tribunal fédéral

Gesellschaftsrecht	Seite 211
Allgemeiner Teil	Seite 213
Besonderer Teil	Seite 315
Die Personengesellschaften	

WERNER VON STEIGER
em. Professor an der Universität Bern

VORWORT DES HERAUSGEBERS

Der Band VIII des Schweizerischen Privatrechts erscheint unter dem Titel Handelsrecht. Die Schweiz besitzt zwar kein Handelsgesetzbuch als eigenständige Ordnung dieser Materie. Der schweizerische Gesetzgeber – wie später der italienische – hat es vorgezogen, die allgemein als handelsrechtlich verstandenen Institute und Rechtsgeschäfte im Zusammenhang mit dem Zivilrecht, insbesondere dem Obligationenrecht, zu behandeln – öffentliches Recht und Spezialgesetzgebung vorbehalten. Der erwähnte Titel rechtfertigt sich daher als Kurzbezeichnung einer Ordnung, die der Sache nach dem allgemeinen Begriff des Handelsrechts entspricht, deren Substanz aber auf Grund des positiven Rechts näher abzuklären ist.

Ursprünglich war vorgesehen, das gesamte Handelsrecht in einem Band darzustellen, mit Ausnahme der sog. handelsrechtlichen Verträge, die – der schweizerischen Gesetzgebung folgend – dem Band VII (Die einzelnen Vertragsverhältnisse) zugeteilt wurden. Im Verlauf der Dinge drängte sich aber eine weitere Aufteilung der Materie in Teilbände auf, dies namentlich mit Rücksicht auf die sich bereits im Gang befindlichen Vorarbeiten zur Revision des Aktienrechts. Das Herausgeberkollegium beschloß daher, zunächst in einem ersten Halbband die Grundlagen sowie besondere Institutionen des Handelsrechts zur Darstellung zu bringen, gefolgt von einem Allgemeinen Teil des Gesellschaftsrechts und dem Recht der Personengesellschaften. Der zweite Halbband wird das Recht der Kapitalgesellschaften und der Genossenschaft enthalten, sowie das Wertpapier- und Wechselrecht. Geplant ist ferner die Herausgabe eines ergänzenden dritten Teils, umfassend das Recht des unlauteren Wettbewerbs und das Kartellrecht, sowie, gegebenenfalls, Konzernrecht. Da das Kartellgesetz zur Zeit einer Revision unterzogen wird und die Frage, ob ein besonderes Konzernrecht geschaffen werden soll, sich noch im Stadium der Prüfung befindet, muß zunächst das Ergebnis dieser Bemühungen abgewartet werden.

Die Übersetzung des in französischer Sprache abgefaßten Beitrags von Herrn Professor Robert Patry wurde von Herrn Professor Bernd Stauder (Genf) besorgt, wofür ihm unser bester Dank ausgesprochen wird.

INHALT

Grundlagen des Handelsrechts

Allgemeine Literatur zum Handelsrecht 1

Erstes Kapitel
Das Handelsrecht

§ 1. Der Begriff des Handelsrechts 4
    I. Der Gegenstand des Handelsrechts 5
    II. Die objektiven und subjektiven Lehren vom Handelsrecht 8
    III. Das Gebiet des Handelsrechts 12
    IV. Die Eingliederung des Handelsrechts in das Zivilrecht 17

§ 2. Die Geschichte des schweizerischen Handelsrechts 20
    I. Die Entwicklung des Handelsrechts im allgemeinen 23
    II. Die Entwicklung des Handelsrechts in den schweizerischen Kantonen 32
    III. Die Vereinheitlichung des schweizerischen Handelsrechts 39

§ 3. Die Rechtsquellen des Handelsrechts 42
    I. Das innerstaatliche Recht 44
    II. Internationale und supranationale Normen 49
    III. Die objektive Norm vertraglichen Ursprungs 55

§ 4. Aufgaben und Merkmale des Handelsrechts 59
    I. Die Aufgaben des Handelsrechts 60
    II. Die Bedeutung der Rechtswirkungen im Außenverhältnis 63
    III. Der Einfluß wirtschaftlicher Faktoren auf das Handelsrecht 67

Zweites Kapitel
Die kaufmännische Unternehmung

§ 5. Der Rechtsbegriff der Unternehmung 70
    I. Die Wesensmerkmale der Unternehmung 72
    II. Die kaufmännische Tätigkeit der Unternehmung 76
    III. Von der Nützlichkeit eines Rechtsbegriffs der Unternehmung 83

§ 6. Die Unternehmung als Organisation 87
    I. Die kaufmännische Stellvertretung 88
    II. Die Aufteilung der unternehmerischen Aufgaben 92
    III. Die Vermögens- und Personengemeinschaft 98

§ 7. Die Rechtsstellung der Unternehmung 103
    I. Die Handels- und Gewerbefreiheit 105
    II. Die unternehmerische Freiheit im Privatrecht 112
    III. Die Quasi-Rechtspersönlichkeit der Unternehmung 115

Drittes Kapitel
Das Handelsregister

§ 8. Die Organisation des Handelsregisters 121
    I. Die Bedeutung des Handelsregisters 122
    II. Die Registerämter 124
    III. Die Aufsichtsbehörden 125
    IV. Die Kognitionsbefugnis des Registerführers 127

§ 9. Die Eintragung im Handelsregister 129
    I. Die materiellen Voraussetzungen 130
    II. Die formellen Voraussetzungen 135
    III. Der Inhalt der Registereintragung 139

§ 10. Die Rechtswirkungen der Eintragung 140
    I. Die Wirkungen gegenüber Dritten 141
    II. Die Wirkungen im Innenverhältnis 146
    III. Die Nebenwirkungen 150
    IV. Der Zeitpunkt des Eintritts der Rechtswirkungen 152

Viertes Kapitel
Die Geschäftsfirmen

§ 11. Die Grundsätze der Firmenbildung 154
    I. Der Begriff der Geschäftsfirma 155
    II. Der Grundsatz der Firmenwahrheit 157
    III. Der Inhalt der Geschäftsfirma 161

§ 12. Der Firmenschutz 163
    I. Die Verwechslungsgefahr 165
    II. Der Grundsatz der Firmeneigenständigkeit 168
    III. Der gesetzliche Schutz 172

Fünftes Kapitel
Die kaufmännische Buchführung

§ 13. Das formelle Buchführungsrecht 173
    I. Der Begriff der kaufmännischen Buchführung 174
    II. Die Buchführungspflicht 177
    III. Die Aufbewahrungs- und Editionspflicht 181

§ 14. Die Dokumente der kaufmännischen Buchführung 183
    I. Die Eintragung der Buchungsvorgänge 184
    II. Das Inventar 187
    III. Die Bilanz 190
    IV. Die Betriebsrechnung 194

§ 15. Die Bedeutung der kaufmännischen Buchführung 196
    I. Die unternehmensinterne Information 198
    II. Die unternehmensexterne Information und die Publizität 204

Gesellschaftsrecht

Allgemeiner Teil

    Allgemeine Literatur zum Gesellschaftsrecht 215

Erstes Kapitel
Einleitung

§ 16. Gestaltende Faktoren des Gesellschaftsrechts 217
    I. Private und öffentliche Interessen 217
    II. Entwicklungstendenzen – Unternehmungsrecht? 222

Zweites Kapitel
Der Gegenstand des Gesellschaftsrechts

§ 17. Gesellschaften und andere Personenverbindungen 231
    I. Unterscheidungen und Zusammenhänge 231
    II. Erscheinungsformen der Gesellschaft 236
    III. Zur Frage des numerus clausus im Gesellschaftsrecht 239

Drittes Kapitel
Systematik des Gesellschaftsrechts

§ 18. Einteilungen der Gesellschaften und Terminologisches. – Gesellschaften im ausländischen Recht 242
    I. Einteilungen der Gesellschaften nach ZGB und OR 242
    II. Weitere Einteilungen 245
    III. Ausländisches Recht 247

Viertes Kapitel

**Die Grundlagen des Gesellschaftsrechts
(Rechtsquellen)**

§ 19. Die Grundlagen im objektiven Recht 254
    I. Verfassungsrechtliche Grundlagen. 254
    II. Die gesetzlichen Grundlagen 257

§ 20. Die autonomen Grundlagen 266
    I. Der Gesellschaftsvertrag 267
    II. Die Statuten 273
    III. Der Beschluß. 275
    IV. Die Observanz 280

Fünftes Kapitel

Allgemeine Probleme des Gesellschaftsrechts

§ 21. Gesamthandverhältnisse – Körperschaft – Dualistische und monistische Auffassungen 282
    I. Ausgangspunkte 283
    II. Gesetzgebung – Doktrin – Rechtsprechung. 286
    III. Ergebnisse. 289

§ 22. Treu und Glauben – Treuepflicht 291
    I. Grundsätzliches und Ausgangspunkte 291
    II. Die Treuepflicht im Gesellschaftsrecht 295

§ 23. Das Prinzip der gleichmäßigen Behandlung der Gesellschafter 298
    I. Grundsätzliches und Ausgangspunkte 298
    II. Das Gleichbehandlungsprinzip im positiven Recht 300

§ 24. Zur Bedeutung der Typologie im Gesellschaftsrecht 301
    I. Zum Gegenstand der Typologie 302
    II. Die Eruierung gesetzlicher Leitbilder 305
    III. Das Postulat der typgerechten Auslegung 306
    IV. Rechtsanwendung. 307
    V. Die Rolle des numerus clausus 308
    VI. Ergebnisse. 309

§ 25. Sogenannte faktische Gesellschaften 310

Besonderer Teil

Die Personengesellschaften

Erstes Kapitel
Die einfache Gesellschaft

§ 26. Geschichtliche Grundlagen und Entwicklungen der einfachen Gesellschaft	319
I. Römisches und Gemeines Recht	319
II. Kantonales Recht	321
§ 27. Begriff der einfachen Gesellschaft – Abgrenzungen – Anwendungsbereich – Besondere Erscheinungsformen – Ausländisches Recht	323
I. Begriff	324
II. Abgrenzungen und Zusammenhänge	327
III. Der Anwendungsbereich der einfachen Gesellschaft	334
IV. Besondere Erscheinungsformen	343
V. Ausländisches Recht	351
§ 28. Die Entstehung der einfachen Gesellschaft	354
I. Der Abschluß eines Gesellschaftsvertrags	355
II. Die Behandlung fehlerhafter Gesellschaftsverträge	359
§ 29. Das Verhältnis der Gesellschafter unter sich	367
I. Die Beiträge der Gesellschafter	368
II. Das Gesellschaftsvermögen und die vermögensrechtliche Beteiligung der Gesellschafter	380
III. Willensbildung und Geschäftsführung	391
IV. Die Mitgliedschaft und die Mitgliederbewegungen	406
V. Die Fortsetzung der Gesellschaft mit Erben eines Gesellschafters – Gesellschaftsrecht und Erbrecht	423
§ 30. Die Verhältnisse der Gesellschaft gegenüber Dritten	429
I. Die Vertretung der Gesellschaft gegenüber Dritten	430
II. Die Haftung der Gesellschafter für Gesellschaftsschulden	443
III. Die Rechtsstellung der Gesellschaft im Prozeß und in der Schuldbetreibung	446
§ 31. Die Beendigung der Gesellschaft	449
I. Allgemeines	450
II. Die Auflösung der Gesellschaft	451
III. Die Wirkungen der Auflösung – Die Liquidation	461

Zweites Kapitel
Die Kollektivgesellschaft

§ 32. Zur Geschichte der Personen-Handelsgesellschaften, insbesondere im kantonalen Recht	470
I. Ursprünge und Entwicklungen bis in das 18. Jahrhundert	470
II. Kantonale Gesetzgebungen – Das schweizerische Obligationenrecht von 1881	473

§ 33. Begriff und Entstehung der Kollektivgesellschaft 475
    I. Begriff und charakteristische Merkmale der Kollektivgesellschaft 475
    II. Die Entstehung der Kollektivgesellschaft 479
    III. Die Eintragung in das Handelsregister und ihre Wirkungen. 484
    IV. Ausländisches Recht. 489

§ 34. Die Verhältnisse der Gesellschafter unter sich 491
    I. Allgemeines – Kollektivgesellschaft und einfache Gesellschaft 491
    II. Die Rechnungslegung der Gesellschaft 492
    III. Die Verwirklichung der vermögensrechtlichen Ansprüche der Gesellschafter . 498
    IV. Die vertragliche Ordnung der vermögensrechtlichen Verhältnisse und ihre Grenzen 500
    V. Das Konkurrenzverbot 503

§ 35. Die Geschäftsführung und die Vertretung der Gesellschaft 511
    I. Die Geschäftsführung 511
    II. Die Vertretung 514
    III. Ausländisches Recht 526

§ 36. Die Rechtsfähigkeit der Gesellschaft – Der Gesellschaftsprozeß 528
    I. Die Rechtsfähigkeit der Gesellschaft 529
    II. Die Stellung der Gesellschaft und der Gesellschafter im Prozeß und in der Schuldbetreibung 531

§ 37. Die Haftung der Gesellschafter für die Verbindlichkeiten der Gesellschaft und ihre Durchsetzung 534
    I. Subjekte der Haftung 535
    II. Der Inhalt der Gesellschafterhaftung und ihre besondere Ausgestaltung . . . 536
    III. Die Geltendmachung der Gesellschafterhaftung 541
    IV. Die Solidarbürgschaft des Gesellschafters zu Gunsten der Gesellschaft 546
    V. Ausländisches Recht 548

§ 38. Die Mitgliederbewegung – Eintritt und Ausscheiden von Gesellschaftern 550
    I. Allgemeines 550
    II. Der Eintritt neuer Mitglieder 551
    III. Das Ausscheiden von Gesellschaftern 552
    IV. Die Ausschließung von Gesellschaftern 558
    V. Ein Sonderfall: Die Fortsetzung des «Geschäfts» durch einen Gesellschafter (Art. 579 OR) 563

§ 39. Die Auflösung der Kollektivgesellschaft und ihre Liquidation – Verjährungen . . 566
    I. Die Auflösung 567
    II. Die Liquidation 570
    III. Verjährungen 585

Drittes Kapitel

Die Kommanditgesellschaft

§ 40. Begriff der Kommanditgesellschaft 589
    I. Gesetzliche Grundlagen – Terminologisches 589
    II. Kommanditeinlage und Kommanditsumme 592

III. Besondere Erscheinungsformen		594
IV. Ausländisches Recht		597

§ 41. Die Entstehung der Kommanditgesellschaft 600
    I. Der Gesellschaftsvertrag 600
    II. Die Eintragung in das Handelsregister und ihre Wirkungen 604

§ 42. Die Verhältnisse der Gesellschafter unter sich 608
    I. Allgemeines 608
    II. Die Beitragspflichten 609
    III. Die Geschäftsführung 613
    IV. Die vermögensrechtlichen Verhältnisse, insbesondere die Gewinn- und Verlustbeteiligung der Gesellschafter 619
    V. Das Konkurrenzverbot 625

§ 43. Das Verhältnis der Gesellschaft und der Gesellschafter gegenüber Dritten 627
    I. Allgemeines 627
    II. Die Vertretungsverhältnisse 627
    III. Die Haftungsverhältnisse 630
    IV. Die Zwangsvollstreckung gegen die Gesellschaft und die Gesellschafter . . . 643

§ 44. Die Mitgliederbewegung 645
    I. Der Mitgliederwechsel im internen Gesellschaftsverhältnis 645
    II. Die Wirkungen des Mitgliederwechsels gegenüber Dritten 648

§ 45. Die Auflösung der Kommanditgesellschaft und ihre Liquidation – Verjährungen . 649
    I. Die gesetzlichen Grundlagen 649
    II. Die Auflösung der Gesellschaft 649
    III. Die Liquidation 651
    IV. Verjährungen 652

Viertes Kapitel
Die stille Gesellschaft

§ 46. Die stille Gesellschaft 653
    I. Grundlagen 653
    II. Die spezifischen Merkmale der stillen Gesellschaft und deren Entstehung – Ausländisches Recht 655
    III. Das Verhältnis der Gesellschafter unter sich 659
    IV. Die Verhältnisse der stillen Gesellschaft und der Gesellschafter gegenüber Dritten 662
    V. Die Beendigung der stillen Gesellschaft 666
    VI. Die Zwangsvollstreckung in das Vermögen der Gesellschafter 668

Fünftes Kapitel
Exkurse

§ 47. Die Personengesellschaften im Steuerrecht 670
    I. Steuerpflicht bei Personengesellschaften 670
    II. Ausscheiden von Gesellschaftern durch Tod 671

III. Besteuerung im interkantonalen Verhältnis	672
IV. Besteuerung im internationalen Verhältnis	673

§ 48. Zur wirtschaftlichen Bedeutung der Personengesellschaften 675
      I. Einfache Gesellschaften 675
      II. Kollektiv- und Kommanditgesellschaften 676

§ 49. Zur Frage von Reformen im Recht der Personengesellschaften 680
      I. Die Ausgangslage 681
      II. Reformtendenzen 681

Register

Gesetzesregister 687
Sachregister 697
Abkürzungsverzeichnis XIX

Abkürzungsverzeichnis

ABGB	=	(Österreichisches) Allgemeines Bürgerliches Gesetzbuch (1811)
Abh.schweiz.R.	=	Abhandlungen zum schweizerischen Recht (Bern. Heft 1, 1904 – 100, 1924. Neue Folge Heft 1, 1924 ff.)
AcP	=	Archiv für die civilistische Praxis (Tübingen 1818–1944, 1948 ff.)
ADHGB	=	Allgemeines Deutsches Handelsgesetzbuch, 1861.
AG	=	Aktiengesellschaft
AHVG	=	BG über die Alters- und Hinterbliebenenversicherung, vom 20. Dezember 1946
An.D.Co	=	Annales de droit commercial (Paris 1886–1914, 1920–1939)
Anm.	=	Anmerkung (ohne weitere Bezeichnung die Anm. des betr. Paragraphen)
aOR	=	altes schweizerisches Obligationenrecht (BG über das Obligationenrecht, vom 14. Brachmonat 1881)
Arbeitsgesetz	=	BG über die Arbeit in Industrie, Gewerbe und Handel (Arbeitsgesetz), vom 13. März 1964
Art.	=	Artikel (ohne weitere Bezeichnung die Art. des OR 1937)
AS (Amtliche Sammlung)	=	Eidgenössische Gesetzessammlung (seit 1948: Sammlung der Eidgenössischen Gesetze)
ASA	=	Archiv für schweizerisches Abgaberecht (Bern 1932/33 ff.)
BankG	=	BG über die Banken und Sparkassen, vom 8. November 1934
Basler Studien	=	Basler Studien zur Rechtswissenschaft (1932 ff.)
BB	=	Bundesbeschluß
BBl	=	Bundesblatt der Schweiz. Eidgenossenschaft
Berner Kommentar	=	Kommentar zum schweizerischen Zivilrecht (Bern 1910 ff.). Seit 1964: Kommentar zum schweizerischen Privatrecht
BG	=	Bundesgesetz
BGB	=	(Deutsches) Bürgerliches Gesetzbuch (1896)
BGE	=	Entscheidungen des schweizerischen Bundesgerichts, Amtliche Sammlung (1875 ff.)
BGer	=	Bundesgericht
BGHZ	=	Entscheidungen des (deutschen) Bundesgerichtshofs in Zivilsachen (seit 1951)
BJM	=	Basler Juristische Mitteilungen (1954 ff.)
Bl.handelsrechtl.E.	=	Blätter für handelsrechtliche Entscheidungen (Zürich 1882–1901)
BlSchK	=	Blätter für Schuldbetreibung und Konkurs (Wädenswil 1937 ff.)
BlZR	=	Blätter für zürcherische Rechtsprechung (1902 ff.)
Botschaft	=	Botschaft des Bundesrates
Botschaft 1904	=	Botschaft des Bundesrates an die Bundesversammlung zu einem Gesetzesentwurf enthaltend das Schweizerische Zivilgesetzbuch, vom 28. Mai 1904
Botschaft 1928	=	Botschaft des Bundesrates zu einem Gesetzesentwurf über die Revision der Titel XXIV bis XXXIII des OR, vom 21. Februar 1928 (Bundesblatt 1928 I, S. 205, Seitenzahlen nach Separatausgabe)

BR	=	Bundesrat
BRB	=	Bundesratsbeschluß
BRVO	=	Verordnung des Bundesrates
BS	=	Bereinigte Sammlung der Bundesgesetze und Verordnungen 1848–1947
Bull	=	Bulletin
BV	=	Bundesverfassung der Schweizerischen Eidgenossenschaft, vom 29. Mai 1874
BVers.	=	Bundesversammlung
BVerwVG	=	BG über das Verwaltungsverfahren, vom 20. Dezember 1968
Cass. civ.	=	Cour de Cassation Paris, Zivilsachen
CCfr.	=	Code civil français (1804)
CCit.	=	Codice civile italiano (1942)
Ccomm. fr.	=	Code de commerce français (1807)
C.E.E., CEE	=	Communauté Economique Européenne
D	=	Dalloz, Jurisprudence Générale, Recueil périodique et critique de Jurisprudence, de Législation et de Doctrine, Paris
DAktG 1965	=	Deutsches Aktiengesetz, vom 6. September 1965
Décret	=	(Französisches) Décret du 23 mars 1967 sur les sociétés commerciales, mit Abänderungen und Ergänzungen bis 1970
DGmbHG	=	Deutsches GmbH-Gesetz
DH.	=	Dalloz Hebdomadaire, Recueil hebdomadaire de Jurisprudence, Paris
E 1919	=	Entwurf eines BG betr. Revision der Titel XXIV bis XXXIII des OR, vom Dezember 1919, mit Bericht von EUGEN HUBER vom März 1920
E 1923	=	II. Entwurf eines BG betr. Revision der Titel XXIV bis XXXIII des OR, vom Dezember 1923, mit Bericht von A. HOFFMANN vom Dezember 1923
E 1928	=	Entwurf des Bundesrates betr. Revision der Titel XXIV bis XXXIII des OR, vom 21. Februar 1928 (Bundesblatt 1928 I, S. 359)
EFTA	=	European Free Trade Association
EG	=	Europäische Gemeinschaften
EGKS	=	Europäische Gemeinschaft für Kohle und Stahl
EJPD	=	Eidgenössisches Justiz- und Polizeidepartement
EinfVO	=	Einführungsverordnung
Erläuterungen 1914	=	Schweizerisches Civilgesetzbuch. Erläuterungen zum Vorentwurf des Eidgenössischen Justiz- und Polizeidepartements (von EUGEN HUBER). 2 Bände. 2. Aufl. Bern 1914.
Erw	=	Erwägung
EURATOM	=	Europäische Atomgemeinschaft
EWG	=	Europäische Wirtschaftsgemeinschaft
ExpKomm	=	Experten-Kommission
Freiburger Arbeiten	=	Arbeiten aus dem juristischen Seminar der Universität Freiburg i. Ue. (1946 ff.)
GBV	=	Verordnung betr. das Grundbuch, vom 22. Februar 1910
Gen	=	Genossenschaft
GmbH	=	Gesellschaft mit beschränkter Haftung
GV	=	Generalversammlung
HGB	=	(Deutsches) Handelsgesetzbuch, 1897
HGer	=	Handelsgericht
HReg	=	Handelsregister

HRegV	=	Verordnung über das Handelsregister, vom 7. Juni 1937
IherJb	=	Iherings Jahrbücher für die Dogmatik des bürgerlichen Rechts (Jena 1897–1942)
IPR	=	Internationales Privatrecht
JT, Jdt	=	Journal des Tribunaux (Lausanne 1853 ff.)
JuS	=	Juristische Schulung (München 1961 ff.)
KartG	=	BG über Kartelle und ähnliche Organisationen, vom 20. Dezember 1963
KGer, KtGer	=	Kantonsgericht
KS	=	Kreisschreiben
Loi soc. comm. 1966	=	(Französische) Loi du 24 juillet 1966 sur les sociétés commerciales, mit Ergänzungen und Änderungen bis 1970
MMG	=	BG betreffend die gewerblichen Muster und Modelle, vom 30. März 1900
MSchG	=	BG betreffend den Schutz der Fabrik- und Handelsmarken, vom 26. September 1890/22. Juni 1939
NF	=	Neue Folge
NJW	=	Neue Juristische Wochenschrift (München 1947 ff.)
ObGer	=	Obergericht
OG	=	BG über die Organisation der Bundesrechtspflege, vom 16. Dezember 1943
OHG	=	Offene Handelsgesellschaft
OR (rev. OR)	=	BG über das Obligationenrecht, vom 30. März 1911/18. Dezember 1936
PatG	=	BG betreffend die Erfindungspatente, vom 25. Juni 1954
PGB	=	Zürcher Privatrechtliches Gesetzbuch (1856)
Pra	=	Die Praxis des schweizerischen Bundesgerichts (Basel 1912 ff.)
ProtExpKomm 1928	=	Protokoll der Expertenkommission für die Revision der Titel XXIV bis XXXIII des OR, 1928
RabelsZ	=	Zeitschrift für ausländisches und internationales Privatrecht, begründet von RABEL (Berlin und Tübingen 1927 ff.)
Repertorio	=	Repertorio di Giurisprudenza patria (Bellinzona 1869 ff.)
Rev. crit.	=	Revue critique de législation et de jurisprudence (Paris 1853 ff.)
RGZ	=	Entscheidungen des (deutschen) Reichsgerichts in Zivilsachen (1880–1943)
R.T.	=	Revue trimestrielle de droit civil (Paris 1902 ff.)
R.T.D.Co	=	Revue trimestrielle de droit commercial (Paris 1948 ff.)
R.T.D. eur.	=	Revue trimestrielle de droit européen (Paris 1965 ff.)
SchKG	=	BG über Schuldbetreibung und Konkurs, vom 11. April 1889/ 28. September 1949
SchlT OR	=	Schlußtitel (Schlußbestimmungen) zum OR
Schweiz. AG	=	Die Schweizerische Aktiengesellschaft (Zürich 1928 ff.)
Schweiz. Privatrecht	=	Schweizerisches Privatrecht, Basel, Band I, 1969; Band II, 1967
Sem. jud.	=	La Semaine judiciaire (Genf 1879 ff.)
SHAB	=	Schweizerisches Handelsamtsblatt
SJK	=	Schweizerische Juristische Kartothek (Genf 1941 ff.)
SJZ	=	Schweizerische Juristen-Zeitung (Zürich 1904 ff.)
SR	=	Systematische Sammlung des Bundesrechts (1970 ff.)
StenBullNR	=	Stenographisches Bulletin der Bundesversammlung, Nationalrat
StenBullStR	=	Stenographisches Bulletin der Bundesversammlung, Ständerat
StGB	=	Schweizerisches Strafgesetzbuch, vom 21. Dezember 1937
StPO	=	Strafprozeßordnung

URG	=	BG betreffend das Urheberrecht an Werken der Literatur und Kunst, vom 7. Dezember 1922/24. Juni 1955
UWG	=	BG über den unlauteren Wettbewerb vom 30. September 1943
VO	=	Verordnung
VVG	=	BG über den Versicherungsvertrag, vom 2. April 1908
WStB	=	Bundesratsbeschluß über die Erhebung einer Wehrsteuer, vom 9. Dezember 1940
WuR	=	Wirtschaft und Recht (Zürich 1949 ff.)
Z	=	Zeitschrift
ZBGR	=	Schweizerische Zeitschrift für Beurkundungs- und Grundbuchrecht (Wädenswil 1920 ff.)
ZBJV	=	Zeitschrift des bernischen Juristenvereins (1865 ff.)
Zbl	=	Schweizerisches Zentralblatt für Staats- und Gemeindeverwaltung (Zürich 1900 ff.)
ZGB	=	Schweizerisches Zivilgesetzbuch, vom 10. Dezember 1907
ZHR	=	Zeitschrift für das gesamte Handels- und Konkursrecht (Stuttgart 1907 ff.)
ZPO	=	Zivilprozeßordnung
ZSR	=	Zeitschrift für Schweizerisches Recht (Basel 1852 ff.; NF 1882 ff.)
ZStR	=	Schweizerische Zeitung für Strafrecht (Bern 1888 ff.)
Zürcher Beiträge	=	Zürcher Beiträge zur Rechtswissenschaft (Aarau 1905 ff., Zürich 1962 ff.)
Zürcher Kommentar	=	Kommentar zum Schweizerischen Zivilgesetzbuch (Zürich 1909 ff.)

Grundlagen des Handelsrechts

Grundlagen des Handelsrechts

Das Handelsregister

Die Geschäftsfirmen

Die kaufmännische Buchführung

ROBERT PATRY

Allgemeine Literatur zum Handelsrecht

Vorbemerkungen

1. Nach dem 1. Januar 1973 veröffentlichte Werke wurden grundsätzlich nicht mehr berücksichtigt.
2. Diese Literaturübersicht enthält nur allgemeine Werke des Handelsrechts. Ausgeschlossen sind Arbeiten über Teilbereiche des Handelsrechts und ältere Werke, sofern sie heute nicht mehr von allgemeinem Interesse sind.
3. Die in der Allgemeinen Literaturübersicht und eingangs zu den einzelnen Paragraphen aufgeführten Werke werden in der Regel nur mit den Namen der Verfasser zitiert; ist ein Autor mit mehreren Werken vertreten, folgt ein zusätzliches Stichwort.

Schweizerisches Recht

Kommentare zum Schweizerischen Zivilgesetzbuch

Berner Kommentar: Bd. VI, Das Obligationenrecht, 2. Abt., H. BECKER, Die einzelnen Vertragsverhältnisse, Bern 1934; Bd. VII, Das Obligationenrecht, Handelsrecht, 4. Abt., E. HIS, Handelsregister, Geschäftsfirmen und kaufmännische Buchführung, Bern 1940.

Zürcher Kommentar: Bd. V, Das Obligationenrecht, Teil 3, W. SCHÖNENBERGER, Die einzelnen Vertragsverhältnisse, Art. 419–529, Zürich 1945.

Th. GUHL/M. KUMMER/H. MERZ, Das schweizerische Obligationenrecht, 6. Aufl., Zürich 1972; F. FUNK, Kommentar zum Obligationenrecht, Bd. 2, Das Recht der Gesellschaften, Aarau 1951; S. GIOVANOLI, Das revidierte Obligationenrecht (Handelsrecht) vom 18. Dezember 1936 im Hinblick auf das System der schweizerischen Gesetzgebung, ZSR 61, 1942, S. 1 ff.

W. MUNZINGER, Motive zum Entwurfe eines schweizerischen Handelsrechts, Bern 1865; Protokoll der Expertenkommission über die Revision der Titel XXIV bis XXXIII des schweizerischen Obligationenrechts, Bern 1926.

A. CURTI, Schweizerisches Handelsrecht, nach Gesetzgebung und Gerichtspraxis für den praktischen Gebrauch dargestellt, 2. Aufl., Zürich 1909; P. AEBY, Cours de droit commercial, 3. Aufl., Fribourg 1937; Beiträge zum Handelsrecht, in: Festgabe zum 70. Geburtstage von Carl Wieland, Basel 1934; Etudes de droit commercial en l'honneur de Paul Carry, Mémoire No. 18 publié par la Faculté de droit de Genève, Genf 1964.

Textausgaben des OR

W. SCHÖNENBERGER, Schweizerisches Obligationenrecht, Textausgabe mit Einleitung, Anmerkungen, Ausführungserlassen und Sachregister, 31. Aufl., Zürich 1973; W. STAUFFACHER, Schweizerisches Obligationenrecht, mit Vorwort, Anmerkungen und Sachregister, 18. Aufl., Zürich 1969; V. ROSSEL, Code civil et code fédéral des obligations, textes annotés par A. ROSSEL, 10. Aufl. von G. SCYBOZ und J. GAUTHIER, herausgegeben von P. CAVIN, Lausanne 1967; G. SCYBOZ/P. R. GILLIERON, Code civil suisse et code des obligations annotés, Lausanne 1972; P. USTERI/A. REIMANN, Kartothek zum schweizerischen Obligationenrecht, Zürich.

Ausländisches Recht

Französisches Recht

G. Ripert, Traité élémentaire de droit commercial, unter Mitwirkung von P. Durand und R. Roblot, 7. Aufl., Bd. I, Paris 1972, Bd. II, Paris 1970; J. Hamel/ G. Lagarde, Traité de droit commercial, Bd. I, Paris 1954; J. Hamel/G. Lagarde/ A. Jauffret, Traité de droit commercial, Bd. II, Paris 1966; J. Escarra, Principes de droit commercial, unter Mitwirkung von E. Escarra und J. Rault, Paris 1934; J. Escarra/E. Escarra/J. Rault, Traité pratique de droit commercial, 1. Teil: Les sociétés commerciales, von J. Rault, 4 Bde., Paris 1950–1959; 2. Teil: Contrats commerciaux, von J. Hemard, 2 Bde., Paris 1953–1955; Ch. Lyon-Caen/L. Renault, Traité de droit commercial, 2. Aufl., 6 Bde., Paris 1893; E. Thaller, Traité élémentaire de droit commercial, 3. Aufl., Paris 1904.

L. Julliot de la Morandière, Précis de droit commercial, unter Mitwirkung von R. Rodière und R. Houin, 6. Aufl., Paris 1970; J. Escarra, Manuel de droit commercial, 2 Bde., Paris 1947–1948; A. Jauffret, Manuel de droit commercial, 13. Aufl., Paris 1970; P. Didier, Droit commercial: Introduction, Les entreprises, Paris 1970; J. Guyénot, Cours de droit commercial, Paris 1969; G. Bruillard/ D. Laroche, Précis de droit commercial, 6. Aufl., Paris 1968; M. de Juglart/ B. Ippolito, Droit commercial, avec cas concrets de jurisprudence, 2 Bde., Paris 1970.

Répertoire Dalloz de droit commercial, Encyclopédie juridique Dalloz; Bibliothèque de droit commercial, herausgegeben unter der Leitung von R. Houin, Paris 1961 ff.; Les grands arrêts de la jurisprudence commerciale, herausgegeben unter der Leitung von R. Houin, Bibliothèque de droit commercial No. 2, Paris 1962; Travaux de la Commission de réforme du code de commerce et du droit des sociétés, 7 Bde., Paris 1950–1960.

Revue trimestrielle de droit commercial (R.T.D.Co), herausgegeben von R. Houin, Paris 1948 ff.

Deutsches und österreichisches Recht

K. Wieland, Handelsrecht, in: Systematisches Handbuch der deutschen Rechtswissenschaft, begründet von K. Binding, Abt. 3 I 1, München/Leipzig 1921; V. Ehrenberg, Handbuch des gesamten Handelsrechts, Leipzig 1913. – H. Hämmerle, Handelsrecht, 3 Bde., 2. Aufl., Graz/Wien/Köln 1967–1969. – J. von Gierke, Handels- und Schiffahrtsrecht, 8. Aufl., Berlin 1958; K. H. Capelle, Handelsrecht, 15. Aufl., München 1972; B. Kremer, Handelsrecht, einschließlich Gesellschaftsrecht, Höchstrichterliche Rechtsprechung, Berlin/Frankfurt 1967.

A. Baumbach/K. Duden, Handelsgesetzbuch, Kommentar, 20. Aufl., München 1972; E. Heymann / H. W. Kötter, Handelsgesetzbuch, mit Erläuterungen, 21. Aufl., Berlin / New York 1971; Handelsgesetzbuch, Großkommentar, begründet von H. Staub, weitergeführt von Mitgliedern des Reichsgerichts, 5 Bde., 3. Aufl., Berlin 1967 ff.; F. Schlegelberger, Handelsgesetzbuch, erläutert von E. Gessler, W. Hefermehl, W. Hildebrandt, G. Schröder, 4. Aufl., 4 Bde., Berlin/Frankfurt 1955–1966 (5. Aufl. im Erscheinen seit 1973).

Italienisches Recht

T. Ascarelli, Corso di diritto commerciale, 3. Aufl., Mailand 1962; G. Ferri, Manuale di diritto commerciale, 2. Aufl., Turin 1962; A. de Gregorio, Corso di diritto commerciale, 7. Aufl., Mailand/Rom/Neapel/Citta di Castello 1967; F. Messineo, Manuale di diritto civile e commerciale, 9. Aufl., 6 Bde., Mailand 1957–1965.

L. Mossa, Trattato del nuovo diritto commerciale, 4 Bde., Padua 1942–1957; R. Franceschelli, Dal vecchio al nuovo diritto commerciale, studi, Mailand 1970; M. Rotondi, Diritto industriale, 5. Aufl., Padua 1965. – C. Vivante, Trattato di diritto commerciale, 4 Bde., 5. Aufl., Mailand 1935.

Belgisches Recht

Baron L. Fredericq, Précis de droit commercial, Brüssel 1970. – J. van Ryn/J. Heinen, Principes de droit commercial, 5 Bde., Brüssel 1954–1966; Baron L. Fredericq, Traité de droit commercial belge, 4 Bde., Gent 1950.

Englisches und amerikanisches Recht

G. J. Borrie, Commercial law, 3. Aufl., London 1970; C. M. Schmitthof, Charlesworth's Mercantile law, 11. Aufl., London 1967; Lord Chorley, Slater's Mercantile law, 15. Aufl., London 1965; J. Nevin, Pitman's commercial law, 15. Aufl., London 1966. – E. Wall, Droit des affaires du Royaume Uni de Grande Bretagne et d'Irlande du Nord, Paris 1970.

F. A. Whitney, The law of modern commercial practices, 2. Aufl., New York 1965; R. A. Anderson, Uniform commercial code, 4 Bde., 2. Aufl., New York 1970–1971. – Uniform commercial code, herausgegeben von The American Law Institute, Philadelphia und Omaha 1949.

Allgemeines Schrifttum

Y. Loussouarn/J.-L. Bredin, Droit du commerce international, Paris 1969; B. Goldmann, Précis de droit commercial européen, Paris 1972. – F. de Sola Canizares, Tratado de derecho commercial comparado, Barcelona 1963. – M. Travers, Le droit commercial international, Paris (ohne Erscheinungsjahr). – G. Kohlik, Digest of commercial law of the world, Gainesville 1966ff. – S. Komachiya, Code de commerce du Japon révisé en 1951, traduction et notes, Paris 1954.

Erstes Kapitel

Das Handelsrecht

§ 1. Der Begriff des Handelsrechts

Literatur

P. RAISCH, Geschichtliche Voraussetzungen, dogmatische Grundlagen und Sinnwandlung des Handelsrechts, Karlsruhe 1965; B. RÜFENACHT, Die Begriffe «Kaufmann, Handelsverkehr und kaufmännischer Verkehr» in der deutschen und schweizerischen Gesetzgebung, Diss. Bern, Berlin 1926; Travaux de l'Association Henri Capitant, Band VIII, Paris 1953.

K. OFTINGER, Handelsrecht und Zivilrecht, Monismus oder Dualismus des Privatrechts und seiner Gesetzbücher?, SJZ 50, 1953/54, S. 153 ff.; R. SECRÉTAN, L'unité interne du droit privé en Suisse, Bulletin de la Société de législation comparée, 1947, S. 143 ff.; S. GIOVANOLI, Das revidierte Obligationenrecht («Handelsrecht») (zit. Allg. Lit. Übers.); E. BUCHER, Der Gegensatz von Zivilrecht und Handelsrecht, Bemerkungen zur Geschichte und heutigen dogmatischen Bedeutung der Unterscheidung, in: Aspekte der Rechtsentwicklung, Zum 50. Geburtstag von Professor Arthur Meier-Hayoz, Zürich 1972, S. 1 ff.

J. HAMEL, Les rapports du droit civil et du droit commercial en France, An. D. Co 42, 1933, S. 183 ff.; DERSELBE, Droit civil et droit commercial en 1950, in: Le droit privé français au milieu du XXe siècle, Etudes offertes à Georges Ripert, Paris 1950, S. 261 ff.; CH. LYON-CAEN, De l'influence du droit commercial sur le droit civil depuis 1804, in: Le Code civil 1804–1904, Livre du Centenaire publié par la Société d'études législatives, Paris 1904, S. 207 ff.; G. LYON-CAEN, Contribution à la recherche d'une définition du droit commercial, R.T.D.Co II, 1949, S. 577 ff.; S. FREDERICQ, L'unification du droit civil et du droit commercial, essai de solution pragmatique, R.T.D.Co XV, 1962, S. 203 ff.; J. VAN RYN, Autonomie nécessaire et permanence du droit commercial, R.T.D.Co VI, 1953, S. 365 ff.

H. EICHLER, Die Einheit des Privatrechts, ZHR 126, 1964, S. 181 ff.; E. HEYMANN, Die Beziehungen des Handelsrechts zum Zivilrecht, 1932; A. NUSSBAUM, Die Auflösung des Handelsrechtsbegriffs, ZHR 76, 1915, S. 325 ff.; E. E. HIRSCH, Der Zentralbegriff des Handelsrechts, Annuario del diritto comparato XIII, 1938, S. 369 ff.

C. VIVANTE, Un code unique des obligations, histoire et polémique, An. D. Co 7, 1893, S. 1 ff.; DERSELBE, L'autonomie du droit commercial et les projets de réforme, An. D. Co 34, 1925, S. 265 ff.; L. MOSSA, Die Kodifikation des Privat- und Prozeßrechts in Italien 1939–1948, AcP 150, 1949, S. 315 ff.; M. ROTONDI, L'unification du droit des obligations civiles et commerciales en Italie, R.T. LXVI, 1968, S. 1 ff.; DERSELBE, Entstehung und Niedergang des autonomen Handelsrechts in Italien, AcP 167, 1967, S. 29 ff.

Nach allgemeiner Auffassung ist der Versuch, den Begriff des Handelsrechtes zu bestimmen und seinen Anwendungsbereich abzugrenzen, auch dann mit Schwierigkeiten verbunden, wenn ein vom Zivilgesetzbuch unterschiedliches Handelsgesetzbuch besteht. Selbst in den Staaten, in denen der Gesetzgeber ein Handelsgesetzbuch erlassen hat, findet sich nämlich das Handelsrecht niemals vollständig in diesem Gesetzbuch, vielmehr enthalten auch Spezialgesetze bestimmte handelsrechtliche Vorschriften. In der Schweiz ist das Problem der Bestimmung des Begriffs und des Anwendungsbereiches des Handelsrechtes deshalb noch schwieriger zu lösen, weil der Bundesgesetzgeber nicht nur darauf verzichtet hat, ein Handelsgesetzbuch zu erlassen, sondern sich für das Prinzip der Einheit des Privatrechtes ausgesprochen hat. Es gibt daher zwischen dem Zivilrecht und dem Handelsrecht keine feste Grenze. Dennoch muß der Versuch unternommen werden, den eigentlichen Gegenstand des Handelsrechtes zu umschreiben und anschließend die verschiedenen Rechtsgebiete zu erwähnen, die zum Handelsrecht gehören können oder müssen.

I. Der Gegenstand des Handelsrechts

Auf den ersten Blick – so scheint es – könnte man das Handelsrecht einfach als die Gesamtheit der Rechtsnormen bezeichnen, die sich auf den Handel beziehen. Der Begriff des Handels ist jedoch mehrdeutig[1].

1. Zunächst ist festzustellen, daß sich der Begriff des Handels im Laufe der Jahrhunderte inhaltlich geändert hat: Insbesondere hat er im modernen Recht nicht mehr dieselbe Bedeutung wie im römischen Recht.

Die römischen Juristen haben ganz allgemein zwischen den Sachen, die Gegenstand des Handels sind – *res in commercio* – und deshalb Gegenstand von Verfügungsgeschäften zwischen Privatpersonen sein können, und den Sachen, die auf Grund ihrer Besonderheit außerhalb des Handels stehen – *res extra commercium* – und die deshalb nicht übertragbar sind, unterschie-

---

[1] «Qu'est-ce que le commerce? On est surpris de constater combien peu cette question a préoccupé jusqu'à présent les historiens...» (P. HUVELIN, Droit commercial, définition et évolution générale, Revue de synthèse historique, VII, Paris 1903, S. 62).

den². Im römischen Recht wurde daher der Handel als die Gesamtheit der Rechtsgeschäfte definiert, die sich auf bewegliche wie unbewegliche Sachen beziehen. Man könnte also daran denken, das in diesem weiteren Sinne verstandene Handelsrecht mit dem Rechtsgebiet gleichzusetzen, das man heute als das Recht des Geschäftsverkehrs (droit des affaires)³ bezeichnet.

Der Ausdruck des Rechts des Geschäftsverkehrs hat jedoch eine besondere Bedeutung: Es handelt sich nicht um das Recht aller geschäftlichen Transaktionen, sondern um das Recht der Geschäftswelt, d.h. der Personen, die unmittelbar oder mittelbar mit dem Geschäftsverkehr verbunden sind, in dem sich das moderne wirtschaftliche Leben manifestiert⁴. Nun gibt es aber Verfügungsgeschäfte über Sachen *in commercio* – im Sinne des römischen Rechtes –, die außerhalb des wirtschaftlichen Lebens stehen; sie gehören zum eigentlichen Zivilrecht und unterliegen deshalb nicht dem Recht des Geschäftsverkehrs.

Der moderne Jurist hingegen versteht den Begriff des Handels in einem anderen, nämlich engeren Sinn: Für ihn ist Handel eine bestimmte wirtschaftliche Tätigkeit, die im Hinblick auf einen bestimmten Zweck durch ständige Vornahme von Rechtsgeschäften ausgeübt wird.

2. Aber auch die Umschreibung der Eigentümlichkeit dieser wirtschaftlichen Tätigkeit ist nicht einfach. Sowohl in der wirtschaftswissenschaftlichen als auch in der Umgangssprache versteht man unter Handel heute die wirtschaftliche Tätigkeit, die im wesentlichen im Austausch von Gütern und Dienstleistungen besteht. Geht man hiervon aus, so ist nicht der Hersteller von Konsumgütern Kaufmann, sondern der, der sie zum Zweck der Weiterveräußerung ankauft.

Diesem engen Begriff des Handels steht dann der Begriff der Fabrikation gegenüber, die durch die Tätigkeit der Herstellung und Bearbeitung von Gütern gekennzeichnet ist. Dem modernen Juristen ist diese Unterscheidung nicht unbekannt: Er definiert nicht nur die kaufmännische Tätigkeit im eigentlichen Sinne und die Tätigkeit der Fabrikation jeweils für sich⁵, sondern benutzt auch gelegentlich, wenn auch mit einer besonderen Bedeutung, den Ausdruck des «droit industriel»⁶.

---

² Bekanntlich findet sich der grundlegende Text über das *commercium* des römischen Rechtes bei ULPIAN, Reg. XIX §§ 4 und 5 (vgl. P. HUVELIN, Etudes de droit commercial romain, Paris 1929, S. 8f.).
³ Vgl. beispielsweise R. SAVATIER/J. SAVATIER/J.-M. LELOUP, Droit des affaires, 3. Aufl., Paris 1970; J. LARGUIER, Droit pénal des affaires, Paris 1970.
⁴ Vgl. HAMEL/LAGARDE, Traité I, S. 5.
⁵ Siehe beispielsweise Art. 53 lit. A und B HRegV.
⁶ In der Tat versteht man unter «*droit industriel*», d.h. unter dem Recht des gewerblichen Eigentums, nicht die Gesamtheit der Normen, die sich auf die Tätigkeit der Fabrikation im Gegensatz zur kaufmännischen Tätigkeit beziehen; vielmehr regelt es das gewerbliche Eigentum, d.h. bestimmte immaterielle Güterrechte, die mit dem Betrieb eines Fabrikationsgewerbes zusammenhängen (vgl. z.B. M. ROTONDI, Diritto industriale; P. ROUBIER, Le droit de la propriété industrielle, 2 Bde., Paris 1952–54).

Tatsächlich stellt man jedoch fest, daß Organisation und Ausübung all dieser Tätigkeiten des Austausches, der Herstellung und Bearbeitung von Gütern, denen die Dienstleistungen[7] zur Seite gestellt werden müssen, die gleichen rechtlichen Probleme aufwerfen, im Gegensatz zu anderen wirtschaftlichen Tätigkeiten, wie der landwirtschaftlichen Produktion, den wissenschaftlichen Berufsarten und vielleicht auch dem Bergbau: Für den Juristen handelt es sich um kaufmännische Tätigkeiten in einem weiteren Sinne, für die eine gemeinsame gesetzliche Regelung, das Handelsrecht, gilt.

3. Herkömmlicherweise geht die Doktrin allgemein davon aus, das Handelsrecht habe sich dadurch, daß es Organisation und Ausübung derartiger wirtschaftlicher Tätigkeiten regele, nach und nach parallel zum Zivilrecht gebildet, entwickelt und sich von ihm schließlich gelöst. Es gehöre somit im wesentlichen zum Privatrecht.

Allerdings sind mit dieser Feststellung die Schwierigkeiten bei der Bestimmung des Begriffs und des Anwendungsbereichs des Handelsrechtes nicht beendet. Die so umschriebene wirtschaftliche Tätigkeit berührt nämlich nicht nur die Interessen von Einzelpersonen, sondern in zunehmendem Maße auch die der Öffentlichkeit insgesamt. Insbesondere im wirtschaftlichen Bereich kann der Staat sich nicht mehr damit begnügen, die Privatinteressen durch Aufstellung zwingender Normen des Privatrechtes zu wahren. Er muß mit öffentlichrechtlichen Normen eingreifen, nicht nur um die Gewerbepolizei zu gewährleisten, sondern auch und vor allem um die wirtschaftlichen Beziehungen in Industrie und Handel hinsichtlich Gütern und Dienstleistungen auf den verschiedenen Ebenen der Region, des Landes oder gar der Welt zu regeln.

Man sollte daher annehmen, das Handelsrecht überschreite bei weitem die Grenzen des Privatrechtes und enthalte auch öffentlichrechtliche Vorschriften. Aber trotz der Tatsache, daß die Unterscheidung zwischen Privatrecht und öffentlichem Recht zunehmend an Bedeutung verliert, ist doch die Handelsrechtsdoktrin bis jetzt der traditionellen Auffassung, das Handelsrecht gehöre vorwiegend dem Privatrecht an, treu geblieben. Deshalb ist nun das Handelsrecht vom Wirtschaftsrecht[8] abzugrenzen.

Das Handelsrecht hat zur Aufgabe, privatrechtlich die Rechtsprobleme zu lösen, die sich bei Organisation und Betrieb eines Handelsgewerbes

---

[7] Es handelt sich hierbei um eine wirtschaftliche Tätigkeit, die von der weiten Begriffsbestimmung der kaufmännischen Tätigkeit erfaßt wird (Art. 53 lit. A Ziff. 2–8 HRegV). So auch L. GOLDSCHMIDT, Handbuch des Handelsrechtes (Lit. zu § 2), § 41.
[8] Zum Begriff des Wirtschaftsrechtes siehe W.-R. SCHLUEP, Was ist Wirtschaftsrecht?, Festschrift für Walther Hug, Bern 1968, S. 25. ff.

stellen. Ausgenommen sind nur die Beziehungen zu den Arbeitnehmern; es regelt somit vor allem die Institutionen der Mikroökonomie. Das Handelsrecht gehört mithin im wesentlichen dem Privatrecht an, entnimmt jedoch darüber hinaus einige seiner Normen dem öffentlichen Recht. Das Wirtschaftsrecht hingegen hat zur Aufgabe, die verschiedenen Zweige der Wirtschaft zu regeln: Daher nimmt es auf die Makroökonomie Einfluß und ist im wesentlichen dem öffentlichen Recht zuzuordnen.

II. Die objektiven und subjektiven Lehren vom Handelsrecht

Das Handelsrecht regelt die Tätigkeit des Austauschs, der Herstellung und der Bearbeitung von Gütern sowie Tätigkeiten im Dienstleistungsbereich. Es scheint also auf den ersten Blick für jedes Rechtsgeschäft und jede Rechtshandlung zu gelten, die sich auf den Handel oder die Fabrikation beziehen, unabhängig davon, wer sie vorgenommen hat. – Bei der Bestimmung des Anwendungsbereichs des Handelsrechtes greift man jedoch allgemein in Gesetzgebung und Lehre auf zwei in ihrem Kern verschiedene Begriffe zurück, den des Handelsgeschäftes und den des Kaufmanns. Es ist daher zu fragen, ob Handelsrecht objektiv bestimmt werden muß, weil es bestimmte Handelsgeschäfte regelt, oder ob im Gegenteil eine subjektive Anknüpfung vorzunehmen ist, weil es die Tätigkeit einer bestimmten Gruppe von Personen, d.h. der Kaufleute, regelt.

1. Von einem theoretischen Standpunkt aus scheint es logisch zu sein und dem Gleichheitsgrundsatz zu entsprechen, bestimmte Rechtsgeschäfte, die andere rechtliche Lösungen erfordern als die, die das gemeine Recht vorsieht, besonderen Bestimmungen zu unterwerfen. Das Handelsrecht hätte so die Aufgabe, alle Rechtsgeschäfte und Rechtshandlungen rechtlich zu erfassen, die dem Begriff des Handelsgeschäftes entsprechen, unabhängig davon, wer sie vorgenommen hat, unabhängig auch von dessen persönlicher Situation. Damit wird der Gegenstand des Handelsrechtes am Begriff des Handelsgeschäftes ausgerichtet.

Diese objektive Auffassung scheint in Frankreich nach der Revolution und während des 19. Jahrhunderts vorherrschend gewesen zu sein[9].

---

[9] «Il n'est personne qui ne sente l'importance de définir d'une manière précise et de faire connaître, par des caractères qui évitent toute confusion, quelles sont les opérations qui doivent recevoir la qualité d'actes de commerce, puisque les négociations relatives à ces actes sont seules l'objet de la législation commerciale» (J.M. Pardessus, Cours de droit commercial, 3. Aufl., 1. Bd., Paris 1825, S. 227 f.).

Zur Begründung hat man geltend gemacht, die Schaffung eines Sonderrechtes zugunsten einer privilegierten Klasse, der Kaufleute, widerspreche dem revolutionären Prinzip der Gleichheit aller Bürger. Die Juristen, die den Code de commerce auslegten, haben überdies darauf hingewiesen, daß mit dem Begriff des Handelsgeschäftes von selbst auch die Zuständigkeit des Handelsgerichtes einhergehe[10].

Jedoch hat seit Beginn dieses Jahrhunderts die französische Lehre nach und nach die objektive Konzeption des Handelsrechts aufgegeben und den mehr berufsmäßigen Aspekt der Tätigkeit des Kaufmanns unterstrichen. Dennoch hat der objektive Begriff des Handelsgeschäftes bei der Abgrenzung des Handelsrechtes noch eine gewisse Bedeutung: Wie jeder andere Mensch hat der Kaufmann ein Privatleben und es ist selbstverständlich, die Handlungen, die sich nicht auf seine kaufmännische Tätigkeit beziehen, nicht dem Handelsrecht zu unterwerfen[11]. Außerdem ist es allgemeine Ansicht, daß bestimmte Normen des Handelsrechtes für bestimmte Rechtsgeschäfte gelten, und zwar unabhängig von der Person, die sie tätigt. So sind z.B. die Vorschriften des Wechsel- und Scheckrechts und bis zu einem gewissen Grad auch des Gesellschaftsrechts objektiv anwendbar, ohne daß man zwischen Kaufleuten und Nichtkaufleuten unterscheiden müßte.

2. Nach der **subjektiven Auffassung** vom Handelsrecht hingegen ist Handelsrecht nur auf Kaufleute, d.h. auf Personen anwendbar, die gewerbsmäßig eine kaufmännische Tätigkeit ausüben. Die handelsrechtlichen Vorschriften gelten nicht bei Handelsgeschäften, die ein Nichtkaufmann zufällig oder gelegentlich tätigt. Das wesentliche Merkmal des Handelsrechtes ist also persönlich oder subjektiv: Sein Anwendungsbereich wird nämlich durch Bezugnahme auf den Begriff des Kaufmannes, verstanden als Subjekt des Handelsrechtes, bestimmt.

Historisch gesehen scheint diese subjektive Konzeption, jedenfalls in einer ersten Phase, vorherrschend gewesen zu sein: Das Handelsrecht hat sich außerhalb der Normen des gemeinen bzw. des Zivilrechtes gebildet und fortentwickelt, von denen es sich nach und nach gelöst hat. Es regelte dann die wirtschaftliche Tätigkeit einer bestimmten Gruppe von Personen und erleichterte ihnen die Ausübung dieser Tätigkeit. Diese Regelung wurde den Kaufleuten des Mittelalters nicht aufgezwungen, vielmehr waren sie es gerade selbst, die, zusammengeschlossen in Gilden oder Zünften, stark genug waren, um den zu starren Bestimmungen des Zivilrechtes zu entgehen und um neue Normen aufzustellen, die den Bedürfnissen ihrer kaufmännischen Tätigkeit eher entsprachen. Ursprünglich und bis zur französischen Revolution war Handelsrecht mithin ein Statuten- und Sonderrecht, das nur für eine privilegierte Klasse gelten sollte[12].

---

[10] Vgl. Art. 631 Ziff. 3 Ccomm. fr.
[11] RIPERT/ROBLOT, Traité élémentaire, S. 7.
[12] « Il est indiscutable que, dans notre ancien droit, la réglementation commerciale s'appliquait aux seuls commerçants. C'est ce qui apparaît à l'évidence dans les titres I et II de l'ordonnance de 1673...» (HAMEL/LAGARDE, Traité, S. 164).

Nach allgemeiner Meinung folgt das deutsche Recht seit seiner Vereinheitlichung der subjektiven Konzeption: Schon das Allgemeine Deutsche Handelsgesetzbuch von 1861 und heute das Handelsgesetzbuch von 1897 wird vorwiegend, wenn auch nicht ausschließlich, auf Kaufleute angewendet. Der Begriff des Handelsgeschäftes ist nicht das entscheidende Kriterium. In Deutschland ist der handelsrechtliche Bezugspunkt also deutlich personeller Natur, auch wenn, und dies soll unterstrichen werden, die objektive Konzeption unter bestimmten Voraussetzungen eine gewisse Bedeutung hat[13].

In Frankreich herrschte ebenfalls die subjektive Auffassung in den vor der Revolution erlassenen *Ordonnances royales* über den Handel. Außerdem hat sie sich, vor allem seit Beginn dieses Jahrhunderts, allmählich in der Lehre durchgesetzt; ihre Vertreter rechtfertigen die grundlegende Änderung des Verständnisses des Handelsrechtes unterschiedlich.

Zunächst wurde darauf hingewiesen, daß das revolutionäre Gleichheitsprinzip in Wirklichkeit nicht betroffen ist, denn «il n'y a plus rien de privilégié dans un droit sous lequel le premier venu peut se placer; il suffit pour en profiter d'ouvrir un établissement de commerce...»[14]. Außerdem weisen manche Autoren auf ein Wiederentstehen eines «droit professionnel» in Frankreich hin: Sie verstehen dann das Handelsrecht als ein «droit professionnel» der Kaufleute, auch wenn dieser Beruf, der in Wirklichkeit viele Facetten hat, heute nur schlecht abgegrenzt werden kann[15]. Und schließlich hat man die Meinung vertreten, das Handelsrecht sei auch heute noch nicht das Recht eines oder mehrerer Berufsstände, sondern es sei, subjektiv gesehen, das Recht einer sozialen Klasse, nämlich der des kapitalistischen Bürgertums, oder sogar das Recht des kapitalistischen Regimes, welches das Bürgertum geschaffen habe[16].

3. Wenn man beide Theorien miteinander vergleicht, so muß man feststellen, daß keine von ihnen sich rein und absolut verwirklichen läßt: In der Lehre versucht man daher, die objektiven und subjektiven Kriterien miteinander zu verbinden und so eine gemischte Theorie des Handelsrechtes zu entwickeln. Allerdings begnügen sich hierbei die meisten Autoren, innerhalb des ausweglosen Kreises zu bleiben, der sich aus der doppelten Bezugnahme auf die Begriffe des Kaufmannes und des Handelsgeschäftes ergibt.

---

[13] Vgl. § 276 ADHGB von 1861 und § 343 HGB von 1897. Siehe auch HÄMMERLE, Handelsrecht, S. 91.
[14] Vgl. THALLER, Traité élémentaire, S. 8.
[15] Siehe beispielsweise RIPERT/ROBLOT, Traité élémentaire, S. 6 ff. Bekanntlich wollte J. HAMEL die objektive Auffassung mit dem Vorschlag erneuern, das Handelsrecht als Recht des Geschäftsverkehrs zu verstehen. Allerdings mußte auch er hierbei auf den Aspekt des professionellen Charakters der Tätigkeit der Geschäftsleute zurückgreifen (HAMEL/LAGARDE, Traité, S. 5, 170 f.; J. HAMEL, Droit civil et droit commercial en 1950, S. 261 ff.).
[16] Siehe G. LYON-CAEN, Contribution, S. 577 ff., bes. S. 587.

Nach der einen Auffassung wird der subjektive Begriff des Kaufmanns oder des kaufmännischen Berufs notwendigerweise mit dem objektiven Begriff des Handelsgeschäftes bestimmt. Nach anderer Meinung ist das Handelsgeschäft die Quelle des Handelsrechtes, stellt jedoch nicht immer eine ausreichende Grundlage dar: Bald zieht das Handelsgeschäft selbst die Anwendung bestimmter Regeln des Handelsrechtes nach sich, bald macht die ständige gewerbsmäßige Vornahme dieser Handelsgeschäfte aus dem Handelnden einen Kaufmann, der dann den Bestimmungen des Handelsrechts unterliegt[17].

Neuerdings jedoch versucht die Lehre, aus diesem circulus vitiosus auszubrechen. Insbesondere soll nicht nur der wirtschaftliche, sondern auch der rechtliche Begriff des Handelsgewerbes[18] bei der theoretischen Abgrenzung des Handelsrechtes eine ständig größere Rolle spielen[19].

Allerdings haben die meisten Autoren, und dies gilt besonders für Deutschland, den Ausdruck des Handelsgewerbes nicht zu diesem Zweck benutzt: Manche beziehen sich ausschließlich auf den Text von § 2 HGB und sehen in dem subjektiven Begriff der Unternehmung, d.h. genauer des Unternehmers, ein Synonym für den Kaufmann; andere, die den objektiven Charakter der Unternehmung stärker betonen, umschreiben sie als eine Gesamtheit materieller und immaterieller Güter, die Gegenstand dinglicher Rechtsgeschäfte sein kann. Hieraus entwickelten sie die Theorie des Unternehmens als Rechtsobjekt[20].

Wieder andere, und zwar bedeutende Autoren haben nachzuweisen versucht, daß das Handelsgewerbe, verstanden als eine vorgegebene wirtschaftliche Organisation, den Zentralbegriff des Handelsrechtes darstellt. So hat KARL WIELAND als erster einen theoretischen Begriff der Unternehmung herausgearbeitet, der als Ausgangspunkt eines trotz aller Unterschiedlichkeiten und offensichtlichen Abweichungen in den positiven Gesetzgebungen grundlegend einheitlichen Handelsrechtes dienen kann. Für ihn ist der Grundbegriff die Unternehmung, die er von dem objektiven Begriff des Unternehmens unterscheidet[21]. In Italien hat vor allem LORENZO MOSSA stets die Meinung vertreten, das Handelsrecht müsse das Recht der *impresa*, d.h. der Unternehmung sein[22]. Bezeichnenderweise wollte gerade der unter seinem Einfluß 1940 veröffentlichte italienische Entwurf eines Handelsgesetzbuches das Gebiet des Handelsrechtes vorwiegend unter Zuhilfenahme des Begriffs der Unternehmung umreißen[23].

Schließlich schlug in der französischen Lehre JEAN ESCARRA unter ausdrücklicher Bezugnahme auf die Thesen von LORENZO MOSSA vor, als richtiges, weil rechtliches Kriterium zur Bestimmung der handelsrechtlichen Materie den Begriff der Unternehmung heranzuziehen, der «se présente comme une série d'actes d'une certaine importance impliquant d'ordinaire une organisation pré-

---

[17] Vgl. z.B. THALLER, Traité élémentaire, S. 9.
[18] Im einzelnen siehe zu diesem Begriff im schweizerischen Recht unten das 2. Kapitel.
[19] Diesen Nachweis hat RAISCH (a.a.O., S. 119 ff.) mit vielen Beispielen aus der Lehre geführt.
[20] Der objektive Begriff des Unternehmens – entreprise – entspricht ungefähr dem französischen Begriff des «fonds de commerce» und dem italienischen Begriff der «azienda» (vgl. hierzu im einzelnen O. PISKO, Das Unternehmen als Gegenstand des Rechtsverkehrs, Wien 1907; R. ISAY, Das Recht am Unternehmen, Berlin 1910; H. FEHR, Der Eigentumsbegriff und das Unternehmen, ZSR 47, 1928, S. 1 ff.).
[21] Vgl. K. WIELAND, Handelsrecht, S. 9 und 144 ff.
[22] Siehe L. MOSSA, I problemi fondamentali del diritto commerciale, Rivista del diritto commerciale e del diritto generale delle obbligazioni, XXIV, 1926, 1. Teil, S. 233 ff.; DERSELBE, Per il nuovo codice di commercio, ibid., XXVI, 1928, 1. Teil, S. 16 ff.; DERSELBE, Die Kodifikation, S. 315 ff.
[23] Hierzu M. CASANOVA, Société et entreprise en droit italien, in: Evolution et perspectives du droit des sociétés à la lumière des différentes expériences nationales, Mailand 1968, S. 45 ff., bes. S. 58.

établie»²⁴. In seiner Eigenschaft als Präsident der Kommission für die Reform des Code de commerce unterstrich er schon in der Eröffnungssitzung, man müsse «s'orienter vers le droit de la profession commerciale, de l'entreprise commerciale».

4. Die Auffassung, die in der Unternehmung den grundlegenden Begriff des Handelsrechtes sieht, ist noch nicht in die Gesetzestexte eingegangen, jedenfalls nicht in den Ländern, die ein vom Zivilgesetzbuch unterschiedliches Handelsgesetzbuch bewahrt haben²⁵.

Diese Feststellung verliert nicht dadurch an Bedeutung, daß der italienische Gesetzgeber unter dem unmittelbaren Einfluß von LORENZO MOSSA in das Zivilgesetzbuch von 1942 eine allgemeine Begriffsbestimmung und eine Regelung der Unternehmung oder *impresa* aufgenommen hat²⁶. Wenn auch unser Obligationenrecht in den Fassungen von 1881 und von 1936 praktisch den Ausdruck Unternehmung – *entreprise* – nicht kennt, so ist doch darauf hinzuweisen, daß die Handelsregisterverordnung, jedenfalls in der französischen Fassung, sich ausdrücklich auf ihn bezieht²⁷. Insbesondere ist es kennzeichnend, daß nach dem augenblicklichen Wortlaut dieser Verordnung nicht nur die verschiedenen Handels-, Fabrikations- und andere nach kaufmännischer Art geführten Gewerbe aufgezählt werden, sondern daß darüber hinaus eine allgemeine Definition der «entreprise» aufgenommen ist.

Es ist daher die Frage zu stellen, ob und inwieweit der Begriff der Unternehmung, *entreprise*, *impresa*, tatsächlich für die theoretische und praktische Abgrenzung des Handelsrechtes bedeutsam sein kann.

III. Das Gebiet des Handelsrechts

Allgemein geht man davon aus, daß das Handelsrecht eine Anzahl verschiedener Rechtsgebiete²⁸ umfaßt, deren Qualifikation als handelsrechtlich

---

[24] «Cette conception de l'entreprise se présente alors comme une véritable synthèse des notions d'acte de commerce et de commerçant» (ESCARRA/RAULT, Principes, S. 120). Vgl. auch die Travaux de la Commission de réforme du code de commerce et du droit des sociétés (zit. Allg. Lit. Übers.), I, S. 20.

[25] Es gibt jedoch ein Beispiel, wo der Gesetzgeber dieser Theorie gefolgt ist: Das äthiopische Handelsgesetzbuch, dessen Entwurf A. JAUFFRET verfaßt hat, bezieht sich ausdrücklich auf den Begriff der Unternehmung und definiert sie in Art. 5 (Code de commerce de l'Empire d'Ethiopie, de 1960, französische Ausgabe mit Einleitung von A. JAUFFRET, Paris 1965).

[26] Genauer gesagt, definiert der CCit. von 1942 in Art. 2028 den Unternehmer (imprenditore). Von dieser Definition lassen sich die Rechtsbegriffe der Unternehmung, der landwirtschaftlichen Unternehmung (Art. 2135) und der kaufmännischen Unternehmung (Art. 2195) ableiten (vgl. M. CASANOVA, Le imprese commerciali, Turin 1955).

[27] Vgl. Art. 865 aOR und Art. 934 OR sowie Art. 13 HRegV von 1890 und Art. 52, 53 und 54 HRegV von 1937. (Anm. des Übersetzers: Allerdings ist darauf hinzuweisen, daß der Ausdruck «entreprise» in den genannten Vorschriften im deutschen Text mit «Gewerbe» wiedergegeben wird.)

[28] Siehe beispielsweise die Botschaft des Bundesrates zu einem Gesetzesentwurf, enthaltend schweizerisches Obligationen- und Handelsrecht, vom 27. November 1879, BBl 1880 I, S. 149ff.

nicht von ihrer Aufnahme in ein Handelsgesetzbuch, also nicht von einem formellen, sondern von einem materiellen Kriterium abhängt[29]. Allerdings wird nicht sofort deutlich, welches dieses materielle Kriterium ist. Es ist daher weiter zu fragen, ob trotz ihrer äußerlichen Trennung eine grundsätzliche Gemeinsamkeit zwischen diesen Gebieten besteht, die wenigstens theoretisch das eigentliche Gebiet des Handelsrechtes abzugrenzen erlaubt.

1. Nach feststehender Auffassung in der Lehre gehören jedenfalls folgende Gebiete dem Handelsrecht an.

a) Zunächst gibt es eine Reihe von teilweise zusammengefassten, teilweise verstreuten[30] Normen, die nicht nur die verschiedenen Arten von Kaufleuten definieren, sondern auch die Rechtsfolgen enthalten, die der Gesetzgeber an die Kaufmannseigenschaft, und zwar unabhängig von der Art, in der die kaufmännische Tätigkeit ausgeübt wird, knüpft. Dieser erste Teil, den man den allgemeinen Teil des Handelsrechtes nennen kann, stellt mithin zunächst die materiellen und formellen Voraussetzungen für den Erwerb der Kaufmannseigenschaft oder manchmal einfach nur für die Eintragung in das Handelsregister auf. Dem schließt sich die Regelung der hauptsächlichen Rechtsfolgen an. Den allgemeinen Teil regelt die Institution des Handelsregisters vorwiegend mittels verwaltungsrechtlicher Bestimmungen, er enthält Normen über die Vertretung im Handelsverkehr, die Bildung und Benutzung von Firmen und die kaufmännische Buchführung, und schließlich sieht er ein besonderes Verfahren der Zwangsvollstreckung, den Konkurs[31], und gelegentlich sogar eine eigene Gerichtsbarkeit mit einem speziellen Verfahren vor.

b) In der modernen Lehre gehört zum allgemeinen Teil des Handelsrechts ein weiterer Bereich, der mit den Ausdrücken *propriété commerciale*, *azienda* bezeichnet wird. Die Unternehmung wird hinsichtlich ihrer Güter

---

[29] Zunehmend erläßt der Gesetzgeber Spezialgesetze, in denen er herkömmlicherweise handelsrechtliche Materien regelt, die ursprünglich im Handelsgesetzbuch aufgenommen waren. Dies gilt etwa für das Gesellschaftsrecht in Deutschland, Belgien und Frankreich.
[30] Vgl. zum deutschen Recht Buch I des ADHGB von 1861 oder das HGB von 1897, die diese Fragen unter dem Titel «Handelsstand» zusammenfassen. In der Schweiz sind die Art. 927–964 OR sowie die Art. 458–462 OR über die handelsrechtlichen Vertretungsformen zu zitieren. Wenn auch in Frankreich die diesbezüglichen Bestimmungen in mehreren Teilen des Ccomm.fr. sowie in Spezialgesetzen und -verordnungen verstreut sind, so versucht doch die Lehre, diese Rechtssätze systematisch zu ordnen. Auch die Reformkommission hat in Betracht gezogen, in den Ccomm.fr. einen allgemeinen Teil über die allgemeine Organisation aufzunehmen (Travaux de la Commission de réforme du code de commerce et du droit des sociétés, I, S. 20).
[31] Das Konkursrecht kann in diesem Band des schweizerischen Privatrechts nicht näher untersucht werden.

als eine Einheit behandelt, so daß sie Gegenstand von Erwerbs- und von Verfügungsgeschäften sein kann[32]. Es geht also nicht mehr darum, die Voraussetzungen und Rechtsfolgen der Kaufmannseigenschaft festzulegen, sondern ein System des Erwerbs und der Übertragung des Eigentums von materiellen und immateriellen Gütern zu umschreiben, über die der Kaufmann in Ausübung seiner kaufmännischen Tätigkeit verfügt. Diese Bestimmungen über das Handelsgeschäft (azienda, fonds de commerce) und über das gewerbliche Eigentum gehören nun zweifellos zum Handelsrecht, auch wenn sie üblicherweise nicht in ein Handelsgesetzbuch aufgenommen sind.

c) Sicher betreiben nicht alle Gesellschaften ein Handelsgewerbe, und erst recht sind nicht alle Mitglieder von Gesellschaften Kaufleute. Zwar waren ursprünglich die Normen über die Gesellschaften in Handelsgesetzbüchern enthalten. In mehreren Ländern regelt jedoch der Gesetzgeber die Gesamtheit der Handelsgesellschaften oder einige unter ihnen zunehmend in Spezialgesetzen. Trotzdem stellt das Gesellschaftsrecht nach allgemeiner Auffassung einen herkömmlicherweise wichtigen Teil des Handelsrechtes dar[33].

d) Neben den inhaltlich im wesentlichen zivilrechtlichen Verträgen gibt es eine Reihe weiterer Verträge, die nach althergebrachter Lehre wegen ihres Gegenstandes oder wegen der persönlichen Situation der vertragsschließenden Personen als handelsrechtlich angesehen werden. Deshalb ist allgemein anerkannt, daß Bestimmungen über handelsrechtliche Verträge einen wesentlichen Teil des Handelsrechts darstellen, auch wenn sie nicht immer in das Handelsgesetzbuch aufgenommen sind[34].

e) Und schließlich gehört das Wechselrecht[35] seit jeher zum Handelsrecht obwohl auch Nichtkaufleute sog. Handelswechsel ausstellen können. Darüber hinaus unterstellt die Lehre das allgemeine Wertpapierrecht[36], jedenfalls in den Ländern, in denen Gesetzgeber und Doktrin ein solches anerkennen, dem Gebiet des Handelsrechts.

2. Dagegen haben sich bestimmte Rechtsdisziplinen außerhalb des eigentlichen Handelsrechts entwickelt, ein Vorgang, der noch nicht abgeschlossen ist.

---

[32] Trotz seiner Bedeutung kann dieses Gebiet in diesem Band nicht eigenständig erörtert werden.
[33] Das Gesellschaftsrecht steht im Mittelpunkt des vorliegenden Bandes; vgl. W. VON STEIGER, Das Gesellschaftsrecht, Allgemeiner Teil und Personengesellschaften, unten § 16 ff. sowie 2. Halbband.
[34] Allerdings kann die Grenze nur sehr schwer genau abgesteckt werden.
[35] Vgl. R. PATRY, Wechsel- und Scheckrecht, Schweiz. Privatrecht, Bd. VIII, 2. Halbbd.
[36] Vgl. P. JÄGGI, Allgemeines Wertpapierrecht, ebenda.

a) Hier ist zunächst das Seerecht zu nennen, das historisch beim Aufkommen und bei der Fortentwicklung des Handelsrechtes sicher eine entscheidende Rolle gespielt hat und dem es herkömmlicherweise zugerechnet wird[37]. Nach neuerer Auffassung wird das Seerecht jedoch zunehmend mit dem Luftrecht zu einem unabhängigen Rechtsgebiet, dem Transportrecht, zusammengefasst. Dies rechtfertigt sich dadurch, daß das Transportrecht in privatrechtlichen und in öffentlichrechtlichen Normen nicht allein Bestimmungen über den See- und Lufthandel, sondern auch über die Reederei und über das Führen von Schiffen und Luftfahrzeugen enthält.

b) Sofern man unter Handelsrecht das «droit professionnel» der Kaufleute oder das Recht der kaufmännischen Unternehmung versteht, könnte man daran denken, die Gesamtheit der Bestimmungen über die Arbeitsbeziehungen, d.h. über die rechtlichen Beziehungen zwischen dem Kaufmann und seinen Angestellten oder Arbeitern einzubeziehen. Jedoch ist das Arbeitsrecht mit privatrechtlichen und öffentlichrechtlichen Regeln tatsächlich nie ein Teil des Handelsrechtes gewesen, sondern hat sich unabhängig nach eigenen Grundsätzen entwickelt[38].

3. Es ist daher zu fragen, ob und inwieweit der Begriff der Unternehmung im Sinne von KARL WIELAND als Bindeglied des gesamten Handelsrechtes dienen kann. – Zunächst darf man wohl mit der heutigen Doktrin annehmen, daß die Unternehmung der Zentralbegriff des allgemeinen Teils des Handelsrechtes ist. Die Unternehmung ist nicht nur die Voraussetzung für die Erlangung der Kaufmannseigenschaft und für die Eintragung in das Handelsregister[39] mit allen sich daraus ableitenden Rechtsfolgen, sondern darüber hinaus heute auch der eigentliche Gegenstand der

---

[37] Es verdient hervorgehoben zu werden, daß die meisten Handelsgesetzbücher ursprünglich dem Seerecht ein besonderes Buch gewidmet haben. Vgl. z.B. A. DE SAINT-JOSEPH, Concordance entre les codes de commerce étrangers et le code de commerce français, Paris 1844, S. 56ff. Hinzuweisen ist auch auf Buch V des deutschen ADHGB von 1861 und Buch IV des HGB von 1897. Vgl. auch BG über die Seeschiffahrt unter Schweizer Flagge, vom 23.9.1953, revidiert am 14.12.1965.

[38] Zum Arbeitsvertrag vgl. F. VISCHER, Arbeitsvertrag, Schweiz. Privatrecht, Bd. VII. Allerdings kommt einigen Bestimmungen des Arbeitsrechtes, vor allem denjenigen über die Beteiligung oder Mitbestimmung der Arbeitnehmer, eine nicht zu unterschätzende Bedeutung in einem wichtigen Teil des Handelsrechtes, d.h. dem Gesellschaftsrecht zu (vgl. unten W. VON STEIGER, § 16, II 3c).

[39] Dies ergibt sich im schweizerischen Recht jedenfalls wohl wenigstens aus der französischen Fassung des Textes des Art. 934 Abs. 1 und 2 OR und insbes. des Art. 52 Abs. 3 HRegV. Vgl. auch Art. 2028 und 2185 CCit. Endlich ist auf die Ergebnisse des 5. Internationalen Kolloquiums der Geisteswissenschaften hinzuweisen (E. BROCHER, L'unification interne du droit privé, R.T.D.Co VII, 1954, S. 577ff., bes. 580).

«propriété commerciale». Zum anderen setzt die Gesellschaft, jedenfalls sofern es sich bei ihr um mehr als einen bloßen Vertrag zur Gründung einer einfachen Gesellschaft handelt, eine schon vorher bestehende Organisation einer wirtschaftlichen, wenn nicht gar kaufmännischen Tätigkeit voraus. Man kann daher sagen, daß praktisch alle Gesellschaften eine und gelegentlich sogar mehrere gewerbliche Unternehmungen darstellen, auch wenn nicht alle Unternehmungen Gesellschaften sind. Deshalb dürfte wohl die Unternehmung der eigentliche Kern des Begriffs der Gesellschaft sein.

Hiervon unterscheidet sich jedoch die Situation in den anderen Bereichen des Handelsrechtes: Man ist sich heute darüber einig, daß die Bestimmungen über die Handelsverträge sowie die Regeln des Wechsel- und des Wertpapierrechts in gleicher Weise für Kaufleute wie für Nichtkaufleute gelten. Aber auch hier fehlt der Begriff des Handelsgewerbes nicht gänzlich. Historisch waren es die Kaufleute, die, um die Ausübung ihrer kaufmännischen Tätigkeit zu erleichtern, nach und nach die Bestimmungen des Zivilrechtes nicht mehr anwendeten und für ihre Verträge einschließlich der Wechselgeschäfte Normen und Klauseln eigener Art schufen. Diese Verträge waren ursprünglich in der Praxis allein den Kaufleuten vorbehalten. Wenn auch heute jedermann diese Verträge abzuschließen befugt ist, so darf man doch nicht übersehen, daß die diesbezüglichen Bestimmungen des Handelsrechtes zur Erleichterung der kaufmännischen Tätigkeit abgefaßt worden sind und deshalb noch heute vorwiegend, wenn auch nicht ausschließlich, die kaufmännischen Beziehungen regeln.

4. Man kann daher KARL WIELAND und einem an Einfluß gewinnenden Teil der modernen Doktrin zustimmen, daß der Begriff der Unternehmung bei der Abgrenzung des Handelsrechtes von großer Wichtigkeit ist. Das Handelsrecht enthält drei verschiedene Arten von Bestimmungen:

Zunächst definiert das Handelsrecht die materiellen und formellen Voraussetzungen der Kaufmannseigenschaft und die Rechtsfolgen, die es unmittelbar oder mittelbar an sie knüpft. In diesem ersten Bereich, dem allgemeinen Teil des Handelsrechtes, wird bei den privat- und öffentlichrechtlichen Normen, die unmittelbar und ausschließlich nahezu allein für Handelsgewerbe, jedenfalls aber für gewerbliche Unternehmungen gelten, auf den Begriff der Unternehmung Bezug genommen.

Es ist sodann Aufgabe des Gesellschaftsrechtes, rechtlich die verschiedenen Formen der Teilnahme mehrerer Personen an der Geschäftsführung und am Betrieb der Unternehmung, d.h. die zulässigen Arten von Gesellschaften, zu regeln. In diesem zweiten Bereich, einem wesentlichen Teil des Handelsrechtes, gelten die Organisationsnormen privatrechtlicher und gelegentlich auch strafrechtlicher Natur nicht nur für die Kaufleute, sondern setzen unausgesprochen den Begriff der Unternehmung voraus.

Schließlich gehört herkömmlicherweise zum Handelsrecht die Regelung der Rechtsgeschäfte und Rechtsbeziehungen mit Vertragscharakter oder vertraglichen Ursprungs, die zwischen Unternehmungen oder zwischen einer Unternehmung und Dritten bestehen. Allerdings ist der Anwendungsbereich dieser privatrechtlichen Bestimmungen nach und nach auf die nichtkaufmännischen Gewerbe und dann auf alle Personen ausgedehnt worden.

So sind die Bereiche der handelsrechtlichen Verträge, des Wechsel- und des Wertpapierrechtes nicht mehr nur handelsrechtlicher Natur: Man muß daher abschließend bekennen, daß sich nicht einmal theoretisch zwischen dem Handelsrecht und dem Zivilrecht eine feste Grenze ziehen läßt.

IV. Die Eingliederung des Handelsrechts in das Zivilrecht

Da eine genaue Abgrenzung zwischen Zivil- und Handelsrecht insbesondere im vertraglichen Bereich fehlt, fragt es sich, ob das Handelsrecht tatsächlich als eine vom Zivilrecht zu unterscheidende eigenständige Rechtsdisziplin besteht. Diese Frage ist in der Lehre umstritten.

1. Für die Anhänger der Theorie von der **Autonomie des Handelsrechtes** ist das Handelsrecht gegenüber den anderen Rechtsgebieten, vor allem gegenüber dem Zivilrecht, wirklich unabhängig. Diese Eigenständigkeit zeige sich in eigenen Rechtsquellen und eigenen Institutionen. Das Handelsrecht beruhe auf Grundsätzen, die sich von denen des Zivilrechtes wesentlich unterscheiden[40], und schließlich bestehe in seinem Bereich gelegentlich ein besonderes Verfahren und sogar eine spezielle Gerichtsbarkeit.

Historisch hat sich diese Auffassung durchgesetzt, als die Kaufleute sich besondere handelsrechtliche Normen schufen, die den besonderen Bedürfnissen des Handels Rechnung tragen sollten. Rechtsstreitigkeiten zwischen Kaufleuten waren allgemein einer besonderen Gerichtsbarkeit, den Konsulargerichten in Frankreich und in Italien oder den mit Kaufleuten besetzten Schiedsgerichten der wichtigsten deutschen Städte unterworfen. – Auch heute noch wird die Theorie von der Autonomie des Handelsrechtes von einigen Autoren vertreten. Namentlich die herrschende Auffassung in Frankreich weist darauf hin, daß Rechtsprechung und Doktrin herkömmlicherweise wegen einer Reihe von Bestimmungen des Code de commerce zwischen zivil- und handelsrechtlichen Materien unterscheiden müssen, da für sie getrennte Gerichtsbarkeiten und Verfahren

---

[40] Vgl. unten § 4, S. 60 ff.

gelten⁴¹. In Italien haben mehrere große Handelsrechtslehrer ebenfalls diese Theorie verteidigt, und zwar nicht nur unter der Herrschaft des Codice commerciale von 1882, sondern auch noch während der seit 1928 unternommenen Reformarbeiten. Im übrigen ging bekanntlich der Entwurf von 1940 von der Aufrechterhaltung eines vom Zivilgesetzbuch unabhängigen Handelsgesetzbuches aus⁴². Auch ein Teil der deutschen Lehre vertritt die Auffassung von der Unabhängigkeit des Handelsrechtes⁴³.

Allerdings wird die Lehre von der Autonomie des Handelsrechtes nirgends absolut vertreten: Selbst in Frankreich betonen moderne Autoren entgegen der althergebrachten Lehre und trotz der Trennung der Gerichtsbarkeiten in der ersten Instanz mehr und mehr den gegenseitigen Einfluß beider Rechtsgebiete. Einige unter ihnen haben sogar schon die Frage gestellt, ob die strenge Trennung der Rechtsmaterien, der Verfahren und der Gerichtsbarkeiten noch aufrechterhalten werden kann⁴⁴.

2. Die Anhänger der Lehre von der Einheit des Privatrechtes unterstreichen hingegen, das Handelsrecht sei nicht derart unabhängig, als daß es als eigenständiges Rechtsgebiet angesehen werden könne. Denn auch wenn das Handelsrecht besondere Normen und Institutionen enthalte, so unterliege es doch den Grundbegriffen und den Grundsätzen des allgemeinen Privatrechtes, zu dem es gehöre. In einigen Ländern wurde diese Lehre offiziell in der Praxis verwirklicht. Der Gesetzgeber hat bewußt ein einheitliches privatrechtliches Gesetzbuch erlassen und im übrigen unterschiedliche Verfahren und Gerichtsbarkeiten nicht vorgesehen.

So hat in der Schweiz, dem Beispiel des Zivilgesetzbuches von Zürich folgend, der Bundesgesetzgeber auf den Entwurf eines eigenen Handelsgesetzbuches verzichtet, statt dessen ein ein-

---

⁴¹ Allerdings zeigt gerade die Gerichtspraxis die Schwierigkeiten der Abgrenzung in konkreten Fällen. Vgl. P. DIDIER, La compétence législative du droit commercial, R.T.D.Co XVIII, 1965, S. 535 ff.

⁴² Hier sind insbesondere die Werke von LORENZO MOSSA zu nennen, die bei der Ausarbeitung des 1940 veröffentlichten Entwurfes eines Handelsgesetzbuches entscheidenden Einfluß gehabt haben. CESARE VIVANTE, der lange Zeit die Doktrin von der Autonomie des Handelsrechtes bekämpft hatte, erklärte sich im Jahre 1925 hauptsächlich aus Gründen der Zweckmäßigkeit mit dieser Auffassung einverstanden: «L'autonomie du droit commercial qui est apparue historiquement pour des raisons de classe, trouve donc aujourd'hui une raison plus profonde et plus vaste pour se conserver dans le caractère cosmopolite du commerce... et dans l'esprit différent qui anime le spéculateur et l'homme de l'économie rurale et domestique, conservateur de ses traditions» (VIVANTE, L'autonomie, S. 269).

⁴³ Vgl. HÄMMERLE, Handelsrecht, S. 3 f. m.w.N.

⁴⁴ Siehe CH. LYON-CAEN, De l'influence, S. 207 ff. Selbst JOSEPH HAMEL, der die These von der Autonomie des Handelsrechtes verteidigt, hat festgestellt: «La réalité, c'est que nous voyons s'organiser tout un domaine d'opérations juridiques qui relèvent de la vie des affaires et qui, pratiquées par un commerçant ou par un non-commerçant, doivent être régies par des règles uniques qui leur sont propres, s'inspirant de principes communs et tendant à une fin commune...» (HAMEL, Droit civil et droit commercial en 1950, S. 269).

heitliches Gesetzbuch des Obligationenrechtes – und des Handelsrechtes[45] – erlassen und es formell in das Zivilgesetzbuch aufgenommen. In gleicher Weise hat bekanntlich die italienische Regierung am 4. Januar 1941 beschlossen, den Entwurf eines vom Zivilgesetzbuch unterschiedlichen Handelsgesetzbuches aufzugeben. Die handelsrechtlichen Materien wurden dann in den neuen Codice civile von 1942 eingegliedert. Überdies ist den Ländern des angelsächsischen Rechtskreises generell die Unterscheidung zwischen Zivil- und Handelsrecht, die beide dem *common law* angehören, fremd. Und schließlich kann darauf hingewiesen werden, daß selbst in den Ländern, in denen es getrennte Gesetzbücher des Zivilrechts und des Handelsrechts gibt, sich einige Autoren zugunsten der Lehre von der Einheit des Privatrechtes ausgesprochen haben.

Genau wie die Lehre von der Autonomie des Handelsrechtes nicht streng durchgeführt werden kann, so ist auch von einer absoluten Geltung der Theorie der Einheit des Privatrechtes Abstand zu nehmen.

3. Die Einheit des Privatrechtes kann auf verschiedene Weise und mit unterschiedlicher Intensität verwirklicht werden.

Zunächst läßt sich ohne Schwierigkeiten eine rein formelle Einheit des Privatrechtes vorstellen, die durch die Vereinigung der zivil- und der handelsrechtlichen Materien in einem einheitlichen privatrechtlichen Gesetzbuch hergestellt wird. Allerdings erscheint diese Lösung als zu oberflächlich, da innerhalb desselben Gesetzbuches die materielle Unterscheidung zwischen den zivil- und handelsrechtlichen Teilen nicht aufgehoben und bestimmte Widersprüche nicht vermieden werden können. So gelten, um nur ein Beispiel zu nennen, für das einheitliche Rechtsinstitut des Kaufvertrages jeweils verschiedene Rechtssätze.

Hingegen scheint es schwieriger, wenn nicht gar unmöglich zu sein, die materielle Einheit des Privatrechtes vollständig herzustellen. Man müßte dann nämlich nicht nur jede unterschiedliche Behandlung zwischen den zivil- und den handelsrechtlichen Materien beseitigen, sondern sogar die Existenz von in ihrem Wesen verschiedenen Grundsätzen des Zivil- und des Handelsrechtes leugnen. Mit anderen Worten, man müßte praktisch entweder das gesamte Handelsrecht zivilrechtlich oder aber das gesamte Zivilrecht handelsrechtlich ausgestalten. Eine solche Lösung ist jedoch von vornherein ausgeschlossen, denn selbst in den Ländern, die keine eigenständigen Zivil- und Handelsgesetzbücher kennen, verlieren zwar das Zivilrecht und das Handelsrecht ihre Autonomie, nicht hingegen ihre materielle Eigenart. Vor allem besitzt jedes Gebiet spezifische Rechtsinstitutionen[46].

Aus diesen Gründen haben die meisten Autoren erkannt, mögen sie sich nun formell eher für die These von der Autonomie oder aber für die

---

[45] Zu den hierfür maßgebenden historischen Gründen vgl. unten § 2, S. 39 ff.
[46] In diesem Sinne auch S. FREDERICQ, L'unification.

von der Einheit oder Vereinheitlichung des Privatrechtes ausgesprochen haben, daß heute ein mittlerer Weg, den man die Integrationstheorie[47] nennen könnte, eingeschlagen werden muß. Diese Lehre nimmt das Nebeneinander von Zivil- und Handelsrecht als gegeben hin und trennt diese beiden Rechtsgebiete nicht mehr nach Kriterien, die zunehmend als willkürlich oder als durch die wirtschaftliche Entwicklung überholt erscheinen. Es gibt sicher noch Bereiche, in denen sich die Lösung einer Rechtsfrage nach zivilrechtlichen oder im Gegenteil nach handelsrechtlichen Grundsätzen richtet, aber es gibt auch ein ganzes Gebiet, das des Geschäftsverkehrs, wo die traditionelle Trennung praktisch keine Berechtigung mehr hat, da die gleichen Rechtssätze sowohl für Kaufleute wie auch für Nichtkaufleute gelten können und gelten müssen. Gerade in diesem Gebiet, das nicht notwendigerweise mit dem des Handelsrechtes gleichgestellt werden kann, zeigen die in einigen Ländern, vor allem in Italien und in der Schweiz unternommenen Versuche, daß der mittlere Weg der Integration eine harmonische Entwicklung der Normen des Obligationenrechtes ermöglicht. Hierbei wird bald auf die Grundsätze des Zivilrechtes, bald auf die des Handelsrechtes Bezug genommen, wobei jedoch jeweils die wirklichen Bedürfnisse jeder einzelnen Institution berücksichtigt werden.

§ 2. Die Geschichte des schweizerischen Handelsrechts

Literatur

K. WIELAND, Handelsrecht (zit. Allg. Lit. Übers.), I. Bd., 1. Abschn., Geschichte und Quellen des Handelsrechts, I. S. 10 ff.; L. GOLDSCHMIDT, Handbuch des Handelsrechts, I. Bd., 1. Liefg., Universalgeschichte des Handelsrechts, 3. Aufl., Stuttgart 1891; P. REHME, Geschichte des Handelsrechts, I. Bd., Leipzig 1913, S. 28 ff.; F. DE SOLA CANIZARES, Tratado de derecho commercial comparado, Bd. I, 1. Kap., Barcelona 1963.

E. THALLER, De la place du commerce dans l'histoire générale, An.D.Co 6, 1892, S. 1 ff.; G. BOURCART, Esquisse historique du droit commercial jusqu'au code de commerce de 1807, An.D.Co 33, 1924, S. 259 ff.; P. HUVELIN, Essai historique sur le droit des marchés et des foires, Paris 1897; DERSELBE, Etudes d'histoire du droit commercial romain, posthum veröffentlicht von LÉVY-BRUHL, Paris 1929;

---

[47] Es wird unten § 2 nachzuweisen sein, daß es sich hierbei um die schweizerische Lösung handelt (vgl. OFTINGER, a.a.O.; SECRÉTAN, a.a.O.; J. LIMPENS/J. VAN SAMME, De l'intégration du droit civil et du droit commércial en matière d'obligations, Travaux de l'Association Henri Capitant VIII, 1953, S. 78 ff.).

A. E. Sayous, L'Histoire Universelle du droit commercial de Lewin Goldschmidt et les méthodes commerciales des pays chrétiens de la Méditerranée aux XIIe et XIIIe siècles, An. D.Co 40, 1931, S. 199 ff.; W. Endemann, Beiträge zur Kenntnis des Handelsrechts im Mittelalter, ZHR 5, 1862, S. 331 ff. – A. de Saint-Joseph, Concordance entre les codes de commerce étrangers et le code de commerce français, Paris 1844.

W. Munzinger, Motive zum Entwurf eines schweizerischen Handelsrechts, Bern 1865; H. Carrard, Etudes comparatives des législations civiles de la Suisse romande et celle de la Suisse allemande. Essai de conciliation de leurs principales différences, ZBJV 9, 1873, S. 113 ff.; E. Hilty, Die Hauptdifferenzen der französisch- und deutschschweizerischen Civilgesetzgebung mit Rücksicht auf die Möglichkeit ihrer Vereinbarung, ZBJV 9, 1873, S. 65 ff.

Botschaft des Bundesrates zu einem Gesetzesentwurfe, enthaltend schweizerisches Obligationen- und Handelsrecht vom 27. November 1879, BBl 1880 I, S. 149 ff.

E. Rivoire, Les sources du droit du Canton de Genève, 4. Bde., vor allem Bd. III (1551–1620) und IV (1621–1700), Aarau 1933–1935.

Eine allgemeine Geschichte des schweizerischen Handelsrechts zu schreiben[1], erweist sich vor allem aus zwei Gründen als ein schwieriges Unterfangen; zum einen, weil historische Quellen, jedenfalls im kantonalen Bereich, weitgehend fehlen[2], zum anderen wegen der Schwierigkeiten der Themenstellung selbst[3].

In den meisten Kantonen und sogar auf Bundesebene wurde nie zwischen dem Handelsrecht und den anderen Disziplinen des Privatrechts, besonders dem Obligationenrecht, genau getrennt. Überdies hat wohl der Gesetzgeber in der Schweiz wie auch sonst überall als erstes Bestimmungen über die Gewerbepolizei erlassen wollen, lange bevor er die spezifischen Institute und Geschäfte des Handels materiellrechtlich regelte oder gesetzlich anerkannte[4]. Hinzu kommt, daß im heutigen Handelsrecht gewisse Institute Gegenstand einer Normierung sind, die nicht seit jeher bestanden

---

[1] Die Geschichte des schweizerischen Handelsrechts kann hier nicht vollständig nachgezeichnet werden. Zum einen überschritte eine derartige Darstellung den Rahmen dieses Werkes, zum anderen ist der Autor nicht Historiker.
[2] Es ist bezeichnend, daß sowohl Eugen Huber in seinem groß angelegten «System und Geschichte des schweizerischen Privatrechtes» (4 Bde., Basel 1886–1893) als auch F. Elsener in seiner «Geschichtlichen Grundlegung» (Schweiz. Privatrecht I, Basel 1969, S. 1 ff.) das gesamte Handelsrecht nicht erwähnen.
[3] «Ainsi, l'histoire du droit commercial est inconnue ou méconnue. A peine s'aperçoit-on que cette branche historique embrasse au moins une bonne partie de l'histoire du droit privé» (P. Huvelin, Droit commercial [zit. § 1, Anm. 1], S. 60 ff., bes. S. 61).
[4] So bestätigen beispielsweise im alten Genfer Recht die berühmten *Franchises d'Adhémar Fabry* schon 1387 die Existenz gewisser gewerbepolizeilicher Regeln und Gebräuche in der Stadt Genf. Vgl. Coutumes, ordonnances, franchises et libertés de la Ville de Genève, recueillies et publiées en l'année 1387 par Adhémar Fabry, prince et évêque de l'Eglise et de la dite Ville de Genève, confirmées par Felix V., administrateur de cette Eglise en 1444.

haben, sondern zu unterschiedlichen Zeiten je nach der durchaus uneinheitlichen wirtschaftlichen Entwicklungsstufe in den einzelnen Kantonen auftauchten.

Auch darf man nicht vergessen, daß die Handelsgeschäfte praktisch nie in ein öffentliches Register eingetragen wurden, wohingegen die zivilrechtlichen Geschäfte, wie der Ehevertrag, das Testament oder Rechtshandlungen, die dingliche Rechte an Liegenschaften begründen, normalerweise vor einer Behörde oder einem Notar vorgenommen wurden[5]. Die Kaufleute schafften sich nach ihren eigenen Bedürfnissen die Institute des Handels, ohne sich übrigens hierbei auf lokale Gesetzgebungen oder Gewohnheitsrechte stützen zu können, da diese so gut wie nicht bestanden. Darüberhinaus neigt der Kaufmann dazu, seine Streitigkeiten möglichst nicht von der ordentlichen Gerichtsbarkeit entscheiden zu lassen; vielmehr zieht er es vor, sie durch unmittelbare Verhandlungen mit seinem Gegner selbst zu regeln oder, sofern erforderlich, sich an besondere Gerichte zu wenden, die im wesentlichen aufgrund mündlicher Verhandlung entscheiden. Unter diesen Umständen – Fehlen öffentlicher Eintragungen, keine lokalen Gesetze oder feststehende Gewohnheitsrechte, nicht einmal Rechtsprechungssammlungen – kann sich der Historiker, der den Ursprüngen des Handelsrechtes in der Schweiz nachforscht, meist nur auf einige private, lückenhafte Quellen stützen, deren Aussagekraft und historischer Wert beschränkt bleiben.

Wenn man im übrigen in Betracht zieht, daß lange Zeit – während des Altertums und im Mittelalter – das Handelsrecht nicht als eigenständige Rechtsdisziplin angesehen wurde und auch nicht, jedenfalls nicht in der Schweiz, Gegenstand einer besonderen Lehrveranstaltung war[6], kann man folglich verstehen, daß die Rechtshistoriker im allgemeinen davon abgesehen haben, die Geschichte der kaufmännischen Einrichtungen und der Handelsgeschäfte zu erforschen. So hat die Privatrechtslehre tatsächlich kein einziges Werk der Geschichte des Handelsrechtes in der Schweiz gewidmet[7]. Schließlich stellen die wenigen zusammenfassenden Studien selbst der ausländischen Rechtsliteratur nur eine historische Einführung im Rahmen der großen Handelsrechtslehrbücher dar[8].

---

[5] «Nous indiquerons en effet que les transactions commerciales sont essentiellement consensuelles et dégagées des entraves du formalisme. Or si les transactions civiles anciennes ont quelque chance, par leur formalisme même, ... de laisser des traces, il n'en est pas de même de celles qui ont pour élément essentiel la volonté. Les actes non formalistes sont aussi bien plus complexes... Aussi l'histoire des obligations non formelles, et spécialement des obligations commerciales, présente-t-elle des complications et des subtilités qui rebutent les premières recherches. On ne s'étonnera donc pas qu'on l'ait négligée...» (HUVELIN, a.a.O., S. 60 ff., bes. S. 61). Allerdings darf man annehmen, daß die Gesellschaften in einem Register eingetragen wurden.

[6] Bei unseren – sicher nicht vollständigen – Untersuchungen haben wir in keiner der Universitäten, Akademien oder Rechtsschulen auch nur den geringsten Hinweis auf eine handelsrechtliche Lehrveranstaltung unter dem ancien régime finden können. Sie wird erstmals 1805 in Zürich, 1818 – wohl nur als Vorschlag – in Basel, 1819 in Genf, 1848 in Freiburg und 1871 in Sitten erwähnt. (Vgl. F. ELSNER, a.a.O., S. 118, 126, 162 f., 206, 216 f.; zur Einführung einer handelsrechtlichen Lehrveranstaltung in Genf durch PIERRE-FRANÇOIS BELLOT gemäß Beschluß vom 24.5.1819 siehe CH. BORGEAUD, Histoire de l'Université de Genève, Bd. 3, L'académie et l'Université au XIXe siècle, Genf 1934, S. 97 ff., bes. S. 111; zur Rechtsschule in Sitten vgl. J. GRAVEN, L'Ecole de Droit valaisanne (1807–1908), in: Annales valaisannes, 2e série, XIII, 1965, S. 177 ff., bes. S. 207.)

[7] Zwar hat K. WIELAND (a.a.O., S. 36 ff.) einen Paragraphen seines Lehrbuchs der Geschichte des Handelsrechtes in der Schweiz gewidmet, allerdings handelt es sich dabei in Wirklichkeit im wesentlichen nur um die im 19. Jahrhundert unternommenen Versuche, das Handelsrecht auf Bundesebene zu vereinheitlichen. E. HIS (Berner Kommentar, a.a.O., S. 1 ff., 221 ff., 356 ff.) hingegen hat in seinem Kommentar wertvolle historische Hinweise zu Einzelfragen, wie zum Handelsregister, zu den Geschäftsfirmen und zur kaufmännischen Buchführung gegeben. Hinzuweisen ist jedoch auf die bedeutenden und bekannten Werke von L. GOLDSCHMIDT und P. REHME in Deutschland und auf die historischen Untersuchungen von P. HUVELIN, E. THALLER und G. BOURCART in Frankreich. Vgl. auch F. DE SOLA CANIZARES, Tratado, 1. Kap. S. 1 ff.

I. Die Entwicklung des Handelsrechts im allgemeinen

Es scheint zulässig zu sein, in der Geschichte des Handelsrechtes nur zwei wichtige Perioden, das Altertum oder die Vorgeschichte des Handelsrechtes und die Neuzeit zu unterscheiden[9]. Eine derartige Einteilung ist keinesfalls künstlich, vielmehr entspricht sie historischen Tatsachen, denn zwischen dem Ende der ersten und dem Beginn der zweiten Periode, also zwischen dem Untergang des römischen Reiches und den ersten Kreuzzügen, liegt eine Zwischenzeit von mehreren Jahrhunderten, während der der Handel zur See[10] und zu Land[11] zwischen den Ländern fast gänzlich zum Erliegen gekommen war. Hierdurch wurde die Entwicklung von Regeln und Instituten des Handels nicht nur einfach unterbrochen, sondern zum Stehen gebracht, um dann – so scheint es – auf völlig neuer Grundlage wieder zu beginnen. Man hat deshalb, vor allem in Frankreich[12], behauptet, daß «la plupart des institutions commerciales modernes trouvent leur origine dans les règles et pratiques qui étaient suivies au moyen-âge dans les grandes cités maritimes et surtout celles de l'Italie»[13].

Trotzdem erscheint diese erste Einteilung in handelsrechtliche Normen und Institute des Altertums und in modernes Handelsrecht, so gerechtfertigt sie vom historischen und rechtlichen Standpunkt aus sein mag, heute als gänzlich unzulänglich[14]. Die Institute des Handelsrechtes haben sich vom Mittelalter bis in unsere Zeit nicht von Grund auf verändert, sondern sich im Laufe der Jahrhunderte entwickelt oder sind nach und nach entstanden, um den zunehmenden Bedürfnissen der modernen Wirtschaft gerechtzuwerden. Allerdings hat sich die Art der den Handel betreffenden Rechtsnormen während dieser Zeitspanne in zumindestens einer, gelegentlich sogar doppelter Hinsicht geändert. Während zu Beginn die Normen gewissermaßen gewohnheitsrechtlich galten, wurden sie später in allen Ländern als nationales Handelsrecht kodifiziert. Und heute zeichnet sich eine Bewegung ab, die meisten dieser Regeln international zu vereinheitlichen.

Geht man also vom Kriterium der den Handel betreffenden Normen aus[15], muß man die europäische Geschichte des Handelsrechtes in vier aufeinanderfolgende Perioden einteilen, die wegen der unterschiedlichen

---

[9] Wir möchten betonen, daß wir keineswegs den Anspruch erheben, die Weltgeschichte des Handelsrechtes nachzuzeichnen, da wir natürlich keine Forschungen zur Geschichte des Handelsrechtes bei anderen Kulturen oder in anderen Teilen der Welt unternehmen konnten. Wir folgen hier schlicht dem Beispiel der meisten Autoren Frankreichs und Deutschlands.

[10] Der Handel zur See war praktisch so lange unmöglich, wie die Araber das Mittelmeer sperrten.

[11] Zu Land, vor allem auf dem Territorium des ehemaligen römischen Reiches, führten die Invasionen germanischer Volksstämme praktisch zu einem Stillstand des Güteraustausches. Auch waren die Germanen keine Kaufleute. Schließlich folgte aus der Zersplitterung der Macht und der Schaffung von Feudalherrschaften eine lange aufrechterhaltene, im wesentlichen lokale Wirtschaftsform bzw. eine geschlossene Hauswirtschaft (vgl. P. HUVELIN, Droit commercial, S. 60ff., bes. S. 65).

[12] Siehe etwa HAMEL/LAGARDE, Traité I, S. 21.

[13] RIPERT/ROBLOT, Traité élémentaire, S. 11.

[14] Bezeichnenderweise teilen alle Autoren die moderne Zeit in mehrere Phasen ein. Die einzige scheinbare Ausnahme ist L. GOLDSCHMIDT, der seine Universalgeschichte des Handelsrechts in zwei Perioden aufteilt; allerdings ist sein Werk unvollständig. Hierbei sollte wohl das Handelsrecht des Mittelalters, folgt man seiner Gliederung, einen vorrangigen Platz einnehmen (vgl. SAYOUS, a.a.O.).

[15] Die meisten Autoren gehen von einem anderen, der allgemeinen Geschichtsentwicklung in Europa vielleicht mehr entsprechenden, nämlich einem rein chronologischen Kriterium aus und unterscheiden gemeinhin die drei Perioden des Altertums, des Mittelalters und der Neu-

wirtschaftlichen[16] und gesetzgeberischen Entwicklung[17] eines jeden Landes nicht unbedingt gleichzeitig anzusetzen sind.

1. Offenbar hat der für die Wirtschaft der meisten Kulturen des Altertums[18] bedeutsame Handelsverkehr zu Wasser[19] und zu Land[20] zum Entstehen bestimmter Institute beigetragen, die, wie das Darlehen, die Gesellschaft, die Seeversicherung, die Bank und sogar wohl auch die Wertpapiere, das moderne Handelsrecht charakterisieren. Sie konnten auch den Juristen des Altertums nicht unbekannt gewesen sein. Allerdings haben sie – so scheint es – nicht die Notwendigkeit empfunden, zivilrechtliche und handelsrechtliche Normen und Institute zu unterscheiden. Insbesondere lassen die historischen Quellen keine Sondernormen für den Kaufmannsstand erkennen. Folglich ist diese erste Periode, im Gegensatz zu den weiteren Perioden in der Geschichte des Handelsrechts, dadurch gekennzeichnet, daß ein autonomes Handelsrecht nahezu völlig fehlt. Die **handelsrechtlichen Bestimmungen des antiken Rechts** waren, gemeinsam mit denen des Zivilrechts, schlicht Bestandteil des allgemeinen Privatrechts[21].

Als einer der ältesten Gesetzestexte mit handelsrechtlichen Normen wird gewöhnlich das Gesetzbuch HAMMURABIS genannt[22]. Neben Bestimmungen zu zivilrechtlichen Instituten finden

---

zeit (REHME, a.a.O., S. 52, 82, 178; HAMEL/LAGARDE, Traité I, S. 18, 22, 26; DE SOLA CANIZARES, a.a.O., S.5, 13, 21). Jedoch berücksichtigen sie hierbei nicht die spezifische Entwicklung handelsrechtlicher Normen. Andere Autoren hingegen stellen auf ein mehr rechtliches, unseres Erachtens aber noch unbefriedigendes Kriterium ab. So unterscheiden etwa französische Autoren nach der Zeit vor und nach dem Inkrafttreten des *Code de commerce* (RIPERT/ROBLOT, Traité élémentaire, S.9, 15f.; BOURCART, Esquisse historique), K.WIELAND (S.10, 16, 24, 31, 36) hingegen teilt seine geschichtliche Darstellung nach den wichtigsten handelsrechtlichen Gesetzgebungen ein.

[16] Bekanntlich hat L. GOLDSCHMIDT (S.15) der Erforschung der Wirtschaftsgeschichte besondere Bedeutung beigemessen.

[17] So ist z.B. die handelsrechtliche Gesetzgebung in Frankreich viel älter als in anderen Ländern, wie etwa in Deutschland, Italien oder der Schweiz, in denen die Einigung im politischen und gesetzgeberischen Bereich erst viel später erfolgte.

[18] Nach L. GOLDSCHMIDT (a.a.O., S.52) war das jüdische Volk als einziges der Antike kein Volk der Händler und Seefahrer.

[19] Es waren hauptsächlich die Phönizier und die Griechen, die den Handel entwickelten. Hinzuweisen ist hier auf die Gründung von Handelskolonien im östlichen wie im westlichen Mittelmeerraum.

[20] So z.B. in Asien und Afrika während der ägyptischen und der assyrischen Kulturen sowie im gesamten Mittelmeerraum während des römischen Reiches.

[21] Manche Autoren unterstreichen den internationalen Charakter der antiken handelsrechtlichen Normen. Dem ist, zumindestens für das römische Recht, zuzustimmen, da sie in der Praxis nicht im Rahmen des *ius civile* sondern des *ius gentium* entstanden (vgl. statt vieler RIPERT/ROBLOT, Traité élémentaire, S.10).

[22] Vgl. etwa HAMEL/LAGARDE, Traité I, S.18 m.w.N., sowie vor allem REHME, a.a.O., S.56ff.

sich auch solche, die sich auf den Handel beziehen, wie etwa vor allem zum Darlehen und zur Gesellschaft[23]. Die im wesentlichen den Seehandel betreffenden Regelungen der Phönizier[24] enthielten außerdem Normen zur großen Haverei, die die Römer in der berühmten *Lex Rhodia de jactu*[25] rezipierten und die folglich für den gesamten Handel zur See im Mittelmeerraum während des Bestehens des römischen Reiches galten.

Untersuchungen zum alten griechischen, vor allem aber zum attischen Recht[26] haben ergeben, daß in Athen und den griechischen Kolonien bestimmte, heute als handelsrechtlich verstandene Institute, wie das Bankwesen[27], die Gesellschaft und einige besondere Formen von Wertpapieren[28] bekannt waren. Zudem gab es für gewisse – kaufmännische – Rechtssachen einen besonderen Handelsprozeß[29]. Trotzdem vertreten die verschiedenen Autoren einheitlich, ein eigentliches, als wirklich autonome Rechtsdisziplin zu bezeichnendes Handelsrecht habe es selbst in Griechenland nicht gegeben[30].

Schließlich haben die Römer[31], die sich in ihrer Frühzeit dem Ackerbau widmeten, keine neuen handelsrechtlichen Normen oder Institute geschaffen. Als Erben der alten Kulturen begünstigten sie vielmehr durch Aufrechterhaltung des Friedens im gesamten Gebiet des römischen Reiches die Ausbreitung der Bräuche des Handels, die schon vorher in den verschiedenen von ihnen nach und nach eroberten Ländern, vor allem in Griechenland und in den griechischen Kolonien bestanden. Diese ausländischen handelsrechtlichen Regelungen wurden allmählich in das römische Recht und zwar vorwiegend in das *ius gentium* aufgenommen. So haben die Römer wie schon ihre Vorgänger ebenfalls nicht die dem modernen Juristen geläufige Unterscheidung zwischen Handels- und Zivilrecht getroffen[32]. Dennoch führte die Aufnahme zivil- und handelsrechtlicher Bestimmungen in das *ius gentium* im praktischen Ergebnis nicht nur zu erheblichen Formerleichterungen sondern auch und vor allem zu einer gewissen Einheit des Obligationenrechts[33].

---

[23] P. REHME (a.a.O., S. 60 ff.) hat mehrere Übersetzungen der §§ 100–107 dieses Gesetzbuchs mit ausführlichen Kommentaren, vor allem zum verzinslichen Darlehen, veröffentlicht.

[24] Siehe HAMEL/LAGARDE, Traité I, S. 19.

[25] Digesten XIV. 2.

[26] Siehe etwa BEAUCHET, Histoire du droit privé de la République athénienne, Paris 1897; L. GOLDSCHMIDT, a.a.O., S. 52 ff.; P. REHME, a.a.O., S. 67 ff.

[27] «Les Grecs furent, du VIIe au IIe siècles avant J.-C. les grands banquiers de la Méditerranée orientale;... Les banquiers, dénommés τραπεζῖται ont pratiqué la plupart des opérations de banque moderne» (HAMEL/LAGARDE/JAUFFRET, Traité II, S. 633, m.w.N. in Fußnote 3). Vgl. auch L. GOLDSCHMIDT, a.a.O., S. 55 ff.

[28] Hierzu REHME, a.a.O., S. 73 (m.w.N. in Fußnote 51); vgl. auch HAMEL/LAGARDE/JAUFFRET, Traité II, S. 426 sowie L. GOLDSCHMIDT, a.a.O., S. 56.

[29] «Il a y des procès dits commerciaux (ἐμπορικαι δικαι) qui bénéficient de règles spéciales...» (HUVELIN, Etudes d'histoire, Paris 1929, S. 78). Siehe ebenfalls REHME, a.a.O., S. 71 und GOLDSCHMIDT, a.a.O., S. 55.

[30] Vor allem REHME, a.a.O., S. 70. Zwar vertritt HUVELIN (a.a.O., S. 78) die Auffassung: «il y a, au moins pour le droit maritime, des corps de droit coutumier ou législatif (εμπορικοι νομοι) qui ont leur unité et leur autonomie», fügt aber auch hinzu, «le droit hellénique n'en est pas arrivé tout à fait à la même scission que la plupart des législations modernes...».

[31] Zur Geschichte des römischen Rechts, soweit es den Handel betrifft, siehe HUVELIN, a.a.O.

[32] Mehrfach wurde die Frage nach den Gründen für das Fehlen dieser Unterscheidung aufgeworfen (vgl. GOLDSCHMIDT, a.a.O., S. 71 f.; THALLER, De la place du commerce, S. 1 ff. sowie mit umfassenden Nachweisen kritisch HUVELIN, a.a.O., S. 77 ff.).

[33] Siehe HAMEL/LAGARDE, Traité I, S. 21. Es mag interessant sein, schon hier darauf hinzuweisen, daß sich das geltende schweizerische Recht in einer vergleichbaren Situation befindet.

2. Nach einer fast vollständigen Unterbrechung während mehrerer Jahrhunderte[34] ersteht zu Eingang des Mittelalters erneut ein europäischer Handel. Damit beginnt auch die zweite Periode der Geschichte des Handelsrechtes, der die meisten Autoren entscheidende Bedeutung beimessen. In der Tat werden nicht nur die wichtigsten modernen Institute des Handels geboren und im Verlauf des Mittelalters fortentwickelt, sondern vor allem erwirbt das Handelsrecht dadurch, daß neben örtlichem Gewohnheitsrecht zivilrechtlicher Prägung spezielle, den Bedürfnissen des Handels angemessene Rechtsnormen geschaffen werden, seine Autonomie. In dieser Periode liegt die Geburt eines echten, noch nicht kodifizierten sondern statutarrechtlichen Handelsrechts[35].

Allgemein geht man davon aus, daß die Kreuzzüge die Hauptursache des außergewöhnlichen Aufschwungs waren, den der Handelsverkehr zwischen Europa und der byzantinischen und arabischen Welt im Mittelalter nahm. Es waren in der Tat Bürger der Hafenstädte Italiens[36], Frank-

---

[34] Zu Land war ökonomisch das Entstehen einer geschlossenen, überwiegend bäuerlichen Wirtschaftsform in Europa die Hauptfolge der germanischen Völkerwanderung nach dem Sturz des weströmischen Reiches Ende des 5. Jahrhunderts. Dieses ökonomische System überdauerte sogar das karolingische Reich, und erst im 11. und 12. Jahrhundert entwickelte sich der Binnenhandel erneut. Es war dies die Zeit, als die Bürger in den Städten ihre Freiheit erlangten und den Tätigkeiten des Handels und des Handwerks zu neuem Leben verhalfen. So ersetzte die städtische Wirtschaft das bäuerliche Wirtschaftssystem des hohen Mittelalters.
Der Handelsverkehr zur See hingegen scheint nur während einer kürzeren Zeit und wohl auch weniger vollständig unterbrochen worden zu sein. Seit Ende des 5. Jahrhunderts, also nach dem Zusammenbruch des weströmischen Reiches, haben Seeräuber das mittlere und westliche Mittelmeer beherrscht und die Seeverkehrswege gefährdet. Aber schon im 7. und 8. Jahrhundert verjagten die Normannen allmählich die Vandalen und Sarazenen aus Sardinien, Korsika und Sizilien und ließen sich auf diesen Inseln nieder. Etwa zur gleichen Zeit organisierten die Bürger italienischer Hafenstädte, vor allem von Genua und Pisa, Strafexpeditionen gegen die Seeräuber, griffen hierbei sogar einige Häfen Nordafrikas und Spaniens an und kehrten mit reicher Beute zurück (vgl. etwa A. RENNER, La vie culturelle du Haut Moyen-âge, in: Histoire Universelle Illustrée, Bd. II, 6. Aufl., Zürich/Lausanne/Paris etc. 1965, S. 171 ff.; J. PIRENNE, Les grands courants de l'histoire universelle, Bd. I, Neuenburg 1947, S. 412 ff.).

[35] In der französischen Doktrin benutzt man zur Kennzeichnung des mittelalterlichen Handelsrechts den Ausdruck *droit des marchands, ius mercatorum* (vgl. HAMEL/LAGARDE, Traité I, S. 23).

[36] So hat z. B. die Stadt Genua einem Aufruf Papst Urbans II. folgend, die ersten Kreuzfahrer mit ihrer Flotte unterstützt. Später, zwischen 1097 und 1110, rüsteten die Bürger von Genua mehrere Flotten aus und ermöglichten es so den Kreuzfahrern, die wichtigsten Orte Syriens in Besitz zu nehmen (vgl. M. BALARD, La République de Gênes, in: Encyclopaedia Universalis, Bd. 7, Paris 1970, S. 545). Die Führer des 4. Kreuzzuges, vor allem Boniface de Montferrat, verhandelten stattdessen mit Venedig über die Ausrüstung einer Flotte, für die sie jedoch nicht die erforderlichen Mittel besaßen. Aus diesem Grunde konnte die Republik Venedig – trotz des päpstlichen Verbots – die Kreuzfahrer von ihrem Ziel abbringen und sie als Truppen ausschließlich im eigenen Interesse zur Verwirklichung ihrer Politik einsetzen, das adriatische Meer und das östliche Mittelmeer weniger militärisch denn als Handelsmacht zu beherrschen (siehe A. BAILLY, La Sérénissime République de Venise, Paris 1946, S. 74 ff., bes. S. 88 f.; J. RICHARD, Les Croisades, in: Encyclopaedia Universalis, Bd. 5, Paris 1969, S. 148).

reichs[37], und sogar von Ländern des Nordens[38], die einige Kreuzfahrerarmeen über die Meere beförderten, sie versorgten und ihnen die Hilfe, die vom Westen gesandt wurde, zukommen ließen. Diese Händler hatten so Gelegenheit, sich regelmäßig in den wichtigsten Häfen des Mittelmeers aufzuhalten und von dort nicht nur wertvolle Waren, sondern auch neue Methoden des Handels mitzubringen[39]. Da die Kreuzzüge zur Zurückdrängung der arabischen Herrschaft führten, sind sie indirekt der Grund dafür, daß die Christen, vor allem die in Italien niedergelassenen Normannen, die Inseln des mittleren und westlichen Mittelmeers zurückerobern konnten. Dies wiederum begünstigte einen gewissen Aufschwung des Handelsverkehrs mit den Arabern in Nordafrika und Spanien.

Allerdings gab es schon einige Zeit vor den Kreuzzügen einen Seehandel. So unterhielten z.B. im 8. und 9. Jahrhundert[40] die Venetianer regelmäßige und erfolgreiche Handelsbeziehungen mit Byzanz, dem sie, jedenfalls formell, unterworfen waren. Die Händler von Genua und Pisa führten im mittleren und westlichen Mittelmeer zahlreiche Expeditionen gegen die arabischen Häfen Nordafrikas und Spaniens durch. Hieraus ergibt sich, daß die Kreuzzüge vor allem in den Hafenstädten Italiens den Handel zur See zwar begünstigt, nicht aber erst möglich gemacht haben.

Der Binnenhandel in Europa hingegen scheint erst viel später aufgeblüht zu sein. So bestand bekanntlich die wirtschaftliche und politische Macht der Städte des inneren Italiens[41] erst seit dem 12. und 13. Jahrhundert. Dieser Zeitunterschied nun ist die Grundlage einer der wichtigsten Thesen LEWIN GOLDSCHMIDTS[42]: die neuen Verfahren des Seehandels hätten sich ohne jede Änderung auch im Binnenverkehr durchgesetzt. Allerdings scheinen neuere Forschungen zu ergeben, daß «aux 12ᵉ et 13ᵉ siècles, les villes maritimes de l'Italie avaient leurs méthodes et ses villes à l'intérieur des terres, des méthodes nettement différentes»[43]. Auch darf man den wesentlichen Beitrag nicht vergessen, den die großen Messen bei der Ausdehnung des europäischen Binnenhandels im Mittelalter geleistet haben. Da sie regelmäßig zu festen Zeitpunkten abgehalten wurden, erlangten sie, vor allem in Frankreich und Deutschland, sehr schnell internationale Bedeutung[44].

---

[37] Bekanntlich verließ Saint-Louis als Führer des 7. Kreuzzuges am 25. August 1248 Aigues-Mortes, um nach Zypern zu fahren. Die französische Flotte bestand aus 38 Schiffen, von denen die Stadt Marseille 20 bewaffnet hatte. Da die Franzosen jedoch nicht über die zur Beförderung der umfangreichen Ausrüstung nach Zypern erforderlichen Transportmittel verfügten, mußte Saint-Louis mit den Republiken Genua und Venedig für ihn kostspielige Abkommen treffen, ehe diese die Güter, hauptsächlich Wein und Weizen, beförderten (vgl. A. BAILLY, Saint-Louis, Paris 1949, S.123ff., bes. S.132f.).

[38] So haben z.B., wie bekannt, friesische und englische Kreuzfahrer am 2. Kreuzzug teilgenommen.

[39] Die Einführung arabischer Ziffern hat beispielsweise die Entwicklung einer kaufmännischen Buchführung ermöglicht (siehe REHME, a.a.O., S.98).

[40] Die Venetianer, die im 6. Jahrhundert auf die Inseln der Lagune geflüchtet waren, zeigten sich Ende des 8. Jahrhunderts, also lange vor Gründung ihrer Hauptstadt Venedig im Jahre 810, sehr aktiv: «devenus d'audacieux navigateurs (sc. ils) s'en allaient trafiquer à Constantinople, dans la mer Ionienne et la Mer Noire, en Syrie et en Afrique... Ils possèdaient une industrie nationale: c'était la construction des navires. Dès le 6ᵉ siècle, on les tenait pour maîtres en cet art.» (A. BAILLY, La Sérénissime République de Venise, S.29f.).

[41] Hierbei handelt es sich vor allem um Florenz, Siena und Mailand.

[42] «Daher ein beträchtlicher Theil der Handelsrechtsinstitute des Alterthums wie des Mittelalters im Seeverkehr entstanden und – wenn überhaupt – nur allmählich auf den Binnenverkehr übertragen worden ist...» (GOLDSCHMIDT, a.a.O., S.28).

[43] HAMEL/LAGARDE, Traité I, S.23f. Vgl. auch GOLDSCHMIDT, a.a.O., S.224ff.; REHME, a.a.O., S.193. Üblicherweise werden folgende Messen genannt: Champagne, später Lyon – von Ludwig XI. gegründet, um der Messe von Genf Konkurrenz zu machen – in Frankreich; Frankfurt und Leipzig in Deutschland; Brügge und Torhout in Flandern; Medina del Campo in Spanien.

[44] Hierzu vor allem HUVELIN, Essai historique.

Schließlich hat paradoxerweise auch die Kirche mit ihrem Zinsverbot bei Darlehensgewährungen zur Entwicklung mancher spezifischer Regeln und Institute des Handels, die gerade zur Umgehung des Kanonischen Verbots ersonnen wurden, beigetragen[45].

Dieser Aufschwung des Handelsverkehrs zu Land und zur See ist überall im Europa des Mittelalters letztlich den Bürgern der Städte zu verdanken, die sich für die den Feudalherren vorwiegend während der Kreuzzüge erbrachten Dienste hoch bezahlen ließen und so recht schnell reich wurden. Auf diese Weise vermochten sie allmählich eine gewisse wirtschaftliche und politische Macht zu erlangen. Sie schufen sich ihre eigenen Rechtsregeln, um die bei Ausübung ihrer Tätigkeit neu auftauchenden Probleme zu lösen, für die das allgemeine Gewohnheitsrecht, d. h. das Zivilrecht, keine befriedigende Antwort bereithielt. Die Rechtsnormen, die das Handelsrecht des Mittelalters bildeten, sind unterschiedlicher Herkunft und Art.

Zunächst sind die Forscher der mittelalterlichen Geschichte[46] einmütig der Auffassung, daß die Innungen, die allgemein sämtliche Kaufleute desselben Gewerbezweiges umfaßten, im wirtschaftlichen und politischen Leben der meisten Handelsstädte eine erhebliche Bedeutung besaßen. Im rechtlichen Bereich sei erwähnt, daß die Innungen meistens ihre Statuten[47] von der städtischen Obrigkeit genehmigen ließen. So erklärt sich die relative Einheitlichkeit der Texte, die für die verschiedenen Gewerbe derselben Stadt galten[48]. Vor allem wurde, zumindestens am Anfang, mit diesem Standesrecht die Aufgabe verfolgt, innerhalb jedes Gewerbes sehr strenge gewerbepolizeiliche Vorschriften zu erlassen, deren Einhaltung von der Gerichtsbarkeit[49] des Innungsvorstehers[50], deren Spruch alle Innungsmitglieder anzuerkennen geschworen hatten, überwacht wurde. Aus diesen Regeln hat man ein Rechts-[51] und ein soziales Statut[52] des Kaufmanns im Mittelalter abgeleitet. Man darf daher in dem beschriebenen Standesrecht den Ursprung der

---

[45] Vgl. HAMEL/LAGARDE, Traité I, S. 24f.

[46] «Conformément à l'esprit d'équipe régnant au moyen-âge, l'artisanat fut rigoureusement organisé par le système des corporations. Il fonctionnait en Italie au 10e siècle déjà, puis la France l'adopta et, un peu plus tard seulement, l'Angleterre et l'Allemagne» (RENNER, a.a.O. [oben Anm. 34], S. 174; vgl. auch GOLDSCHMIDT, a.a.O., S. 158 ff.).

[47] L. GOLDSCHMIDT (a.a.O., S. 167 ff.) erwähnt die meisten der in den wichtigsten italienischen Handelsstädten erlassenen oder aufgezeichneten Statuten für die Kaufmannsinnungen (statuta mercatorum). Vgl. auch REHME, a.a.O., S. 84 ff.

[48] Außerdem haben die Bürger, die die Städte mitregierten, die Verfassung der Innungen der Stadtverfassung nachgebildet (GOLDSCHMIDT, a.a.O., S. 158, 163).

[49] Die Innungsvorsteher sowie die Beamten der Innung waren nur in gewerbepolizeilichen Angelegenheiten, nicht aber für Streitsachen zwischen Kaufleuten zuständig. Die Gerichtsbarkeit der Innung trägt daher mehr verwaltungs- und strafrechtlichen als zivilrechtlichen Charakter und stellt nicht einen Vorläufer der Handelsgerichtsbarkeit dar (GOLDSCHMIDT, a.a.O., S. 170 ff.).

[50] In den Hafenstädten wurden die Innungsvorsteher vielfach *Consules* genannt.

[51] Hierzu REHME, a.a.O., S. 98 ff.

[52] Allgemein standen die Mitgliedschaft in eine Innung und, daraus folgend, der Zugang zu den kaufmännischen und handwerklichen Berufen nur den Bürgern der Stadt offen, die strenge Bedingungen der Sittlichkeit, des technischen Könnens sowie materielle Voraussetzungen erfüllen mußten; hierzu RENNER, a.a.O. (oben Anm. 34) S. 174.

modernen verwaltungsrechtlichen Vorschriften über die Ausübung kaufmännischer Tätigkeiten sehen[53].

Die Kaufleute, die die wichtigen Messen[54] besuchten, kamen häufig aus verschiedenen Gegenden und Ländern. Da sie sich als Fremde nur einige Tage im Jahr in der Stadt aufhielten, konnten sie sich nicht in Innungen zusammenschließen und unterlagen auch nicht der Gerichtsbarkeit der örtlichen Innungen. Sie vermochten sich diesbezüglich auf Freiheiten – *franchises* – zu berufen, die ihnen gerade der Entwicklung der Messen wegen gewährt wurden. Auf die zahlreichen Geschäfte, die innerhalb oder nur aus Anlaß der Messe getätigt wurden, waren die örtlichen Innungsstatuten und das gemeine Gewohnheitsrecht nicht anwendbar. Folglich mußten materiellrechtliche Regeln[55] geschaffen werden, nach denen eventuelle Streitsachen zwischen Messebesuchern unter der Amtsgewalt und Aufsicht einer besonderen Gerichtsbarkeit[56] geschlichtet werden konnten. So hatte ursprünglich jede einzelne Messestadt ihr eigenes **Handelsgewohnheitsrecht**. Allerdings ist es im Gegensatz zum allgemeinen zivilrechtlichen Gewohnheitsrecht in einer zwar geschlossenen Umgebung entstanden, an der jedoch Kaufleute teilhatten, die von überall kamen und verschiedene Messen besuchten. Dementsprechend hat sich das Handelsgewohnheitsrecht der wichtigsten Messen sehr schnell durchgesetzt. Auch ist darauf hinzuweisen, daß «le droit pratiqué aux foires jouissait d'une telle réputation que, dans de nombreux contrats commerciaux du moyen-âge, il était stipulé que les règles applicables en cas de litige seraient celles qui étaient pratiquées dans tel lieu de foire célèbre. Ainsi, se développa un droit commercial uniforme qui joua un rôle capital dans l'organisation du *ius mercatorum*»[57]. Eine gleiche Entwicklung hat das Seerecht in den wichtigsten Häfen, die von ausländischen Kaufleuten besucht wurden, genommen[58].

Das Handelsgewohnheitsrecht als Ausdruck des materiellen Handelsrechts des Mittelalters findet also als Recht des Binnenhandels seinen Ursprung vorwiegend im Recht der Messen, dem *ius nundinarum*, als Seerecht im Recht der Häfen. Im Gegensatz zum zivilrechtlichen Gewohnheitsrecht

---

[53] d.h., nach unserer Terminologie, des allgemeinen Teils des Handelsrechtes (vgl. oben § 1, III 1a, S. 13).

[54] Der französischen *foire* entspricht in deutscher Sprache die Messe, der *foire locale* oder dem *marché* der Markt (GOLDSCHMIDT, a.a.O., S. 234ff.).

[55] «Les contrats de foire jouissent de garanties exorbitantes du droit commun. Le principe est… la loyauté; ce principe produit un double effet: les contrats loyalement passés en foire doivent être assurés par tous les moyens possibles, d'une fidèle exécution.» Als soches Mittel wurde u.a. das Konkursverfahren geschaffen. «En sens inverse, les contrats conclus déloyalement en foire ou présumés tels doivent être résolubles dans des conditions de rigueur toute particulière» (HUVELIN, Essai historique, S. 472f. und 483 [zum Konkurs]).

[56] Nach HUVELIN (Essai historique, S. 383ff., bes. S. 434) sind diese Messegerichte der Ursprung der modernen Handelsgerichte (vgl. auch VINCENT, L'évolution du tribunal des foires de Lyon, An.D.Co 43, 1934, S. 54ff.).

[57] HAMEL/LAGARDE, Traité I, S. 24.

[58] Das Gewohnheitsrecht wurde gelegentlich in Sammlungen aufgezeichnet. Am bekanntesten sind der «Consulat de la mer», der angeblich aus dem 11. Jahrhundert stammt, und der «Rôle d'Oléron», eine Urteilssammlung, die das Gewohnheitsrecht des Handels zur See, vor allem über dem Atlantischen Ozean, wiedergibt und deren älteste Teile dem 12. Jahrhundert zugerechnet werden (G. RIPERT, Droit maritime, Bd. I, 4. Aufl., Paris 1950, Nr. 86–88). BOURCART (a.a.O., S. 259ff., bes. S. 276) nennt darüber hinaus das «Wisby'sche Seerecht (Waterrecht)», die «Hanserecesse» und den «Guidon de la mer», der im 16. Jahrhundert in Rouen zusammengestellt wurde; vgl. auch GOLDSCHMIDT, a.a.O., S. 223.

besaß es deutlich internationalen Charakter und neigte zur Vereinheitlichung.

3. Zwar hat das Handelsrecht im Verlaufe der dritten Periode seiner Geschichte in Europa in den meisten Ländern[59] seine Autonomie bewahren können, dabei allerdings seine Internationalität und seine weitgehende Einheitlichkeit verloren. Diese Periode, die zeitlich je nach den einzelnen Ländern und je nach den Gegenständen der betreffenden Regelungen unterschiedlich angesetzt werden muß, ist durch eine klare Veränderung des Handelsrechtes gekennzeichnet, das im wesentlichen nur noch als nationales Recht existiert. Nahezu überall erscheinen nationale Gesetze, die heutzutage in den verschiedenen Bereichen des allgemeinen Handelsrechtes und des Seerechts in wohl zu großer Zahl erlassen werden[60].

In Frankreich weist man allgemein auf das *Edit sur les foires*[61] als ältesten nationalen Gesetzestext im handelsrechtlichen Bereich hin. Es wurde im November 1563 von Karl IX. erlassen. Materiellrechtlich war jedoch in Wirklichkeit seine Bedeutung sehr beschränkt[62]. Hingegen haben die beiden von COLBERT erlassenen *ordonnances du commerce des terres*[63] und *de la marine* von 1681 wesentlich stärker die Entwicklung des französischen Handelsrechts beeinflußt, da sie eine viel eingehendere Regelung enthielten, die im gesamten Königreich Frankreich anwendbar war. Der eigentliche *Code de commerce* wurde im September 1807 von Napoleon erlassen. Zwar ist er theoretisch noch immer in Kraft[64], jedoch wurden die meisten Bestimmungen geändert, ergänzt, oder von einer Vielzahl von Gesetzen, Dekreten und Verordnungen verdrängt, die heute die verschiedenen handelsrechtlichen Materien regeln.

Die Vereinheitlichung des Handelsrechtes ist in Deutschland aus offensichtlichen Gründen, die sowohl im politischen wie im rechtlichen Bereich liegen, viel jüngeren Datums. In den meisten zum Deutschen Reich gehörenden Ländern wurden jedoch lange vor der erst am 10. Mai 1897 er-

---

[59] Bekanntlich hat das Handelsrecht in Italien seine Autonomie verloren, wo es 1942, dem schweizerischen Vorbild entsprechend, in den Codice civile integriert wurde. Schon im 18. Jahrhundert hielt auch BLACKSTONE das *law merchant* des Mittelalters für einen Teil des *common law*. Und selbst in den Ländern, die herkömmlicherweise der Konzeption von der Autonomie des Handelsrechtes folgen, hat die Lehre die Frage aufgeworfen, ob es noch gerechtfertigt ist, materielles Recht, Verfahrensrecht und Gerichtsbarkeiten nach zivil- und handelsrechtlichen Bereichen zu trennen (vgl. hierzu oben § 1, Anm. 44).

[60] Hierzu unten § 3, I 3, S. 46 ff.

[61] Das Edikt wurde unter der Leitung des Kanzlers Michel de l'Hospital verfaßt.

[62] Im prozessualen Bereich waren die Auswirkungen des Edikts weitaus bedeutsamer, da es das Pariser Konsulargericht schuf.

[63] Die *ordonnance* wurde unter maßgeblichem Einfluß von J. SAVARY, Verfasser des berühmten kaufmännischen Handbuchs «Le parfait négociant», ausgearbeitet und wird daher häufig auch «Code Savary» genannt.

[64] Nach dem letzten Krieg wurde unter der Leitung von J. ESCARRA eine Kommission mit der Aufgabe gebildet, den Code de commerce systematisch zu revidieren. Augenblicklich liegt noch kein vollständiger Revisionsentwurf vor, allerdings wurde das Gesellschaftsrecht vollständig durchgesehen und ist nun in der *loi sur les sociétés commerciales* vom 24. Juli 1966 geregelt. Außerdem wurden die konkursrechtlichen Bestimmungen durch die *loi sur le règlement judiciaire, la liquidation des biens, la faillite personnelle et les banqueroutes* vom 13. Juli 1967 ersetzt.

folgten Verkündung eines deutschen *Handelsgesetzbuchs*[65] handelsrechtliche Gesetze erlassen. In erster Linie ist das *Allgemeine Landrecht für die preußischen Staaten*[66], das neben anderen Rechtsbereichen das gesamte Handelsrecht regelte, zu erwähnen, und zwar nicht nur, weil es wohl die älteste Kodifikation in Deutschland ist, sondern auch, weil es die Entwicklung des Handelsrechts in den anderen Staaten Norddeutschlands beeinflußte. Außerdem haben die deutschen Länder nach Gründung des deutschen Zollvereins Bestrebungen unternommen, das Handelsrecht zu vereinheitlichen. Die meisten unter ihnen waren bereit, in ihre interne Gesetzgebung die *Allgemeine deutsche Wechselordnung* von 1849[67] und das *Allgemeine Deutsche Handelsgesetzbuch* von 1861[68] zu übernehmen[69].

Die italienische Entwicklung hingegen verlief anders. Es scheint nämlich, daß das italienische Handelsrecht zunächst, und zwar schon relativ früh, eingehend erforscht[70], ehe es in einzelnen Staaten kodifiziert wurde[71]. Außerdem setzte man das am 31. Oktober 1882 erlassene Handelsgesetzbuch[72] schon 1942 außer Kraft, als die italienische Regierung sich schließlich für die Eingliederung des Handelsrechtes in den Codice civile von 1942 entschloß[73].

---

[65] Das HGB ist noch heute in Deutschland und in Österreich in Kraft, wurde jedoch mehrfach geändert und ergänzt. Zu nennen ist vor allem das Aktiengesetz vom 30. Januar 1937, ersetzt durch das Aktiengesetz vom 6. September 1965.

[66] Vgl. hierzu REHME, a.a.O., S. 228 ff.

[67] Nachdem der deutsche Bundestag sich am 12. Juni 1848 aufgelöst hatte, beschloß die an seine Stelle tretende Nationalversammlung am 25. November 1848, die Wechselordnung als Reichsgesetz anzunehmen und mit Wirkung vom 1. Mai 1849 im gesamten deutschen Reich in Kraft zu setzen. Da die Nationalversammlung nur vorübergehend bestand, wurde die Allgemeine deutsche Wechselordnung dann zwischen 1848 und 1862 als Landesgesetz in allen Ländern eingeführt (siehe P. GIDE/CH. LYON-CAEN/J. FLACH/J. DIETZ, Code de commerce allemand et loi allemande sur le change, traduits et annotés, Paris 1881, S. XXII ff.; REHME, a.a.O., S. 238 f.).

[68] Der Entwurf wurde während der letzten Sitzung der Konferenz von Nürnberg am 27. Februar 1861 angenommen, dann der Bundesversammlung überreicht, die die Länder einlud, ihm Gesetzeskraft zu verschaffen. Dies geschah in den meisten Staaten zwischen 1861 und 1868; vgl. GIDE/LYON-CAEN/FLACH/DIETZ, a.a.O. (Anm. 67), S. XXVII ff.; REHME, a.a.O., S. 239 ff.

[69] Durch Bundesgesetz vom 5. Juni 1869 erlangten die Allgemeine deutsche Wechselordnung und das Allgemeine deutsche Handelsgesetzbuch im gesamten Gebiet des Norddeutschen Bundes Geltung, durch Reichsgesetz vom 16. April 1871 wurden sie zu Reichsgesetzen erklärt und konnten nun im gesamten Deutschen Reich angewandt werden (siehe REHME, a.a.O., S. 249, 251 f.).

[70] Das erste wissenschaftliche Werk erschien 1553 in Venedig. Ein Jahr zuvor wurde ebenfalls in Venedig eine Entscheidungssammlung der *Rota*, des berühmten Handels- und Seegerichts Genuas, veröffentlicht (BENVENUTO STRACCA, Tractatus de mercatura seu mercatore, Venedig 1553; BELLONIUS, Rotae Genuae de mercatura et rebus ad eam pertinentibus decisiones, Venedig 1552; hierzu REHME, a.a.O., S. 178 ff.; K. WIELAND, Handelsrecht, S. 10 f., insbes. die allgemeine Fußnote; HAMEL/LAGARDE, Traité I, S. 27 f.).

[71] Genannt seien in Sardinien die Ordonnanz über das Seewesen von 1717 und die Gesetze von Viktor Amadeus II. von 1723 mit Normen über Wechsel und Handelsbücher; in Modena das Gesetzbuch von Francisco III. mit Bestimmungen über die Messen, Märkte und Handelsgesellschaften; in Venedig die Wechselordnung von BALDASSERONI sowie das Gesetz über die Handelsmarine von 1786 (vgl. DE SOLA CANIZARES, a.a.O., S. 27). Während der Restauration behielten viele italienische Staaten den französischen Code de commerce bei, der in Italien während des französischen Kaisertums eingeführt worden war (DE SAINT-JOSEPH, a.a.O., S. XIII).

[72] Zuvor gab es schon das Handelsgesetzbuch von 1865, das vollständig auf dem Gesetzbuch Sardiniens von 1842 aufbaute, das seinerseits eine recht getreue Nachbildung des französischen Code de commerce darstellte.

[73] Hierzu oben § 1, IV 1, S. 19.

4. Die Existenz vieler nationaler Gesetze, die je nach den Ländern[74] vielfach sehr unterschiedliche materiellrechtliche Regelungen enthalten, erleichtert nicht gerade die Entwicklung des internationalen Handels. Jedoch hat für das europäische Handelsrecht seit einer gewissen Zeit die vierte Entwicklungsperiode begonnen. Durch Aufstellung **internationaler**[75] und **supranationaler**[76] **Normen** findet es mehr und mehr seine Einheit im internationalen Bereich wieder.

II. Die Entwicklung des Handelsrechts in den schweizerischen Kantonen

Eine systematische Darstellung der Entwicklung der unterschiedlichen kantonalen Regelungen im handelsrechtlichen Bereich wurde unseres Wissens in der Schweiz weder allgemein[77] noch im engeren Rahmen eines oder mehrerer Kantone unternommen[78]. Während zudem in anderen Ländern eine Handelsrechtswissenschaft schon vor der französischen Revolution existierte, lassen sich kein einziges Buch und keine Lehrveran-

---

[74] Die wichtigsten dieser nationalen Handelsgesetzbücher haben vielfach den Gesetzgebern anderer Länder als Muster gedient. So blieb bekanntlich der französische Code de commerce in vielen europäischen Staaten noch nach der Restauration in Kraft. Außerdem war er Vorbild von Handelsgesetzen in weiteren Ländern. Das deutsche HGB hat vorwiegend in Zentral- und Osteuropa Einfluß ausgeübt (DE SAINT-JOSEPH, a.a.O., S.XII ff.; REHME, a.a.O., S. 286 ff.).

[75] Hierzu unten § 3, II 1, S. 49 ff.

[76] Zu nennen sind die im Rahmen der Europäischen Wirtschaftsgemeinschaft unternommenen Bemühungen, im Gebiet der Mitgliedstaaten die handelsrechtlichen Regelungen zu vereinheitlichen (vgl. unten § 3, II 2, S. 51 ff.).

[77] Im geschichtlichen Teil seines Werkes weist EUGEN HUBER (System und Geschichte des schweizerischen Privatrechtes, Bd. 4, Basel 1893, S. 46 ff., 64 ff., 902 ff.) mehrfach auf die Bedeutung des Stadtrechtes hin, das sich in den Messestädten und in den Innungen entwickelt hat. Seine systematische Darstellung beschränkt sich jedoch auf das Obligationenrecht und enthält so keine Untersuchungen zu kantonalen Bestimmungen im handelsrechtlichen Bereich.

[78] Zwar gibt es bedeutende Untersuchungen zum Zivilrecht und zur Geschichte des Handels und der Industrie, insbesondere des Zunftwesens, in einigen Kantonen, jedoch befaßt sich unseres Wissens keine davon speziell mit der Entwicklung der handelsrechtlichen Normen der Stadt- und Kantonalrechte. Vgl. z. B. J.-F. BOYVE, Remarques sur les loix et Statuts du Pays de Vaud, Neuenburg 1756; P. QUISARD, Le commentaire coutumier du Pays de Vaud, hg. von JOHANNES SCHNELL und ANDREAS HEUSLER, ZSR 13, 1864 und 14, 1865 (Sonderdruck); E. FREY, Die Quellen des Basler Stadtrechtes, namentlich die Gerichtsordnung von 1719, Basel 1830; H. RENNEFAHRT, Die Rechtsquellen des Kantons Bern, Bd. I, Stadtrechte, Teil 1 und 2: Das Stadtrecht von Bern, Aarau 1971; vgl. auch T. GEERING, Handel und Industrie der Stadt Basel, Zunftwesen und Wirtschaftsgeschichte bis zum Ende des XVII. Jahrhunderts, Basel 1886; H. SIEVEKING, Zur Zürcherischen Handelsgeschichte, Jahrbuch für schweizerische Geschichte 35, 1910, S. 69 ff.; A. BABEL, Histoire économique de Genève, des origines au début du XVIe siècle, 2 Bde., Genf 1963.

staltung[79], die dem Handelsrecht der alten Eidgenossenschaft gewidmet wären, nennen. Es fragt sich mithin, ob es im kantonalen Recht überhaupt ein Handelsrecht als eigenständige rechtswissenschaftliche Disziplin gab.

1. Man hat vielfach darauf hingewiesen, daß der Tätigkeit der Kaufleute, Gewerbetreibenden und Handwerker seit langem und auch noch heutzutage in der schweizerischen Wirtschaftsgeschichte eine den meisten anderen europäischen Ländern zumindestens vergleichbare, wenn nicht sogar größere Bedeutung beizumessen ist. Außerdem scheinen diese Tätigkeiten sich im Laufe der Jahrhunderte in den einzelnen Kantonen und den ihnen benachbarten Regionen ungefähr gleichartig, wenn auch gelegentlich mit einer gewissen Zeitverschiebung entwickelt zu haben. Zwar überwog, wie im übrigen auch sonstwo, über einen langen Zeitraum die Agrarwirtschaft auf dem Land und in den Bergregionen[80]. In den Städten hingegen errangen die Bürger sehr rasch politische und wirtschaftliche Freiheit. In den meisten Städten des Mittelalters schufen sie sich ein Zunftwesen[81], das bis zum Zusammenbruch der alten Eidgenossenschaft als starres System fortbestand. Auch haben während des gesamten Mittelalters einige schweizerische Messen – zu nennen sind hier vor allem Genf[82] und Zurzach[83] – einen bedeutenden Platz im schweizerischen Binnen-, aber auch im europäischen Handel eingenommen. Folglich sollte man, jedenfalls in den städtischen Kantonen, eine Gewerbeordnung, die ihren Ursprung im Zunftwesen hätte, und ein Handelsgewohnheitsrecht, vergleichbar dem anderer Länder Europas, finden können. Es würde zu weit gehen, wollte man behaupten, derartige Regelungen habe es nicht gegeben. Statt dessen sollen gewisse äußere Umstände betont werden, die die Entwicklung des Handels und der Industrie in der Schweiz entscheidend geprägt haben.

---

[79] Siehe oben S. 22, Anm. 6.
[80] Vgl. z. B. F. KUNDERT, Die Lebensmittelversorgung des Landes Glarus bis 1798, Glarus 1936.
[81] Siehe GEERING, a.a.O. (oben Anm. 78); H. GUTZWILLER, Die Zünfte in Freiburg i. Ü. 1460–1650, Freiburg 1949.
[82] F. BOREL, Les foires de Genève au XVe siècle, Genf/Paris 1892; J.-F. BERGIER, Les foires de Genève et l'économie internationale de la Renaissance, Diss. Genf 1963. Es ist allerdings darauf hinzuweisen, daß die französischen Könige im 15. Jahrhundert die Lyoner Messen als Konkurrenz zu den Genfer Messen gründeten, die daraufhin seit dem Beginn des 16. Jahrhunderts ihre internationale Bedeutung verloren.
[83] «Jusqu'au XVIIIe siècle, Zursach fut à la fois le centre du commerce intérieur de la Suisse et le rendez-vous des marchands de l'Allemagne du Sud, de la France, de l'Italie, de la Hollande...» (F. SCHWAB, Industrie et commerce, in: Dictionnaire historique et biographique de la Suisse, Bd. 4, Neuenburg 1928, S. 224).

Ausländische, vorwiegend italienische Händler haben die Schweizer mit dem internationalen Handel vertraut gemacht. In der Tat führte der Warentransport zwischen den wichtigsten Handelszentren des mittelalterlichen Europa notwendig durch die Schweiz. Wenn italienische Kaufleute sich nach Deutschland oder Flandern begeben wollten, mußten sie die Alpenpässe, zunächst die Pässe Graubündens, dann seit dem 12. Jahrhundert den Gotthard[84], überqueren. Die Händler Südfrankreichs, die nach Süddeutschland reisten, und die Kaufleute Deutschlands, die nach Lyon oder Marseille gingen, benutzten regelmäßig die Straßen der schweizerischen Hochebene[85]. Diese bevorzugte geographische Lage ihres Landes haben die Schweizer auch gut zu nutzen gewußt. Zu Beginn «ils bornèrent leur participation commerciale à faciliter le passage des caravanes en leur accordant une protection spéciale d'escorte, en s'occupant de l'entretien des routes, des ponts et des voies fluviales, de l'installation d'entrepots, de l'organisation des transports»[86]. Man hat daher gelegentlich die europäische Bedeutung nicht nur dieser Verbindungswege[87], sondern auch dieses echten Transporthandels[88] in der Wirtschaftsgeschichte der alten Eidgenossenschaft hervorgehoben.

Später hingegen folgten die Stadtbürger dem Beispiel der ausländischen Händler, deren Warentransport sie zunächst erleichtert, dann organisiert hatten. Ein weiterer, bis zu einem gewissen Grad ebenfalls außerschweizerischer Umstand trug seit dem 15. Jahrhundert stark zum Aufschwung des weit über die Grenzen des Landes reichenden Handels der Schweiz bei. Die ausländischen Fürsten, die die Militärhilfe der Eidgenossen in Anspruch nahmen, waren gezwungen, schweizerischen Händlern außergewöhnliche Handelsprivilegien zu verleihen. So mußten z.B. seit 1426 für schweizerische Waren im Herzogtum Mailand nahezu keine Zoll- und Wegegelder bezahlt werden[89]. Darüber hinaus wurde vor allem im Friedensvertrag von Ensisheim, den Frankreich und die eidgenössischen Kantone am 28. Oktober 1444 nach der Schlacht von St. Jakob an der Birs schlossen, der Grundsatz der Handelsfreiheit zugunsten der Angehörigen beider Länder verankert und später mehrfach, im 15. und 16. Jahrhundert, durch die französischen Könige bestätigt[90].

---

[84] Zur politischen und wirtschaftlichen Bedeutung des Gotthardpasses siehe R. DURRER, Premiers combats de la suisse primitive pour la liberté, Übersetzung von A. REYMOND, in: Histoire militaire de la Suisse, Bd. 1, Bern 1915, S. 46 ff.; vgl. auch J.-F. BERGIER, Géographie des cols des Alpes à la fin du moyen-âge, quelques remarques d'ordre méthodologique et chronologique sur le trafic alpin, Bulletin annuel de la Fondation suisse, Heft 4, Paris 1955.

[85] Vgl. etwa E. AUDETAT, Verkehrsstraßen und Handelsbeziehungen Berns im Mittelalter, Diss. Bern, Langensalza 1921.

[86] SCHWAB, a.a.O. (oben Anm. 83), S. 224.

[87] A. HÄRRY, Die historische Entwicklung der Schweizerischen Verkehrswege, Frauenfeld 1911; J.-F. BERGIER, Pays de Vaud et trafic international du XIIIe au XVIIIe siècles, Revue historique vaudoise 63, 1955, S. 198 ff.

[88] G. BÖRLIN, Die Transportverbände und das Transportrecht der Schweiz im Mittelalter, Zürich 1896; siehe auch CH. BABAIANTZ, L'organisation bernoise des transports en pays romand (XVIIe siècle), Diss. Lausanne 1961.

[89] «Lorsque Francesco Sforza fut parvenu à ceindre la couronne ducale, il chercha à nouer des relations d'amitié avec les Confédérés pour être en mesure de tenir tête à ses nombreux ennemis italiens. Il leur confirma, le 17 avril 1450, à Lodi, les exemptions de taxes dont ils jouissaient depuis 1426 pour les marchandises suisses jusqu'aux fossés de Milan (à l'exception des douanes de Locarno et d'Arona)» (KARL MEYER, Politique transalpine et expéditions des Confédérés au-delà des Alpes jusqu'à la victoire de Giornico, in: Histoire militaire de la Suisse, Bd. 1, Heft 3, Bern 1915, S. 67).

[90] ELLA WILD, Die Eidgenössischen Handelsprivilegien in Frankreich 1444–1635, Mitteilungen zur vaterländischen Geschichte, Bd. 32, St. Gallen 1915; GEERING, a.a.O., S. 16 ff.; HERBERT LÜTHI, Die Tätigkeit der Schweizer Kaufleute und Gewerbetreibenden in Frankreich unter Ludwig XIV. und der Regentschaft, Aarau 1943.

Es waren die schweizerischen Kaufleute, und ganz besonders die Bürger St. Gallens, die diese Freiheit tatsächlich am stärksten nutzten. «La paix perpétuelle de 1516 avec la France garantit au XIII cantons et à leurs alliés – les Grisons, le Valais, Saint-Gall et Mulhouse –, outre les privilèges des foires de Lyon, la liberté de faire du commerce et d'exercer un métier dans toute l'étendue du royaume. Les nouveaux péages et les redevances que le gouvernement pourrait introduire dans la suite ne devaient pas être appliqués aux négociants suisses.»[91]

Schließlich sei auf einen letzten nichtschweizerischen Umstand hingewiesen, der in der Entwicklung des Handels und vor allem bei der Schaffung der Industrie im 16. und 17. Jahrhundert einen erheblichen, wenn nicht gar einen überragenden Anteil hatte: es handelt sich um die sog. Refugianteneinwanderung[92]. Die Gegenreformation zwang nämlich zahlreiche Italiener und Franzosen, ihr Land aus religiösen Gründen zu verlassen und in den wichtigsten Städten der Schweiz, die den reformierten Glauben angenommen hatten, Zuflucht zu suchen. Manche dieser Einwanderer hatten in ihren Heimatländern technische Fertigkeiten erworben, die die schweizerischen Handwerker nicht besaßen. Im übrigen brachten sie gelegentlich bedeutendes Kapital und Ausrüstungen mit. So konnten sie mit Unterstützung der Behörden, und weil sie nicht dem Zunftwesen unterlagen, wirkliche Gewerbebetriebe in der Form von Fabriken gründen. Schon 1555 nahm – um ein Beispiel zu nennen – die Zürcher Weberei- und Seidenspinnerei-Industrie dank der Flüchtlinge aus Locarno einen neuen Aufschwung[93]. Später gründeten ebenfalls Flüchtlinge in Genf Industrien, vorwiegend Uhrenfabriken und Goldschmiedebetriebe, die den Grund für den Reichtum der Stadt im 18. Jahrhundert legten[94].

2. Unter rechtlichen Gesichtspunkten muß man klar zwischen zwei verschiedenen Arten von Regeln im Handelsrecht des *ancien régime*, die in den wichtigsten Städten der alten Eidgenossenschaft galten, unterscheiden. Zum einen gab es gewerbepolizeiliche Vorschriften[95] sowie Bestimmungen über die Organisation der kaufmännischen, handwerklichen und gewerblichen Berufsarten[96]. Sie waren in den internen Zunftordnungen[97] bzw.

---

[91] ED. FEER, France, II. Relations économiques, in: Dictionnaire historique et biographique de la Suisse, Bd. III, Neuenburg 1926, S. 169 ff.

[92] Siehe GEERING, a.a.O., S. 6 ff.; W. BODMER, Der Einfluß der Refugianteneinwanderung von 1550–1700 auf die schweizerische Wirtschaft, Zeitschrift für schweizerische Geschichte, Beiheft 3, Zürich 1946.

[93] Vgl. GEERING, a.a.O., S. 8 sowie K. SULZER, Zürcherische Handels- und Gewerbepolitik im Zeitalter des Absolutismus, Diss. Zürich, Aarau 1944, S. 122 ff.

[94] A. BABEL, Histoire corporative de l'horlogerie, de l'orfèvrerie et des industries annexes, Mémoires et documents publiés par la Société d'histoire et d'archéologie de Genève, Nr. 33, Genf 1916; DERSELBE, La fabrique genevoise, Neuenburg/Paris 1938.

[95] Ganz allgemein unterlag der Zugang zu den kaufmännischen und handwerklichen Berufen recht strengen Regeln, wie etwa über die berufliche Ausbildung, die nachgewiesen werden mußte. Darüber hinaus durften häufig nur die Bürger der Stadt oder diejenigen, die in die Zünfte aufgenommen waren, einen dieser Berufe ausüben. Im übrigen waren die Vertreter der Zünfte oder die städtische Obrigkeit verpflichtet, in regelmäßigen Abständen die Qualität der zum Verkauf angebotenen Waren in den Verkaufsläden zu überprüfen; vgl. GEERING, a.a.O., S. 120 sowie BOYVE, a.a.O. (oben Anm. 78), S. 232 f.

[96] Normalerweise regelten sie sehr genau das Verhältnis zwischen dem Meister und seinen Lehrlingen und Gesellen.

[97] Jedoch spielten die Zünfte nicht in allen Kantonen eine wichtige Rolle. So bestand beispielsweise in Bern stets der Grundsatz der freien Ausübung kaufmännischer und handwerklicher Berufe, da die Zünfte im wirtschaftlichen Bereich praktisch keinen Einfluß besaßen.

Verordnungen[98] enthalten, die einige Kantone der alten Eidgenossenschaft erließen. Den durch sie geregelten Bereich kann man heute als Verwaltungs- und Strafrecht des Handels bezeichnen[99]. Zum anderen muß es auch materiellrechtliche Normen betreffend die verschiedenen privatrechtlichen Institute des Handels, also vor allem die hauptsächlichen kaufmännischen Verträge, die Handelsgesellschaften und die Handelswechsel, gegeben haben. In den meisten Kantonen scheint man diese materiellrechtlichen Vorschriften nicht vom Zivilrecht unterschieden und als Teil eines eigenständigen Rechtsgebiets angesehen zu haben. Außerdem galt für Handelssachen allgemein keine besondere Gerichtsbarkeit[100], ob als Zunft- oder Konsulargerichtsbarkeit. Sie wurden vielmehr von den ordentlichen Gerichten, gelegentlich von Schiedsgerichten entschieden.

Es kann nicht unsere Aufgabe sein, hier die Wirtschaftsgeschichte der Stadt, dann der Republik Genf unter dem Ancien Régime zusammenfassend darzustellen[101]. Dennoch soll kurz darauf hingewiesen werden, daß die Zünfte der Stadt Genf rechtlich keinerlei Bedeutung besaßen[102], da sie im Gegensatz zu den Zünften der wichtigsten Handelsstädte der Schweiz, wie vor allem Basel und St. Gallen, keine Kompetenz besaßen, Reglemente zu erlassen oder Streitsachen zu entscheiden. Deshalb finden sich die Quellen des Genfer Handelsrechtes nicht in den Zunftreglementen sondern zunächst im Handelsgewohnheitsrecht, das in Genf seit dem frühen Mittelalter galt, und dann in den von der politischen Obrigkeit erlassenen Edits und Ordonnances. Als ältesten amtlichen Text muß man natürlich die *Coutumes, ordonnances, franchises et libertés de la Ville de Genève* nennen, die ADHÉMAR FABRY, Prince et Evêque von Genf, 1387 aufzeichnen ließ und in denen er die alten politischen und gerichtlichen Freiheiten, die zugunsten der Bürger seit langem bestanden, sowie einige alte Regeln des Handelsgewohnheitsrechtes[103] feierlich auf ewig bekräftigte[104]. Nach der

---

[98] Vgl. etwa die Basler Gerichtsordnung von 1719, die auf Vorschlag des Directoriums der Kaufmannschaft die Einrichtung eines Handelsregisters schuf.

[99] In manchen Kantonen waren die Zünfte befugt, die Zunftgenossen, die gewerbepolizeiliche Regelungen verletzt hatten, zu bestrafen.

[100] Anders in Basel, wo mehrere besondere Gerichte, die wahrscheinlich auf Ursprünge im Zunftwesen zurückgeführt werden können, über echte Handelssachen zu entscheiden hatten. In St. Gallen saßen Vertreter der Zünfte im Gericht der Sieben, einem Gericht der ordentlichen Gerichtsbarkeit, das für zivilrechtliche Streitigkeiten mit Ausnahme von Ehesachen zuständig war.

[101] Wir meinen, wir dürften in diesem Zusammenhang einige Hinweise zum genferischen Recht geben, und dies nicht nur, weil es uns relativ leicht zugänglich war, sondern auch und vor allem, weil es ein typisches Beispiel handelsrechtlicher Regelung gewohnheitsrechtlichen Ursprungs, das im Zivilrecht aufging, darstellt.

[102] Vgl. hierzu A. BABEL, Genève a-t-elle été au moyen-âge une ville jurée? in: Mélanges offerts à Paul Edmond Martin, Genf 1961, S. 401 ff.

[103] «Coutumes, ordonnances, franchises et libertés de la Ville de Genève, Recueillies et publiées en 1387 par Adhémar Fabry, Prince et Evêque de l'Eglise et de la dite Ville de Genève confirmées par Félix V., administrateur de cette Eglise en 1444», Genf 1747. Sie wurden 1444 von Amadeus VIII. feierlich bekräftigt, der nach seiner Abdankung als Herzog von Savoyen 1439 unter dem Namen Felix V. Papst und Verweser der Genfer Kirche wurde.

[104] Vgl. vor allem Art. 16, 17, 24, 26, 29, 30, 33, 42, 43, 45, 46, 47, 48, 51... der *franchises*.

§ 2   Die Entwicklung des Handelsrechts in den schweizerischen Kantonen   37

Reformation hat dann die Obrigkeit der Republik die berühmten *Edits de la République*[105] sowie im Bereich des Handels zahlreiche Einzelverordnungen[106] erlassen und verkündet.

Unter den Quellen des alten Genfer Rechts ist besonders das *Règlement sur le commerce* zu erwähnen, das am 6. September 1698 vom Conseil des Deux-Cents angenommen und am 11. Februar 1699 veröffentlicht wurde[107]. Es handelt sich um einen wichtigen Gesetzestext, einmal weil er Bestimmungen zum Statut der Händler und privatrechtliche Normen über die Gesellschaften, die Makler, die Wechsel und den Konkurs enthält[108], zum anderen und vor allem, da er den Geltungsbereich eines schon in der Verordnung vom 18. Dezember 1696[109] enthaltenen Grundsatzes näher bestimmt und seine Anwendbarkeit anordnet. Art. 3 dieses Règlement bestimmt nämlich im einzelnen, «que tous les négociants... seront obligés de se faire inscrire ou immatriculer sur un livre qui sera tenu dans la Chambre du Négoce, dans lequel on inscrira leurs noms et surnoms, ainsi que tous ceux qui auront part dans une société... Que tous les associés seront obligés d'insérer dans leur inscription les clauses de leurs sociétés qui auront quelque rapport au public; et qu'arrivant pendant le cours de la société quelque changement aux susdites clauses, les associés seront obligés de les faire incontinent enregistrer au susdit livre afin que le public en soit instruit; entendants que le susdit livre sera communiqué à tous ceux qui le désiront»[110]. Dieses, *Livre des inscriptions des*

---

[105] Die 1568 von GERMAIN COLLADON verfaßten «Edits civils» wurden unter dem Ancien Régime mehrfach geändert und ergänzt. Hinzuweisen ist vor allem auf den Text, dem der Conseil général de la République am 5. Oktober 1713 zustimmte. Die «Edits civils» stellen gleichzeitig das Zivilgesetzbuch und die Zivilprozeßordnung der alten Republik Genf dar und blieben bis zur Angliederung Genfs an Frankreich im Jahre 1798 in Kraft. MONTESQUIEU spricht sich im «Esprit des lois» (Buch 20, Kap. 15) lobend über sie aus. Im handelsrechtlichen Bereich enthielten die «Edits civils» recht vollständige und genaue Vorschriften über die Gesellschaften, die Wechselagenten, die Warenmakler, die Wechsel, den Konkurs sowie über das Schiedsverfahren (siehe Edits civils de la République de Genève, approuvés en Conseil général le 5 octobre 1713, Titel XVI-XVIII, XXVI sowie Titel I Art. 33, Genf 1735). Schon Art. III des Titels XV des vom Conseil général am 29. Januar 1568 bestätigten Textes enthielt den Grundsatz der solidarischen Haftung der Gesellschafter, d.h., der «marchands et autres faisans marchandise et traficque ayans société ensemble...» (vgl. RIVOIRE, a.a.O., Bd. III, S. 201).

[106] Die meisten *Ordonnances* regelten einzelne Berufe. Vgl. beispielsweise die Ordonnances et règlement sur l'état des horlogers vom 20. Januar 1601, die Ordonnances pour l'art de l'horlogerie vom 10. März 1690, die Ordonnances sur la profession et commerce d'orfèvrerie vom 8. April 1566, mehrfach, vor allem am 27. Juli 1753 geändert, sowie die Ordonnances sur la profession et commerce d'orfèvrerie, Genf 1777. Hierzu RIVOIRE, a.a.O., Bd. III, S. 470ff.; Bd. IV, S. 553ff.).

[107] RIVOIRE, a.a.O., Bd. IV, S. 649 ff.

[108] Sie wurden im übrigen in den Edits civils adoptés en Conseil général le 5 octobre 1713 bestätigt.

[109] RIVOIRE, a.a.O., Bd. IV, S. 615.

[110] RIVOIRE, a.a.O., Bd. IV, S. 649. Hierzu enthalten die «Edits civils de la République» in der Fassung von 1713 die folgenden Bestimmungen:

«II. Tous les négocians seront obligés de s'inscrire dans un livre, qui sera dans la chancellerie, pour être veu d'un chacun; et ce par leur noms et surnoms et celui de leurs associés sous le nom de Compagnie, en Commandite ou autrement. Ils inséreront dans ce livre, dans le mois, s'ils ont des associés, les clauses de leur société qui peuvent intéresser des tiers et les changements qu'ils y feront dans le temps d'iceux, à peine d'amende et des dommages et interests de partie civile, mais à l'egard des contes en participation il ne sera pas nécessaire de les enregistrer.»

«III. Ils feront aussi enregistrer dans ce livre, sous les mêmes peines, les procurations qu'ils donneront à leurs facteurs, agens ou domestiques, pour agir, gérer ou négotier en leur nom et leur révocations d'icelles.»

«V. Défenses très expresses sont faites à tous négocians, de faire rouler leur négoce sous un *sociétés des négociants enregistrés en chancellerie* genannte Register wurde mehr oder weniger regelmäßig vom 25. April 1699 bis zum 18. Juli 1805 geführt[111]. Es handelt sich hierbei wohl, jedenfalls in der Schweiz, um das älteste Handelsregister im modernen Sinne, das im Interesse Dritter eingerichtet wurde[112]. Später schuf man weitere Register, so hauptsächlich in Basel auf der Grundlage der 1719 auf Vorschlag des Directoriums der Kaufmannschaft erlassenen Gerichtsordnung[113], die sich ausdrücklich auf das Genfer Vorbild bezog.

Hingegen haben weder die Edits civils noch das Règlement sur le commerce im verfahrensrechtlichen Bereich zwischen Zivil- und Handelssachen unterschieden. In gleicher Weise unterlagen diese Streitigkeiten der ordentlichen Gerichtsbarkeit, genannt *juridiction du Lieutenant*, ausnahmsweise wurden sie auch im Schiedsverfahren entschieden[114].

3. Sehr vereinfacht lassen sich die einzelnen **kantonalen Gesetze des 19. Jahrhunderts im handelsrechtlichen Bereich** in zwei deutlich voneinander geschiedene Gruppen einteilen[115].

Zum einen gab es eine kleine Gruppe von Kantonen, die vor allem zur Zeit der französischen Konsularregierung und des auf sie folgenden Kaiserreichs an Frankreich angegliedert waren. Rechtlich standen sie sehr stark unter französischem Einfluß und ließen sämtliche Bestimmungen des *Code de commerce* in Kraft oder führten ihn in ihre Rechtsordnung ein[116]. Folglich

---

autre nom que sous celui de ceux qui y ont véritablement part, à peine d'amende et d'être tenus pour banqueroutiers frauduleux s'ils font faillite.»
(Edits civils de la République de Genève, approuvés en Conseil Général le 5 octobre 1713, Genf 1735, Titel XVI, S. 66 f.)

[111] H. LEFORT, Le registre du commerce et les raisons de commerce, Genf 1884, S. 5 ff.

[112] E. HIS (Berner Kommentar, Das Handelsregister, Vorbemerkung, Entstehungsgeschichte des schweizerischen Handelsregisters, S. 1 ff.) nennt in seiner geschichtlichen Einführung einige Beispiele älterer Handelsregister in Italien, Spanien und Deutschland. Teilweise scheinen sie jedoch auf die Zünfte zurückzuführen zu sein.

[113] Vgl. § 380 der Stadtgerichtsordnung aus dem Jahre 1719 (L. SIEGMUND, Zur Geschichte der Gesetzgebung über Ragionenbuch und Wechselrecht in Basel, ZSR 1, 1882, S. 79 ff.).

[114] «Les sentences arbitrales devront être présentées au Conseil pour être autorisées et déclarées exécutoires ou au Lieutenant si elles ont été rendues sur des procès ventilans par devant lui...» (Edits civils de la République approuvés en Conseil Général le 5 octobre 1713, Genf 1735, Titel I, Art. 33, S. 10). Erstaunlicherweise hat die Obrigkeit der Republik im übrigen in wenigstens drei Verordnungen den Genfer Bürgern verboten, vor ausländischen Gerichten ohne Genehmigung des *Petit Conseil* zu plädieren (RIVOIRE, a.a.O., Bd. III, S. 511; Bd. IV, S. 191, 379).

[115] Vgl. zu den großen zivilrechtlichen Kodifikationen des 19. Jahrhunderts in den einzelnen Kantonen F. ELSENER, a.a.O. (oben Anm. 2), S. 47 ff. sowie zu den wichtigsten Gesetzen des 19. Jahrhunderts im handelsrechtlichen Bereich, soweit sie 1844 in Kraft waren, A. DE SAINT-JOSEPH, a.a.O., S. 376 ff. Zum Wechselrecht siehe die Botschaft des Bundesrates zu einem Gesetzentwurfe, enthaltend schweizerisches Obligationen- und Handelsrecht vom 27. November 1879 (BBl 1880 I, S. 151 ff.).

[116] Art. 74 der *Loi genevoise sur l'organisation provisoire de l'ordre judiciaire* vom 6. Januar 1815 und Art. 36 der *Loi transitoire sur l'organisation judiciaire* vom 20. Februar 1816 ließen in Genf die französischen Code civil und Code de commerce in Kraft. Außerdem wurde die unter dem Kaiserreich geschaffene besondere Gerichtsbarkeit des Tribunal de commerce beibehalten (A. FLAMMER, Lois civils et commerciales qui constituent, avec les codes, la législation du

haben die Juristen in diesen Kantonen entsprechend dem französischen Vorbild ein vom Zivilrecht zu trennendes, als eigenständige Rechtsdisziplin zu verstehendes Handelsrecht anerkannt.

Zum anderen bestand eine große Gruppe, die sämtliche anderen Kantone umfaßte. Sie schufen im allgemeinen zwar ein Zivil-, nicht aber ein Handelsgesetzbuch und begnügten sich mit dem Erlaß einiger handelsrechtlicher Spezialgesetze[117]. Die Mehrzahl der schweizerischen Juristen ist so wohl der alten These von der grundsätzlichen Einheit des Privatrechtes, die ein eigenständiges Handelsrecht nicht zuläßt, treu geblieben.

III. Die Vereinheitlichung des schweizerischen Handelsrechts

Nach dem Zusammenbruch der alten Eidgenossenschaft im Jahre 1798 bestimmten revolutionäre Ideen und, etwas später, liberale Theorien wie aber auch die immer enger werdenden Beziehungen zwischen den Kantonen seit Beginn des 19. Jahrhunderts einige Schweizer Juristen, sich für die Schaffung einheitlicher Normen des Privatrechts für das gesamte Gebiet der Eidgenossenschaft einzusetzen[118]. Bekanntlich beschränkten sich die Einigungsbestrebungen zunächst auf das Handelsrecht. Sie wurden im Jahre 1883 mit dem Inkrafttreten eines Bundesgesetzes zum Obligationen- und Handelsrecht gekrönt[119].

Canton de Genève, Genf 1859, S. 1; vgl. auch P.-F. BELLOT, Exposé des motifs de la loi sur la procédure civile pour le Canton de Genève, Genf 1821, S. 1 ff., 26).

Im Jura galten trotz der Art. 14 und 15 des Acte de réunion vom 14. November 1815, die die Außerkraftsetzung der französischen Gesetze im Gebiete des alten Bistums Basel vorsahen, der Code civil und der Code de commerce bis zum Zeitpunkt des Inkrafttretens des Bundesgesetzes über das Obligationenrecht im Jahre 1883 und des schweizerischen Zivilgesetzbuches im Jahre 1912 (A. BERNEL, Le droit du code civil français applicable au Jura Bernois, Diss. Bern, Genf 1955, S. 16 ff.; außerdem G. VOGT, Einheit der Civilgesetzgebung im Kanton Bern, ZBJV 4, 1868, S. 273 ff.). Im Kanton Freiburg trat ein Handelsgesetzbuch am 1. Juli 1850 in Kraft.

[117] Hier ist vor allem das von BLUNTSCHLI verfaßte Zürcherische Privatrechtliche Gesetzbuch zu erwähnen, das zwischen Zivil- und Handelsrecht keinerlei Unterscheidung trifft. (Vgl. A. BAUHOFER, Entstehung und Bedeutung des Zürcherischen privatrechtlichen Gesetzbuches von 1853–1855, ZSR 46, 1927, S. 1 ff.).
[118] Zur Vereinheitlichung des schweizerischen Privatrechts siehe F. ELSNER, a.a.O. (oben Anm. 2), S. 30 ff., 231 ff.
[119] Zur Geschichte vgl. die Botschaft des Bundesrates zu einem Gesetzentwurfe, enthaltend schweizerisches Obligationen- und Handelsrecht vom 27. November 1879 (BBl 1880 I, S. 149 ff.). Vgl. auch W. SCHÖNENBERGER/P. JÄGGI, Das Obligationenrecht, Einleitung; in: Zürcher Kommentar, Band V 1a, Zürich 1961, S. 1 ff.

1. Während der ephemeren Helvetischen Republik von 1798 bis 1803 ermächtigten die beiden Verfassungen vom 12. April 1798 und vom 2. Juli 1802 die zentralen Instanzen, privatrechtliche Gesetze oder Gesetzbücher zu erlassen, die grundsätzlich im gesamten helvetischen Gebiet gelten sollten[120]. Bekanntlich kam es jedoch nicht zur Verabschiedung eines privatrechtlichen Gesetzes, so daß als einziges konkretes Ergebnis im handelsrechtlichen Bereich die Abschaffung der Zünfte und die Verkündung des Grundsatzes der Handels- und Gewerbefreiheit durch Gesetz vom 18. Oktober 1798 zu verzeichnen ist.

2. In der Folge verfügten die Kantone unter der im wesentlichen föderalistischen Ordnung, die durch die von Napoleon am 19. Februar 1803 unterzeichnete Mediationsakte geschaffen und im Bundesvertrag von 1815 bekräftigt wurde, erneut über ausschließliche Gesetzgebungskompetenzen. So blieb zur Vereinheitlichung der kantonalen Rechte im zivil- und handelsrechtlichen Bereich nur der Weg über den Abschluß interkantonaler Konkordate.

Die beiden einzigen handelsrechtlichen Konkordate betreffen Sonderprobleme des Konkursverfahrens. Das *Konkordat betreffend das Konkursrecht in Fallimentsfällen* bestimmte, daß in allen Konkursfällen Bürger anderer Kantone gleich wie die Bürger des Kantons zu behandeln seien, in welchem das Konkursverfahren stattfindet; das *Konkordat betreffend die Effekten eines Failliten, die als Pfand in Kreditors Händen in einem anderen Kanton liegen*, ordnete an, daß alle einem Gemeinschuldner gehörenden Gegenstände, wo immer sie liegen, in die Masse fallen. Damit war der Grundsatz der Einheit des Konkurses aufgestellt[121]. Außerdem beauftragte im Januar 1854 eine Konferenz, an der die Vertreter von 14 Kantonen teilnahmen, den Basler BURCKHARDT-FÜRSTENBERGER, einen Entwurf eines Konkordats zum Wechselrecht zu verfassen. Die Kantone traten jedoch auch dem dritten, 1857 mit Motiven veröffentlichten Text nicht bei[122].

3. Die Zurückweisung des Entwurfs eines Konkordats zum Wechselrecht wurde unter anderem damit gerechtfertigt, daß es keine überzeugenden Gründe gebe, die interkantonalen Vereinheitlichungsbestrebungen auf das Wechselrecht zu beschränken, da es einen wesentlichen Teil einer größeren

---

[120] Die erste, stark zentralistische helvetische Verfassung sah in Art. 48 vor, daß die gesetzgebenden Räte, «par degrés, l'uniformité des lois civiles» einführen sollten, ohne zwischen zivil- und handelsrechtlichen Materien zu trennen. Hingegen ordnete die zweite, schon mehr föderalistische helvetische Verfassung in Art. 69 die Redaktion eines auf dem gesamten Territorium der Schweiz anwendbaren Handelsgesetzbuches an, stellte aber in Art. 71 klar, daß ein Zivilgesetzbuch in keinem Kanton ohne seine Zustimmung gelten sollte.

[121] Die Konkordate vom 15. Juni 1804 und vom 7. Juli 1810 wurden am 8. Juli 1818 bestätigt. Ihnen traten alle Kantone außer Schwyz, Glarus und Appenzell-Innerrhoden, die Vorbehalte anmeldeten, bei; FLAMMER, a.a.O. (oben Anm. 116), S. 376f.

[122] Vgl. hierzu die Botschaft des Bundesrates zu einem Gesetzentwurfe, enthaltend schweizerisches Obligationen- und Handelsrecht vom 27. November 1879 (BBl 1880 I, S. 149ff.).

§ 2   Die Vereinheitlichung des schweizerischen Handelsrechts   41

Einheit, nämlich des Handelsrechts, darstellte. Dem Beispiel der deutschen Bundesversammlung folgend, die im Jahre 1861 den Ländern die Annahme des Allgemeinen Deutschen Handelsgesetzbuches empfahl, wurde dann von den Bundesbehörden seit 1862[123] die Redaktion eines Entwurfs eines schweizerischen Handelsgesetzbuchs in Aussicht genommen[124], der im Konkordatswege in die kantonalen Rechtsordnungen eingeführt werden sollte. Im Verlaufe der Diskussion[125] um den 1863 von WALTER MUNZINGER verfaßten Entwurf eines schweizerischen Handelsrechts ergab sich jedoch sehr schnell, daß die Vereinheitlichung auch auf das Obligationenrecht[126] und auf das Schuldbetreibungs- und Konkursrecht erstreckt werden müsse. Schließlich konnten die eidgenössischen Räte auf der Grundlage von Art. 64 der Bundesverfassung von 1874, der ihnen die erforderliche Zuständigkeit übertrug, zwei Gesetze erlassen, die – dies sei besonders unterstrichen – zivil- und handelsrechtliche Materien gleichzeitig regelten: das Bundesgesetz, enthaltend schweizerisches Obligationenrecht und Handelsrecht vom 14. Juni 1881, d. h. das Obligationenrecht, und das Bundesgesetz über Schuldbetreibung und Konkurs vom 11. April 1889.

Aus politischen[127] und praktischen[128] Gründen hat also der schweizeri-

---

[123] Die verschiedenen Phasen des Verfahrens, das am 27. November 1879 mit der Vorlage eines Gesetzentwurfes, enthaltend schweizerisches Obligationen- und Handelsrecht, also des Entwurfs des Obligationenrechts, endete, brauchten hier nicht im einzelnen nachgezeichnet zu werden. Es sei auf die eingehende Darstellung in der Botschaft des Bundesrates (BBl 1880 I, S. 158 ff.) verwiesen.

[124] W. MUNZINGER, Entwurf eines schweizerischen Handelsrechts, Bern 1864; DERSELBE, Motive zu dem Entwurfe eines schweizerischen Handelsrechts, Bern 1865. Vgl. außerdem die vom Kanton Bern erhobenen Einwände in ZBJV 3, 1866-67, S. 365 ff.; L. GOLDSCHMIDT, Neue Gesetze und Gesetzentwürfe, ZHR 6, 1863, S. 351 f.

[125] Die «Association commerciale et industrielle du Canton de Genève» hat sich für die Vereinheitlichung des Obligationenrechts mit folgender Begründung ausgesprochen: «Et comme sous ce rapport la vie ne connaît pas de limites, le droit peut être détaché du sol, il ne doit plus se laisser dominer par les idées et les coutumes locales, mais bien par les idées qui peuvent le mieux satisfaire à la variété des besoins de la vie. Dans cette seconde partie de la législation, rentrent le droit des obligations et les lois commerciales» (Mémoire sur l'unification des lois commerciales suisses, présenté au nom de la Chambre de commerce par M. MARTIN-FRANEL à l'Assemblée générale de l'Association commerciale et industrielle du Canton de Genève, le 20 novembre 1866, Genf 1866, S. 16).

[126] Während der Konferenz vom 4. Juli 1868 sprach sich die Mehrheit der kantonalen Vertreter für eine derartige Erweiterung aus, die Vertreter der Kantone Freiburg, Waadtland, Neuenburg und Genf hingegen wandten sich klar gegen sie. Bei den letzteren handelt es sich interessanterweise gerade um die Kantone, die von der Autonomie des Handelsrechtes ausgingen.

[127] Hierzu die Botschaft des Bundesrates vom 27. November 1879 (BBl 1880 I, S. 173 ff.).

[128] In seinem 1866 der Chambre de commerce de Genève erstatteten Bericht betonte MARTIN-FRANEL die sich aus der Praxis ergebende Notwendigkeit, in einem einzigen Gesetz die Obligationen und die Handelsmaterien zu regeln; Mémoire sur l'unification (oben Anm. 125), S. 15 f.

sche Gesetzgeber mit Zustimmung der Mehrheit der Kantone auf den Erlaß von getrennten Gesetzbüchern zum Zivilrecht und zum Handelsrecht verzichtet. Mit der 30 Jahre später erfolgten Aufnahme des gesamten Obligationenrechts einschließlich der handelsrechtlichen Teile in das Zivilgesetzbuch bestätigte er ausdrücklich diesen Weg[129], das Zivil- und das Handelsrecht in eine allgemeine privatrechtliche Gesetzgebung zu integrieren[130, 131].

§ 3. Die Rechtsquellen des Handelsrechts

Literatur

H. DESCHENAUX, Der Einleitungstitel, Schweiz. Privatrecht II, S. 1 ff. – J.-F. AUBERT, L'autorité en droit interne des traités internationaux, ZSR 81 I, 1962, S. 265 ff.; CH. DOMINICÉ, La nature juridique des actes des organisations et des juridictions internationales et leurs effets en droit interne, in: Recueil de travaux suisses présentés au VIIIe Congrès international de droit comparé, Basel 1970, S. 249 ff.; B. KNAPP, Les particuliers et les traités internationaux devant les tribunaux internes, ZSR 88 I, 1969, S. 259 ff.; E. RUCK, Staatliches und überstaatliches Handelsrecht, in: Beiträge zum Handelsrecht, Festgabe zum 70. Geburtstage von Carl Wieland, Basel 1934, S. 320 ff.

C. M. SCHMITTHOFF, Das neue Recht des Welthandels, RabelsZ 28, 1964, S. 47 ff. – CH. A. MORAND, La législation dans les Communautés européennes, Diss. Genf, Paris 1968; P. GUGGENHEIM/O. LONG/P. LALIVE/J. GOORMAGHTIGH, L'intégration européenne, Mémoire publié par la Faculté de droit de Genève N° 17, Genf 1964; J. RENAULD, Aspects de la coordination et du rapprochement des dispositions relatives aux sociétés, Cahiers de droit européen III, 1967, S. 611 ff.; C. F. OPHUELS, Les règlements et les directives dans les traités de Rome, Cahiers de droit européen II, 1966, S. 3 ff.; R. MONACO, La méthode de l'harmonisation normative dans le Marché commun européen, in: Ius et Lex, Festschrift für Max Gutzwiller, Basel 1959, S. 149 ff.; R. RODIÈRE, L'harmonisation des législations européennes dans le cadre de la CEE, R. T. D. eur. 1965, S. 336 ff.; K. ZWEIGERT, Der Einfluß des europäischen Gemeinschaftsrechts auf die Rechtsordnungen der Mitgliedstaaten, RabelsZ 28, 1964, S. 601 ff.; F. PERRET, Coordination du droit

---

[129] Botschaft des Bundesrates betreffend Ergänzung des Entwurfes eines schweizerischen Zivilgesetzbuchs durch Anfügung des Obligationenrechtes und der Einführungsbestimmungen vom 3. März 1905 (BBl 1905 II, S. 1 ff.).

[130] Siehe oben § 1, IV, S. 20.

[131] Schließlich soll die Frage aufgeworfen werden, ob der schweizerische Gesetzgeber, indem er sich die Konzeption der Integration zu eigen machte, nicht einfach, wenn auch wohl unbewußt, der Tradition der Einheit des Privatrechts in den alten kantonalen Gesetzgebungen wieder zur Geltung verholfen hat.

des sociétés en Europe: la première directive de la CEE en matière de sociétés et le droit suisse, Etudes suisses de droit européen, N° 3, Genf 1970.

Berner Kommentar, Einleitungsband: P. LIVER, Art. 5 ZGB, Anmerkungen 69 ff.; H. MERZ, Art. 2 ZGB, Anmerkungen 139 ff.

W. YUNG, Les éléments objectifs dans les contrats civils et commerciaux, in: Etudes de droit commercial en l'honneur de Paul Carry, Mémoire publié par la Faculté de droit de Genève N° 18, Genf 1964, S. 169 ff.; H. SCHÖNLE, Remarques sur les nouvelles Règles et usances uniformes relatives aux crédits documentaires, in: Quatrième Journée juridique, Mémoire publié par la Faculté de droit de Genève N° 20, Genf 1965, S. 7 ff.; DERSELBE, Die Rechtsnatur der Einheitlichen Richtlinien und Gebräuche für Dokumentenakkreditive, NJW 1968, S. 726 ff.; W. NAEGELI, Allgemeine Geschäftsbedingungen, ihre Maßgeblichkeit und Unmaßgeblichkeit für die Bestimmung des Inhalts der Vertragsabrede. Ein Beitrag zur Lehre vom Vertrauensprinzip und seinen Konsequenzen, Diss. Zürich 1951; L. RAISER, Das Recht der allgemeinen Geschäftsbedingungen, Hamburg 1935; JUTTA LIMBACH, Die Feststellung von Handelsbräuchen, in: Berliner Festschrift für Ernst E. Hirsch, Berlin 1968, S. 77 ff.; H. MERZ, Massenvertrag und allgemeine Geschäftsbedingungen, in: Festgabe für Wilhelm Schönenberger, Freiburg 1968, S. 137 ff.

Auf den ersten Blick mag es überflüssig erscheinen, hier eine besondere Theorie der formellen Quellen des Handelsrechtes aufzustellen, denn man müßte sich einfach auf die im Einleitungstitel zum schweizerischen Zivilgesetzbuch und insbesondere in seinem ersten Artikel enthaltenen Grundsätze beziehen können, gilt doch Art. 1 nicht nur im gesamten Privatrecht, sondern jedenfalls bis zu einem gewissen Grade auch im öffentlichen Recht[1].

Sicher regelt der Einleitungstitel des ZGB entsprechend der Hauptaufgabe des Zivilrechtes die Rechtsbeziehungen, die zwischen Rechtssubjekten bestehen oder geknüpft werden. Das Handelsrecht hat jedoch darüber hinaus die verschiedenen Rechtsinstitute zu schaffen, die im kaufmännischen Bereich zur Herstellung dieser Beziehungen notwendig sind[2].

Außerdem kommt dem Handelsrecht mehr als jedem anderen Bereich des materiellen Rechts eine internationale oder supranationale Bedeutung zu, da die Kaufleute und Handelsunternehmungen ihre Tätigkeit in allen Ländern unter einer möglichst einheitlichen Regelung ausüben wollen.

---

[1] Siehe DESCHENAUX, a.a.O., S. 71 f.
[2] Zwar regelt auch das Zivilrecht bestimmte Rechtsinstitute wie den Verein und die Stiftung; aber gerade hierbei nähert es sich der Regelung der Handelsgesellschaften. So kann man sich z.B. bei der Lösung diesbezüglicher Probleme ohne weiteres auf die Organisationsnormen von Handelsgesellschaften mit Rechtspersönlichkeit beziehen, ausgenommen jedoch das Problem des Gläubigerschutzes. Siehe MAX GUTZWILLER, Das Recht der Verbandspersonen, Schweiz. Privatrecht II, S. 425 ff.; vgl. auch N. WIGET, Gläubigerschutz bei nichtigen Familienstiftungen, Diss. Zürich, Zürcher Beiträge 387, Zürich 1972 und W. VON STEIGER, unten § 19, Anm. 44.

Und schließlich unterliegt die kaufmännische Tätigkeit, anders als die zivile Tätigkeit im eigentlichen Sinne, häufig dem Einfluß von wirtschaftswissenschaftlicher Theorie, wirtschaftlicher Praxis und steuerrechtlichen Normen.

Über die insbesondere in Art. 1 ZGB enthaltenen Grundsätze[3] hinaus müssen mithin die Rechtsquellen des Handelsrechtes genannt werden, nicht nur weil sie mit denen des Zivilrechtes nicht ganz übereinstimmen, sondern auch weil ihnen eine andere Aufgabe zukommt.

I. Das innerstaatliche Recht

Im innerstaatlichen Recht ist das Gesetz die wichtigste Rechtsquelle nicht nur des Zivil-, sondern auch des Handelsrechtes.

Zwischen der zivil- und der handelsrechtlichen Norm besteht jedoch ein wichtiger Unterschied. Während die zivilrechtlichen Regeln sich üblicherweise aus einem einheitlichen Text, dem Zivilgesetzbuch, ergeben, finden sich die handelsrechtlichen Normen häufig in einer Vielzahl von Texten von durchaus unterschiedlicher Rechtsnatur. Hieraus ergeben sich praktische Folgen.

1. In einigen Ländern besteht ein Handelsgesetzbuch, das mehr oder weniger vollständig den Kern der handelsrechtlichen Gesetzgebung enthält.

In der Schweiz hat sich der Gesetzgeber mehr aus historischen denn aus theoretischen Gründen für den Grundsatz der Integration, d.h. der Einheit des Privatrechtes entschieden und folglich darauf verzichtet, ein vom Zivilgesetzbuch oder vom Obligationenrecht unterschiedliches Handelsgesetzbuch zu erlassen. Jedoch findet sich ein wichtiger Teil der handelsrechtlichen Gesetzgebung im schweizerischen Obligationenrecht. Gleiches gilt für den italienischen Codice civile von 1942.

So ist etwa der sogenannte Allgemeine Teil des Handelsrechtes vollständig im Obligationenrecht enthalten: Bestimmungen über die Organisation des Handelsregisters, über die Voraussetzungen und Rechtsfolgen der Handelsregistereintragung[4], über die Bildung und den Schutz von Firmen[5], über die handelsrechtlichen Vertretungsformen[6] und über die kaufmännische Buchführung[7].

---

[3] Siehe DESCHENAUX, a.a.O., §§ 10–16, S. 67–142.
[4] Art. 927–943 OR, ergänzt durch die HRegV. Vgl. unten 2. Kap., §§ 5 und 6 sowie 3. Kap.
[5] Art. 944–956 OR. Vgl. unten 4. Kap.
[6] Art. 458–462 OR. Vgl. unten 2. Kap., § 6.
[7] Art. 957–964 OR. Vgl. unten 5. Kap.

Außerdem stellt die gesetzliche Regelung der verschiedenen Formen von Handelsgesellschaften und Genossenschaften einen wichtigen Teil, nämlich die dritte Abteilung des Obligationenrechtes dar[8]. Fügt man dem die zivilrechtlichen Bestimmungen über den Gesellschaftsvertrag und die einfache Gesellschaft hinzu, so kann man sagen, daß auch heute noch das gesamte schweizerische Gesellschaftsrecht in das Obligationenrecht eingegliedert ist. Das allgemeine Wertpapierrecht einschließlich des Wechsel- und Scheckrechts ist in der 5. und letzten Abteilung des Obligationenrechtes enthalten[9].

Und schließlich definiert das Obligationenrecht in seiner 2. Abteilung eine Reihe von Verträgen, die herkömmlich als handelsrechtlich gelten. Zwar macht das Gesetz keinen Unterschied zwischen diesen handelsrechtlichen und den rein zivilrechtlichen Verträgen. Jedoch finden sich im Obligationenrecht zu bestimmten Verträgen, insbesondere zum Kaufvertrag, einige handelsrechtliche Normen[10].

2. Allerdings enthalten weder die handelsrechtlichen Teile des Zivilgesetzbuches und des Obligationenrechtes noch ein eventuell bestehendes Handelsgesetzbuch die Gesamtheit der handelsrechtlichen Gebiete. Überall, im Ausland sogar noch mehr als in der Schweiz, regelt der Gesetzgeber gewöhnlich einen Teil der handelsrechtlichen Materien in Spezialgesetzen. So befinden sich zum Beispiel die Normen über die *propriété commerciale* nur zum Teil, gelegentlich überhaupt nicht in einem Gesetzbuch.

Allerdings ist auf Art. 181, 182 OR betreffend den Übergang und die Vereinigung von Geschäften mit Übernahme von Aktiven und Passiven[11] sowie auf einige Normen des italienischen Codice civile von 1942 hinzuweisen, die die Unternehmung – entreprise, azienda – als Gegenstand von Eigentums- und Pfandrechten erfassen.

In der Schweiz wie auch im Ausland wird jedoch der eigentliche Bereich des gewerblichen Eigentums nicht in einem einzigen, sondern in mehreren

---

[8] Formell enthält diese dritte Abteilung nur Bestimmungen über die Handelsgesellschaften und die Genossenschaften (Art. 552–926 OR). Allerdings kann u. E. von den Art. 530–551 OR nicht abgesehen werden. Vgl. W. VON STEIGER, Allgemeiner Teil des Gesellschaftsrechts und Personengesellschaften, unten S. 215 ff.
[9] Den Art. 965–1186 OR sind eine Reihe von Bestimmungen des ZGB und von Spezialgesetzen über einzelne Wertpapiere wie z. B. zum Schuldbrief, zur Gült oder zum Seekonnossement hinzuzufügen. Zur Gesamtproblematik der allgemeinen Wertpapierrechtslehren vgl. P. JÄGGI, Allgemeines Wertpapierrecht, Schweiz. Privatrecht, Bd. VIII, 2. Halbbd.
[10] So z. B. in Art. 191 Abs. 2, 212 Abs. 3 und 215 OR. Vgl. hierzu P. CAVIN, Der Kaufvertrag, Schweiz. Privatrecht, Bd. VII, 1. Halbbd.
[11] Vgl. E. VAUCHER, La vente du fonds de commerce, Diss. Lausanne 1920.

unterschiedlichen Gesetzen geregelt. Es handelt sich vor allem um die Bundesgesetze über die Fabrikmarken, die Erfindungspatente und über die gewerblichen Muster und Modelle[12].

Hinzu kommen eine Reihe von Spezialgesetzen, in denen der Gesetzgeber bestimmte Verträge definiert, wie den Versicherungsvertrag oder das Anstellungsverhältnis der Handelsreisenden[13], und in denen er einige gewerbliche Tätigkeiten, insbesondere im Bereich des Versicherungs-, des Bank- und des Transportwesens sowie im Kartellbereich, einer Regelung unterwirft[14]. Sie werden ergänzt durch Gesetze zum Konkurs[15] und zur Besteuerung von Unternehmungen[16].

Dieser Entwicklung entspricht es, wenn die ausländischen Neuregelungen der letzten Zeit zum Gesellschaftsrecht nahezu ausnahmslos entweder in einem allgemeinen Gesetz über Handelsgesellschaften oder aber in mehreren unterschiedlichen Gesetzen enthalten sind. Man muß sich daher fragen, ob der schweizerische Gesetzgeber anläßlich der Revision des Gesellschaftsrechtes nicht versucht sein wird, diesem Beispiel zu folgen und jedenfalls ein besonderes Aktiengesetz zu erlassen. Auch finden sich bekanntlich alle Normen über die Organisation des Handelsregisters und über die mit der Registereintragung verbundenen Rechtsfolgen in Frankreich außerhalb des Code de commerce.

3. Diese zunehmende Vielfalt der Gesetzestexte darf als charakteristisch für die moderne Handelsgesetzgebung im Gegensatz zur zivilrechtlichen Gesetzgebung gelten, die noch generell, wenn auch nicht mehr ausschließlich in einem einheitlichen Zivilgesetzbuch enthalten ist. Für den Gesetzgeber bringt der Erlaß von unterschiedlichen Spezialgesetzen den

---

[12] BG betreffend den Schutz der Fabrik- und Handelsmarken, der Herkunftsbezeichnungen von Waren und der gewerblichen Auszeichnungen (MSchG) vom 26. September 1890; BG betreffend die gewerblichen Muster und Modelle (MMG) vom 30. März 1900; BG betreffend die Erfindungspatente (PatG) vom 25. Juni 1954; BG über den unlauteren Wettbewerb (UWG) vom 30. September 1943. Üblicherweise wird in diesem Zusammenhang auch das Bundesgesetz betreffend das Urheberrecht an Werken der Literatur und Kunst (URG) vom 7. Dezember 1922 genannt. Allerdings gehören die Urheberrechte nicht zum gewerblichen Eigentum, da sie nicht handels-, sondern zivilrechtlichen Charakters sind.

[13] BG über das Anstellungsverhältnis der Handelsreisenden (HRAG) vom 13. Juni 1941, außer Kraft gesetzt durch BG vom 23. Juni 1971 und durch die Art. 347 ff. OR ersetzt.

[14] BG über den Versicherungsvertrag vom 2. April 1908 (VVG); BG betreffend Beaufsichtigung von Privatunternehmungen im Gebiet des Versicherungswesens vom 25. Juni 1885; BG über die Banken und Sparkassen vom 8. November 1934, revidiert am 11. März 1971 (AS 1971, S. 808 ff.) und Vollziehungsverordnung vom 17. Mai 1972 (AS 1972, S. 821 ff.); BG über Kartelle und ähnliche Organisationen (KartG) vom 20. Dezember 1962 (AS 1964, S. 53 ff).

[15] BG über Schuldbetreibung und Konkurs (SchKG) vom 11. April 1889 (Art. 159–270; 285–317); VO des Bundesgesetzes über die Geschäftsführung der Konkursämter vom 13. Juli 1911.

[16] Beispielhaft seien genannt BG über die Stempelabgaben vom 4. Oktober 1917; BG über die Verrechnungssteuer vom 13. Oktober 1965 sowie BRB über die Warenumsatzsteuer vom 29. Juli 1941, revidiert neuerdings am 28. Juni 1971 (AS 1971, S. 941 ff.); BRB über die Erhebung einer Wehrsteuer vom 9. Dezember 1940, zuletzt revidiert am 28. Juni 1971 (AS 1971, S. 947 ff.).

Vorteil mit sich, die Normen besser und genauer an die besonderen Bedürfnisse des jeweiligen Bereichs des Handels- und Wirtschaftslebens anpassen zu können. Im übrigen scheint dieser gesetzgeberische Weg den allfälligen gleichzeitigen Einsatz privat- und öffentlichrechtlicher Normen zu erleichtern. Allerdings – und dieses Problem soll nun erörtert werden – könnte mit der Vielfalt von Spezialgesetzen die Gefahr einer Zersplitterung des Handelsrechtes verbunden sein.

Sicher gelten nach dem Grundsatz der Einheit der privatrechtlichen Gesetzgebung in der Schweiz[17] bestimmte im Zivilgesetzbuch oder in dem zivilrechtlichen Teil des Obligationenrechtes enthaltene Regeln auch für die verschiedenen handelsrechtlichen Materien[18]. In gleicher Weise sind die allgemeinen Grundsätze, die dem Handelsrecht zugrunde liegen, jedenfalls theoretisch auf allen handelsrechtlichen Gebieten anwendbar, es sei denn, der Gesetzgeber habe sich gezwungen gesehen, hiervon durch spezielle Gesetzesbestimmungen abzuweichen. – Jedoch läuft der Gesetzgeber bei dem Bemühen, jedes Problem für sich zu lösen, eher als bei einer Regelung im Rahmen eines allgemeinen Gesetzes oder Gesetzbuches Gefahr, die genannten Grundsätze zu vergessen und so, ohne daß dies immer notwendig oder gar nützlich ist, pragmatische Einzellösungen vorzusehen, die nicht nur untereinander widersprüchlich sind, sondern die auch von diesen Grundsätzen abweichen oder ihnen gar entgegenstehen.

Wenn der Gesetzgeber so immer häufiger daran geht, jedes Einzelproblem in einem Spezialgesetz zu lösen, wird wohl nach und nach die notwendige Einheit der Grundsätze, auf denen das Handelsrecht beruht, in Frage gestellt oder gar zerstört werden. Außerdem unterliegt er dann der Versuchung, viel detailliertere Bestimmungen als bei einer umfaßenden Gesetzgebung zu erlassen[19]. Hieraus folgt fast unweigerlich, daß der Gesetzestext häufig, d.h. immer dann revidiert werden muß, wenn sich die Voraussetzungen des Problems selbst bei Detailfragen geändert haben. Mit relativ häufigen Gesetzesrevisionen sind nicht nur offensichtliche praktische Nachteile verbunden, sondern es stellt sich auch das allgemeine Problem der Nichtrückwirkung handelsrechtlicher Gesetze.

Zwar gilt im handelsrechtlichen wie im zivilrechtlichen Bereich der Grundsatz der Nichtrückwirkung von Gesetzen. Folglich müßte man davon ausgehen können, daß die gemäß einem alten Gesetz erlangten Rechtspositionen trotz des Inkrafttretens eines neuen Gesetzes neben den dadurch geschaffenen anderen Rechtspositionen fortbestehen. Man hat jedoch häufig bemerkt, daß die

---

[17] Siehe oben § 2, S. 40 ff.
[18] Vgl. DESCHENAUX, a.a.O., S. 65 f. und W. VON STEIGER, unten § 19 II.
[19] Unseres Erachtens ist es besonders bezeichnend, daß die mit der Überprüfung des Aktienrechts und dem Vorschlag für eine sehr beschränkte Teilrevision beauftragte Arbeitsgruppe einen Textentwurf vorgelegt hat, der fast genau soviel Artikel wie augenblicklich das OR für das gesamte Aktienrecht enthält (vgl. den Zwischenbericht des Präsidenten und des Sekretärs der Arbeitsgruppe für die Überprüfung des Aktienrechtes zum Vorschlag für eine Teilrevision des Aktienrechtes, Bern 1972).

Ausübung einer gewerblichen Tätigkeit stets, nicht nur im internationalen, sondern auch und vielleicht sogar stärker im nationalen Bereich, eine gleichermaßen einfache und einheitliche gesetzgeberische Lösung der betroffenen Rechtsprobleme erfordert[20]. Um möglichst weitgehend die unterschiedlichen gesetzgeberischen Regelungen zu vermeiden, die sich als Folge einer strengen Anwendung des Grundsatzes der Nichtrückwirkung ergeben können, greift der Gesetzgeber manchmal zu einer mittleren Lösung: Das Gesetz wirkt nicht unmittelbar zurück, erklärt also erworbene Rechtspositionen nicht für nichtig, sondern ermöglicht innert gewisser Frist die Anpassung der von der Gesetzesänderung berührten Rechtsinstitutionen an die neue Rechtslage[21].

4. Schließlich soll die Gesetzgebung im handelsrechtlichen Bereich nicht nur die Rechtsbeziehungen zwischen natürlichen und juristischen Personen im Rahmen einer gewerblichen Tätigkeit regeln, sondern auch die Einrichtungen der Wirtschaft und die Behörden, die hierzu erforderlich oder auch nur nützlich sind, rechtlich ordnen. Aus dieser doppelten Funktion ergibt sich bis zu einem gewissen Grad ein wesensmäßiger Unterschied zwischen handelsrechtlichen und zivilrechtlichen Normen.

Zum einen berührt die gewerbliche Tätigkeit wegen ihrer wirtschaftlichen Folgen offensichtlich nicht nur die Belange der Kaufleute selbst, sondern auch schutzwürdige Interessen Dritter und des Staates. In diesem Zusammenhang hat man mit Recht darauf hingewiesen, daß die Tätigkeit von Handelsgewerben häufig das Allgemeininteresse in Frage stellt[22].

Hätte das Handelsrecht nur zur Aufgabe, die Beziehungen zwischen Einzelpersonen bei Ausübung der gewerblichen Tätigkeit oder innerhalb bestimmter Institute, vor allem innerhalb der Gesellschaften zu regeln, so könnte man sich theoretisch genau wie im Zivilrecht mit der Aufstellung privatrechtlicher Normen zwingender, dispositiver oder sogar rein subsidiärer Natur begnügen. Da jedoch tatsächlich die Interessen Dritter, der Öffentlichkeit und des Staates betroffen sein können, muß der Gesetzgeber die Durchsetzung der zwingenden Normen durch wirksamere, dem öffentlichen Recht entlehnte, also vor allem durch verwaltungsrechtliche Maßnahmen[23] und sogar durch **strafrechtliche Bestimmungen**[24] sichern.

Zum anderen kann der Gesetzgeber nicht nur im privatrechtlichen Rahmen eingreifen, wenn es um die rechtliche Organisation bestimmter Institutionen wie etwa des Handelsregisters oder um gewisse kaufmännische Tätigkeiten wie zum Beispiel des Bank- oder des Versicherungswesens geht. Hier ist er praktisch gezwungen, verwaltungsrechtliche Bestimmungen zu erlassen.

---

[20] «Le principe général de la non rétroactivité des lois... a l'inconvénient de maintenir en vigueur des situations anciennes à base contractuelle, alors que les besoins du commerce exigent de tous une connaissance des situations établies et ces survies troublent la simplicité du droit...» (RIPERT/ROBLOT, Traité élémentaire, S. 23).

[21] Vgl. z.B. die Schluß- und Übergangsbestimmungen XXIV–XXXIII OR, insbes. Art. 2ff. und W. VON STEIGER, unten § 19, II 2.

[22] Vgl. O. SANDROCK, Société et association, société et entreprise en droit allemand, und den Rapport de synthèse, in: Evolution et perspectives du droit des sociétés à la lumière des différentes expériences nationales, Mailand 1968, Bd. I. S. 26ff., 201ff. sowie W. VON STEIGER, unten § 16, I 2–4.

[23] Vgl. z.B. bezüglich der Versicherungen das Bundesgesetz vom 25. Juni 1885 und der Banken Art. 3ff. des Bundesgesetzes vom 8. November 1934, revidiert am 11. März 1971.

[24] Vgl. z.B. die Strafbestimmungen (Art. 423–501) der französischen Loi sur les sociétés commerciales vom 24. Juli 1966.

Im Gegensatz zur zivilrechtlichen Gesetzgebung, die im wesentlichen privatrechtlich geblieben ist, greift die handelsrechtliche Gesetzgebung immer mehr gleichzeitig auf Normen des Privat- und des öffentlichen Rechtes zurück[25]. Im übrigen wird diese Tendenz bis zu einem gewissen Grade dadurch verstärkt, daß der Gesetzgeber zunehmend Spezialgesetze außerhalb des Handelsgesetzbuches erläßt.

II. Internationale und supranationale Normen

Wenn auch die meisten Handelsgewerbe nicht multinational sind, so werden sie doch von einer bestimmten Größe ab praktisch immer sowohl in ihrem Ursprungsland als auch im Ausland tätig. Es handelt sich um eine wohlbekannte Tatsache, auf deren Bedeutung die Doktrin häufig hingewiesen hat. Im Gegensatz zum Zivilrecht war das Handelsrecht schon seit jeher dazu berufen, die nationalen Grenzen zu überschreiten. Es hat sich stets, ganz besonders jedoch im Verlauf der letzten Jahrzehnte durch eine Tendenz zur Vereinheitlichung im internationalen Rahmen überall dort ausgezeichnet, wo sie möglich scheint[26]. Allerdings reicht die Feststellung, die internationalen und supranationalen Normen stellten eine der wichtigsten Quellen des modernen Handelsrechtes dar, nicht aus. Vielmehr müssen sie nach ihrer Herkunft unterschieden werden.

1. Zunächst finden sie auf immer wichtigeren Gebieten des internationalen Handels ihren Ursprung in internationalen Übereinkommen. In diesem Zusammenhang würde es zu weit führen, eine vollständige Liste aufzustellen. Jedoch sollen einige Beispiele genannt werden. Bekanntlich ist nahezu die gesamte internationale Regelung des gewerblichen Eigentums im weiteren Sinne[27] in der Pariser Verbandsübereinkunft vom 20. März 1883, verschiedentlich, zum letzten Male 1967 in Stockholm, revidiert, enthalten.

---

[25] Dies ist insbesondere deutlich im UWG und im KartG.
[26] Vgl. insbesondere SCHMITTHOFF, a.a.O. (Lit. zu § 3), S. 47 ff.
[27] «Der Schutz des gewerblichen Eigentums hat zum Gegenstand die Erfindungspatente, die Gebrauchsmuster, die gewerblichen Muster oder Modelle, die Fabrik- oder Handelsmarken, die Dienstleistungsmarken, den Handelsnamen und die Herkunftsangaben oder Ursprungsbezeichnungen sowie die Unterdrückung des unlauteren Wettbewerbs.»
«Das gewerbliche Eigentum wird in der weitesten Bedeutung verstanden und bezieht sich nicht allein auf Gewerbe und Handel im eigentlichen Sinn des Wortes, sondern ebenso auf das Gebiet der Landwirtschaft und der Gewinnung der Bodenschätze...» (Art. 1 Abs. 2 und 3 der Pariser Verbandsübereinkunft zum Schutze des gewerblichen Eigentums vom 20. März 1883, revidiert in Stockholm am 14. Juli 1967, und Stockholmer Übereinkommen zur Errichtung der Weltorganisation für Geistiges Eigentum vom 14. Juli 1967 [AS 1970, S. 600 ff.]).

Sie bestimmt Begriff und Inhalt des gewerblichen Eigentums und der verschiedenen von ihm umfaßten Rechte. Zwischen den Signatarstaaten wurde ein Verband zum Schutze des gewerblichen Eigentums geschaffen. Die ständigen Organe, vor allem die Generalversammlung der Mitgliedstaaten und das internationale Büro mit Sitz in Genf, haben die Aufgabe, die Anwendung der materiellen Rechtssätze sowie den Bestand und die Fortentwicklung des Schutzes des gewerblichen Eigentums international zu gewährleisten.

Außerdem hat eine Genfer Konferenz in den Jahren 1930 und 1931 mehrere internationale Abkommen ausgearbeitet, um in den Signatarstaaten das Wechsel- und Scheckrecht zu vereinheitlichen[28].

Sie enthalten nicht nur Normen des internationalen Privatrechtes und des Steuerrechtes – im Bereich der Stempelgesetze –, sondern auch und vor allem den Text von zwei Einheitsgesetzen zum Wechsel- und Scheckrecht. Die Signatarstaaten haben vereinbart, sie, wenn auch mit gewissen Einschränkungen, in ihr nationales Recht einzuführen. Hingegen wurde keine internationale Stelle zur Ausführung und Auslegung dieser Abkommen geschaffen. Deshalb ist die einheitliche Anwendung der Normen des materiellen, des internationalen Privat- und des Steuerrechtes im internationalen Bereich nicht gewährleistet.

Auf dem Gebiet der handelsrechtlichen Verträge mit internationaler Bedeutung ist zunächst der Frachtvertrag zu erwähnen. Die Schweiz ist mehreren Abkommen mit dem Ziel beigetreten, aktiv an der Organisation des internationalen Frachtverkehrs und vor allem an der Vereinheitlichung der Normen über den Eisenbahn-Personen-, Gepäck- und Güterverkehr[29] sowie über die Beförderung im Luftverkehr[30] auf internationaler Ebene mitzuwirken.

Diese Abkommen gelten für jede Beförderung über die Territorien von mindestens zwei Signatarstaaten. Die in ihnen enthaltenen privat- und verwaltungsrechtlichen Normen regeln die Voraussetzungen für den Abschluß des Frachtvertrages sowie die Rechte und Pflichten der Vertragsparteien, insbesondere das Ausmaß der zivilrechtlichen Haftung des Transportunternehmens. Außerdem wurde durch die beiden Berner Übereinkommen über den Eisenbahnfrachtverkehr vom 25. Februar 1961 das Zentralamt für den internationalen Eisenbahnverkehr geschaffen. Es soll die Anwendung dieser internationalen Übereinkommen erleichtern und gewährleisten.

Im Bereich des internationalen Schiedsgerichtswesens, dessen handelsrechtlicher Charakter evident ist, ist die Schweiz – dieser Hinweis mag hier genügen – dem New Yorker Abkommen über die Anerkennung und Vollstreckung ausländischer Schiedssprüche vom 10. Juni 1958[31] bei-

---

[28] Bekanntlich hat der schweizerische Gesetzgeber die materiellrechtlichen und internationalprivatrechtlichen Bestimmungen der Abkommen über das einheitliche Wechselgesetz vom 7. Juni 1930 und über das einheitliche Scheckgesetz vom 19. März 1931 anläßlich der Revision von 1936 in das Obligationenrecht aufgenommen (BS 11, S. 835 ff., 885 ff.).
[29] Berner Übereinkommen über den Eisenbahn-Frachtverkehr (CIM) und über den Eisenbahn-Personen- und Gepäckverkehr (CIV), beide vom 25. Februar 1961 (AS 1964, S. 1009 ff.).
[30] Warschauer Abkommen zur Vereinheitlichung von Regeln über die Beförderung im internationalen Luftverkehr vom 12. Oktober 1929 (BS 13, S. 656 ff.; vgl. auch AS 1963, S. 674 ff.).
[31] AS 1965, S. 793 ff. Vgl. hierzu P. LALIVE, Problèmes relatifs à l'arbitrage international commercial, Recueil des cours de l'Académie de droit international, 1967, II, S. 573 ff.

getreten. Hingegen ist das Haager internationale Übereinkommen vom 25. April 1964 mit einem einheitlichen Gesetz über den **internationalen Kauf** im Anhang, das also den wichtigsten Vertrag des internationalen Handels betrifft, mangels einer ausreichenden Zahl von Ratifizierungen noch nicht in Kraft getreten[32]. Genannt sei schließlich noch im Bereich der Gesellschaften und, allgemeiner, der juristischen Person das Haager Abkommen über die Anerkennung der Rechtsfähigkeit ausländischer Körperschaften und Stiftungen vom 1. Juni 1956[33].

2. Seit einigen Jahren entwickelt sich neben den zwischenstaatlichen Abkommen ein nicht mehr nur internationales, sondern supranationales Recht. Auf seine Bedeutung in einigen Gebieten des Handelsrechtes hat die Doktrin mit Recht hingewiesen.

Zu diesem supranationalen Recht gehört in erster Linie das Recht, das man heute **Gemeinschaftsrecht** nennt. Von ihm geht ein immer entscheidenderer Einfluß auf die Entwicklung des Handels- und ganz besonders des Gesellschaftsrechtes in den Mitgliedstaaten der supranationalen Gemeinschaften aus[34].

Allerdings sieht der Vertrag von Stockholm vom 4. Januar 1960 für die Mitgliedstaaten der Europäischen Freihandelszone (EFTA) nur ausnahmsweise den Erlaß einheitlicher Regeln, vor allem im Bereich des Wettbewerbsrechts, und zwar in der Form der herkömmlichen Abkommen vor.

Das Gemeinschaftsrecht ist vor allem im Rahmen des europäischen Gemeinsamen Marktes entstanden und wird dort weiter ausgebaut. Die von den Mitgliedstaaten der Europäischen Gemeinschaft für Kohle und Stahl (EGKS), der Europäischen Atomgemeinschaft (EURATOM) und der Europäischen Wirtschaftsgemeinschaft (EWG) geschlossenen Verträge übertragen nämlich den Organen der Gemeinschaft und damit supranationalen Organen die Zuständigkeit, selbst Rechtsnormen mit verpflichtender Wirkung für die Mitgliedstaaten zu erlassen[35]. So bestimmt der Vertrag

---

[32] Vgl. die Botschaft des Bundesrates über das Haager Übereinkommen betreffend das auf internationale Kaufverträge über bewegliche körperliche Sachen anwendbare Recht vom 20. Oktober 1971 (BBl 1971, S. 1037 ff.). Am 1. Januar 1973 war dieses Übereinkommen von den eidgenössischen Räten noch nicht ratifiziert worden.
[33] J.-F. PERRIN, La reconnaissance des sociétés étrangères et ses effets, Etude de droit international privé suisse, Diss. Genf 1969. Die Schweiz hat dieses Abkommen allerdings nicht ratifiziert.
[34] Vgl. z. B. J. RENAULD, Droit européen des sociétés, Brüssel/Louvain 1969; B. GOLDMANN, Droit commercial européen, 2. Aufl., Paris 1971.
[35] Vgl. hierzu MORAND, a.a.O.; E. STEINDORFF, Europäisches Gemeinschaftsrecht, in: Festschrift für Walther Kastner, Wien 1972, S. 475 ff.; H. VON MEIBOM, Die Rechtsetzung durch die Organe der Europäischen Gemeinschaften, Der Betriebs-Berater 1959, S. 127 ff.

von Rom zur Gründung der Europäischen Wirtschaftsgemeinschaft, der wichtigste der drei Verträge, daß die Organe der Gemeinschaft, d.h. der Rat und gelegentlich die Kommission, Verordnungen und Richtlinien erlassen können[36].

Es wird zum Beispiel mit den Richtlinien im Bereich der Gesellschaften und hier vor allem, wenn auch nicht ausschließlich, der Aktien- bzw. der Kapitalgesellschaften das doppelte Ziel verfolgt, die diesbezüglichen innerstaatlichen Rechtsvorschriften zu koordinieren und zu vereinheitlichen[37].

Einerseits erläßt der Rat auf Vorschlag der Kommission gemäß Art. 54 Abs. 3 des Vertrages Richtlinien, um soweit erforderlich, die Schutzbestimmungen zu koordinieren, die in den Mitgliedstaaten den Gesellschaften im Interesse der Gesellschafter sowie Dritter vorgeschrieben sind, um diese Bestimmungen gleichwertig zu gestalten. Dies ist insbesondere das Ziel der ersten Richtlinie des Rates vom 9. März 1968, die Mindestvorschriften über die Offenlegung bestimmter Tatsachen in bezug auf Gesellschaften zum Schutz der Interessen Dritter enthält[38]. Genannt seien auch die Vorschläge von Richtlinien zur Koordinierung der Vorschriften auf den Gebieten der Bilanzen sowie der Gewinn- und Verlustrechnung, der Erhaltung des Kapitals, der Fusion und der Verfassung von Aktiengesellschaften und sogar im Bereich der von ihnen ausgegebenen Wertpapiere. Im Zusammenhang hiermit hat die Kommission zwei Vorschläge von steuerrechtlichen Richtlinien vorgelegt. Sie behandeln die steuerlichen Probleme, die sich aus den Beziehungen zwischen Mutter- und Tochtergesellschaften ergeben, sowie die steuerrechtlichen Aspekte der Fusion von Gesellschaften.

Andererseits verpflichten die Art. 100, 101 und 102 des Vertrages unter der Überschrift «Angleichung der Rechtsvorschriften» den Rat und die Kommission, Maßnahmen zur Angleichung solcher Rechtsvorschriften der Mitgliedstaaten zu ergreifen, die sich unmittelbar auf die Errichtung oder das Funktionieren des Gemeinsamen Marktes auswirken oder die Wettbewerbsbedingungen auf dem Gemeinsamen Markt verfälschen. Außerdem sieht Art. 220 des Vertrages vor, daß die Mitgliedstaaten der Europäischen Wirtschaftsgemeinschaft Übereinkommen treffen, die materiellrechtliche und internationalprivatrechtliche Bestimmungen enthalten[39].

---

[36] Vgl. insbesondere OPHUELS, a.a.O., S. 3 ff.

[37] Vgl. MONACO, a.a.O., S. 149 ff.; RODIÈRE, a.a.O., S. 336 ff.; RENAULD, Aspects (Lit. zu § 3).

[38] Vgl. P. VAN OMMESLAGHE, La première directive du Conseil du 9 mars 1968 en matière de sociétés, Cahiers de droit européen V, 1969, S. 495 ff.; J. EINMAHL, Die erste gesellschaftsrechtliche Richtlinie des Rates der europäischen Gemeinschaft und ihre Bedeutung für das deutsche Aktienrecht, Die Aktiengesellschaft, 1969, S. 131 ff. Zum schweizerischen Recht siehe PERRET, a.a.O. (Lit. zu § 3).

[39] Im Gegensatz zu den herkömmlichen internationalen Abkommen können die europäischen Abkommen nur von den Mitgliedstaaten der Gemeinschaften ratifiziert werden. Zu den wichtigsten Entwürfen gehören sicher der Vorschlag eines Statuts für europäische Aktiengesellschaften (Sonderbeilage zum Bulletin 8-1970 der Europäischen Gemeinschaften) sowie der Vorentwurf eines Übereinkommens über den Konkurs, Vergleiche und ähnliche Verfahren. Zur Problematik der europäischen Aktiengesellschaft vgl. M. WANG, Die europäische Aktiengesellschaft in der EWG, Diss. Fribourg 1964; R. PATRY, La société anonyme européenne, in:

Und schließlich ist mehrfach behauptet worden, es gebe neben dem Gemeinschaftsrecht eine zweite Gruppe supranationaler Normen, die unabhängig vom Willen der Parteien für bestimmte handelsrechtliche Verträge gelten. Sie werden normalerweise von einer internationalen berufsständischen Organisation erlassen.

So hat zum Beispiel die Internationale Handelskammer im Jahre 1936 den Text von typischen Klauseln unter der Bezeichnung INCOTERMS ausgearbeitet und veröffentlicht. Dieser 1953 revidierte Text definiert die wichtigsten Klauseln, die beim internationalen Handelskauf in Gebrauch sind. Auch hat eine gewisse Anzahl von Bankverbänden auf dem 7. Kongress der Internationalen Handelskammer im Jahre 1933 Einheitliche Richtlinien und Gebräuche für Dokumenten-Akkreditive kodifiziert. Sie wurden 1962 revidiert, um ihren räumlichen Anwendungsbereich zu erweitern.

Allerdings bestreitet die herrschende Lehre den zwingenden Charakter dieser Regeln mit dem Hinweis auf ihre vertragliche Herkunft. Sie gehören mithin zu den handelsrechtlichen Normen vertraglichen Ursprungs und sollen unter Ziffer III untersucht werden.

3. Es ist daher nun zu erörtern, welche rechtliche Bedeutung den zahlreichen Regeln, die das Kollisionsrecht beziehungsweise das materielle Recht innerhalb bestimmter handelsrechtlicher Materien teils auf internationaler, teils auf supranationaler oder Gemeinschaftsebene vereinheitlichen, koordinieren oder angleichen, im innerstaatlichen Bereich zukommt.

Zwar entfällt dieses Problem jedenfalls theoretisch, wenn es sich um verfassungsrechtliche oder verwaltungsrechtliche Normen handelt, die die Tätigkeit des Staates und seiner Organe in ihren internationalen Beziehungen regeln. Nur der Staat und die von ihm abhängigen Verwaltungsbehörden sind durch sie gebunden. Jedoch geht es im Handelsrecht, das vorwiegend zum Privatrecht gehört, um die Frage, ob diese privat- und verwaltungsrechtlichen Normen auf die Rechtssubjekte in ihren Beziehungen untereinander und auf ihr Verhältnis zur Verwaltung unmittelbar anwendbar sind. Eine einheitliche Antwort ist nicht möglich. Es muß von vornherein zwischen internationalen und supranationalen, insbesondere Gemeinschaftsnormen, unterschieden werden.

Etudes de droit commercial en l'honneur de Paul Carry, Genf 1964; A. HIRSCH, Le projet d'une Société européenne et le droit suisse, Rapports du Centre d'études juridiques européennes No. 2, Genf 1967; M. VASSEUR, Quelle société européenne?, Recueil Dalloz-Sirey, 1972, chronique S. 38 ff. Zu den europäischen Übereinkommen im Bereich des internationalen Privatrechtes vgl. J.-F. PERRIN, Le droit international privé des sociétés dans la CEE (étude, dans une optique suisse, de la Convention sur la reconnaissance mutuelle des sociétés et personnes morales, signée par les Etats membres de la CEE le 29 février 1968), Rapports du Centre d'études juridiques européennes No. 6, Genf 1971.

Es ist heute allgemein anerkannt, daß ein von der Eidgenossenschaft abgeschlossenes und ratifiziertes internationales Abkommen in gleicher Weise und mit gleichem Rang wie ein nationales Gesetz eine Quelle des Bundesrechtes ist[40]. Daher sind die in ihnen enthaltenen Normen unmittelbar auf die Rechtssubjekte anwendbar, unabhängig davon, ob sie nun privat- oder öffentlichrechtlichen Charakters oder ob sie ein kollisionsrechtliches oder ein materiellrechtliches Problem zu lösen bestimmt sind. Nach feststehender Rechtsprechung des Bundesgerichtes ist hierfür einzige Voraussetzung, daß die von der Eidgenossenschaft geschlossenen internationalen Verträge unmittelbar anwendbare Rechtssätze schaffen: «point n'est besoin que leur texte soit repris par une loi ou un arrêté de portée générale»[41].

Das Problem ist nicht so einfach bei supranationalen oder Gemeinschaftsnormen zu lösen. Sie finden sich im allgemeinen nicht in zwischenstaatlichen Abkommen, sondern werden in der Form von Verordnungen oder Richtlinien von den Organen der Gemeinschaft, d.h. dem Rat, gelegentlich der Kommission, also von Organen, die von den Staaten rechtlich unabhängig sind, einstimmig oder mit Mehrheit erlassen. Nach herkömmlichen Grundsätzen müßte man also annehmen, diese Normen gelten weder für die Staaten, da sie sie nicht erlassen haben, noch für ihre Bürger. Hier ist nun eine neue Unterscheidung, und zwar zwischen den durch den Vertrag von Rom gebundenen und den anderen Staaten zu treffen.

Die Schweizerische Eidgenossenschaft ist nicht Mitglied der Europäischen Gemeinschaften, da sie den Gründungsverträgen nicht beigetreten ist. Das mit den Europäischen Gemeinschaften geschlossene Freihandelsabkommen vom 22. Juni 1972 verpflichtet sie nicht, sich der Kompetenz der Organe der Gemeinschaft zu unterwerfen oder auf ihrem Staatsgebiet die Verordnungen und Richtlinien, die von den Gemeinschaften erlassen werden, anzuwenden oder anwenden zu lassen. Die Schweiz ist nicht einmal die Verpflichtung eingegangen, ihre innerstaatliche Gesetzgebung an die der Gemeinschaften anzugleichen[42]. Dennoch werden die Gemeinschaftsnormen einen gewissen mittelbaren Einfluß auf die Entwicklung

---

[40] Siehe AUBERT, a.a.O., S. 265 ff.; A. GRISEL, Droit administratif suisse, Neuenburg 1970, S. 35; A. DE MEURON, L'autorité des traités internationaux en droit public suisse, Diss. Neuenburg 1937.
[41] BGE 97 I, 1971, S. 564 ff.
[42] Die Eidgenossenschaft hat sich nur in einem Bereich zur Angleichung ihrer Rechtsvorschriften verpflichtet. Nach Art. 13 hat sie im Wege interner Gesetzgebung die erforderlichen Maßnahmen zu ergreifen, um die Beeinträchtigung des Handels zwischen der Schweiz und der Europäischen Wirtschaftsgemeinschaft durch wettbewerbsverfälschende private Verhaltensweisen mit Kartellcharakter und staatliche Eingriffe zu verhindern.

der schweizerischen Gesetzgebung ausüben. Schweizerische Unternehmungen werden vielleicht einigen dieser Normen unterworfen sein, wenn sie ihre Tätigkeit im Gebiet der erweiterten Europäischen Gemeinschaften ausüben[43]. Es ist daher auch in der Schweiz nicht möglich, am Bestand und an der Bedeutung des Gemeinschaftsrechtes vorbeizugehen.

Hingegen sind die Mitgliedstaaten der Europäischen Gemeinschaften durch eine Reihe von Vorschriften der Verträge, die sie geschlossen haben oder denen sie beigetreten sind, verpflichtet, die in einigen Fällen sogar ausschließliche normative Zuständigkeit der Organe der Gemeinschaft anzuerkennen. Politisch, jedenfalls rechtlich sind sie an die vom Rat oder von der Kommission im Rahmen ihrer Kompetenzen erlassenen Verordnungen und Richtlinien gebunden[44]. Allerdings ist die Frage noch offen, ob die in einer Richtlinie enthaltenen Normen unmittelbar auf die Rechtssubjekte anwendbar sind. Theoretisch sind nicht die Einzelpersonen sondern die Mitgliedstaaten der Gemeinschaften die unmittelbaren Normadressaten. Die Staaten haben in Übereinstimmung mit ihrem jeweiligen Gesetzgebungsverfahren die Bestimmungen der Richtlinien in ihr innerstaatliches Recht aufzunehmen. Hierbei handelt es sich um Mindestnormen, über die sie jedoch nach eigener Entscheidung hinausgehen können. Im Gegensatz hierzu scheinen die herrschende Lehre und der Europäische Gerichtshof anzunehmen, daß die Richtlinien in Ländern, in denen sie noch nicht in innerstaatliches Recht überführt worden sind und in denen jenes noch keine strengeren Bestimmungen enthält, unmittelbare Wirkungen begründen können[45].

III. Die objektive Norm vertraglichen Ursprungs

Neben den anderen in der Schweiz anerkannten Rechtsquellen[46] ist als

---

[43] «Unser Interesse an einer Teilnahme an den Integrationsbestrebungen reicht aber wesentlich über die Frage der Absicherung unserer Handelsbeziehungen hinaus. Ausgangspunkt für diese Überlegung ist die Tatsache, daß wir auf einer Anzahl von anderen Gebieten durch die Entscheide und Entwicklungen in der EWG in erheblichem Maße mitbetroffen wären, auch wenn wir uns an den Integrationsbestrebungen nicht beteiligen sollten.» (83. Bericht des Bundesrates an die Bundesversammlung über wirtschaftliche Maßnahmen gegenüber dem Ausland und andere handelspolitische Fragen, vom 11. August 1971, BBl 123, 1971 II, S. 621 ff.; hier S. 749)

[44] Insbesondere wird von der Lehre häufig darauf hingewiesen, daß der Ministerrat nur dann eine Richtlinie erlassen darf, wenn sie zur Erfüllung des Ziels des Gemeinsamen Marktes notwendig ist: «Wird eine Richtlinie vom Rat erlassen, so schafft sie... noch keine Pflicht der Mitgliedstaaten, ein in der Richtlinie etwa entworfenes Modellgesetz im innerstaatlichen Bereich zu erlassen. Denn Richtlinien sind für die angesprochenen Mitgliedstaaten nur ‹hinsichtlich des zu erreichenden Zieles verbindlich›, überlassen es also weiterhin den innerstaatlichen Verfassungsorganen, Formen und Mittel der gewiesenen Rechtsangleichung nach eigenem Ermessen auszuwählen...» (ZWEIGERT, a.a.O., S. 616).

[45] «Das von der Gesetzgebung der Mitgliedstaaten unabhängige Gemeinschaftsrecht soll daher den einzelnen, ebenso wie es ihnen Pflichten auferlegt, auch Rechte verleihen» (Urteil des Gerichtshofs der Europäischen Gemeinschaften vom 5. Februar 1963, Rechtssache 26–1962). Vgl. auch VON MEIBOM, a.a.O. (oben Anm. 35), S. 129 ff.

[46] Es braucht hier nicht mehr auf die Bedeutung von Lehre und Rechtsprechung bei Bildung und Auslegung von Rechtsnormen hingewiesen zu werden (vgl. DESCHENAUX, Der Einleitungstitel, §§ 14, 15 und 16). Hingegen scheint der Rechtsvergleichung im handelsrechtlichen Bereich

weitere noch der Vertrag⁴⁷, d. h. allgemeiner der Parteiwille besonders zu erwähnen. Die ihm im Handelsrecht zukommende besondere Rolle und die ihm gesetzten objektiven Grenzen sollen nun aufgezeigt werden.

1. Zunächst ist zu unterstreichen, daß der Parteiwille nicht in allen Bereichen des Handelsrechtes als autonom angesehen werden kann.

So hängt der allgemeine Teil des Handelsrechtes wegen seines weitgehend administrativen Charakters fast ausschließlich von der Gesetzgebungskompetenz des Staates ab, der allein zuständig ist, die Rechte und Pflichten zu bestimmen, denen Kaufleute und Handelsgewerbe bei der Handelsregistereintragung, der Bildung von Firmen und bei der kaufmännischen Buchführung unterliegen. Auch steht es, wenn auch aus einem anderen Grund, nicht in der normativen Kompetenz des Parteiwillens, den Inhalt der «propriété commerciale» und ganz besonders des gewerblichen Eigentums festzulegen. Wie das zivilrechtliche Eigentum an Fahrnis und Grundstücken, begründet die «propriété commerciale» dingliche und nicht nur persönliche Rechtswirkungen, da die von ihr umfaßten Immaterialgüterrechte gegenüber jedermann wirksam sind.

Trotz dieser Einschränkungen kommt dem Grundsatz der Privatautonomie bei der Bildung handelsrechtlicher Normen eine große Bedeutung zu. Dies ist zunächst ganz offensichtlich für die handelsrechtlichen Verträge sowie im Bereich des Gesellschaftsrechtes, hier jedenfalls insoweit, als es um die Gestaltung des Innenverhältnisses der Gesellschaft geht. Gleiches gilt, jedenfalls theoretisch, auch im Bereich der allgemeinen Wertpapierrechtslehren sowie im Wechsel- und Scheckrecht, es sei denn, der Gesetzgeber habe eine zwingende Regelung getroffen.

Aber gerade in den handelsrechtlichen Materien, in denen theoretisch der Grundsatz der Privatautonomie noch gilt, stellt sich die Frage, welche

---

zunehmend eine bedeutendere Rolle zuzukommen als im Zivilrecht. So haben z. B. die im internationalen oder im europäischen Bereich unternommenen Bemühungen um eine Vereinheitlichung und Angleichung der handelsrechtlichen Gesetzgebungen eine außerordentlich wichtige Entwicklung des vergleichenden Handelsrechtes mit sich gebracht. Auch dürfte es bezeichnend sein, daß beispielsweise das erste rechtsvergleichende Institut in Italien ein handelsrechtliches Institut war und daß seine Tätigkeit in Mailand vom Institut Angelo Sraffa übernommen wurde. (Siehe hierzu M. ROTONDI, Le droit comparé en Italie au cours du dernier siècle, in: Livre du Centenaire de la Société de législation comparée, Agen 1971, II, S. 393 ff., insbesondere S. 396. Vgl. auch zur Bedeutung der Rechtsvergleichung im Seehandelsrecht A. JAUFFRET, Un comparatiste au XVIIIᵉ siècle: Balthazard-Marie Emerigon, Revue internationale de droit comparé, I, 1972, S. 265 ff., insbesondere S. 271 ff.)

⁴⁷ «La convention est donc une source de droit distincte de la loi...» (YUNG, a.a.O., S. 169).

Bedeutung die objektiven Normen haben, die mehr oder weniger unabhängig vom individuellen Willen der Parteien aufgestellt werden.

2. Im Bereich der handelsrechtlichen Verträge, der Gesellschaften und selbst im Wertpapierrecht hat der Parteiwille zum mindesten theoretisch die gleiche normative Bedeutung wie im Bereich der zivilrechtlichen Verträge. Es herrscht Privatautonomie, solange und soweit der Gesetzgeber nicht zwingende Normen erlassen hat.

Es soll aber sofort auf eine erste Unterscheidung zwischen den zivilrechtlichen und den handelsrechtlichen Materien hingewiesen werden. Für den inhaltlich vorwiegend zivilrechtlichen Vertrag gilt auch heute noch der Grundsatz der Relativität der Vereinbarungen. Auf die Beachtung von Drittinteressen durch die Vertragsparteien braucht der Gesetzgeber keine Rücksicht zu nehmen, da sie nicht betroffen sein können. Er hat durch zwingende Normen nur insoweit einzugreifen, als er es für erforderlich hält, die Interessen der schwächeren Vertragspartei zu schützen. Hingegen werden durch den Abschluß eines handelsrechtlichen Vertrages, die Gründung einer Handelsgesellschaft oder die Ausgabe und Inverkehrsetzung eines Wertpapiers fast immer Drittinteressen berührt. Hieraus ergibt sich, daß der Gesetzgeber im handelsrechtlichen Bereich häufiger objektive zwingende Normen erlassen muß, eben um den Schutz legitimer Drittinteressen zu gewährleisten.

3. In Wirklichkeit ist die Kernfrage, unter welchen Voraussetzungen bestimmte Regeln, die zwar vertraglichen Ursprungs sind, durch wiederholte Anwendung im Wirtschaftsleben jedoch eine gewisse normative Bedeutung erlangt haben, objektiv, d.h. unabhängig vom Willen der Parteien gelten[48].

Die handelsrechtliche Doktrin mißt einer ersten Kategorie von Regeln große Bedeutung bei – den gelegentlich als Gewohnheitsrecht bezeichneten Handelsbräuchen.

Wenn der Gesetzgeber selbst durch ausdrückliche Vorschrift, der eine allgemeine oder im Gegenteil auf bestimmte Fälle beschränkte Bedeutung zukommt, die Handelsbräuche ergänzend, teilweise auch zwingend für anwendbar erklärt, ist die Rechtslage klar: Durch diese Verweisungsnorm erhalten sie normative Bedeutung und können dann dem Gesetz selbst gleichgestellt werden[49]. Anders als das ausländische, insbesondere französische

---

[48] Hierzu YUNG, a.a.O., S.180ff.
[49] Siehe DESCHENAUX, a.a.O., S.47; LIVER, Berner Kommentar, Art.5 ZGB, Anm.85ff.

und deutsche Handelsrecht[50] verweist jedoch das schweizerische Gesetz viel seltener auf die Handelsbräuche.

Es stellt sich daher die Frage, ob ein Handelsbrauch, auf den sich weder das Gesetz noch die Parteien beziehen, ergänzend oder zur Auslegung der Erklärungen herangezogen werden kann. Einige Autoren scheinen hiervon, wenn auch ohne nähere Begründung, auszugehen[51]. Das Bundesgericht hat sich in dieser Frage bisher sehr zurückgehalten[52]. Im einzelnen hat es die Meinung vertreten, der Handelsbrauch sei nur dann positives Recht, wenn das Gesetz auf ihn verweise. Er sei auch nicht Vertragsinhalt, es sei denn, die Parteien hätten sich ausdrücklich auf ihn bezogen[53].

So haben Handelsbräuche, jedenfalls nach schweizerischem Recht, in aller Regel keine andere rechtliche Bedeutung als Allgemeine Geschäftsbedingungen, d.h. als Klauseln, die von einer Unternehmung oder einer Gruppe von Unternehmungen einseitig aufgestellt wurden, um im voraus die Bedingungen für die Beziehungen mit ihren Kunden festzulegen[54]. Diese Regeln haben trotz ihrer wirtschaftlichen Bedeutung in einem auf der Ebene der verschiedenen Berufsarten so weitgehend organisierten Land wie der Schweiz keine objektiv-normative Bedeutung erlangt. Ihre Geltung hängt in jedem einzelnen Fall davon ab, ob die Parteien durch Willensäußerung auf sie Bezug genommen haben. Das Bundesgericht hat nicht nur die Voraussetzungen genannt, unter denen Handelsbräuche oder Allgemeine Geschäftsbedingungen als von den Parteien gewollt angesehen wer-

---

[50] Vgl. R. HOUIN, Usages commerciaux et Loi en droit français, RabelsZ 24, 1959, S. 252 ff.; RIPERT/ROBLOT, Traité élémentaire, S. 24, sowie M. PEDAMON, Y a-t-il lieu de distinguer les usages et les coutumes en droit commercial? R.T.D.Co XII, 1959, S. 335 ff. Vgl. auch § 346 HGB.

[51] Hierzu beispielsweise TH. GUHL, Die Auslegung der rechtsgeschäftlichen Erklärungen während des verflossenen Jahrhunderts, in: Hundert Jahre Schweizerisches Recht, Jubiläumsgabe der ZSR, Basel 1952, S. 168.

[52] «A l'origine, le Tribunal fédéral a dû protéger le droit des obligations qui venait d'être unifié contre le risque que les tribunaux de commerce n'écartent systématiquement la loi au profit des usages du commerce local. Plus tard, il a été animé par la préoccupation très légitime de mettre l'un des contractants à l'abri des surprises d'un usage commercial qu'il ignorait et ne devait pas connaître...» (YUNG, a.a.O., S. 181).

[53] Vgl. z.B. BGE 94 II, 1968, S. 157 ff.; 83 II, 1957, S. 522 ff.

[54] Vgl. insbesondere W. NAEGELI, a.a.O.; O. WANNER, Rechtsnatur und Verbindlichkeit der Allgemeinen Geschäftsbedingungen der Schweizerischen Großbanken, Diss. Zürich 1938; R. DUROUDIER/R. KUHLEWEIN, De l'influence des usages commerciaux et des conditions générales d'affaires sur les contrats entre commerçants dans la loi allemande, R.T.D.Co IX, 1956, S. 35 ff. Vgl. auch RAISER, a.a.O.; W.A. HECHT, Der standardisierte Vertrag als rechtsdogmatisches und rechtspolitisches Problem, ZSR 79, 1960, S. 47 ff.; F. BEDLINSKY, Zur Einordnung der allgemeinen Geschäftsbedingungen im Vertragsrecht, in: Wirtschaftspraxis und Rechtswissenschaft, Festschrift für Walther Kastner, Wien 1972, S. 45 ff.

den müssen[55], sondern auch häufig unterstrichen, daß diese Klauseln nach dem üblichen und nicht nach dem fachtechnischen Sprachgebrauch auszulegen sind[56].

4. Schließlich bleibt noch offen, ob nicht die Gebräuche des Handels (usances commerciales) jedenfalls insoweit eine andere Beurteilung erfordern, als sie in objektiver Weise von einer nationalen oder internationalen Wirtschaftsorganisation aufgestellt worden sind.

So hat zum Beispiel die Internationale Handelskammer mit dem Ziel, die Bedeutung bestimmter, im internationalen Handelskauf üblicher Klauseln zu vereinheitlichen, die INCOTERMS, d.h. ein Dokument, das eine genaue Definition der wichtigsten Klauseln enthält, verfaßt und veröffentlicht. In gleicher Weise hat diese nichtstaatliche Wirtschaftsorganisation im Jahre 1933 den Text von Einheitlichen Richtlinien und Gebräuchen für Dokumenten-Akkreditive aufgestellt, der im Jahre 1962 revidiert wurde. Er enthält eine Regelung der Rechte und Pflichten der verschiedenen am Dokumenten-Akkreditivgeschäft beteiligten Parteien, insbesondere der eröffnenden Bank.

Wenn auch bestimmte Autoren vertreten haben, diesen Gebräuchen komme eine eigenständige normative Bedeutung zu, so geht doch die herrschende Lehre davon aus, daß sie mit den allgemeinen Handelsbräuchen und den Allgemeinen Geschäftsbedingungen auf einer Stufe stehen. All diese Regeln sind also für die Parteien nur verbindlich, wenn sie sich ihnen ausdrücklich oder stillschweigend unterworfen haben[57].

§ 4. Aufgaben und Merkmale des Handelsrechts

Literatur

J. HAMEL, Les rapports du droit civil et du droit commercial en France, An. D.Co 42, 1933, S.183ff.; E. THALLER, De la place du commerce dans l'histoire générale et du droit commercial dans l'ensemble des sciences (méthode sociologique), An.D.Co 6, 1892, 2.Teil, S.49ff.; H. FEHR, Das dynamische Element im künftigen schweizerischen Handelsrecht, in: Beiträge zum Handelsrecht, Festgabe zum 70. Geburtstage von Carl Wieland, Basel 1934, S.66ff. – J. CALAIS-AUROY, Essai sur la notion d'apparence en droit commercial, Diss. Montpellier 1959; J. ZUMSTEIN, Du caractère institutionnel de la société anonyme, Diss. Lausanne 1954; V. EHRENBERG, Rechtssicherheit und Verkehrssicherheit, IherJb 1904, S.273–338. – W.R. SCHLUEP, Die Beziehungen zwischen der wirtschaftlichen und sozialen Entwicklung der Gesellschaft und der Entwicklung des Rechts, in:

---

[55] Vgl. vor allem BGE 77 II, 1951, S.154ff.
[56] Vgl. besonders BGE 82 II, 1956, S.445ff.
[57] Siehe SCHÖNLE, a.a.O., S.16.

Recueil de travaux suisses présentés au VIIIe Congrès international de droit comparé, Basel 1970, S. 41 ff.

E. BLUMENSTEIN, Gegenseitige Beziehungen zwischen Zivilrecht und Steuerrecht, und P. AEBY, De l'influence du droit fiscal sur le droit privé, Referate des Schweizerischen Juristenvereins, Basel 1933, S. 141a ff. und 280a ff.; E. BIRGELEN, Die Beeinträchtigung der handelsrechtlichen Gestaltungsfreiheit durch das Steuerrecht, Diss. Zürich 1970; K. OFTINGER, Punktationen für eine Konfrontation der Technik mit dem Recht, in: Die Rechtsordnung im technischen Zeitalter, Festschrift der Rechts- und staatswissenschaftlichen Fakultät der Universität Zürich zum Zentenarium des Schweiz. Juristenvereins 1861–1961, Zürich 1961, S. 1 ff.

A. JACQUEMIN, Le droit économique, serviteur de l'économie?, R.T.D.Co XXV, 1972, S. 283 ff.; A. SOLAL, Les difficultés d'une construction juridique de l'entreprise: test de l'efficacité de nos procédés de connaissance juridique, R.T.D.Co XXIV, 1971, S. 617 ff.

Die Vertreter der klassischen Handelsrechtswissenschaft, vor allem in Frankreich[1], aber auch in Deutschland, scheinen, wenn auch mit unterschiedlicher Akzentsetzung bei Inhalt und Aufbau ihrer Darstellungen, die Raschheit und Sicherheit im Geschäftsverkehr für Wesensmerkmale des Handelsrechtes zu halten. Hierzu im Gegensatz wurde das Zivilrecht durch einen gewissen Formalismus[2] und durch das Streben nach Rechtssicherheit charakterisiert. Zwar soll die Bedeutung dieser beiden Grundsätze im Handelsrecht, insbesondere die Bedeutung des Grundsatzes der Verkehrssicherheit und der Theorie des Rechtsscheines[3], die sich aus ihnen ergeben, nicht bestritten werden. Will man jedoch die charakteristischen Merkmale und die Eigenart des modernen Handelsrechtes herausstellen, so scheint es angebracht, zunächst einen unseres Erachtens wesentlichen, von der Lehre häufig übersehenen Unterschied zwischen den Aufgaben des Handelsrechtes und denen des Zivilrechtes zu verdeutlichen.

I. Die Aufgaben des Handelsrechts

Mit dem Versuch, die besonderen Aufgaben des Handelsrechts zu umschreiben, ist sicher die Gefahr einer zu weit gehenden Vereinfachung verbunden. Dies scheint jedoch unvermeidbar.

---

[1] Vgl. z. B. HAMEL, a.a.O., S. 183; RIPERT/ROBLOT, Traité élémentaire, S. 37; EHRENBERG, Handbuch, S. 9, 10 und 11.
[2] Allerdings hat das Handelsrecht zum Wiederaufleben eines gewissen Formalismus, wenn auch von ganz anderer Bedeutung, geführt (vgl. RIPERT/ROBLOT, Traité élémentaire, S. 36).
[3] Vgl. z. B. CALAIS-AUROY, a.a.O.

So hat man zu Beginn dieses Jahrhunderts in allerdings viel zu schematischer Weise gelegentlich hervorgehoben, das Recht im allgemeinen habe hauptsächlich eine soziale Ausrichtung, wohingegen das Handelsrecht individualistisch geprägt sei[4]. Auch wenn diese Unterscheidung zu einer Zeit, in der man vom Kaufmann oder vom Unternehmer und nicht vom Handelsgewerbe sprach, zutreffend gewesen sein mag, so kommt ihr doch unseres Erachtens heute keine entscheidende Bedeutung mehr zu.

1. Man kann sich in der Tat fragen, ob es nicht zum Wesen des Zivilrechtes[5] gehört, die sozialen Beziehungen des Menschen in den verschiedenen Bereichen seines Privatlebens, die ohne weiteres zwischen zwei oder mehreren Personen bestehen oder mehr oder weniger willkürlich zwischen ihnen hergestellt werden, rechtlich zu gestalten. Aufgabe des Zivilrechtlers wäre es dann, eine, soweit möglich, gerechte und billige Lösung von Interessenkonflikten zu suchen. Hingegen erwartet der Kaufmann vom Juristen nicht in erster Linie, daß er im voraus und abstrakt Interessenkonflikte regelt, die er häufig in seinen Geschäftsbeziehungen nicht einmal ins Auge faßt und die er im übrigen gelegentlich selbst auf mehr wirtschaftlichen denn rechtlichen Grundlagen lösen will. Vielmehr soll ihm das Handelsrecht die verschiedenen besonderen Einrichtungen zur Verfügung stellen, deren er zur Ausübung seiner kaufmännischen Tätigkeit bedarf. Sofern und soweit also die handelsrechtliche Norm von der zivilrechtlichen abweicht und eigenständig ist, schafft sie durch rechtliche Regelung Einrichtungen und Verfahren, damit die Kaufleute sich ihrer bei Ausübung ihrer kaufmännischen und gewerblichen Tätigkeit bedienen.

2. Innerhalb des Privatrechtes ist nun aber diese Organisationsfunktion für das Handelsrecht eigentümlich. Dies heißt sicher nicht, daß das Handelsrecht bei persönlichen Interessenkonflikten niemals Bedeutung hat; jedoch handelt es sich dann nur um eine sekundäre und zusätzliche Aufgabe, vor allem zum Schutze der Interessen Dritter, die durch den Bestand einer bestimmten kaufmännischen Einrichtung betroffen werden können.

So enthält gerade der Allgemeine Teil des Handelsrechtes privat- und verwaltungsrechtliche Normen, die die beiden spezifisch kaufmännischen Einrichtungen, das Handelsgewerbe und das Handelsregister, umschreiben und ihre innere und äußere Ordnung regeln. In gleicher Weise kommt den meisten gesellschaftsrechtlichen Bestimmungen die Aufgabe zu, nicht

---

[4] THALLER, a.a.O., S. 64.
[5] Vgl. wohl im gleichen Sinne LIVER, Berner Kommentar, Einleitung, N. 92; WALTHER BURCKHARDT, Einführung in die Rechtswissenschaft, Zürich 1946, S. 9.

nur die verschiedenen Arten von Handelsgesellschaften, verstanden als eigenständige Institutionen[6], zu definieren, sondern auch die Entstehungsvoraussetzungen jedes dieser Gesellschaftstypen sowie ihre Organisation im Innen- und Außenverhältnis zu regeln. Im übrigen hat das Wechselrecht oder ganz allgemein das Wertpapierrecht eine ähnliche Bedeutung: Es geht vor allem darum zu bestimmen, welche Arten von Wertpapieren in der Schweiz zulässig und welches die formellen und materiellen Voraussetzungen und die Rechtsfolgen ihrer Ausgabe und Inverkehrsetzung sind. Hingegen überlassen das Wertpapier- und Wechselrecht regelmäßig dem Zivilrecht die Aufgabe, die allfälligen Beziehungen der beteiligten Personen im Grundverhältnis zu umschreiben.

3. Im vertraglichen Bereich kann diese Unterscheidung nur schwer getroffen werden. Dem ersten Anschein nach kann jedenfalls ein Vertrag nur Rechtsbeziehungen zwischen zwei oder mehr Personen, nämlich ausschließlich zwischen Vertragspartnern begründen. Folglich dürfte die handelsrechtliche wie die zivilrechtliche Norm nur persönliche Interessenkonflikte bei Erfüllung oder Nichterfüllung des Vertrages lösen. Aber selbst hier scheint es möglich, einen Unterschied zwischen dem zivilrechtlichen Vertrag und den typisch handelsrechtlichen Verträgen hervorzuheben: Die sich aus ihnen ergebenden Verpflichtungen können nur erfüllt werden, wenn zuvor eine mehr oder weniger komplizierte technische Organisation geschaffen wurde, die im allgemeinen über die Vertragsparteien hinaus weitere Personen berührt.

So könnte zum Beispiel der internationale Handelskauf nur mit Schwierigkeiten abgewickelt werden, wenn die Banken nicht die komplexe Institution des Dokumentenakkreditivs entwickelt und den Kaufleuten zur Verfügung gestellt hätten. Ferner setzt auch der Abschluß eines Güterfrachtvertrages notwendigerweise voraus, daß Transportmittel und Frachtbriefe schon bestehen. Gerade um diese Fragen geht es in zahlreichen Bestimmungen des Berner Abkommens vom 25. Februar 1961 über den internationalen Eisenbahnfrachtverkehr (CIM).

4. Es mag vielleicht künstlich und zu schematisch erscheinen, wenn man die spezifische Funktion des Handelsrechtes auf diese Weise umschreibt. Ein kurzer Blick auf die wichtigsten Auswirkungen wird jedoch die Richtigkeit dieses Vorgehens zeigen.

---

[6] Zwar beruft man sich in der Schweiz nur selten ausdrücklich auf die institutionelle Theorie im Gegensatz zur Vertragstheorie. Dennoch scheint sie bei der konkreten Lösung einer Reihe von Problemen insbesondere des Aktienrechts eine wichtige Rolle zu spielen (hierzu W. VON STEIGER, Betrachtungen über die rechtlichen Grundlagen der Aktiengesellschaft, in: Rechtsquellenprobleme im Schweizerischen Recht, ZBJV 91bis, 1955, S.334ff.; ZUMSTEIN, a.a.O.; P.-R. ROSSET, Les tendances du nouveau droit des sociétés, in: Recueil de travaux publié par la Faculté de droit de Neuchâtel à l'occasion du centenaire de la fondation de l'Académie, Neuchâtel 1938, S.109ff., besonders S.127ff.; SCHLUEP, a.a.O., S.50).

II. Die Bedeutung der Rechtswirkungen im Außenverhältnis

Im Zivilrecht geht die herkömmliche Doktrin von der strikten Anwendung des Grundsatzes der Relativität der Verträge aus: Bei einem Vertrag, bei einer Verpflichtung und sogar allgemeiner bei zivilrechtlichen Beziehungen, ausgenommen allerdings bei dinglichen Rechten, entfalten sich die Rechtswirkungen im Innenverhältnis, d.h. nur zwischen den unmittelbar betroffenen Personen. Da die handelsrechtlichen Beziehungen jedenfalls theoretisch ebenfalls vertraglichen Ursprungs sind, sollte man folglich diesen Grundsatz auch im Handelsrecht anwenden. Tatsächlich berührt jedoch die Schaffung einer Institution – sie rechtlich zu organisieren, ist gerade die Aufgabe des Handelsrechts – nahezu unvermeidbar in gleicher Weise, wenn nicht sogar stärker andere Interessen als nur die der unmittelbar betroffenen Personen. Die erste und vielleicht sogar wichtigste Folge dieser Organisationsfunktion besteht darin, daß das Handelsrecht den Auswirkungen im Außenverhältnis häufig eine größere Bedeutung beimißt als denen des Innenverhältnisses. Allerdings muß nun zwischen den Rechtsfolgen im Innen- und Außenverhältnis nach der Art der betroffenen Interessen unterschieden werden.

1. Wird ein zivil- oder handelsrechtlicher Vertrag geschlossen oder ein bestimmtes Rechtsinstitut, wie zum Beispiel ein zivilrechtlicher Verein, eine Handelsgesellschaft oder ein Wechsel, geschaffen, so sind hierdurch zunächst die Interessen der unmittelbar betroffenen Personen berührt. Sofern dann diese Interessen aufeinanderstoßen, soll theoretisch die handelsrechtliche Norm in gleicher Weise wie die zivilrechtliche Norm nur diesen internen Konflikt in gerechter Weise ausgleichen.

Praktisch berücksichtigt das Handelsrecht jedoch selbst im Innenverhältnis eine Reihe von Faktoren, die den kaufmännischen oder allgemeiner den Geschäftsverkehr charakterisieren. So sollen etwa Handelsgeschäfte im Gegensatz zu zivilrechtlichen Rechtsakten schnell und einfach geschlossen werden[7]. Daher muß ein komplizierter und zu umständlicher Formalismus[8] aufgegeben werden; das Bedürfnis der Kaufleute und der Geschäftswelt

---

[7] Vgl. insbesondere HAMEL/LAGARDE, Traité I, S. 6f.
[8] Im Handelsrecht gelten dann vielfach flexiblere Normen über den Beweis eines Vertragsschlusses. Im materiellen Recht ist vor allem auf den Unterschied zwischen der zivilrechtlichen und der Wechselbürgschaft hinzuweisen: Während der zivilrechtliche Vertrag sehr strengen Formvorschriften unterliegt, kann sich die Wechselbürgschaft aus der bloßen Unterschrift des Wechselbürgen auf der Rückseite des Wechsels ergeben (vgl. Art. 493 und 494 OR sowie Art. 1021 OR).

nach Schnelligkeit scheint dann durch eine generelle Anwendung des Rechtsscheingrundsatzes erfüllt werden zu können. In diesem Zusammenhang hat man darauf hingewiesen, daß das Handelsrecht leichter Rechte den Notwendigkeiten des Vertrauens opfert, d. h. dem äußeren Schein Vorrang vor der Wirklichkeit gibt[9]. So wird im kaufmännischen Verkehr die Verkehrssicherheit verwirklicht, während es im Zivilrecht eher um die Gewährleistung der Rechtssicherheit geht[10].

Im Innen- und Außenverhältnis ist jedoch die praktische Bedeutung des Rechtsscheinprinzips unterschiedlich. So kann sich im vertraglichen Bereich und allgemein im Innenverhältnis eine Partei nicht ohne weiteres auf den äußeren Anschein von Rechten und Tatsachen verlassen. Sie hat je nach den Umständen eine Reihe von Vorsichtsmaßnahmen zu ergreifen und sich vor allem über die wirkliche Lage zu erkundigen. Der Grundsatz des Rechtsscheins muß mithin durch den Begriff des guten Glaubens, der im Innenverhältnis allein Schutz verdient, gemildert werden. Dies führt praktisch zu einer flexiblen und nuancierten Anwendung des Rechtsscheinprinzips, d. h. zur Anwendung der Vertrauenstheorie[11].

Die Vertrauenstheorie und der Grundsatz des guten Glaubens sind im schweizerischen Recht auch dem Zivilrechtler geläufig, der mit ihnen in einigen zivilrechtlichen Gebieten, vor allem im Sachen- und im Vertragsrecht, arbeitet. Hier wird im übrigen der Einfluß deutlich, den das Handelsrecht in unmittelbarem Zusammenhang mit dem Geschäftsverkehr im zivilrechtlichen Bereich in der Schweiz auszuüben vermochte. Gerade darauf kam es auch dem Gesetzgeber von 1881 an, als er sich für die Eingliederung des Handelsrechtes in ein einheitliches privatrechtliches Gesetz entschied.

2. Im Außenverhältnis, d.h. im Verhältnis zu Dritten, ist die Situation anders.

So können Dritte, die beispielsweise mit einem Handelsgewerbe über dessen Vertreter Rechtsgeschäfte abschließen, nicht die wirkliche Lage innerhalb der Unternehmung oder der Gesellschaft kennen. Sie sähen sich dem Risiko ausgesetzt, daß man ihnen entgegenhält, der dem Anschein nach wirksam geschlossene Vertrag sei mangels Vertretungsmacht nichtig oder die Gesellschaft sei nichtig, obwohl sie ordnungsgemäß gegründet zu sein schien. In gleicher Weise kann derjenige, der

---

[9] RIPERT/ROBLOT, Traité élémentaire, S. 37.
[10] Zur Problematik dieser beiden Begriffe vgl. R. DEMOGUE, Notions fondamentales du droit privé, Essai critique, Paris 1911, S. 63–87; EHRENBERG, a.a.O., S. 273–338.
[11] Siehe A. MEIER-HAYOZ, Das Vertrauensprinzip beim Vertragsabschluß, ein Beitrag zur Lehre von der Auslegung und den Mängeln des Vertragsabschlusses beim Schuldvertrag, Diss. Zürich, Zürcher Beiträge 151, Aarau 1948; R. PATRY, Le principe de la confiance et la formation du contrat en droit suisse, Diss. Genf 1953.

ein Wertpapier, insbesondere einen Wechsel, erwirbt, nicht wissen, was zwischen den Parteien während dessen Ausgabe vereinbart wurde. Er liefe daher Gefahr, daß man ihm gewisse Einwendungen entgegensetzt, von deren Bestehen er keine Kenntnis hat.

In beiden Beispielen läge es im Interesse des Dritten, wenn es das Recht nicht zuließe, daß ihm diese Einwände entgegengehalten werden, jedenfalls soweit er sie nicht kannte. Mit zwei sehr unterschiedlichen Maßnahmen trägt das Handelsrecht diesem Interesse in weitem Umfang Rechnung.

Einerseits wird bei einigen Instituten des Handelsrechts der Rechtsscheingrundsatz streng durchgeführt. Die Interessen Dritter werden hier ohne Rücksicht auf ihren guten oder bösen Glauben geschützt.

So kann zum Beispiel einem Dritten, der mit einer Gesellschaft in Geschäftsverbindung tritt, nicht mehr deren Nichtigkeit entgegengehalten werden, sobald sie durch Handelsregistereintragung Rechtspersönlichkeit erlangt hat. Bekanntlich hat sich das Bundesgericht seit langem für die Heilungstheorie ausgesprochen. Diese hat der Gesetzgeber im Jahre 1936 ausdrücklich bestätigt: Im Interesse der Sicherheit des Geschäftsverkehrs erwirbt die Gesellschaft die Rechtspersönlichkeit durch Eintragung im Handelsregister und verliert sie selbst dann nicht wieder, wenn die Bedingungen für die Eintragung in Wirklichkeit nicht erfüllt waren[12].

Auch im Wechselrecht und vielleicht sogar allgemein im Wertpapierrecht werden die Interessen des Dritten durch die Anwendung des allgemeinen Grundsatzes der Unerheblichkeit sogenannter persönlicher Einwendungen geschützt[13].

Zum anderen trifft das Handelsrecht weitere Maßnahmen, um eine gewisse Öffentlichkeit von Tatsachen zu gewährleisten. So sind sämtliche Handelsgewerbe verpflichtet, sich im Handelsregister eintragen zu lassen und damit Tatsachen betreffend ihr internes Rechtsverhältnis im Interesse Dritter offenzulegen. Zugunsten von Unternehmungen, die mit der gehörigen Sorgfalt ihrer Pflicht nachkommen, gilt folglich im Obligationenrecht der Grundsatz der positiven Publizitätswirkung: Jedem Dritten, ob guten oder bösen Glaubens, können eingetragene Tatsachen entgegengehalten werden. Hingegen können nach dem Grundsatz der negativen Publizitätswirkung nicht eingetragene Tatsachen Dritten nicht entgegengesetzt werden, es sei denn, sie hätten von ihrem Bestehen Kenntnis[14]. Man kann also feststellen, daß nach schweizerischem Handelsrecht, außer wenn der Grundsatz der positiven Publizitätswirkung gilt, ganz allgemein die Interessen der Personen des Innenverhältnisses im Falle eines Konflikts denen Dritter geopfert werden.

---

[12] Vgl. Art. 643 Abs. 2 OR. In einem nicht allzu lange zurückliegenden Urteil hat das Bundesgericht die Tragweite der Heilungstheorie präzisiert: Sie gilt für alle Gesellschaften mit Rechtspersönlichkeit, nicht hingegen für juristische Personen des Zivilrechtes, insbesondere nicht für Stiftungen (vgl. BGE 96 II, 1970, S. 273 ff.).

[13] Vgl. Art. 1000 und 1007 OR. Im übrigen siehe H. DESBOIS, De la règle de l'inopposabilité des exceptions dans l'endossement des titres civils, Rev. crit. 1931, S. 348 ff.

[14] Vgl. Art. 933 Abs. 1 und 2 OR, sowie unten S. 141 ff.

3. Im übrigen muß die Frage gestellt werden, ob der Vorrang der Interessen des Außen- vor denen des Innenverhältnisses nicht auch zugunsten einer dritten Art von Interessen, die sich zwischen die beiden ersten schiebt, zugelassen werden muß.

Bestimmte Handelsgesellschaften haben in der Tat, jedenfalls dann, wenn man sie als Institutionen[15] mit einer gewissen Autonomie ansehen kann und wenn sie sich gewissermaßen mit der gewerblichen Unternehmung, die sie betreiben, identifizieren, ein Eigeninteresse zu verteidigen, das man als Gesellschafts- oder als Allgemeininteresse im Gegensatz zu den Individualinteressen ihrer Mitglieder bezeichnen kann. Dies läßt sich bei der Aktiengesellschaft verdeutlichen, wo die Frage offen ist, ob das Gesellschaftsinteresse vor dem Interesse der Aktionäre Vorrang hat oder umgekehrt. Im schweizerischen Recht muß die Antwort eher nuanciert werden. In der Praxis dürfte das Gesellschafts- oder Allgemeininteresse wohl einen gewissen Vorrang haben.

Zwar ergibt sich die Absicht des Gesetzgebers des Jahres 1936, den Aktionären die Beachtung der ihnen gewährten grundlegenden Rechte zu garantieren, deutlich aus den zwingenden Normen des Aktienrechts. Durch andere Maßnahmen, insbesondere bei der Bildung von Reserven, wird jedoch auf die Interessen der Gesellschaft oder der Unternehmung Rücksicht genommen[16]. So hat auch das Bundesgericht gelegentlich unterstrichen, daß der Richter nur dann eingreifen dürfe, um das Dividendenrecht der Aktionäre zu schützen, «wenn die Entscheidung der Generalversammlung sich nicht durch wirtschaftlich vernünftige Überlegungen rechtfertigen läßt und wenn sie von dem Wunsch geleitet ist, Partikularinteressen vor die Allgemeininteressen der Gesellschaft und der Aktionäre zu stellen»[17].

Von der Wirtschaft scheint in der Tat ein immer wirksamerer Schutz der Unternehmung als solcher gefordert zu werden[18].

Im übrigen darf auch die Frage gestellt werden, ob das Handelsgewerbe nicht nur gegenüber den besonderen, manchmal sogar egoistischen Forderungen der Aktionäre, sondern auch gegenüber der Einmischung des Staates oder der Konkurrenzunternehmungen geschützt werden muß. Auf

---

[15] Vgl. zur institutionellen Theorie M. HAURIOU, La théorie de l'institution et de la fondation, in: La cité moderne et la transformation du droit, Toulouse 1925; DERSELBE, Theorie der Institution und der Gründung, Schriften zur Rechtstheorie, Heft 5, Berlin 1965; W. VON STEIGER, a.a.O. (oben Anm. 6); ZUMSTEIN, a.a.O.
[16] Bekanntlich hat die Arbeitsgruppe für die Überprüfung des Aktienrechtes erklärt, die tragenden Grundsätze des geltenden Rechts nicht ändern zu wollen (vgl. den Zwischenbericht des Präsidenten und des Sekretärs der Arbeitsgruppe für die Überprüfung des Aktienrechtes, Bern 1972, S. 17).
[17] BGE 82 II, 1956, S. 148 ff. (deutscher Text vom Übersetzer).
[18] FEHR, a.a.O., S. 73.

das damit angesprochene Problem der unternehmerischen Freiheit wird im folgenden Kapitel zurückzukommen sein[19].

III. Der Einfluß wirtschaftlicher Faktoren auf das Handelsrecht

Aus der besonderen Funktion des Handelsrechtes leitet sich eine weitere allgemeine Folge ab, die kurz erwähnt werden soll: Stärker als das Zivilrecht ist das Handelsrecht dem Einfluß bestimmter äußerer Faktoren unterworfen. Der Jurist würde seine Aufgabe mißverstehen und praktisch nutzlos tätig sein, wenn ihm bei der rechtlichen Organisation der verschiedenen Einrichtungen, die zur Ausübung einer kaufmännischen Tätigkeit notwendig sind, die konkreten Bedürfnisse des Handels unbekannt wären. Zu Recht hat daher die Doktrin bisweilen den Einfluß der Wirtschaft auf die Entwicklung des Handelsrechtes unterstrichen[20]. Allerdings genügt diese Feststellung nicht. Es müssen nun die sich aus ihr ergebenden praktischen Folgen erläutert werden.

1. Befaßt man sich mit der Gestaltung einer handelsrechtlichen Norm, so wirft der Einfluß der Wirtschaft ein erstes Problem auf, nämlich wie diese Norm den wechselnden Bedürfnissen des Wirtschaftslebens ständig angepaßt werden kann. In der Tat muß das Handelsrecht dynamisch sein, d.h. sich relativ schnell entwickeln können, während das Zivilrecht im eigentlichen Sinn eher dauerhaften Charakter besitzen kann[21].

Zur Lösung dieses Problems bieten sich zwei unterschiedliche Methoden an.
Zum einen können Gesetz und Vertrag hinreichend flexible und allgemeine Normen enthalten, die im Einzelfall den wechselnden Bedürfnissen des Wirtschaftslebens angepaßt werden können[22]. Diese Methode ist besonders vorteilhaft, wenn das Handelsrecht den Kaufleuten bestimmte Einrichtungen zur Verfügung stellen soll. Mit einem solchen Vorgehen ist im übrigen für die Rechtsprechung[23] und die Doktrin[24] eine besondere Verantwortung verbunden, da es ihre Aufgabe ist, die erforderliche Anpassung vorzunehmen.

---

[19] Vgl. unten § 7, S. 105 ff.
[20] Vgl. z.B. RIPERT/ROBLOT, Traité élémentaire, S. 34; SCHLUEP, a.a.O., S. 41 ff.
[21] Vgl. FEHR, a.a.O., S. 66 ff.
[22] «Le droit commercial doit rester une base solide pour la vie économique, tout en laissant si possible au juge une liberté d'appréciation suffisante pour tenir compte des intérêts en cause» (A.HIRSCH, Problèmes actuels du droit de la société anonyme, L'organisation de la S.A., Referat des Schweizerischen Juristenvereins, Basel 1966, S. 7).
[23] Das Bundesgericht hat mehrere Grundsätze aufgestellt, die anschließend vom Gesetzgeber in das Gesetz übernommen wurden: Als typisches Beispiel sei die Heilungstheorie genannt (vgl. Art. 643 Abs. 2 OR und Anm. 12 oben).
[24] Die Aufgabe der Doktrin ist u.E. doppelter Natur: Einmal soll sie dem Gesetzgeber mögliche Wege einer Revision aufzeigen, zum anderen die Rechtsprechung kritisieren, um die Gerichte zur Änderung ihrer Rechtsprechung zu veranlassen.

Hierzu im Gegensatz können das Gesetz, die Verordnung oder der Vertrag so vollständig verfaßt werden, daß die mit ihrer Anwendung betrauten Personen wegen der detaillierten Regelung praktisch keine Freiheit mehr zur erforderlichen Anpassung haben. Diese zweite Methode scheint insbesondere im Rahmen einer zwingenden Regelung wirksamer zu sein. Im übrigen bedient sich der Gesetzgeber ihrer in zunehmendem Maße, vor allem bei der Normierung wirtschaftlicher und handelsrechtlicher Materien[25]. Sie trägt jedoch den Kern einer ernsten Gefahr in sich: die der mangelnden Anpassung und der Unsicherheit.

Es ist offensichtlich, daß eine handelsrechtliche Regelung, mag sie nun auf Gesetz, Verordnung oder Vertrag beruhen, um so häufiger modifiziert werden muß, je detaillierter sie ist, wenn sie neuen Bedürfnissen des Wirtschaftslebens angepaßt werden soll. Eine Revision des Gesetzes und eine Vertragsänderung sind jedoch nur mittels häufig komplizierter und langwieriger Verfahren möglich. So besteht die Gefahr, daß die rechtliche Regel, statt den Umständen des Augenblicks angepaßt zu sein, praktisch schon im Zeitpunkt ihres Inkrafttretens veraltet ist. Außerdem schaffen häufige Änderungen des Gesetzes, die mit dieser Methode untrennbar verbunden sind, ein Gefühl der Rechtsunsicherheit, das viel schwerer wiegt als eine Änderung von Rechtsprechung und Lehre.

2. Der Einfluß der Wirtschaft auf die Entwicklung des Handelsrechtes bringt ein weiteres Problem mit sich, das der gegenseitigen Abhängigkeit beider Disziplinen. Es fragt sich, welche Bedeutung ihnen jeweils bei der Bildung von Rechtsregeln zukommen kann und muß[26].

Man hat bisweilen von einer Unterjochung des Rechtes durch die Wirtschaft speziell im Wirtschaftsrecht, aber auch im Handelsrecht, gesprochen. Eine vollständige und blinde Unterwerfung des Juristen kann jedoch gefährliche Folgen haben.

Zunächst ist auf die ihrem Wesen nach unterschiedlichen wissenschaftlichen Methoden der Rechts- und der Wirtschaftswissenschaften hinzuweisen. Vor allem greift man in den Wirtschaftswissenschaften bei der Ableitung der zur Erreichung bestimmter Ziele erforderlichen und ausreichenden Voraussetzungen seit einiger Zeit zu technischen Regeln, die nicht normativen oder verbindlichen Inhalts sind, sondern die nur ein technisch angemessenes oder das technisch wirksamste Mittel aufzeigen sollen[27]. Wenn sich der Jurist in seiner Eigenschaft als Gesetzgeber, Richter oder Unternehmensjurist als bloßer Diener der Wirtschaft versteht, wird er leicht diese technischen Regeln einfach in Rechtsnormen umsetzen, ohne über sie ein Werturteil zu fällen. Er würde so bestimmte Faktoren vernachlässigen, die die Wirtschaftswissenschaft nicht kennt, die jedoch zum wesentlichen Bestand der rechtswissenschaftlichen Methode gehören.

Mit der Unterjochung des Rechtes durch die Wirtschaft ist mithin die Gefahr verbunden, daß Rechtsnormen allein nach dem Kriterium der technischen Wirksamkeit geschaffen und daß die Werte des Menschen, die das

---

[25] Diese Tendenz zeigt sich besonders deutlich in Frankreich, insbesondere bei der *Loi sur les sociétés commerciales* vom 24. Juli 1966, die seither in einer Vielzahl von Punkten geändert und ergänzt wurde. Auch scheint es bezeichnend, daß eine Teilrevision des schweizerischen Aktienrechtes nach Ansicht der Arbeitsgruppe einen sehr detaillierten Text erfordert, der gleich viel Artikel enthält wie das OR augenblicklich für das gesamte Aktienrecht (vgl. den Anhang zum Zwischenbericht des Präsidenten und des Sekretärs der Arbeitsgruppe für die Überprüfung des Aktienrechts, Bern 1972).

[26] Vgl. z.B. JACQUEMIN, a.a.O.; SOLAL, a.a.O.

[27] JACQUEMIN, a.a.O., S. 289.

Recht gerade schützen soll, verletzt werden. Auf sie wurde im übrigen schon in der allgemeinen Entwicklung des Rechtes hingewiesen[28]; sie tritt jedoch viel klarer im Handelsrecht hervor.

Wenn der Jurist nur blinder Diener der Wirtschaft sein will, besteht außerdem die weitere Gefahr, daß er in das Recht, und zwar insbesondere in das Handelsrecht wirtschaftliche Auffassungen einführt, deren rechtliche Bedeutung unsicher ist. Vor allem der Handelsrechtler, aber auch der Jurist im allgemeinen, soll zwar die Erfahrungen des Wirtschaftslebens und die Lösungen der Wirtschaftswissenschaften berücksichtigen, jedoch auch ihre Berechtigung unter rechtlichen Gesichtspunkten überprüfen.

So ist es Pflicht des Juristen, über bestimmte technische Regeln der Wirtschaft, die er in Rechtsnormen umsetzen will, ein Werturteil nicht allein nach dem Kriterium der wirtschaftlichen Zweckmäßigkeit, sondern nach eigenen rechtlichen Maßstäben abzugeben. In gleicher Weise hat er wirtschaftliche Auffassungen und Einrichtungen an den allgemeinen Grundsätzen und Begriffen der Rechtswissenschaft zu messen. Nur wenn er sie nicht mit schon bekannten Rechtsbegriffen und Rechtsinstituten in Verbindung zu bringen vermag, darf er sie auf neuer, allerdings rechtlicher Grundlage definieren und organisieren.

3. In gewissem Maße kann die gegenseitige Abhängigkeit von Handelsrecht und Wirtschaftswissenschaften zu einem vorteilhaften Ergebnis führen. Mit Recht hat JEAN ESCARRA schon im Jahre 1934 bemerkt, daß «essentiellement le droit commercial plus que le droit civil est une science d'observation»[29]. In der Tat würde der Handelsrechtler seiner besonderen Aufgabe, in rechtlicher Weise kaufmännische Einrichtungen zu organisieren, nicht nachkommen, ließe er die Erfahrungen des Wirtschaftslebens beiseite.

Er hat also zu lernen, in wissenschaftlicher Weise wirtschaftliche Tatsachen zu beobachten, um dann von diesen Gegebenheiten ausgehend Rechtsnormen über die Organisation von Einrichtungen zu schaffen, deren man sich im kaufmännischen Leben bedienen kann. Hierbei muß der Jurist bereit sein, den zu formellen Rahmen der rein rechtlichen Methode zu verlassen und die wissenschaftlichen und damit auch die quantitativen Methoden der Soziologie anzuwenden[30].

4. Schließlich beeinflußt die Wirtschaft die Entwicklung des Handelsrechtes noch auf andere Weise. Es mag hier der Hinweis auf die Bedeutung der Normen des Steuerrechtes[31] bei der Bildung und Anwendung bestimmter Vorschriften des Handels-, vor allem des Gesellschaftsrechtes genügen.

---

[28] OFTINGER, a.a.O.
[29] ESCARRA/RAULT, Principes, S. 72.
[30] Siehe J. CARBONNIER, Sociologie juridique, Paris 1972; M. REHBINDER, Einführung in die Rechtssoziologie, Mannheim 1971.
[31] Siehe z.B. E. BLUMENSTEIN, a.a.O., sowie AEBY, a.a.O.; BIRGELEN, a.a.O.

Zweites Kapitel

Die kaufmännische Unternehmung

§ 5. Der Rechtsbegriff der Unternehmung

Literatur

Kreisschreiben des Justiz- und Polizeidepartementes vom 20. August 1937, BBl 1937 II, S. 812 ff.

E. His, Berner Kommentar, Anmerkungen zu Art. 934 OR; L. R. von Salis, Schweizerisches Bundesrecht, 2. Aufl., Bd. 4, Bern 1903; L. R. von Salis/ W. Burckhardt, Schweizerisches Bundesrecht, Bd. 3, Frauenfeld 1930; U. Stampa, Sammlung von Entscheiden des Bundesrates und seines Justiz- und Polizeidepartementes in Handelsregistersachen (1904–1923), Bern 1923; H. Lefort, Le registre du commerce et les raisons de commerce, commentaire pratique du code fédéral des obligations, Genf 1884.

R. Patry, L'entreprise commerciale en droit suisse, in: Recueil des travaux de la troisième semaine juridique turco-suisse, Ankara 1966, S. 327 ff.; A. Bozer, La notion d'entreprise commerciale en droit turc, ebenda, Ankara 1966, S. 311 ff.; R. Poroy, Le nouveau code de commerce turc, Annales de la Faculté de droit d'Istanbul, 1958, S. 101 ff.

P. Simsa, Der Kaufmannsbegriff im schweizerischen Recht, Diss. Basel 1960; B. Rüfenacht, Die Begriffe «Kaufmann, Handelsverkehr und kaufmännischer Verkehr» in der deutschen und schweizerischen Gesetzgebung, Diss. Bern, Berlin 1926. – F. Fabricius, Grundbegriffe des Handels- und Gesellschaftsrechts, 2. Aufl., Stuttgart/Berlin/Köln 1971, S. 21 ff.

G. Ripert, L'artisan et le commerçant, in: Beiträge zum Handelsrecht, Festgabe zum 70. Geburtstage von Carl Wieland, Basel 1934, S. 300 ff.; H. Rousseau, Commerçant et actes de commerce en droit français, ebenda, Basel 1934, S. 310 ff.; J. Calais-Auloy, Grandeur et décadence de l'article 632 du code de commerce (Considérations sur le domaine du droit commercial) in: Etudes de droit commercial à la mémoire de Henry Cabrillac, Paris 1968, S. 37 ff.; H. Cabrillac, L'agriculture et le droit commercial, in: Le droit privé français au milieu du XXe siècle, Mélanges offerts à Georges Ripert, Paris 1950, S. 272 ff.; J. Stoufflet, L'entreprise du secteur des métiers, R. T. D. Co XXI, 1968, S. 33 ff.; C. Champaud/J. Paillusseau, L'entreprise et le droit commercial, Paris 1970.

F. Galgano, L'imprenditore, Bologna 1970; M. Casanova, Le imprese commerciali, Turin 1955.

Getreu der handelsrechtlichen Tradition des vergangenen Jahrhunderts haben Gesetzgeber und Autoren zur Bezeichnung der Personen oder des Gegenstandes des Handelsrechts vorwiegend die Begriffe des Kaufmanns und des Handelsgeschäftes benutzt und so allgemein davon abgesehen, auf den der gewerblichen Unternehmung oder des Handelsgewerbes Bezug zu nehmen[1].

Seit einiger Zeit jedoch hat der Begriff der Unternehmung in der Lehre[2] und in vereinzelten jüngeren handelsrechtlichen Gesetzen[3] erhebliche Bedeutung erlangt. Entsprechend dem Vorbild der Wirtschaftswissenschaftler, die seit langem in der Unternehmung die Grundeinheit der wirtschaftlichen Produktion sehen, bemühen sich nun auch die Juristen, einen einheitlichen und zwar rechtlichen Unternehmensbegriff herauszuarbeiten, der nicht nur im Wirtschafts- und Arbeitsrecht, sondern auch im Handelsrecht zugrunde gelegt werden kann.

In der Schweiz scheinen die herkömmliche Doktrin[4] und das Obligationenrecht[5] die Unternehmung rechtlich nicht erfassen zu wollen. Seit 1938 enthält jedoch eine wichtige Vorschrift, zwar nicht von Gesetzes- aber doch von Verordnungsrang eine rechtliche Umschreibung der gewerblichen Unternehmung[6].

---

[1] Einzelne Gesetzesbestimmungen enthalten jedoch in bestimmtem Zusammenhang den Ausdruck «entreprise». Dies gilt z.B. von Art. 632 Ccomm. fr., der manche Gewerbe den Handelsgeschäften gleichstellt, um die Zuständigkeit des «tribunal de commerce» zu begründen (vgl. P. DIDIER, La compétence législative du droit commercial, R.T.D.Co XVIII, 1965, S. 535 ff.).

[2] Siehe insbes. die schon genannten Arbeiten von K. WIELAND, L. MOSSA und J. ESCARRA (Allg. Lit. Übers.). Vgl. außerdem RAISCH, a.a.O. (Lit. zu § 1), mit weiteren Nachweisen; CHAMPAUD/PAILLUSSEAU, a.a.O.; HAMEL/LAGARDE, Traité I, S. 252 ff.

[3] Bekanntlich umschreibt das italienische Recht nicht nur den allgemeinen Begriff der *impresa* sondern auch die engeren Begriffe der kaufmännischen und der landwirtschaftlichen Unternehmung (Art. 2028, 2135 und 2195 CCit.). Außerdem wurde 1934 in den Niederlanden durch Gesetz der sich auf Kaufleute und Handelsgeschäfte beziehende Titel des Handelsgesetzbuches außer Kraft gesetzt und der Begriff des Kaufmanns in anderen Titeln sowie in Einzelgesetzen durch denjenigen, «wer ein Gewerbe betreibt» (in holländisch: *bedrijf*) ersetzt (vgl. J. WIARDA, Le droit commercial hollandais, R.T.D.Co II, 1949, S. 600 ff., bes. S. 605). Schließlich bezieht sich auch das Handelsgesetzbuch des Kaiserreichs Äthiopien ausdrücklich auf den Rechtsbegriff der Unternehmung (Art. 5 des Code de commerce de l'Empire d'Ethiopie von 1960, französische Ausgabe, Paris 1965).

[4] Es soll jedoch zugegeben werden, daß der Bundesrat in der französischen Übersetzung der Begründung einer Vielzahl von Entscheidungen in Handelsregistersachen den Ausdruck «entreprise» benutzt hat (vgl. VON SALIS/BURCKHARDT, a.a.O., S. 882 ff.).

[5] In bestimmten Vorschriften (vgl. z.B. Art. 181, 182, 455, 456, 663 Abs. 2, 674 Abs. 2 und 1185) bezieht sich der französische Gesetzestext gelegentlich auf den Begriff «entreprise». Jedoch werden im deutschen Text andere Ausdrücke benutzt (Geschäft, Unternehmen, usw.).

[6] Es ist wichtig, erneut darauf hinzuweisen, daß der im Französischen verwendete Ausdruck «entreprise» und der deutsche Ausdruck «Gewerbe» nicht die gleiche Bedeutung haben. Jedoch hat gerade die Benutzung des deutschen Ausdrucks «Gewerbe» es dem Bundesgericht erlaubt festzustellen, daß «das deutsche und das französische Handelsgesetzbuch, gleich wie das schweizerische Recht, den Begriff des Gewerbes» kennen. «...Die in HRegV 52 III aufgestellte Umschreibung des Gewerbebegriffs beruht offensichtlich ebenfalls auf dieser Auffassung...» (BGE 84 I, 1958, S. 187 ff.).

Die praktische und theoretische Bedeutung dieser für kaufmännische und sonstige Gewerbe geltenden Definition dürfte über ihren eigentlichen Anwendungsbereich im Handelsregisterrecht, ja sogar im Handelsrecht erheblich hinausgehen.

Dies ist nun im einzelnen darzulegen.

I. Die Wesensmerkmale der Unternehmung

Art. 52 Abs. 3 HRegV bezeichnet «als Gewerbe (entreprise) im Sinne dieser Verordnung eine selbständige, auf dauernden Erwerb gerichtete wirtschaftliche Tätigkeit». Damit scheint diese Bestimmung von drei unterschiedlichen Tatbestandsmerkmalen auszugehen: einer wirtschaftlichen Tätigkeit, der Selbständigkeit dieser Tätigkeit und ihrer Ausrichtung auf einen dauernden Erwerb. Das erste und das dritte Element können sicher im Merkmal der Ausrichtung auf dauernden Erwerb zusammengefaßt werden. Ein weiteres, im Gesetz nicht ausdrücklich erwähntes Element, auf dessen überragende Bedeutung Lehre und Rechtsprechung hingewiesen haben, kommt jedoch hinzu.

1. Zunächst enthält der Rechtsbegriff der gewerblichen Unternehmung das wesentliche Merkmal einer zum voraus geschaffenen Organisation für die auszuübende wirtschaftliche Tätigkeit. Es wird von Art. 52 Abs. 3 HRegV vorausgesetzt: In diesem Sinne und unter Bezugnahme auf die schweizerische, französische und deutsche Doktrin hat das Bundesgericht entschieden, daß «unter Gewerbe eine organisierte Tätigkeit zu verstehen ist, die in der zum voraus beabsichtigten Wiederholung gleichartiger Geschäfte besteht und zum Zwecke eines Erwerbes ausgeübt wird»[7].

Folglich versteht die Verordnung über das Handelsregister unter Gewerbe nicht irgendeine wirtschaftliche Tätigkeit, sondern nur diejenige, die man nach zum voraus bestimmten Regeln und zu einem festen und gewollten Zweck ausübt. Praktisch handelt es sich also um eine berufliche Tätigkeit.

Nun ist sofort zu fragen, ob die planmäßige Wiederholung gleichartiger Geschäfte nicht notwendigerweise ein Merkmal der Dauer oder Kontinuität in der Zeit beinhaltet[8].

---

[7] BGE 84 I, 1958, S. 187 ff.
[8] Vgl. HIS, Art. 934 OR, N. 18–24.

Sicher stellt die Vornahme eines vereinzelten Geschäfts oder die Ausübung einer nur gelegentlichen, zufällig auf Grund bestimmter Umstände vorgenommenen Tätigkeit kein Gewerbe im Sinne der Verordnung über das Handelsregister dar. Insbesondere kommt in beiden Fällen eine Eintragung im Handelsregister nicht in Betracht[9].

Im übrigen dürfte sich das Erfordernis einer gewissen Zeitspanne oder Kontinuität in der Zeit aus der Formulierung von Art. 52 Abs. 3 HRegV selbst ergeben, der von einer auf dauernden Erwerb gerichteten Tätigkeit spricht. Gleiches gilt von Art. 1 Ccomm.fr., der als Kaufleute all diejenigen Personen ansieht, «qui exercent des actes de commerce et en font leur profession habituelle». Allerdings darf man nicht in willkürlicher Weise eine Mindestdauer der wirtschaftlichen Tätigkeit festlegen: In jedem einzelnen Fall kommt es wesentlich auf die konkreten Umstände, insbesondere auf die Häufigkeit und die Bedeutung der Geschäftsbeziehungen an. Deshalb hat das Bundesgericht ganz allgemein die Unternehmung als eine auf Dauer gerichtete wirtschaftliche Tätigkeit umschrieben[10] und später präzisiert, daß diese Tätigkeit auch von kurzer Dauer sein kann, «es sei denn, sie erstrecke sich nur über eine so kurze Zeitspanne, daß eine planmäßige Wiederholung gleichartiger Geschäfte ausgeschlossen ist»[11].

2. Im schweizerischen wie im ausländischen Recht stellt die Unternehmung jedoch nicht irgendeine organisierte wirtschaftliche Tätigkeit dar, während der gleichartige Geschäfte wiederholt vorgenommen werden. Es muß sich gemäß Art. 52 Abs. 3 HRegV darüber hinaus um eine **selbständige Tätigkeit** handeln. Vorweg ist zu prüfen, wie dieses zweite Wesensmerkmal zu qualifizieren ist, ob als wirtschaftliche oder als rechtliche Selbständigkeit.

Gewiß ergeben sich in den meisten Fällen keine Schwierigkeiten. Die rechtliche wie wirtschaftliche Selbständigkeit der Unternehmung liegt offen zu Tage. So üben zum Beispiel der Kaufmann, der ein Handelsgeschäft besitzt, der Industrielle, der Inhaber einer Fabrik ist, aber auch der Bauer, der sein landwirtschaftliches Gut bewirtschaftet, eine ökonomische Tätigkeit im kaufmännischen, industriellen oder landwirtschaftlichen Bereich aus, die ohne Einschränkung die Voraussetzung der Selbständigkeit verwirklicht: Sie sind wirtschaftlich Herren ihres Geschäfts und ihnen allein gehört rechtlich der Gewinn, sie allein haben die Risiken aus ihrer Tätigkeit zu tragen.

Allerdings ist nicht jede wirtschaftliche Tätigkeit (Gewerbe im Sinne der HRegV) rechtlich und wirtschaftlich selbständig. So besitzen im Ausland Personen die Kaufmannseigenschaft, obwohl sie eine, sei es rechtlich, sei es wirtschaftlich abhängige Tätigkeit ausüben[12].

---

[9] Vgl. die Entscheidungen des Justiz- und Polizeidepartementes vom 7. März und 24. Juli 1917 sowie vom 28. August 1918 (STAMPA, a.a.O., Nr. 69, S. 44; VON SALIS/BURCKHARDT, a.a.O., Nr. 1489 VII). Vgl. auch bezüglich der Vornahme eines einzelnen Handelsgeschäftes die Entscheidungen des Bundesrates vom 30. März 1905 und vom 26. März 1906 (VON SALIS/BURCKHARDT, a.a.O., Nr. 1489 IV und 1491 I). Angemerkt sei auch, daß der Bundesrat im Jahre 1937 «auch das Vorhandensein eines ständigen Bureau als unwesentliches Merkmal verschiedener eintragungspflichtiger Gewerbe (siehe Art. 13 Ziff. a, lit. a bis d, der Verordnung vom 6. Mai 1890) fallen gelassen» hat. «Nur der Hausierer, der ebenfalls Warenhandel treibt, braucht kein ständiges Bureau zu halten. Die Verordnung schließt ihn aber ausdrücklich aus der Gruppe der Handelsgewerbe aus.» (KS des Justiz- und Polizeidepartementes vom 20. August 1937, BBl 1937 II, S. 812 ff., bes. S. 818)

[10] BGE 80 I, 1954, S. 383 ff.

[11] BGE 84 I, 1958, S. 187 ff.

[12] So wird im französischen Recht allgemein der Kapitän eines Schiffes als Kaufmann angesehen.

Tatsächlich brauchen die beiden Voraussetzungen der rechtlichen und wirtschaftlichen Selbständigkeit nicht kumulativ, sondern nur alternativ verwirklicht zu sein[13].

Einerseits kann also eine wirtschaftlich abhängige Tätigkeit als Gewerbe im Sinne der Verordnung über das Handelsregister angesehen werden. Hierfür genügt die rechtliche Selbständigkeit.

Dies ist insbesondere der Fall bei der Tochtergesellschaft oder bei der Einmann-Aktiengesellschaft. Auch wenn das Kapital sich vollständig in den Händen der Muttergesellschaft oder des einzigen Aktionärs befindet und die Gesellschaft praktisch keinen eigenen Entscheidungs- oder Handlungsspielraum im wirtschaftlichen Bereich besitzt, so handelt es sich doch unzweifelhaft um ein Gewerbe, das sich allein auf Grund seiner rechtlichen Selbständigkeit im Handelsregister eintragen lassen muß[14].

Außerdem genießt ein Versicherungsagent nach der neueren Rechtsprechung gegenüber der Versicherungsgesellschaft, mit der er einen Agenturvertrag abgeschlossen hat, rechtliche Selbständigkeit. Trotz Fehlens jeder wirtschaftlichen Handlungsfreiheit übt der Versicherungsagent also eine selbständige Tätigkeit im Sinne von Art. 52 Abs. 3 HRegV aus, die eine Eintragung im Handelsregister rechtfertigt[15].

Andererseits müßte sich umgekehrt ergeben, daß man auch eine rechtlich abhängige Tätigkeit als Gewerbe im Sinne des Art. 52 Abs. 3 HRegV ansehen kann, sofern es nur hinreichende wirtschaftliche Selbständigkeit besitzt.

Dies ist offensichtlich der Fall der Zweigniederlassung, die im Gegensatz zur Tochtergesellschaft rechtlich nicht selbständig ist. Nach der Rechtsprechung[16] ist jedoch ihre wirtschaftliche Selbständigkeit ausreichend, um sie trotz der rechtlichen Abhängigkeit von der Hauptunternehmung als selbständiges Gewerbe zu qualifizieren. Folglich ist die Zweigniederlassung gemäß Art. 935 OR im Handelsregister eintragungspflichtig.

Fraglich erscheint jedoch, ob dies auch gegenüber Personen in rechtlich abhängiger Stellung gilt, die auf Grund eines Arbeitsvertrages in einer Unternehmung tätig sind[17]. In der Mehrzahl der Fälle üben jedenfalls die Angestellten und Arbeiter keine selbständige Tätigkeit im Sinne des Art. 52 Abs. 3 HRegV aus, und zwar einfach deshalb nicht, weil sie in Wirklichkeit weder eine rechtliche noch eine wirtschaftliche Selbständigkeit genießen.

So hat das Bundesgericht anläßlich von Beschwerden wegen Verletzung von Art. 31 BV stets unterstrichen, daß nur der Inhaber eines Geschäfts Handel- und Gewerbetreibender ist und nicht seine Arbeiter, da nur er eine selbständige Tätigkeit im Sinne des Art. 52 Abs. 3 HRegV

---

[13] Allerdings scheint His (Art. 934 OR, N. 16) die wirtschaftliche Selbständigkeit als allein wesentlich anzusehen.
[14] BGE 92 II, 1966, S. 160 ff.
[15] BGE 91 I, 1965, S. 139 ff.
[16] BGE 81 I, 1955, S. 154 ff.; BGE 89 I, 1963, S. 407 ff.
[17] Vgl. hierzu von Salis/Burckhardt, a.a.O., Nr. 1491.

ausübt[18]. Hiervon ist es auch nicht abgewichen, als es in Änderung seiner bisherigen ständigen Rechtsprechung die verfassungsmäßige Verbürgung der Handels- und Gewerbefreiheit schließlich auf die unselbständig Erwerbstätigen ausgedehnt hat, sofern diese sich über die Verletzung eigener, rechtlich geschützter Interessen beschweren können[19].

Bei der Auslegung des Begriffs der Selbständigkeit kann zudem der äußere Schein eine größere Bedeutung haben als die tatsächliche Lage[20]: So mag zum Beispiel ein rechtlich abhängiger Angestellter in Ausnahmefällen wirtschaftlich so selbständig sein, daß er dem Publikum gegenüber den Anschein eines Geschäftsmannes erweckt, der auf eigene Rechnung und Gefahr handelt, also eine selbständige Tätigkeit im Sinne des Art. 52 Abs. 3 HRegV ausübt[21].

3. Schließlich nennt die HRegV als drittes Tatbestandsmerkmal der gewerblichen Unternehmung deren Ausrichtung auf dauernden Erwerb. Dieser Ausdruck ist jedoch mehrdeutig. Im ausländischen Recht wird er verschieden verstanden, einmal im Hinblick auf das Innenverhältnis, zum anderen unter Bezug auf das Außenverhältnis.

Zunächst könnte Erwerb – revenu – ein Synonym für Gewinn – bénéfice, gain – sein. Der Begriff der gewerblichen Unternehmung oder des Berufes würde mithin implizieren, die wirtschaftliche Tätigkeit werde zum Zwecke eines Erwerbs oder der Erzielung eines persönlichen Gewinns ausgeübt. Nach dieser sog. internen Auslegung ginge es also allein um das Innenverhältnis der Unternehmung und um den vom Unternehmer verfolgten Erwerbszweck.

Ihr folgen allgemein die Lehre und Rechtsprechung im Ausland, so in Frankreich[22] und Deutschland[23] und wohl auch, jedenfalls bis 1942, in Italien[24]. In diesem Sinne scheint sich auch KARL WIELAND ausgesprochen zu haben, wenn er bei der Definition der Unternehmung der Gewinnabsicht oder genauer der Erzielung einer Vermögensvermehrung Bedeutung beimißt[25]. Für dieses Verständnis spricht zunächst der äußere Schein. Die Wirtschaftswissenschaften halten den Begriff des Gewinns bei der Definition der Unternehmung ganz allgemein für wesentlich. Im

---

[18] BGE 80 I, 1954, S. 155 ff.
[19] BGE 84 I, 1958, S. 18 ff.
[20] Ebenso RIPERT/ROBLOT, Traité élémentaire, S. 83.
[21] So auch BGE 91 I, 1965, S. 139 ff. und HIS, Art. 934 OR, N. 17.
[22] Vgl. RIPERT/ROBLOT, Traité élémentaire, S. 82 (m.w.N. auf die Rechtsprechung).
[23] Die h.L. und Rechtsprechung in Deutschland (HÄMMERLE, Handelsrecht, S. 94; SCHLEGELBERGER/HILDEBRANDT, § 1 HGB, Anm. 23) halten am Merkmal der Gewinnabsicht fest, während eine Minderheit (vgl. RAISCH, a.a.O. [Lit. zu § 1], S. 186 ff.) darauf verzichtet. Die Frage hat sich insbesondere im Zusammenhang mit Krankenhäusern und anderen Anstalten, die ohne Gewinnerzielungsabsicht tätig werden, gestellt.
[24] Vgl. insbesondere GALGANO, a.a.O., S. 26 ff.
[25] WIELAND, Handelsrecht, S. 145 ff.

übrigen handelt der Kaufmann oder der Geschäftsmann in den allermeisten Fällen in der Absicht, einen Gewinn zu erzielen. Jedoch trägt die allein auf das Innenverhältnis abstellende Theorie dem gerade im Handelsrecht wichtigen Merkmal der Außenbeziehungen nicht Rechnung.

Man kann das Tatbestandselement der Ausrichtung auf einen Erwerb auch anders, und zwar im Sinne der Ausübung einer wirtschaftlichen Tätigkeit verstehen mit dem Ziel, von Dritten ein Entgelt zu erhalten. So gesehen wäre der Erwerb Synonym von Umsatz.

Nach dieser Auffassung wäre auf die Außenbeziehungen der Unternehmung, d.h. auf die Bedeutung und Häufigkeit der Geschäftsbeziehungen mit Dritten abzustellen[26]. Die in den meisten Fällen sicher vorhandene Gewinnerzielungsabsicht ist also kein Wesensmerkmal der gewerblichen Unternehmung oder des Berufs. Vielmehr kommt es nur auf die Absicht an, von Dritten Gelder einzuziehen oder mehr oder weniger erhebliche Leistungen entgegenzunehmen, d.h. ein bestimmtes Einkommen zu haben. In diesem Zusammenhang darf noch einmal darauf hingewiesen werden, daß es gerade eine der Aufgaben des Handelsrechtes und hier vor allem der Einrichtung des Handelsregisters ist, Drittinteressen zu schützen.

Doktrin und Rechtsprechung in der Schweiz folgen daher dieser sog. externen Auslegung, insbesondere wenn nach Art. 52 Abs. 3 HRegV die Eintragungsvoraussetzungen bestimmt werden[27].

II. Die kaufmännische Tätigkeit der Unternehmung

Ganz allgemein soll das Handelsrecht nicht Normen für all die Unternehmungen enthalten, die unter Art. 52 Abs. 3 HRegV fallen. Insbesondere gelten die Bestimmungen bezüglich der Handelsregistereintragungen und der kaufmännischen Buchführung, mithin der allgemeine Teil des Handelsrechtes[28], nur für Unternehmungen, die eine kaufmännische Tätigkeit ausüben. Es ist daher, im schweizerischen wie im ausländischen Recht, die Frage nach der Grenze zwischen den kaufmännischen und den sonstigen Unternehmungen zu stellen. Vorweg soll auf zwei wesentliche Tatsachen hingewiesen werden.

Jedes Handelsgewerbe ist notwendigerweise eine gewerbliche Unternehmung. Zunächst müssen daher die drei Voraussetzungen der zum voraus geschaffenen Organisation, der Selbständigkeit und der Ausrichtung auf einen ständigen Erwerb erfüllt sein.

---

[26] Gemäß einer Entscheidung des Justiz- und Polizeidepartementes vom 22. Dezember 1925 kommt es nicht auf den Zweck der Unternehmung an, sondern darauf, ob sie nach kaufmännischer Art geführt wird (vgl. VON SALIS/BURCKHARDT, a.a.O., Nr. 1497 II).

[27] «Im Gegensatz zur deutschen Rechtsauffassung ist nach schweizerischem Recht die Gewinnabsicht nicht wesentlich» (KS des Justiz- und Polizeidepartementes vom 20. August 1937, BBl 1937 II, S. 818; vgl. auch HIS, Art. 934 OR, N. 14 und BGE 80 I, 1954, S. 383 ff.).

[28] Vgl. oben, S. 13 f., 44.

So hat z. B. die einfache Gesellschaft im schweizerischen Recht keine eigene rechtliche Existenz: Da sie keine von ihren Mitgliedern unabhängige Tätigkeit ausübt, ist sie keine gewerbliche Unternehmung, folglich weder berechtigt noch verpflichtet, sich im Handelsregister eintragen zu lassen[29].

Außerdem mißt das Handelsrecht den Außenbeziehungen, d. h. den Rechtsbeziehungen der Unternehmung mit Dritten, eine größere Bedeutung bei als das Zivilrecht. Bei der Bestimmung des Begriffs der kaufmännischen Tätigkeit werden also die Erheblichkeit und die Häufigkeit dieser Beziehungen eine wichtige Rolle spielen müssen.

Dementsprechend hat das Eidgenössische Justiz- und Polizeidepartement im Kreisschreiben vom 20. August 1937 die Auffassung vertreten, daß ein Gewerbe nur eintragungspflichtig, folglich auch nur dann ein Handelsgewerbe ist, wenn Art und Umfang seiner Tätigkeit einen kaufmännischen Betrieb und eine geordnete Buchführung erfordern[30].

1. Es gibt zunächst bestimmte wirtschaftliche Tätigkeiten, die nach ihrer Art, nicht aber nach ihrem Umfang[31] einen kaufmännischen Betrieb und eine geordnete Buchführung erfordern, da sie auf häufigen Beziehungen mit vielen verschiedenen Kunden beruhen. Hierbei handelt es sich um die eigentlich kaufmännischen Tätigkeiten im Gegensatz zu denen der Fabrikationsgewerbe. Diese wirtschaftlichen Tätigkeiten, die dem Austausch von Gütern und der Erbringung von Dienstleistungen dienen, gehören zum traditionellen Bereich des Handels.

Die beiden genannten Begriffe und noch mehr der des Handels sind jedoch zu allgemein und zu ungenau, um eine brauchbare Grundlage der Umschreibung der kaufmännischen Tätigkeit im eigentlichen Sinne darzustellen.

In einer Reihe von Gesetzgebungen hat man daher auf Kataloge zurückgreifen müssen, um die kaufmännischen Tätigkeiten und die Handelsgewerbe in mehr oder weniger erschöpfender Weise aufzuzählen[32]. Interessanterweise sind diese verschiedenen Kataloge im wesentlichen identisch. Hieraus läßt sich entnehmen, daß die Auswahl der Tätigkeiten nicht willkürlich war, sondern tatsächlich ihrem kaufmännischen Wesen entspricht.

a) So scheint der Erwerb beweglicher oder unbeweglicher Güter mit dem Ziel des Weiterverkaufs stets als kaufmännische Tätigkeit angesehen worden zu sein. Der Händler ist herkömmlich Kaufmann. Von der Rechtsprechung wird im übrigen der Begriff des Umsatzes von Waren in

---

[29] BGE 79 I, 1953, S. 179 ff.
[30] BBl 1937 II, S. 812 ff., bes. S. 818; vgl. auch BGE 75 I, 1949, S. 74 ff.
[31] Gemäß Art. 54 HRegV sind Handelsgewerbe im eigentlichen Sinne erst eintragungspflichtig, wenn der Jahresumsatz mindestens Fr. 100 000.– erreicht. Es handelt sich um die unten unter a und c erläuterten und in Art. 53 lit. A Ziff. 1, 5 und 8 bezeichneten Gewerbe.
[32] Vgl. Art. 53 lit. A HRegV, Art. 632 und 633 Ccomm. fr. und § 1 Abs. 2 Ziff. 1–9 HGB.

einem weiten Sinne verstanden. Er umfaßt sowohl den eigentlichen Erwerb von beweglichen oder unbeweglichen Waren zum Zweck der Wiederveräußerung wie auch die Tätigkeit des Weiterverkaufs in veränderter Form. So ist zum Beispiel ein Gastwirtschaftsbetrieb eine kaufmännische Tätigkeit mit der Folge, daß der Inhaber einer Gaststätte, der Hotelier oder der Inhaber einer Pension Kaufleute sind[33].

b) Außerdem gehören zu den kaufmännischen Tätigkeiten im eigentlichen Sinne die verschiedenen Dienstleistungsbetriebe, wie zum Beispiel der Betrieb von Geld-, Effekten-, Börsen- und Inkassogeschäften, mit anderen Worten der Betrieb von Bankgeschäften im weiten Sinne[34], sowie die Tätigkeiten der kaufmännischen Hilfspersonen, d. h. der Kommissionäre, der Devisenagenten, der Mäkler, der Buchhaltungsexperten und der Sachverwalter[35] und auch der Betrieb von Versicherungsgeschäften und der Vermittlung von Nachrichten.

c) Schließlich zählt man allgemein die Beförderung von Personen und Gütern, das Verlags- und das Lagergeschäft zu den kaufmännischen Gewerben. Allerdings ist gerade in diesen Fällen die Abgrenzung zwischen Kaufmann und Handwerker häufig mit praktischen Schwierigkeiten verbunden[36]. So beurteilt die Rechtsprechung beispielsweise den Fall eines Chauffeurs sehr differenziert, der als Eigentümer eines einzigen Wagens, eines Taxis oder eines Lastwagens, selbst die Beförderung von Personen oder Gütern vornimmt[37].

2. Im allgemeinen Sprachgebrauch wird üblicherweise zwischen dem Kaufmann und dem Industriellen unterschieden: Während ersterer aus dem Unterschied zwischen Einkaufs- und Verkaufspreis Gewinn erzielt, verarbeitet letzterer Rohstoffe mit dem Ziel der Veräußerung von Fertigwaren.

In diesem Zusammenhang darf nochmals unterstrichen werden, daß das Handelsrecht nicht allein die herkömmliche Tätigkeit des Handels sondern auch die jüngere Tätigkeit der Fabrikation regelt. In der Tat steht der Industrielle gleich wie der Kaufmann in ständigem Kontakt mit Dritten, um Rohstoffe und Investitionsgüter zu erwerben sowie um die hergestellten Waren zu verkaufen. Außerdem hat er einen relativ großen Bedarf an Kapital, das er unter Umständen bei Dritten aufnehmen muß, um das Personal zu bezahlen und um den Betrieb seines Fabrikationsgewerbes zu finanzieren.

Allerdings wird nicht jede Tätigkeit der Herstellung von Gütern automatisch als Fabrikation angesehen und damit der kaufmännischen Tätigkeit gleichgestellt. Im schweizerischen wie auch im ausländischen Recht ist zwischen den dem Handelsrecht unterstehenden **Fabrikationsgewerben** und den grundsätzlich nicht von handelsrechtlichen Normen erfaßten **Handwerksbetrieben** zu unterscheiden.

---

[33] BGE 76 I, 1950, S. 146 ff.; 78 I, 1952, S. 431 ff.
[34] Vgl. z. B. BGE 70 I, 1944, S. 104 ff.
[35] Zur Problematik der Treuhandunternehmung und der Buchhaltungsexperten vgl. BGE 79 I, 1953, S. 177 ff.
[36] Vgl. unten S. 79 ff.
[37] Vgl. beispielsweise BGE 82 III, 1956, S. 108 ff.

Zwar stellen sowohl der Industrielle als auch der Handwerker Waren her, die sie anschließend ihren Kunden verkaufen. Während jedoch der erstere hierzu Arbeiter beschäftigt und Maschinen benutzt, arbeitet letzterer im wesentlichen allein oder mit ein oder zwei Hilfskräften. Diese persönliche manuelle Tätigkeit nähert ihn dem Arbeiter an.

Im französischen Recht ist der Handwerker ein unabhängiger Arbeiter, der über eine Werkstatt oder einen Verkaufsladen verfügen mag, der jedoch seinen Gewinn in der Vergütung seiner Arbeit findet und nicht in der Spekulation auf den Preis seiner Güter oder auf den Kursunterschied zwischen Rohstoffen und Endprodukten[38]. Nach schweizerischem Recht übt der Handwerker eine Berufstätigkeit aus, die der Umschreibung der gewerblichen Unternehmung entspricht. Allerdings ist ein Handwerksbetrieb nach der Rechtsprechung durch das Überwiegen der persönlichen Arbeitskraft des Inhabers charakterisiert, während ein Fabrikationsgewerbe den Betrieb einer Fabrik mit Maschinen und technischen Einrichtungen und auch ein relativ bedeutsames Personal zu ihrer Benutzung voraussetzt[39].

3. Das Handelsrecht unterwirft im Interesse des Publikums die Tätigkeit der Handels- und Fabrikationsgewerbe ab einer bestimmten Größe besonderen Normen, läßt jedoch die gewerblichen Unternehmungen außer Betracht, die zu klein sind, als daß sich die Formalitäten der Handelsregistereintragung, einer geordneten kaufmännischen Buchführung und des Konkursverfahrens rechtfertigen würden. Fraglich ist, nach welchen Kriterien, materiellen oder rein quantitativen, die Unterscheidung zwischen großen Unternehmungen als Handelsgewerben und den kleinen gewerblichen Unternehmungen vorgenommen werden soll.

Dieses Problem wurde mangels jeglichen Anhaltspunktes im Code de commerce in der französischen Doktrin aufgeworfen. In der Diskussion wies man insbesondere darauf hin, daß zahlreiche Personen, die Handelsgeschäfte im Sinne des Gesetzes vornehmen, eine so eingeschränkte Tätigkeit ausüben, daß es praktisch unmöglich, im übrigen auch nicht von Interesse sei, sie dem Handelsrecht zu unterwerfen. Man geht daher allgemein davon aus, daß all diejenigen, die den *petits métiers des rues et des campagnes* nachgehen, wie beispielsweise die Hausierer, nicht Kaufmannseigenschaft besitzen, da, wie JEAN ESCARRA dargelegt hat, ihre Tätigkeit in Wirklichkeit nicht vollständig der Definition der Unternehmung entspricht. Im übrigen hat man auf eine Grenzziehung nach einem quantitativen Kriterium verzichten müssen, die «dans l'état actuel des textes, demeure en théorie injustifiable et arbitraire, si indispensable soit-elle du point de vue pratique»[40].

Für den kleinen Gewerbetreibenden, den Minderkaufmann im deutschen Recht, gelten ebenfalls die wichtigsten Bestimmungen des Handelsrechtes nicht. Die Abgrenzung geschieht nach einem materiellen und nicht nach einem nur quantitativen Kriterium. Denn als Minderkaufmann wird eine Person angesehen, deren Gewerbebetrieb nach Art oder Umfang einen in kaufmännischer Weise eingerichteten Geschäftsbetrieb nicht erfordert[41].

---

[38] Siehe RIPERT/ROBLOT, Traité élémentaire, S. 106 ff.; RIPERT, L'artisan et le commerçant, a.a.O.
[39] BGE 75 I, 1949, S. 74 ff.
[40] ESCARRA/RAULT, Principes, S. 195 ff.
[41] § 4 HGB.

a) Interessanterweise greift man im schweizerischen Recht auf das gleiche materielle Kriterium zurück, um die dritte Gruppe der dem Handelsrecht unterliegenden Unternehmungen, die quasi-kaufmännischen Gewerbe, zu definieren[42].

Wenn auch grundsätzlich Handwerksbetriebe nicht dem Handelsrecht unterworfen sind, so müssen sie sich doch in das Handelsregister eintragen lassen, sobald sie im großen betrieben werden[43]. Dies ist der Fall, wenn ein Handwerksbetrieb im Interesse des Publikums sowie nach Art und Umfang einen kaufmännischen Betrieb und eine geordnete Buchführung erfordert, wenn also beide Voraussetzungen kumulativ vorliegen. Nach der Rechtsprechung ist zudem für den Umfang eines Gewerbebetriebs nicht allein die Roheinnahme maßgebend, vielmehr ist auf die wirtschaftliche Bedeutung in ihrer Gesamtheit abzustellen und daher auch die Zahl des beschäftigten Personals, die Größe des Kundenkreises usw. in Betracht zu ziehen[44].

b) In der Schweiz hängt die Pflicht zur Eintragung in das Handelsregister noch von einer allgemeinen, rein quantitativen Voraussetzung ab, die, dies soll unterstrichen werden, den ausländischen Rechten fremd ist: Ein Handelsgewerbe (hier gibt es allerdings einige Ausnahmen), ein Fabrikations- und ein quasi-kaufmännisches Gewerbe ist nicht ohne weiteres dem Handelsrecht unterworfen, sondern erst, wenn es einen Jahresumsatz in Höhe eines von der Art der ausgeübten Tätigkeit stets unabhängigen bestimmten Betrages, augenblicklich von Fr. 100.000.–, erzielt[45].

Während der Vorarbeiten zur Verordnung über Handelsregister und Handelsamtsblatt von 1890 wurde die Frage aufgeworfen, ob man eine Zahl festlegen solle, etwa den Betrag der Roheinnahmen oder den Wert der Warenvorräte, um objektiv eintragungspflichtige von nicht-eintragungspflichtigen Unternehmungen trennen zu können. Einige kantonale Aufsichtsbehörden waren im übrigen diesen Weg schon gegangen, vornehmlich um das Kleingewerbe aus dem Handelsrecht herauszunehmen[46]. Gegen diese Lösung wurde jedoch vor allem geltend gemacht, ein rein quantitatives und für alle Arten von Unternehmungen gleiches Kriterium sei willkürlich[47].

---

[42] Vgl. Art. 53 lit. C HRegV.

[43] Zur Rechtsprechung, die zur Verordnung über Handelsregister und Handelsamtsblatt vom 6. Mai 1890 ergangen ist, vgl. VON SALIS/BURCKHARDT, a.a.O., Nr. 1500 I, II, III und IV.

[44] Im Gegensatz zu der Auffassung des Eidg. Justiz- und Polizeidepartementes hat das Bundesgericht entschieden, daß für das Geschäft eines Käsers, der praktisch kein Personal beschäftigte und dessen Kundschaft sich auf zwei Abnehmer beschränkte, trotz eines jährlichen Umsatzes, der weit die Mindestsumme von Fr. 50 000.– überschritt, ein kaufmännischer Betrieb nicht erforderlich war (BGE 75 I, 1949, S. 74ff.).

[45] Vgl. Art. 54 HRegV, in der Fassung des BRB vom 20. Dezember 1971.

[46] Vgl. beispielsweise das Kreisschreiben der Justizabteilung des Kantons Neuenburg vom 14. Dezember 1882 (hierzu LEFORT, a.a.O., S. 76f.).

[47] So das Eidgenössische Handels- und Landwirtschaftsdepartement in einer Stellungnahme vom 9. März 1883: Selbst innerhalb eines einzigen Berufsstandes seien die Umstände zu unterschiedlich, als daß man allgemeine Vorschriften erlassen könne (vgl. LEFORT, a.a.O., S. 78, 80f.).

Im Jahre 1890 hat sich der Bundesrat für die Aufnahme einer rein quantitativen Eintragungsvoraussetzung in die Verordnung über Handelsregister und Handelsamtsblatt entschieden[48]. Später scheint er die Grundsatzfrage nicht mehr aufgeworfen zu haben, da er sich mehrfach mit der Erhöhung der einschlägigen Umsatzziffer begnügte[49]. Kürzlich hat jedoch der Genfer Handelsregisterführer den Grundsatz selbst in Frage gestellt. Aus mehreren, durchaus wichtigen Gründen schlägt er vor, die nur in der Schweiz bestehende Regel abzuschaffen, nach der Unternehmungen nach der Höhe der jährlichen Roheinnahme unterschieden werden[50].

4. Schließlich gibt es aus Gründen, die heute fragwürdig erscheinen und die wohl im wesentlichen historisch zu verstehen sind, eine Reihe von Tätigkeiten, die zwar von der Umschreibung der gewerblichen Unternehmung im Sinne der Verordnung über das Handelsregister erfaßt werden, die im allgemeinen aber nicht als Handelsgewerbe gelten. Wer diese Tätigkeiten ausübt, ist also nicht eintragungspflichtig.

a) Herkömmlicherweise bleiben zunächst die Landwirtschaftsbetriebe außerhalb des Handelsrechtes.

Zwar veräußert der Landwirt wie der Kaufmann oder der Industrielle seine Erzeugnisse. Diese sind jedoch natürlich gewachsen und nicht ein Ergebnis seiner Gewerbetätigkeit. Außerdem ist der Landwirtschaftsbetrieb, da historisch älter als das Handels- und Fabrikationsgewerbe, Ursprung zahlreicher Normen des Zivilrechtes. Und schließlich bilden die Landwirte eine soziale Klasse, die sich von der der Kaufleute deutlich durch ihre Lebensgewohnheiten abhebt[51].

In Wirklichkeit dürfte der wichtigste Grund für die Sonderbehandlung der traditionellen landwirtschaftlichen Betriebe darin liegen, daß sie von der persönlichen Arbeit des Landwirts und seiner Familie leben und nicht

---

[48] Gemäß Art. 13 letzter Absatz dieser Verordnung waren die unter Ziff. 1 lit. a und Ziff. 2 und 3 genannten Gewerbe nicht eintragungspflichtig, «wenn ihr Warenlager nicht durchschnittlich einen Wert von mindestens 2000.– Fr. hat und wenn ihr Jahresumsatz (die jährlichen Roheinnahmen) oder der Wert ihrer jährlichen Produktion unter der Summe von 10000.– Fr. bleibt».

[49] Im Jahre 1937 hielt der Bundesrat nur noch am Kriterium des Umsatzes fest, da dasjenige des Warenwertes an Bedeutung verloren habe (vgl. KS des Justiz- und Polizeidepartementes vom 20. August 1937, BBl 1937 II, S. 818). In einem Beschwerdeverfahren hat das Bundesgericht die Auffassung des Eidg. Justiz- und Polizeidepartementes verworfen, nach der, um die Handelsregisterführer von der Prüfung der gesamten Umstände des Einzelfalles zu entheben, bei Handwerksbetrieben nicht auf das materielle Kriterium des Art. 53 lit. C HRegV, sondern nur auf das rein quantitative des Art. 54 HRegV abzustellen sei (BGE 75 I, 1949, S. 74 ff.).

[50] Herr SCHAUB hat uns freundlicherweise ermächtigt, seine in einem Brief an die Handels- und Industriekammer von Genf vom 7. Juli 1971 ausgedrückte Stellungnahme wiederzugeben, die er anläßlich des Vernehmlassungsverfahrens im Hinblick auf eine Revision des Art. 54 HRegV abgegeben hat. Nach Herrn SCHAUB ist das Kriterium der jährlichen Roheinnahme schlicht willkürlich, da je nach der Art der kaufmännischen Tätigkeit die von der HRegV festgelegte Ziffer in einem oder mehreren Geschäften erreicht werden kann. Die so vorgenommene Unterscheidung der Unternehmungen, die die Arbeit der Registerführer nicht gerade erleichtere, müsse auch aufgegeben werden, wenn man die notwendige Angleichung der handelsrechtlichen Gesetzgebung in Europa verwirklichen wolle, da sie in den anderen Ländern unbekannt sei.

[51] Vgl. insbesondere L. GUISAN, Problèmes actuels de la législation agricole, Bericht an den Schweizerischen Juristenverein, ZSR 64, 1945, S. 295 a ff.; RIPERT/ROBLOT, Traité élémentaire, S. 98 ff.

so sehr auf den Kapitaleinsatz, die Benutzung von Maschinen oder die Beschäftigung eines relativ zahlreichen Personals angewiesen sind. Wie bei den handwerklichen Betrieben und bei den freien Berufen* stellen sich die wesentlichen handelsrechtlichen Probleme der Vertretungsmacht und der Verantwortlichkeit gegenüber Dritten praktisch nicht; der Landwirt verkauft – direkt oder indirekt – selbst seine Erzeugnisse, handelt also allein und unter eigener Verantwortung.

Aber auch hier haben sich die Methoden der Bewirtschaftung in den letzten Jahren sehr geändert. Zunehmend verfügen große Landwirtschaftsbetriebe über Maschinen und bedeutende technische Mittel und beschäftigen nicht nur einige Hilfskräfte sondern Arbeiter. Um gegen die Konkurrenz zu bestehen, organisieren moderne Landwirte ihre Unternehmungen mehr und mehr nach kaufmännischen und industriellen Methoden[52].

> Der herkömmliche Landwirtschaftsbetrieb, der sich auf die Urproduktion beschränkt, steht nach Doktrin[53] und Rechtsprechung grundsätzlich außerhalb des Handelsrechtes. Er stellt jedoch ein eintragungspflichtiges Handelsgewerbe dar, wenn aus ihm ein Großhandel der gewonnenen Produkte wird oder wenn er sonst nach kaufmännischer Art geführt werden muß. Dies ist insbesondere bei Baumschulen und Handelsgärtnereien der Fall[54].

b) Entsprechend einer fest verankerten Tradition in der Schweiz und im Ausland gehören die **freien Berufe*** nicht zu den Handelsgewerben. Ihr Sonderstatut wird üblicherweise mit dem Hinweis auf die persönliche Beziehung, die zwischen dem Arzt, dem Advokaten oder dem Architekten[55] und ihren Patienten bzw. Klienten besteht, gerechtfertigt. Man vertraut ihnen wegen ihrer persönlichen Kenntnisse und intellektuellen Fähigkeiten

---

* Anm. des Übersetzers: Art. 33 BV gibt den Ausdruck «professions libérales» mit «wissenschaftlichen Berufsarten» wieder. Wir benutzen statt dessen den in der Doktrin herkömmlich verwendeten Begriff der «freien Berufe».

52 So hat man sich im französischen Recht die Frage gestellt, ob man nicht die Landwirte dem Handelsrecht unterstellen müsse. Die Antwort war grundsätzlich negativ (vgl. CABRILLAC, a.a.O., S. 272 ff.).

53 Vgl. insbesondere HIS, Art. 934 OR, N. 34 ff.

54 BGE 78 I, 1952, S. 63 ff.; 81 I, 1955, S. 78 ff.; 97 I, 1971, S. 417 ff. Die französische Rechtsprechung hat ebenfalls den Inhaber eines landwirtschaftlichen Betriebes als Kaufmann angesehen, der seine Erzeugnisse zum Zwecke der Veräußerung in einem Betrieb be- und verarbeitete, welcher wegen seines Umfangs ein Handelsgewerbe geworden war (Cassation 4. Februar 1925, DH. 1925, S. 138).

55 Dieser Katalog ist sicher nicht vollständig. Nach der Rechtsprechung gehören zu den freien Berufen insbesondere die Advokaten und Notare, Ärzte, Zahnärzte, Tierärzte, Ingenieure und Architekten, die Apotheker, jedenfalls insoweit, als sie nicht zugleich Geschäftsinhaber der Apotheke sind, die Lehrer, Forscher, Journalisten und Künstler (HIS, Art. 934 OR, N. 61 m.w.N.).

und weniger wegen ihrer finanziellen Kreditwürdigkeit. Im Interesse des Publikums ist daher eine Eintragung der freien Berufe im Handelsregister nicht erforderlich, ja nicht einmal nützlich[56].

Von diesem an sich richtigen Grundsatz sind jedoch Ausnahmen zu machen. Bei einigen freien Berufen wird die allgemeine Tätigkeit zunehmend durch Geschäfte ergänzt, die zweifelsohne kaufmännischen Charakter besitzen. So beschränken sich z.B. die Buchhaltungsexperten nicht mehr darauf, eine Buchhaltung zu führen, Gutachten zu erstellen und Kontrollen vorzunehmen, sondern sie führen auch treuhänderisch für ihre Kunden eine Reihe von Geschäften durch[57]. Gleiches gilt, jedenfalls in einigen Kantonen, für die Notare[58]. Schließlich erfordert heute sogar die Ausübung freier Berufe mehr und mehr den Einsatz zunehmend umfangreicherer und teurerer technischer und wissenschaftlicher Hilfsmittel sowie die Beschäftigung eines relativ zahlreichen Verwaltungs- und wissenschaftlichen Hilfspersonals. Sobald die freien Berufe nach modernen Methoden ausgeübt werden, nähern sie sich mithin den Handels- und Fabrikationsgewerben an[59].

c) Hingegen dürfte wohl kein Grund vorliegen, die Rohstoffindustrie zivilrechtlich und nicht handelsrechtlich zu behandeln. So hat vor allem das schweizerische Recht im Gegensatz zu einer alten französischen Tradition den Bergbau stets der Eintragungspflicht in das Handelsregister unterstellt[60]. In die gleiche Richtung geht die Rechtsprechung zu den Unternehmungen, die Steinbrüche ausbeuten[61].

III. Von der Nützlichkeit eines Rechtsbegriffs der Unternehmung

Nach Umschreibung des Rechtsbegriffs des Gewerbes – entreprise – im Sinne der Verordnung über das Handelsregister und der verschiedenen als kaufmännisch geltenden Tätigkeiten soll nun insbesondere im Hinblick auf das schweizerische Recht die Bedeutung und die praktische Nützlichkeit dieses Begriffs näher untersucht werden.

---

[56] His, Art. 934 OR, N. 62. Das Interesse des Publikums wird im übrigen besser dadurch geschützt, daß die öffentliche Gewalt in Abweichung vom Grundsatze der Handels- und Gewerbefreiheit «die Ausübung der wissenschaftlichen Berufsarten von einem Ausweise der Befähigung abhängig» machen kann (Art. 33 Abs. 1 BV).
[57] BGE 79 I, 1953, S. 177ff.
[58] In einer steuerrechtlichen Entscheidung der verwaltungsrechtlichen Kammer des Bundesgerichts tönt an, daß jedes Gewerbe im Sinne von Art. 52 Abs. 3 HRegV eintragungspflichtig ist: Diese Auslegung ist sicher falsch, da nur ein nach kaufmännischer Art geführtes Gewerbe einzutragen ist (BGE 97 I, 1971, S. 167ff.).
[59] Im Dezember 1974 hat das Bundesgericht den Betrieb der Klinik eines Arztes und eines Zahnarztes zu den nach kaufmännischer Art geführten Geschäften gerechnet (BGE 100 Ib, 1974, S. 345ff. und 350f.).
[60] Vgl. ausdrücklich Art. 13 Ziff. 3 HRegV vom 6. Mai 1890.
[61] Vgl. den BRB vom 11. Juli 1913 (zitiert bei von Salis/Burckhardt, a.a.O., Nr. 1501 III).

1. Ganz eindeutig mißt der schweizerische Gesetzgeber dem Begriff des Gewerbes – entreprise – eine entscheidende Bedeutung bei der Bestimmung des Anwendungsbereiches der Normen zu, die den Allgemeinen Teil des Handelsrechtes darstellen, d. h. der Bestimmungen zur Handelsregistereintragung, zum Firmenschutz, zur kaufmännischen Buchführung und zum Konkursverfahren.

Auf ihn bezieht sich der deutsche Text des Art. 934 Abs. 1 OR ausdrücklich bei der Festlegung der materiellen Eintragungsvoraussetzungen. Darüber hinaus hat das Bundesgericht unter Berücksichtigung der Umstände des Einzelfalles stets geprüft, ob die beiden Voraussetzungen, das Bestehen eines Gewerbes im Sinne des Art. 52 Abs. 3 HRegV und die kaufmännische Art des Betriebs, verwirklicht waren[62]. Wer eine nicht kaufmännische Tätigkeit ausübt, hat außerdem gemäß Art. 934 Abs. 2 OR das Recht, jedoch nicht die Pflicht, sich in das Handelsregister eintragen zu lassen und sich so den handelsrechtlichen Normen für die Dauer der Eintragung zu unterwerfen. Dieses Recht steht ihm jedoch nur zu, wenn seine Tätigkeit von der rechtlichen Umschreibung des Gewerbes umfaßt wird[63].

Es ist folglich festzuhalten, daß die Existenz eines Gewerbes im Sinne der Handelregisterverordnung stets eine der unabdingbaren Voraussetzungen für die Eintragung im Handelsregister und damit für die Anwendbarkeit handelsrechtlicher Normen darstellt. Es bleibt nun noch die Frage zu untersuchen, ob man dieses Gewerbe für eine von der Person des Eigentümers oder Inhabers hinreichend getrennte rechtliche Einheit hält, so daß es als Träger von Rechten und Pflichten im Handelsrecht angesehen werden kann. Der Gesetzestext ist mehrdeutig.

Einerseits ist nach ihm die natürliche oder juristische Person, die diese Tätigkeit ausübt, und nicht die Unternehmung als solche zur Eintragung berechtigt und verpflichtet. Andererseits wird sie nicht selbst eingetragen, vielmehr läßt der Kaufmann am Ort der Hauptniederlassung seine Firma eintragen. Nun ist jedoch nach der Lehre dieser mehrdeutige Ausdruck Firma im Sinne von Unternehmung, entreprise, und nicht im Sinne von Geschäft, Firma, raison de commerce, wie er im französischen Text auf Grund eines Übersetzungsfehlers benützt wird, zu verstehen[64]. Außerdem ergibt sich aus anderen Bestimmungen des Gesetzes und der Handelsregisterverordnung, daß der Kaufmann jede seiner Unternehmungen und vor allem seine Zweigniederlassungen getrennt eintragen läßt[65]. Hinzu kommt, daß die Unternehmung ihre eigene Geschäftsfirma besitzt und sie auch bei Wechsel des Geschäftsinhabers fortführen kann[66]. Man darf jedoch bei dieser Fest-

---

[62] Siehe insbesondere BGE 84 I, 1958, S. 187 ff.; 97 I, 1971, 167 ff.

[63] Das Bundesgericht scheint die Frage der Eintragung nicht erörtert zu haben, als es feststellen mußte, daß ein Gewerbe überhaupt nicht bestand. Es handelte sich um eine im Handelsregister eingetragene Tochtergesellschaft einer Aktiengesellschaft, die nie eine irgendwie geartete Tätigkeit ausgeübt hatte. Im Firmenrecht konnte sie sich daher nicht auf den Schutz des Art. 956 OR berufen, da sie kein Gewerbe im üblichen Sinne war (BGE 93 II, 1967, S. 256 ff.).

[64] His, Art. 934 OR, N. 6–10.

[65] Vgl. insbesondere Art. 935 OR und Art. 56 HRegV sowie His, Art. 934 OR, N. 9 in fine und BGE 70 I, 1944, S. 205 ff.

[66] Art. 953 Abs. 2 OR.

stellung nicht außer Betracht lassen, daß der Kaufmann selbst und nicht jede seiner Unternehmungen, außer im Sonderfall der Zweigniederlassung einer ausländischen Gesellschaft[67], in Konkurs fällt. Nach dem Grundsatz der Einheit des Konkurses nimmt die Konkursverwaltung die Verwertung des gesamten Privat- und Geschäftsvermögens des Gemeinschuldners vor[68].

Beim augenblicklichen Stand der Gesetzgebung ist es rechtlich nicht möglich, vielleicht mit der einzigen Ausnahme der Zweigniederlassung, die Unternehmung als ein vom Inhaber verschiedenes Rechtssubjekt anzusehen. In diesem Sinne hat sich auch das Bundesgericht im Jahre 1948 ausgesprochen[69].

2. In zwei Teilbereichen des öffentlichen Rechtes, d.h. im Verfassungs- und im Steuerrecht, ist der Rechtsbegriff der Unternehmung im Sinne der Handelsregisterverordnung von relativ großer Bedeutung, die hier, da wenig bekannt, unterstrichen werden soll.

a) Die Handels- und Gewerbefreiheit wird allgemein als eine der Grundlagen des herkömmlichen Handelsrechtes angesehen[70]. In der Schweiz ist sie im übrigen von der Bundesverfassung garantiert.

Wenn Art. 31 BV bestimmt, daß die Handels- und Gewerbefreiheit im ganzen Umfange der Eidgenossenschaft gewährleistet ist, scheint er, jedenfalls bei wörtlicher Auslegung, den Schutz auf die Unternehmungen zu beschränken, die vom Handelsrecht als Handels- oder Fabrikationsgewerbe anerkannt werden. Tatsächlich ist jedoch die verfassungsmäßige Gewährleistung viel weiter. Insbesondere ergibt ein Umkehrschluß bei Auslegung von Art. 31bis Abs. 2 lit. b BV, daß die Landwirtschaftsbetriebe ebenfalls von ihrem Schutzbereich grundsätzlich erfaßt werden. In ihn hat das Bundesgericht in ständiger Rechtsprechung die Vertreter der freien Berufe[71] und die Handwerker einbezogen.

Wenn also auch nicht kaufmännische Tätigkeiten durch die verfassungsmäßige Gewährleistung geschützt werden, so ergibt sich daraus jedoch nicht, daß jede wirtschaftliche Tätigkeit automatisch vom Anwendungsbereich von Art. 31 BV erfaßt wird. In diesem Sinne hat das Bundesgericht 1954 seine Rechtsprechung bestätigt, nach der die Garantie des Art. 31 BV nicht vor solchen staatlichen Einschränkungen schützt, die gewisse Geschäfte und Handlungen ganz allgemein treffen, selbst wenn sie nicht gewerbsmäßig vorgenommen werden[72]. Auch hat das Bundesgericht den Schutz des Art. 31 BV auf Inhaber von Zirkus- und Wandertheaterunternehmen entgegen seiner früheren Rechtsprechung ausgedehnt, da der Betrieb eines Zirkus oder eines Wandertheaters heute eine zum Zweck des Erwerbs berufsmäßig ausgeübte Tätigkeit darstelle[73]. Schließlich scheint die verfassungsmäßige Garantie auf den Hausierhandel, der kein Gewerbe im Sinne der Handelsregisterverordnung ist, nicht anwendbar zu sein[74].

---

[67] Zur Problematik der Zweigniederlassung vgl. unten S. 93 ff.
[68] BGE 93 I, 1967, S. 176 ff.
[69] BGE 74 II, 1948, S. 224 ff.
[70] Siehe unten S. 104; vgl. zum französischen Recht RIPERT/ROBLOT, Traité élémentaire, S. 53 ff.
[71] Vgl. beispielsweise BGE 96 I, 1970, S. 364 ff.
[72] BGE 80 I, 1954, S. 155 ff.
[73] BGE 80 I, 1954, S. 139 ff.
[74] BGE 84 I, 1958, S. 18 ff.

Folglich hat das Bundesgericht mit der Feststellung, «jede zum Zwecke des Erwerbes berufsmäßig ausgeübte Tätigkeit» werde vom Begriff des Handels und des Gewerbes umfaßt, deutlich gemacht, daß die kaufmännische Art der ausgeübten Tätigkeit nicht eine Voraussetzung für die Anwendbarkeit des Art. 31 BV ist[75]. Wenn es sich hierbei auf den Begriff des Berufs, der nach der Rechtsprechung mit dem der gewerblichen Unternehmung im Sinne der Handelsregisterverordnung identisch ist, bezieht, so sieht es doch im Rechtsbegriff der gewerblichen Unternehmung die wesentliche und einzige Voraussetzung der verfassungsmäßigen Gewährleistung.

b) Das Steuerrecht bezieht sich mehrfach ausdrücklich auf den Begriff des zur kaufmännischen Buchführung verpflichteten Gewerbes oder auf den des nach kaufmännischer Art geführten Gewerbes.

Gemäß Art. 21 Abs. 1 lit. d und f des Bundesratsbeschlusses über die Erhebung einer Wehrsteuer sind Kapitalgewinne zu versteuern, wenn sie im Betriebe oder bei Liquidation eines zur Führung kaufmännischer Bücher verpflichteten Unternehmens erzielt werden. Grundsätzlich wendet hier also das Bundesgericht die handelsrechtlichen Normen über die Pflicht zur Eintragung im Handelsregister unmittelbar an. Bei der Auslegung dieser Bestimmungen allerdings hält sich die verwaltungsrechtliche Kammer nicht an die Entscheidungen der Handelsregisterbehörden für gebunden und prüft frei, ob eine Eintragung hätte vorgenommen werden müssen[76]. Zudem ist auch ein Kanton, der diesen Grundsatz in seine Steuergesetzgebung aufnimmt und darauf verzichtet, eigenständig die steuerpflichtigen Sachverhalte zu definieren, gehalten, die bundesrechtlichen Bestimmungen des Handelsrechts zur Eintragungspflicht in das Handelsregister und zur Pflicht, kaufmännische Bücher zu führen, anzuwenden[77].

Interessanterweise unterscheidet das Bundesgericht nun bei Anwendung der genannten steuerrechtlichen Bestimmung sehr deutlich zwischen dem Geschäftsvermögen, dessen Kapitalgewinne allein zu versteuern sind, und dem Privatvermögen des Kaufmanns[78]. Im Steuerrecht wird also mittelbar anerkannt, daß das Handelsgewerbe eine von der Person des Inhabers getrennte rechtliche Einheit oder zumindestens aber eine Gesamtheit von Gütern, also ein getrenntes Vermögen darstellt.

Außerdem ermächtigt Art. 22 Abs. 1 lit. b desselben Beschlußes den Steuerpflichtigen, von seinem Roheinkommen die «geschäftsmäßig begründeten Abschreibungen und Rückstellungen geschäftlicher Betriebe» abzuziehen. Allerdings ist der Begriff des geschäftlichen Betriebes viel weiter als der Begriff des Handelsgewerbes. Die eidgenössische Steuerverwaltung wendet ihn auch auf die nicht nach kaufmännischer Art geführten Hand-

---

[75] BGE 63 I, 1937, S. 213 ff.; 87 I, 1961, S. 268 ff.
[76] BGE 89 I, 1963, S. 281 ff.
[77] BGE 87 I, 1961, S. 250 ff.
[78] BGE 95 I, 1969, S. 169 ff.

werks und Landwirtschaftsbetriebe sowie auf die freien Berufe an, «deren Ausübung Kapitaleinsatz und eine ordnungsmäßige Buchführung erforderlich macht»[79].

§ 6. Die Unternehmung als Organisation

Literatur

H. OSER/W. SCHÖNENBERGER, Zürcher Kommentar, Bd. V, Teil 1, Das Obligationenrecht, Allgemeiner Teil, 2. Aufl., Zürich 1929; W. SCHÖNENBERGER, Zürcher Kommentar, Bd. V, Teil 3, Das Obligationenrecht, Die einzelnen Vertragsverhältnisse, Zürich 1945; A. MEIER-HAYOZ, Berner Kommentar, Bd. IV, 1. Abt., 1. Teilbd., Sachenrecht, Das Eigentum, Systematischer Teil, 4. Aufl., Bern 1966; G. GAUTSCHI, Berner Kommentar, Bd. VI. 2. Abt., 6. Teilbd., Obligationenrecht, Besondere Auftrags- und Geschäftsführungsverhältnisse, Bern 1962.

H.-P. KNOEPFEL, Die Prokura nach schweizerischem Recht, Diss. Zürich, Aarau 1954; K. WAGNER, Die Handlungsvollmachten nach Art. 462 des Obligationenrechts, Diss. Zürich, Lachen 1945.

P. GAUCH, Der Zweigbetrieb im schweizerischen Zivilrecht, mit Einschluß des Prozeß- und Zwangsvollstreckungsrechts, Zürich 1974; F. DIEBOLD, Les succursales suisse d'entreprises étrangères, Diss. Fribourg 1958; H. HILBIG, Rechtsstellung und Rechtsnatur der Zweigniederlassungen ausländischer Gesellschaften unter besonderer Berücksichtigung kollisionsrechtlicher Probleme, Diss. Zürich 1968; R. PICARD, Note sur la définition des filiales, Etudes de droit civil à la mémoire de Henri Capitant, Paris 1939, S. 621 ff.; M. CABRILLAC, Unité et pluralité de la notion de succursale en droit privé, in: Dix ans de conférences d'agrégation, Etudes de droit commercial offertes à Joseph Hamel, Paris 1961, S. 119 ff.

Association, société et entreprise, Les groupes de sociétés, Rapports de synthèse et rapports nationaux, in: Evolution et perspectives du droit des sociétés à la lumière des différentes expériences nationales, Mailand 1968, I, S. 1 ff., II, S. 223 ff.; ANNE PETITPIERRE-SAUVAIN, Droit des sociétés et groupes de sociétés, responsabilité de l'actionnaire dominant, retrait des actionnaires minoritaires, Etudes suisses de droit européen N° 7, Genf 1972; C. CHAMPAUD, Le pouvoir de concentration de la société anonyme, Diss. Rennes, Bibliothèque de droit commercial N° 5, Paris 1962; DERSELBE, Les méthodes de groupement des sociétés, R.T.D. Co XX, 1967, S. 1003 ff.; H. WÜRDINGER, Aktien- und Konzernrecht, 3. Aufl., Karlsruhe 1973.

F. BRECHER, Das Unternehmen als Rechtsgegenstand, rechtstheoretische Grundlegung, Bonn 1953; G. RIPERT, Aspects juridiques du capitalisme moderne, Paris 1951: M. DESPAX, L'entreprise et le droit, Diss. Toulouse, Paris 1956; TH. RAISER, Das Unternehmen als Organisation, Kritik und Erneuerung der juristischen Unter-

---

[79] BGE 91 I, 1965, S. 284 ff.

nehmenslehre, Berlin 1969; C. BERR, L'exercice du pouvoir dans les sociétés commerciales, gérance et administration des sociétés commerciales, Diss. Grenoble, Bibliothèque de droit commerciale N° 3, Paris 1961.

G. E. COLOMBO, Il trasferimento dell'azienda e il passaggio dei crediti e dei debiti, Studi di diritto privato italiano e straniero, nuova serie XVI, Padua 1972.

In einer Reihe von Gesetzes- oder Verordnungstexten wie auch in einer gewissen Anzahl von Entscheidungen in französischer Sprache wird der Ausdruck «entreprise» einheitlich benutzt. In den entsprechenden deutschen Texten findet man jedoch mehrere unterschiedliche Ausdrücke: Gewerbe, Geschäft, Betrieb, Unternehmen, die nicht genau die gleiche rechtliche Bedeutung haben. Diesen Texten liegt mithin nicht stets ein einheitliches, immer gleiches juristisches Verständnis des schweizerischen Gesetzgebers und des Bundesgerichts zugrunde[1]. Allerdings zeigen der Gebrauch eines einzigen französischen Wortes und die nur geringen Unterschiede bei den Ausdrücken in deutscher Sprache, daß es im schweizerischen wie im ausländischen Recht einen allgemeineren rechtlichen Begriff der Unternehmung, Unternehmen, entreprise, impresa gibt. Er kann unter mehreren Aspekten untersucht werden.

Geht man zunächst von der Umschreibung des Gewerbes, entreprise, im Sinne der Handelsregisterverordnung aus, so kommt es auf die Art und Bedeutung der beruflichen Tätigkeit an, wenn über die Pflicht zur Eintragung in das Handelsregister, mit all den rechtlichen Konsequenzen, die sich hieraus im Handels- und im Steuerrecht ergeben, entschieden werden soll. Untersucht man hingegen dieses Gewerbe unter dem spezielleren Gesichtspunkt seiner Organisation, oder genauer unter dem der Organisation der kaufmännischen Tätigkeit, so stellen sich mindestens zwei relativ wichtige handelsrechtliche Probleme, neben einer Reihe von anderen Fragen, die mehr wirtschaftlicher Natur sind.

I. Die kaufmännische Stellvertretung

Eine wirtschaftliche Tätigkeit ist nur dann kaufmännischer Art, wenn sie rechtliche Beziehungen mit Dritten von gewißer Bedeutung umfaßt. Hieraus ergibt sich die Notwendigkeit einer kaufmännischen Stellvertretung. Denn im allgemeinen kann der Kaufmann praktisch nicht mehr allein alle seine Unternehmung betreffenden Geschäfte aushandeln und abschließen.

---

[1] Siehe auch W. VON STEIGER, unten § 16.

Auch kann er vernünftigerweise sich nicht damit begnügen, gemäß den Regeln des Zivilrechtes jeweils eine spezielle Vollmacht für jedes in seinem Namen abgeschlossene Geschäft zu erteilen. Die Umstände zwingen ihn mithin, ein System der Vertretung seines Handelsgewerbes zu organisieren, d. h. im voraus einige seiner Mitarbeiter als seine ermächtigten Vertreter zu bestimmen.

Theoretisch sollte jeder Vertreter, in der Schweiz Handlungsbevollmächtigter genannt, eine Vertretungsbefugnis erhalten, deren Umfang sich nach den Bedürfnissen der Unternehmung und nach der Stellung, die er in ihr einnimmt, richtet. Praktisch jedoch verlangt das Interesse des Publikums, daß jedermann, der mit einem Handlungsbevollmächtigten in Beziehung tritt, leicht und eindeutig den Umfang seiner Vertretungsmacht erkennen kann. Aus diesem Grund unterscheidet das schweizerische Handelsrecht klar zwischen mehreren verschiedenen Formen der Handlungsvollmacht und präzisiert nach objektiven Kriterien die rechtliche Mindestbedeutung, die ihnen im Verhältnis zu Dritten guten Glaubens zukommt[2].

1. Der Prokurist, fondé de procuration, ist ermächtigt, alle Rechtshandlungen vorzunehmen, die der Zweck des Gewerbes mit sich bringen kann. Er scheint also eine rechtliche Stellung einzunehmen, die der des Organs einer juristischen Person mit Vertretungsbefugnis oder auch der eines Geschäftsinhabers selbst entspricht. Diese Parallele ist jedoch unvollständig und soll daher in wichtigen Punkten präzisiert werden[3].

a) Zunächst verfügt der Prokurist wie jeder Handlungsbevollmächtigte nicht über eine ihm eigene Vertretungsbefugnis, sondern er erhält sie vom Geschäftsinhaber oder vom Organ, das eine Unternehmung mit Rechtspersönlichkeit leitet. Auch kann ihm die Prokura jederzeit entzogen werden. Normalerweise wird sie ihm ausdrücklich erteilt und schließlich Dritten gegenüber durch die obligatorische Eintragung im Handelsregister bekanntgemacht.

---

[2] Vgl. Art. 458–462 OR und §§ 48 ff. HGB. Das französische Recht hat sich mit diesem Problem praktisch nicht befaßt. Insbesondere bestimmen weder das am 7. März 1957 revidierte Gesetz vom 18. Juli 1937 «instituant le statut légal des voyageurs, représentants et placiers de commerce et de l'industrie», noch das Gesetz vom 8. Oktober 1919 «établissant une carte d'identité professionnelle à l'usage des voyageurs et représentants de commerce», den Umfang der Vertretungsbefugnisse der Handelsreisenden und der Handlungsbevollmächtigten. Auch ordnet Art. 8 Ziff. 10 des décret vom 23. März 1967 «relatif au registre du commerce» nur an, daß die Eintragung den Namen und den Personenstand «des personnes ayant le pouvoir général d'engager par leur signature la responsabilité de l'assujetti» enthalten muß.
[3] Siehe KNOEPFEL, a.a.O.

Trotzdem bedarf es zur Gültigkeit der Vertretungsbefugnis weder der Schriftlichkeit der Erteilung noch einer Eintragung im Handelsregister. Die Prokura kann auch stillschweigend begründet werden und sich sogar gemäß dem Vertrauensprinzip aus einem bestimmten Verhalten des Geschäftsinhabers ergeben, wenn Dritte guten Glaubens dieses Verhalten als eine stillschweigende Vollmachterteilung auffassen können [4].

Im übrigen ist es streitig, ob ein Mitglied des Verwaltungsrates einer Aktiengesellschaft gleichzeitig Prokurist dieser Gesellschaft sein kann. In der Doktrin scheinen sich nur die beiden Leiter des Eidgenössischen Amtes für das Handelsregister zu dieser Frage, im Ergebnis allerdings negativ, ausgesprochen zu haben [5]. Hingegen hat das Bundesgericht wenigstens zweimal deutlich im entgegengesetzten Sinne entschieden: Zwar könne der Inhaber einer Einzelfirma nicht sein eigener Prokurist sein – das Bundesgericht bestätigt hier indirekt, daß Vertretener nicht die Unternehmung als solche, sondern der Kaufmann ist –, jedoch sei es möglich, daß ein Mitglied des Verwaltungsrates zum Prokuristen bestellt werde, da als Geschäftsherr im Sinne von Art. 458 Abs. 2 OR die Gesellschaft und nicht der Verwaltungsrat oder seine Mitglieder anzusehen seien [6].

b) Der Umfang der Vollmacht des Prokuristen ist Dritten guten Glaubens gegenüber ähnlich wie der der vertretungsberechtigten Gesellschafter der verschiedenen Handelsgesellschaften [7]. Er ist ermächtigt, im Namen und für Rechnung des Geschäftsinhabers alle Arten von Rechtshandlungen vorzunehmen, die der Zweck des Gewerbes mit sich bringen kann. Das Bundesgericht hat diesen Begriff im Interesse Dritter guten Glaubens stets in einem weiten Sinne verstanden [8].

Allerdings wird die Vertretungsmacht gelegentlich beschränkt. So kann zwar der Prokurist mit Wirkung gegenüber dem Geschäftsherrn Wechselverbindlichkeiten eingehen, hingegen Grundstücke nur bei ausdrücklicher Ermächtigung veräußern und belasten [9]. Außerdem ist die Prokura durch Eintragung im Handelsregister in zwei Richtungen beschränkbar: Zum

---

[4] Siehe BGE 76 I, 1950, S. 338 ff.; 96 II, 1970, S. 439 ff.

[5] Vgl. F. von STEIGER, Verwaltungsrat und Prokurist in einer Person, Schweiz.AG 17, 1944/45, S. 165 ff.; R. COUCHEPIN, Eintragung von Titeln und Funktionsbezeichnungen in das Handelsregister, Schweiz.AG 41, 1969, S. 36 f. – KNOEPFEL (a.a.O., S. 32 f.) hat zu diesem Problem nicht Stellung genommen.

[6] BGE 67 I, 1941, S. 342 ff.; 86 I, 1960, S. 105 ff.; vgl. auch GAUTSCHI, a.a.O., Art. 458 OR, N. 17.

[7] Art. 459, 564, 718, 814 und 899 OR: all diesen Vorschriften liegt die gleiche Vorstellung zugrunde, der Vertreter könne im Namen und für Rechnung des Kaufmanns oder der Gesellschaft, die er vertritt, alle Rechtshandlungen vornehmen, die der Zweck des Gewerbes oder der Gesellschaft mit sich bringen kann, d.h. nach der Rechtsprechung all die Rechtshandlungen, die durch den Geschäftszweck nicht geradezu als ausgeschlossen erscheinen (siehe unten Anm. 16).

[8] So z.B. BGE 84 II, 1958, S. 168 ff.; 96 II, 1970, S. 439 ff. sowie R. SECRÉTAN, Des pouvoirs des administrateurs des sociétés anonymes, notamment des actes gratuits d'intercession consentis par la société, JT 1960 I, S. 2 ff.

[9] Art. 459 Abs. 1 und 2 OR.

einen ist es zulässig, die Vertretungsbefugnis auf den Geschäftskreis einer Zweigniederlassung zu beschränken. Zum anderen kann Kollektivzeichnungsberechtigung vorgesehen werden, d.h. der Geschäftsinhaber oder die Handelsgesellschaft wird durch eine Rechtshandlung nur dann verpflichtet, wenn zeichnungsberechtigte Prokuristen gemeinsam gezeichnet haben[10]. Nach dem Grundsatz der positiven Publizitätswirkung[11] können diese Beschränkungen, sofern sie im Handelsregister eingetragen sind, jedem Dritten entgegengehalten werden. Hingegen sind andere Beschränkungen der Prokura nicht eintragungsfähig, so daß sie Dritten nicht entgegengehalten werden können, es sei denn, diese hätten von ihnen sichere Kenntnis erlangt[12].

2. Da der einfache Handlungsbevollmächtigte nicht in das Handelsregister eingetragen wird, ist seine rechtliche Stellung weniger klar umrissen als die des Prokuristen[13].

a) Seine Vertretungsmacht kann nicht nur auf einer ausdrücklichen Vollmachterteilung sondern auch auf einem konkludenten Verhalten des Geschäftsinhabers beruhen, der es «in einer auf Bevollmächtigung deutenden Weise geschehen läßt, daß sein Angestellter einem Dritten gegenüber als Bevollmächtigter auftritt»[14]. Hinzu kommt, daß die Erteilung dieser Vollmacht auch dann an keine Form gebunden ist, wenn die Rechtshandlung, die der Handlungsbevollmächtigte vornehmen soll, ihrerseits besonderen Vorschriften unterworfen ist, deren Nichtbeachtung zur Nichtigkeit des Geschäftes führen wird[15].

b) Der Umfang der dem Handlungsbevollmächtigten übertragenen Vollmacht ergibt sich bei schriftlicher Erteilung aus der Vollmachtsurkunde selbst. Allerdings wird in der Praxis die Handlungsvollmacht nicht schriftlich erteilt, auch werden ihre Grenzen, wenn sie ganz allgemein eingeräumt wird, nicht genau umschrieben. In diesen Fällen ist dann auf die Vorschrift des Art. 462 OR zurückzugreifen, nach der der Handlungsbevollmächtigte normalerweise gegenüber Dritten guten Glaubens den Inhaber einer Einzelfirma oder eine Handelsgesellschaft beim Betrieb des ganzen Gewerbes vertreten kann, jedoch ohne ausdrückliche Ermächtigung nicht das Recht hat, Wechselverbindlichkeiten einzugehen, Darlehen aufzunehmen oder

---

[10] Art. 460 Abs. 1 und 2 OR.
[11] Vgl. Art. 933 Abs. 1 OR sowie unten S. 142 f.
[12] Vgl. Art. 933 Abs. 2 OR sowie unten S. 143 f.
[13] Vgl. K. WAGNER, a.a.O.
[14] Siehe BGE 76 I, 1950, S. 338 ff.
[15] Vgl. BGE 81 II, 1955, S. 60 ff.

Prozesse zu führen. Die Vertretungsmacht des Handlungsbevollmächtigten reicht mithin weniger weit als die des Prokuristen. Diese Beschränkung wird auch in der Rechtsprechung bei der Auslegung des Begriffs des Zwecks des Gewerbes deutlich[16].

3. Handelsreisender[17] ist, wer als Mitarbeiter einer Unternehmung außerhalb ihrer Geschäftsräume die Kundschaft besucht und auf Rechnung eines Arbeitgebers, eines Einzelkaufmanns oder einer Handelsgesellschaft, Geschäfte vermittelt. Normalerweise hat der Handelsreisende keine Vollmacht, Geschäfte selbst abzuschließen. Allerdings kann er hierzu schriftlich ermächtigt werden. Seine Vollmacht erstreckt sich dann auf alle Rechtshandlungen, welche die Ausführung dieser Geschäfte gewöhnlich mit sich bringt[18].

II. Die Aufteilung der unternehmerischen Aufgaben

Die Umstände des Wirtschaftslebens, vor allem die Notwendigkeit, ein Fabrikations- oder Handelsgewerbe auch im Ausland oder gleichzeitig in mehreren Teilen des Landes zu betreiben, erfordern gelegentlich eine Aufteilung der industriellen oder kaufmännischen Aufgaben auf mehrere örtlich getrennte Zentren, die dann natürlich weiterhin von einer einzigen natürlichen oder juristischen Person, d.h. von einem Kaufmann oder einer Handelsgesellschaft, geleitet werden. Diese Aufteilung kann entweder mittels einer Dezentralisierung der unternehmerischen Aufgaben oder im Gegenteil mittels einer Konzentration dieser Aufgaben durch Eingliederung der Unternehmung in einen Konzern vorgenommen werden.

1. Die Dezentralisierung läßt sich auf verschiedene Weise verwirklichen.

a) Zunächst kann der Geschäftsinhaber sich damit begnügen, an verschiedenen Orten einfache Produktions- oder Verkaufsstellen einzurich-

---

[16] «Dieser (sc. der Prokurist) ist im Gegensatz zum Handlungsbevollmächtigten im Sinne von Art. 462 OR nicht nur zu solchen Rechtshandlungen befugt, die ein Geschäft der in Frage stehenden Art gewöhnlich mit sich bringt, sondern darüber hinaus auch zu ungewöhnlichen Geschäften, sofern sie auch nur möglicherweise im Geschäftszweck begründet sind; es genügt, daß sie durch diesen nicht geradezu als ausgeschlossen erscheinen.» (BGE 84 II, 1958, S. 168 ff. [170])

[17] Vgl. hierzu M. GAMMETER, Die privatrechtliche Stellung des schweizerischen Handelsreisenden unter Berücksichtigung der Handelsusancen, Diss. Bern 1940.

[18] Art. 348 lit. b OR.

ten[19]. Diese Betriebe verfügen weder über rechtliche noch über wirtschaftliche Selbständigkeit und sind daher keine unterschiedlichen Gewerbe im Sinne der Handelsregisterverordnung, vielmehr bleiben sie wesentlicher Bestandteil des im Handelsregister eingetragenen Handelsgewerbes.

Hieraus ergibt sich, daß der Betrieb als solcher handelsrechtlich keine eigene Existenz besitzt. Allerdings kann eine Geschäftsniederlassung, die noch nicht eine Zweigniederlassung darstellt, im Verfahrensrecht einen Gerichts- und Betreibungsstand begründen, sofern sie von einer Unternehmung mit Sitz im Ausland abhängt[20]. Dies gilt insbesondere, wenn sie gegenüber der Hauptniederlassung über eine gewisse Selbständigkeit verfügt und ständige körperliche Anlagen aufweist, mittels deren sich ein qualitativ und quantitativ wesentlicher Teil des kommerziellen Betriebs vollzieht[21]. Auch hat das Bundesgericht im Doppelbesteuerungsrecht seit langem die Meinung vertreten, daß unter denselben Voraussetzungen eine Betriebsstätte ein sekundäres Steuerdomizil begründen kann. So hat etwa die Baustelle einer ausländischen Unternehmung ein sekundäres Steuerdomizil, das nicht mit dem der schweizerischen Zweigniederlassung derselben ausländischen Unternehmung identisch ist[22].

b) Außerdem ist es rechtlich möglich, den verschiedenen Geschäftsniederlassungen eine wenn nicht wirtschaftliche, so doch rechtliche Selbständigkeit zu gewähren. Aus jedem unabhängigen Betrieb wird dann eine Tochtergesellschaft[23], d.h. eine Gesellschaft mit eigener Rechtspersönlichkeit. Es ist Aufgabe des Gesellschaftsrechtes, die sich hierauf beziehenden Rechtsfragen zu lösen. Auf das Verfahren der nur rechtlichen, nicht jedoch wirtschaftlichen Dezentralisierung wird immer häufiger zurückgegriffen, da der Gesetzgeber in einer Reihe von Ländern nicht nur die Tätigkeit nationaler Gesellschaften begünstigt, sondern sogar ausländischen Unternehmungen schlicht jede Tätigkeit, und zwar besonders im Produktionsbereich, verbietet.

c) Umgekehrt – und dies ist die dritte Form der Dezentralisierung – kann man Betriebe gründen, die rechtlich von der Hauptunternehmung abhängig sind, aber über eine hinreichende wirtschaftliche Selbständigkeit verfügen, um als Gewerbe im Sinne der Handelsregisterverordnung anerkannt zu werden. Die Gründung derartiger Zweigniederlassungen[24]

---

[19] Bis zu einem gewissen Grad kann die Dezentralisierung bei Aufrechterhaltung der Einheit des Handelsgewerbes auch dadurch verwirklicht werden, daß der Kaufmann einen oder mehrere Handelsreisende beauftragt, die Kundschaft zu besuchen oder mit Dritten Agenturverträge schließt. Im ersten Fall findet eine Gründung von Zweigniederlassungen nicht statt; im zweiten Fall handelt es sich um eine bloße vertragliche Vereinbarung zwischen zwei verschiedenen und untereinander selbständigen Unternehmungen (vgl. Art. 347 ff. OR und Art. 418 a ff. OR).

[20] Vgl. Art. 50 Abs. 1 SchKG.

[21] Siehe BGE 77 I, 1951, S. 121 ff.

[22] Siehe BGE 94 I, 1968, S. 328 ff.

[23] Vgl. R. PICARD, a.a.O., S. 621 ff.

[24] Vgl. Art. 935, 642, 782, 837 OR und Art. 69–77 HRegV sowie §§ 13 ff. HGB. Siehe auch DIEBOLD, a.a.O.; GAUCH, a.a.O.; CABRILLAC, a.a.O.

wirft jedoch im nationalen wie im internationalen Handelsrecht[25] eine Reihe von Problemen auf.

Da weder das OR noch die Handelsregisterverordnung den Begriff der Zweigniederlassung umschreiben, versteht das Bundesgericht darunter im Gegensatz zur einfachen Betriebsstätte «einen kaufmännischen Betrieb, der in Abhängigkeit von einem Hauptunternehmen, zu dem er rechtlich gehört, dauernd in eigenen Räumlichkeiten eine gleichartige Tätigkeit ausübt, wobei er eine gewisse wirtschaftliche und geschäftliche Selbständigkeit genießt». Diese Selbständigkeit muß so weit gehen, daß der Betrieb losgelöst von der Hauptniederlassung betrieben werden kann[26]. Um diese Selbständigkeit zu würdigen, darf nicht auf das Innenverhältnis der Zweigniederlassung zum Hauptunternehmen abgestellt werden, sondern es kommt auf deren Beziehungen zu Dritten an[27].

Auf Grund ihrer wirtschaftlichen Selbständigkeit ist die Zweigniederlassung ein Gewerbe im Sinne der Handelsregisterverordnung. Wenn sie eine kaufmännische Tätigkeit ausübt, ist sie folglich eintragungspflichtig und allen Rechtsfolgen unterworfen, die sich hieraus im Handels- und im Steuerrecht ergeben. Internationalrechtlich ist allerdings fraglich, unter welchen Voraussetzungen man auf Grund der Eintragung einer schweizerischen Zweigniederlassung im Handelsregister die rechtliche Existenz des ihr übergeordneten Hauptunternehmens anerkennen muß[28].

Die wirtschaftliche Selbständigkeit der Zweigniederlassung wird auch im Bereich des Verfahrensrechtes deutlich. Wenn schon eine Betriebsstätte unter bestimmten Voraussetzungen einen eigenen Gerichts- und Betreibungsstand und ein eigenes Steuerdomizil begründen kann, die mit denen des Hauptunternehmens nicht übereinstimmen, so gilt das erst recht für die Zweigniederlassung. Nach der Auffassung des Bundesgerichtes verlangen Art und Umfang des Geschäftsbetriebes der Zweigniederlassung die Schaffung dieser besonderen Gerichtsstände[29], die im übrigen nur für die von der Zweigniederlassung selbst getätigten Geschäfte und nicht zugunsten irgendeines Gläubigers der Person oder der Gesellschaft, die Inhaber des Hauptunternehmens ist, gelten[30].

---

[25] Vgl. insbesondere Diebold, a.a.O.; Hilbig, a.a.O.
[26] Siehe BGE 79 I, 1953, S. 70 ff.; 81 I, 1955, S. 154 ff.
[27] Vgl. BGE 89 I, 1963, S. 407 ff.
[28] Diebold, a.a.O., S. 34 ff.; vgl. auch BGE 76 I, 1950, S. 150 ff. sowie, in weiterem Zusammenhang, J.-F. Perrin, La reconnaissance des sociétés étrangères et ses effets, Etude de droit international privé suisse, Diss. Genf 1969.
[29] Siehe BGE 79 I, 1953, S. 70 ff.
[30] Nur die Gläubiger der Zweigniederlassung können ihre Forderungen in deren Konkurs anmelden (BGE 40 III, 1914, S. 123 ff.; vgl. auch Carl Jäger, Kommentar zum Bundesgesetz über Schuldbetreibung und Konkurs, Zürich 1911, Art. 50 SchKG, N. 3 [Ergänzungsband 1915]).

De lege lata besitzt die Zweigniederlassung keine eigene Rechtspersönlichkeit. Die Eintragung im Handelsregister hat mithin keine konstitutive Wirkung. Außerdem wird durch die Geschäfte, die in ihrem Namen geschlossen werden, nicht die Zweigniederlassung sondern die Person oder Gesellschaft, Inhaberin des Hauptunternehmens, verpflichtet. Hieraus ergibt sich, daß mit der Löschung der Zweigniederlassung im Handelsregister die besonderen Gerichtsstände nicht beseitigt werden und daß die Schulden des Hauptunternehmens, die durch Vermittlung der Zweigniederlassung eingegangen sind, keineswegs untergehen. Aus diesen Gründen hat das Bundesgericht kürzlich seine Rechtsprechung, «wonach jeder noch nicht befriedigte Gesellschaftsgläubiger die Wiedereintragung einer gelöschten Gesellschaft verlangen kann, sofern er ein Interesse an der Wiedereintragung nachweist», auf Zweigniederlassungen für nicht anwendbar erklärt[31].

2. Die gewerblichen und kaufmännischen Unternehmungen müssen heute auf Grund neuer Anforderungen des Marktes[32] über bedeutende finanzielle Mittel verfügen und eine bestimmte Größe erreichen, wenn sie ihre Tätigkeit über die engen Grenzen einer Region hinaus ausüben wollen. In einer freien Wettbewerbswirtschaft bleibt ihnen gelegentlich nur die Möglichkeit, sich rechtlich, wenigstens jedenfalls wirtschaftlich zusammenzuschließen. So stellt sich bei der Organisation der wirtschaftlichen Tätigkeit des Gewerbes im Sinne der Handelsregisterverordnung das Problem der wirtschaftlichen Konzentration, scheinbar das Gegenteil einer Dezentralisierung. Hierbei wird vor allem der Jurist mit der Problematik der Konzernbildung von Gesellschaften und Unternehmungen konfrontiert[33].

a) Von einem theoretischen Standpunkt aus könnte man begrifflich den Konzern von der Unternehmensvereinigung unterscheiden[34]. Sinnvoller ist es jedoch, die wesentlichen Merkmale herauszustellen, in denen die drei wichtigsten juristischen Instrumente der Konzentration und Integration, d.h. die Fusion, die Übernahme der Kontrolle über eine Unternehmung oder die Kapitalbeteiligung und die Kooperation auf vertraglicher Grundlage nicht übereinstimmen.

Mit der Fusion von Gesellschaften ist jedenfalls rechtlich eine vollständige Konzentration verbunden, da die übernehmende Gesellschaft allein weiterbesteht und die anderen, die übernommenen Gesellschaften, einfach verschwinden. Das Problem des Bestehens und der Anerkennung

---

[31] Vgl. BGE 98 Ib, 1972, S. 100 ff.
[32] P. VERUCOLI, Association, société et entreprise; rapport de synthèse, in: Evolution et perspectives du droit des sociétés à la lumière des différentes expériences nationales, Mailand 1968, Band II, S. 223 ff.
[33] Hierzu beispielsweise PETITPIERRE-SAUVAIN, a.a.O. Außerdem vom steuerrechtlichen Gesichtspunkt aus E. KÄNZIG, Unternehmenskonzentrationen, eine steuerrechtliche Studie, Bern 1971.
[34] Vgl. VERUCOLI, a.a.O. (Anm. 32), S. 250 sowie R. HOUIN, Le groupement d'entreprises à l'échelle européenne, Bulletin de l'Association des juristes européens, 1965, No 21 f.

der neuen Wirtschaftseinheit stellt sich im Handelsrecht praktisch nicht, da diese mit einer rechtlichen Einheit, eben der übernehmenden Gesellschaft, übereinstimmt. Das Gesellschaftsrecht und wohl auch das Steuerrecht müssen die Voraussetzungen und Rechtsfolgen der Fusion von Gesellschaften bestimmen und die durch sie betroffenen Interessen, insbesondere der Mitglieder und der Gläubiger der übernommenen Gesellschaften in erforderlichem Maße schützen [35].

Hingegen lassen die beiden anderen rechtlichen Instrumente der wirtschaftlichen Integration [36] die verschiedenen Gesellschaften und Unternehmungen weiterbestehen, integrieren sie jedoch mehr oder weniger vollständig in einen Konzern, der seinerseits eine neue wirtschaftliche Einheit darstellt. So können sich etwa eine Gesellschaft, aber auch eine oder mehrere natürliche Personen, mittels der allgemeinen Normen des Gesellschaftsrechtes über die Übertragung von Gesellschaftsanteilen die Kontrolle über eine oder mehrere andere Gesellschaften sichern, indem sie deren Kapital ganz oder teilweise erwerben. Diese Gesellschaften, die dann entweder Tochtergesellschaften oder abhängige Gesellschaften genannt werden, verlieren nicht ihre rechtliche Selbständigkeit, sondern mehr oder weniger weitgehend ihre wirtschaftliche und finanzielle Unabhängigkeit.

b) Allgemein versteht die Doktrin unter einem Konzern «une entité composée de plusieurs entreprises ou sociétés juridiquement indépendantes, mais économiquement unies» [37]. Wesensmerkmale des Konzerns sind die tatsächliche einheitliche Leitung im allgemeinen und im finanziellen Bereich im besonderen. So ist es möglich, die gesamten Finanzierungsmittel allein unter dem Gesichtspunkt des Konzerninteresses auf die einzelnen Konzernmitglieder zu verteilen.

Praktisch sind mit der Integration für die verschiedenen Konzerngesellschaften gewisse Vorteile verbunden. Sie werden vom Konzern finanziell, wirtschaftlich und technisch unterstützt, sofern dies mit der allgemeinen Geschäftspolitik des Konzerns im Einklang steht. Allerdings vermag die Situation, ja unter Umständen sogar die Existenz einer abhängigen Gesellschaft durch

---

[35] Art. 748–751 OR. Zur Problematik der Fusion siehe B. GROSSFELD, Aktiengesellschaft, Unternehmenskonzentration und Kleinaktionär, Tübingen 1968; P.-A. RECORDON, La protection des actionnaires lors des fusions et scissions de sociétés en droit suisse et en droit français, Diss. Genf 1974.

[36] Zu den einfachen Formen der Unternehmenskooperation auf vertraglicher Grundlage vgl. M. VASSEUR, Les formes juridiques de la collaboration industrielle, in: Dix ans de conférences d'agrégation, Etudes de droit commercial offertes à Joseph Hamel, Paris 1961, S. 101 ff.

[37] PETITPIERRE-SAUVAIN, a.a.O., S. 1. – Vgl. auch W. R. SCHLUEP, Privatrechtliche Probleme der Unternehmenskonzentration und -kooperation, und L. DALLÈVES, Problèmes de droit privé relatifs à la coopération et à la concentration des entreprises, Referate des Schweizerischen Juristenvereins, 1973, S. 153 ff., 559 ff.

die Integration in Frage gestellt werden, etwa wenn die Konzernspitze über die Mittel und Gelder jeder der Tochtergesellschaften im Interesse der Gesamtpolitik recht frei verfügen kann[38]. Wenn es sich um eine Beherrschung auf Grund einer Mehrheitsbeteiligung handelt, sind die Interessen der in der abhängigen Gesellschaft verbliebenen Minderheitsgesellschafter zu schützen. Zu Recht hat die herkömmliche Doktrin diese Fragen mit Hilfe der Bestimmungen des Gesellschaftsrechtes über den Minderheitenschutz zu lösen versucht.

Allerdings besteht in allen Fällen einer vollständigen oder teilweisen Beherrschung wie auch bei einer bloßen Kooperation zwischen Gesellschaften die Gefahr, daß die Interessen der konzernabhängigen Gesellschaften und damit indirekt die Interessen ihrer Arbeitnehmer und Gläubiger den Konzerninteressen geopfert werden. Hieraus ergibt sich die Problematik der Berücksichtigung der Arbeitnehmer- und der Gläubigerinteressen.

c) Sofern der Konzern eine echte wirtschaftliche Einheit auf der Grundlage einer einheitlichen Leitung im allgemeinen und im finanziellen Bereich im besonderen darstellt, bildet er selbst eine Unternehmung, die sich aus sämtlichen Konzerngesellschaften zusammensetzt. Wirtschaftlich ist diese Folgerung evident, sie muß aber auch im rechtlichen Bereich gezogen werden. In der Tat erfüllt wohl der Konzern die drei wesentlichen Voraussetzungen des Gewerbebegriffs im Sinne der Handelsregisterverordnung. Außerdem weisen einige ausländische Autoren darauf hin, man müsse die Existenz einer Unternehmung Konzern (entreprise du groupe)[39] anerkennen, um sie für die Schulden der beherrschten Gesellschaften solidarisch oder subsidiär einstehen zu lassen. In der Schweiz wie im Ausland dürfte diese Lösung als mit den gegenwärtigen gesetzlichen Vorschriften unvereinbar anzusehen sein. Das deutsche Konzernrecht und der Vorschlag eines Statuts für europäische Aktiengesellschaften kennen jedoch die solidarische oder subsidiäre Verantwortlichkeit des herrschenden Unternehmens, das allerdings nicht mit der Unternehmung Konzern verwechselt werden darf[40].

---

[38] Will eine Konzernspitze diese Möglichkeit wahrnehmen, so unterliegt sie nach deutschem Recht einer diesbezüglichen Mitteilungspflicht. Außerdem hat sie die sich aus der Notwendigkeit einer Sicherung der Minderheitsaktionäre der beherrschten Gesellschaften ergebenden Rechtsfolgen hinzunehmen.
[39] «Mais qu'est-ce qui cimente le groupe, qu'est-ce qui rend homogène la molécule (composée de plusieurs atomes)? Incontestablement, au point de vue économique, c'est l'entreprise. Aussi le problème consiste-t-il à donner un encadrement juridique aux groupes en réglementant l'entreprise de groupe...» (VERUCOLI, a.a.O. [Anm. 32], S. 245).
[40] Vgl. §§ 302 Abs. 2 und 311 DAktG; §§ 54ff. Betriebsverfassungsgesetz vom 15. Januar 1972 sowie den Vorschlag eines Statuts für europäische Aktiengesellschaften.

III. Die Vermögens- und Personengemeinschaft

Die Unternehmung – firme, maison de commerce, Betrieb, Firma, Geschäft – stellt unter einem mehr sozialen und wirtschaftlichem Aspekt betrachtet eine Art von Vermögens- und Personengemeinschaft dar, deren Ziel es ist, eine wirtschaftliche Tätigkeit vorwiegend, aber nicht ausschließlich kaufmännischer oder gewerblicher Art auszuüben. Sowohl die moderne Gesetzgebung als auch die neuere Doktrin sind sich der Bedeutung dieser Tatsache bewußt. Hier sind die wesentlichen Auswirkungen rechtlicher Art aufzuzeigen.

1. Aus dem Begriff der Gemeinschaft scheint man zunächst ableiten zu können, daß die Unternehmung eine Vielzahl von körperlichen und nicht körperlichen Gütern umfaßt, die eine Einheit bilden, und daß sie daher Gegenstand von dinglichen Rechtsgeschäften, wie etwa einer Eigentumsübertragung vor allem auf der Grundlage eines Kaufgeschäfts, oder einer Verpfändung sein kann. In gleicher Weise kann sie als ganzes verpachtet werden. Rechtlich wird dieser Gedanke durch den Begriff der **dinglichen Einheitsbehandlung** ausgedrückt.

Die französische Praxis kannte schon lange den Ausdruck *fonds de commerce*, bevor er durch das Gesetz vom 17. März 1909 relative à la vente et nantissement des fonds de commerce zum Rechtsbegriff wurde [41]. Art. 2555 CCit. umschreibt die *azienda* als «il complesso dei beni organizzati dall'imprenditore per l'esercizio dell'impresa». Außerdem haben mehrere deutschsprachige Autoren, vor allem Oskar Pisko, Karl Wieland und Rudolf Isay [42], die Theorie des Unternehmens als Gegenstand vertreten, nach der die Unternehmung als Vermögensgesamtheit Gegenstand von Verfügungsgeschäften sein kann.

a) Nach Art. 181 OR [43] ist nicht nur die Übernahme eines Geschäftes – entreprise –, in seiner Gesamtheit als Rechtsgut verstanden, zulässig, sondern diese Bestimmung stellt das Geschäft auch dem Vermögen – patrimoine – im eigentlichen Wortsinne, also unter Einschluß der Aktiva und Passiva, gleich. Allerdings hat diese Vorschrift theoretisch und praktisch eine nur recht begrenzte Bedeutung.

Zwar kann die Unternehmung als solche und nicht nur jedes der sie zusammensetzenden Elemente einzeln, Gegenstand verschiedener Verpflichtungsgeschäfte unter Lebenden, wie Kauf-, Verwaltungs-, Pacht- oder Illationsverträgen, oder von Rechtsgeschäften von Todes wegen sein [44].

---

[41] Hierzu Hamel/Lagarde/Jauffret, Traité II, S. 89 ff.; Le statut juridique du fonds de commerce, Travaux du 60e Congrès des notaires de France, 2 Bde., Strasbourg 1962.

[42] Siehe vor allem O. Pisko, Das Unternehmen als Gegenstand des Rechtsverkehrs, Wien 1907; R. Isay, Das Recht am Unternehmen, Berlin 1910; K. Wieland, Handelsrecht, S. 145 ff.

[43] Vgl. Oser/Schönenberger, a.a.O., Anm. zu Art. 181 OR; E. Vaucher, La vente de fonds de commerce, Diss. Lausanne 1920.

[44] H. Hausheer, Gesellschaftsvertrag und Erbrecht, ZBJV 105, 1969, S. 129 ff.

Aber weder das schweizerische noch das deutsche Recht kennen, wie etwa das französische und italienische Recht, eine dingliche Einheitsbehandlung von Sachgesamtheiten, so daß es ein Eigentums- oder Pfandrecht an der Unternehmung nicht gibt. Gemäß dem Spezialitätsprinzip muß jeder Bestandteil der Unternehmung nach den für ihn geltenden Bestimmungen, d.h. bei beweglichen Sachen durch Tradition, bei Liegenschaften durch Grundbucheintrag, bei Forderungen durch Zession usw., übertragen werden[45].

Auch haftet die Unternehmung, die mit Aktiven und Passiven übertragen wird, nicht selbst für die Geschäftsverbindlichkeiten. Dieser Grundsatz gilt sowohl im schweizerischen wie im ausländischen Recht. Mit der Übernahme der Unternehmung ist nur eine Schuldübernahme verbunden. Folglich haften der neue Geschäftsinhaber ab der Auskündigung der Übernahme und der bisherige Inhaber während zwei Jahren von Gesetzes wegen solidarisch jeweils mit ihren gesamten Vermögen für die Geschäftsschulden[46].

Im übrigen unterscheidet das schweizerische Steuerrecht ausdrücklich zwischen den Gegenständen der Unternehmung, die das Geschäftsvermögen darstellen, und den anderen Gütern des Kaufmanns, seinem Privatvermögen[47]. Auch privatrechtlich anerkennt das Bundesgericht die Möglichkeit, daß ein Kaufmann einen Gegenstand aus seiner Geschäftsunternehmung ausscheidet und ihn in sein privates Vermögen überträgt[48]. Allerdings hat die Unterscheidung zwischen dem Geschäfts- und dem Privatvermögen des Kaufmanns praktisch nur beschränkte rechtliche Auswirkungen, und dies selbst im Steuerrecht[49].

b) Man geht allgemein davon aus, daß das Unternehmen oder der fonds de commerce alle körperlichen beweglichen und unbeweglichen Sachen[50] umfaßt, die zum Betrieb der kaufmännischen oder gewerblichen Tätigkeit notwendig sind. Normalerweise stellen diese körperlichen Güter Aktiva dar, die realisiert werden können. Sie sind Teil des Geschäftsvermögens. Rechtlich stehen sie im Eigentum des Geschäftsinhabers. Im Laufe der letzten Jahre wurden jedoch moderne Betriebsmethoden entwickelt, die es dem Industriellen oder Kaufmann ermöglichen, über Gebäude, Einrichtun-

---

[45] Vgl. MEIER-HAYOZ, a.a.O., N. 84 ff., insbes. N. 88–92.
[46] Art. 181 Abs. 2 und 3 OR; zum französischen Recht vgl. HAMEL/LAGARDE/JAUFFRET, Traité II, S. 109 f. und zum italienischen Recht G. E. COLOMBO, a.a.O., S. 182 ff.
[47] Siehe oben S. 86 f.
[48] Vgl. BGE 74 II, 1948, S. 224 ff.
[49] Nach einer kürzlich ergangenen Entscheidung im Bereich der Doppelbesteuerung werden «für die proportionale Schulden- und Schuldzinsenverteilung... das Privat- und Geschäftsvermögen zusammengenommen und die gesamten, privaten und geschäftlichen Schulden und Schuldzinsen nach der Lage der Aktiven verlegt» (BGE 97 I, 1971, S. 36 ff.). Nach Art. 9 Abs. 2 lit. e AHVG wird außerdem bei der Berechnung der AHV-Beiträge vom Geschäftseinkommen ein Zins des im Betrieb arbeitenden eigenen Kapitals abgezogen.
[50] Mangels einer gesetzlichen Bestimmung geht man in Frankreich davon aus, daß ein Grundstück niemals Teil eines fonds de commerce sein kann (HAMEL/LAGARDE/JAUFFRET, Traité II, S. 113).

gen und Maschinen zu verfügen, deren er zum Betrieb bedarf, ohne an ihnen Eigentum zu erwerben.

Hier ist nur auf die Ausbreitung des relativ neuen Verfahrens des Leasing[51] hinzuweisen, das im Ausland wohl schneller Fuß faßte als in der Schweiz. Ein Handels- oder Fabrikationsgewerbe kann sich heute die erforderlichen Einrichtungen und Maschinen gegen Zahlung jährlicher Gebühren bei einer spezialisierten Gesellschaft besorgen. Diese bleibt Eigentümerin und verpflichtet sich, vor allem wenn der technische Fortschritt die bisherigen Einrichtungen und Maschinen schnell veralten läßt, sie durch modernere zu ersetzen.

Wegen der Knappheit des verfügbaren Baulandes, aber auch aus allgemeinen politischen Erwägungen heraus erwirbt zudem der Staat in einigen Teilen des Landes das Eigentum an einem großen Teil der Grundstücke, die der gewerblichen und kaufmännischen Entwicklung eines Landesteils oder eines Stadtviertels gewidmet werden. Hierbei tritt der Staat entweder unmittelbar als Käufer auf oder bedient sich der Stiftungen des öffentlichen Rechtes. Auf diese Weise behält er sich die Möglichkeit vor, die zur Verfügung stehenden Flächen gerecht unter die Handels- und Fabrikationsgewerbe zu verteilen, zu deren Gunsten ein Baurecht begründet wird, das ihnen die Errichtung der zur Betriebstätigkeit erforderlichen Gebäude ermöglicht.

c) Zur zweiten Gruppe von Gütern, die gemeinsam mit den körperlichen Gegenständen das Handelsvermögen ausmachen, sind eine Reihe von Vorteilen und wirtschaftlichen Werten zu rechnen, die sich unmittelbar aus dem Betrieb eines Handels- oder Fabrikationsgewerbes ergeben. Es war im übrigen gerade die Existenz dieser unkörperlichen, immateriellen Güter und ihre enge Abhängigkeit von der Unternehmung selbst, die in Frankreich zur Anerkennung des Rechtsbegriffes des fonds de commerce geführt haben.

Die französische Doktrin unterscheidet zum Teil zwei Gruppen immaterieller Güter, sog. außerordentliche (biens incorporels extraordinaires) und ordentliche (biens incorporels ordinaires), ohne jedoch dieser Einteilung eine allzu große Bedeutung beizumessen.

Die rechtliche Existenz der außerordentlichen unkörperlichen Güter hängt nicht notwendigerweise von ihrem Bezug zu einer bestimmten Unternehmung ab. So können die Rechte des gewerblichen Eigentums[52] Gegenstand einer Zession oder einer Lizenzerteilung sein, ohne daß die Unternehmung selbst übertragen werden müßte. Hingegen sind die sog. ordentlichen oder Hauptgüter abhängig und können praktisch nur mit der Unternehmung zusammen übertragen werden. Hierzu

---

[51] Siehe hierzu B. STAUDER, Le contrat de «finance-équipement-leasing», in: Dixième Journée juridique, Mémoire No 30 publié par la Faculté de droit de Genève, Genf 1970, S. 7 ff.; A. SCHUBIGER, Der Leasing-Vertrag nach schweizerischem Privatrecht, Diss. Fribourg 1970.

[52] Nach französischer Auffassung umfaßt der Begriff des gewerblichen Eigentums auch die Urheberrechte. Diese Urheberrechte an Werken der Literatur und Kunst gehören jedoch üblicherweise zum Privatvermögen des Kaufmanns und sind nur ausnahmsweise Bestandteil des Geschäftsvermögens, etwa eines Verlages, der sie vom Autor erworben hat. Unseres Erachtens fallen nur die gewerblichen Schutzrechte im eigentlichen Sinne (Erfindungspatente, Fabrikationsgeheimnisse, Muster, Modelle, Fabrik- und Handelsmarken, Herkunftsbezeichnungen) in das Geschäftsvermögen.

gehören insbesondere das Recht zu ausschließlichem Gebrauche der Firma[53] und das Recht auf die Kundschaft. Das französische Recht schützt außerdem das Recht auf die Geschäftspacht – bail commercial –, ein Recht, das seltsamerweise propriété commerciale[54] genannt wird. Das Bundesgericht hat hingegen kürzlich darauf hingewiesen, daß das schweizerische wie auch das deutsche Recht dem Kaufmann, der Geschäftsräume mietet, keinen besonderen Schutz gewährt[55].

Außerdem erkennen die schweizerische und deutsche Lehre und Rechtsprechung den Begriff des Rechts am Unternehmen an[56]. Er enthält das grundsätzliche Recht eines jeden, frei eine Berufstätigkeit auszuüben. So verstanden ist mit dem Handelsvermögen das Recht der Unternehmung auf Bestand und wirtschaftliche Entwicklung verknüpft.

2. Schließlich erfordert der Betrieb einer kaufmännischen oder gewerblichen Tätigkeit bestimmter Größenordnung nicht nur den Einsatz mehr oder weniger bedeutender materieller Mittel, sondern auch und vor allem die Mitarbeit einer Reihe von Personen. Sieht man das Handels- oder Fabrikationsgewerbe unter diesem mehr sozialen oder soziologischen denn rechtlichen Aspekt, so stellt es eine Betriebsgemeinschaft dar[57]. Die moderne Doktrin erkennt dies zunehmend an. Zwei rechtliche Hauptfolgerungen ergeben sich.

a) Unter dem Einfluß des wirtschaftlichen, gleichzeitig individualistischen und kapitalistischen Liberalismus[58] sahen die Juristen lange im Kaufmann oder Industriellen ein Individuum, das allein oder gemeinsam mit anderen im Rahmen einer Gesellschaft eine wirtschaftliche Tätigkeit betreibt. Die verschiedenen Probleme der Unternehmung wurden nur vom Standpunkt des Geschäftsinhabers aus, der gegenüber Dritten die alleinige Verantwortung trägt, weil er nicht nur Eigentümer des Handelsvermögens ist, sondern auch die Leitungsmacht in der Unternehmung ausübt, untersucht. Als Folge der sozialen Entwicklung und aufgrund des Aufkommens neuer Formen der Geschäftsleitung gibt es nun aber in allen Handels- und Fabrikationsgewerben einer bestimmten Größe mehrere Personengruppen, die sich tatsächlich, wenn nicht gar von Rechts wegen in die Leitungsbefugnis teilen, die jedoch nicht an der Haftung teilnehmen.

Die Geschäftsführung erfordert heutzutage den Einsatz von Leitungs- und Entscheidungsmethoden, die besondere technische Kenntnisse voraussetzen. Die Aktionäre und gelegentlich

---

[53] Vgl. Art. 951 und 956 OR sowie unten S. 165 ff.
[54] Hierzu D. BASTIAN, La propriété commerciale en droit français; M. ROTONDI, Les projets et discussions relatifs à la protection de la prétendue «propriété commerciale» en Italie; CH. VAN REEPINGEN, La «propriété commerciale» en droit belge, in: Travaux de l'Association Henri Capitant, VI, Paris 1952, S. 76 ff., 93 ff. und 108 ff.
[55] BGE 93 II, 1967, S. 453 ff.
[56] Vgl. unten S. 108 f.
[57] K. P. ARNOLD, Das Recht am Unternehmen in der Rechtsprechung des schweizerischen Bundesgerichts und des deutschen Bundesgerichtshofes, Diss. Zürich 1971.
[58] Vgl. RIPERT, Aspects juridiques; PAUL DURAND, La notion juridique de l'entreprise, Travaux de l'Association Henri Capitant, III, Paris 1948, S. 45 ff., insbes. S. 47.

sogar der Inhaber einer Einzelfirma oder die Gesellschafter, denen eine Personengesellschaft gehört, sind daher gezwungen, die Geschäftsführung Spezialisten anzuvertrauen, die meistens die Unternehmung leiten, ohne selbst an der Finanzierung oder an den Risiken des Betriebes teilzunehmen. Im Gesellschaftsrecht stellt sich dann vor allem das Problem der Teilung der Macht zwischen dem Kapital einerseits und der Unternehmungsleitung andererseits[59].

Schließlich ist noch kurz auf die schnelle Fortentwicklung der Arbeitsbeziehungen in den Unternehmungen im Laufe der letzten Jahre hinzuweisen. Vorwiegend ausländische Gesetze[60], in der Schweiz einige Unternehmungen, haben den Arbeitnehmern das Recht auf Vertretung in Betriebsräten gewährt, die zuständig sind, bestimmte Entscheidungen über das Leben innerhalb der Unternehmung zu treffen[61]. Damit ist das arbeitsrechtliche Problem der Mitbestimmung der Arbeitnehmer, also die Frage der Neuaufteilung der Macht innerhalb der Unternehmung auf Kapital und Unternehmungsleitung einerseits und Arbeit andererseits zur Diskussion gestellt.

b) Innerhalb der Betriebsgemeinschaft, als die sich die Unternehmung darstellt, verfolgt jede Gruppe – Kapital, Arbeit und Unternehmungsleitung – eigene Ziele, die nicht notwendig mit denen der anderen Gruppe identisch sein müssen. Außerdem werden durch den Betrieb eines Handels- oder Fabrikationsgewerbes weitere und zwar unternehmensexterne Interessen wie die Dritter[62], etwa von Lieferanten und Kunden, aber auch Interessen der Öffentlichkeit berührt. Über diesen Einzelinteressen steht allerdings das übereinstimmende Interesse aller Mitglieder der Betriebsgemeinschaft und Dritter am normalen Fortgang und an der Ausdehnung der wirtschaftlichen Tätigkeit der Unternehmung.

Zwar hält die Doktrin an der herkömmlichen Auffassung von der Gleichstellung von Unternehmung und Unternehmer immer weniger fest, wenn sie sämtliche betroffenen Interessen in Betracht zieht. So hat man vor allem im Aktienrecht das gelegentlich egoistische Interesse der Aktionäre dem allgemeinen Interesse der Gesellschaft entgegengesetzt[63]. Allerdings übersah man hierbei, daß die Gesellschaft sich nur aus den zwei ersten Gruppen, dem Kapital und der Unternehmungsleitung, zusammensetzt und weder Arbeitnehmer noch Dritte vertritt. Man muß folglich das allgemeine Interesse der Unternehmung in Betracht ziehen, das im übrigen auch der Gesetzgeber in einzelnen gesetzlichen Bestimmungen zu schützen versucht[64].

---

[59] DESPAX, a.a.O., insbes. S. 17ff.; BERR, a.a.O., insbes. S. 47ff.; RAISER, a.a.O., insbes. S. 133ff.
[60] Hierzu vgl. vor allem das deutsche Betriebsverfassungsgesetz vom 15. Januar 1972.
[61] Zum schweizerischen Recht siehe L. KISTLER, Die Betriebsgemeinschaft, Diss. Fribourg 1953; M. WEHRLI, Mitbeteiligung der Arbeitnehmer durch Belegschaftsaktien, Problematik und Erfahrungen, Diss. Zürich 1969; W. R. SCHLUEP, Mitbestimmung? Bemerkungen zum Verhältnis von Aktiengesellschaft, Unternehmen und öffentlichen Interessen, in: Lebendiges Aktienrecht, Festgabe zum 70. Geburtstag von Wolfhart Friedrich Bürgi, Zürich 1971, S. 311 ff. Vgl. auch das Volksbegehren des schweizerischen Gewerkschaftsbundes zugunsten einer Mitbestimmung der Arbeitnehmer in schweizerischen Unternehmungen (Mitbestimmungsinitiative) (BBl 1971 II, S. 780 und 1973 I, S. 237) sowie W. VON STEIGER, Probleme des Mitbestimmungsrechts der Arbeitnehmer, ZBJV 91, 1955, S. 1 ff.
[62] O. SANDROCK, Société et association (zit. § 3, Anm. 22), S. 167ff., bes. S. 201; DESPAX, a.a.O., bes. S. 195ff.
[63] Vgl. z. B. BGE 82 II, 1956, S. 148ff.
[64] Vgl. Art. 663 Abs. 2 und 674 Abs. 2 OR und § 70 Abs. 1 DAktG 1937, dessen Text 1965 nicht wieder aufgenommen wurde, weil der Grundsatz als selbstverständlich angesehen wurde.

Mit der Anerkennung eines allgemeinen Unternehmungsinteresses, das mit den Einzelinteressen der verschiedenen Gruppen und dem Interesse der Gesellschaft nicht identisch ist, ist eine theoretisch wie praktisch gleichermaßen wichtige Folge verbunden. Sofern die moderne Doktrin einen Rechtsbegriff der Unternehmung anerkennt, sieht sie in ihr eine Institution[65] mit eigener Finalität, zu deren Realisierung sie über die erforderlichen Organe verfügt. Die Unternehmung bezweckt den Betrieb einer wirtschaftlichen, kaufmännischen oder gewerblichen Tätigkeit. Praktisch jedes organisierte Handels- oder Fabrikationsgewerbe besitzt zur Geschäftsführung und Leitung der Unternehmung befähigte Organe.

§ 7. Die Rechtsstellung der Unternehmung

Literatur

HANS HUBER, Die Bedeutung der Grundrechte für die sozialen Beziehungen unter den Rechtsgenossen, ZSR 74, 1955, S. 173 ff.; F. VISCHER, Der Antagonismus zwischen Freiheits- und Sicherheitsstreben im heutigen Privatrecht, BJM 1957, S. 1 ff.; La liberté du commerce et de l'industrie en droit public suisse et comparé (zit: «La liberté...»), Publication N° 1 du Cercle juridique de l'Université de Genève, Genf 1954; H. MERZ, Über die Schranken der Kartellbindung, Bern 1953.

J.-F. AUBERT, Traité de droit constitutionnel suisse, 2 Bde., Paris/Neuenburg 1967; F. FLEINER/Z. GIACOMETTI, Schweizerisches Bundesstaatsrecht, Zürich 1949.

H. MARTI, Handels- und Gewerbefreiheit nach den neuen Wirtschaftsartikeln, Bern 1950; F. GYGI, Die schweizerische Wirtschaftsverfassung, und CH.-A. JUNOD, Problèmes actuels de la constitution économique suisse, Referate des Schweizerischen Juristenvereins, Basel 1970, S. 265 ff. und S. 591 ff. – D. WYSS, Die Handels- und Gewerbefreiheit und die Rechtsgleichheit, Diss. Zürich 1971; M.-B. MARTI, Die Handels- und Gewerbefreiheit der Ausländer in der Schweiz, Diss. Bern, Aarau 1963; H. OBERHÄNSLI, Die Gewährleistung der Freiheitsrechte, unter besonderer Berücksichtigung der verfassungsmäßigen Garantie der persönlichen Freiheit, Diss. Zürich 1971.

M. ROTONDI, L'évolution de la réglementation de la concurrence et l'expérience des États-Unis (de la liberté de la concurrence à l'égalité dans la concurrence), in: Mélanges en l'honneur de Jean Dabin, Brüssel 1963, S. 837 ff.; A. KOLLER, Die

---

[65] Vgl. PAUL DURAND, a.a.O. (oben Anm. 58), S. 49. Zur institutionellen Theorie siehe § 4, Anm. 6 und 15, oben S. 62, 66.

Konzeption des möglichen Wettbewerbs, Auslegungshilfe des Kartellgesetzes, WuR 1970, S. 149 ff.; A. TROLLER, Immaterialgüterrecht – Patent-, Marken-, Urheber-, Muster- und Modell-, Wettbewerbsrecht, 2. Aufl., 2 Bde., Basel 1968/1971.

H. MERZ, Das schweizerische Kartellgesetz, Grundlagen und Hauptprobleme, mit einer Bibliographie zum schweizerischen Kartellrecht, Bern 1967; DERSELBE, Kartellrecht, Instrument der Wirtschaftspolitik oder Schutz der persönlichen Freiheit, WuR 1966, S. 1 ff.; M. KUMMER, Der Begriff des Kartells, Bern 1966. – P. JÄGGI, Fragen des privatrechtlichen Schutzes der Persönlichkeit, Referat des Schweizerischen Juristenvereins, Basel 1960, S. 133a ff.; F. GUISAN, La protection de la personnalité et le boycott commercial, in: Beiträge zum Handelsrecht, Festgabe zum 70. Geburtstage von Carl Wieland, Basel 1934, S. 119 ff.; K. P. ARNOLD, Das Recht am Unternehmen in der Rechtsprechung des schweizerischen Bundesgerichts und des deutschen Bundesgerichtshofes, Diss. Zürich 1971.

M. DESPAX, a. a. O. (Lit. zu § 6); C. CHAMPAUD, a. a. O. (Lit. zu § 6); TH. RAISER, a. a. O. (Lit. zu § 6); J. PAILLUSSEAU, La Société anonyme – Technique d'organisation de l'entreprise, Diss. Rennes, Bibliothèque de droit commercial N° 18, Paris 1967. – F. H. SPETH, La divisibilité du patrimoine et l'entreprise d'une personne, Paris/Liège 1957.

Da der Rechtsbegriff der Unternehmung im Sinne der Handelsregisterverordnung zunehmend in die moderne Lehre eingeht und vor allem im Handelsrecht anerkannt wird, bleibt die Frage nach der rechtlichen Bedeutung der Unternehmung, die sich scheinbar in doppelter, tatsächlich jedoch in dreifacher Hinsicht stellt.

Zunächst geht es darum, ob die Unternehmung oder der sie betreibende Unternehmer bei der Ausübung der wirtschaftlichen Tätigkeit frei ist. Im Gegensatz zu dem angelsächsischen Rechtskreis, der die Unterscheidung zwischen öffentlichem und Privatrecht nicht kennt, handelt es sich nach kontinentaleuropäischer Rechtstradition beim Problem der Handels- und Gewerbefreiheit[1] um eine vorwiegend öffentlichrechtliche Frage, da es um das Verhältnis des Staates zu den Individuen geht. Die herkömmliche Lehre reiht diese Freiheit als eines der Grundprinzipien des wirtschaftlichen Liberalismus, die dem Schutz Einzelner gegen staatliche Eingriffe im Wirtschaftsleben dient, in gleicher Weise wie etwa die Niederlassungs-, die Vereinigungs- und die Glaubensfreiheit in den Katalog der Individualrechte[2] ein, deren Respektierung die Bundesverfassung den Bundes- und Kantonalbehörden auferlegt.

Allerdings wird die Freiheit, eine wirtschaftliche oder berufliche Tätigkeit auszuüben, nicht nur durch Eingriffe des Staates bedroht. Beschränkende Maßnahmen von Wirtschaftsverbänden[3] sowie bestimmte Monopolstellungen von Unternehmungen können sie gleichermaßen, wenn nicht gar weitergehend in Frage stellen. Damit ist das oben genannte Problem auch im Verhältnis

---

[1] So CH.-A. JUNOD, Genèse et évolution de la liberté du commerce et de l'industrie, in: La liberté du commerce (zit. Lit. zu § 7), S. 28; H. SUTER, Notion et principe de la liberté du commerce et de l'industrie, ebenda, S. 45 f.; H. MARTI, Handels- und Gewerbefreiheit, S. 30.
[2] Vgl. insbes. AUBERT, Traité II, S. 626 f.
[3] JUNOD (Problèmes actuels, S. 612 ff.) nennt dieses Verhalten in seinem Bericht an den Schweizerischen Juristenverein «pratiques commerciales restrictives».

zwischen den Unternehmungen oder zwischen den Bürgern[4] als ein vorwiegend, wenn auch nicht ausschließlich privatrechtliches aufgeworfen. Es geht darum, ob die Rechtsordnung dafür zu sorgen hat, daß im Wirtschaftsleben das Recht am Unternehmen, d. h. das Recht der Unternehmung auf wirtschaftlichen Bestand geschützt wird.

Sofern eine Unternehmung ein Handels- oder Fabrikationsgewerbe betreibt und eine wirtschaftliche Einheit mit einer gewissen Selbständigkeit darstellt, ist schließlich noch zu fragen, ob sie unabhängig von der von ihr angenommenen Rechtsform[5] de lege lata oder de lege ferenda berechtigt ist oder berechtigt sein soll, Dritten gegenüber Trägerin von Rechten und Pflichten zu sein. Hiermit ist das Problem ihrer Rechtsfähigkeit bzw. ihrer Rechtspersönlichkeit im Handelsrecht aufgeworfen.

I. Die Handels- und Gewerbefreiheit

Der Grundsatz der Handels- und Gewerbefreiheit, gelegentlich auch unternehmerische Freiheit genannt[6], wurde während der französischen Revolution aufgestellt, um den Handel und die im Entstehen begriffene Industrie von den Zünften zu befreien und um so ein System des freien wirtschaftlichen Wettbewerbs zu schaffen. Allerdings geht die wohl einhellige herkömmliche Auffassung in der Schweiz davon aus, der in Art. 31 BV enthaltene Grundsatz sei subjektiv als eine verfassungsmäßige Gewährleistung eines Individualrechtes gegenüber dem Staat zu verstehen[7].

1. Die Begünstigten der verfassungsmäßigen Gewährleistung können auf zwei verschiedene Arten bestimmt werden. Hielte man sich streng an den Text des Art. 31 BV, müßte man zwingend eine restriktive Auslegung zugrundelegen und den Schutz, den das Bundesgericht gewährt, nur den

---

[4] Unter Bezugnahme auf die Lehre und Rechtsprechung des angelsächsischen Rechtskreises haben mehrere Autoren die Auffassung vertreten, die Wirtschaftsordnung sei in Wirklichkeit einheitlich und man könne daher nicht nach den Beziehungen zwischen den Einzelnen und dem Staat einerseits oder nur zwischen Individuen andererseits unterscheiden (vgl. MERZ, Schranken der Kartellbindung; HANS HUBER, L'avenir de la liberté du commerce et de l'industrie, in: La liberté du commerce, S. 225f.; siehe auch HANS HUBER, a.a.O., ZSR 74, 1955, S. 173ff., bes. S. 182ff.). Allerdings ist mit dieser objektiven Auffassung der Gewerbefreiheit als Teil der Wirtschaftsordnung praktisch die Gefahr verbunden, daß sie je nach den Bedürfnissen des Augenblicks mehr oder weniger weitgehend beschränkt wird. In diesem Zusammenhang sind die Maßnahmen zur Bekämpfung der Inflation, die die eidgenössischen Räte treffen mußten, sowie der Vorschlag des Bundesrates zu nennen, einen sogenannten Konjunkturartikel in die Bundesverfassung einzufügen (vgl. BBl 125, 1973 I, S. 117ff.).

[5] Diese Frage ist gesellschaftsrechtlich zu beantworten. Vgl. unten W. VON STEIGER, Allgemeiner Teil des Gesellschaftsrechtes.

[6] Vgl. z.B. JUNOD, Problèmes actuels, S. 622; siehe auch W. G. RICE, La liberté d'entreprise en droit américain, und I. UBERTI-BONA, La liberté d'entreprise et ses limites en droit positif italien, in: La liberté du commerce, S. 129ff. und S. 175ff.

[7] Vgl. die Nachweise oben Anm. 1 sowie AUBERT, Traité II, Nr. 1742, S. 626; aus der Rechtsprechung seien insbes. genannt BGE 21, 1895, S. 153ff. (163); BGE 62 II, 1936, S. 97ff.

Handels- und Fabrikationsgewerben zugestehen. Ginge man hingegen mit der Lehre davon aus, daß diese Freiheit dem Katalog der individuellen Freiheitsrechte zuzurechnen ist, müßte eine weite, unseres Erachtens zu weite Auslegung zugrunde gelegt werden: jeder einzelne Bürger wäre gegen Eingriffe des Staates im wirtschaftlichen Bereich geschützt. Richtig ist wohl eine mittlere Auffassung, die im übrigen mit der Rechtsprechung des Bundesgerichtes übereinstimmt. Der Begünstigte der verfassungsmäßigen Gewährleistung ist die gewerbliche Unternehmung im Sinne der Handelsregisterverordnung.

a) Lehre und Rechtsprechung haben die Begriffe Handel und Gewerbe stets sehr weit ausgelegt. Auch all diejenigen Personen, die einen freien[8] oder einen Handwerksberuf[9] ausüben oder auszuüben gedenken, können sich vor dem Bundesgericht grundsätzlich auf die Rechte berufen, die den Kaufleuten und Industriellen zugestanden werden. Außerdem will die herrschende Lehre, vor allem seit Einführung der Wirtschaftsartikel im Jahre 1947 – Rechtsprechung hierzu fehlt – die Gewährleistung auch auf die Landwirte ausdehnen[10]. Trotz der Mehrdeutigkeit des Art. 31 Abs. 1 BV kann folglich als gesichert gelten, daß die Anwendung des Grundsatzes der Handels- und Gewerbefreiheit nicht vom kaufmännischen oder gewerblichen Charakter der durch die Eingriffe des Staates bedrohten Tätigkeit abhängt. Das Kriterium der Pflicht zur Eintragung in das Handelsregister ist in diesem Zusammenhang bedeutungslos.

b) Allerdings ist der Anwendungsbereich dieses Verfassungsgrundsatzes nicht unbeschränkt. Würde man ihn auf jede gelegentlich vorgenommene Tätigkeit ausdehnen, so überschritte man sogar eine sehr weite Auslegung des Begriffs der Handels- und Gewerbefreiheit. Mit Recht hat daher das Bundesgericht entschieden, daß zwar «jede berufsmäßig zum Zwecke des Erwerbes ausgeübte Tätigkeit» («toute activité professionnelle exercée à des fins lucratives»)[11], nicht jedoch jedes gelegentliche Geschäft durch den Grundsatz des Art. 31 BV geschützt werde. Mit dieser ständigen Rechtsprechung dürften jedoch drei Probleme noch nicht gelöst sein.

Zunächst ist auf ein Scheinproblem hinzuweisen, das infolge einer nicht ganz klaren Rechtsprechung entstanden ist. Während das Bundesgericht in einem in deutscher Sprache im Jahre 1897 erlassenen Urteil[12] den Schutz des Art. 31 BV auf die freie Ausübung einer Erwerbstätigkeit bezog und so einen Ausdruck benutzte, der sich auch in der deutschen Fassung des Art. 52 Abs. 3

---

[8] Vgl. BGE 83 I, 1957, S. 250 ff.
[9] Siehe BGE 80 I, 1954, S. 139 ff.; 87 I, 1961, S. 114 ff.
[10] Vgl. Art. 31bis Abs. 3 lit. b und c BV, a contrario ausgelegt, sowie H. MARTI, a.a.O., S. 64.
[11] BGE 63 I, 1937, S. 213 ff.
[12] BGE 23, 1897, S. 481 ff. (486).

HRegV findet, hat es in dem soeben zitierten Urteil vom 11. Juni 1937[13] den französischen Ausdruck der «activité exercée à des fins lucratives» herangezogen, der nach herrschender Lehre im deutschen und französischen, nicht jedoch im schweizerischen Handelsrecht der Umschreibung der Unternehmung entspricht. Allerdings scheint das Bundesgericht nicht die Absicht gehabt zu haben, mit diesem Urteil seine Rechtsprechung zu ändern, da es in einer kürzlich ergangenen Entscheidung[14] nicht zögerte, die Bestimmung des Art. 31 BV auf einen Verein anzuwenden, der offensichtlich keine Gewinnerzielungsabsicht verfolgte. Das tragende Argument der Entscheidung bestand darin, daß der Verein, ein Filmklub, regelmäßig Filme vor einem relativ großen Publikum vorführte, das nur aus Mitgliedern, die ein Jahresabonnement bezahlt hatten, bestand. Interessanterweise hat das Bundesgericht auch in diesem Bereich das im Handelsrecht bedeutsame Kriterium der Außenbeziehungen der Unternehmung mit einem mehr oder weniger großen Publikum herangezogen.

Außerdem hat sich das Bundesgericht lange Zeit unter Bezugnahme auf die übliche Umschreibung des Begriffs des Handels und des Gewerbes stets geweigert, die verfassungsmäßige Gewährleistung auf Angestellte auszudehnen, da nur die Geschäftsinhaber, nicht ihre Angestellten Gewerbetreibende seien. Eine weitere Schwierigkeit ist jedoch dadurch entstanden, daß das Bundesgericht auf die in der Lehre vorgebrachte Kritik[15] einging und im Jahre 1958 seine Rechtsprechung dahingehend änderte[16], daß der Sinn des Freiheitsrechtes auch «den Schutz der unselbständigen Erwerbstätigkeit» verlange. Allerdings ist diese Entscheidung vereinzelt geblieben. Im übrigen könnte sie mit dem Hinweis auf die außergewöhnliche Situation gerechtfertigt werden, daß nämlich der Beschwerdeführer als Angestellter einer Firma in Bern einen Verkaufsstand in St. Moritz für deren Rechnung eröffnet hatte und von den bündnerischen Behörden zu einer Buße verurteilt wurde, weil er kein Patent gelöst hatte. Hier wäre zu fragen, ob in diesem besonderen Fall nicht der unabhängige Verkaufsstand in Wirklichkeit eine Art von Niederlassung oder von Nebengewerbe im Sinne der Handelsregisterverordnung darstellte.

Will man sich auf den Begriff der gewerblichen Unternehmung im Sinne der Handelsregisterverordnung beziehen, so ist noch eine letzte, wesentlich ernsthaftere Hürde zu nehmen. Kürzlich wurde die Rechtsprechung des Bundesgerichtes[17] einer grundsätzlichen Kritik unterzogen; nach dieser Auffassung gibt es keinen wirklichen Grund, den Art. 31 BV auf die selbständigen Erwerbstätigkeiten zu beschränken. Wahrscheinlich unter dem Einfluß des deutschen Rechtes[18] wurde vorgeschlagen, seinen Anwendungsbereich auf alle Arbeitnehmer und sogar auf die Verbraucher auszudehnen[19]. Unseres Erachtens ist eine derartige Auslegung bei der gegenwärtigen Fassung des Art. 31 BV abzulehnen, da offensichtlich weder der Arbeiter noch der Angestellte noch der Verbraucher von dem Begriff des Handels und Gewerbes, auch wenn er noch so weit verstanden wird, erfaßt werden können. Zwar scheint die politische und wirtschaftliche Entwicklung ein grundlegend neues Verständnis des Begriffs der Gewerbefreiheit mit sich zu bringen, das sich jedoch nur rechtfertigen ließe, wenn Art. 31 BV geändert oder aber wenn ein neues Freiheitsrecht auf dem Boden des öffentlichen Rechtes als Gewohnheitsrecht anerkannt würde[20].

c) Schließlich wird nach einhelliger Auffassung in Lehre und Rechtsprechung die Tätigkeit der öffentlichen Hand nicht von Art. 31 BV erfaßt: Körperschaften und Anstalten des öffentlichen Rechtes, die einen öffent-

---

[13] Vgl. BGE 63 I, 1937, S. 213 ff.
[14] BGE 87 I, 1961, S. 275 ff.
[15] Vgl. insbes. H. MARTI, a.a.O., S. 60 ff.
[16] BGE 84 I, 1958, S. 18 ff.
[17] BGE 46 I, 1920, S. 283 ff.
[18] Im deutschen Recht wird nicht die Handels- und Gewerbefreiheit sondern die allgemeine Berufsfreiheit gewährleistet.
[19] Vgl. insbes. JUNOD, Problèmes actuels, S. 623 und S. 633.
[20] Siehe AUBERT, Traité II, Nr. 1873, S. 670.

lichen Dienst erbringen, kommen als Begünstigte der verfassungsmäßigen Gewährleistung der Handels- und Gewerbefreiheit nicht in Betracht, da diese als ein Mittel der Verteidigung privater Unternehmungen gegen Eingriffe des Staates verstanden wird. Nach der Rechtsprechung sind ebenfalls Privatunternehmungen von ihrem Schutzbereich ausgeschlossen, wenn sie eine Konzession des öffentlichen Dienstes von einer öffentlichrechtlichen Körperschaft, die über ein tatsächliches Monopol verfügt, beantragt oder erhalten haben [21].

2. Untersucht man die Handels- und Gewerbefreiheit, d. h. die unternehmerische Freiheit unter einem allgemeinen Gesichtspunkt, so stellt man fest, daß sie sich aus einer Reihe verschiedener öffentlichrechtlicher und privatrechtlicher Elemente zusammensetzt, die nicht alle Gegenstand der Gewährleistung des Art. 31 BV sind. So setzt im öffentlichen Recht die freie Ausübung einer Erwerbstätigkeit die Garantie des Privateigentums, die Niederlassungs-, die Vereinigungs- und gelegentlich sogar die Meinungs- und Pressefreiheit voraus [22]. Dagegen ist der Gegenstand der verfassungsmäßigen Gewährleistung im Rahmen des Art. 31 BV enger. Diese Bestimmung gewährleistet nach Lehre und Rechtsprechung, daß der Staat ein Wirtschaftssystem des freien Wettbewerbs aufrechterhält, und verbietet grundsätzlich dem Bund und den Kantonen, Maßnahmen zu ergreifen, die das Spiel des freien Wettbewerbs hemmen oder in seinen Auswirkungen korrigieren [23].

a) Zunächst heißt Spiel des freien Wettbewerbs im Rahmen des Art. 31 BV, daß jedermann grundsätzlich das Recht, aber nicht die Pflicht hat, eine Unternehmung in dem von ihm gewählten Wirtschaftssektor oder Beruf zu gründen oder zu erwerben. Außer in den von der Verfassung vorgesehenen oder zugelassenen Fällen kann der Staat nicht eingreifen, um den Zugang zu bestimmten Berufen zu verbieten oder um ihn von einer Erlaubnis oder einem Befähigungsnachweis abhängig zu machen. Erst recht ist es nicht möglich, die Ausübung einer bestimmten Tätigkeit für obligatorisch zu erklären, selbst wenn dies vom wirtschaftlichen Standpunkt aus objektiv notwendig sein mag [24].

---

[21] Vgl. insbes. BGE 81 I, 1955, S. 257 ff. sowie AUBERT, Traité II, Nr. 1874 und 1879, S. 670 f. und JUNOD, Problèmes actuels, S. 727 ff.
[22] Hierzu HANS HUBER, L'avenir de la liberté du commerce et l'industrie, in: La liberté du commerce, S. 225, sowie unter besonderer Berücksichtigung der Gewährleistung des Privateigentums JUNOD, Problèmes actuels, S. 633 ff.
[23] Vgl. z. B. BGE 80 I, 1954, S. 116 ff.
[24] In diesem Sinne BGE 21, 1895, S. 153 ff. (163).

Dementsprechend hat das schweizerische Recht das Konzessionssystem zugunsten des Normativsystems[25] aufgegeben. Selbst in den Bereichen, in denen die Bundesgesetzgebung im öffentlichen Interesse die Eröffnung eines neuen Betriebes, z.B. einer Bank oder einer Versicherung[26], oder die Gründung einer Gesellschaft mit Rechtspersönlichkeit, etwa einer Aktiengesellschaft[27], formellen oder materiellen Bedingungen unterwirft, darf der Staat zur politischen oder wirtschaftlichen Zweckmäßigkeit der Gründung dieser neuen Unternehmung nicht Stellung nehmen, vielmehr hat er sich auf die Prüfung zu beschränken, ob die vom Gesetz vorgeschriebenen Bedingungen erfüllt sind.

Allerdings gibt es nach einer feststehenden Rechtsprechung wirtschaftliche Betätigungen, für die der Staat oder eine Körperschaft des öffentlichen Rechtes ein rechtliches oder tatsächliches Monopol besitzt, und die insoweit vom Spiel des freien Wettbewerbs ausgeschlossen sind. Die Körperschaft des öffentlichen Rechtes – die Eidgenossenschaft, ein Kanton oder eine Gemeinde – kann auf die eigene Ausübung dieser Tätigkeit verzichten und Privatunternehmungen frei, unter dem alleinigen Vorbehalt der Willkür, Konzessionen einräumen. So wurde insbesondere bei Tätigkeiten entschieden, die einen öffentlichen Dienst darstellen[28], und bei solchen, für die sich die öffentlichrechtliche Körperschaft ein ausschließliches Monopol schaffen konnte[29].

b) Weiterhin setzt das Spiel des freien Wettbewerbs voraus, daß jedermann den von ihm gewählten Beruf grundsätzlich frei ausüben kann. Der Staat darf daher in den Betrieb privater Unternehmungen nicht eingreifen, indem er ihn einer bestimmten Regelung oder Kontrolle unterwirft oder indem er seine Aufrechterhaltung gegen den Willen des Geschäftsinhabers erzwingt. In der Praxis wirft dieser Grundsatz zwei Fragen auf, die kurz gestreift werden sollen.

Zunächst ist es offensichtlich, daß die Erhebung einer Steuer von Handel und Gewerbe mehr oder weniger weitgehend die Ausübung einer wirtschaftlichen Tätigkeit beeinträchtigen kann. Art. 31 BV behält jedoch in Abs. 2 ausdrücklich kantonale Gesetzesbestimmungen über die Besteuerung privater Unternehmungen vor, sofern die Fiskalmaßnahmen nicht prohibitiv oder protektionistisch wirken und sofern sie nicht andere verfassungsmäßige Grundsätze, wie die Rechtsgleichheit und das Verbot der Doppelbesteuerung, verletzen[30].

Schließlich ist mit der Ausübung einer wirtschaftlichen Tätigkeit gelegentlich die mehr oder weniger ausschließliche oder intensive Benutzung bestimmter Güter, die im öffentlichen Eigentum stehen, verbunden. Art. 31 BV gibt dem Privaten kein Recht auf Benutzung öffentlicher Straßen und Plätze[31] und speziell auch nicht einen Anspruch darauf, daß ihm die Bewilligung zu

---

[25] W. Benz, Das Konzessions- und Normativsystem bei der Aktiengesellschaft, Diss. Bern 1929.
[26] Vgl. Art. 3 BG über die Banken und Sparkassen, vom 8. November 1934, revidiert am 11. März 1971; BG betreffend Beaufsichtigung von Privatunternehmungen im Gebiet des Versicherungswesens, vom 25. Juni 1885; BG über die Anlagefonds, vom 1. Juli 1966.
[27] Siehe R. Patry, Le contrôle de la constitution des sociétés anonymes en Suisse, ZSR 81 I, 1962, S. 247 ff.
[28] Vgl. BGE 96 I, 1970, S. 204 ff. (Kaminfegerberuf); 95 I, 1969, S. 409 ff. (Statut des unentgeltlichen Prozeßvertreters).
[29] BGE 95 I, 1969, S. 144 ff. (Abgabe elektrischer Energie und Vornahme elektrischer Hausinstallationen); 94 I, 1968, S. 18 ff. und 88 I, 1962, S. 57 ff. (Vornahme sanitärer Hausinstallationen). Vgl. auch Aubert, Traité II, Nr. 1949 ff., S. 694 ff.
[30] Hierzu Aubert, Traité II, Nr. 1943 ff., S. 692 ff., sowie BGE 93 I, 1967, S. 708 ff.; 96 I, 1970, S. 560 ff. und 79 I, 1953, S. 209 ff.
[31] Siehe beispielsweise BGE 76 I, 1950, S. 293 ff.; 81 I, 1955, S. 16 ff.; 96 I, 1970, S. 586 ff.

einer über den Gemeingebrauch hinausgehenden Benutzung erteilt wird. Art. 31 BV gibt erst recht einer Unternehmung der Wasserversorgung nicht das Recht zur Wasserentnahme aus einem See[32] oder zur Inanspruchnahme öffentlichen Bodens für Wasserleitungen[33]. In diesem Bereich unterscheiden Lehre und Rechtsprechung drei Formen der Nutzung: den Gemeingebrauch, der keinerlei Erlaubnis bedarf, den gesteigerten Gemeingebrauch, für den eine polizeiliche Bewilligung erforderlich ist, und die Sondernutzung, die konzessionspflichtig ist[34].

c) Das Spiel des freien Wettbewerbes darf jedoch nicht die Wahrung der öffentlichen Ordnung, Sicherheit und Gesundheit beeinträchtigen. Die Kantone sind daher ermächtigt und vielleicht sogar verpflichtet, auf dem Wege der Gesetzgebung[35] oder auf Grund von Gewohnheitsrecht[36] gewerbepolizeiliche Maßnahmen zu ergreifen, die durch das öffentliche Wohl gefordert werden. Hierbei haben sie die Grundsätze der Rechtsgleichheit[37] und der Verhältnismäßigkeit[38] zu beachten; einerseits müssen alle Unternehmungen desselben Wirtschaftszweiges gleich behandelt werden, andererseits dürfen die Kantone keine Maßnahmen ergreifen, die über das Schutzbedürfnis der Öffentlichkeit hinausgingen. Schließlich sind die Kantone nicht zuständig, wirtschafts- und handelspolitische Maßnahmen zu treffen[39], es sei denn, die Bundesverfassung oder die von ihr abgeleitete Gesetzgebung ermächtige sie hierzu ausdrücklich.

Zu untersuchen ist nun, nach welchen Kriterien das Bundesgericht die Begründetheit gewerbepolizeilicher Eingriffe der Kantone beurteilt. Je nach der Persönlichkeit eines selbständig Erwerbstätigen, je nach den Umständen, unter denen ein Gewerbe ausgeübt wird, können die Werte, die durch die polizeilichen Maßnahmen gewahrt werden sollen – öffentliche Ordnung, Sicherheit, Gesundheit, Treu und Glauben im Geschäftsverkehr –, geschützt oder im Gegenteil bedroht werden. Der Beurteilungsmaßstab kann folglich subjektiv, also persönlich, aber auch objektiv sein. Ob der eine oder der andere zugrunde gelegt werden soll, läßt sich nur entscheiden, wenn man sich nicht nur auf die Generalklausel des Art. 31 Abs. 2 BV, der «kantonale Bestimmungen über die Ausübung von Handel und Gewerbe» vorbehält, sondern auch auf die Normen der Bundesverfassung bezieht, die die Kantone speziell ermächtigen, die wissenschaftlichen Berufsarten sowie die

---

[32] Vgl. BGE 75 I, 1949, S. 9 ff.
[33] Siehe BGE 88 I, 1962, S. 57 ff.
[34] So BGE 75 I, 1949, S. 9 ff.
[35] Vgl. BGE 90 I, 1964, S. 321 ff.; 89 I, 1963, S. 464 ff.; zur Dringlichkeitsklausel vgl. BGE 95 I, 1969, S. 343 ff.
[36] BGE 83 I, 1957, S. 242 ff.
[37] Siehe BGE 93 I, 1967, S. 305 ff.
[38] Vgl. BGE 80 I, 1954, S. 155 ff.; 81 I, 1955, S. 119 ff.; 84 I, 1958, S. 107 ff.
[39] Vgl. z. B. BGE 93 I, 1967, S. 708 ff.; 86 I, 1960, S. 272 ff.; 80 I, 1954, S. 121 ff.

Betriebe des Gastwirtschafts- und des Lichtspieltheatergewerbes einer besonderen Regelung zu unterstellen.

In Art. 33 BV, der die Kantone ermächtigt, «die Ausübung der wissenschaftlichen Berufsarten von einem Ausweise der Befähigung abhängig zu machen», wird auf ein vorwiegend persönliches Kriterium abgestellt. Die Rechtfertigung für diese Regelung ergibt sich aus der besonderen Bedeutung, die der Persönlichkeit eines Advokaten[40], Arztes[41], Zahnartes[42], Apothekers[43] usw.[44] in den Beziehungen mit dem Publikum zukommt. Allerdings fehlt selbst hier das objektive Kriterium nicht gänzlich. Nach Auffassung des Bundesgerichts dürfen diese Betätigungen, «soweit sie Gegenstand einer Handelstätigkeit sind, ... polizeilichen Vorschriften zum Schutz der öffentlichen Ordnung, Gesundheit und Sicherheit unterworfen werden». Dies gilt insbesondere für Apotheken[45].

Nach Art. 31ter Abs. 1 BV sind die Kantone befugt, «auf dem Wege der Gesetzgebung die Führung von Betrieben des Gastwirtschaftsgewerbes von der persönlichen Befähigung abhängig zu machen». Zwar fordert diese Bestimmung wie Art. 33 BV bei den wissenschaftlichen Berufsarten einen Befähigungsnachweis, da auch in diesem Bereich die Persönlichkeit des Gastwirtes eine recht bedeutsame Rolle bei der Wahrung der öffentlichen Ordnung, Sicherheit und Gesundheit spielt. Allerdings nimmt in Wirklichkeit die sogenannte Bedürfnisklausel in der umfänglichen Rechtsprechung des Bundesgerichtes[46] einen hervorragenden, wenn nicht ausschließlichen Platz ein. Hierbei handelt es sich um ein objektives Kriterium, das sich im Einklang mit Art. 31ter Abs. 1 und Art. 32^{quater} Abs. 1 BV auf die Situation und Zahl der Gewerbe bezieht.

Schließlich hat das Bundesgericht ganz offensichtlich allein auf objektive, von der Persönlichkeit des Inhabers eines Filmvorführungsbetriebs unabhängige Maßstäbe abgestellt, als es um die Verweigerung einer Bewilligung zur Vorführung von Filmen aus Gründen der Wahrung der öffentlichen Ordnung, Sicherheit und Gesundheit ging[47]. In gleicher Weise hat es der Lage der betroffenen Unternehmungen und nicht der Persönlichkeit der Ladeninhaber bei der Prüfung der Verfassungsmäßigkeit der zahlreichen kantonalen Vorschriften über die obligatorischen Ladenschlußzeiten Rechnung getragen[48].

3. Selbst in einem System freiheitlicher Wirtschaft kann die Gewerbefreiheit nicht unbeschränkt gelten, da der Staat nicht nur die öffentliche, sondern auch die Wirtschafts- und Sozialordnung zu schützen hat. So gibt es neben den polizeilichen Eingriffen, die die Kantone im Rahmen des allgemeinen Grundsatzes der Handels- und Gewerbefreiheit zu treffen befugt sind, eine Reihe von – zahlenmäßig zunehmenden – Maßnahmen der

---

[40] Siehe BGE 84 I, 1958, S. 24 ff.; 89 I, 1963, S. 366 ff.; zum Beruf des Geschäftsagenten siehe BGE 95 I, 1969, S. 330 ff.
[41] Vgl. BGE 78 I, 1952, S. 409 ff.; 79 I, 1953, S. 117 ff.; zum Beruf der Chiropraktiker vgl. BGE 80 I, 1954, S. 13 ff.
[42] Vgl. BGE 83 I, 1957, S. 250 ff.; zum Beruf des Zahntechnikers vgl. BGE 80 I, 1954, S. 129 ff.
[43] Vgl. insbes. BGE 91 I, 1965, S. 306 ff.; 91 I, 1965, S. 457 ff.; 89 I, 1963, S. 27 ff.
[44] Zum Beruf des Architekten siehe BGer JT 1954 I, S. 598 ff.
[45] Siehe BGE 91 I, 1965, S. 306 ff.
[46] Vgl. BGE 78 I, 1952, S. 208 ff.; 82 I, 1956, S. 72 ff.; 82 I, 1956, S. 150 ff.; 87 I, 1961, S. 446 ff.; 95 I, 1969, S. 118 ff.
[47] Siehe BGE 78 I, 1952, S. 298 ff.; 83 I, 1957, S. 111 ff.
[48] Vgl. BGE 91 I, 1965, S. 98 ff.; 86 I, 1960, S. 272 ff. In BGE 73 I, 1947, S. 97 ff. hat das Bundesgericht interessanterweise ausdrücklich die Interessen des Personals berücksichtigt.

Wirtschafts- und Sozialpolitik, die vom Verfassungsgrundsatz des Art. 31 BV abweichen.

Auch wenn wir in diesem Zusammenhang nicht die Gesamtheit der in Betracht fallenden Normen[49] untersuchen können, muß noch kurz auf zwei Hauptprobleme eingegangen werden, die mehr oder weniger unmittelbar die Stellung der Unternehmung und damit das Handelsrecht berühren.

a) Zunächst muß man wohl bei dem Versuch, den Gegenstand der von der Bundesverfassung zugelassenen Maßnahmen der Wirtschafts- und Sozialpolitik zu umschreiben, nach dem verfolgten wirtschaftlichen Ziel unterscheiden. In Betracht kommen Verfassungs- und Gesetzesbestimmungen, die für bestimmte Berufe oder Wirtschaftszweige ein Statut vorschreiben[50] sowie sogenannte konjunkturpolitische Maßnahmen[51]. Die ersteren sollen Berufe oder Wirtschaftszweige schützen, die als für die nationale Wirtschaft besonders wichtig angesehen werden und die in ihrer Entwicklung oder sogar in ihrer Existenz bedroht sind, wohingegen die letzteren das Gemeinwohl zu wahren bestimmt sind.

Nun ist es nicht uninteressant, in diesem Zusammenhang festzustellen, daß der Schutz bestimmter Berufe tatsächlich eher durch Maßnahmen gewährleistet wird, die sich auf die Unternehmung und nicht auf den gesamten Berufsstand beziehen. Zwar regeln die verschiedenen, insbesondere seit 1947 erlassenen Statute den in Betracht kommenden Berufszweig jeweils als solchen, enthalten jedoch auch Normen, die zur Vermeidung einer unnützen und manchmal sogar gefährlichen Überfüllung dieses Berufes die Behörden zur Begrenzung der Zahl der Unternehmungen ermächtigen. Es gilt also das System der vorherigen Bewilligung[52], bei dem im wesentlichen auf die wirtschaftlichen Bedürfnisse des betreffenden Berufszweigs Rücksicht genommen wird. Außerdem enthalten diese Statute im Interesse einer hohen Qualität der Produktion Bestimmungen zur Qualitätskontrolle und zur Preisfestlegung. Auf diese Weise wird ein unmittelbarer Einfluß auf die Geschäftsführung der Unternehmungen ausgeübt.

b) Schließlich ist darauf hinzuweisen, daß die Bundesverfassung vorwiegend, aber nicht ausschließlich der Eidgenossenschaft die erforderlichen Gesetzeskompetenzen zur Intervention im Bereich der Wirtschafts- und Konjunkturpolitik überträgt. In der Praxis spielen jedoch die Wirtschafts- und Berufsvereinigungen eine nicht unbeachtliche Rolle, wenn die wirtschaftspolitischen Maßnahmen vorbereitet und ausgeführt werden.

II. Die unternehmerische Freiheit im Privatrecht

Die unternehmerische Freiheit, also die freie Ausübung einer selbständigen Erwerbstätigkeit, wird nicht nur durch staatliche Eingriffe in die

---

[49] Hierzu GYGI, a.a.O., und JUNOD, Problèmes actuels, S. 265 ff. und S. 651; AUBERT, Traité II, Nr. 1902 ff., S. 679 ff.

[50] Art. 27ter Abs. 1 lit. a, Art. 31bis BV; vgl. beispielsweise das Uhrenstatut vom 22. Juni 1951, revidiert am 3. Dezember 1961; hierzu CH.-A. JUNOD, Le statut légal de l'industrie horlogère suisse, Diss. Genf 1962; E. THILO, Le statut fédéral du lait, les monopoles et la liberté du commerce, note de jurisprudence, JT 1954 I, S. 514 ff.; zu Art. 17 Abs. 2 BG über das Filmwesen siehe auch BGE 96 I, 1970, S. 170 ff.

[51] Art. 31^{quinquies} BV; vgl. auch den Vorschlag, die Art. 31^{quinquies} und 32 BV zu revidieren und einen neuen, den sogenannten Konjunkturartikel in die Verfassung einzufügen (BBl 125, 1973 I, S. 117 ff.).

[52] Hierzu BGE 79 I, 1953, S. 378 ff.

Privatwirtschaft, sondern heutzutage vielleicht noch schwerwiegender dadurch bedroht, daß die strikte Einhaltung eines Systems, das auf der Privatwirtschaft aufbaut, zu Mißbräuchen führt. Diese Freiheit muß folglich nicht nur im öffentlichen Recht gegenüber dem Staat mittels der verfassungsmäßigen Garantie der Handels- und Gewerbefreiheit sondern auch im Privatrecht gegenüber Berufsverbänden und Konkurrenzunternehmungen geschützt werden. Zu diesem Zweck sind Regeln zu erlassen, die jeder Unternehmung eine hinreichende Freiheit bei der Ausübung und Ausweitung ihrer wirtschaftlichen Tätigkeit ohne unnütze Beeinträchtigung gewährleisten. Zwei Gruppen diesbezüglicher privatrechtlicher Normen können unterschieden werden: Sie leiten sich entweder aus dem Grundsatz des freien Wettbewerbs ab oder sie geben der Unternehmung ein Recht auf wirtschaftlichen Bestand.

1. Zunächst könnte man den Begriff des freien Wettbewerbs einfach als die Möglichkeit eines jeden umschreiben, frei eine Erwerbstätigkeit seiner Wahl auszuüben. Damit wäre dieser Begriff mit dem des Spiels des freien Wettbewerbs identisch, das das Bundesgericht in seiner Rechtsprechung zu Art. 31 BV schützen will. Im Privatrecht muß mithin der Grundsatz des freien Wettbewerbs eine andere Bedeutung haben. Nach der heutigen Lehre beruht er auf zwei sich einander ergänzenden Konzeptionen, nämlich der einer gewissen Gleichheit der Unternehmungen gegenüber dem wirtschaftlichen Phänomen Wettbewerb und der der Freiheit, aus den sich hieraus ergebenden Wirkungen Vorteile zu ziehen[53].

a) In diesem Zusammenhang genügt es, darauf hinzuweisen, daß sich aus dem Gedanken der Gleichheit der Unternehmungen der Grundsatz des Verbots jeden Mißbrauchs des freien Wettbewerbs ableitet. Er liegt dem Gesetz über den unlauteren Wettbewerb[54] zugrunde. Das UWG, das nach der Auffassung des Bundesgerichts unzweideutig an Art. 2 ZGB anknüpft, «grenzt den mit Treu und Glauben unverträglichen und daher unerlaubten Wettbewerb vom erlaubten ab. Es bestimmt, welche Rücksichtnahme die Geschäftsleute im wirtschaftlichen Ringen einander nach Treu und Glauben schulden»[55]. Eine Gleichheit besteht mithin in dem Sinne, daß der

---

[53] Vgl. z.B. ROTONDI, a.a.O., S. 839 f.
[54] Vgl. B. VON BÜREN, Kommentar zum Wettbewerbsgesetz, Zürich 1957; TROLLER, a.a.O., insbes. Bd. II, S. 884 ff.; M. KUMMER, Anwendungsbereich und Schutzgut der privatrechtlichen Rechtssätze gegen unlauteren und gegen freiheitsbeschränkenden Wettbewerb, Bern 1960; H. MERZ, Der Wettbewerb in der Rechtsentwicklung, in: Festschrift für Carl Nipperdey, München 1965, Bd. 2, S. 385 ff.
[55] BGE 92 II, 1966, S. 22 ff.; 72 II, 1946, S. 392 ff.

Gesetzgeber allen miteinander in Wettbewerb stehenden Unternehmungen die Beachtung der gleichen Regeln von Lauterkeit und Treu und Glauben im Geschäftsleben auferlegt.

b) Der zweite Grundgedanke läßt sich mit dem Grundsatz des möglichen Wettbewerbs wiedergeben. Es findet in der Schweiz wie im Ausland, aber auch in den europäischen Gemeinschaften[56] in privat- und öffentlichrechtlichen Normen, insbesondere aber im BG über Kartelle und ähnliche Organisationen[57] seinen Ausdruck. Die Unternehmungen können dementsprechend «s'organiser librement pour lutter contre les inconvénients de la concurrence, à condition de ne pas l'empêcher de jouer son rôle fondamental dans l'économie;... La loi ne tente pas de rendre la concurrence obligatoire, mais elle assure à chacun la possibilité de bénéficier des avantages de la libre concurrence»[58]. Das Gesetz kämpft mithin vor allem gegen den Mißbrauch herrschender Positionen.

2. Lehre und Rechtsprechung haben seit langem im Rahmen des Art. 28 ZGB ein Persönlichkeitsrecht auf freie wirtschaftliche Betätigung, d.h. ein Recht der Unternehmung auf wirtschaftlichen Bestand anerkannt[59]. In einem wichtigen Entscheid aus dem Jahre 1960 hat das Bundesgericht festgestellt: «Ein solches Recht besteht in der Tat... Jeder hat nicht nur das Recht, an ihm (sc. dem freien Wettbewerb) teilzunehmen, sondern soll sich dabei auch nach den Grundsätzen des freien Wettbewerbs benehmen können, d.h. in der Lage sein, seine wirtschaftliche Tätigkeit so zu organisieren, wie ihm beliebt. Das sind Auswirkungen seiner Persönlichkeit.»[60].

---

[56] Vgl. beispielsweise INGO SCHMIDT, US-amerikanische und deutsche Wettbewerbspolitik gegenüber Marktmacht, eine vergleichende Untersuchung und kritische Analyse der Rechtsprechung gegenüber Tatbeständen des externen und internen Unternehmenswachstums sowie des Behinderungswettbewerbs, Berlin/München 1973; zum Europarecht siehe W. R. SCHLUEP, Der Alleinvertriebsvertrag, Markstein der EWG-Kartellpolitik, Schweizerische Beiträge zum Europarecht, Bern 1966.

[57] Siehe J.-M. GROSSEN, Das Recht der Einzelpersonen, Schweiz. Privatrecht II, S. 376 f. m.w.N.; E. HOMBURGER, Rechtsgrundlagen der Interessenabwägung bei Anwendung des Kartellgesetzes, und J. MATILE, Problèmes du droit suisse des cartels, Referate des Schweizerischen Juristenvereins, Basel 1970, S. 1 ff. und S. 159 ff.

[58] A. HIRSCH, La loi fédérale sur les cartels et organisations analogues, in: Quatrième Journée juridique, Mémoire No 20 publié par la Faculté de droit de Genève, Genf 1965, S. 44 f. Vgl. auch BGE 91 II, 1965, S. 25 ff.

[59] Vgl. insbes. GUISAN, a.a.O., S. 119 ff.; ARNOLD, a.a.O.; GROSSEN, a.a.O. (oben Anm. 57), S. 376 f. m.w.N.

[60] Vgl. BGE 86 II, 1960, S. 365 ff.

III. Die Quasi-Rechtspersönlichkeit der Unternehmung

In mehreren Bereichen des privaten und öffentlichen Rechts trennen Lehre und Rechtsprechung heute mehr oder weniger deutlich zwischen der natürlichen oder juristischen Person des Unternehmers – dem Kaufmann oder der Gesellschaft, entrepreneur, imprenditore – einerseits und der Unternehmung andererseits, die unter ihren verschiedenen Aspekten als wirtschaftliche Einheit, als Gegenstand dinglicher Einheitsbehandlung und als Institution verstanden wird. Vor allem im Handelsrecht ist dann das Problem des rechtlichen Statuts der Unternehmung aufgeworfen. Es fragt sich, ob die den Handels- und Fabrikationsgewerben eigene Autonomie es erlaubt, diese als Rechtsträgerinnen ohne Rechtspersönlichkeit oder sogar als juristische Personen zu qualifizieren.

1. Zunächst ist die augenblickliche Rechtsstellung der Unternehmung, ihr Statut *de lege lata*, zu untersuchen.

a) Auf den ersten Blick ist man versucht, der Unternehmung im Arbeits- und Steuerrecht eine sehr weite Autonomie zuzuerkennen; und doch kann die Unternehmung in diesen Rechtsbereichen nicht Trägerin von Rechten und Pflichten sein.

Während sich die nicht nach kaufmännischer Art geführten Gewerbe, d.h. die Handwerks- oder Landwirtschaftsbetriebe oder die freien Berufe, durch überwiegend persönliche Beziehungen zwischen dem Arbeitgeber und jedem seiner Mitarbeiter auszeichnen, besitzen Handels- und Fabrikationsgewerbe ein so zahlreiches Personal, daß die Arbeitsbeziehungen unpersönlich werden. In der Praxis bestehen sie im übrigen eher zwischen den Angestellten und Arbeitern einerseits und dem Personalchef andererseits, der selbst nur Mitarbeiter der Unternehmung, nicht aber ihr Inhaber ist. Allgemein läßt man daher die Arbeitsverhältnisse bei Wechsel des Geschäftsinhabers nicht zu Ende gehen, vielmehr folgen sie der Unternehmung und werden aufrechterhalten. Die Unternehmung erwirbt so eine gewisse Selbständigkeit in der Kontinuität[61]. Auch besteht die Mitsprache der Arbeitnehmer in den Ländern, in denen sie gesetzlich vorgesehen ist, also vor allem in Deutschland, in jedem Betrieb, mithin unabhängig von der Rechtsform der Unternehmung[62].

Bekanntlich wird im Steuerrecht zwischen dem Geschäftsvermögen und dem Privatvermögen des Kaufmanns deutlich unterschieden. Im Rahmen der interkantonalen Steuerteilung zur Vermeidung der Doppelbesteuerung wie auch bei der Berechnung der Beiträge zur Alters- und Hinterbliebenenversicherung müssen ebenfalls getrennte Konten für die Einkünfte und das Eigenkapital jeder Unternehmung geführt werden.

Allerdings reichen die soeben beschriebene Kontinuität und Einheit der Unternehmung nicht aus, um sie als Rechtsträgerin im Arbeits- und Steuer-

---

[61] Vgl. Art. 333 OR.
[62] Vgl. z. B. § 1 des deutschen Betriebsverfassungsgesetzes vom 15. Januar 1972 sowie das deutsche Umwandlungsgesetz vom 6. November 1969, nach dem bei Änderung der Rechtsform einer Gesellschaft deren Vermögen nach dem Grundsatz der Universalsukzession übertragen wird.

recht zu qualifizieren[63]. Rechtlich hat nämlich stets der Unternehmer als natürliche oder juristische Person die Verpflichtungen eines Arbeitgebers zu erfüllen, ist er allein steuerpflichtig.

b) Im Privatrecht erlangt die Unternehmung ebenfalls eine gewisse Eigenständigkeit gegenüber der natürlichen oder juristischen Person als ihrer Inhaberin oder Eigentümerin. Sie beruht auf einer Vermögenseinheit und auf der Kontinuität der Tätigkeit[64] trotz Wechsels des Geschäftsinhabers. Aber auch hier reicht die Selbständigkeit der Unternehmung nicht aus, um sie als Trägerin von Rechten und Pflichten anzusehen.

Sicher kann die Unternehmung, die sich aus einer Gesamtheit körperlicher und unkörperlicher Gegenstände zusammensetzt, also fonds de commerce ist, Gegenstand dinglicher Rechtsgeschäfte sein oder von Todes wegen übertragen werden. Im Bereich des bäuerlichen Erbrechtes[65] will der Gesetzgeber darüber hinaus das landwirtschaftliche Gewerbe als Betriebseinheit aufrechterhalten. Allerdings führt die Übertragung einer Unternehmung mit Aktiven und Passiven nur zu einer kumulativen Schuldübernahme. Der Erwerber haftet mit dem Veräußerer solidarisch für alle Geschäftsverbindlichkeiten[66].

Im Handelsregisterrecht muß jede gewerbliche Unternehmung im Sinne der HRegV getrennt eingetragen werden, auch wenn sie nur eine Zweigniederlassung darstellt. Zur Eintragung berechtigt und verpflichtet ist nach Art. 934 Abs. 1 und 2 OR jedoch nicht die Unternehmung als solche, sondern die natürliche oder juristische Person als Inhaberin.

Weiterhin kann nur die als Inhaberin eingetragene natürliche oder juristische Person, nicht hingegen die Unternehmung in Konkurs fallen. Folglich dient das gesamte Vermögen des Gemeinschuldners zur Befriedigung der Gläubiger, ohne daß zwischen dem Geschäftsvermögen, d.h. den Aktiven und Passiven der Unternehmung, und dem Privatvermögen unterschieden wird. Das Bundesgericht hat im übrigen festgestellt, daß nach dem Grundsatz der Einheit und der Attraktivkraft des Konkurses, wie ihn Art. 55 SchKG anordnet, «jeder am Hauptsitz der Unternehmung eröffnete Konkurs jedes Konkursverfahren an einem anderen Orte, namentlich am Ort einer Zweigniederlassung ausschließt, selbst wenn dort ein Konkurs schon vorher eröffnet worden war»[67]. Anders ist es, wenn die Unternehmung eine schweizerische Zweigniederlassung einer ausländischen Unternehmung darstellt. Der Konkurs kann dann an ihrem Sitz in der Schweiz eröffnet werden, auf jeden Fall so lange, als über die Hauptunternehmung im Ausland der Kon-

---

[63] Nach der Rechtsprechung der französischen Cour de cassation, die von der französischen Lehre aus dogmatischen Erwägungen häufig angegriffen wurde, besitzen die *comités d'entreprise* Rechtspersönlichkeit. Unseres Wissens hat die Cour zur gleichen Frage im Zusammenhang mit der Unternehmung nicht, auch nicht im Arbeitsrecht Stellung nehmen können (Cass.civ. 28. Januar 1954, D. 1954, S. 217 mit Anm. LEVASSEUR). Im schweizerischen Steuerrecht hatte jede Unternehmung unabhängig von ihrer Rechtsform eine Kriegsgewinnsteuer zu entrichten. Steuersubjekt war jedoch in Wirklichkeit nicht die Unternehmung als solche, sondern der Einzelkaufmann oder die Handelsgesellschaft, die das Handelsgewerbe betrieb. (Vgl. zur Kollektiv- und Kommanditgesellschaft BGE 73 I, 1947, S. 311 ff.)

[64] Zu den Begriffen Einheit und Kontinuität der Unternehmung siehe R. HOUIN, Société, Association et Entreprise en droit français, in: Evolution et perspectives du droit des sociétés à la lumière des différentes expériences nationales, Mailand 1968, I, S. 93 ff., insbes. S. 109 f.

[65] Vgl. die Art. 620 ff. ZGB sowie im deutschen Recht insbes. die Höfeordnung der britischen Zone vom 24. April 1947, geändert am 24. August 1964.

[66] Art. 181 OR.

[67] Siehe BGE 93 I, 1967, S. 716 ff.

kurs nicht eröffnet ist[68]. Allerdings – und dies erscheint interessant – können die Gläubiger sich nur für solche Forderungen am Konkurs der Zweigniederlassung beteiligen, die auf deren Rechnung entstanden sind[69]. In diesem Sonderfall erscheint es daher vielleicht möglich, ausnahmsweise die schweizerische Zweigniederlassung einer ausländischen Unternehmung, die ja eine gewerbliche Unternehmung im Sinne der Handelsregisterverordnung ist, als Rechtssubjekt, jedoch sicher nicht als juristische Person anzusehen.

c) Zusammenfassend ist festzustellen, daß *de lege lata* gewerbliche Unternehmungen, Handels- und Fabrikationsgewerbe nach schweizerischem wie wohl auch nach ausländischem Recht keine Rechtsfähigkeit besitzen, ja nicht einmal Rechtsträgerinnen sein können. Hierauf hat das Bundesgericht, vor allem im Zusammenhang mit der Zweigniederlassung, wiederholt in verschiedenen Bereichen des Privatrechtes und des öffentlichen Rechtes hingewiesen[70]. Die Unternehmung kann, sofern ihre Einheit und Kontinuität, d.h. ihr rechtlicher Bestand, anerkannt werden, nichts anderes als bloßes Objekt augenblicklich geltender privat- oder öffentlichrechtlicher Normen sein.

2. Vorwiegend in Frankreich und Deutschland[71] gewinnt eine neuere Tendenz in der Lehre zunehmend an Einfluß, die die Rechtspersönlichkeit der Unternehmung anerkennt. Es fragt sich daher, ob speziell im Handelsrecht es überzeugende Gründe gibt, der Unternehmung im Sinne der Handelsregisterverordnung die Möglichkeit einer Rechtsträgerschaft, wenn nicht gar die Rechtspersönlichkeit zuzusprechen.

a) Für einige Autoren[72] stellt sich dieses Problem nicht, da sie die Unternehmung praktisch mit einer rechtlichen Einheit identifizieren, die schon Rechtspersönlichkeit besitzt. So nehme insbesondere im privatrechtlichen Bereich das Handels- oder Fabrikationsgewerbe einfach die äußere Form einer Handels-, meistens einer Aktiengesellschaft an.

Sicher stimmt diese Feststellung in vielen Fällen mit der Wirklichkeit überein. Die überwiegende Zahl der großen und mittleren Handels- und Fabrikationsgewerbe wird in der Form der Aktiengesellschaft oder seltener in der der Gesellschaft mit beschränkter Haftung betrieben. Es wäre dann unnütz, ja sogar lästig, zwei getrennte rechtliche Einheiten anzuerkennen, wo nur eine einzige wirtschaftliche Organisation besteht. Bezeichnenderweise benutzen im übrigen auch Lehre und Rechtsprechung häufig die beiden Begriffe Gesellschaft und Unternehmung in der juristischen

---

[68] Vgl. BGE 93 I, 1967, S. 716 ff.
[69] Siehe BGE 40 III, 1914, S. 123 ff.
[70] BGE 74 II, 1948, S. 224 ff. (Sachenrecht); 98 Ib, 1972, S. 100 ff. (Wiedereintragung im Handelsregister); 80 III, 1954, S. 122 ff. (Arrestierung).
[71] Vgl. insbesondere DESPAX, a.a.O. (Lit. zu § 6), S. 377 ff.; CHAMPAUD, a.a.O. (Lit. zu § 6), S. 280 ff.; RAISER, a.a.O. (Lit. zu § 6), S. 166 ff.
[72] Vgl. vor allem PAILLUSSEAU, a.a.O., S. 101 ff.

Sprache als Synonyme. Eine derartige Gleichstellung ist allerdings in mindestens zwei Fällen praktisch nicht möglich.

Zum einen ist die Zweigniederlassung nach schweizerischem wie nach ausländischem Recht ein von der Hauptunternehmung zu unterscheidendes Gewerbe. Im Gegensatz zur Tochtergesellschaft nimmt sie niemals die Form einer Gesellschaft an. Im Handelsrecht muß man in ihr jedoch, insbesondere wenn sie die schweizerische Niederlassung einer ausländischen Unternehmung ist, unabhängig von dieser ihr übergeordneten Gesellschaft die Fähigkeit zusprechen, Trägerin von Rechten und Pflichten zu sein. Die Interessen der Personen, die mit der schweizerischen Zweigniederlassung in Geschäftsbeziehungen getreten sind, werden nur geschützt, wenn diese Geschäftspartner allein an der Liquidation des Vermögens dieser Zweigniederlassung teilnehmen. Unter Bezugnahme auf Art. 50 SchKG hat das Bundesgericht dies folgendermaßen ausgedrückt: «... So will es (sc. das Gesetz) damit die in der Schweiz gelegenen Aktiven diesen Gläubigern allein zuwenden und alle anderen vom Zugriff darauf ausschließen»[73].

Zum anderen stellt auch der Konzern ein Gewerbe im Sinne der Handelsregisterverordnung dar, das sich nicht nur aus den herrschenden, sondern auch aus sämtlichen beherrschten und eingegliederten Gesellschaften zusammensetzt. Wenn man de lege ferenda den Grundsatz aufstellen könnte, daß ein Handels- oder Fabrikationsgewerbe Trägerin von Rechten und Pflichten ist, ließe sich das Problem der solidarischen oder zumindestens subsidiären Haftung des Konzerns, d.h. genauer der Unternehmung Konzern, für die von den verschiedenen Konzerngesellschaften eingegangenen Verpflichtungen lösen[74].

b) Der Kaufmann als Inhaber eines Einzelunternehmens haftet für sämtliche privaten und Geschäftsverbindlichkeiten mit seinem gesamten Vermögen, ohne daß man zwischen dem Geschäftsvermögen, gegebenenfalls den verschiedenen Geschäftsvermögen jeder der getrennt im Handelsregister eingetragenen Unternehmungen und seinem Privatvermögen differenziert. Allerdings sollte man im modernen Handelsrecht die Frage stellen, ob die Gesamtheit der Güter, die den fonds de commerce ausmachen, nicht vorweg zur Befriedigung der Gläubiger von Geschäftsverbindlichkeiten dienen soll. Dieser Gedanke eines Zweckvermögens (patrimoine d'affectation) wurde vor allem in der französischen Lehre diskutiert, aber auch vom Bundesgericht mittelbar in seiner Rechtsprechung zur schweizerischen Zweigniederlassung einer ausländischen Gesellschaft anerkannt[75].

Würde dieser Gedanke konsequent verwirklicht, so wären von vornherein die Risiken der Betriebstätigkeit auf das ihr gewidmete Vermögen beschränkt, und es wäre jede persönliche Haftung ausgeschlossen. Hieraus ergäbe sich dann ohne weiteres, daß die Unternehmung, die allein für die Geschäftsverbindlichkeiten haften würde, Rechtspersönlichkeit erlangen müßte. Zwar kann das gleiche Ergebnis mittels der Gründung einer Aktiengesellschaft erreicht werden, da

---

[73] BGE 40 III, 1914, S. 123 ff.
[74] Es ist interessant, in diesem Zusammenhang festzustellen, daß der Gerichtshof der Europäischen Gemeinschaften in zum Problem der wettbewerbsbeschränkenden Maßnahmen ergangenen Entscheidungen die wirtschaftliche Einheit des Konzerns in Betracht gezogen hat. O. MACH, L'entreprise et les groupes de sociétés en droit européen de la concurrence, Etudes suisses de droit européen No 15, Genève 1974, bes. S. 208 ff.
[75] Vgl. BGE 40 III, 1914, S. 123 ff.

die Aktionäre nicht für Gesellschaftsverbindlichkeiten einzustehen haben. Dennoch wurde *de lege ferenda* mehrfach die Schaffung eines Einzelunternehmens mit beschränkter Haftung vorgeschlagen[76], um es dem Kaufmann zu ermöglichen, seine persönliche Haftung zu beschränken, ohne eine Aktiengesellschaft, deren sämtliche Aktien er besitzen würde, gründen zu müssen.

Allerdings scheint die Verwirklichung dieses Vorschlags auf einige Schwierigkeiten zu stoßen, denn er ist bisher nur in wenigen Ländern vom Gesetzgeber aufgegriffen worden. Man müßte natürlich, wie bei der Aktiengesellschaft, sicherstellen, daß der Einzelkaufmann tatsächlich der Unternehmung Kapitalien oder Aktiven zuführt, die eine ausreichende Garantie für die Gläubiger darstellen können. Dabei darf man auch den alten handelsrechtlichen Grundsatz der Verbindung von Herrschaft und Haftung nicht außer Betracht lassen. Zwar wird der Einzelkaufmann, wenn es zu einer gewissen Mitbestimmung der Arbeitnehmer in der Geschäftsleitung kommt, aber auch auf Grund der Einführung moderner Methoden der Unternehmungsleitung nach und nach einen Teil seiner Herrschaft auf den Betriebsrat und auf seine Direktoren übertragen müssen. Damit allein ließe sich jedoch eine Beschränkung seiner persönlichen Haftung nicht rechtfertigen.

c) Schließlich kann aber auch unter Umständen eine der Funktionen des Handelsrechtes, der Schutz legitimer Drittinteressen, durch den Gedanken, das Handels- und Fabrikationsgewerbe sei ein Zweckvermögen[77], besser verwirklicht werden: Ein bestimmtes Vermögen wird gebildet und dem Betrieb eines Handels- oder Fabrikationsgewerbes gewidmet, um als Garantiefonds zugunsten der Gläubiger dieser Unternehmung unter Ausschluß aller anderen zu dienen. Sofern dieses Vermögen das Kapital einer Aktiengesellschaft, einer Gesellschaft mit beschränkter Haftung oder die Kommanditeinlage in einer Kommanditgesellschaft darstellt, haftet derjenige, der das Kapital aufgebracht hat, nicht persönlich über diesen Beitrag hinaus. Wenn jedoch der oder die Personen, die das Zweckvermögen geschaffen haben, über dieses Handelsvermögen verfügen und die Unternehmung leiten wollen, müssen sie im Falle der Zahlungsunfähigkeit der Unternehmung persönlich, wenn auch subsidiär einstehen.

Die Unternehmung als solche wäre so Trägerin von Rechten und Pflichten. Die Interessen der Gläubiger, die mit ihr in Geschäftsbeziehungen treten würden, könnten sichergestellt werden, da nicht nur sie allein unter Ausschluß aller anderen Gläubiger an der Liquidierung des Vermögens der Unternehmung teilnehmen würden, sondern, wenn das Zweckvermögen sich als unzureichend erwiese, sich auch an die Inhaber des Handelsvermögens halten könnten, sofern diese das Recht der Geschäftsführung und zur Unternehmensleitung besaßen. Sie haften dann nämlich subsidiär mit ihrem gesamten Vermögen für die Geschäftsverbindlichkeiten.

Diese pragmatische Lösung war nicht nur Gegenstand von de lege ferenda Vorschlägen durch die Lehre[78]. Sie ist in der Schweiz in einigen Fällen schon Realität, nämlich dort, wo der Eigentümer einer Unternehmung unter Umständen subsidiär die Haftung übernehmen muß. Dies ist vor allem

---

[76] P. CARRY, La responsabilité du commerçant individuel, Mémoire No 3 publié par la Faculté de droit de Genève, Genf 1928; M. ROTONDI, La limitation de la responsabilité dans l'entreprise individuelle, R.T.D.Co XXI, 1968, S.1ff.
[77] Hierzu insbes. SPETH, a.a.O.
[78] Vgl. insbes. HAMEL/LAGARDE, Traité I, S.260f.

der Fall bei der Kollektiv- und der Kommanditgesellschaft[79], bei den Anstalten des öffentlichen Rechts, die eine kaufmännische Tätigkeit ausüben[80], und nach der Rechtsprechung des Bundesgerichtes bei der schweizerischen Zweigniederlassung einer ausländischen Unternehmung[81].

d) Die Handels- und Fabrikationsgewerbe vermögen also nach außen hin unter verschiedenen Rechtsformen aufzutreten[82]. Sie können mit einer schon als juristischer Person anerkannten rechtlichen Einheit identisch sein, wie z. B. einer Aktiengesellschaft oder einer Anstalt des öffentlichen Rechts, so daß es überflüssig wäre, ihnen noch die Rechtspersönlichkeit zu verleihen. Sie können aber auch die Rechtsform einer Zweigniederlassung, einer Personengesellschaft des Handelsrechtes, die nach schweizerischem Recht keine juristische Person ist, oder auch einer Einzelfirma annehmen. In diesen Fällen wäre es ebenfalls nicht notwendig, ihnen die Rechtspersönlichkeit zu übertragen, da der Einzelkaufmann, die Gesellschafter der Kollektivgesellschaft, die Komplementäre, die Hauptunternehmung, von der die Zweigniederlassung abhängt, dann ihres Eigentumsrechtes an den Gütern beraubt wären, die der Betriebstätigkeit der Unternehmung dienen.

Außer in den Fällen, in denen das Vermögen der Unternehmung mit dem der juristischen Person identisch ist, scheint es *de lege ferenda* im Interesse der Unternehmensgläubiger ausreichend, aber auch notwendig zu sein, die Unternehmung in dem Sinne als Rechtssubjekt zu qualifizieren, daß sie unter ihrer Geschäftsfirma auftreten, d.h. Trägerin von Rechten und Pflichten sein kann[83]. Die Gläubiger der Unternehmung könnten im Verhältnis zu den persönlichen Gläubigern des oder der Eigentümer des Handelsvermögens ein Recht auf vorzugsweise Befriedigung aus dem Vermögen der Unternehmung erhalten. Würden sie so nicht vollständig befriedigt, sollten sie, dann allerdings in Konkurrenz mit den persönlichen Gläubigern, berechtigt sein, auf das Privatvermögen des oder der Eingentümer zurückzugreifen[84].

---

[79] Art. 562 und 568 Abs. 3 OR.
[80] Art. 763 Abs. 1 OR.
[81] Vgl. BGE 40 III, 1914, S. 123 ff.
[82] Y. LAMBERT-FAIVRE, L'entreprise et ses formes juridiques, R.T.D.Co XXI, 1968, S. 907 ff.; DESPAX, a.a.O. (Lit. zu § 6), S. 103 ff., insbes. S. 157 ff., 164 ff., 170 ff.; J. TREILLARD, La notion juridique d'entreprise et l'expérience des nationalisations, R.T.D.Co VI, 1953, S. 605 ff.
[83] Die Gegner dieser Lösung weisen oft auf die Unmöglichkeit hin, den Rechtsbegriff der Unternehmung klar zu umschreiben. Dieses Argument erscheint jedoch nicht begründet, da die Erfahrung lehrt, daß, wenn es um die Pflicht zur Eintragung in das Handelsregister geht, es durchaus möglich ist, die Existenz einer Zweigniederlassung, einer Einzelfirma, einer Kollektiv- oder Kommanditgesellschaft oder auch einer Unternehmung Konzern festzustellen.
[84] In diesem Sinne vgl. HAMEL/LAGARDE, Traité I, S. 261.

Drittes Kapitel

Das Handelsregister

§ 8. Die Organisation des Handelsregisters

Literatur

E. His, Berner Kommentar, Vorbemerkungen und Anmerkungen zu Art. 927 ff. OR; L.R. von Salis / W. Burckhardt, Schweizerisches Bundesrecht, Bd. 3, Frauenfeld 1930; R. Couchepin, Die Praxis des Bundesgerichts in Handelsregistersachen, Sammlung von Entscheiden (1929–1945), Zürich 1946; G. A. Naymark, Ordonnance sur le registre du commerce, jurisprudence fédérale et cantonale, Lausanne 1964; S. Berger, Aus der Grundbuch- und Handelsregisterpraxis, BJM 1960, S. 59 ff. – L. Siegmund, Handbuch für die Handelsregisterführer, Basel 1892.

A. Jauffret, Le nouveau registre du commerce, R.T.D. Co VII, 1954, S. 233 ff.; derselbe, Les réformes récentes du registre du commerce, R.T.D. Co XXII, 1969, S. 395 ff.; M. Rotondi, La nationalité des sociétés et propositions pour un registre international des sociétés, in: Studi in memorie di Angelo Sraffa, Padua 1962, S. 641 ff.; F. Perret, Coordination du droit des sociétés en Europe (zit. Lit. zu § 3).

R. Maurer, Die Kognition des Handelsregisterführers, Diss. Zürich, Eich bei Sempach 1941; P. Beck, Die Kognition des Handelsregisterführers im Rechte der Aktiengesellschaft, Diss. Zürich, Zürcher Beiträge 188, Aarau 1954; W. Scherrer, Die Kognitionsbefugnis des Handelsregisterführers, WuR 15, 1963, S. 50 ff.; R. Couchepin, La limitation du pouvoir d'examen du préposé au registre du commerce, Schweiz.AG 38, 1966, S. 125 ff.

R. Secrétan, L'étendue de la liberté de choix entre les diverses corporations de droit privé, ZBJV 96, 1960, S. 173 ff.: F. von Steiger, Observations concernant la possibilité des autorités du registre du commerce d'intervenir contre l'abus de l'emploi des formes de sociétés à disposition, ZBJV 96, 1960, S. 190 ff.

Wiederholt wurde auf die große Bedeutung hingewiesen, die dem Handelsregister heute im Handelsrecht der meisten entwickelten Länder zukommt. Es sollen nun die auf dieses Rechtsinstitut anwendbaren Grundsätze untersucht werden. Rechtsquellen sind nicht nur einige Artikel des Obligationenrechts, sondern auch und vor allem die kürzlich revidierte Verordnung des Bundesrates über das Handelsregister vom 7. Juni 1937.

I. Die Bedeutung des Handelsregisters

In der Schweiz wie auch in anderen Ländern, die vom deutschen Recht beeinflußt wurden, besteht seit langem ein Handelsregister[1]. Ihm kommt im Bereich der Handelsbeziehungen eine Bedeutung zu, die der des Grundbuchs bei Grundstücksgeschäften ungefähr entspricht. Es gewährleistet die Publizität der wesentlichen, Dritte interessierenden Tatsachen, die sich auf Handels- und Fabrikationsgewerbe beziehen. Das Handelsregister ist als Institution seit langem auch in den angelsächsischen Ländern bekannt. Die Eintragung ist dort Entstehungsvoraussetzung vor allem der Handelsgesellschaften. Hingegen kannten während des 19. Jahrhunderts weder das französische noch das belgische Recht ein Handelsregister. Es wurde in Frankreich erst durch das Gesetz vom 18. März 1919 eingeführt, das im übrigen der Eintragung nahezu keine handelsrechtlichen Wirkungen beimaß.

Rechtsvergleichend betrachtet standen sich also, zumindest während einer bestimmten Zeit, zwei grundsätzlich unterschiedliche Auffassungen gegenüber.

1. Nach der engen Konzeption, der das ältere französische und belgische Recht folgten, ist das Handelsregister ein bloßes Verzeichnis der Kaufleute und Handelsgesellschaften. Es soll der öffentlichen Verwaltung die Erstellung statistischer Angaben im Bereich des Handels ermöglichen. Nur zu diesem Zweck besteht die Eintragungspflicht. Das Handelsregister beeinflußt kaum die Rechtsstellung des Kaufmanns und besitzt vor allem keine Wirkung Dritten gegenüber.

a) Das französische Gesetz vom 18. März 1919 verpflichtete die Kaufleute zur Eintragung. Die für den Fall der Nichtbefolgung angedrohten administrativen und Strafmaßnahmen wurden jedoch nur selten angewandt.«Le registre du commerce de 1919 n'était qu'un Bottin établi sans aucun contrôle et ne produisant aucun effet juridique». Mit dem Dekret vom 9. August 1953, durch das in den *Code de commerce* neue Bestimmungen über das Handelsregister eingefügt wurden, leitete man eine erste Reform ein. Die Institution des Handelsregisters erhielt eine gewisse rechtliche Bedeutung, da man an die Eintragung hauptsächlich eine Vermutung der Kaufmannseigenschaft knüpfte. Aber auch diese Reform hatte vor allem das Ziel, «beaucoup moins de protéger les intérêts privés que de permettre à l'Institut de la Statistique de tirer des renseignements du registre du commerce et de surveiller l'application des conditions administratives de création des entreprises»[2].

b) Heute scheint diese Auffassung in Frankreich und in Belgien zunehmend zugunsten einer weiten Konzeption aufgegeben zu werden. Dies ist wahrscheinlich eine Folge des Einflusses des deutschen Rechts im Rahmen der Bestrebungen der Europäischen Wirtschaftsgemeinschaft, die

---

[1] Zur Geschichte des schweizerischen Handelsregisters siehe His, a.a.O., Vorbemerkungen, S. 1 ff.
[2] Vgl. vor allem die Beiträge von Jauffret, R.T.D. Co VII, 1954, S. 233 ff.; XXII, 1969, S. 395 ff.

nationalen Gesetzgebungen zu vereinheitlichen[3]. Zwar kommt statistischen Auskünften, die man dem Handelsregister entnehmen kann, nach dem französischen Dekret vom 23. März 1967[4] und nach dem königlich belgischen Erlaß vom 20. Juli 1964[5] noch eine gewisse Bedeutung zu. Jedoch haben darüber hinaus die Handelsregistereintragungen heute auch eine bestimmte rechtliche Wirkung gegenüber Dritten und im Verhältnis der Parteien untereinander, da das Handelsregister als «un instrument de publicité dans l'intérêt des tiers» angesehen wird[6].

2. Nach der weiten Konzeption des schweizerischen und der Mehrheit der anderen europäischen Rechte besitzt das Handelsregister eine spezifische handelsrechtliche Bedeutung, da an die Eintragung und die ihr zugrundeliegenden Tatsachen weite und unterschiedliche Rechtswirkungen geknüpft werden[7].

a) Gemäß seiner Aufgabe, legitime Drittinteressen zu schützen, weist das Handelsrecht dem Handelsregister eine Publizitätsfunktion im Interesse Dritter zu. Wer mit einem Handelsgewerbe Geschäftsbeziehungen aufnimmt, will auf die beiden im Handelsrecht grundlegenden Fragen nach den Haftungs- und den Vertretungsverhältnissen Antwort erhalten, vor allem, wenn das Geschäft für die betreffende Unternehmung erhebliche Verpflichtungen mit sich bringt. Es muß also für Dritte zunächst möglich sein, sich über die Rechtsnatur der Unternehmung zu informieren. Die Situation ist nämlich unterschiedlich, je nachdem ob sie mit einer Einzelfirma – hier haftet nur der Inhaber –, mit einer Personengesellschaft – die Gesellschafter haften solidarisch und subsidiär – oder mit einer Kapitalgesellschaft abschließen, die allein mit dem Gesellschaftsvermögen für ihre Verbindlichkeiten unter Ausschluß jeder persönlichen Haftung der Mitglieder haftet. In diesem Sinne hat sich auch das Bundesgericht ausgesprochen: Die Eintragung im Handelsregister solle «der Klarstellung der Haftungsverhältnisse dienen»[8].

Da Dritte meistens nicht unmittelbar mit der oder den haftenden Personen abschließen, müssen sie den Namen derjenigen, die jene wirksam vertreten, sowie den Umfang ihrer Vollmacht kennen. Gerade diese Auskünfte zur Vertretung der Unternehmung können sie dem Handelsregister entnehmen.

b) Um also dem Publikum die Informationen über die beiden maßgeblichen Fragen der Haftungs- und Vertretungsverhältnisse ohne allzugroße Schwierigkeiten zugänglich zu machen, muß das Handelsregister als öffentliche Einrichtung geschaffen werden. Es ist klar, daß einerseits nur die öffentliche Hand – als Gericht oder als Verwaltungsbehörde – über ausreichende Untersuchungs- und Prüfungsmöglichkeiten verfügt, um die Richtigkeit der eingetragenen Tatsachen in erforderlichem Maße festzustellen. Andererseits ist wohl die Organisation eines öffentlichen Registers, ergänzt durch die Veröffentlichung der Eintragungen in einem Amtsblatt, am ehesten geeignet, die Forderungen des Publikums nach leichter und schneller Einsichtnahme zu erfüllen.

---

[3] Vgl. insbes. Art. 9 der Ersten Richtlinie des Rates der Europäischen Gemeinschaften vom 9. März 1968 zur Koordinierung der Schutzbestimmungen, die in den Mitgliedstaaten den Gesellschaften im Sinne des Artikels 58 Absatz 2 des Vertrages im Interesse der Gesellschafter sowie Dritter vorgeschrieben sind, um diese Bestimmungen gleichwertig zu gestalten (hierzu PERRET, a.a.O.; P. VAN OMMESLAGHE, La première directive du Conseil du 9 mars 1968 en matière de sociétés, Cahiers de droit européen, 1969, S. 495 ff. sowie ROTONDI, La nationalité des sociétés, S. 641 ff.).

[4] JAUFFRET, R.T.D.Co XXII, 1969, S. 395 ff.

[5] BARON L. FREDERICQ, Précis de droit commercial, S. 45.

[6] Derselbe, S. 45.

[7] Vgl. unten § 10.

[8] BGE 84 I, 1958, S. 187 ff.

II. Die Registerämter

Wenn ein Handelsregister in einem bestimmten Gebiet eingerichtet werden soll, so müssen im Interesse des Publikums und zur Sicherstellung einer einheitlichen Anwendung der gesetzlichen Bestimmungen die beiden Organisationsgrundsätze der Zentralisierung und der Dezentralisierung miteinander verbunden werden. Es sind also eine Reihe örtlicher und eine zentrale Registerbehörde zu schaffen.

Auf den ersten Blick scheint eine Dezentralisierung der Registerämter, die über das gesamte Staatsgebiet verteilt wären, die beste Lösung zu sein, um das Register dem Publikum leicht zugänglich zu machen. Sie bringt jedoch nicht nur Vorteile mit sich, vielmehr ist mit ihr ein doppelter Nachteil verbunden. Das Publikum ist gelegentlich gezwungen, sich an den Ort des Geschäftssitzes der Unternehmung zu begeben, über deren Verhältnisse es Auskunft begehrt, so daß die Einsicht in das Register nicht leicht ist. Außerdem können die Bestimmungen nur unter Schwierigkeiten einheitlich angewandt werden, da jeder für ein örtliches Registeramt verantwortliche Registerführer ziemlich frei sein eigenes Recht spricht.

Aber auch die Zentralisierung bringt neben gewissen Vorteilen Nachteile mit sich. Insbesondere wäre es dem Registerführer eines einzigen Zentralregisters nicht möglich, die Verhältnisse sämtlicher Unternehmungen zu kennen, die im Staatsgebiet ihren Sitz haben.

1. Die Anwendung der in Gesetzen und Verordnungen enthaltenen Bestimmungen obliegt in der Schweiz wie auch in den meisten anderen europäischen Ländern zunächst örtlichen Handelsregisterbehörden, die über das gesamte Staatsgebiet verteilt sind. Zwar sind die Kantone nicht für den Erlaß materieller Rechtsregeln zuständig[9], jedoch hat der Bund ihnen die Organisation der örtlichen Handelsregisterbehörden übertragen, wobei er hierzu nur einige allgemeine Grundsätze aufgestellt hat, um ein Mindestmaß an Einheitlichkeit zu gewährleisten.

a) Art. 927 OR verpflichtet die Kantone, ein Handelsregister entweder für den ganzen Kanton oder für einzelne Bezirke zu schaffen und zu organisieren[10]. Jedoch steht es den Kantonen frei, dem Gerichtsschreiber eines Kantons- oder Bezirksgerichts oder einem von der rechtsprechenden Gewalt unabhängigen Beamten die Verantwortung für die Führung des Handelsregisters zu übertragen. Allerdings wird der Registerführer, gleichgültig ob er Gerichtsschreiber oder Beamter ist, immer als ausführende Behörde tätig und ist insofern den Bestimmungen des Verwaltungsrechts unterworfen. Seine Verfügungen können daher nur mit der verwaltungsrechtlichen Beschwerde und nicht im Klageweg angefochten werden.

b) In Erfüllung seiner Aufgaben kann der Registerführer durch eigenes Verschulden oder das seiner Angestellten Dritten einen mehr oder weniger erheblichen Schaden zufügen. Wenn aber

---

[9] «Das Handelsregister untersteht im wesentlichen der Bundesgesetzgebung. Die Kantone können lediglich die Stellung ihrer mit der Führung und Überwachung des Handelsregisters betrauten Beamten regeln sowie gewisse Organisationsfragen ordnen, die ihnen vorbehalten sind» (BGE 84 I, 1958, S. 83 ff. = Pra 47, 1958, Nr. 93, insbes. S. 286).

[10] In den meisten Kantonen besteht nur ein einziges Register. Die Kantone Bern, Freiburg, Solothurn, Tessin, Waadt und Wallis (wo es nur drei Kreise gibt) und Neuenburg führen die Register bezirksweise und haben sie regelmäßig mit der Geschäftsstelle des Bezirksgerichts verbunden.

die Kantone, ob im Bereich des Handelsregisterwesens, der Schuldbetreibung, des Konkurses oder im Bereiche des Zivilstandsregisters, der Vormundschaft oder des Grundbuchwesens usw. mit der Ausführung bundesrechtlicher Bestimmungen befaßt sind, steht es ihnen nicht frei, in eigener Zuständigkeit eine Verantwortlichkeitsregelung zu erlassen. Art. 61 OR ist nicht anwendbar. Der Bundesgesetzgeber hat in besonderen Normen bestimmt, daß der Registerführer unmittelbar und persönlich für allen Schaden verantwortlich ist, den er selbst oder die von ihm ernannten Angestellten durch ihr Verschulden verursachen. Die Kantone sind ihrerseits verpflichtet, einen eventuellen Ausfall zu tragen[11].

c) Schließlich sollen von den Bundesbestimmungen über die eigentliche Organisation des Handelsregisters nur noch der Grundsatz der Öffentlichkeit des Registers und sämtlicher Belege sowie die formellen Vorschriften zur Eintragung in Bücher oder Karteiregister genannt werden[12].

2. Das in Bern eingerichtete Eidgenössische Amt für das Handelsregister wurde nicht auf der Grundlage einer Gesetzesbestimmung, sondern mehrerer Artikel der Verordnung über das Handelsregister geschaffen[13]. Seine Aufgabe ist doppelter Natur.

a) Einerseits vereinigt das Eidgenössische Amt im Interesse des Publikums in einem einzigen Register alle Auskünfte über die Gesamtheit der in den örtlichen Registern in der Schweiz eingetragenen Unternehmungen und Gesellschaften, und darüber hinaus über einige Unternehmungen mit Sitz außerhalb der Schweiz, die sich dem schweizerischen Konsulardienst unterworfen haben[14].

b) Andererseits ist es die Hauptaufgabe des Eidgenössischen Amtes, in jedem Einzelfall zu prüfen, ob die vom örtlichen Registerführer getroffene Eintragungsverfügung den gesetzlichen Vorschriften entspricht. Zu diesem Zweck hat jeder örtliche Registerführer dem Eidgenössischen Amt unverzüglich eine Abschrift der von ihm getroffenen Eintragungs-, Änderungs- und Löschungsverfügung zu übermitteln. Das Amt ordnet die Veröffentlichung erst nach Genehmigung der Verfügung des Registerführers an. Diese wirksame Überprüfung aller Verfügungen hat den Vorteil, eine gewisse Einheitlichkeit der Anwendung der Vorschriften des Handelsregisterrechtes im gesamten Staatsgebiet der Eidgenossenschaft sicherzustellen.

III. Die Aufsichtsbehörden

Wenn man sich – im Bereich des Handelsregisterwesens wie auch in anderen Bereichen – für eine dezentralisierte Lösung entscheidet, muß man

---

[11] Vgl. Art. 928 OR, der auf die in den Art. 426 ff. ZGB zum Vormundschaftsrecht aufgestellten Grundsätze verweist, sowie Art. 47 und 955 ff. ZGB und Art. 5, 6, 7 SchKG. Siehe auch DESCHENAUX, Einleitungstitel, Schweiz. Privatrecht II, S. 21.
[12] Art. 930 OR und Art. 6–37 HRegV.
[13] Vgl. Art. 113 ff. HRegV.
[14] In diesem Zusammenhang ist darauf hinzuweisen, daß der Bundesrat in Anwendung des Art. 16 des Bundesgesetzes über die wirtschaftliche Kriegsvorsorge vom 30. September 1955 (AS 1956, S. 85 ff.) zwei Beschlüsse betreffend vorsorgliche Schutzmaßnahmen für juristische Personen, Personengesellschaften und Einzelfirmen gefaßt hat (AS 1957, S. 337 ff., 1958, S. 409 ff.). Zu den vorsorglichen Maßnahmen gehört die den Unternehmungen gewährte Möglichkeit, ihren Sitz außerhalb der Schweiz für den Fall zu verlegen, daß unser Land von feindlichen Truppen besetzt würde. Dem Eidg. Amt für das Handelsregister obliegt die Aufgabe, hierüber ein gesondertes Register zu führen. Nach den uns erteilten Auskünften scheint jedoch nur eine Unternehmung von dieser Möglichkeit Gebrauch gemacht zu haben.

ein System der Aufsicht, hier über die Tätigkeit der Registerführer, schaffen. Denn es ist eine wichtige Voraussetzung für eine möglichst genaue und einheitliche Anwendung der bundesrechtlichen Vorschriften auf dem gesamten Gebiet der Eidgenossenschaft. Diese Aufsicht wird in der Praxis auf drei verschiedenen Ebenen ausgeübt: Zunächst überprüft, wie schon erwähnt, das Eidgenössische Amt für das Handelsregister die Gesetzmäßigkeit und Richtigkeit jeder der von den örtlichen Registerführern getroffenen Eintragungsverfügungen, bevor es die Veröffentlichung im Schweizerischen Handelsamtsblatt anordnet[15]. Hierauf ist nicht mehr näher einzugehen. Hingegen sind kurz die Probleme der verwaltungsinternen Beaufsichtigung und vor allem der verwaltungsrechtlichen Beschwerde zu skizzieren.

1. Da die gesamte Organisation des Handelsregisters nicht den Gerichten, sondern den Verwaltungsbehörden übertragen ist, mußte der Bundesgesetzgeber die Schaffung von Behörden der verwaltungsinternen Beaufsichtigung vorsehen. Ihre Aufgabe besteht darin, die Tätigkeit der Registerführer zu beaufsichtigen, gegebenenfalls Disziplinarmaßnahmen zu ergreifen sowie gelegentlich auch den Registerämtern allgemeine Weisungen zu erteilen, um umstrittene, in den gesetzlichen Bestimmungen nicht geregelte Fragen klarzustellen.

a) Im kantonalen Bereich schreibt Art. 927 Abs. 3 OR den Kantonen nur vor, eine Aufsichtsbehörde zu bestimmen, der die Beaufsichtigung der ordentlichen und richtigen Führung der kantonalen Handelsregister obliegt. Diese Aufgabe kann der kantonalen Regierung[16], einem ihrer Departemente[17] oder einer Abteilung des Kantonsgerichts[18] übertragen werden.

b) Auf Bundesebene obliegt die Oberaufsicht über die Handelsregistersachen dem Eidgenössischen Justiz- und Polizeidepartement, das durch Kreisschreiben, die an die kantonalen Aufsichtsbehörden gerichtet sind, die Auslegung bestimmter Vorschriften des Bundesrechts klarlegen kann[19]. Außerdem ist es befugt, das Eidgenössische Amt für das Handelsregister zu beauf-

---

[15] Art. 113–115 HRegV.
[16] Dies ist in den Kantonen Bern, Schwyz, Nidwald, Zug, Schaffhausen, Appenzell-Außerrhoden und Graubünden der Fall.
[17] In den Kantonen Zürich, Luzern, Uri, Basel-Stadt, Basel-Landschaft, Aargau, Thurgau, Tessin, Wallis und Neuenburg obliegt diese Aufgabe dem Justizdepartement oder der Justizdirektion, im Kanton Glarus der Finanz- und Handelsdirektion und im Kanton Genf dem Département du commerce, de l'industrie et du travail, kürzlich umbenannt in Département de l'économie publique.
[18] Dies ist die Situation in den Kantonen Freiburg, Solothurn und Waadt. In Obwalden und Appenzell-Innerrhoden besteht eine Sonderkommission. Im Kanton St. Gallen nimmt die Aufsichtsbehörde im Bereich der Betreibung und des Konkurses ebenfalls die Aufgaben einer Aufsichtsbehörde im Bereich des Handelsregisterwesens wahr.
[19] Vgl. z. B. das Kreisschreiben vom 20. August 1937 (BBl 1937 II, S. 812 ff.).

tragen, bei den örtlichen Registerämtern Inspektionen vorzunehmen, und im Verfahren der beim Bundesgericht erhobenen Beschwerde Stellung zu nehmen[20].

2. Schließlich wird die Beaufsichtigung auf einer dritten Ebene, nämlich der der **Verwaltungsgerichtsbeschwerde** ausgeübt. Sie wird bei der kantonalen Aufsichtsbehörde und anschließend beim Bundesgericht gegen Verfügungen der örtlichen Registerführer oder direkt beim Bundesgericht gegen Entscheide des Eidgenössischen Amtes für das Handelsregister erhoben.

a) In diesem Zusammenhang ist zunächst das durch Bundesvorschriften nicht gelöste Problem der Beschwerdebefugnis zu erwähnen. Auszugehen ist von der Feststellung, daß die Handelsregisterbehörden nicht rein private Interessen, die durch eine Eintragung betroffen sein können, zu schützen, sondern auf die Einhaltung des öffentlichen Interesses, d.h. der Interessen der Gesamtheit der Bevölkerung und des Publikums im allgemeinen zu achten haben. Hieraus ergibt sich, daß zwar jedermann dem Registerführer oder der Aufsichtsbehörde Tatsachen mitteilen kann, die die Verweigerung einer Eintragung rechtfertigen, daß aber beschwerdebefugt nur derjenige ist, der durch eine Verfügung unmittelbar betroffen ist, weil sie seine eigene Eintragung im Handelsregister berührt. Dritte sind hingegen auch dann nicht Beteiligte des Verwaltungsverfahrens, wenn sie den Einspruch gegen die Eintragung mit dem öffentlichen Interesse begründen[21]. Die Behörde muß sie an den Richter weisen, der durch vorsorgliche Verfügung die Eintragung bis zur Verkündung des Sachurteils gemäß den in Art. 32 HRegV vorgesehenen privatrechtlichen Einspruchsverfahren untersagen kann.

b) Hinsichtlich des Umfangs der Zuständigkeiten ist nach den beiden Beschwerdeinstanzen zu unterscheiden. Die kantonale Aufsichtsbehörde besitzt praktisch den gleichen Ermessensspielraum wie der Registerführer, da sie auf Einspruch des Betroffenen oder von Amtes wegen, gelegentlich auf der Grundlage einer Anzeige Dritter, die Verfügung des Registerführers in tatsächlicher wie in rechtlicher Hinsicht zu überprüfen hat. Hingegen ist das Bundesgericht, worauf es in mindestens zwei Entscheidungen hingewiesen hat, keine Aufsichtsbehörde in Handelsregistersachen: Es kann insbesondere als zweite und letzte Beschwerdeinstanz gegen Verfügungen der örtlichen Registerführer nur über diejenigen Fragen entscheiden, die den Gegenstand des Streites vor der kantonalen Aufsichtsbehörde bildeten, und nur in diesem Rahmen ist es zuständig, Weisungen zu erteilen[22]. Außerdem ist das Bundesgericht nicht zur Überprüfung der der Entscheidung zugrundeliegenden Tatsachen zuständig. Es kam die angegriffene Verfügung nur dann für nichtig erklären, wenn es feststellt, daß die kantonale Behörde oder das Eidgenössische Amt für das Handelsregister eine Bestimmung des Bundesrechts verletzt oder falsch ausgelegt hat.

IV. Die Kognitionsbefugnis des Registerführers

Nach der Rechtsprechung soll das Handelsregister ermöglichen, «die Rechtsverhältnisse, die für den Geschäftsverkehr von Bedeutung sind, in zuverlässiger und vollständiger Weise festzustellen und sie allgemein be-

---

[20] Das Departement kann auch selbst Stellung nehmen. Vgl. z.B. BGE 76 I, 1950, S. 150 ff.
[21] BGE 84 I, 1958, S. 83 ff.
[22] BGE 57 I, 1931, S. 149 ff.; 94 I, 1968, S. 562 ff.

kannt und dem Publikum zugänglich zu machen»[23]. Es ist daher zu fragen, ob die Verwaltungsbehörden und insbesondere die Registerführer tatsächlich und rechtlich über eine Kognitionsbefugnis[24] verfügen, die weit genug ist, um die Richtigkeit wie die Gesetzmäßigkeit der in das Handelsregister eingetragenen Tatsachen gewährleisten zu können.

1. Art. 38 HRegV, der vorschreibt, daß alle Eintragungen in das Handelsregister wahr sein müssen, zu keinen Täuschungen Anlaß geben und keinem öffentlichen Interesse widersprechen dürfen, ist wohl Ausdruck eines extensiv verstandenen Grundsatzes der Wahrheit, da diese Bestimmung dem Registerführer anscheinend eine sehr weite Befugnis zur Untersuchung und Prüfung der Richtigkeit der im Register einzutragenden Tatsachen überträgt. In Wirklichkeit ist diese Befugnis jedoch aus zwei Gründen faktisch begrenzt.

a) Zunächst ist der Handelsregisterführer nicht der Vertraute der Personen, die eine Eintragung anmelden. Auch ist er nicht Untersuchungsrichter und kann folglich weder die wirklichen Absichten der Anmeldenden kennen noch diese zwingen, alle Auskünfte zu erteilen, deren er bedarf, um die Vollständigkeit und Wahrheit der einzutragenden Tatsachen zu überprüfen[25]. So ist seine Befugnis zwangsläufig auf die Beurteilung des Ergebnisses der beschränkten Untersuchung, die er durchführen darf, und vor allem auf die eher formelle Kontrolle der Belege und Erklärungen begrenzt, die ihm gegenüber die Antragsteller selbst, gelegentlich auch die eine Anzeige erstattenden Personen machen. Man hat daher darauf hingewiesen, daß der in Art. 38 Abs. 1 HRegV enthaltene Grundsatz der Wahrheit der Eintragungen eher von den anmeldenden Personen als von den Handelsregisterbehörden befolgt werden muß[26].

b) Hinzu kommt, daß der Registerführer trotz der Formulierung des Art. 38 Abs. 2 HRegV nur eine beschränkte Befugnis besitzt, die nicht der Wahrheit entsprechenden Eintragungen zu ändern oder zu löschen. Zwar sieht die Verordnung über das Handelsregister ein Verfahren der Änderung oder Löschung von Eintragungen von Amts wegen vor, jedoch muß der Registerführer in der Praxis meist auf eine Anmeldung des Betroffenen oder auf eine Anzeige eines Dritten warten, ehe er die Wahrheit kennt. Sogar der ehemalige Leiter des Eidgenössischen Amtes für das Handelsregister hat zugestanden, «nous ne pouvons guère lutter d'une façon efficace contre l'emploi abusif des formes de sociétés à disposition»[27]. So bleiben Unternehmungen als Aktiengesellschaften oder umgekehrt als Genossenschaften eingetragen, obwohl der Registerführer weiß, daß sie die Rechtsform einer Genossenschaft bzw. einer Aktiengesellschaft annehmen müßten.

2. Art. 940 OR stellt zwar formell den Grundsatz der Gesetzmäßigkeit der Eintragung mit der Bestimmung auf, der Registerführer habe zu prüfen, «ob die gesetzlichen Voraussetzungen für die Eintragung erfüllt sind». Aber auch hier ist die Kognitionsbefugnis der Handels-

---

[23] BGE 89 I, 1963, S. 407 ff. = Pra 53, 1964, Nr. 1 (S. 2 f.).
[24] Vgl. insbes. MAURER, a.a.O.; P. BECK, a.a.O.; sowie SCHERRER, a.a.O.
[25] So auch HIS, Art. 940 OR, N. 44 ff.
[26] Vgl. insbes. HIS, Art. 940 OR, N. 45 in fine und COUCHEPIN, La limitation du pouvoir.
[27] F. VON STEIGER, a.a.O.; vgl. auch SECRÉTAN, a.a.O.

registerbehörden durch die Rechtsprechung eingeengt, die zwei Anwendungsbereiche dieses Grundsatzes unterscheidet.

a) Die Verwaltungsbehörden besitzen einen Beurteilungsspielraum, wenn es darum geht, Gewißheit zu erlangen, ob eine Anmeldung die formellen Eintragungsvoraussetzungen erfüllt, und wenn sie die unmittelbar das Handelsregister betreffenden Bestimmungen auslegen[28]. Dieser Grundsatz gilt insbesondere bei der Anwendung und Auslegung der Vorschriften des Bundesrechts über die formellen Eintragungsvoraussetzungen und über die Bildung der Geschäftsfirmen, jedenfalls insoweit, als es um die Wahrung des öffentlichen Interesses geht.

b) Hingegen wurde in der Rechtsprechung des Bundesgerichts die Bedeutung des Grundsatzes der Gesetzmäßigkeit der Eintragung für den Fall erheblich eingeschränkt, daß der Registerführer gemäß Art. 940 Abs. 2 OR zu prüfen hat, ob die einzutragenden Tatsachen bzw. die Statuten einer juristischen Person oder Gesellschaft, deren Eintragung angemeldet ist, zwingenden Vorschriften des Privat- oder des öffentlichen Rechts widersprechen. Noch im Jahre 1939 hatte das Bundesgericht festgestellt, daß der Registerführer die Entscheidung der Generalversammlung einer Aktiengesellschaft nicht eintragen dürfe, wenn sie einer zwingenden materiellrechtlichen Vorschrift widerspreche, die im öffentlichen Interesse erlassen worden sei[29]. Zwei Jahre später hat es im Gegensatz hierzu bestimmt, der Registerführer dürfe die Eintragung nur in Fällen der offensichtlichen und eindeutigen Verletzung des Gesetzes verweigern. Zur Begründung trug es vor, nur der Richter und nicht die Verwaltungsbehörden hätten die materiellrechtlichen Vorschriften auszulegen[30]. Diese enge Rechtsprechung wurde 1965 mit dem Hinweis bestätigt, daß eine Weigerung nur dann gerechtfertigt sei, wenn der Eintragung «offensichtlich und unzweideutig» gesetzliche Vorschriften entgegenstehen. Hier entscheide dann allein der ordentliche Richter[31].

§ 9. Die Eintragung im Handelsregister

Literatur

Kreisschreiben des Eidg. Justiz- und Polizeidepartementes vom 20. August 1937 an die kantonalen Aufsichtsbehörden für das Handelsregister zur Einführung der Verordnung über das Handelsregister vom 7. Juni 1937 (BBl 1937 II, S. 812ff.). Kreisschreiben des Eidg. Justiz- und Polizeidepartementes vom 15. März 1940 an die kantonalen Aufsichtsbehörden über das Handelsregister (BBl 1940, S. 342ff.).

E. HIS, Berner Kommentar, Anmerkungen zu Art. 927ff. OR; THOMAS SCHNEIDER, Der Rechtsschutz in Handelsregistersachen und die Entscheidungskompetenz der Handelsregisterbehörden, Diss. Zürich 1959, Zürcher Beiträge 221, Aarau 1960; G. A. NAYMARK, Ordonnance sur le registre du commerce, jurisprudence fédérale et cantonale, Lausanne 1964; R. COUCHEPIN, Praxis des Bundesgerichts in Handelsregistersachen, Zürich 1946; L. R. VON SALIS/W. BURCKHARDT, Schweizerisches Bundesrecht, Bd. 3, Frauenfeld 1930; U. STAMPA, Sammlung von Ent-

---

[28] Siehe z. B. BGE 91 I, 1965, S. 360ff.
[29] Vgl. SJZ 36, 1939/40, S. 275.
[30] Vgl. BGE 67 I, 1941, S. 342ff.
[31] BGE 91 I, 1965, S. 360ff.

scheiden des Bundesrates und seines Justiz- und Polizeidepartements in Handelsregistersachen (1904–1923), Bern 1923.

L. JAQUEROD/F. VON STEIGER, Eintragungsmuster für das Handelsregister mit Erläuterungen, Zürich 1943; L. SIEGMUND, Handbuch für die Handelsregisterführer, Basel 1892. – F. VON STEIGER, Zur Auslegung von Art. 32 Abs. 2 Handelsregisterverordnung, Schweiz.AG 38, 1966, S. 29 ff.; R. PATRY, L'action en annulation des décisions de l'assemblée générale, in: Troisième Journée juridique, Mémoire N° 19 publié par la Faculté de droit de Genève, Genf 1964, S. 27 ff.; E. STEINER, Inwieweit kann die Eintragung eines Generalversammlungsbeschlusses durch vorsorgliche Verfügung verhindert werden? Schweiz.AG 13, 1940/41, S. 14; M.-A. SCHAUB, La radiation des administrateurs démissionnaires, Schweiz. AG 38, 1966, S. 241 ff.; R. COUCHEPIN, Eintragung von Unterschriftenkombinationen in das Handelsregister, Schweiz.AG 41, 1969, S. 69.

Es ist Aufgabe der Registerführer, über die Eintragung all der Tatsachen bezüglich kaufmännischer Unternehmungen zu entscheiden, die im Geschäftsverkehr von Bedeutung sind. Dem Eidgenössischen Amt für das Handelsregister obliegt es dann, diese Verfügungen zu genehmigen. Üblicherweise melden die Personen, welche die jeweilige Unternehmung leiten, die Eintragung an. Sie erteilen von sich aus die erforderlichen Auskünfte und stellen die entsprechenden Unterlagen zur Verfügung. Der Registerführer kann dann ohne Schwierigkeit seine Verfügung erlassen. Dennoch sind mit dem Eintragungsverfahren im weiten Sinn eine Reihe von Rechtsproblemen materieller und formeller Natur verbunden. Die Überprüfung der Wahrheit und der Gesetzmäßigkeit der im Register einzutragenden Tatsachen zwingt den Registerführer gelegentlich, ablehnend zu entscheiden oder selbst positiv tätig zu werden. Zum einen kann er gehalten sein, die Eintragung einer Unternehmung oder von Tatsachen, die sie betreffen, zu verweigern, da die diesbezügliche Anmeldung nicht die materiellen oder formellen Voraussetzungen erfüllt. Zum anderen hat der Registerführer darauf zu achten, daß das von ihm geführte Handelsregister vollständig ist. Er muß daher gelegentlich von Amts wegen bestimmte Eintragungen vornehmen, wenn die materiellen und formellen Voraussetzungen hierfür vorliegen.

I. Die materiellen Voraussetzungen

Art. 934 Abs. 1 und 2 OR nennt zwar genau die Eintragungsvoraussetzungen und unterscheidet die beiden Möglichkeiten der Eintragungspflicht und des Rechts auf Eintragung. Hierbei wird hauptsächlich auf die Bestimmungen der Handelsregisterverordnung über gewerbliche Unternehmungen und über Handelsgewerbe Bezug genommen. Dennoch stellt sich die Frage, ob nicht noch weitere materielle Voraussetzungen, vor allem im Zusammenhang mit der Rechtsstellung der eine Unternehmung leitenden Personen und mit den Rechten Dritter, für die Eintragung erfüllt sein müssen.

1. Im ersten Fall geht der Gesetzgeber in Art. 934 Abs. 2 OR von der Möglichkeit, nicht jedoch von der Pflicht bestimmter natürlicher oder juristischer Personen aus, sich im Handelsregister eintragen zu lassen. Da die Eintragung nur fakultativ ist, steht ihnen ein Recht auf Eintragung[1] zu. Es erscheint zwar zunächst erstaunlich, daß nicht eintragungspflichtige Personen von diesem Recht Gebrauch machen und sich so freiwillig den mit einer Eintragung im Handelsregister verbundenen Nachteilen, insbesondere der Konkursbetreibung unterstellen. Jedoch ist diese Möglichkeit nicht nur theoretischer Art, denn es sind zwei grundsätzlich verschiedene Anwendungsfälle zu nennen.

a) Zunächst ist mit der Eintragung einer Unternehmung trotz des ersten Anscheins zumindestens ein Vorteil verbunden. Nach Art. 956 OR steht nämlich die im Handelsregister eingetragene Firma dem Berechtigten zu ausschließlichem Gebrauch zu[2]. In der Praxis geschieht es häufiger, als man meinen sollte, daß der Inhaber eines nicht kaufmännischen und folglich nicht eintragungspflichtigen Gewerbes seine Unternehmung eintragen läßt, um sich den ausschließlichen Gebrauch seiner Firma zu sichern.

Nach früherem Recht[3] konnte jede handlungsfähige Person ohne weiteres ihre Eintragung im Handelsregister anmelden. Nach der Revision des handelsrechtlichen Teils des Obligationenrechts im Jahre 1936 wurde dieses Recht auf Eintragung jedoch auf die Fälle beschränkt, in denen ein Geschäft unter einer Firma betrieben wird[4]. In einem nicht veröffentlichten Entscheid vom 14. Dezember 1937 hat das Bundesgericht festgestellt, daß «eine Tätigkeit im Sinne des Art. 934 Abs. 2 OR vorliegt, wenn eine Person selbständig und dauernd ein Geschäft unter ihrer Firma betreibt». Dies sind ebenfalls die wesentlichen Merkmale der in Art. 52 Abs. 3 HRegV enthaltenen Definition[5]. Hieraus folgt, daß die Ausübung des Rechts auf Eintragung nach Art. 934 Abs. 2 OR den Betrieb einer gewerblichen Unternehmung, nicht aber eines Handelsgewerbes voraussetzt[6].

---

[1] Nach der Lehre handelt es sich um ein subjektives Recht auf Eintragung der Unternehmung, sofern die hierfür erforderlichen Voraussetzungen erfüllt sind. Es kann gegenüber der Verwaltung, d.h. den kantonalen und eidgenössischen Handelsregisterbehörden durchgesetzt werden. Vgl. vor allem HIS, a.a.O., Art. 934 OR, N. 89.
[2] Siehe unten § 12, S. 163 ff.
[3] Vgl. Art. 865 Abs. 1 aOR.
[4] Vgl. den Text von Art. 934 Abs. 2 OR.
[5] Siehe oben § 5, I, S. 72 ff.
[6] Folglich müßte jedes Gewerbe das Recht haben, sich eintragen zu lassen, unabhängig davon, ob es nach kaufmännischer Art geführt wird oder nicht. Um die beiden Tatbestände des Art. 934 Abs. 1 und Abs. 2 OR jedoch besser zu unterscheiden, spricht man üblicherweise davon, daß ein nicht nach kaufmännischer Art geführtes Gewerbe das Recht, ein Handelsgewerbe hingegen die Pflicht zur Eintragung hat.

Das Recht auf Eintragung umfaßt gleichzeitig das Recht, das Gewerbe jederzeit im Handelsregister löschen zu lassen. Hiervon geht die Doktrin mangels gesetzlicher Bestimmungen und unseres Wissens auch mangels Rechtsprechung aus[7]. Hingegen entfällt die Möglichkeit, das Gewerbe zu löschen, wenn es zwischenzeitlich gemäß Art. 934 Abs. 1 OR eintragungspflichtig geworden ist. Außerdem ist der Inhaber während der Dauer der Eintragung des Gewerbes nach dem Wahrheitsgrundsatz der Pflicht unterworfen, jede Änderung innerhalb seines Gewerbes, die eine Richtigstellung der Eintragung rechtfertigt, dem Registerführer anzumelden.

b) Außerdem ist die Eintragung im Handelsregister in manchen Fällen zwar nicht obligatorisch, stellt aber die rechtliche Entstehungsvoraussetzung einer Gesellschaft oder einer juristischen Person dar[8]. So hat das Bundesgericht bezüglich einer nicht kaufmännischen Kommanditgesellschaft entschieden: «Die Eintragung ist demnach freiwillig. Läßt sich die Gesellschaft eintragen, so untersteht sie den Vorschriften über die Kommanditgesellschaft, wenn nicht, ist sie einfache Gesellschaft.»[9] Wenn es sich hier auch um einen speziellen Anwendungsfall des Art. 934 Abs. 2 OR handeln mag, so ist es jedenfalls den die Gesellschaft oder die juristische Person leitenden Personen verwehrt, die Unternehmung jederzeit ohne weiteres im Handelsregister löschen zu lassen. Da sie durch die Löschung ihren rechtlichen Bestand verliert, müßte sie zuvor abgewickelt werden.

2. Der zweite, von Art. 934 Abs. 1 OR erfaßte Tatbestand betrifft den Fall, daß eine Unternehmung eine kaufmännische Tätigkeit ausübt. Hier besteht Eintragungspflicht. Nach dieser Vorschrift ist jedes Handels-, Fabrikations- oder andere, nach kaufmännischer Art geführte Gewerbe im Sinne der Art. 53 und 54 HRegV[10] am Ort seiner Hauptniederlassung in das Handelsregister einzutragen. Dieser Pflicht kommt allgemeine Bedeutung zu. Da sie auf bundesrechtlichen Vorschriften beruht, kann sie nicht durch eine auf Grund eines kantonalen Verwaltungsreglements gewährte Ausnahmeregelung beseitigt werden[11]. Sie gilt in gleicher Weise für öffentlichrechtliche Unternehmungen wie z.B. Kreisspitäler[12] und privatrechtlich organisierte Unternehmungen.

a) In ständiger Rechtsprechung hat das Bundesgericht entschieden, daß für die Beurteilung der Eintragungspflicht «die tatsächlichen Verhältnisse maßgebend» sind, «wie sie im Zeitpunkt der vom Handelsregisteramt... erlassenen Aufforderung bestanden haben»[13]. Es ist daher ohne Bedeutung, daß seitdem die Voraussetzungen der Eintragungspflicht aus irgendwelchen Gründen weggefallen sind. Selbst wenn infolge der Einstellung des Geschäftsbetriebs die Löschung unmittelbar im Anschluß an die Eintragung erfolgen kann, so haben jedenfalls die Gläubiger die Möglichkeit, während der sechs Monate nach der Löschung auf dem Wege der Konkursbetreibung vorzugehen[14].

---

[7] His, a.a.O., Art. 934 OR, N. 139 in fine.
[8] Dies gilt für die nicht nach kaufmännischer Art geführte Kollektiv- und Kommanditgesellschaft, die Aktiengesellschaft, die Gesellschaft mit beschränkter Haftung, die Genossenschaft und die Stiftung (vgl. Art. 553, 595, 643 Abs. 1, 783 Abs. 1, 838 Abs. 1 OR und Art. 52 ZGB).
[9] BGE 79 I, 1953, S. 57 ff., 59.
[10] Siehe oben § 5, II, S. 79 ff.
[11] Vgl. beispielsweise BGE 70 I, 1944, S. 104 ff.
[12] So z.B. BGE 80 I, 1954, S. 383 ff.
[13] BGE 58 I, 1932, S. 200 ff. (206).
[14] BGE 76 I, 1950, S. 150 ff.

b) Im Sonderfall der Kollektiv- und der Kommanditgesellschaft ist nach Art. 552 Abs. 2 OR die Eintragung obligatorisch, wenn die Gesellschaft ein Handelsgewerbe betreibt. Gemäß Art. 553 OR hängt sogar der Bestand der Kollektiv- oder Kommanditgesellschaft, die kein nach kaufmännischer Art geführtes Gewerbe betreibt, von der dann konstitutiven Eintragung ab. Nach einer Entscheidung des Bundesrates vom 13. Juni 1907[15] sowie nach einem Urteil des Kantonsgerichts Waadt vom 11. Okt. 1950[16] ist eine Kollektivgesellschaft, deren jährliche Roheinnahme nicht die in Art. 54 HRegV vorgesehene Mindestsumme erreicht, nicht eintragungspflichtig. Man müßte sie folglich als Gesellschaft, die nicht ein nach kaufmännischer Art geführtes Gewerbe betreibt (Art. 553 OR), bezeichnen und annehmen, daß sie als solche mit ihrer Löschung im Handelsregister zu bestehen aufgehört hat. Das Eidg. Justiz- und Polizeidepartement scheint jedoch in einem Kreisschreiben vom 15. März 1940[17] anderer Auffassung zu sein und davon auszugehen, daß die Gesellschaft trotz ihrer Löschung als Kollektiv- oder Kommanditgesellschaft weiter besteht.

3. Die Ersteintragung eines Gewerbes, einer Gesellschaft oder einer juristischen Person oder die Eintragung bestimmter sie betreffender Tatsachen kann gelegentlich private Drittinteressen, d. h. Interessen eines Gesellschafters[18], Mitgliedes der Gesellschaft oder der juristischen Person, eines Gläubigers oder einer Konkurrenzunternehmung[19] beeinträchtigen. Damit diese ihre eigenen Interessen verteidigen können, bevor es zu spät ist, gewährt ihnen Art. 32 Abs. 2 HRegV die Möglichkeit, bei dem Richter im Verfahren des privatrechtlichen Einspruchs zu beantragen, er solle dem Registerführer die Vornahme der Eintragung untersagen. Es ist daher davon auszugehen, daß die Eintragung im Handelsregister von einer weiteren materiellen Voraussetzung, nämlich der der Beachtung privater Rechte Dritter, abhängt.

a) Bekanntlich hat der Handelsregisterführer im Rahmen seiner Kognitionsbefugnis nur die öffentlichen Interessen zu wahren. Er darf von sich aus oder auf Einspruch eines Dritten hin die Eintragung von Tatsachen nicht verweigern, die private Drittinteressen beeinträchtigen könnten. Nach der Rechtsprechung ist der Registerführer also nicht zur Prüfung befugt, ob die nachgesuchte Eintragung die Rechte des Einsprechenden verletzt[20]. Es ist allein Sache desjenigen, der glaubt, Schaden zu erleiden, gegen die Eintragung Einspruch zu erheben[21] und vom Richter eine vorsorgliche Verfügung zu erwirken, die die Eintragung bis zum Erlaß der Sachentscheidung

---

[15] Entscheid des Bundesrates vom 13. Juni 1907 in Sachen Charles Sussli (BBl 1913 II, S. 287), zit. nach VON SALIS/BURCKHARDT, a.a.O., Nr. 1510 I.
[16] Vgl. NAYMARK, a.a.O., Art. 54, Nr. 12, S. 123.
[17] Vgl. NAYMARK, a.a.O., Art. 54, S. 123, Anm. 1 und BBl 1940, S. 342 ff.
[18] So kann z. B. ein Generalversammlungsbeschluß die Rechte eines Minderheitsaktionärs beeinträchtigen.
[19] Die zur Eintragung angemeldete Firma verletzt den Grundsatz der Firmendifferenzierung und beeinträchtigt die Interessen einer Konkurrenzunternehmung, wenn mit deren Firma eine Verwechslungsgefahr besteht.
[20] Vgl. insbes. BGE 59 I, 1933, S. 239 ff. (248).
[21] Nach einer Verfügung der Genfer Aufsichtsbehörde in Handelsregistersachen vom 12. August 1955 steht dieses Einspruchsrecht nur demjenigen zu, dessen objektive Rechte durch die Eintragung beeinträchtigt werden (vgl. NAYMARK, a.a.O., Art. 32, Nr. 20, S. 67).

untersagt Sobald eine Person mit der Behauptung, ihre objektiven Rechte würden durch die Eintragung beeinträchtigt, Einspruch erhebt, hat der Registerführer das Eintragungsverfahren aufzuschieben[22] und dem Einsprechenden eine genügende Frist[23] nicht nur zur Beantragung, sondern sogar zur Erwirkung einer vorsorglichen Verfügung durch den zuständigen Richter einzuräumen.

b) Art. 32 Abs. 2 HRegV sieht zugunsten des Einsprechenden ausdrücklich die Möglichkeit vor, vom zuständigen Richter nach dem kantonalen Prozeßrecht eine vorsorgliche Verfügung zu erwirken. Folglich besteht dieses Recht des Einsprechenden gemäß einer Norm des Bundesrechts und ist nicht von einer Zustimmung in der kantonalen Prozeßordnung abhängig. Die gegenteilige Auffassung des Bundesgerichts im Entscheid vom 31. Januar 1940[24] ist unseres Erachtens irrig.

Im Rahmen dieses summarischen Verfahrens trifft der Richter eine vorläufige Maßnahme, die die endgültige Entscheidung des ordentlichen Richters im Endurteil vorformt[25]. Deshalb hat er zu prüfen, bevor er eine Eintragung vorläufig untersagt, ob der Einsprechende im ordentlichen Verfahren die Möglichkeit haben wird, die endgültige Untersagung der Eintragung zu erwirken. Dies wäre zum Beispiel der Fall, wenn ein Aktionär Anfechtungsklage gegen einen Beschluß der Generalversammlung gemäß Art. 706 OR erhebt. Er muß im Wege des Einspruchs und der vorsorglichen Maßnahme vorläufig die Eintragung dieses Beschlusses verhindern können[26]. Zudem hat das Bundesgericht, allerdings in einem anderen Bereich als dem der Handelsregistersachen entschieden[27], daß der für die Anordnung vorsorglicher Maßnahmen zuständige Richter vom Einsprechenden nur zu verlangen braucht, die Tatsachen glaubhaft zu machen, und sich auf die summarische Prüfung der rechtlichen Begründetheit des Antrages beschränken kann.

4. Schließlich ist die Eintragung im Handelsregister noch von einer weiteren materiellen Voraussetzung, nämlich der der Rechtsstellung des Kaufmanns abhängig. Um im Handelsregister als Inhaber einer Einzelfirma oder als Gesellschafter, d. h. als Mitglied einer Kollektiv- oder Kommanditgesellschaft eingetragen werden zu können, muß die betreffende Person normalerweise das Recht haben, die vorgesehene kaufmännische Tätigkeit auszuüben[28].

a) Zunächst setzt der Betrieb jedes Handels- oder Fabrikationsgewerbes notwendig voraus, daß der Inhaber sich rechtsgeschäftlich verpflichten kann, d. h. sich rechtlich durch eigenes Handeln oder das seiner bevollmächtigten Vertreter Dritten gegenüber zu binden vermag. Die Geschäftsfähigkeit ist mithin eine Eintragungsvoraussetzung. Sie war im übrigen in Art. 865 Abs. 1 aOR ausdrücklich vorgesehen. Mit der Revision von 1936 ist sie nicht entfallen, auch wenn die

---

[22] BGE 81 I, 1955, S. 394 ff. sowie 84 II, 1958, S. 34 ff. (42).
[23] Hierzu ein Urteil des Appellationsgerichts des Kantons Tessin vom 30. Mai 1945, SJZ 43, 1947, S. 224.
[24] E. STEINER, a.a.O.
[25] Zur Frage der unbestimmten vorsorglichen Maßnahmen nach Genfer Prozeßrecht siehe den Entscheid der Cour de justice civile de Genève vom 11. Januar 1957, Sem. jud. 1958, S. 129 ff., 133.
[26] So PATRY, a.a.O.
[27] BGE 88 I, 1962, S. 11 ff.
[28] Allerdings haben die Handelsregisterbehörden vor allem zu prüfen, ob derjenige, der eine Eintragung begehrt, tatsächlich ein Gewerbe betreibt, und weniger, ob er rechtlich gesehen hierzu befugt ist.

neuen Bestimmungen sie nicht ausdrücklich erwähnen. Allerdings kann die Genehmigung, ein Handels- oder Fabrikationsgewerbe zu betreiben, d. h. alle Rechtshandlungen vorzunehmen, die der Betrieb dieses Handels oder dieser Fabrikation mit sich bringen kann, einem minderjährigen Kind von seinen Eltern und einer unter Vormundschaft stehenden Person von der Vormundschaftsbehörde[29] erteilt werden. Außerdem ist bekanntlich die Ehefrau *de lege lata* verpflichtet, eine Bewilligung des Ehemannes, und zwar unabhängig vom ehelichen Güterstand, einzuholen[30]. In diesen drei Fällen partieller Geschäftsfähigkeit ist der Registerführer nicht nur verpflichtet, zu prüfen, ob die erforderliche Bewilligung erteilt wurde, sondern sie auch bei der Eintragung im Handelsregister und bei der Veröffentlichung im Schweizerischen Handelsamtsblatt zu erwähnen[31].

b) Sodann ist aus gewerbepolizeilichen Gründen bestimmten Personen die Ausübung einer kaufmännischen Tätigkeit oder sogar eines Berufes verboten[32] oder sie ist von einer Bewilligung der Behörden abhängig[33]. Folglich müßte der Registerführer prüfen, ob die in das Handelsregister als Inhaber einer Einzelfirma, als Gesellschafter einer Kollektiv- oder Kommanditgesellschaft oder als Geschäftsführer einer Gesellschaft mit beschränkter Haftung einzutragenden oder schon eingetragenen Personen die betreffende kaufmännische oder berufliche Tätigkeit auszuüben berechtigt sind. In diesem Sinne hat sich die Justizdirektion des Kantons Aargau am 7. April 1955 ausgesprochen[34]: Ein Ausländer, der nur eine begrenzte Aufenthaltsbewilligung besitzt, die ihn nicht zur Ausübung einer selbständigen wirtschaftlichen Tätigkeit berechtigt, kann sich nicht als Inhaber einer Einzelfirma eintragen lassen. Das Bundesgericht hat jedoch entschieden, die Eintragung präjudiziere nicht die Frage, ob der Geschäftsinhaber vom gewerbepolizeilichen Standpunkt aus das Recht habe, sein Handelsgewerbe zu betreiben. Diese Frage gehöre ausschließlich in die Zuständigkeit der Polizeibehörden[35].

II. Die formellen Voraussetzungen

Es ist hier nicht möglich, sämtliche formellen Eintragungsvoraussetzungen zu untersuchen. Zunächst möge der Hinweis genügen, daß nach Art. 33 HRegV Änderungen und Löschungen den Eintragungen gleichzusetzen sind. Dennoch umfaßt der Begriff der Eintragung mehrere unterschiedliche Sachverhalte: die Ersteintragung von Gewerben, Gesellschaften oder juristischen Personen; die Eintragung, Änderung oder Löschung bestimmter Tatsachen, die schon eingetragene Gewerbe, Gesellschaften oder

---

[29] Vgl. Art. 296, 412 ZGB und J.-M. GROSSEN, Die Einzelpersonen, Schweiz. Privatrecht II, S. 330.
[30] Art. 167 ZGB.
[31] KS des Eidg. Justiz- und Polizeidepartements vom 20. August 1937 (BBl 1937 II, S. 812ff.). Vgl. auch BGE 72 I, 1946, S. 48ff. (50).
[32] Vgl. hierzu Art. 54 StGB.
[33] Dies gilt insbesondere für Ausländer, die eine Niederlassungsbewilligung besitzen müssen, ehe sie das Recht haben, eine selbständige Berufstätigkeit auszuüben (AUBERT, Traité II, Nr. 1880). Auch die Ausübung der wissenschaftlichen Berufsarten ist nach Art. 33 BV von einer Bewilligung der Behörden abhängig. Vgl. jedoch den Entscheid des Eidg. Justiz- und Polizeidepartements vom 30. Oktober 1906, das die Eintragung des Inhabers einer Apotheke bewilligte, der nach kantonalem Recht mangels eines Apothekerdiploms nicht befugt war, selbst eine Apotheke zu führen (VON SALIS/BURCKHARDT, a.a.O., Nr. 1490).
[34] Siehe NAYMARK, a.a.O., Art. 38, Nr. 14, S. 74.
[35] BGE 55 I, 1929, S. 335ff.

juristische Personen betreffen, und schließlich die endgültige Löschung der genannten Gewerbe, Gesellschaften und juristischen Personen, sobald sie nicht mehr bestehen. Darüber hinaus sind unter dem Gesichtspunkt der formellen Eintragungsvoraussetzungen vor allem drei verschiedene Fallgruppen zu unterscheiden. Kriterium für diese Einteilung ist die Art der Einleitung des Verfahrens.

1. In der ersten, als üblich zu bezeichnenden Fallgruppe geht die Initiative zur Eintragung bestimmter Tatsachen im Handelsregister von den eine Unternehmung leitenden Personen aus. Sie nehmen – mündlich oder schriftlich[36] – die Eintragungsanmeldung vor. Der Registerführer kann und muß dann das Eintragungs-, Änderungs- oder Löschungsverfahren einleiten. Mit diesem Verfahren sind, formell gesehen, zwei Fragen verbunden.

a) Zunächst sind die natürlichen Personen zu bestimmen, die eine Eintragungsanmeldung zu zeichnen berechtigt und die gegenüber den Handelsregisterbehörden und gegenüber Dritten[37] für die Einhaltung der die Eintragung betreffenden Vorschriften verantwortlich sind. In drei Fällen sind dies dieselben Personen: bei der Einzelfirma ist dies selbstverständlich der Inhaber, bei den Personengesellschaften, d.h. der Kollektiv- und der Kommanditgesellschaft, sind es sämtliche Gesellschafter[38] und bei der Gesellschaft mit beschränkter Haftung sämtliche Geschäftsführer[39]. Hingegen ist nach Art. 22 Abs. 2 HRegV bei juristischen Personen die Anmeldung zur Eintragung durch den alleinigen Verwaltungsrat oder durch zwei Mitglieder des Verwaltungsrates zu zeichnen[40].

b) Grundsätzlich wird das Verfahren mit der Anmeldung der Eintragung eingeleitet. Der Registerführer hat dann seine Verfügung zu treffen, bevor er im Falle der Zulassung der beantragten Eintragung die Unterlagen dem Eidg. Amt für das Handelsregister übermittelt[41]. Die Anmeldung stellt also eine formelle Voraussetzung des ordentlichen Eintragungsverfahrens dar. Daher kann der Registerführer nach Auffassung der Rechtsprechung nicht aus eigenem Antrieb eine Eintragung vornehmen, wenn die Anmeldung fehlt[42] oder wenn sie nicht vorschriftsgemäß ist. Erlangt er von eintragungspflichtigen Tatsachen, wie z.B. von einer Statutenänderung[43] oder vom Wechsel eines Verwaltungsrates, Kenntnis, so hat er die Eintragungspflichtigen zur Vornahme der Anmeldung aufzufordern oder, gegebenenfalls, das Verfahren der zwangsweisen Eintragung einzuleiten.

---

[36] Art. 19 HRegV.
[37] Art. 942 OR.
[38] Art. 556, 597 OR.
[39] Art. 780 Abs. 2 OR.
[40] Vgl. auch Art. 640 Abs. 2 und Art. 835 Abs. 3 OR.
[41] Das Bundesgericht hat jedoch zugestanden, daß der Registerführer vorab das Eidg. Amt für das Handelsregister befragt. In diesem Falle kann der Anmeldende Verwaltungsgerichtsbeschwerde beim Bundesgericht gegen die Weisung erheben, die ihm das Amt unmittelbar mitgeteilt hat (vgl. BGE 65 I, 1939, S. 149 ff. [152]).
[42] Siehe die Entscheidung des Justizdepartementes des Kantons Tessin vom 20. Februar 1939, zitiert bei NAYMARK, a.a.O., Art. 22, Nr. 11, S. 53.
[43] BGE 60 I, 1934, S. 380 ff.

2. Wenn der Registerführer durch Anzeige oder aufgrund eigener Informationen von Tatsachen Kenntnis erlangt, die in das Handelsregister einzutragen wären, darf er weder von sich aus die Eintragung vornehmen noch einfach warten, bis ihm eine Anmeldung zugeht. Er hat in diesem Fall die Pflicht, das Verfahren der zwangsweisen Eintragung[44] gemäß den Art. 57 ff. HRegV einzuleiten. Dieses Verfahren wahrt in gleicher Weise die schutzwürdigen Interessen der eine Unternehmung leitenden Personen wie die Interessen Dritter. Denn im allgemeinen hat zwar das Publikum ein Recht auf Vollständigkeit des Handelsregisters, d.h. daß in ihm alle eintragungspflichtigen Gewerbe, Gesellschaften und juristischen Personen und die sie betreffenden Tatsachen, soweit sie im Geschäftsverkehr von Bedeutung sind, enthalten sind. Jedoch müssen die diese Unternehmungen leitenden Personen auch die Möglichkeit haben, zunächst von den Handelsregisterbehörden die grundsätzliche Frage der Eintragungspflicht entscheiden zu lassen, ehe sie die für die Eintragung erforderlichen Auskünfte bei der Anmeldung erteilen. Dieses Verfahren ist, jedenfalls theoretisch, das gleiche, ob es sich nun um die erstmalige Eintragung einer Unternehmung oder um die Eintragung von Tatsachen bezüglich schon eingetragener Unternehmungen handelt. Allerdings bestehen hier in der Praxis Unterschiede.

a) Im ersten Abschnitt des Verfahrens fordert der Registerführer zunächst die Eintragungspflichtigen durch eingeschriebenen Brief auf, binnen 10 Tagen die Eintragung anzumelden oder eine allfällige Weigerung schriftlich zu begründen. Geht ihm innert dieser Frist eine begründete Weigerung zu, hat er die Sache der kantonalen Aufsichtsbehörde zur Entscheidung über die grundsätzliche Frage der Eintragungspflicht zu übermitteln. Die Verwaltungsgerichtsbeschwerde beim Bundesgericht bleibt stets vorbehalten. Der Registerführer darf also weder selbst entscheiden noch auf die Eintragung verzichten noch gar die dem Eintragungspflichtigen gewährte Frist verlängern[45].

b) Der zweite Verfahrensabschnitt wird eingeleitet, wenn die Grundsatzfrage der Eintragungspflicht dadurch endgültig entschieden ist, daß entweder die eine Unternehmung leitenden Personen keine begründete Weigerung eingereicht haben[46] oder daß ihre Weigerung durch Entscheid der kantonalen Aufsichtsbehörde oder durch Urteil des Bundesgerichts verworfen wurde. Sie sollen dann eine weitere Möglichkeit zur Anmeldung der Eintragung erhalten, da sie nach Ansicht des Bundesgerichts[47] am ehesten sicher und vollständig alle für die Eintragung erforderlichen Auskünfte zu erteilen in der Lage sind. Wenn sie jedoch trotz dieser ihnen noch gewährten Gelegenheit keine Anmeldung vornehmen, muß der Registerführer die Eintragung unter Heran-

---

[44] Vgl. auch Art. 941 OR.
[45] Vgl. die Verfügung der Justizdirektion des Kantons Aargau vom 21. Juli 1950, zit. nach NAYMARK, a.a.O., Art. 57, Nr. 5, S. 126.
[46] Wer innert der gesetzten Frist keine begründete Weigerung erhoben hat, verliert sein Beschwerderecht beim Bundesgericht (BGE 58 I, 1932, S. 126 ff.; 81 I, 1955, S. 303 ff.).
[47] BGE 65 I, 1939, S. 139 ff.

ziehung aller ihm bekannten Auskünfte von Amts wegen vornehmen. Außerdem hat er die für diese Situation Verantwortlichen der Aufsichtsbehörde anzuzeigen, damit sie zu der in Art. 943 OR vorgesehenen Buße verurteilt werden.

3. In drei Sonderfällen schließlich ist die Rechtslage hinreichend klar, so daß der Registerführer ohne vorherige Rückfrage bei den ein Gewerbe, eine Gesellschaft oder eine juristische Person leitenden Personen von Amts wegen die Eintragung oder Löschung vornehmen kann.

a) Zunächst kann der Richter in einem ordentlichen Prozeßverfahren feststellen, daß bestimmte im Handelsregister eingetragene Tatsachen nicht mit der tatsächlichen oder rechtlichen Lage übereinstimmen. In der Sachentscheidung weist er dann den Registerführer an, die betreffende Eintragung zu ändern oder zu löschen. Allerdings darf nach der Rechtsprechung der Registerführer eine Änderung oder Löschung einer Eintragung von Amts wegen nur auf der Grundlage eines vollstreckbaren Urteils vornehmen. Hiervon kann man nicht sprechen bei einem im Rahmen einer Anfechtungsklage gegen einen Beschluß der Generalversammlung zwischen dem anfechtenden Aktionär und Vertretern der Aktiengesellschaft geschlossenen gerichtlichen Vergleich, da die formellen Voraussetzungen eines Urteils nicht vorliegen[48]. Auch darf der Registerführer von Amts wegen das Gewerbe einer Ehefrau nicht allein auf der Grundlage der Erklärung des Ehemanns löschen, er habe die Bewilligung zurückgenommen, da diese Rücknahme noch durch den Richter bestätigt werden muß[49].

b) Außerdem hat der Registerführer selbstverständlich ebenfalls von Amts wegen im Interesse Dritter die Eröffnung des Konkurses oder den Abschluß von Nachlaßverträgen mit Vermögensabtretung im Handelsregister einzutragen. Allerdings beendet die Konkurseröffnung nicht den Bestand des Gewerbes, der Gesellschaft oder der juristischen Person, denn sie müssen noch abgewickelt werden. Zunächst wird daher im Handelsregister nur ein Zusatz eingetragen. Die Löschung erfolgt erst nach Beendigung der Abwicklung[50]. Bei Einzelfirmen oder bei Personengesellschaften, für die die Eintragung nicht konstitutiv ist[51], wird die Löschung von Amts wegen vorgenommen. Hingegen obliegt es den Liquidatoren, die Löschung einer juristischen Person anzumelden, durch die diese ihre Rechtspersönlichkeit verliert. Gegebenenfalls hat der Registerführer das Verfahren der zwangsweisen Löschung einzuleiten[52]. Die Löschung ist im übrigen nicht in allen Fällen endgültig. Auf Antrag eines Gläubigers kann der Richter die Wiedereintragung anordnen, wenn nach der Löschung Aktiva entdeckt wurden[53].

c) Schließlich kann der Registerführer ausnahmsweise auch ohne Urteil von Amts wegen ein Gewerbe löschen, wenn der Geschäftsbetrieb tatsächlich aufgehört hat. Dies gilt nach Art. 68 HRegV dann, wenn der Inhaber einer Einzelfirma verstorben ist, und bei Kollektiv- und Kommanditgesellschaften, wenn der Geschäftsbetrieb infolge Wegzuges, Konkurses oder Bevormundung sämtlicher Gesellschafter aufgehört hat, sowie nach Art. 89 HRegV bei Aktiengesellschaften, wenn ihre Tätigkeit aufgehört hat und ihre Organe und Vertreter in der Schweiz weggefallen sind[54].

---

[48] BGE 80 I, 1954, S. 385 ff.
[49] Urteil des Obergerichts Solothurn, ZBGR 1942, S. 209.
[50] BGE 67 I, 1941, S. 119 ff.
[51] Art. 66 Abs. 1 und 2 HRegV.
[52] BGE 65 I, 1939, S. 139 ff.
[53] BGE 67 I, 1941, S. 119 ff.; 95 I, 1969, S. 60 ff.
[54] BGE 80 I, 1954, S. 60 ff.

III. Der Inhalt der Registereintragung

Die Handelsregisterverordnung nennt die rechtserheblichen Tatsachen bezüglich eingetragener Unternehmungen nicht genau, die nach der Rechtsprechung des Bundesgerichts wegen ihrer Bedeutung im Geschäftsverkehr in das Handelsregister einzutragen sind. Art. 20 HRegV begnügt sich mit einem Verweis auf die gesetzlichen Vorschriften über die verschiedenen Rechtsformen der Gewerbe, Gesellschaften und juristischen Personen. In der Praxis interessieren drei verschiedene Arten von Auskünften das Publikum.

1. Der «Personenstand» einer eingetragenen Unternehmung umfaßt die Firma[55], d.h. den Handelsnamen, den für den Gerichts- und den Betreibungsstand konstitutiven Sitz sowie Zweck oder Art der ausgeübten Tätigkeit, die den Umfang der Vertretungsmacht der für die Unternehmung handelnden Personen bestimmen.

2. Zweitens geht es um Auskünfte, die Dritte über die – primäre oder subsidiäre – Haftung zu erhalten wünschen, die für die Unternehmung übernommen wird. Bei Einzelfirmen sind die Auskünfte sehr beschränkt, da der Inhaber allein für alle Verbindlichkeiten einzustehen hat. Bei den Personengesellschaften, also den Kollektiv- und den Kommanditgesellschaften, sind sie umfangreicher. Neben dem Namen und dem Personenstand jedes Gesellschafters ist der Betrag der Kommanditsumme zu nennen, damit die Haftung des Kommanditärs Dritten gegenüber beschränkt werden kann. Bei juristischen Personen sind in das Handelsregister einerseits die Höhe eines etwa bestehenden Grundkapitals und andererseits die eventuelle persönliche Haftung einiger oder aller Mitglieder und ihre allfällige Begrenzung einzutragen[56].

3. Die dritte Art von Auskünften betrifft die Befugnis von Personen, das Gewerbe, die Gesellschaft oder die juristische Person im Geschäftsverkehr mit Dritten zu vertreten. Während allerdings die Eintragung der den Personenstand und die Haftung betreffenden Tatsachen unabdingbar ist, ist sie es hinsichtlich der Vertretungsmacht nur insoweit, als von der gesetzlichen Regelung abgewichen wird. Dies ist der Fall, wenn die Zahl der vertretungsbefugten Personen insbesondere durch Bestellung von Prokuristen erhöht oder wenn die Befugnisse eigentlich vertretungsberechtigter Personen eingeschränkt werden. Allerdings kann nicht jede Beschränkung mit dem Ziel eingetragen werden, sie Dritten entgegenzuhalten.

---

[55] Siehe unten 4. Kap., S. 154 ff.
[56] Vgl. insbes. Art. 835 Abs. 4, 869, 870 OR.

a) Zunächst wäre an eine Beschränkung der Vertretungsmacht dergestalt zu denken, daß sie nur die Vornahme bestimmter Rechtshandlungen umfaßt. Eine derartige Beschränkung ist im schweizerischen Recht zulässig, kann jedoch nicht im Handelsregister eingetragen werden. Wenn man jedoch berücksichtigt, daß die zur Vertretung befugten Personen das Gewerbe, die Gesellschaft oder die juristische Person nur durch Rechtshandlungen wirksam verpflichten können, die der Gesellschaftszweck mit sich bringen kann[57], ließe sich das gleiche Ergebnis dadurch erzielen, daß man eine enge Umschreibung des Zwecks eintragen läßt. Allerdings hat das Bundesgericht den Begriff der Rechtshandlungen, die der Zweck der Unternehmung mit sich bringen kann, stets weit ausgelegt[58].

b) Weiterhin kann die Vertretungsmacht mittels der Institution der gemeinsamen Unterschrift, die eintragungsfähig ist, dergestalt beschränkt werden, daß die vertretungsbefugte Person nicht allein handeln kann, sondern hierzu der Mitwirkung einer oder mehrerer weiterer Personen bedarf. Die Unternehmung wird dann erst durch die Zeichnung von zwei oder mehr Vertretungsbefugten rechtlich wirksam verpflichtet. Jedoch kann auf die gemeinsame Unterschrift nicht in allen Fällen zurückgegriffen werden: So muß der Inhaber einer Einzelfirma stets allein handeln können. Das Bundesgericht hat es jedoch zugelassen[59], daß ein Verwaltungsrat zum Prokuristen einer Aktiengesellschaft bestellt wird und nur mit gemeinsamer Unterschrift zu zeichnen befugt ist.

c) Endlich kann die Vertretungsbefugnis auf den alleinigen Geschäftskreis einer Zweigniederlassung oder eines bestimmten Gewerbes beschränkt werden[60].

§ 10. Die Rechtswirkungen der Eintragung

Literatur

E. His, Berner Kommentar, Anmerkungen zu Art. 933 OR; A. Siegwart, Zürcher Kommentar, Bd. V, Teil 5a, Anmerkungen zu Art. 643 und 647 OR.

G. Wyssa, Les effets externes de l'inscription au registre du commerce, Diss. Lausanne 1950; K. Plangg, Die rechtlichen Wirkungen der Eintragungen ins Handelsregister nach schweizerischem Recht, Diss. Zürich 1922; Wieland Schmid, Der Grundsatz des öffentlichen Glaubens beim Handelsregister, ZSR 73, 1954, S. 463 ff.

A. Jauffret, L'influence, en droit français, des règles du registre du commerce sur les principes du droit civil en matière d'état, de capacité, de régime matrimonial, in: Mélanges Roger Secrétan, Montreux 1964, S. 127 ff.; derselbe, Les réformes récentes du registre du commerce, R.T.D.Co XXII, 1969, S. 395 ff.; F. Perret, Coordination du droit des sociétés en Europe (zit. Lit. zu § 3); O. Keim, Das so-

---

[57] Hierzu Art. 459 Abs. 1 in fine, 564 Abs. 1, 603, 718 Abs. 1, 814 Abs. 1, 899 Abs. 1 OR.
[58] Vgl. R. Secrétan, Des pouvoirs des administrateurs des sociétés anonymes, notamment des actes gratuits d'intercession consentis par la société, JT 1960 I, S. 2 ff. sowie beispielsweise BGE 84 II, 1958, S. 168 ff.; 95 II, 1969, S. 442 ff. (450); 96 II, 1970, S. 439 ff. (443).
[59] BGE 67 I, 1941, S. 342 ff.; 86 I, 1960, S. 105 ff.; a. A. F. von Steiger, Verwaltungsrat und Prokurist in einer Person, Schweiz.AG 17, 1944/45, S. 165 ff.; R. Couchepin, Die Eintragung von Titeln und Funktionsbezeichnungen in das Handelsregister, Schweiz.AG 41, 1969, S. 367.
[60] Vgl. Art. 460 Abs. 1 OR.

genannte Publizitätsprinzip im deutschen Handelsrecht, unter Berücksichtigung verwandter Rechtsgrundsätze, Beiträge zum Handelsrecht, Heft 2, Leipzig 1930.

A. MEIER-HAYOZ, Das Vertrauensprinzip beim Vertragsabschluß, ein Beitrag zur Lehre von der Auslegung und den Mängeln des Vertragsabschlusses beim Schuldvertrag, Diss. Zürich 1948, Zürcher Beiträge 151, Aarau 1948; R. PATRY, Le principe de la confiance et la formation du contrat en droit suisse, Diss. Genf 1953; H. DESCHENAUX, Der Einleitungstitel, Schweiz. Privatrecht II, Kap. VII: Der gute Glaube und sein Schutz, S. 207 ff.

Bekanntlich schuf das französische Gesetz vom 18. März 1919 das Handelsregister vorwiegend zum Nutzen der Verwaltung. Die Eintragungspflicht wurde nicht im Interesse Dritter, sondern mit dem ausschließlichen Zweck eingeführt, den Behörden die Lösung einfacher Verwaltungs-, statistischer und gewerbepolizeilicher Probleme zu erleichtern. Bei diesem rein formellen Verständnis des französischen Rechts konnte die Eintragung weder zugunsten Dritter noch zugunsten der Unternehmung selbst, mit der einzigen Ausnahme einer gewissen Vermutung ihrer Kaufmannseigenschaft, irgendwelche privatrechtlichen Wirkungen entfalten.

Nun soll aber gerade das Handelsrecht legitime Interessen der Geschäftspartner eines Handelsgewerbes schützen. Diese müssen die Möglichkeit haben, Auskunft über bestimmte, sich auf die Unternehmung beziehende Tatsachen zu erhalten. Mit der Einrichtung des Handelsregisters kann das Handelsrecht dieser Aufgabe nachkommen, sofern nicht ein bloßes Verwaltungsregister sondern eine Einrichtung geschaffen wird, die zugunsten Dritter die erforderliche Publizität der «Rechtsverhältnisse, die für den Geschäftsverkehr von Bedeutung sind», gewährleistet[1]. Nach dieser eher materiellen als formellen Auffassung, die das schweizerische und die meisten ausländischen Rechte kennzeichnet[2], können der Eintragung, aber auch der fehlenden Eintragung im Handelsregister, im Interesse des Publikums wichtige Rechtswirkungen beigemessen werden.

I. Die Wirkungen gegenüber Dritten

Jeder, der mit einer Unternehmung in Geschäftsbeziehungen tritt und über sie beim Handelsregister Auskunft einholt, will die dort eingetragenen rechtserheblichen Tatsachen für zuverlässig

---

[1] BGE 89 I, 1963, S. 407 ff. = Pra 53, 1964, Nr. 1, S. 2.
[2] Auch das französische Recht hat sich in Art. 5 der «loi sur les sociétés commerciales» vom 24. Juli 1966 sowie im Dekret vom 23. März 1967 dieser Auffassung angeschlossen: Der Eintragung der Gesellschaften im Handelsregister kommt rechtsbegründende Wirkung zu. Außerdem sind nach der ersten Richtlinie der Europäischen Wirtschaftsgemeinschaft vom 9. März 1968 mit der Handelsregistereintragung bestimmte wichtige Rechtswirkungen zugunsten Dritter verbunden; vgl. JAUFFRET, L'influence, sowie PERRET, Coordination (Lit. zu § 3).

und vollständig halten können. Sein Interesse geht dahin, daß man ihm nicht die Unrichtigkeit einer eingetragenen Tatsache, auf die er sich verlassen zu können glaubte, oder eine ihm unbekannte, weil nicht eingetragene Tatsache entgegenhält. Die für eine Unternehmung haftenden Personen hingegen haben ein ebenso verständliches Interesse, Dritten gegenüber durch eingetragene, der wirklichen Lage nicht entsprechende Tatsachen rechtlich nicht verpflichtet zu werden und Dritten wahre Tatsachen, wie z. B. eine Haftungsbeschränkung, die Einschränkung oder Entziehung der Vertretungsbefugnis einer Person, die im Namen der Unternehmung gehandelt hat, entgegenzuhalten, selbst wenn diese nicht im Handelsregister eingetragen sind.

Zwischen dem Interesse Dritter, die mit einem Handelsgewerbe Geschäftsbeziehungen aufnehmen, und den Interessen der haftenden Personen kann sich somit ein Gegensatz ergeben. Die einen beziehen sich auf den Grundsatz der Verkehrssicherheit, während die anderen sich auf den entgegengesetzten Grundsatz der Rechtssicherheit berufen möchten[3]. Im Handelsregisterrecht wirft dieser Interessenkonflikt zwei grundlegend verschiedene Probleme auf. Einmal geht es darum, ob und inwieweit die in einer Unternehmung haftenden Personen Dritten eine Tatsache entgegenhalten können, die ihre eigene Haftung oder die der Unternehmung einschränkt oder aufhebt. Dieses Problem der Einwendbarkeit von Tatsachen hat Art. 933 OR mit den beiden Grundsätzen der positiven und der negativen Publizitätswirkung gelöst. Zum anderen fragt sich, inwieweit das Publikum sich allgemein auf die Richtigkeit eingetragener Tatsachen verlassen darf. Hiermit ist das Problem des öffentlichen Glaubens bei Handelsregistereintragungen angesprochen.

1. Der in Art. 933 Abs. 1 OR enthaltene **Grundsatz der positiven Publizitätswirkung** soll es den eine Unternehmung leitenden Personen ermöglichen, Dritten die in das Handelsregister eingetragenen Tatsachen entgegenzuhalten. Sobald sie ihrer Pflicht nachgekommen sind, den rechtserheblichen Tatsachen und den die Unternehmung beherrschenden Rechtsverhältnissen mittels der Eintragung die erforderliche Publizität zu geben, dürfen sie davon ausgehen, daß jede Person, die mit ihnen oder mit einem Vertreter der Unternehmung Geschäftsbeziehungen aufnimmt, die Verhältnisse kennt, so wie sie im Handelsregister eingetragen sind. Art. 933 Abs. 1 OR schafft zu Lasten Dritter eine absolute unwiderlegliche Vermutung, d. h. eine Fiktion, die ihnen jede Berufung auf ihre Unkenntnis von der Eintragung abschneidet[4].

a) Der Grundsatz der positiven Publizitätswirkung kann jedoch nur angewandt werden, wenn eine formelle und eine materielle Voraussetzung – beide erwähnt Art. 933 Abs. 1 OR nicht ausdrücklich – verwirklicht sind. Formell kann eine Tatsache erst nach Abschluß des Eintragungsverfahrens Dritten entgegengehalten werden, d. h. genauer, nach Art. 932 Abs. 2 OR, an dem Tag, der der Veröffentlichung im Schweizerischen Handelsamtsblatt folgt. Vom materiellen Gesichtspunkt aus ist diese Veröffentlichung schließlich Dritten gegenüber nur wirksam, wenn sie sich auf eine gültige Eintragung[5] bezieht, deren Inhalt mit der wirklichen Lage sowohl in tatsächlicher als auch in rechtlicher Hinsicht übereinstimmt.

---

[3] Vgl. V. EHRENBERG, Rechtssicherheit und Verkehrssicherheit, Iher Jb 1904, S. 273 ff.; R. DE-MOGUE, Notions fondamentales du droit privé, Paris 1911, S. 63 ff.; PATRY, Principe de la confiance, S. 138 ff.
[4] Siehe z. B. BGE 98 II, 1972, S. 211 ff.
[5] BGE 83 II, 1957, S. 41 ff. (48 f.).

b) Diesem Grundsatz kommt praktisch keine Bedeutung zu, wenn sich in der Unternehmung die Lage zugunsten des Dritten geändert hat. Dies ist der Fall, wenn der Kreis der haftenden Personen größer geworden ist, wenn ihre Haftung erhöht wurde, wenn der Person, die Dritten gegenüber im Namen der Unternehmung auftritt, die erforderliche Vertretungsbefugnis erteilt wurde und schließlich, wenn Beschränkungen der Haftungs- und Vertretungsbefugnisse beseitigt worden sind. In all diesen Fällen kann sich der Dritte auf diese neue, ihm günstigere Lage berufen, sobald sie innerhalb der Unternehmung wirksam geschaffen ist, unabhängig von seiner allfälligen Kenntnis, unabhängig auch von einer eventuellen Eintragung im Handelsregister und Veröffentlichung im Schweizerischen Handelsamtsblatt.

Hingegen entfaltet der in Art. 933 Abs. 1 OR enthaltene Grundsatz seine Wirkung, wenn jemand mit einer im Handelsregister eingetragenen Unternehmung ein Geschäft tätigt, ohne auf einen tatsächlichen oder rechtlichen Umstand zu achten, der die Nichtigkeit des Geschäfts bewirkt. Dies ist beispielsweise der Fall, wenn jemand mit einer Person abschließt, deren Vertretungsbefugnis für die Unternehmung im Handelsregister gelöscht ist, oder wenn er sich nicht beim Handelsregister über den genauen Zweck der Unternehmung und folglich über den Umfang der Vertretungsbefugnis des Vertreters erkundigt hat. Unabhängig von den Umständen, die seine Unkenntnis rechtfertigen oder entschuldigen, hat der Dritte die ihm nachteiligen Folgen auf sich zu nehmen: er muß sich die Tatsache, die zur Nichtigkeit des Geschäfts führt, entgegenhalten lassen, wenn sie im Handelsregister eingetragen und im Schweizerischen Handelsamtsblatt veröffentlicht war. Dies gilt nach Ansicht des Bundesgerichts sogar dann, wenn der Dritte ein im Ausland wohnhafter Ausländer ist[6].

2. Sind hingegen die eintragungspflichtigen Personen ihrer gemäß Art. 934 Abs. 1 und Art. 937 OR bestehenden Publizitätspflicht nicht nachgekommen, so können sie sich natürlich nicht mehr darauf berufen, daß das Publikum alle rechtserheblichen Tatsachen in bezug auf die Unternehmung kannte oder hätte kennen müssen, obschon sie nicht im Handelsregister eingetragen und nicht im Schweizerischen Handelsamtsblatt veröffentlicht waren. Vielmehr wird die Unkenntnis des Dritten, der mit einem Vertreter der Unternehmung Geschäftsbeziehungen aufnimmt, vermutet. Art. 933 Abs. 2 OR enthält zu seinen Gunsten den Grundsatz der negativen Publizitätswirkung. Der Dritte ist also nicht der Gefahr ausgesetzt, daß ihm Tatsachen entgegengehalten werden, die er wegen ihrer Nichteintragung und Nichtveröffentlichung nicht kennt.

a) Es fragt sich nach schweizerischem wie nach ausländischem Recht, unter welchen Voraussetzungen einem Dritten nicht eingetragene und nicht veröffentlichte Tatsachen nicht entgegengehalten werden können. Theoretisch kann die Vermutung der Unkenntnis auf drei verschiedene Arten definiert werden.

Eine erste Möglichkeit wäre, zugunsten des Publikums wie in Art. 933 Abs. 1 OR eine absolute unwiderlegliche Vermutung, d. h. eine Fiktion, aufzustellen. So würden die eine Unternehmung leitenden Personen für ihre Nachlässigkeit dadurch bestraft, daß man ihnen jede Möglichkeit nähme, nicht eingetragene Tatsachen Dritten entgegenzusetzen, ohne daß es auf deren guten oder bösen Glauben ankäme. Eine zweite Lösung – einfache Vermutung des guten Glaubens – scheint gerechter zu sein. Die für die Unternehmung Handelnden hätten hier die Möglichkeit,

---

[6] BGE 96 II, 1970, S. 439 ff.

einem Dritten eine nicht veröffentlichte Tatsache entgegenzuhalten, die er hätte kennen können oder müssen. An diese Lösung hatte die Kommission der Europäischen Gemeinschaften im Entwurf einer ersten Richtlinie zunächst gedacht[7].

Allerdings haben sich der schweizerische Gesetzgeber und der Ministerrat der Europäischen Gemeinschaften[8] schließlich für eine weitere Möglichkeit entschieden. Der Dritte darf sich nicht immer auf eine unwiderlegliche Vermutung oder Fiktion der Unkenntnis berufen, vielmehr kann man ihm eine rechtserhebliche Tatsache entgegenhalten, wenn er sie kannte. Der Beweis des bösen Glaubens genügt hierbei nicht. Nach der Rechtsprechung des Bundesgerichts muß in jedem einzelnen Fall der Beweis erbracht werden, der Dritte habe tatsächlich sichere Kenntnis von der nicht veröffentlichten Tatsache gehabt[9].

b) Weiterhin ist zu prüfen, welche Tatsachen und Rechtsverhältnisse unter diesen Voraussetzungen dem Vertragspartner entgegengehalten werden können. Zunächst ist darauf hinzuweisen, daß das Bundesgericht den Art. 933 Abs. 2 OR nur bei Tatsachen anwendet, die nach dem Gesetz und der Handelsregisterverordnung eintragungspflichtig sind[10].

Eine zweite und wichtige Einschränkung ergibt sich nach schweizerischem und ausländischem Recht aus dem konstitutiven Charakter der Eintragung bestimmter Gesellschaften und juristischer Personen sowie bestimmter sie betreffender rechtserheblicher Tatsachen[11]. Weder im Verhältnis unter den Parteien noch gegenüber Dritten bestehen diese Tatsachen und Rechtsverhältnisse rechtlich vor ihrer Eintragung. Folglich hat der Grundsatz der negativen Publizitätswirkung hier keine Bedeutung. Selbst wenn der Dritte von den Tatsachen positive Kenntnis hatte, können sie ihm so lange nicht entgegengehalten werden, wie sie nicht ordnungsgemäß eingetragen und veröffentlicht sind[12].

3. Schließlich bringt der Grundsatz des öffentlichen Glaubens zugunsten gutgläubiger Dritter eine weitere mit der Eintragung verbundene Rechtswirkung mit sich, die sich unmittelbar aus dem Zweck der Institution des Handelsregisters ableitet[13]. Diese Wirkung ergibt sich nicht ausdrücklich aus einer Gesetzesbestimmung. Es geht darum, dem Publikum leicht und in zuverlässiger Weise den Zugang zu Auskünften über rechtserhebliche, im Geschäftsverkehr bedeutsame Tatsachen bezüglich Gewerbe, Gesellschaften und juristische Personen zu ermöglichen. Schließlich ist erneut auf die Pflicht der eine Unternehmung leitenden Personen hinzuweisen, in der Eintragungsanmeldung genaue und vollständige Auskünfte in tatsächlicher und rechtlicher Beziehung zu geben. Die Handelsregisterbehörden ihrerseits sind gehalten, die Richtigkeit und Gesetzmäßigkeit dieser Auskünfte zu überprüfen. Wenn dennoch in der Folge der Inhalt einer Ein-

---

[7] PERRET, a.a.O., S. 33.
[8] PERRET, a.a.O., S. 33. Diese Auslegung ist umstritten. P. VAN OMMESLAGHE, (a.a.O., oben § 8, Anm. 3) vertritt insbes. die Auffassung, daß nicht eingetragene Tatsachen nur Dritten guten Glaubens nicht entgegengehalten werden können.
[9] BGE 65 II, 1939, S. 85 ff. (88).
[10] Vgl. erneut BGE 65 II, 1939, S. 85 ff. (88).
[11] Siehe unten II 2, S. 148 f.
[12] Vgl. z. B. BGE 84 II, 1958, S. 34 ff.
[13] Es ist daher erstaunlich, wenn bestimmte Autoren die Wirkung des öffentlichen Glaubens für eine Ausnahme halten. Vgl. insbesondere HIS, a.a.O., Art. 933 OR, N. 17 ff.

tragung sich als unrichtig herausstellt, so darf ein Dritter, der mit einer eingetragenen Unternehmung in gutem Glauben auf diese Eintragung ein Geschäft geschlossen hat, nicht Gefahr laufen, daß ihm eines Tages die Nichtigkeit oder die fehlende Wirksamkeit dieser Eintragung entgegengehalten wird.

a) Zwar kann die Vorschrift des Art. 9 ZGB[14] oder eine entsprechende Bestimmung des ausländischen Rechts, die die Richtigkeit der in einem öffentlichen Register eingetragenen Tatsachen bezeugt, allein nicht die Geltung des Grundsatzes des öffentlichen Glaubens rechtfertigen. Denn diese allgemeine Bestimmung enthält nur eine einfache Vermutung der Richtigkeit und erlaubt den für eine Unternehmung Handelnden wie auch den Vertragspartnern, den Gegenbeweis anzutreten. Man kann die Anwendbarkeit des Grundsatzes des öffentlichen Glaubens im Bereich des Handelsregisters aber auch nicht mit dem Argument ausschließen, der Gesetzgeber habe diesen Grundsatz im Bereich des Grundbuchwesens ausdrücklich anerkannt, für die Eintragungen im Handelsregister hingegen keine dem Art. 973 ZGB vergleichbare Vorschrift erlassen. Es liegen keine Anhaltspunkte dafür vor, daß dieses Schweigen des Gesetzgebers des Obligationenrechts als eine qualifizierte Lücke verstanden werden müsse. In einer 1923 ergangenen Entscheidung hat im übrigen das Bundesgericht diese Auffassung vertreten und gerade den genauen und klaren Ausdruck des öffentlichen Glaubens, der mit Eintragungen im Handelsregister verbunden ist, benutzt[15].

In der Folge hat das Bundesgericht mehrfach[16] diese Rechtsprechung bestätigt, allerdings auch eine bedauernswerte Verwirrung gestiftet, indem es den ungenauen Ausdruck «allgemein positive Publizitätswirkung» benutzt und sich so indirekt oder ausdrücklich auf Art. 933 OR bezogen hat. Bekanntlich betrifft aber gerade diese Bestimmung einen ganz anderen Fall und hat eine dem Grundsatz des öffentlichen Glaubens entgegengesetzte Bedeutung, da sie den Interessen Dritter widerspricht, denen bestimmte eingetragene Tatsachen entgegengehalten werden können. Diese Verwirrung findet sich auch im Kommentar von EDUARD HIS[17], während KARL PLANGG und vor allem GÉRARD WYSSA in ihren Dissertationen dankenswerterweise zwischen den in Art. 933 OR enthaltenen Grundsätzen der positiven und der negativen Publizitätswirkung und dem Grundsatz des öffentlichen Glaubens deutlich unterschieden haben[18].

b) Um die Geltung des Grundsatzes des öffentlichen Glaubens zu rechtfertigen und um die Voraussetzungen seiner Anwendung festzulegen, kann man zunächst den Standpunkt nicht des Dritten, der auf die Richtigkeit der Eintragung vertraute, sondern den der anderen Seite annehmen, d.h. den Standpunkt der Person, die als Mitglied einer im Handelsregister eingetragenen Unternehmung, einer Gesellschaft oder einer juristischen Person sich auf die wirkliche Situation berufen will, auch wenn diese der Eintragung widerspricht oder von ihr abweicht. Dann muß man sich auf das Veranlassungsprinzip - *théorie dite de la causalité* -[19] beziehen und folglich den Grundsatz des öffentlichen Glaubens nur auf die Personen anwenden, die unmittelbar oder mittelbar für den zwischen dem Inhalt der Eintragung und der wirklichen Lage bestehenden Unterschied verantwortlich sind. Dieser restriktiven Auffassung scheinen die deutsche Lehre und Rechtsprechung lange[20], d.h. bis zum Inkrafttreten des § 15 Abs. 3 HGB n.F. am 1. September 1969[21] gewesen zu sein.

---

[14] Siehe DESCHENAUX, Der Einleitungstitel, S. 270 ff., insbes. S. 278.
[15] BGE 49 II, 1923, S. 380 ff. (395); vgl. auch 57 I, 1931, S. 315 ff. und 59 II, 1933, S. 434 ff. (452).
[16] BGE 74 II, 1948, S. 172 ff. (175); 78 III, 1952, S. 33 ff. (45).
[17] HIS, a.a.O., Art. 933 OR, N. 17 ff.
[18] Vgl. PLANGG, a.a.O., S. 75 ff.; WYSSA, a.a.O., S. 75 ff.; WIELAND SCHMID, a.a.O., S. 472 ff.; PERRET, a.a.O., S. 46 ff.
[19] Vgl. hierzu WYSSA, a.a.O., S. 104; PATRY, Principe de la confiance, S. 161 ff. sowie L. SCHNELLER, Das Veranlassungsprinzip im Zivilrecht, Diss. Zürich 1904.
[20] WYSSA, a.a.O., S. 88 ff.; BAUMBACH/DUDEN, Handelsgesetzbuch, § 15, Anm. 4 B.
[21] Abs. 3 wurde in Ausführung der Ersten Richtlinie der Europäischen Wirtschaftsgemeinschaft vom 9. März 1968 eingefügt.

Wenn man sich hingegen den Standpunkt des Dritten zu eigen macht, der auf der Grundlage von Auskünften aus dem Handelsregister ein Geschäft abgeschlossen hat, muß man zwingend die Vertrauenstheorie – *théorie dite de la confiance* –[22] anwenden und den Vertragspartner insoweit schützen, als er von der Richtigkeit der Auskünfte ausging. Dann kann es nicht darauf ankommen, welches die Ursache für den Unterschied zwischen Eintragung und wirklicher Lage und wer hierfür verantwortlich ist. So hat beispielsweise das Bundesgericht in zwei Entscheidungen zur persönlichen Haftung von Mitgliedern einer Genossenschaft[23] im Interesse der Gläubiger die Eintragung gegen die Genossenschafter gelten lassen, die diese Eintragung nicht beantragt hatten und mithin nicht dafür verantwortlich waren, daß das Handelsregister einen nicht ordnungsgemäß gefaßten Beschluß der Generalversammlung enthielt. Die Lehre schützt überdies den Dritten in seinem guten Glauben, wenn ein Irrtum des Handelsregisterführers die Ursache der falschen Eintragung ist.

Aber selbst im Rahmen der Vertrauenstheorie kann es keinen unbegrenzten Schutz der Vertragspartner geben. Insbesondere hat die Vertrauenstheorie vor dem Grundsatz des absoluten Schutzes des Geschäftsunfähigen zurückzutreten. So hat das Bundesgericht eine Betreibung gegen eine entmündigte Person für nichtig erklärt, die im Handelsregister als Inhaber einer Einzelfirma eingetragen war, obwohl sie die in Art. 412 ZGB vorgesehene Bewilligung der Vormundschaftsbehörde nicht erhalten hatte[24]. Außerdem verdient der Dritte den mit dem Grundsatz des öffentlichen Glaubens verbundenen Schutz sicher nur, soweit er guten Glaubens bezüglich der Richtigkeit der beim Handelsregister erhaltenen Auskünfte ist. Im Gegensatz zur negativen Publizitätswirkung des Art. 933 Abs. 2 OR ist der Grundsatz des öffentlichen Glaubens nur auf Dritte guten Glaubens anwendbar. Die Unkenntnis der wirklichen Lage ist nicht ausreichend. In diesem Zusammenhang ist auf Art. 8 der Ersten Richtlinie der Europäischen Wirtschaftsgemeinschaft vom 9. März 1968[25] und auf § 15 Abs. 3 HGB n. F. hinzuweisen, deren Anwendungsbereich allerdings zu weit ist, da sie den Dritten auch dann schützen, wenn er von der fehlenden Vertretungsbefugnis eines Gesellschaftsorgans keine Kenntnis hatte und wenn diese Unkenntnis unentschuldbar war.

c) Nach dem Grundsatz des öffentlichen Glaubens schließlich dürfen gutgläubige Dritte die Eintragung nicht nur für richtig, sondern auch für vollständig halten. So könnten sie aus dem Schweigen des Handelsregisters zu bestimmten Tatsachen guten Glaubens auf deren Nichtexistenz schließen. In diesem Fall wird diese – negative – Wirkung des Grundsatzes des öffentlichen Glaubens jedoch von dem Prinzip der negativen Publizitätswirkung überlagert, nach dem eine Tatsache solange, wie sie nicht im Handelsregister eingetragen und im Schweizerischen Handelsamtsblatt veröffentlicht ist, unwissenden Dritten nicht entgegengehalten werden kann.

II. Die Wirkungen im Innenverhältnis

Wollte man sich streng an den Zweck des Handelsregisters – Publizität zugunsten Dritter – halten, so müßte man das Vorliegen irgendwelcher Rechtswirkungen der Eintragung im Innenverhältnis des Gewerbes, der

---

[22] Vgl. hierzu MEIER-HAYOZ, Das Vertrauensprinzip; PATRY, Principe de la confiance.
[23] Die eine Entscheidung betraf die Nachschußpflicht der Genossenschafter, die andere ihre persönliche Haftung für Verbindlichkeiten der Genossenschaft (vgl. BGE 49 II, 1923, S. 380 ff.; 78 III, 1952, S. 33 ff.). Allerdings hat das Bundesgericht in beiden Entscheiden angedeutet, daß die Genossenschafter die auf der Grundlage eines nicht gültig gefaßten Beschlusses der Generalversammlung erfolgte Eintragung (auf dem Beschwerdegang) hätten anfechten können.
[24] BGE 66 III, 1940, S. 25 ff.
[25] So PERRET, a.a.O., S. 46.

Gesellschaft oder der juristischen Person oder im Verhältnis der Mitglieder dieser Unternehmung untereinander verneinen. Allerdings üben die Handelsregisterbehörden eine gewisse Kontrolle der Richtigkeit und der Gesetzmäßigkeit der in das Handelsregister einzutragenden Tatsachen aus. Im Innenverhältnis – so muß man also folgern – führt die Eintragung zur offiziellen Feststellung rechtserheblicher Tatsachen in bezug auf die innere Ordnung des Gewerbes, der Gesellschaft oder der juristischen Person. Hierbei sind nun aber die mit dieser offiziellen Feststellung verbundenen unterschiedlichen Rechtswirkungen zu trennen.

1. Üblicherweise stellt der Registerführer bei Vornahme einer Eintragung einfach das Bestehen eines bestimmten Rechtszustandes oder eines bestimmten Rechtsverhältnisses fest, welche unabhängig von jeder Demarche bei den Handelsregisterbehörden schon entstanden sind. Die Eintragung hat hier nur deklaratorische Wirkung.

a) Dies gilt zweifellos für die einzelkaufmännische Unternehmung und die Zweigniederlassung, deren Existenz der Handelsregisterführer nur feststellt. Die Eintragung fügt der Tatsache nichts hinzu, daß der Einzelkaufmann oder im Falle der Zweigniederlassung die Hauptniederlassung tatsächlich ein Handels- oder ein Fabrikationsgewerbe betreiben. Gleiches gilt für eine Person, die ein nicht kaufmännisches Gewerbe gegründet hat und unter Berufung auf das ihr in Art. 934 Abs. 2 OR gewährte Recht die Eintragung begehrt. Zudem bedürfen die Personengesellschaften – Kollektiv- und Kommanditgesellschaften – nach schweizerischem Recht zu ihrer Entstehung keines Handelsregistereintrages[26]; sie bestehen, sobald die Gesellschafter einen Gesellschaftsvertrag geschlossen haben und gemeinsam eine kaufmännische Tätigkeit unter einer Firma, die für Dritte Ausdruck eines gemeinsamen Gewerbes ist, ausüben.

Außerdem erwerben in Abweichung von der allgemeinen Regel des Art. 52 Abs. 1 ZGB die Vereine des Zivilrechts, bestimmte Arten von Stiftungen wie auch die Anstalten des öffentlichen Rechts die Rechtspersönlichkeit vollkommen unabhängig von einer Eintragung in das Handelsregister, die im übrigen nur in Ausnahmefällen gemäß Art. 934 Abs. 1 und 2 OR und bei Vereinen nach Art. 61 Abs. 2 ZGB stattfindet.

Endlich ist noch auf einige Entscheidungen über die innere Organisation eines Gewerbes, einer Gesellschaft oder einer juristischen Person, die schon im Handelsregister eingetragen sind, hinzuweisen. Diese Entscheidungen sind eintragungspflichtig, entfalten jedoch ihre Wirkungen im Innenverhältnis schon ab dem Zeitpunkt, in dem sie gültig getroffen wurden. Als Beispiele seien die Wahl oder Demission eines Verwaltungsratsmitgliedes[27] und der von der Generalversammlung gefaßte Auflösungsbeschluß[28] genannt.

b) In der Schweiz und im Ausland sieht man allgemein in der nur deklaratorischen Eintragung einen Beweis für den Bestand der von ihr erfaßten Tatsachen und Rechte. Man ist sich auch über die Widerleglichkeit dieser Vermutung einig. Die Auffassungen gehen jedoch bei der Frage auseinander, welche Bedeutung im einzelnen dieser Vermutung zukommt. So wird im französischen und belgischen Recht nur die Kaufmannseigenschaft der im Register eingetragenen Unternehmung widerleglich vermutet[29]. Nach § 415 der deutschen ZPO wird bei öffentlichen Urkunden

---

[26] Vgl. z. B. BGE 56 III, 1930, S. 133 ff. (135 f.).
[27] BGer JT 1969 I, S. 377 ff. (nicht in BGE veröffentlicht).
[28] BGE 91 I, 1965, S. 438 ff.
[29] Vgl. Art. 41 des «Décret relatif au registre du commerce» vom 23. März 1967.

und Registern vermutet, daß das Eintragungsverfahren in der vorgesehenen Form stattgefunden hat. Hinsichtlich des Inhaltes der Eintragung handelt es sich nur um eine widerlegliche Tatsachenvermutung. Hingegen erbringen gemäß Art. 9 ZGB die öffentlichen Register für die durch sie bezeugten Tatsachen vollen Beweis. Wer aber die Richtigkeit einer durch das Handelsregister bezeugten Tatsache bezüglich der inneren Organisation einer eingetragenen Unternehmung bestreitet, muß nicht nur diese Rechtsvermutung zerstören, sondern vielmehr den Beweis für das Gegenteil erbringen[30].

2. In bestimmten Fällen hat die Handelsregistereintragung auf Grund besonderer Gesetzesvorschriften konstitutive (rechtsbegründende) Wirkung. Sie stellt dann eine Voraussetzung des Bestandes der von ihr bezeugten Rechtslage dar. Hier beschränkt sich der Registerführer nicht auf die Feststellung schon bestehender Tatsachen, Rechtsverhältnisse oder Rechtslagen, vielmehr begründet er sie durch Eintragung im Register. Vorweg prüft er jedoch stets, ob die materiellen Voraussetzungen des rechtlichen Entstehungsvorganges erfüllt sind.

a) Im modernen Recht kommt zunächst die konstitutive Wirkung der Eintragung in Betracht, wenn privatrechtlichen Gesellschaften und Körperschaften die Rechtspersönlichkeit verliehen werden soll. Die Mitglieder einer juristischen Person wie auch Dritte sind in der Tat in gleicher Weise daran interessiert, das genaue Entstehungsdatum der juristischen Person zu kennen und von der Wirksamkeit ihres Fortbestandes sicher zu wissen. Von diesem Grundsatz geht das deutsche Recht seit langem aus. Ihm hat sich der französische Gesetzgeber erst 1966 bei Erlaß der *loi sur les sociétés commerciales* angeschlossen[31]. Art. 52 Abs. 2 ZGB nimmt von diesem Prinzip nur die privatrechtlichen Vereine, die kirchlichen und die Familienstiftungen sowie die öffentlichrechtlichen Körperschaften und Anstalten aus. Hingegen gilt nach schweizerischem Recht der allgemeine Grundsatz – rechtsbegründende Wirkung der Handelsregistereintragung – für die sonstigen Arten der Stiftungen und für alle Gesellschaften mit Rechtspersönlichkeit, d.h. für die Aktiengesellschaften, die Gesellschaften mit beschränkter Haftung, die Genossenschaften und die Kommanditaktiengesellschaften[32].

Nach ausdrücklicher Gesetzesbestimmung ist die Handelsregistereintragung überdies konstitutiv bei Kollektiv- und Kommanditgesellschaften, die kein nach kaufmännischer Art geführtes Gewerbe betreiben[33].

b) In diesem Zusammenhang ist schließlich auf die Vorschrift des Art. 647 Abs. 3 OR hinzuweisen, die nicht nur auf Aktiengesellschaften, sondern auch auf Gesellschaften mit beschränkter Haftung und Genossenschaften anwendbar ist. Das Bundesgericht[34] hat diese Bestimmung – wie auch schon Art. 626 Abs. 3 aOR von 1881 – dahingehend ausgelegt, daß ein Statutenänderungsbeschluß vor der Eintragung schlechthin rechtsunwirksam ist, sowohl nach außen den Gesellschaftsgläubigern gegenüber als auch im Verhältnis der Gesellschaft zu den Aktionären: Es hat also ausdrücklich die in der Doktrin vertretene Auffassung[35] verworfen, im Innenverhältnis wirkten Statutenänderungen schon von der Beschlußfassung an. Das Bundesgericht hat seine Rechtsprechung[36], nach der die Generalversammlung schon vorgängig der Eintragung, gestützt auf

---

30 DESCHENAUX, Der Einleitungstitel, S. 270ff.
31 Siehe Art. 5 dieses Gesetzes.
32 Vgl. Art. 52 Abs. 1 ZGB; Art. 643 Abs. 1, 764, 783 Abs. 1, 838 Abs. 1 OR.
33 Art. 553, 595 OR; vgl. auch BGE 55 III, 1929, S. 146ff. (151).
34 BGE 55 II, 1929, S. 100ff. (105); 84 II, 1958, S. 34ff. (39ff.).
35 So vor allem SIEGWART, a.a.O., Art. 647 OR, N. 12.
36 BGE 60 I, 1934, S. 380ff. (385); siehe auch JT 1969 I, S. 377ff. (379f.).

die neuen Statutenbestimmungen, Beschlüsse fassen und Wahlen vornehmen könne, dahingehend präzisiert, daß hierfür praktische Gründe sprächen, daß jedoch die Wirksamkeit dieser Beschlüsse selbstverständlich von der Eintragung der Statutenänderung im Handelsregister abhängig sei.

3. Der Registerführer muß prüfen, ob die formellen und materiellen Eintragungsvoraussetzungen erfüllt sind, bevor er eine privatrechtliche Stiftung, eine Aktiengesellschaft, eine Gesellschaft mit beschränkter Haftung oder eine Genossenschaft einträgt und ihr so Rechtspersönlichkeit verleiht. Allerdings verfügen die Handelsregisterbehörden nur über eine in tatsächlicher und rechtlicher Hinsicht beschränkte Kognitionsbefugnis. Der Registerführer vermag folglich nicht uneingeschränkt die Ordnungsgemäßheit des Entstehungsvorganges der juristischen Person zu gewährleisten. Könnte man nun die im Schweizerischen Handelsamtsblatt veröffentlichte Eintragung einfach beseitigen und würde auf diese Weise die juristische Person als solche nicht mehr bestehen, so wären die Interessen Dritter, die guten Glaubens mit dieser juristischen Person Geschäftsbeziehungen aufgenommen haben, erheblich verletzt. Aus diesem Grund hat sich das Bundesgericht im Interesse der Verkehrssicherheit seit 1889[37] der Heilungstheorie – *théorie dite de la guérison* – angeschlossen, ohne sich hierfür auf eine Gesetzesbestimmung stützen zu können. Diese Rechtsprechung hat der Gesetzgeber 1936 in Art. 643 Abs. 2 OR ausdrücklich bestätigt. Der Handelsregistereintragung kommt mithin eine heilende Wirkung in dem Sinne zu, daß der Bestand der Aktiengesellschaft allein auf Grund der Eintragung trotz allfälliger Gründungsmängel gesichert ist[38].

a) Wenn auch in formeller Hinsicht Art. 643 Abs. 2 OR die heilende Wirkung der Eintragung nur für die Aktiengesellschaft vorschreibt, so verlangt doch die Sicherheit des Handelsverkehrs seine Anwendung auch auf die Gesellschaft mit beschränkter Haftung und auf die Genossenschaft. Hiervon gehen mangels einer dem Art. 643 Abs. 2 OR vergleichbaren Vorschrift Doktrin und Rechtsprechung ausdrücklich oder stillschweigend aus.

Hingegen ist die Situation natürlich bei den privatrechtlichen Stiftungen anders, deren Tätigkeit sich normalerweise auf die Verwaltung des ihnen gewidmeten Vermögens und auf die Verwendung dieses Vermögens oder seiner Erträgnisse zugunsten der Destinatäre beschränkt. Sieht man von einigen Stiftungen ab, die ein Handels- oder Fabrikationsgewerbe betreiben (Unternehmensstiftungen), so treten privatrechtliche Stiftungen praktisch nicht in geschäftlichen Verkehr mit Dritten. Es ist daher nicht notwendig, der Eintragung dieser Stiftungen eine heilende Wirkung zuzuerkennen. Das Bundesgericht geht davon aus, die Interessen Dritter, die mit einer im Handelsregister eingetragenen Stiftung in geschäftlichen Verkehr getreten sind und deren Nichtigkeit sich in der Folge herausstellt, seien in hinlänglichem Maße dadurch gewahrt, daß das zu liquidierende Stiftungsvermögen für die Verbindlichkeiten haftet[39].

---

[37] BGE 15, S. 619 ff. (629 f.) sowie 64 II, 1938, S. 272 ff. (280 f.).
[38] Ursprünglich sah der Regierungsentwurf der französischen «loi sur les sociétés commerciales» ebenfalls die Einführung der heilenden Wirkung vor. Schließlich wurde die Bestimmung jedoch wieder gestrichen, so daß nach französischem Recht die Eintragung einer Handelsgesellschaft im Handelsregister keine heilende Wirkung besitzt.
[39] BGE 96 II, 1970, S. 273 ff. (278 ff.) (mit Nachweisen der Doktrin).

b) Ein Teil der Lehre[40] möchte, unseres Erachtens zu Unrecht, selbst im engen Bereich der Handelsgesellschaften – Aktiengesellschaften und Gesellschaften mit beschränkter Haftung – und der Genossenschaften den Anwendungsbereich der Heilungstheorie einschränken. Nach dieser Auffassung sollen nur die nicht wesentlichen Rechtsmängel durch die Handelsregistereintragung geheilt werden. Zwar könnte man annehmen, daß eine Gesellschaft trotz Eintragung nicht wirksam entsteht, wenn sie keine der zu ihrem Bestand unentbehrlichen Voraussetzungen erfüllt[41], vielleicht auch, wenn ihr Zweck offensichtlich widerrechtlich oder unsittlich ist[42]. Darüber hinaus können jedoch weder der Rechtsprechung noch der Bestimmung des Art. 643 Abs. 2 OR selbst Kriterien zur einschränkenden Anwendung der Heilungstheorie entnommen werden. Außerdem ist das dieser Lehre zugrundeliegende Gebot der Verkehrssicherheit im Interesse Dritter unabhängig von der Art der Mängel des Gründungsverfahrens einer Gesellschaft zu wahren. Es ist daher zu bedauern, daß das Bundesgericht in einer Entscheidung, in der die Heilungstheorie nicht anwendbar war, weil es sich um eine privatrechtliche Stiftung[43] handelte, nur die enge Auffassung der Doktrin zitierte, ohne ausdrücklich seine ältere Rechtsprechung zu bestätigen, nach der «der Bestand der Aktiengesellschaft durch die erfolgte Eintragung im Handelsregister trotz allfälliger Gründungsmängel gesichert» ist[44].

c) Selbstverständlich verhindert die Heilungstheorie nur, daß die im Handelsregister eingetragene Gesellschaft mit *ex-tunc*-Wirkung wegen der Mängel des Gründungsvorgangs für nichtig erklärt wird. Das Recht verletzter Aktionäre und Gläubiger, die Auflösung der Gesellschaft mit *ex-nunc*-Wirkung unter den Voraussetzungen des Art. 643 Abs. 3 und 4 OR zu beantragen, sowie das Recht, Ersatz des auf Grund der Gründungsmängel erlittenen Schadens zu verlangen, bleibt ohne weiteres vorbehalten. Es ist schließlich noch darauf hinzuweisen, daß die Eintragung im Handelsregister diese Mängel nicht heilt oder wegwäscht. Sie bleiben bestehen und müssen natürlich beseitigt werden.

III. Die Nebenwirkungen

Zwar ergibt sich die Kaufmannseigenschaft nicht aus der formellen Handelsregistereintragung, sondern vielmehr aus der Tatsache, daß die Unternehmung nach kaufmännischer Art geführt wird oder daß eine Gesetzesvorschrift eine bestimmte Gesellschaftsform oder juristische Person als kaufmännisch bezeichnet. Aber es besteht doch eine gewisse natürliche Verknüpfung zwischen der Eintragung und der Kaufmannseigenschaft, an die herkömmlich oder auf Grund spezieller Gesetzesbestimmungen bestimmte Rechte und Pflichten gebunden sind. So hat die Eintragung unabhängig von den Publizitätswirkungen, die sich aus dem Zweck des Handelsregisters ergeben, bestimmte rechtliche Nebenwirkungen, die hier nur kurz erwähnt werden sollen.

---

[40] Vgl. insbes. HIS, a.a.O., Art. 933 OR, N. 15 und 37.
[41] SIEGWART, a.a.O., Art. 643 OR, N. 4 ff.
[42] Vgl. Art. 52 Abs. 3 ZGB.
[43] BGE 96 II, 1970, S. 273 ff. (278 ff.).
[44] BGE 64 II, 1938, S. 272 ff. (281).

1. Die Anwendbarkeit spezieller handelsrechtlicher Bestimmungen, die inhaltlich von zivilrechtlichen Normen abweichen, hängt allgemein vom Bestand eines Handelsgewerbes oder von der kaufmännischen Eigenschaft des betreffenden Rechtsgeschäfts ab. Dies ist insbesondere bei den Sonderbestimmungen über handelsrechtliche Verträge und vor allem über den Handelskauf der Fall[45]. Außerdem obliegt im Gegensatz zu einer verbreiteten Meinung die nach Art. 957 OR bestehende Pflicht zur kaufmännischen Buchführung nicht allen eintragungspflichtigen Personen[46]. Die Handelsregistereintragung ist weder eine notwendige noch eine ausreichende Voraussetzung für die Anwendbarkeit dieser besonderen Bestimmungen, vielmehr hat sie nur insofern eine mittelbare Bedeutung, als der Bestand einer kaufmännischen Unternehmung vermutet und so die Anwendbarkeit dieser Vorschriften gerechtfertigt wird.

In zwei unterschiedlichen Fällen hängt die Anwendbarkeit einer speziellen Vorschrift von der Handelsregistereintragung selbst ab: Einmal kann in Abweichung des Grundsatzes des Art. 494 Abs. 1 OR eine verheiratete Person ohne schriftliche Zustimmung des Ehegatten wirksam eine Bürgschaftserklärung abgeben, wenn sie im Handelsregister eingetragen ist. Zum anderen wird die Geschäftsfirma vom Zeitpunkt ihrer Eintragung im Handelsregister und der Veröffentlichung im Schweizerischen Handelsamtsblatt an nach Art. 956 OR besonders geschützt[47].

2. Im Bereich des Prozeßrechts ist die Handelsregistereintragung ebenfalls von entscheidender Bedeutung. So hängt in den Kantonen, die ein Handelsgericht geschaffen haben – dies ist der Fall in den Kantonen Bern, Zürich, Aargau und St. Gallen – die Unterwerfung der Unternehmung unter diese spezielle Gerichtsbarkeit üblicherweise von ihrer Eintragung im Handelsregister und nicht von der kaufmännischen Art des betriebenen Gewerbes ab. Vor allem ist aber darauf hinzuweisen, daß der Konkurs und der Nachlaßvertrag herkömmlich als kaufmännische Einrichtungen angesehen werden. Nach schweizerischem Recht gelten diese Betreibungsverfahren vorbehaltlich der in Art. 41 und 43 SchKG vorgesehenen Ausnahmen grundsätzlich für alle im Handelsregister eingetragenen oder seit weniger als 6 Monaten gelöschten Gewerbe, Gesellschaften und juristische Personen, unabhängig davon, ob sie eine kaufmännische Tätigkeit ausüben oder nicht. Hieraus ergibt sich, daß ein eintragungspflichtiges, aber noch nicht ein-

---

[45] Vgl. Art. 190, 191 Abs. 2, 215, 313 Abs. 2 OR und § 343 HGB.
[46] Siehe Art. 957 OR und BGE 79 I, 1953, S. 57 ff. (58 f.). Vgl. im einzelnen unten § 13, S. 177 f.
[47] Siehe unten § 12, S. 169.

getragenes Handelsgewerbe erst nach Abschluß eines freiwilligen oder zwangsweisen Eintragungsverfahrens im Konkurswege betrieben werden kann[48].

3. Im übrigen gelten bekanntlich einige Sonderbestimmungen des eidgenössischen und des kantonalen Steuerrechts allgemein nur für Handelsgewerbe[49] und nicht für alle im Handelsregister eingetragenen Gewerbe, Gesellschaften und juristischen Personen. Im Steuerrecht – dieser Hinweis mag hier genügen – kommt der Eintragung also keine entscheidende Bedeutung zu.

IV. Der Zeitpunkt des Eintritts der Rechtswirkungen

Schließlich soll noch der Frage nachgegangen werden, von welchem Zeitpunkt ab die Handelsregistereintragung Rechtswirkungen entfalten kann. Trotz des Wortlauts des Art. 932 OR kann man nicht in allen Fällen von einer einheitlichen Lösung ausgehen. Vielmehr sind zwei unterschiedliche Hypothesen zu trennen.

1. Zunächst sollte man annehmen können, die Wirkungen im Innenverhältnis und die Nebenwirkungen bestünden ab dem Moment, in dem der Registerführer die Eintragung vornimmt. In der Tat ist es überflüssig, den Zeitpunkt des Eintritts dieser Rechtswirkungen bis zur Veröffentlichung im Schweizerischen Handelsamtsblatt hinauszuschieben, da Drittinteressen nicht berührt werden. Nach altem Recht hatte man ohne ausdrückliche gesetzliche Vorschrift auf den Moment abgestellt, in dem das Eidg. Amt für das Handelsregister seine Zustimmung zur Eintragung erteilte. Die Erfahrung zeigte jedoch, daß diese verwaltungsinterne Entscheidung zeitlich nicht genau festgelegt werden konnte. Die Expertenkommission für die Revision der handelsrechtlichen Teile des Obligationenrechts folgte daher einer Anregung von KARL WIELAND und schlug für das Handelsregister eine der im Grundbuchwesen schon geltenden entsprechende Lösung vor: So ist nach Art. 932 Abs. 1 OR der Zeitpunkt der Eintragung, der über den Eintritt der Wirkungen unter den Parteien und der Nebenwirkungen entscheidet und der den *dies a quo* der verschiedenen vom Gesetz vorgesehenen Fristen festlegt, der der «Einschreibung der Anmeldung in das Tagebuch». Folglich be-

---

[48] Siehe vor allem BGE 56 III, 1930, S. 133 ff.; 79 III, 1953, S. 13 ff. (17); 80 III, 1954, S. 97 ff.
[49] Vgl. Art. 43 WStB sowie hierzu BGE 89 I, 1963, S. 281 ff. und 87 I, 1961, S. 250 ff. (253 f.).

stätigt die Entscheidung des Eidg. Amtes für das Handelsregister nur einen schon bestehenden Zustand oder aber erklärt im Gegenteil die Eintragung *ab initio* für nichtig. Hiervon weicht Art. 39 Abs. 2 SchKG mit der Vorschrift ab, die Eintragung werde zur Bestimmung des allfälligen Betreibungsverfahrens am Tage nach der Veröffentlichung im Schweizerischen Handelsamtsblatt wirksam.

2. Hingegen ist die Lage anders, wenn der Zeitpunkt des Eintritts der Wirkungen gegenüber Dritten, d. h. hauptsächlich der mit der positiven Publizitätswirkung verbundenen Folgen festgelegt werden soll. Eigentlich dürfte eine im Handelsregister eingetragene Tatsache erst dann im Sinne von Art. 933 Abs. 1 OR Dritten entgegengehalten werden, wenn sie von ihrer Veröffentlichung im Schweizerischen Handelsamtsblatt Kenntnis erlangt haben. Jedoch enthält bekanntlich Art. 932 Abs. 2 OR aus Gründen der Gewährleistung einer gewissen Sicherheit eine unwiderlegliche Kenntnisvermutung des Inhalts, daß eine Eintragung gegenüber Dritten wirksam ist «an dem nächsten Werktage, der auf den aufgedruckten Ausgabetag derjenigen Nummer des Schweizerischen Handelsamtsblattes folgt, in der die Eintragung veröffentlicht ist». Vorbehalten bleiben allerdings nach Art. 932 Abs. 3 OR besondere gesetzliche Bestimmungen. Hingegen wird nach § 10 Abs. 2 HGB die Eintragung mit Ablauf des Tages wirksam, an welchem das letzte der die Bekanntmachung enthaltenden Blätter erschienen ist. Außerdem kann der Dritte nach § 15 Abs. 2 in fine HGB nachweisen, daß er die Bekanntmachung erst später erhalten hat.

Viertes Kapitel

Die Geschäftsfirmen

§ 11. Die Grundsätze der Firmenbildung

Literatur

Protokoll der Expertenkommission für die Revision des Schweizerischen Obligationenrechts, Bern 1926.

E. His, Berner Kommentar, Art. 944–955 OR.

F. von Steiger, Schweizerisches Firmenrecht, Zürich 1938; L. R. von Salis/ W. Burckhardt, Schweizerisches Bundesrecht, Bd. 3, Frauenfeld 1930; G. A. Naymark, Ordonnance sur le registre du commerce, jurisprudence fédérale et cantonale, Lausanne 1964.

Walther Burckhardt, Y a-t-il lieu de réviser les dispositions du code fédéral des obligations sur les raisons de commerce, et si c'est le cas, dans quel sens cette révision doit-elle s'accomplir?, und L. Siegmund, Ist das Firmenrecht einer Reform bedürftig, und, wenn ja, in welchem Sinne?, Referate des Schweizerischen Juristenvereins, Basel 1897, S. 479 ff., 563 ff. – H. Lefort, Le registre du commerce et les raisons de commerce, commentaire pratique du code fédéral des obligations, Genf 1884; L. Siegmund, Die Entwicklung des schweizerischen Firmenrechts seit der Einführung des Obligationenrechts (1883), ZSR 14, 1895, S. 337 ff. – F. von Steiger, Wandlungen im schweizerischen Firmenrecht, ZBJV 74, 1938, S. 313 ff.; R. Couchepin, La raison de commerce des succursales d'entreprises étrangères, Schweiz. AG 40, 1968, S. 98 ff.; derselbe, Quelques remarques sur l'emploi des adjonctions dans les raisons de commerce, Revue de droit administratif et fiscal 19, 1963, S. 109 ff.; A. Gloggner, Zur Frage der Doppelnamen und Adelspartikel in Personenfirmen, SJZ 50, 1954, S. 321 ff.; E. Steiner, Die Aufnahme von Personennamen in die Firma einer Aktiengesellschaft, Schweiz. AG 22, 1949, S. 162 ff.

J. Hartmann, Firmenrecht und Handelsregister im schweizerischen Rechte, Diss. Bern, Lachen 1940; W. Diener, Die unrichtig gewordene Firma, Diss. Zürich 1949; J. H. Hoffmann, Die Übertragung der Firma nach neuem Obligationenrecht, Diss. Bern, Villmergen 1941; W. Sautter, Die wirtschaftliche Überfremdung und das Prinzip der Firmenwahrheit, Diss. Zürich 1926; H. Weissbrod, Die Strafbestimmungen im schweizerischen Handelsregister- und Firmenrecht, Diss. Zürich 1931; Bercher-Vachon, Le nom commercial, Diss. Algier 1929. – P. Hofmann, Der Grundsatz der Firmenwahrheit, JuS 1972, S. 233 ff.

Für manche Autoren[1] ist die Geschäftsfirma nichts anderes als der Name, unter dem Einzelkaufleute oder Gesellschaften ihrer kaufmännischen oder gewerblichen Tätigkeit nachgehen. Folgt man hingegen der jüngeren Doktrin[2], nach der das Handelsgewerbe gegenüber der oder den es tragenden Personen eine gewisse Selbständigkeit erlangt und unabhängig von ihnen Träger von Rechten und Pflichten sein kann, muß man zwangsläufig annehmen, es bedürfe, in welcher Rechtsform auch immer es betrieben werde, eines eigenen Namens[3], eben der Geschäftsfirma[4], durch die es sich nicht nur von anderen Unternehmungen, sondern auch von den geschäftsführenden Personen und den Eigentümern abhebt. Außerdem erfordert die Sicherheit des Geschäftsverkehrs, die das Handelsrecht zu schützen hat, daß die Geschäftsfirma gebildet wird, ohne daß bei Dritten, die mit der Unternehmung in Geschäftsbeziehungen treten, Täuschungen verursacht werden können. Aus diesen Gründen durfte der Gesetzgeber dem Grundsatz der völlig freien Firmenwahl[5] nicht folgen und erließ dementsprechend zwingende Vorschriften zur Firmenbildung[6].

I. Der Begriff der Geschäftsfirma

Weder im Gesetz noch in der Handelsregisterverordnung findet sich eine Definition der Geschäftsfirma. Rechtsprechung und Lehre haben von ihr ebenfalls keine wirklich allgemeine Umschreibung gegeben. Dies mag daherrühren, daß die meisten Autoren in ihr nur den Namen einer im Handelsregister eingetragenen Unternehmung sehen wollen. Wenn jedoch die Geschäftsfirma tatsächlich mehr ist als das, was für eine natürliche Person der

---

[1] Erstaunlicherweise hat sich gerade J. HOFFMANN (S. 17 ff.), der seine Doktorarbeit der Übertragung der Firma widmete, in diesem Sinne am klarsten, u. E. jedoch irrigerweise ausgesprochen. Ausgehend von der sich auf § 17 HGB beziehenden Behauptung, die Geschäftsfirma sei nicht der Name der Unternehmung sondern der Handelsname des Kaufmanns, mußte er die Firma zwangsläufig für unübertragbar halten, und zwar entgegen Art. 953 Abs. 2 OR.
[2] Siehe oben § 7, S. 117.
[3] So HIS, a.a.O., Art. 944 OR, N. 15; vgl. auch DIENER, a.a.O., S. 13 f., Y. GENRE, a.a.O. (Lit. zu § 12), S. 1.
[4] Der deutschsprachige Ausdruck «Firma» hat eine doppelte Bedeutung: Er bezeichnet entweder die Unternehmung als solche oder den Namen der Unternehmung. Dem entsprechen in französischer Sprache die Begriffe «firme» und «raison de commerce». Hier geht es natürlich nur um die zweite Bedeutung. Vgl. zum Terminologischen auch HIS, a.a.O., Art. 944 OR, N. 3 sowie Art. 10 Abs. 2 HReg V.
[5] Hierzu LEFORT, a.a.O., S. 213 ff.
[6] Art. 944–955 OR.

Familienname ist, ergeben sich zwei wohl nicht allzu wichtige, aber doch nicht ganz zu vernachlässigende Rechtsprobleme.

1. Zunächst vermag die Geschäftsfirma im Wirtschafts-, speziell im kaufmännischen und gewerblichen Leben mehrere verschiedene **Funktionen** zu erfüllen.

a) Die erste und augenscheinlichste Funktion besteht darin, die Unternehmung zu bezeichnen, sie von allen anderen im Handelsregister eingetragenen oder nicht eingetragenen Unternehmungen zu unterscheiden. So verstanden ist die Firma einfach der Personenstand der Unternehmung, gleich wie der Familienname einer natürlichen Person oder der Name einer juristischen Person. Folglich müßte man gestatten, daß jede Geschäftsfirma, aber auch der Name jeder juristischen Person weitgehend eigenständig und charakteristisch ist, um möglichst jede Verwechslung zu vermeiden. Hieraus läßt sich zunächst ableiten, daß der Grundsatz der Eigenständigkeit der Firma (principe de l'originalité) sowohl für im Handelsregister eingetragene Geschäftsfirmen als auch für die Namen der nicht eingetragenen Unternehmungen und juristischen Personen gelten sollte[7].

b) Außerdem stellt die Geschäftsfirma im kaufmännischen, ja sogar allgemein im wirtschaftlichen Leben ein Mittel dar, um die Unternehmung beim Publikum bekannt zu machen. Sie kann mithin eine Werbungsfunktion erfüllen gleich wie die Geschäftsbezeichnung (Enseigne)[8]. Allerdings werden von diesem Gesichtspunkt aus die eine Unternehmung leitenden Personen in die Versuchung geführt, eine Geschäftsfirma zu wählen, die Kundschaft anzieht und also geeignet ist, das Publikum über die Art und den Umfang der Unternehmung und besonders über ihre kaufmännischen und gewerblichen Fähigkeiten zu täuschen. Um sowohl die Öffentlichkeit[9] als auch Konkurrenzunternehmungen[10] zu schützen, geht der Gesetzgeber vom Grundsatz der Firmenwahrheit aus und überträgt die Überwachung der Einhaltung dieses Prinzips den Handelsregisterbehörden.

c) Schließlich können die Geschäftsfirmen noch als **Handelsmarke** oder Warenzeichen, das auf den Ursprung der hergestellten oder verkauften Produkte hinweist, verwendet werden. In dieser Weise werden sie in der Tat häufig im kaufmännischen und gewerblichen Leben benutzt. Hiervon geht im übrigen auch ausdrücklich das MSchG aus, das die im Handelsregister eingetragenen Geschäftsfirmen schützt, sofern sie tatsächlich als Warenzeichen verwendet werden. Allerdings decken sich nach der Rechtsprechung des Bundesgerichts die für die Firmenbildung maßgeblichen Grundsätze nicht vollständig mit denjenigen für die Markenbildung[11].

2. Auch fragt sich, wie der **Anwendungsbereich** des Firmenrechts abgegrenzt werden kann. Zwei Probleme sind in diesem Zusammenhang zu untersuchen.

---

[7] Allerdings können die Handelsregisterbehörden die Einhaltung dieses Grundsatzes nur bei den einzutragenden Geschäftsfirmen gewährleisten.

[8] Deshalb stellt die Geschäftsfirma, der «nom commercial» des französischen Rechts, einen wirtschaftlichen Wert dar. Sie gehört also zu den unkörperlichen Gütern des Geschäftsvermögens (vgl. vor allem HAMEL/LAGARDE/JAUFFRET, Traité II, S. 98). Siehe auch Art. 48 HRegV.

[9] Das Publikum wird durch den in Art. 944 Abs. 1 OR verankerten Grundsatz der Firmenwahrheit geschützt. Vgl. auch die Sonderbestimmung des Art. 44 Abs. 1 HRegV sowie BGE 80 I, 1954, S. 424 ff.

[10] Der Schutz der Konkurrenzunternehmungen wird vor allem im Rahmen des UWG gewährleistet. Vgl. beispielsweise BGE 79 II, 1953, S. 182 ff.

[11] Siehe etwa BGE 78 II, 1952, S. 457 ff.

§ 11 Der Grundsatz der Firmenwahrheit 157

a) Zunächst soll die sprachliche Unklarheit beseitigt werden, die daraus resultiert, daß der deutsche Ausdruck Firma, der italienischen Ursprungs ist, wie auch die französische Bezeichnung *raison de commerce* in verschiedener Bedeutung verwendet werden können. Zwar entsprach ursprünglich der Ausdruck Firma, der im Italienischen Unterschrift bedeutet, dem Handelsnamen, unter dem einzelne oder mehrere Kaufleute die sich auf ihre Unternehmung beziehenden Rechtsgeschäfte zeichneten. Er konnte folglich nicht zur Zeichnung einer Gesellschaft mit Rechtspersönlichkeit dienen. Auch wurde der französische Ausdruck *raison de commerce* im Gegensatz zum Begriff der *raison sociale* gelegentlich in einem engen Sinne benutzt, nämlich allein, um eine Einzelunternehmung zu bezeichnen. Jedoch ergibt sich aus den Bestimmungen des alten und des neuen Rechts deutlich, daß der schweizerische Gesetzgeber den Begriff der Geschäftsfirma stets in einem weiten Sinne verstanden hat[12]. Folglich gilt das Firmenrecht für alle Unternehmungen, mag es sich um Einzelunternehmungen, Handelsgesellschaften oder Unternehmungen mit Rechtspersönlichkeit handeln[13].

b) Gemäß Art. 955 OR obliegt es den Handelsregisterbehörden, d. h. speziell dem Handelsregisterführer, die Einhaltung der Bestimmungen über die Firmenbildung zu überwachen. Bekanntlich ist hierbei seine Kognitionsbefugnis rechtlich nicht beschränkt[14]. Folglich unterliegt, wer von seinem Recht gemäß Art. 934 Abs. 2 OR Gebrauch macht, sein nicht kaufmännisches Gewerbe im Handelsregister eintragen zu lassen, den Vorschriften der Art. 944–955 OR[15], dafür steht seine Geschäftsfirma dann von der Eintragung an auch unter dem besonderen in Art. 956 OR vorgesehenen Schutz. Hingegen haben nach ständiger Rechtsprechung des Bundesgerichts die juristischen Personen des Zivilrechts, also die Vereine und die Stiftungen, keine Geschäftsfirma, sondern nur einen Namen, und zwar selbst dann, wenn sie im Handelsregister eingetragen sind, weil sie zur Erreichung ihres idealen Zwecks ein nach kaufmännischer Art geführtes Gewerbe betreiben[16]. Jedoch sind sie verpflichtet, bei der Namensbildung die Bestimmungen der Art. 944–955 OR einzuhalten[17]. Es ist Aufgabe des Registerführers, im Verfahren nach Art. 60 HRegV, das gemäß Art. 61 HRegV auch auf Geschäftsfirmen anwendbar ist, zwangsweise die Änderung der den Vorschriften nicht entsprechenden Vereins- und Stiftungsnamen herbeizuführen[18].

II. Der Grundsatz der Firmenwahrheit

Obwohl Art. 38 HRegV selbstverständlich auch auf Geschäftsfirmen Anwendung findet, war es erforderlich, mit zwingenden Vorschriften die speziellen Probleme zu lösen, die sich im Rahmen dieser allgemeinen Norm

---

[12] Unter dem Oberbegriff der Geschäftsfirmen unterscheidet der schweizerische Gesetzgeber genau zwischen Einzelfirmen und Gesellschaftsfirmen (siehe zum alten Recht den Titel des Abschnitts II und die Randtitel zu Art. 867 und 869 aOR sowie zum neuen Recht die Randtitel zu Art. 944, 945, 947 OR).
[13] So His, a.a.O., Art. 944 OR, N. 6.
[14] Siehe oben § 8, IV 2a, S. 129.
[15] Hiervon scheint das Bundesgericht stillschweigend ausgegangen zu sein (vgl. insbes. BGE 93 I, 1967, S. 566 ff.).
[16] Vgl. vor allem BGE 83 II, 1957, S. 249 ff.
[17] Schon unter dem alten Recht hatte das Bundesgericht entschieden, das Verbot, nationale und territoriale Bezeichnungen in die Firma aufzunehmen, sei auch auf Vereine anwendbar, allerdings seien weniger strenge Anforderungen als an Handels- oder Fabrikationsgewerbe zu stellen (BGE 58 I, 1932, S. 48 ff.).
[18] Hierzu BGE 83 II, 1957, S. 249 ff.

bei der Firmenbildung hinsichtlich der Richtigkeit der eingetragenen Tatsachen stellen. Die diesbezüglichen Bestimmungen werden von der Lehre im Grundsatz der Firmenwahrheit zusammengefaßt. Durch ihn sollen nicht die privaten Interessen der Unternehmungen, sondern das öffentliche und ganz besonders das Interesse Dritter geschützt werden, die eventuell mit der eingetragenen Unternehmung in Geschäftsbeziehungen treten werden. Folglich haben die Handelsregisterbehörden von Amts wegen die Einhaltung des genannten Grundsatzes zu gewährleisten[19].

Bevor die Regeln des Art. 944 Abs. 1 OR untersucht werden, sind zwei Bemerkungen vorauszuschicken. Zunächst ist nur in Erinnerung zu rufen, daß ein Dritter dem Registerführer zwar Tatsachen mitzuteilen befugt ist, die eine Verweigerung der Eintragung einer Geschäftsfirma rechtfertigen können, daß er jedoch nicht Beteiligter am Verwaltungsverfahren und nicht zur Erhebung der Verwaltungsgerichtsbeschwerde legitimiert ist. Sofern allerdings durch die Eintragung einer Firma seine Interessen verletzt werden, steht es ihm frei, privatrechtlichen Einspruch gemäß Art. 32 Abs. 2 HRegV zu erheben und anschließend seine Rechte klageweise, insbesondere unter Berufung auf Art. 956 OR, durchzusetzen[20].

Außerdem soll erneut auf die in Wirklichkeit beschränkten Befugnisse der Handelsregisterbehörden hingewiesen werden. So kann zwar der Registerführer die Eintragung einer dem Grundsatz der Firmenwahrheit nicht entsprechenden Geschäftsfirma ablehnen oder die Änderung einer nicht mehr den Vorschriften gemäßen Firma zwangsweise herbeiführen. Jedoch haben die Handelsregisterbehörden tatsächlich keine Befugnis, die Unternehmungen zur Benutzung der eingetragenen Firma im Geschäftsleben zu zwingen. Art. 2 des BG vom 6. Oktober 1923 sieht wohl eine Buße für die Verwendung einer anderen als der eingetragenen Geschäftsfirma vor; jedoch scheint das Bundesgericht in einem nicht veröffentlichten Entscheid dieser Maßnahme des Bundesstrafrechts jede Wirkung genommen zu haben[21].

1. Nach Art. 944 Abs. 1 OR und Art. 44 HRegV muß der Inhalt der Firma der Wahrheit entsprechen, darf er keine Täuschungen verursachen können und nicht nur der Reklame dienen. Diesen drei unterschiedlichen Vorschriften liegt eine gemeinsame Rechtfertigung zugrunde: ihre hauptsächliche, wenn auch vielleicht nicht ausschließliche Aufgabe ist es zu verhindern, daß der Inhalt der Geschäftsfirma bei Dritten Anlaß für irrige oder falsche Vorstellungen über die Unternehmung, die sie verwendet, ist. Aus dem Grundsatz der Firmenwahrheit, deren Einhaltung die Handelsregisterbehörden zu überwachen haben, ergibt sich folglich zuerst ganz allgemein, daß jede Geschäftsfirma derart gebildet werden muß, daß beim Publikum über die betreffende Unternehmung kein falscher Eindruck entsteht. Hin-

---

[19] Art. 955 OR.
[20] So BGE 84 I, 1958, S. 83ff. (87).
[21] Dieser Entscheid wird von F. von Steiger, a.a.O., ZBJV 74, 1938, S. 324 und von J. Hartmann, a.a.O., S. 33f. zitiert.

gegen soll dieser Grundsatz nicht gewährleisten, daß das Publikum die Unternehmung von Konkurrenzunternehmungen unterscheiden kann[22].

a) Bei der Beurteilung der Frage, ob eine Firma Anlaß zu Täuschungen gibt, ist selbstverständlich auf die besonderen Umstände jedes Falles abzustellen[23]. Es ist daher nicht möglich, die erste Regel der Firmenbildung präzis zu umschreiben. Allerdings kann festgestellt werden, daß die Gefahr der Irreführung sich auf mehrere die Unternehmung betreffende Tatsachen beziehen kann, die im Geschäftsverkehr von Interesse sind. Diese Gefahr besteht zuerst bezüglich der Rechtsform der Unternehmung. So kann z.B., wenn der Inhaber einer Einzelfirma in seinen Geschäftsbeziehungen eine Geschäftsfirma verwendet, die nur eine Phantasiebezeichnung und keinen Bezug zu seinem Familiennamen enthält, entgegen der Auffassung, die das Bundesgericht vertreten zu haben scheint[24], beim Publikum der Eindruck erweckt werden, es handle sich um eine Aktiengesellschaft oder um eine Genossenschaft. Auch zeigt die Erfahrung, daß der Gebrauch von ausländischen territorialen und regionalen Bezeichnungen, auf die im übrigen die Art. 45 und 46 HRegV anwendbar sind, geeignet ist, das Publikum über die Nationalität der die Unternehmung leitenden Personen[25] oder über die Herkunft oder die Besonderheiten der zum Verkauf angebotenen Waren[26] irrezuführen.

b) Dem Wahrheitsgrundsatz * kommt eine wichtige, wenn auch indirekte Bedeutung zu. Denn die Unrichtigkeit eines Bestandteils der Firma kann sowohl Grund und Voraussetzung der irrigen Vorstellung als auch des sich hieraus ergebenden Verbotes sein. Darüber hinaus gibt es auch Sonderfälle, wo dieser Grundsatz um seiner selbst willen angewendet wird, ohne daß man also prüfen muß, ob seine Nichtbeachtung zu Täuschungen Anlaß geben kann. So darf beispielsweise die Benutzung eines Partikels, das nicht zu dem im Zivilstandsregister eingetragenen Familiennamen gehört, nicht bewilligt werden[27].

Allerdings verlangt die Rechtsprechung nicht immer die Beachtung der vollen Wahrheit bei der Firmenbildung. So hat etwa das Bundesgericht zugelassen, daß eine Geschäftsfirma nicht ausdrücklich sämtliche von der Unternehmung ausgeübten Tätigkeiten, sondern nur eine von ihnen

---

[22] Wenn die Geschäftsfirmen von zwei Konkurrenzunternehmungen sich so ähnlich sind, daß das Publikum sie verwechseln kann, ist das öffentliche Interesse nicht betroffen, so daß der Grundsatz der Firmenwahrheit nicht unbedingt eingreift. Die in ihren Interessen verletzte Unternehmung kann vielmehr die in Art. 956 OR vorgesehene Klage erheben. Vgl. unten § 12, S. 171 f.

[23] Das Bundesgericht hält hierbei den Eindruck für maßgebend, den die Firma einem durchschnittlich aufmerksamen Publikum macht (BGE 91 I, 1965, S. 212 ff.).

[24] In einem nicht veröffentlichten Entscheid hatte das Bundesgericht den Inhaber einer Einzelfirma freigesprochen, da ohne weiteres klar sei, daß eine Phantasiebezeichnung keine Geschäftsfirma eines Einzelkaufmanns darstelle. Hierzu kritisch F. VON STEIGER, a.a.O., ZBJV 74, 1938, S. 324 f. (mit Text der den Entscheid tragenden Erwägung).

[25] So kann die Bezeichnung «American» zu Täuschungen Anlaß geben, da das Publikum eher an eine amerikanische Gesellschaft denkt, obwohl sie von Schweizern gegründet wurde (BGE 91 I, 1965, S. 212 ff.).

[26] So führt z.B. die Firma «Au Printemps, Paris S.A.» zu dem falschen Eindruck, die Unternehmung sei auf den Verkauf von Produkten der Pariser Mode spezialisiert (BGE 73 II, 1947, S. 180 ff.).

* Anm. des Übersetzers: Der französische Ausdruck «véracité» wird in Art. 38 HRegV mit «Wahrheit» übersetzt. Folglich wurde vom Grundsatz der Firmenwahrheit entsprechend der deutschen Doktrin gesprochen, wenn vom *principe de la véracité* die Rede war. Die Nuance, die sich aus dem hier im französischen Originaltext verwendeten Begriff der «vérité» ergibt, läßt sich in deutscher Sprache nicht wiedergeben.

[27] Vgl. hierzu GLOGGNER, a.a.O.

enthält, sofern diese nicht gerade nur eine Nebentätigkeit darstellt[28]. Außerdem hat auch der Gesetzgeber eine Ausnahme vom Grundsatz der Firmenwahrheit gemacht, als er die Weiterführung der bisherigen Firma selbst dann für zulässig erklärte, wenn sie nicht mit dem übernehmenden Geschäft übereinstimmt[29].

c) Auch im Rahmen des Art. 44 HRegV kommt es bei der Beurteilung der Frage, ob die Geschäftsfirma Bezeichnungen enthält, die nur der Reklame dienen, auf die Umstände des Einzelfalles an. Jedoch hat das Bundesgericht die Voraussetzungen der Anwendung dieser Vorschrift in einer umfänglichen Rechtsprechung präzisiert: So verstoßen Teile einer Firma, die die Unternehmung nicht individualisieren sollen, sondern zum Beispiel auf ihr Ansehen oder ihren Umfang[30] hindeuten, gegen den Grundsatz der Firmenwahrheit. Auch hat es strenge Kriterien benutzt, wenn es im konkreten Fall um Hinweise auf die Natur der Unternehmung wie Center[31], centre du leasing[32] oder Zentrale[33] ging.

2. Mit der ganz allgemeinen Bestimmung, die Firma dürfe keinem öffentlichen Interesse zuwiderlaufen, stellt Art. 944 Abs. 1 OR eine weitere zwingende Vorschrift der Firmenbildung auf. Auch wenn sie keine besonderen Probleme aufzuwerfen scheint, dürfte ihre Anwendung in der Praxis nicht ganz leicht sein. Hier soll die grundsätzliche Frage gestellt werden, ob diese Norm tatsächlich die vom Bundesrat im Rahmen der Art. 45 und 46 HRegV gemäß der Ermächtigung in Art. 944 Abs. 2 OR erlassenen Maßnahmen tragen kann. Es geht also darum, ob die Verwendung nationaler und territorialer Bezeichnungen bei der Bildung von Firmen einer vorherigen Bewilligung bedarf, da sie dem öffentlichen Interesse zuwiderlaufen könnte.

a) Im alten Recht gab es ursprünglich keine Bestimmungen, die die Verwendung nationaler oder territorialer Bezeichnungen in den Geschäftsfirmen einschränkten oder verboten. Aus der Rechtsprechung des Bundesrats und des Eidg. Justiz- und Polizeidepartementes ergibt sich wohl, daß sie ohne weiteres als zulässig angesehen wurden[34], sofern sie keine Täuschungen verursachten. So bestimmte auch Art. 1 der vom Bundesrat am 21. November 1916 erlassenen Verordnung II[35], daß nationale oder territoriale Bezeichnungen in Geschäftsfirmen nur zulässig seien, wenn sie der Wahrheit entsprächen und nicht zu Täuschungen Anlaß gäben. Gelegentlich der Revision dieser Verordnung, die der Bundesrat am 16. Oktober 1918 vornahm[36], wurden diese Maßnahmen von Grund auf geändert: die Aufnahme derartiger Bezeichnungen in die Geschäftsfirmen wurde aus Gründen des öffentlichen Interesses verboten, es sei denn, besondere Umstände rechtfertigten die Erteilung einer Bewilligung. Da im übrigen der im Entwurf betreffend Revision des Obligationenrechts enthaltene Vorschlag, diese besondere Maßnahme aufzuheben,

---

[28] Vgl. insbes. BGE 64 I, 1938, S. 55 ff.
[29] Art. 953 Abs. 2 OR.
[30] Siehe beispielsweise BGE 79 I, 1953, S. 176 ff.; 80 I, 1954, S. 424 ff.
[31] BGE 94 I, 1968, S. 613 ff.
[32] BGE 96 I, 1970, S. 606 ff.
[33] BGE 63 I, 1937, S. 104 ff.
[34] Hierzu von SALIS/BURCKHARDT, a.a.O., Nr. 1558 I–V.
[35] Art. 1 der Ergänzungsverordnung II zum Handelsregister vom 21. November 1916 (AS NF 32, 1916, S. 485 ff.).
[36] Vgl. Art. 5 der revidierten Verordnung II betreffend Ergänzung der Verordnung über das Handelsregister und das Handelsamtsblatt vom 16. Dezember 1918 (AS NF 34, 1918, S. 1226 ff.).

von der Mehrheit der Expertenkommission verworfen wurde[37], ist heute davon auszugehen, daß die Bestimmungen der Art. 45 und 46 HRegV gelten, ohne daß es darauf ankommt, ob die Verwendung nationaler oder territorialer Bezeichnungen in der Geschäftsfirma geeignet ist, Täuschungen zu verursachen[38].

b) Das Bundesgericht legt den restriktiv erscheinenden Text der Art. 45 und 46 HRegV sehr weit aus. Der Pflicht, eine vorherige Bewilligung beim Eidg. Amt für das Handelsregister nachzusuchen, unterliegen danach sämtliche Unternehmungen, gleichgültig welcher Rechtsform, die sich im Handelsregister eintragen lassen, also nicht nur die in Art. 45 Abs. 1 HRegV genannten Unternehmungen und Gesellschaften, sondern auch die Vereine und Stiftungen des Zivilrechts[39] sowie die schweizerischen Zweigniederlassungen von Unternehmungen mit Hauptsitz im Ausland[40]. Aus der extensiven Auslegung dieser Vorschrift durch das Bundesgericht folgt außerdem eine weite Umschreibung des Begriffs der nationalen und territorialen Bezeichnung: so besteht die Bewilligungspflicht nicht nur, wenn die Geschäftsfirma einen Hinweis auf das Territorium des schweizerischen oder eines ausländischen Staates oder eine seiner Verwaltungsgliederungen enthält, sondern auch, wenn sie auf eine bestimmte Region[41] in der Schweiz oder im Ausland oder auf einen geographischen Raum Bezug nimmt, selbst wenn dieser nicht rechtlich abgeschlossen ist[42]. Hingegen handelt es sich bei dem Adjektiv international nicht um eine territoriale Bezeichnung, da es über die Natur der Unternehmung Auskunft gibt[43]. Auch bedarf es nach Art. 46 Abs. 3 HRegV zur Bezeichnung des Sitzes in substantivischer Form keiner Bewilligung[44], sofern sie eine Antwort auf die Frage «wo?» gibt und nicht ein Zugehörigkeits- oder Herkunftsverhältnis kennzeichnet[45].

c) Bei der Prüfung der Frage, ob besondere Umstände die Aufnahme einer nationalen oder territorialen Bezeichnung in die Geschäftsfirma rechtfertigen, verfügt das Eidg. Amt für das Handelsregister nicht über ein unbegrenztes Ermessen. Zwar ist es nicht an die Meinungsäußerung der zuständigen Behörde oder Wirtschaftsorganisation, die es zu konsultieren hat, gebunden[46], es muß aber seine Entscheidung von sachlichen Gesichtspunkten leiten lassen und die nachgesuchte Bewilligung erteilen, wenn tatsächlich besondere Umstände vorliegen[47].

III. Der Inhalt der Geschäftsfirma

Wenn die Geschäftsfirma in erster Linie eine im Handelsregister eingetragene Unternehmung individualisieren soll, muß die Art ihrer Bildung

---

[37] Siehe Protokoll der Expertenkommission, Bern 1926, S. 700 ff., bes. S. 706.
[38] Vgl. BGE 96 I, 1970, S. 606 ff.: «pour qu'une désignation territoriale puisse figurer dans une raison sociale, il ne suffit pas qu'elle soit vraie et qu'elle ne serve pas uniquement de réclame... L'article 45 O.R.C. n'a pas pour but de prohiber toute désignation nationale. Il tend à prévenir les abus...».
[39] Vgl. oben Anm. 17 und 18.
[40] BGE 93 I, 1967, S. 561 ff.
[41] Zum Adjektiv *romand* siehe BGE 96 I, 1970, S. 606 ff.
[42] Wie etwa die Worte «Europ» oder «Euro» (BGE 86 I, 1960, S. 243 ff.).
[43] Hierzu BGE 87 I, 1961, S. 305 ff.; 95 I, 1969, S. 276 ff.
[44] Jedoch stellt der Hinweis auf das Land des Sitzes selbst in substantivischer Form eine bewilligungspflichtige nationale Bezeichnung dar (BGE 92 I, 1966, S. 298 ff.).
[45] Richtig wäre daher die Präposition «in» statt «von» (BGE 95 I, 1969, S. 276 ff.).
[46] Gemäß Art. 26 BVerwVG ist der Gesuchsteller berechtigt, in die Meinungsäußerungen Einsicht zu nehmen, um zu ihrem Inhalt Stellung nehmen zu können (BGE 96 I, 1970, S. 606 ff.).
[47] So BGE 92 I, 1966, S. 293 ff; 93 I, 1967, S. 561 ff.

je nach ihrer Rechtsform unterschiedlich sein. Denn die Einzelfirma gehört ihrem Inhaber, die gemeinsam in der Form der Personengesellschaft als Kollektiv- oder Kommanditgesellschaft gebildete Unternehmung sämtlichen Gesellschaftern. Hieraus ergibt sich die Notwendigkeit, daß aus der Firma dieser beiden Unternehmungsarten das persönliche Band deutlich wird, das zwischen ihnen und ihren Eigentümern existiert. Hingegen besteht die als Gesellschaft mit Rechtspersönlichkeit gegründete Unternehmung unabhängig von ihren Mitgliedern, so daß mit der Firma normalerweise nicht der Eindruck einer engen Beziehung zwischen der Unternehmung und einer oder mehreren Personen erweckt wird. Hieraus – so sollte man meinen – leiten sich zwei grundsätzlich verschiedene Wege der Firmenbildung ab. Tatsächlich sieht jedoch der Art. 944 Abs. 1 OR vier Wege vor[48].

1. An erster Stelle kann die Geschäftsfirma einen oder mehrere Familiennamen enthalten, um das genannte persönliche Band zwischen Unternehmung und einer oder mehreren Personen erscheinen zu lassen. Nach Art. 945 OR stellt der Familienname obligatorisch den wesentlichen Inhalt einer Einzelfirma dar[49]. Außerdem hat nach Art. 947 OR die Firma der Personenhandelsgesellschaft entweder den Familiennamen wenigstens einer der Gesellschafter mit einem das Gesellschaftsverhältnis andeutenden Zusatz oder die Familiennamen sämtlicher unbeschränkt haftender Gesellschafter zu enthalten.

a) Es ist mithin erforderlich aber auch genügend, daß die Geschäftsfirma auf den Familiennamen der Person oder jedenfalls einer der Personen hinweist, die tatsächlich die Einzelunternehmung oder die Personenhandelsgesellschaft betreiben. Zusätze, vor allem zur Charakterisierung der Natur der ausgeübten Tätigkeit, können in die Firma aufgenommen werden, sind jedoch außer im Sonderfall des Art. 946 OR nicht obligatorisch.

b) Nach dem Grundsatz der Firmenwahrheit ist die Firma bei jedem Wechsel des Geschäftsinhabers zu ändern, vorbehaltlich der wichtigen Ausnahme des Art. 953 Abs. 2 OR. In der Tat liegt es im Interesse der Unternehmung und wohl auch Dritter, die dem Publikum bekannte Firma trotz Inhaberwechsels weiterzuführen[50]. Im übrigen verlangt der Grundsatz der Firmenwahrheit, daß in Kommanditgesellschaften der Name eines Kommanditärs nicht in die Firma aufgenommen wird, damit bei Dritten nicht ein irriger Eindruck entsteht[51].

c) Bei einer Gesellschaft mit Rechtspersönlichkeit dürfte eigentlich auf natürliche Personen in der Geschäftsfirma nicht Bezug genommen werden, da sonst das Publikum getäuscht werden

---

[48] Es handelt sich um den Familiennamen, Hinweise auf die Natur der Unternehmung, um eine Phantasiebezeichnung und die Erwähnung der Rechtsform der Unternehmung. Allerdings ist die Wahl zwischen diesen Wegen der Firmenbildung weniger frei, als man bei Lektüre des Textes des Art. 944 OR meinen könnte.

[49] Der Geschäftsinhaber muß die Firma aus seinem Vor- und Familiennamen bilden.

[50] Nach der Rechtsprechung ist es nicht erforderlich, daß die frühere Firma schon im Handelsregister eingetragen war (BGE 93 I, 1967, S. 566 ff.).

[51] Vgl. Art. 947 Abs. 4 und 607 OR: Ist jedoch der Name des Kommanditärs in die Firma aufgenommen worden, so haftet er den Gesellschaftsgläubigern unbeschränkt.

könnte. Jedoch mag es bei Aktiengesellschaften, Gesellschaften mit beschränkter Haftung und Genossenschaften ein legitimes Interesse geben, den Familiennamen einer oder mehrerer Personen, die in der Unternehmung eine entscheidende Rolle gespielt haben oder noch spielen, in die Firma aufzunehmen. Daher kann die Verwendung des Familiennamens nicht vollständig verboten werden. Folglich ermächtigte schon das alte Recht, den Namen von Personen zu benutzen, sofern sie nicht mehr lebten[52]. Nach geltendem Recht können Namen lebender oder verstorbener Personen in die Firma aufgenommen werden, sofern zwischen ihnen und der Unternehmung ein persönliches Band besteht oder bestand und sofern ausdrücklich ein Hinweis auf die Rechtsform der Unternehmung beigefügt wird[53]. Allerdings ist die Bezugnahme auf einen Familiennamen bei der Bildung der Firma einer juristischen Person nie obligatorisch.

2. Im übrigen genügt der Hinweis darauf, daß die Geschäftsfirma weitere Angaben enthalten kann, und zwar als Zusätze bei der Einzelfirma und den Personengesellschaften, als Firmenkern oder als Zusätze bei Gesellschaften mit Rechtspersönlichkeit. Sie beziehen sich entweder auf die Natur der von der Unternehmung ausgeübten Haupttätigkeit oder stellen eine Phantasiebezeichnung dar. Allerdings kommen bei der Firmenbildung nach der Rechtsprechung nur Worte in Betracht[54].

3. Schließlich kann der Geschäftsfirma natürlich die Rechtsform der Unternehmung beigefügt werden. Diese Angabe ist im übrigen in drei Fällen obligatorisch: nach Art. 949 Abs. 2 OR hat die Firma jeder Gesellschaft mit beschränkter Haftung diese Bezeichnung ihrer Rechtsform oder die Abkürzung GmbH zu enthalten. Sofern Aktiengesellschaften oder Genossenschaften Personennamen in die Firma aufgenommen haben, sind sie gemäß Art. 950 Abs. 2 OR verpflichtet, ihr die Rechtsform der Unternehmung beizufügen. Endlich ist nach Art. 947 Abs. 1 und 3 OR ein das Gesellschaftsverhältnis andeutender Zusatz bei der Kommanditgesellschaft und bei der Kollektivgesellschaft, wenn nicht sämtliche Gesellschafter namentlich aufgeführt werden, erforderlich.

§ 12. Der Firmenschutz

Literatur

E. HIS, Berner Kommentar, Art. 944–956 OR.

F. VON STEIGER, Schweizerisches Firmenrecht, Zürich 1938. – M. PEDRAZZINI, Bemerkungen zur neueren firmenrechtlichen Praxis, in: Lebendiges Aktienrecht, Festgabe zum 70. Geburtstage von Wolfhart F. Bürgi, Zürich 1971, S. 299 ff.; Y. GENRE, Das Branchensystem im Firmenrecht, Diss. Zürich, Bern 1970.

---

[52] Art. 873 aOR.
[53] Art. 949 und 950 OR
[54] Vgl. vor allem BGE 64 I, 1938, S. 55 ff.

W. STÖCKLI, Der Schutz des ausländischen Handelsnamens in der Schweiz auf Grund der Pariser Verbandsübereinkunft von 1883, Diss. Bern 1958; H. AISSLINGER, Der Namensschutz nach Art. 29 ZGB, Diss. Zürich 1948; R. COUCHEPIN, Personenfirmen und Verwechslungsgefahr, Schweiz. AG 30, 1957/1958, S. 198 ff.; B. VON BÜREN, Über die Beschränkungen des Rechtes, den eigenen Namen zu gebrauchen, SJZ 44, 1948, S. 65 ff.

Wird eine Geschäftsfirma gebildet, so kann sie einer anderen schon im Handelsregister eingetragenen Firma derart ähnlich sein, daß beim Publikum eine Verwirrung entsteht, d. h., daß diese beiden Unternehmungen verwechselt werden. Eine solche Verwechslungsgefahr beeinträchtigt nicht notwendigerweise das öffentliche Interesse oder das Dritter[1]. Sofern bei der jeweiligen Firmenbildung der Grundsatz der Firmenwahrheit beachtet wurde, dürfen die Handelsregisterbehörden nicht eingreifen, um jede Verwechslungsgefahr auszuschließen[2].

Allerdings ist die Ähnlichkeit zweier Geschäftsfirmen geeignet, die wirtschaftlichen Interessen einer der beiden Konkurrenzunternehmungen zu verletzen. Denn durch ihre Tätigkeit hat sie sich beim Publikum einen gewissen Ruf erworben und läuft nun Gefahr, allein dadurch einen Teil ihrer Kundschaft zu verlieren, daß eine Konkurrenzunternehmung eine ähnliche Firma benutzt und so beim Publikum den Eindruck erweckt, es handle sich nicht um zwei, sondern nur um eine Unternehmung. Folglich sind die geschäftlichen Interessen der Unternehmung, deren Kundschaft zugunsten einer anderen umgeleitet wurde, mit privatrechtlichen, nicht hingegen mit verwaltungsrechtlichen Mitteln zu verteidigen.

Zwar kann schon die Benutzung einer Geschäftsfirma, die der einer anderen Unternehmung ähnlich ist, einen unlauteren Wettbewerb darstellen[3]. Deshalb begnügt man sich in manchen Ländern, vorwiegend in Frankreich, die Vorschriften zur Namensanmaßung und hier besonders zur Anmaßung von Handelsnamen anzuwenden[4]. In der Schweiz hingegen hielt es der Gesetzgeber für erforderlich, den Firmen von ihrer Eintragung im Handelsregister an einen besonderen Schutz zukommen zu lassen. Der zuerst eingetragenen Unternehmung steht die Geschäftsfirma

---

[1] Wenn im übrigen das Publikum über die Verhältnisse einer der beiden Unternehmungen nicht irregeführt wird und die von beiden Unternehmungen angebotenen Leistungen ungefähr gleichwertig sind, haben Dritte natürlich kein spezielles Interesse, eher mit der einen als mit der anderen Unternehmung in Geschäftsbeziehungen zu treten.
[2] Üblicherweise wendet man sich bei Gründung einer Gesellschaft an das Eidg. Amt für das Handelsregister, um zu erfahren, ob die gewählte Geschäftsfirma einer schon eingetragenen zu sehr ähnlich ist. Das Amt überreicht dann eine Liste der Firmen, die ähnlich zu sein scheinen, ohne jedoch damit zur Anwendbarkeit des Grundsatzes der Firmeneigenständigkeit Stellung nehmen zu wollen.
[3] Nach Art. 1 Abs. 2 lit. d UWG verstößt gegen die Grundsätze von Treu und Glauben, wer Maßnahmen trifft, die bestimmt oder geeignet sind, Verwechslungen herbeizuführen.
[4] Hierzu RIPERT/ROBLOT, Traité élémentaire, No 465, S. 260 f.

zu ausschließlichem Gebrauch zu. Sie kann beim Richter beantragen, er solle einer anderen Unternehmung den Gebrauch einer Firma wegen möglicher Irreführung des Publikums verbieten.

Dadurch, daß der Grundsatz der Eigenständigkeit der Geschäftsfirmen – *principe de l'originalité des raisons de commerce* – gilt, wird jedoch nicht die Anwendbarkeit der Bestimmungen über den unlauteren Wettbewerb und über den Schutz der Fabrikmarken ausgeschlossen[5]. Bei den Einzelfirmen behält Art. 946 Abs. 3 OR ausdrücklich die Ansprüche aus unlauterem Wettbewerb vor. Auch im Bereich der Gesellschaftsfirmen, vor allem der Firmen der Aktiengesellschaft, dient nach Auffassung des Bundesgerichts das Gebot deutlicher Unterscheidbarkeit der Firmen nicht der Ordnung des Wettbewerbs, vielmehr wollte der Gesetzgeber das Publikum vor Irreführung schützen und den Berechtigten um seiner Persönlichkeit und seiner gesamten Geschäftsinteressen willen vor Verwechslungen bewahren[6].

I. Die Verwechslungsgefahr

Geht man allein vom Wortlaut des Art. 956 Abs. 2 OR aus, so müßte derjenige, der Firmenschutz begehrt, nicht nur beweisen, daß seine Unternehmung mit einer anderen wegen der Ähnlichkeit der Firmen verwechselt wurde, sondern auch, daß diese Verwechslungen seine gewerblichen Interessen beeinträchtigt haben. Zu untersuchen ist nun, ob Rechtsprechung und Doktrin tatsächlich die Geltung des Grundsatzes der Eigenständigkeit der Geschäftsfirmen von diesen beiden materiellen Voraussetzungen abhängig machen.

1. Zunächst ist auf die wohl nun ständige Rechtsprechung des Bundesgerichts hinzuweisen, nach der der Nachweis tatsächlich erfolgter Verwechslungen der Firmen durch das Publikum nicht erbracht werden muß. Für die Anwendbarkeit des Art. 956 OR genügt die Verwechslungsgefahr. Der Kläger hat nur glaubhaft zu machen, daß Verwechslungen im Bereich der Wahrscheinlichkeit liegen[7]. Diese Gefahr besteht im übrigen nicht erst bei Identität zweier Geschäftsfirmen, sondern auch schon bei bloßer Ähnlichkeit. Bei der Beurteilung dieser Frage kommt den besonderen Umständen jedes einzelnen Falls natürlich eine wichtige, wenn nicht gar entscheidende Bedeutung zu. Da es sich hierbei aber nach Auffassung des Bundesgerichts um eine frei überprüfbare Rechtsfrage handelt[8], können aus der reichen Rechtsprechung gewisse objektive Regeln abgeleitet werden.

---

[5] Unter gewissen Umständen kann die unlautere Wettbewerbshandlung auch von einer Unternehmung begangen werden, die sich nach Art. 956 OR auf die Priorität der Eintragung berufen kann. Wenn die Verwechslungsgefahr daher rührt, daß diese ältere Unternehmung ihre Geschäftstätigkeit erweitert, so muß sie nach Treu und Glauben ihren Handelsnamen abändern (BGE 85 II, 1959, S. 323 ff.). Zur Geltung des MSchG siehe BGE 79 II, 1953, S. 182 ff.
[6] BGE 93 II, 1967, S. 40 ff.; 97 II, 1971, S. 234 ff.
[7] BGE 74 II, 1948, S. 235 ff.; 88 II, 1962, S. 371 ff.
[8] BGE 74 II, 1948, S. 235 ff.

a) Die Rechtsprechung scheint von einem ersten, allgemeinen und objektiven Kriterium auszugehen, wenn sie prüft, ob eine Verwechslungsgefahr besteht: es kommt nicht auf einen abstrakten und ins einzelne gehenden Vergleich sämtlicher im Handelsregister eingetragenen Firmenbestandteile sondern auf den **allgemeinen Eindruck** an, den die beiden Firmen in den Kreisen hinterlassen, mit denen die Inhaber geschäftlich zu verkehren pflegen[9]. Denn es geschieht häufig, daß die Unternehmung nur eine Abkürzung ihrer Geschäftsfirma benutzt[10]. Und das Publikum erinnert sich oft nur an die besonders kennzeichnenden Elemente der beiden Firmen. Nach Meinung des Bundesgerichts kommt «Bestandteilen, die durch ihren Klang oder Sinn hervorstechen, ... bei der Beurteilung der Verwechslungsgefahr erhöhte Bedeutung zu, da sie in der Erinnerung besser haften bleiben und im Verkehr, sei es von der Gesellschaft selber, sei es von Dritten, oft allein verwendet werden»[11]. In diesem Zusammenhang ist der Familienname besonders wichtig, da das Publikum «geneigt ist, der Namensangabe in einer Geschäftsbezeichnung überwiegende Beachtung zu schenken, weil sich damit die Vorstellung einer Person, einer persönlichen Beziehung oder einer Tradition verbinden läßt»[12]. Da nun aber gemäß den Art. 945 und 947 OR der Familienname zwingender Bestandteil jeder Einzelfirma und jeder Firma von Personengesellschaften ist[13], ist es viel schwieriger, die Verwechslungsgefahr zu vermeiden. Man darf daher den Grundsatz der Eigenständigkeit der Firma nicht überbetonen. Hingegen sind an die Geschäftsfirmen von Gesellschaften mit Rechtspersönlichkeit, also von Aktiengesellschaften, Genossenschaften und Gesellschaften mit beschränkter Haftung, strengere Maßstäbe anzulegen, da die Verwendung des Familiennamens zwar zulässig, aber nicht zwingend vorgeschrieben ist[14].

b) Um zwei Geschäftsfirmen miteinander zu vergleichen, braucht man nicht eine sorgfältige und gründliche Untersuchung der Unterschiede und Nuancen vorzunehmen, die es erlauben würden, die beiden Unternehmungen auseinanderzuhalten. In fester Rechtsprechung geht das Bundesgericht davon aus, daß die Verwechselbarkeit zweier Firmen von der Aufmerksamkeit abhängt, die in den Kreisen üblich ist, mit denen die beiden Inhaber geschäftlich zu verkehren pflegen[15]. Das zweite Kriterium, das des **Grades der Aufmerksamkeit**, die sich auf die Unterscheidbarkeit der Firmen bezieht, beurteilt sich folglich nach den Umständen, insbesondere nach der Art der Kundschaft der jeweiligen Unternehmungen. Die Verwechslungsgefahr ist um so größer, je mehr sich die Geschäftstätigkeit der Unternehmungen an das breite Publikum wendet, da dies «bekanntlich den Unterschieden von Firmabezeichnungen keine besondere Aufmerksamkeit» schenkt[16]. Beschränkt sich hingegen die kaufmännische Aktivität auf bestimmte geschäftsgewandte Kunden, so darf man von diesen mit Recht mehr Aufmerksamkeit für die Unterschiede, ja sogar für die Nuancen zwischen den beiden konkurrierenden Geschäftsfirmen erwarten.

2. Außerdem hängt die Anwendung des Grundsatzes der Eigenständigkeit der Firma wohl noch von einer weiteren Tatsache ab. Je nach dem Grad der Übereinstimmung der Kundenkreise kann eine Verwechslungsgefahr be-

---

[9] «Bestandteilen, die durch ihren Klang oder Sinn hervorstechen, kommt jedoch bei der Beurteilung der Verwechslungsgefahr erhöhte Bedeutung zu, da sie... im Verkehr... oft allein verwendet werden, besonders im Gespräch» (BGE 92 II, 1966, S. 95 ff. [97 mit zahlreichen Nachweisen älterer Entscheide]; siehe auch BGE 97 II, 1971, S. 234 ff. und 94 II, 1968, S. 128 ff.).
[10] Siehe beispielsweise BGE 97 II, 1971, S. 153 ff.
[11] BGE 94 II, 1968, S. 128 ff. (129) sowie 95 II, 1969, S. 568 ff.
[12] BGE 74 II, 1948, S. 235 ff.
[13] VON BÜREN, a.a.O.
[14] Siehe z. B. BGE 79 II, 1953, S. 182 ff.; 88 II, 1962, S. 371 ff.
[15] Siehe BGE 92 II, 1966, S. 95 ff. mit zahlreichen Verweisen auf die ältere Rechtsprechung.
[16] BGE 88 II, 1962, S. 28 ff. sowie 74 II, 1948, S. 235 ff.

stehen, denn Verwechslungen kommen wahrscheinlich häufiger vor, wenn die Unternehmungen in der gleichen Gegend übereinstimmende Tätigkeiten ausüben. «Wenden sich beide (sc. Firmeninhaber) an die gleichen Kreise, so sind naturgemäß an die Unterscheidbarkeit ihrer Firmen strengere Anforderungen zu stellen.»[17] In diesem Fall stehen sich beide Unternehmungen in der Tat praktisch als wirtschaftliche Wettbewerber gegenüber. Im Gegensatz hierzu wird die Verwechslungsgefahr geringer, wenn sich der Kundenstamm der Unternehmungen deutlich voneinander unterscheidet. Sie kann dann sogar vollständig fehlen.

Die schweizerische Rechtsprechung und Doktrin scheinen sich über die Erheblichkeit des Wettbewerbsverhältnisses bei der Beurteilung der Verwechslungsgefahr einig zu sein. Unterschiedliche Auffassungen bestehen jedoch bei der rechtlich viel wichtigeren Frage nach dessen unmittelbarer Bedeutung im Rahmen des Art. 956 OR. Es handelt sich um das Problem, ob das zwischen Unternehmungen bestehende Wettbewerbsverhältnis die zweite materielle Voraussetzung für die Anwendbarkeit des Grundsatzes der Firmeneigenständigkeit darstellt oder ob der Richter tatsächlich die Verwendung einer Geschäftsfirma allein aus dem Grund untersagen kann, daß sie mit einer älteren Firma verwechselt werden könnte.

a) Das Bundesgericht hat trotz einiger kritischer Stimmen der Doktrin[18] in nun wohl fester Rechtsprechung[19] mehrfach unterstrichen, daß die firmenrechtlichen Vorschriften nicht der Ordnung des Wettbewerbs dienen, sondern den Inhaber der älteren Firma um seiner Persönlichkeit und seiner gesamten Geschäftsinteressen willen vor Verwechslungen schützen sollen. Hieraus leitet es als erste wichtige Folge ab, daß eine Verwechslungsgefahr i. S. des Gesetzes selbst dann vorliegen kann, wenn die Inhaber der beiden Geschäftsfirmen nicht am gleichen Ort niedergelassen sind und wenn sie wegen der Art ihrer Geschäfte nicht in Wettbewerb stehen[20].

b) Das Bundesgericht hätte sicher Recht, wenn man nur den Wortlaut der Art. 946 und 951 OR zugrunde legte, die den Begriff des wirtschaftlichen Wettbewerbs nicht enthalten. So muss sich nach Art. 946 OR insbesondere jede Einzelfirma und nach Art. 951 Abs. 1 OR jede Firma einer Personengesellschaft deutlich von den an demselben Ort schon verwendeten Firmen unterscheiden. Der Grundsatz der Firmeneigenständigkeit soll also nicht der Gefahr der Verwechslung von Einzelunternehmungen oder von Personengesellschaften, die ihren Sitz in verschiedenen Orten haben, begegnen[21], auch dann nicht, wenn sie tatsächlich in unmittelbarem Wettbewerb stehen[22]. Art. 951 Abs. 2 OR hingegen erstreckt das Recht zu ausschließlichem Gebrauch der anderen Gesellschaftsfirmen auf die gesamte Schweiz, sofern diese ohne Personennamen gebildet wurden[23].

---

[17] Siehe BGE 94 II, 1968, S. 128 ff. (129); BGE 95 II, 1969, S. 568 ff. sowie 97 II, 1971, S. 234 ff.
[18] PEDRAZZINI, a.a.O.; GENRE, a.a.O.
[19] Hierzu vor allem BGE 92 II, 1966, S. 95 ff.; 93 II, 1967, S. 40 ff.; 95 II, 1969, S. 456 ff.
[20] Hier vor allem BGE 95 II, 1965, S. 456 ff.
[21] So BGE 79 II, 1953, S. 305 ff.
[22] Dann können die Bestimmungen des UWG angewendet werden. Vgl. BGE 74 II, 1948, S. 235 ff.
[23] «Dieses Klagerecht (sc. auf Unterlassung des Gebrauchs der neueren Firma) besteht selbst dann, wenn die beiden Gesellschaften nicht am gleichen Ort niedergelassen sind und nicht miteinander

Folglich sind neugegründete Gesellschaften i. S. des Art. 951 Abs. 2 OR ohne Ausnahme gehalten, nur Firmen zu verwenden, die sich deutlich von allen in den Handelsregistern der Schweiz eingetragenen Geschäftsfirmen unterscheiden[24].

c) Jedoch ist darauf hinzuweisen, daß der Grundsatz der Eigenständigkeit der Geschäftsfirmen in Art. 956 OR enthalten ist und daß nach seinem Abs. 2 nur gerichtlichen Schutz erlangen kann, «wer durch den unbefugten Gebrauch einer Firma beeinträchtigt wird». Es ist nun aber nicht ersichtlich, wie der Inhaber einer Firma, die mit einer jüngeren verwechselt werden könnte, in seinen Rechten beeinträchtigt werden soll, wenn der Inhaber dieser Firma seine Tätigkeit in einem anderen Wirtschaftszweig ausübt, also nicht sein Konkurrent ist. Auch reicht die Tatsache, daß andere als Kunden, vor allem Behörden und etwa die Postverwaltung, die Firmen verwechselt haben, nicht aus, um die Anwendung des Art. 956 OR zu rechtfertigen, da die geschäftlichen Interessen der Unternehmung auf diese Weise nicht wirklich beeinträchtigt werden[25]. Es scheint daher richtiger, das Wettbewerbsverhältnis als weitere tatbestandliche Voraussetzung der in Art. 956 Abs. 2 OR vorgesehenen Klage anzusehen. Mit diesem Verständnis der Vorschrift wäre auch der weitere Vorteil verbunden, daß man die gleichzeitige Heranziehung der unterschiedlichen Grundsätze und Beurteilungskriterien des Rechts des unlauteren Wettbewerbes und des Firmenrechts vermeiden könnte. Es würde genügen, entsprechend einem vor kurzem gemachten Vorschlag, auch im firmenrechtlichen Bereich das Branchensystem zugrundezulegen[26].

II. Der Grundsatz der Firmeneigenständigkeit

Wenn die tatbestandlichen Voraussetzungen des Grundsatzes der Firmeneigenständigkeit – principe de l'originalité – geklärt sind, dürften bei seiner Anwendung keine großen Probleme mehr auftauchen. Denn Art. 956 OR bestimmt nicht nur, daß die Einzel- oder Gesellschaftsfirma ihrem Inhaber zum ausschließlichen Gebrauch zusteht, sobald sie im Handelsregister eingetragen und im Schweizerischen Handelsamtsblatt veröffentlicht ist, sondern auch, daß dieser sich gemäß Abs. 2 gerichtlich gegen die Benutzung jeder neuen Firma wehren kann, sofern wegen ihrer Ähnlichkeit Verwechslungen wahrscheinlich sind und er deswegen in seinen Rechten beeinträchtigt werden kann. Im Hinblick auf die Rechtsprechung des Bundesgerichts müssen jedoch drei Fragen zur wirklichen Bedeutung dieses Grundsatzes, d. h. zu seinem Anwendungsbereich geklärt werden.

---

in Wettbewerb stehen» (BGE 93 II, 1967, S. 40 ff., [44] sowie BGE 92 II, 1966, S. 95 ff. mit zahlreichen Nachweisen der älteren Rechtsprechung).

[24] Zur Begründung hat das Bundesgericht oft auf die Freiheit der Firmenwahl hingewiesen, auf die sich Gesellschaften mit Rechtspersönlichkeit berufen können. Aus ihr leitet es den Grundsatz ab, daß die Frage nach der Unterscheidungskraft dieser Gesellschaftsfirmen nach strengen Kriterien zu beantworten ist (BGE 97 II, 1971, S. 234 ff.; 95 II, 1969, S. 568 ff.). Allerdings steigt die Zahl der Gesellschaftsfirmen ständig, so daß es immer schwieriger wird, den Erfordernissen der hinreichenden Unterscheidbarkeit zu genügen (hierzu PEDRAZZINI, a.a.O.).

[25] Das Bundesgericht hingegen hält diese Verwechslung für ausreichend, hat seine Auffassung aber nicht wirklich begründet (siehe insbes. BGE 93 II, 1967, S. 40 ff., mit zahlreichen Nachweisen auf die ältere Rechtsprechung und BGE 95 II, 1969, S. 456 ff.).

[26] So etwa von GENRE, a.a.O. und PEDRAZZINI, a.a.O.

1. Nach Art. 956 Abs. 1 OR wird eine Unternehmung gegen die Verwechslungsgefahr firmenrechtlich nicht geschützt, auch wenn sie durch ihre Tätigkeit und die Wahl ihrer Firma eine überragende Verkehrsgeltung in der Geschäftswelt erlangen konnte, oder wenn sie sogar als erste eine Geschäftsfirma benutzte. Entsprechend der gesetzlichen Regelung steht das Recht zu ausschließlichem Gebrauch der Firma demjenigen zu, der sie als erster im Handelsregister eintragen ließ. Es kommt also für die Anwendbarkeit des Grundsatzes der Firmeneigenständigkeit zunächst nur auf die Erfüllung der formellen Voraussetzung der Eintragung, oder genauer auf das Datum der Veröffentlichung im Schweizerischen Handelsamtsblatt an. Zu prüfen ist nun allerdings, ob in Wirklichkeit stets allein das rein chronologische und formelle Kriterium des Eintragungszeitpunktes entscheidend ist.

a) Obwohl insoweit der Wortlaut des Art. 956 Abs. 1 OR vollständig klar ist, kommt bei der Lösung konkret firmenrechtlicher Streitfälle dem Begriff des Gebrauchs manchmal eine größere Bedeutung zu als der Handelsregistereintragung. Dies ist schon im Firmen-, aber auch im Markenrecht[27] der Fall, wo die blosse Eintragung ohne tatsächlichen Gebrauch der Firma nicht die Firmenausschließlichkeit rechtfertigt. So kann eine nur vorsorglich eingetragene Firma, die tatsächlich keine Unternehmung betreibt, keinen firmenrechtlichen Schutz beanspruchen[28]. Auch im Recht des unlauteren Wettbewerbs ist nicht der frühere Zeitpunkt der Eintragung, sondern die Priorität des Gebrauchs viel wichtiger, ja häufig sogar entscheidend. Beispielsweise hat eine Unternehmung, deren Firma älter ist als die ihres Konkurrenten, ihre Firma nach Treu und Glauben zu ändern, wenn die Verwechslungsgefahr darauf beruht, daß sie ihre Geschäftstätigkeit erweitert hat[29]. Unter bestimmten Voraussetzungen kann der Inhaber einer früher eingetragenen Firma also nach den Vorschriften des UWG gezwungen werden, die Firma eines Konkurrenten, die schon länger gebraucht wird, zu respektieren.

b) Allerdings ist die Handelsregistereintragung stets eine notwendige Voraussetzung für die Ausübung des Rechts auf ausschließlichen Gebrauch einer Geschäftsfirma. Im Rahmen des Art. 956 OR kann selbst ein langdauernder Gebrauch der Firma die fehlende Eintragung nicht ersetzen. Dies gilt sicher zunächst für die *Enseignes*[30], die keinen firmenrechtlichen Schutz genießen, wenn sie nicht eingetragen oder wenigstens Bestandteil einer eingetragenen Firma sind[31]. Aber auch im internationalen Bereich gegenüber ausländischen Unternehmungen kommt es auf die Erfüllung des Eintragungserfordernisses an. Hiervon geht seit Juli 1953[32] die Rechtsprechung des Bundesgerichts zu Art. 8 der Pariser Verbandsübereinkunft aus: Die Angehörigen eines anderen Verbandsstaates können sich in der Schweiz nur dann auf den firmenrechtlichen Schutz

---

[27] Die Eintragung einer Marke hat nach schweizerischem Recht nur deklaratorische Wirkung. Wer wegen der Priorität der Eintragung seiner Marke auf Löschung der Marke eines Konkurrenten klagt, geht also die Gefahr ein, daß man ihm die Nichtigkeit seiner Marke entgegenhält, da sie eine Nachahmung einer Marke sei, die schon früher gebraucht wurde (vgl. BGE 76 II, 1950, S. 172 ff.).

[28] So BGE 93 II, 1967, S. 256 ff.

[29] Siehe BGE 85 II, 1959, S. 323 ff.

[30] So HIS, a.a.O., Art. 944 OR N. 26 und BGE 91 II, 1965, S. 17 ff.

[31] Allerdings erkennt das Bundesgericht im Rahmen der Art. 28 und 29 ZGB ein Recht an der Enseigne an, das jedoch im Gegensatz zum Recht an der Marke und an der Firma räumlich auf den geschäftlichen Tätigkeitsbereich ihres Trägers beschränkt ist (vgl. BGE 88 II, 1962, S. 28 ff.).

[32] BGE 79 II, 1953, S. 305 ff.

berufen, wenn sie ihren Namen in der Schweiz haben eintragen lassen; denn Art. 8 der Übereinkunft befreit sie nicht von der nach schweizerischem Recht vorgesehenen Eintragung. Sonst kommen zu ihrem Schutz nur die Regeln des UWG und des allgemeinen Persönlichkeitsrechts in Betracht[33]. Da im übrigen die Eintragung in einem ausländischen Register dem Firmeninhaber einer in der Schweiz eingetragenen Firma gegenüber keine Priorität verleiht, hat eine Unternehmung mit Hauptsitz im Ausland bei Eintragung ihrer schweizerischen Zweigniederlassung das Recht eines schweizerischen Firmeninhabers zu beachten und, sofern erforderlich, ihren eigenen Handelsnamen abzuändern[34].

2. Der Grundsatz der Eigenständigkeit der Geschäftsfirma schützt also den Inhaber, dessen Firma früher eingetragen ist, im Rahmen der soeben erläuterten Voraussetzungen des Art. 956 OR gegen die Verwechslungsgefahr. Fraglich erscheint jedoch, inwieweit er sein Recht auf ausschließlichen Gebrauch nicht nur hinsichtlich der Firma insgesamt, sondern auch hinsichtlich jedes einzelnen Bestandteils geltend machen kann. Um hierüber zu entscheiden, sind vorwiegend in Anlehnung an eine recht umfangreiche Rechtsprechung des Bundesgerichts drei Fallgruppen zu unterscheiden. Hieraus wird sich dann der absolute oder nur relative Charakter des privaten Monopols ergeben, der dem schweizerischen Firmen- und Markenrecht zugrundezuliegen scheint[35].

a) Die erste, anscheinend auch einfachste Fallgruppe betrifft die Phantasiebezeichnungen. Das über sie ausgeübte absolute Monopol dürfte im Grundsatz zulässig sein. Wer einen Phantasienamen erfunden und in seine Geschäftsfirma aufgenommen hat, kann seinen Gebrauch sowie auch eine mehr oder weniger sklavische Nachahmung verbieten lassen, da dieses Wort oder dieser Ausdruck gewissermaßen in seinem ausschließlichen Eigentum stehen[36]. Allerdings läßt sich von einer absolut geschützten Phantasiebezeichnung nur in den ziemlich seltenen Fällen sprechen, in denen sie sich deutlich von Familiennamen und Gattungsbegriffen unterscheidet und einen der kennzeichnenden Hauptbestandteile der Geschäftsfirma darstellt[37]. Auch lehrt die Erfahrung, daß gelegentlich ein Ausdruck, der ursprünglich eine Phantasiebezeichnung war, vom allgemeinen Publikum benutzt wird, jedoch nicht mehr, um die Unternehmung zu bezeichnen sondern nach und nach nur noch die Art ihrer Produkte. So kann ein Phantasiename wegen seiner besonderen Verkehrsgeltung, vor allem als Marke, ein Gattungsbegriff und damit sprachliches Gemeingut werden[38].

b) Sind ein oder mehrere Gattungsbegriffe Bestandteil der Geschäftsfirma – dies ist die zweite und häufigste Fallgruppe –, so hat der Inhaber nicht das Recht, sie sich zu persönlichem Nutzen anzueignen, da sie zum Gemeingut gehören[39]. Das Firmenrecht untersagt daher jüngeren Unternehmungen nicht, diese Gattungsbegriffe oder allgemeinen Ausdrücke in ihre Firma auf-

---

[33] BGE 98 II, 1972, S. 57 ff.
[34] BGE 90 II, 1964, S. 192 ff. (198).
[35] Siehe zum Beispiel BGE 93 II, 1967, S. 260 ff.
[36] «An die Unterscheidbarkeit von Phantasiebezeichnungen stellt die Rechtsprechung strengere Forderungen...» (BGE 92 II, 1966, S. 95 ff. sowie 77 II, 1951, S. 321 ff.).
[37] Dies war z. B. in BGE 95 II, 1969, S. 568 ff. nicht der Fall.
[38] Die Frage hat sich z. B. bezüglich des Wortes «Wollenhof» gestellt (BGE 74 II, 1948, S. 235 ff.).
[39] Siehe etwa BGE 94 II, 1968, S. 128 ff.

zunehmen, sofern sie ihnen nur ein oder mehrere weitere Bestandteile mit deutlicher Unterscheidungskraft hinzufügen[40]. Auf diese Weise wird dann der Grundsatz der Firmeneigenständigkeit beachtet.

c) Bei der dritten Fallgruppe, die den Familiennamen betrifft, ist nur darauf hinzuweisen, daß dieser nicht zum Allgemeingut gehört sondern vielmehr all denjenigen Personen zusteht, die ihn zu Recht tragen. So ist eine Unternehmung, die einen Familiennamen in die Einzel- oder Gesellschaftsfirma aufnimmt, nicht in der Lage, anderen Unternehmungen den Gebrauch dieses Familiennamens zu untersagen, selbst wenn ihre Firma früher eingetragen wurde[41]. Sie kann nur verlangen, daß die jüngeren Unternehmungen den Grundsatz der Firmeneigenständigkeit durch Hinzufügung neuer Bestandteile mit deutlicher Unterscheidungskraft und daß sie das Prinzip der Firmenwahrheit beachten[42].

3. Bei der Umschreibung des Anwendungsbereichs des Grundsatzes der Firmeneigenständigkeit im schweizerischen Recht genügt der Hinweis, daß weder der Name der juristischen Personen des Zivilrechts[43] und des öffentlichen Rechts[44] noch die Geschäftsbezeichnungen vom Begriff der Geschäftsfirma umfaßt werden. Folglich genießen nur die im Handelsregister eingetragenen Einzel- und Gesellschaftsfirmen den Schutz des Art. 956 OR. Hingegen werden die Namen der Vereine und Stiftungen des Zivilrechts[45], der öffentlichrechtlichen Körperschaften und Anstalten[46], der Handelsname ausländischer Unternehmungen, die in der Schweiz nicht eingetragen sind[47], sowie die Geschäftsbezeichnungen im Rahmen der Art. 28 und 29 ZGB geschützt. Im Ergebnis besteht aber zwischen dem Firmen- und dem Namensschutz praktisch nur ein Unterschied: während sich das Firmenrecht auf das ganze Gebiet der Schweiz erstreckt, ist das Namensrecht durch den Tätigkeitsbereich des Berechtigten räumlich beschränkt[48].

---

[40] So etwa BGE 95 II, 1969, S. 568 ff.
[41] So BGE 79 II, 1953, S. 182 ff.
[42] Im Bereich des Wettbewerbs hat das Bundesgericht außerdem entschieden: «Le droit d'exploiter une affaire sous son propre nom n'est pas absolu: il a pour limites le droit des concurrents d'exiger que l'on agisse selon les règles de la bonne foi» (BGE 88 II, 1962, S. 371 ff.).
[43] Gleiches gilt für die Vereine, die «für ihren – idealen – Zweck ein nach kaufmännischer Art geführtes Gewerbe betreiben» (BGE 83 II, 1957, S. 249 ff. [255]).
[44] Jedoch wird die Enseigne nur dann, wenn sie nicht als Bestandteil der Geschäftsfirma im Handelsregister eingetragen ist, rechtlich als Name der Unternehmung verstanden und genießt den Schutz der Art. 28 und 29 ZGB (BGE 91 II, 1965, S. 17 ff.).
[45] BGE 80 II, 1954, S. 138 ff.; 80 II, 1954, S. 281 ff.
[46] Außerdem bestehen besondere Regeln zum Schutz der öffentlichen Wappen und anderer öffentlicher Zeichen (BG vom 5. Juni 1931) sowie des Zeichens und des Namens des Roten Kreuzes (BG vom 25. März 1954).
[47] Siehe insbesondere BGE 98 II, 1972, S. 57 ff.
[48] BGE 90 II, 1964, S. 461 ff.

III. Der gesetzliche Schutz

Art. 956 OR schützt die Unternehmung, die ihre Geschäftsfirma zuerst eintragen ließ und die durch den unbefugten Gebrauch einer anderen Firma beeinträchtigt wurde, indem sie sie zur Erhebung einer Unterlassungsklage[49] ermächtigt. Mit dieser hauptsächlich auf Löschung der jüngeren Firma im Handelsregister gerichteten Klage sind zwei verfahrensrechtliche Probleme verbunden.

1. Zunächst sollte man meinen, der Kläger habe den erlittenen Schaden zu beweisen, da nach dem Wortlaut des Art. 956 Abs. 2 OR die Beeinträchtigung eine Voraussetzung der Klageerhebung ist. Jedoch scheint das Bundesgericht nie einen derartigen Beweis verlangt zu haben, vielmehr begnügt es sich bekanntlich in ständiger Rechtsprechung mit der Wahrscheinlichkeit einer Verwechslungsgefahr.

2. Außerdem wurde angesichts des Schweigens des Gesetzes die Frage aufgeworfen, ob die Klage einer Ausschluß- oder Verjährungsfrist unterliege. 1948 hat das Bundesgericht zunächst entschieden[50], die allgemeine Vorschrift des Art. 127 OR sei anzuwenden und die Klage verjähre in 10 Jahren ab dem Zeitpunkt der Veröffentlichung der angegriffenen Firma im Schweizerischen Handelsamtsblatt[51]. In einer jüngeren Entscheidung[52] hat es jedoch darauf hingewiesen, ein Firmeninhaber könne Rechtsmißbrauch begehen, wenn er eine Klage auf Löschung einer Unternehmung erhebe, deren Firma er während langer Zeit geduldet habe.

---

[49] Zur Möglichkeit der Erlangung einer vorsorglichen Verfügung siehe Art. 32 HRegV.
[50] BGE 74 II, 1948, S. 235 ff. = JT 1949 I, S. 386 ff. (388) (Erw. 1 nur in der französischen Übersetzung abgedruckt).
[51] Im Bereich des unlauteren Wettbewerbs beginnt die Verjährungsfrist des Art. 7 UWG solange nicht zu laufen, wie die Beeinträchtigung andauert (BGE 88 II, 1962, S. 371 ff. [375]).
[52] So im Bereich des unlauteren Wettbewerbs BGE 88 II, 1962, S. 371 ff. (375).

Fünftes Kapitel

Die kaufmännische Buchführung

§ 13. Das formelle Buchführungsrecht

Literatur

E. His, Berner Kommentar, Die kaufmännische Buchführung, Art. 957–964 OR, S. 356 ff.

G. Beeler, Schweizerisches Buchführungs- und Bilanzrecht, Zürich 1956; H. W. Kruse, Grundsätze ordnungsmäßiger Buchführung, Rechtsnatur und Bestimmung, Köln 1970.

A. von Arx, Das Buchdelikt – Die Verletzungen der Buchführungspflicht (OR Art. 957 ff. und StrGB Art. 325 und 166), Diss. Zürich 1942; L. Caspar, Betrügerischer Konkurs, Pfändungsbetrug, leichtsinniger Konkurs und Vermögensverfall gemäß StrGB Art. 163–165, ZStrR 87, 1971, S. 12 ff.; P.-R. Gilliéron, Faut-il réviser les dispositions du code pénal relatives aux infractions dans la faillite et la poursuite pour dettes?, ZStrR 88, 1972, S. 303 ff. – R. Küng, Die kaufmännische Buchführung nach dem neuen Obligationenrecht, Diss. Bern 1940; G. Beeler, Die Buchführungspflicht nach OR 957, SJZ 49, 1953, S. 75 ff.; G. Gautschi, Postulate zur Neugestaltung der Buchführungsvorschriften, Schweizerische Monatsschrift für kaufmännische Organisation 1967, S. 75 ff., 173 ff.

N. Celio, La contabilità nel nuovo Codice delle Obbligazioni, Diss. Bern, Lugano 1939; F. Goré, La comptabilité commerciale et le droit, in: Dix ans de conférences d'agrégation, Etudes de droit commercial offertes à Joseph Hamel, Paris 1961, S. 89 ff.; A. Dalsace, A propos des rapports entre le droit des sociétés, la comptabilité et les mathématiques, R.T.D. Co III, 1950, S. 173 ff.

Solange ein Handelsgewerbe nur von einem Einzelkaufmann betrieben wurde, der für seine Schulden mit seinem gesamten Geschäfts- und Privatvermögen haftete, konnte eine Buchführung zwar nützlich sein, sie war aber nicht unbedingt notwendig[1]. Inzwischen hat sich die Situation jedoch geändert, zunächst, weil die meisten, jedenfalls aber die wichtigsten Handels-

---

[1] Die *Ordonnance sur le commerce*, also der Code Savary, 1673 von Colbert erlassen, war der erste Gesetzestext, der Kaufleute zur Buchführung verpflichtete. Zur Entwicklung des Rechts der kaufmännischen Buchführung siehe His, a.a.O., Vorbemerkungen, S. 356 ff. und H. Veit Simon, Die Bilanzen der Aktiengesellschaften und der Kommanditgesellschaften auf Aktien, 3. Aufl., Berlin 1899, S. 28 ff.

gewerbe in der Rechtsform der Gesellschaft betrieben werden, so daß schon zur Ermittlung des unter die Gesellschafter zu verteilenden Gewinns eine Buchführung erforderlich ist; dann aber auch, weil bekanntlich ganz allgemein die Unternehmungen heute eine gewisse Rechtspersönlichkeit in dem Sinne erwerben, daß sie, jedenfalls *de lege ferenda*, für die Geschäftsverbindlichkeiten mit dem Gesellschaftsvermögen haften sollen [2]. Mittels der Buchführung kann dann das Vermögen der Unternehmung vom Privatvermögen des Unternehmensträgers unterschieden werden. Außerdem ist die Leitung der meisten kaufmännischen Unternehmungen derart vielschichtig geworden, daß nur eine Buchführung den leitenden Personen eine Übersicht und Kontrolle über die wirtschaftliche Entwicklung ihrer Unternehmung ermöglicht.

Das moderne Handelsrecht trägt dem Rechnung und gebietet jedem Handelsgewerbe, «diejenigen Bücher ordnungsgemäß zu führen, die nach Art und Umfang seines Geschäfts nötig sind, um die Vermögenslage des Geschäftes und die mit dem Geschäftsbetriebe zusammenhängenden Schuld- und Forderungsverhältnisse sowie die Betriebsergebnisse der einzelnen Geschäftsjahre festzustellen» [3]. Allerdings ist es mit der Erwähnung dieser allgemeinen Regel nicht getan, ebensowenig genügt der Hinweis auf speziellere, gewöhnlich viel detailliertere Vorschriften zur Buchführung in Unternehmungen je nach ihrer Rechtsform [4]. Vielmehr sind die tatbestandlichen Voraussetzungen des Art. 957 OR sowie die Reichweite der Buchführungspflicht in Theorie und Praxis im einzelnen zu untersuchen.

I. Der Begriff der kaufmännischen Buchführung

Eigentlich kann der Begriff der Buchführung – comptabilité –, auch Buchhaltung, Rechnungswesen genannt, in zweifacher Weise umschrieben werden: einerseits stellt er die Gesamtheit der Bücher und Belege dar, die ständig oder periodisch zur Ermittlung der Vermögens- und Ertragslage der kaufmännischen Unternehmung geführt werden. Geht man von dieser Begriffsbestimmung aus, so ist zu fragen, welche Bücher zu führen das Handelsrecht in Art. 957 OR vorschreibt [5]. Andererseits versteht man unter ihm auch die Tatsache, Bücher anzulegen und zu führen.

---

[2] Siehe oben § 7, III, S. 117 ff.
[3] Art. 957 OR; vgl. auch § 38 HGB sowie die Neufassung des Art. 8 Ccomm.fr. gemäß *décret* vom 22. September 1953.
[4] Im Gesellschaftsrecht siehe Art. 662 ff., 804, 856 ff. OR; im Bankrecht Art. 6 BG über die Banken und Sparkassen vom 8. November 1934 in der Fassung vom 11. März 1971 sowie einige Bestimmungen der Vollziehungsverordnung vom 17. Mai 1972.
[5] Siehe unten § 14, S. 183 ff.

1. Buchführung in einer kaufmännischen Unternehmung bedeutet ganz allgemein «enregistrer les mouvements de valeur qui se produisent dans les éléments de l'entreprise par une figuration chiffrée de toutes les opérations qui ont été faites»[6]. Hierbei handelt es sich nicht um einen einheitlichen Vorgang, denn es sind zwei Phasen deutlich zu unterscheiden.

a) Zunächst müssen in der Reihenfolge ihrer Vornahme in einem oder mehreren Büchern alle wirtschaftlichen und rechtlichen Vorgänge eingetragen werden, die den Umfang oder den Wert der Aktiven und Passiven des Geschäftsvermögens ändern. Auf diese Weise werden die Erträgnisse und Aufwendungen der Unternehmung für die Dauer ihrer Existenz festgehalten. Dementsprechend bestimmt Art. 8 Ccomm. fr.[7], daß «toute personne physique ou morale, ayant la qualité de commerçant, doit tenir un livre-journal enregistrant jour par jour les opérations de l'entreprise». Zur Ermittlung der Vermögens- und Ertragslage ist die Registrierung oder Verbuchung zwar unumgänglich[8], aber nicht ausreichend.

b) In einer zweiten Phase wird dann diese Lage zu einem bestimmten Zeitpunkt, allgemein am Ende eines jeden Rechnungsjahres, genau festgestellt. Zu diesem Zweck sind ein Inventar[9] aller Aktiven und Passiven des Geschäftsvermögens, also ein Inventar und eine Bilanz, aufzustellen und das Betriebsergebnis einer bestimmten Periode anhand einer Betriebsrechnung und einer Gewinn- und Verlustrechnung zu ermitteln. Bei der Aufstellung des Inventars genügt nun nicht eine bloße Addition der eingetragenen Summen, vielmehr muß der wirkliche Wert der einzelnen Bestandteile des Geschäftsvermögens zum Stichtag festgelegt werden. In der Praxis wirft gerade diese Bewertung[10] vielfache Probleme auf, da der Wert der einzelnen Gegenstände nicht allein rechnerisch ermittelt werden kann, sondern das Ergebnis einer mehr oder weniger von subjektiven Kriterien abhängigen Schätzung der wirtschaftlichen Lage ist.

Handelsrechtlich sind beide buchhalterischen Abschnitte als unbedingt erforderlich anzusehen, jedoch kommt dem zweiten von Gesetzes wegen eine größere Bedeutung zu: So läßt z.B. Art. 957 OR dem Inhaber eines Handelsgewerbes weitgehende Freiheit bei der Wahl der Verbuchungsmethoden, «die nach Art und Umfang seines Geschäfts nötig sind», verlangt aber, daß sich aus den Büchern «die Vermögenslage des Geschäftes und die mit dem Geschäftsbetriebe zusammenhängenden Schuld- und Forderungsver-

---

[6] RIPERT/ROBLOT, Traité élémentaire, S. 228.

[7] i.d.F. des *décret* vom 22. September 1953.

[8] Sie ist notwendig, einmal, weil das Ergebnis des Rechnungsjahres, jedenfalls zum Teil, auf den während des Geschäftsjahres verbuchten Vorgängen beruht, aber in manchen Ländern auch deshalb, weil die Bücher als Beweis der verbuchten Vorgänge zugelassen werden (siehe ebenso Art. 12 Ccomm.fr. in der Fassung des *décret* vom 22. September 1953).

[9] Begreift man den Ausdruck Inventar so allgemein, so würde er bedeuten: «eine Bilanz der Vermögenslage ziehen». Allerdings betreffen die beiden Ausdrücke Inventar und Bilanz in ihrer spezifischen Bedeutung unterschiedliche buchhalterische Akte. Siehe unten § 14, S. 187 ff., 190 ff.

[10] Hierzu etwa G. BEELER, Das Bewertungsproblem (Lit. zu § 14). Im Gesellschafts- und Steuerrecht stellt sich technisch und rechtlich das Bewertungsproblem häufig im Zusammenhang mit den wichtigen Fragen der Bildung stiller Reserven und der Abschreibungen (vgl. etwa W. DOBER, Stille Reserven im Handels- und Steuerrecht, Schweiz. AG 30, 1958, S. 113 ff.; BGE 75 I, 1949, S. 16 ff.).

hältnisse sowie die Betriebsergebnisse der einzelnen Geschäftsjahre» feststellen lassen. Im übrigen hat der schweizerische Gesetzgeber in einigen speziellen Bereichen objektive und relativ einfache Bewertungsvorschriften für verschiedene Bilanzposten vorgesehen[11].

2. Ob es um die Verbuchung von Vorgängen innerhalb einer bestimmten Periode oder um die Aufstellung des Inventars der einzelnen Bestandteile des Geschäftsvermögens geht, die Buchführung ist stets vorwiegend eine Methode[12] zur Ermittlung der Vermögenslage der Unternehmung. Zwei unterschiedliche Verfahren stehen, jedenfalls theoretisch, zur Verfügung.

a) Bei der **einfachen Buchführung** werden alle Vorgänge nacheinander in einem oder mehreren Büchern festgehalten und es werden in die Konten nur diejenigen Geschäfte eingetragen, die sich auf die Lieferanten-Gläubiger und die Kunden-Schuldner beziehen, wobei die geschuldeten Summen auf der Soll- und die noch ausstehenden auf der Habenseite erscheinen. Hierbei sind alle Konten voneinander unabhängig. Diese rudimentäre und lückenhafte Methode ermöglicht keine wirkliche Übersicht.

b) Hierzu im Gegensatz steht die **doppelte Buchführung**. Zwar wird auch nach dieser Methode jeder einzelne Vorgang nacheinander in einem oder mehreren Büchern festgehalten. Die Eintragung erfolgt jedoch getrennt für jeden Aktiv- und Passivposten und für jede Art von Aufwendungen und Erträgnissen in offenen Konten. Die gleiche Summe erscheint also gleichzeitig und zwingend auf der Habenseite des einen und der Sollseite eines anderen Kontos. Hieraus ergibt sich, daß die Endsumme sämtlicher Habenposten mit der sämtlicher Sollposten identisch sein muß. So ist die Übereinstimmung aller Buchungen jederzeit gewährleistet. Man spricht hier vom Ausgleich der Konten.

Das moderne Handelsrecht scheint nicht die eine oder die andere Methode vorzuschreiben. In der Praxis jedoch wurde die einfache Buchhaltung, die im Mittelalter allein in Gebrauch war[13], wegen der Komplexität der modernen Unternehmungsleitung aufgegeben. Sie findet sich gelegentlich allenfalls noch in einigen Handwerksbetrieben und in manchen freien Berufen. Die kaufmännischen Unternehmungen haben sich für die zweite Methode entscheiden müssen. Vor allem wegen ihrer Anpassungsfähigkeit kommt sie heutzutage nach Auffassung von Experten allein in Betracht.

---

[11] Siehe z.B. im Aktienrecht die Art. 663 Abs. 2, 665, 666, 667 OR.
[12] Einige Autoren sehen in der Buchführung trotz ihrer Bedeutung keine wirklich eigenständige Wissenschaft, sondern entweder nur eine Hilfswissenschaft der Rechts- und Wirtschaftswissenschaften oder aber eine auf mathematischen, betriebswirtschaftlichen und rechtlichen Grundsätzen beruhende Methode (hierzu CELIO, a.a.O., S. 21; GORÉ, a.a.O.)
[13] In Italien scheint das System der doppelten Buchführung schon bekannt gewesen zu sein. Von ihm handelt das 1494 in Venedig erschienene Werk des Mathematikers FRA LUCCA PACCIOLI (HIS, a.a.O., Vorbemerkungen, S. 356; vgl. auch R. DE ROOVER, Aux origines d'une technique intellectuelle: La formation et l'expansion de la comptabilité à partie double, Annales d'histoire économique et sociale 9, 1937, S. 1 ff.).

3. Im Rahmen des Systems der doppelten Buchführung gibt es zahlreiche Buchführungstechniken. Es ist nicht erforderlich, hier näher auf sie einzugehen[14], es genügt der Hinweis, daß die doppelte Buchführung und die modernen Buchungsverfahren heute so verfeinert sind, daß praktisch jede Rubrik in so viele unterschiedliche Konten unterteilt werden kann, wie zur ordnungsgemäßen Führung der Unternehmung notwendig sind. Bevor der Buchhalter mit seiner Tätigkeit beginnt, hat er eine Liste der Konten, d.h. einen Kontenplan – *plan comptable* – aufzustellen, dessen Inhalt je nach der mehr oder weniger großen Verschiedenheit der Geschäftsvorgänge der Unternehmung und je nach der Zahl der Informationen, die die Buchhaltung liefern soll, unterschiedlich detailliert ist. Eine einheitliche Regelung des Kontenplans scheint schwierig zu sein. Vor allem im ausländischen Gesellschaftsrecht zeigt sich jedoch eine Tendenz, seinen Mindestinhalt möglichst genau vorzuschreiben[15]. Bisher jedenfalls[16] hat der schweizerische Gesetzgeber in diesem Bereich Vorschriften nur erlassen, wenn das öffentliche Interesse unmittelbar betroffen ist. So bestehen Bestimmungen zur Aufstellung der Bilanz für Banken[17], bestimmte Versicherungs-[18] und private Eisenbahngesellschaften[19].

II. Die Buchführungspflicht

Formell gesehen verpflichtet das heutige Handelsrecht die Kaufleute zunächst, in ihrer Unternehmung eine kaufmännische Buchführung einzurichten und die Handelsbücher regelmäßig zu führen. Diese Pflicht stellt in der Schweiz wie im Ausland die Grundregel des Buchführungsrechtes dar, aus der sich die weiteren formellen[20] wie materiellen[21] Verpflichtungen ergeben. Meistens ist sie nicht nur in einer gesetzlichen Bestimmung von allge-

---

[14] Genannt seien die italienische, französische und amerikanische Buchführungstechnik.
[15] So z.B. §§ 151, 157 DAktG.
[16] Die Arbeitsgruppe für die Überprüfung des Aktienrechts hat in ihrem Bericht (Bern 1972) eine Teilrevision vorgeschlagen, die in Art. 2–11 Mindestvorschriften für die Gliederung der Gewinn- und Verlustrechnung und der Bilanz der Aktiengesellschaft enthält. Hierzu wären ziemlich detaillierte Gliederungsschemen für die Jahresrechnung erforderlich.
[17] Art. 23 ff. der Vollziehungsverordnung vom 17. Mai 1972 zum BankG (AS 1972, S. 821 ff.).
[18] BG betr. Beaufsichtigung von Privatunternehmungen im Gebiete des Versicherungswesens vom 25. Juni 1885 und Vollziehungsverordnung vom 11. September 1931.
[19] VO über das Rechnungswesen der Eisenbahnen vom 19. Dezember 1958.
[20] Siehe unten III, S. 181 f.
[21] Unten § 14 (S. 186, 193) werden die materiellen Pflichten, insbesondere die Grundsätze der Bilanzklarheit und Bilanzwahrheit eingehend behandelt.

meinem Geltungsanspruch[22] enthalten, sondern wird darüber hinaus auch in speziellen Bestimmungen, die sich in Gesetzen und Verordnungen finden, für bestimmte Arten von Unternehmungen bestätigt und näher präzisiert.

Die allgemeine Vorschrift des Art. 957 OR ist nicht leicht auszulegen und anzuwenden. Einige schwierige Probleme ergeben sich bei der Bestimmung der von ihr erfaßten inhaltlichen Grundsätze. Zunächst aber sollen zwei formelle Fragen behandelt werden.

1. Das erste Problem, welche Unternehmungen der Buchführungspflicht unterliegen, wird vom schweizerischen Recht nur scheinbar anders gelöst als vom deutschen oder französischen Handelsrecht[23]. Denn diese Pflicht besteht nicht zu Lasten jeder im Handelsregister eingetragenen natürlichen und juristischen Person, sondern zu Lasten jeder Person, die verpflichtet ist, ihre «Firma in das Handelsregister eintragen zu lassen» (Art. 957 OR). Folglich ist buchführungspflichtig jede natürliche oder juristische Person, die in der Schweiz ein Handelsgewerbe i.S. des Art. 934 OR und der Art. 52–55 HRegV betreibt[24], oder die, nach französischem oder deutschem Recht, Kaufmannseigenschaft besitzt.

a) Dementsprechend ist nach ständiger Rechtsprechung des Bundesgerichts, vor allem zur eidgenössischen Wehrsteuer[25], eine nicht eintragungspflichtige Unternehmung auch nicht buchführungspflichtig[26]. Dies gilt zunächst sicher für die einfache Gesellschaft, die nicht einmal das Recht hat, sich in das Handelsregister eintragen zu lassen[27]. Dem Art. 957 OR unterliegen weiterhin aber auch nicht die Kollektiv- und Kommanditgesellschaften, die kein nach kaufmännischer

---

[22] Art. 957 OR, Art. 8 Ccomm. fr., § 38 HGB.
[23] Das französische und das deutsche Recht knüpfen die Buchführungspflicht an den Kaufmannsbegriff (commerçant), während das schweizerische Recht auf die Pflicht zur Eintragung der Geschäftsfirma in das Handelsregister abstellt.
[24] Hierzu oben § 9, I 1, S. 131 f.
[25] Nach Art. 21 Abs. 1 lit. d und Art. 43 WStB unterliegen Kapitalgewinne der Wehrsteuer, wenn sie im Betriebe oder bei Liquidation eines zur Führung kaufmännischer Bücher verpflichteten Unternehmens erzielt werden. Wird eine Verwaltungsgerichtsbeschwerde erhoben, so kann das Bundesgericht zu untersuchen haben, ob der Beschwerdeführer eine derartige Unternehmung betreibt und folglich, ob er gehalten war, sich in das Handelsregister eintragen zu lassen. Bei der Prüfung dieser Frage ist die verwaltungsrechtliche Kammer nicht daran gebunden, daß die Registerbehörde den Beschwerdeführer nicht zur Eintragung gezwungen hat (siehe BGE 89 I, 1963, S. 281 ff. und 78 I, 1952, S. 63 ff.).
[26] Siehe BGE 79 I, 1953, S. 57 ff.; 97 I, 1971, S. 167 ff. («A l'obligation de tenir une comptabilité quiconque doit s'inscrire au registre du commerce (article 957 CO). Peu importe que le contribuable y soit en fait inscrit ou non; cela ne joue pas de rôle dans l'application de l'article 21 alinéa 1 lettre d AIN... Et le Tribunal fédéral examine librement si l'obligation de s'inscrire existait ou pas....») und BGE 89 I, 1963, S. 281 ff.
[27] «Ihre Buchhaltung kann daher nicht als kaufmännisch i.S. des 32. Titels des OR bezeichnet werden. Das schließt jedoch ihre Qualifikation als Urkunde i.S. von StGB 110 Ziff. 5 ... nicht aus» (BGE 91 IV, 1965, S. 188 ff. = Pra 55, 1966, Nr. 45).

Art geführtes Gewerbe betreiben[28]; und zwar selbst dann nicht, wenn eine kaufmännische Buchführung erforderlich ist, um den Umfang der Rechte und Pflichten der Gesellschafter festzulegen[29]. Gleiches gilt folglich auch für die im Handelsregister eingetragenen privatrechtlichen Verbandspersonen, da die Eintragung für sie nicht obligatorisch ist, auch wenn sie konstitutiven Charakter hat. Wenn nun zwar die Stiftungen von der Buchführungspflicht befreit werden können[30], so sind doch Aktiengesellschaften, Gesellschaften mit beschränkter Haftung und Genossenschaften sicher auch dann gehalten, eine kaufmännische Buchführung zu haben[31], wenn sie für andere als wirtschaftliche Zwecke gegründet wurden[32].

b) Art. 21 Abs. 1 lit. d WStB spricht zwar von einer zur Führung von kaufmännischen Büchern verpflichteten Unternehmung und scheint damit diese selbst der Buchführungspflicht zu unterwerfen. Tatsächlich läßt sich jedoch eine derartige Schlußfolgerung nicht mit der rechtlichen Stellung der Unternehmung vereinbaren, wie sie sich aus dem Wortlaut der Art. 934 und 957 OR ergibt: Solange die kaufmännische Unternehmung von Gesetzes wegen nicht eine gewisse, der Kollektiv- und Kommanditgesellschaften vergleichbare Rechtspersönlichkeit besitzt[33], ist buchführungspflichtig nicht die Unternehmung als solche, sondern die natürliche oder juristische Person, die sie betreibt. Folglich ist ein Konzern als solcher *de lege lata* selbst dann, wenn er unter bestimmten Voraussetzungen eine kaufmännische Unternehmung darstellt[34], rechtlich weder verpflichtet, sich in das Handelsregister eintragen zu lassen noch eine besondere konsolidierte Buchführung zu haben[35].

Wenn zwar nur die Person, die ein Handelsgewerbe betreibt, der Pflicht des Art. 957 OR unterworfen ist, so hat sie doch die Bücher so zu führen, daß diese über die «Vermögenslage des Geschäftes» Auskunft geben. Wer also gleichzeitig mehrere kaufmännische Unternehmungen betreibt, kann sich folglich nicht darauf beschränken, nur eine Buchführung für seine sämtlichen kaufmännischen Tätigkeiten einzurichten. Gleich wie er für jede Unternehmung zur Eintragung in das Handelsregister verpflichtet ist[36], muß er für jede einzelne seiner Unternehmungen eine getrennte Buchführung haben. Dieser Grundsatz gilt insbesondere auch für die Zweigniederlassungen[37].

2. Art. 957 OR stellt nur den Grundsatz auf, daß die Handelsbücher jeder kaufmännischen Unternehmung regelmäßig zu führen sind, sieht jedoch selbst keine Sanktionen im Falle der Verletzung dieser zwingenden Vor-

---

[28] BGE 79 I, 1953, S. 57 ff.
[29] Art. 558 OR.
[30] HIS, a.a.O., Art. 957 OR, N. 58.
[31] Für die Aktiengesellschaft ergibt sich die Verpflichtung mittelbar aus Art. 662 und 722 OR. Außerdem verweist Art. 662 Abs. 2 OR ausdrücklich auf die «Vorschriften des Titels über die kaufmännische Buchführung».
[32] Siehe etwa Art. 620 Abs. 3 OR.
[33] Siehe oben § 7, III 2 d, S. 120.
[34] Siehe oben § 6, II 2 b und § 7, III 2 d, S. 96 f., 120.
[35] Die Arbeitsgruppe für die Überprüfung des Aktienrechts hält es nicht für angezeigt, die Verpflichtung zur Aufstellung einer konsolidierten Jahresrechnung bei Konzernen einzuführen, schlägt aber eine Bestimmung vor, durch die die Konsolidierung attraktiv gemacht werden soll (Art. 4 des Vorschlags für eine Teilrevision des Aktienrechts; Zwischenbericht des Präsidenten und des Sekretärs der Arbeitsgruppe für die Überprüfung des Aktienrechts, Bern 1972, S. 52 ff.).
[36] Siehe oben § 7, III 1b, S. 116.
[37] Bei der Bestimmung der Selbständigkeit der Zweigniederlassung kommt es nach Auffassung des Bundesgerichts entscheidend darauf an, «ob die Niederlassung in ihrem eigenen Interesse und demjenigen der mit ihr verkehrenden Dritten einer gesonderten Buchführung bedarf» (BGE 79 I, 1953, S. 70 ff. [76]).

schrift vor. Zu untersuchen ist daher nun, wie ihre Einhaltung in der Praxis gesichert wird. Zwar werden in vielen Fällen bestimmte Personen, also vor allem die Gesellschafter, wenn die Unternehmung die Rechtsform einer Gesellschaft angenommen hat, ein Interesse daran haben, daß die Leitung dieser Gesellschaft die Handelsbücher regelmäßig führt. Jedoch verfügen sie privatrechtlich über die gerichtliche Durchsetzung ihres Rechts nach Art. 941 OR hinaus über keine unmittelbaren Zwangsmittel. Außerdem haben in den meisten Fällen [38] die Behörden, hier vor allem der Registerführer, keine Möglichkeit, die Tätigkeit aller kaufmännischen Unternehmungen zu überwachen und folglich zu gewährleisten, daß diese tatsächlich Handelsbücher führen. Nur der Gesetzgeber kann also die Rechtsfolgen einer Verletzung der Vorschrift des Art. 957 OR bestimmen.

a) Die erste, allgemeinste und vielleicht auch wirksamste Sanktion ist strafrechtlicher Natur: Wer der gesetzlichen Verpflichtung[39], eine Buchführung in einer oder mehreren Unternehmungen, die er leitet, einzurichten, nicht nachkommt, verstößt gegen Art. 325 StGB, dessen subjektive Voraussetzungen vom Bundesgericht mehrfach näher präzisiert wurden[40]. Derjenige aber, der eine kaufmännische Unternehmung betreibt oder leitet, begeht, wenn er in Konkurs fällt oder wenn ein Verlustschein ausgestellt wurde, ein mit Gefängnis bedrohtes Vergehen (Art. 166 StGB), wenn er die gesetzliche Verpflichtung zur ordnungsgemäßen Führung von Geschäftsbüchern oder zur Aufstellung einer Bilanz verletzt hat, «so daß sein Vermögensstand nicht oder nicht vollständig ersichtlich ist»[41]. Nach der Rechtsprechung des Bundesgerichts ist diese objektive Voraussetzung des Vergehens schon dann verwirklicht, wenn eine ordnungsgemäße Buchführung fehlt. Die bloße Aufbewahrung der Belege genügt nicht[42].

b) Außerdem unterliegt, wer seiner gesetzlichen Buchführungspflicht nicht nachkommt, unter bestimmten Voraussetzungen weiteren, ziemlich schweren Sanktionen. So kann z.B., gemäß einer bernischen Rechtsprechung[43], ein Schuldner, der Handelsbücher führt, die den gesetzlichen

---

[38] Allerdings unterliegen bestimmte kaufmännische Unternehmungen der Aufsicht von Verwaltungsbehörden, die so die ordnungsgemäße Führung von Büchern überwachen können (siehe z.B. Art. 3 und 18 ff. BankG in der Fassung vom 11. März 1971).

[39] Selbstverständlich kann die buchführungspflichtige Person einen Dritten beauftragen, an ihrer Stelle die gesetzlich vorgeschriebenen Bücher einzurichten und nachzuführen, muß dann aber dafür sorgen, daß der Beauftragte auch tatsächlich entsprechend den gesetzlichen Vorschriften tätig wird. Tut sie dies nicht, so ist sie strafrechtlich verantwortlich (siehe BGE 96 IV, 1970, S. 76 ff.). Ist eine juristische Person buchführungspflichtig, so ergeben sich die strafrechtlich verantwortlichen natürlichen Personen aus Art. 172 und 326 StGB (hierzu BGE 97 IV, 1971, S. 202 ff.).

[40] So kann sich etwa der einzige Verwaltungsrat einer Aktiengesellschaft zu seiner Entlastung nicht darauf berufen, er sei nur ein vorgeschobener Strohmann. Selbst wenn er außerstande war, die Bücher selbst zu führen, so hatte er doch die Pflicht, dafür Sorge zu tragen, daß der wirkliche «Chef» eine Buchführung einrichtete, oder aber, sofern dies nicht möglich war, einen Dritten damit zu beauftragen oder aber zu demissionieren. Der Verwaltungsrat, der hinnahm, daß die Gesellschaft ohne Buchführung blieb, hat daher die Straffolgen auf sich zu nehmen (siehe BGE 96 IV, 1970, S. 76 ff. sowie auch BGE 72 IV, 1946, S. 17 ff.).

[41] Hierzu VON ARX, a.a.O.

[42] BGE 77 IV, 1951, S. 164 ff.

[43] ZBJV 90, 1954, S. 191 ff.

Vorschriften nicht entsprechen, die Möglichkeit verlieren, eine Nachlaßstundung zu erlangen[44]. Außerdem besteht für den der Buchführungspflicht unterliegenden Steuerpflichtigen ganz allgemein die Gefahr, amtlich veranlagt zu werden, wenn er überhaupt keine oder zur Ermittlung der Steuerfaktoren untaugliche Bücher vorlegt[45]. Schließlich kann die Nichtbeachtung der gesetzlichen Pflicht sogar zur Folge haben, daß die Bewilligung, eine bestimmte kaufmännische Tätigkeit auszuüben, von der Aufsichtsbehörde widerrufen wird[46].

III. Die Aufbewahrungs- und Editionspflicht

Im neueren Handelsrecht dient die Buchführung ganz allgemein nicht nur als Mittel, um die Vermögenslage der Unternehmung festzustellen, sondern auch, um die verbuchten Geschäftsvorgänge zu beweisen[47]. Deshalb hat der schweizerische Gesetzgeber die grundsätzliche Bestimmung des Art. 957 OR ergänzt und den buchführungspflichtigen Unternehmungen zwei weitere formelle Verpflichtungen auferlegt, die praktisch keine besonderen Rechtsprobleme aufwerfen.

1. Zunächst ist nach Art. 962 OR jede natürliche und juristische Person, die buchführungspflichtig ist, außerdem gehalten, nicht nur die Handelsbücher, sondern auch alle weiteren Unterlagen zu bewahren, die als Beweismittel zu dienen geeignet sind, d. h. die Verträge und die gesamte Geschäftskorrespondenz[48,49]. Diese Aufbewahrungspflicht gilt während 10 Jahren, d. h. während einer Zeitdauer, die der der normalen Verjährungsfrist der Forderungen und Schulden entspricht, die die Unterlagen bestätigen[50]. Die Verletzung der Aufbewahrungspflicht wird strafrechtlich im Rahmen der Art. 166 und 325 StGB erfaßt[51].

---

[44] Art. 294 SchKG.
[45] Siehe z.B. Art. 92 Abs. 1 WStB.
[46] So etwa Art. 23 quinquies BankG i.d.F. vom 11. März 1971.
[47] Siehe etwa Art. 12 Ccomm. fr.; VON ARX, a.a.O., S. 47 f.; vgl. auch unten § 15, II, S. 208 ff.
[48] Art. 962 Abs. 2 OR.
[49] Ausführlich zur Aufbewahrungspflicht HIS, a.a.O., Art. 962 OR, und BEELER, Buchführungs- und Bilanzrecht, S. 33 ff. Weitere gesetzliche Bestimmungen präzisieren im übrigen diese Aufbewahrungspflicht. So sind im Gesellschaftsrecht (Art. 590, 747, 823, 913 OR) die Bücher und sonstigen Geschäftspapiere während 10 Jahren nach der Löschung der Firma an einem sicheren Orte aufzubewahren, wo sie erforderlichenfalls eingesehen werden können. Im Konkursverfahren gilt Art. 15 der Verordnung des Bundesgerichts über die Geschäftsführung der Konkursämter vom 13. Juli 1911. Siehe außerdem HIS, a.a.O., Art. 962 OR, N. 23.
[50] VON ARX, a.a.O., S. 91 ff.
[51] HIS, a.a.O., Art. 962 OR, N. 16–18. Zwar kann die Verjährungsfrist gehemmt oder unterbrochen werden. Es fehlt jedoch an einer gesetzlichen Vorschrift, die die Verlängerung der Aufbewahrungsfrist anordnet.

2. Außerdem sieht Art. 963 OR vor, daß im Falle von Streitigkeiten, die ein Geschäft betreffen, der zuständige Richter die Vorlegung der Geschäftsbücher sowie der Geschäftskorrespondenz der in Frage stehenden Unternehmung anordnen kann. Dieser sog. Editionspflicht[52] unterliegt nun jede natürliche und juristische buchführungspflichtige Person. Im übrigen besteht diese Pflicht nach der Rechtsprechung auch bei Auseinandersetzungen zwischen unbeteiligten Dritten[53]. Allerdings handelt es sich hierbei um eine prozeßrechtliche Bestimmung[54], deren Anwendung in das Ermessen des Richters gestellt ist. Er hat nämlich in jedem einzelnen Fall zu prüfen, ob tatsächlich ein legitimes Interesse besteht, das zur Anordnung der Vorlegung der Unterlagen vor Gericht ausreicht[55].

3. Schließlich wäre es möglich, die Grundbestimmung des Art. 957 OR dadurch zu ergänzen, daß die Prüfung der Bilanz jeder kaufmännischen Unternehmung durch unabhängige und fachkundige Personen für obligatorisch erklärt wird. Sicher läge eine derartige Prüfung im Interesse sowohl Dritter als auch der Unternehmensleitung, da sie die Richtigkeit der kaufmännischen Buchführung feststellen würde. Jedoch besteht im Rahmen des 32. Titels des OR keine allgemeine Pflicht, die Bilanz einer derartigen Prüfung zu unterwerfen, sondern nur in bestimmten Fällen gemäß besonderer Vorschriften des OR[56] oder von Spezialgesetzen[57].

---

[52] Ausführlich His, a.a.O., Art. 963 OR.
[53] Die Streitigkeit muß mit oder ohne Beteiligung des Inhabers der Unternehmung diese als solche zum Gegenstand haben. (BGE 73 I, 1947, S. 358 ff.; siehe auch BGer in: Sem. jud. 68, 1946, S. 172 ff. und S. 321 ff. sowie Obergericht des Kantons Solothurn, SJZ 44, 1948, S. 294 f.)
[54] So BGE 93 II, 1967, S. 60 ff.
[55] Da «la production pure et simple de ces documents pourrait présenter des inconvénients graves pour l'intimée en l'obligeant à livrer trop de renseignements non pertinents à sa partie adverse,» hat die Genfer Cour de justice civile (Sem. jud. 87, 1965, S. 352) einen Gerichtssachverständigen bestimmt, dem die beklagte Gesellschaft sämtliche Bücher vorzulegen verpflichtet wurde (vgl. auch Genfer Cour de justice civile, Sem. jud. 93, 1971, S. 165 ff.).
[56] Etwa im Aktienrecht die Art. 723 und 732 OR. Siehe auch den Zwischenbericht des Präsidenten und des Sekretärs der Arbeitsgruppe für die Überprüfung des Aktienrechtes, Bern 1972, S. 66 ff. und Art. 20 ff. des Vorschlags für eine Teilrevision des Aktienrechts.
[57] So z.B. Art. 18 BankG i.d.F. vom 11. März 1971.

§ 14. Die Dokumente der kaufmännischen Buchführung

Literatur

E. His, Berner Kommentar, Die kaufmännische Buchführung, Art. 957–964 OR, S. 356 ff.

G. Beeler, Schweizerisches Buchführungs- und Bilanzrecht, Zürich 1956; E. Folliet, Le bilan dans les sociétés anonymes au point de vue juridique et comptable, 6. Aufl., Lausanne 1954; E. Bossard, Zur Reform des Bilanz-, Publizitäts- und Prüfungsrechts, Zürich 1966.

G. Beeler, Das Bewertungsproblem in der Bilanz der Einzelfirma, SJZ 45, 1949, S. 374 ff.; A. Reichmuth, Bewertungsgrundsätze für die Bilanz der Aktiengesellschaft, Diss. Zürich 1950; A. Siegwart und H. Zimmermann, Buchführungs- und Bilanzrecht im Entwurf zum Obligationenrecht, Referate des Schweizerischen Juristenvereins, 1926, S. 1a ff. und 193a ff.; P. Folliet, Bilan annuel et bilan consolidé, in: Lebendiges Aktienrecht, Festgabe für Wolfhart F. Bürgi, Zürich 1971, S. 65 ff.

W. Dober, Stille Reserven im Handels- und Steuerrecht, Schweiz. AG 30, 1958, S. 113 ff.; J.P. Rüttimann, Stille Reserven, Schweiz. AG 35, 1963, S. 308 ff.; P. Folliet, L'amortissement et la provision en droit fiscal genevois: renversement de la jurisprudence, Revue genevoise de droit public I, 1970, S. 243 ff.; derselbe, Comptabilisation et amortissement des immeubles au double point de vue commercial et fiscal, in: Mélanges publiés par la Faculté des sciences économiques et sociales de l'Université de Genève à l'occasion de son cinquantenaire, Genf 1965, S. 363 ff.

Im materiellen Buchführungsrecht geht es hauptsächlich um die Frage nach dem zwingend vorgeschriebenen Inhalt der kaufmännischen Buchführung[1], d.h. nicht nur um die Nennung der Bücher und sonstigen Buchungsunterlagen, die jedermann, der eine kaufmännische Tätigkeit ausübt, zu führen verpflichtet ist, sondern auch und vor allem um die Bestimmung der Grundsätze, nach denen die Bücher eingerichtet werden müssen. Allerdings ist es wegen der Vielfalt der nach der allgemeinen Norm des Art. 957 OR oder nach Sondervorschriften buchführungspflichtigen Unternehmungen schwierig, wenn nicht gar unmöglich, einheitliche Regeln aufzustellen, die detailliert genug sind, um wirksam zu sein, und gleichzeitig so allgemein gehalten, daß sie für alle Formen und Arten kaufmännischer Unternehmungen gelten können. Die Anforderungen, die der Gesetzgeber an jede Unterneh-

---

[1] Im schweizerischen Recht wird der Ausdruck der «kaufmännischen Buchführung» – «comptabilité commerciale» – in einem engen Sinne verstanden. Er umfaßt nur die buchungsmäßige Wiedergabe der in der Unternehmung ausgeübten Tätigkeit und nicht alle diesbezüglichen Unterlagen wie die Verträge, Rechnungen oder ganz allgemein die Geschäftskorrespondenz (His, a.a.O., Art. 957 OR, N. 3). Dennoch sind diese Gegenstand der Aufbewahrungs- und Editionspflicht nach Art. 962 und 963 OR.

mensform stellt, finden sich natürlich am ehesten in den speziellen Vorschriften des OR [2] und einiger Sondergesetze [3].

Allerdings enthält schon der 32. Titel des Obligationenrechts einige allgemeine diesbezügliche Hinweise, wobei aber der Gesetzgeber mehr das von ihm durch Einrichtung einer kaufmännischen Buchführung für erforderlich gehaltene Ergebnis umschreibt [4] und die hierzu führenden Mittel und Verfahren fast ganz außer acht läßt. Art. 958 OR verpflichtet dementsprechend zur Aufstellung eines Inventars, einer Betriebsrechnung und einer Bilanz auf Schluß eines jeden Geschäftsjahres [5].

I. Die Eintragung der Buchungsvorgänge

Damit jährlich die Vermögenslage der Unternehmung und ihr Betriebsergebnis festgestellt, also die Bilanz und die Betriebsrechnung aufgestellt werden können, bedarf es notwendigerweise der Eintragung sämtlicher in der Unternehmung während ihres Bestehens vorgenommenen Vorgänge in die – wie es das OR nennt – Geschäftsbücher. Rechtlich besteht diese Buchführungspflicht, solange die Unternehmung eine kaufmännische Tätigkeit ausübt, folglich solange sie im Handelsregister eintragungspflichtig ist. In diesem Zusammenhang sind drei Fragen zu untersuchen: die nach den für eine Verbuchung erforderlichen Mitteln, nach der Art der Verbuchung und schließlich die nach dem Buchungsstoff.

1. Bezüglich der zur Verbuchung erforderlichen, gesetzlich vorgeschriebenen Mittel bestimmt der französische Code de commerce in klarer Weise, daß jeder Kaufmann «doit tenir un livre-journal enregistrant jour par jour les opérations de l'entreprise ou récapitulant au moins mensuellement les totaux de ces opérations». Das Obligationenrecht hingegen legt weder die Zahl noch die Art der für die Verbuchung der während des Geschäftsjahres vorgenommenen Vorgänge erforderlichen Geschäftsbücher fest. Dennoch verfügt die Unternehmensleitung nicht über eine völlige Freiheit bei der Wahl

---

[2] Siehe die Vorschriften zur Buchführung in den verschiedenen Gesellschaften.
[3] So etwa die Buchführungsvorschriften nach der VO über das Rechnungswesen der Eisenbahnen vom 19. Dezember 1958 oder – im Bankbereich – nach der Vollziehungsverordnung vom 17. Mai 1972 zum BankG.
[4] So Art. 957 OR in fine.
[5] Nach Art. 958 OR sind auch bei Eröffnung des Geschäftsbetriebs, bzw. wenn die Voraussetzungen der Eintragungspflicht in das Handelsregister verwirklicht sind, ein Inventar und eine Eröffnungsbilanz sowie bei Beendigung der kaufmännischen Tätigkeit eine Liquidationsbilanz aufzustellen.

§ 14   Die Eintragung der Buchungsvorgänge   185

der Verbuchungsmittel, da Art. 957 OR diejenigen Bücher vorschreibt, die nach Art und Umfang des Geschäfts notwendig sind[6].

a) Zunächst sollte man meinen, Art. 957 OR verlange, da er von Büchern im Plural spricht, zwingend die gleichzeitige Verwendung mehrerer Bücher unterschiedlicher Art. In Wirklichkeit erlaubt jedoch erst die Anwendung der gesetzlichen Merkmale der Art und des Umfangs des Geschäfts im Einzelfall objektiv festzustellen, wieviele Bücher die Unternehmung und jeweils mit welchem Inhalt zu führen hat[7]. So kann in manchen Fällen, etwa beim Inhaber einer Einzelfirma, der nur bare An- und Verkaufsgeschäfte tätigt, die Führung eines einzigen Handelsbuchs, vor allem in der Form des amerikanischen Journals, als den gesetzlichen Anforderungen entsprechend angesehen werden. Anders ist es, wenn die Führung der Unternehmung, etwa eines Fabrikationsgewerbes, oder einer Unternehmung mit mehreren verschiedenen Betrieben, komplexere Methoden erfordert oder, weil Kreditgeschäfte mit einer zahlreichen Kundschaft vorgenommen werden. Hier sind neben dem großen Buch – le Grand Livre –, das die Konten, in die die einzelnen Vorgänge aufgenommen werden, zusammenfaßt, weitere, sog. Hilfsbücher oder -journale notwendig, um die Veränderungen im Kassenbestand, an Handelswechseln, bei An- und Verkäufen usw. festzuhalten. Nach der Lehre[8] entscheiden ebenfalls Art und Umfang des Geschäfts über die Erforderlichkeit der einfachen oder der doppelten Buchführung.

b) Zudem gibt es heute Buchungsmaschinen, von einfachen Rechenmaschinen bis hin zu Datenverarbeitungsanlagen, die im technischen Bereich zur Verbesserung der Eintragungs- und Verbuchungsverfahren wesentlich beigetragen haben. Die Vorgänge werden allgemein nicht mehr von Hand in die einzelnen Blätter der Handelsbücher eingetragen, statt dessen bedient sich der Buchhalter mechanischer Geräte oder gibt die buchhalterischen Daten dem Computer ein[9]. In der Praxis führen die meisten kaufmännischen Unternehmungen keine Bücher im eigentlichen Sinne mehr; ihre Buchhaltung besteht entweder als Kartothek loser Blätter oder als Bündel untereinander verbundener, vom Computer bedruckter Karten. All diese modernen Verfahren auf mechanischer und elektronischer Grundlage werden von der Doktrin des schweizerischen Handelsrechts als gesetzmäßig anerkannt[10], da man den Begriff der Bücher in Art. 957 OR sehr weit auslegt. In Frankreich dürfte dieses Ergebnis nicht mit dem klaren[11], erst kürzlich revidierten Wort-

---

[6] Dieses Kriterium wurde im Oktober 1925 vor der Expertenkommission vorgeschlagen. Unter Bezugnahme auf Art. 32 des italienischen Entwurfs eines Handelsgesetzbuchs hielt es ARNALDO BOLLA für «nécessaire de faire une différence entre le petit commerce et le grand commerce, soit tenir compte de l'extension de l'entreprise» (Protokoll der Expertenkommission, – Schweizerisches Obligationenrecht, Revision der Titel XXIV bis XXXIII, Bern 1926, S. 725).

[7] HIS, a.a.O., Art. 957 OR, N. 37.

[8] BEELER, Buchführungs- und Bilanzrecht, S. 18 ff. Vor der Expertenkommission erklärte der Referent A. HOFFMANN hierzu: «Es ist daher nicht erforderlich, daß in allen Fällen eine doppelte Buchführung eingerichtet werde...» (Protokoll der Expertenkommission, zit. oben Anm. 6, S. 726). Einschränkend hierzu HIS (a.a.O., Art. 957 OR, N. 25), der die doppelte Buchführung für eine Voraussetzung der Aufstellung einer Gewinn- und Verlustrechnung hält.

[9] Die meisten Unternehmungen verfügen allerdings nicht über eigene Datenverarbeitungsanlagen, sondern übertragen die Buchführung an eine Gesellschaft, die sich in diesem Bereich spezialisiert hat und die Bücher für viele Kunden führt. Die Unternehmensleitung kann dann die Handelsbücher nicht mehr manipulieren.

[10] BEELER (a.a.O., S. 20) bezieht sich auf das KS Nr. 31 des Bundesgerichts, in dem die Betreibungsämter zur Führung des Betreibungsbuchs in Kartenform ermächtigt werden (siehe BGE 75 III, 1949, S. 33 ff.; 79 III, 1953, S. 1 ff.; 85 III, 1959, S. 113 ff.).

[11] Nach diesen Bestimmungen ist der französische Kaufmann verpflichtet, alle Buchungsvorgänge, jedenfalls aber ihre monatlichen Zusammenfassungen in einem Buch «sans blanc ni altération» einzutragen, dessen sämtliche Seiten «cotés et paraphés» sind. Die vom Computer erstellten buchhalterischen Dokumente entsprechen natürlich diesen sehr strengen Voraussetzungen nicht.

laut der Art. 8, 10 und 11 Ccomm.fr.[12] vereinbar sein. Dennoch läßt man die genannten Verfahren in der Praxis allgemein zu[13].

2. Art. 957 OR schreibt den Leitern und Buchhaltern einer kaufmännischen Unternehmung vor, die Bücher «ordnungsgemäß» – «exactement»[14] – zu führen. Wieder handelt es sich um eine Angabe, die der Gesetzgeber bewußt weit formuliert hat. Ihre konkrete Bedeutung im Einzelfall kann jedoch etwas stärker präzisiert werden, wenn man das gesetzliche Kriterium der Art und des Umfangs des Geschäfts heranzieht[15], außerdem, wenn man das Ziel berücksichtigt, das der Gesetzgeber mit der Anordnung einer kaufmännischen Buchführung verfolgt. Die Bücher sind also nicht nur ordnungsgemäß zu führen, sondern auch, «um die Vermögenslage des Geschäfts und die mit dem Geschäftsbetrieb zusammenhängenden Schuld- und Forderungsverhältnisse sowie die Betriebsergebnisse der einzelnen Geschäftsjahre festzustellen». Aus dieser Anforderung des Gesetzes leitet die Doktrin zwei Grundsätze[16] zur Art der Verbuchung der einzelnen Vorgänge ab.

a) Der erste Grundsatz, genannt Grundsatz der Bilanzwahrheit, erklärt sich nicht nur daraus, daß die Buchführung die wirtschaftliche Lage der wirklichen Situation entsprechend sicher erkennen lassen soll, sondern auch wegen des Beweiswertes, den man den Büchern allgemein beimißt. Hieraus ergibt sich vor allem praktisch, daß der Buchhalter sämtliche, selbst rein interne Vorgänge der Unternehmung ohne Ausnahme zu ihrem wirklichen Wert zu verbuchen hat, und dann, daß für jede Buchung ein Beleg vorhanden sein muß, da fiktive Vorgänge natürlich nicht verbucht werden dürfen.

b) Zweiter Grundsatz ist der der Bilanzklarheit. Er bedeutet zunächst, daß der Buchhalter nicht nur die einzelnen Zahlen einträgt, sondern auch in einfacher und klarer Weise das Datum der Vornahme und die Besonderheiten der jeweiligen diesbezüglichen Vorgänge angibt. Darüber hinaus hat die Buchführung, hier insbesondere durch Gliederung des Kontenplans in einzelne Rubriken, gewissermaßen das rechnerische Spiegelbild der wirtschaftlichen und rechtlichen Organisation der Unternehmung zu sein.

Im deutschen Recht siehe § 43 HGB. Das französische und deutsche Handelsrecht messen dem Beweiswert der Handelsbücher und insbesondere des Tagebuchs eine große Bedeutung bei. Hieraus erklärt sich, daß Bestimmungen in Kraft bleiben, die den Kaufmann zwar daran hindern, seine Buchführung zu manipulieren, die aber heute durch die modernen Buchhaltungsverfahren überholt sind.

[12] Zuletzt wurden die Art. 8–11 Ccomm.fr. durch ein *décret* vom 22. September 1953 geändert.
[13] RODIÈRE/HOUIN, Précis de droit commercial, S. 119; HÄMMERLE, Handelsrecht, S. 244. Wird die Buchführung einer spezialisierten, unabhängigen und von geprüften Buchsachverständigen geleiteten Gesellschaft anvertraut, besteht praktisch keine Gefahr der Manipulation, obwohl sie technisch wohl auch mittels eines Computers möglich wäre.
[14] Auch § 38 HGB spricht von ordnungsgemäßer Buchführung.
[15] «...eine solche Buchführung ist ordnungsgemäß... Dieser Gedanke wird in dem von BOLLA erwähnten italienischen Entwurfe in sehr glücklicher Weise zum Ausdruck gebracht...» (so der Referent, Protokoll der Expertenkommission, zit. oben Anm. 6, S. 726).
[16] Zwar hat BEELER (a.a.O., S. 22 ff.; DERSELBE, Zum Begriff der ordnungsgemäßen Buchführung, SJZ 40, 1944/45, S. 353 ff.) sieben Grundsätze genannt. Man kann sie jedoch, wenn man etwas vereinfacht, auf die der Bilanzwahrheit und der Bilanzklarheit, die sich im übrigen aus Art. 959 OR ergeben, zurückführen.

3. Schließlich ist noch auf den Buchungsstoff, also auf die zu verbuchenden Vorgänge, einzugehen, und zwar, einmal mehr, unter Bezugnahme auf den Zweck der kaufmännischen Buchführung.

a) Art. 957 OR bestimmt klar, daß die Bücher zu führen sind, «um die Vermögenslage des Geschäftes... festzustellen», nicht aber, daß auch die finanzielle Situation des die Unternehmung betreibenden Kaufmanns sich aus ihnen ergibt. Folglich haben die Inhaber einer Einzelfirma sowie die unbeschränkt haftenden Gesellschafter einer Kollektiv- und Kommanditgesellschaft nur die sich auf ihre Unternehmung beziehenden Geschäftsvorgänge zu verbuchen[17], und dies, obwohl sie handelsrechtlich unmittelbar oder subsidiär mit ihrem gesamten Vermögen für sämtliche privaten und Geschäftsverbindlichkeiten haften. Eine Pflicht, die privaten Geschäfte und ihr Privatvermögen in die Buchhaltung einzuführen, besteht also nicht. Anderes gilt im Steuerrecht: da es das Geschäfts- und das Privatvermögen verschieden behandelt, müssen die Kaufleute praktisch beide Vermögensmassen deutlich trennen[18].

b) Da die kaufmännische Buchführung hauptsächlich bezweckt, die Vermögenslage des Geschäfts festzustellen, kommt der wirtschaftlichen Betrachtungsweise eine größere Bedeutung zu als der rechtlichen. Gleiches gilt auch für die «mit dem Geschäftsbetriebe zusammenhängenden Schuld- und Forderungsverhältnisse», die sich nach Art. 957 OR ebenfalls aus den Büchern ergeben sollen. Demgemäß sind alle wirtschaftlich erheblichen Vorgänge, d.h. solche, die die Zusammensetzung des Vermögens beeinflussen, einzutragen, also nicht schon die nur abgeschlossenen Verträge[19]. So ist ein Kaufvertrag erst mit der Erfüllung einer der vertraglichen Verpflichtungen, nämlich mit der Übergabe der Kaufsache oder der Einziehung des Kaufpreises zu verbuchen.

II. Das Inventar

Die kontinuierliche Verbuchung der Vorgänge, so notwendig sie sicher ist, reicht allein natürlich nicht aus, um dem gesetzgeberischen Ziel zu genügen (Art. 957 OR), d.h. auf einen Stichtag die Vermögenslage der Unternehmung und das Betriebsergebnis festzustellen. Hierzu ist vielmehr erforderlich, sämliche Aktiven und Passiven des Unternehmensvermögens in eine Liste aufzunehmen und zu bewerten, also ein Inventar zu erstellen, das als Grundlage der Bilanz und der Betriebsrechnung dient.

1. Art. 958 OR sagt nicht, was ein Inventar ist, sondern bestimmt nur, daß jede natürliche und juristische buchführungspflichtige Person bei Er-

---

[17] So His, a.a.O., Art. 957 OR, N. 38, 42.; siehe auch W. VON STEIGER, unten § 34, IV.
[18] Siehe Art. 21 Abs. 1 lit. d und 43 WStB; hierzu beispielsweise BGE 92 I, 1966, S. 92 ff.; 94 I, 1968, S. 464 ff.; 95 I, 1969, S. 169 ff.
[19] So BEELER, a.a.O., S. 22 ff. Allerdings kann es erforderlich sein, bestimmte Verträge schon mit ihrem Abschluß in einem Verrechnungskonto zu verbuchen. Außerdem werden herkömmlicherweise Verträge, die finanzielle Verpflichtungen für die Unternehmung mit sich bringen, z.B. Bürgschaften oder Leasing-Verträge, sowie Wechselverbindlichkeiten, die sie als Wechselausstellerin, Wechselbürgin oder Indossantin eingegangen ist, in der Bilanz ausgewiesen. Ihr Betrag ist in einer Beilage zur Bilanz, also außerhalb der Aktiven und Passiven aufzunehmen, erscheint folglich nicht in der eigentlichen Buchführung und beeinflußt keinesfalls die Betriebsrechnung.

öffnung des Geschäftsbetriebs sowie auf Schluß eines jeden Geschäftsjahres ein Inventar aufzustellen hat. Folglich ist zunächst zu untersuchen, was das Gesetz unter Inventar versteht, anschließend sind die verschiedenen Arten von Inventaren voneinander abzugrenzen. Formell geht es also vorwiegend um ein Definitionsproblem.

a) In seinem im März 1920 dem Eidg. Justiz- und Polizeidepartement erstatteten Bericht bestimmte EUGEN HUBER in Art. 943 seines Entwurfs den Begriff «Inventar» noch sehr eng[20]: Er verstand hierunter nur die Vorräte, d.h. allein die Aktiven, deren Wert zum Stichtag nicht festgestellt werden konnte, sondern geschätzt werden mußte. Diese enge Auffassung wurde 1923 aufgegeben[21]. Heute versteht man unter Inventar «l'état estimatif de tout ce que le commerçant possède et de tout ce qu'il doit à une date déterminée»[22] oder noch genauer, ein Verzeichnis, in dem Aktiv- und Passivposten dargestellt und geschätzt werden[23]. Nach dieser weiten Auffassung hat ein Inventar vollständig und ausführlich[24] Zahl und Wert – in Schweizer Franken – sämtlicher Posten jeder Rubrik des Kontenplans, d.h. jedes Aktiv- und Passivpostens der Bilanz zu enthalten, wobei die Bilanz, so verstanden, nur eine Zusammenfassung des Inventars darstellt.

b) Hieraus ergibt sich, daß ein Inventar immer notwendig ist, wenn eine Bilanz aufgestellt werden muß. Neben die beiden in Art. 958 OR erwähnten Fälle tritt also noch der der Liquidation. Das – zwingend vorgeschriebene – Eröffnungsinventar wird bei Einrichtung der Handelsbücher, oder genauer, spätestens, wenn die Voraussetzungen der Eintragungs- und Buchführungspflicht verwirklicht sind, erstellt. Es soll genau die anfängliche Vermögenslage feststellen und hat zu diesem Zweck vollständig und ausführlich den Wert der einzelnen Aktiv- und Passivposten im Zeitpunkt der Geschäftsaufnahme anzugeben. Das Liquidationsinventar hingegen ist Grundlage jeder Liquidationsbilanz, oder – nach der gesetzlichen Terminologie – der Zwischenbilanz, die entweder aufgrund spezieller gesetzlicher Vorschriften[25] oder einfach aufgrund besonderer Umstände[26] erforderlich wird. Es soll die Vermögenslage der Unternehmung im Hinblick auf ihre Liquidation genau feststellen. Sowohl im Falle der Geschäftseröffnung wie im Falle der Liquidation ist das Inventar also vorwiegend statischer Art.

c) Das zwingend vorgeschriebene Jahresabschlußinventar hingegen ist dynamisch, da es im Hinblick auf die Fortführung des Geschäftsbetriebs erstellt wird. Weil es auf Schluß eines jeden Geschäftsjahres im einzelnen Zahl und Wert aller in die Aktiv- und Passivposten der Bilanz

---

[20] Bericht über die Revision der Titel 24 bis 33 des Schweizerischen Obligationenrechts vom März 1920, Bern 1920, S. 221 ff.

[21] Schon 1923 ging HOFFMANN in seinem Bericht von einem viel weiteren Inventarbegriff aus (HIS, a.a.O., Art. 958 OR, N. 15).

[22] E. FOLLIET, a.a.O., S. 16; siehe auch BEELER, a.a.O., S. 39: «Das Inventar ist ein genaues und ausführliches Verzeichnis aller zu der betreffenden Einzelwirtschaft gehörenden Aktiven und Passiven nach Menge und Wert.»

[23] RIPERT/ROBLOT, Traité élémentaire, S. 230.

[24] Näher zu den gesetzlichen Anforderungen HIS, a.a.O., Art. 958 OR, N. 14 ff. und BEELER, a.a.O., S. 39 ff.

[25] So etwa Art. 587 und 742 OR; siehe auch Art. 735 Abs. 2, 3 OR,

[26] So ist im Fall des Ausscheidens eines Gesellschafters oder des Verkaufs der Aktien durch einen Aktionär die Aufstellung einer Liquidationsbilanz notwendig, um den dem Gesellschafter geschuldeten Betrag zu bestimmen. Nach Auffassung des Bundesgerichts kommt es bei der Festsetzung der Abfindung nach Art. 580 OR an den ausscheidenden Gesellschafter nicht auf den Liquidationswert der einzelnen Bestandteile des Gesellschaftsvermögens an, sondern es ist der Wert maßgebend, den die einzelnen Vermögensbestandteile für das weiter bestehende Unternehmen haben (BGE 93 II, 1967, S. 247 ff. [255]).

aufzunehmenden Bestandteile zu enthalten hat[27], kann die Unternehmensleitung regelmäßig die Entwicklung der verschiedenen Konten des Geschäftsbetriebs genau verfolgen. Auch sollte sich theoretisch aus dem Inventar, im Vergleich zu denen der Vorjahre, die Wertänderung derjenigen Vermögensbestandteile entnehmen lassen, die nicht Gegenstand einer Buchung[28] waren, also vor allem solche des Anlagevermögens. Und schließlich – hierauf weist man allgemein hin – ermöglicht das Jahresabschlußinventar die Feststellung des während des letzten Geschäftsjahres erzielten Betriebsergebnisses.

2. Mit der Aufstellung des Inventars ist in der Praxis hauptsächlich das Problem der Bewertung der einzelnen Aktiv- und Passivposten des Geschäftsvermögens aufgeworfen. Diese Inventaraufstellung ist schwierig, da zwei sich klar widersprechende Interessen berücksichtigt werden müssen. Einerseits haben die Unternehmung selbst und ihre Gläubiger ein Interesse daran, daß die mit der Überbewertung der Aktiven und Unterbewertung der Passiven verbundenen Gefahren vermieden werden; andererseits besteht das entgegengesetzte Interesse des Fiskus und der Personen, die am Geschäftsgewinn teilhaben. Wer ein Inventar aufstellt, darf daher weder zu optimistisch noch zu pessimistisch vorgehen, sondern soll den wirklichen Wert der einzelnen zum Geschäftsvermögen gehörenden Gegenstände objektiv schätzen und in das Inventar aufnehmen.

a) Um die Verteilung von nicht erzieltem Gewinn in der Form von Dividenden zu verhindern, bestimmt das Gesetz für die Bilanz der Aktiengesellschaften genau den Höchstwert, zu dem die wichtigsten Aktiven der Gesellschaft in das Jahresabschlußinventar aufgenommen und bilanziert werden können. Nach Art. 665 und 666 OR dürfen dauernd dem Betrieb dienende Anlagen sowie «Rohmaterialien, fertige und halbfertige Fabrikate und andere zur Veräußerung bestimmte Vermögensstücke ... höchstens zu den Anschaffungs- oder Herstellungskosten eingesetzt werden». Vor der Expertenkommission war der Vorschlag gemacht worden, diese Regeln in den 32. Titel des OR über die kaufmännische Buchführung einzufügen und so allgemein anwendbar zu machen; er wurde dann aber auf die Bemerkung ALFRED WIELANDS hin verworfen, derart weitgehende Maßnahmen seien nur im Aktienrecht tragbar, um die «ungerechtfertigte Ausschüttung von Dividenden» zu verhindern. Deshalb bestimmt Art. 960 Abs. 2 OR nur, es seien «alle Aktiven[29] höchstens nach dem Wert anzusetzen, der ihnen im Zeitpunkt, auf welchen die Bilanz errichtet wird, für das Geschäft zukommt». Folglich müssen grundsätzlich die Bestandteile des Geschäftsvermögens richtig bewertet werden. Hierunter versteht die Rechtsprechung den subjektiven Geschäftswert, d.h. den Wert, «den sie für das betreffende Geschäft unter dem Gesichtspunkt des fortdauernden Betriebes haben»[30].

---

[27] Nach BEELER, (a.a.O., S. 43) enthält das Inventar nicht jedes Jahr Angaben zu allen Aktiv- und Passivposten, vielmehr nur zu denjenigen, die zur Aufstellung der Bilanz und der Betriebsrechnung erforderlich sind. Das Jahresabschlußinventar stellt in der Praxis also nur Zahl und Wert derjenigen Vermögensbestandteile im einzelnen fest, die durch die Geschäftstätigkeit verändert wurden.

[28] Jedoch gelten für einzelne dieser Posten von Gesetzes wegen oder nach kaufmännischer Sitte Bewertungsregeln, nach denen eine erneute Bewertung am Ende jeden Jahres überflüssig ist, wenn der in die Bilanz aufgenommene Wert sich nicht geändert hat. Vorbehalten bleiben natürlich Abschreibungen und Änderungen der Sachen selbst. Vgl. z.B. die Vorschriften des Art. 665 OR.

[29] Die Vorschrift ist lückenhaft. Die Bewertung betrifft ebenfalls die Passiven (BEELER, Das Bewertungsproblem, S. 375).

[30] BGE 75 I, 1949, S. 16 ff.

b) Mehrere gesetzliche Bestimmungen und – allgemeiner – die Handelsbräuche lassen jedoch gelegentlich die Bildung stiller Reserven[31] zu und erlauben die Vornahme von Abschreibungen, ja schreiben sie sogar manchmal vor[32]. Zwischen diesen beiden Begriffen bestehen, jedenfalls theoretisch, zwei wichtige Unterschiede. Die Bildung stiller Reserven ist die Folge einer bewußten und gewollten Unterbewertung bestimmter Aktivposten[33] und führt zur Minderung des rechnerischen Wertes des Geschäftsvermögens und also zur Verkürzung des Gewinns. Außerdem werden stille Reserven per definitionem normalerweise nicht in das Inventar, keinesfalls jedoch in die Bilanz eingesetzt. Abschreibungen hingegen sind ein rechnerisches Verfahren, das es erlaubt, bei der Bewertung des Vermögens[34] der normalen, mehr oder weniger schnellen Wertminderung bestimmter Aktiven[35], wie etwa dauernd dem Betrieb dienender Anlagen, Rechnung zu tragen. So gesehen, führt die Abschreibung nicht zu einer Unterbewertung des Geschäftsvermögens, wenn sie der wirklichen Wertminderung entspricht; sie ermöglicht im Gegenteil erst eine richtige Bewertung. Außerdem wird die Abschreibung stets verbucht und erscheint so in der Bilanz und in der Betriebsrechnung.

III. Die Bilanz

Theoretisch müßte das Inventar allein genügen, um die wirtschaftliche und finanzielle Lage der Unternehmung festzustellen, jedenfalls sofern es entsprechend der weiten Auffassung, der sich die Expertenkommission 1926 angeschlossen hat[36], alle Aktiv- und Passivposten des Geschäftsvermögens vollständig enthält. Da die Bilanz nur eine Zusammenfassung des Inventars ist, könnte man sie für überflüssig halten. Das Inventar ist nun ein zwar notwendiges, allerdings rein internes Dokument. Deshalb schreibt das Handelsrecht in der allgemeinen Bestimmung des Art. 958 OR, aber auch in einzelnen Vorschriften zur Buchführung der verschiedenen Unternehmensformen im OR und in Spezialgesetzen, zwingend die Aufstellung einer Bilanz vor.

---

[31] So etwa die aktienrechtliche Vorschrift des Art. 663 Abs. 2 OR. Bekanntlich ist die Frage nach der Zulässigkeit stiller Reserven sehr umstritten. Siehe z.B. A. HIRSCH, Problèmes actuels du droit de la société anonyme, Referat des Schweizerischen Juristenvereins, Basel 1966, S. 41 ff. sowie Zwischenbericht des Präsidenten und des Sekretärs der Arbeitsgruppe für die Überprüfung des Aktienrechts, Bern 1972, S. 41 ff.

[32] Art. 665 OR – im Aktienrecht – und Art. 22 Abs. 1 lit. b WStB – im Steuerrecht. Hierzu BGE 75 I, 1949, S. 16 ff. (22).

[33] Nach anderer Ansicht können stille Reserven auch durch eine Überbewertung einzelner Passivposten gebildet werden.

[34] Für BEELER (a.a.O., S. 81 f.) ist die Abschreibung nicht eine Bewertungsmaßnahme, sondern eine Kostenverteilungsmaßnahme. «Der Zweck der Abschreibung... besteht vielmehr darin, die Kosten, die durch die Anschaffung einer Anlage entstanden sind, anteilsmäßig auf jene Jahre zu verteilen, die aus der Benutzung der Anlage ihren Nutzen ziehen...»

[35] Sowohl im Handelsrecht als auch im Steuerrecht stellt sich die Frage nach der Dauer und dem jährlichen Prozentsatz der Abschreibung. Bei ihrer Festlegung, aber auch schon beim Problem der grundsätzlichen Zulässigkeit kommt der kaufmännischen Übung entscheidende Bedeutung zu (BEELER, a.a.O., S. 82 f.); zur Frage der Abschreibungen nach Genfer Steuerrecht siehe P. FOLLIET, L'amortissement et la provision.

[36] Oben Anm. 21.

1. Im Gegensatz zum Inventar, das im einzelnen die Zahl und den Wert eines jeden Aktiv- und Passivpostens des Geschäftsvermögens enthält, ist die Bilanz eine Zusammenstellung[37] dieser Posten in einer begrenzten Zahl von Rubriken, in denen nur der Gesamtwert erscheint. Diese Zusammenstellung erfolgt in der Form von zwei Zahlenreihen, mit den Aktiva auf der einen und den Passiva auf der anderen Seite. Wegen des Grundsatzes des Bilanzausgleichs müssen die Endsummen beider Reihen jeweils übereinstimmen. Und um diesen Ausgleich herbeizuführen, sind häufig in die linke Reihe Zahlen aufzunehmen, die nicht Aktiva darstellen. Außerdem erscheinen aus diesem Grund in der rechten Reihe Zahlen, die keine echten Passiven sind. Es ist also jetzt der Inhalt der verschiedenen Bilanzarten[38] zu behandeln, die Art. 958 OR vorsieht.

a) Bei Einrichtung der Buchführung im Zeitpunkt der Aufnahme des Geschäftsbetriebs oder später ab Bestehen der Buchführungspflicht muß die Unternehmensleitung neben einem Eröffnungsinventar auch eine sog. Eröffnungsbilanz aufstellen. Ihr Ziel ist es, in diesem Moment die anfängliche Vermögenslage durch Angabe des Wertes der einzelnen Aktiv- und Passivposten der Bilanz festzuhalten, nicht jedoch, das Ergebnis einer gerade erst beginnenden Tätigkeit zu ermitteln. Eigentlich müßte nun die Endsumme der Aktiva einfach mit der der Passiva übereinstimmen[39]. Allerdings enthält in der Praxis in Abweichung vom allgemeinen Grundsatz die rechte Seite der Eröffnungsbilanz nahezu immer und unabhängig von der Rechtsform der Unternehmung in einem gesonderten Posten einen Buchwert, der in Wirklichkeit kein Passivum der kaufmännischen Tätigkeit darstellt, nämlich das Eigenkapital[40]. Obwohl rechtlich gesehen der Betrag dieses Eigenkapitals keine Geschäftsverbindlichkeit ist, wird er zum Zwecke des Bilanzausgleichs auf der Passivseite geführt.

b) Außerdem verpflichtet Art. 958 OR die Unternehmensleitung auf Schluß eines jeden Geschäftsjahres eine dem Inventar entsprechende Jahresbilanz unter dem Gesichtspunkt der Fortführung des Geschäfts aufzustellen. Sie ermöglicht sowohl den Vermögensstand der Unternehmung wie das Betriebsergebnis des abgelaufenen Geschäftsjahres auf den Stichtag zu ermitteln. Da die Jahresabschlußbilanz dynamisch verstanden wird, sind auf der Passivseite, wie bei der Eröffnungsbilanz, das Eigenkapital, darüber hinaus aber auch die Beträge der Reserven, die im Laufe der Zeit gebildet worden sind, auszuweisen. Eine zweite Ausnahme vom Grundsatz, daß in der Bilanz die Aktiven links und die Passiven rechts stehen, ergibt sich unmittelbar aus einer konsequenten Anwendung des Verfahrens des Bilanzausgleichs. In der Erfolgsermittlungs-

---

[37] «Le bilan est un tableau synthétique, résumant sous une seule dénomination, les éléments de même nature, comprenant d'un côté, en plus des comptes de capital, les éléments passifs, de l'autre les éléments actifs de toute entreprise commerciale» (E. FOLLIET, a.a.O., S. 22.).

[38] Diese Bilanzarten entsprechen den verschiedenen Inventaren. Siehe oben II, S. 188f.

[39] Im Zeitpunkt der Geschäftsaufnahme bestehen häufig keine Passiven. Die Aktiven stimmen einfach mit dem eingebrachten Kapital überein. Anders ist es bei Gründung einer Gesellschaft durch Einbringung einer Unternehmung mit Aktiven und Passiven. Die Eröffnungbilanz enthält dann natürlich Passiven. Vgl. Art. 181 OR.

[40] Bei der Einzelfirma stellt der Kontoposten «Eigenkapital» den Wert der Güter oder die Geldmittel dar, die ihr Inhaber im Hinblick auf die kaufmännische Tätigkeit der Unternehmung zuführt; bei den Personengesellschaften handelt es sich um die von den Gesellschaftern geleisteten Einlagen, bei den Kapitalgesellschaften um den Nominalwert des Grundkapitals, die Reserven und den Saldo aus der Gewinn- und Verlustrechnung (BEELER, a.a.O., S. 44ff.; E. FOLLIET, a.a.O., S. 18ff.).

bilanz stellt die Differenz zwischen der Gesamtsumme der Aktiven einerseits und der Gesamtsumme der echten Passivposten, des Eigenkapitals und der Reserven andererseits das Geschäftsergebnis dar, das sich aus dem während des Geschäftsjahres erzielten Ergebnis und den Gewinn- oder Verlustvorträgen der Vorjahre zusammensetzt. Um die Bilanz nun auszugleichen, erscheinen der Gewinn rechts und der Verlust links, obwohl es sich im ersten Fall nicht um einen Passivposten, im zweiten nicht um ein Aktivum handelt.

c) Schließlich kann es erforderlich sein, eine Liquidationsbilanz aufzustellen. Sie wird im Hinblick auf den Eintritt der Unternehmung in die Liquidation errichtet, um deren Gesamtwert zu ermitteln. Die im Laufe der Zeit gebildeten Reserven erscheinen als solche nicht mehr auf der Passivseite sondern werden dem während des letzten Geschäftsjahres erzielten Betriebsgewinn einfach hinzugeschlagen und bilden mit diesem dann den Liquidationsgewinn. Im Falle eines Verlustes hingegen nennt die Liquidationsbilanz nur den positiven oder negativen Unterschied zwischen den Beträgen der Reserven und des Verlustes.

d) Erneut soll darauf hingewiesen werden, daß sich aus der Buchführung nicht alle Rechtsgeschäfte ergeben, die von der Unternehmung getätigt wurden[41]. So erscheinen bestimmte Verpflichtungen, wie etwa solche aus Miet-, Leasing- oder Bürgschaftsverträgen, nicht in der Bilanz, obwohl sie erhebliche finanzielle Aufwendungen erfordern[42]. Die Bilanz ist also nicht immer ein getreues Spiegelbild der wirtschaftlichen und finanziellen Lage der Unternehmung[43].

2. Während das Inventar eine allein für den internen Gebrauch bestimmte Arbeitsunterlage ist[44], hat die Bilanz, speziell die Jahresabschlußbilanz, eine darüber hinausgehende Bedeutung. Für die Unternehmensleitung ist sie häufig das einzige Mittel, um die Vermögenslage und das jährliche Betriebsergebnis der Unternehmung Dritten gegenüber bekannt zu machen und von ihnen anerkennen zu lassen. So dient in der Praxis die Bilanz, und zwar unabhängig von der Rechtsform der Unternehmung, stets als Grundlage der Steuerveranlagung, aber auch von Verhandlungen mit Dritten, hier vor allem mit Banken, im Hinblick auf den Abschluß wichtiger Verträge, die die Finanzierung und Ausdehnung der kaufmännischen Tätigkeit gewährleisten sollen. Die geschäftsführenden Personen einer in der Rechtsform der Personen- oder Kapitalgesellschaft organisierten Unternehmung haben außerdem von Gesetzes wegen die Jahresbilanz, ergänzt durch den Geschäftsbericht sowie die Gewinn- und Verlustrechnung, allen Gesellschaftern[45] bzw. Aktionären[46] vorzulegen, damit diese einmal im Jahr über die Rechnungslegung

---

[41] Siehe oben I 3b, S. 187.
[42] Nach kaufmännischer Übung werden diese Verträge, vor allem die Bürgschaften, jedoch in einer Beilage zur Bilanz erwähnt (siehe oben Anm. 19). Sie können aber auch über ein Verrechnungskonto verbucht werden. Dies ist beispielsweise der Fall bei den nicht an Dritte weitergegebenen Schuldbriefen, deren Betrag allgemein auf der Aktiv- und der Passivseite eines Verrechnungskontos erscheint.
[43] So BEELER, a.a.O., S. 22 ff.
[44] Die Aktionäre haben z. B. nicht das Recht, das Inventar einzusehen, es sei denn u. U. im Rahmen ihres Rechts auf Auskunftserteilung.
[45] Allerdings verlangt Art. 558 OR nicht ausdrücklich eine Genehmigung der Bilanz durch die Gesellschafter. Siehe W. VON STEIGER, unten § 34, IV 2a.
[46] Art. 696 OR.

und die Verteilung des bilanzmäßig ausgewiesenen jährlichen Betriebsgewinns beschließen können[47]. Die Personen jedoch, die außerhalb der Unternehmungsleitung stehen, vermögen in aller Regel nicht die Richtigkeit der in der Bilanz enthaltenen Zahlen selbst nachzuprüfen. Es stellt sich daher die Frage, ob der Gesetzgeber im Interesse all der Personen, die im Vertrauen auf diese Angaben Entscheidungen treffen, Regeln zum Inhalt und zur Form der Bilanz erlassen soll.

a) Art. 959 OR enthält zum Inhalt der Bilanz zwei Grundsätze[48]. Allerdings wird die Bedeutung des ersten Prinzips, der Bilanzwahrheit, in der Praxis erheblich in Frage gestellt, da die kaufmännische Sitte, ja gelegentlich sogar das Gesetz die Bildung stiller Reserven im Zusammenhang mit der Bewertung bestimmter Bestandteile des Geschäftsvermögens zulassen[49]. Hingegen scheint die Doktrin[50] dem Grundsatz der Bilanzklarheit, der die Bilanzgliederung betrifft, größere Bedeutung beizumessen. Einerseits soll damit – was allgemein anerkannt ist – den Beteiligten ein klares Bild über die Lage der Unternehmung vermittelt werden; deshalb dürfen in der Bilanz zu verschiedene Vermögensbestandteile nicht in denselben Posten zusammengefaßt werden. Folglich wäre grundsätzlich eine relativ detaillierte Gliederung erforderlich, jedoch hat der schweizerische Gesetzgeber wegen der unterschiedlichen Unternehmensformen wohl zu Recht darauf verzichtet, in diesem Bereich, mit Ausnahme einiger genau umschriebener Sonderfälle[51], zu strenge Regeln zu erlassen[52]. Andererseits – und dies zeigt die Erfahrung – ergibt sich ein klares Bild der

---

[47] Art. 698 Abs. 2 Ziff. 3 OR. Nach der Rechtsprechung kann ein Generalversammlungsbeschluß auf Genehmigung der Bilanz angefochten werden, wenn die Aufstellung der Bilanz gegen das Gesetz oder gegen die Statuten verstößt. Dies ist der Fall, wenn die Bilanz weder wahr noch vollständig, klar und übersichtlich ist (BGE 92 II, 1966, S. 243 ff.; 81 II, 1955, S. 462 ff.).

[48] «Betriebsrechnung und Jahresbilanz sind... vollständig, klar und übersichtlich aufzustellen, damit die Beteiligten einen möglichst sicheren Einblick in die wirtschaftliche Lage des Geschäftes erhalten.»

[49] Siehe oben II 2, S. 189 f. sowie BGE 82 II, 1956, S. 216 ff. = Pra 45, 1956, Nr. 125: «OR 663 schränkt... den Grundsatz der Bilanzklarheit und -wahrheit nicht unerheblich ein.»

[50] HIS, a.a.O., Art. 959 OR, N. 16, 17; BEELER, a.a.O., S. 66 ff.

[51] Siehe oben § 13, Anm. 17, 18, 19.

[52] In Frankreich wurde ein Gliederungsschema ausgearbeitet, das gemäß einem *décret* von 1947, geändert durch *arrêté ministériel* vom 11. Mai 1957, praktisch in allen kaufmännischen Unternehmungen anzuwenden ist (RODIÈRE/HOUIN, Précis de droit commercial, S. 124 f.). In der Schweiz hingegen hat man bisher davon abgesehen, im Rahmen des 32. Titels des OR ein bestimmtes Gliederungsschema vorzuschreiben. Selbst im Aktienrecht begnügt man sich mit einigen Bewertungsvorschriften für bestimmte Vermögensgegenstände, die aber indirekt der Bilanz ein analytisches Gepräge geben. Hierzu nimmt A. GRISOLI in seinem noch nicht veröffentlichten Bericht «Le bilan de la société anonyme en droit comparé» (Manuskript des Istituto di diritto comparato Angelo Sraffa, Mailand 1970, S. 16) folgendermaßen Stellung: «... le système suisse... apparaît très appréciable à ceux qui estiment inutile une rigueur excessive de la réglementation en une matière fluide et sensible aux diverses exigences des différents types d'entreprises: il représente en effet le point d'équilibre entre l'intérêt de laisser à chaque société... la responsabilité de choisir la structure de bilan qui remplisse le mieux sa fonction d'information, et la nécessité d'éviter que les sociétés... abusent de la liberté qui leur est laissée et rédigent des documents si laconiques qu'ils en deviennent inutiles.» Auch die Arbeitsgruppe für die Überprüfung des Aktienrechts «ist der Ansicht, daß man bei der Aufstellung von Mindestvorschriften für die Gliederung von Bilanz und Gewinn- und Verlustrechnung nicht allzu sehr in Einzelheiten gehen dürfe» (Zwischenbericht des Präsidenten und des Sekretärs... Bern 1972, S. 50; siehe auch Art. 5–11 des Revisionsvorschlags, die allerdings zahlreiche De-

Unternehmung und vor allem ihrer Entwicklung nur durch einen Vergleich mehrerer aufeinander folgender Jahresbilanzen. Ein derartiger Vergleich ist aber schwierig, wenn nicht gar unmöglich, wenn die Gliederung der Bilanz sich ständig ändert. Die Doktrin[53] fordert daher manchmal die kontinuierliche Zugrundelegung gleicher Gliederungsschemen bei der Bilanzaufstellung.

b) Formell gesehen fragt sich, ob die Bilanzen sämtlicher kaufmännischer Unternehmungen nicht von Personen kontrolliert werden sollten, die die erforderliche fachliche Qualifikation aufweisen, und die darüber hinaus von der Unternehmungsleitung unabhängig sind. Ein entsprechender Vorschlag ist unterbreitet worden[54], da nur durch eine derartige Prüfung die Richtigkeit der Bilanz in gewissem Umfang gewährleistet werden könnte. *De lege lata* gibt es diese Prüfung jedoch nur gemäß einiger spezieller Bestimmungen im OR[55] und in Sondergesetzen, nicht jedoch im Rahmen der allgemeinen Vorschriften der Art. 957 ff. OR.

IV. Die Betriebsrechnung

Wollte man nur das Ergebnis der unternehmerischen Tätigkeit im abgelaufenen Geschäftsjahr, also den Nettogewinn bzw. den Nettoverlust feststellen, würde es genügen, sich auf die Ziffer zum Ausgleich der Aktiven und Passiven in der Bilanz zu beziehen. Da diese jedoch nur einen Gesamtbetrag darstellt, ist aus ihr kein Hinweis auf die positiven und negativen Faktoren, aus denen sie sich zusammensetzt, zu entnehmen. Um den Beteiligten ein klares und brauchbares Bild der Lage der Unternehmung am Ende eines Geschäftsjahres zu vermitteln, sind die aus der Bilanz zu entnehmenden Informationen, die sich hauptsächlich auf den Vermögensstand beziehen, durch ein weiteres, im schweizerischen Recht unterschiedlich bezeichnetes Dokument zu ergänzen. Es soll über den Ursprung und die verschiedenen Bestandteile des jährlichen Gesamtergebnisses Auskunft geben.

1. Zunächst handelt es sich um die im Recht einzelner Handelsgesellschaften nach OR[56], aber auch für bestimmte Arten kaufmännischer Tätigkeiten auf Grund von Spezialgesetzen[57] obligatorische Gewinn- und Verlust-

---

tails enthalten). Siehe auch J.P. BRUNNER, Die Publizität der schweizerischen Aktiengesellschaft (zit. Lit. zu § 15).

[53] BEELER, a.a.O., S.70; HIRSCH, a.a.O. (oben Anm. 31), S.57 ff. In die gleiche Richtung geht Art. 1 Abs. 3 des Vorschlags für eine Teilrevision des Aktienrechts, Bern 1972.

[54] BOSSARD, a.a.O., S. 33 ff.

[55] So z.B. in Art. 728, 729 OR.

[56] Art. 558 Abs. 1, 696 Abs. 1 und 805 OR. Im Genossenschaftsrecht hingegen sehen die Art. 879 Abs. 2 Ziff. 3 und 902 Abs. 3 OR die Aufstellung einer Betriebsrechnung vor. Art. 9 Ccomm. fr. verpflichtet allgemein sämtliche natürlichen und juristischen Personen mit Kaufmannseigenschaft, eine Gewinn- und Verlustrechnung zu erstellen, während sich ein deutscher Kaufmann, jedenfalls theoretisch, gemäß der allgemeinen Vorschrift des § 38 Abs. 2 HGB mit einem Inventar und einer Jahresbilanz begnügen könnte (SCHLEGELBERGER/HILDEBRANDT, Handelsgesetzbuch, § 39, N. 5, 6).

[57] Siehe oben § 13, Anm. 17–19.

rechnung[58]. Sie erscheint als eine zweiseitige Zusammenstellung in Kontenform, welche einerseits die Erträgnisse, andererseits die Aufwendungen während des Geschäftsjahres enthält. Die Differenz zwischen Aktiven und Passiven – ergänzt um die Salden der Vorträge aus vergangenen Perioden – ist das Geschäftsergebnis; es hat dem zum Ausgleich der Bilanz dienenden Betrag zu entsprechen.

a) In der Lehre ist umstritten[59], ob eine Gewinn- und Verlustrechnung notwendigerweise eine doppelte Buchführung voraussetzt. Man darf wohl davon ausgehen, daß sie auch im Rahmen der einfachen Buchführung erstellt werden kann[60], aber jedenfalls nicht einer ihrer unabdingbaren Bestandteile ist. Hingegen ist die Gewinn- und Verlustrechnung bei der doppelten Buchführung die notwendige Ergänzung der Jahresabschlußbilanz. So ist die Bilanz die Zusammenstellung der verschiedenen Aktiv- und Passivposten, während die Gewinn- und Verlustrechnung Erträgnisse und Aufwendungen erfaßt. Bekanntlich stimmen nun im Rahmen der doppelten Buchführung Endsummen der verschiedenen Kontenarten – Aktiven und Passiven einerseits, Erträgnisse und Aufwendungen andererseits – per definitionem stets überein. Werden beide Zusammenstellungen gleichzeitig, wenn auch getrennt vorgenommen, ist eine Kontrolle ihrer jeweiligen Richtigkeit möglich.

b) Bei der Revision des Obligationenrechtes hatte die Expertenkommission darauf verzichtet, alle kaufmännischen Unternehmungen auf eine doppelte Buchführung zu verpflichten[61]. Sie hielt es daher nicht für richtig, dem Vorschlag eines Kommissionsmitglieds zu folgen[62], im Rahmen des 32. Titels des OR die Aufstellung einer Gewinn- und Verlustrechnung generell für obligatorisch zu erklären. Wenn nun zwar nach geltendem Handelsrecht eine derartige Bestimmung nur in Einzelvorschriften des OR oder von Spezialgesetzen enthalten ist, so verpflichten diese doch tatsächlich die meisten kaufmännischen Unternehmungen zur Aufstellung einer Gewinn- und Verlustrechnung am Ende jeder Rechnungsperiode, nämlich alle im OR geregelten Gesellschaften mit Ausnahme der einfachen Gesellschaft und sämtliche Unternehmungen, die bestimmte kaufmännische Tätigkeiten ausüben, und zwar unabhängig von ihrer Rechtsform.

2. Die Betriebsrechnung im eigentlichen Sinne unterscheidet sich von der Gewinn- und Verlustrechnung in zwei Punkten. Nach Art. 958 OR sind die Leiter aller buchführungspflichtigen Unternehmungen gehalten, auf Schluß eines jeden Geschäftsjahres neben der Jahresabschlußbilanz und dem Jahresinventar eine Betriebsrechnung aufzustellen. Der Gesetzgeber scheint also die Betriebsrechnung für den allgemeinen Begriff zu halten[63], allerdings unterscheidet sie sich in der Praxis von der Gewinn- und Verlustrechnung nur durch die einfachere Form, die sie vor allem im Rahmen der einfachen

---

[58] Der übliche Ausdruck ist nicht richtig, denn in Wirklichkeit handelt es sich nicht um eine Gewinn- und Verlustrechnung, sondern um eine Erfolgsrechnung.
[59] Protokoll der Expertenkommission – Schweizerisches Obligationenrecht –, Revision der Titel XXIV–XXXIII, Bern 1926, S. 736f.
[60] Tatsächlich läßt sich das Geschäftsergebnis nicht unmittelbar der einfachen Buchführung entnehmen. Hierzu ist entweder eine Betriebs- oder aber auch eine Gewinn- und Verlustrechnung erforderlich. Art. 958 OR schreibt dementsprechend eine Erfolgsrechnung vor.
[61] Hierzu Protokoll (oben Anm. 59), S. 725f.
[62] Vorschlag des Ständerats ISLER, Protokoll (Anm. 59), S. 736f.
[63] So verstanden umfaßt der Begriff der Betriebsrechnung auch die Gewinn- und Verlustrechnung.

Buchführung annimmt⁶⁴. Die französische Doktrin hingegen⁶⁵, ganz im Sinne der schweizerischen und ausländischen Buchführungspraxis, trennt anders: Die Betriebsrechnung enthält nur die Einnahmen und Ausgaben der normalen Geschäftstätigkeit während der Rechnungsperiode. Aus ihr läßt sich genau nur der Erfolg der in diesem Zeitraum vorgenommenen Geschäfte entnehmen. Erst die Gewinn- und Verlustrechnung, in die nicht nur die Angaben der Betriebsrechnung, sondern auch die vorgetragenen Salden der vergangenen Rechnungsperioden sowie sämtliche Erträgnisse und Aufwendungen, die nicht aus der kaufmännischen Betriebstätigkeit herrühren, aufgenommen werden, ermöglicht die Ermittlung des am Ende des Geschäftsjahres bestehenden und notwendigerweise dem Betrag des Bilanzausgleichspostens entsprechenden Gesamtergebnisses.

3. Die Grundsätze der Bilanzwahrheit und -klarheit (Art. 959 OR) gelten nicht nur für die Bilanz, sondern auch für die Betriebsrechnung und damit für die Gewinn- und Verlustrechnung⁶⁶. Aus ihnen folgt die Lehre vor allem, daß in der Erfolgsrechnung die Erträgnisse auf der Haben- und die Aufwendungen auf der Sollseite getrennt geführt werden. Würde nur die Differenz dieser Posten eingetragen, so wäre der Wahrheitsgrundsatz verletzt. Außerdem dürfen Erträgnisse und Aufwendungen zu unterschiedlicher Art nicht im gleichen Posten zusammengefaßt werden. Es sind also die gleichen aus dem Grundsatz der Bilanzklarheit abgeleiteten Regeln nicht nur für die Gliederung der Bilanz sondern auch der Betriebs- und der Gewinn- und Verlustrechnung anwendbar.

§ 15. Die Bedeutung der kaufmännischen Buchführung

Literatur

G. BEELER, Schweizerisches Buchführungs- und Bilanzrecht, Zürich 1956.

CH. HEROLD, Zivil- und strafrechtlicher Schutz von Fabrikations- und Geschäftsgeheimnissen nach schweizerischem Recht unter Berücksichtigung der Gesetzgebung und Rechtsprechung des Auslandes, Diss. Bern 1935; C. LASSERRE, Le contrôle de la gestion, l'examen de la situation et le secret des affaires dans les

---

⁶⁴ Siehe HIS, a.a.O., Art. 958 OR, N. 6 ff.; BEELER, a.a.O., S. 88 ff.
⁶⁵ Vgl. etwa RODIÈRE/HOUIN, Précis de droit commercial, S. 142 f.; HAMEL/LAGARDE, Traité I, S. 333 ff.
⁶⁶ HIS, a.a.O., Art. 959 OR, N. 6.

sociétés du CO, Étude de droit privé suisse, Diss. Lausanne 1945; J. HENGGELER, Das Kontrollrecht der Aktionäre nach OR 696/97, Schweiz. AG 12, 1939/40, S. 153 ff., 181 ff., 206 ff.; H. F. WYSS, Das Recht des Aktionärs auf Auskunftserteilung (Art. 697 OR), unter besonderer Berücksichtigung des Rechts der Unternehmenszusammenfassungen – Ein Beitrag zum Problem der aktienrechtlichen Publizität und des aktienrechtlichen Minderheitenschutzes, Diss. Zürich, Zürcher Beiträge 183, Aarau 1953; K. WIDMER, Das Recht des Aktionärs auf Auskunfterteilung de lege lata und de lege ferenda (Art. 697 OR), Diss. Zürich 1961; Y. OLTRAMARE, L'information des actionnaires, Genf 1964.

WALTER R. SCHLUEP, Mitbestimmung? Bemerkungen zum Verhältnis von Aktiengesellschaft, Unternehmen und öffentlichen Interessen, in: Lebendiges Aktienrecht, Festgabe W. F. Bürgi, Zürich 1971, S. 311 ff. – R. SCHINDLER, Die Publizitätsvorschriften bei der Rechnungslegung der AG, Diss. Bern, Abh. schweiz. R 377, Bern 1967; A. MUHEIM, Die Publizitätsvorschriften der Aktiengesellschaften und Banken im allgemeinen, Diss. Bern 1940; W. DOBER, Die Publizität der Unternehmen, Bedeutung und Begriffsinhalt – Publizitätsempfänger und Publizitätsträger, Schweiz. AG 37, 1965, S. 57 ff., 105 ff.; E. BOSSARD, Zur Reform des Bilanz-, Publizitäts- und Prüfungsrechts, Zürich 1966; J.-P. BRUNNER, Die Publizität der schweizerischen Aktiengesellschaft, insbesondere das Postulat der Bilanzklarheit. Ein Vorschlag zur Gliederung der Bilanz und der Erfolgsrechnung sowie eine Stellungnahme zum entsprechenden Vorschlag des Zwischenberichtes Tschopp, Diss. Zürich 1973.

Es fragt sich, welche verschiedenen Interessen der Gesetzgeber schützen will, indem er jede natürliche und juristische Person, die eine kaufmännische Tätigkeit ausübt, zur ordnungsgemäßen Buchführung verpflichtet. Eine Antwort könnte sich ergeben, wenn man die Rechtsnatur der Vorschriften des 32. Titels des OR bestimmt. Dieses vorwiegend theoretische Problem soll jedoch offen bleiben; es genügt, auf die beiden im vergleichenden Handelsrecht vertretenen Auffassungen hinzuweisen[1]. Nach der einen Meinung handelt es sich hauptsächlich um privatrechtliche Vorschriften[2], und zwar selbst dann, wenn sie zwingenden Charakters sind und ihre Verletzung in der Regel strafrechtlich geahndet wird. Denn mit ihnen verfolgt der Gesetzgeber den Zweck, private Interessen, nämlich die Interessen all der Personen zu schützen, die innerhalb oder außerhalb der Unternehmung über die sich aus der Buchführung ergebenden Auskünfte sollen verfügen können. Eine andere Ansicht betont die Doppelnatur der Vorschriften, da sie über den Schutz von privaten Interessen hinaus im öffentlichen Interesse, vor allem aus gewerbepolizeilichen Gründen erlassen worden seien[3]. Die Bestimmungen des Buchführungsrechts hätten folglich sowohl öffentlich- wie auch privatrechtlichen Charakter[4].

---

[1] Überblick bei HIS, a.a.O., Art. 957 OR, N. 19 ff.
[2] Die Buchführungspflicht kann vertraglich zugunsten Dritter vereinbart werden, die ein spezielles Interesse besitzen, die Vermögenslage der Unternehmung zu kennen und ihre Entwicklung zu verfolgen. Allgemein ergibt sie sich aus den privatrechtlichen Ordnungsvorschriften des Gesetzes. Hingegen sind die in Art. 963 und 964 OR genannten Verpflichtungen öffentlichrechtlicher Natur.
[3] So C. LUDWIG, Das Handelsstrafrecht, Referat des Schweizerischen Juristenvereins 1925, S. 1 a ff., besonders S. 31 a. Hiergegen HIS (a.a.O., Art. 957 OR, N. 20), der diese Auffassung ablehnt, da sie der Schweiz fremd sei.
[4] So z. B. K. WIELAND, Handelsrecht I, S. 309.

Viel wichtiger ist eine weniger dogmatische Betrachtungsweise. Mit der kaufmännischen Buchführung wollte der Gesetzgeber eine **Informationsquelle** umschreiben. Nach Art. 957 OR sind die Geschäftsbücher zu führen, «um die Vermögenslage des Geschäftes und die mit dem Geschäftsbetriebe zusammenhängenden Schuld- und Forderungsverhältnisse sowie die Betriebsergebnisse der einzelnen Geschäftsjahre festzustellen». Zu fragen ist also im tatsächlichen Bereich nach dem praktischen Nutzen einer derartigen Buchführung und, rechtlich, welchen Personen die Auskünfte zugänglich gemacht werden können oder sollen. Es geht demnach um das Problem der Informationen, die eine Unternehmung zu gewähren hat. Unter Bezugnahme auf einige gesetzliche Bestimmungen und die Verkehrssitte soll es – etwas schematisiert – entsprechend den verschiedenen Gruppen von Informationsempfängern untersucht werden.

I. Die unternehmensinterne Information

Als erste Gruppe kommen natürlich die Personen in Betracht, die zur Unternehmung gehören. Aus der gesamten Buchführung oder auch nur aus einer oder einigen zusammenfassenden Unterlagen können sie die hauptsächlichen Auskünfte erhalten, derer sie zur Erfüllung ihrer Geschäftsführungs- oder Kontrollaufgaben oder zur Ausübung ihrer Mitverwaltungs- und Kontrollrechte bedürfen. Man sollte daher meinen, es wäre richtig, zu ihren Gunsten ein möglichst umfassendes **Recht auf Information** über die Geschäftslage der Unternehmung anzuerkennen. Jedoch lassen sich aus der Buchführung Auskünfte über die Methoden der Unternehmensleitung, die Geschäftspolitik, und gelegentlich sogar über die Herstellungsverfahren entnehmen, deren zu weite Verbreitung die Interessen der Unternehmung gegenüber der Konkurrenz zu beeinträchtigen geeignet ist[5]. Folglich kann nicht allen Mitgliedern der Betriebsgemeinschaft ein Recht auf gleiche und unbegrenzte Information zugestanden werden. Das Handelsrecht muß differenzierte Lösungen enthalten, die, je nach der Stellung der Gruppe inner-

---

[5] Das schweizerische Recht versucht das Interesse einer kaufmännischen Unternehmung, die Verbreitung derartiger Auskünfte technischer oder wirtschaftlicher Art zu verhindern, möglichst wirksam zu schützen. Siehe Art. 1 Abs. 2 lit. f, g UWG und – im strafrechtlichen Bereich – Art. 13 lit. f, g UWG, Art. 273 StGB. Im Rahmen dieser letzten Vorschrift, die den wirtschaftlichen Nachrichtendienst ahndet, hat das Bundesgericht die Begriffe des Fabrikations- und des Geschäftsgeheimnisses stets sehr weit ausgelegt und versteht darunter «alle Tatsachen des wirtschaftlichen Lebens, an deren Geheimhaltung ein schutzwürdiges Interesse besteht» (BGE 65 I, 1939, S. 330 ff. [333]; siehe auch BGE 98 IV, 1972, S. 209 ff. m.w.N.).

halb der Unternehmung, zwischen dem Individualinteresse auf Einsicht in die Vermögenslage und dem Interesse der Unternehmung auf Wahrung der Betriebs- und Geschäftsgeheimnisse vermitteln [6].

1. Lange bevor das Gesetz sie dazu verpflichtete [7], verbuchten die Kaufleute ihre Geschäftsvorgänge regelmäßig in ihren Büchern; viele Unternehmungen haben heute ein Rechnungswesen, das über die gesetzlichen Anforderungen hinausgeht. Dies zeigt deutlich, daß in der Praxis die Angaben, die der kaufmännischen Buchführung entnommen werden können, in erster Linie für die Personen bestimmt sind, die die Unternehmung leiten und den Betrieb führen. Da sie kein Interesse haben dürften, Geschäftsgeheimnisse ihrer Unternehmung, in welcher Rechtsform diese auch immer organisiert sein mag [8], zu verraten, steht also den zur **Unternehmensleitung** gehörenden Personen ein grundsätzlich unbegrenztes Informationsrecht zu.

a) Eine regelmäßig und korrekt, vor allem nach einem rationalen Schema geführte und den besonderen Bedürfnissen der Unternehmung angepaßte Buchhaltung kann der Unternehmensleitung einen – häufig den größten – Teil der Daten liefern, die für Entscheidungen [9] im Bereich der Geschäftsführung, aber auch bei der Organisation und Planung der einzelnen unternehmerischen Tätigkeiten erforderlich sind. Allerdings lassen sich die meisten dieser Daten nicht unmittelbar der Buchführung entnehmen; vielmehr sind sie sehr häufig nur das indirekte Ergebnis einer Analyse der statistischen Angaben, die zu bestimmten, je nach den Umständen mehr oder minder schnell aufeinanderfolgenden Terminen [10] aus den die verschiedenen Sektoren der kaufmännischen Betriebstätigkeit betreffenden Konten abgeleitet werden können [11]. In kleineren, leicht zu leitenden Unternehmungen können die verantwortlichen Personen diese Arbeit mit sehr oft noch handwerklichen Methoden selbst vollbringen. Anders ist es, wenn die Unternehmensleitung komplex wird: die Analyse von Statistiken erfordert dann häufig nicht nur viel Zeit, sondern auch spezielle Kenntnisse technischer Art im Bereich des Rechnungswesens und wissen-

---

[6] Der Begriff «Geschäftsgeheimnis» in der aktienrechtlichen Vorschrift des Art. 697 Abs. 2 OR wurde ebenfalls weit und ziemlich allgemein ausgelegt (BGE 82 II, 1956, S. 216 ff.).

[7] So RIPERT/ROBLOT, Traité élémentaire, S. 224.

[8] Der Einzelkaufmann oder der Gesellschafter einer Personengesellschaft – letzterer unterliegt im übrigen dem Konkurrenzverbot der Art. 561 und 818 OR – würde, verriete er Geschäftsgeheimnisse seiner Unternehmung, unmittelbar seine eigenen Interessen erheblich beeinträchtigen. Die Direktoren und Verwaltungsräte hingegen würden ganz klar ihre vertraglichen oder gesetzlichen Verpflichtungen, etwa aus Art. 722 OR, verletzen und sich schadenersatzpflichtig machen.

[9] G. OSWALD, Das Verhältnis der Buchhaltungslehre zur Socialökonomik, Diss. Neuenburg 1923, S. 30 f.

[10] Je nach den Umständen kann es erforderlich sein, die Entwicklung täglich, von Woche zu Woche, von Monat zu Monat oder sogar nur jährlich zu verfolgen. Wenn z. B. eine Unternehmung ein neues Produkt zum Verkauf bringt, mag sie ein Interesse haben, über die Verkaufsentwicklung Tag für Tag unterrichtet zu sein.

[11] Es gehört ganz allgemein zu einer rationellen Unternehmensleitung, statistisch nicht nur die Entwicklung der Erträgnisse einmal oder zweimal im Jahr, sondern auch den Bestand an flüssigen Mitteln, die Vorräte usw. zu erfassen. Außerdem ermöglicht die statistische Auswertung der Konten die genaue Feststellung der Gestehungskosten der einzelnen Produkte.

schaftliche Kenntnisse im Bereich der Statistik. Die Unternehmungen müssen sich dann darauf beschränken, in einem Schema zur Statistik des Rechnungswesens[12] festzulegen, was wann statistisch erfaßt werden soll, und die Arbeit spezialisierten Personen, mögen diese in der Unternehmung beschäftigt sein oder von außen kommen, zu übertragen.

b) In der Praxis kümmern sich die leitenden Personen der meisten buchführungspflichtigen Unternehmungen nicht selbst um das Rechnungswesen und stellen nicht selbst die Bilanz und die Gewinn- und Verlustrechnung auf, außerdem analysieren sie nicht die statistischen Angaben zu den verschiedenen die Betriebstätigkeit betreffenden Konten. Sie haben stets die Möglichkeit, auf Angestellte oder auch auf Dritte die Durchführung der gesetzlich vorgeschriebenen oder wegen einer rationellen Geschäftsführung erforderlichen Arbeiten zu übertragen. Rechtlich bleibt jedoch jede mit der Leitung der Unternehmung betraute Person, sei sie nun Inhaber einer Einzelfirma, geschäftsführender Gesellschafter, Verwaltungsrat oder Direktor einer Gesellschaft, persönlich für eine ordnungsgemäße Buchführung auch dann verantwortlich, wenn sie sie delegiert hat[13]. Dem ihr praktisch unbeschränkt zustehenden Recht auf Information im Buchführungsbereich entspricht die sie treffende allgemeine Pflicht, nicht nur das Rechnungswesen zu überwachen, sondern sich regelmäßig über die Vermögenslage der Gesellschaft zu erkundigen.

2. Bei einigen Gesellschaftsformen, der Aktiengesellschaft, der Gesellschaft mit beschränkter Haftung und der Genossenschaft[14], aber auch in bestimmten kaufmännischen Bereichen, wie z.B. im Bankwesen[15], unterliegen die Leitungsorgane der Unternehmung der Verpflichtung, jährlich die Buchführung der Überprüfung durch Personen zu unterbreiten, die in der Unternehmung die Kontrollstelle, das Organ der Buchführungsrevision, darstellen. In Anbetracht der ihnen übertragenen Aufgabe[16], die nicht an Dritte delegiert werden kann, müssen die Revisoren über umfassende Informationen verfügen[17]. Art. 730 OR untersagt ihnen im übrigen, «von den bei der Ausführung ihres Auftrags gemachten Wahrnehmungen einzelnen Aktionären oder Dritten Kenntnis zu geben». Da auf diese Weise die Geschäftsgeheimnisse gewahrt werden, darf man davon ausgehen, daß die Revisoren sich in einer rechtlichen Stellung befinden, die der der Leitungsorgane entspricht: im Bereich des Rechnungswesens haben sie nicht nur ein Recht auf nahezu unbegrenzte Information, sondern auch die Pflicht, sämtliche Buchungsbelege auf ihre Richtigkeit hin zu überprüfen.

---

[12] In der Praxis gibt es Schemen. Siehe z.B. P. RIETMANN, Bilanzanalyse, Arbeitsmappe, Glattbrugg 1972.
[13] Hierzu A. HIRSCH, La responsabilité des administrateurs dans la société anonyme, Sem. jud. 89, 1967, S. 249ff., 258ff. für das Aktienrecht.
[14] Art. 727ff., 819 Abs. 2, 906ff. OR. In der GmbH ist allerdings die Bestellung unabhängiger Revisoren nicht zwingend vorgeschrieben. Die Prüfung der Buchführung kann auch von jedem einzelnen Gesellschafter vorgenommen werden.
[15] Art. 18ff. BankG i.d.F. vom 11. März 1971.
[16] In Art. 728 Abs. 1 OR wird ihre Aufgabe umschrieben. Siehe auch A. HIRSCH, L'organe de contrôle dans la société anonyme, Diss. Genf 1965, S. 104ff., 125ff.
[17] «Zu diesem Zwecke hat die Verwaltung den Revisoren die Bücher und Belege vorzulegen und auf Verlangen über das Inventar und die Grundsätze, nach denen es aufgestellt ist, sowie über einzelne bestimmte Gegenstände Aufschluß zu erteilen» (Art. 728 Abs. 2 OR).

3. Ist die kaufmännische Unternehmung in der Form einer vom OR geregelten Gesellschaft organisiert, so haben die Gesellschafter nahezu immer[18] über die Jahresrechnung – die Bilanz und die Gewinn- und Verlustrechnung – und die Geschäftsführung sowie auch über die Verteilung des erzielten Gewinns zu beschließen[19]. Jedes Mitglied, ob Aktionär oder Gesellschafter, müßte also normalerweise alle Auskünfte über das Rechnungswesen erhalten, um mit Sachkenntnis an den Entscheidungen mitwirken zu können und um persönlich zu überprüfen, ob es auch den ihm zustehenden Gewinnanteil erhält[20]. Jedoch sind im Interesse der kaufmännischen Unternehmung bestimmte Vorsichtsmaßregeln zu ergreifen, vor allem, um zu vermeiden, daß die Gesellschafter im Besitz der genannten Auskünfte die Geschäftsgeheimnisse verraten. Dem entspricht es, daß einerseits sämtliche Mitglieder grundsätzlich über ein Auskunfts- oder Kontrollrecht, ein «droit à l'information comptable» oder nach anderer Bezeichnung ein «droit de contrôle personnel»[21] verfügen und daß andererseits aber auch dessen Umfang unter Berücksichtigung vorwiegend der rechtlichen Stellung der Mitglieder in den verschiedenen Gesellschaftsformen bestimmt wird[22].

a) Jeder, auch der nicht geschäftsführende Gesellschafter einer Personengesellschaft ist dieser und seinen Mitgesellschaftern gegenüber nicht nur durch eine allgemeine und wenig präzise Treuepflicht[23] verbunden, sondern unterliegt auch – konkreter – dem Konkurrenzverbot des Art. 561 OR. Außerdem haften alle Gesellschafter mit Ausnahme der Kommanditäre per-

---

[18] Art. 558 OR schreibt nicht ausdrücklich vor, daß die Jahresrechnung der Kollektiv- und der Kommanditgesellschaft formell in der Gesellschafterversammlung zu genehmigen ist. Siehe dazu W. von Steiger, unten § 34, IV 2a.

[19] So z. B. Art. 698 Abs. 2 Ziff. 3 OR.

[20] Die Genossenschafter haben grundsätzlich keinen Anspruch auf Beteiligung am Gewinn, der in Art. 859 OR «Reinertrag aus dem Betrieb der Genossenschaft» genannt wird.

[21] Die schweizerische Terminologie ist nicht einheitlich. Sowohl in deutscher wie in französischer Sprache werden unterschiedliche Ausdrücke benutzt. So heißt es richtig und präzise in den Marginalen: «Einsicht in die Gesellschaftsangelegenheiten» – «droit de se renseigner sur les affaires sociales» – (Art. 541 OR), «Kontrollrecht» – «droit de contrôle» – (Art. 696, 856, 819 OR) und «Auskunfterteilung» – «droit aux renseignements» – (Art. 697, 857 OR). Die Doktrin hingegen spricht eher umgekehrt vom Kontrollrecht im Rahmen des Art. 541 OR und vom Auskunftsrecht der Aktionäre nach Art. 696 OR. Die terminologische Verwirrung wurde noch dadurch verschärft, daß manche Autoren den Ausdruck «Publizität» – «publicité» – benutzen, was offensichtlich unrichtig ist, da die Maßnahme der Veröffentlichung der Jahresrechnung nicht dem Informationsbedürfnis der Aktionäre dient, sondern das Publikum informieren soll. Vgl. A. Siegwart, Zürcher Kommentar, Bd. V, Teil 4, Die Personengesellschaften, Art. 541 OR, N. 1 ff.; hinsichtlich des Auskunftsrechts siehe die «Initiative pour une meilleure information des actionnaires», Schweiz.AG 36, 1964, S. 219 ff.; 41, 1969, S. 10 ff., 101 ff.; zum Begriff der Publizität vgl. die Berner Diss. von R. Schindler.

[22] Hierzu vor allem Lasserre, a.a.O.

[23] M. Gloor, Der Treuegedanke im Recht der Handelsgesellschaften, Diss. Zürich 1943; W. Benz, Die Treuepflicht des Gesellschafters, Diss. Zürich 1947.

sönlich und solidarisch für sämtliche Geschäftsschulden[24]. Folglich dürfte das Risiko, daß ein Gesellschafter Geschäftsgeheimnisse verrät, nicht sehr groß sein, denn wenn er seine Gesellschaftsfirma schädigt, handelt er praktisch gegen seine eigenen Interessen. Jeder Gesellschafter einer Kollektiv- und Kommanditgesellschaft ist daher nach der allgemeinen Regel des Art. 541 OR[25] in der Lage, praktisch unbegrenzt ein Kontrollrecht persönlich[26] auszuüben und sämtliche zur Buchführung gehörenden Bücher, Unterlagen und Papiere einzusehen. Dieses Recht steht sogar dem Kommanditär zu[27].

b) Die Aktionäre und die Genossenschafter hingegen stehen der Aktiengesellschaft bzw. der Genossenschaft viel freier gegenüber, ja fühlen sich manchmal sogar nicht einmal als ihre Mitglieder[28]. Grundsätzlich haften sie für Geschäftsverbindlichkeiten nicht persönlich[29]. Zwar unterliegen die Genossenschafter[30] und, folgt man einem Teil der Doktrin[31], auch die Aktionäre einer gewissen Treuepflicht gegenüber der Gesellschaft, sie haben jedoch kein Konkurrenzverbot zu beachten. Da außerdem die von der Generalversammlung gewählten und theoretisch von der Verwaltung unabhängigen Revisoren an ihrer Stelle die Buchführung überprüfen, haben die Aktionäre und Genossenschafter kein Recht auf freie Einsichtnahme in die Geschäftsunterlagen[32]. Sie müssen jedoch wenigstens die Bilanz, die Gewinn- und Verlustrechnung, den Geschäfts- sowie den Revisionsbericht erhalten oder einsehen können[33], ehe sie über die Rechnungsführung und die Verteilung des Gewinns beschließen. Auch erscheint es angemessen, ihnen ein Recht auf Erteilung zusätzlicher Auskünfte vor oder während der Generalversammlung zuzugestehen, sofern hierdurch «die Interessen der Gesellschaft nicht gefährdet werden» (Art. 697 Abs. 3 OR)[34].

---

[24] Art. 568 OR.
[25] Diese zwingende Vorschrift bestimmt: «Der .... Gesellschafter hat das Recht, sich persönlich von dem Gange der Gesellschaftsangelegenheiten zu unterrichten, von den Geschäftsbüchern und Papieren der Gesellschaft Einsicht zu nehmen und für sich eine Übersicht über den Stand des gemeinschaftlichen Vermögens anzufertigen.»
[26] Nach der weiten Auslegung dieser Bestimmung durch die Rechtsprechung (Bern. Appellationshof, ZBJV 92, 1956, S. 482; Obergericht Zürich, BlZR 37, 1938, Nr. 88) darf das Einsichtsrecht von einem Dritten ausgeübt werden. Allerdings muß dieser zur Verschwiegenheit verpflichtet sein und darf das Recht nicht dauernd für Rechnung eines Gesellschafters ausüben (LASSERRE, a.a.O., S. 61 f.).
[27] Art. 600 Abs. 3 OR; Bern. Appellationshof, ZBJV 92, 1956, S. 482.
[28] Es ist im übrigen viel leichter, in eine Aktiengesellschaft oder eine Genossenschaft als in eine Personengesellschaft einzutreten oder aus ihr auszuscheiden.
[29] Nach Art. 840 Abs. 2, 869 und 870 OR können die Statuten bestimmen, daß die Genossenschafter in Abweichung vom Grundsatz des Art. 868 OR für die Verbindlichkeiten der Genossenschaft persönlich haften. Siehe auch die aktienrechtliche Vorschrift des Art. 680 OR.
[30] Art. 866 OR.
[31] L. FROMER, Die Treuepflicht des Aktionärs, ZSR 58, 1939, S. 210 ff.; siehe auch BGE 80 II, 1954, S. 267 ff.; dazu auch W. VON STEIGER, unten § 22, II 2.
[32] Art. 697 Abs. 2 OR.
[33] Art. 696, 856 OR.
[34] Zum Recht auf Auskunftserteilung siehe WYSS, a.a.O. und WIDMER, a.a.O. Die Rechtsprechung hat die Ausübung dieses Rechtes wohl zu stark eingeschränkt: Einerseits legt sie den Begriff des Geschäftsgeheimnisses sehr weit aus (BGE 82 II, 1956, S. 216 ff.); andererseits wird die praktische Bedeutung der Bestimmung des Art. 697 OR auch dadurch erheblich gemindert, daß das Gericht erst nach negativer Entscheidung der Generalversammlung angerufen werden kann (Genfer Cour de Justice civile, Sem. jud. 74, 1952, S. 234 ff. [238]; Sem. jud. 93, 1971, S. 427 ff. [429]), obwohl die Auskünfte für den Aktionär nur wirklich nützlich sind, wenn er sie vor oder spätestens während der Generalversammlung erhält.

c) Bei der Gesellschaft mit beschränkter Haftung können die Gesellschafter wegen des Mischcharakters dieser Gesellschaftsform zwischen zwei Möglichkeiten wählen[35]. Grundsätzlich darf jeder Gesellschafter frei Einsicht in die Buchführung nehmen. Ihm steht also nach Art. 541 OR ein praktisch unbegrenztes persönliches Kontrollrecht zu. Die Statuten können aber auch eine Kontrollstelle nach dem aktien- und genossenschaftsrechtlichen Modell vorsehen, so daß dann die Gesellschafter nur über das gleiche Informationsrecht wie die Aktionäre und die Genossenschafter verfügen[36].

4. Schließlich kommt im Rahmen der Betriebsgemeinschaft, als die sich die kaufmännische Unternehmung darstellt[37], eine weitere Personengruppe in Betracht, die an Auskünften vor allem zur Vermögenslage und zum Betriebsergebnis interessiert sein kann. Es handelt sich um die Arbeitnehmer, deren Beschäftigung unter Umständen eng vom Schicksal der Unternehmung abhängt. Bei der Frage, ob nach geltendem schweizerischen Recht[38] die Arbeitnehmer beanspruchen können, ein Kontrollrecht über das Rechnungswesen und die Unternehmensleitung auszuüben, oder aber ob sie nur ein diesbezügliches Informationsrecht besitzen, ist zu unterscheiden:

a) Erstens kann in Individual- oder Gesamtarbeitsverträgen vereinbart werden, daß bestimmten Gruppen von Angestellten oder Arbeitern oder allen Arbeitnehmern ein Recht auf Beteiligung am Betriebsgewinn zusteht. In diesem Fall sind sie unmittelbar und persönlich daran interessiert, die Jahresrechnung zu überprüfen. Weiter ist der Arbeitnehmer nach Art. 321a Abs. 4 OR verpflichtet, Verschwiegenheit zu wahren über «geheimzuhaltende Tatsachen, wie namentlich Fabrikations- und Geschäftsgeheimnisse, von denen er im Dienst des Arbeitgebers Kenntnis erlangt». Die am Gewinn beteiligten Arbeitnehmer müssen daher die Unterlagen und Auskünfte zur Rechnungsführung erhalten, deren sie bedürfen, um das ihnen zustehende Kontrollrecht selbst auszuüben oder durch einen Sachverständigen ausüben zu lassen[39].

b) Zweitens stellt sich die Frage noch in einem allgemeineren Zusammenhang. Bekanntlich hat der Schweizerische Gewerkschaftsbund einen Entwurf einer Verfassungsbestimmung vorgelegt[40], damit im Wege der Gesetzgebung in allen kaufmännischen Unternehmungen zwingend die Mitbestimmung eingeführt werde[41]. Hierbei sollen nicht nur – nach deutschem Vorbild[42] – Betriebskommissionen gebildet werden, sondern auch Vertreter des Personals in die Verwaltungsräte der in der Rechtsform der Aktiengesellschaft und der Genossenschaft organisierten Unter-

---

[35] Allerdings ist die persönliche Haftung der Gesellschafter einer GmbH summenmäßig beschränkt (Art. 802 OR); außerdem unterliegen die nicht geschäftsführenden Gesellschafter grundsätzlich keinem Konkurrenzverbot (Art. 818 OR).
[36] Art. 819 OR.
[37] Siehe oben § 6, III 2, S. 101 f.
[38] Auf die Problematik *de lege ferenda* ist hier nicht einzugehen, da eine Lösung viel stärker von politischen als von rechtlichen Erwägungen abhängt.
[39] Art. 322a Abs. 2, 3 OR.
[40] Am 25. Aug. 1971 gemeinsam mit dem Christlich-Nationalen Gewerkschaftsbund der Schweiz und dem Schweizerischen Verband Evangelischer Arbeitnehmer, und zwar im Wege des Volksbegehrens zur Einfügung einer neuen Bestimmung in die Bundesverfassung (BBl 1971 II, S. 780).
[41] Zum Begriff der Mitbestimmung siehe hauptsächlich SCHLUEP, Mitbestimmung?, bes. S. 341 ff.
[42] Betriebsräte nach dem deutschen Betriebsverfassungsgesetz vom 15. Januar 1972.

nehmungen entsandt werden. Augenblicklich ist noch nicht abzusehen, für welche Lösung sich schließlich der Gesetzgeber entscheiden wird[43]. Sicher dürfte nur sein, daß nicht die einzelnen Arbeitnehmer wie die Aktionäre und die Genossenschafter über ein individuelles Informationsrecht verfügen, sondern daß nur die Delegierten des Personals einen Anspruch darauf haben werden, die wirtschaftlichen und buchhalterischen Auskünfte zu erhalten, deren sie zur Ausübung ihrer Aufgabe in den Betriebskommissionen oder im Verwaltungsrat bedürfen.

II. Die unternehmensexterne Information und die Publizität

Eigentlich sollte man meinen, daß Personen, die außerhalb der Unternehmung stehen, nicht den Anspruch erheben können, die Buchführung einzusehen oder wenigstens bestimmte Unterlagen wie die Jahresbilanz, den Geschäftsbericht und die Gewinn- und Verlustrechnung zu erhalten. Die Unternehmung scheint auch kein Interesse zu haben, derartige Angaben Dritten gegenüber zu machen. In Wirklichkeit gibt es aber in der Schweiz wie im Ausland besondere Situationen, in denen das Gesetz, ein Vertrag, manchmal sogar die kaufmännische Sitte die Unternehmensleitung verpflichten, bestimmten unternehmensexternen Personen die Vermögenslage, die mit dem Geschäftsbetrieb zusammenhängenden Schuld- und Forderungsverhältnisse sowie das Betriebsergebnis bekanntzugeben oder diese Angaben zu veröffentlichen.

1. Man könnte theoretisch zunächst daran denken, das allgemeine Publikum durch periodische Veröffentlichung[44] der Bilanz und der Betriebsrechnung der einzelnen kaufmännischen Unternehmungen zu informieren. Mit dieser Maßnahme wäre der Vorteil verbunden, daß all diejenigen, die, außerhalb der Unternehmung stehend, berechtigte Gründe haben, die Ver-

---

43 Im August 1973 schlug der Bundesrat den Eidgenössischen Räten vor, die Initiative der Gewerkschaften zu verwerfen und seinen Gegenvorschlag anzunehmen, nach dem der Bund befugt wird, Vorschriften aufzustellen «... über eine angemessene, die Funktionsfähigkeit und Wirtschaftlichkeit der Unternehmung wahrende Mitbestimmung der Arbeitnehmer» (Botschaft des Bundesrates zum Entwurf eines Bundesbeschlusses betreffend das Volksbegehren über die Mitbestimmung und einen Gegenvorschlag vom 22. August 1973 [BBl 1973 II, S. 237 ff., mit Text des Entwurfs S. 429 f.]).
44 Im Französischen dürfen die im Bereich des Buchführungsrechts verwendeten Ausdrücke «publication» und «publicité» nicht verwechselt werden. Der erste entspricht dem deutschen Begriff der Veröffentlichung. Es handelt sich um ein Verfahren zwecks Information des allgemeinen Publikums, also unbegrenzten Zahl von Personen. Der zweite läßt sich mit Publizität wiedergeben. So ist der häufig gebrauchte Ausdruck «Unternehmungspublizität» ein Synonym sowohl der unternehmensinternen wie der unternehmensexternen Information. Sie umfaßt «die Gesamtheit der Mitteilungen, die eine Unternehmung zur Beurteilung ihrer Tätigkeit und ihrer wirtschaftlichen und finanziellen Lage periodisch oder bei besonderen Ereignissen an einen bestimmten oder unbestimmten Empfängerkreis abgibt» (BOSSARD, a.a.O., S. 20).

mögenslage und das Betriebsergebnis zu kennen, unmittelbaren Zugang zu bestimmten Angaben im Bereich des Rechnungswesens erlangen. Gleichzeitig wäre sie jedoch geeignet, die Wahrung der Geschäftsgeheimnisse in Frage zu stellen, da Konkurrenzunternehmungen die dann allgemein zugänglichen Auskünfte zu ihrem Vorteil benutzen könnten. Eine allgemeine Vorschrift[45], etwa im Rahmen des 32. Titels des OR, die sämtliche kaufmännische Unternehmungen zur Veröffentlichung der Jahresrechnung verpflichtete, kommt daher nicht in Betracht. Eine derartige Veröffentlichungspflicht darf nur in den Ausnahmefällen zwingend vorgesehen werden, in denen legitime Informationsbedürfnisse nicht mit anderen, weniger weitgehenden Mitteln befriedigt werden können.

a) Das Publikum scheint Gelder nicht gerne in einer Gesellschaft, etwa durch den Ankauf von Aktien, Partizipationsscheinen oder Obligationen anzulegen, wenn es nicht ein Mindestmaß an Information über die Vermögenslage und die Perspektiven der wirtschaftlichen Entwicklung der Gesellschaft sowie über die Chancen einer Wertsteigerung dieser Titel erhält. Einige Gesellschaften sind im übrigen zur Erkenntnis gelangt, daß eine stärkere Beteiligung des Publikums an der Finanzierung der Unternehmungen[46] die regelmäßige Veröffentlichung des Jahresabschlusses oder jedenfalls die Bekanntgabe bestimmter Auskünfte zur Lage der Unternehmung auch ohne gesetzliche Verpflichtung voraussetzt. Zu fragen ist daher, ob das Informationsbedürfnis des Publikums es rechtfertigt, im Handelsrecht die Veröffentlichung des Jahresabschlusses zwingend vorzuschreiben. EUGEN HUBER sah eine solche Verpflichtung in Art. 662 Abs. 3 seines Revisionsentwurfs[47] nur für Gesellschaften vor, die bestimmte Voraussetzungen erfüllen[48]; aber selbst dieser nicht weitreichende Vorschlag wurde von den Räten verworfen[49]. Kürzlich hat

---

[45] Zur Situation im Aktienrecht schreibt GRISOLI (Le bilan [zit. § 14, Anm. 52], S. 46): «Selon la conception dominante dans les systèmes juridiques modernes, le bilan est un instrument d'information au service non seulement des associés, mais aussi de tous ceux qui ont des rapports juridiques avec la société (en particulier les créanciers) et du public (créanciers en puissance, acheteurs d'actions en puissance). C'est pourquoi, dans presque tous les pays, le bilan est destiné à être ‹publié› : c'est-à-dire à être déposé dans un bureau où le public peut en prendre connaissance, ou à être imprimé dans un ou plusieurs bulletins officiels». Im deutschen Recht siehe § 177 DAktG und Gesetz über die Rechnungslegung von bestimmten Unternehmen und Konzernen vom 15. August 1969, im englischen Recht die section 127 des «Companies Act» von 1948.

[46] W. DOBER, Publizität im Recht und in der Praxis schweizerischer Unternehmen, Schweiz. AG 37, 1965, S. 209 ff.

[47] EUGEN HUBER hatte nur den Text des Art. IX des BRB vom 8. Juli 1919 betr. Abänderung und Ergänzung des schweizerischen OR vom 30. März 1911 in bezug auf Aktiengesellschaften, Kommanditgesellschaften und Genossenschaften übernommen.

[48] «Dagegen sollen... Gesellschaften mit einem in Inhaberaktien zerlegten Grundkapital von mindestens einer Million Franken, sowie alle solchen, die Obligationen ohne besondere Deckung ausgegeben haben, der Pflicht der eigentlichen Veröffentlichung der Bilanz und des Gewinn- und Verlustkontos im Handelsamtsblatt... unterworfen sein.» (EUGEN HUBER, Bericht über die Revision der Titel 24–33 des schweizerischen Obligationenrechts vom März 1920, Bern 1920, S. 74)

[49] Dieser Entscheidung gingen lebhafte Diskussionen in der Expertenkommission voraus (Protokoll der Expertenkommission, Bern 1926, S. 375 ff.). Die Verpflichtung, die Jahresrechnung im Schweizerischen Handelsamtsblatt zu veröffentlichen, wurde durch den weniger weitreichenden Art. 704 OR ersetzt.

auch die Arbeitsgruppe für die Überprüfung des Aktienrechts als Antwort auf das Postulat MUHEIM vom 22. Sept. 1964 erklärt: «Alle Aktiengesellschaften zur Bekanntgabe ihrer Jahresrechnung anzuhalten, kann nicht in Betracht kommen.»[50] Im geltenden Recht gibt es keine allgemeine Bestimmung, die zur Veröffentlichung der Jahresrechnung verpflichtet. *De lege ferenda* wird sich an dieser gesetzlichen Lage in naher Zukunft wohl auch nichts ändern.

b) Unternehmungen hingegen, die sich öffentlich zur Annahme fremder Gelder empfehlen, sind allgemein verpflichtet, entweder die Jahresrechnung zu veröffentlichen oder wenigstens bestimmte Angaben zur finanziellen und wirtschaftlichen Lage zu machen. So sind aufgrund von Bestimmungen in Sondergesetzen[51] die Banken[52], die Sparkassen, die dem Bankengesetz unterliegenden Finanzierungsgesellschaften, die Pfandbriefzentralen und die privaten Versicherungsgesellschaften gehalten, ihre Jahresrechnung jährlich, halb- oder vierteljährlich, je nach den besonderen Umständen, bekanntzugeben[53]. Schließlich haben Gesellschaften, die Wertpapiere an der Börse kotiert haben, zwar nicht nach gesetzlicher Vorschrift, aber nach internen Kotierungsreglementen bestimmter Börsen – Zürich und Basel – regelmäßig öffentlich Rechnung abzulegen[54].

2. Außerdem gibt es neben den genannten Fällen einer obligatorischen periodischen Veröffentlichung der Jahresrechnung Umstände, in denen eine kaufmännische Unternehmung von Gesetzes wegen verpflichtet ist, nach außen Angaben zur wirtschaftlichen und finanziellen Lage zu machen. Sofort ist aber zu unterstreichen, daß diese Informationen, jedenfalls nach schweizerischem Recht, nicht von der Unternehmung selbst den Personen, die sie beantragt haben, übermittelt werden[55]. Vielmehr muß sie die Bücher bei einer Verwaltungsbehörde oder bei Gericht vorlegen, die sie dann entweder selbst behält, um ihren Aufgaben nachzukommen, oder aber bestimmte Personen auf Antrag hin ermächtigt, in sie Einsicht zu nehmen. Vorweg wird jedoch

---

[50] Zwischenbericht des Präsidenten und des Sekretärs der Arbeitsgruppe für die Überprüfung des Aktienrechts, Bern 1972, S. 55 ff. Der Text des Postulats MUHEIM ist ebenda, S. 10, abgedruckt.

[51] Art. 6 Abs. 4 BankG und Art. 27 Vollziehungsverordnung vom 17. Mai 1972; Art. 38 BG über die Ausgabe von Pfandbriefen vom 25. Juni 1930 und Art. 21 Vollziehungsverordnung vom 23. Dezember 1931; Art. 6 Abs. 2 BG betr. Beaufsichtigung von Privatunternehmungen im Gebiete des Versicherungswesens vom 25. Juni 1885, Art. 15 Abs. 1 VO über die Kreditkassen mit Wartezeit vom 25. Februar 1935.

[52] Nach Art. 6 Abs. 6 BankG sind «Privatbankiers, die sich nicht öffentlich zur Annahme fremder Gelder empfehlen», nicht verpflichtet, die Jahresrechnungen zu veröffentlichen.

[53] Art. 6 Abs. 3 BankG i.d.F. vom 11. März 1971.

[54] § 6 Ziff. 7 des zürcherischen Kotierungsreglementes vom 2. Oktober 1932; § 6 Ziff. 6 des baslerischen Kotierungsreglementes vom 11. Dezember 1944.

[55] Hierzu ist die Unternehmung nach schweizerischem Recht nicht verpflichtet. Allerdings erteilt die Unternehmensleitung in vielen Fällen freiwillig oder auch durch die Umstände gezwungen Dritten Auskünfte zum Rechnungswesen. Gelegentlich verlangen Dritte sogar, in den Verwaltungsrat bestellt zu werden oder dort vertreten zu sein, bevor sie größere Kredite gewähren, um unmittelbar die Buchführung kontrollieren zu können und allgemein an der Geschäftsführung beteiligt zu werden. Vgl. beispielsweise das Urteil der Genferischen Cour de Justice civile vom 11. Nov. 1955, Sem. jud. 79, 1957, S. 273 ff. Auch kann ein Aktionär, der seine Aktien verkaufen will, bei den Verhandlungen dem potentiellen Käufer die ihm gemäß Art. 696 OR zustehenden Unterlagen zugänglich machen.

geprüft, ob diese Personen ein hinreichend legitimes Interesse nachweisen können, oder ob die gesetzlichen Voraussetzungen des Informationsrechtes erfüllt sind. Unter bestimmten Umständen besteht in der Schweiz also ein zweites Verfahren unternehmensexterner Information über das Rechnungswesen, das man **obligatorische Vorlage der Jahresrechnung** nennen kann[56].

 a) An erster Stelle dient die Buchführung natürlich als Grundlage der von den **Steuerbehörden** vorgenommenen Steuerveranlagung der kaufmännischen Unternehmung. Zusätzlich zur Steuererklärung hat sie die Bilanz, die Betriebsrechnung[57] bzw. die Gewinn- und Verlustrechnung und gelegentlich sogar eine detaillierte Aufstellung der Schulden[58] einzureichen. Außerdem ist die Steuerverwaltung berechtigt, die Vorlage nicht nur der Bücher, sondern auch sonstiger Unterlagen mit allen Belegen zu fordern[59]. Auch darf die Leitung einer **Ausgleichskasse AHV** die Buchführung der ihr angeschlossenen Unternehmungen selbst kontrollieren oder durch Dritte kontrollieren lassen[60]. In all diesen Fällen verfügt die Behörde gegenüber sämtlichen kaufmännischen Unternehmungen, wie auch immer sie rechtlich organisiert sind, über ein weitreichendes Kontrollrecht, um ihre eigenen Interessen verteidigen zu können[61].

 b) Zweitens wird weitgehend anerkannt, daß die Behörden heute statistische Angaben zur Lage der Gesamtwirtschaft als Grundlage der Wirtschaftspolitik benötigen. Damit ist die Frage gestellt, ob dieses öffentliche Interesse den Erlaß einer Vorschrift rechtfertigen würde, nach der alle kaufmännischen Unternehmungen gehalten wären, einem **staatlichen statistischen Amt** ihre Jahresrechnung mitzuteilen[62]. Eine solche Vorschrift besteht in der Schweiz nicht. Allerdings hat sich im Juni 1964 das Eidg. Statistische Amt an alle Aktiengesellschaften gewandt[63] und sie eingeladen, ihm die Bilanzen und die Gewinn- und Verlustrechnungen für das Geschäftsjahr 1963 zur Verfügung zu stellen. Dieser Aufforderung scheinen die meisten Gesellschaften gefolgt zu sein.

 c) Drittens sind kaufmännische Unternehmungen im Interesse ihrer Gläubiger verpflichtet, dem **Konkursgericht** die Bilanz oder das Vermögensinventar zu übermitteln, damit es die zur Sicherung der Unternehmensaktiven erforderlichen Maßnahmen ergreifen kann. Nach mehreren Bestimmungen des SchKG[64] hat das Gericht «auf Verlangen des Gläubigers, sofern es zu

---

[56] Nach schweizerischem Recht sind die bei einer Behörde hinterlegten Dokumente dem Publikum nicht zugänglich. Nach deutschem Recht hingegen kann jedermann die von der Aktiengesellschaft beim Handelsregister nach § 177 DAktG 1965 eingereichten Jahresabschlüsse einsehen (§ 9 HGB).
[57] Siehe im Bundessteuerrecht etwa Art. 87 Abs. 1 WStB.
[58] Art. 89 Abs. 2 in fine WStB bestimmt: «Insbesondere hat der Pflichtige auf Verlangen der Veranlagungsbehörde ein Schuldenverzeichnis mit Angabe der Gläubiger einzureichen und die Verzinsung der Schulden nachzuweisen.» Hierzu CH.-A. JUNOD, Impôt de défense nationale et sociétés immobilières, métamorphoses et avatars des créances anonymes, Sem. jud. 87, 1965, S. 161 ff.; BGE 92 I, 1966, S. 393 ff.
[59] Art. 89 WStB.
[60] Art. 68 Abs. 2 AHVG vom 20. Dezember 1946.
[61] Die Mitglieder und Angestellten der Steuerbehörden und der Ausgleichskasse AHV unterliegen dem Amtsgeheimnis, so daß die Geschäftsgeheimnisse durch das weite Kontrollrecht nicht gefährdet werden. Vgl. Art. 71 WStB und Art. 50 AHVG.
[62] Auch im Ausland scheint eine solche Verpflichtung nicht zu bestehen.
[63] Probleme und Grundsätze der Bilanzstatistik, Schweiz. AG 37, 1965, S. 39 ff.
[64] Art. 83 Abs. 1 in fine, 170, 174, 183, 317 lit. e SchKG.

dessen Sicherung geboten erscheint, die Aufnahme eines Verzeichnisses aller Vermögensbestandteile des Schuldners anzuordnen»[65]. Bekanntlich sind auch die Aktiengesellschaften, die Gesellschaften mit beschränkter Haftung und die Genossenschaften gehalten, ihre Bilanzen vorzulegen, wenn die Forderungen der Gläubiger nicht mehr durch die Aktiven gedeckt sind[66]. Der Richter hat dann die Konkurseröffnung auszusprechen oder, falls Aussicht auf Sanierung besteht, «die zur Erhaltung des Vermögens geeigneten Maßnahmen, wie Inventaraufnahme, Bestellung eines Sachwalters» zu treffen.

d) Schließlich könnte noch in Betracht gezogen werden, alle oder einige kaufmännische Unternehmungen zur Hinterlegung ihrer Jahresrechnung beim Handelsregister zu verpflichten, um ihre Einsichtnahme entweder durch jedermann, der sie beantragt[67], oder nur durch die Person zu ermöglichen, die ein legitimes Interesse nachweist. Nach deutschem Recht sind sämtliche Aktiengesellschaften sowie die Großunternehmen, unabhängig von ihrer Rechtsform, der gesetzlichen Verpflichtung unterworfen, den Jahresabschluß und den Geschäftsbericht beim Handelsregister einzureichen, wo diese Unterlagen ganz frei eingesehen werden können[68]. Im schweizerischen Recht ist diese Maßnahme an engere Voraussetzungen gebunden, da nach Art. 704 OR[69] nur der, der sich als Gläubiger der Gesellschaft ausweist[70], das Begehren stellen kann, die Handelsregisterbehörden sollen von seiner Schuldnerin, der Aktiengesellschaft, die Gewinn- und Verlustrechnung und die Bilanz in der durch die Generalversammlung genehmigten Fassung einfordern[71]. Er allein darf dann von ihnen Kenntnis nehmen. «Nach erfolgter Einsichtnahme sind die vorgelegten Akten der Gesellschaft zurückzuerstatten.»[72]

3. Schließlich können natürlich bestimmte Informationen und Buchführungsunterlagen unternehmensexternen Personen ohne gesetzliche Verpflichtung allein auf vertraglicher Grundlage oder einfach wegen der Umstände übermittelt werden. Wer etwa einer kaufmännischen Unternehmung

---

[65] Art. 162 SchKG. Hierzu BGE 82 I, 1956, S. 145 ff. und Genfer Cour de Justice civile, Sem. jud. 89, 1967, S. 122 ff.

[66] Art. 725 Abs. 3, 4; 817 Abs. 1; 903 Abs. 2 OR. Vgl. auch M. Duss, Der Rangrücktritt des Gesellschaftsgläubigers bei Aktiengesellschaften, Diss. Zürich 1971; A. Marmy, L'intervention du juge en cas d'insolvabilité de la société anonyme, Diss. Freiburg 1950.

[67] Hier hätte die Einreichung der Jahresrechnung beim Handelsregister faktisch die gleiche Wirkung wie ihre Veröffentlichung, da das Publikum von den in ihr enthaltenen Auskünften Kenntnis erlangen könnte.

[68] § 177 DAktG i.V. mit § 9 Abs. 1 HGB, nach dem «die Einsicht des Handelsregisters sowie der zum Handelsregister eingereichten Schriftstücke... jedem gestattet» ist.

[69] Nachdem die Bundesversammlung den in Art. 662 Abs. 3 des Revisionsentwurfs von Eugen Huber vom März 1920 enthaltenen Vorschlag verworfen hatte, begnügte sie sich mit einer weniger weitreichenden und die Gesellschaftsinteressen besser wahrenden Vorschrift. So wurde 1936 die Verpflichtung, nach der bestimmte Gesellschaften ihre Jahresrechnungen zu veröffentlichen hatten, durch den heutigen Art. 704 OR ersetzt (siehe oben Anm. 47, 48 sowie H. Zimmermann, Das Recht des Gläubigers auf Einsichtnahme in die Jahresrechnung gemäß OR Art. 704, Schweiz. AG 16, 1943/44, S. 229 ff.).

[70] Zu diesem Nachweis siehe BGE 78 I, 1952, S. 165 ff.

[71] «Le bilan et le compte de profits et pertes dont on peut demander la production ne sont que ceux de la dernière année» (BGE 69 I, 1943, S. 134 ff.; siehe auch BGE 78 I, 1952, S. 165 ff.). Da sich im übrigen die Vermögenslage der Gesellschaft seit Aufstellung der von der Generalversammlung genehmigten Jahresrechnung entscheidend geändert haben kann, erhält der Gläubiger durch Einsicht in sie keine sichere Auskunft.

[72] Art. 85 Abs. 4 HRegV.

einen größeren Kredit gewähren oder dessen Laufzeit verlängern soll[73], wird die Zahlungsfähigkeit dieser Unternehmung unter Beiziehung der Buchführung oder wenigstens der Bilanz und der Gewinn- und Verlustrechnung überprüfen. Ebenso wird ein Kaufmann oder Gesellschafter bei Verhandlungen über den Verkauf seines Geschäfts oder die Übertragung von Gesellschaftsanteilen häufig Informationen zur Buchführung geben und entsprechende Dokumente vorlegen müssen, die es dem potentiellen Käufer ermöglichen, sich nicht nur über die Frage des Ob des Vertragsschlusses sondern auch über die Höhe des Preises zu entscheiden. In diesen Fällen dienen die Unterlagen zur Buchführung, vor allem also die Bilanz und die Gewinn- und Verlustrechnung, Dritten als Beweismittel[74]. Sie können sich nun in der Folge aber als falsch oder unvollständig erweisen.

a) Im Obligationenrecht kann sich ganz allgemein der Käufer einer mangelhaften Sache nach Auffassung des Bundesgerichts[75] sowohl auf Willensmängel als auch auf die Gewährleistungsregelung berufen[76]. Folglich muß eine Geschäftsübertragung oder der Verkauf von Aktien[77], hauptsächlich wegen arglistiger Täuschung[78], aber auch wegen wesentlichen Irrtums[79] für un-

---

[73] Eine Unternehmung, die durch Ausgabe von Obligationen einen Kredit aufgenommen hat und die von der Gläubigerversammlung die Genehmigung zur Ergreifung einer der in Art. 1170 OR genannten Maßnahmen beantragt, muß nach Art. 1175 OR einen auf den Tag der Gläubigerversammlung aufgestellten Status oder eine ordnungsgemäß errichtete und gegebenenfalls von der Kontrollstelle als richtig bescheinigte Bilanz vorlegen.

[74] Aber auch im Bereich des Konkurs- und des Nachlaßverfahrens – sowie im Steuerrecht – besitzt die kaufmännische Buchführung als Beweismittel der Lage der Unternehmung, zumindest aber als Indiz, eine relativ große Bedeutung. Hingewiesen sei erneut auf eine bernische Rechtsprechung (ZBJV 90, 1954, S. 191 ff.), nach der es einer Unternehmung, die keine Handelsbücher führt, verwehrt werden kann, eine Nachlaßstundung zu erlangen.

[75] Ständige Rechtsprechung: BGE 88 II, 1962, S. 410 ff. mit Verweisen auf weitere Entscheide sowie BGE 63 II, 1937, S. 77 ff.

[76] Zur Konkurrenz siehe P. CAVIN, Considérations sur la garantie en raison des défauts de la chose vendue, Sem. jud. 91, 1969, S. 329 ff.; H. MERZ, Sachgewährleistung und Irrtumsanfechtung, in: Vom Kauf nach schweizerischem Recht, Festschrift zum 70. Geburtstag von Theo Guhl, Zürich 1950, S. 87 ff.

[77] P. CARRY, La garantie en raison des défauts de la chose dans la vente de toutes les actions d'une société immobilière, in: Vom Kauf nach schweizerischem Recht, Festschrift zum 70. Geburtstag von Theo Guhl, Zürich 1950, S. 179 ff.

[78] In BGE 81 II, 1955, S. 213 ff. = Pra 44, 1955, Nr. 205 hatte ein Geschäftsagent als Vertreter des Verkäufers während der Verhandlungen über den Verkauf des Aktienkapitals einer Immobiliengesellschaft irreführende Angaben über eine Gesellschaftsschuld gemacht. Obwohl arglistige Täuschung vorlag und diese dem Verkäufer zugerechnet werden mußte, bestätigte das Bundesgericht nicht die Ungültigerklärung des Vertrages, da sie aus besonderen Gründen gegen Treu und Glauben verstoße. Hingegen erkannte es einen Anspruch auf Preisherabsetzung nach Gewährleistungsrecht an.

[79] So hat das BGer zugelassen, daß ein Vertrag über den Verkauf von Maschinen zur chemischen Reinigung wegen wesentlichen Irrtums als unverbindlich erklärt wurde, da der Verkäufer unrichtige Angaben zur Rentabilität gemacht hatte (BGE 84 II, 1958, S. 515 ff.). Siehe auch zur Anfechtung eines Vertrages über den Verkauf des Aktienkapitals einer Gesellschaft, die zur

wirksam erklärt werden können, wenn die Auskünfte und Unterlagen zur wirtschaftlichen Lage oder zur Buchführung der Unternehmung, die Grundlage des Vertrages sind, sich später als irreführend oder einfach als unrichtig erweisen. Die Gewährleistungspflicht hingegen greift nach allgemeinen kaufrechtlichen Grundsätzen nur Platz für körperliche oder rechtliche Mängel, welche den Wert oder die Tauglichkeit der Kaufsache selbst aufheben oder erheblich mindern[80]. Beim Verkauf von Aktien oder allgemein von Wertpapieren haftet daher der Verkäufer für wirtschaftliche Umstände in bezug auf die Gesellschaft, wie etwa Ertragsfaktoren, Beschaffenheit des Vermögens usw. nur, wenn er diese Eigenschaften zum Gegenstand von Zusicherungen gemacht hat[81].

b) Im Strafrecht qualifiziert das Bundesgericht die Buchhaltung als solche, aber auch die einzelnen Unterlagen wie die Bilanz oder die Gewinn- und Verlustrechnung als Urkunden im Sinne von Art. 110 Ziff. 5 StGB[82]. Hieraus folgt, daß die Vorlage einer gefälschten Buchhaltung oder auch schon einer gefälschten Bilanz zur Strafbarkeit nach Art. 251 StGB führen kann. Weiterhin macht sich des betrügerischen Konkurses gemäß Art. 163 StGB schuldig, wer, besonders durch falsche Buchführung oder Bilanz, einen geringeren Vermögensbestand vorspiegelt[83]. Endlich werden im Steuerrecht die Vorlage ungenauer Unterlagen der Buchhaltung und unrichtige Angaben zur Lage der Unternehmung mit einer Buße geahndet, die bei der Wehrsteuer das Sechsfache des entzogenen Betrages erreichen kann[84].

Ausbeutung von Erfindungen gegründet worden war, weil Patente als feindliches Eigentum von den Behörden des Landes, in denen sie eingetragen waren, beschlagnahmt wurden (BGE 79 II, 1953, S. 155 ff.). Zur Übervorteilung bei einem Geschäftsübertragungsvertrag siehe Genfer Cour de Justice civile, Sem. jud. 81, 1959, S. 242 ff.

[80] Siehe z. B. BGE 79 II, 1953, S. 155 ff.; Genfer Cour de Justice civile, Sem. jud. 93, 1971, S. 609 f.
[81] BGE 81 II, 1955, S. 213 ff. Nach BGE 88 II, 1962, S. 410 ff. hat der Verkäufer «nicht dafür Gewähr zu leisten, daß sich alle Hoffnungen verwirklichen, die durch seine Anpreisung der Kaufsache beim Käufer erweckt werden. Er haftet nur für das Fehlen zugesicherter Eigenschaften, d. h. bestimmt umschriebener, objektiv feststellbarer Tatsachen, von denen er dem Käufer gegenüber behauptet, sie seien vorhanden». Der vom Verkäufer eines Geschäfts genannte Umsatz etwa ist nach der Genfer Cour de Justice civile (Sem. jud. 75, 1953, S. 214 ff.) eine wirtschaftliche Eigenschaft, die der Gewährpflicht unterliegt. Siehe außerdem Genfer Cour de Justice civile, Sem. jud. 93, 1971, S. 609 f. und P. CARRY (oben Anm. 77), S. 193 f.
[82] BGE 91 IV, 1965, S. 188 ff.; 79 IV, 1953, S. 162 ff.
[83] Im Konkursverfahren erlaubt die Buchführung die Feststellung, ob Schulden bestehen.
[84] Art. 129 WStB.

Gesellschaftsrecht

Allgemeiner Teil
WERNER VON STEIGER

Besonderer Teil
Die Personengesellschaften
WERNER VON STEIGER

Allgemeiner Teil
WERNER VON STEIGER

Allgemeine Literatur zum Gesellschaftsrecht

Vorbemerkungen

1. Stand der Literatur Ende 1972, mit gelegentlichen Nachträgen.
2. Die im allgemeinen Literaturverzeichnis und eingangs zu den einzelnen Paragraphen aufgeführten Werke werden in der Regel nur mit den Namen der Verfasser zitiert.

Schweizerisches Recht

V. ROSSEL, Manuel du Droit Fédéral des Obligations, Bd. I (einfache Gesellschaft), Bd. II (Handelsgesellschaften und Genossenschaft), Lausanne/Genève 1920, mit Supplément 1926; G. BROSSET/C. SCHMIDT, Guide des sociétés, 3 Bde., Genève 1962/1965; TH. GUHL/H. MERZ/M. KUMMER, Das Schweizerische Obligationenrecht, 6. Aufl., Zürich 1972; B. VON BÜREN, Schweizerisches Obligationenrecht, Bd. II (§ 8, Einfache Gesellschaft), Zürich 1972; A. MEIER-HAYOZ/P. FORSTMOSER, Grundriß des schweizerischen Gesellschaftsrechts, in: Stämpflis juristische Lehrbücher, Bern 1974.

Kommentare zum Schweizerischen Zivilgesetzbuch

Berner Kommentar: Bd. VI, 2, H. BECKER (Art. 530 OR, einfache Gesellschaft), 1934; Bd. VII, 1, W. HARTMANN (Kollektiv- und Kommanditgesellschaft), 1943; Bd. VII, 2, G. WEISS (Aktienrecht, Einl.), 1956; Bd. VII, 3, A. JANGGEN/H. BECKER (GmbH), 1939; Bd. VII, 4, E. HIS (Handelsregister, Geschäftsfirmen, Kaufmännische Buchführung), 1940; Bd. VII, 3a, P. FORSTMOSER (Genossenschaft), Liefg. 1ff. ab 1972.

Zürcher Kommentar: Bd. V, 4, A. SIEGWART (Personengesellschaften), 1938; Bd. V, 5a, A. SIEGWART (Aktiengesellscaaft), 1945; Bd. V, 5b, 3. Halbbd., W. F. BÜRGI (Aktiengesellschaft), 1957, 1969 und ab 1972; Bd. V, 5c, W. VON STEIGER (GmbH), 1965; Bd. V, 6, M. GUTZWILLER (Genossenschaft), 1972–74.

F. FUNK, Kommentar des Obligationenrechts, Bd. II (Gesellschaftsrecht), Aarau 1951.

Textausgaben des OR (mit Einleitungen, Anmerkungen, Ausführungs-VO und Spezialgesetzen) siehe vorn Allgemeine Literatur zum Handelsrecht.

Ausländisches Recht

(Auswahl; siehe auch vorn Allgemeine Literatur zum Handelsrecht.)

Deutschland, Österreich

K. WIELAND, Handelsrecht, in: Systematisches Handbuch der deutschen Rechtswissenschaft, begr. von K. BINDING, 2 Bde., München 1921/1931; H WÜRDINGER, Gesellschaften, 2 Bde., Hamburg 1937/1942; G. HAUPT/R. REINHARDT, Gesellschaftsrecht, 4. Aufl., Tübingen 1952; H. LEHMANN/R. DIETZ, Gesellschaftsrecht, 3. Aufl., Berlin/Frankfurt a. M. 1970; A. HUECK, Gesellschaftsrecht, in: Jurist. Kurzlehrbücher, 16. Aufl., München 1972; R. REINHARDT, Gesellschaftsrecht, Tübingen 1973. – H. HÄMMERLE, Handelsrecht, 3 Bde., 2. Aufl., Graz 1967/1969.

SOERGEL/SIEBERT, Kommentar zum Bürgerlichen Gesetzbuch, 10. Aufl., 1969: Bd. III: SCHULTZE - v. LASAULX, § 705 ff. (bürgerlich-rechtliche Gesellschaft); GEILER/KESSLER, in: J. v. STAUDINGERS Kommentar zum Bürgerlichen Gesetzbuch, 11. Aufl., 25. Lieferung, Berlin 1958 (bürgerlich-rechtliche Gesellschaft); FISCHER, in: Das Bürgerliche Gesetzbuch (Kommentar herausgegeben von Reichsgerichtsräten und Bundesrichtern), 11. Aufl., Bd. II, 2. Teil, Berlin 1960 (bürgerlich-rechtliche Gesellschaft); Handelsgesetzbuch, Großkommentar, begründet von H. STAUB, weitergeführt von Mitgliedern des Reichsgerichts, 5 Bde., 3. Aufl., Berlin 1967 ff.: §§ 105 ff. (Offene Handelsgesellschaft, Kommanditgesellschaft, Stille Gesellschaft) bearbeitet von R. FISCHER, P. ULMER, W. SCHILLING; A. BAUMBACH/K. DUDEN, Kurzkommentar zum Handelsgesetzbuch, 20. Aufl., München 1972.

A. HUECK, Das Recht der Offenen Handelsgesellschaft (OHG), 4. Aufl., Berlin 1971; WESTERMANN/SCHERF/PAULICK/BULLA/HACKBEIL, Handbuch der Personengesellschaften, (1. Teil: Gesellschaftsrecht bearb. von H. WESTERMANN), Köln-Marienburg 1967 ff. (Loseblattsystem); H. PAULICK, Handbuch der stillen Gesellschaft, 2. Aufl., Köln 1971.

Frankreich (ab 1966).

R. TROUILLAT, Le nouveau droit des sociétés commerciales; La loi du 24 juillet 1966 et les textes d'application commentés, Paris 1967; M. HAMIAUD, La réforme des sociétés commerciales; loi du 24 juillet 1966, Paris 1966, 3 Bde., mise à jour 1968; G. RIPERT, Traité élémentaire de droit commercial, 7. Aufl. von R. ROBLOT, Bd. I (Gesellschaftsrecht), Paris 1972; R. RODIÈRE, Droit commercial, Groupements commerciaux, 8. Aufl., Paris 1972 (Précis Dalloz); HÉMARD/TERRÉ/MABILAT, Sociétés commerciales, Bd. I, Paris 1972; A. JAUFFRET, Manuel de droit commercial, 13. Aufl., Paris 1970; J. CARBONNIER, Droit civil, «Thémis», Bd. I, Paris 1965; Juris-Classeur des Sociétés, sous la direction de D. BASTIAN, Paris (Loseblattsystem mit periodischer mise à jour).

Italien

L. MOSSA, Trattato del nuovo diritto commerciale, Bd. II (Allgemeines Gesellschaftsrecht und Personengesellschaften), Padova 1951; P. GRECO, Le società nel sistema legislativo Italiano, Torino 1959; A. GRAZIANI, Diritto delle società, 5. Aufl., Napoli 1963; M. GHIDINI, Società personali, Padova 1972; F. MARTINENGHI, Le società personali, 7. Aufl., Milano 1966.

England und USA

R. DAVID, Le Droit anglais, Paris 1965; L. C. B. GOWER, The principles of modern company law, 3. Aufl., London 1968; PALMER's company law, 21. Aufl., London 1968; N. LINDLEY, The law of partnership, 12. Aufl., London 1962. – H. W. BALLANTINE, On corporations, Chicago 1946; S. ROWLEY, On partnership, 2 Bde., 2. Aufl., Indianapolis/New York 1960; CRANE/BROMBERG, On partnership, Horn book series, St. Paul, Minn., 1968.

Erstes Kapitel

Einleitung

§ 16. Gestaltende Faktoren des Gesellschaftsrechts

Literatur

Siehe Allgemeines Literaturverzeichnis zum Gesellschaftsrecht, insbes. die einleitenden Teile der systematischen Werke und Kommentare. – Ferner: R. GOLDSCHMIDT, Grundfragen des neuen schweizerischen Aktienrechts, Veröffentlichungen der Handels-Hochschule St. Gallen, Reihe A, H. 12, 1937; W. F. BÜRGI, Bedeutung und Grenzen der Interessenabwägung bei der Beurteilung gesellschaftsrechtlicher Probleme, in: Memoires publiés par la Faculté de Droit de Genève, No. 18 (Etudes de droit commercial en l'honneur de Paul Carry), Genf 1964; DERSELBE, Individualistische und kollektivistische Strömungen im geltenden Privatrecht, insbesondere im Hinblick auf Eigentum und Arbeitsleistung, in: Individuum und Gemeinschaft, Festschrift Handels-Hochschule St. Gallen, 1949; TH. RAISER, Das Unternehmen als Organisation, Kritik und Erneuerung der juristische Unternehmenslehre, Berlin 1969; W. R. SCHLUEP, Mitbestimmung? Bemerkungen zum Verhältnis von Aktiengesellschaft, Unternehmen und öffentlichen Interessen, in: Lebendiges Aktienrecht, Festgabe für W. F. Bürgi, Zürich 1971, S. 311 ff.

I. Private und öffentliche Interessen

Viribus unitis war von jeher die Parole, wenn es galt, einigen oder vielen Menschen gemeinsame Ziele zu verfolgen. Verschieden jedoch sind die Art und die Intensität der Bildung solcher Zweckgemeinschaften – verschieden je nach der geschichtlichen Epoche, nach den Rechtsgebieten und nach besonderen Gegebenheiten (soziale, wirtschaftliche, politische), die auf die Bildung von Gemeinschaftsrecht einwirken[1]. So ist die Antike noch ver-

---

[1] Für die geschichtliche Entwicklung des Gesellschaftsrechts wird auf die einleitenden Ausführungen zu den einzelnen Gesellschaftsformen verwiesen. – Der Ausdruck «Gemeinschaften» (Gemeinschaftsrecht) wird hier (vorläufig) in seiner allgemeinsten Bedeutung gebraucht. Differenzierungen, insbes. die Abhebung der «Gesellschaften» von andern Gemeinschaftsformen und Terminologie siehe unten §§ 17 I, 27 II.

hältnismäßig arm an rechtlich entwickelten Gemeinschaftsformen. Die romanischen Völker – zum Beispiel – neigen weniger zu Gemeinschaftsbildungen als die germanischen. Und besondere Faktoren können fördernd oder hemmend auf die Bildung und Strukturierung von Gemeinschaften einwirken, so das Bedürfnis nach Zusammenlegung von Kapitalien bei stark expandierender Wirtschaft, der Zug zu gemeinschaftlicher Selbsthilfe in bestimmten Bevölkerungsschichten, die positive oder negative Einstellung des Souveräns gegenüber privaten Organisationen. Allem Gemeinschaftsrecht liegen aber bestimmte Probleme zugrunde, die verschieden gelöst werden können, die jedoch gelöst werden müssen, wenn die Gemeinschaft funktionsfähig sein soll. Als solche grundlegende Probleme (gestaltende Faktoren, Aspekte) werden hier hervorgehoben[2]:

1. Das Verhältnis der an einer Gemeinschaft Beteiligten untereinander und zur Gemeinschaft als solcher

Die das interne Verhältnis regelnden Normen sind zweierlei Natur. Die einen sind **organisatorischer Art**. Sie regeln die Kompetenzen, indem sie festlegen, wer zu was zuständig ist, eventuell in welchem Verfahren; so die Bestimmungen über die Beschlußfassung, Geschäftsführung, Kontrolle Die andern befassen sich mit der **materiellen Ordnung** der gemeinschaftlichen Angelegenheiten, z.B. durch Regelung der Eigentumsverhältnisse, der Beitragspflichten und Mitgliedschaftsrechte, der Mitgliedschaftsbewegungen (Ein- und Austritte und ihre Folgen), der Rechenschaftslegung, der Beendigung der Gemeinschaft. Ein besonderes Anliegen der neueren Gesetzgebung und Rechtsprechung ist der Schutz des Einzelnen oder von Minderheiten gegenüber der Macht von (so oder anders gebildeten) Mehrheiten.

Vom Standpunkt der Gemeinschaft aus betrachtet, dürfte den organisatorischen Normen eine überwiegende Bedeutung zukommen. Eine Gesellschaft mag in materieller Hinsicht noch so gut durchdacht sein, sie wird meist in Schwierigkeiten geraten, wenn ihre Organisation (die Ordnung der Zuständigkeiten) unvollständig, unklar oder gar widersprüchlich ist – während eine organisatorisch klar konzipierte Gemeinschaft auch ohne eingehende materielle Ordnung durchaus funk-

---

[2] Als gestaltende Faktoren werden hier die Beziehungen der in verschiedener Art und Intensität an Gemeinschaften interessierten Kreise (Mitglieder, Dritte, Allgemeinheit) hervorgehoben. Natürlich spielen für die Bildung und Ausgestaltung von Gemeinschaftsrecht noch manch andere Faktoren mit – z.B. wirtschaftliche, soziale, spezifisch politische, weltanschauliche –, welche gegebenenfalls in entsprechendem Zusammenhang zu würdigen sind. – Das für die Wahl einer Gesellschaftsform oft entscheidende **Fiskalrecht** kommt in Form von Exkursen bei den einzelnen Gesellschaftsformen zur Sprache; für die Personengesellschaften siehe hinten § 47, I.

tionsfähig sein kann. Es kommt dies z.B. darin zum Ausdruck, daß, jedenfalls bei den für eine größere Zahl von Beteiligten gedachten Gesellschaften (z.B. die AG), die gesetzliche Ordnung der Zuständigkeiten und (auch internen) Verantwortungen vorwiegend zwingenden Rechtes ist, während die materiellen Bestimmungen, unter bestimmten Vorbehalten, mehr subsidiären Charakter tragen.

2. Das Verhältnis der Gemeinschaft und ihrer Mitglieder zu Dritten, insbesondere zu den Gläubigern

Da mit dem Zusammenschluß Mehrerer zu einer Zweckgemeinschaft stets ein besonderes «Gebilde» entsteht, das als solches auch Dritten gegenüber in Erscheinung tritt (es trifft dies auch auf das loseste Gebilde, die einfache Gesellschaft zu, sofern sie nicht reine Innengesellschaft geblieben ist), so ist unerläßlich, daß dessen Beziehungen, wie auch diejenigen der Beteiligten, gegenüber den Dritten klargestellt werden, wobei zwei Aspekte im Vordergrund stehen: Einmal die Frage der (externen) Vertretungsmacht. Wer kann die Gemeinschaft gegenüber Dritten berechtigen und verpflichten, unter welchen Voraussetzungen und in welchem Umfang kann er dies tun? Für das schweizerische Recht z.B. ist charakteristisch, daß, unter Vorbehalt der einfachen Gesellschaft, für die inhaltliche Bestimmung der Vertretungsmacht durchgehend der Zweckbereich der Gemeinschaft maßgebend ist[3]. – Sodann bedarf einer Regelung die Frage, ob die Beteiligten für die der Gemeinschaft obliegenden Verbindlichkeiten einzustehen haben (die Frage der Haftung), wenn ja, in welcher Weise und in welchem Umfang. Im Bereich der Körperschaften kommt dazu die Frage nach der (externen) Verantwortung der Organe. – Da die externen Beziehungen der Gemeinschaften die Interessen Dritter berühren und die Verkehrssicherheit auf den Plan rufen, werden sie in aller Regel vom Gesetzgeber geordnet und zwar in zwingender Weise, soweit nicht besondere Verhältnisse (z.B. mangelnder guter Glaube eines Kontrahenten oder besondere Vereinbarungen mit Dritten) Abweichungen gestatten.

3. Die öffentlichen Interessen

Von jeher stellte sich – wenn auch in verschiedenen Zusammenhängen und Formulierungen – die Frage, ob das Gesellschaftsrecht auch auf die Wahrung öffentlicher Interessen Bedacht zu nehmen habe, also auf Gegebenheiten und Postulate wirtschaftlicher, sozialer, politischer Natur, welche die Interessen der Allgemeinheit, das Gemeinwohl, unter Umständen auch

---

[3] Anders z.B. nach deutschem und EG-Recht, siehe unten § 18, III 1, 6.

des Staates als solchem berühren[4]. In sachlicher Hinsicht wird die Frage verschieden weit gezogen – von der Berücksichtigung einzelner spezifischer Aspekte bis zur Verpflichtung zur Unternehmungsführung zum Wohl der Allgemeinheit[5]. Naturgemäß bezogen sich solche Postulate auf Unternehmungen größeren Ausmasses und ihre Diskussion spielte sich daher im wesentlichen (aber nicht nur) auf dem Boden des Körperschaftsrechts, insbesondere des Aktienrechts ab. Die Rechtsordnung hat im Verlauf der Geschichte in verschiedener Weise dazu Stellung bezogen. Im *ancien régime*, als noch das sog. Konzessionssystem galt, konnten staatliche Behörden auf diesem Weg öffentliche Interessen wahrnehmen. Seit im 19. Jahrhundert, dem Zeitalter des Liberalismus, allgemein das sog. Normativsystem eingeführt wurde[6] – wonach Personenverbindungen bei Erfüllung bestimmter, gesetzlich normierter Bedingungen zur Entstehung gelangen –, fiel diese behördliche Kontrolle im Prinzip weg[7]. Überwiegend wurde die Auffassung vertreten, daß das Gesellschaftsrecht der Ordnung privater Interessen (der Gesellschafter und der Gläubiger) zu dienen habe, was auch (namentlich wirtschaftlich gesehen) im Allgemeininteresse liege[8]. Die Wahrung öffentlicher Interessen sei Sache des öffentlichen Rechts und, soweit verfassungsrechtlich zulässig, der Sondergesetzgebung. Diese Auffassung spiegelt sich auch im Gesellschaftsrecht des OR 1881 wieder. Sie liegt – in thesi wenigstens – ebenfalls dem rev. OR 1937 zugrunde[9]. Lediglich die Bestimmungen im Aktien- und Genossenschaftsrecht über die Vertretung von Körperschaften des öffentlichen Rechts in der Verwaltung und Kontrollstelle von Unternehmungen, an welchen solche Körperschaften beteiligt sind oder an welchen ein öffentliches Interesse besteht (Art. 762, 926 OR), rufen das Gemeinwesen auf den Plan des Gesellschaftsrechts. – In diesem Zusammenhang ist allerdings auch auf weitere Bestimmungen des OR hinzuweisen, welche (materiell) als Unternehmungsrecht bezeichnet werden können und

---

[4] Über die Begriffe «Öffentliche Interessen» (als «übergeordnete Wertvorstellungen»), «Allgemeininteresse», «Gemeinwohl» vgl. SCHLUEP, S. 322, mit Hinweisen auf neue Doktrin und Praxis.

[5] Dazu hinten Ziff. 4.

[6] Zum Konzessions- und Normativsystem vgl. in Schweiz. Privatrecht II: M. GUTZWILLER, S. 468 ff.; A. HEINI, S. 520 f. – MEIER-HAYOZ/FORSTMOSER, S. 115 f., 124 f.

[7] Vorbehalten bleibt bei den Handelsgesellschaften die Kontrolle der HReg-Behörde, ob die gesetzlich vorgeschriebenen Bedingungen erfüllt sind.

[8] Vgl. R. GOLDSCHMIDT, S. 5, 15 ff.; SIEGWART, Kommentar V, 4, S. 245 f. und V, 5, S. 80 f., 104 f.; G. WEISS, S. 29, 61 ff., insbes. N. 154.

[9] Siehe Anm. 8. – Siehe auch das Votum des Referenten in ProtExpKomm 1928, S. 484: Keine Unzulässigkeit nach OR von Gesellschaften aus öffentlichrechtlichen Gründen. – Betr. Art. 38 HRegV s. unten S. 221.

u. a. auch Allgemeininteressen im Auge haben[10]. – Schließlich ist festzuhalten, daß zahlreiche privatrechtliche Normen, ohne sich ausdrücklich auf das öffentliche Interesse zu berufen, doch auch diesem zu dienen bestimmt sind. So die Bestimmungen über die Nichtigkeit von Personenverbindungen zu unsittlichen oder widerrechtlichen Zwecken (Art. 53 ZGB) und von Verträgen, die einen rechtswidrigen Inhalt haben oder gegen die guten Sitten verstoßen (Art. 20 OR)[11]. Ferner gesellschaftsrechtliche Bestimmungen zwingender Natur – z. B. über die Vertretungsmacht, Haftungen, Publizität, Organisation (Struktur) der Körperschaften –, die wesentlich auch im Interesse der Rechtssicherheit, im besondern der Verkehrssicherheit erlassen sind. – Der Wahrung dieser Gebote dient auch das geltende Normativsystem.

Vom öffentlichen Interesse spricht die VO über das Handelsregister in Art. 38: «Alle Eintragungen in das Handelsregister müssen wahr sein, dürfen zu keinen Täuschungen Anlaß geben und keinem öffentlichen Interesse widersprechen.» Diese Bestimmung geht aber über ihre gesetzliche Grundlage hinaus[12]. Die Handelsregisterbehörden haben keine Blankovollmacht, die öffentlichen Interessen zu wahren. Sie dürfen und sollen dies nur tun, wo es sich um rechtlich geschützte öffentliche Interessen handelt, z. B. im Firmenrecht oder in Spezialgesetzen, sowie in der Kontrolle über die vom Gesetz zwingend geregelten Punkte, deren Ordnung in den Eintragungen selber (z. B. betreffend die Vertretung) oder in den einzureichenden Beilagen (z. B. Statuten) zum Ausdruck gelangen muß.

Im übrigen sorgen das öffentliche, insbesondere das Verwaltungsrecht (z. B. durch Vorschriften über die Konzessionierung und Beaufsichtigung bestimmter Gewerbe) sowie Sondergesetzgebung, sei es auf bestimmten Gebieten (wie im Bank-, Versicherungs- und Transportwesen), sei es in bestimmter rechtspolitischer Richtung (wie betreffend die Kartelle und Konzerne) für die Wahrung öffentlicher Interessen.

4. Ausländisches Recht

Als Beispiel einer Einbeziehung der öffentlichen Interessen in das Gesellschaftsrecht sei auf das deutsche Aktienrecht hingewiesen. Laut § 70 des DAktG von 1937 hatte der «Vorstand unter eigener Verantwortung die Gesellschaft so zu leiten, wie das Wohl des Betriebes und seiner Gefolgschaft und der gemeine Nutzen von Volk und Reich es erfordern». Im Referentenentwurf zum neuen AktG, § 76, war noch vom «Wohl der Allgemeinheit» die Rede. Im geltenden DAktG von 1965 heißt es nur noch «Der Vorstand hat unter eigener Verantwortung die Gesellschaft zu leiten». Dazu bemerkt aber der Regierungsbericht: «Daß der Vorstand ... die Belange der Aktio-

---

[10] Dazu unten II.
[11] Siehe unten § 28, II.
[12] Vgl. Art. 940 OR, der nur von einer Prüfung der «gesetzlichen Voraussetzungen der Eintragung» spricht. – Über die Kognitions-Befugnisse und Pflichten der HReg-Behörden s. PATRY, oben S. 121, 127 ff. und die dort zitierte Doktrin und Judikatur, insbes. HIS, Art. 940, N. 21 ff.; P. BECK, Die Kognition des Handelsregisterführers im Rechte der AG, Diss. Zürich 1954.

näre und Arbeitnehmer zu berücksichtigen hat, versteht sich von selbst... Gleiches gilt für die Belange der Allgemeinheit. Gefährdet der Vorstand durch gesetzwidriges Verhalten das Gemeinwohl, so kann die Gesellschaft (auf Antrag der zuständigen obersten Landesbehörde, § 396 – Verf.) aufgelöst werden (§ 396)»[13]. Nach italienischem Recht – Codice civile 1942, V. Buch «Del lavoro» – war der Unternehmer (imprenditore) dem Staat gegenüber dafür verantwortlich, daß die Produktion und der Güteraustausch in Übereinstimmung mit den volkswirtschaftlichen Interessen («in relazione all'interesse unitario dell'economia nazionale») erfolge (Art. 2085, 2088 CCit.). Dem Staat stand eine diesbezügliche Kontrolle zu, gemäß dem Gesetz und der korporativen Ordnung («ordinamento corporativo»). – Seit der Aufhebung der Carta di lavoro (1944) und der darauf beruhenden berufsständischen Ordnung gelten auch die sich darauf beziehenden Bestimmungen des CCit. als dahingefallen[14]. Was die in Art. 2085 hervorgehobene Berücksichtigung der volkswirtschaftlichen Interessen betrifft, so wird heute diese Bestimmung in der Doktrin[15] offenbar nur noch als Hinweis («carattere meramente indicativo») auf die einschlägige Gesetzgebung verstanden.

Die übrigen westeuropäischen Staaten haben von einer direkten Einbeziehung der öffentlichen Interessen in das Privat-, insbesondere das Gesellschaftsrecht Umgang genommen und zu deren Wahrung (wie in der Schweiz) den Weg der Sondergesetzgebung beschritten[16]. – Eine besondere Rechtslage schafft die Nationalisierung von Unternehmungen (Banken, Versicherungen, Transportanstalten, auch Industrien) und die (kontrollierende) staatliche Beteiligung an solchen.

II. Entwicklungstendenzen – Unternehmungsrecht?

Es konnte nicht ausbleiben, daß die im Vorhergehenden geschilderte, grundsätzlich liberale Konzeption des Gesellschaftsrechts in die Strömungen der geistigen und materiellen Entwicklung unseres so dynamischen Jahrhunderts geriet und damit Gegenstand kritischer Würdigung oder gar als Ganzes in Frage gestellt wurde. Die Diskussion spielt sich vor allem auf dem Boden des Körperschafts-, insbesondere des Aktienrechts ab; die dabei geäußerten verschiedenen Auffassungen können sich aber auch (wie noch zu zeigen sein wird) auf die Personengesellschaften auswirken, sofern den von ihnen betriebenen Unternehmungen eine weitere Kreise berührende Bedeutung zukommt[17].

---

[13] Siehe Begründung des Regierungsentwurfs eines Aktiengesetzes, Bundestagsdrucksache IV/171, zu § 76.
[14] Siehe die neueren Textausgaben des CCit., z.B. von R. Niccolò, Codice Civile e Leggi Speciali, Milano 1971, zu Art. 2085 mit Hinweisen.
[15] Siehe Rassegna di Giurisprudenza sul Codice civile (R. Niccolò), Milano 1953, zu Art. 2085, S. 17.
[16] Siehe die Übersicht in «The Company Law, Structure and Reform in eleven Countries», hg. von Ch. de Hoghton, London 1970, insbes. Section E, S. 233 ff.: *The Public Interest*.
[17] Siehe Anm. 8. – Zur Verschiedenheit und Bedeutung weltanschaulicher, insbes. sozialpolitischer Ausgangspunkte, siehe z.B. R. Goldschmidt, S. 10–15; Weiss, Einl. N. 146–154; Bürgi, Interessenabwägung, S. 3 ff.

1. Rechtstheoretisches

Die Diskussion geht aus von den bereits im 19. Jahrhundert vertretenen sog. individualistischen und überindividualistischen Auffassungen von Wesen und Aufgabe der Körperschaften, zu denen sich dann noch sog. transpersonalistische Auffassungen gesellen.

Nach der individualistischen Auffassung ist z.B. die Aktiengesellschaft dazu bestimmt, den individuellen Interessen der gegenwärtigen Aktionäre zu dienen, während die überindividualistische von einem kollektiven Verbandszweck ausgeht und die Priorität der Interessen der Gesellschaft als Ganzes und der von ihr betriebenen Unternehmung postuliert – womit bereits auch die Berücksichtigung von Allgemeininteressen angetönt wird. – Nach der transpersonalen Auffassung ist die Körperschaft dazu bestimmt, rein sachliche Zwecke zu verfolgen, was in verschiedenen Formulierungen und Postulaten Ausdruck findet (z.B. Theorie von Zweckvermögen, Schutz der Unternehmung an sich). Ihren prägnantesten Ausdruck fand die transpersonale (antiindividualistische) Auffassung wohl in der aus der französischen Doktrin stammenden Lehre von der *institution*[18]: Wo sich eine Mehrzahl von Rechtssubjekten zur Verwirklichung einer Idee (eines Resultates) in einer Organisation von Dauer vereinigt, wird diese *idée directrice* zur obersten Richtschnur ihrer Tätigkeit; Statuten gelten wie objektives Recht und die Exekutivorgane haben die Idee zu verwirklichen, ohne an Weisungen (z.B.) der Aktionäre gebunden zu sein; auf Klage hin haben die Gerichte (wie Aufsichtsorgane) über die Befolgung der idée directrice zu wachen.

2. Positives Recht und Rechtsprechung

Im rev. Obligationenrecht (1937) fanden die erwähnten Tendenzen nur in vereinzelten Bestimmungen Ausdruck, die sich (im Sinn einer überindividualistischen Auffassung) mit dem «Gedeihen des Unternehmens» befassen. – Um so mehr hatte die Rechtsprechung Anlaß, sich mit diesen Problemen auseinanderzusetzen, sei es (zunächst) im Wege der Lückenausfüllung gemäß Art. 2 ZGB, sei es (zunehmend) auf Grund einer Interessenabwägung, wobei sich deutlich eine Betonung der überindividualistischen

---

[18] Zum «Zweckvermögen» siehe z.B. Gutzwiller, Schweiz. Privatrecht II, S. 239, 249 (mit Hinweisen). – Zur Lehre von der Institution siehe z.B. R. Goldschmidt, S. 32; W. von Steiger, Betrachtungen über die rechtlichen Grundlagen der Aktiengesellschaft, ZBJV 91bis, 1955, S. 337; J. Zumstein, Du caractère institutionnel de la Société anonyme, Diss. Lausanne 1954.

Interessen (der Gesellschaft, der Gesamtheit der Aktionäre, des Unternehmens) abzeichnet[19].

Die seit Ende des zweiten Weltkrieges einsetzende wirtschaftliche Expansion und soziale Entwicklungen verliehen den erwähnten Problemen vermehrte Bedeutung und Aktualität. Vom gesellschaftsrechtlichen Standpunkt aus sind namentlich zwei Vorgänge zu beachten: Einmal die Unternehmungs-Verbindungen, die sich in verschiedenartiger Weise verwirklichen können, z.B. durch Kartellierung, Zusammenarbeitsverträge, Interessengemeinschaften – Stichwort: Unternehmens-Kooperation. Sodann die Unternehmungs-Zusammenfassungen, bewirkt durch Absorptionen, Fusionen, Konzernbildung – Stichwort: Unternehmens-Konzentration. Beide Vorgänge, namentlich aber der zweite, können zur Entstehung von wirtschaftlichen Zusammenballungen führen, deren Tun und Lassen nicht nur ihre Eigner und Gläubiger berührt, sondern in zunehmendem Maße auch weitere Kreise, so die Arbeitnehmer, die Konsumenten, die Volkswirtschaft als Ganzes, schließlich auch das (politische) Gemeinwesen, dieses z.B. im Hinblick auf die soziale Infrastruktur, die Bevölkerungspolitik, die internationalen Verflechtungen (bei sog. multinationalen Konzernen). – Der schweizerische Gesetzgeber hat sich in diesen Bereichen bis jetzt nur durch Erlaß des Kartellgesetzes (1962) betätigt, das zwar beide Vorgänge (Kooperation und Konzentration) erfaßt, aber nur unter wettbewerbsrechtlichen Gesichtspunkten[20]. – *De lege ferenda* wird zur Zeit der Einbau eines eigentlichen Konzernrechts in das Obligationenrecht in Erwägung gezogen[21].

3. Unternehmungsrecht?[22]

In den Zusammenhang der erwähnten Entwicklung gehört auch das Problem der rechtlichen Erfassung eines wirtschaftlichsozialen Sachverhalts,

---

[19] Siehe die eingehende Darstellung und kritische Würdigung der bundesgerichtlichen Rechtsprechung bei W.F. BÜRGI, Interessenabwägung, S.5ff. – Siehe auch hinten Anm.40. – Ablehnend zum «Schutz des Unternehmens» («Unternehmensinteresse») als «Ausgleichsprinzip», das alle drei Auffassungen berücksichtigt (sc. die individualistische, überindividualistische, transpersonale – Verf.), weil «privatrechtswidrig», R. BÄR, Minderheitenschutz in der AG, ZBJV 95, 1959, S.375ff.; DERSELBE, Aktuelle Fragen des Aktienrechts, ZSR 85 II, 1966, S.511f. Kritisch zu den Auffassungen BÄRS: W. SCHLUEP, Schutz des Aktionärs auf neuen Wegen?, Schweiz.AG 1960/61, S.137ff., 188ff.
[20] Siehe unten § 17, II 3.
[21] Siehe Anm.20.
[22] Eingehend zur Unternehmung (*Entreprise* – Begriff, Organisation, rechtlicher Status) PATRY, oben §§ 5–7. – Auf die Problematik eines Unternehmungsrechts wird im Nachfolgenden im Hinblick auf dessen Bedeutung im Gesellschaftsrecht noch einmal eingetreten.

der mit den Begriffen Unternehmung oder Unternehmen (entreprise, impresa) umschrieben wird, im positiven Recht aber auch unter andern Bezeichnungen erscheint. In neuerer Zeit befaßt sich auch die juristische Doktrin[23], z.T. auch die Gesetzgebung in stets zunehmendem Maß mit diesem Problem – mit der Tendenz, ein mehr oder weniger eigenständiges Unternehmungsrecht zu entwickeln[24], der Unternehmung (oft unter dem Stichwort «das Unternehmen an sich») einen eigenen rechtlichen *status* zu verleihen, ja ihr eine (von ihren Eignern losgelöste) wenigstens beschränkte Rechtspersönlichkeit zuzuerkennen (analog den Kollektivgesellschaften)[25]. – In Anbetracht der engen Verflechtung dieses Problems mit dem Gesellschaftsrecht soll hier kurz geprüft werden, wie es sich damit im schweizerischen Recht verhält.

a) Terminologisches

Doktrin und Gesetz verwenden die Begriffe Unternehmung und Unternehmen in unterschiedlicher Weise.

KARL WIELAND – von der wirtschaftswissenschaftlichen Lehre ausgehend – unterscheidet bekanntlich zwischen der Unternehmung als «Einsatz von Kapital und Arbeitskraft zum Zwecke der Gewinnerzielung» (die Tätigkeit des Unternehmens, das dynamische Element) und dem Unternehmen im objektiven Sinn als «Inbegriff sämtlicher in gewerblicher Tätigkeit aufgewandten Mittel und Kräfte» (das materielle und personelle Substrat der Unternehmung)[26]. In der späteren Doktrin werden beide Begriffe verwendet, manchmal im Sinn WIELANDS, manchmal auch gerade im umgekehrten Sinn[27], öfters auch ohne Sinndeutung. Jedenfalls hat sich in dieser Hinsicht keine herrschende Auffassung entwickelt[28]. – Das gleiche Bild bietet das positive Recht, welches, wie die nachstehend erwähnten Beispiele zeigen, mitunter für den gleichen Sachverhalt von Unternehmen und Unternehmung spricht, hiefür aber auch noch ganz andere Bezeichnungen verwendet (wie Gewerbe, Geschäft, Firma, sogar Betrieb). Dazu kommt, daß die französischen und italienischen Texte (auch in sich selber nicht immer konsequent) Ausdrücke

---

[23] Die für die Entwicklung eines Unternehmungsrechts bedeutsame wirtschaftswissenschaftliche, insbes. betriebswirtschaftliche Lehre muß hier unerörtert bleiben. Es sei lediglich darauf hingewiesen, daß die moderne Betriebswirtschaftslehre (wie SCHLUEP, S. 314 mit Hinweisen ausführt) die Unternehmung (oder das Unternehmen, dazu unten lit. a) als ein «soziales System» oder eine «soziale Organisation» auffaßt; dazu eingehend RAISER, insbes. 2. Teil: Das Unternehmen als Organisation – Der soziologische Ansatz – Juristische Folgerungen.

[24] Über die verschiedenen Grade dieser Verselbständigungstendenzen, die bis zur Identifizierung von Unternehmung und Gesellschaft gehen können, s. SCHLUEP, mit Hinweisen, S. 319f.

[25] Vgl. PATRY oben S. 115ff.; RAISER, S. 166ff. spricht von einer Personifikation des Unternehmens.

[26] K. WIELAND I, S. 145ff., 239ff.

[27] So z.B. H. HAUSHEER, Erbrechtliche Probleme des Unternehmens, Abh.schweiz.R 399, Bern 1970, S. 1, Anm. 4, jedoch unter Hinweis auf die «völlige Willkür der Wortzuteilung» und den alltäglichen Sprachgebrauch, in dem die beiden Ausdrücke «inhaltlich kaum unterschieden werden». – In der Tat ergibt die etymologische Prüfung kein schlüssiges Resultat; die bekannten etymologischen Wörterbücher definieren Unternehmung und Unternehmen als Synonyma oder doch sich überdeckend. – Das gleiche gilt von den Rechtswörterbüchern und juristischen Dictionnaires.

[28] Siehe auch unten Anm. 40.

verwenden, die sprachlich mit den entsprechenden Bezeichnungen des deutschen Textes nicht immer übereinstimmen. Die am häufigsten verwendeten termini *entreprise*, *impresa* unterscheiden nicht zwischen Unternehmung und Unternehmen und geben gelegentlich auch andere Bezeichnungen wieder (z.B. Gewerbe, Geschäft, Firma, Betrieb). Dazu kommen Ausdrücke wie *industrie*, *les affaires*, *maison-affari*, *azienda* (!)[29]. Bei all dem ist noch zu berücksichtigen, daß im schweizerischen Recht der Grundsatz der Gleichwertigkeit der drei Texte gilt[30].

Unter diesen Umständen ist von einer sachlichen und allgemein gültigen (normativen) Deutung der erwähnten termini besser abzusehen[31]. Der von diesen anvisierte Sachverhalt kann nur durch Auslegung der sie verwendenden Normen ermittelt werden. Zur Abkürzung wird im vorliegenden Text oft der Ausdruck «Unternehmung» verwendet – als der u. E. weitere Begriff, was aber hier dahingestellt bleiben soll – gelegentlich auch «Unternehmen» oder andere Bezeichnungen, gegebenenfalls zur Anpassung an den Gesetzestext.

b) Positives Recht[32]

Als Ansatzpunkt eines Unternehmungsrechts – wenn man von einem solchen sprechen will – erscheint das zur Eintragung in das Handelsregister verpflichtete (gegebenenfalls auch nur berechtigte) Gewerbe im Sinn von Art. 934 OR[33], ein terminus, der in Art. 52 Abs. 3 HRegV wie folgt definiert wird: «Als Gewerbe im Sinne dieser Verordnung ist eine selbständige, auf dauernden Erwerb gerichtete wirtschaftliche Tätigkeit zu betrachten.»[34] Der Eintrag (in einzelnen Fällen auch schon die Pflicht zur Eintragung) erzeugt eine Reihe von Wirkungen verschiedenster Art, so die sog. Publizitäts-, unter Umständen auch konstitutiven Wirkungen, Firmenschutz, Pflicht zur kaufmännischen Buchführung, Konkursfähigkeit, formelle Wechselstrenge, Anwendbarkeit von Usanzen, Handelsgerichtsbarkeit (nach kantonalem Recht)[35].

Im Obligationenrecht und in Sondergesetzen finden sich weitere Bestimmungen, die sich auf die Unternehmung (unter verschiedenen Bezeichnungen auftretend) beziehen, sei es auf ihre Tätigkeit oder ihr Substrat oder ihre Verfassung (Struktur) oder auf mehrere dieser Elemente zugleich.

Beispiele: Unter wettbewerbsrechtlichen Gesichtspunkten befassen sich mit der Tätigkeit

---

[29] Zum Begriff «Azienda» im italienischen Recht s. unten lit. d.
[30] Dazu DESCHENAUX, Schweiz. Privatrecht II, S. 76f., wo aber auch betont wird, daß dem Gesetz nur ein Sinn zukommen kann, der bei Textverschiedenheiten durch die Auslegung (dazu DESCHENAUX, S. 80ff.) zu ermitteln ist.
[31] So verzichten auch W. SCHLUEP und L. DALLÈVES in ihren Referaten zum Schweiz. Juristentag, Basel 1973 (siehe unten § 17, Anm. 31) ausdrücklich auf eine inhaltliche Festlegung der Begriffe Unternehmen – Unternehmung, entreprise (siehe Referat SCHLUEP, S. 186, 251; Referat DALLÈVES, S. 571f.) – Siehe aber P. JÄGGI, Aktienrechtliche Überlegungen zum Mitbestimmungsrecht der Arbeitnehmer, in: Festgabe für J. SCHWARZFISCHER, Freiburg 1972, S. 103f. (dazu noch unten Anm. 43).
[32] Die nachfolgende Darstellung beschränkt sich auf die privatrechtliche Ordnung. Für die öffentlichrechtlichen Komponenten eines Unternehmungsrechts (z.B. Handels- und Gewerbefreiheit, Konzessionspflichten, Fiskalisches) wird auf PATRY, vorn §§ 5–7 verwiesen.
[33] Die Handels-, Fabrikations- oder andern nach kaufmännischer Art geführten «Gewerbe» werden im französischen und italienischen Text als «industrie» bzw. «impresa» bezeichnet.
[34] Im Abs. 1 des Art. 52 HRegV wird in allen drei Texten die Terminologie des OR verwendet (siehe Anm. 33). Im Abs. 3 der gleichen Bestimmung ist dann aber von «entreprise» die Rede!
[35] Dazu PATRY, vorn § 10.

der Unternehmungen das UWG (Art.2: Geschäftsbetrieb, affaires, affari) und das KartG (siehe Art.2 und 3, der im Zusammenhang mit kartellähnlichen Organisationen von Unternehmungen, entreprises, imprese spricht)[36]. – Vom vermögensrechtlichen Substrat einer Unternehmung handelt Art. 181 OR bei der Übertragung eines «Geschäftes» (entreprise, azienda) mit Aktiven und Passiven, allerdings beschränkt auf die Regelung der Haftungen gegenüber Dritten. Eine gewisse Ergänzung in personeller Hinsicht findet diese Bestimmung im neuen Recht über den Arbeitsvertrag (Art.333 OR, betreffend den Übergang des Arbeitsverhältnisses bei der Übertragung des «Betriebes» – entreprise, azienda – durch den Arbeitgeber auf einen Dritten)[37]. Auf komplexere Sachverhalte beziehen sich einige gesellschaftsrechtliche Bestimmungen. So Art.579 OR (Fortsetzung des «Geschäfts» – affaires, impresa – durch einen Kollektivgesellschafter); hier geht es sowohl um die Erhaltung der vermögensrechtlichen Substanz (durch Vermeidung einer Liquidation) als auch um die Kontinuität des Betriebes. – In noch weitere Zusammenhänge stellt das Aktienrecht die Unternehmung, so deutlich Art.663 Abs.2 und 674 Abs.2 OR (Zulässigkeit der Bildung stiller und außerordentlicher Reserven «soweit die Rücksicht auf das dauernde Gedeihen des 'Unternehmens'[38] – entreprise, impresa – oder die Verteilung einer möglichst gleichmäßigen Dividende dies als angezeigt erscheinen läßt»[39]). Hier (wie auch in weiteren Bestimmungen über die Bilanzierung und die Bildung von offenen Reserven) hat das Gesetz nicht nur die Interessen der Unternehmer (Aktionäre) und ihrer Unternehmung, sondern auch diejenigen weiterer Kreise, so der Arbeitnehmer, ja der Allgemeinheit im Auge[40]. – Auf die Unternehmungsverfassung

---

[36] Dazu noch hinten § 17, II 3.

[37] In diesem Zusammenhang ist auch auf das Firmenrecht (Art.953f.: Firmenbildung bei Übertragung eines «Geschäftes» – maison, azienda) und das MARKENRECHT (Art.11 MSchG: Übertragung der Marken nur mit dem «Geschäft» oder dem entsprechenden «Geschäftsteil» – entreprise, partie de l'entreprise) hinzuweisen. – Von Interesse in diesem Zusammenhang der BGE 93 II, 1967, S.256ff, wonach eine im Handelsregister eingetragene Tochtergesellschaft (AG) keinen Firmen-, Namens- oder wettbewerblichen Schutz beanspruchen kann, da sie seit ihrer Eintragung (vor 10 Jahren) keinerlei Tätigkeit ausgeübt habe und de facto kein «Unternehmen» sei.

[38] In Art. 762 OR (Beteiligung von Körperschaften des öffentlichen Rechts) wird die Bezeichnung «Unternehmung» verwendet.

[39] Die aktienrechtlichen Bestimmungen über die Bilanz gelten auch für die andern Kapitalgesellschaften (Art.764 Abs.2, 805) und bestimmte Genossenschaften (Art.858 Abs.2).

[40] Siehe ProtExpKomm 1928, S.256f.: Bildung stiller Reserven im Interesse der «Volkswirtschaft»; Verteilung gleichmäßiger Dividenden im Interesse (auch) der «Öffentlichkeit». – In diesem Sinn auch Botschaft 1928, S.33. –
Die Rechtsprechung hat sich in verschiedenartigen Zusammenhängen mit dem Schutz des Unternehmens – dieses meist gleichgesetzt mit der «Gesellschaft» oder der «Gesamtheit der Aktionäre» – befaßt. Die Entwicklung geht deutlich dahin, daß unter Vorbehalt unentziehbarer Rechte des Gesellschafters und rechtsmißbräuchlicher Ausübung des Majoritätsprinzips, die individuellen Interessen der Gesellschafter vor dem (sachlich begründeten) Allgemeininteresse der Gesellschaft (Unternehmen) zurückzutreten haben (was wiederum im Interesse des Gesellschafters liege). Siehe z. B. BGE 29 II, 1903, S.452ff. (Schaffung von Spezialreserven); 51 II, 1925, S.427 (Entzug von Prioritätsrechten zu Sanierungszwecken); 53 II, 1927, S.231 (zeitliche Begrenzung der Anfechtungsklage [vor Geltung des Art.706 Abs.4 des rev. OR]); 76 II, 1950, S.73 (Verweigerung der Übertragung vinkulierter Namensaktien); 95 II, 1969, S.162ff. (Gleichbehandlungsprinzip mit Hinweisen auf frühere Praxis). – Vgl. WEISS, Einl. N.146-157; BÜRGI (oben Anm.19). – Siehe aber den BGE vom 3.4.1973 (in Pra 62, 1973, Nr.79, S.246ff.), wo u.a. ausgeführt wird, daß (nach dem Majoritätsprinzip) der Wille der Mehrheit auch dann bindend und entscheidend sei, «wenn sie nicht die bestmögliche Lösung trifft und ihre eigenen Interessen unter Umständen denen der Gesellschaft (sic!) und einer Minderheit vorgehen läßt» – was der bisherigen Praxis zum Unternehmensschutz widerspricht.

wirkt in neuerer Zeit die Gesetzgebung über die Mitsprache und Mitbestimmung der Arbeitnehmer und ihrer Organisationen ein. In der Schweiz befaßt sich damit bis jetzt nur das Arbeitsgesetz (1964) in seinen Bestimmungen über die Betriebsordnung, die eine gewisse Mitsprache der Arbeitnehmer auf betrieblicher Ebene vorsehen (Art. 39). Wesentlich weiter – nach ausländischem Vorbild (siehe unten S. 230) – geht die sog. Mitbestimmungsinitiative von 1971, die einen neuen Art. 34ter Abs. 1 lit b^{bis} der Bundesverfassung folgenden Inhalts verlangt: «Der Bund ist befugt Vorschriften aufzustellen über die Mitbestimmung der Arbeitnehmer und ihrer Organisationen in Betrieb, Unternehmung und Verwaltung»[41]. Daraus müßten sich bedeutsame Wandlungen in der Struktur der bestehenden Gesellschaftsformen (wir lassen die Einzelfirma hier unerörtert) ergeben, so hinsichtlich der Bestellung der obersten Führungsgremien, ihrer internen und externen Verantwortungen sowie (bei den Personengesellschaften) ihrer Haftungen[42].

c) Unternehmungsrecht

Es zeigt sich somit, daß das positive Recht die Unternehmung nicht als ein rechtlich eigenständiges Gebilde erfaßt und ordnet, sondern als einen mehr oder weniger weit gezogenen Tatbestand, Sachverhalt, Bezugspunkt rechtlicher Ordnung[43]; insbesondere kann nicht von der «Unternehmung an sich» als einem Rechtssubjekt mit (wenn auch beschränkter) Rechtsfähigkeit gesprochen werden. – Wohl aber gibt es ein Unternehmungsrecht, mit dem eintragspflichtigen «Gewerbe» (entreprise) als Schwerpunkt und einer Reihe von Normen, die sich manchmal an den Unternehmer (natürliche oder juristische Person, Personengesellschaften) und dessen Tätigkeit richten[44], manchmal das (materielle und/oder personelle) Substrat der Unternehmung

---

[41] Bezeichnend für die erwähnten terminologischen Schwierigkeiten ist, daß die Begriffe «Betrieb» und «Unternehmung» zusammengefaßt mit «entreprises», «imprese» übersetzt werden.

[42] Im Mitbestimmungsprogramm des Schweiz. Gewerkschaftsbundes (in Gewerkschaftliche Rundschau Nr. 9, September 1971, S. 8f.) wird die Mitwirkung der Arbeitnehmer auf allen Ebenen verlangt, nicht nur für die AG, sondern auch für andere Rechtsformen von Unternehmungen, insbes. durch paritätische Besetzung der Verwaltungsräte und vergleichbarer Unternehmungsorgane, mit dem Ziel, die Gleichberechtigung von Kapital und Arbeit sowie die Demokratisierung der Betriebs- und Unternehmungsverfassungen zu erlangen. – Zur Problematik des Mitbestimmungsrechts siehe z.B. JÄGGI (oben Anm. 31); SCHLUEP, S. 340 ff.; W. VON STEIGER, Probleme des Mitbestimmungsrechts der Arbeitnehmer, ZBJV 91, 1955, S. 1 ff. – Eingehend nun zum Problem der «Mitbestimmung» und deren Verankerung im schweizerischen Recht die Botschaft des BR an die Bundesversammlung zur Mitbestimmungsinitiative, mit Gegenvorschlag, vom 22. August 1973 (BBl 1973, II, Nr. 36, S. 237 ff.).

[43] So auch SCHLUEP, S. 319 ff. (mit Hinweisen); ebenfalls H. WÜRDINGER, Reichsgerichtl. Kommentar zum HGB, § 22 Anm. 2 (Unternehmen kein normativer Rechtsbegriff, sondern Tatbestand, dessen verschiedene Erscheinungen oder Seiten die Rechtsordnung entsprechend den zu verfolgenden Zwecken in verschiedener Weise ordnet). – Unter dem Gesichtspunkt der Mitbestimmung versteht JÄGGI (oben Anm. 31) als Unternehmen (Unternehmung) «eine Vereinigung von Menschen zu einem bestimmten wirtschaftlichen Zweck durch Einsatz von Arbeitskräften und Kapital... ein in der Zeit... sich abspielender Sachverhalt, ein Inbegriff von Tätigkeiten».

[44] So schon (gewissermaßen als Ausgangspunkt) Art. 934 OR: Wer ein... Gewerbe betreibt, ist verpflichtet, seine Firma in das Handelsregisterr eintragen zu lassen.

im Auge haben, gelegentlich auch beides zugleich. – Es ist und bleibt aber ein verdienstvolles Unterfangen der Rechtswissenschaft, in Berücksichtigung (wie schon WIELAND) der wirtschaftswissenschaftlichen und soziologischen Forschung, durch Zusammenfassung und systematische Darstellung der privat- und öffentlichrechtlichen Institutionen und Normen ein Recht der Unternehmung darzustellen und weiter zu fördern.

De lege ferenda könnte es sich empfehlen, die für alle oder doch bestimmte Kategorien von Rechtsformen der Unternehmung geltenden Normen (z.B. betreffend Eintragung im Handelsregister und deren Wirkungen, Anfechtbarkeit und Nichtigkeit, Publizität, Rechnungslegung und deren Kontrolle, Reserven und Sozialfonds u.a.m.) zusammenfassend darzustellen, womit auch die Ordnung der einzelnen Gesellschaftsformen entlastet würde[45]. Dies ist eine Frage der Gesetzgebungstechnik, der Unterteilung des Stoffes in allgemein geltende und besondere Normen[46].

d) Ausländisches Recht

Als Beispiel eines umfassenden und systematischen Unternehmungsrechts wird oft auf das italienische Recht hingewiesen, mit seiner Ordnung der *impresa* und der *azienda*. – Im 5. Buch des CCit. («Del Lavoro») Titel II («Del lavoro nell'impresa»), befaßt sich das Gesetz in Kapitel I (Art. 2082/2134) betitelt *Dell'impresa in generale* im wesentlichen nur mit der personellen Komponente der Unternehmung; so mit dem Unternehmer (imprenditore) und dessen spezifischen Pflichten, der Hierarchie (gerarchia, capo und collaboratori) und dem Arbeitsverhältnis (rapporto di lavoro) innerhalb einer Unternehmung. Daran schließen sich in Kapitel II Bestimmungen über die verschiedenen Arten von landwirtschaftlichen Unternehmungen an und in Kapitel III über die Pflicht der (näher bestimmten) Unternehmen zur Eintragung in das Registro delle imprese, mit besonderer Berücksichtigung der imprese commerciali (betreffend Vertretungsverhältnisse, Buchführung und Konkursfähigkeit). – Von der *azienda* handelt Titel VIII (Art. 2555/2574). Sie wird definiert als ein vom Unternehmer zwecks Betätigung der Unternehmung (per l'esercizio dell'impresa) organisierter Komplex von Vermögenswerten («beni») – also als das vermögensrechtliche Substrat der Unternehmung. Von besonderer Bedeutung sind hier die Bestimmungen betreffend die Übertragung dieses Vermögenskomplexes durch eintragspflichtige Unternehmungen (Form des Vertrags und dessen Eintragung im Register, Eintritt des Unternehmers in bestehende Verträge, Übergang von Forderungen und Schulden, Konkurrenzverbot zu Lasten des Veräußerers), sowie die Bestellung eines Niessbrauchs an der azienda und deren Verpachtung. Der gleiche Titel befaßt sich auch mit Firmen- und Markenrecht.

Das französische Recht befaßt sich ausdrücklich mit der *entreprise* nur im Zusammenhang mit der Handelsgerichtsbarkeit. Die Handelsgerichte sind u.a. zuständig zur Beurteilung von «Actes de commerce» (Art. 631 Ziff. 3 Ccomm.fr.), als welche auch «entreprises» bestimmter wirtschaftlicher Natur gelten (Art. 632 Abs. 3, 4 Ccomm.fr.), ohne daß der Begriff «entreprise» rechtlich definiert würde. In der Doktrin wird betont, daß die entreprise nicht eine von ihren Rechtsträgern verschiedene *personne morale* bilde[47]. – Eine bedeutsame Rolle spielt der *fonds de commerce*[48], ein Vermögenskomplex in der Hand eines «Commerçant», bestehend aus materiellen und immateriellen Gütern, von Bedeutung namentlich im Hinblick auf die Kundschaft. Das

---

[45] Siehe SCHLUEP, S. 319, wo auch die Einbeziehung weiterer Komponenten z.B. eines Konzernrechtes oder der Produzentenhaftpflicht zur Diskussion gestellt wird.

[46] Beispiel hiefür das neue französische Gesellschaftsrecht, siehe hinten § 18, III 3. – Über die Einstellung des schweizerischen Gesetzgebers zu diesem Problem siehe hinten § 19, II 1.

[47] Siehe z.B. CARBONNIER I, S. 261 f., No. 78a.

[48] Zum Fonds de commerce und der Azienda als *universalité des biens* s. PATRY, oben § 6, III.

Gesetz gibt keinen Begriff des fonds de commerce und regelt nur dessen Verkauf und Verpfändung (Formerfordernisse und Publizität)[49]. Auch dem fonds de commerce wird keine von seinen Rechtsträgern verschiedene Rechtssubjektivität zuerkannt[50]. – Über das «Groupement d'intérêt économique» und die «Groupes de société» siehe hinten S. 249[51].

Im Zusammenhang mit dem Problem des Unternehmungsrechts und dessen Einwirkungen auf das Gesellschaftsrecht ist noch auf die in einer Reihe von ausländischen Staaten bereits geltenden Bestimmungen über das (summarisch formuliert) **Mitbestimmungsrecht** der Arbeitnehmer hinzuweisen. Diese Ordnungen sind in verschiedener Form erlassen; sie reichen auch verschieden weit (Recht auf Information, Mitsprache, Mitentscheidung auf verschiedenen Ebenen), je nach der Rechtsform und der wirtschaftlich-sozialen Bedeutung der Unternehmungen[52].

---

[49] Loi du 18 mars 1909, relative à la vente et au nantissement des fonds de commerce; Loi du 18 janvier 1951, relative au nantissement de l'outillage et du matériel d'équipement; beide Gesetze als Anhang zu den Textausgaben des Ccomm.fr. von DALLOZ.
[50] Siehe CARBONNIER I, S. 262, No. 73 C.
[51] Auf das italienische und das französische Recht wurde hier als öfters zitierte Beispiele eines mehr oder weniger eingehenden Unternehmensrechts hingewiesen. Dem schweizerischen Recht entsprechende Bestimmungen anderer Rechtsordnungen kommen im Zusammenhang mit den einzelnen Gesellschaftsformen zur Sprache.
[52] Interessante Darstellung des in einer Reihe ausländischer Staaten bereits geltenden (summarisch formuliert) Mitbestimmungsrechts, sowie der für die Mitglieder der EWG vorgeschlagenen diesbezüglichen Modelle, in der Botschaft des BR vom 22. August 1963 (oben Anm. 42), S. 43/84.

Zweites Kapitel

Der Gegenstand des Gesellschaftsrechts

§ 17. Gesellschaften und andere Personenverbindungen

Literatur

Siehe das Allgemeine Literaturverzeichnis vorn S. 215, insbes. die Einleitungen der systematischen Werke.

Besonders zum schweizerischen Gesellschaftsrecht A. MEIER-HAYOZ/P. FORSTMOSER, Grundriß des schweizerischen Gesellschaftsrechts, Bern 1974.

A. SIEGWART, Die Freiheit bei der Wahl der Verbandsform und bei der Einzelgestaltung ihres Inhalts, in: Festgabe der Juristischen Fakultät der Universität Freiburg zur 77. Jahresversammlung des Schweiz. Juristenvereins, Freiburg 1943, S. 173 ff.; M. GUTZWILLER, Zum Problem der Freiheit bei der Wahl der Verbandspersonen, ZSR 84 I, 1965, S. 223 ff.; R. PATRY, Association et société en droit suisse, und DERSELBE, Les divers types de société en droit suisse, beides in: Evolutions et perspectives du droit des sociétés, Milano 1968, Bd. I, S. 139 ff. und S. 415 ff.

I. Unterscheidungen und Zusammenhänge

1. «Gesellschaft» ist kein eindeutiger Begriff, weder im positiven Recht, noch in der wissenschaftlichen Darstellung[1]. Um den Boden und einen Rahmen für eine Darstellung des Gesellschaftsrechts zu finden, empfiehlt es sich, von einer konkreten Rechtsordnung, hier der schweizerischen, auszugehen; ein Vergleich mit andern Rechtsordnungen wird zeigen, ob und in wieweit unsere Bestimmung des Begriffs Gesellschaft mit denjenigen anderer Rechtsordnungen und ihrer Darstellung übereinstimmt.

Eine grundlegende Begriffsbestimmung (so schon laut Marginale) der Gesellschaft gibt Art. 530 des Obligationenrechts, wonach Gesellschaft «die vertragsmäßige Verbindung von zwei oder mehr Personen zur Erreichung eines gemeinsamen Zwecks mit gemeinsamen Kräften oder Mitteln ist», also eine durch privates Rechtsgeschäft begründete sog.

---

[1] Zum «Begriff» der Gesellschaft siehe hinten § 24, Anm. 2a. – Zum Begriff «Gesellschaft» als «Sammelbegriff» siehe P. MENGIARDI, Strukturprobleme des Gesellschaftsrechts, ZSR 87 II, 1968, S. 17.

Zweckgemeinschaft². Sie ist eine einfache Gesellschaft, wenn sie nicht die spezifischen Merkmale einer andern durch das Gesetz geordneten Gesellschaft aufweist (Art. 530 Abs. 2). An die (noch in der zweiten Abteilung des OR, «Die einzelnen Vertragsverhältnisse» behandelte) einfache Gesellschaft schließen sich in der dritten Abteilung des OR, betitelt «Die Handelsgesellschaften und die Genossenschaft» zunächst die Personen- und die Kapitalgesellschaften an, wobei in den (mehr oder weniger eingehenden) Legaldefinitionen jede dieser Gesellschaftsformen ausdrücklich als Gesellschaft bezeichnet wird. Von diesen «Gesellschaften» hebt das Gesetz die Genossenschaft ab. Diese ist zweifellos auch eine Zweckgemeinschaft, wird aber ihrer besonderen Aufgabe wegen («Selbsthülfe in Solidarität») von den Handelsgesellschaften abgehoben und einer in mancher Hinsicht besondern Ordnung unterworfen, wofür auch rechtshistorische Gründe sprechen.

Von einer andern Seite her befaßt sich das Schweizerische Zivilgesetzbuch mit dem Begriff «Gesellschaft». Im Personenrecht (zweiter Teil) behandelt es «Die juristischen Personen», zunächst in allgemeinen Bestimmungen die «körperschaftlich organisierten Personenverbindungen» (und die einem besondern Zweck gewidmeten und selbständigen Anstalten), denen besondere Bestimmungen über die Vereine (und Stiftungen) folgen. Am Schluß der allgemeinen Bestimmungen (Art. 59) wird «für die öffentlichrechtlichen und kirchlichen Körperschaften (und Anstalten)» das öffentliche Recht des Bundes und der Kantone vorbehalten. Ebenda (Abs. 2) wird bestimmt, daß «Personenverbindungen, die einen wirtschaftlichen Zweck verfolgen, unter den Bestimmungen über die Gesellschaften und Genossenschaften» stehen³.

Es sei aber gleich festgehalten, daß (wie in entsprechendem Zusammenhang noch näher auszuführen sein wird) «Gesellschaften», und zwar jeglicher Art, auch der Verfolgung nicht wirtschaftlicher Zwecke offenstehen[4]; Art. 59 Abs. 2 ZGB sagt lediglich, daß Personenverbindungen mit wirtschaftlichen Zwecken sich den (strengeren) Bestimmungen über die Gesellschaften (insbes.

---

[2] Dazu kommt das Moment der Organisation (siehe hinten § 20, I 4), das aber auch andern Personenverbindungen, die nicht als Gesellschaften gelten, eigen ist.

[3] Der französische Text von Art. 59 Abs. 2 ZGB spricht (zwar unter dem Marginale «Réserve en faveur du droit sur les sociétés») einschränkend von «organisations corporatives» und dementsprechend verweist die Textausgabe von ROSSEL nur auf die drei Körperschaften des OR, während die Ausgabe von SCHÖNENBERGER, dem deutschen Text folgend, auf alle Personenverbindungen des OR (einschließlich die Personengesellschaften) hinweist.

[4] Dies gilt auch für die Kapitalgesellschaften. – Die Frage, ob die Genossenschaften auch nicht wirtschaftliche Zwecke verfolgen können, wird heute in Doktrin und Praxis unter Hinweis auf den Gesetzestext (Art. 828 «in der Hauptsache») bejaht, sofern nur der wirtschaftliche Zweck überwiegt. Siehe GUTZWILLER, Art. 828 OR, N. 15; FORSTMOSER, Art. 828 OR, N. 256; F. VON STEIGER, Grundriß des schweiz. Genossenschaftsrechts, Zürich 1963, S. 40; BGE 80 II, 1954, S. 75.

zum Gläubigerschutz) unterwerfen müssen, und daß der Verein ausschließlich nicht wirtschaftlichen Zwecken vorbehalten ist, was im Vereinsrecht (Art. 60 ZGB) noch näher ausgeführt wird.

2. Folgen wir diesen gesetzlichen Abgrenzungen und Einkreisungen, so scheiden aus dem Recht der Gesellschaften aus:

Einmal die öffentlichrechtlichen Körperschaften im Sinn von Art. 59 Abs. 1 ZGB.

Für die Abgrenzung der öffentlichrechtlichen von den privatrechtlichen Körperschaften ist maßgebend, ob die in Frage stehende Organisation durch öffentlichrechtlichen Akt (Gesetz) zur Erfüllung öffentlicher Aufgaben gegründet und mit obrigkeitlichen Befugnissen (imperium) belehnt worden ist[5]. Es fallen also unter den Begriff der öffentlichrechtlichen Körperschaften auch Personenverbindungen in privatrechtlicher Form, z. B. die meist als Genossenschaften organisierten kriegswirtschaftlichen Syndikate. Ihrem öffentlichrechtlichen Charakter entspricht eine besondere, vom Recht der betreffenden Organisationsform abweichende Ordnung (so behördliche Genehmigung der Statuten als konstitutives Erfordernis, Mitgliedschaftszwang, hoheitliche Befugnisse gegenüber den Mitgliedern, staatliche Aufsicht), während in anderer Beziehung die privatrechtliche Ordnung in Geltung bleibt[6].

Sodann der Verein im Sinn des ZGB. Er stellt zwar ebenfalls eine auf Rechtsgeschäft beruhende Zweckgemeinschaft dar. Der Verein steht aber nur der Verfolgung nicht wirtschaftlicher, sog. idealer Zwecke offen[7]. Er wird denn auch einer eigenen Ordnung unterworfen (Art. 60–79 ZGB), die sich durch ihre Liberalität kennzeichnet. So erlangen die Vereine das Recht der Persönlichkeit schon auf Grund der Statuten (ohne Eintragung in öffentliche Register)[8]; auch ist die vermögensrechtliche Ordnung völlig der Vereinsautonomie anheimgestellt (keine Haftung der Mitglieder oder anderweitiger Gläubigerschutz)[9]. – Berührungen mit dem Gesellschaftsrecht ergeben sich aber in zweifacher Hinsicht: Vereine, denen die Rechtspersönlichkeit nicht zukommt (sog. nicht rechtsfähige Vereine) – sei es ihrer Zwecksetzung wegen oder infolge ungenügender körperschaftlicher Organisation – oder die sie noch nicht erlangt haben (Verein im Gründungsstadium), «sind den einfachen Gesellschaften gleichgestellt» (Art. 62 ZGB; siehe unten § 27, III).

---

[5] Vgl. GUTZWILLER, Schweiz. Privatrecht II, S. 451 f., 464; DERSELBE, Art. 829 OR, N. 5 ff.; JAGMETTI, Schweiz. Privatrecht I, S. 259 ff. (kantonales Recht); EGGER (zit. Lit. zu § 19), Art. 59 ZGB, N. 11 ff.

[6] Vgl. W. SCHÖNENBERGER, Die rechtliche Gestaltung kriegswirtschaftlicher Syndikate, SJZ 1939/1940, S. 312 ff.; weitere Literatur bei GUTZWILLER, Art. 829 OR, N. 9.

[7] Vgl. EGGER, JAGMETTI (oben Anm. 5); A. HEINI, Schweiz. Privatrecht II, S. 517 ff.

[8] Vorbehalten bleibt die Pflicht der Vereine, die zur Verfolgung ihres (nicht wirtschaftlichen) Zwecks ein nach kaufmännischer Art geführtes Gewerbe betreiben, zur Eintragung ins Handelsregister als Publizitätsmaßnahme (Art. 61 Abs. 2 ZGB).

[9] Siehe jedoch Art. 71 Abs. 2 ZGB, wonach die Mitglieder, mangels statutarischer Ordnung der Beiträge, «die zur Verfolgung des Vereinszweckes und zur Deckung der Vereinsschulden nötigen Beiträge zu leisten» haben. Vgl. dazu die Beitragspflicht bei der einfachen Gesellschaft (Art. 531 Abs. 2 OR).

Sodann hat das (neuere) Vereinsrecht gelegentlich auch auf die Entwicklung des Gesellschaftsrechts eingewirkt (siehe hinten § 19, Anm. 44).

Ein umstrittenes Problem war und ist heute noch die Unterscheidung zwischen Personenverbindungen zu wirtschaftlichen und nicht wirtschaftlichen Zwecken[10]. Bis zum Erlaß des ZGB und noch geraume Zeit nachher galt die Auffassung, daß hiefür auf den Zweck der in Frage stehenden Organisation abzustellen sei. Sie verfolgt einen wirtschaftlichen Zweck, wenn sie dazu bestimmt ist, ihren Mitgliedern wirtschaftliche Vorteile zu verschaffen; so die Handelsgesellschaften, aber auch die «Zusammenschlüsse des wirtschaftlichen Solidarismus» (EGGER), wie Genossenschaften, Krankenkassen, Kartelle. Im Interesse des Verkehrs und der Mitglieder sind solche Verbindungen den (strengeren) Bestimmungen des OR zu unterstellen. Als nicht wirtschaftliche Verbindungen gelten einmal solche, die rein «ideale» Zwecke (im Sinn der Beispiele in Art. 60 ZGB) verfolgen, aber auch diejenigen, die wirtschaftliche Interessen eines weiteren Kreises (nicht nur der Mitglieder) fördern wollen, einer Region, des Fremdenverkehrs, eines Berufsstandes[11]. Eine Wende trat 1934 ein, als das Bundesgericht ein neues Unterscheidungsmerkmal einführte, indem es von nun an darauf abstellte, ob die in Frage stehende Personenverbindung in Verfolgung ihres wirtschaftlichen Zwecks ein Gewerbe im Sinn von Art. 934 OR führt oder nicht[12]. Damit wurde auch den Wirtschaftsverbänden aller Art, insbesondere den Kartellen – die in dieser Kontroverse den neuralgischen Punkt darstellen – die Form des Vereins zur Verfügung gestellt. – Eine neue Praxisänderung erfolgte 1962, als das Bundesgericht der wachsenden Kritik an der neueren Rechtsprechung Rechnung tragend, in einem als grundsätzlich gedachten Entscheid den Verbindungen zu wirtschaftlichen Zwecken (auch ohne eigenen Geschäftsbetrieb) die Vereinsform wieder verschloß, im Sinn der vorerwähnten Lehre und früheren Rechtsprechung[13]. – Der (vorläufig) letzte Akt spielte sich 1964 ab, als das Bundesgericht dem Urteil von 1962 die Gefolgschaft versagte und wieder zur Rechtsprechung von 1934 zurückkehrte[14]. Da dieser letzte Entscheid scharfe Kritik hervorrief[15] und das Kartellgesetz von 1962 das Problem in neue Bahnen geleitet hat, muß der Stand der Dinge als offen gelten.

---

[10] Aus der umfangreichen Doktrin und Praxis zu diesem Problem seien zunächst hervorgehoben die Ausführungen im Schweiz. Privatrecht Bd. II von H. DESCHENAUX (S. 129), M. GUTZWILLER (S. 463 f.) und A. HEINI (S. 517, 523 ff.), mit ausführlichen Hinweisen auf weitere Doktrin; A. MEIER-HAYOZ, Gesellschaftszweck und Führung eines kaufmännischen Unternehmens, Schweiz. AG 1973, S. 2 ff.; Zusammenstellung der bundesgerichtlichen Praxis 1934/1962, bei M. A. PELLET, Le but non économique de l'association, 1964, S. 192 ff. Weitere Angaben hinten in entsprechendem Zusammenhang.

[11] Siehe die wegleitend gewordenen Ausführungen im Kommentar EGGER zu Art. 60 ZGB, insbes. N. 4 ff.; ausführliche Darstellung der Entstehungsgeschichte der Art. 59 Abs. 2 und 60 ZGB in BGE 88 II, 1962, S. 221 ff.

[12] BGE vom 6.12.1934 (i. S. Fédération horlogère), bestätigt in BGE 62 II, 1936, S. 32 ff. und späteren Entscheiden. – Damit wurde an Stelle des Zwecks als Unterscheidungsmerkmal das Mittel (ein Geschäftsbetrieb) gesetzt.

[13] BGE 88 II, 1962, S. 209 ff. (sog. *Miniera*-Entscheid).

[14] BGE 90 II, 1964, S. 333 ff., i. S. *A. Martin SA*. Das Bundesgericht berief sich hiefür auf das Postulat der Rechtssicherheit (die zahlreichen in der Form von Vereinen bestehenden Personenverbindungen mit wirtschaftlichem Zweck müßten auf Grund des Miniera-Entscheides ihre Rechtspersönlichkeit verlieren und als einfache Gesellschaften behandelt werden, Art. 62 ZGB) sowie auf den Umstand, daß den Kartellen außer dem Verein keine geeignete Rechtsform zur Verfügung stehe (obschon z.B. die GmbH ausdrücklich zu diesem Zweck eingeführt wurde, s. Botschaft 1928, S. 71).

[15] z.B. durch P. LIVER, ZBJV 101, 1965, S. 365 ff.; M. GUTZWILLER, Zum Problem der Freiheit bei der Wahl der Verbandsperson (Lit. vor § 17); dazu ferner A. HEINI in Schweiz. Privatrecht II, S. 463 f., 524 ff.

Schließlich bilden nicht Gegenstand des Gesellschaftsrechts die verschiedenen Rechtsgemeinschaften des Familien-, Erb- und Sachenrechts (Güter- und Erbengemeinschaften, Mit- und Gesamteigentumsverhältnisse)[16]. Sie stellen zwar Interessengemeinschaften dar, entstehen aber kraft gesetzlicher Anordnung und sind nicht zur Verfolgung gemeinsamer Zwecke bestimmt. In der Praxis ist aber oft nicht leicht zu entscheiden, ob eine solche Rechtsgemeinschaft oder eine Gesellschaft vorliegt, insbesondere ob nicht ein Übergang von der einen zur andern Gemeinschaftsform erfolgt ist. Auch weist die gesetzliche Ordnung der sachenrechtlichen Gemeinschaften manche Berührungen mit dem Recht der Personengesellschaften auf. Die sich aus diesen Unterscheidungen und Zusammenhängen ergebenden Fragen sind bei den Personengesellschaften weiter zu verfolgen.

Ein Rechtsgebilde eigener Natur bildet das Stockwerkeigentum[17]. Es basiert auf dem Miteigentum (Art. 712b ZGB) und schafft zugleich die «Gemeinschaft der Stockwerkeigentümer». Diese erwirbt – wie eine Kollektivgesellschaft[18] – unter ihrem eigenen Namen das sich aus ihrer Verwaltungstätigkeit (Beiträge, Kosten) ergebende Vermögen und kann unter ihrem Namen klagen und betreiben sowie am Ort der gelegenen Sache beklagt und betrieben werden (Art. 712c). Die Gemeinschaft ist organisiert (Versammlung der Stockwerkeigentümer, Verwalter, Ausschuß) und untersteht in dieser Hinsicht (unter gewissen Vorbehalten) dem Vereinsrecht (Art. 712m).

3. Als Gesellschaften im Sinn des schweizerischen Rechts sind somit die privatrechtlichen, im Obligationenrecht geordneten Zweckgemeinschaften anzusprechen. Gemeinsam ist ihnen, daß sie, obwohl nicht auf die Verfolgung wirtschaftlicher Zwecke beschränkt[19], doch als Personenverbindungen mit wirtschaftlicher Zielsetzung konzipiert und mehr oder weniger deutlich unter diesem Gesichtspunkt ausgeprägt worden sind. Diese Einstellung des Gesetzgebers kommt, als Grundsatz, in der generellen Verweisung des Art. 59 Abs. 2 ZGB zum Ausdruck (vorn I 1), sodann in den bei allen Gesellschaften wiederkehrenden Bestimmungen über die Gewinnverteilung, sowie in weiteren Vorschriften, die auf eine Betätigung der Gesellschaften im wirtschaftlichen Sinn hinweisen (so namentlich zum Schutz der Gläubiger).

Die nachfolgende Darstellung des schweizerischen Gesellschaftsrechts erstreckt (und beschränkt) sich auf die positivrechtlich als Gesellschaften bezeichneten Personenverbindungen.

---

[16] Das Miteigentum heute geordnet durch das BG über die Änderung des vierten Teils des ZGB (Miteigentum und Stockwerkeigentum) vom 19. Dezember 1963, Art. 646–651 ZGB.
[17] Eingeführt durch das oben erwähnte BG vom 19. Dezember 1963, Art. 712a–712t ZGB.
[18] Siehe Botschaft des BR vom 7. Dezember 1962, BBl vom 20. Dezember 1962, S. 1518.
[19] Siehe vorn I 1 und hinten im Zusammenhang mit den einzelnen Gesellschaftsformen.

II. Erscheinungsformen der Gesellschaft

1. Damit fallen in den Bereich unseres Gesellschaftsrechts folgende Rechtsformen der Personenvereinigungen (die hier zur Erleichterung und Entlastung der späteren Ausführungen) mit ihren wesentlichen Merkmalen «vorgestellt» werden sollen:

Die einfache Gesellschaft – eine vertragliche Verbindung von zwei oder mehreren Personen zur Erreichung (irgend) eines gemeinsamen Zweckes mit gemeinsamen Kräften oder Mitteln – ist die Grundform aller Gesellschaften – dies in dem Sinn, daß auch alle andern Gesellschaften solche Zweckgemeinschaften darstellen und sich von der einfachen Gesellschaft nur dadurch unterscheiden, daß sie noch weitere (konstitutive) Merkmale aufweisen, die sie zu Gesellschaftsformen eigener Art stempeln (vgl. Art. 530 Abs. 2 OR)[20].

Die Kollektiv- und die Kommanditgesellschaften, die nach außen unter einer Firma als rechtliche Einheiten auftreten, jedoch Gesamthandverhältnisse darstellen, mit unbeschränkter Haftung der Gesellschafter für die Verbindlichkeiten der Gesellschaft bei der Kollektivgesellschaft, mit beschränkter Haftung eines oder mehrerer Mitglieder bei der Kommanditgesellschaft, sind zum Betrieb eines nach kaufmännischer Art geführten Gewerbes gedacht, können aber (wenn im Handelsregister eingetragen) auch andere Zwecke verfolgen.

In der Praxis entwickelt, stellt die Stille Gesellschaft einen besonderen Gesellschaftstypus dar, dadurch gekennzeichnet, daß eine Gesellschaft nur im internen Verhältnis (zwischen dem «Stillen» und dem oder den andern Beteiligten) besteht, während gegenüber Dritten der oder die andern Beteiligten in eigenem Namen auftreten und (unter Ausschluß des stillen Gesellschafters) haften[21].

Die Aktiengesellschaft ist eine reine Kapitalgesellschaft in dem Sinn, daß sie auf einem bestimmten Mindestkapital «Grundkapital») beruht, das in Teilsummen («Aktien») zerlegt ist, wobei die Gesellschafter (Aktionäre) zu keinen andern Leistungen verpflichtet werden können, als zur Deckung («Liberierung») der von ihnen übernommenen Aktien, also auch nicht für die Verbindlichkeiten der AG haften. Die AG wird mit der Eintragung im Handelsregister zur Rechtsperson und handelt durch ihre Organe.

Die Kommanditaktiengesellschaft unterscheidet sich von der AG dadurch, daß ein oder mehrere Aktionäre (zusätzlich zum Gesellschaftsvermögen) für die Gesellschaftsschulden wie Kollektivgesellschafter unbeschränkt und solidarisch haftbar sind. Unter Vorbehalt gewisser Sonderbestimmungen unterstehen sie dem Recht der Aktiengesellschaft[22].

Die Gesellschaft mit beschränkter Haftung ist eine ausgesprochene Mischform. Wie die AG beruht sie auf einem in Teilsummen («Stammanteilen») zerlegten Mindestkapital («Stammkapital») und erlangt mit der Eintragung die Rechtspersönlichkeit. Mit den Kollektiv- und Kommanditgesellschaften hat sie (im wesentlichen) drei Merkmale gemein: Die Gesellschafter haften für die Verbindlichkeiten der Gesellschaft persönlich und solidarisch, jedoch beschränkt bis zur Höhe des (noch nicht liberierten oder wieder zurückgezogenen) Stammkapitals. Ferner können sie außer zur Übernahme eines Stammanteils statutarisch zu beliebigen weiteren Leistungen positiver oder negativer Art verpflichtet werden (sog. «Nebenleistungen», die sich aber zu Hauptleistungen auswachsen können). Schließlich sind alle Gesellschafter zur Geschäftsführung

---

[20] Das Verständnis der einfachen Gesellschaft als «Grundform» aller Gesellschaften ist in anderem Zusammenhang weiter zu verfolgen, siehe hinten § 27, I, III.

[21] Im OR nicht erwähnt, wird die stille Gesellschaft als eine besondere Art der einfachen Gesellschaft qualifiziert und behandelt. Siehe hinten § 46.

[22] Art. 764 Abs. 2. – Das Recht der Kommanditgesellschaft kommt aber zur Anwendung, wenn ein Kommanditkapital nicht in Aktien zerlegt wird, sondern in Teile, die lediglich das Maß der Beteiligung mehrerer Kommanditäre regeln (Art. 764 Abs. 3).

und Vertretung berechtigt und verpflichtet, sofern sie sich nicht statutarisch eine andere Ordnung geben. Die GmbH ist zur Verfolgung irgendwelcher «wirtschaftlicher Zwecke» geschaffen worden (wobei der Gesetzgeber besonders an Kartelle gedacht hat)[23], doch steht ihrer Verwendung zu nicht wirtschaftlichen Zwecken nichts entgegen[24].

Der Vollständigkeit halber sei hier noch einmal die (im zweiten Halbband darzustellende) Genossenschaft genannt, die zwar ebenfalls eine Gesellschaft im vorerwähnten Sinn (siehe vorn I, Ziff. 3) darstellt, sich aber durch ihre besondere Zwecksetzung – «Förderung oder Sicherung bestimmter wirtschaftlicher Interessen ihrer Mitglieder in gemeinsamer Selbsthilfe» – von den andern Gesellschaften, wie auch vom Verein, abhebt, was auch im Gesetz deutlich zum Ausdruck kommt[25]. Im Vergleich zu den andern Körperschaften des OR ist hervorzuheben, daß die Genossenschaft ebenfalls mit der Eintragung im Handelsregister Rechtspersönlichkeit erwirbt, jedoch nicht Kapitalgesellschaft ist[26], und daß die Genossenschafter nur kraft statutarischer Anordnung für die Verbindlichkeiten der Genossenschaft (beschränkt oder unbeschränkt) haften.

2. Damit ist der Kreis der vom OR erfaßten und geordneten Personenverbindungen geschlossen[27]. Mit Rücksicht auf die besondere Zwecksetzung und volkswirtschaftliche Bedeutung bestimmter Unternehmungen werden diese aber auch Gegenstand der Sondergesetzgebung, z. B. auf dem Gebiet des Banken-, Versicherungs- und Transportwesens. Soweit solche Unternehmungen auf privatrechtlichen Personenvereinigungen beruhen (was zur Beschaffung der erforderlichen Mittel meist der Fall ist), erscheinen sie in der Form von Handelsgesellschaften oder Genossenschaften. Die Sondergesetzgebung schafft nicht neue Rechtsformen des Zusammenschlusses, sondern regelt lediglich bestimmte Aspekte solcher Unternehmungen und ihrer Tätigkeit, so im Hinblick auf ihre finanzielle Struktur, Rechenschaftslegung, Publizität und Kontrolle. Insofern modifiziert oder ergänzt Sondergesetzgebung das für solche Unternehmungsformen geltende gemeine Recht (wozu noch die spezifisch verwaltungsrechtlichen Vorschriften, so betreffend Konzessionspflicht, behördliche Aufsicht, technischer Betrieb und dergleichen kommen)[28].

---

[23] Siehe Botschaft 1928, S. 71.

[24] W. von STEIGER, Zürcher Kommentar V, 5c, Einl. N. 56.

[25] Siehe schon den Titel der Dritten Abteilung des OR («Die Handelsgesellschaften und die Genossenschaft»); ferner die Fassung der Begriffsbestimmung in Art. 828 OR im Vergleich zu Art. 678 aOR. Dazu eingehend GUTZWILLER, Art. 828 OR, N. 5ff.; M. GERWIG, Schweizerisches Genossenschaftsrecht, Bern, 1957, S. 116ff.

[26] Art. 828 Abs. 2. Auch wo ein Genossenschaftskapital besteht, richtet sich die allfällige Gewinnbeteiligung der Genossenschafter nicht nach ihrer Kapitalbeteiligung, sondern «nach dem Maße der Benützung der genossenschaftlichen Einrichtungen» oder andern statutarischen Kriterien (Art. 859).

[27] Über die Frage des numerus clausus im Gesellschaftsrecht siehe hinten III. – Die Darstellung des sog. Anlagefonds (Investment Trusts) – jetzt geregelt im BG über die Anlagefonds vom 1.7.1966; ein kombiniertes Rechtsverhältnis zwischen Fondsleitung, Depotbank und Anleger – erfolgt im 2. Halbband.

[28] Zur Sondergesetzgebung siehe hinten § 19, II 4.

3. In besonderer Weise berühren das Gesellschaftsrecht gewisse Unternehmungs-Verbindungen und -Zusammenfassungen – hier stichwortweise als Kartelle und Konzerne bezeichnet. Sie stellen *(de lege lata)* an sich nicht neue Gesellschaftsformen dar, sondern benützen die gemeinrechtlichen Organisationsformen (auch den Verein, siehe vorn I 2) oder sind Kombinationen von solchen. In der Wirtschaftspraxis und der Rechtsprechung entwickelt, werden sie ihrer besondern Zwecke, Struktur und Bedeutung wegen in neuerer Zeit mehr und mehr gesetzlich erfaßt und besondern Regeln unterworfen. – In der Schweiz geschah dies durch das BG über «Kartelle und ähnliche Organisationen» von 1962 (KartG), dessen Ziel die Erhaltung des freien Wettbewerbs (sog. Leistungswettbewerb) ist, und dem alle «Vorkehren» unterstehen, die bestimmt oder geeignet sind, dieses Prinzip zu beeinträchtigen. Geschieht dies durch gesellschaftsrechtliche Organisationen, so kann gegebenenfalls das KartG in verschiedener Hinsicht auf ihre internen und externen Verhältnisse einwirken, so durch Formvorschriften, Befreiung von Kartellverpflichtungen, Aufnahmezwang, Erleichterung des Austritts[29]. Unternehmungs-Zusammenfassungen (im Sinn von Art. 3 lit. c des KartG)[30] werfen aber nicht nur kartellrechtliche, sondern auch allgemein gesellschaftsrechtliche Probleme auf – so betreffend das Verhältnis herrschender und beherrschter Unternehmungen untereinander und gegenüber Dritten (Haftungen und Verantwortungen), damit zusammenhängend das sog. Durchgriffsproblem, ferner das Bilanzrecht und die Publizitätspflichten – die (zusammenfassend ausgedrückt) Gegenstand eines Konzernrechts bilden[31]. Ein solches ist in der Schweiz bis jetzt gesetzlich noch nicht erlassen[32], sondern der Entwicklung durch die Doktrin und die

---

[29] Art. 6 Abs. 2, 11, 12, 13 KartG.
[30] Art. 2 und 3 KartG. Als «kartellähnliche Organisationen» gelten u.a. «Zusammenfassungen von Unternehmungen, die durch Kapitalbeteiligung oder andere Mittel bewirkt sind» (Art. 3 lit. c), womit Konzerne gemeint sind (siehe Botschaft des BR zum KartG, BBl 1961 II, N. 40, S. 553 ff.). – Über die wettbewerbspolitische Zielsetzung des KartG siehe die zit. Botschaft.
[31] Treffliche Übersicht der sich aus den Unternehmenszusammenfassungen ergebenden Probleme mit eingehenden Literaturangaben bei G. WEISS, Einl. N. 312 ff.; S. CAFLISCH, Die Bedeutung und die Grenzen der rechtlichen Selbständigkeit im Recht der Aktiengesellschaft, Diss. Zürich 1961. – Dazu nun auch der «Zwischenbericht des Präsidenten und des Sekretärs der Arbeitsgruppe für die Überprüfung des Aktienrechts zum Vorschlag für eine Teilrevision des Aktienrechtes», April 1972 (zit. «Zwischenbericht 1972»), S. 192 ff. – Ferner die eingehenden Referate zum Schweiz. Juristentag 1973 von: W. R. SCHLUEP, Privatrechtliche Probleme der Unternehmenskonzentration und -kooperation und L. DALLÈVES, Problèmes de droit privé relatifs à la coopération et à la concentration des entreprises, beide in ZSR 92 II, 1973, S. 165 ff. bzw. 565 ff.
[32] Das OR befaßt sich damit nur im Hinblick auf die Beteiligungsgesellschaften (sog. Holdinggesellschaften) und lediglich betreffend ihren Reservefonds (Art. 671 Abs. 4) und die Nationalität der Mitglieder ihrer Verwaltung (Art. 711 Abs. 2).

Praxis überlassen worden. Doch wird zur Zeit, im Zusammenhang mit der Revision des Aktienrechts, der Einbau eines Konzernrechts in das Gesellschaftsrecht postuliert, sei es vorläufig beschränkt auf bestimmte Aspekte, sei es als allgemeine Ordnung[33].

4. Ergänzend ist noch auf die sog. Unternehmungsstiftungen hinzuweisen, denen in neuerer Zeit eine zunehmende Bedeutung zukommt. Sie können verschiedenen Zwecken dienen, unter denen hier der (allgemein formuliert) Schutz der Unternehmung besonders interessiert. Zu dem Behuf werden der Stiftung Beteiligungsrechte (z.B. Aktien, GmbH-Anteile) übertragen, vermittelst welcher die Stiftung die Willensbildung in der Gesellschaft und damit die Unternehmungspolitik bestimmen kann, was namentlich dann von Bedeutung ist, wenn die Beteiligten Gruppierungen mit unterschiedlichen Interessen bilden. – Die Stiftung kann auch selber, als Inhaberin, eine Unternehmung betreiben, was in der Schweiz selten vorkommt, häufiger in Deutschland. – In der schweizerischen Rechtsprechung sind solche Unternehmungsstiftungen als rechtmäßig und eintragungsfähig anerkannt worden. – Zu den besondern Problemen, welche Unternehmensstiftungen aufwerfen können, muß auf die einschlägige Literatur verwiesen werden[34].

III. Zur Frage des numerus clausus im Gesellschaftsrecht

Die vorstehenden Ausführungen zum Gegenstand des Gesellschaftsrechts beschränkten sich auf die im Gesetz ausdrücklich erwähnten und behandelten Gesellschaftsformen. Die Frage stellt sich, ob der Gesetzgeber den Personenverbindungen nur diese Rechtsformen zur Verfügung stellt und keine andern (numerus clausus) – oder ob sich daneben noch andere Gesellschaften gebildet haben oder bilden können. Die Frage hat grundsätzliche Bedeutung, erhielt aber in neuerer Zeit besondere Aktualität im Zusammenhang mit der Typologie. Die Diskussion zur Frage des numerus clausus leidet öfters

---

[33] Siehe Zwischenbericht 1972 (oben Anm. 31), N.198f.; M. ZWEIFEL, Für ein schweizerisches Konzernrecht, Schweiz. AG 1973, S.24ff.
[34] Siehe R. BÄR, a.a.O. (§ 16, Anm.19), S.530ff.; P. MENGIARDI, a.a.O. (Anm.1), S.25ff., 204ff.; E. WOLF, Über die Verknüpfbarkeit einer Familien-AG mit einer Familienstiftung, Schweiz.AG 1965, S.225ff.; W.F. BÜRGI, Revisionsbedürftige Regelungen im schweizerischen Aktienrecht, Schweiz.AG 1966, S.60; P.GNOS, Die Zulässigkeit der Unternehmensstiftung im schweizerischen Recht, Diss. Zürich 1971. – Die Problematik der Unternehmensstiftungen wird besonders betont in der deutschen Lehre, zit. z.B. bei R.BÄR und P.MENGIARDI, a.a.O.

an terminologischen Unklarheiten[35]. Im Nachfolgenden wird unterschieden zwischen den Gesellschaftsformen und den Gesellschaftstypen. Unter Gesellschaftsformen verstehen wir die vom Gesetzgeber erfaßten und durch zwingende und nachgiebige Bestimmungen abstrakt («begrifflich») geordneten Rechtsformen der verschiedenen Personenverbindungen – und auf diese bezieht sich das Problem des numerus clausus[36]. Als Gesellschaftstypen bezeichnen wir die dem Rechtsleben entnommenen Sachverhalte, die den gesetzlichen Gesellschaftsformen als Leitbilder (Modelle) zu Grunde liegen (z.B. die «Publikums-AG»), unter Umständen aber auch vom gesetzlichen Leitbild stark abweichen können (sogen. atypische Gesellschaften)[37].

Die herrschende Lehre bejaht das Prinzip des numerus clausus der (rechtlich zulässigen) Gesellschaftsformen[38]. Sie kann sich hiefür auf positivrechtliche Bestimmungen und sachliche Erwägungen berufen[39].

Nach Art. 59 Abs. 2 ZGB stehen alle Personenverbindungen mit wirtschaftlichem Zweck unter den Bestimmungen über die Gesellschaften und die Genossenschaft, also des OR. Und nach Art. 530 Abs. 2 OR gelten alle Gesellschaften, die «nicht die Voraussetzungen einer andern durch das Gesetz geordneten Gesellschaft» erfüllen, als einfache Gesellschaft im Sinn von Art. 530 ff. OR, eine Bestimmung, die gemäß Art. 62 ZGB auch für die nicht rechtsfähigen Vereine gilt. Die einfache Gesellschaft dient also als «Auffanggesellschaft»[40] für alle Personenverbindungen, sofern diese überhaupt als Gesellschaften im Sinn der Grundbestimmung von Art. 530 OR qualifiziert werden können (wozu hinten § 20 I). Für die Handelsgesellschaften und die Genossenschaften kommt das Prinzip des numerus clausus noch darin zum Ausdruck, daß sie vom Gesetz zur Eintragung im Handelsregister verpflichtet werden, und dieses nur die gesetzlichen Gesellschaftsformen kennt[41]. – In sachlicher Hinsicht wird das erwähnte Prinzip mit den Erfordernissen der Rechtssicherheit begründet. Das Schuldrecht zwar kennt keinen numerus clausus der Verträge und es werden denn auch in der Rechtspraxis gemischte Verträge und sog. Innominatkontrakte als Verträge sui generis anerkannt und entwickelt. Gesellschaften treten aber auch zu Dritten in Beziehung und umfassen in aller Regel eine Mehrzahl von Beteiligten. Im Interesse der

---

[35] A. KOLLER, Grundfragen einer Typuslehre im Gesellschaftsrecht, Freiburg 1967, S. 96 ff.
[36] Vgl. A. KOLLER, a.a.O. (Anm. 35), S. 44 ff. insbes. 50 f., 96; P. MENGIARDI, a.a.O. (Anm. 1), S. 108 ff. unter Betonung, daß mit Gesellschaftsform der Strukturbegriff der Gesellschaft gemeint sei (Hinweis auf W. BURCKHARDT, Methode und System des Rechts, S. 104 ff., 107).
[37] Dazu hinten § 24 (Typologie).
[38] A. KOLLER, a.a.O. (Anm. 35), S. 96 ff. und dortige Verweisungen; P. MENGIARDI, a.a.O. (Anm. 1), S. 117; A. MEIER-HAYOZ/W. SCHLUEP/W. OTT, Zur Typologie im schweizerischen Gesellschaftsrecht, ZSR 90 I, 1971, Sonderheft, S. 317 f.; W. OTT, Die Problematik einer Typologie im Gesellschaftsrecht, dargestellt am Beispiel des schweizerischen Aktienrechts, Diss. Zürich 1972, S. 87 f.; MEIER-HAYOZ/FORSTMOSER, S. 123.
[39] Zur Begründung des numerus clausus siehe namentlich A. KOLLER, a.a.O. (Anm. 35), S. 97 f.
[40] A. KOLLER (Anm. 35), S. 127; ebenso, wenn auch zurückhaltend, SIEGWART, Zürcher Kommentar V, 4, Vorbem. zu Art. 530–551.
[41] Immerhin wurden vor Einführung der GmbH in das OR die schweizerischen Filialen ausländischer GmbH als solche in das Handelsregister eingetragen, gemäß Entscheid des BR vom 16.6.1902, BBl 1902, III, S. 843.

Verkehrssicherheit (insbesondere des Gläubigerschutzes) und zum Schutz der Gesellschafter selber (des Einzelnen oder von Minderheiten) hat der Gesetzgeber die zur Verfügung stehenden Gesellschaftsformen begrenzt und diese durch zwingende (neben nachgiebigen) Normen in bestimmter Weise geprägt. Die so geschaffene Rechtssicherheit würde gefährdet, wenn neue, dem Gesetz unbekannte Gesellschaftsformen, (welche die erwähnten Schutztendenzen ignorieren könnten) anzuerkennen wären[42].

Diese durch das Prinzip des numerus clausus geschaffene, an sich klare Rechtslage wird nun durch die typologische Betrachtungsweise, wenn nicht gerade in Frage gestellt, so doch in einem gewissen Sinn umgedeutet. Die typologische Diskussion geht von der Feststellung aus, daß die Praxis, innerhalb der gesetzlich fixierten Gesellschaftsformen und im Rahmen der den Gesellschaftern gewährten Gestaltungsfreiheit, sog. atypische Gebilde geschaffen hat, die von der den Gesellschaftsformen zu Grunde liegenden Konzeption so stark abweichen – stichwortweise: körperschaftlich (auch «kapitalistisch») organisierte Personengesellschaften; personenbezogene (z.B. Familien-)Aktiengesellschaften –, daß man sich fragen müsse, ob die für die betreffende Gesellschaftsform geltende Ordnung im konkreten (atypischen) Fall tale quale anwendbar sei, oder ob sich nicht andere Lösungen (z.B. durch Heranziehung von Normen oder Grundsätzen aus einer andern Gesellschaftskategorie oder durch richterliche Rechtsfindung) aufdrängen. Diese Fragen sind im Zusammenhang mit der Typologie (hinten § 24) weiter zu verfolgen.

---

[42] Die Lehre vom numerus clausus ist nicht unbestritten. Sie wird z.B. von K. NAEF (ZBJV 96, 1960, S.268) unter Hinweis auf die Privatautonomie «zum mindesten für das Gebiet der Personengesellschaften ernsthaft in Frage gestellt», wofür auf die stille Gesellschaft verwiesen wird. Im gleichen Sinn W. SCHLUEP, Schweiz. AG 33, 1960/61, S.179, unter Hinweis auf die sog. Doppelgesellschaft. – Die stille Gesellschaft gilt aber als eine Unterart der einfachen Gesellschaft (siehe hinten § 46) und die Doppelgesellschaft stellt lediglich eine Kombination gesetzlicher Gesellschaftsformen, keine neue Rechtsform dar. Dazu A. KOLLER, a.a.O. (Anm. 35) S.98f.

Drittes Kapitel

Systematik des Gesellschaftsrechts

§ 18. Einteilungen der Gesellschaften und Terminologisches – Gesellschaften im ausländischen Recht

Literatur

  Siehe das Allgemeine Literaturverzeichnis vorn S. 215, insbes. die Einleitungen der systematischen Werke.

  Besonders zum schweizerischen Gesellschaftsrecht A. MEIER-HAYOZ/P. FORSTMOSER, Grundriß des schweizerischen Gesellschaftsrechts, Bern 1974.

Eine systematische Einteilung und Übersicht der Personenverbindungen entspringt dem Bedürfnis, die Zusammenhänge und Abgrenzungen zwischen den einzelnen Gesellschaftsformen zusammenfassend darzustellen. Sie ermöglicht damit, die für einzelne Gruppen von Verbindungen gemeinsamen Gesichtspunkte und Normen hervorzuheben, was die Rechtssetzung, Auslegung und Anwendung wesentlich erleichtern kann[1]. Oft nimmt schon das positive Recht gewisse, nach verschiedenen Kriterien erfolgende und mehr oder weniger deutliche Einteilungen vor. Es ist Aufgabe der Doktrin diese, wo nötig, zu präzisieren und unter weitern Gesichtspunkten zu ergänzen.

I. Einteilungen der Gesellschaften nach Zivilgesetzbuch und Obligationenrecht

1. Vereine – Gesellschaften und Genossenschaften

Das ZGB unterscheidet – innerhalb der juristischen Personen – zwischen den Vereinen einerseits und den Gesellschaften und Genossenschaften andererseits (Art. 52 Abs. 2, Art. 59 Abs. 2 ZGB). Das Unterscheidungsmerkmal liegt, wie bereits ausgeführt, im Zweck. Die Vereine werden im ZGB geregelt (Art. 60 ff.), während die Personenverbindungen, die einen wirtschaftlichen Zweck verfolgen, den Bestimmungen über die Gesell-

---

[1] Dazu noch hinten im Zusammenhang mit der «Typologie».

schaften und die Genossenschaften unterstellt werden (Art. 59 Abs. 2 ZGB). – Zur Anwendbarkeit der Bestimmungen des ZGB über die juristischen Personen und die Vereine auf die Personenverbindungen des OR siehe hinten § 19, II 3.

2. Handelsgesellschaften und andere Gesellschaften

Diese Unterscheidung erfolgt auf Grund der Rechtsform der Personenverbindungen. Die dritte Abteilung des OR trägt die Überschrift «Die Handelsgesellschaften und die Genossenschaft». Als Handelsgesellschaften gelten die Kollektiv- und Kommanditgesellschaften, die Aktien- und die Kommanditaktiengesellschaft und die Gesellschaft mit beschränkter Haftung. Nicht Handelsgesellschaften sind demnach die einfache und die stille Gesellschaft, sowie, ihres besonderen Zwecks wegen (siehe vorn § 17, II 1), die Genossenschaft. Im gleichen Sinn verwendet den terminus «Handelsgesellschaft» die HRegV (Art. 45: Einzelfirmen, Handelsgesellschaften und Genossenschaften).

Das Gesetz spricht aber von Handelsgesellschaften auch in einem engeren Sinn, nämlich da, wo es um die Fähigkeit zur Mitgliedschaft geht, so bei der GmbH (Art. 772 OR), der Genossenschaft (Art. 828 OR) und der Kommanditgesellschaft (Art. 594 Abs. 2 OR, den Kommanditär betreffend). Hier sind unter Handelsgesellschaften nur die Kollektiv- und Kommanditgesellschaften zu verstehen, während die Kapitalgesellschaften und die Genossenschaft als Körperschaften unter den Begriff «Personen» fallen[2].

Der Terminus «Handelsgesellschaft» bezieht sich also nur auf die Rechtsform der Gesellschaft, ohne Rücksicht darauf, ob sie ein nach kaufmännischer Art geführtes Gewerbe betreibt oder andere (wirtschaftliche oder nicht wirtschaftliche) Zwecke verfolgt. Materiell bringt er bloß zum Ausdruck, daß diese Gesellschaften – ihrer geschichtlichen Entwicklung und ihrer eigentlichen Bestimmung entsprechend – primär zum Betrieb eines «Gewerbes» oder zur Erfüllung anderer wirtschaftlicher Aufgaben gedacht und ausgestaltet sind. Sie sind denn auch stets zur Eintragung ins Handelsregister verpflichtet, als konstitutive Bedingung für ihre Entstehung oder als bloße Publizitätsmaßnahme[3].

In terminologischer Hinsicht ist noch folgendes zu klären: Die Entwürfe zum rev. OR verwenden (bei der Regelung der Mitgliedschaften) zur Bezeichnung der Kollektiv- und Kommanditgesellschaften den Terminus «Firmen», der dann (soweit nicht fallen gelassen) im

---

[2] Worauf bei den einzelnen Gesellschaftsformen noch zurückzukommen ist.
[3] Zu den Wirkungen der Eintragungen im Handelsregister siehe PATRY, vorn § 10.

geltenden Text durch «Handelsgesellschaften» im soeben erwähnten engeren Sinn ersetzt wurde[4]. Hingegen verwendet die HRegV den Ausdruck «Firma» in seinem zweifachen Sinn: Zur Bezeichnung der verschiedenen Unternehmensformen oder deren Namen, was in Art. 10 Abs. 2 ausdrücklich festgehalten wird. – Unter «Personen» sind, wo diese Bezeichnung nicht ausdrücklich auf die «natürlichen Personen» (personnes physiques) eingeschränkt wird[5], stets auch die juristischen Personen zu verstehen, unter Ausschluß der Kollektiv- und Kommanditgesellschaften. Eine Ausnahme gilt im Recht der einfachen Gesellschaft, wo nach herrschender Lehre und Praxis als «Personen» auch die erwähnten Handelsgesellschaften (im engern Sinn) zur Mitgliedschaft zugelassen sind (hinten § 28, I).

3. Körperschaften und andere Personenverbindungen

Das OR unterscheidet – zwar nicht in eigentlich systematischer Weise, aber durch seine Bestimmungen – zwischen Personenverbindungen, denen die Rechtspersönlichkeit *(la personnalité)* ausdrücklich zugesprochen wird und solchen, bei denen dies nicht der Fall ist. Zu der ersten Kategorie gehören die drei Kapitalgesellschaften und die Genossenschaft, die sämtlich mit der Eintragung im Handelsregister zu Körperschaften (juristischen Personen, *personnes morales*) werden. In die zweite Kategorie fallen die einfache Gesellschaft, die Kollektiv- und die Kommanditgesellschaft, denen das Gesetz zwar die Rechtspersönlichkeit nicht abspricht, aber auch nicht zuerkennt, sondern sich bewußt einer Stellungnahme zur Rechtsnatur dieser Gesellschaften enthält[6]. Etwas deutlicher formuliert die HRegV, indem sie an verschiedenen Stellen zwischen Kollektiv- und Kommanditgesellschaften einerseits und «juristischen Personen» andererseits unterscheidet[7]. Die Einteilung der Gesellschaften in juristische Personen und «andere» ist problematisch im Hinblick auf die Kollektiv- und Kommanditgesellschaften, die (auch) positivrechtlich in verschiedener Hinsicht rechtliche Einheiten bilden und als solche behandelt werden (stichwortweise: Firma, organmäßige Stellung der Gesellschafter-Vertreter, Fähigkeit zum Erwerb von Rechten und Eingehen von Verbindlichkeiten als «Firma», aktive und passive Partei- und Prozeßfähigkeit), was auch in ihrer Bezeichnung als «relativ juristische Personen», «Quasi-Rechtspersonen», «Gesellschaften mit beschränkter Rechtspersönlichkeit» zum Ausdruck kommt[8]. – Es stellt

---

[4] Vgl. E 1923, Art. 564, 609 mit Art. 594 Abs. 2 OR. Dazu noch in entsprechendem Zusammenhang.
[5] Wie in Art. 552 Abs. 1, 594 Abs. 1 und 2.
[6] Eingehend dazu ProtExpKomm 1928, S. 14ff.; Botschaft 1928, S. 5; dazu noch hinten § 21, II.
[7] HRegV Art. 10 Abs. 2, 41, 42.
[8] Die Bezeichnung «relative juristische Person» wird z.B. von WIELAND (I, S. 425, N. 71) auf Grund seiner monistischen Auffassung (siehe hinten § 21) abgelehnt; sie ist aber auch an sich nicht glücklich. – Dem Juristen ist der (abkürzende) terminus *«Quasi»* – Rechtspersönlichkeit (so z. B. BGE 55 III, 1929, S. 146ff., im Zusammenhang mit der passiven Betreibungsfähigkeit der Kollektivgesellschaft) vom römischen Recht her vertraut. Er ist im englischen Recht geläufig (siehe unten Anm. 39).

sich allgemein die Frage, ob sich eine solche Zweiteilung (Zäsur) sachlich rechtfertigen läßt, oder ob die verschiedenen Gesellschaften nicht eher als innerlich zusammenhängende Gebilde zu verstehen sind, die, ausgehend von einer gemeinsamen Grundform (der «Gesellschaft»), sich nur durch den verschiedenen Grad ihrer Konzentration zur Einheit voneinander abheben – das Problem Dualismus-Monismus, auf das in anderem Zusammenhang zurückzukommen ist (hinten § 21).

II. Weitere Einteilungen

In Ergänzung dieser positivrechtlichen Systematik werden die verschiedenen Gesellschaftsformen – zur Zusammenfassung gemeinsamer und trennender Faktoren, sowie im Interesse der Darstellung (Terminologie) – noch nach anderen Kriterien eingeteilt:

1. Bei den Personen- und Kapitalgesellschaften geht es um die strukturellen Grundlagen. Bei den Kapitalgesellschaften – AG, Kommandit-AG, GmbH – hat die Gesellschaft ein bestimmtes Gesellschaftskapital (als Haftungsfonds) bekanntzugeben, und es bestimmen sich die Mitgliedschaftsrechte (mit Ausnahmen) nach Maßgabe der von Gesellschaftern übernommenen Kapitalanteile, so namentlich die Gewinnbeteiligung und das Stimmrecht. – Die Personengesellschaften – einfache Gesellschaft, Kollektiv- und Kommanditgesellschaft, stille Gesellschaft – beruhen nicht (notwendigerweise) auf Kapital und vermögensmäßiger Beteiligung der Mitglieder, sondern auf deren Person (Mitwirkung und Haftung), und ihre Mitgliedschaftsrechte bestimmen sich nach dem Gleichheitsprinzip. – Die Unterscheidung zwischen Personen- und Kapitalgesellschaften ist aber nur insofern gültig, als diese auf einem erklärten Kapital beruhen müssen, jene nicht. Im übrigen schafft schon das Gesetz Mischformen, in denen sowohl Kapital als Person rechtlich relevante Elemente bilden[9], so in der Kommandit-AG und der GmbH. Ferner nimmt, im Bereich der Gesellschaftsautonomie, die Praxis Mischungen vor, die zu sog. atypischen Gebilden wie die «kapitalistische Kommanditgesellschaft» oder die «personalistische AG» führen[10]. Während bei der gesetzlichen

---

[9] Siehe vorn § 17, II. In einem gewissen Sinn gehört auch die Kommanditgesellschaft dazu, indem der Kommanditär eine Kommanditsumme zu erklären und gegebenenfalls «einzuwerfen» hat, doch geschieht dies nur in Funktion seiner Haftung, wenn nicht vertraglich anders vereinbart (siehe hinten §§ 40, 42, 43).

[10] Ob und in wieweit Abweichungen von den gesetzlichen Gesellschaftstypen auf Grund autonomer Ordnung zulässig sind, ist im Zusammenhang mit der Typologie noch zu erörtern, siehe hinten § 24.

Mischung die sich daraus ergebenden Konsequenzen (mehr oder weniger scharf) erfaßt und geordnet werden, stellt sich bei der gesellschaftsautonomen Mischung ein besonderes Problem der Rechtsanwendung, nämlich die Frage, ob und in wieweit die gesetzliche Ordnung der einen oder andern Gesellschaftskategorie auf die betreffende Gesellschaft Anwendung findet. Darauf ist im Zusammenhang mit der Typologie zurückzukommen (hinten § 24).

2. Nach den Haftungsprinzipien wird unterschieden zwischen Gesellschaften, deren Mitglieder von Gesetzes wegen persönlich, unbeschränkt oder beschränkt, für die Gesellschaftsschulden haften – die Personengesellschaften, die GmbH, die Kommanditaktiengesellschaft – und solchen, bei denen eine persönliche Haftung der Gesellschafter von Gesetzes wegen ausgeschlossen ist – die AG und, mangels anderer statutarischer Anordnung, die Genossenschaft. Während diese Haftungsprinzipien an sich klarstehen, ergeben sich Probleme hinsichtlich der Rechtsnatur und des Gegenstandes von Haftungen (z.B. direkte Leistungspflicht des Gesellschafters oder Interessenhaftung?), die in entsprechendem Zusammenhang behandelt werden (hinten §§ 30, 37, 43).

3. Schließlich können die verschiedenen Gesellschaften auch unter dem Gesichtspunkt «Unternehmungsbesitz und Unternehmungsleitung» unterschieden werden. Während bei den einen – den Personengesellschaften und der GmbH – die Gesellschafter (als «Besitzer» der Unternehmung) von Gesetzes wegen (mangels anderer vertraglicher oder statutarischer Anordnung) zur Geschäftsführung und Vertretung als Recht und Pflicht berufen sind, werden diese bei der AG hievon ausgeschlossen und es treten an ihre Stelle die gesetzlich oder statutarisch vorgesehenen Organe, welche durch gewählte Gesellschafter (so die Verwaltung) oder auch durch Dritte (Direktoren etc.) zu besetzen sind. Es schließt dies aber nicht aus, daß auch bei der erstgenannten Gruppe die Geschäftsleitung und Vertretung an Dritte übertragen werden kann[11] – und daß bei der AG, zwar nicht einzelnen Aktionären, aber bestimmten Aktionärgruppen mit verschiedener Rechtsstellung ein Rechtsanspruch auf Vertretung in der Verwaltung zusteht, der durch die Statuten auch auf «Minderheiten» ausgedehnt werden kann (Art. 708 Abs. 4, 5 OR).

---

[11] Ob ausschließlich oder nur gemeinsam mit einem Gesellschafter ist noch zu prüfen, siehe hinten § 35, II.

III. Ausländisches Recht

Die nachfolgenden Ausführungen zu den Personenverbindungen ausländischen Rechts beschränken sich auf eine Übersicht der unsern Gesellschaften strukturell oder funktionell einigermaßen entsprechenden Institute, ihrer Zusammenhänge und Abgrenzungen, sowie ihres Standorts in den betreffenden Rechtsordnungen. Diese Übersicht dient zugleich als Grundlage für spätere rechtsvergleichende Ausführungen, so namentlich auch in terminologischer Hinsicht.

1. Deutschland[12]

Die Personenverbindungen des deutschen Rechts basieren auf zwei Grundformen, die beide ihren Sitz im BGB haben, dem Verein und der Gesellschaft; diese beruht auf (schuldrechtlichem) Vertrag, jener auf körperschaftlicher Verfassung. – Die Vereine zerfallen in zwei Kategorien: Die sog. Idealvereine (deren «Zweck nicht auf einen wirtschaftlichen Geschäftsbetrieb gerichtet ist», § 21 BGB) und die wirtschaftlichen Vereine (deren «Zweck auf einen wirtschaftlichen Geschäftsbetrieb gerichtet ist», § 22)[13]. – Als wirtschaftliche Vereine gelten und wurden durch Sondergesetze geordnet: Die Aktiengesellschaft (gemäß DAktG 1965, das auch das Recht der «Verbundenen Unternehmen» erfaßt), die Gesellschaft mit beschränkter Haftung (gemäß DGmbHG 1892/1898 mit Revisionen) und die Genossenschaft (gemäß Genossenschaftsgesetz 1889/1898 mit Revisionen)[14]. Die wirtschaftlichen Vereine (die aber auch nichtwirtschaftliche Zwecke verfolgen können; siehe DAktG § 3, DGmbHG § 1) gelten als Vereine im Sinn des BGB und sind den Bestimmungen des Vereinsrechts unterworfen, soweit nicht ihre Sonderordnung vorgeht (subsidiäre Anwendung des Vereinsrechts)[15]. Sie erlangen die Rechtspersönlichkeit durch Eintrag im Handelsregister. – Die Grundform der Gesellschaften im engeren Sinn[16] ist die sog. bürgerlichrechtliche Gesellschaft, d.h. die «Gesellschaft» gemäß § 705 BGB; sie steht allen Zwecken offen[17]. Im Handelsgesetzbuch geordnet sind die sog. Handelsgesellschaften, nämlich die offene Handelsgesellschaft (§ 105; sie entspricht der schweizerischen Kollektivgesellschaft) und die Kommanditgesellschaft (§ 161); ferner die Stille Gesellschaft (§ 335)[18]. Für alle drei Gesellschaftsformen des HGB gilt subsidiär das Recht der bürgerlichrechtlichen Gesellschaft. Die Handelsgesellschaften sind nicht juristische Personen, doch werden sie (wie in der Schweiz) in verschiedener Hinsicht wie solche behandelt[19]. – Zwischen Verein und Gesellschaft

---

[12] Zum Gegenstand des deutschen Gesellschaftsrechts und zur Einteilung der Personenverbindungen siehe die vorzüglichen Übersichten in den einleitenden Paragraphen z.B. bei LEHMANN/DIETZ; HUECK (Gesellschaftsrecht); R. REINHARDT. – Über dualistische und monistische Auffassungen siehe hinten § 21.

[13] Zum Kriterium «wirtschaftlicher Geschäftsbetrieb» siehe z.B. SOERGEL/SCHULTZE-V. LASAULX, § 21 BGB, Bem. 4 ff.

[14] SOERGEL/SCHULTZE-V. LASAULX, vor § 21 BGB, Bem. 2, § 22 BGB, Bem. 1.

[15] SOERGEL/SCHULTZE-V. LASAULX, vor § 21 BGB, Bem. 4.

[16] Die deutsche Doktrin (siehe vorn Anm. 12) unterscheidet zwischen Gesellschaften im weitern Sinn, zu welchen alle privatrechtlichen Zweckgemeinschaften gehören (auch die Vereine), und Gesellschaften im engeren Sinn («eigentliche Gesellschaften»), welche (nur) die Personengesellschaften umfassen.

[17] Dazu hinten § 27, V.

[18] Die Stille Gesellschaft ist nicht Handelsgesellschaft, sondern gilt, trotz ihrer Einreihung in das HGB, als eine Gesellschaft des BGB in eigenartiger Ausbildung (siehe hinten § 46).

[19] Siehe hinten § 33, IV.

liegt ein Gebilde besonderer Art, der **nichtrechtsfähige Verein** gemäß § 54 BGB, «eine auf die Dauer berechnete Verbindung einer größeren Anzahl von Personen zur Erreichung eines gemeinsamen Zweckes, die nach ihrer Satzung körperschaftlich organisiert ist, einen Gesamtnamen führt, und auf einen wechselnden Mitgliederbestand angelegt ist», der aber mangels Eintragung die Rechtsfähigkeit abgeht[20]. Der nicht rechtsfähige Verein wird dem Recht der BGB-Gesellschaft unterstellt, ist aber keine Gesellschaft (i.e.S.) und wird in verschiedener Hinsicht wie ein rechtsfähiger Verein behandelt[21].

2. Österreich[22]

Der einfachen Gesellschaft des OR entspricht die (allerdings auf wirtschaftliche Zwecke beschränkte) «Erwerbsgesellschaft» (auch Schlichte Gesellschaft genannt) des österreichischen ABGB (§ 1175). In dem seit 1938 eingeführten (deutschen) HGB geordnet, finden sich die offene Handelsgesellschaft (§§ 105/160 HGB, mit Abänderungen gemäß 4. Einführungs-VO), die Kommanditgesellschaft und die Stille Gesellschaft. Die GmbH beruht heute noch auf dem Gesetz von 1906 (mit Revisionen). Für die AG und die Kommanditaktiengesellschaft galt seit 1938 das deutsche Aktiengesetz von 1936. Seit 1966 gilt das Gesetz über die Aktiengesellschaften vom 31. März 1966, das nur eine leichte Revision des DAktG von 1936 darstellt.

3. Frankreich

Die Personenverbindungen des französischen Rechts teilen sich in Sociétés (Gesellschaften) und Associations (Vereine)[23]. – Die Gesellschaften basieren alle auf dem *contrat de société* im Sinne von Art. 1832 CCfr., der (zunächst) die Société (im Sinn unserer einfachen Gesellschaft) erzeugt. Der Gesellschafts-Vertrag ist (u.a.; siehe hinten S. 352) dadurch charakterisiert, daß er auf die Verteilung von Gewinn gerichtet ist[24]. Die Gesellschaften zerfallen ihrerseits in Sociétés commerciales und Sociétés civiles je nachdem, ob sie eine geschäftliche Tätigkeit im Sinne von Art. 632 Ccomm.fr. («actes de commerce») verfolgen oder nicht, wozu noch die kraft ihrer Rechtsform als Handelsgesellschaften erklärten Unternehmen kommen[25]. – Die Sociétés commerciales, bisher im Code de commerce und den ihm einverleibten Spezialgesetzen geregelt, haben nun in der Loi du 24 juillet 1966 sur les sociétés commerciales, mit ausführlichem Dekret vom 23. März 1967[26], eine zusammenfassende Ordnung gefunden. Das neue Gesetz beginnt mit für alle Handelsgesellschaften geltenden «Dispositions générales» und behandelt sodann einzeln die verschiedenen Typen, nämlich die Sociétés en nom collectif, en commandite simple, a responsabilité limitée, par actions, en commandite par actions. Daran schließen sich «Dispositions communes», die für alle Handelsgesellschaften mit Rechtspersönlichkeit gelten (z.B. über die Gesellschafts-

---

[20] Rechtsprechung des Reichsgerichts und des Bundesgerichtshofs, zitiert bei SOERGEL/SCHULTZE-v. LASAULX I, § 54 BGB, Bem. 1, 13. – Vgl. den nicht rechtsfähigen Verein gemäß schweizerischem Recht, hinten § 27, III.
[21] HUECK, Gesellschaftsrecht, S. 6; LEHMANN/DIETZ, S. 237; Einzelheiten bei SOERGEL/SCHULTZE-v. LASAULX, § 54 BGB, Bem. 15.
[22] Siehe HÄMMERLE, S. 13 ff., 339 ff., 514.
[23] Übersichten und Einteilungen der Gesellschaften z.B. bei RIPERT/ROBLOT, S. 351 ff., 380 ff.; J. CARBONNIER I, S. 255 ff. (betr. les personnes morales).
[24] Über den Gesellschaftsvertrag als Grundlage auch der sociétés commerciales siehe hinten S. 490.
[25] Diese Kriterien gelten auch gemäß Loi soc. comm. 1966 Art. 1.
[26] Sowohl die Loi soc.comm. als das Décret haben seit ihrem Erlaß zahlreiche Änderungen und Ergänzungen erfahren. Unsere Ausführungen basieren auf der Ausgabe im Journal Officiel de la République Francaise vom 1. Februar 1970.

rechnungen, Filialen, Fusionen, Liquidation). Ein besonderes Kapitel behandelt die Société en participation (stille Gesellschaft). Ausgiebige «Dispositions pénales» beschließen das Gesetz. – Als Sociétés civiles gelten Gesellschaften, die zwar ebenfalls nach Gewinn streben, aber keine Geschäfte im Sinne des Code de commerce bezwecken, z.B. eine Gesellschaft zur Verwaltung und Vermietung von Immobilien[27]. Die Sociétés civiles bilden den eigentlichen Anwendungsbereich des Art. 1832ff.CCfr. Die Unterscheidung zwischen Sociétés civiles und commerciales hat praktisch stark an Bedeutung verloren, seit die Rechtsprechung (Cour de Cassation 1891/1894) auch den Sociétés civiles Rechtspersönlichkeit (personnalité morale) zuerkennt und nun noch durch das erwähnte Gesetz von 1966 alle dort genannten Gesellschaften zu Handelsgesellschaften erklärt werden[28] und mit der Eintragung im Handelsregister die Rechtspersönlichkeit erlangen (Art. 5, ausgenommen die Société en participation, Art. 419). Die Handelsgesellschaften bleiben jedoch, soweit die Sondergesetzgebung nicht reicht, dem Code de commerce unterstellt, so dessen Bestimmungen über die Handelsgerichtsbarkeit[29]. – Den Sociétés stehen, als zweite Hauptgruppe unter den Personenvereinigungen, die Associations gegenüber. Ihr Charakteristikum besteht darin, daß sie keine Gewinnverteilung anstreben, was jedoch die Wahrung materieller Interessen nicht ausschließt. Die Associations unterstehen dem Gesetz vom 1. Juli 1901. Sie können sich frei bilden, erlangen aber die Rechtspersönlichkeit erst auf Grund gewisser Publizitätsmaßnahmen (sog. Association déclarée), jedoch nur eine beschränkte (*petite personnalité morale*, die z.B. die Annahme von Schenkungen ausschließt), es sei denn, es handle sich um eine (behördlich als solche anerkannte) sog. Association reconnue d'utilité publique, die eine ausgedehntere Rechtspersönlichkeit genießt (*la grande personnalité morale*, die jedoch der vollen personnalité morale der Sociétés noch nicht gleichkommt)[30]. Im französischen Vereinsrecht kommt damit das *principe de la spécialité* zum Ausdruck, von dem im Zusammenhang mit dem Problem der Rechtsfähigkeit noch die Rede sein wird (hinten § 21). – Eine besondere Rechtsfigur für die Zusammenarbeit von Wirtschaftsunternehmen bildet das «Groupement d'intérêt économique», geschaffen durch die Ordonnance Nr. 67–821 vom 23. September 1967[31]. Das Groupement besitzt eigene Rechtspersönlichkeit und kann jede Tätigkeit zum Zwecke haben, welche die wirtschaftlichen Ziele seiner Mitglieder fördert; es steht auch den Kartellen offen. – Unter dem Titel «Proposition de Loi sur les groupes de sociétés et la protection des actionnaires et du personnel» wird zur Zeit der Erlaß eines eigentlichen Konzernrechts geprüft[32].

4. Italien[33]

Das italienische Recht der Personenvereinigungen findet sich heute im (nuovo) Codice civile von 1942, der nun auch die früher im Codice di Commercio geregelten Materien, damit das Recht der Handelsgesellschaften, umfaßt. Auch der CCit. unterscheidet zwischen den Vereinen (Associazioni) und den Gesellschaften (Società). Die Vereine sind im ersten Buch des CCit. (Personen- und Familienrecht) unter dem Titel der juristischen Personen (Art. 14 ff.) gemeinsam mit den Stiftungen geregelt. Sie stehen allen Zwecken, also auch wirtschaftlichen offen, bedürfen aber zur Erlangung der Rechtspersönlichkeit einer behördlichen Anerkennung und zur Vornahme bestimmter Rechtsgeschäfte einer behördlichen Bewilligung (Art. 17: beschränkte Rechtsfähigkeit). – Die Gesellschaften haben ihren Standort im fünften Buch des CCit., betitelt «Del Lavoro», wo

---

[27] J. Carbonnier I, S. 258; Ripert/Roblot, S. 380.
[28] J. Carbonnier I, S. 258; Ripert/Roblot, S. 380.
[29] Hingegen ist das Vergleichs- und Konkursrecht durch das Gesetz vom 13. Juli 1967 aus dem Ccomm.fr. herausgelöst und neu geregelt worden.
[30] Vgl. J. Carbonnier I, S. 258.
[31] Dazu W. Schluep, ZSR 1973 (zit. § 17, Anm. 31), S. 342 ff., mit Hinweisen; J. Guyénod, Les groupements d'intérêt économique et leur vocation européenne, ZSR 90 I, 1971, S. 53 ff.
[32] Vgl. L. Dallèves, ZSR 1973 (zit. § 17, Anm. 31), S. 620.
[33] Gute Übersicht z.B. bei P. Greco, Le Società nel Sistema Legislativo Italiano, Torino 1959.

anschließend an das Recht der Unternehmung (impresa) alle Gesellschaftsformen in einem gemeinsamen (fünften) Titel behandelt werden (Art. 13, 2082, 2247 ff.). Das italienische Gesellschaftsrecht geht von einem für alle Gesellschaftstypen geltenden Grundbegriff aus, dem Gesellschaftsvertrag (Art. 2247), als dessen Charakteristika die gemeinsame Verfolgung einer wirtschaftlichen Tätigkeit zum Zwecke der Gewinnverteilung gelten. Bezweckt die Gesellschaft den Betrieb eines Handelsgewerbes (attività commerciale) im Sinn des Gesetzes (Art. 2195), so hat sie eine der im CCit. hiefür vorgezeichneten Gesellschaftsformen anzunehmen (Art. 2249 Abs. 1), als Kollektivgesellschaft (società in nome collettivo, Art. 2291 ff.), Kommanditgesellschaft (società in nome collettivo, Art. 2291 ff.), Kommanditgesellschaft (società in accommandita semplice, Art. 2313 ff.), Aktiengesellschaft (società per azioni, Art. 2325), Kommandit AG (società in accommandita per azioni, Art. 2462 ff.), Gesellschaft mit beschränkter Haftung (società a responsabilità limitata, Art. 2472 ff.). – Bezweckt die Gesellschaft nicht den Betrieb eines Handelsgewerbes, gelten für sie die Regeln der einfachen Gesellschaft (società semplice, Art. 2251 ff.), es sei denn, die Gesellschafter wählten eine der soeben genannten Gesellschaftsformen (die somit auch andern Zwecken als dem Betrieb eines Handelsgewerbes offen stehen, Art. 2249 Abs. 2). Unter einem (siebenten) Sondertitel, als eine Figur für sich, wird die stille Gesellschaft (associazione in partecipazione, Art. 2549.) behandelt. Vorbehalten (Art. 2249 Abs. 3) bleiben die Bestimmungen über die Genossenschaft (impresa cooperativa, Art. 2511 ff.) und die für besondere Unternehmungsarten geltenden Sondergesetze.

5. Das angelsächsische Recht

Das angelsächsische Recht wird hier lediglich als Hinweis auf eine völlig andere Ordnung unserer Materie erwähnt. Es regelt die Personenverbindungen in einer vom kontinentalen Recht so verschiedenen Weise, daß die Rechtsvergleichung weiter ausholen muß und namentlich die Gleichstellung gewisser Assoziationsformen nur unter mehr oder weniger weitgehenden Vorbehalten möglich ist. Das angloamerikanische Recht hat kein geschlossenes oder doch auf bestimmten Grundformen aufgebautes Gesellschaftsrecht. Es kennt auch keinen Gesellschaftsvertrag im kontinentalen Sinn[34]. Es hat pragmatisch und aporetisch (auf bestimmte Situationen bezogen) eine Reihe vielfältig geordneter Gebilde geschaffen, die auch in der Doktrin vornehmlich als solche behandelt und nur mit Zurückhaltung einer systematischen Erfassung unterworfen werden[35]. Zudem werden mitunter im Zusammenhang mit vertraglichen Verbindungen auch andere Institute, so z.B. der Trust verwendet, woraus wiederum Gebilde eigener Art entstehen. Schließlich ist zu berücksichtigen, das die im Bereich der Personenverbindungen erlassenen Gesetze (statutory law) die von ihnen erfaßten Gebilde keineswegs abschließend ordnen, sondern ihre Ergänzung durch das in der Rechtsprechung entwickelte Recht (at law and in equity) finden, wobei den sog. fundamental principles besondere Bedeutung zukommt[36, 37]. – Bei aller gebührenden Berücksichtigung der Eigenart des angelsächsischen «Gesellschaftsrechts» läßt sich doch feststellen, daß auch dort – den Bedürfnissen der Praxis entsprechend – Assoziationsformen entstanden sind, die strukturell und funktionell im Wesentlichen den kontinentalen Handelsgesellschaften gleichgesetzt werden können oder ihnen doch sehr nahe kommen.

So entsprechen in England unsern Personen-Handelsgesellschaften die Partnership und die Limited Partnership (= Kommanditgesellschaft), die beide in die Familie der *Unincorporate Associa-*

---

[34] Dazu noch hinten § 27, V.

[35] Siehe z. B. die Übersicht bei L. C. B. GOWER, The Principles of Modern Company Law, London 1969, Einleitung.

[36] Siehe GOWER (Anm. 35), S. 8: «Behind them (sc. den Companies Acts) is a general body of law and equity applying to all companies irrespective of their nature and it is there, that most of the fundamental principles will be found.»

[37] Man denke z.B. an die *Ultra vires*-Lehre, das sog. Durchgriffsproblem («lifting the corporate veil»), die Verbindung von Macht und Verantwortung (insbes. des «kontrollierenden» Aktionärs), die besondere Stellung des «insiders», die Offenlegungspflichten.

tions gehören und beschränkte Rechtsfähigkeit genießen[38]. – Zu den heute mit voller Rechtspersönlichkeit ausgestatteten *Corporate Associations* (Corporations)[39] gehören die Companies[40]. Sie weisen verschiedene Typen auf, unter denen die Registered Company heute die bedeutendste Unternehmungsform bildet. Diese zerfällt ihrerseits in verschiedene Arten[41], unter denen die Company limited by shares («Ltd.») unserer Aktiengesellschaft entspricht. Wie wenig sich aber das englische Recht an ein starres Schema hält, geht z.B. daraus hervor, daß es auch Registered Companies ohne deklariertes Gesellschaftskapital gibt (die Company limited by Guarantee, mit gewissen Garantieverpflichtungen der Mitglieder bei Auflösung der Gesellschaft), ferner Companies mit unbeschränkter Haftung der Mitglieder, auch nur der Verwaltung (directors), oder der Managers (Direktoren), für die Gesellschaftsschulden (Unlimited companies)[42].

Die Vereinigten Staaten von Amerika haben, vom früher geltenden englischen Recht ausgehend, Unternehmungsformen und in ihrer Rechtsprechung Prinzipien entwickelt, die den englischen Typen und «principles» sehr nahe kommen, zum Teil aber auch eigene Wege gehen. Dazu kommt, daß das amerikanische Recht der Personengesellschaften fast ausschließlich einzelstaatliches Recht ist. Im Interesse einer Rechtsvereinheitlichung werden aber für verschiedene Gesellschaftstypen Gesetzesentwürfe ausgearbeitet (Uniform Acts), die von den einzelnen Staaten unverändert oder auch modifiziert übernommen, allenfalls auch nur als inspirierende Quellen benützt werden können. Schließlich steht den Bundesbehörden gemäß Verfassung die Kompetenz zur Gesetzgebung in «interstate commerce» Angelegenheiten zu, kraft welcher besondere Bundesgesetze zum Schutz des kapitalanlegenden Publikums («investor protection») erlassen worden sind[43]. Auf diesem Boden haben sich in den USA folgende (im Zusammenhang mit unsern Handelsgesellschaften besonders interessierende) Unternehmungsformen entwickelt: Die vom englischen Recht her bekannten *Partnerships* und Limited Partnerships, welchen heute in vielen Staaten der Uniform Partnership Act von 1914 und der Uniform Limited Partnership Act von 1916 als Grundlage dienen[44]. Abzweigungen dieser Gesellschaften sind: Die *Joint Venture*[45], im wesentlichen eine Gelegenheitsgesellschaft, unserer einfachen Gesellschaft nahekommen (jedoch beschränkt auf geschäftliche Unternehmen). Ferner die (nur in einigen Staaten geregelten) *Partnership Associations*, die als «Gesellschaften mit lauter Kommanditären» bezeichnet wurden, in der Regel Parteifähigkeit genießen und somit eine Stellung zwischen den Ltd. Partnership und den Corporations einnehmen. Ebenfalls eine Zwischenstellung nehmen ein die im common law ent-

---

[38] Partnership Act von 1890 und Limited Partnership Act von 1907, beide in einigen Punkten modifiziert durch die Companies Acts von 1948 und 1967. – Dazu hinten §§ 33 IV, 40 IV.

[39] Zum Begriff der Corporation, insbes. das weite Feld der *Quasi-Corporations*, siehe die eindringliche Studie von Ch. von Greyerz, The Quasi-Corporation, Cambridge und Bern 1971.

[40] Siehe Companies Acts von 1948 und 1967.

[41] Über die verschiedenen Typen von companies siehe z.B. Gower (oben Anm. 35), S. 4ff. – Die «Ltd» ist eine sog. «Registered Company», entsteht also kraft Eintragung im Register of Companies. Die früher rechtlich und praktisch wesentliche Unterscheidung zwischen *Public* und *Private Companies* ist bedeutungslos geworden, seit die den letzteren gewährten Privilegien (namentlich die Publizität betreffend) zuerst auf sog. *exempt private companies* beschränkt (Comp. Act. 1948) und dann durch die Act von 1967 (Sect. 2) aufgehoben worden sind. Siehe Ch. von Greyerz, Die englische Private Company, in: Lebendiges Aktienrecht, Festschrift W. F. Bürgi, S. 163ff.

[42] Siehe z.B. Gower, S. 12, 68.

[43] Bekannt unter dem Siglen SEC (Security and Exchange Commission, gemäß dem Securities Act 1933 und Securities Exchange Act 1934). Hiezu z.B. R. von Wattenwyl, Die Publizität als Mittel des bundesrechtlichen Investorenschutzes in den Vereinigten Staaten von Amerika, Abh. schweiz. R 357, Bern 1964 (mit Text der Acts 1933, 1934 auszugsweise).

[44] Hiezu z.B. V. von Sinner, Das Recht der Partnership in den Vereinigten Staaten von Amerika, Basel 1955 (mit Text des Uniform Partnership Act).

[45] Der terminus *Joint Venture* hat im europäischen Vokabular Eingang gefunden und findet auch auf Gemeinschaftsunternehmen dauernden Charakters Anwendung; siehe hinten § 27, V 4.

wickelten *Joint Stock Companies*, partnerships mit korporativen Elementen (Quasi Corporations): Einerseits persönliche Haftung der Gesellschafter; andererseits freie Übertragbarkeit der Gesellschaftsanteile, Konzentration der Geschäftsführung in den Händen Einzelner und teilweise Rechtsfähigkeit je nach Rechtsgebiet und Gesetzgebung. – Die wichtigste Unternehmungsform ist die (Business-) *Corporation*, das Gegenstück der kontinentalen Aktiengesellschaft[46]. Sie beruht auf den einzelstaatlichen Corporation Acts und entsteht nach Erfüllung der gesetzlichen Voraussetzungen (Normativsystem) kraft Incorporation («Inc.») durch die zuständige Behörde. Ein Uniform Business Corporation Act von 1928 ist von einigen Staaten übernommen worden, während zahlreiche andere Staaten aus ihm als Quelle für die eigene Gesetzgebung schöpften. – Auch für die Corporation Acts gilt das einleitend zum angelsächsischen Recht Gesagte. Sie enthalten nicht das ganze Recht der Corporations; sie werden als «enabling laws» bezeichnet, welche mehr die Voraussetzungen regeln, unter denen Corporations gegründet werden und funktionieren können, neben denen aber weitgehend auch außerhalb der Acts geltendes Recht zur Anwendung kommt[47].

6. Europäisches Recht (Recht der Europäischen Gemeinschaften)[48]

Gemäß dem der EWG zu Grunde liegenden sog. Römervertrag (1957) hat der Rat (Conseil) dieser Gemeinschaft Vorschriften zur Vereinheitlichung des Gesellschaftsrechts zu erlassen, so zum Schutz der Interessen der Gesellschafter und Dritter[49]. Zwei Wege stehen hiefür offen: Einmal der Erlaß von Richtlinien (Directives), welche die Mitgliedstaaten verpflichten, ihr (nationales) Gesellschaftsrecht mit den betreffenden Vorschriften in Übereinstimmung zu bringen (Coordination). Sodann durch Schaffung eigener, übernationaler Institutionen, welche, neben den nationalen, im Gebiet der EWG Geltung haben sollen. – Obschon die Schweiz nicht Mitglied der EWG (jetzt EG) ist, kann sich deren Recht in verschiedener Weise auch auf unser Gesellschaftsrecht auswirken. Einmal im Zusammenhang mit den sich in Gang befindlichen oder noch kommenden Revisionen unseres Gesellschaftsrechts[50]. Sodann üben solche Entwicklungen u. U. auch einen Einfluß auf die Rechtsprechung aus, so vor allem auf die richterliche Rechtsfindung gemäß Art. 1 Abs. 2 ZGB[51]. Schließlich ist dieses Europarecht auch bei der Anwendung unserer Kollisionsnormen (internationales Privatrecht) zu beachten[52].

Zur Koordinierung der nationalen Gesetzgebungen hat der Rat bis jetzt eine «Erste Richtlinie», vom 9. März 1968, erlassen[53]. Sie beschränkt sich auf die Kapitalgesellschaften (AG,

---

[46] Über die verschiedenen Arten von Corporations siehe z. B. das grundlegende Werk von H. W. BALLANTINE, On Corporations, Chicago 1946.

[47] Siehe BALLANTINE, a.a.O. (Anm. 46), § 10.

[48] Seit dem Vertrag vom 8.4.1965, der verschiedene europäische Gemeinschaften einheitlichen Organen (Rat, Kommission) unterstellte, ist nun amtlich von den «Europäischen Gemeinschaften» (EG; «Communautés Européennes», CE) die Rede. Siehe BBl vom 24. 9. 1971, Nr. 38, S. 711.

[49] Siehe Anm. 48. – Zum europäischen Gemeinschaftsrecht siehe auch PATRY, vorn § 3, II 2, 3.

[50] Dazu der Zwischenbericht 1972 (siehe vorn § 17, Anm. 31), S. 35 f. (betr. EFTA und EWG) und S. 193 (betr. Konzernrecht), unter Hinweis auf den besonderen Bericht von Prof. A. HIRSCH und Dr. Th. FAIST «La Suisse et les travaux de la CEE dans le domaine du droit des sociétés», Januar 1971, Beilage 2 zum erwähnten Zwischenbericht; W. R. SCHLUEP, Die Bemühungen um ein europäisches Gesellschaftsrecht und der Vorschlag für eine Teilrevision des schweizerischen Aktienrechts, Schweiz. AG 45, 1973, S. 1 ff.

[51] Als Beispiel hiefür sei auf BGE 94 I, 1968, S. 243 hingewiesen, wo das BGer (in einem kollisionsrechtlichen Fall) den Anknüpfungsbegriff «Wohnsitz» dem in den neueren Haager Konventionen durchwegs verwendeten Begriff der «résidence habituelle» gleichgestellt hat; siehe F. VISCHER, Schweiz. Privatrecht I, S. 545.

[52] Siehe F. VISCHER, a.a.O. (Anm. 51), § 50, insbes. S. 572 f.

[53] Veröffentlicht im Amtsblatt der EG vom 14. März 1968, Nr. 165/8. Diese Richtlinie stützt sich auf die Art. 54 Abs. 3g und Art. 58 Abs. 2 des Römer Vertrags. Beide Bestimmungen stehen

§ 18   Ausländisches Recht   253

Kommandit AG, GmbH)⁵⁴ und befaßt sich mit der «Offenlegung» (Art. 2 ff.), der «Gültigkeit der von der Gesellschaft eingegangenen Verpflichtungen (sc. der Vertretungsmacht der Organe – Verf.; Art. 7 ff.) und der Nichtigkeit der Gesellschaft» (Art. 10 ff.)⁵⁵. – Ferner haben die vorberatenden Instanzen dem Rat den Erlaß von vier weiteren Richtlinien vorgeschlagen, welche die Gründung, die Fusion und die Struktur (Organisation) der Aktiengesellschaften, sowie den Jahresabschluß von Kapitalgesellschaften zum Gegenstand haben. – Den zweiten Weg der Rechtsvereinheitlichung beschreitet ein Vorschlag zur Schaffung einer «Europäischen Aktiengesellschaft» *(societas Europea)*, aus deren (durch eine Verordnung des Rats zu erlassendem) Statut die Bestimmungen über die Rechnungslegung und den Geschäftsbericht, die Vertretungsmacht der Organe⁵⁶, das Konzernrecht und die Vertretung der Arbeitnehmer in der Gesellschaft («Europäischer Betriebsrat») besonders hervorgeben seien.

---

unter dem Titel «Das Niederlassungsrecht» (Titel III, Kap. 2), welches auch den Gesellschaften gewährt wird, die in einem Mitgliedstaat ihren satzungsmäßigen Sitz, ihre Hauptverwaltung oder Hauptniederlassung haben (Art. 58 Abs. 1). Als Gesellschaften gelten diejenigen «des bürgerlichen und des Handelsrechts, einschließlich der Genossenschaften...» (Art. 58 Abs. 2). Die EWG-Behörden haben «soweit erforderlich die Schutzbestimmungen (zu) koordinieren, die in den Mitgliedstaaten den Gesellschaftern... im Interesse der Gesellschafter sowie Dritter vorgeschrieben sind, um diese Bestimmungen gleichwertig zu gestalten» (Art. 54 Abs. 3 g). – Zur genannten ersten Richtlinie einläßlich F. PERRET, Coordination du Droit des Sociétés en Europe, La Première Directive de la CEE en matière de Sociétés et le Droit suisse, in: Schweizerische Beiträge zum Europarecht V, Bd. 3, Genf 1970 (mit Einleitung von A. HIRSCH).

⁵⁴ Wie in Anm. 53 ausgeführt, soll die Niederlassungsfreiheit allen Gesellschaften, gleichgültig welcher Rechtsform, zugestanden werden. Das vorberatende Comité économique et social erachtete die Koordination der Schutzbestimmungen bezüglich der Kapitalgesellschaften als vordringlich, empfahl aber eine möglichst baldige Ausdehnung der Koordination auf die andern Gesellschaftsformen (Journal Officiel des Communautés Européennes vom 27. November 1964, No. 154, S. 3250). Dementsprechend der Ingress der Ersten Richtlinie.

⁵⁵ Diese Bestimmungen sind im Zusammenhang mit den Kapitalgesellschaften näher zu betrachten (2. Halbband). Hier sei lediglich auf die Ordnung der Vertretungsmacht hingewiesen. Nach schweizerischem Recht gelten bei allen Handelsgesellschaften die zur Vertretung befugten Personen (Gesellschafter, Verwaltung) als ermächtigt, im Namen der Gesellschaft alle Rechtshandlungen vorzunehmen, die der Zweck der Gesellschaft mit sich bringen kann; eine Beschränkung des Umfangs der Vertretungsbefugnis hat gegenüber gutgläubigen Dritten keine Wirkung (dazu hinten S. 516). Ebenso heute das französische Gesellschaftsrecht (sog. théorie de la spécialité statutaire; siehe Art. 14, 98 Abs. 2, 124 Abs. 2 Loi Soc. comm.). Anders das deutsche Recht, nach welchem im Verhältnis zu Dritten die Vertretungsbefugnisse der Gesellschafter bzw. des Vorstandes nicht beschränkt werden können (sog. Organtheorie; siehe F. PERRET (Anm. 53), S. 49 ff. und § 126 Abs. 2 HGB, § 82 Abs. 1 DAktG, § 37 Abs. 2 DGmbHG). Zwischen diesen beiden Ordnungen schließt Art. 9 einen Kompromiß: Gegenüber Dritten wird die Gesellschaft durch die Handlungen ihrer Organe verpflichtet, selbst wenn diese Handlungen nicht zum Gegenstand des Unternehmens gehören; vorbehalten bleiben gesetzliche (sc. strukturelle – Verf.) Beschränkungen. Die Mitgliedstaaten können jedoch (in ihren nationalen Rechtsordnungen) die Vertretungsmacht der Organe in bestimmter Weise auf den Zweckbereich beschränken (Art. 9 Ziff. 1 Abs. 2, Ziff. 2). Siehe zum Vorstehenden einläßlich F. PERRET, a.a.O. (Anm. 53), S. 49 ff.

⁵⁶ Unter Hinweis auf Anm. 55 sei hier lediglich hervorgehoben, daß nach dem «Statut» die Vertretungsmacht des «Vorstandes» (entsprechend der Organtheorie und wie im deutschen Recht) uneingeschränkt gilt; vorbehalten sind lediglich Einschränkungen, die sich aus dem Statut der *Societas Europea* selbst ergeben (sc. Kompetenzüberschreitungen – Verf.; siehe Art. 64 und 67 des Statuts).

Viertes Kapitel

Die Grundlagen des Gesellschaftsrechts (Rechtsquellen)

§ 19. Die Grundlagen im objektiven Recht

Literatur

F. FLEINER, Schweizerisches Bundesstaatsrecht, Zürich 1923; F. FLEINER/ Z. GIACOMETTI, Schweizerisches Bundesstaatsrecht, Zürich 1949; A. FAVRE, Droit constitutionnel suisse, Fribourg 1966; J.F. AUBERT, Traité de droit constitutionnel suisse, Paris/Neuchâtel 1967.

A. EGGER, Zürcher Kommentar zum ZGB, I. Band: Einleitung und Personenrecht, 2. Aufl. 1930; Berner Kommentar zum ZGB, 1962, Einleitungsband (Art. 1–10 ZGB, von P. LIVER, A. MEIER-HAYOZ, H. MERZ, P. JÄGGI, H. HUBER, H.P. FRIEDRICH, M. KUMMER).

H. OSER/W. SCHÖNENBERGER, Zürcher Kommentar, V. Bd., Das Obligationenrecht, 1. Halbbd. (Art. 1–183), 2. Aufl. 1929; W. SCHÖNENBERGER/P. JÄGGI, Zürcher Kommentar, V. Bd., Obligationenrecht, 3. Aufl. 1973, Teil 1a (Allg. Einleitung, Internationales Privatrecht, von W. SCHÖNENBERGER; Art. 1 ff. von P. JÄGGI).

A. VON TUHR/A. SIEGWART, Allgemeiner Teil des Obligationenrechts, 2 Halbbde., 2. Aufl., Zürich 1942/1944; H. DESCHENAUX, Schweiz. Privatrecht II, §§ 10–15; K. OFTINGER, Über den Zusammenhang von Privatrecht und Staatsstruktur, SJZ 37, 1940/41, S. 225 ff.

Siehe auch PATRY, vorn § 3 (Die Rechtsquellen des Handelsrechts).

I. Verfassungsrechtliche Grundlagen

1. Eine verfassungsrechtliche Grundlage erhielt das Gesellschaftsrecht zunächst durch Art. 64 Abs. 2 BV, der den Bund zur Gesetzgebung auf dem Gebiet des Obligationenrechts, mit Inbegriff des Handels- und Wechselrechts ermächtigte – eine Kompetenz, die 1898 auf die übrigen Gebiete des Zivilrechts ausgeweitet wurde (Art. 64 Abs. 4 BV), was im Hinblick auf das (auch das Gesellschaftsrecht beherrschende) Körperschaftsrecht[1] des ZGB (Art. 52 ff.) von Bedeutung ist.

2. In besonderer Weise ist für das Gesellschaftsrecht von Bedeutung der Art. 56 BV (Vereinsfreiheit)[2]. Über dessen Geltungsbereich und sein

---

[1] Siehe hinten II 3.

[2] Art. 56 BV: «Die Bürger haben das Recht, Vereine zu bilden, sofern solche weder in ihrem Zweck,

Verhältnis zu Art. 31 BV (Handels- und Gewerbefreiheit)[2a] bestehen Kontroversen.

Nach einer Auffassung können sich nur Personenverbindungen zu ideellen (nichtwirtschaftlichen) Zwecken – ungeachtet ihrer Rechtsform (auch die Personengesellschaften und Körperschaften des OR gehören dazu) – auf die Vereinsfreiheit gemäß Art. 56 BV berufen. Für Organisationen zu Erwerbszwecken gilt Art. 31 BV, als *lex specialis* zu Art. 56 BV[3].

Nach andern Autoren[4] war zwar die Vereinsfreiheit ursprünglich nur als Gewährleistung der freien Meinungsäußerung gedacht, doch kann sie heute von allen Personenverbindungen, auch solchen zu wirtschaftlichen Zwecken angerufen werden. Man beruft sich hiefür auf die Rechtsprechung des BGer: Zuerst wird geprüft, ob eine Einschränkung der Handels- und Gewerbefreiheit durch verwaltungsrechtliche Verfügungen oder Erlasse nach Art. 31 BV zulässig war; wenn ja, kann sich der «Verein» auch nicht auf Art. 56 berufen (da er in diesem Fall in seinem Zweck oder seinen Mitteln rechtswidrig ist.) – Ob auf Grund der bundesgerichtlichen Rechtsprechung wirklich eine Ausdehnung der Vereinsfreiheit auf die Personenverbindungen zu wirtschaftlichen Zwecken angenommen werden darf, erscheint allerdings fraglich[5]. Doch ist, wie allgemein anerkannt[6], die Frage praktisch von geringer Bedeutung, da sie meist im Zusammenhang mit Art. 31 BV aktuell und dann (richtigerweise) auf die erwähnte Weise gelöst wird[7]. – Ergänzend ist festzuhalten, daß sich der Erwerb der Rechtsfähigkeit einer Personenverbindung nicht auf Grund von Art. 59 BV, sondern nach Maßgabe der privatrechtlichen Vorschriften bestimmt; ZGB und OR setzen die Voraussetzungen fest, unter denen die Vereine, Gesellschaften und Genossenschaften entstehen und gegebenenfalls die Rechtspersönlichkeit erlangen können[8].

---

noch in den dafür bestimmten Mitteln rechtswidrig oder staatsgefährdend sind. Über den Mißbrauch dieses Rechtes trifft die Kantonalgesetzgebung die erforderlichen Bestimmungen.»

[2a] Zur Handels- und Gewerbefreiheit gemäß Art. 31 BV allgemein siehe PATRY, vorn § 7, I.

[3] So FLEINER/GIACOMETTI, S. 375f.; auch nach J.F. AUBERT, (S. 747 N. 2137) und A. FAVRE (S. 310) fallen unter Art. 56 BV nicht nur der Verein des ZGB, sondern auch sämtliche Personenverbindungen des OR, sofern sie nicht Erwerbszwecke verfolgen. Dies trifft nach den zit. Autoren auch auf Organisationen zu, die, wie z.B. Berufsverbände, allgemein wirtschaftliche Interessen verfolgen (aber nicht gewinnstrebend sind). – Siehe dazu auch vorn § 17, I 2. – Siehe auch F. GYGI, Die schweizerische Wirtschaftsverfassung, ZSR 89 II, 1970, S. 315, wonach «die Verfassung ausdrücklich nur die Handels- und Gewerbefreiheit, nicht aber die... wirtschaftliche Vereinigungsfreiheit verbürgt».

[4] Siehe namentlich FLEINER, S. 367ff.; A. HEINI, Schweiz. Privatrecht II, S. 519f.; H. NEF, SJK, Nr. 698 (Vereinsfreiheit, 1942),.

[5] Zwar sagt BGE 87 I, 1961, S. 286: «Art. 56 BV garantiert die Verfolgung beliebiger Zwecke und die Anwendung beliebiger Mittel, sofern sie nicht rechtswidrig oder staatsgefährlich sind». Der Entscheid befaßt sich aber mit einem Verein (Filmclub) und dessen Unterstellung unter das kantonale Verwaltungsrecht; ebenso die stets zitierten BGE 8, 1882, S. 249, 254 und 10, 1884, S. 28. In BGE 42, I, 1916, S. 1 ff. stand eine Genossenschaft zur Diskussion; ihre Berufung auf Art. 51 BV wurde wegen Rechtswidrigkeit gemäß Art. 31 BV abgelehnt, wobei sowohl von «Verein» als «Gesellschaft» die Rede ist.

[6] Siehe F. FLEINER, FLEINER/GIACOMETTI, H. NEF, zit. oben Anm. 3, 4.

[7] Die Vereinsfreiheit gemäß Art. 56 BV ist auch vom Gesetzgeber zu beachten. So wäre z.B. die Wiedereinführung eines allgemeinen Konzessionssystems (ohne Änderung des Art. 56 BV) verfassungswidrig. Siehe FLEINER/GIACOMETTI, S. 384; HEINI, a.a.O. (Anm. 4), S. 520.

[8] FLEINER, S. 369; FLEINER/GIACOMETTI, S. 376 unter Hinweis darauf, daß die das sog. Normativsystem befolgenden privatrechtlichen Bestimmungen über die Bildung von Körperschaften auch mit den Grundsätzen des öffentlichen Rechts im Einklang stehen. Ebenso HEINI, a.a.O., (Anm. 4), S. 520 Anm. 15.

3. Schließlich ist auch auf die in der neueren Doktrin und Rechtsprechung diskutierte Auffassung von der sog. **Drittwirkung** (Horizontalwirkung) der verfassungsmäßigen Grundrechte, insbesondere der Freiheitsrechte hinzuweisen. Danach sollen sich solche Rechte, die zwar primär die Freiheit der Bürger gegenüber der Staatsgewalt schützen, auch auf die Beziehungen unter den Privaten auswirken – dies zur Wahrung der innern Einheit der Rechtsordnung eines Staates. Was als oberster Grundsatz im öffentlichen Recht gilt, soll (zum mindesten) als richtunggebende Norm auch auf das Verhältnis unter den Rechtsgenossen gelten.

Das Postulat der «innern Einheit», des «Einklangs» (EGGER) der öffentlichen und der privaten Rechtsordnung wurde schon früher mit Nachdruck vertreten[9]. Anderseits wurde aber in Doktrin und Rechtsprechung auch die ausschließliche Staatsbezogenheit der erwähnten Grundrechte betont[10]. In neuerer Zeit – namentlich unter dem Eindruck der wachsenden Bedrohung der freien Persönlichkeit und ihrer Tätigkeit durch außerstaatliche (wirtschaftliche, soziale) Mächte – wurde das erwähnte Postulat (in verschiedenen Formulierungen und mit verschiedenen Begründungen) weiter verfolgt[11], wobei heute überwiegend eine indirekte (mittelbare) Drittwirkung der Grundrechte angenommen wird. – Es zeigt sich dies z.B. in der Rechtsprechung zur Handels- und Gewerbefreiheit, die auf dem Prinzip des freien Wettbewerbs beruht und in Verbindung mit dem Persönlichkeitsschutz den Bürger auch gegen kollektive Maßnahmen seiner Mitbewerber schützt, sofern diese in unzulässiger Weise sein «privates Recht auf Handels- und Gewerbefreiheit» verletzen[12]. – Drittwirkungen werden auch der Vereinsfreiheit gemäß Art. 56 BV zugesprochen, so im Zusammenhang mit der Koalitions- (Verbands-) Freiheit[13]. – Schließlich wurde auch eine Drittwirkung der Rechtsgleichheit gemäß Art. 4 BV zur Diskussion gestellt[14]. Mit Recht wird aber darauf hingewiesen, daß sich diese Vorschrift an die Staatsgewalt richte[15]. Das das ganze Gesellschaftsrecht durchziehende Gleichbehandlungs-

---

[9] z.B. EGGER, Art. 28 ZGB, N. 10 und Vorbem. zu Art. 52ff. ZGB, N. 6; OFTINGER, a.a.O. (Lit. § 19), S. 225 ff. Siehe auch PATRY, vorn § 3, I.

[10] z.B. (im Zusammenhang mit der Vereinsfreiheit) FLEINER, S. 308; deutlicher noch FLEINER/GIACOMETTI, S. 382. Auf dem gleichen Boden auch die frühere Rechtsprechung des BGer, insbes. zur Handels- und Gewerbefreiheit, siehe H. HUBER, ZSR 74, 1955, S. 175 und dortige Verweisungen.

[11] Grundsätzlich dazu H. HUBER, Die Bedeutung der Grundrechte für die sozialen Beziehungen unter den Rechtsgenossen, ZSR 74, 1955, S. 173 ff.; DERSELBE, Der Schutz der Staatsbürgerrechte des Arbeitnehmers, ZSR 82 I, 1963, S. 131 ff. Siehe auch HEINI, a.a.O. (Anm. 4), S. 520 und dort zitierte weitere Doktrin.

[12] H. HUBER, ZSR 82 I, 1963, S. 135 ff. mit Verweisungen auf frühere Doktrin.

[13] BGE 86 II, 1960, S. 365, 376 (Boykott). – Der Hinweis auf den Persönlichkeitsschutz zeigt die besondere Funktion der Grundrechte als maßgebend für die «Wertausfüllung» der Generalklauseln des Privatrechts; diese werden denn auch als «die Einbruchstellen der Grundrechte in das Privatrecht» bezeichnet (H. HUBER, ZSR 82, 1963, S. 136 f. mit Hinweis auf das grundlegende Urteil des Bundesverfassungsgerichts; BVerfGE 7, S. 204 ff.). Vgl. auch J.P. MÜLLER, Die Grundrechte der Verfassung und der Persönlichkeitsschutz des Privatrechts, Bern 1964, S. 153 ff., 166; M. WIDMER, Die Gewerbefreiheit nach schweizerischem und die Berufsfreiheit nach deutschem Recht, Diss. Bern, Abh. schweiz. R. 379, Bern 1967.

[14] H. HUBER, ZSR 74, 1955, S. 204; ZSR 82, 1963, S. 133. – Siehe auch Art. 34 Abs. 2 BV und das BG über die Allgemeinverbindlicherklärung von Gesamtarbeitsverträgen vom 28. September 1956, Art. 2 Ziff. 5 und Art. 356 ff. OR.

[15] H. HUBER, ZSR 74, 1955, S. 205; OFTINGER, a.a.O., S. 228.

prinzip stützt sich auf das Gebot des Handelns nach Treu und Glauben und das Verbot des Rechtsmißbrauchs (Art. 2 ZGB), worin auch das (ebenfalls aus Art. 4 BV fließende) Willkürverbot enthalten ist[16, 16a]; vgl. hinten § 23 I.

II. Die gesetzlichen Grundlagen

1. Das Obligationenrecht

Das schweizerische Gesellschaftsrecht – umfassend die Personen- und Kapitalgesellschaften sowie die Genossenschaft – fand von Anfang an als Gesamtheit seine Grundlage im OR.

Aus der Entwicklungsgeschichte des OR[17] sei im Hinblick auf die Gesellschaften festgehalten: Bereits der Entwurf eines schweizerischen Handelsrechts von W. MUNZINGER (1864) umfaßte das gesamte Gesellschaftsrecht und diente, nachdem die Idee eines schweizerischen Handelsgesetzbuches abgelehnt worden war[18], als Grundlage für MUNZINGERS Entwurf eines schweizerischen Obligationen- und Handelsrechtes (1871). Die Botschaft 1879[19] weist mehrfach auf die Zusammenhänge des Entwurfs mit ausländischen und kantonalen Rechtsordnungen hin, so vor allem mit dem Allgemeinen Deutschen Handelsgesetzbuch (Entwurf von 1861, Reichsgesetz seit 1871), aber auch mit dem französischen Recht und dem Zürcher Privatgesetzbuch (1855); andererseits betont die Botschaft auch die Selbständigkeit und Originalität der MUNZINGERschen Arbeit[20]. Wie die Entwürfe, so umfaßt auch das OR 1881 das gesamte Gesellschaftsrecht als Teil des Obligationenrechts, wobei die einfache Gesellschaft noch in der (zweiten) Abteilung «Die einzelnen Vertragsverhältnisse» behandelt wurde, während die «Handelsgesellschaften» und die Genossenschaft in der sog. handelsrechtlichen (dritten) Abteilung Aufnahme fanden. Bei dieser Ordnung

---

[16] H. HUBER, ZSR 74, 1955, S. 205, wo auch auf Drittwirkungen von Art. 4 BV in bestimmten Fällen hingewiesen wird.

[16a] Zur Frage der Drittwirkung der «Grundrechte» siehe nun auch einläßlich den Schlußbericht der sog. KOMMISSION WAHLEN (Arbeitsgruppe für die Vorbereitung einer Totalrevision der Bundesverfassung, Bd. VI, Bern 1973), S. 98 ff. Die Kommission erachtet dieses Problem als eines der großen Themen der Totalrevision. Sie äußert sich dazu aber sehr zurückhaltend, in der Erkenntnis (u.a.), daß öffentliches und privates Recht doch von unterschiedlichen Gesichtspunkten ausgehen, daß das Privatrecht manchmal bewußt mehr Freiheit zulasse, als die Grundrechte gegenüber dem Staat zugestehen. Im Ergebnis erachtet die Kommission, daß von einer allgemeinen Drittwirkung der Grundrechte (sc. auf den privatrechtlichen Bereich) abzusehen sei. Dennoch dürften die Grundrechte im Privatrecht mindestens eine «Ausstrahlungswirkung» beanspruchen, die jedoch nach stark differenzierten Lösungen rufe, sei es in verfassungsrechtlichen Formulierungen, möglicherweise aber auch, indem man die Drittwirkung der freien Aktualisierung und Konkretisierung durch Gesetzgebung und Rechtsprechung anheimgebe (S. 99, 105).

[17] Zur Entstehung des OR 1881 und seiner Weiterentwicklung siehe SCHÖNENBERGER/JÄGGI, Zürcher Kommentar zum OR, Band V 1a, Allgemeine Einleitung; SCHÖNENBERGER, Obligationenrecht, Textausgabe, Zürich 1971, Einleitung; J. GAUTHIER, in: SCYBOZ/GILLIÉRON, Code civil suisse et Code des Obligations annotés, Lausanne 1972, S. XI ff.; siehe auch PATRY, vorn § 2, III.

[18] Siehe PATRY, vorn § 2, III.

[19] Botschaft des Bundesrates an die Bundesversammlung zu einem Gesetzesentwurf enthaltend schweizerisches Obligationen- und Handelsrecht vom 27. November 1879, BBl 1880, Bd. 1, S. 149 ff.

[20] Botschaft 1879 (Anm. 19), S. 165 ff., 173 ff.

blieb es auch, als im Zusammenhang mit dem Erlaß des schweizerischen Zivilgesetzbuches (1907/1911) die beiden ersten Abteilungen des OR einer Revision unterzogen wurden, während die dritte Abteilung, damit auch das Recht der Handelsgesellschaften unverändert in das OR 1911 überging. – An dieser Einreihung des Gesellschaftsrechts in das OR änderten auch die schließlich zum OR 1936 führenden Revisionsarbeiten nichts. Der Entwurf 1919 von Professor EUGEN HUBER beläßt die einfache Gesellschaft in der zweiten Abteilung und behandelt die «Handelsgesellschaften» in einer eigenen dritten Abteilung, wobei neu als besondere Rechtsfiguren die Stille Gesellschaft (Art. 623 ff.), die Gelegenheitsgesellschaft (Art. 625 ff.) und (aber nur in einer «Anmerkung») die GmbH (Art. 793a ff.) eingeführt werden. Neu und interessant ist, daß EUGEN HUBER ausdrücklich (im Gesetzestext) zwischen Handelsgesellschaften ohne und mit Persönlichkeit unterscheidet (24. bzw. 25. Titel), wobei er diesen in einen besondern Abschnitt zusammengefaßte «Gemeinsame Bestimmungen» (Art. 638/687) voranstellt. – Der Entwurf 1923 von a. Bundesrat Dr. A. HOFFMANN sah von einer Unterscheidung zwischen Gesellschaften ohne und mit Rechtspersönlichkeit, sowie von gemeinsamen Bestimmungen für die letzteren ab[21], brachte aber im übrigen keine grundsätzlichen Änderungen. – Nach einer Überarbeitung der Materie durch eine große Expertenkommission (1924/1925) konnte der Bundesrat den eidgenössischen Räten den Entwurf 1928 mit einer erläuternden Botschaft vorlegen. Auch hier blieb es bei der seit dem OR 1881 bekannten Gliederung des Gesellschaftsrechts mit der unveränderten einfachen Gesellschaft als Schlußstück der zweiten Abteilung («Die einzelnen Vertragsverhältnisse») und den «Handelsgesellschaften und (die) Genossenschaft» als dritte, eigene Abteilung des OR. Weggelassen wurden die besonderen Bestimmungen über die Gelegenheitsgesellschaft und die stille Gesellschaft, weil das Recht der einfachen Gesellschaft für die Regelung dieser Gebilde ausreiche[22]. Als vierte Abteilung folgen die auch für das Gesellschaftsrecht wichtigen Bestimmungen über das Handelsregister, die Geschäftsfirmen und die kaufmännische Buchführung. Als fünfte Abteilung folgen die Wertpapiere mit besonderen Bestimmungen über die Anleihensobligationen[23], Materien, deren Regelung sich auch im Recht der körperschaftlichen Handelsgesellschaften auswirkt. In dieser Gestalt wurde die Revision des sog. handelsrechtlichen Teils des OR von den eidgenössischen Räten gutgeheißen und als «Bundesgesetz vom 18. Dezember 1936 über die Revision der Titel XXIV bis XXXIII des Obligationenrechts» auf 1. Juli 1937 in Kraft gesetzt.

Die Ursprünge und die geschichtliche Entwicklung der verschiedenen Gesellschaften, ihre Aufnahme und Behandlung in den kantonalen Rechten und später im Bundesrecht (OR 1881, 1936), sowie die Zusammenhänge des schweizerischen mit dem ausländischen Gesellschaftsrecht werden in Verbindung mit den einzelnen Gesellschaftsformen erörtert. Zusammenfassend kann hier bereits festgehalten werden, daß das rev. OR 1936, was das Gesellschaftrecht betrifft, wenig grundsätzlich Neues bringt. Es ging mehr darum, die in der Rechtsprechung und der Doktrin erfolgten Entwicklungen, soweit sie für richtig befunden wurden, in das Gesetz einzubauen und dieses in manchen Punkten zu ergänzen und zu präzisieren. So blieben namentlich die Personengesellschaften in der geschichtlich überlieferten und (im ganzen) auch mit den ausländischen Ordnungen übereinstimmenden Gestalt erhalten. Auch die Aktiengesellschaft entfernte sich nicht weit von dem im OR 1881 geschaffenen Gebilde. Mit dieser, den Geist des Liberalismus bewahrenden Tendenz entfernte sich aber das schweizerische Aktienrecht mehr und mehr vom ausländischen Recht, das seit 1937 und bis heute tiefgreifenden Änderungen, namentlich die Organisation und die Publizität der AG betreffend, unterworfen wurde. Auch im Recht der neu eingeführten GmbH ging der schweizerische Gesetzgeber eigene Wege, im Sinn einer betont personalistischen Tendenz.

---

[21] Siehe ProtExpKomm 1928, S. 14 ff., 151 ff.; Botschaft 1928, S. 5 f.
[22] ProtExpKomm 1928, S. 7 ff., 145 ff.; Botschaft 1928, S. 7. Hinten § 27, IV und § 46.
[23] Die Bestimmungen über die Gläubigergemeinschaft bei Anleihensobligationen (Art. 1157-1182 OR) sind nie in Kraft gesetzt worden. Es gelten heute die Vorschriften des BG vom 1. April 1949 betreffend die Abänderung der genannten Bestimmungen, in das OR eingefügt als Art. 1157–1186.

2. Die Anwendbarkeit der «Allgemeinen Bestimmungen» des OR auf die Gesellschaften

Es ist in der Doktrin und der Rechtssprechung allgemein anerkannt, daß die Allgemeinen Bestimmungen des OR (1. Abteilung) auch auf die Gesellschaften Anwendung finden – soweit nicht das Gesellschaftsrecht selber eine eigene Ordnung aufstellt oder der den Gesellschaften zu Grunde liegende Sachverhalt eine besondere (von den allgemeinen Bestimmungen abweichende) Beurteilung erfordert[24]. Hiefür spricht schon die Einreihung des Gesellschaftsrechts in das OR, die nicht nur formale Bedeutung hat, sondern auf das Bestreben nach Einheit der Zivilgesetzgebung zurückgeht[25]. Dieser Gedanke fand auch deutlich Ausdruck in Art. 7 ZGB, wonach die «allgemeinen Bestimmungen des Obligationenrechts über die Entstehung, Erfüllung und Aufhebung der Verträge auch Anwendung auf andere zivilrechtliche Verhältnisse (finden)». Zu prüfen bleibt der Geltungsbereich dieser Bestimmung und ihre Anwendung.

Art. 7 ZGB spricht nur von den allgemeinen Bestimmungen über die Entstehung, Erfüllung und Aufhebung von Verträgen. Es ist herrschende Lehre, daß diese Fassung zu eng ist[26]. – Unter Art. 7 ZGB fallen im Prinzip alle allgemeinen Bestimmungen der ersten Abteilung des OR (z. B.

---

[24] Vgl. DESCHENAUX, S. 65f.; SIEGWART, Zürcher Kommentar V 4, Vorbem. zu Art. 530–551, N. 63, 107f. – SCHÖNENBERGER/JÄGGI (Vorbem. N. 2f. zu Art. 1–183 OR) weist präzisierend darauf hin, daß die Überschrift der ersten Abteilung des OR zu weit sei, wenn man sie auf das Ganze des Gesetzes (sc. OR) beziehe. «Allgemein» sei diese Abteilung nur im Verhältnis zur zweiten Abteilung, die ihr als besonderes Schuldrecht gegenübergestellt werden könne, allenfalls noch im Verhältnis zu den zwei ersten Titeln der dritten Abteilung über die Personengesellschaften. Diese Abteilung bilde, insoweit als sie juristische Personen zum Gegenstand habe, einen besonderen Teil zu den allgemeinen Bestimmungen des Personenrechts (Art. 52ff. ZGB). Hingegen würden die allgemeinen Bestimmungen des OR auf Grund von Art. 7 ZGB auch auf die nicht schuldrechtlichen Teile des OR (damit auch auf die juristischen Personen des OR), wenn auch nur «entsprechend», anwendbar. – Im gleichen Sinn die (auch methodologisch) treffliche Studie von R. MÜLLER, «Gesellschaftsvertrag und Synallagma (Die Anwendbarkeit der Normen über die synallagmatischen Verträge auf den Gesellschaftsvertrag)», Diss. Zürich 1971, insbes. S. 43–54.

Aus der neueren Rechtsprechung folgende Beispiele: BGE 83 II, 1957, S. 53 (Allgemeiner Grundsatz volenti non fit injuria); 84 II, 1958, S. 107 (Übervorteilung); 87 II, 1961, S. 95 (Auslegung von Statuten, Vertrauensprinzip); 88 II, 1962, S. 172 (Aktionärbindungsvertrag); 90 II, 1964, S. 164, 179 (Aktienübertragung, Gewährspflicht); 95 II, 1969, S. 555, 559 (Art. 7 ZGB, 19 Abs. 2 OR, Statuten, Stichentscheid). Appellationshof Bern, SJZ 52, 1955, S. 175 (Auslegung von Statuten); Zürcher Obergericht BlZR 1937, S. 35 (Doppelvertretung).

[25] Zur Einheit der Zivilgesetzgebung und Entstehungsgeschichte von Art. 7 ZGB siehe DESCHENAUX, S. 50ff., 58; EGGER, Art. 7 ZGB; FRIEDRICH, Art. 7 ZGB, N. 5, 35ff.; SCHÖNENBERGER/JÄGGI, Allgem. Einl., N. 63ff.

[26] Art. 9 des bundesrätlichen Entwurfs von 1904 (entsprechend Art. 7 ZGB) lautete: «Die allgemeinen Bestimmungen des OR finden auch auf andere zivilrechtliche Verhältnisse entsprechende Anwendung». – Über die Gründe der Abänderung in den heute geltenden Text siehe DESCHENAUX, S. 50, 52ff. und FRIEDRICH, a.a.O. (Anm. 25).

auch diejenigen über die ungerechtfertigte Bereicherung, die Solidarität, die Bedingungen), wozu noch in der zweiten Abteilung («Die einzelnen Vertragsverhältnisse») enthaltene allgemeine Bestimmungen treten können (z.B. über die Geschäftsführung ohne Auftrag)[27]. – Art. 7 ZGB findet Anwendung auf «andere zivilrechtliche Verhältnisse» («aux autres matières de droit civil»). Dieser Ausdruck ist im weitesten Sinn zu verstehen und umfaßt alle von der Rechtsordnung erfaßten Sachverhalte, soweit sie nicht dem öffentlichen Recht unterstehen oder im Zivilrecht eine eigene (vom OR abweichende) Ordnung erhalten haben[28]. Es ist denn auch anerkannt, daß (unter den erwähnten Vorbehalten) die allgemeinen Bestimmungen des OR auch im Gesellschaftsrecht Anwendung finden[29]. – Die Anwendung des OR gemäß Art. 7 ZGB erfordert eine differenzierte Behandlung. Eine unmittelbare (tale quale) Anwendung (Übertragung, «Überpflanzung») obligationenrechtlicher Normen auf andere zivilrechtliche Verhältnisse ist nur möglich, wo das Gesetz ausdrücklich auf solche Normen verweist[30]. Im übrigen kann nur eine sinngemäße (analoge, «entsprechende», siehe oben Anm. 26) Anwendung der in Betracht fallenden Normen zu einem sachlich befriedigenden Ergebnis führen. Es ist daher immer zu prüfen, ob und inwieweit die Norm auf den zu beurteilenden Sachverhalt paßt – eine Frage der «wertenden Auslegung» (FRIEDRICH)[31]. Dies gilt aber nicht nur für die Anwendung von «Bestimmungen» (im Sinn von Normen), sondern auch wo das ZGB Begriffe verwendet oder auf Institute verweist, die im OR geregelt sind[32]. Vermutungsweise (wird gesagt)[33] haben diese Begriffe die gleiche Bedeutung wie im OR (entsprechend dem Postulat der Einheit der Privatrechtsgesetzgebung). Es ist aber auch in diesen Fällen – und sie bilden praktisch das Hauptanwendungsgebiet von Art. 7 ZGB im Gesellschaftsrecht – immer zu prüfen, ob und inwieweit diese Begriffe sich decken. Daß die hier und dort verwendeten Begriffe inhaltlich kongruent sein können (z.B. «Verjährung»), aber im Einzelnen verschieden ausgestaltet sind (z.B. betreffend die Verjährungsfristen), ist eine Sache für sich und wirft keine besondern Probleme auf.

Auf das Gesellschaftsrecht bezogen, ergeben sich hieraus folgende Feststellungen: Grundsätzlich sind die allgemeinen Bestimmungen des OR auch auf die Gesellschaften anwendbar. Ihr Geltungsbereich wird jedoch durch die je nach der Gesellschaftsform mehr oder weniger weitgehende Sonderordnung und die Eigenart der den Gesellschaften zu Grunde liegenden

---

[27] DESCHENAUX, S. 53 ff.; EGGER, Art. 7 ZGB, N. 4; FRIEDRICH, Art. 7 ZGB, N. 35 ff.; im Ergebnis gleich die Rechtsprechung, siehe die Beispiele oben Anm. 24.
[28] DESCHENAUX, S. 55 ff.; EGGER, Art. 7 ZGB, N. 6 ff.; FRIEDRICH, Art. 7 ZGB, N. 43 ff.
[29] Siehe oben Anm. 24.
[30] Für das Verhältnis ZGB – OR siehe DESCHENAUX, S. 58 f.; FRIEDRICH, Art. 7 ZGB, N. 55. – Im Gesellschaftsrecht wird nirgends ausdrücklich auf die allgemeinen Bestimmungen des OR verwiesen, wohl aber auf solche der zweiten Abteilung («Die einzelnen Vertragsverhältnisse»), z.B. in Art. 538 Abs. 3, Art. 543 Abs. 2, Art. 531 Abs. 3 (hier nur als «entsprechende Anwendung»).
[31] DESCHENAUX, S. 58, 61 f.; EGGER, Art. 7 ZGB, N. 12 ff.; FRIEDRICH, Art. 7 ZGB, N. 50 ff.; VON TUHR/SIEGWART, S. 2 f. Übereinstimmend wird darauf hingewiesen, daß die allgemeinen Bestimmungen des OR andere Verhältnisse im Auge hatten («auf einem andern Boden» gewachsen sind, FRIEDRICH) als das ja später entstandene ZGB. Dies gilt insofern auch für das Verhältnis der allgemeinen Bestimmungen zum Gesellschaftsrecht, als die hauptsächlich in Betracht fallenden allgemeinen Bestimmungen auf die synallagmatischen Verträge oder einseitigen Rechtsakte zugeschnitten sind, während das Gesellschaftsrecht Zweckgemeinschaften ordnet – was in entsprechendem Zusammenhang weiter zu verfolgen ist (siehe z.B. hinten §§ 20, 28).
[32] DESCHENAUX, S. 60; EGGER, Art. 7 ZGB, N. 11, 13; FRIEDRICH, Art. 7 ZGB, N. 56 ff.
[33] FRIEDRICH, a.a.O. (Anm. 32).

Sachverhalte eingeschränkt. In einigen Fällen verweist das Gesellschaftsrecht ausdrücklich auf Bestimmungen des OR, woraus sich deren unmittelbare Anwendbarkeit auf die in Frage stehenden Verhältnisse ergibt. – In manchen Fällen verwendet das (positive) Gesellschaftsrecht Begriffe, die dem allgemeinen OR angehören, z.B. Vertrag, Rechtshandlung, Stellvertretung, Haftung, Solidarität, Sorgfalt, Verschulden, Bereicherung, Verjährung. Vermutungsweise sind solche Begriffe gleich zu verstehen wie im allgemeinen OR, doch können die besondern Verhältnisse auch eine «eigenständige» Deutung erheischen[34]. Grundlage für die Beurteilung solcher Fragen ist, daß Gesellschaften Zweckgemeinschaften und in der Regel Dauerverhältnisse sind, die eine Mehrzahl von Beteiligten erfassen und (meist) auch zu Dritten in Beziehung treten.

Das Problem der Anwendbarkeit der Allgemeinen Bestimmungen des OR auf die Gesellschaften ist von besonderer Bedeutung im Bereich des allgemeinen Vertragsrechts, insbesondere im Hinblick auf die Bestimmungen über die gegenseitigen Verträge und deren Verhältnis zum Gesellschaftsvertrag. Dazu hinten § 20, I.

3. Die Anwendbarkeit des Zivilgesetzbuches auf die Gesellschaften

Ebenfalls im Interesse der Einheit der Zivilgesetzgebung liegt es, daß die im ZGB enthaltenen Bestimmungen von allgemein rechtlicher Bedeutung und die ihm zu Grunde liegenden Prinzipien auf die im OR geregelten Verhältnisse, damit auch im Gesellschaftsrecht, Anwendung finden, soweit hiefür nicht eine Sonderordnung gilt. Dies wird denn auch in Doktrin und Rechtsprechung allgemein anerkannt[35]. Zu prüfen bleibt, welchen Bestimmungen, Instituten, Begriffen des ZGB eine solche Bedeutung zukommt. Nach im wesentlichen übereinstimmender Doktrin und Praxis gelten auch im Bereich des OR:

---

[34] Worauf im Zusammenhang mit den einzelnen Gesellschaftsformen zurückzukommen ist.

[35] DESCHENAUX, S. 63 ff.; EGGER, Art. 7 ZGB, N. 5, Vorbem. zu Art. 52 ff. ZGB, N. 15; FRIEDRICH, Art. 7 ZGB, N. 70, unter Hinweis auch auf die Stellung des OR als 5. Teil des ZGB – ein Aspekt, dem allerdings in diesem Zusammenhang kaum Bedeutung zukommt, da das OR nach Entstehungsgeschichte, Inhalt und Form (eigene Paragraphierung) als eigenständiges Gesetz betrachtet wurde. OSER/SCHÖNENBERGER, Einleitung, S. XXIV f.; VON TUHR/SIEGWART, S. 2 f.; vgl. aber MEIER-HAYOZ, Art. 1 ZGB, N. 45.

Aus der Rechtsprechung zur Anwendung des ZGB im Gesellschaftsrecht folgende Beispiele: BGE 87 II, 1961, S. 187; 81 II, 1955, S. 223; 72 II, 1946, S. 65 (alle zur Definition des Organs im Sinn von Art. 55 ZGB); 80 II, 1954, S. 138 (Art. 53 ZGB, Namenschutz einer AG; dazu auch 72 II, 1946, S. 380 betr. Kommandit AG und Kommanditgesellschaft); 64 II, 1938, S. 14 (Geschäftsehre einer Genossenschaft, Art. 53 ZGB); 67 I, 1941, S. 262 (Autonomie einer Genossenschaft in den Schranken von Art. 52 Abs. 3).

a) Die Bestimmungen des Einleitungstitels (Art. 1 – 10 ZGB) und die ihnen zu Grunde liegenden allgemeinen Prinzipien. – Von besonderer Bedeutung für das Gesellschaftsrecht sind: Die Vorschriften über die «Anwendung des Rechts» (Art. 1), wonach der Richter, sofern er dem Gesetz keine auf die vorliegende Rechtsfrage passende Bestimmung entnehmen kann, nach Gewohnheitsrecht und, wo auch ein solches fehlt, nach der Regel entscheiden soll, die er als Gesetzgeber aufstellen würde – eine Bestimmung, der in Anbetracht des stets zu neuen Entwicklungen drängenden Unternehmungsrechts hier besondere Bedeutung zukommt[36]. Das gleiche gilt für das Gebot des Handelns nach Treu und Glauben (Art. 2), das im Recht der Gesellschaften – als Zweckgemeinschaften – eine hervorragende Stellung einnimmt und in gewissen Verhältnissen zu einer positiven Treuepflicht entwickelt worden ist[37]. Unter den das ganze Privatrecht beherrschenden Prinzipien sei das sog. Gleichbehandlungsprinzip hervorgehoben, das im Recht der Personengesellschaften eine ausdrückliche und konkretisierende Bestätigung gefunden hat, im Genossenschaftsrecht als allgemeines Gebot proklamiert ist (Art. 854) und auch im Recht der Kapitalgesellschaften als wegleitender Grundsatz gilt[38]. – Auch die Bestimmungen des Art. 4 ZGB über das richterliche Ermessen finden im Gesellschaftsrecht ein weites Anwendungsgebiet.

b) Die allgemeinen Bestimmungen über die juristischen Personen (Art. 52–56 ZGB)[39]. – Sie bilden die Grundlage auch für das Recht der Körperschaften des OR. So gilt für deren Rechtsfähigkeit Art. 53, wonach die juristischen Personen aller Rechte und Pflichten fähig sind, die nicht die natürlichen Eigenschaften des Menschen zur notwendigen Voraussetzung haben[40]. Auch die Handlungsfähigkeit der obligationenrechtlichen Körperschaften bestimmt sich nach ZGB, jedoch unter einem wesentlichen Vorbehalt. Sie werden handlungsfähig, sobald die nach Gesetz und Statuten unentbehrlichen Organe bestellt sind, und diese verpflichten die juristische Person sowohl durch den Abschluß von Rechtsgeschäften als durch ihr sonstiges Ver-

---

[36] Siehe vorn § 16, II.
[37] Siehe hinten § 22.
[38] Siehe hinten § 23. Über die Anwendbarkeit weiterer allgemeiner Grundsätze, z.B. *pacta sunt servanda, clausula rebus sic stantibus* (der im Gesellschaftsrecht durch die Möglichkeit der Berufung auf «wichtige Gründe» Rechnung getragen wird), siehe FRIEDRICH, Art. 7 ZGB, N. 71; DESCHENAUX, S. 63.
[39] Die Art. 57 (Vermögensverwendung bei Aufhebung der juristischen Person) und 58 (Liquidationsverfahren) werden durch die besondere gesellschaftsrechtliche Ordnung ersetzt.
[40] Was auch für die Personen-Handelsgesellschaften gilt, siehe hinten § 36, I.

halten, wie unerlaubte Handlungen (Art. 55 Abs. 2 ZGB)[41]. In bezug auf den Umfang dieser Vertretung erließ jedoch das OR – im Interesse der Verkehrssicherheit – eine Sonderordnung, wonach die Vertretungsmacht der Organe auf diejenigen Rechtshandlungen beschränkt ist, die der Zweck der Gesellschaft mit sich bringen kann; interne Beschränkungen haben gegenüber gutgläubigen Dritten keine Wirkungen[42].

In diesem Zusammenhang stellt sich die Frage, ob die Bestimmungen über den Verein (Art. 60 ff. ZGB) auf die Körperschaften des OR anwendbar sind. Dies wird mit Recht verneint, da das Vereinsrecht die besondere Ordnung einer besonderen Erscheinung unter den Körperschaften darstellt[43]. Auch für die Übertragung vereinsrechtlicher Bestimmungen, insbesondere zur Ausfüllung von Lücken, besteht in Anbetracht der viel eingehenderen Ordnung der obligationenrechtlichen Verbindungen heute kaum mehr Anlaß[44]. Zu beachten ist aber Art. 62 ZGB, wonach Vereine, denen die Rechtspersönlichkeit nicht oder noch nicht zukommt, den einfachen Gesellschaften «gleichzustellen» sind – ein Gebot, das auch in Art. 530 Abs. 2 OR Ausdruck findet und im ganzen Bereich der Personenverbindungen anwendbar ist[45].

Als Normen von allgemeinrechtlicher Bedeutung, die im Bereich des OR zu beachten sind und auch im Gesellschaftsrecht eine Rolle spielen können, gelten die Bestimmungen der Art. 27 und 28 ZGB über den Schutz der Persönlichkeit gegen unzulässige Freiheitsbeschränkungen und Ein-

---

[41] Die Deliktshaftung trifft nach rev. OR nun auch die Kollektiv- und Kommanditgesellschaften, Art. 567 Abs. 3, Art. 603.

[42] Art. 718, 814 Abs. 1, 899. – Gleiche Ordnung bei der Kollektiv- und Kommanditgesellschaft, Art. 564, 603; zum Umfang der Vertretungsmacht siehe hinten § 35, II.

[43] Siehe EGGER, Vorbem. zu Art. 52 ff. ZGB N. 16. «Das Vereinsrecht steht nicht über, sondern neben dem Aktien- und Genossenschaftsrecht»; hingegen kann eine Übertragung (analoge Anwendung) vereinsrechtlicher Regeln auf die juristischen Personen des OR in Frage kommen. – Im gleichen Sinn z. B. BGE 53 II, 1927, S. 45, 230; siehe auch unten Anm. 44.

[44] Dazu EGGER (oben Anm. 43); SIEGWART, Zürcher Kommentar, V 5, Einleitung zu Art. 620 OR, N. 79, unter Hinweis auf die mehr grundsätzliche Regelung im ZGB; siehe auch FRIEDRICH, Art. 7 ZGB, N. 70.

Die analoge Anwendung von Vereinsrecht auf die Körperschaften des OR wurde nach Erlaß des ZGB aktuell, namentlich im Hinblick auf die (im aOR noch nicht vorgesehene) Anfechtungsklage gemäß Art. 75 ZGB, siehe SIEGWART, a.a.O. Im rev. OR wurden dann die Anfechtungsklagen besonders geregelt. – In anderer Hinsicht, z. B. zur Auslegung gesellschaftsrechtlicher Bestimmungen, wird aber auch seit Erlaß des rev. OR auf Vereinsrecht verwiesen, siehe SIEGWART, a.a.O.; KGer. Luzern in SJZ 1961, S. 357 (betr. Traktanden der Generalversammlung); KGer. Graubünden in SJZ 1961, S. 124 (Auslegung von Art. 891, Anfechtungsklage).

[45] Vgl. EGGER, Art. 62 ZGB, N. 3 f.; SIEGWART, a.a.O. (Anm. 44), N. 80. Dazu hinten § 27, III.

griffe in die persönlichen Verhältnisse⁴⁶. Auch sachenrechtliche Begriffe und Institute können im Gesellschaftsrecht eine wesentliche Rolle spielen, z. B. das «gemeinschaftliche Eigentum» (Art. 646 ff. ZGB), insbesondere das den Personengesellschaften (in der Regel) zu Grunde liegende Gesamteigentum (Art. 652 f. ZGB), wobei das ZGB seinerseits wieder auf das Gesellschaftsrecht verweist⁴⁷ oder dieses in das Sachenrecht eingreifende Sonderregeln enthält⁴⁸.

4. Andere Gesetze

Neben OR und ZGB wirken noch andere Gesetze auf das Gesellschaftsrecht ein⁴⁹, sei es als Erlasse von allgemeingültiger Natur (für alle Rechtssubjekte geltend), sei es als Sondergesetze für Unternehmungen mit bestimmter Zwecksetzung, beide mit oft sehr eingehenden Vollziehungsverordnungen, Reglementen, Kreisschreiben und andern das Gesetz präzisierenden oder ergänzenden Erlassen.

Zur erstgenannten Kategorie gehört das Bundesgesetz über Schuldbetreibung und Konkurs vom 11. April 1889/1949 (mit zahlreichen Ergänzungen in verschiedener Form). Seine Bedeutung für das Gesellschaftsrecht liegt nicht nur in der Regelung der Zwangsvollstreckung in ihren verschiedenen Spielarten und Verfahren, sondern mehr noch in seinen Normen materiellrechtlichen Gehalts. Als solche sind (für die Gesellschaften) hervorzuheben: Die Bestimmungen über die Konkursfähigkeit (Art. 39); die Wirkungen des Konkurses auf die Rechte der Gläubiger (Art. 208 ff.) betreffend die Fälligkeit, die «Umwandlung» von andern als Geldforderungen in solche von «entsprechendem Wert» (Haftungen!)⁵⁰, Verrechnung; gleichzeitiger Konkurs mehrerer Mitverpflichteter (Art. 216), insbesondere der Kollektivgesellschaft und ihrer Teilhaber (Art. 218 in Zusammenhang mit Art. 571 OR und der VO des BGer vom 17. Januar 1923 über die Verwertung von Anteilen an Gemeinschaftsvermögen); Nachlaßvertrag und dessen Wirkungen auf Mitverpflichtete (Art. 303, 311); VO des BGer vom 20. Dezember 1937 über den Genossenschaftskonkurs, mit besonderen Bestimmungen über die Geltendmachung von Nachschußpflichten und Haftungen.

Sondergesetze⁵¹ für private Unternehmungen mit besonderen Zwecken

---

⁴⁶ Deschenaux, S. 64; Friedrich, Art. 7 ZGB, N. 70; besonders zum Gesellschaftsrecht siehe R. Bär, ZBJV 103, 1967, S. 100 ff. Weiteres dazu im Zusammenhang mit den einzelnen Gesellschaftsformen.

⁴⁷ So Art. 652/654 ZGB (Gesamteigentum). – Über die Abgrenzung der gesellschaftsrechtlichen Gesamthandverhältnisse gegenüber den Rechtsgemeinschaften des ZGB siehe hinten § 27, II.

⁴⁸ Art. 689 Abs. 5, 690 OR betr. Vertretung von verpfändeten, in gemeinschaftlichem Eigentum oder Nutzniessung stehenden Aktien in der Generalversammlung.

⁴⁹ Oft «Nebengesetze» genannt – eine Bezeichnung, die aber nur in bezug auf ihr Verhältnis zum OR richtig ist.

⁵⁰ Dazu hinten § 37, insbes. II, III.

⁵¹ Ein Verzeichnis der zahlreichen weiteren Gesetze, Verordnungen und internationalen Abkommen aus dem Gebiet des OR findet sich in der Textausgabe des OR von W. Schönenberger, Zürich 1971, S. 435 ff. – Übersicht und Kommentierung der «Aktiengesellschaften mit besonderen Zwecken» bei Siegwart, Zürcher Kommentar V 5, S. 40 ff.; Weiss, Einleitung, S. 116 ff.

werden namentlich zur Wahrung öffentlicher Interessen erlassen (siehe vorn § 16, I 3), wozu auch der Schutz privater, aber weite Kreise berührender Interessen gehört. Die Sonderordnungen sind verschiedenartig und reichen in subjektiver und objektiver Hinsicht verschieden weit, je nach der Art und Bedeutung der Unternehmungen.

Als Beispiel für Eingriffe der Sondergesetzgebung in das Gesellschaftsrecht sei auf das BG über die Banken und Sparkassen von 1934/1971 mit eingehender Vollziehungsverordnung von 1972 hingewiesen. Dem Gesetz unterstehen (Art. 1) die Banken, «Privatbankiers» (Einzelfirmen, Kollektiv- und Kommanditgesellschaften), «bankähnliche» Finanz- und andere Finanzgesellschaften, die sich öffentlich zur Annahme fremder Gelder empfehlen (mit Ausnahmen). Die Wahl der Rechtsform ist nur durch die Bestimmung eingeschränkt, daß neue Handelsbanken nicht in der «Gesellschaftsform der Genossenschaft» errichtet werden dürfen; bestehende Genossenschaftsbanken, die sich nachträglich zu Handelsbanken entwickeln, müssen sich in eine AG, Kommandit AG oder GmbH umwandeln (Art. 13). – Weitere Bestimmungen regeln: Die Bewilligung (Konzession) der Eidg. Bankenkommission zur Ausübung der Geschäftstätigkeit, als Voraussetzung für die Eintragung in das Handelsregister; die Konzession wird von der Erfüllung bestimmter Bedingungen (auch organisatorischer Natur) abhängig gemacht (Art. 3)[52], die für ausländisch beherrschte Banken noch erweitert werden (Art. 3bis); die finanzielle Struktur (Art. 4, 5) und gewisse Geschäfte, für die (zum Teil) «allgemein anerkannte Grundsätze des Bankgewerbes» gelten[53]; die Gestaltung der Jahresrechnungen (Bilanz, Gewinn- und Verlustrechnung) und deren Veröffentlichung (Art. 6); Kapitalherabsetzung (Art. 11 ff.); Überwachung durch besondere Revisionsstellen und die Eidg. Bankenkommission (Art. 18 ff., 23 ff.); Fälligkeitsaufschub, Stundungen, Konkurs- und Nachlaßverfahren (Art. 25 ff., 29 ff., 36 ff.); besondere Verantwortlichkeits- und Strafbestimmungen (Art. 38 ff.).

5. Gewohnheitsrecht – Richterrecht – Bewährte Lehre und Überlieferung

Nach Art. 1 Abs. 2 und 3 ZGB soll der Richter, wenn er dem Gesetz keine Vorschrift entnehmen kann, nach Gewohnheitsrecht[54] und, wo auch kein solches besteht, nach der Regel entscheiden, die er als Gesetzgeber aufstellen würde, wobei er bewährter Lehre und Überlieferung folgt. Diese Normen

---

[52] Gesellschaftsrechtlich von besonderem Interesse ist die Bestimmung von Art. 3 Abs. 2 BankG, wonach die Bank «in ihren Statuten, Gesellschaftsverträgen und Reglementen... die ihrer Geschäftstätigkeit entsprechende Verwaltungsorganisation vorsieht», wobei nötigenfalls (je nach Geschäfts-Zweck oder -Umfang) «besondere Organe für die Geschäftsführung einerseits und für die Oberleitung, Aufsicht und Kontrolle anderseits auszuscheiden sind». – Für die Privatbankiers (Einzelfirmen, Kollektiv- und Kommanditgesellschaften) bestätigt und präzisiert die Vollziehungs VO (Art. 6) diese Vorschrift dahin, daß «die erforderlichen organisatorischen Bestimmungen in den Gesellschaftsvertrag oder in ein Reglement aufzunehmen» und, wo der Geschäfts-Zweck oder -Umfang es erfordert, die geschäftsführenden Personen im Vertrag oder Reglement namentlich zu bezeichnen sind.

[53] So z.B. für «Kredite an Mitglieder der Bankorgane und an maßgebende Aktionäre sowie die ihnen nahestehenden Personen und Gesellschaften» (Art. 4ter).

[54] Insbes. zum Gewohnheitsrecht siehe z.B. DESCHENAUX, S. 101 ff.; EGGER, Art. 1 ZGB, N. 22 ff.; MEIER/HAYOZ, Berner Kommentar, Einleitungsband, Art. 1 ZGB, N. 233 ff.

gelten, wie bereits erwähnt (vorn II 3), für das ganze Privatrecht; für ihre Deutung wird auf die allgemeine Rechtslehre, im besonderen auf die Doktrin und Praxis zu Art. 1 ZGB verwiesen. In gesellschaftsrechtlicher Hinsicht sei hier nur festgehalten:

Das Gewohnheitsrecht spielte im frühen Handelsrecht eine bedeutsame Rolle[55]; so gehen z. B. die Kollektiv- und Kommanditgesellschaften und deren wesentlichste Merkmale auf gewohnheitsrechtliche Entwicklungen zurück. In neuerer Zeit hat das Gewohnheitsrecht infolge der stets umfassenderen Gesetzgebung stark an Bedeutung verloren. Immerhin drängt auch in unserem Jahrhundert gerade das Gesellschaftsrecht immer wieder zu neuen Entwicklungen, die sich oft ziemlich rasch in der Praxis durchsetzen und von Gerichten und Verwaltungsbehörden anerkannt werden, bis sie vom Gesetzgeber (manchmal auch in einschränkender Weise) erfaßt und durch Gesetzesrevisionen oder Erlaß von Sondergesetzen geordnet werden[56].

Zur Aufgabe des Richters als Gesetzgeber (insbesondere zur Lückenausfüllung) und zur Bedeutung der «bewährten Lehre und Überlieferung» wird auf die allgemeine Rechtslehre, insbesondere auf die Doktrin und Praxis zu Art. 1 ZGB verwiesen[57].

§ 20. Die autonomen Grundlagen

Literatur

ROBERT MÜLLER, Gesellschaftsvertrag und Synallagma – Die Anwendbarkeit der Normen über die synallagmatischen Verträge auf den Gesellschaftsvertrag, Diss. Zürich, Zürcher Beiträge 380, Zürich 1971; H. FELDMANN, Beschluß und Einzelstimme im schweizerischen Gesellschaftsrecht, Diss. Bern, Zürich 1954; W. KÖNIG, Statut, Reglement, Observanz, Diss. Zürich 1934; F. von STEIGER, Kann Observanz den Statuten derogieren?, Schweiz. AG 25, 1953, S. 79 ff.

Siehe auch die Literatur zu § 19.

---

[55] Siehe PATRY, vorn § 2; besonders zum Gesellschaftsrecht hinten § 32.
[56] Als Beispiele gewohnheitsrechtlicher Entwicklungen, später vom rev. OR erfaßt, werden genannt (vgl. z. B. DESCHENAUX, S. 105): Die Simultangründung der AG, die Einmann-AG, die stillen Reserven, die Vorzugsaktien. – Über die stille Gesellschaft siehe hinten § 46. – Aus der neuesten Zeit könnten in diesem Zusammenhang erwähnt werden: Die sog. Partizipationsscheine (stimmrechtlose Aktien); die sog. Wandelobligationen; die Investment Cos. (Anlagegesellschaften, nun durch das BG über die Anlagefonds von 1966 geregelt; dazu eingehend Botschaft des BR zu einem BG über die Anlagefonds vom 23. November 1965).
[57] DESCHENAUX, §§ 14–16; EGGER, Art. 1 ZGB, N. 36 ff.; MEIER-HAYOZ, a.a.O. (Anm. 54), Art. 1 ZGB, N. 251 ff.; O. A. GERMANN, Probleme und Methoden der Rechtsfindung, Bern 1967.

I. Der Gesellschaftsvertrag

Alle Gesellschaften beruhen auf einem Gesellschaftsvertrag[1], dessen begriffswesentliche Elemente uns in Art. 530, Abs. 1 OR entgegentreten: «Die (einfache) Gesellschaft ist die vertragsmäßige Verbindung von zwei oder mehreren Personen zur Erreichung eines gemeinsamen Zweckes mit gemeinsamen Kräften oder Mitteln»[2]. Liegt eine solche Verbindung vor, so ist daraus ein sozialrechtliches Gebilde, eine Gesellschaft entstanden. Alle Gesellschaften weisen die genannten Elemente auf, doch treten bei den einzelnen Gesellschaftsformen weitere Merkmale hinzu – so hinsichtlich des Zwecks, der Struktur, der Haftungsverhältnisse –, durch die sie sich von ihrer Grundform, der einfachen Gesellschaft[3], abheben und unter sich unterscheiden. Fehlen solche weitere Merkmale, so liegt eine einfache Gesellschaft vor (Art. 530 Abs. 2 OR). – Der Gesellschaftsvertrag enthält folgende essentialia:

1. Einmal die «vertragsmäßige Verbindung». Zur Begründung einer Gesellschaft bedarf es also der übereinstimmenden Willensäußerung der Beteiligten im Sinn von Art. 1 OR, wobei die Modalitäten des Vertragsschlusses – so hinsichtlich der Parteien, des Konsenses, der Form – bei den einzelnen Gesellschaftsformen verschieden ausgestaltet sind. Aus der vertraglichen Natur des Gründungsaktes folgt auch die grundsätzliche Erheblichkeit von Willensmängeln im Sinn von Art. 23 ff. OR. Solche Mängel wirken sich aber in unterschiedlicher Weise aus, je nachdem, ob es sich um Personengesellschaften oder Körperschaften handelt, ob das Innen- oder das Außenverhältnis in Frage steht, ob die Gesellschaft schon tätig geworden ist oder nicht. Dies ist bei den einzelnen Gesellschaftsformen weiter zu erörtern.

2. Das zweite Erfordernis bezieht sich auf den spezifischen Gegenstand des Gesellschaftsvertrags: die «Erreichung eines gemeinsamen Zweckes». Wie der Kaufvertrag den Austausch von Ware und Preis, der Arbeitsvertrag die Leistung von Arbeit gegen Lohn zum Gegenstand hat, so kennzeichnet sich der Gesellschaftsvertrag als eine Vereinbarung zur Erreichung (oder

---

[1] Siehe dazu auch vorn § 17, II und hinten § 27, III.
[2] Das OR befaßt sich somit nicht mit dem Gesellschaftsvertrag als solchem, sondern mit dessen Resultat, der Gesellschaft. So auch Art. 1832 CCfr. (dazu hinten § 27, V), während § 705 BGB und Art. 2247 CCit. den «Gesellschaftsvertrag» voranstellen. Zum *contratto plurilaterale* des italienischen Rechts siehe hinten I a. E.
[3] Über die einfache Gesellschaft als Grundform aller Gesellschaften und den Gesellschaftsvertrag als Voraussetzung aller gesellschaftsrechtlichen Personenverbindungen vgl. BECKER, Art. 530, N. 1; SIEGWART, Vorbem. zu Art. 530–551, N. 1 f.; R. MÜLLER, S. 24, 32. – Zur Abgrenzung der Gesellschaft gegenüber andern Rechtsverhältnissen siehe vorn § 17, I und hinten § 27, II.

Förderung) eines von den Beteiligten gemeinsam gewollten Zwecks. Dieses, bei der einfachen Gesellschaft in allgemeinster Form umschriebene, Kriterium des Gesellschaftsvertrages findet sich in verschiedenen Formulierungen bei allen andern Gesellschaftsformen wieder[4]. – Was aber ist unter Zweck (als Allgemeinbegriff) zu verstehen? Die Frage wird namentlich von Bedeutung, wenn es gilt, Zweck und Motiv voneinander zu unterscheiden.

Unter Zweck im Sinn des Gesellschaftsrechts ist zu verstehen der Erfolg, das Ziel, zu dessen Verwirklichung mittelst der einzusetzenden Kräfte und Mittel die Gesellschafter sich zusammengeschlossen haben[5], z.B. Betrieb eines Geschäftes, Erstellung eines Werkes, Erwerb und Verwertung eines Patentes, Förderung kultureller Bestrebungen. In diesem Sinn sind alle Gesellschaften Zweckgemeinschaften[6]. – Aber nicht alle Gesellschaften sind Interessengemeinschaften[6a]. Es kann sehr wohl sein, daß die Gesellschafter einen gemeinsamen (objektiven) Zweck anstreben, aber aus verschiedenen persönlichen Beweggründen (Motiven, Interessen). So kann ein Gesellschafter mehr am Erwerb einer Fabrikliegenschaft zu deren dauernden Benützung interessiert sein, der andere mehr an der Verwertung des Inventars[7]; oder Aktionäre streben vor allem nach dauerndem Bestand der Unternehmung, u. U. sogar im Interesse einer andern Unternehmung, während für die andern eine möglichst hohe Rendite und deren Verteilung Beweggrund ihrer Beteiligung war[8]. Unter dem Gesichtspunkt der Zweckverfolgung sind solche persönlichen

---

[4] Siehe z.B. vorn § 17, II und hinten bei den einzelnen Gesellschaftsformen.

[5] K. WIELAND I, S. 460: Gesellschaftszweck ist der vermittelst der Leistungen zu bewirkende, als solcher vorgestellte Erfolg. – Vgl. J. HOFFMEISTER, Wörterbuch der philosophischen Begriffe, Hamburg 1955, S. 682: «Zweck» wurde der Vogel inmitten der Zielscheibe genannt und bedeutet daher «das Ziel», die vorgestellte und erstrebte Wirkung, die Endursache (siehe causa finalis...) insofern, als die Zielvorstellung die Ursache für den Verlauf einer Tätigkeit, für die Auswahl der Mittel zur Erreichung des Zwecks und ihre «zweckmäßige» Anwendung ist (s. Teleologie)». – In der Formulierung abweichend SIEGWART, Art. 530 OR, N. 18. – Dazu auch R. MÜLLER, S. 14 f., 27 f.

[6] Dazu einläßlich WIELAND I, S. 459 f., unter Ablehnung der Gesellschaft als einer (notwendigerweise) Interessengemeinschaft. – Vgl. HOFFMEISTER (oben Anm. 5), S. 415: «Motiv... (causa motiva, bewegende Ursache), der Antrieb, die Triebfeder, der Beweggrund, in der Psychologie der Beweggrund des Wollens und Handelns...»; R. MÜLLER, S. 29 f. unter Hinweis darauf, daß in der Regel unter den Gesellschaftern eine gewisse Interessengemeinschaft vorliegen wird. Ungenau SIEGWART, Vorbem. zu Art. 530–551, N. 57 und Art. 530, N. 18, wo die Gesellschaft als Interessengemeinschaft angesprochen wird – allerdings mit dem Beifügen: Das befriedigte individuelle Interesse kann für die einzelnen Mitglieder quantitativ oder qualitativ verschieden sein, wenn nur die Quelle der Interessenbefriedigung eine gemeinsame ist.

[6a] «Interessengemeinschaft» – hier im weiten Sinn verstanden; im engeren, technischen Sinn versteht man heute darunter Gewinngemeinschaften. Vgl. W. SCHLUEP, ZSR 92 II, 1973, S. 291 f. mit Hinweisen.

[7] Siehe hiezu BGE 40 II, 1914, S. 114: A interessierte sich für den Erwerb einer Fabrik, wofür vorgängig die Hypotheken abzulösen waren; die Schlußhypothek enthielt auch eine Verpfändung der Maschinen. A vereinbarte mit B den Erwerb der Schlußhypothek mit den Maschinen, die auf gemeinschaftliche Rechnung verkauft werden sollten, wobei ein Verlust zu gleichen Teilen zu tragen war, ein Gewinn jedoch dem B zufallen sollte. Das BGer qualifizierte diese Vereinbarung als einfache Gesellschaft. – Zu Zweck und Motiv siehe auch BGE 49 II, 1923, S. 475 ff.; siehe hinten § 27, Anm. 105.

[8] WIELAND I, S. 459 f. bemerkt mit Recht daß, wenn «Gesellschaft» mit «Interessengemeinschaft» gleichgesetzt würde, wichtige Typen, insbesondere die AG, aus dem Gesellschaftsbegriff ausscheiden müßten.

Interessen irrelevant[9], es sei denn, sie werden in den Gesellschaftszweck einbezogen, was ausdrücklich (in der Umschreibung des Zwecks) geschehen oder aus andern Bestimmungen des Vertrags oder der Statuten, u.U. auch aus den Begleitumständen geschlossen werden kann[10]. Möglich ist auch, daß sich die Parteien vorläufig auf den Einsatz eines Mittels einigen, während der Endzweck noch offen bleibt[11].

Die nähere (inhaltliche) Bestimmung des Gesellschaftszwecks ist den Beteiligten überlassen (Parteiautonomie), wobei auch in diesem Zusammenhang festzustellen ist, daß nach OR alle Gesellschaftsformen für alle nicht rechts- oder sittenwidrigen Zwecke zur Verfügung stehen[12]; vorbehalten bleiben einschränkende Bestimmungen in Sondergesetzen[13].

Der Gesellschaftszweck wirkt sich im ganzen Gesellschaftsrecht als eigentlicher *nervus rerum* aus; es kommt ihm in verschiedenster Hinsicht rechtlich und praktisch entscheidende oder doch maßgebliche Bedeutung zu.

So schon bei der Wahl der Gesellschaftsform. Je nach dem konkreten Gesellschaftszweck und den damit zusammenhängenden Faktoren (z.B. Kapitalbedarf, Haftungen als Kreditbasis, besondere Leistungen, Organisation) wird sich im konkreten Fall eine bestimmte Gesellschaftsform als die einzig mögliche oder doch am besten geeignete Unternehmungsform erweisen. – Ferner bildet die gemeinsame Verfolgung eines gemeinsamen Zwecks das entscheidende Merkmal zur Unterscheidung von andern Gemeinschaften oder schuldrechtlichen (insbesondere partiarischen) Verhältnissen[14]. – Der Gesellschaftszweck ist auch wesentlich für die Auslegung und gegebenenfalls die Ergänzung des Gesellschaftsvertrags, z.B. was die Art und das Ausmaß der gesellschaftlichen Leistungen, die Sorgfaltspflichten, die Dauer des Unternehmens, die Auflösungsmöglichkeiten betrifft[15].

3. Schließlich nennt das Gesetz als ein Merkmal der Gesellschaft, daß deren Zweck «mit gemeinsamen Kräften oder Mitteln» erreicht werden soll. In aller Regel wird der Gesellschaftsvertrag sich zu den von den Gesellschaftern zu erbringenden Leistungen aussprechen, doch ist eine ver-

---

[9] Eine Frage für sich bilden die sog. Interessenkollisionen zwischen der Gesellschaft und ihren geschäftsführenden Mitgliedern oder Organen – ein Problem, dem bei den verschiedenen Gesellschaftsformen eine unterschiedliche Bedeutung zukommt.
[10] Siehe auch hinten § 27, II.
[11] Vgl. SIEGWART, Art. 530, N. 18 a.E.; SOERGEL/SCHULTZE-v. LASAULX, Vorbem. § 705 BGB, Anm. 7.
[12] Siehe vorn § 17, I 1.
[13] Siehe vorn § 19, II 4 a.E.
[14] Siehe hinten § 27, II.
[15] Zur Auslegung des Gesellschaftsvertrags siehe auch hinten II («Statuten») und bei den einzelnen Gesellschaftsformen.

tragliche Einigung über die Art und den Umfang der einzelnen Beiträge nicht bei allen Gesellschaftsformen essentiale des Gesellschaftsvertrags. Fehlt es an Bestimmungen hierüber (z.B. weil die Beteiligten darin kein Problem sahen und die Einzelheiten später festzulegen gedachten), oder ist (was häufiger vorkommt) die vertragliche Ordnung unvollständig oder unklar, so springt das Gesetz in die Lücke mit der Bestimmung, daß die Gesellschafter gleiche Beiträge zu leisten haben, und zwar in der Art und dem Umfang, wie der vereinbarte Zweck es erheischt (Art. 531 Abs. 2) – eine Norm, die im ganzen Bereich der Personengesellschaften gilt[16]. Allerdings kann das Fehlen einer vertraglichen Einigung über die Beiträge darauf schließen lassen, daß noch kein fertiger Gesellschaftsvertrag vorliegt, weil im konkreten Fall nach Ansicht der Beteiligten oder unter den gegebenen Umständen die Ordnung der Beiträge (aller oder einzelner) als wesentlicher Punkt zu betrachten ist. – Bei den Kapitalgesellschaften liegt insofern eine besondere Situation vor, als bei ihrer Gründung die Übernahme des erklärten Gesellschaftskapitals durch die Gesellschafter nachzuweisen ist, wobei die Mitgliedschaft von der Übernahme eines Kapitalanteils (Aktie, Stammeinlage) abhängig ist; hier setzt also die Entstehung der Gesellschaft die Ordnung der von den Mitgliedern zu erbringenden Leistungen voraus. – Eine Eigenart des Gesellschaftsvertrags besteht darin, daß die Beiträge in irgendwelchen Leistungen bestehen können (Vermögenswerte, Arbeit, Unterlassungen, Übernahme von Haftungen) und daß die Beteiligten auch frei bestimmen können, unter welchem Rechtstitel die Leistungen zu erbringen sind (Eigentum, Miete, Lizenz, prekaristischer Gebrauch)[17]. Einzig bei den Kapitalgesellschaften verlangt das Gesetz die Beiträge in der Form von Vermögenswerten (Geld, Sacheinlagen) und zwar zu Eigentum (oder jedenfalls zur Verfügung der Gesellschaft), sei es ausschließlich (AG), sei es als unerläßliche Grundleistung, zu welcher noch andere Verpflichtungen treten können (GmbH).

4. Da der Gesellschaftsvertrag eine Mehrzahl von Personen zu einer Zweckgemeinschaft vereinigt, bedarf diese, wenn sie funktionsfähig sein soll, einer Organisation. Es muß feststehen, wer für die Gemeinschaft tätig werden soll und darf, intern (Geschäftsführung) und gegenüber Dritten (Vertretung); ferner ob und in welchem Bereich nur auf Grund eines «gemeinsamen» Willens gehandelt werden kann und wie dieser zu bilden ist, was zum Begriff des Beschlusses führt. – Auch die Organisationsfrage

---

[16] Bei der Kommanditgesellschaft allerdings bildet die Vereinbarung der vom Kommanditär zu übernehmenden Haftungssumme Voraussetzung für die Entstehung der Gesellschaft (Art. 594 Abs. 1, 596 Abs. 1 Ziff. 2).

[17] Dazu eingehend WIELAND I, S. 538 ff.; SIEGWART, Art. 531, N. 4 ff.; hinten § 29, I.

wird vom Gesetz weitgehend der Ordnung durch die Beteiligten überlassen und die Gesellschaftsverträge enthalten denn auch meistens Bestimmungen organisatorischer Natur. Doch ist die vertragliche Regelung der Organisation nicht durchwegs essentiale des Gesellschaftsvertrags. So können Personengesellschaften auch ohne vertragliche Ordnung der Organisation entstehen und rechtsgültig tätig werden. Es gelten dann die (zunächst subsidiären) organisatorischen Bestimmungen des Gesetzes im internen und externen Bereich[18]. Bei den Körperschaften allerdings verlangt das Gesetz die Regelung bestimmter Punkte organisatorischer Natur in den Statuten, sei es als absolutes Gebot (sog. notwendiger Inhalt), sei es in dem Sinn, daß gewisse Punkte nur in der Form statutarischer Bestimmungen geregelt werden können (sog. fakultativ notwendiger Statuteninhalt)[19].

5. Die Rechtsnatur des Gesellschaftsvertrags war und ist heute noch Gegenstand eingehender Erörterungen und (mehr oder weniger) grundsätzlicher Kontroversen. Deren Bedeutung liegt im wesentlichen in der Frage, ob und, gegebenenfalls, inwieweit das allgemeine Vertragsrecht auch auf den Gesellschaftsvertrag Anwendung findet, so z.B. die Bestimmungen über den Vertragsschluß und dessen Gültigkeit (Willensmängel!), die Erfüllung vertraglicher Pflichten und die Folgen der Nichterfüllung, die Beendigung des Vertragsverhältnisses.

Umstritten ist namentlich die Frage, ob der Gesellschaftsvertrag zu den schuldrechtlichen, insbesondere zu den vollkommen gegenseitigen (synallagmatischen) Verträgen gehört[20]. Dafür spräche, daß auch ein Gesellschafter sich zu Leistungen verpflichtet, damit und weil auch die andern Gesellschafter sich zu Beiträgen zum gemeinsamen Zweck verpflichten (sonst brauchte er ja keine Gesellschaft)[21] – was dem genetischen Synallagma entspricht[22]. Der Gesellschaftsvertrag

---

[18] Bei der Eintragung im Handelsregister ist dann allerdings die Ordnung der Vertretung anzugeben (Art. 554 Abs. 2 Ziff. 4, 563 OR).

[19] z.B. in Art. 626 und 627 (AG).

[20] Zum Begriff der gegenseitigen Verträge und deren Unterscheidung in vollkommene und unvollkommene, in genetische und funktionelle Synallagmata siehe z.B. OSER/SCHÖNENBERGER, Vorbem. zu Art. 1 OR, N. 66 ff.; SCHÖNENBERGER/JÄGGI, Art. 1 OR, N. 118; VON TUHR/ SIEGWART I, S. 139; GUHL/MERZ/KUMMER, S. 47; F. FUNK, Art. 530, N. 3. Eingehend dazu R. MÜLLER, § 1, insbes. S. 18 ff., 73 ff.

[21] § 705 BGB spricht denn auch von «gegenseitigen» Verpflichtungen der Gesellschafter. – Die Abhängigkeit der Leistungspflichten voneinander betont z.B. A. HUECK, Gesellschaftsrecht, S. 27 f. und DERSELBE, OHG, § 6, II 3, wonach «die gegenseitigen Verträge in einem weitern Sinn» in zwei Gruppen zerfallen: Austauschverträge und Gesellschaftsverträge. Dazu SOERGEL/ SCHULTZE-V. LASAULX, § 705 BGB, Bem. 31.

[22] R. MÜLLER, S. 73 ff., 87 verneint die «genetische Abhängigkeit» der gesellschaftsrechtlichen Beitragspflichten. Dies ist insofern richtig, als der Wegfall eines Beitrags nicht ohne weiteres das Dahinfallen der andern Beitragspflichten nach sich zieht. Es betrifft dies aber nicht die Entstehung der Gesellschaft, sondern ist die Folge davon, daß sie ein mehrseitiges und zudem auch sozialrechtliches Verhältnis darstellt.

ist aber in aller Regel ein mehrseitiges Rechtsgeschäft[22a], bei dem sich nicht zwei Parteien (oder 2 Gruppen), sondern eine Mehrzahl von Parteien gegenüberstehen – was sich z.B. beim Wegfall eines Gesellschafters oder dessen Leistung in besonderer Weise auswirkt (siehe hinten § 28 II). Zudem werden die Leistungen nicht unter den Vertragspartnern ausgetauscht (wie beim funktionellen und daher auch vollkommenen Synallagma), sondern die Beiträge sind an die Gesellschaft zu leisten mit der Folge, daß sie auch von der Gesellschaft eingeklagt werden können (neben der bei den Personengesellschaften gegebenen actio pro socio). Das allgemeine Vertragsrecht ist aber, soweit es sich um die gegenseitigen – im OR «zweiseitige» genannt[23] – Verträge handelt, auf die Austauschverträge zugeschnitten[24], woraus sich bereits ergibt, daß diese Bestimmungen nicht tale quale auf den Gesellschaftsvertrag anwendbar sind. – Zu dieser schuldrechtlichen Seite des Gesellschaftsvertrages tritt aber noch eine andere, die sozialrechtliche – weshalb man auch von der Doppelnatur des Gesellschaftsvertrags spricht[25]. Der Gesellschaftsvertrag erzeugt stets eine Gemeinschaft, die sich von den Gesellschaftern mehr oder weniger deutlich (Gesamthandverhältnisse, juristische Personen) abhebt und auch Dritten als solche gegenübertritt. Die Gemeinschaft bedarf einer Organisation, die, unter Vorbehalt zwingender Bestimmungen des Gesetzes, im Gesellschaftsvertrag (subsidiär im Gesetz) geregelt wird. Zudem verleiht der Gesellschaftsvertrag den Gesellschaftern eine besondere rechtliche Eigenschaft (status), die Mitgliedschaft, ein Grundverhältnis, das sich in (je nach Gesellschaftsform verschiedenen) Rechten und Pflichten auswirkt[26]. Im Hinblick auf diese sozialrechtlichen Momente wird der Gesellschaftsvertrag auch als sozialrechtlicher Konstitutivakt, Organisationsvertrag, Kooperativvertrag, Statusvertrag, gemeinschaftsbegründender, personenrechtlicher Vertrag qualifiziert[27]. Damit werden aber nur einzelne Merkmale des Gesellschaftsvertrags hervorgehoben, die zudem auch nicht auf alle Gesellschaftsformen in gleicher Weise zutreffen[28].

Bei dieser Sachlage ist der Gesellschaftsvertrag als ein (in der Regel) mehrseitiger **Vertrag sui generis** zu qualifizieren, der sowohl schuld- als sozialrechtliche Elemente enthält[29]. Die Bestimmungen des OR über den gegenseitigen Vertrag sind auf den Gesellschaftsvertrag nur insoweit anwendbar, als nicht dessen Eigenart eine eigenständige Lösung erfordert[30].

[22a] SCHÖNENBERGER/JÄGGI, Art. 1 OR, N. 118; R. MÜLLER, S. 67, unter Hinweis auf die besondere Ordnung des mehrseitigen Vertrags *(contratto plurilaterale)* im italienischen Recht, Art. 1420 CCit. Dazu noch hinten I a. E.

[23] Art. 82/83, 107/109, 119 Abs. 2.

[24] SIEGWART, Vorbem. zu Art. 530/551, N. 56; VON TUHR/SIEGWART I, S. 139. Siehe auch vorn § 19, II 2.

[25] R. MÜLLER, S. 31, mit eingehender Erörterung der sozialrechtlichen Seite des Gesellschaftsvertrages S. 33 ff.

[26] Über die Grundverhältnisse allgemein siehe SCHÖNENBERGER/JÄGGI, Vorbem. zu Art. 1 OR, N. 113 ff.; zur Mitgliedschaft als Grundverhältnis und als eigentliche *causa* des Gesellschaftsvertrags siehe R. MÜLLER, S. 39 ff., 62. Siehe auch A. HEINI, Schweiz. Privatrecht II, S. 541 f.

[27] Nachweise bei R. MÜLLER, S. 35, 41, 43 und SOERGEL/SCHULTZE V. LASAULX, § 705 BGB, Bem. 31.

[28] So könnte von einem personenrechtlichen Vertrag nur in bezug auf die juristischen Personen gesprochen werden; vgl. SCHÖNENBERGER/JÄGGI (vorn § 19 Anm. 24). Dazu auch R. MÜLLER, S. 43.

[29] R. MÜLLER, S. 43: Der Gesellschaftsvertrag ist ein Vertrag *sui generis*, der sich nicht in eine höhere Kategorie einreihen läßt.

[30] So auch die heute herrschende Lehre, siehe insbes. SIEGWART, Vorbem. zu Art. 530–551, N. 56, 61; BECKER, Art. 530, N. 4; GUHL/MERZ/KUMMER, S. 525. – Vgl. vorn § 19, II 2.

Von besonderem Interesse ist die Ordnung des mehrseitigen Vertrags im italienischen Recht[30a]. Als *contratto plurilaterale* gelten «Verträge mit mehr als zwei Parteien, bei denen die Leistungen einer jeden von ihnen auf die Erreichung eines gemeinsamen Zwecks gerichtet sind» (Art. 1420 CCit.). Entscheidendes Kriterium ist aber (entgegen dem Wortlaut des Gesetzes) nicht die Zahl der Vertragsparteien, sondern die Richtung der Leistungen auf einen gemeinsamen Zweck, sofern nur die Möglichkeit einer Beteiligung von mehreren Parteien besteht[30b]. Damit fällt auch der Gesellschaftsvertrag (auch die Zweimanngesellschaft) in die Kategorie des contratto plurilaterale, abgegrenzt von den synallagmatischen Verträgen. Die Sonderordnung bezieht sich auf die Mängel des mehrseitigen Vertrages, so die Nichtigkeit (Art. 1420), die Anfechtbarkeit (annullabilità; Art. 1446), die Auflösung des Vertrages wegen Nichterfüllung (Art. 1459) oder wegen nachträglich eingetretener Unmöglichkeit einer Leistung (Art. 1466). Die genannten Bestimmungen zielen auf die Aufrechterhaltung des Vertrags, wenn der Mangel bloß eine der Vertragsparteien, bzw. deren Leistungspflicht betrifft, es sei denn, daß (bei Nichtigkeit oder Anfechtbarkeit) die Beteiligung der betreffenden Partei, bzw. (bei Nichterfüllung oder Unmöglichkeit) die unterbliebene Leistung «nach der Sachlage («secondo le circostanze») als wesentlich anzusehen sind». – Es wird sich zeigen, daß schweizerische Doktrin und Praxis die gleichen Lösungen anstreben wie das italienische Gesetz.

II. Die Statuten

Im Bereich der Körperschaften spricht das Gesetz (heute) nicht von einem Gesellschaftsvertrag, sondern von Statuten[31] und versteht darunter die Ordnung, welche die Gründer einer Verbandsperson geben müssen, damit diese zur Entstehung gelangen kann und nach welcher sie tätig werden soll. Eingehender als bei den Personengesellschaften befaßt sich das Gesetz hier nicht nur mit den Formalien, sondern auch mit dem Inhalt der Statuten durch zwingende oder nachgiebige Bestimmungen, wozu noch eine autonome Ordnung treten kann (soweit sie nicht zwingenden Normen widerspricht).

Die Rechtsnatur der Statuten war und ist heute noch umstritten – wobei die Verschiedenheit der Meinungen im wesentlichen auf die unterschiedlichen Auffassungen vom «Wesen» der Körperschaft und zum Thema Monismus-Dualismus zurückgehen (siehe hinten § 21). Wenn auch diese Kontroversen an Bedeutung verloren haben, weil manche der sich daraus ergebenden Fragen durch den Gesetzgeber oder eine gefestigte Praxis entschieden worden sind, so bleiben doch Fragen zurück, deren Beantwortung eine grundsätzliche Stellungnahme – oder einen Kompromiß! – erheischen.

So ist die Auffassung von der Rechtsnatur der Statuten von Bedeutung für deren Auslegung. Hier steht der Vertragstheorie die sog. Normentheorie entgegen.

[30a] Wiedergegeben in deutscher Übersetzung bei P. MENGIARDI, Strukturprobleme des Gesellschaftsrechts, ZSR 87 II, 1968, S. 139f.
[30b] Siehe R. MÜLLER, S. 57, unter Hinweis auf die italienische Doktrin.
[31] Zu den Statuten allgemein EGGER, Art. 60 ZGB, N. 14ff.; SIEGWART, Zürcher Kommentar V 5, Einl., N. 294f. und zu Art. 626; eingehend M. GUTZWILLER, Art. 833 OR, N. 1/13.

Der schweizerische Gesetzgeber hat sich bewußt einer Stellungnahme zur Rechtsnatur der Statuten enthalten. Das aOR bezeichnete die Statuten noch als «Gesellschaftsvertrag» oder «Gründungsvertrag» (Art. 615, 679)[32]. Die Entwürfe zum rev. OR sprachen bei der AG und der Genossenschaft (ohne besondere Begründung) nur noch von Statuten; ausgenommen bei der Simultangründung der AG und der GmbH, wo wiederum von «Vertrag» und «Gesellschaftsvertrag» die Rede ist (E 1923 Art. 653 ff., 787 Marginale). Die Expertenkommission zog es jedoch vor, auf diese Bezeichnungen zu verzichten mit der Begründung, «es könnte – argumentum e contrario – daraus der Schluß gezogen werden, daß bei der Sukzessivgründung kein Vertrag vorliegt» – ein Problem, zu dem der Gesetzgeber nicht Stellung zu nehmen brauche (ProtExpKomm. 1928, S. 196 f., 486)[33]. In diesem Zusammenhang sind von Bedeutung auch die Bestimmungen des OR, daß bei der Sukzessivgründung die Aktienzeichnungen auf den Statutenentwurf Bezug nehmen müssen und an der konstituierenden Generalversammlung wesentliche Änderungen am Statutenentwurf nur mit Zustimmung aller an der Versammlung vertretenen Zeichner beschlossen werden können (Art. 632, 635 Abs. 3)[34] – ein gesellschaftsrechtliches Analogon zur Norm des allgemeinen Vertragsrechts, daß es zum Vertragsschluß der Einigung über alle wesentlichen Punkte bedarf (Art. 2 Abs. 1 OR).

Die schweizerische Doktrin nimmt in der Frage der Rechtsnatur der Statuten und ihrer Auslegung (im wesentlichen) eine vermittelnde Haltung ein. Einerseits werden die Statuten als Verfassung, Grundgesetz, Gesetz, Satzung der Körperschaft bezeichnet, damit vom Gesellschaftsvertrag im engeren Sinn abgehoben und hinsichtlich ihrer Auslegung, wenn auch mit Einschränkungen, den gesetzlichen Normen gleichgestellt (die Statuten sind «aus sich selbst heraus» zu interpretieren)[35]. Andererseits wird aber (z.T. von den gleichen Autoren) auch der vertragliche Ursprung und Charakter der Statuten hervorgehoben, woraus sich das Postulat einer Auslegung nach dem wirklichen Willen der Beteiligten (Art. 18 OR) ergibt[36]. Aber wie schon beim Gesellschaftsvertrag im engeren Sinn[37], wird auch hier eine differenzierte Betrachtungsweise gefordert, je nachdem welche Aspekte zur Diskussion stehen und unter Berücksichtigung, daß die Gesellschaft ein Dauerverhältnis darstellt, das Wandlungen unterworfen ist, intern (z.B. Mitgliederwechsel, Usanzen) und von außen her (z.B. Änderungen in der Gesetzgebung)[38]. Handelt es sich um das externe Verhältnis (z.B. Haftungen), so sind die Statuten (wie ein Gesetz) aus sich selbst heraus zu interpretieren, so wie sie von Dritten, objektiv betrachtet, verstanden werden können[39]. Stehen interne Beziehungen in Frage (z.B. Leistungspflichten), so ist auf den wirklichen Willen der Beteiligten abzustellen, jedenfalls wenn sich Gründer gegenüberstehen, während für später Beitretende der Sinn gelten soll, «der heute vernünftigerweise dem Text (der Statuten) entnommen werden muß»[40]. Dabei kann die Observanz (siehe unten IV) als Auslegungsfaktor eine Rolle spielen. Lücken oder unklare Bestimmungen können u. U. durch Heranziehung von Bestimmungen anderer Organisationen gleicher Art behoben werden[41].

---

[32] Was EGGER, Art. 60 ZGB, N. 17 als «zutreffend» erachtet.
[33] Gleiche Lösung bei der GmbH zwecks Anpassung an die AG; ProtExpKomm 1928, S. 486.
[34] Vgl. SIEGWART, Art. 626, N. 1; 634–636, N. 22 ff., insbes. N. 25.
[35] Eingehend dazu SIEGWART, Zürcher Kommentar V 5, Einl., N. 91, 294; Art. 626, N. 1, 11, 12. Vgl. auch FUNK, Art. 626, N. 1; GUHL/MERZ/KUMMER, S. 567, 578.
[36] So deutlich EGGER, Art. 60 ZGB, N. 17, unter Berufung auf Art. 7 ZGB (Anwendung der allgemeinen Bestimmungen des OR auf «andere zivilrechtliche Verhältnisse») und Art. 18 OR (Auslegung der Verträge); SIEGWART, Art. 626, N. 12 f.; (abgeschwächt) FUNK, Art. 626, N. 1; W. v. STEIGER, Zu den rechtlichen Grundlagen der AG, ZBJV 91bis, 1955, S. 355 ff.
[37] Siehe vorn I.
[38] Vgl. SIEGWART, Art. 626, N. 1 f., 11 ff.
[39] SIEGWART, Art. 626, N. 12; EGGER, Art. 60 ZGB, N. 17.
[40] SIEGWART, Art. 626, N. 12, 13.
[41] M. GUTZWILLER, Art. 833 OR, N. 13.

Die schweizerische Rechtsprechung betont wiederholt den vertraglichen Charakter der Statuten und legt sie (mehr oder weniger deutlich) nach den gleichen Gesichtspunkten aus, wie sie in der Doktrin vertreten werden. In bezug auf die internen Verhältnisse erklärt BGE 87 II, 1961, S. 95: «Statuten einer privatrechtlichen Körperschaft sind wie vertragliche Willenserklärungen... nach dem Vertrauensprinzip auszulegen. Maßgebend ist der Sinn, den die Mitglieder ihnen nach Treu und Glauben vernünftigerweise beimessen durften»[42]. Auch die frühere Praxis des BGer spricht sich überwiegend dahin aus, daß die Auslegung der Statuten nach dem «wirklichen Willen» und unter Berücksichtigung der Begleitumstände, wie sie den Statuten zugrunde liegen, zu erfolgen habe[43]. – Im Verhältnis zu Dritten jedoch sind Statutenbestimmungen so auszulegen, wie sie von Dritten (ohne Rücksicht auf den Willen der Gesellschafter) «in der Regel» verstanden werden[44].

III. Der Beschluß

1. Alle Gesellschaften – als Zweckgemeinschaften – bedürfen einer Ordnung, die bestimmt, wie der «gesellschaftliche» Wille gebildet werden (zustande kommen) soll[45]. Dazu dient der Beschluß, ein mehrseitiges Rechtsgeschäft eigener Art des Sozialrechts[46]. Vom Vertrag unterscheidet sich der Beschluß in seinen Voraussetzungen und in seinen Wirkungen. Er kommt nicht durch gegenseitige übereinstimmende Willenserklärungen der Beteiligten zustande, sondern durch deren Stimmabgabe zuhanden der Gemeinschaft[47]. Und der Beschluß ist dazu bestimmt, in gemeinschaftlichen An-

---

[42] Das BGer beruft sich hier auf frühere Entscheide, die aber nur das Vertrauensprinzip als solches betreffen, nicht die Auslegung von Statuten. – Ablehnend zu diesem Entscheid M. GUTZWILLER, Art. 833 OR, N. 9.
[43] BGE 69 II, 1943, S. 246 (Grundlage der AG ist ein Vertrag, daher Gleichbehandlungsprinzip); 72 II, 1946, S. 109 (Auslegung der Statuten nach Observanz); 87 II, 1961, S. 95 (Statuten = Vertrag); 59 II, 1933, S. 295 f. (Bestellung des Verwaltungsrates; Auslegung nach der Entstehungsgeschichte und langjähriger Übung); 57 II, 1931, S. 124 (Verein; Ablehnung des bei der Auslegung von Gesetzen geltenden argumentum e contrario); 48 II, 1922, S. 364 (Verein; Verlust der Mitgliedschaft). – Anders BGE 26 II, 1900, S. 284 (Recht der Prioritätsaktionäre auf Nachbezug von Dividenden; Statuten «aus sich selbst heraus», vom Standpunkt des Publikums aus zu interpretieren, da auch für später Beitretende bestimmt).
[44] BGE 57 II, 1931, S. 522 (Haftung oder Nachschußpflicht der Genossenschafter? Bedeutung einer Gesetzesänderung).
[45] Für das Beschlußrecht der im Zivilgesetzbuch geordneten Personenverbindungen und Rechtsgemeinschaften siehe die Art. 66 ff. (Verein), 647 f. (Miteigentum), 653 (Gesamteigentum), 712 g, m, n und ff. (Stockwerkeigentum).
[46] Die Rechtsnatur des Beschlusses wie auch der Einzelstimme ist umstritten; siehe die verschiedenen Auffassungen (kein Rechtsgeschäft, mehrseitiges oder einseitiges Rechtsgeschäft, Gesamtakt) bei FELDMANN, S. 18–22. – Als mehrseitiges Rechtsgeschäft wird der Beschluß qualifiziert z. B. von: BECKER, Art. 534, N. 1; v. TUHR/SIEGWART, S. 134; SOERGEL/SCHULTZE-v. LASAULX, § 709 BGB, Bem. 23. Dagegen erblickt z. B. OSER/SCHÖNENBERGER, Vorbem. zu Art. 1–40, N. 53 im Beschluß einen einseitigen Willensakt der Gemeinschaft; im gleichen Sinn (wohl) SCHÖNENBERGER/JÄGGI, Art. 1, N. 46, 72 (Beschluß als «Fremdgestaltungsgeschäft», kein Mehrparteiengeschäft).
[47] Was sich auch hinsichtlich der Erheblichkeit von Willensmängeln bei der Stimmabgabe auswirken kann; siehe hinten Ziff. 3.

gelegenheiten eine positive oder negative Entscheidung herbeizuführen[48], unter Umständen gegen den Willen einzelner Gesellschafter oder einer Minderheit. Der Gesellschafter hat denn auch stets ein Recht darauf, daß ein Beschluß gefaßt wird, wo dies rechtlich vorgesehen ist und durch die Sachlage gefordert wird. Dazu bedarf der Beschluß einer rechtlichen Grundlage[49]. Diese findet sich zunächst im Gesetz, in zwingenden oder nachgiebigen Bestimmungen, die je nach der Gesellschaftsform mehr oder weniger weit reichen und verschieden lauten, sowohl was den Inhalt (Gegenstand) des Beschlusses, als die Modalitäten der Beschlußfassung (so hinsichtlich Form, Verfahren, Quorum, Stimmkraft, Stimmenthaltungspflichten, Mehrheits- oder Einstimmigkeitsprinzip) betrifft. – Eine weitere Grundlage des Beschlusses bildet die gesellschaftsautonome Ordnung durch Vertrag bzw. Statuten, welche, unter Vorbehalt der zwingenden Bestimmungen des Gesetzes, das Beschlußrecht beliebig gestalten können, so daß mitunter (besonders bei den Personengesellschaften) an Stelle der subsidiären gesetzlichen eine davon völlig abweichende Ordnung tritt[50]. – Dem Recht jedes Gesellschafters auf Beschlußfassung entspricht grundsätzlich die Pflicht der Gesellschafter zur Mitwirkung, damit ein Beschluß zustande kommt. Eine Verhinderung der Beschlußfassung kann Sanktionen verschiedener Art nach sich ziehen, so eine Klage auf Mitwirkung, Auflösung der Gesellschaft aus wichtigen Gründen, Schadenersatz[51]. Die Pflicht der Gesellschafter zur Ermöglichung der (notwendigen) Beschlüsse geht jedoch verschieden weit, je nach der Gesellschaftsform und der Ausgestaltung der Gesellschaft im konkreten Fall, worauf im entsprechenden Zusammenhang zurückzukommen ist.

2. Wenn vom Beschluß als einem Entscheid die Rede ist, so ruft dies einer Erörterung des einstimmigen Beschlusses. Daß es zur Fassung eines Gesellschafterbeschlusses der Einstimmigkeit bedarf, gilt – als subsidiäre, gesetzliche Ordnung – im ganzen Bereich der Personengesellschaften[52]. Bei den (für eine größere Zahl von Beteiligten gedachten) Körperschaften gilt, in verschiedenen Abwandlungen und kraft Bestimmungen zwingenden oder nachgiebigen Rechts, das Majoritätsprinzip. Aber auch wo dieses auf zwingender Vorschrift beruht, können die Statuten stets erschwerende Bestimmungen aufstellen, so auch das Gebot der Einstimmigkeit (z.B. für

---

[48] von TUHR/SIEGWART, S.134.
[49] Weshalb man den Beschluß auch als ein unselbständiges Rechtsgeschäft bezeichnet, siehe bei FELDMANN, S.20.
[50] Was typologische Probleme aufwerfen kann, siehe hinten §§ 24, 27 IV, 40 III.
[51] Vgl. FELDMANN, S.17; HARTMANN, Art.557, N.13; SIEGWART, Art.534, N.6.
[52] Art.534, 557 Abs.2, 598 Abs.2; über das Stimmrecht des Kommanditärs siehe hinten § 42, III.

Statutenänderungen von wesentlicher Bedeutung) – eine Möglichkeit, von der z.B. bei den sog. atypischen (mehr personenbezogenen) Aktiengesellschaften öfters Gebrauch gemacht wird[53]. – Das Erfordernis der Einstimmigkeit scheint dem Beschluß den Charakter eines Vertrages zu geben[54]. Von diesem unterscheidet sich aber auch der einstimmige Beschluß als Rechtsgeschäft eigener Art in seinen Voraussetzungen und in seinen Wirkungen. So hat auch hier der Gesellschafter ein Recht darauf, daß es, wo ein Beschluß vorgesehen ist und durch die Sachlage gefordert wird (z.B. zur Änderung des Gesellschaftszwecks oder zur Bestellung einer Vertretung), zu einer Entscheidung kommt – wofür ihm die vorerwähnten Rechtsbehelfe zur Verfügung stehen. Kommt ein einstimmiger Beschluß nicht zustande, so ist damit ein negativer Entscheid gefällt und es bleibt beim status quo – wenn die daraus entstehende Situation nicht weitere Maßnahmen erheischt, z.B. die gerichtliche Bestellung einer Vertretung oder die Auflösung aus wichtigen Gründen. – Sodann unterscheidet sich der einstimmige Beschluß vom Vertrag auch dadurch, daß das Gebot der Einstimmigkeit nicht absolut gelten kann; es birgt «gewisse Schranken in sich selbst»[55]. So hat sich der Gesellschafter in bestimmten Fällen der Stimme zu enthalten, z.B. wenn der Beschluß gegen ihn persönlich gerichtet ist[56], oder wenn eine rechtserhebliche Interessenkollision vorliegt[57].

3. Wie jedes Rechtsgeschäft kann der Beschluß an Mängeln leiden, die seine Nichtigkeit oder Anfechtbarkeit zur Folge haben[58]. Das Gesetz befaßt sich zwar nur mit der Anfechtbarkeit von Beschlüssen, doch ist in Lehre und Rechtsprechung anerkannt, daß Beschlüsse auch von ab initio und gegenüber jedermann wirkender, von Amtes wegen festzustellender Nichtigkeit getroffen werden können[59]. Die Mängel können im Inhalt des Beschlusses liegen oder in den Formalien der Beschlußfassung.

---

[53] Siehe hinten § 24.
[54] Zum einstimmigen Beschluß siehe die oben Anm. 46 zit. Autoren. Für den Vertragscharakter des einstimmigen Beschlusses z.B. WÜRDINGER, Gesellschaftsrecht I, § 11 III; SOERGEL/SCHULTZE-V. LASAULX, § 709 BGB, Bem. 23.
[55] BECKER, Art. 534, N. 9.
[56] z.B. im Fall des Art. 578 (Ausschliessung eines falliten Gesellschafters).
[57] Ob Interessenkollisionen vorliegen, die Stimmenthaltung verlangen, beurteilt sich verschieden, je nach der Gesellschaftsform und der Ausgestaltung der Gesellschaft im konkreten Fall, worauf im entsprechenden Zusammenhang zurückzukommen ist.
[58] Allgemein zur Nichtigkeit und Anfechtbarkeit von Rechtsgeschäften siehe die Doktrin zum allgemeinen Teil des OR, z.B. GUHL/MERZ/KUMMER, S. 66 ff.; OSER/SCHÖNENBERGER zu Art. 20, 31 OR; von TUHR/SIEGWART, S. 213, 219.
[59] Vgl. EGGER, Art. 75 ZGB, N. 13 f.; FELDMANN, S. 79 ff.; GUHL/MERZ/KUMMER, S. 625; Prot-ExpKomm 1928, S. 335 f., 341; BGE 71 I, 1945, S. 387 und dort zitierte frühere Praxis.

a) Die Nichtigkeit beurteilt sich nach den allgemeinen Bestimmungen des OR, soweit nicht die besondern Bestimmungen des Gesellschaftsrechts oder der den Beschlüssen zu Grunde liegende Sachverhalt eine besondere Behandlung erfordern[60]. Nach Art. 20 OR ist ein Rechtsgeschäft nichtig, wenn es einen unmöglichen oder widerrechtlichen Inhalt hat oder gegen die guten Sitten verstößt. – In bezug auf die Nichtigkeit widerrechtlicher Beschlüsse hat die Rechtsprechung (und ihr folgend die Doktrin) besondere Kriterien entwickelt. Nichtig sollen nur solche Beschlüsse sein, welche Normen verletzen, die der Wahrung allgemeiner, öffentlicher Interessen dienen. Verstößt der Beschluß gegen Bestimmungen, die zwar zwingend sind, aber lediglich den Schutz der (privaten) Interessen der Gesellschafter bezwecken, so hat dies nicht seine Nichtigkeit, sondern bloß seine Anfechtbarkeit zur Folge; dies gilt auch in den Fällen, in denen der Beschluß Bestimmungen der Statuten oder solche dispositiven (Gesetzes-) Rechts verletzt[61].

Diese Abgrenzung der nichtigen von den anfechtbaren Beschlüssen erfolgte grundsätzlich im (nicht veröffentlichten) BGE vom 22. November 1939 (besprochen in SAG 12, 1939/1940, S. 178), bestätigt in BGE 80 II, 1954, S. 271 ff., 275, mit der Begründung, daß damit die nachteilige Rechtsunsicherheit, wie sie die einschneidenden Folgen der Nichtigkeit bewirken müßten, vermieden werde. Auf der gleichen Linie auch frühere Entscheide. – Die Abgrenzung der nichtigen von den anfechtbaren Beschlüssen bleibt aber ein oft nicht leicht zu lösendes Problem. Einmal darum, weil das für die Nichtigkeit entscheidende Kriterium – Verstoß gegen «zur Wahrung allgemeiner öffentlicher Interessen aufgestellter Gesetzesvorschriften» (BGE vom 22.11.1939, siehe oben) – ein «weites Feld» bildet. Sodann, weil auch gewisse, primär dem Schutz privater (besser wäre vielleicht der Ausdruck «individueller») Interessen dienende Normen ebenfalls der öffentlichen Ordnung angehören. In der Doktrin[62] sind hiefür folgende Richtlinien entwickelt worden: Nichtig sind einmal Beschlüsse, die gegen die Fundamentalordnung (WEISS), Grundstruktur (EGGER) der Körperschaften oder gegen Bestimmungen zum Schutze Dritter (so betreffend die Haftungen oder den Kapitalschutz) verstoßen. Sodann solche, welche absolute (unverzichtbare) Rechte der Gesellschafter verletzen, z. B. ihre minimalen Mitwirkungs- und Kontrollrechte[63]. Anfechtbar dagegen sind Beschlüsse, die zwar durch zwingende Bestimmungen geschützte Individualrechte verletzen, auf deren Durchsetzung der Gesellschafter aber auch verzichten kann, z. B. die Beachtung von Formalien der Beschlußfassung[64] oder gewisse wohlerworbene Rechte im Sinn von Art. 646 OR[65].

b) Die Anfechtbarkeit von Beschlüssen wird im Gesetz nur im Bereich des Körperschaftsrechts geregelt (Art. 706, 808 Abs. 5, 891 OR; Art. 75

---

[60] Siehe vorn § 19, II 2 und 20, I 5.
[61] Dazu EGGER, Art. 75 ZGB, N. 13 f.; FELDMANN, S. 81 f.; WEISS, Einl., N. 164 ff.; GUHL/MERZ/KUMMER, S. 625 f.; BGE 80 II, 1954, S. 271 ff., 275; 93 II, 1967, S. 30. – Einläßlich zu den Nichtigkeits- und Anfechtungsklagen W. R. SCHLUEP, Die wohlerworbenen Rechte des Aktionärs und ihr Schutz nach schweizerischem Recht, Diss. St. Gallen 1955, S. 276–300.
[62] Siehe Anm. 61.
[63] Ferner Eingriffe in Persönlichkeitsrechte gemäß Art. 27 f. ZGB, die aber auch unter dem Gesichtspunkt der Sittenwidrigkeit zu würdigen sind; BGE 93 II, 1967, S. 33.
[64] BGE 80 II, 1954, S. 271.
[65] Vgl. G. WEISS, Die nicht entziehbaren Rechte des Aktionärs, SJZ 39, 1942/43, S. 513.

ZGB), wobei die Anfechtungsklage lediglich gegen Beschlüsse des «obersten Organs» (Generalversammlung, bzw. Gesellschafts- oder Vereinsversammlung) gegeben ist. Solche Beschlüsse sind (in überall gleichlautender Formulierung) anfechtbar, wenn sie «gegen das Gesetz oder die Statuten verstoßen» (was im Zusammenhang mit dem Körperschaftsrecht weiter zu verfolgen ist). – Bei den Personengesellschaften fehlen Bestimmungen über die Anfechtbarkeit. Es ist aber in der (schweizerischen) Doktrin anerkannt, daß auch bei den Personengesellschaften Beschlüsse an Mängeln leiden können, die (nicht ihre Nichtigkeit im vorerwähnten Sinn, wohl aber) ihre Anfechtbarkeit zur Folge haben[66]. Die Sachlage ist hier der bei den Körperschaften gegebenen insofern gleich, als auch das Mitglied einer Personengesellschaft gegen Eingriffe in seine Rechte geschützt sein muß, wobei deren Geltendmachung in sein Ermessen gestellt werden kann. So müssen auch im Bereich der Personengesellschaften Gesellschaftsbeschlüsse anfechtbar sein, wenn sie hinsichtlich ihres Zustandekommens oder ihres Inhalts zwingende Bestimmungen des Gesetzes oder wesentliche Bestimmungen des Gesellschaftsvertrages verletzen, sowie wenn sie auf Grund von rechtserheblichen Willensmängeln zustande gekommen sind (siehe unten Ziff. 4).

4. Der Beschluß kommt auf Grund der von den Gesellschaftern abgegebenen Einzelstimmen zustande. Diese stellen auf einen Rechtserfolg gerichtete, empfangsbedürftige Willenserklärungen dar, Rechtshandlungen, auf welche die allgemeinen Bestimmungen über die Willenserklärungen zur Anwendung kommen[67]. So setzt die Stimmabgabe die Handlungsfähigkeit des Gesellschafters (gegebenenfalls die Zustimmung des gesetzlichen Vertreters) voraus. Ferner kann die Stimme nichtig im Sinn von Art. 20 OR sein, z.B. wenn sie entgegen einem zwingenden Stimmverbot (z.B. bei Entlastungsbeschlüssen) abgegeben wurde[68]. Der Gesellschafter kann seine

---

[66] BECKER, Art. 530, N. 2; HARTMANN, Art. 557, N. 13; H. FELDMANN, S. 84; SIEGWART, Art. 534, N. 9. – BGE 39 II, 1913, S. 246; 53 II, 1927, S. 495; 59 II, 1933, S. 426. – Gegen die Anfechtbarkeit von Beschlüssen bei den Personengesellschaften spricht sich z.T. die deutsche Doktrin aus, weil hier eine Rechtsgestaltungsklage vorliege, wofür die gesetzliche Grundlage fehle (vgl. z.B. LEHMANN/DIETZ, S. 60; A. HUECK, OHG, S. 133); anderer Meinung z.B. WÜRDINGER I, S. 57.

[67] FELDMANN, S. 30 ff., 95 ff.; LEHMANN/DIETZ, S. 57, 59; HUECK, OHG, S. 131; SOERGEL/SCHULTZE-v. LASAULX, § 709 BGB, Bem. 24. – Anderer Meinung die sog. Gesamtaktstheorie, wonach die Einzelstimme nur Teil eines Gesamtaktes, des Beschlusses, sei (siehe die Zitate bei LEHMANN/DIETZ, a.a.O.). Die Tatsache, daß die Einzelstimme nur im Verein mit andern Stimmen zum Rechtserfolg, dem Beschluß, führt, ändert aber nichts an ihrem Charakter als rechtserhebliche Willenserklärung.

[68] Siehe z.B. Art. 695 OR.

Stimmabgabe wegen Willensmängeln gemäß Art. 23 ff. OR anfechten[69]. Ist die Stimme ungültig, so kann dies die Ungültigkeit des (positiven oder negativen) Gesellschaftsbeschlusses zur Folge haben. So in den Fällen, in denen ein einstimmiger Beschluß verlangt wird. Gilt das Majoritätsprinzip, so bleibt der Gesellschaftsbeschluß bestehen, wenn die erforderliche Mehrheit auch ohne die (ungültige) Einzelstimme erreicht ist, andernfalls wird er ungültig[70]. – Die Geltendmachung der Nichtigkeit und Anfechtbarkeit der Einzelstimme wird bei den einzelnen Gesellschaftsformen erörtert.

IV. Die Observanz

Im Bereich der Personenverbindungen wird als autonome Rechtsquelle auch die sog. Observanz erwähnt. Das Gesetz äußert sich nirgends zu dieser Erscheinung. Man versteht unter Observanz (sprachlich: «was beobachtet zu werden pflegt», M. Gutzwiller) ein gleichförmiges Verhalten (Gewohnheit) in gesellschaftsinternen Angelegenheiten[71], z.B. hinsichtlich der Formalien einer Gesellschafterversammlung (Einberufung, Ort, Durchführung), Zulassung von Vertretern, Umfang und Qualität der Beiträge, Aufgaben und Kompetenzen der Organe. Die Observanz kann die gesetzliche oder gesellschaftsautonome Ordnung (Vertrag, Statuten, Reglemente, Beschlüsse) ergänzen, kann aber auch von ihr abweichen, z.B. durch Änderungen hinsichtlich des Versammlungsortes, der Publizität, der Zuständigkeiten. Von Observanzen in einem weiteren Sinn kann man sprechen, wenn sie nicht nur innerhalb einer bestimmten Personenverbindung, sondern im Bereich gleichartiger Verbindungen (z.B. landwirtschaftlicher Genossenschaften, Emissionssyndikaten) oder gar allgemein (z.B. betreffend Protokollierung, Behandlung von Eventualanträgen) praktiziert werden[72].

Die rechtliche Qualifizierung der Observanz ist nicht eindeutig. Zu weit geht wohl, wenn sie «dem Gewohnheitsrecht im Gemeinwesen» gleichgestellt wird[73]. Es fehlt hier an der *opinio necessitatis*. – Näher liegt es, die Observanz der im Gesetz gelegentlich erwähnten «Übung»

---

[69] Siehe die Anm. 67 zitierten Autoren. Ferner: Becker, Art. 534, N. 2; Hartmann, Art. 557, N. 13; Funk, Art. 534.
[70] Hueck, OHG, § 11, V 1; Lehmann/Dietz, S. 58.
[71] Vgl. Egger, Art. 63 ZGB, N. 2 («Vereinsübung»); M. Gutzwiller, Art. 833 OR, N. 22 ff.; Siegwart, Zürcher Kommentar V 5, Einl., N. 298 ff.; F. v. Steiger, Schweiz. AG 25, 1953, S. 79 ff.
[72] Siehe Anm. 71: Egger; Gutzwiller, N. 25 («ungeschriebenes Verbandsrecht»); Siegwart, N. 298.
[73] So Siegwart (oben Anm. 71).

(insbesondere der kaufmännischen Übung = Usanze, Handelsbrauch) gleichzustellen[74]. Ein Unterschied liegt aber darin, daß, wo das Gesetz auf die Übung verweist (was im Gesellschaftsrecht nirgends der Fall ist), diese als objektives Recht gilt[75]. Hingegen teilt die Observanz mit der Übung deren zweite Wirkung[76]: Sie gilt, wenn die Umstände im konkreten Fall nicht dagegen sprechen, als Ausdruck des Parteiwillens (leges contractus), hier also des Willens der Gesellschaft, bzw. der Gesellschafter. Dazu bedarf es allerdings der ausdrücklichen oder stillschweigenden Zustimmung der Gesellschafter, ferner einer genügend gefestigten Übung («Gewohnheit»)[77]. In diesem Sinn kann man von einem gesellschaftsinternen Gewohnheitsrecht sprechen[78].

Es ergibt sich daraus: Die Observanz kann nie zwingendem Recht derogieren[79]. Im Rahmen der Privatautonomie kann sie, wenn unwidersprochen und genügend gefestigt, die bestehende Ordnung ergänzen, ihr auch derogieren. Unter diesen Voraussetzungen gilt die Observanz als zu Recht bestehend, so daß die darauf beruhenden Beschlüsse und Maßnahmen nicht nachträglich als rechtswidrig angefochten werden können. Wesentlich ist die Funktion der Observanz als Faktor zur Auslegung des Parteiwillens[80]. Gegenüber gutgläubigen Dritten kommt der Observanz keine Wirkung zu[81].

---

[74] Dazu PATRY, vorn § 3, III. Siehe auch DESCHENAUX, Schweiz. Privatrecht II, S. 45ff.; P. LIVER, Berner Kommentar, Einleitungsband, Art. 5 ZGB, N. 67ff.; von TUHR/SIEGWART, S. 5, 48, 260.
[75] Siehe oben Anm. 74.
[76] Siehe oben Anm. 74.
[77] Vgl. GUTZWILLER (oben Anm. 71), N. 25.
[78] F. v. STEIGER, S. 181, 185.
[79] BGE 50 II, 1924, S. 179 (Kapitalherabsetzungsbeschluß), 55 II, 1929, S. 101 (Änderung des Gesetzeszwecks).
[80] SIEGWART, a.a.O. (Anm. 7), N. 299; F. v. STEIGER, S. 185; BGE 59 II, 1933, S. 297.
[81] Vgl. BGE 56 II, 1930, S. 300 (Beitrittserklärung); 78 III, 1952, S. 33 (persönliche Haftung der Genossenschafter im Konkurs der Genossenschaft). Dazu F. v. STEIGER, S. 182f.

Fünftes Kapitel

Allgemeine Probleme des Gesellschaftsrechts

Wie im Zusammenhang mit den Rechtsquellen bereits erwähnt, spielen im Gesellschaftsrecht allgemeine Auffassungen (Konzeptionen) und Prinzipien («oberste Gebote»), kodifizierte und ungeschriebene, eine wesentliche Rolle. Unter diesen treten namentlich hervor: Die Auffassungen von der Rechtsnatur der Gesellschaften; die sog. Treuepflicht der Gesellschafter; das Gleichbehandlungsprinzip; (neuerdings) die Auswirkungen der typologischen Betrachtungsweise. Die Bedeutung dieser Auffassungen und Prinzipien ist größer oder geringer je nach der Gesellschaftsform, die zur Frage steht. Sie durchwalten aber das ganze Recht der Personenverbindungen, hängen oft zusammen und können gelegentlich auch miteinander in Konflikt treten. Es empfiehlt sich daher, diese Probleme zunächst in ihren Grundzügen aufzuzeigen und ihre Stellung und Bedeutung im Gesamtbild des Gesellschaftsrechts darzulegen, unter Vorbehalt weiterer Prüfung, namentlich hinsichtlich ihrer Auswirkungen, im Zusammenhang mit den einzelnen Gesellschaftsformen. – Andere Probleme des Gesellschaftsrechts sind zwar ebenfalls von allgemeiner Tragweite – so die Haftungsprinzipien, die verschiedene Rechtsnatur der gesellschaftlichen Beiträge, die Innen- und Außengesellschaften. Sie sind aber von unterschiedlicher Bedeutung und werden daher in entsprechendem Zusammenhang erörtert.

§ 21. Gesamthandverhältnisse – Körperschaft – Dualistische und monistische Auffassungen

Literatur

WALTHER BURCKHARDT, Die rechtliche Natur der Personenverbände im Obligationenrecht, Diss. Bern 1896; DERSELBE, Die Organisation der Rechtsgemeinschaft, Basel 1927; R. GOLDSCHMIDT, Grundfragen des neuen schweiz. Aktienrechts, St. Gallen 1937; W.F. BÜRGI, Wandlungen im Wesen der juristischen Person, in: Festschrift für H. Nawiasky, Einsiedeln 1950; W. VON STEIGER, Betrachtungen über die rechtlichen Grundlagen der Aktiengesellschaft, ZBJV 91bis, 1955, S. 334 ff.; R. SERICK, Rechtsform und Realität juristischer Personen, Berlin/Tübingen 1955; J.-M. GROSSEN, La personnalité morale et ses limites, Droit Suisse, in: Travaux et recherches de l'Institut de droit comparé de Paris, Bd. XVIII, Paris 1960; A. MEIER-HAYOZ, Personengesellschaftliche Elemente im Recht der Aktiengesellschaft, in: Festschrift für Walther Hug, Bern 1968; F. GILLIARD, Tendances coopératives dans la Société Anonyme, in: Festschrift für W. F. Bürgi, Zürich 1971.

I. Ausgangspunkte

1. Das «Wesen der menschlichen Verbände», insbesondere die Rechtsnatur der verschiedenen Personenverbindungen und ihrer Auswirkungen, bildet seit langem Gegenstand von Kontroversen, die sich, wenn auch abgeschwächt oder in neuen Formulierungen, bis in die neueste Zeit fortsetzen, dies nicht nur in der Doktrin, auch in der Gesetzgebung und Rechtsprechung[1]. Hier geht es uns vor allem um folgende Fragen: Sind die Personengesellschaften und die Körperschaften als grundsätzlich, ihrer Entstehung und Struktur nach, verschiedenartige, durch eine scharfe Zäsur zu trennende Kategorien gegenüberzustellen – die dualistische Auffassung? Oder stellen sie nur verschiedene Ausprägungen ein und derselben Grundform, der Gesellschaft als vertraglich vereinbarter Zweckgemeinschaft dar – die monistische Auffassung? Oder ist einer zwischen den beiden Auffassungen vermittelnden Linie zu folgen? Oder drängt sich eine rein kasuistische Betrachtungsweise auf? Die soeben erwähnten Fragen stehen im Zusammenhang mit den bekannten (aus dem 19. Jahrhundert stammenden) Kontroversen um das «Wesen», die Rechtsnatur der juristischen Personen (personnes morales, persone giuridiche), insbesondere (auf die Personenverbindungen bezogen) der Körperschaften[2].

Die sog. Realitätstheorie – mit ihrer scharfen Trennung zwischen den (auf einer sog. autonomen Satzung beruhenden) Körperschaften und den (durch Vertrag begründeten) Gesamthandverhältnissen (Personengesellschaften)[3] – muß zu einer grundsätzlich dualistischen Auffassung führen. Die sog. (ältere) Fiktionstheorie – wonach juristische Personen Abstraktionen,

---

[1] Zum «Wesen der menschlichen Verbände», insbes. zur Theorie der Körperschaften («Verbandspersonen») wird auf die Ausführungen J.-M. GROSSENS und M. GUTZWILLERS in Band II des Schweiz. Privatrechts, S. 289 ff., 434 ff. verwiesen. – Aus der umfangreichen Literatur zu diesem Thema seien hier nur (als wegweisend) hervorgehoben: K. WIELAND, I § 35 («Die rechtliche Natur der Handelsgesellschaften»), insbes. S. 417 ff.; V. ROSSEL/F. H. MENTHA, Manuel du droit civil suisse, 3 Bde., Lausanne/Genève, 2. Aufl. 1922 mit Supplément 1931; A. EGGER, Vorbem. zu Art. 52 ff. ZGB, N. 8–18; J.-M. GROSSEN, Personnalité morale, S. 144 ff.; MEIER-HAYOZ/FORSTMOSER, Grundriß, § 2. Siehe auch hinten Anm. 23.

[2] Art. 52 Abs. 1 ZGB; zur Terminologie des Art. 59 Abs. 2 ZGB siehe vorn § 17, Anm. 3.

[3] Wir beschränken uns hier auf die Charakterisierung der Personengesellschaften als Gesamthandverhältnisse, als der gesetzlich vorgesehenen und praktisch regelmäßigen Lösung; vorbehalten bleibt das vertraglich zu begründende Miteigentum (siehe hinten § 29, I). MEIER-HAYOZ/FORSTMOSER, Grundriß (§ 2) stellen demnach die Körperschaften den auch das Miteigentum umfassenden «Rechtsgemeinschaften» gegenüber.

rechtstechnische Behelfe darstellen, mittelst welcher der Gesetzgeber Personenverbindungen eine mehr oder weniger weitgehende Rechtspersönlichkeit zuerkennen kann – begünstigt eine monistische Auffassung, wie sie am prägnantesten (wenn auch zu weitgehend formuliert) von K. WIELAND vertreten worden ist[4].

In neuerer Zeit wird in zunehmendem Maß die Auffassung der juristischen Person als einer (rechts-)technischen Realität vertreten, worin sowohl das reale (soziale) als das rechtstechnische Element releviert wird und zum Ausdruck kommt[5]. Diese Konzeption gründet auf der Erkenntnis, daß «Personen» nur kraft objektivrechtlicher Anordnung «Persönlichkeit» erlangen können. Wie die physische (Einzel-)Person kann der Gesetzgeber auch Personenverbindungen mit mehr oder weniger weit gehender Rechtspersönlichkeit (Rechts- und Handlungsfähigkeit) ausstatten und sie damit unbeschränkt, oder doch in gewisser Hinsicht, zu selbständigen Rechtssubjekten machen. Rechtspersönlichkeit bedeutet somit eine inhaltlich variable, rechtliche «Eigenschaft»[6] bestimmter Personenverbindungen (wie auch verselbständigter «Zweckvermögen», so bei Stiftungen – um im Privatrecht zu bleiben).

In diesem Zusammenhang ist auch auf das *principe de la spécialité* (doctrine de la «spécialité de la personnalisation») hinzuweisen. Diese Doktrin – in der Schweiz ausdrücklich von ROSSEL/MENTHA vertreten und auch vom BGer aufgegriffen[7] – bezieht sich auf den sachlichen Umfang der Rechtsfähigkeit («jouissance des droits civils») von juristischen Personen (personnes morales, insbesondere von Körperschaften). Diese könne nicht in abstracto (global – Verf.), sondern (zusammenfassend ausgedrückt) nur nach dem Zweckbereich der in Frage stehenden Verbandsperson bestimmt werden. – Die erwähnte Doktrin fügt der Auffassung von der technischen Realität nichts grundsätzlich Neues hinzu; sie unterstreicht (und motiviert) bloß einen ihrer Aspekte (Umfang der Rechtsfähigkeit). Weiter ausgedacht, führt sie zu der (von uns für das schweizerische Recht abgelehnten, siehe hinten § 36, I) *Ultra vires*-Lehre[8]. – Das schweizerische Recht (Art. 53 ZGB)

---

[4] Siehe oben Anm. 1. Pro memoria das klassisch gewordene dictum WIELANDS (S. 427): «Über der losen bürgerlichen Gesellschaft bis hinauf zum Staat... baut sich eine ununterbrochene, durch keine Zäsur zu trennende Stufenfolge gesellschaftlicher Gebilde auf, die sich bei näherem Zusehen nur als Abwandlungen derselben Grundformen (Gesellschaft, Gesamthand) erweisen.» – Siehe auch WIELAND II, S. 206 Anm. 10.

[5] Vgl. dazu: GROSSEN und GUTZWILLER (oben Anm. 1), S. 290, 436, 442, 443 f.; J.-M. GROSSEN (Personnalité morale), S. 144. – Treffliche Darstellung der heute im französischen Recht dominierenden Auffassung der juristischen Person als einer *réalité technique*, deren Entwicklung und Begründung bei CARBONNIER I, S. 285 f. – Zum modernen Begriff der (auch «nicht greifbaren») Realitäten W. F. BÜRGI, Wandlungen, S. 247. – Man kann in der «technischen Realität» eine Synthese der beiden klassischen Auffassungen erblicken – oder auch eine Weiterentwicklung der Fiktionstheorie; MEIER-HAYOZ/FORSTMOSER, Grundriß, S. 46 spricht von einer «Rückkehr zu den Ausgangspunkten der Fiktionstheorie (was aber kein erneutes Bekenntnis zur Fiktionstheorie bedeutet)».

[6] LEHMANN/DIETZ, S. 29.

[7] ROSSEL/MENTHA (oben Anm. 1), No. 186: «...la personne morale a seulement la jouissance des droits civils qui lui sont nécessaires pour réaliser les fins en vue desquels elle existe... leur (sc. personnes morales) fonction... règle leur capacités». – Im öfters zit. BGE 58 I, 1932, S. 378 ff., 382 verneinte das BGer (vor Erlaß des geltenden Art. 707 Abs. 3), unter Hinweis auf ROSSEL/MENTHA, die Fähigkeit einer juristischen Person oder «Handelsgesellschaft», Mitglied der Verwaltung einer AG zu werden. Die Tragweite von Art. 53 ZGB könne nicht auf Grund abstrakter Kriterien bestimmt werden; «il échet... d'examiner dans chaque cas particulier si, vu l'institution juridique et l'activité en discussion, la personne morale possède ou non les qualités requises pour pouvoir exercer les droits et exécuter les obligations dont s'agit». – Von den «Stufen der Personifizierung» handelt auch EGGER, Art. 52 ZGB, N. 4.

[8] So auch SERICK, S. 58 Anm. 3, unter Hinweis auf das *principe de la spécialité* in der belgischen Rechtsprechung und im französischen Recht.

regelt bekanntlich das Problem in der Weise, daß es die juristischen Personen, ohne Unterschied der Rechtsform, aller Rechte und Pflichten fähig erklärt, die nicht die natürlichen Eigenschaften des Menschen zur notwendigen Voraussetzung haben[9]. Einen Ausdruck des *principe de la spécialité* kann man darin erblicken, daß das Gesetz bestimmten Personenverbindungen eine eigene Rechtspersönlichkeit nur beschränkt und in gewisser Hinsicht gewährt, so den Kollektiv- und Kommanditgesellschaften (Art. 568, 602 OR; dazu hinten § 36).

2. In neuerer Zeit haben die erwähnten Kontroversen an Bedeutung verloren. Einmal schon, weil manche damit zusammenhängenden Fragen durch den Gesetzgeber beantwortet worden sind[10]. Sodann auch, weil die früher vorherrschende Begriffsjurisprudenz mehr und mehr einer pragmatischen Betrachtungsweise gewichen ist. Trotzdem machen sich dualistische oder monistische «Einstellungen», wenigstens als Tendenzen, immer wieder geltend, so vor allem, wenn es um die Anwendung allgemeiner Prinzipien oder Normen auf die verschiedenen Gesellschaftsformen geht, z.B. um das Gleichbehandlungsprinzip, die gesellschaftliche Treuepflicht, die Auslegung von Verträgen und Statuten, die direkte oder analoge Anwendung personalgesellschaftlicher Normen oder Wertungen im Recht der Körperschaften und umgekehrt[11]. Auch die Diskussion um die Bedeutung der Typologie im Gesellschaftsrecht spiegelt, offen oder verdeckt, monistische oder dualistische Tendenzen wieder und verleiht diesen Fragen eine erneute Aktualität.

---

[9] Kritisch zu Art. 53 ZGB, weil zu wenig differenziert, R. SERICK, S. 161 f.; dazu GUTZWILLER (oben Anm. 1), S. 445 Anm. 46.

[10] z.B. Art. 567 Abs. 3 OR (Deliktsfähigkeit der Kollektivgesellschaft); Art. 568 Abs. 3 (Solidarbürgschaft eines Kollektivgesellschafters zu Gunsten der Gesellschaft); Art. 706 (Anfechtbarkeit von Generalversammlungsbeschlüssen); Art. 736 Ziff. 4 (Auflösung der AG aus wichtigen Gründen).

[11] Auf die Bedeutung der dualistischen und monistischen Auffassungen weist ausdrücklich EGGER, Vorbem. zu Art. 52 ff. ZGB, N. 17 hin, insbes. im Hinblick auf die Frage «einer Ergänzung des Verbandsrechts durch gemeinschaftsrechtliche Normen». Dazu auch MEIER-HAYOZ, Personengesellschaftliche Elemente, S. 394. Siehe auch hinten Anm. 33. – In diesem Zusammenhang wird noch auf das sog. Durchgriffsproblem (disregard of legal entity, lifting the corporate veil) hingewiesen, wonach bei gewissen Sachverhalten die rechtliche Selbständigkeit der juristischen Person außer acht gelassen (bei Seite geschoben) und auf die hinter ihr stehenden Personen zurückgegriffen wird. Zivilrechtlich handelt es sich dabei um Fälle des Mißbrauchs der Rechtsform einer juristischen Person, insbes. zur Umgehung rechtlicher Verpflichtungen (z.B. eines Konkurrenzverbots) zum Nachteil Dritter (u.U. auch von Mitgesellschaftern). Der Durchgriff erfolgt aber nur in bestimmter Hinsicht; die rechtliche Existenz der juristischen Person bleibt davon unberührt. Grundsätzlich dazu BGE 92 II, 1966, S. 160 ff. (Ingress, s. auch hinten Anm. 27). – Zum Durchgriffsproblem heute siehe GUTZWILLER, Schweiz. Privatrecht II, S. 445 ff.; J.-M. GROSSEN, Personnalité morale, S. 150 ff.; H. MERZ, Berner Kommentar, 3. Aufl., Einleitungsband, Art. 2 ZGB, N. 286 ff. («Zweckwidrige Berufung auf die rechtliche Selbständigkeit der juristischen Person», mit Casuistik), wo aber auch auf den «Durchgriff» nicht nur als Mißbrauchs- sondern auch als «Auslegungsproblem» (Relativität der juristischen Person) hingewiesen wird. – Eingehend, auch rechtsvergleichend, R. SERICK, Rechtsform und Realität der juristischen Person.

II. Gesetzgebung – Doktrin – Rechtsprechung

Es fällt nicht leicht, den heutigen Stand der Dinge wiederzugeben, da die Diskussion zur Rechtsnatur der Gesellschaften und deren Auswirkungen öfters unter verschiedenen Vorzeichen steht. Immerhin läßt sich folgendes festhalten:

1. Der schweizerische Gesetzgeber übt bekanntlich in dogmatischen Fragen äußerste Zurückhaltung, was sich gerade auch im Gesellschaftsrecht zeigt. So hat er bewußt darauf verzichtet, zur Frage, ob den Personen-Handelsgesellschaften juristische Persönlichkeit zukomme, Stellung zu nehmen[12]; gleiche Haltung auch zur Frage nach der (vertraglichen?) Rechtsnatur der Gründung einer AG[13]. Hingegen bezieht das Gesetz in manchen Bestimmungen Stellung zu konkreten Fragen, die auf die uns hier interessierenden allgemeinen Probleme zurückführen, und gibt damit auch Anhaltspunkte zu deren Beurteilung. – So verleiht das OR den (unter ihrer Firma auftretenden) Kollektiv- und Kommanditgesellschaften als solchen gegenüber Dritten Rechtsfähigkeit in bestimmter Hinsicht[14] und umschreibt die Vertretungsmacht der geschäftsführenden Gesellschafter in gleicher Weise wie diejenige der Organe einer Körperschaft[15]. Dazu kommt die Möglichkeit für alle Personengesellschaften, ihre internen Verhältnisse vertraglich in körperschaftlicher, auch «kapitalistischer» (atypischer) Weise zu ordnen[16].

Den Körperschaften des OR verleiht das Gesetz – in Übereinstimmung mit Art. 52 Abs. 1 ZGB – nach und kraft ihrer Eintragung im Handels-

---

[12] Der E 1919 nahm noch eine ausdrückliche (klassifizierende) Trennung zwischen den Handelsgesellschaften mit und ohne «Persönlichkeit» vor (24. bzw. 25. Titel), (entsprechend der Auffassung seines Verfassers EUGEN HUBER, eines Vertreters der sog. Realitätstheorie). E 1923 ließ diese Unterscheidung fallen. Ebenso die Expertenkommission (Votum ISLER: Diese Fragen gehören in das Gebiet der juristischen Metaphysik!). Immerhin ist interessant, daß in eventueller Abstimmung die Kommission sich nur mit zehn zu neun Stimmen gegen die Anerkennung der Persönlichkeit der Personen-Handelsgesellschaften aussprach und in definitiver Abstimmung dann einstimmig entschied, diese Frage offen zu lassen (ProtExpKomm 1928, S. 14 ff.). Dem entsprechend der E 1928 und das geltende Recht.

[13] ProtExpKomm 1928, S. 196 f. – Die Frage wurde aktuell im Zusammenhang mit der dem aOR noch unbekannten, aber allgemein praktizierten, anerkannten und heute vorherrschenden Simultangründung der AG. In den E 1919 und 1923 wurde diese als Gründung «mit Gesellschaftsvertrag» oder «Vertrag» bezeichnet. Diese Formulierung wurde von der Expertenkommission abgelehnt, damit nicht – argumentum e contrario – daraus der Schluß gezogen werden könnte, daß bei der Sukzessivgründung kein Vertrag vorliege – eine Frage, zu der der Gesetzgeber nicht Stellung zu nehmen brauche.

[14] Art. 562, 602. – Über den Umfang dieser Rechts- und Handlungsfähigkeit siehe hinten § 36, I.

[15] Art. 564, 567, 603. Aus der Vertretungsmacht gemäß diesen Bestimmungen folgt auch die Deliktsfähigkeit der genannten Gesellschaften gemäß Art. 567 Abs. 3; dazu hinten § 35, II.

[16] Was im Zusammenhang mit der Typologie (§ 24) und den einzelnen Gesellschaftsformen weiter zu verfolgen ist.

register die volle Rechtspersönlichkeit (Rechts- und Handlungsfähigkeit im Sinn der Art. 53–55 ZGB), dies für die externen und internen Rechtsverhältnisse[17]. Aber schon das Aktienrecht enthält Bestimmungen, welche diese Gesellschaftsreform den Personengesellschaften annähern[18], wozu im Bereich des dispositiven Rechts noch die Möglichkeit kommt, durch die Statuten das Innenverhältnis in personengesellschaftlicher Weise auszugestalten[19]. Was die Kommandit-AG und die GmbH betrifft, so stellen sie (wie bereits erwähnt, siehe vorn § 18, II) schon in ihrer gesetzlichen Gestalt eine Mischung von personengesellschaftlichen und körperschaftlichen Elementen dar, wobei sie durch die Statuten noch stärker nach der einen oder andern Richtung ausgeprägt werden können[20]. – Die Genossenschaft schließlich weist – schon ihrer Zwecksetzung nach, aber auch strukturell – bedeutsame personalistische Züge auf[21], die durch die Statuten noch vermehrt werden können[22], so daß auch diese Personenverbindung im konkreten Fall den Charakter einer Mischform annehmen kann.

2. In der schweizerischen Doktrin[23] werden, mehr oder weniger ausgedehnt oder ausgeprägt, dualistische und monistische Auffassungen vertre-

---

[17] Art. 643, 764 Abs. 3, 783, 838 OR.

[18] So stellt schon der Gründungsakt einen vertraglichen Vorgang dar, deutlich bei der (heute vorherrschenden) Simultangründung, aber auch bei der Sukzessivgründung. Dazu ProtExpKomm. 1928 (vorn Anm. 13); W. VON STEIGER, ZBJV 91 bis, 1955, S. 346 (zur Sukzessivgründung, besonders unter Hinweis auf Art. 635 Abs. 1 und Art. 2 Abs. 1 OR). Weitere personalistische Elemente z.B.: Die Klein-AG (Art. 625); unentziehbare und wohlerworbene Rechte des einzelnen Aktionärs oder von Minderheiten; Anfechtungsklagen gegen Mehrheitsbeschlüsse (Art. 706); Auflösung aus wichtigen Gründen auf Antrag einer Minderheit. – Auf die Durchsetzung des Aktienrechts mit personalistischen Elementen weist ausdrücklich BGE 95 II, 1969, S. 555 ff., S. 560 hin. – Eingehend dazu MEIER-HAYOZ, Personengesellschaftliche Elemente, S. 381 ff.

[19] So durch Einführung des Einstimmigkeitsprinzips oder von sog. Stimmrechtsaktien (Art. 627 Ziff. 10, 693); der Vinkulierung der (heute vordringenden) Namenaktien; der Auflösung der AG aus bestimmten Gründen, die auch personeller Natur sein können (siehe hinten § 24, III).

[20] Für die GmbH siehe W. VON STEIGER, Einl. zu Art. 772 ff. OR, N. 43 f.; MEIER-HAYOZ/FORSTMOSER, Grundriß, § 2, V.

[21] z.B. in den Bestimmungen über Erwerb und (namentlich) Verlust der Mitgliedschaft (Art. 839–850), die «Rechtsgleichheit» (Art. 854) und das zwingend vorgeschriebene Kopfstimmrecht (Art. 885), die «Treuepflicht» (Art. 866).

[22] z.B. durch die Einführung einer unbeschränkten oder beschränkten Haftung der Genossenschafter für die Verbindlichkeiten der Genossenschaft (Art. 869 f.), sowie von unbeschränkten oder beschränkten Nachschußpflichten zur Deckung von Bilanzverlusten (Art. 871).

[23] Siehe Anm. 1. – Aus der älteren Doktrin sei besonders auf die Dissertation WALTHER BURCKHARDTS über «Die rechtliche Natur der Personenverbände im Obligationenrecht» hingewiesen. Sie gipfelt (siehe namentlich den «Gesamtüberblick», S. 116 ff.) in der These, daß bei allen Gesellschaften zwischen den Mitgliedern ein «Vertragsverhältnis» bestehe, daß allein die Mitglieder Rechtssubjekte seien und die juristische Person kein «besonderes Rechtssubjekt» bilde. Die «Caesur» müsse zwischen den rein intern zwischen den Paziszenten bestehenden und den

ten. In neuerer Zeit wird eine Mittellinie befürwortet, die sich in großen Zügen so nachzeichnen läßt: Personengesellschaften und Körperschaften sind Zweckgemeinschaften, die auf einem Gesellschaftsvertrag beruhen und auch in manchen Einzelheiten gemeinsame Züge aufweisen. Eine scharfe (absolute) Grenzziehung zwischen den beiden Gesellschaftskategorien läßt sich daher nicht rechtfertigen. – Andererseits ist aber zu beachten, daß die Körperschaften nach ihrer Entstehung einen institutionellen Charakter besitzen und rechtlich eine eigenständige Existenz führen [24]. Unter Hinweis auf den numerus clausus («Formenzwang») im Gesellschaftsrecht wird eine «Typenvermischung» (d.h. Anwendung in atypischen Fällen von Normen oder Wertungen der einen Kategorie im Bereich der andern als Lückenausfüllung) als unzulässig erklärt («Prinzip der formalen Rechtsanwendung»)[25]. Schließlich wird – die Gegensätzlichkeit wiederum abschwächend – darauf hingewiesen, daß wesentliche gesellschaftsrechtliche Probleme, z.B. des Minderheitsschutzes, auf Grund der das ganze Privatrecht beherrschenden Prinzipien, insbesondere des Art. 2 ZGB (Gebot des Handelns nach

---

nach außen durch Eintragung oder tätliches Verhalten (Kollektivgesellschaften) kundgegebenen und damit auch Dritten gegenüber existenten (und wirksamen) Gesellschaften gemacht werden. In dieser Außenwirkung bestehe «das Prinzip der juristischen Person» (S. 118 f.). – In seiner «Organisation der Rechtsgemeinschaft» befaßt sich W. BURCKHARDT wiederum mit der Rechtsnatur der privaten Verbände. Als juristische Person qualifiziert er hier (jede) «Organisation zur (planmäßigen) Betätigung eines bestimmten Zweckes durch beliebige Rechte und Rechtsgeschäfte», – während «die gesamte Hand die Organisation gegebener, individueller Rechte ist» (S. 320). Daher sind «Verbände wie die Kollektivgesellschaft zu den juristischen Personen zu rechnen» (S. 321), gegebenenfalls auch die einfache Gesellschaft (S. 320 Anm. 2). Der Umfang der Rechtsfähigkeit der juristischen Person bestimmt sich «nach den Zwecken, die zu verfolgen ihr erlaubt ist» (S. 320), was zur Folge hat, daß Verfügungen der Exekutivorgane, die über den Zweckbereich der juristischen Person hinausgehen, ungültig sind (S. 321). – BURCKHARDTS deutlich monistische Auffassungen entsprechen denen K. WIELANDS (siehe namentlich I, S. 417); sie bringen auch das *principe de la spécialité* (siehe vorn I 1) zum Ausdruck; ob damit auch die Ultra vires-Lehre (siehe vorn I 1 und hinten § 36, I) konsakriert wird, sei hier offengelassen. – Gewissermaßen als Antipode BURCKHARDTS sei auf EUGEN HUBER hingewiesen, der, auf dem Boden der Realitätstheorie fußend, in seinem E 1919 eine prinzipielle Trennung zwischen Gesellschaften mit und ohne Rechtspersönlichkeit vornimmt.

[24] Siehe namentlich SIEGWART, Zürcher Kommentar V 4, Vorbem. zu Art. 530, N. 15 ff. und V 5, Einl., N. 90 ff.; WEISS, Einl., N. 57 ff. – Zu beachten, daß hier die verschiedenen Gesellschaften in «ihrer typischen Gestalt» (SIEGWART), d.h. in ihrer gesetzlich fixierten Struktur, einander gegenübergestellt werden. Dabei betont SIEGWART doch mehr das den verschiedenen Gesellschaftsformen Gemeinsame (V 5, Einl., N. 94 ff.) und befürwortet eine casuistische Würdigung der verschiedenen Sachverhalte (N. 93) – während WEISS, besonders unter Hinweis auf Art. 680 Abs. 1, jedenfalls für die AG einen deutlicheren Trennungsstrich zieht (dazu noch hinten § 22, II). – Zur Mittellinie im oben erwähnten Sinn deutlich MEIER-HAYOZ/FORSTMOSER, Grundriß, S. 68 ff.

[25] Siehe zusammenfassend A. MEIER-HAYOZ / W. SCHLUEP / W. OTT, Gesellschaftsrecht heute, ZSR 90 I, 1971, S. 332 ff. Dazu noch hinten § 24.

Treu und Glauben, Verbot des Rechtsmißbrauchs) zu beurteilen sind, ob man nun in den Körperschaften des OR vertragsmäßige Verbindungen erblicke oder nicht[26].

3. Die Rechtsprechung zur Rechtsnatur der Gesellschaften und der sich allenfalls daraus ergebenden Wirkungen ist nicht einheitlich. Die Personengesellschaften zwar werden regelmäßig als (vertragliche) Gesamthandverhältnisse behandelt. Hinsichtlich der Körperschaften dagegen kommen verschiedene Auffassungen zum Ausdruck, sei es direkt oder implicite. Beispielsweise:

Grundsätzlich monistisch motiviert ist BGE 69 II, 1943, S. 246 ff.: «Die Aktiengesellschaften bleiben in ihrem Kern eben doch Gesellschaften, d. h. Gebilde, die auf einem Vertrag beruhen, durch den die Gesellschafter (die Aktionäre) zu einer Zweckgemeinschaft zusammengeschlossen werden» – woraus sich die Geltung des Gleichbehandlungsprinzips auch im Aktienrecht ergebe. Monistisch sind auch Entscheide orientiert, welche in den Statuten einer Körperschaft einen Vertrag erblicken, der nach vertragsrechtlichen Grundsätzen auszulegen und anzuwenden sei[27]. Und in BGE 95 II, 1969, S. 555 ff. wurde das Urteil (Zulässigkeit des präsidialen Stichentscheides in einer AG) mit dem Hinweis auf die schon gesetzlich vorgenommene Durchsetzung des Aktienrechts mit personalistischen Elementen und das Überwiegen der kleineren Gesellschaften mit «personenrechtlichem Einschlag» (S. 560) begründet[28]. – Andere Entscheide dagegen sind deutlich dualistisch motiviert. So BGE 80 II, 1954, S. 269: Aus der Natur der AG ergibt sich, daß die Rechte und Pflichten in der AG, jedenfalls dem Grundsatz nach, wesentlich körperschaftliche sind, was zur Ablehnung einer Treuepflicht der Aktionäre gegenüber der AG führe. Gleiche Grundhaltung auch in den BGE 67 II, 1941, S. 162 und 91 II, 1965, S. 298, unter Berufung auf die Rechtsnatur der AG als reiner Kapitalgesellschaft, welche die Berücksichtigung personaler Momente ausschließe. Im BGE 92 II, 1966, S. 160 ff. (siehe Ingress) wird die rechtliche Selbständigkeit der AG (als juristische Person) betont, die nur dann außer Betracht fallen dürfe, «wenn es der Grundsatz von Treu und Glauben im Verkehr mit Dritten verlangt».

III. Ergebnisse

Will man aus den vorstehend geschilderten Gegebenheiten und Diskussionen ein Fazit ziehen, so kann dies nur in zurückhaltender Weise geschehen. Die Erörterungen über die Rechtsnatur der Personenverbindungen und deren

---

[26] So z. B. WEISS, Einl., N. 58. – Dies ist grundsätzlich richtig. Es darf aber nicht übersehen werden, daß der sachliche Gehalt allgemeiner Prinzipien, so gerade des Art. 2 ZGB, nicht von vorneherein (abstrakt) feststeht, sondern der Konkretisierung bedarf, was wiederum einer Würdigung des in Frage stehenden Sachverhalts ruft (dazu hinten § 22). Auch stellen sich im Gesellschaftsrecht Fragen, deren Beantwortung (wie die nachfolgend zitierte Rechtsprechung zeigt) doch wesentlich von mehr monistischen oder dualistischen Einstellungen beeinflußt wird, so zur Auslegung körperschaftlicher Statuten oder zur Frage der «Typenvermischung» (die zudem den Konflikt zwischen den Postulaten der Rechtssicherheit und der Fallgerechtigkeit zur Diskussion stellt; siehe hinten § 24).
[27] BGE 87 II, 1961, S. 95; 72 II, 1946, S. 109; 59 II, 1933, S. 295.
[28] Kritisch zur «typologischen» Begründung dieses Entscheides MEIER-HAYOZ, Zur Typologie im Aktienrecht (zit. Lit. § 24), S. 248.

Auswirkungen haben von der Gegenüberstellung der beiden Kategorien (Gesamthandverhältnisse – Körperschaften) auszugehen[29]. Die Unterscheidungsmerkmale beschränken sich aber letzten Endes auf die für die Körperschaften zwingend vorgeschriebene Organisation, welche sie zu selbständigen Rechtssubjekten mit voller Rechtspersönlichkeit sowohl gegenüber Dritten als auch im Verhältnis zu ihren Mitgliedern stempelt, woraus (zweites Merkmal) die verschiedene Gestaltung der vermögensrechtlichen Verhältnisse folgt (Rechtsträger des Gesellschaftsvermögens ist bei den Körperschaften die juristische Person, bei den Personalgesellschaften die Gesamtheit der Gesellschafter)[30]. Bei der Aktiengesellschaft kommt noch als besonderes Merkmal der (gesellschaftsrechtliche) Ausschluß der persönlichen Haftung des Aktionärs für Gesellschaftsschulden hinzu (Art. 620 Abs. 2 OR)[31]. Im übrigen schlägt schon das Gesetz so zahlreiche Brücken zwischen den verschiedenen Gesellschaftsformen oder gestattet deren Errichtung im (auch bei der AG) weiten Rahmen der Privatautonomie, daß nur eine (sit venia verbo) gesamtheitliche Betrachtung der gesellschaftsrechtlichen Prinzipien, Normen und Wertungen[32], verbunden mit einer Würdigung des Sachverhalts im konkreten Fall zu sinnvollen Ergebnissen führen kann[33].

---

[29] Die grundsätzliche Bedeutung dieses Ausgangspunktes betonen auch mehr monistisch eingestellte Autoren wie SIEGWART (oben Anm. 24). Deutlich in diesem Sinn BGE 92 II, 1966, S. 160 f. (siehe vorn II 3). Vor einer zu weitgehenden Abwertung der AG als juristische Person warnen z. B. MEIER-HAYOZ, Personengesellschaftliche Elemente, S. 393 («Grenzen der Anonymitätsbekämpfung») und R. SERICK, S. 4 («Krise des normativen Begriffs der juristischen Person»; siehe aber auch S. 213, wozu unten Anm. 33). Vgl. auch W. F. BÜRGI, Vorbem. zu Art. 660 OR, N. 21 und Vorbem. zu Art. 698 OR, N. 8–16.

[30] In diesem Merkmal – der «Rechtszuständigkeit (= Rechtsinnehabung oder Rechtsträgerschaft)» – erblicken denn auch MEIER-HAYOZ/FORSTMOSER «das einzige eindeutige Abgrenzungskriterium von Körperschaften und Rechtsgemeinschaften», während anderen oft genannten Unterscheidungsmerkmalen nur die Bedeutung von Hilfskriterien zukomme (Grundriß, S. 53).

[31] Zur Bedeutung des Art. 680 (Leistungspflicht des Aktionärs) siehe hinten § 22, II a. E.

[32] Zur Bedeutung von «Wertungen» siehe als Beispiel Art. 736 Ziff. 4 (Auflösung der AG aus wichtigen Gründen); dazu hinten § 24, III.

[33] In diesem Sinn schon EGGER, Art. 52 ZGB, N. 4; SIEGWART (zit. Anm. 24), insbes. V 5, Einl., N. 93 («Relativität aller dieser abstrakten Konstruktionen»). – Aus der neueren Literatur z. B.: MEIER-HAYOZ, Personengesellschaftliche Elemente, S. 394: Veränderungen des Aktienrechts, sofern nicht strukturzerstörend, im Sinn einer Übernahme personengesellschaftlicher Elemente sind zulässig, z. T. sogar zu fördern. – Deutlich nun MEIER-HAYOZ/FORSTMOSER, Grundriß, S. 65 ff.: «Relativität der Unterscheidung» (zwischen Körperschaften und Rechtsgemeinschaften). Die dargelegten Strukturelemente haben weniger klassifizierende als typologisierende Funktion. «Aus der formaljuristischen Grenzziehung zwischen... Gesellschaften mit und ohne eigene Rechtspersönlichkeit dürfen nicht in konstruktiver Weise Folgerungen für die Beantwortung von Fragen der Gesetzesauslegung und -ergänzung gezogen werden». – R. SERICK, S. 213: «Auch Normen, die auf menschliche Eigenschaften oder Fähigkeiten abstellen oder auf menschliche Werte Bezug nehmen, dürfen mit der juristischen Person verknüpft werden, wenn sich der Zweck der Norm mit dem Zweck der juristischen Person verträgt.»

Aktuell wird das Problem der Rechtsnatur von Personenverbindungen namentlich bei den (in der Praxis zahlreichen) atypischen Erscheinungen. Hier geht es dann wesentlich um die Auseinandersetzung zwischen den rechtspolitisch grundlegenden Postulaten der Rechtssicherheit und der Fallgerechtigkeit – worauf im Zusammenhang mit der Typologie zurückzukommen ist.

§ 22. Treu und Glauben – Treuepflicht

Literatur

H. DESCHENAUX, Schweiz. Privatrecht II, §§ 17–19; H. MERZ, Berner Kommentar (Lit. zu § 19), Art. 2 ZGB; L. FROMER, Die Treuepflicht des Aktionärs, ZSR 58, 1939, S. 210 ff.; M. GLOOR, Der Treuegedanke im Recht der Handelsgesellschaften, Diss. Zürich, 1942; W. BENZ, Die Treuepflicht des Gesellschafters, Diss. Zürich 1947; W. R. SCHLUEP, Die wohlerworbenen Rechte des Aktionärs und ihr Schutz nach schweizerischem Recht, Diss. St. Gallen, Veröffentl. der Handels-Hochschule St. Gallen, Reihe A, H. 42, Zürich/St. Gallen 1955, §§ 22, 24; W. F. BÜRGI, Die Bedeutung der tragenden Ideen des schweizerischen Aktienrechts in der Gegenwart, in: Festschrift für W. Hug, Bern 1968; H. WOHLMANN, Die Treuepflicht des Aktionärs (Die Anwendung eines allgemeinen Rechtsgrundsatzes auf den Aktionär), Diss. Zürich, Zürcher Beiträge 286, Zürich 1968. – A. HUECK, Der Treuegedanke im modernen Privatrecht, Sitzungsberichte der Bayrischen Akademie der Wissenschaften, München 1944/1946.

Siehe auch die Literatur zu § 24.

I. Grundsätzliches und Ausgangspunkte

Das schon von alters her bekannte Problem der (allgemein formuliert) gesellschaftlichen Treue ist in neuerer Zeit wieder besonders aktuell geworden, dies namentlich (aber nicht nur) im Hinblick auf das Recht der Körperschaften. Die Diskussion leidet öfters an Unklarheit, weil nicht deutlich genug gesagt wird, was man unter der Treuepflicht eines Gesellschafters (oder ähnlichen Formulierungen) verstehen soll und wie dieses Gebot sich zu andern, auf dem gleichen Grundgedanken fußenden Geboten verhält, so namentlich zu «Treu und Glauben» (im Sinn von Art. 2 ZGB). Es gilt daher zunächst die Ausgangspunkte und Zusammenhänge festzustellen und die Begriffe zu klären[1].

---

[1] Gesellschaftsrechtlich wegleitend hiefür z.B.: A. HUECK, Treuegedanke; H. WOHLMANN, Treuepflicht des Aktionärs.

1. Alles menschliche Handeln steht unter dem ethischen Gebot der Befolgung guter Sitten. Im positiven Recht hat dieses Gebot darin Ausdruck gefunden, daß sittenwidrige Rechtsgeschäfte nichtig sind und gegebenenfalls Schadenersatzpflichten auslösen[2]. Gute Sitten sind von jedermann und jedem gegenüber zu beachten (nicht nur innerhalb bestimmter Rechtsverhältnisse). Im Gesellschaftsrecht wird Sittenwidrigkeit auch in besonders gravierenden Fällen des Machtmißbrauchs durch Mehrheitsbeschlüsse, mitunter im Zusammenhang mit einer Verletzung des Gleichbehandlungsprinzips oder von Persönlichkeitsrechten angerufen[3].

2. Auf einer andern Stufe stehen das Gebot des Handelns nach Treu und Glauben und das Verbot des Rechtsmißbrauchs, positivrechtlich verankert in Art. 2 ZGB[4]. Wie schon aus der Formulierung dieser Bestimmung hervorgeht, setzt sie ein bestehendes Rechtsverhältnis voraus und richtet sich an alle daran Beteiligten (z. B. Gläubiger und Schuldner). Treu und Glauben stehen unter dem «Leitmotiv des Vertrauens»; «der Treue zum gegebenen Wort entspricht das Vertrauen des Empfängers...»[5]. Geschützt wird aber nicht ein jegliches (subjektives), sondern nur ein nach den konkreten Umständen berechtigtes, begründetes Vertrauen[6]. In manchen Fällen verlangen Treu und Glauben (außer der korrekten Erfüllung der durch das Rechtsverhältnis gebotenen Hauptpflichten) auch die Vornahme besonderer Hand-

---

[2] Art. 52 Abs. 3 ZGB («Personenverbindungen... zu unsittlichen Zwecken»); Art. 20 und 41 Abs. 2 OR (Verstoß gegen die «guten Sitten»). Zum Begriff der Sittenwidrigkeit wird auf die Kommentare verwiesen. Siehe auch GUTZWILLER, Schweiz. Privatrecht II, S. 502 ff.; A. HUECK, Treuegedanke, S. 9 ff.

[3] Worauf in entsprechendem Zusammenhang zurückzukommen ist.

[4] Art. 2 ZGB: Jedermann hat in der Ausübung seiner Rechte und in der Erfüllung seiner Pflichten nach Treu und Glauben zu handeln. – Der offenbare Mißbrauch eines Rechts findet keinen Rechtsschutz.

[5] H. MERZ, Art. 2 ZGB, N. 17. – Zur Dogmatik von Treu und Glauben und des Rechtsmißbrauchs und den Auswirkungen dieser Begriffe siehe die Kommentare zu Art. 2 ZGB, neuerdings die eingehenden Ausführungen von MERZ, a.a.O.; ferner H. DESCHENAUX, S. 143 ff.; WOHLMANN, S. 5 ff.; A. HUECK, S. 10 ff. – Grundsätzlich dazu BGE 83 II, 1957, S. 345 ff.: «Was Art. 2 ZGB ausspricht, ist ein Grundsatz allgemeinster Art, ein «Leitstern» der Gesetzesanwendung überhaupt... eine Schranke aller Rechtsausübung (BGE 42 II S. 398), also eine zu den einzelnen Rechtssätzen hinzutretende, sie ergänzende und ihre Anwendung mitbestimmende, aus ethischer Betrachtung geschöpfte Grundlage», die auch schon vor Erlaß des ZGB als Gewohnheitsrecht galt.

[6] EGGER, Art. 2 ZGB, N. 2; DESCHENAUX, S. 145; WOHLMANN, S. 7 f. spricht von «objektivem Vertrauen» («Kriterium der Unpersönlichkeit»). – Zu beachten, daß «Treu und Glauben» nicht als Hinweis auf die Billigkeit verstanden werden darf, andererseits auch nicht nur Übung und Ortsgebrauch («Verkehrssitten») zu Grunde legen will (EGGER, Art. 2, N. 3 f.; siehe auch MERZ, Art. 2, N. 32).

lungen, sog. Nebenpflichten[7]. – Dem Verbot des Rechtsmißbrauchs gemäß Art. 2 Abs. 2 ZGB – dem heute, im Gegensatz zur bisher herrschenden Lehre, selbständige Bedeutung beigemessen wird[8] – liegt der Gedanke zu Grunde, daß aus einem an sich gegebenen Recht durch die Art und Weise seiner Betätigung materiell Unrecht werden kann, so namentlich bei zweckwidriger Ausübung (Konflikt zwischen scheinbarem und wirklichem Recht)[9]. – Es ist anerkannt, daß Art. 2 ZGB als allgemeine Rechtsanwendungsnorm das ganze Privatrecht beherrscht[10]. Als Generalklausel (Blankettnorm) bedarf sie der Konkretisierung, d. h. der inhaltlichen Bestimmung gemäß der Natur des in Frage stehenden Rechtsverhältnisses. So kommt ihr denn auch im Gesellschaftsrecht, das ja die Zweckgemeinschaften zum Gegenstand hat, besondere Bedeutung zu. Dies zeigt sich nicht nur in manchen Einzelbestimmungen, sondern auch darin, daß sie als Grundlage der Beurteilung in all den Fällen angerufen werden kann, wo es gilt, die Rechte und Pflichten der oft verschiedenartig Beteiligten (Einzelne, Minderheiten, Mehrheiten) gegeneinander abzugrenzen, so namentlich bei der Anfechtung von Gesellschaftsbeschlüssen, ferner bei der Auflösung von Gesellschaften aus wichtigen Gründen.

3. Einen Schritt weiter geht nun das Gebot der sog. «Treuepflicht» (auch «echte Treuepflicht», «besondere Treuepflicht», «Treuepflicht im engeren Sinn» genannt)[11]. Während Treu und Glauben (im Sinn von Art. 2 ZGB) den Schutz eines objektiv gerechtfertigten Vertrauens anstrebt und Schranken setzt, gebietet die Treuepflicht die Wahrung und Förderung der Interessen anderer, mit denen man durch ein Rechtsverhältnis «mit persönlichem Einschlag»[12] verbunden ist. Der Geltungsbereich der Treuepflicht erstreckt sich denn auch über weite Gebiete des Privatrechts, so namentlich des Familienrechts, des Schuldrechts (hier besonders betont für den Arbeitsvertrag und das Mandat in seinen verschiedenen Ausprägun-

---

[7] Die Nebenpflichten werden unterteilt in Obhuts-, Schutz-, Mitteilungs-, Verschaffungs-, Mitwirkungspflichten; vgl. MERZ, Art. 2 ZGB, N. 260 ff.; DESCHENAUX, S. 175 ff.; WOHLMANN, S. 9, Interessewahrungspflichten, «jedoch mit Gewicht eindeutig auf der Begrenzung des eigenen, nicht der Wahrung fremden Interesses».
[8] DESCHENAUX, S. 146 f.; MERZ, Art. 2 ZGB, N. 21 ff.
[9] Vgl. Botschaft 1904 zum ZGB, S. 14, zitiert bei MERZ, Art. 2 ZGB, N. 21.
[10] DESCHENAUX, S. 149; MERZ, Art. 2 ZGB, N. 63 ff.; BGE 83 II, 1957, S. 345 ff., 349, wo der Charakter von Art. 2 ZGB als einer auf sittlichen Erwägungen beruhenden grundlegenden Norm besonders betont wird.
[11] So bei HUECK, S. 18; WOHLMANN, S. 10.
[12] WOHLMANN, S. 10; HUECK, S. 12 spricht von einer «personenrechtlichen Gemeinschaft», im Sinn einer auf engen persönlichen Beziehungen zwischen den Beteiligten beruhenden, die Person selbst ergreifenden Gemeinschaft.

gen) und (mit Vorbehalten) des Rechts der Personenverbindungen[13]. Die Treuepflicht kann ein Tun oder ein Unterlassen gebieten, und ihre Anforderungen gehen (wie bei Treu und Glauben) mehr oder weniger weit, je nach dem in Frage stehenden Rechtsverhältnis und dessen Ausgestaltung im konkreten Fall[14].

Positivrechtlich ist eine (besondere) Treuepflicht ausdrücklich nur im Genossenschaftsrecht geboten[15]. Für andere Verhältnisse wird sie aus Einzelbestimmungen gefolgert. Als allgemein geltendes Prinzip wird sie für alle Rechtsverhältnisse postuliert, die wesentlich mit Rücksicht und im Vertrauen auf die Person der Beteiligten begründet werden[16, 17].

Umstritten ist, ob die Treuepflicht (im vorerwähnten besonderen Sinn) als Ausfluß und Weiterentwicklung des Treu und Glauben-Prinzips im Sinn von Art. 2 ZGB zu werten ist[18] oder ob ihr eine selbständige («wesensmäßig», nicht nur graduell verschiedene) Bedeutung zukommt. Die Vertreter dieser (zweiten) Auffassung machen namentlich geltend, daß Art. 2 ZGB nur ein «objektiviertes, unpersönliches Vertrauen» schützt und nur Rücksichtnahme auf den Partner fordert (Grenzen setzt), während die echte Treuepflicht darüber hinaus ein persönliches (subjektives?) Vertrauen in die Person des oder der Partner voraussetzt und auch eine Förderung der gemeinsamen Interessen verlangt, wobei die Intensität der Treuepflicht sich vor allem nach dem

---

[13] HUECK, S. 12ff. Für das schweizerische Recht gibt nun WOHLMANN, S. 12ff., eine umfassende Darstellung der durch eine Treuepflicht im engern Sinn charakterisierten Rechtsverhältnisse und Institute unter Abgrenzung gegenüber andern, denen diese Eigenschaft abgeht (z.B. Erbengemeinschaften). – Die besondere Treuepflicht von «abgeleiteten Organen» einer Körperschaft, z.B. der Verwaltung einer AG (WOHLMANN, S. 39), wird hier nicht weiter verfolgt.

[14] HUECK, S. 15; WOHLMANN, S. 10f., 68f.

[15] Art. 866 OR, unter dem Marginale «Treuepflicht»: Die Genossenschafter sind verpflichtet, die Interessen der Genossenschaft in guten Treuen zu wahren. – Dazu z.B. GUTZWILLER, Zürcher Kommentar V 6, Einl., N. 83ff. unter Betonung, daß hier vom Genossenschafter ein (schon von der *affectio societatis* gefordertes) «genossenschaftliches Mittun», ein «tätiges Verhalten» verlangt wird, wie es auch der Zwecksetzung der Genossenschaft gemäß Art. 828 («gemeinsame Selbsthilfe») entspricht. – Vgl. ProtExpKomm 1928, S. 602f. – Weitere Ausführungen dazu und Zitate bei WOHLMANN, S. 32ff.

[16] Siehe oben Anm. 13. Als besondere Anhaltspunkte für persönliche Vertrauensverhältnisse werden von WOHLMANN, S. 57ff. (unter Vorbehalten!) genannt: Gesamthandbindungen, Dauerverträge, Unübertragbarkeit der persönlichen Position, gemeinsame Zweckförderung.

[17] Beispiele allgemeiner Formulierungen der Treuepflicht: HUECK, S. 18f.: «Eine Treuepflicht im engern Sinne besteht überall dort, wo ein echtes Gemeinschaftsverhältnis Personen miteinander verbindet. Sie verpflichtet jeden Beteiligten, jede Schädigung der Interessen der Gemeinschaft und der durch den Gemeinschaftszweck umfaßten Interessen der Mitbeteiligten zu unterlassen und darüber hinaus diese Interessen im Rahmen der durch die Gemeinschaft bedingten Tätigkeit zu fördern». – Weiter geht wohl WOHLMANN, S. 52f.: «Treuepflicht ist eine Vertrauenspersonen in persönlichen Verhältnissen treffende rechtserhebliche Pflicht zur Unterordnung der eigenen Interessen unter die Interessen eines andern und zur Wahrung der Interessen dieses andern im Rahmen des Zwecks des betreffenden Rechtsverhältnisses.» – Andere Formulierungen, insbesondere im Hinblick auf die AG siehe unten II.

[18] So die bisher wohl herrschende Meinung, allerdings meist im Hinblick auf das Aktienrecht, siehe unten II und Anm. 29.

Ausmaß der einem Partner eingeräumten Rechtsmacht bestimme[19]. – Beiden Auffassungen ist jedenfalls das gemeinsam, daß sie auf dem Gedanken des Vertrauensschutzes beruhen – wobei auch das «berechtigte Vertrauen» (im Sinn von Art. 2 ZGB) nach der Natur des Rechtsverhältnisses und den Gegebenheiten des konkreten Falles zu bewerten ist und in Gemeinschaftsverhältnissen gesteigerte Anforderungen stellen kann, während andererseits auch die sog. Treuepflicht nicht jedes Vertrauen (jede subjektive Vorstellung) sondern nur vernünftigerweise begründete Erwartungen schützen soll[20]. In vielen Fällen können daher beide Auffassungen zu den gleichen Ergebnissen führen. Ihre Verschiedenheit tritt aber da zutage, wo die besondere Natur und Ausgestaltung eines Rechtsverhältnisses zu einer Stellungnahme nötigt. Dies ist vor allem im Aktienrecht der Fall, wo denn auch die erwähnte Kontroverse ihr eigentliches Schlachtfeld gefunden hat. Hier spielt auch die Typologie eine wesentliche Rolle (siehe hinten § 24).

II. Die Treuepflicht im Gesellschaftsrecht

1. Es ist allgemein anerkannt, daß im Bereich der Personengesellschaften die Erfüllung der Pflichten und die Ausübung der Rechte unter dem Gebot der Treuepflicht steht (fasse man nun diese als eine qualifizierte Auswirkung von Art. 2 ZGB oder als ein selbständiges Gebot auf). Es folgt dies nicht nur aus dem Charakter dieser Gesellschaften als vertraglich begründete Zweckgemeinschaften, sondern vor allem auch daraus, daß sie Haftungs-, Risiko-, Vermögens- und (jedenfalls in ihrem gesetzlichen Typus) Arbeitsgemeinschaften darstellen, in denen der Person des Partners wesentliche Bedeutung zukommt[21]. Die Treuepflicht kommt zudem in einer Reihe von Bestimmungen[22] zum Ausdruck und ihre Verletzung steht (neben Schadenersatz) unter besonderen Sanktionen, so Entzug der Geschäftsführungs- und Vertretungsbefugnis, Ausschluß von Gesellschaftern und Auflösung der Gesellschaft aus wichtigen Gründen. Hinsichtlich der Intensität der Treuepflicht und den Folgen ihrer Verletzung sind (nach der gesetzlichen Konzeption und unter Vorbehalt vertraglicher Ordnung) Unter-

---

[19] So deutlich WOHLMANN, S. 9f., 54ff., wo aber auch anerkannt wird, daß die besondere Treuepflicht aus dem Prinzip von Treu und Glauben heraus entwickelt wurde (S. 9, 11). – Auch HUECK, S. 18, ist der Auffassung, daß in der Reihenfolge der Gemeinschaftsverhältnisse «irgendwo ein Schnitt zu machen» und gegenüber gewöhnlichen schuldrechtlichen Bindungen die Gruppe von Verhältnissen abzuheben sei, die ein Verhalten «nicht lediglich (nach) Treu und Glauben», sondern eine eigentliche «Treuepflicht» fordern.

[20] Vgl. SIEGWART, Zürcher Kommentar V 5, Einl., N. 97, und zu Art. 620, N. 32; WOHLMANN, S. 55 f.; HUECK, S. 16, spricht von der Treuepflicht als «Einsatz... in jeder zuzumutenden Weise».

[21] FUNK, Art. 530 N. 4, 561 N. 1; HARTMANN, Art. 557, N. 2; WEISS, Einl., N. 23; WOHLMANN, S. 29 ff., mit weiteren Verweisungen; HUECK, S. 12 f. – SIEGWART spricht von der Treuepflicht des Kollektivgesellschafters erst im aktienrechtlichen Kommentar (V 5, Einl., N. 96).

[22] Was im Zusammenhang mit den Personengesellschaften näher auszuführen ist. Als Beispiele hier nur: Beitragspflicht gemäß Gesellschaftszweck, Recht und Pflicht jedes Gesellschafters zur Geschäftsführung und Vertretung, Sorgfaltspflichten, umfassendes Kontrollrecht der nicht geschäftsführenden Gesellschafter, Konkurrenzverbot.

schiede zu verzeichnen, je nachdem es sich um einfache oder um Handelsgesellschaften handelt[23]; und auch bei den Handelsgesellschaften variieren die von der gesellschaftlichen Treue gebotenen Pflichten je nach der gesellschaftlichen Stellung der Mitglieder[24].

2. Anders verhält es sich bei den **juristischen Personen**. Hier spielen schon die grundsätzlichen Auffassungen vom Wesen der Körperschaften eine Rolle, indem (scheinbar) die monistische Auffassung eher zu einer Bejahung einer Treuepflicht unter den Gesellschaftern und gegenüber der Gesellschaft führt als die dualistische[25]. Es ist aber auch darauf hingewiesen worden, daß diese Betrachtungsweise keine Grundlage für die Beantwortung der Frage nach der Treuepflicht der Mitglieder einer Körperschaft bilden könne, da es sich ja hier um ein Problem des internen Gesellschaftsrechts handle und in dieser Hinsicht keine prinzipiellen Unterschiede zwischen den Personengesellschaften und den Körperschaften bestünden[26]. Die Antwort kann auch hier nur auf Grund der Ausgestaltung der einzelnen Institute gemäß Gesetz und (gegebenenfalls) der autonomen Ordnung im konkreten Fall erarbeitet werden. Bei der **Genossenschaft** hat der Gesetzgeber die Frage nach der Treuepflicht der Genossenschafter ausdrücklich bejaht[27]. Bei der **Gesellschaft mit beschränkter Haftung** unterliegen die Gesellschafter einer mehr oder weniger weitgehenden Treuepflicht, je nachdem, ob die Gesellschaft in mehr personalistischer oder kapitalistischer Weise gestaltet worden ist[28].

Bei der **Aktiengesellschaft** scheiden sich die Geister! Während auf der einen Seite auch hier eine (wenn auch der rechtlichen Struktur der AG

---

[23] So kann bei der einfachen Gesellschaft die Geschäftsführungsbefugnis einem Gesellschafter aus wichtigen Gründen nur entzogen werden, wenn sie ihm vertraglich (eben mit Rücksicht auf seine Person) eingeräumt war (Art. 539), nicht aber wenn sie ihm von Gesetzes wegen zusteht. – Anders bei den Handelsgesellschaften (dazu hinten § 29 III, 35 I).

[24] Die Treuepflicht des geschäftsführenden Gesellschafters reicht weiter, als diejenige des bloß Haftenden. Und die Sorgfaltspflicht variiert (wie auch bei der einfachen Gesellschaft) jenachdem, ob der geschäftsführende Gesellschafter hiefür eine Vergütung bezieht (dann haftet er nach Auftragsrecht) oder nicht (dann gilt für ihn die *diligentia quam in suis negotiis*), siehe Art. 538; WOHLMANN, S. 30.

[25] Siehe vorn § 21, II.

[26] Vgl. WOHLMANN, S. 61 mit Hinweisen. Anders BGE 80 II, 1954, S. 269, wo eine aktienrechtliche Treuepflicht unter Berufung auf die Natur der AG als juristische Person abgelehnt wurde.

[27] Siehe oben Anm. 15. Auch auf dieser Grundlage kann aber das Ausmaß und die Intensität der Treuepflicht nur unter Berücksichtigung der konkreten Umstände beurteilt werden – was im Zusammenhang mit dem Genossenschaftsrecht näher auszuführen sein wird; siehe hiezu GUTZWILLER, Art. 866 OR, N. 8, 12.; BGE 72 II, 1946, S. 117.

[28] W. VON STEIGER, Art. 784 OR, N. 33; WOHLMANN, S. 148 f.; GLOOR, S. 69 ff. Die Sanktionen sind die gleichen wie im Recht der Personengesellschaften, wozu noch die Anfechtungsklage gemäß Art. 808 Abs. 6 kommt.

angepaßte) Treuepflicht postuliert wird, lehnt die andere Seite dies entschieden ab, vor allem unter Hinweis auf die Natur der AG als reiner Kapitalgesellschaft, und unterstellt das Tun und Lassen der Aktionäre lediglich den Geboten des Art. 2 ZGB, allenfalls als gesellschaftsrechtlich gesteigerte Forderungen an Treu und Glauben[29]. Die Kontroverse erhält ihre Bedeutung namentlich im Zusammenhang mit dem Problem des Minderheitenschutzes, so bei den Anfechtungsklagen (Art. 706) und der Auflösung der AG aus wichtigen Gründen (Art. 736 Ziff. 4 OR). Besondere Betonungen erhielt sie neuerdings durch das Vordringen typologischer Betrachtungsweisen.

Die Befürworter einer Treuepflicht des Aktionärs begründen ihre Auffassung in unterschiedlicher Weise, im Grunde genommen aber doch alle unter Berufung darauf, daß auch die AG eine Gesellschaft sei, also eine Zweckgemeinschaft, was eine entsprechende Haltung der Mitglieder in gesellschaftlichen Angelegenheiten bedinge[30]. Auch in der inhaltlichen Umschreibung der Treuepflicht weichen ihre Befürworter voneinander ab, doch liegt die Betonung meist auf der Pflicht zur Unterlassung eines die Verfolgung des Gesellschaftszwecks störenden Verhaltens bei Ausübung der Mitgliedschaftsrechte, insbesondere des Stimmrechts[31]. Abgelehnt wird eine gesellschaftsrechtliche Treuepflicht des Aktionärs vor allem mit dem Hinweis auf den rein kapitalistischen Charakter der AG. Diese Auffassung beruft sich vor allem auf Art. 680 OR, wonach der Aktionär «auch durch die Statuten nicht verpflichtet werden kann, mehr zu leisten, als den für den Bezug einer Aktie bei ihrer Ausgabe festgesetzten Betrag (Marginale: «Leistungspflicht des Aktionärs»), was jede zusätzliche Leistungspflicht positiver oder negativer, sachlicher oder persönlicher Natur ausschließe[32].

Grundsätzlich ist zur Berufung auf Art. 680 OR zu bemerken, daß jedenfalls das Gebot des Handelns nach Treu und Glauben im Sinn von Art. 2 ZGB keine zusätzliche «Leistung» darstellt, sondern als allgemeines oberstes Prinzip alles rechtserhebliche Tun und Lassen erfaßt, somit auch das Verhalten des Aktionärs als solchem[33]. Dies wird denn auch von den meisten Gegnern

---

[29] Konzentrierte Darstellung des Problems bei WEISS, Einl., N. 56, 125 ff., 177 ff. – Aus der neueren Literatur sei namentlich auf WOHLMANN, S. 73 ff. hingewiesen, ferner auf die Studien zur Typologie (hinten § 24).

[30] So K. WIELAND II, S. 205, 248 (wo allerdings auch die «Gebote von Treu und Glauben» hervorgehoben werden); SIEGWART, Zürcher Kommentar V 5, Einl. N. 95, 97, Art. 620 N. 32; FUNK, Art. 620, N. 5; FROMER, S. 211 ff.; GLOOR, S. 108 ff., 117; R. HAAB, in «Vorträge über das neue Obligationenrecht», Basel 1937.

[31] So SIEGWART, Art. 620, N. 32 («Pflicht zur Unterlassung zweckstörenden Verhaltens ... in der Regel aber ... nur bei der Ausübung (der) Mitgliedschaftsrechte»). In der Einl., N. 95 folgert SIEGWART aus Art. 736 Ziff. 4 (Auflösung der AG aus wichtigen Gründen), wie HAAB, a.a.O. (Anm. 30), eine «gewisse Treuepflicht unter den Aktionären». – Im gleichen Sinn FROMER, S. 215 (Der Aktionär hat «bei der Ausübung seiner Mitgliedschaftsrechte alles zu unterlassen, was eine Hintansetzung des Gesellschaftszweckes hinter die Verfolgung gesellschaftsfremder Sonderinteressen zum Schaden der Minderheitsaktionäre bedeutet»).

[32] So z.B. WEISS, Einl., N. 181; BÜRGI, Art. 680 OR, N. 11; MEIER-HAYOZ, Zur Typologie im Aktienrecht (zit. Lit. § 24), S. 249; BGE 91 II, 1965, S. 298 ff. – Dazu noch hinten § 24, III.

[33] Durch Art. 680 sollte die sog. Nebenleistungs-AG ausgeschlossen werden (wozu noch der förmliche Ausschluß jeglicher Haftung des Aktionärs gemäß Art. 620 Abs. 2 tritt). Vgl. Prot-ExpKomm 1928, S. 282 f.; Botschaft 1928, S. 417; BÜRGI, Art. 680 OR, N. 2; GLOOR, S. 117 Anm. 26; eingehend dazu WOHLMANN, S. 92 ff.

einer aktienrechtlichen Treuepflicht (mehr oder weniger deutlich formuliert) anerkannt[34]. Die Frage ist nur, wo (inhaltlich) die Grenzen von Art. 2 ZGB liegen, insbesondere ob dessen Gebote unter bestimmten Umständen nicht auch ein bestimmtes gesellschaftsrechtlich qualifiziertes, persönliches Verhalten des Aktionärs verlangen oder verbieten – was hier bejaht wird[35]. Die Frage wird aktuell namentlich im Zusammenhang mit den sog. atypischen Aktiengesellschaften.

§ 23. Das Prinzip der gleichmäßigen Behandlung der Gesellschafter

Literatur

H. NEF, Gleichheit und Gerechtigkeit, Zürich 1941; L. RAISER, Der Gleichheitsgrundsatz im Privatrecht, ZHR 111, 1948, S. 75 ff.; H. COING, Die obersten Grundsätze des Rechts, Schriften der Süddeutschen Juristenzeitung, Heidelberg 1947, Heft 4, auch als Separatum erschienen; G. HUECK, Der Grundsatz der gleichmäßigen Behandlung im Privatrecht, München/Berlin 1958; H. STOCKMANN, Zum Problem der Gleichbehandlung der Aktionäre, in: Lebendiges Aktienrecht, Festgabe für W. F. Bürgi, Zürich 1971, S. 387 ff.

I. Grundsätzliches und Ausgangspunkte

Das Prinzip der gleichmäßigen Behandlung der Gesellschafter – oft abgekürzt das Gleichheitsprinzip, der Gleichheitssatz genannt – ist im modernen Recht allgemein als wegleitender Grundsatz anerkannt[1]. Hinsichtlich der rechtlichen Begründung dieses Prinzips und über seine Tragweite bestehen Meinungsverschiedenheiten, die aber im Resultat oft wieder zusammentreffen. Im positiven schweizerischen Privatrecht findet sich kein allgemein lautendes Gleichbehandlungsgebot[2], wohl aber regelt es die Materie in manchen Einzelbestimmungen, wobei allerdings die letzten Fragen oft offen bleiben und nur gemäß der dem Prinzip zu Grunde liegenden Idee sachlich richtig gelöst werden können.

---

[34] So deutlich WEISS, Einl., N. 182; siehe auch SCHLUEP, Wohlerworbene Rechte, S. 333 ff.
[35] Im Ergebnis wohl gleich BÜRGI, Tragende Ideen, S. 277. – Dazu noch hinten § 24.
[1] SIEGWART, Zürcher Kommentar V 5, Einl., N. 235 ff.; WEISS, Einl., N. 185 ff. – BÜRGI, Art. 706 OR, N. 35 ff. – BGE 69 II, 1943, S. 246, 249; 91 II, 1965, S. 301; 95 II, 1969, S. 157, 162.
[2] Allerdings bestimmt Art. 11 Abs. 2 ZGB (im Zusammenhang mit der Rechtsfähigkeit), daß für alle Menschen in den Schranken der Rechtsordnung die gleiche Fähigkeit besteht, Rechte und Pflichten zu haben – ein Satz, der auf Art. 4 der Bundesverfassung («Alle Schweizer sind vor dem Gesetze gleich») zurückgeführt wird; siehe z. B. GROSSEN, Schweiz. Privatrecht II, S. 292 ff. – Es handelt sich aber bei Art. 11 ZGB um die Gleichheit vor dem Gesetz und in der Rechtsanwendung (GROSSEN, a.a.O.) und zwar unter dem Gesichtspunkt der Rechtsfähigkeit – während das hier zur Diskussion stehende Gleichbehandlungsprinzip die Beziehungen unter den Parteien privater Rechtsverhältnisse betrifft.

Das Gleichbehandlungsprinzip und seine Substanz werden (namentlich in der deutschen Doktrin) aus dem Postulat der Gerechtigkeit abgeleitet, als einem überpositiven, unmittelbar aus der Gerechtigkeitsidee zu entwickelnden Rechtssatz von selbständiger Bedeutung, der unser ganzes öffentliches und privates Recht durchwaltet[3]. Dabei ist Gleichheit nicht als eine absolute («alles gleich behandelnde») Formel zu verstehen, sondern (der Gerechtigkeit entsprechend) im Sinn des *suum cuique*, wonach Gleiches gleich, Ungleiches (seiner Ungleichheit entsprechend) ungleich zu behandeln ist – das Prinzip der relativen, der Verhältnismäßigkeit Rechnung tragenden Gleichheit[4]. Besondere Bedeutung kommt dem Gleichbehandlungsprinzip zu im Recht der Personenverbindungen, wo es gilt, die Beiträge der Mitglieder nach Umfang und Wert gegeneinander abzuwägen und in der Bestimmung der Rechte und Pflichten zu berücksichtigen. – Als ein weiteres Moment ist zu beachten, daß im Privatrecht, besonders auch im Gesellschaftsrecht[5], weite Gebiete der Gestaltungsfreiheit (der Beteiligten) anheimgestellt sind, woraus sich die Frage nach den Grenzen zwischen der privatautonomen Ordnung und dem (obersten Prinzip) der gerechten Gleichbehandlung ergibt[6]. – Doktrin und Praxis haben denn auch (mehr oder weniger bewußt) nach weiteren Anhaltspunkten zur Konkretisierung des Gleichbehandlungsprinzips, insbesondere im Verhältnis zur privaten Gestaltungsfreiheit, gesucht.

In erster Linie ist hier die Berufung auf das Gebot des Handelns nach Treu und Glauben und der Verpönung des Rechtsmißbrauchs zu erwähnen, womit zugleich eine positivrechtliche Grundlage (Art. 2 ZGB) gefunden wurde[7]. Da es sich hiebei (wie bereits ausgeführt) um ein alles

---

[3] So RAISER, S. 84, 90; dazu auch COING, S. 28 ff.; G. HUECK, S. 106 f.

[4] RAISER, S. 76, unter Hinweis auf die Aristotelische Ethik. Zum *suum cuique* siehe COING, S. 29 ff., wo auch auf die Bedeutung der Ungleichheiten des «Eigenwerts» eines Menschen, bzw. seiner «Handlungen und Anlagen» hingewiesen wird (S. 30, 31). – Siehe auch GUTZWILLER, Zürcher Kommentar V 6, Einl., N. 76 ff. insbes. N. 82, 142. So auch die oben Anm. 1 zitierten BGE. – Vgl. aber NEF, insbes. § 12.

[5] Über weitere Wirkungsbereiche des Gleichbehandlungsprinzips siehe G. HUECK, S. 22 ff.

[6] G. HUECK, S. 107, 250 ff.

[7] WEISS, Einl., N. 185 ff., insbes. N. 194, 197; BÜRGI, Art. 706 OR, N. 37; MERZ, Berner Kommentar, Einleitungsband, Art. 2 ZGB, N. 324 (Ungleichbehandlung als Zweckwidrigkeit); W. SCHLUEP, Die wohlerworbenen Rechte des Aktionärs, Diss. St. Gallen 1955, S. 320 ff., insbes. S. 325. – Kritisch zur Abstützung des Gleichbehandlungsprinzips auf Treu und Glauben G. HUECK, S. 111 ff. – Das Bundesgericht folgerte das Gleichbehandlungsprinzip (zunächst) aus dem gesellschaftlichen «Kern» der AG, die auf einem Vertrag beruhe, durch den die Gesellschafter (Aktionäre) «zu einer Zweckgemeinschaft zusammengeschlossen werden... (die) aber nur auf dem Boden der grundsätzlichen Gleichbehandlung der Beteiligten denkbar» sei. Gegenüber dem Verbot des Rechtsmißbrauchs (Art. 2 ZGB) stelle sich das Gleichbehandlungsprinzip als *lex specialis* dar, weshalb sich jeweils eine besondere Prüfung nach Art. 2 ZGB erübrige (BGE 69 II, 1943, S. 248 f., mit Zitaten schweizerischer und ausländischer Doktrin); im gleichen Sinn BGE 95 II 1969, S. 162 f. – Kritisch zur «lex specialis» G. WEISS, Einl., N. 195.

rechtserhebliche Tun und Lassen beherrschendes Gebot handelt und zudem gerade in Gesellschaften (als Zweckgemeinschaften und Dauerverhältnisse) die Beteiligten Rechtsgleichheit (daß Jeder unter gleichen Voraussetzungen gleich behandelt werde) erwarten, dürfte die Fundierung des Gleichbehandlungsprinzips auf Treu und Glauben den richtigen Weg weisen.

Zur Begründung des Gleichbehandlungsprinzips wird auch das Gebot der Befolgung der guten Sitten angerufen; ungleiche Behandlung könne einen sittenwidrigen Akt darstellen, der die im positiven Recht hiefür vorgesehenen Sanktionen auslöse[8]. Dagegen ist mit Recht eingewendet worden, daß unter diesem Gesichtspunkt nur extreme Fälle, so z. B. ein krasser Machtmißbrauch der Mehrheit zu Lasten der Minderheit, getroffen werden können[9] – während das Gebot der Gleichbehandlung im Sinn des Handelns nach Treu und Glauben eine wesentlich breitere Grundlage schafft und eine differenziertere Behandlung der «Ungleichheitsfälle» ermöglicht[10].

In neuerer Zeit wird das Gleichbehandlungsgebot auch als sog. Drittwirkung aus dem Grundrecht auf Rechtsgleichheit abgeleitet[11]. Die Rechtsgleichheit gemäß Art. 4 BV betrifft aber das Verhältnis vom Bürger zum Staat (Gesetzgeber und rechtsanwendende Behörde), nicht privatrechtliche Beziehungen. In ihrer Auswirkung als Willkürverbot kann die Rechtsgleichheit als «richtunggebende Norm» zum privatrechtlichen Gleichbehandlungsgebot führen[12] – wo sie mit dem Handeln nach Treu und Glauben zusammentrifft!

II. Das Gleichbehandlungsprinzip im positiven Recht

Das Gesetz befaßt sich mit dem Gleichheitsprinzip in sehr unterschiedlicher Weise. – Ausdrücklich und allgemein wird die «Rechtsgleichheit» der Mitglieder nur im Recht der Genossenschaft proklamiert (Art. 854), wobei ihre wesentlichste Auswirkung, das zwingend vorgeschriebene Kopfstimmrecht, noch besonders hervorgehoben wird (Art. 885)[13]. Im übrigen läßt auch das Genossenschaftsrecht verschiedenartige Ausgestaltungen von Mitgliedschafts-Rechten und -Pflichten zu, so z. B. was die Gewinnbeteiligung und die Leistungspflichten betrifft (Art. 859 Abs. 2, 867).

Bei den Personengesellschaften folgt das Gebot der gleichmäßigen Behandlung der Gesellschafter schon aus der diesen Gesellschaftsformen zu Grunde liegenden Leitidee der *affectio societatis*. Im Gesetz findet das Gleichheitsprinzip denn auch Ausdruck in einer Reihe von Einzelbestimmungen,

---

[8] Vgl. G. HUECK, S. 113 ff.; RAISER, S. 81 ff.
[9] G. HUECK, S. 114; dazu auch BGE 69 II, 1943, S. 249.
[10] Weitere Begründungen des Gleichbehandlungsprinzips siehe bei WEISS, Einl., N. 181 (zur AG); G. HUECK, S. 115 f.
[11] So im deutschen Recht, siehe (ablehnend) G. HUECK, S. 95 ff.
[12] Siehe H. HUBER, ZSR 74, 1955, S. 201, 205. – Allgemein zu den Drittwirkungen der Grundrechte siehe vorn § 19, I 3.
[13] Art. 854: «Rechtsgleichheit – Die Genossenschafter stehen in gleichen Rechten und Pflichten, soweit sich aus dem Gesetz nicht eine Ausnahme ergibt». – Zur Bedeutung und Tragweite des Gleichheitsprinzips im Genossenschaftsrecht wird auf die Ausführungen zur Genossenschaft im II. Halbband verwiesen. Eingehend dazu GUTZWILLER, zit. Anm. 4, und zu Art. 854 OR, mit Hinweisen, so auf die beiden Preisschriften über die Gleichbehandlung der Genossenschafter von R. BERNHEIMER, Zürich 1949, und M. KUMMER, Bern 1949.

so betreffend die Beitragspflichten, das Stimmrecht, die Geschäftsführung, die Gewinn- und Verlustbeteiligung. Die Bestimmungen sind aber subsidiärer Natur und der Gesellschaftsvertrag kann beliebige Abweichungen vorsehen, so z.B. das Stimmrecht oder die Gewinn- und Verlustbeteiligung der einzelnen Gesellschafter in unterschiedlicher Weise bemessen. Aber auch im gesellschaftsautonomen Bereich kann das Gleichbehandlungsprinzip angerufen werden, wenn es gilt, Akten der Willkür entgegenzutreten[14].

Anders liegen die Dinge bei den Kapitalgesellschaften. Hier bemißt das Gesetz die praktisch wesentlichsten Mitgliedschaftsrechte, so das Stimmrecht und die Gewinnbeteiligung, nach der Höhe der Kapitalbeiträge (mit der Möglichkeit gewisser statutarischer Abweichungen, z.B. für Stimmrechts- und Prioritätsaktien). Das Gleichbehandlungsprinzip bedeutet hier, nach bundesgerichtlicher Rechtsprechung, «daß von der Gleichbehandlung (sc. der Aktionäre) nur insofern abgewichen werden darf, als dies für die Verfolgung des Gesellschaftszwecks im Interesse aller Aktionäre unbedingt erforderlich ist»[15].

§ 24. Zur Bedeutung der Typologie im Gesellschaftsrecht

Literatur

P. Jäggi, Ungelöste Fragen des Aktienrechts, Schweiz.AG 31, 1958, S.57ff.; R. Secrétan, L'étendue de la liberté du choix entre les diverses corporations de droit privé, ZBJV 96, 1960, S.173ff.; A. Koller, Grundfragen einer Typuslehre im Gesellschaftsrecht, in: Arbeiten aus dem juristischen Seminar der Universität Freiburg (Schweiz), 1967; A. Meier-Hayoz, Zur Typologie im Aktienrecht, in: «Lebendiges Aktienrecht», Festgabe für W.F. Bürgi, Zürich 1971; A. Meier-Hayoz/W. Schluep/W. Ott, Zur Typologie im schweizerischen Gesellschaftsrecht, in «Gesellschaftsrecht heute», Sonderheft ZSR 90 I, 1971, S.293ff.; M. Gutzwiller, Gedanken zur Typologie des Gesellschaftsrechts, SJZ 1971, S.134ff.; U. Richard, Atypische Kommanditgesellschaften, Diss. Zürich, Bern 1971; W. Ott, Die Problematik einer Typologie im Gesellschaftsrecht, dargestellt am Beispiel des schweizerischen Aktienrechts, Diss. Zürich, Abh.Schweiz.R 412, Bern 1972.

---

[14] Siehe Anm.15.
[15] BGE 95 II, 1969, S.162, unter Hinweis auf frühere Entscheide. – Das Gleichbehandlungsprinzip wirkt sich hier vor allem als «Mittel des Schutzes der Minderheit gegen mißbräuchliche Beschlußfassungen der Mehrheit in der Generalversammlung» aus (Weiss, Einl., N.187). – Würdigung der Rechtsprechung des Bundesgerichts bei H. Stockmann, Zum Problem der Gleichbehandlung der Aktionäre, insbes. S.387ff. Siehe auch W.F. Bürgi, Tragende Ideen (zit. Lit. Verz. § 22), S.278; W.R. Schluep, Wohlerworbene Rechte (oben Anm.7), S.325. – Näheres zum Gleichbehandlungsprinzip im Recht der Kapitalgesellschaften und der Genossenschaft in Schweiz. Privatrecht, Bd.VIII, 2. Halbbd.

A. Hirsch und R. Bär, Referate zum Schweizerischen Juristentag 1966, «Aktuelle Probleme des Aktienrechts», ZSR 85 II, 1966, S. 5 ff., bzw. S. 469 ff.; P. Mengiardi und P. Jolidon, Referate zum Schweizerischen Juristentag 1968, «Strukturprobleme des Gesellschaftsrechts», ZSR 87 II, 1968, S. 4 ff. bzw. 429 ff.

Allgemein zum «Typus» und zur Typuslehre K. Larenz, Methodenlehre der Rechtswissenschaft, 2. Aufl., Berlin 1969, II. Teil, 5. Kapitel.

Siehe auch die Literatur zu § 21.

In neuerer Zeit macht sich in der Doktrin, vereinzelt auch in der Rechtsprechung eine Betrachtungsweise geltend, die als Typologie (Typenlehre) bezeichnet wird. Sie beschränkt sich nicht auf das Gesellschaftsrecht, doch kommt ihr auf diesem Gebiet heute eine besondere Bedeutung zu, dies namentlich auch im Hinblick auf die Weiterentwicklung des geltenden Rechts im Wege der Gesetzgebung und der Rechtsprechung[1]. Die Darstellung der Typologie und deren Auswertung stößt auf Schwierigkeiten, nicht nur weil es sich hier um ein sehr komplexes Problem handelt, sondern weil schon über dessen Gegenstand und mehr noch über dessen Auswirkungen erhebliche Meinungsverschiedenheiten bestehen. Im Nachfolgenden geht es nur darum, das Problem und seine allgemeine Bedeutung im Gesellschaftsrecht aufzuzeigen, während seine Auswirkungen im Zusammenhang mit den einzelnen Gesellschaftsformen näher geprüft werden sollen.

I. Zum Gegenstand der Typologie

In der Rechtswissenschaft wird unter «Typus» heute meist das Leitbild (Modell, Vorstellung) verstanden, nach welchem der Gesetzgeber ein Rechtsinstitut, z.B. eine AG oder eine Personengesellschaft, ordnet[2]; in diesem Sinn spricht man auch von einem «gesetzlichen Typus». Er gewinnt sein Leitbild aus der Wirklichkeit (insofern ist der Typus zunächst eine soziologische Erscheinung), indem er z.B. davon ausgeht, daß die Aktiengesellschaft in der Regel eine Publikumsgesellschaft ist, mit einer

---

[1] In der Schweiz wurde die Diskussion zur Typologie durch die Studie P. Jäggis ausgelöst. Umfassendes Literaturverzeichnis bei A. Koller und W. Ott. Treffliche Zusammenfassung des heutigen Standes der Typologie bei Meier-Hayoz/Schluep/Ott.

[2] So schon Jäggi, S. 65 und (vorläufig abschließend) Meier-Hayoz/Schluep/Ott, S. 295. – Über die verschiedenen (sprachlichen und rechtlichen) Deutungen des terminus «Typus» und der Typologie siehe z.B.: P. Jolidon, S. 445 ff.; P. Mengiardi, §§ 3, 4; Koller, S. 11 ff., 44 ff. – Vgl. auch K. Larenz, Methodenlehre, S. 423 ff.

Großzahl von Aktionären, deren Leistungen ausschließlich in bestimmten Kapitalbeiträgen bestehen sollen – während bei den Personengesellschaften eine auf wenige Beteiligte beschränkte Unternehmungsform Modell steht, in welcher die Gesellschafter in der Regel persönlich tätig sind und die persönliche (unbeschränkte oder beschränkte) Haftung für die Gesellschaftsschulden übernehmen[2a]. Der Gesetzgeber kann – je nach den Realien, mit denen er sich konfrontiert sieht, und je nach seiner rechtspolitischen Einstellung – von einem Leitbild ausgehen (z.B. von der Publikumsgesellschaft) und dieses, allenfalls unter Berücksichtigung besonderer Typen, entsprechend gestalten oder von mehreren Typen, die dann durch besondere Merkmale zu fixieren und entsprechend zu ordnen sind[3]. Beschreitet er den ersten Weg, so kann er von einem enger oder weiter begrenzten Leitbild ausgehen und zudem der Wirklichkeit dadurch Rechnung tragen, daß er bestimmte Rechtsverhältnisse durch nachgiebiges Recht ordnet, also dem Parteiwillen anheimstellt (z.B. das Stimmrecht, die Gewinnbeteiligung, die Übertragung der Mitgliedschaft). Die besondere Problematik der Typologie ergibt sich nun daraus, daß in praxi Gesellschaften entstehen, die von dem dem Gesetz zu Grunde liegenden und rechtlich geordneten Leitbild abweichen, also «atypische» Gestalt aufweisen (sog. faktische Typen). Beispiele hiefür sind: Die sog. kapitalistische Kommanditgesellschaft, in welcher das Übergewicht den Kommanditären zukommt, wirtschaftlich (kraft ihrer Kapitalbeteiligung) und rechtlich (kraft weitgehender Mitwirkungsrechte); ferner die sog. personalistische (personenbezogene) Aktiengesellschaft (mit

---

[2a] Vom Typus ist der Begriff zu unterscheiden (was erst in der neueren Doktrin deutlich hervorgehoben wurde). Die Typen z.B. einer Kommandigesellschaft oder einer AG sind (wie oben ausgeführt) Erscheinungen der Praxis («Lebenstypen») und können in den verschiedensten Variationen vorkommen. Der Begriff dagegen gehört zur allgemein und abstrakt gehaltenen positivrechtlichen Ordnung der vom Gesetzgeber (so oder anders) erfaßten Lebenstypen. Er enthält (im Gesellschaftsrecht) die rechtlichen Merkmale, welche vorliegen müssen (und dürfen), damit eine konkrete Personenverbindung als Gesellschaft, und zwar als eine solche bestimmter Rechtsform, qualifiziert werden kann (sog. Fixierung der Gesetzestypen oder Formenfixierung). Damit fällt der Begriff inhaltlich zusammen mit den hier (in Übereinstimmung mit der neueren Doktrin) durchwegs verwendeten termini «Gesellschaftsform» oder «Rechtsform einer Gesellschaft». Zur Unterscheidung zwischen Typus und Begriff sowie zur Formenfixierung vgl. die oben Anm. 2 zit. Doktrin.

[3] So deutlich im angelsächsischen Recht, siehe vorn § 18, II 5. – Im schweizerischen Gesellschaftsrecht sind Beispiele für gesetzliche Sondertypen: Die nichtkaufmännische Kollektiv- und Kommanditgesellschaft (Art. 553, 595), die Einmann-AG und -GmbH (Art. 625 Abs. 2, 775 Abs. 2), die AG und die Genossenschaft mit Beteiligung von Körperschaften des öffentlichen Rechts (Art. 762, 926), die Versicherungsgenossenschaften (Art. 841, 848, 869, 893, 920, Schlußbestimmungen 2). Dazu kommen noch die auf Sondergesetzgebung beruhenden (oder durch sie modifizierten) Unternehmungsformen (siehe vorn § 19, II 4).

nur wenigen Aktionären, Schwergewicht in der Generalversammlung der Gesellschafter, starke Vinkulierung der Aktienübertragung, so besonders bei den sog. Familien-AG)[4]. Die Abweichung vom gesetzlichen Typus kann so weit gehen, daß Gebilde wie die Einmann-AG entstehen[5]. Und die Frage stellt sich, ob sogar dem Gesetz unbekannte Gesellschaftsformen gebildet werden können.

Aus solchen Abweichungen von den wirklichen oder vermeintlichen Gesellschaftstypen (Leitbildern) ergeben sich eine Reihe von Fragen, namentlich: Liegen der gesetzlichen Ordnung der verschiedenen Gesellschaftsformen ein oder mehrere bestimmte Leitbilder zu Grunde, wenn ja, welches oder welche? Sind die Leitbilder maßgebend für die Auslegung der gesetzlichen Begriffe und einzelnen Bestimmungen (Postulat der typgerechten Auslegung)? Sind die (einem Leitbild entsprechenden) Bestimmungen tale quale auch auf atypische Gesellschaften anwendbar – oder sind hier (wenigstens bei starker Abweichung) Lücken anzunehmen, die im Wege der richterlichen Rechtsfindung, der «Fall-Gerechtigkeit» entsprechend, auszufüllen sind – wodurch auch gewohnheitsrechtliche Fortbildung des objektiven Rechts erfolgen könnte?[6] Die sich unter dem Gesichtspunkt der Typologie stellenden Fragen sind namentlich von Bedeutung, wenn es um die Auslegung und Anwendung von Ordnungsprinzipien, Allgemeinbegriffen und Generalklauseln (Blankettnormen) geht (z.B. Macht und Haftung, wichtiger Grund, Treu und Glauben oder Treuepflicht, Gleichbehandlung). Antworten können nur auf Grund einer Überprüfung der einzelnen Gesellschaftsformen und der in Frage stehenden atypischen Gebilde gegeben werden. Immerhin lassen sich diesen Erörterungen einige allgemeine Richtlinien oder doch Erwägungen voranstellen[7].

---

[4] Über atypische Erscheinungen im Genossenschaftsrecht (auch grundsätzlich gehalten) siehe P. FORSTMOSER, Großgenossenschaften, 1970 (Abh.schweiz.R), insbes. §§ 10–15. – Für das deutsche Recht wesentlich H. PAULICK, Die eingetragene Genossenschaft als Beispiel gesetzlicher Typenbeschränkung, Tübingen 1954. – Bei der Gesellschaft mit beschränkter Haftung besteht insofern eine besondere Situation, als bereits der gesetzliche Typus eine Kreuzung von Kapital- und Personengesellschaften darstellt und zudem wesentliche Annäherungen an die eine oder andere Gesellschaftskategorie vorgesehen sind; siehe W. VON STEIGER, Zürcher Kommentar V 5c, Vorbem., N. 42ff.

[5] Die Zwei- und Einmann-AG und GmbH sind zwar im Gesetz vorgesehen (Anm.3), aber nur unter Vorbehalt besonderer Auflösungsklagen.

[6] Was zur Frage des numerus clausus im Gesellschaftsrecht führt, siehe vorn § 17, III und hinten V.

[7] Wofür besonders auf die zusammenfassenden Studien von A. KOLLER, A. MEIER-HAYOZ, MEIER-HAYOZ/SCHLUEP/OTT und W. OTT verwiesen wird.

II. Die Eruierung gesetzlicher Leitbilder

Diese Aufgabe bietet oft Schwierigkeiten, weil der Gesetzgeber selber sich hierüber nicht immer im klaren war oder, wo ihm ein Modell vorschwebte, aus praktischen Gründen so viele Konzessionen an andere Typen machte, daß das Leitbild völlig verschwimmt. – Bei den auf altem Herkommen beruhenden Personengesellschaften steht das Bild einer auf bestimmte Personen bezogenen Gesellschaft klar vor Augen und es findet im Gesetz (namentlich durch die Regelung der Beitragspflichten und Haftungen) auch seinen adäquaten Ausdruck. Da hier das interne Recht fast ganz nachgiebiger Natur ist, stellen die auf dem Gesellschaftsvertrag beruhenden Abweichungen vom gesetzlichen Typus keine besonderen Probleme, sofern sie nicht allgemeingültige Prinzipien (wie gute Sitten, Persönlichkeitsschutz, Treu und Glauben, Gleichbehandlung) verletzen[8]. – Schwieriger ist die Feststellung eines gesetzlichen Typus bei den Körperschaften, insbesondere bei der Aktiengesellschaft des schweizerischen Rechts – wirklich eine Proteusgestalt! –, und die typologische Auseinandersetzung findet denn auch vornehmlich auf dem Boden des Aktienrechts statt[9]. Von der einen Seite wird betont, daß der AG das Leitbild der rein kapitalistisch und körperschaftlich ausgestalteten Publikumsgesellschaft zu Grunde liege[10], während andererseits darauf hingewiesen wird, daß in praxi die «personalistische» (also atypische, mittlere oder Klein-AG) bei weitem überwiege und in der gesetzlichen Ordnung auch berücksichtigt worden sei, z. B. durch die Möglichkeit der Ausgabe von Stimmrechtsaktien, der starken Vinkulierung der Aktien und das weite Feld nachgiebigen Rechts[11] (wozu noch hinten IV).

---

[8] Siehe aber andere Auffassungen hinsichtlich atypischer Personengesellschaften unten IV.

[9] Betreffend die Genossenschaft und die GmbH siehe oben Anm. 4.

[10] z.B. P. JÄGGI, S. 65f., aber auch unter Hinweis auf die starken Abweichungen in der Praxis; R. BÄR, ZSR 85 II, 1966, S. 470ff., insbes. 493ff.; siehe auch R. BÄR, Grundprobleme des Minderheitsschutzes in der AG, ZBJV 1959, S. 369ff., 387ff. (zum «typischen Aktionär»). – Die rein kapitalistische Konzeption der AG betonen z.B. die BGE 67 II, 1941, S. 162 (Auflösung aus wichtigen Gründen), 91 II, 1965, S. 298 (Treuepflicht des Aktionärs?).

[11] z.B. A. HIRSCH, S. 6f. und dessen Votum am Schweiz. Juristentag 1968, ZSR 87 II, 1968, S. 691; W. SCHLUEP, Schutz des Aktionärs auf neuen Wegen? Schweiz. AG 1960/61, S. 137ff., 170ff., 188ff.; JOLIDON, S. 544ff., 563ff. – In BGE 95 II, 1969, S. 157 wird die Notion eines «typischen Aktionärs» abgelehnt. In BGE 95 II, 1969, S. 555 (statutarischer Stichentscheid des Vorsitzenden?) wird die Vorstellung der rein kapitalistischen Publikums-AG als gesetzliches Leitbild in Frage gestellt, unter Hinweis darauf, daß das Gesetz selber die Entstehung kleinerer Gesellschaften mit personenrechtlichem Einschlag ermöglicht habe, daß diese in der Praxis eindeutig überwiegen und (was hier wesentlich ist) daß gerade die Ordnung des Stimmrechts (der Stimmkraft) eine Durchbrechung des kapitalistischen Prinzips und damit die Schaffung einer personenbezogenen AG erlaube (S. 560). – Kritisch dazu MEIER-HAYOZ, S. 248ff. (weil in casu nicht typologische Gesichtspunkte, sondern nur die Frage, ob zwingendes oder dispositives Recht anwendbar sei, entscheidend war; siehe hinten IV).

III. Das Postulat der typgerechten Auslegung

Dieses Postulat verlangt, daß die gesetzlichen Bestimmungen im Sinn des ihnen zu Grunde liegenden Leitbilds (des gesetzlichen Typus) ausgelegt werden, da nur so eine sinnvolle Gesamtordnung (innere Geschlossenheit) der in Frage stehenden Gesellschaftsform gewährleistet sei[12]. Von der Sachlogik aus betrachtet ist dieses Postulat begründet – die Frage ist nur (wie vorn bemerkt), ob sich gesetzliche Leitbilder mit genügender Deutlichkeit feststellen lassen. Da das Gesetz hierüber nicht direkt Auskunft gibt, muß das Leitbild aus seinen Definitionen (wo vorhanden!) und seinen einzelnen Bestimmungen auf dem Weg der üblichen (grammatikalischen, historischen, teleologischen, systematischen) Auslegungsmethoden ermittelt («zurückgewonnen», KOLLER) werden – womit das erwähnte Postulat zu einer Sache der – auch wertenden – Auslegung des Gesetzes wird. Dies hat ihm auch den Vorwurf eines circulus vitiosus eingetragen[13]. – Von besonderer Bedeutung (und Problematik) wird das erwähnte Postulat, wo es um die Auslegung (und Anwendung) von allgemeinen Prinzipien, Allgemeinbegriffen und Generalklauseln geht (die ihre Konkretisierung ohnehin erst im Zusammenhang mit einer bestimmten Sachlage erfahren können, siehe vorn § 22, I 2).

Zwei Beispiele: BGE 67 II, 1941, S.162ff., Auflösung einer (Familien-)AG aus «wichtigen Gründen», Art.736 Abs.4. Das BGer entschied, daß bei einer AG als reiner unpersönlicher Kapitalgesellschaft als wichtige Gründe nur solche sachlicher Natur in Frage kommen, nicht aber persönliche Umstände wie bei den Personengesellschaften. Eine «Übertragung» der bei diesen geltenden Kriterien wurde abgelehnt[14]. – BGE 91 II, 1965, S.298ff., 305, Gleichbehandlungsprinzip, Konkurrenzverbot: (Auch) bei einer Klein-AG kann das Bezugsrecht eines Aktionärs auch dann nicht entzogen werden, wenn dieser die AG direkt konkurrenziert und ihre Angestellten abwirbt. Denn die AG sei «vor allem Kapitalgesellschaft und der Aktionär auf Grund von Art. 680 einzig zur Deckung des von ihm übernommenen AK verpflichtet». – Die Frage einer Treuepflicht des Aktionärs auf Grund von Art. 2 ZGB (siehe vorn § 22) und der sich allenfalls daraus ergebenden Folgen wurde nicht geprüft[15].

---

[12] z.B. P. JÄGGI, S.70f.; A. KOLLER, S.147ff., 150; MEIER-HAYOZ, S.254f. – Kritisch bis ablehnend zum erwähnten Postulat JOLIDON, S.563ff.; W. SCHLUEP (oben Anm.11), S.196. Eingehend zu dieser Kontroverse W. OTT, S.103ff. – In diesem Sinn auch WEISS, Einl., N.63.

[13] KOLLER, S.57f., 150, unter Betonung, daß hiebei der «Sinn einer ganzen Normgruppe» zu erschließen sei («Auslegung im weitern Sinn», «Gesamtbetrachtung», S.58); MEIER-HAYOZ/ SCHLUEP/OTT, S.321ff., wo auch dem Vorwurf des circulus vitiosus entgegengetreten wird (S.325).

[14] Kritisch dazu: FROMER (zit. Lit. § 22), S.228; ebenfalls GLOOR (zit. Lit. § 22), S.121. Dazu auch WOHLMANN (zit. Lit. § 22), S.140f.

[15] Kritisch zum erwähnten BGE: W. v. STEIGER, ZBJV 103, 1967, S.123ff.; siehe auch WOHLMANN, S.106f.; FROMER, S.228.

IV. Rechtsanwendung

Die typologische Betrachtungsweise führt weiter zur Frage der Rechtsanwendung. Angenommen, es lasse sich ein gesetzlicher Typus mit genügender Deutlichkeit feststellen und die gesetzlichen Bestimmungen seien «typgerecht» ausgelegt, sind diese dann auch schlechtweg auf atypische Gesellschaften anzuwenden? – Dies wird für die Bestimmungen, die zwingenden Rechts sind, einhellig bejaht. Haben die Beteiligten einmal eine Gesellschaftsform gewählt, so müssen sie deren zwingende Ordnung annehmen, ungeachtet aller Abweichungen vom gesetzlichen Typus; dies gebietet die Rechtssicherheit im Interesse Dritter (Verkehrssicherheit) und der Beteiligten selber[16]. So kann auch eine körperschaftlich organisierte (kapitalistische) Kommanditgesellschaft die gesetzliche Ordnung der Vertretung, der Haftungen und des (grundsätzlichen) Kontrollrechts nicht ändern[17]. Den besondern Verhältnissen kann durch individualrechtliche Vereinbarungen Rechnung getragen werden, soweit solche nicht allgemeinen Rechtsgrundsätzen (z.B. dem Schutz der Persönlichkeit) widersprechen.

Anders liegen die Dinge im Bereich des dispositiven Rechts – und hier sind denn auch wesentliche Meinungsverschiedenheiten festzustellen[18]. Nach den einen sind solche Bestimmungen nicht nur typgerecht auszulegen, sondern – unter Vorbehalt zulässiger, vertraglicher oder statutarischer Abweichungen – auch auf die atypischen Erscheinungen anzuwenden – dies namentlich im Hinblick auf den das Gesellschaftsrecht beherrschenden «Formzwang (numerus clausus) und die damit zusammenhängende Formenfixierung im Gesellschaftsrecht» (MEIER-HAYOZ), wobei die einzelnen (zwingenden und nachgiebigen) Bestimmungen ein Ganzes bilden und als solches anzuwenden sind (sog. Theorie der formalen Rechtsanwendung)[19].
– Von andern wird dagegen postuliert, daß im Bereich des dispositiven Rechts (jedenfalls) deutlichen Abweichungen vom gesetzlichen Typus Rechnung zu tragen sei, durch analoge Anwendung von (dem Sachverhalt entsprechenden) Normen anderer Gesellschaftsarten oder im Weg richterlicher

---

[16] KOLLER, S.169f.; MEIER-HAYOZ, S.248ff. (wonach sich bei zwingenden Bestimmungen überhaupt keine «typologischen» Fragen stellen); MEIER-HAYOZ/SCHLUEP/OTT, S.331; W. OTT, S.128ff., unter Hinweis auf BGE 67 II, 1941, S.29 (Einmann-AG) und 91 II, 1965, S.298ff. (beschränkte Beitragspflicht des Aktionärs). Siehe auch BGE 72 II, 1946, S.77; 76 II, 1950, S.93 – Vgl. auch WEISS, Einl., N.263.
[17] Siehe aber hinten § 40, III.
[18] Siehe die Übersichten mit Zitaten bei MEIER-HAYOZ/SCHLUEP/OTT, S.332 und W. OTT, S.131ff.
[19] So z.B. JÄGGI, S.70; MEIER-HAYOZ, S.260f.; MEIER-HAYOZ/SCHLUEP/OTT, S.333; mit eingehender Begründung W. OTT, S.260f.; FORSTMOSER (oben Anm.4), S.170f., 177f.; vgl. auch WEISS, Einl., N.263.

Rechtsfindung. Man beruft sich hiefür auf die starke Diskrepanz zwischen gesetzlichen Leitbildern und der Rechtspraxis sowie auf das Postulat der Fallgerechtigkeit[20].

Gegen das Postulat freier richterlicher Rechtsfindung bei atypischen Sachverhalten wendet sich (u. A.) nachdrücklich W. OTT, S. 132 ff., insbesondere unter Hinweis darauf, daß bei Vorliegen dispositiver Gesetzesbestimmungen keine echten, durch den Richter auszufüllende Gesetzeslücken im Sinn von Art. 1 ZGB vorliegen können (Korrekturen in Fällen offenbaren Rechtsmißbrauchs gemäß Art. 2 Abs. 2 ZGB vorbehalten). – Und der Anwendung per analogiam von Normen, die einem andern gesetzlichen Typus angehören, wird entgegengehalten[21], daß eine solche sog. Typenmischung von der Doktrin (mehrheitlich) und in der Rechtsprechung (mit Ausnahmen)[22] abgelehnt werde, wesentlich aus Gründen der Rechtssicherheit. – Die Kontroverse verliert an Bedeutung, wenn man festhält, daß es hier meist um die Ordnung gesellschaftsinterner Verhältnisse geht, die weitgehend der Privatautonomie anheimgestellt ist, womit auch dem Richter ein weiterer Spielraum, unter Umständen auch durch «Übertragung», zur Berücksichtigung des realen Sachverhalts eingeräumt ist[23]. Ein Beispiel hiefür ist die Behandlung des nicht rechtsfähigen Vereins, extern nach den Regeln der einfachen Gesellschaft (gemäß Art. 62 ZGB und 530 Abs. 2 OR), intern (gegebenenfalls) nach (körperschaftlichem) Vereinsrecht[24]. – Letzten Endes wird bei der Erörterung dieser Probleme auch eine Rolle spielen, ob man mehr monistischen oder dualistischen Auffassungen vom Wesen der Gesellschaften folgt (siehe vorn § 21, II)[25].

V. Die Rolle des numerus clausus

Die Frage, ob atypische Erscheinungen zu neuen, rechtlich anzuerkennenden Gesellschaften (genauer: Gesellschaftsformen) führen können, ist bereits durch das (vorn § 17, III) erörterte Prinzip des numerus clausus beantwortet. Im Rahmen des nachgiebigen Rechts können auf Grund vertraglicher oder statutarischer Anordnungen die verschiedensten, vom gesetz-

---

[20] In dieser Richtung schon SIEGWART, Zürcher Kommentar V 4, Vorbem. zu Art. 530–551, N. 15 ff., insbes. 19, 22 (Innenverhältnis). Aus der neueren Doktrin: BÜRGI, Zürcher Kommentar, Vorbem. zu Art. 698/731, N. 16; KOLLER, S. 171; MENGIARDI, S. 163; WOHLMANN (Lit. § 22), S. 89 ff.; vgl. auch SCHLUEP, Schweiz. AG 33, 1960/61, S. 198. – K. LARENZ, S. 445. – Siehe auch unten Anm. 23.

[21] Siehe z. B. die oben Anm. 19 zitierte Doktrin.

[22] So namentlich der (in der Doktrin abgelehnte) BGE 82 II, 1956, S. 292 ff., 307 (Anwendung des genossenschaftlichen Prinzips der offenen Tür auf einen «wirtschaftlichen Verein»); siehe auch BGE 48 II, 1922 S. 167 und 76 II, 1950, S. 281 ff.

[23] So KOLLER, S. 172; BÜRGI (oben Anm. 20) empfiehlt bei Diskrepanz zwischen Innen- und Außenverhältnis (einer AG) eine differenzierte Beurteilung, im Sinn einer analogen Anwendung der Grundsätze, die bei gemischten und zusammengesetzten Verträgen gelten. – In seiner Abhandlung über die Bedeutung der tragenden Ideen des schweiz. Aktienrechts in der Gegenwart (Festschrift für W. Hug, Bern 1968, S. 277) verneint BÜRGI zwar eine Treuepflicht als allgemein brauchbare Regel (im Aktienrecht), befürwortet aber eine differenzierte Behandlung dieser Frage bei den verschiedenen Typen, so bei «sehr persönlich ausgestalteten Kleingesellschaften», wie z. B. bei der Familien-AG.

[24] KOLLER, S. 172. – Siehe hinten § 27, III 3.

[25] Vgl. dazu MEIER-HAYOZ/SCHLUEP/OTT, S. 334 f. («Die Abstufbarkeit von Typusmerkmalen»).

lichen Typus stark abweichenden Gebilde entstehen. Ob diese aber rechtlich als Gesellschaften anzuerkennen sind, hängt davon ab, ob sie die für die Entstehung der oder jener Gesellschaftsform verlangten Voraussetzungen (Tatbestandsmerkmale) erfüllen, wobei die einfache Gesellschaft als «Auffangform» dient (Art. 530 Abs. 2; vorn § 20, III). Ist dies der Fall, so ist auch bei starker Abweichung vom gesetzlichen Typus eine Gesellschaft bestimmter Rechtsform entstanden. – Dies führt noch zur Frage einer «ausnahmsweisen Nichtanerkennung eines atypischen Sachverhalts»[26]. Gesellschaftsrechtlich wird sie als sog. Durchgriffsproblem aktuell[27]. Soll z.B. eine AG unter Berufung auf ihre rechtliche Selbständigkeit eine Tätigkeit entfalten dürfen, die ihrem Allein- oder Hauptaktionär auf Grund eines Konkurrenzverbotes untersagt ist? Das Bundesgericht verneint dies, aber nicht weil es der (extrem atypischen, aber vom Gesetz geduldeten, Art. 625 Abs. 2) AG die Anerkennung als Rechtssubjekt versagt hätte, sondern weil hier ein Fall offenbaren Rechtsmißbrauchs vorlag[28]. Im gleichen Sinn, d.h. nicht nach typologischen Gesichtspunkten, sondern auf Grund von Art. 2 ZGB (Treu und Glauben, Rechtsmißbrauch) wurden auch andere atypische Sachverhalte beurteilt[29].

VI. Ergebnisse

Die Bedeutung und der Wert der typologischen Betrachtungsweise liegen vor allem darin, daß sie den Blick für die Erfassung der zu regelnden Tatbestände und der vom Gesetzgeber erlassenen Ordnungen sowie die zwischen diesen beiden Aspekten oft bestehenden Diskrepanzen geschärft haben. Ihre Postulate richten sich vor allem an den Gesetzgeber[30]. Schwankend wird jedoch der «typologische Boden», wo es um Auslegungsfragen geht – dies vor allem deshalb, weil es gerade in den wichtigsten Gebieten kaum (oder gar nicht) möglich ist, genügend feststehende gesetzliche Leitbilder zu finden. Dies muß sich auch auf die Rechtsanwendung auswirken, wobei der Schwerpunkt der Diskussion offensichtlich in der Frage nach der Tragweite allgemeiner (oberster) Prinzipien – kodifizierter und ungeschriebener – und

---

[26] MEIER-HAYOZ, S. 252.
[27] Zum Durchgriffsproblem als solchem siehe vorn § 21, Anm. 11 und die dort zit. Doktrin und Rechtsprechung.
[28] BGE 71 II, 1945, S. 272.
[29] Siehe bei MERZ, Art. 2 ZGB, N. 288; OTT, S. 94 ff. – BGE 53, 1927, S. 31 f. (Bürgschaft); 81 II, 1955, S. 455 (Bürgschaft); 85 II, 1959, S. 111 ff. (Verrechnung); SJZ 54, 1958, S. 21 ff. (Zwangsvollstreckung).
[30] Siehe z. B. MEIER-HAYOZ/SCHLUEP/OTT, S. 334 ff., insbes. 338 a.E.

damit ihrer Anwendbarkeit auf die verschiedenen Gesellschafts-Formen und -Typen liegt. Hier, unter Abwägung der Postulate der Rechtssicherheit und der Fallgerechtigkeit, die richtige Lösung zu finden, ist eine Aufgabe, die nicht nach abstrakten Regeln, sondern nur nach richterlichem Ermessen gelöst werden kann.

§ 25. Sogenannte faktische Gesellschaften

Literatur

A. HEMMELER, Die faktische Gesellschaft im schweizerischen Recht, Diss. Zürich, Zürich 1962; R. von GRAFFENRIED, Les sociétés de fait en droit Suisse, Travaux de l'Association Henri Capitant, Bd. XI, Paris 1960, S. 206 ff. – W. SIEBERT, Die faktische Gesellschaft, in: Festschrift Hedemann, 1938, S. 266 ff.; DERSELBE, Faktische Vertragsverhältnisse, Juristische Studiengesellschaft Karlsruhe, Schriftenreihe Heft 41, Karlsruhe 1958; S. SIMITIS, Die faktischen Vertragsverhältnisse als Ausdruck der gewandelten Funktion der Rechtsinstitute des Privatrechts, Frankfurt a. M. 1957, besprochen von H. MERZ in ZBJV 94, 1958, S. 161 ff.

1. In der neueren Doktrin ist (in verschieden weitgehenden Formulierungen) von «faktischen Gesellschaften» die Rede, wenn Personenverbindungen tätig («vollzogen») werden, obschon sie rechtlich noch gar nicht zur Entstehung gelangt sind (z.B. wegen mangelnden Konsenses der Parteien über wesentliche Punkte) oder weil sie (ab initio oder nachträglich) mit Mängeln behaftet sind, die ihre Nichtigkeit (z.B. wegen Rechts- oder Sittenwidrigkeit des Zwecks) oder Anfechtbarkeit (z.B. wegen Willensmängeln) zur Folge haben[1]. Es wird die Frage gestellt, ob solche Gebilde, eben auf Grund ihres Verhaltens, also rein tatsächlicher Umstände, als Gesellschaften anzuerkennen und nach den Normen des Gesellschaftsrechts zu behandeln sind, extern (Verbindlichkeit der mit Dritten getätigten Geschäfte, Haftung der «Gesellschafter») und intern (Abwicklung der in Frage stehenden Beziehungen nach Gesellschaftsrecht, z.B. Liquidation ex nunc).

---

[1] Die faktischen Gesellschaften werden (namentlich in der deutschen Doktrin) meist im weiteren Rahmen der «faktischen Vertragsverhältnisse» behandelt, welche auch andere Gemeinschaftsverhältnisse umfassen (z.B. Miete, Arbeitsvertrag) sowie die «Leistungsbeziehungen des Massenverkehrs» (z.B. durch Inanspruchnahme von Transportbetrieben oder andern der «Daseinsvorsorge» dienenden Werken) und andere aus «sozialem Kontakt» sich ergebende Beziehungen. Zur Umschreibung des oben wiedergegebenen Sachverhalts siehe z.B. SIEBERT, Faktische Vertragsverhältnisse, S. 7 f., 40 ff.; HEMMELER, S. 11 f.; H. MERZ, S. 161.

2. Die Konzeption einer faktischen Gesellschaft im oben erwähnten Sinn wird verschieden begründet[2]. So steht für SIEBERT (Festschrift Hedemann, S. 266 ff.; anders später in Faktische Vertragsverhältnisse, siehe unten Anm. 6) nicht der Gesellschaftsvertrag, sondern das ins Leben gerufene «Unternehmen» im Vordergrund, welches als (Unternehmer-)Gesellschaft zu behandeln sei (ablehnend dazu HUECK, OHG § 1, Anm. 4). SIMITIS postuliert die Anerkennung faktischer Gesellschaften unter Berufung auf die zunehmende Bedeutung der Sozialsphäre im Privatrecht; neben die Begründung von Rechtsverhältnissen, z.B. einer Gesellschaft, durch Erfüllung der gesetzlichen Erfordernisse trete die Entstehung von Gesellschaften auf Grund der Betätigung der Beteiligten als Gesellschaft (so auch schon frühere deutsche Doktrin)[3] – womit die Frage der normativen Kraft des Faktischen auf den Plan tritt.[4] – Auch das Reichsgericht entschied (im Zusammenhang mit der «Abwicklung» einer Gesellschaft), daß der tatsächliche Vollzug der Gesellschaft unter den Beteiligten ein Gemeinschaftsverhältnis geschaffen habe, das nicht ohne weiteres rückgängig gemacht werden könne[5]. – So oder so formuliert, die wesentlichen Anliegen der Lehre von der faktischen Gesellschaft bestehen namentlich im Wunsch nach verstärktem Bestandesschutz («Prinzip der gesteigerten Bestandesfestigkeit»), vermehrter Berücksichtigung legitimer Interessen (Dritter und der «Gesellschafter» selber) und Vermeidung von Komplikationen (z.B. bei Auflösung eines Gemeinschaftsverhältnisses mit Wirkung ex tunc).

3. Heute wird der Begriff der faktischen Gesellschaft, jedenfalls was die Entstehung einer Gesellschaft betrifft, überwiegend abgelehnt[6]. Gesellschaften im Rechtssinn können nur auf Grund eines Gesellschaftsvertrags, also einer Willensübereinkunft der Beteiligten (zu welcher bei den Körperschaften des OR noch der Eintrag im Handelsregister als konstitutives Erfordernis tritt) entstehen, keinesfalls nur auf Grund rein faktischer Vorgänge[7]. Somit beschränkt sich das durch die Lehre von der faktischen Gesell-

---

[2] Besonders zur «faktisch aufgelösten Gesellschaft» siehe R. REINHARDT, Die Fortentwicklung des Rechts der OHG und Kommanditgesellschaft, ZBJV 103, 1967, S. 322 ff., mit Hinweisen.
[3] Dazu eingehend HEMMELER, S. 90 ff.; MERZ, S. 162.
[4] Dazu grundsätzlich HEMMELER, S. 59 ff.
[5] RGZ 165, 1941, S. 193. – Anders als SIMITIS (S. 159 ff.) erblicken aber SIEBERT, Faktische Vertragsverhältnisse, S. 45 f. und dort Zitierte in diesem Entscheid nicht einen Verzicht auf eine Willensübereinkunft der Beteiligten als Voraussetzung für die Entstehung einer Gesellschaft.
[6] So nun auch SIEBERT, Faktische Vertragsverhältnisse, S. 45 f., 60 f. Ferner HUECK, OHG § 7, Anm. 6; HAUPT/REINHARDT, S. 70 ff.; LEHMANN/DIETZ, S. 50; WÜRDINGER I, S. 24. So deutlich auch der Bundesgerichtshof, siehe BGHZ 11, 1954, S. 190 und dort zitierte frühere Entscheide; siehe auch nächste Anmerkung.
[7] Es ist aber möglich, daß die Beteiligten sich die endgültige Bindung noch vorbehalten, jedoch in gemeinsamem Einverständnis bereits eine gewisse Tätigkeit innerhalb des Gesellschaftszwecks entfalten, woraus auf den stillschweigenden Abschluß eines vorläufigen Gesellschaftsvertrags geschlossen werden kann. Siehe den BGHZ 11, S. 190 zu Grunde liegenden Fall, wo die Gründer einer OHG vor Abschluß des vorgesehenen schriftlichen Vertrags und Eintragung im Handelsregister einen Bauauftrag angenommen und mit dessen Ausführung begonnen hatten. Die Vorinstanz nahm eine ohne Vertragsgrundlage entstandene faktische Gesellschaft an. Der Bundesgerichtshof betonte demgegenüber, daß von einer faktischen Gesellschaft nur gesprochen werden könne, wo ein (wenn auch fehlerhafter) Gesellschaftsvertrag vorliege; in casu erblickte er im Verhalten der Beteiligten einen stillschweigenden Abschluß eines vorläufigen Gesellschaftsvertrags, was zur Anwendung gesellschaftsrechtlicher Normen führe. Siehe dazu SIEBERT, Faktische Vertragsverhältnisse, S. 61.

schaft aufgeworfene Problem auf die Behandlung fehlerhafter Gesellschaften[8] und mündet damit in die Frage ein, ob (und inwieweit) die allgemeinen schuldrechtlichen Normen auf solche Verträge Anwendung finden oder ob hiefür besondere gesellschaftsrechtliche Lösungen gelten oder im Weg der Lückenfüllung zu finden sind. Wie bereits ausgeführt (vorn § 19, II 2) läßt sich diese Frage nicht einheitlich beantworten, sondern nur auf Grund der Gegebenheiten im Einzelfall und im Hinblick auf die sich daraus ergebenden einzelnen Fragen. Dabei sind namentlich folgende Unterscheidungen wesentlich: Die Art des Mangels, z.B. ob Rechtswidrigkeit des Zwecks oder ein Willensmangel vorliegen; die Rechtsform der Gesellschaft. Die Wirkungen von Rechts- und Willensmängeln sind z.B. durchaus verschieden, je nachdem, ob es sich um Personengesellschaften oder um Körperschaften handelt[9]; ob das Verhältnis zu Dritten (Haftungen) oder nur die internen Beziehungen zur Diskussion stehen; ob und inwieweit die Gesellschaft tätig gewesen ist, extern oder auch nur intern (z.B. durch Umwandlung der Einlagen in andere Vermögenswerte).

Unter diesen Gesichtspunkten hat denn auch die schweizerische Doktrin und Praxis stets die hier zur Diskussion stehenden Sachverhalte behandelt[10], wobei z.B. folgende Rechtsbehelfe zur Anwendung kamen: Stillschweigender Vertragsschluß auf Grund des Vertrauensprinzips; Teil-Nichtigkeit und -Verbindlichkeit; Auflösung der Gesellschaft und Liquidation ex nunc; rechtsmißbräuchliche Berufung auf Formmängel; Rechtsscheinwirkung zu Gunsten gutgläubiger Dritter; Registerexistenz (einer AG)[11]. – Auf diesem Boden konnten die wesentlichen Anliegen der Lehre von der faktischen

---

[8] So nun auch die deutsche Doktrin und Praxis, siehe oben Anm. 6, 7. Der terminus faktische Gesellschaft wird zwar weiter verwendet, ist aber nur als abkürzende Kennzeichnung für fehlerhafte Gesellschaftsverträge zu verstehen (HUECK, OHG, S.52, Anm.6 a.E.; ebenso SIEBERT, S.95).

[9] Siehe Art.643, Abs.2, 764 Abs.2, wonach die AG (und die Kommandit AG) durch die Eintragung im Handelsregister das Recht der Persönlichkeit auch dann erwirbt, wenn die Voraussetzungen ihrer Eintragung tatsächlich nicht vorhanden waren. Diese sog. «heilende Kraft» der Eintragung bezieht sich aber nur auf die rechtliche Existenz der AG und gilt nur unter Vorbehalt der in Art.643 Abs.3 vorgesehenen Auflösungsklagen.

[10] Siehe z.B. SIEGWART, Zürcher Kommentar V 5, Vorbem. zu Art. 530–551, N.110ff. Beispiele bei HEMMELER, S.13f. und hinten im Zusammenhang mit den einzelnen Gesellschaftsformen. – Auch bei R. v. GRAFFENRIED handelt es sich bei den «sociétés de fait» um fehlerhafte Gesellschaften oder solche im status nascendi.

[11] Siehe MERZ, S.162f., der auf weitere mögliche Rechtsbehelfe hinweist, wie Bereicherungsansprüche und die Geschäftsführung ohne Auftrag. – In diesem Zusammenhang sei auch auf die Rechtsprechung zu den ungültigen, aber bereits tätig gewordenen (Familien-) Stiftungen hingewiesen, wo auf die «formale Existenz» solcher Gebilde abgestellt wurde; vgl. BGE 73 II, 1947, S.83; 75 II, 1949 S.23ff.; 75 II, 1949, S.85, 91.

Gesellschaft berücksichtigt werden, ohne daß man zu der verfehlten Konstruktion faktischer Rechtsverhältnisse hätte greifen müssen[12]. Dies ist im Zusammenhang mit den einzelnen Gesellschaftsformen weiter zu verfolgen[13].

---

[12] HEMMELER (S. 80) betont mit Recht den Vorteil, den die Lösung der durch die «faktischen Gesellschaften» aufgeworfenen Fragen auf dem herkömmlichen Weg der Interpretation und der Lückenfüllung biete – womit auch die Gefahren einer Bejahung der sog. normativen Kraft des Faktischen («eine Aufweichung des gesamten Privatrechtssystems») gebannt würden. – Im gleichen Sinn SIEBERT, Faktische Vertragsverhältnisse, S. 58 («Nicht das Faktum, sondern die rechtliche Wertung des Faktums ist der methodische Ansatzpunkt») und HUECK, OHG, S. 52 Anm. 6.
[13] Für die Personengesellschaften siehe hinten § 28, II.

Gesellschaftsrecht   Besonderer Teil

Besonderer Teil
Die Personengesellschaften

WERNER VON STEIGER

Erstes Kapitel

Die einfache Gesellschaft

§ 26. Geschichtliche Grundlagen und Entwicklungen der einfachen Gesellschaft

I. Römisches und Gemeines Recht

Die einfache Gesellschaft hat ihre Wurzeln in der *societas* des römischen Rechts. Manche charakteristische Züge der societas finden sich denn auch im modernen Recht der einfachen Gesellschaft wieder, ausdrücklich in gesetzlichen Bestimmungen oder in diese Gesellschaftsform beherrschenden allgemeinen Prinzipien[1].

1. Die *societas* zeigt verschiedene Abarten und Entwicklungsstufen:

Das altrömische *consortium* (eine fortgesetzte Erbengemeinschaft gesamthänderischer Art); deren Nachfolgerin, die *societas omnium bonorum;* und, vor allem, eine aus der Sphäre des ius gentium entwickelte obligatorische Erwerbsgesellschaft mit begrenzten Zwecken. Die letztgenannte Form steht im Vordergrund bei den klassischen Juristen. Sie entsteht durch den «Zusammenschluß zweier oder mehrerer Personen, um einen gemeinsamen Zweck mit gemeinsamen Mitteln zu fördern» (KASER) und erfaßt die Beteiligung an Gewinn, Verlust und Kosten. Die *societas* gehört zu den (formlosen) Konsensualverträgen und verlangt einen dauernden Konsens, den gemeinsamen Vertragszweck zu verwirklichen *(animus* oder *affectio societatis)*. Wird z.B. durch eine unzeitige Kündigung oder durch gewisse andere, mit Treu und Glauben unvereinbare Handlungen seitens eines Gesellschafters die weitere Zusammenarbeit verunmöglicht, so endigt dadurch das Gesellschaftsverhältnis für den betreffenden socius insofern, als seine Beteiligung am Gewinn aus einer fortdauernden Tätigkeit der übrigen Gesellschafter dahinfällt; auch hat er unrechtmäßig zurückbehaltene Gewinne den übrigen Gesellschaftern zu erstatten (vgl. Art. 532 OR) sowie Verluste, die aus seinem Verhalten resultieren, allein zu tragen. – Da die societas ein *bonae fidei negotium* ist, erklärt sich auch, daß die gerichtliche Geltendmachung gesellschaftlicher

---

[1] Die nachfolgenden Ausführungen zur societas beschränken sich auf Grundzüge, die zum Vergleich mit dem modernen Recht der einfachen Gesellschaft von Interesse sein können. Aus der römischrechtlichen Doktrin seien hier nur hervorgehoben: M. KASER, Das römische Privatrecht, München, Bd. I, 2. Aufl. 1971, S. 572 ff.; Bd. II, 1959, S. 297 f. – Besonders eingehend zur societas: V. ARANGIO-RUIZ, La società in Diritto romano, Napoli 1950; F. CANCELLI, Società, Diritto romano, in: Novissimo Digesto Italiano, Torino, Bd. XVII, 1970, S. 495 ff.; dort auch, mit ausführlichstem Literaturverzeichnis, G. DIURNI, Società, Diritto intermedio, S. 516 ff.; aufschlußreich auch für spätere Entwicklungen L. RODINO, Società civile, in: Nuovo Digesto Italiano, Torino, Bd. XII, 1941, S. 404 ff.

Pflichten mittelst der *actio pro socio* zugleich, und zwar mit Prozeßbeginn, die Auflösung der Gesellschaft bewirkte; prozessuale Auseinandersetzungen unter Gesellschaftern sind mit dem althergebrachten *ius fraternitatis* nicht vereinbar. Ferner hatte Verurteilung auf Grund der actio pro socio die Infamie des beklagten Gesellschafters zur Folge. Zur Vermeidung dieser Wirkungen konnte schon in klassischer Zeit vertraglich, mittelst gegenseitiger (förmlicher) Stipulationen ein der societas ähnliches, nicht-konsensuales Verhältnis begründet werden.

Die societas stellt ein rein kontraktliches Innenverhältnis unter den Gesellschaftern dar. In der Ausübung ihrer Pflichten haben die socii die Sorgfalt zu beachten, die sie ihren eigenen Angelegenheiten entgegenbringen *(diligentia quam in suis rebus;* vgl. Art. 538 OR). Dingliche oder obligatorische Rechte, die ein socius im Verlauf seiner Gesellschaftertätigkeit erwarb, blieben seine eigenen; er hatte aber darüber mit den übrigen Gesellschaftern abzurechnen und einen seine Gewinnquote übersteigenden Betrag den Mitgesellschaftern abzuliefern; vermögensrechtlich bildete also die societas ein Rechnungsverhältnis. Möglich war aber auch, daß unter den Gesellschaftern Miteigentum *(condominium)* an dem Gesellschaftszweck gewidmeten Mobilien oder Immobilien bestand; sei es schon vor der Gründung der societas (z.B. kraft Erbrechts); sei es, daß Gesellschafter durch dinglichen Vertrag Miteigentumsrechte begründeten[2]. Bei der Auflösung der Gesellschaft waren dann neben den obligatorischen Verhältnissen auch die Miteigentumsverhältnisse zu liquidieren, letztere allenfalls mit der *actio communi dividundo*. – Für die Gewinn- und Verlustbeteiligung galt – entsprechend dem ius fraternitatis – das Gleichheitsprinzip (vgl. Art. 533 OR). Vertraglich konnte ein anderer Verteilungsmodus vereinbart werden. Verpönt war aber die sog. *societas leonina*, wonach ein oder mehrere Gesellschafter nur am Gewinn, andere nur am Verlust beteiligt sein sollen (vgl. Art. 533 Abs. 3 OR)[3].

Gegenüber Dritten trat die societas rechtlich in kein Verhältnis. Die von einem socius getätigten Geschäfte erzeugten Wirkungen nur zwischen dem Dritten und dem handelnden Gesellschafter (keine Vertretung im Außenverhältnis; vgl. dazu Art. 543, insbes. Abs. 3 OR).

In der nachklassischen Zeit wurde die societas – namentlich auch unter dem Einfluß der aufkommenden öffentlich-rechtlichen Verbände, z.B. den beruflichen Innungen – wesentlichen strukturellen Änderungen unterworfen. So wurde nun die Bildung eines eigentlichen Gesellschaftsvermögens ermöglicht; die actio pro socio (z.B. zur Einklagung von Beiträgen, Gewinnbeteiligungen, Ansprüchen aus Haftung) bewirkte nicht mehr die Auflösung der Gesellschaft; bei gewissen Gesellschaftstypen (z.B. im Bankgewerbe) hafteten an den Geschäften des socius auch seine Mitgesellschafter; das Erfordernis eines Dauerkonsenses wurde in einen bloßen Abschlußkonsens umgedeutet. – In der Kodifikation Justinians wurden diese Modifizierungen, namentlich was ihre externen Wirkungen betrifft, zu Gunsten der klassischen Doktrin wieder zurückgedrängt[4]. Als Ergebnis läßt sich aber doch festhalten, daß die societas aus diesen Ent-

---

[2] Miteigentum konnte auch zur vermehrten Sicherung der Mitgesellschafter begründet werden. Wenn z.B. der socius A einem gemeinsamen Transportunternehmen ein Schiff zur Verfügung (quod usum) stellte und daran den andern Gesellschaftern Miteigentum einräumte, so konnte er nicht mehr anderweitig über das Schiff verfügen, sondern höchstens über seinen Miteigentumsanteil. Die Miteigentumsquoten der einzelnen Gesellschafter brauchten nicht mit ihren Gewinn- und Verlustbeteiligungen übereinzustimmen.

[3] Das Verbot der *societas leonina* wurde aber schon im klassischen Recht in dem Sinn gemildert, daß ein (von der Gewinnbeteiligung nicht ausgeschlossener) Gesellschafter den Verlust allein übernahm, wenn dies durch die Umstände gerechtfertigt erschien, insbes. wenn der von der Verlustbeteiligung befreite Gesellschafter Arbeitsleistungen zu erbringen hatte. – Zur Deutung des Art. 533 Abs. 3 OR siehe hinten § 29, II 3. – Zum Vergleich: Nach Art. 2265 CCit. liegt ein nichtiger «patto leonino» vor, wenn ein oder mehrere Gesellschafter von jeglicher Gewinn- oder Verlustbeteiligung ausgeschlossen sind.

[4] Auch das Pandektenrecht übernahm wieder die klassische Lehre von der societas, was sich auch im damaligen positiven Recht der einfachen Gesellschaft auswirkte.

wicklungen als ein bis zu einem gewissen Grad verselbständigtes, sozialrechtliches Gebilde hervorging – als welches sie nun auch im heutigen Recht erscheint.

2. Die römischrechtliche societas behielt, wie man allgemein annimmt, auch im Zeitalter des gemeinen Rechts[5] ihre wesentlichen Züge bei, allerdings mit allmählichen Umbiegungen[6]. Mit dem aufblühenden Handel und Gewerbe wurden, in der Praxis und der Gesetzgebung, neue Formen der Assoziation entwickelt, so namentlich die Kommandit- und die Kollektivgesellschaften, neben denen die societas weniger Bedeutung hatte. Sie blieb aber in ihren ursprünglichen Grundzügen erhalten, und da wir sie in den Kodifikationen der neueren und neuesten Zeit wiederfinden, kann man von einer Kontinuität der römischrechtlichen societas bis in die Gesetzgebung der Neuzeit sprechen[7]. Da aber während der Epoche des gemeinen Rechtes und gerade auf diesem Gebiete die Grenzen fliessend sind, war es unausbleiblich, daß auch die societas – sei es vom germanischen Recht her, sei es unter dem Einfluß der neuaufkommenden Handelsgesellschaften – in gewissen Punkten umgestaltet wurde. So werden die Haftungsprinzipien weiterentwickelt, indem nun alle socii neben dem Gesellschaftsvermögen für die Gesellschaftsschulden persönlich und solidarisch haften. Über die Gestaltung des Eigentums am Gesellschaftsvermögen wurde weithin gestritten. Es scheint aber, daß sich schon im Mittelalter das Gesamthandprinzip durchzusetzen beginnt (was auch daraus hervorgeht, daß der socius über seinen Gesellschaftsanteil oft nicht mehr frei, sondern nur mit Zustimmung der andern Gesellschafter verfügen konnte). Für diese Entwicklung waren wohl auch soziale Faktoren bestimmend, indem die societas namentlich in familien- und agrarrechtlichen Verhältnissen in Erscheinung trat[8], für welche das condominium der klassischen societas nicht geeignet war[9]. Diese neuen Züge (Solidarhaft und Gesamthandprinzip) finden sich in späteren Kodifikationen wieder. – Charakteristisch für die Epoche des gemeinen Rechts ist somit eine zunehmende Verselbständigung der societas.

II. Kantonales Recht

Im Recht der Kantone vollzog sich das «gesellschaftliche» Leben vor allem in den althergebrachten Formen der Genossenschaften, Zünfte, Kaufmannschaften, zu denen vom Mittelalter an die eigentlichen Erwerbsgesellschaften des (heutigen) Handelsrechtes, die Kollektiv- und Kommanditgesellschaften und schließlich die Aktiengesellschaften traten[10]. Neben diesen Gebilden fand die einfache Gesellschaft rechtlich wenig Beachtung. Wo sie in Erscheinung trat, so für Gelegenheitsunternehmen oder familien- und agrarrechtliche Zwecke, halfen römisch- und gemeinrechtliche Argumente aus (wie sich auch aus neuzeitlichen Gestaltungen der societas ergibt). Ihren Einzug in das positive Recht, als Gesellschaftsform eigener Art und zugleich als Grundform der Personengesellschaften, hielt die societas mit den Kodifikationen des kantonalen Rechts im 19. Jahrhundert. Wir treffen sie hier unter verschiedenen Bezeichnungen, auch in

---

[5] Hier als das im Mittelalter umgestaltete und zu einem Rechtsquellensystem entwickelte römische Recht verstanden. – Über die Bedeutung des römischen und gemeinen Rechts für die Schweiz siehe P. LIVER, Berner Kommentar, Einleitungsband, 1962, Art. 2 ZGB, N. 17–25; A. BECK, Das gemeine Recht als Rechtsquelle?, in: Rechtsquellenprobleme im schweizerischen Recht (Festgabe), ZBJV 71bis, 1955, S. 268 ff.
[6] Zur Doktrin der societas im gemeinen Recht siehe DIURNI (oben Anm. 1) mit ausführlichem Literaturverzeichnis; auch L. RODINO (oben Anm. 1).
[7] RODINO (oben Anm. 1), S. 407 ff., 412 N. 13.
[8] Vgl. RODINO (oben Anm. 1), S. 413 ff., 420 ff.
[9] Vgl. P. CARONI, Zeitschrift für Rechtsgeschichte, Germanische Abteilung, 83, 1966, S. 347 f.
[10] Vgl. z. B. H. RENNEFAHRT, Grundzüge der Bernischen Rechtsgeschichte, III. Teil, Bern 1933, S. 260 ff.

verschiedener Ausgestaltung und nach verschiedenen Methoden geordnet[11]. All diesen Gesetzbüchern ist aber gemeinsam, daß sie die einfache Gesellschaft als eine Zweckgemeinschaft auffassen. Die nachfolgenden Beispiele[12] mögen den Rechtszustand vor der Kodifikation des schweizerischen OR verdeutlichen.

Das bernische Zivilgesetzbuch von 1830 (3. Teil) geht von einem allgemeinen Begriff des Gesellschaftsvertrags aus, um hienach zwischen Erwerbsgesellschaften (Kollektiv- und Kommanditgesellschaften; die AG wurde im Gesetz über die Aktiengesellschaften von 1860 geregelt) und solchen, die nicht einen Erwerb zum Zweck haben, zu unterscheiden[13]. Die Nicht-Erwerbsgesellschaft wird in einer einzigen Bestimmung behandelt. Primär gilt der Gesellschaftsvertrag. Ergänzend kommen die Grundsätze des allgemeinen Vertragsrechts zur Anwendung (welches außer vom Vertragsschluß auch von der Auslegung, Solidarität, Stellvertretung u. a. handelt)[14]. Andere Gesetzbücher behandeln die societas direkt, mehr oder weniger eingehend. So das Privatrechtliche Gesetzbuch für den Kanton Zürich von 1853/1855, das für die Kodifizierung unseres OR eine besondere Rolle gespielt hat (siehe vorn § 19, II 1). Hier wird die «gemeine Gesellschaft» (§§ 1235–1256) noch deutlich von der römischrechtlichen societas inspiriert, als rein vertragliches, auf die Personen bezogenes und auf der bona fides (§ 1242) beruhendes Verhältnis, das auch zu nichtwirtschaftlichen Zwecken begründet werden kann (§ 1237)[15]. – Das Bündnerische Zivilgesetzbuch von 1862[16] ordnet die «Einfache Gesellschaft» unter betonter Anpassung der römischrechtlichen societas an die neuzeitlichen Bedürfnisse, namentlich was das Verhältnis zu Dritten betrifft. Aus den Beiträgen und dem Gewinn bildet sich ein Gesellschaftsvermögen, das im Verhältnis zu Dritten im Gesamteigentum, intern im Miteigentum der Gesellschafter steht (im Zweifel nur derjenigen, die Beiträge geleistet haben). Im Verhältnis zu Dritten gilt jeder Gesellschafter als zur gewöhnlichen Geschäftsführung ermächtigt, sofern nichts anderes publiziert worden ist. Für die Gesellschaftsschulden haftet primär das Gesellschaftsvermögen; subsidiär haften die Gesellschafter solidarisch. Damit nähert sich die einfache Gesellschaft des bündnerischen Rechts stark der Kollektivgesellschaft. P.C. PLANTA betont denn auch, daß im Außenverhältnis die Gesellschaft (mindestens vermögensrechtlich) als juristische Person erscheine[17]. – Eine eigenartige Behandlung erfährt die «gewöhnliche Gesellschaft» im Zivilgesetzbuch für den Kanton Solothurn von 1841/1847[18]. Die gemeinrechtliche societas wird hier zur Verfolgung eines «gemeinschaftlichen ökonomischen Zwecks» eingeführt und den Bedürfnissen des Wirtschaftslebens angepaßt, wo-

---

[11] Über die verschiedenen Gruppen der kantonalen Kodifikationen und die Rechtslage in den Kantonen ohne Kodifikation siehe EUGEN HUBER, System und Geschichte des Schweizerischen Privatrechts, 4 Bde, Basel 1886–1893: I, S. 49 ff., IV, S. 185 ff.; P. LIVER, a.a.O. (Anm. 5), N. 26–47; F. ELSENER, Schweiz. Privatrecht I, §§ 3–15; ROSSEL/MENTHA I, S. 35 ff.

[12] Für deren Auswahl auch die Bedeutung der Verfasser dieser Gesetzbücher – S.L. SCHNELL (Bern), J.C. BLUNTSCHLI (Zürich), P.C. PLANTA (Graubünden) und J.B. REINERT (Solothurn) – in Betracht fiel.

[13] Satzungen 870 ff.

[14] Satzung 872. Das allgemeine Vertragsrecht ist Gegenstand der Satzungen 674–720. Bemerkenswert die Ausführungen des Gesetzesredaktors S.L. SCHNELL (2. Aufl., 1842) zu Satzung 870: Für Nicht-Erwerbsgesellschaften sind maßgebend «die Statuten, die sie sich gegeben, und den Personen bekannt gemacht haben, mit denen sie im Verkehr stehen»; vgl. auch die Anmerkungen zu Satzung 872.

[15] Für Einzelheiten siehe die Textausgabe von 1855 mit Anmerkungen von J.C. BLUNTSCHLI. Besonders zu vermögensrechtlichen Fragen s. neuerdings CARONI, ZBJV 103, 1967, S. 295 ff., 304 ff.

[16] Ausgabe 1863, §§ 437–495, mit Erläuterungen des Gesetzesredaktors P.C. PLANTA.

[17] Vgl. Ausgabe 1863, S. 362 N. 6, 367 N. 3.

[18] Amtliche Ausgabe 1855, §§ 1192–1207. Dazu eingehend P. WALLISER, Der Gesetzgeber J.B. Reinert und das solothurnische Zivilgesetzbuch von 1841/1847, Olten 1948, S. 496 ff.

bei sie auch als Grundform der «öffentlichen Gesellschaft» (Kollektivgesellschaft), sowie als subsidiäre Rechtsform für Gründungsgesellschaften zu dienen hat. Intern ist die Gesellschaft wesentlich kapitalistisch-körperschaftlich ausgebaut. Das Gesellschaftsvermögen steht im frei übertragbaren Miteigentum der Gesellschafter, im Verhältnis ihrer kapitalmäßigen Leistungen; für Gesellschaftsbeschlüsse gilt das Majoritätsprinzip, wobei sich die Stimmkraft der Gesellschafter nach ihrer Kapitaleinlage bestimmt; die Geschäftsleitung liegt primär in den Händen von bevollmächtigten Geschäftsführern (mangels solcher bei der Mitgliederversammlung), ohne Vetorecht des Gesellschafters in außergewöhnlichen Angelegenheiten. Gegenüber Dritten jedoch haften die Mitglieder direkt und solidarisch. – Auch die Zivilgesetze der welschen Kantone zogen den contrat de société oder die société in den Bereich ihrer Ordnung[19]. Da für ihr Privatrecht der Code civil die Grundlage gab, erfolgte auch die Regelung der *société* weitgehend in Übereinstimmung mit dem *Code Napoléon*[20].

Der mit dem Entwurf eines schweizerischen Handelsrechts, später Obligationenrechts, beauftragte Gesetzgeber fand also, wenn er auf das damals geltende kantonale Recht blickte, ein recht vielfältiges, inhaltlich unterschiedliches Material vor. Wesentlich aber ist, daß mit den kantonalen Gesetzgebungen des 19. Jahrhunderts zum ersten Mal der Gesellschaftsvertrag als ein Vertrag *sui generis* und die einfache Gesellschaft als eine Gesellschaftsform eigener Art positivrechtlich erfaßt, ausgestaltet und gegenüber verwandten Rechtsformen, so namentlich den Personen-Handelsgesellschaften abgegrenzt wurden. Von Bedeutung ist auch, daß die einfache Gesellschaft als gesellschaftsrechtliche Grundform, damit als subsidiäre Rechtsquelle für andere gesellschaftliche Zusammenschlüsse erkannt wurde.

Für das OR 1881 wurden, wie bereits erwähnt (vorn § 19 II), neben den kantonalen Rechtsordnungen auch ausländische Gesetze und Entwürfe berücksichtigt. Was die einfache Gesellschaft betrifft, enthalten aber weder die Motive MUNZINGERS (1865) noch die Botschaft des Bundesrates (1879) Hinweise auf historische «Vorlagen»[21].

§ 27. Begriff der einfachen Gesellschaft – Abgrenzungen – Anwendungsbereich – Besondere Erscheinungsformen – Ausländisches Recht

Literatur

H. OSER/W. SCHÖNENBERGER, Kommentar OR; zit. vorn zu § 19.

A. VOGELSANG, Essai d'une étude dogmatique de la société simple, Diss. Lausanne 1931; A. AMIAUD, L'affectio societatis, in: Aequitas und bona fides, Festgabe für A. Simonius, Basel 1955; R. MÜLLER, Gesellschaftsvertrag und Synallagma – Die Anwendbarkeit der Normen über die synallagmatischen Verträge auf den Gesellschaftsvertrag, Diss. Zürich, Zürcher Beiträge 380, Zürich 1971. – P. GRAF, Das Darlehen mit Gewinnbeteiligung oder das partiarische Darlehen, besonders seine Abgrenzung von der Gesellschaft, Diss. Zürich 1951. –

---

[19] Siehe z.B. CH. SECRÉTAN, Remarques sur le Code civil du Canton de Vaud, 1840, S. 460ff. (zum contrat de société gemäß §§ 1316–1346); B.E.J. CROPT, Théorie du Code civil du Valais, Bd. II, Sion 1860, S. 579ff.; H. und P. JACOTTET, Le Droit civil Neuchâtelois, Droit des Obligations, Neuchâtel 1877, S. 745ff.

[20] Zur *société simple* des französichen Rechts siehe vorn § 18, III 3, hinten § 27, V 2.

[21] Über die weitere Behandlung der einfachen Gesellschaft im Bundesrecht siehe vorn § 19, II 1.

M. THOMA, Unterbeteiligung und Abtretung gesellschaftlicher Rechte bei der einfachen Gesellschaft nach schweizerischer Doktrin und Praxis, ZSR 66, 1947, S. 267 ff.; H. G. HUBER, Die Rechtsnatur der Unterbeteiligung, SJZ 68, 1972, S. 261 ff.

I. Begriff

1. Um zum Begriff[1] der einfachen Gesellschaft zu gelangen, geht das Gesetz (Art. 530 Abs. 1 OR) zunächst vom Begriff der «Gesellschaft» aus: «Gesellschaft ist die vertragsgemäße Verbindung von zwei oder mehreren Personen zur Erreichung eines gemeinsamen Zweckes mit gemeinsamen Kräften oder Mitteln», also das Ergebnis eines Gesellschaftsvertrags, als Vertragstypus eigener Art[2]. Sind diese (positiven) Merkmale verwirklicht, so liegt eine Gesellschaft vor – die Frage ist nur welche. Darauf antwortet Art. 530 Abs. 2: «Sie ist eine einfache Gesellschaft im Sinne dieses Titels (sc. XXIII OR), sofern dabei nicht die besondern Voraussetzungen einer andern durch das Gesetz geordneten Gesellschaft zutreffen». Das Gesetz stellt damit die einfache Gesellschaft unter den Oberbegriff der «Gesellschaft» und neben die andern Gesellschaftsformen. Die einfache Gesellschaft erhält aber (im Vergleich zu den andern Gesellschaftsformen) ihre besondere, weittragende Bedeutung dadurch, daß sie nicht nur als solche begründet werden kann, sondern auch als «Auffanggesellschaft»[3] für andere Personenverbindungen gesellschaftsrechtlichen Charakters, sowie als subsidiäre Rechtsquelle für andere Gesellschaftsformen dient. Man bezeichnet daher die einfache Gesellschaft oft als die Grundform der Personenverbindungen[4].

2. Der Zweck der Gesellschaft steht unter der einzigen Einschränkung, daß er nicht einen unmöglichen oder widerrechtlichen Inhalt haben und nicht gegen die guten Sitten verstoßen darf, widrigenfalls die Gesellschaft nichtig ist (Art. 20 OR)[5]. Im übrigen können (nach schweizerischem Recht; anders z.T. im ausländischen) die Gesellschafter jeden beliebigen Zweck anstreben, sei er wirtschaftlicher oder idealer Natur, von vorübergehender oder dauernder Art, positiver oder negativer Tendenz[6]. – Aus der Natur der einfachen Gesellschaft als vertraglich begründeter Zweckgemeinschaft

---

[1] Zu diesem terminus siehe vorn § 24, Anm. 2a.
[2] Zum Gesellschaftsvertrag, seinen Merkmalen und seiner Rechtsnatur siehe vorn § 20 I.
[3] Dazu vorn §§ 17 III und 24 V, im Zusammenhang mit dem numerus clausus.
[4] Siehe vorn § 20, Anm. 3. – Zum ausländischen Recht siehe hinten V.
[5] Zur Nichtigkeit und Teilnichtigkeit von Gesellschaftsverträgen siehe hinten § 28, II 3.
[6] Über die Unterscheidung zwischen Zweck, Motiv, Interesse siehe vorn § 20, I 2.

ergeben sich bedeutsame Folgen: Sie hebt sich dadurch von andern, ihr manchmal nahe verwandten Gebilden ab, so namentlich von den partiarischen Rechtsverhältnissen. Sie verlangt von allen Gesellschaftern Treue gegenüber der Gemeinschaft (Art. 536), vom geschäftsführenden Gesellschafter besondere Sorgfalt (Art. 538). Der Zweck der Gesellschaft ist wegleitend für die Auslegung des Gesellschaftsvertrages[6a] und (nötigenfalls) maßgebend für die Bestimmung von Art und Umfang der Beiträge (Art. 531 Abs. 2). Aus der Idee der Zweckgemeinschaft folgt auch, daß ihre Aufkündung durch den einzelnen Gesellschafter in guten Treuen und nicht zur Unzeit geschehen soll (Art. 546 Abs. 2). Anderseits kann die Gesellschaft jederzeit aus wichtigen Gründen aufgelöst werden, d.h. wenn die Fortsetzung dieser Verbindung nicht mehr zumutbar ist (Art. 545 Abs. 2).

3. Wie den Zweck, so kann der Gesellschaftsvertrag auch die zu dessen Verfolgung erforderlichen Mittel, d.h. die von den Gesellschaftern zu erbringenden Beiträge frei bestimmen. Diese können in irgendwelchen vermögensrechtlichen oder persönlichen Leistungen bestehen, unter irgend einem Rechtstitel erbracht werden, von jedem Gesellschafter in verschiedenem Ausmaß geschuldet sein[7]. Wesentlich ist aber, daß aus dem Vertrag – direkt oder implicite, in Verbindung mit den dem Vertrag zu Grunde liegenden Umständen – geschlossen werden kann, jeder Gesellschafter solle und wolle einen irgendwie gearteten Beitrag zur Förderung des Gesellschaftszweckes erbringen – der *animus societatis*. Es folgt dies schon aus der Idee der vertraglichen Zweckgemeinschaft und wird durch das Gesetz noch ausdrücklich bestätigt (Art. 530 Abs. 1, Art. 531 Abs. 1). Fehlt es an einem wenigstens grundsätzlichen Einverständnis hierüber, so liegt keine oder noch keine Gesellschaft vor. Für die Entstehung der einfachen Gesellschaft ist aber nicht erforderlich, daß die Art und der Umfang der einzelnen Beiträge bereits festgelegt werden; es ist dies oft auch nicht möglich, da sich die Leistungen nach den sich verändernden Verhältnissen richten müssen. Fehlt es an einer ursprünglichen oder spätern Vereinbarung über die Beiträge, so springt das Gesetz in die Lücke mit der Bestimmung, daß die Gesellschafter gleiche Beiträge und zwar in der Art und dem Umfange zu leisten haben, wie es der vereinbarte Zweck erheischt (Art. 531 Abs. 2). Anders verhält es sich allerdings, wenn sich die Beteiligten die Regelung der Beiträge aller oder einzelner Gesellschafter noch vorbehalten haben und diese Vorbehalte als essentiell bewertet werden müssen; dann ist auch noch

---

[6a] Siehe vorn § 20, I 2.
[7] Vgl. WIELAND I, S. 547; SIEGWART, Vorbem. zu Art. 530–551, N. 57; Art. 530, N. 4.

kein Gesellschaftsvertrag zustande gekommen. – Der Beitragspflicht entspricht auch das Recht jedes Gesellschafters, seinen vereinbarten oder sich aus den Umständen ergebenden Beitrag zu leisten. So, d.h. durch Einsatz auch seines Beitrags, hat er sich die Verfolgung des Zwecks vorgestellt, als er der Gesellschaft beitrat; der Beitrag bildet Gegenstand des Gesellschaftsvertrags, und die Gesellschaft kann darauf (z.B. auf eine aktive Mitarbeit) nicht einseitig verzichten, wenn nicht besondere Gründe dies erheischen (was dann oft zur Auflösung der Gesellschaft führen kann)[8].

4. Der Gesellschaftsvertrag erzeugt eine Gemeinschaft der Beteiligten, dies jedenfalls im Innenverhältnis. Das Gesellschaftsvermögen steht (mangels anderer Abrede) im Gesamteigentum der Gesellschafter (Art. 544 Abs. 1, 2; 548), abgesondert vom Privateigentum der Gesellschafter. Die Beiträge sind der Gesamtheit geschuldet *(actio pro socio)*. Die Willensbildung erfolgt durch Gesellschaftsbeschluß. – Gegenüber Dritten allerdings bildet die einfache Gesellschaft keine rechtliche Einheit (wie dies bei den Personen-Handelsgesellschaften und den Körperschaften der Fall ist), sondern die Gesellschafter handeln entweder gemeinsam oder durch direkte Stellvertretung[9]. Es schließt dies nicht aus, daß die einfache Gesellschaft im Rechtsverkehr auch unter einer Sammelbezeichnung auftritt. Diese stellt jedoch bloß einen Namen dar, an dem die Gesellschafter u.U. ein Individualrecht haben, der aber keine firmenrechtlichen Wirkungen erzeugt (vgl. Art. 951)[10].

5. Der Gesellschaftsvertrag wird zweckmäßigerweise auch weitere, für das gute Funktionieren der Gesellschaft wesentliche Punkte umfassen, so über ihre Organisation (Beschlußfassung, Geschäftsführung und Vertretung), die Beteiligung an Gewinn und Verlust, die Möglichkeit der Auflösung und die Modalitäten der Liquidation. Für die Entstehung einer einfachen Gesellschaft sind jedoch Vereinbarungen über solche Punkte nicht unerläßlich, es sei denn, es gehe aus dem Vertrag oder den Umständen hervor, daß sich die Beteiligten die Regelung solcher Punkte noch vorbehalten und als essentiell betrachtet haben. Andernfalls gilt die subsidiäre Ordnung des Gesetzes (dazu noch hinten § 28, I 3).

---

[8] Siehe hinten § 29 I.

[9] Art. 543 Abs. 2, 3. – Vorbehalten bleiben die Fälle der indirekten Vertretung gemäß Art. 543 Abs. 1; dazu hinten IV 2 (Innengesellschaft), § 30, I 2.

[10] SIEGWART, Art. 530, N. 43; GUHL/MERZ/KUMMER, S. 524. BGE 79 I, 1953, S. 179 (Konsortium «Impresa Diga Sambucco» ist einfache Gesellschaft und kann als solche nicht im Handelsregister eingetragen werden; wohl aber sind die Gesellschafter-Geschäftsführer eintragspflichtig, wenn die Voraussetzungen von Art. 934 gegeben sind). – Zur Wirkung eines Sammelnamens einer einfachen Gesellschaft gegenüber Dritten siehe hinten § 30, insbes. III (Prozeß und Schuldbetreibung).

II. Abgrenzungen und Zusammenhänge

1. Gegenüber andern schuldrechtlichen Verträgen, insbesondere den partiarischen Rechtsverhältnissen

Der weitgespannte Begriff der einfachen Gesellschaft, ihre elastische Ordnung und mannigfachen Abwandlungen im Innen-, gelegentlich auch im Außenverhältnis, bringen es mit sich, daß ihre Abgrenzung gegenüber andern schuldrechtlichen Verhältnissen oft Schwierigkeiten bereitet, insbesondere gegenüber denjenigen, die ebenfalls Interessengemeinschaften darstellen und auf einer gewissen Zusammenarbeit der Parteien beruhen[11]. Dies gilt namentlich für die sog. handelsrechtlichen Verträge wie Kommission, Agentur, Alleinverkaufs- oder Vertretungsverträge, Lizenzverträge und allgemein für die partiarischen Rechtsverhältnisse, wie sie oft auch in Verbindung mir der Pacht, dem Darlehen und dem Arbeitsvertrag[12] vorkommen. Doktrin und Praxis bemühen sich, Abgrenzungskriterien zu ermitteln, doch ist man sich meist klar, daß oft nur eine Würdigung der Gesamtlage zu einer sachlich befriedigenden Bestimmung (Qualifizierung) des in Frage stehenden Rechtsverhältnisses führen kann[13]. Einige Beispiele zur Abgrenzung gegenüber den partiarischen Rechtsverhältnissen mögen dies verdeutlichen.

Als partiarische Rechtsgeschäfte bezeichnet man solche, bei denen das Entgeld für eine Leistung nach dem wirtschaftlichen Erfolg festgesetzt wird[14]. Bei den handelsrechtlichen Auftragsverhältnissen (Mäkler-, Kommissions-, Agenturvertrag) ist diese Art der Gegenleistung schon im Gesetz vorgesehen, sie findet aber häufig auch Anwendung in gemeinrechtlichen Verhältnissen wie Pacht, Darlehen, Arbeitsvertrag[15]. Die partiarischen Verträge gehören noch zu den Austauschverträgen, bilden aber einen Übergang zu den Gesellschaften, was, je nach ihrer Ausgestaltung, die Abgrenzungen erschwert. – Als entscheidendes Merkmal für das Vorliegen einer Gesellschaft wird meist die Verlustbeteiligung (z.B. des Geldgebers oder

---

[11] Daß eine Gesellschaft nicht auf einer «Interessen»-Gemeinschaft beruhen muß, wurde vorn § 20 I ausgeführt. Umgekehrt stellt eine Interessengemeinschaft an sich noch nicht eine Zweckgemeinschaft im gesellschaftsrechtlichen Sinn dar. So deutlich BGE 94 II, 1968, S.122: «Cette convergence des intérêts n'est cependant pas un but commun et n'est au reste nullement propre au contrat de société» (Alleinvertriebsrecht mit Umsatzbeteiligung = partiarisches Rechtsverhältnis). – Im gleichen Sinn BGE 83 II, 1957, S.32ff. («Annoncenverwaltung» mit Spesenbeteiligung des Auftraggebers = Agentur).

[12] Zur Gewinnbeteiligung beim Arbeitsvertrag siehe nun Art.322a, 322b, 339 OR (Fassung 1971).

[13] Eingehend zur Abgrenzung von Gesellschaftsverhältnissen gegenüber den gegenseitigen Verträgen allgemein, den einzelnen Vertragstypen und den partiarischen Verhältnissen SIEGWART, Vorbem. zu Art. 530–551, N.56–81; WIELAND I, S.467ff.; P. GRAF, Das partiarische Darlehen; WÜRDINGER I, S.75ff.

[14] OSER/SCHÖNENBERGER, Vorbem. zu Art.1–40, N.59; P. GRAF, S.20f.

[15] Zur stillen Gesellschaft und der Unterbeteiligung siehe hinten IV, Z.4 und § 46.

Arbeitnehmers) angesehen[16]; doch kann auch ein Gesellschafter von der Verlustbeteiligung befreit werden[17]! Für eine Gesellschaft sprechen ferner deutliche Vereinbarungen über die Verwendung der Leistungen zu bestimmten Zwecken (Zweckgemeinschaften!); doch ist zu bedenken, daß auch der Partiar seine Leistungen in der Regel nicht «blanko» erbringt, und daß der Empfänger verpflichtet ist, sie vertragskonform zu verwenden und die Geschäfte so zu führen, wie es der Partiar nach Treu und Glauben erwarten darf[18]. Auch ausgedehnte Kontrollrechte (im Sinn von Art. 541) des Beteiligten sprechen für eine Gesellschaft, während der Partiar in der Regel nur die Vorlegung genügend deutlicher Abrechnungen verlangen kann; so auch, *a fortiori*, ein vereinbartes oder faktisch ausgeübtes Mitspracherecht des Beteiligten in wesentlichen Angelegenheiten, während umgekehrt ein «Weisungsrecht» einer Partei für ein Arbeitsverhältnis spricht. – Mehr als Indizien zu Gunsten des einen oder andern Verhältnisses werden gewertet: Die von den Parteien gewählten Ausdrücke für die Bezeichnung ihres Verhältnisses oder die Stellung einer Partei (wie: stille Beteiligung, passiver Teilhaber, employé intéressé – Einlage, Darlehen, Gesellschaft), dies schon kraft Art. 18 Abs. 1 OR, wobei auch die Rechts- oder doch die Geschäftskenntnis der Parteien zu berücksichtigen ist[19]. Ferner fallen als indizierend in Betracht die Dauer der Bindung (Kündigungsfristen, Rücksicht auf geschäftliche Verhältnisse), das persönliche und geschäftliche Verhältnis unter den Parteien, die relative Bedeutung der beidseitigen Leistungen, die Natur des Unternehmens[20]. – Schließlich ist noch zu berücksichtigen, daß bei allen Gesellschaften neben den sozialrechtlichen auch individualrechtliche Pflichten und Rechte begründet werden können, in denen der Gesellschafter der Gesellschaft bzw. der Gesamtheit der Gesellschafter als Dritter (z.B. Darleiher, Arbeitnehmer, Mandatar) gegenübersteht[21]. – In Anbetracht der Vielgestaltigkeit der hier zur Diskussion stehenden Verhältnisse empfiehlt die Doktrin, nötigenfalls einen gemischten Vertrag anzunehmen, um durch eine kombinierte Anwendung der in Betracht fallenden Bestimmungen (verschiedener Vertragstypen) und Ordnungsprinzipien zu einem «harmonischen Ganzen» zu gelangen, in dem der Zweck des Vertrages in möglichst weitem Umfang verwirklicht wird[22].

2. Gegenüber den Personen-Handelsgesellschaften und den Körperschaften

Der einfachen Gesellschaft am nächsten kommt die Kollektivgesellschaft. Eine solche liegt vor, wenn natürliche oder juristische Personen

---

[16] Siehe oben Anm. 13: P. GRAF, S. 48, 71; SIEGWART, N. 66, S. 41, N. 71, S. 43; WIELAND I, S. 473 – BGE vom 7.3.1953 in Sem. jud. 76, 1954, S. 537; KGer Bern, ZBJV 99, 1963, S. 151; KGer Luzern, ZBJV 88, 1952, S. 495; KGer Genève, SJZ 54, 1958, S. 125; KGer Zürich, BlZR 45, 1946, Nr. 33.

[17] Art. 533 Abs. 3; dazu hinten § 29, II 3.

[18] P. GRAF, S. 23 ff.; WÜRDINGER I, S. 76.

[19] Umstritten, ob eine Vermutung für die Richtigkeit der von den Parteien verwendeten Bezeichnungen besteht. Bejahend z.B. SIEGWART V, 4, Vorbem. zu Art. 530, N. 66, 71; verneinend z.B. GRAF, S. 108 (unter Vorbehalt des «Darlehens»). Nach OSER/SCHÖNENBERGER, Art. 18, N. 4 können solche Bezeichnungen Anhaltspunkte liefern, welchen Geschäftszweck die Parteien im Auge hatten, namentlich wenn sie rechtskundig waren.

[20] Eingehend zu den einzelnen Unterscheidungskriterien GRAF, S. 105 ff.

[21] Dazu hinten § 29, I 2.

[22] So SIEGWART, Vorbem. zu Art. 530, N. 3, 67, 72 (unter Hinweis auf OSER/SCHÖNENBERGER, OR V, 2, Vorbem. zu Art. 184–551, N. 14). Zum Begriff und der Behandlung gemischter Verträge siehe auch GUHL/MERZ/KUMMER, S. 292 ff. Zu den gesellschaftsähnlichen und den gemischten Verhältnissen im Gesellschaftsrecht siehe hinten IV, Ziff. 5.

unter einer Firma und ohne Beschränkung ihrer Haftung ein nach kaufmännischer Art geführtes Gewerbe betreiben (Art. 552), wobei die Eintragung im Handelsregister zwar vorgeschrieben ist, aber nicht konstitutiv wirkt. Die beiden Gesellschaftsformen unterscheiden sich somit in aller Regel durch das Vorliegen, bzw. Fehlen der beiden Merkmale: Betrieb eines Gewerbes und Auftreten unter Firma (Art. 552). Wenn eine als einfache Gesellschaft geplante Personenverbindung sowohl ein Gewerbe betreibt, als auch unter einer Sammelbezeichnung (Name) firmenmäßig auftritt – was ihr beides nicht verwehrt ist (siehe vorn I 2, 4) –, so wird sie zur Kollektivgesellschaft[23]. Die nicht kaufmännische Kollektivgesellschaft hebt sich von der einfachen Gesellschaft dadurch ab, daß sie rechtlich erst durch den Eintrag im Handelsregister entsteht (Art. 553); vorher bildet sie eine einfache Gesellschaft. – Für die Kommanditgesellschaft gilt das zur Kollektivgesellschaft Gesagte, wobei als weiteres Unterscheidungsmerkmal die kundgegebene Beschränkung der persönlichen Haftung eines oder mehrerer Gesellschafter tritt (Art. 594, 608).

Keine Schwierigkeiten bereitet die Abgrenzung der einfachen Gesellschaft gegenüber den Körperschaften des OR, da diese erst kraft ihrer Eintragung im Handelsregister entstehen. Die einfache Gesellschaft kann aber im Gründungsstadium der Körperschaften als Übergangsform – ein Gesellschaftsverhältnis eigener Art – eine Rolle spielen (hinten III 4).

Der Verein hebt sich von der einfachen Gesellschaft – die ja auch nichtwirtschaftliche Zwecke verfolgen kann[24] – dadurch ab, daß er eine Körperschaft (eigener Art) darstellt, sobald der Wille, als solche zu bestehen, aus den (schriftlich abzufassenden) Statuten ersichtlich ist (Art. 60 ZGB); die Eintragung im Handelsregister ist fakultativ (Art. 61 Abs. 1)[25]. Eine besondere Rolle spielt die einfache Gesellschaft bei den «Vereinen ohne Persön-

---

[23] Dabei spielt es keine Rolle, ob der «Name» den für die Kollektivgesellschaften geltenden firmenrechtlichen Vorschriften (Art. 947) entspricht. Instruktives Beispiel hiefür BGE 73 I, 1947, S. 311, 314f.: Eine im Gesellschaftsvertrag als einfache Gesellschaft begründete Verbindung bezweckte den Erwerb einer Liegenschaft und deren Ausbeutung aus Torf, wobei sie nach außen unter der Bezeichnung «Gesellschaft für Torfausbeutung Willisau» auftrat. Sie wurde als Kollektivgesellschaft qualifiziert und als eintragungspflichtig erklärt (unter Korrektur der Firma im Eintragungsverfahren). In BGE 79 I, 1953, S. 179 ff. wurde das Konsortium «Impresa Diga Sambucco» darum nicht als eintragungspflichtig erklärt, weil ihm (u.a.) zwei Kollektivgesellschaften angehörten, was eine Kollektivgesellschaft ausschloß (Art. 552; dazu hinten § 33 II) und die erwähnte Bezeichnung als «Name» einer einfachen Gesellschaft erscheinen ließ.
[24] Zu dem Kriterium «nicht wirtschaftliche Aufgabe» gemäß Art. 60 ZGB und den diesbezüglichen Kontroversen und Praxisänderungen des BGer siehe vorn § 17, I 2.
[25] Die Eintragung ist obligatorisch, aber nicht konstitutiv, wenn der Verein für seine idealen Zwecke ein nach kaufmännischer Art geführtes Gewerbe betreibt (Art. 61 Abs. 2 ZGB).

lichkeit» im Sinn von Art. 62 ZGB (dazu hinten III 3). Zweifel können sich erheben, wenn eine sog. atypische Gesellschaft vorliegt, die körperschaftlich organisiert ist (mit «Generalversammlung», Exekutive, Beschlußfassung nach Majoritätsprinzip, u.a.m., siehe hinten IV 1) und allenfalls (wie bei den Vereinen üblich) unter einem Namen auftritt. Ob in solchen Fällen (immer vorausgesetzt, daß ein nicht-wirtschaftlicher Zweck verfolgt wird) ein Verein oder eine einfache Gesellschaft vorliegt, hängt laut Bundesgericht davon ab, ob aus den Statuten (Vertrag) in unmißverständlicher Weise, auch für Dritte erkennbar, hervorgeht, daß die in Frage stehende Personenverbindung eine Körperschaft bilden wollte [26].

3. Gegenüber den Rechtsgemeinschaften des ZGB

Das Zivilrecht kennt Gemeinschaften, deren Glieder Träger gleicher Rechte und durch gleichgerichtete Interessen verbunden sind – sog. Rechtsgemeinschaften [27]. Sie entstehen von Gesetzes wegen oder kraft vertraglicher Vereinbarung. In der neuen Gesetzgebung haben diese Gemeinschaften eine mehr oder weniger eingehende Ordnung erhalten; einige weisen sogar eine eigentliche Organisation auf (so betreffend Beschlußfassung, Verwaltung, Vertretung, Auflösung), wie sie auch für die Gesellschaft charakteristisch ist. Trotzdem sind die Rechtsgemeinschaften keine Gesellschaften, weil sie entweder auf Gesetz und nicht auf Vertrag beruhen oder, wo sie vertraglich begründet worden sind, keine (auf dem *animus societatis* beruhende) Zweckgemeinschaften sind, sondern sich auf das Innehaben, Verwalten und (gegebenenfalls) Nutzen der ihnen zustehenden Rechte bebeschränken. – In der Praxis gehen Rechtsgemeinschaften nicht selten in Gesellschaften über; in gewissen Fällen bilden sie Bestandteil der gesell-

---

[26] So BGE 88 II, 1962, S. 209 ff. *(Miniera)*, insbes. Erwägung II mit eingehender Analyse der in Betracht fallenden Faktoren. Entgegen der Vorinstanz erklärte das BGer, «daß ein bloßes Überwiegen von Merkmalen, die eher für einen Verein als für eine einfache Gesellschaft sprechen», für die Qualifizierung der fraglichen Verbindung als Verein nicht genüge. Der Wille, als Körperschaft zu bestehen, müsse «wenn auch nicht ausdrücklich, so doch unmißverständlich geäußert werden, so daß (auch) für Dritte nach den Grundsätzen von Treu und Glauben ein Zweifel nicht möglich ist» (dies namentlich auch wegen der beim Verein fehlenden persönlichen Haftung der Mitglieder). – In diesem Punkt bringt auch der den «Miniera»-Entscheid ablehnende BGE 90 II, 1964, S. 333 *(Alex Martin SA)* keine Änderung; er beschränkt sich darauf (Erw. 5a), die Nachteile hervorzuheben, die (nach dem «Miniera»-Entscheid) insbes. für Kartelle aus einer «conversion légale» in eine einfache Gesellschaft (Art. 62 ZGB) entstehen müßten. – Vgl. dazu A. HEINI, Schweiz. Privatrecht II, S. 530 f.
[27] Zu den Rechtsgemeinschaften des ZGB siehe A. MEIER-HAYOZ, Berner Kommentar, Bd. IV, 4. Aufl., 1966, insbes. Vorbem. zu Art. 646–654 ZGB; SIEGWART, Vorbem. zu Art. 530 ff. OR, N. 30–48, 51, 54.

schaftsrechtlichen Ordnung und werden von dieser beherrscht (unten lit. b). Ob eine Rechtsgemeinschaft oder eine Gesellschaft vorliegt, kann für die Beurteilung eines Falles von entscheidender Bedeutung sein, da das Gesetz dieses Gebilde in wesentlichen Punkten verschieden ordnet (so hinsichtlich der Kompetenzen der Beteiligten, ihrer Vertretungsmacht, ihrer Haftungen oder der Auflösung der Verbindung).

a) Unter den Rechtsgemeinschaften des Familienrechts[28] kommt die (vertraglich zu begründende) Gemeinderschaft gemäß Art. 336ff. ZGB der Gesellschaft am nächsten. In Anbetracht ihrer besonderen Voraussetzungen, Struktur und Zielsetzung ist sie vom Gesetzgeber als Institut eigener Art geordnet worden. Das Gesellschaftsrecht kommt hier höchstens per analogiam[29] zur Ausfüllung von Lücken zur Anwendung. – Die Erbengemeinschaft (Art. 602 ff. ZGB) entsteht kraft Gesetzes als Gesamthandverhältnis, eine Verwaltungsgemeinschaft, geordnet im Hinblick auf die frühere oder spätere Teilung des Erbschaftsvermögens. Sie kann zu einer Gesellschaft werden, wenn die Erben vereinbaren, das Erbschaftsvermögen ganz oder teilweise zu bestimmten, gemeinsam zu verfolgenden Zwecken einzusetzen, eventuell verbunden mit persönlichen Leistungen. Dieser Fall wird namentlich aktuell, wenn ein vom Erblasser betriebenes Gewerbe (nicht nur vorübergehend) fortgesetzt werden soll. Geschieht dies unter einer gemeinsamen Firma, so entsteht daraus eine Kollektivgesellschaft[30]; werden zugleich Haftungsbeschränkungen vereinbart und nach außen bekanntgegeben, so liegt eine Kommanditgesellschaft vor. Da die Personengesellschaften ohne Eintrag im Handelsregister entstehen können und sich die Beteiligten über die rechtliche Bedeutung solcher Vorgänge oft nicht klar sind, bereitet die Feststellung, ob ein animus societatis vorliegt oder nicht, oft Schwierigkeiten. Die Praxis anerkennt denn auch als Zwischengebilde die sog. fortgesetzte Erbengemeinschaft, die grundsätzlich noch dem Erbrecht untersteht, gegebenenfalls unter Heranziehung von Normen des Gemeinderschafts- oder Gesellschaftsrechts[31].

---

[28] Die Ehe und das Güterrecht unter Ehegatten können infolge der besonderen Natur und Ordnung dieser Institute in diesem Zusammenhang außer Betracht bleiben. – Über Gesellschaften unter Ehegatten siehe hinten § 28, I 1.
[29] SIEGWART (oben Anm. 27), N. 42.
[30] SIEGWART (oben Anm. 27), N. 48. – Zum Fall der Fortsetzung eines Gewerbes als einfache Gesellschaft siehe BGE 96 II, 1970, S. 325ff. (dazu hinten Anm. 40).
[31] MEIER-HAYOZ (oben Anm. 27), Art. 652, N. 21; BGE 60 I, 1934, S. 145; 61 II, 1935, S. 164ff. (zur «fortgesetzten Erbengemeinschaft»); 65 II, 1939, S. 164. – Vgl. auch das bäuerliche Erbrecht gemäß Art. 621bis ZGB.

b) Das Sachenrecht kennt zwei Rechtsgemeinschaften auf Grund «gemeinschaftlichen Eigentums» (Art. 646 ZGB ff.), das Miteigentum und das Gesamteigentum.

Das Miteigentum (Art. 646–651 ZGB in der Fassung gemäß BG vom 19.12.1963) gewährt den Beteiligten Eigentum nach Bruchteilen (Quoten, Anteile) [32], die (ohne gegenteilige Abrede) frei veräußerlich und verpfändbar sowie pfändbar sind. Es entsteht kraft Gesetzes (die *communio incidens*, z.B. nach Art. 727 ZGB) oder durch Rechtsgeschäft, so beim Erwerb einer Sache durch Mehrere, die nicht bereits im Verhältnis der Gesamthand stehen und als solche handeln [33]. Das Gesetz stellt für das Miteigentum eine eingehende, größtenteils nachgiebige, z.T. auch unabdingbare Nutzungs- und Verwaltungsordnung auf und regelt ferner die Kompetenzen zur Verfügung und Vertretung «der Sache», Veränderung «ihrer Zweckbestimmung», die Beschlußfassung, Eintritt und Ausschluß von Miteigentümern und die Aufhebung des Miteigentums. Diese Ordnung rückt das Institut des Miteigentums nahe an die einfache Gesellschaft und es ist beim gemeinschaftlichen Erwerb einer Sache mitunter nicht leicht zu entscheiden, welches Verhältnis nun vorliegt. Hier ist, wie SIEGWART [34] zutreffend hervorhebt, einmal zwischen den verschiedenen Stadien des Geschäftes zu unterscheiden, sodann auf dessen Zweck zu achten. Die Vereinbarung zum gemeinsamen Erwerb (z.B. einer Liegenschaft durch die Bürgen einer Hypothekarschuld) stellt in der Regel [35] eine einfache Gesellschaft dar, eine Gelegenheitsgesellschaft, deren Zweck mit dem Erwerb der Sache erreicht ist, worauf sich das Verhältnis unter den Beteiligten (so auch betr. Verwaltung, Nutzung, Verfügung, Auflösung) nach dem Miteigentumsrecht des ZGB beurteilt. Vereinbaren aber die Erwerber im ursprünglichen Vertrag oder später eine bestimmte Verwendung der erworbenen Sache, die über ihre Verwaltung und bloße Nutzung hinausgeht (z.B. ihre Bewirtschaftung nach einem bestimmten Plan, ihre Wiederveräußerung mit Gewinn nach Durchführung gewisser Arbeiten, die Weiterentwicklung und Verwertung einer technischen Anlage), so kann daraus ein Gesellschaftsverhältnis entstehen. Maßgebend für die Beurteilung solcher Verhältnisse ist

---

[32] Im deutschen Recht «schlichte Rechtsgemeinschaft» genannt und unter dem Titel «Gemeinschaft» in den §§ 741–758 BGB (getrennt von der «Gesellschaft») geordnet. Zu deren Abgrenzung gegenüber der Gesellschaft (als Zweckgemeinschaft) siehe z.B. LEHMANN/DIETZ, S. 2, 5, 12, 87; A. HUECK, Gesellschaftsrecht, S. 1 f., 51 f.
[33] MEIER-HAYOZ (oben Anm. 27), Art. 646, N. 17.
[34] a.a.O. (Anm. 27), N. 52 ff.
[35] So SIEGWART (oben Anm. 27), N. 52. Die Rechtsprechung ist nicht einheitlich. Im hier vertretenen Sinn z.B. BGE 49 II, 1923, S. 429; 30 II, 1904, S. 75.

die Feststellung, ob die Beteiligten das gemeinschaftliche Eigentum zur Erreichung bestimmter weiterer Zwecke einsetzen wollen, was in aller Regel auch die Erbringung weiterer, über die Erhaltung und Verwaltung der Sache hinausgehender (persönlicher und materieller) Leistungen erfordert. – Auf dem Miteigentum beruht auch das Stockwerkeigentum, das durch das BG vom 19. Dezember 1963 als ein besonderes Institut geordnet und dem ZGB einverleibt worden ist (Art. 712 a–t)[36].

Das Gesamteigentum (Art. 652 ff. ZGB) setzt eine durch Gesetz oder Vertrag geschaffene Personenverbindung voraus, welcher der Gesetzgeber, mit Rücksicht auf die enge persönliche Verbindung der Beteiligten, das Gesamthandprinzip zu Grunde legt[37], so z.B. der Erbengemeinschaft (Art. 602 ZGB) oder, als subsidiäre Ordnung, den Personengesellschaften (Art. 544 Abs. 1, 557 Abs. 2, 598 Abs. 2 OR)[38]. Beim Gesamteigentum «geht das Recht eines jeden (Beteiligten) auf die ganze Sache», im übrigen aber bestimmen sich die Rechte und Pflichten der Gesamteigentümer nach den Regeln, unter denen ihre gesetzliche oder vertragsmäßige Gemeinschaft steht (Art. 652, 653 ZGB; subsidiär gilt für die Ausübung des Eigentums und Verfügung über die Sache das Prinzip der Einstimmigkeit) – bei Personengesellschaften also nach deren Recht. Zu einer Unterscheidung zwischen Gesamteigentum und Personengesellschaft besteht demnach hier kein Anlaß, da jenes in dieser aufgeht. Beim gesetzlichen Gesamteigentum (z.B. Erbengemeinschaft) kann sich die Frage stellen, ob sich eine Umwandlung in ein Gesellschaftsverhältnis vollzogen hat. Dies hängt, wie bereits ausgeführt, davon ab, ob die Beteiligten einen animus societatis im erwähnten Sinn betätigen[39].

---

[36] Die Sonderordnung des Stockwerkeigentums weicht in wesentlichen Punkten von den Bestimmungen über das Miteigentum ab und ergänzt diese. Hervorgehoben seien hier nur die Bestimmungen über die «Handlungsfähigkeit der Gemeinschaft» (Art. 712 l), welche derjenigen der Kollektivgesellschaft (Art. 562) nachgebildet sind (aktive und passive Prozeß- und Betreibungsfähigkeit; [beschränkte] Vermögensfähigkeit), sowie die Bestimmungen über die Organisation, welche teilweise als subsidiäre Ordnung auf Vereinsrecht verweisen (Art. 712 m Abs. 2). Vgl. Botschaft des BR vom 7. Dezember 1962 (BBl 1962, Nr. 51), S. 1461 ff., insbes. S. 1518.

[37] MEIER-HAYOZ (oben Anm. 27), Art. 652, N. 12.

[38] Dazu hinten in entsprechendem Zusammenhang, insbes. § 29 II (Struktur des Gesellschaftsvermögens) und IV (Mitgliederbewegung).

[39] Gemeinschaftliches Eigentum kann auch auf Grund von Sondergesetzen entstehen, so z.B. gemäß Art. 3 Abs. 2 des BG betreffend die Erfindungspatente vom 25. Juni 1954. Vgl. MEIER-HAYOZ (oben Anm. 27), Vorbem. zu Art. 646 ff., N. 18. Auch das Verhältnis der «Miterfindung» oder der «Gesamterfindung» geht nicht selten in ein Gesellschaftsverhältnis über, was sich nach dem oben zum Miteigentum und zum Gesamteigentum Gesagten beurteilt.

III. Der Anwendungsbereich der einfachen Gesellschaft

Die völlige Freiheit in der Bestimmung des Zwecks und der einzusetzenden «Kräfte und Mittel» gibt der einfachen Gesellschaft einen (im Rahmen des rechtlich und sittlich Erlaubten) unbeschränkten Anwendungsbereich. Sie erfüllt denn auch in der Praxis Aufgaben verschiedenster Art (von denen einige in entsprechendem Zusammenhang noch näher zu betrachten sein werden), von verschiedenster Dauer und in ganz verschiedenen rechtlichen Zusammenhängen und Situationen. Einige Beispiele mögen dies verdeutlichen:

1. Die einfache Gesellschaft kommt als solche zum Einsatz zur Verfolgung **wirtschaftlicher oder ideeller Zwecke** (Einkaufsgemeinschaften, Baukonsortien, Emissionssyndikate, Aktionärskonsortien, Bureaugemeinschaften, Kartelle niederer Ordnung, Jagdpachtgesellschaften, Zusammenschlüsse zur Veranstaltung von Konzerten oder Ausstellungen, Forderungsgemeinschaften). Sie wird immer dann die geeignete Rechtsform sein, wenn die besondern Umstände (wie relativ kleine Zahl der Beteiligten, vorübergehende Dauer des Unternehmens, Vermeidung von Publizität) die Gründung einer Handelsgesellschaft oder eines Vereins als unnötig oder unerwünscht erscheinen lassen. Es schließt dies aber nicht aus, daß die einfache Gesellschaft sich auch dauernden, eine kontinuierliche Tätigkeit erfordernden Zwecken widmen kann. Auch der Betrieb eines «**Gewerbes**» im Sinne von Art. 934 OR (verdeutlicht durch Art. 52ff. HRegV) ist ihr nicht verwehrt, da ja dazu keine besondere Rechtsform vorgeschrieben ist[40]; nur ist die einfache Gesellschaft nicht die hierfür geeignete Unternehmungsform, da sie nicht als Rechtssubjekt auftreten kann und die für sie gelten-

---

[40] So BECKER, Art. 530, N. 1; HARTMANN, Art. 552, N. 4. – Cour de Justice, Genève, Sem. jud. 74, 1952, S. 471 ff.; SJZ 49, 1953, S. 81 (Betrieb einer mechanischen Werkstätte durch einfache Gesellschaft). Aufschlußreich BGE 96 II, 1970, S. 325 ff.: Abgrenzung gegenüber Erbengemeinschaft, Gemeinderschaft, bloßem Gesamteigentum; Übernahme zwecks gemeinsamer und dauernder Fortsetzung eines «landwirtschaftlichen oder eines sonstigen Gewerbes» (S. 334) durch zwei Gesellschafter als einfache Gesellschaft qualifiziert. – Anderer Meinung MEIER-HAYOZ/FORSTMOSER, § 7, II 3, wonach die einfache Gesellschaft wohl wirtschaftliche Ziele verfolgen, aber kein nach kaufmännischer Art geführtes Gewerbe betreiben kann, widrigenfalls sie zur Kollektivgesellschaft wird. – Entscheidend für die Rechtsnatur einer Personengesellschaft als einfache Gesellschaft ist aber nicht ihre Tätigkeit, sondern ihr Auftreten nach außen. Nur wenn sie als Einheit, unter einer Firma ein Gewerbe betreibt, wird sie zur Kollektivgesellschaft (BGE 73 I, 1947, S. 311 ff.; siehe vorn Anm. 23), vorausgesetzt, daß sie nur aus natürlichen Personen besteht (Art. 552; BGE 79 I, 1953, S. 179 ff.; siehe vorn Anm. 23). So auch FUNK, Art. 530 a. E. Unerheblich ist auch, ob es sich um ein zur Eintragung im HReg verpflichtetes oder davon befreites Unternehmen (Art. 52 f., 54 f. HRegV) handelt, da die Eintragung kein konstitutives Merkmal der Personengesellschaften ist (vorbehältlich Art. 553, nicht kaufmännische Kollektivgesellschaft).

den Vertretungsregeln den Geschäftsverkehr komplizieren (Art. 543 OR). –
Besondere Bedeutung kommt der einfachen Gesellschaft zu, wenn sie nicht
selbständige Ziele verfolgt, sondern als Glied einer umfassenden Organisation (Kombination) dient, wie bei Kartellen höherer Ordnung als
Basis einer Doppelgesellschaft, in Konzernverhältnissen und Interessengemeinschaften. Es stellt sich dann die Frage, ob und in wie weit die Ordnung
der verschiedenen Organisationen ineinandergreift (und greifen kann),
so daß daraus eine neue rechtliche Einheit, oder doch ein rechtlich zusammenhängendes Gebilde entsteht[41]. – Die Beispiele aus der Praxis zeigen, daß
die einfache Gesellschaft oft als sog. Gelegenheitsgesellschaft anzusprechen ist, d.h. als Zusammenschluß zur Durchführung einzelner oder
mehrerer bestimmter Geschäfte oder Veranstaltungen, wozu sie sich dank
ihrer einfachen und elastischen Ordnung in der Tat besonders eignet[42]. Es
wäre aber verfehlt, die einfache Gesellschaft vorwiegend unter diesem Gesichtspunkt zu beurteilen[43], indem sie vielfach auch zur Verfolgung kontinuierlicher, in sich zusammenhängender und auf längere oder unbestimmte
Dauer angestrebter Aufgaben dient[44]. Davon zeugt auch die gesetzliche
Ordnung, insbesondere betreffend die Auflösung (Art. 545 Abs. 1 Ziff. 5, 6;
Art. 546 OR). Auf diese unterschiedlichen Situationen ist bei der Anwendung des Gesetzes und der Auslegung des Gesellschaftsvertrags Rücksicht
zu nehmen.

2. Als subsidiäre Rechtsquelle kommt das Recht der einfachen Gesellschaft zur Anwendung auch auf andere Gesellschaftsformen. So zunächst, mit Rücksicht auf die enge Verwandtschaft zwischen den drei Formen der Personengesellschaften, kraft ausdrücklicher Verweisung im Gesetz auf die Kollektiv- und Kommanditgesellschaften (Art. 557, 598 OR),
ferner (in bezug auf die Kontrolle) auf die GmbH (Art. 819 Abs. 1 OR).
Die Frage stellt sich, ob das Recht der einfachen Gesellschaft – dieser
«Grundform» aller Gesellschaften – auch als subsidiäre Rechtsquelle für die
Kapitalgesellschaften und die Genossenschaft gilt, da ja auch diese «in
ihrem Kern» Gesellschaften, d.h. auf einem Gesellschaftsvertrag beruhende
Gebilde sind[45]. Die Frage mündet in das allgemeine Problem Monismus –
Dualismus ein, und wäre nach unseren früheren Ausführungen (vorn § 21)
in thesi zu bejahen. Da aber die Körperschaften des OR durch das Gesetz

---

[41] Siehe vorn § 17, II 3.
[42] Zur Gelegenheitsgesellschaft siehe hinten IV 3.
[43] So noch TH. GUHL, Das schweizerische Obligationenrecht, 5. Aufl., Bern 1956, S. 451 Abs. 2.
[44] So bei Kartellen, Aktionärskonsortien, Forschungsgemeinschaften, Unterbeteiligungen (hinten IV 4), stillen Gesellschaften (hinten § 46).
[45] Siehe vorn § 21, II 2, 3. BGE 69 II, 1943, S. 246 ff.

eine immer eingehendere Ordnung erfahren haben und zudem dem allgemeinen Körperschaftsrecht des ZGB unterstehen[46], wird für eine subsidiäre Anwendung der Bestimmungen über die einfache Gesellschaft im Bereich der Körperschaften selten Anlaß bestehen.

3. Eine besondere Funktion erfüllt die einfache Gesellschaft beim «Verein ohne Persönlichkeit» («Association sans personnalité») im Sinn von Art. 62 ZGB[47]. Nach dieser Bestimmung sind «Vereine, denen die Persönlichkeit nicht zukommt oder die sie noch nicht erlangt haben, den einfachen Gesellschaften gleichgestellt». Art. 62 ZGB will zwei Situationen erfassen: Zunächst den Verein, dem wegen Mängel die Rechtspersönlichkeit abgeht, z.B. weil seine Organisation den gesetzlichen Erfordernissen nicht genügt, oder (was oft damit zusammenfällt) weil der Wille, als Körperschaft zu bestehen, überhaupt fehlt[48] oder aus den Statuten nicht mit genügender Deutlichkeit ersichtlich ist[49]. Sodann den «Verein», der die Persönlichkeit «noch nicht erlangt hat» (m.a.W. den Verein im Gründungsstadium)[50], z.B. weil die Statuten noch nicht genehmigt sind oder eine vereinbarte Bedingung noch nicht eingetreten ist. In beiden Fällen können der Verein, bzw. die Gründer, im Namen der Personenverbindung tätig geworden sein, intern und extern, und es stellt sich daher die Frage, nach welchem Recht solche Verhältnisse zu beurteilen sind. Das Gesetz beantwortet sie dahin, daß sie den einfachen Gesellschaften «gleichgestellt» («assimilées», «parificate») sind.

Die Deutung von Art. 62 ZGB, insbesondere des terminus «gleichgestellt», hat Wandlungen durchgemacht. Nach der älteren Doktrin sind Vereine ohne Rechtspersönlichkeit dem Recht der einfachen Gesellschaft unterstellt, intern und extern[51]. In diese Richtung scheint auch BGE 90 II, 1964, S. 333 ff. Erw. 4 einzuschwenken, wenn er von einer «Conversion légale» der Statuten eines nicht rechtsfähigen Vereins in einem Gesellschaftsvertrag spricht (woraus sich die Not-

---

[46] Siehe vorn § 19, II 3 b.
[47] Dazu HEINI (oben Anm. 26), S. 536 ff., wo zunächst festgehalten wird, daß Art. 62 ZGB nur für Vereine (mit idealem Zweck) gilt, während Personenverbindungen zu wirtschaftlichen Zwecken gemäß Art. 59 Abs. 2 völlig dem OR unterstehen. Zustimmend R. KÜCHLER, Die AG im Gründungsstadium, in: Lebendiges Aktienrecht, Festschrift W. F. Bürgi, Zürich 1971, S. 233. – Zur Anwendbarkeit von Art. 838 (Genossenschaft) per analogiam auf den sog. Vorverein siehe HEINI, a.a.O., S. 537.
[48] z.B. wenn es sich um einen Zusammenschluß zu einem vorübergehenden Zweck handelt, während der Verein in der Regel «auf die Dauer angelegt ist» (EGGER, Zürcher Kommentar, 2. Aufl., 1930, Art. 62 ZGB, N. 2, 4; so auch BGE 90 II, 1964, S. 333 ff., Erw. 4a).
[49] Siehe die Beispiele bei EGGER (oben Anm. 48), Art. 62 ZGB, N. 2, 4 und HEINI (oben Anm. 26). Siehe auch vorn II 2 und die dort (Anm. 26) erörterten BGE 88 II, 1962, S. 209 ff. und 90 II, 1964, S. 333 ff.
[50] Auch «Vor-Verein» genannt (z.B. bei HEINI, oben Anm. 26).
[51] z.B. E. HAFTER, Berner Kommentar zum ZGB, 2. Aufl., 1919, Art. 62, N. 7. Im gleichen Sinn wohl EUGEN HUBER, Erläuterungen 1914, I, S. 86.

wendigkeit einer baldigen Auflösung der Gesellschaft oder ihrer Umwandlung in eine andere Gesellschaftsform ergebe). – Die neuere Doktrin schwächt diese Deutung von Art. 62 ZGB ab, dies schon auf Grund des Wortlauts dieser Bestimmung («gleichgestellt» heißt nicht, daß die fragliche Verbindung eine einfache Gesellschaft ist oder zu einer solchen wird – wozu allerdings ein Fragezeichen gesetzt werden kann), vor allem aber mit Rücksicht auf die «soziologische Wirklichkeit» (A. HEINI): Die Vereine ohne Rechtspersönlichkeit weisen in der Regel eine körperschaftliche Verfassung auf («Statuten», Generalversammlung, Beschlüsse nach dem Mehrheitsprinzip, Vorstand [Exekutive], Mitgliederwechsel, Ausschließung) und sind meist auf Dauer angelegt. Dieser Sachlage werde man nur gerecht, wenn man solche Verbindungen im Rahmen des dispositiven Rechts nach den Grundsätzen des Vereinsrechts beurteile, dies jedenfalls was das Innenverhältnis betreffe. Gegenüber Dritten allerdings bestehe mangels Rechtspersönlichkeit eine einfache Gesellschaft mit den sich daraus ergebenden Konsequenzen (Vertretungsbefugnis und Vertretungsmacht nach Stellvertretungsrecht, solidare Haftung der Mitglieder für die Gesellschaftsschulden, mangelnde Betreibungs- und Prozeßfähigkeit). Danach stellt also der Verein ohne Rechtsfähigkeit ein Verhältnis eigener Art dar, ein gemischtes Verhältnis, auf welches Vereins- und Gesellschaftsrecht kombiniert anzuwenden sind[52]. In einzelnen Punkten weichen die hier zusammengefaßten Ansichten voneinander ab, auch was das Verhältnis zu Dritten betrifft[53].

Diese Kontroversen verlieren stark an Bedeutung, wenn man berücksichtigt, daß auf Grund des weitgehend nachgiebigen Gesellschaftsrechts vertraglich sog. atypische Gesellschaften[54] geschaffen werden können, die alle die Merkmale – so namentlich eine körperschaftliche Organisation – aufweisen können, welche nach Ansicht der erwähnten Doktrin die primäre Unterstellung der Vereine ohne Persönlichkeit unter das Vereinsrecht erheischen. Somit ist es durchaus möglich, auch in Befolgung der in Art. 62 ZGB gebotenen Verweisung auf das Gesellschaftsrecht den wirklichen Verhältnissen Rechnung zu tragen[55]. Zu einer Umdeutung dieser Bestimmung im erwähnten Sinn («vereinsrechtliche Konzeption») besteht daher kein sachliches Bedürfnis. Vorbehalten bleiben allerdings die zwingenden Bestimmungen des Gesellschaftsrechts, so namentlich ein grundsätzlich zu gewährendes Stimm- und Kontrollrecht jedes Mitgliedes (dies schon mit

---

[52] Vgl. z.B. EGGER, Art. 62 ZGB, N. 3f.; SIEGWART, Vorbem. zu Art. 530, N. 21–23; HEINI (oben Anm. 26), S. 536ff.; VOGELSANG, S. 45. – BGE 24 II, 1898, S. 848, 855. Siehe jedoch GUHL/MERZ/KUMMER, S. 526 (einfache Gesellschaft als subsidiäre Rechtsform des Vereins ohne Persönlichkeit). – Siehe auch hinten IV 5.

[53] So bestimmen sich z.B. nach EGGER (Art. 62 ZGB, N. 4) die (Vertretungs-) Befugnisse des (Vereins-) Vorstandes nicht nach Art. 543 OR (Stellvertretungsprinzip), sondern nach Statut und Art. 69 ZGB «als umfassende rechtsgeschäftliche Vertretungsmacht» – während z.B. nach SIEGWART (Vorbem. zu Art. 530–551, N. 23) für das Außenverhältnis, so auch für die Vertretungsbefugnis nicht Körperschafts- sondern Gesellschaftsrecht (Art. 543 OR) gilt; siehe auch HEINI (oben Anm. 26), S. 538 (solidare Haftung der Mitglieder für die Gesellschaftsschulden). Vgl. dazu auch den in Anm. 58 erwähnten BGE 95 I 1969, S. 276ff. (Vorgesellschaft).

[54] Dazu vorn § 24.

[55] Vgl. HEINI (oben Anm. 26), S. 537f., der hervorhebt, daß es sich weder beim nichtrechtsfähigen noch beim Vor-Verein um den «Normaltypus» der einfachen Gesellschaft handeln könne, was schon aus der «Gleichstellung» der genannten Kollektive hervorgehe.

Rücksicht auf seine Haftungen). – Auch die Ausfüllung von Lücken in der autonomen Ordnung ist auf Grund der Bestimmungen von Art. 530ff. OR vorzunehmen. So steht z.B. das «Vereinsvermögen» mangels anderer Bestimmung in den Statuten im Gesamteigentum aller Mitglieder[56]. – Was das Aussenverhältnis der Vereine ohne Persönlichkeit bzw. ihrer Mitglieder betrifft, so ist man sich (wie vorn S. 233 f. gezeigt) weitgehend einig, daß hierfür das Recht der einfachen Gesellschaft gilt. Die Mitglieder können nur nach den Regeln der Stellvertretung verpflichtet und berechtigt werden (Art. 543 OR)[57]. Auch in dieser Hinsicht ist es möglich, den wirklichen Verhältnissen gerecht zu werden. Besteht auf Grund der Statuten eine geschäftsführende «Exekutive», so steht dieser auch die Befugnis zu, im Rahmen der statutarischen Bestimmungen rechtsverbindlich für die Mitglieder zu handeln. Und den Bedürfnissen des Rechtsverkehrs, insbesondere der Interessen Dritter, trägt Art. 543 Abs. 3 Rechnung, wonach Dritte die Vertretungsmacht der für die Gesellschaft (Verein) oder sämtliche Gesellschafter (Vereinsmitglieder) handelnden Gesellschafter vermuten dürfen, wenn diesen die Geschäftsführung überlassen ist[58]. Die Mitglieder des Vereins ohne Persönlichkeit haften gemäß Art. 544 Abs. 3 solidarisch und unbeschränkt für die rechtsgültig für den Verein eingegangenen Verpflichtungen[59], da ja der Verein als solcher nicht belangt werden kann.

Von Interesse ist der Vergleich mit dem nicht rechtsfähigen Verein des deutschen Rechts[60]. Hier erlangen auch die sog. Idealvereine (siehe vorn § 17, III) Rechtsfähigkeit nur durch ihre Eintragung im Vereinsregister (§ 21 BGB), die aber in der Praxis oft unterbleibt. Auf solche nichtrechtsfähigen Vereine finden gemäß § 54 BGB «die Vorschriften über die Gesellschaft (womit die bürgerlich-rechtliche Gesellschaft gemäß §§ 705ff. BGB gemeint ist) Anwendung»; wobei noch ausdrücklich bestimmt wird, daß aus Rechtsgeschäften, die im Namen eines solchen Vereins einem Dritten gegenüber vorgenommen werden, der Handelnde persönlich, mehrere Handelnde als Gesamtschuldner haften. Die Anwendbarkeit des Gesellschaftsrechts ist hier also noch deutlicher formuliert als im schweizerischen Recht. Trotzdem hat die Entwicklung dazu geführt, daß entgegen der Vorschrift des § 54 BGB die Rechtsstellung des nichtrechtsfähigen Vereins sich immer mehr dem Vereinsrecht (damit dem Körperschaftsrecht – Verf.) anpaßt[60a]. Dazu kommt, daß die bereits nach § 50 Abs. 2 der Zivilprozeßordnung bestehende passive

---

[56] EGGER, Art. 62 ZGB, N. 3.
[57] EGGER, a.a.O., der auch die Anwendbarkeit von Art. 645 Abs. 2 (= aOR 623, Handeln im Namen der noch nicht eingetragenen AG) ablehnt; a. M. HEINI (Anm. 26), S. 537, der hiefür die analoge Anwendbarkeit des Genossenschaftsrechts (Art. 838 Abs. 3) postuliert.
[58] Vgl. den (aktienrechtlichen) BGE 95 I, 1969, S. 276ff. Dazu noch hinten Ziff. 4b.
[59] EGGER, Art. 62 ZGB, N. 3; HEINI (Anm. 26), S. 538.
[60] Für Einzelheiten sei auf die zusammenfassende Darstellung bei LEHMANN/DIETZ, S. 17f. und § 38 (mit ausgiebigen Hinweisen) verwiesen. – Von Interesse die Feststellung, daß die größten und wichtigsten Vereine ohne Rechtsfähigkeit die Gewerkschaften sind. Diese umgehen die sich aus § 54 BGB ergebenden Nachteile dadurch, daß sie die Vermögensrechte auf eine rechtsfähige Treuhandgesellschaft (z.B. GmbH) übertragen.
[60a] LEHMANN/DIETZ, S. 17.

Prozeßfähigkeit des nichtrechtsfähigen Vereins (mit Zwangsvollstreckung in das Vereinsvermögen, § 735 ZPO) nach Lehre und Rechtsprechung nun auch die Zuerkennung der aktiven Prozeßfähigkeit nach sich zog, wenn auch unter Einschränkungen.

4. Eine bedeutsame Rolle spielt die einfache Gesellschaft im Stadium der Gründung anderer Personenverbindungen. Anders als im Vereinsrecht (Art. 62 ZGB) befaßt sich das Gesetz (OR) nicht ausdrücklich mit diesem Sachverhalt, doch enthält es Bestimmungen, welche der Doktrin und Rechtsprechung als Ausgangs- und Anhaltspunkte zur Beurteilung der dabei vorkommenden Verhältnisse dienen[61], nötigenfalls unter Ergänzung durch richterliche Rechtsfindung gemäß Art. 1 Abs. 2 ZGB. Dabei sind sowohl die (je nach der Rechtsform der geplanten Verbindung) verschiedenen Gründungsarten, als auch die verschiedenen Stadien im Gründungsvorgang zu unterscheiden – wobei allerdings zu berücksichtigen ist, daß in praxi die Grenzen oft fließend sind und die verschiedenen Stadien sich überschneiden können[62].

a) Die Gründungsgesellschaft

Von einer Gründungsgesellschaft[63] kann man sprechen, wenn – ein in der Praxis häufiger Vorgang – Interessenten übereinkommen, eine Personengesellschaft oder eine Körperschaft (AG, GmbH, Genossenschaft) zu errichten und sich zu gewissen Leistungen persönlicher oder vermögensrechtlicher Art im Hinblick auf diesen Zweck – auf eine Gesellschaftsgründung hinzielende Leistungen – verpflichten (z.B. Vorschüsse für Gründungsspesen à fonds perdu oder darlehensweise, Besichtigungen, Expertisen, Verhandlungen, z.B. zum Erwerb von Liegenschaften). Solche Vereinbarungen, wenn genügend deutlich getroffen, erzeugen eine einfache Gesellschaft, eine sog. Gelegenheitsgesellschaft, die mit der Erreichung des Zwecks, der «Entstehung» der geplanten Verbindung, ihr Ende findet, wie auch im Fall, daß sich die Verwirklichung des Vorhabens als unmöglich erweisen sollte (Art. 545 Abs. 2, Ziff. 1). Solange die Gründungsgesellschaft besteht, kommen auf sie die Bestimmungen über die einfache Gesellschaft zur Anwendung, gemäß Vertrag oder Gesetz (z.B.

---

[61] Siehe unten lit. b.
[62] Vgl. R. Küchler, a.a.O. (Anm. 47).
[63] Wie R. Küchler (Anm. 47), S. 231 festhält, ist die zur Bezeichnung der verschiedenen Gründungsstadien verwendete Terminologie nicht einheitlich; man spricht auch von Vorgründungsgesellschaft, Vorgesellschaft (Vor-AG), Nebengesellschaft (als Vereinigung der Gründer). Wesentlich ist nur, daß jeweilen klar gesagt wird, welchen Sachverhalt die verwendeten termini bezeichnen. – In den nachfolgenden Ausführungen unterscheiden wir lediglich zwei Stadien, bezeichnet als Gründungsgesellschaft, die u. U. auch einen eigentlichen Vorvertrag darstellen kann, und die Vorgesellschaft.

betreffend Ersatz von Spesen, Erfüllung der zugesagten Leistungen, Sorgfaltspflichten, Beschlußfassung, Auflösung)[64].

Unter Umständen können die soeben erörterten Vereinbarungen einen eigentlichen Vorvertrag im Sinn von Art. 22 Abs. 1 OR – man kann hiefür den terminus «Gründungsvertrag» verwenden[65] – darstellen. Das ist dann der Fall, wenn die Gründer übereingekommen sind, eine Personengesellschaft oder Körperschaft bestimmter Rechtsform und Struktur zu gründen und sich bereits zu nach Art und Umfang bestimmten oder bestimmbaren Leistungen verpflichtet haben[66], während die Regelung weiterer Punkte noch offengelassen und die endgültige Errichtung der vereinbarten Verbindung noch (z.B. bis zum Abschluß gewisser Vorarbeiten) hinausgeschoben wird. Sind solche Verpflichtungen nach allgemeinen oder für die vereinbarte Gesellschaftsform besonders geltenden Bestimmungen formbedürftig, so kann der Gründungsvorvertrag nur unter Beachtung der vorgeschriebenen Förmlichkeiten rechtsgültig abgeschlossen werden[67]. – Auch der Gründungsvorvertrag erzeugt zunächst eine einfache Gesellschaft. Ob daraus auf Realerfüllung – d.h. auf Mitwirkung bei der Errichtung der vereinbarten Personenverbindung und die Erbringung der zugesagten Leistungen – geklagt werden kann, hängt davon ab, ob das Prozeßrecht die hiezu erforderlichen Vollstreckungsmittel zur Verfügung stellt[68]; wenn nicht, so kann gegebenenfalls auf Schadenersatz geklagt werden[68a]. Dies ist im Zusammenhang mit den einzelnen Gesellschaftsformen noch weiter zu verfolgen.

b) Die sog. Vorgesellschaft

In ein weiteres Stadium tritt die Gründungsgesellschaft, wenn die zur Errichtung[69] einer Körperschaft erforderlichen gesetzlichen und statuta-

---

[64] Vgl. R. KÜCHLER (oben Anm. 47), S. 230; SIEGWART, Komm. V, 4, Vorbem. zu Art. 530–551, N. 20 und V, 5, Vorbem. zu Art. 629–639, N. 2, 40 ff.; GUHL/MERZ/KUMMER, S. 526, 568. – Über die «Gründerkonsortien» als Gelegenheitsgesellschaften siehe hinten IV 3.

[65] Oder «Vorgründungsvertrag», so bei F. v. STEIGER, Pactum de ineunda societate (Vorgründungsvertrag), Schweiz. AG 30, 1958, S. 174 ff.; ebenfalls bei SOERGEL/SCHULTZE-v. LASAULX, vor § 705 BGB, Bem. 45.

[66] SIEGWART, Vorbem. zu Art. 629–639, N. 43 f.

[67] Allgemeine Grundlage ist Art. 22 Abs. 2 OR, wonach vom Gesetz zum Schutz der Parteien erlassene Formvorschriften auch für den Vorvertrag gelten. Beispiel einer besonderen gesellschaftsrechtlichen Formvorschrift: Art. 632 OR (Schriftlichkeit für die Aktienzeichnung). Dazu SIEGWART, Vorbem. zu Art. 629–639, N. 43. Abweichend GUHL/MERZ/KUMMER, S. 568.

[68] SIEGWART, Vorbem. zu Art. 629–639, N. 47; siehe auch M. KUMMER, Die Klage auf Verurteilung zur Abgabe von Willenserklärungen, ZSR 73, 1954, S. 163 ff., 190 f. (betr. Form).

[68a] SIEGWART (oben Anm. 68).

[69] Der terminus «Errichtung» wird in Art. 638 bei der Simultangründung einer AG verwendet (ebenfalls in Art. 779 für die gleichgeartete Gründung der GmbH), doch geht schon aus dem

rischen Voraussetzungen erfüllt sind – die «konstituierende» Generalversammlung rechtmäßig durchgeführt, die Statuten genehmigt, die Organe bestellt sind, die zur Erlangung der Rechtspersönlichkeit vorgeschriebene Eintragung in das Handelsregister aber noch nicht erfolgt ist – ein Stadium, das unter Umständen recht lange dauern kann, besonders bei Schwierigkeiten im Eintragungsverfahren. Man bezeichnet diesen Sachverhalt (heute) meist als Vorgesellschaft[70].

Über die Rechtsnatur der Vorgesellschaft wurden und werden auch heute noch verschiedene Auffassungen vertreten, meist im Zusammenhang mit den Bestimmungen, über die «vor der Eintragung eingegangenen Verpflichtungen» (Art. 645, 783, 838 OR). – Aus den Gesetzesmaterialien ist zu entnehmen: Im E 1919, Art. 643, wurde die Vorgesellschaft ausdrücklich den Bestimmungen über die einfache Gesellschaft unterworfen[71]. Die E 1923 (Art. 660) und 1928 (Art. 644) ließen den Hinweis auf die einfache Gesellschaft fallen und begnügten sich mit der Bestimmung, daß für die vor der Eintragung in das Handelsregister im Namen der Gesellschaft vorgenommenen Handlungen die «Handelnden (les auteurs) persönlich und solidarisch» haften (unter Vorbehalt der Übernahme solcher Verpflichtungen durch die AG innerhalb dreier Monate seit ihrer Eintragung, sowie der sog. Sachübernahmen und Gründervorteile). Im Bericht zu E 1923 (zu Art. 660) wird aber ausdrücklich festgehalten, daß die nicht eingetragene AG den Charakter einer einfachen Gesellschaft habe und die Haftungen der Handelnden aus den Bestimmungen über diese Gesellschaftsform resultieren; im gleichen Sinn die Botschaft 1928, S. 27. – Die Auffassung der Vorgesellschaft (z.B. der Vor-AG) als einfache Gesellschaft wird auch in der Doktrin vertreten[72]. Ebenfalls vom BGer noch in seiner neuesten Rechtsprechung[73]. – Heute herrscht überwiegend die Meinung, daß die Körperschaften nach ihrer Errichtung bis zu ihrer Eintragung (die «werdende Gesellschaft») eine Gesellschaftsform eigener Art darstellen, auf

---

Wortlaut dieser Bestimmung («auch»), wie aus dem Sachverhalt hervor, daß auch bei der Sukzessivgründung (Art. 629 ff.) die Gesellschaft nach Durchführung der «konstituierenden» Generalversammlung als errichtet im oben erwähnten Sinn gilt. – Bei der Genossenschaft liegt insofern eine andere Formulierung vor, als das Gesetz (Art. 830 OR) unter dem Marginale «Errichtung» sich mit der «Entstehung» der Genossenschaft (nach durchgeführter konstituierender Generalversammlung und Eintragung in das Handelsregister) befaßt (kritisch zu diesen Formulierungen M. GUTZWILLER, Art. 834 OR, N. 5 und Art. 838, N. 2), doch liegt auch hier der Sachverhalt einer Vorgesellschaft vor. Dazu noch hinten Anm. 77. – Für die Rechtsverhältnisse bei den Personengesellschaften im Stadium ihrer «Entstehung» siehe im entsprechenden Zusammenhang, insbes. vorn §§ 20 I, 25, hinten §§ 28 I, 33 II.

[70] Zur Abgrenzung gegenüber dem vor der «Errichtung» einer Körperschaft liegenden Stadium siehe vorn Anm. 63. – Von Vorgesellschaft sprechen z.B. auch SCHUCANY, Kommentar zum schweiz. Aktienrecht, 2. Aufl., Zürich 1960, Art. 643, N. 1; M. GUTZWILLER, Art. 838 OR (Inhaltsübersicht, S. 242); SOERGEL/SCHULTZE-v. LASAULX, vor § 705 BGB, Bem. 46; LEHMANN/DIETZ, S. 90 und Sachverzeichnis, 526.

[71] So deutlich auch der Bericht 1920 (EUGEN HUBER, zu E 1919), S. 50. – Art. 643, E 1919, steht noch im Abschnitt «Gemeinsame Bestimmungen» für «Die Handelsgesellschaften mit Persönlichkeit».

[72] z.B. GUHL/MERZ/KUMMER, S. 568, 575 (auch für die sog. Vorgesellschaft); SCHUCANY (oben Anm. 70), Art. 643, N. 1; SIEGWART, Art. 645, N. 14, jedoch modifiziert durch Vorbem. zu Art. 629–639, N. 14 und Vorbem. zu Art. 530–551, N. 20.

[73] BGE 63 II, 1937, S. 295, 301 (einläßlich, mit Entstehungsgeschichte); 85 I, 1959, S. 128 (kritisch dazu W. VON STEIGER, ZBJV 96, 1960, S. 495f.); 95 I, 1969, S. 276 ff.; zur noch nicht rechtsfähigen Stiftung siehe BGE 81 II, 1955, S. 577 ff. (Vergleich mit dem *nasciturus*).

welche bereits die Bestimmungen des Rechts der betreffenden Körperschaft Anwendung finden, soweit sie nicht die Eintragung (und damit den Erwerb der Persönlichkeit) zur Voraussetzung haben[74]. Das schließe nicht aus, daß parallel zu dieser Vorgesellschaft noch eine einfache Gesellschaft (der Gründer) bestehe (auch Nebengesellschaft genannt)[75], wie auch im Einzelfall sachlich angemessenere Normen anderer Gesellschaftsformen Anwendung finden könnten[76]. So wird auch für das Außenverhältnis eine Vorgesellschaft mit beschränkter Rechts- und Handlungsfähigkeit – analog den Kollektiv- und Kommanditgesellschaften – postuliert[77].

Der soeben erwähnten neueren Doktrin ist jedenfalls insoweit zuzustimmen, als die Vorgesellschaft nicht einfach (en bloc) dem Recht der einfachen Gesellschaft unterstellt werden kann. Mit der Errichtung (im vorerwähnten Sinn) einer Körperschaft haben sich die Beteiligten auf eine Form geeinigt, die schon in diesem Stadium mehr oder weniger weitgehend von dem Recht der beschlossenen Körperschaftsform beherrscht wird (siehe z.B. die Art. 621–645 OR); wozu noch im Rahmen des dispositiven Rechts die vereinbarte autonome Ordnung tritt. Im Innenverhältnis jedenfalls gilt nun Körperschaftsrecht (z.B. hinsichtlich der Formerfordernisse, des Erwerbs der Mitgliedschaft, der Beschlußfassung, der Bestellung der Organe und deren Kompetenzen gemäß Gesetz und Statuten). Im Außenverhältnis aber fehlt der Vorgesellschaft noch die Rechtspersönlichkeit, dies gemäß ausdrücklicher Bestimmung des Gesetzes. Wohl anerkennt das Gesetz (Art. 645, 783, 838) ein Handeln «im Namen der zu bildenden Gesellschaft» vor ihrer Eintragung; Parteien dieser Geschäfte sind aber die Handelnden[78] persönlich und eine Übernahme mit befreiender Wirkung durch die Körperschaft kann erst nach deren Eintragung erfolgen. Unter diesen Umständen ist es kaum möglich, den Vorgesellschaften beschränkte Rechts- und Handlungsfähigkeit zuzusprechen, wie sie z.B. für die Personen-Handelsgesellschaften gilt. Der Kreis der rechtsfähigen Personenverbindungen ist vom Gesetz abschließend bestimmt (siehe vorn § 17, III), und eine beschränkte Rechtspersönlichkeit kann, schon mit Rücksicht auf die Sicherheit im Rechtsverkehr, nur auf Grund gesetzlicher Anordnung angenommen werden.

---

[74] KÜCHLER (oben Anm. 47), S. 233; SIEGWART, a.a.O. (Anm. 72); F. VON STEIGER, Schweiz. AG 4, 1931, S. 11, 13; DERSELBE, Das Recht der AG in der Schweiz, 4. Aufl., Zürich 1970, S. 129f.; siehe jedoch M. GUTZWILLER unten Anm. 77.
[75] Vgl. R. KÜCHLER (Anm. 47), S. 231, 233 lit. C.
[76] R. KÜCHLER (Anm. 47), S. 233, Anm. 17 a.E., unter Hinweis auf BGE 57 I, 1931, S. 148.
[77] R. KÜCHLER (Anm. 47), S. 239f. – M. GUTZWILLER, Art. 834 OR, N. 5 lehnt ebenfalls die Konzeption der Vor-Genossenschaft als einer einfachen Gesellschaft ab und betrachtet diese als eine de facto-Genossenschaft, der «im Notfall nur das Vereinsrecht zu Hilfe kommen kann»; DERSELBE auch noch bei Art. 838, N. 2.
[78] Über den Begriff der «Handelnden» und deren Verpflichtungen, wie auch über die Abgrenzung solcher Geschäfte gegenüber den «Sachübernahmen» (Art. 628 Abs. 2) und den bedingten Geschäften wird im Zusammenhang mit den einzelnen Körperschaftsformen die Rede sein.

Unter diesen Umständen wird man den Verhältnissen am besten gerecht, wenn man – in (sachlicher) Übereinstimmung mit der vereinsrechtlichen Ordnung[79] – auch die Vorgesellschaft noch als eine einfache Gesellschaft qualifiziert, allerdings als eine stark atypische, körperschaftlich organisierte, auf welche intern Körperschaftsrecht zur Anwendung kommt, während für das Außenverhältnis das Recht der einfachen Gesellschaft gilt, soweit das Gesetz nichts Besonderes bestimmt[80]. Die Vertretung der Vorgesellschaft bzw. der Gesellschafter gegenüber Dritten wird durch die Bestimmung von Art. 543 Abs. 2 und 3 wesentlich vereinfacht, indem die Vermutung gilt, daß diejenigen, denen die Geschäftsführung überlassen ist, auch zur Vertretung ermächtigt sind; diese Vermutung kann zu Gunsten der gewählten Exekutivorgane gelten, aber auch zu Gunsten einzelner Gesellschafter[81].

IV. Besondere Erscheinungsformen[82]

1. Im Zuge der typologischen Diskussion (siehe vorn § 24) ist auch von atypischen einfachen Gesellschaften die Rede, wozu eine ganze Reihe von Typen gerechnet werden, die von der gesetzlichen Konzeption dieser Gesellschaftsform abweichen[83]. Da aber das Recht der einfachen Gesellschaft weitgehend nachgiebiger Natur ist und der autonomen Ordnung einen beinah unbegrenzten Spielraum gewährt (woraus sich auch ihr weiterer Anwendungsbereich ergibt), mag es scheinen, daß hier – die

---

[79] Eine direkte Anwendbarkeit von Art. 62 ZGB auf die Körperschaften des OR wird heute abgelehnt, so HEINI, Schweiz. Privatrecht II, S. 536 f.; zustimmend R. KÜCHLER, a.a.O. (Anm. 47), S. 233; a.M. SIEGWART, Komm. V, 5, Einleitung, N. 80, allerdings mit dem Vorbehalt, daß hier die Regeln der einfachen Gesellschaft «stark den besondern Verhältnissen angepaßt» anwendbar seien; siehe auch vorn Anm. 72.

[80] Wie z.B. Art. 640 Abs. 2 (Anmeldung beim Handelsregisteramt durch die «Verwaltung»); Art. 645 Abs. 2 («Vor der Eintragung eingegangene Verpflichtungen»).

[81] So ausdrücklich BGE 95 I, 1969, S. 276 ff., wo die Ermächtigung eines (offenbar federführenden) Mitgründers (eine Bank) zur Einreichung einer Beschwerde vermutet wurde. In BGE 85 I, 1959, S. 128 galt ein im Namen der «SA en formation» und der fünf Gründer eingelegter Rekurs als von den Gründern eingereicht. In beiden Fällen wurde die Vorgesellschaft als einfache Gesellschaft betrachtet (dazu vorn Anm. 74), der damit auch keine Partei- und Prozeßfähigkeit zukomme. Siehe auch BGE 40 III, 1914, S. 447; 41 III, 1915, S. 3 (Nichtigkeit von Schuldbetreibungen gegen Vorgesellschaften.).

[82] Die nachfolgenden Ausführungen beschränken sich auf die in rechtlicher Hinsicht wesentlichen besondern Erscheinungsformen.

[83] So z.B. SOERGEL/SCHULTZE-V. LASAULX, vor § 705 BGB, II 2. Zu den mannigfaltigen «atypischen Erscheinungen» im Bereich der (schweizerischen) einfachen Gesellschaft siehe die Übersicht bei MEIER-HAYOZ/SCHLUEP/OTT, Gesellschaftsrecht heute, Sonderheft ZSR 90 I, 1971, S. 308 ff.

Qualifizierung der fraglichen Verbindungen als einfache Gesellschaft gemäß Art. 530 Abs. 1 und 2 OR vorausgesetzt – typologische Probleme kaum auftauchen können[84]. Doch zeigt die Praxis, daß sie auch im Bereich der einfachen Gesellschaft nicht ganz fehlen, wobei auch hier die Kernfrage lautet, ob die Ausgestaltung der Gesellschaft in casu sich innerhalb der von zwingendem Recht gezogenen Grenzen hält (siehe vorn § 24 IV).

Dies gilt namentlich für die körperschaftlich, unter Umständen auch kapitalistisch konzipierte und organisierte Gesellschaft. Wir sind ihr schon beim Vor-Verein und der Vorgesellschaft begegnet (vorn III 3, 4), sie wird aber häufig zu andern, gelegentlich auch dauernden Zwecken begründet, so bei Kartellen und Syndikaten. Hier können sich Fragen stellen wie: Kann der Gesellschaftsvertrag (oft Statuten genannt) die Ausschließung von Gesellschaftern vorsehen[85]; oder das Kündigungsrecht gemäß Art. 546 aufheben oder modifizieren[86]; oder das Kontrollrecht der nicht geschäftsführenden Gesellschafter aufheben oder einschränken[87]? Da es hier um Fragen geht, die an die Grundlagen der Gesellschaft rühren, wird darauf später, im Zusammenhang mit den entsprechenden Normen eingetreten[88].

Als weitere besondere Erscheinungsformen – die sich aber ohne Schwierigkeiten in das Gesamtbild der einfachen Gesellschaft einordnen lassen – seien (unter andern) noch erwähnt:

2. Die (reinen) Innen- und Außengesellschaften

Auch die einfache Gesellschaft weist regelmäßig, wie schon aus ihrer gesetzlichen Ordnung hervorgeht – zwei Seiten auf: Ein Innenverhältnis (die Beziehungen unter den Gesellschaftern umfassend) und ein Außenverhältnis (das mit dem Auftreten gegenüber Dritten gemäß Art. 543 Abs. 2 und 3 OR entsteht)[89].

Die Beteiligten können aber ein Interesse daran haben, eine sog. reine Innengesellschaft zu bilden, die nach außen gar nicht in Erscheinung treten soll; z.B. zur Wahrung der Diskretion in den verschiedensten rechtlichen und faktischen Zusammenhängen oder zur Vermeidung von Verpflichtungen und Haftungen gegenüber Dritten. Das Gesetz anerkennt ein

---

[84] So behandelt z.B. LEHMANN/DIETZ, § 17, dieses Thema unter dem Titel «Die abgewandelte bürgerlich-rechtliche Gesellschaft».
[85] Dazu hinten § 29, IV 5 a.
[86] Dazu hinten § 31, II c, d.
[87] Dazu hinten § 29, III 2 d.
[88] Siehe vorläufig MEIER-HAYOZ/SCHLUEP/OTT, (oben Anm. 83). – Zu den atypischen Kommandit- und stillen Gesellschaften siehe hinten §§ 40 III, 46 II, IV 2.
[89] Zum Innen- und Außenverhältnis bei den Personengesellschaften einläßlich SIEGWART, Vorbem. zu Art. 530–551, N. 82 ff.

solches Verhältnis und regelt auch dessen wesentlichste Auswirkung, indem es bestimmt, daß ein Gesellschafter, der in eigenem Namen aber für Rechnung der Gesellschaft mit Dritten Geschäfte abschließt, gegenüber diesen allein berechtigt und verpflichtet wird (Art. 543 Abs. 1)[90]. Für das Innenverhältnis (die Mitgliedschaftsrechte, insbesondere auch das Recht zur Geschäftsführung) gelten dann die vertraglichen und gesetzlichen Bestimmungen über die einfache Gesellschaft. – Im Geschäftsleben hat sich aus der Innengesellschaft ein besonderer Typus entwickelt, die stille Gesellschaft (dazu hinten § 46), die ihrerseits wieder atypische Gestaltungen aufweisen kann[91]. – Zu den Innengesellschaften wird auch die Unterbeteiligung gezählt (unten Ziff. 4).

Eine Außengesellschaft liegt vor, wenn die Beteiligten vereinbaren, nach außen als Gesellschaft, bzw. als Gesellschafter aufzutreten (z.B. zur Stärkung des Kredits), während im Innenverhältnis eine andere Ordnung gelten soll, die die verschiedensten Spielarten individual- und gesellschaftsrechtlicher Natur aufweisen kann: z.B. Behandlung der Beiträge als Darlehen oder arbeitsvertragliche Leistungen unter entsprechender Beschränkung oder gar Aufhebung der mitgliedschaftlichen Rechte und Pflichten. Anders als die Innengesellschaften können Außengesellschaften auch im Bereich der Kollektiv- und Kommanditgesellschaften gebildet werden, hier namentlich zwecks Beibehaltung bisher benützter Namensfirmen[92]. Anlaß dazu besteht z.B. bei Veräußerung von Unternehmen, Übernahme solcher durch einzelne Erben, Ausscheiden von Gesellschaftern, wobei die Veräußerer, Miterben, Ausscheidenden auf bestimmte oder unbestimmte Zeit den status eines Außengesellschafters mit unbeschränkter oder beschränkter Haftung erhalten oder behalten sollen. – Was die Wirkungen der Außengesellschaft betrifft, so ist zwischen dem Außen- und dem Innenverhältnis zu unterscheiden: Gegenüber Dritten gilt das Recht der in Frage stehenden Gesellschaftsform; so für die Vertretungsmacht die Art. 543, 562–564, 602f. OR; für die Haftungen (der Außengesellschafter) die Art. 544 Abs. 3, 568f., 604–609[93]. Ob und inwieweit Regreßrechte gegeben sind, hängt von der vertraglichen Regelung des Innenverhältnisses

---

[90] Dazu hinten § 30, II 3.
[91] Hier schon festzuhalten, daß eine stille Gesellschaft nicht nur unter Mitgliedern einer einfachen Gesellschaft gebildet werden kann; Stille oder Komplementäre können Personen oder Personenverbindungen irgendwelcher Rechtsform sein.
[92] SIEGWART (Anm. 89), N. 84ff. – Anders bei den Kapitalgesellschaften, bei welchen eine vermögensrechtliche Beteiligung der Mitglieder auf gesellschaftsrechtlicher Basis unerläßliche Voraussetzung ist.
[93] SIEGWART (Anm. 89), N. 86. – So werden auch von einem gegen die Gesellschaft ergangenen Urteil nur die Außengesellschafter erfaßt.

ab und berührt den Gesellschaftsgläubiger nicht. – Weniger klar liegen die Dinge im Innenverhältnis. Zwar gilt hier primär die vertragliche Ordnung, doch sind unter Umständen zwingende Bestimmungen oder Prinzipien des Gesellschaftsrechts zu beachten. So können einem unbeschränkt haftenden Außengesellschafter die gesetzlichen Kontrollrechte nicht gänzlich entzogen, unter Umständen aber modifiziert werden, so wenn dem Gesellschafter seinen Risiken entsprechende Sicherheiten bestellt worden sind. Das gleiche gilt grundsätzlich auch für die Mitwirkungsrechte des Außengesellschafters in wesentlichen Angelegenheiten [94].

3. Die sog. Gelegenheitsgesellschaften

In Doktrin und Rechtsprechung ist in verschiedenem Zusammenhang von Gelegenheitsgesellschaften die Rede. Darunter wird in der Regel eine Gesellschaft verstanden, welche die Durchführung eines einzelnen Geschäfts oder auch die wiederholte Durchführung einzelner Geschäfte zum Zweck hat [95]. – Auf Gelegenheitsgesellschaften in diesem Sinn weist Art. 550 Abs. 2 OR hin, allerdings (wenigstens nach dem Wortlaut dieser Bestimmung) eingeschränkt auf die reine Innengesellschaft. [96].

Anläßlich der Revision des OR wurde auch die Kodifizierung der Gelegenheitsgesellschaft (*Société en participation*) [97] vorgeschlagen, als einer Handelsgesellschaft eigener Art (siehe die E 1919, Art. 625 ff. und 1923, Art. 552 ff.; hier selbständig in einem 24. Titel geordnet). Durch diese Sonderordnung sollten, wie aus den erwähnten Entwürfen und den diesbezüglichen Berichten (1920, S. 32 und 1923, S. 9) hervorgeht, die Gründerkonsortien sowie die Emissions-, Einkaufs- und Verkaufssyndikate erfaßt werden, ferner die sog. Unterbeteiligung (wozu Ziff. 4 hienach). Die Gelegenheitsgesellschaft wurde dem Recht der einfachen Gesellschaft unterstellt unter Vorbehalt der hievon abweichenden Bestimmungen der Sonderordnung, die allerdings wesentliche Punkte betraf (z. B. Gewinn- und Verlustbeteiligung, Kontrollrechte, Konkurrenzverbot, Auflösung und Liquidation). – Die Expertenkommission lehnte aber eine solche Sonderordnung ab, als entbehrlich, u. U. sogar irreführend (siehe ProtExpKomm. 1928, S. 7 ff.), womit es sein Bewenden hatte (siehe Botschaft 1928, S. 7).

Damit blieb die sog. Gelegenheitsgesellschaft dem Recht der einfachen Gesellschaft unterstellt [98] – wie in Doktrin und Rechtsprechung allgemein

---

[94] Vgl. SIEGWART (Anm. 89), N. 85.
[95] Vgl. z. B. SIEGWART, Vorbem. zu Art. 530–551, N. 14, unter Betonung des «vorübergehenden» Charakters des Gesellschaftszwecks; ebenso GUHL/MERZ/KUMMER, S. 525. – Vgl. BGE 30 II, 1904, S. 75; 48 II, 1922, S. 441; 49 II, 1923, S. 471 ff. (wo allerdings nicht von einer Gelegenheitsgesellschaft gesprochen werden kann, siehe unten Anm. 105).
[96] Dazu hinten § 31, III 1 a. Vgl. auch VOGELSANG, S. 33.
[97] Die ungenaue Übersetzung von Gelegenheitsgesellschaft in *société en participation* (im französischen Recht stille Gesellschaft, siehe hinten § 46) erfolgte aus sprachlichen Gründen; vgl. Bericht 1923 (zu E 1923), S. 9 und Botschaft 1928, S. 7 (französischer Text), wo auch von *société occasionelle* die Rede ist. – Vgl. VOGELSANG, S. 32.
[98] So jetzt auch im deutschen Recht, welches die in ADHGB Art. 266 ff. enthaltene Sonderordnung der Gelegenheitsgesellschaft weder ins HGB noch ins BGB übernahm.

anerkannt – mit einem an sich unbeschränkten Anwendungsgebiet. Dies schließt nicht aus, daß unter Umständen ihrem (im Vergleich zu Dauerverhältnissen) besonderen Charakter bei der Auslegung des Gesellschaftsvertrags und der Anwendung des Gesetzes Rechnung zu tragen ist; z.B. bei der Bestimmung der Beiträge gemäß Art. 531 Abs. 2 oder der Beurteilung von Auflösungsgründen, insbesondere gemäß Art. 545 Abs. 1 Ziff. 1 (Zweck), Ziff. 6 (Kündigung), Ziff. 7 (wichtiger Grund). Je nach dem konkreten Fall können die in vertraglichen oder gesetzlichen Bestimmungen relevierten Momente bei Gelegenheitsgesellschaften stärker oder weniger stark ins Gewicht fallen als bei Dauerverhältnissen.

4. Die Unterbeteiligung

Das OR befaßt sich in einer einzigen kurzen Bestimmung mit der sog. Unterbeteiligung, dies im Rahmen der einfachen Gesellschaft und im Zusammenhang mit der Aufnahme neuer Mitglieder (Art. 542, insbesondere Abs. 2 = aOR). Wie sich gleich zeigen wird, erstreckt sich aber das Anwendungsgebiet dieses in der Praxis häufig vorkommenden Gesellschaftstypus über das ganze Gesellschaftsrecht. – Eine Unterbeteiligung liegt vor, wenn (allgemein formuliert) einer oder mehrere (Unterbeteiligte[99] – nachfolgend A genannt) am Anteil[100] eines andern (Hauptbeteiligter oder Gesellschafter – nachfolgend B genannt) beteiligt sind, der diesem in einer Gesellschaft oder Genossenschaft (Obergesellschaft – nachfolgend C genannt) zusteht[101]. Die Beziehungen zwischen den drei an einem solchen Verhältnis Beteiligten (A, B, C) werfen Fragen auf, die das Gesetz (auch in beschränktem Rahmen der einfachen Gesellschaft) nur unvollständig beantwortet.

Wie vorn (Ziff. 3) erwähnt, befaßten sich die E 1919 (Art. 635) und 1923 (Art. 561) ausdrücklich mit der «Unterbeteiligung», jedoch – merkwürdigerweise – nur als einem Sondertypus der Gelegenheitsgesellschaft (im vorerwähnten eingeschränkten Sinn)[102]. Dabei sahen die Ent-

---

[99] In Doktrin und Praxis werden zur Bezeichnung der bei der Unterbeteiligung direkt oder indirekt Beteiligten unterschiedliche Ausdrücke verwendet.

[100] Der terminus «Anteil» wird Art. 542 Abs. 2 OR entnommen. SIEGWART, Art. 542 OR, N. 2f. spricht von «gemeinschaftlicher Ausnützung der Mitgliedschaft»; H. G. HUBER (Unterbeteiligung), S. 283 von «Ausbeutung der Rechtsstellung des Direktbeteiligten im Rechtsverhältnis, woran eine Unterbeteiligung gewährt wird».

[101] Vgl. BECKER, Art. 542, N. 8ff.; FUNK, Art. 542, N. 2; SIEGWART (oben Anm. 100); GUHL/MERZ/KUMMER, S. 529. – Unter besonderen Gesichtspunkten befaßt sich mit der Unterbeteiligung H. G. HUBER (Unterbeteiligung), S. 281 ff. (insbes. Vergleich und Zusammenhänge der Unterbeteiligung mit andern Rechtsverhältnissen, so der Treuhand, dem Auftrag, dem Kollektivanlagevertrag, sowie Erörterung spezieller Probleme wie Konkurs und Haftung des Direktbeteiligten, Übertragbarkeit und Kündigung der Unterbeteiligung).

[102] Die Unterbeteiligung ist keineswegs auf Gelegenheitsgeschäfte (wie z.B. bei Emissionssyndikaten) beschränkt, was auch in der Expertenkommission betont wurde (ProtExpKomm

würfe eine unterschiedliche Regelung vor, je nachdem, ob die Unterbeteiligung von sämtlichen oder nur von einzelnen Gesellschaftern (der Gelegenheitsgesellschaft) eingeräumt wurde. Mit der Streichung des ganzen Titels über die Gelegenheitsgesellschaft (siehe vorn Ziff. 3) fiel auch diese Sonderordnung dahin und es blieb bei der Bestimmung des Art. 542 Abs. 2 aOR (gleich numeriert im heute geltenden OR).

Art. 542 (Marginale: «Aufnahme neuer Gesellschafter und Unterbeteiligung»; «Admission de nouveaux associés; tiers intéressés»; «Amissione di nuovi soci e partecipazione a terzi») befaßt sich in Abs. 2 mit zwei verschiedenen Fällen: «Wenn ein Gesellschafter einseitig einen Dritten an einem Anteil beteiligt oder seinen Anteil an ihn abtritt». Nur im ersten Fall liegt eine Unterbeteiligung im vorerwähnten Sinn mit ihren spezifischen Wirkungen vor, während im zweiten Fall eine Zession von Mitgliedschaftsrechten an Dritte erfolgt, die in entsprechendem Zusammenhang zu würdigen ist (siehe hinten § 29, III 1d)[103].

Nach herrschender Lehre und Rechtsprechung[104] bildet die Unterbeteiligung zwischen A und B eine einfache Gesellschaft, vorausgesetzt (betonen wir), daß überhaupt eine Gesellschaft vorliegt, d.h. eine vertraglich begründete Zweckgemeinschaft mit den ihr eigentümlichen Merkmalen (siehe vorn § 20, I). Zweck einer solchen Gesellschaft ist die – vertraglich näher zu vereinbarende – gemeinsame «Ausnützung» (SIEGWART) des Anteils von B an C. Parteien dieses Doppelverhältnisses können natürliche Personen, Personengesellschaften oder Körperschaften sein, so daß der «Anteil» (von B an C) ein solcher im Sinn von Art. 542 Abs. 2 sein, aber auch in Aktien, GmbH- oder Genossenschaftsanteilen bestehen kann[105]. Als Gesellschafter sind A und B am «Gewinn und Verlust» gemäß Art. 533

1928, S. 9) und die Praxis zeigt. So werden im Bankgeschäft, z.B. bei Exportfinanzierungen, Unterbeteiligungen nicht nur für einzelne Transaktionen, sondern auch (bei sog. Rahmen- oder Transferkrediten) auf ständiger Konsortialbasis vereinbart. – Unterbeteiligungen kommen auch bei Forschungsgemeinschaften vor. – Auch dem in Anm. 105 wiedergegebenen BGE 49 II, 1923, S. 475 ff. liegt eine Unterbeteiligung von unbestimmter Dauer zugrunde.

[103] SIEGWART, Art. 542 OR, N. 2, 4; GUHL/MERZ/KUMMER, S. 529; H.G. HUBER (Anm. 101), S. 281 ff.

[104] Siehe oben Anm. 101; Vorbehalte bei H.G. HUBER (Anm. 101). – BGE 48 II, 1922, S. 442; 49 II, 1923, S. 475 ff. (siehe Anm. 105); auch in BGE 96 I, 1970, S. 673 ff. wird in Erw. 1 (nicht in AS; wiedergegeben bei H.G. HUBER, a.a.O., S. 282) auf die Unterbeteiligung als Gesellschaftsverhältnis hingewiesen.

[105] Zum Vorstehenden und Nachfolgenden siehe den instruktiven Fall in BGE 49 II, 1923, S. 475 ff., 491, 496: Die Schweizerische Seetransport-Union, eine Genossenschaft, hatte zum Zweck, ihren Mitgliedern Frachtraum zu beschaffen. Die Union stellte Anteile auf den Namen ihrer Mitglieder aus. Zu diesen zählte auch ein Import-Syndikat, ebenfalls eine Genossenschaft, das seinerseits seinen Mitgliedern, worunter eine AG, sog. Partialanteilscheine ausstellte. – Entgegen der Vorinstanz qualifizierte das BGer das Verhältnis zwischen dem Syndikat und der AG als eine Unterbeteiligung, eine Innengesellschaft (in casu als

beteiligt – wobei darunter nicht nur ein finanzielles Ergebnis, sondern ganz allgemein die Vor- und Nachteile zu verstehen sind, die B aus seiner Beteiligung an C erwachsen[106]. Die weiteren Auswirkungen der Unterbeteiligung bestimmen sich nach dem Vertrag zwischen A und B[107], subsidiär nach dem Recht der einfachen Gesellschaft, soweit nicht die besondere Natur dieses Verhältnisses eine abweichende Ordnung erfordert. So erzeugt die Unterbeteiligung kein Gesamtvermögen[108]. Die Geschäftsführung (gegenüber C) liegt bei B, der hiefür der Sorgfaltspflicht[109] und den Haftungen gemäß Art. 538 unterliegt und dem A (im Rahmen der Unterbeteiligung) rechenschaftspflichtig ist.

Im Außenverhältnis dagegen, insbesondere gegenüber der Obergesellschaft (C) liegen die Dinge anders. Gemäß Art. 542 Abs. 2 wird der (einseitig) Unterbeteiligte nicht Gesellschafter der Obergesellschaft; er wird also dieser gegenüber in keiner Weise berechtigt und verpflichtet, insbesondere stehen ihm auch keine dinglichen Rechte am Gesellschaftsvermögen von C zu. Gemäß der genannten Bestimmung werden A auch die einem einfachen Gesellschafter gewährten Kontrollrechte (Art. 541) versagt; er kann die von ihm für die Überprüfung seiner Beteiligung benötigten Auskünfte nur über B erlangen – soweit diesem Kontrollrechte zustehen

---

«Gelegenheitsgesellschaft» im Sinn von Art. 635 des E 1919 bezeichnet; Hinweis auf deutsche Lehre) mit dem Syndikat als Geschäftsführer, für deren Beendigung nicht die Art. 107–109 OR, sondern Art. 545 (Auflösung mit Wirkung ex nunc) anzuwenden seien. Dabei dürfe man die Unterbeteiligung (der AG) nicht isoliert würdigen, sondern es seien auch die Interessen der andern Unterbeteiligten (Syndikatsmitglieder) als einer «communio incidens» (Vergleich mit dem Verhältnis unter Aktionären) zu beachten. – Bemerkenswert in casu auch die Unterscheidung zwischen Zweck und Motiv (dazu vorn § 20, I 2): Unmittelbarer Zweck der zwischen dem Syndikat und der AG bestehenden Gesellschaft sei deren Beteiligung (sc. Mitgliedschaft [Verf.]) am Syndikat gewesen, als Mittel zum (End-) Zweck, der Beschaffung von Frachtraum (S. 491). – Der von der AG ebenfalls geltend gemachte Irrtum beim Vertragsschluß (Art. 24 Ziff. 4 OR) wurde als Irrtum im Beweggrund und daher als irrelevant gewertet (S. 493 f.).

[106] SIEGWART, Art. 542 OR, N. 3; GUHL/MERZ/KUMMER, S. 529; siehe auch BGE 49 II, 1923, S. 475 ff. (oben Anm. 105). – Wird eine Verlustbeteiligung des Unterbeteiligten ausgeschlossen, liegt in der Regel keine Gesellschaft vor (siehe vorn II, Ziff. 1). Es ist aber denkbar, daß der Unterbeteiligte im Innenverhältnis Arbeitsleistungen im Sinn von Art. 533 Abs. 3 zu erbringen hat, die eine sog. *societas leonina* rechtfertigen können (dazu hinten § 29, II 3).

[107] Ob der Hauptbeteiligte berechtigt ist, eine Unterbeteiligung einzuräumen, bestimmt sich nach der besondern Ausgestaltung der Obergesellschaft (z. B. bei Geheimhaltungspflichten); siehe SIEGWART, Art. 542, N. 2. – Der Vertrag regelt auch die Leistungen des Unterbeteiligten, die, wie allgemein im Recht der einfachen Gesellschaft (siehe hinten § 29, I Ziff. 1), die verschiedensten Formen annehmen können.

[108] GUHL/MERZ/KUMMER, S. 529; SOERGEL/SCHULTZE-v. LASAULX, Vor § 705 BGB, Bem. 37.

[109] SIEGWART, Art. 542, N. 3 a. E.; SOERGEL/SCHULTZE-v. LASAULX (oben Anm. 108); BGE 49 II, 1923, S. 487.

(deren Art und Ausmaß je nach der Rechtsform der Obergesellschaft sehr unterschiedlich sind).

Die Unterbeteiligung stellt somit, wie allgemein anerkannt, eine besondere Art der Innengesellschaft (siehe vorn Ziff. 2) dar. In der Doktrin wird sie mitunter einfach der Stillen Gesellschaft gleichgesetzt[110]. Man kann dies tun, jedoch mit der Einschränkung, daß es sich hier um einen besonderen Fall dieser Gesellschaft handelt, dies im Hinblick sowohl auf die Voraussetzungen als auf gewisse internrechtliche Verhältnisse[111].

5. Gesellschaftsähnliche Rechtsverhältnisse und «gemischte» Gesellschaftsformen[112]

Bezeichnungen wie «gesellschaftsähnlich» («vertragsähnlich» und dgl.) bergen die Gefahr in sich, daß sie mehr zur Verwischung als zur Klarstellung des in Frage stehenden Rechtsverhältnisses beitragen. Doch zeigen sich in der Praxis immer wieder Gebilde, die zwar (noch) einem bestimmten (synallagmatischen) Vertrag zuzurechnen sind (Darlehen, Dienstvertrag, Pacht, Lizenz, Alleinvertriebsrecht), aber in ihrer Grundlage (persönliches Vertrauensverhältnis) und ihrer Ausgestaltung (Zusammenwirken der Parteien) sich so stark einer Zweckgemeinschaft im gesellschaftsrechtlichen Sinn nähern, daß man sie als gesellschaftsähnlich ansprechen kann und gegebenenfalls auch Gesellschaftsrecht heranziehen muß, wenn man den Verhältnissen gerecht werden will. Es sind namentlich die partiarischen Rechtsverhältnisse, die dazu Anlaß geben können: Die Beteiligten wollten keine Gesellschaft (Schicksalsgemeinschaft!) begründen, aber die Leistungen des Partiars oder das Zusammenwirken der Parteien (z.B. bei einem Lizenzvertrag mit tätiger Mitwirkung des Lizenzgebers) sind von solcher Bedeutung, daß auf gewisse Punkte (mangels vertraglicher Ordnung) gewisse Normen des Gesellschaftsrechts an-

---

[110] So VOGELSANG, S. 125; SIEGWART (oben Anm. 106) spricht von einer «gewissen Ähnlichkeit zur stillen Gesellschaft».

[111] So setzt die Unterbeteiligung (im Sinn von Art. 542 Abs. 2) stets die Existenz eines zweiten Gesellschaftsverhältnisses (zwischen B und C) voraus, während bei der stillen Gesellschaft die Leistung des Stillen in das «Geschäftsvermögen» des Komplementärs erfolgt (das zwar auch Beteiligungen an andern Gesellschaften enthalten kann, aber nicht muß). – Über die besondere Ausgestaltung des Innenverhältnisses siehe oben im Text.

[112] Die Bezeichnungen dieser Verhältnisse sind nicht einheitlich und auch bei ein und demselben Autor nicht immer konsequent; vgl. z.B. SIEGWART, Vorbem. zu Art. 530–552, N. 3, 67, 72. Deutlicher unterscheidet z.B. SOERGEL/SCHULTZE-V. LASAULX, § 705 BGB, Bem. 24 («Mischtypen», wozu auch atypische Gestaltungen gerechnet werden) und Bem. 88 ff. («Gemischte Verträge mit gesellschaftsrechtlichen Elementen»).

zuwenden sind, z.B. hinsichtlich der Mitsprache- und Kontrollrechte des Partiars oder (namentlich) der Beendigung («Auflösung)» des fraglichen Rechtsverhältnisses – wobei die Interessen beider Parteien zu berücksichtigen, nötigenfalls gegeneinander abzuwägen sind[113].

Das Gesellschaftsrecht kennt auch Mischformen[114]. Solche liegen vor, wenn auf ein und dieselbe Gesellschaft das Recht verschiedener Gesellschaftsformen oder auch das Recht besonderer Vertragsformen zur Anwendung kommt. – Wie bereits ausgeführt (vorn § 21, II 1), hat schon das Gesetz mit zwingenden oder nachgiebigen Vorschriften gemischte Gesellschaftsformen geschaffen – so die Kommandit AG, die GmbH (auf welche das Recht von Kapital- und Personengesellschaften nebeneinander zur Anwendung kommt) und die Personen-Handelsgesellschaften (für deren Innenverhältnis das Recht der einfachen Gesellschaft gilt) – oder Normen aus dem Kaufs-, Miets- oder Auftragsrecht in das Gesellschaftsrecht einbezogen (Art. 531, 538 Abs. 2). Gemischte Verhältnisse können aber auch auf Grund vertraglicher Vereinbarung entstehen, namentlich durch eine unterschiedliche Ordnung des Innen- und Außenverhältnisses. So soll z.B. eine «Einlage» nach außen als Kommandite kundgegeben werden, intern aber (insbesondere bei der Liquidation) als Darlehen gelten. Hier ist allerdings zu beachten, daß im ganzen Gesellschaftsrecht – ausgenommen bei den AG – die Beiträge der Gesellschafter unter irgendeinem Rechtstitel erbracht, somit auch individualrechtliche Leistungen auf gesellschaftsrechtlicher Grundlage vereinbart werden können[115], was sich dann in einer unterschiedlichen Behandlung solcher Beiträge im Außen- und Innenverhältnis auswirkt. – Mischformen sind auch bei den bereits erwähnten Gründungs- und Vorgesellschaften gegeben[116].

V. Ausländisches Recht[117]

1. Deutschland und Österreich

Der einfachen Gesellschaft entspricht im deutschen Recht die sog. bürgerlichrechtliche Gesellschaft, d.h. die «Gesellschaft» gemäß Art. 705–740 BGB. Sie stimmt begrifflich und funktionell mit der einfachen Gesellschaft des schweizerischen Rechts überein; insbesondere steht

---

[113] SIEGWART (oben Anm. 112), N. 3; SOERGEL/SCHULTZE-V. LASAULX (oben Anm. 112), Bem. 88.
[114] Vgl. SIEGWART (oben Anm. 112), N. 67.
[115] Siehe hinten § 29, I 2. – Bei der GmbH gilt dies nur für die «weiteren Leistungen» im Sinn von Art. 777 Ziff. 2.
[116] Siehe vorn III 4. – Zur Bedeutung von Mischformen in der typologischen Betrachtungsweise siehe vorn § 24.
[117] Zur Stellung der der schweizerischen einfachen Gesellschaft entsprechenden Personenverbindungen im Rahmen der ausländischen Rechtsordnungen siehe vorn § 18 III.

auch die bürgerlichrechtliche Gesellschaft allen Zwecken offen, soweit die Spezialgesetzgebung für bestimmte Zwecke nicht eine besondere Gesellschaftsform vorschreibt[118]. Auch die Gestaltungsprinzipien sind im wesentlichen die gleichen (auf gewisse Abweichungen wird in entsprechendem Zusammenhang hingewiesen). Das Recht der BGB-Gesellschaft gilt subsidiär auch als Recht der Personen-Handelsgesellschaften (§§ 105 Abs. 2, 161 Abs. 2 HGB). – In Österreich findet die einfache Gesellschaft ihr Gegenstück in der «Erwerbsgesellschaft» (auch «schlichte Gesellschaft» genannt) gemäß §§ 1175–1216 des österreichischen ABGB. Wie schon ihr Name sagt und in der gesetzlichen Umschreibung zum Ausdruck kommt, ist der Zweckbereich dieser Gesellschaftsform enger gezogen als im schweizerischen und deutschen Recht. Die Erwerbsgesellschaft dient der Verfolgung gemeinsamer wirtschaftlicher Zwecke, diese allerdings in einem weiten Sinn verstanden, so daß nicht nur gewinnstrebende, sondern auch andere auf wirtschaftlichen «Nutzen» zielende Unternehmen darin Platz finden (z.B. Vorgründungsgesellschaften, Syndikats- und Konsortialverträge, Kartelle)[119]. Auch in struktureller Hinsicht sind gegenüber der Gesellschaft des OR und des BGB wesentliche Unterschiede festzustellen. Die Erwerbsgesellschaft bildet heute eine singuläre Gesellschaftsform; die sie regelnden Bestimmungen finden auf die Personen-Handelsgesellschaften keine Anwendung mehr.

2. Frankreich

Das französische Recht geht vom Gesellschaftsvertrag (contrat de société) aus, dessen Resultat, die société im allgemeinen Sinn, in den Art. 1832–1873 des Code civil umschrieben ist. Durch den Gesellschaftsvertrag verpflichten sich die Gesellschafter zu Leistungen an die Gemeinschaft, und zwar zum Zweck der Erzielung und Verteilung von Gewinn[120].

Durch dieses (kollektive und individuelle) Gewinnstreben unterscheidet sich die *société* von der *association* (Verein). Nach konstanter Rechtsprechung kommt jeder Gesellschaft Rechtspersönlichkeit zu, sei sie eine *société civile* oder *commerciale*, dieser jedoch erst nach Eintragung im Handelsregister[121]. Dessen ungeachtet haften die Gesellschafter für die rechtsgültig begründeten Gesellschaftsschulden, in der société civile jedoch nur nach Kopfteilen (Art. 1862 CCfr.), in den Handelsgesellschaften gemäß den für diese geltenden Bestimmungen. – Von Bedeutung für das französiche Gesellschaftsrecht ist, daß die Regeln über den Gesellschaftsvertrag subsidiär auch für alle Handelsgesellschaften gelten[122].

3. Italien

Die *società semplice* des italienischen Rechts beruht auf dem allgemeinen Begriff der «Società» (Art. 2247 CCit.)[123]. Sie ist von Gesetzes wegen für wirtschaftliche Zwecke gedacht, kann aber,

---

[118] SOERGEL/SCHULTZE-V. LASAULX, Vor § 705 BGB, Bem. 1, 77ff.; § 705, Bem. 24.

[119] § 1175 des österreichischen ABGB: «Durch einen Vertrag, vermöge dessen zwei oder mehrere Personen einwilligen ihre Mühe allein, oder auch ihre Sachen zum gemeinschaftlichen Nutzen zu vereinigen, wird eine Gesellschaft zu einem gemeinschaftlichen Erwerbe errichtet.» Vgl. H. HÄMMERLE, § 45 II; K. WAHLE, in: Kommentar zum Allg. bürgerlichen Gesetzbuch, von H. KLANG und F. GSCHNITZER, 2. Aufl., Wien 1954, Bd. V, ad § 1175 III, S. 505ff.

[120] Art. 1832 CCfr.: «La société est un contrat par lequel deux ou plusieurs personnes conviennent de mettre quelque chose en commun, dans la vue de partager le bénéfice qui pourra en résulter.»

[121] Zur Unterscheidung zwischen Sociétés civiles und Sociétés commerciales siehe vorn § 18, III Ziff. 3.

[122] Art. 1873 CCfr. und Art. 18 Ccomm.fr., der seinerseits die sociétés commerciales dem «droit civil» unterstellte. Diese Bestimmung findet sich zwar nicht mehr in der Loi soc. comm. (1965), doch geht aus den Materialien und der Doktrin hervor, daß die Bestimmungen des CCfr. über den contrat de société als subsidiäres Recht weiterhin auch für die Handelsgesellschaften gelten. Vgl. TROUILLAT, S. 27f., 35 und die dort zitierten Materialien.

[123] Art. 2247 CCit.: «Nozione – Con il contratto di società due o più persone conferiscono beni o servizi per l'esercizio in comune di una attività economica allo scopo di dividerne gli utili.»

wie die andern Gesellschaften, auch andere Zwecke verfolgen (Art. 2247, 2249 Abs. 2; siehe auch vorn § 18, III 4). Die Bestimmungen über die società semplice gelten subsidiär auch für die Kollektiv- und Kommanditgesellschaften (Art. 2293, 2315), sowie für andere, nichtwirtschaftliche Zwecke verfolgende Gesellschaften, sofern diese sich nicht einer andern Gesellschaftsform unterstellen (Art. 2249 Abs. 2). – Die società semplice ist nicht juristische Person, doch weist sie in externer Hinsicht Verselbständigungen auf, die sie der Kollektivgesellschaft stark annähert[124].

4. England und USA

Das englische Recht kennt, wie bereits ausgeführt (vorn § 18, III Ziff. 4) kein Gesellschaftsrecht im kontinentalen Sinn, keinen Gesellschaftsvertrag als Vertragsart sui generis und damit auch keine einfache Gesellschaft als Assoziationsform per se und zugleich Grundform der andern gesellschaftlichen Verbindungen[125]. Verfolgen zwei oder mehr Personen gemeinsame Zwecke und verwirklichen solche Verbindungen nicht die Merkmale irgend einer der vom objektiven Recht (Gesetz oder Rechtsprechung) geprägten Assoziationsformen, so findet auf sie das allgemeine Vertragsrecht Anwendung, verbunden mit den hier besonders bedeutsamen Regeln über die Stellvertretung (agency), die Vollmacht (authority) und das Eigentum (ownership, co-ownership).

Grundsätzlich (in den Ausgangspunkten) gleich liegen die Dinge im amerikanischen Recht, doch hat sich hier zunächst im Geschäftsleben, dann zunehmend auch in der Rechtsprechung eine Unternehmensform entwickelt, die unsern einfachen Gesellschaften sehr nahe kommt, die sog. *Joint Venture* (auch Joint Adventure, Joint Enterprise, Joint Undertaking, Joint Speculation, Syndicate genannt)[126]. In allgemeinster Formulierung wird darunter eine besondere Verbindung von zwei oder mehr Personen (auch corporations) zur gemeinschaftlichen Verfolgung gewinnstrebender (profits) Unternehmen – einzelner, mehrerer oder auch von gewisser Dauer – verstanden, die nicht die spezifischen Merkmale anderer Unternehmungsformen, insbesondere der Partnership erfüllen[127]. Doch ist die Rechtsprechung hiezu sehr unter-

---

[124] So gilt, mangels anderer Vereinbarung, jeder Gesellschafter-Geschäftsführer als zur Vertretung der Gesellschaft ermächtigt, wobei sich der Umfang der Vertretungsmacht nach dem Gesellschaftszweck bestimmt (Art. 2266 Abs. 2 CCit.; vgl. dazu Art. 543 OR, insbes. Abs. 3, wozu hinten § 30, I 1 b). – Für die Gesellschaftsschulden haften das Gesellschaftsvermögen und, persönlich und solidarisch, die Gesellschafter, die im Namen und für Rechnung der Gesellschaft gehandelt haben, sowie, mangels anderer Vereinbarung, auch die andern Gesellschafter (Art. 2267 Abs. 1). Der Gesellschaftsvertrag ist Dritten auf geeignete Weise bekannt zu geben, widrigenfalls Haftungsbeschränkungen gutgläubigen Dritten nicht entgegengehalten werden können (Art. 2267 Abs. 2). Die Gesellschafterhaftung ist aber insofern eine subsidiäre, als der Gesellschafter die vorgängige Vollstreckung (la preventiva escussione) in das Gesellschaftsvermögen verlangen kann, wobei er die Vermögenswerte zu bezeichnen hat, mittelst deren der Gesellschaftsgläubiger leicht (agevolmente) befriedigt werden kann (Art. 2268). – Vgl. dazu die Subsidiarität der Gesellschafterhaftung bei der Kollektivgesellschaft (Art. 2304; dazu hinten § 37 V).

[125] Siehe CH. VON GREYERZ (zit. vorn § 18, Anm. 39), insbes. S. 179, 224.

[126] Eingehende Darstellung der Entwicklung der Joint Venture und Analyse der Rechtsprechung bei H. W. NICHOLS, Joint Ventures, Virginia Law Review, Vol. 36, No. 4, 1950; aufschlußreich auch E. R. LATTY, Introduction to Business Associations, Cases and Materials, New York 1953; zusammenfassend V. VON SINNER (zit. § 18, Anm. 44), S. 104.

[127] Siehe Anm. 126: NICHOLS, S. 430, 440, 449 – unter Betonung jedoch, daß sich aus der Rechtsprechung noch keine präzise Definition der Joint Venture entnehmen läßt und dieser terminus noch «of variable meaning» ist (S. 430). – Zu eng wohl die bei VON SINNER unter Hinweis auf amerikanische Lehre wiedergegebene Definition der Joint Venture als «eine Gelegenheitsgesellschaft, eine partnership for a single transaction» – wenn dies auch der Ausgangspunkt gewesen sein mag.

schiedlich, so daß nicht von einem feststehenden Begriff der Joint Venture gesprochen werden kann[128]. Weitgehend kommt das Recht der Partnership zur Anwendung, mit Abweichungen, die sich aus der Struktur einer konkreten Joint Ownership ergeben können, so hinsichtlich der Mitgliedschaft (die, anders als bei der Partnership, auch Corporations offen steht), der Vertretungsmacht der Gesellschafter und in prozeßrechtlichen Punkten[129]. In der Doktrin wird zur Frage gestellt, ob es überhaupt einen Sinn habe, von der Joint Venture als von einer rechtlich eigenständigen Erscheinung zu sprechen, statt von einer Partnership besonderer Natur (wir würden sagen einer «atypischen Partnership»), für die in gewisser Hinsicht eigene Regeln gebildet werden müssen[130]. – Aus kontinentaler Sicht möchte man sagen, daß die Joint Venture aufkam, weil das angelsächsische Recht nicht die societas im Sinn unserer einfachen Gesellschaft kennt.

Der Terminus Joint Venture wird heute auch in der europäischen Praxis verwendet zur Bezeichnung von Gemeinschaftsunternehmen, die eine oder mehrere Transaktionen oder auch Zusammenarbeit auf Dauer zum Ziel haben können. Damit wird aber nicht etwa eine neue Rechtsfigur eingeführt. In der Regel liegen einfache Gesellschaften vor, allenfalls auch Kombinationen in der Art einer Doppelgesellschaft[131].

§ 28. Die Entstehung der einfachen Gesellschaft

Literatur

H. OSER/W. SCHÖNENBERGER, Kommentar OR; A. VON TUHR/W. SIEGWART, Allgemeiner Teil des OR; beide näher zit. vorn zu § 19.

M. GYR, Willensmängel im Gesellschaftsrecht, Diss. Bern, Abh.Schweiz.R 120, Bern 1936; W. HERZOG, Die mangelhafte Personalgesellschaft im schweizerischen und deutschen Recht, Diss. Basel 1959; J. FRAEFEL, Die Auflösung der Gesellschaft aus wichtigen Gründen, Diss. Zürich, 1929; H. SUDHOFF, Der Gesellschaftsvertrag der Personengesellschaften, München/Berlin 1959, insbes. «Formularteil», S. 409 ff.

Siehe auch die vor §§ 27, 46 zit. Literatur.

---

[128] Zu den in der Lehre und Rechtsprechung hervorgehobenen spezifischen Merkmalen einer Joint Venture siehe NICHOLS, a.a.O. (Anm. 126), S. 433 ff. – Zur Abgrenzung gegenüber der Partnership scheint wesentlich zu sein, daß bei der Joint Venture kein gemeinschaftliches Eigentum an einem Geschäft (business) im Sinn des Partnershiprechts (siehe § 6 des Uniform Partnership Act, zit. hinten § 33, IV) besteht; so LATTY, a.a.O., S. 144 und VON SINNER, a.a.O., S. 104 (beide Anm. 126).

[129] Siehe Anm. 126.

[130] Siehe Anm. 126: LATTY, a.a.O., S. 144; NICHOLS, a.a.O., S. 441, 459 bemerkt, daß die Bezeichnung Joint ownership mehr der Geschäftssprache als der juristischen Terminologie angehöre. – Das englische Recht hat keinen eigenständigen Begriff («legal concept») Joint Venture entwickelt, sondern solche Vereinbarungen und Transaktionen als Partnership (gelegentlich auch «special partnerships» bezeichnet) behandelt; vgl. NICHOLS, a.a.O., S. 428, 443; VON SINNER, a.a.O., S. 104, beide mit Hinweisen.

[131] Vgl. P. ZIHLMANN, Gemeinschaftsunternehmen (Joint Business Ventures) in der Form von Doppelgesellschaften, SJZ 68, 1972, S. 317 ff.

I. Der Abschluß eines Gesellschaftsvertrags

1. *a)* Die einfache Gesellschaft entsteht in der Regel durch den Abschluß eines Gesellschaftsvertrages. – Als Vertragsparteien nennt das Gesetz «zwei oder mehr Personen», worunter natürliche oder juristische Personen zu verstehen sind[1]. Es ist aber allgemein anerkannt, daß auch andere Personenverbindungen Gesellschafter sein können, jedenfalls soweit sie nach aussen als Einheiten auftreten. Dies ist der Fall bei den Kollektiv- und Kommanditgesellschaften[2].

Umstritten ist, ob auch eine einfache Gesellschaft Mitglied einer andern einfachen Gesellschaft sein kann[3]. Die Antwort muß zunächst von der Ordnung der Außenverhältnisse dieser Gesellschaftsform ausgehen. Da die einfache Gesellschaft ein reines Gesamthandverhältnis (ohne Rechtssubjektivität nach außen) darstellt, kann sie mit Dritten Rechtsgeschäfte nur tätigen, indem entweder alle Gesellschafter gemeinsam auftreten oder durch bevollmächtigte Vertreter handeln; berechtigt und verpflichtet daraus werden die Gesellschafter als Gemeinschaft, in ihrer gesamthänderischen Verbundenheit (Art. 543 Abs. 2 OR; dazu hinten § 30 I). Auf diese Weise können sich z.B. die Konsortien (einfache Gesellschaften) A und B zu einem Konsortium C verbinden, z.B. zur gemeinsamen Ausführung von Aufträgen oder Tätigung bestimmter Transaktionen. Mitglieder von C sind dann die Konsortien A und B, als gesamthänderische Gemeinschaften. Um den sich aus der betont personenbezogenen Struktur der einfachen Gesellschaft und deren fehlenden Einheit nach außen ergebenden Komplikationen zu begegnen, sollten dann bei allen drei Konsortien die Vertretungsverhältnisse in einer der Sachlage entsprechenden Weise geordnet werden. Aus den von C (bzw. dessen Vertreter) rechtsgültig getätigten Geschäften werden die Mitglieder von A und B gesamthänderisch berechtigt und solidarisch haftbar (Art. 543 Abs. 2, 544 Abs. 1 und 3 OR). – Verbindungen solcher Art können dann von Interesse sein, wenn den einfachen Gesellschaften Personenverbindungen angehören, denen die Mitgliedschaft an Personen-Handelsgesellschaften verschlossen ist (Art. 552 Abs. 1, 594 Abs. 2 OR) und/oder wenn der zu verfolgende Zweck die Errichtung einer Kapitalgesellschaft nicht rechtfertigt[4].

Der Abschluß eines Gesellschaftsvertrages setzt die Handlungsfähigkeit der Kontrahenten voraus; der selbständige Beitritt eines Handlungsunfähigen (Art. 17 f. ZGB) ist rechtsunwirksam. Hingegen können Unmündige oder entmündigte Personen mit Zustimmung ihrer gesetzlichen

---

[1] SIEGWART, Art. 530, N. 1; GUHL/MERZ/KUMMER, S. 524. – Zum Begriff «Personen» siehe auch vorn § 18, I 2 a.E.
[2] SIEGWART, GUHL/MERZ/KUMMER (oben Anm. 1). So auch die Rechtsprechung, z.B. BGE 79 I, 1953, S. 179 (Konsortium mit Kollektivgesellschaften als Mitgliedern ist einfache Gesellschaft). – Auch der Erbengemeinschaft wird die Fähigkeit zuerkannt, Mitglied einer einfachen Gesellschaft zu werden (so z.B. SIEGWART, Art. 530 N. 1, 545 N. 7, 9; MEIER-HAYOZ/FORSTMOSER, § 7, II 1 b), was allerdings auch bestritten wird; hiezu hinten § 31, II 1 e (Auflösung der Gesellschaft durch Tod eines Gesellschafters).
[3] Bejahend z.B.: FUNK, Art. 530, N. 4; MEIER-HAYOZ/FORSTMOSER (oben Anm. 2); SOERGEL/SCHULTZE-V. LASAULX, § 705 BGB, Bem. 18 (anders noch Vorauflage, Bem. 12). – Verneinend z.B. WÜRDINGER I, § 16 III; R. FISCHER, BGB-Kommentar, Art. 705, Bem. 12; LEHMANN/DIETZ, S. 89 (implicite).
[4] Zu «Gruppierungen» anderer Art in der einfachen Gesellschaft siehe SIEGWART, Art. 530, N. 2.

Vertreter einer Gesellschaft beitreten, wobei sich die Mitwirkung der vormundschaftlichen Behörden nach Vormundschaftsrecht bestimmt (Art. 421 ff. ZGB). Eine andere Frage ist, ob und wie Unmündige oder Bevormundete die ihnen als Gesellschafter zustehenden Rechte ausüben und Pflichten erfüllen können, was im Einvernehmen zwischen den Gesellschaftern und den gesetzlichen Vertretern zu regeln ist[5].

Unter Ehegatten kann eine einfache Gesellschaft nach den Bestimmungen von Art. 177 ZGB begründet werden[6]. Zum Abschluß eines Gesellschaftsvertrags mit Dritten bedarf die Ehefrau keiner Bewilligung ihres Ehemannes im Sinn von Art. 167 ZGB, sofern sie dadurch nicht zur «Geschäftsfrau» im Sinn dieser Bestimmung wird[7].

b) Wie bereits ausgeführt (vorn § 27, III 3,4) können einfache Gesellschaften auch kraft Gesetzes entstehen (Art. 62 ZGB; Art. 530 Abs. 2 OR), genauer: Es kommt auf die in diesen Bestimmungen genannten Personenverbindungen das Recht der einfachen Gesellschaft zur Anwendung. Auch diese Fälle setzen aber stets eine gesellschaftsvertragliche Einigung unter den Beteiligten voraus. Das gleiche trifft auch auf die sog. Vorgesellschaften (Gesellschaften im Stadium der Gründung) zu.

c) Eine einfache Gesellschaft kann auch durch Umwandlung bereits bestehender Gesamthandverhältnisse entstehen.

So z.B. wenn eine Kollektivgesellschaft den Betrieb eines Gewerbes unter gemeinsamer Firma aufgibt, um nur noch Gelegenheitsgeschäfte zu betreiben, was aber auch eine entsprechende vertragliche Einigung unter sämtlichen Beteiligten voraussetzt. – Auch eine Erbengemeinschaft kann sich in eine einfache Gesellschaft verwandeln, indem sie, an Stelle der bloßen Verwaltung und Nutzung von Erbschaftsvermögen dieses oder Teile davon zur Verfolgung eines bestimmten, allen gemeinsamen Zweckes einsetzt. Tut sie dies unter einer Firma und betreibt sie ein nach kaufmännischer Art geführtes Gewerbe (Art. 552 OR), so entsteht daraus eine Kollektivgesellschaft[7a].

---

[5] Vgl. SIEGWART, Art. 530, N. 3 ff. – Siehe auch Art. 545 Abs. 1 Ziff. 3 OR.
[6] FUNK, Art. 530, N. 4; SIEGWART, Vorbem. zu Art. 530, N. 31 ff., unter Hinweis, daß eine einfache Gesellschaft unter Ehegatten praktisch nur einen Sinn habe, wenn der Beitrag der Ehefrau aus ihrem Sondergut stammt (also nicht das eingebrachte Gut der Ehefrau oder das Gemeinschaftsgut betrifft). – Vgl. auch P. LEMP, Berner Komentar, Bd. II, 1, 3. Aufl., 1960, Art. 177 ZGB, N. 22.
[7] FUNK, Art. 530, N. 4. – Nach P. LEMP (oben Anm. 6), Art. 167 ZGB, N. 4, fällt auch der Beitritt der Ehefrau zu einer einfachen Gesellschaft unter diese Bestimmung.
[7a] Siehe hiezu vorn § 27, II 3a; SIEGWART, Vorbem. zu Art. 530–551, N. 48; BGE 96 II, 1970, S. 325 ff. (vorn § 27 Anm. 40; Unterscheidung zwischen Erbengemeinschaft als «bloßes Über-

2. Für den Abschluß des Gesellschaftsvertrages gilt im Prinzip das allgemeine Vertragsrecht (vorn § 20 I). Nach Art. 1 OR bedarf es dazu einer übereinstimmenden gegenseitigen Willensäußerung der Parteien, erfolge diese ausdrücklich oder stillschweigend. Soll die Gesellschaft mehr als zwei Personen umfassen, so entsteht sie erst, wenn alle als Gesellschafter bestimmt in Aussicht genommenen Personen dem Vertrag zugestimmt haben, weil jeder wissen will und muß, mit wem er sich verbindet[8]. – Der unter mehreren abgeschlossene Vertrag bildet rechtlich ein Ganzes, einen **einheitlichen Rechtsakt**, nicht etwa ein Bündel verschiedener, von jedem mit jedem einzeln abgeschlossener Verträge[9]. Dies zeigt sich namentlich bei fehlerhaften Verträgen, deren Mängel gegenüber sämtlichen Gesellschaftern geltend zu machen sind und gegebenenfalls das ganze Vertragsverhältnis, die Gesellschaft als solche, treffen.

3. **Inhaltlich** muß, damit die Gesellschaft entstehe, Zustimmung zu allen Punkten vorliegen, die für eine Gesellschaft überhaupt und für die geplante Gesellschaft im besondern als wesentlich zu betrachten sind[10]. Es bedarf also des Einverständnisses aller, einmal über den Zweck der geplanten Gesellschaft, sodann darüber, daß jeder Gesellschafter zur Erreichung dieses Zwecks beizutragen habe. Haben die Kontrahenten einem solchen *animus societatis* Ausdruck gegeben oder geht dieser aus den Umständen hervor, so kann damit bereits eine einfache Gesellschaft entstanden sein, deren Ausgestaltung, wenn die Parteien nichts anderes vereinbart haben, durch die subsidiäre Ordnung des Gesetzes bestimmt wird. Oft aber werden die Beteiligten sich über weitere, ihnen als wesentlich erscheinende Punkte noch verständigen wollen, so über die Art und die Höhe der Beiträge, die Beschlußfassung, die Geschäftsführung, die Gewinn- und Verlustbeteiligung, die Auflösungsmöglichkeiten. Ist dies der Fall, so ist der Vertrag erst abgeschlossen, wenn auch zu diesen Punkten die Zustimmung aller Verhandlungspartner vorliegt[11]. – Für **Nebenpunkte** gilt auch hier die Regel von Art. 2 Abs. 2 OR.

---

gangsgebilde» und Gesellschaft als Zweckgemeinschaft). – Zu den sog. **formwechselnden** Umwandlungen siehe näher hinten § 33, II c.

[8] SIEGWART, Art. 530, N. 44. – Instruktives Beispiel BGE 24 II, 1898, S. 104 ff., 109: Kein *animus contrahendae societatis* bei Zeichnung von «Anteilscheinen» durch Mehrere, je einzeln und ohne Bezugnahme auf die Andern, mit Gewinnbeteiligung an Geschäften eines Dritten. Diese Beteiligungen wurden als partiarische Darlehen qualifiziert.

[9] HARTMANN, Art. 552, N. 11; GYR, S. 47. Vgl. BGE 24 II, 1898, S. 104, 109. – SOERGEL/SCHULTZE-v. LASAULX, § 705 BGB, Bem. 7.

[10] Siehe vorn § 20, I; SIEGWART, Art. 530, N. 48; GUHL/MERZ/KUMMER, S. 525.

[11] Siehe vorn § 20, I 3.

Unter Umständen liegen aber die Dinge so, daß ohne vertragliche Regelung bestimmter weiterer Punkte kaum auf einen perfekten Vertrag geschlossen werden kann. Dies gilt vor allem für die Bestimmung der Beiträge nach Art und Höhe. Wohl bestimmt Art. 531 Abs. 2 OR, daß mangels anderer Vereinbarung die Gesellschafter gleiche Beiträge zu leisten haben, «und zwar in der Art und dem Umfange wie der vereinbarte Zweck es erheischt». Dies stellt die Parteien, gegebenenfalls den Richter, vor schwierige Ermessensfragen. Ganz abgesehen davon, daß mitunter der Zweck sehr unbestimmt gefaßt ist (und auch nicht durch die bisherige Betätigung der Gesellschaft präzisiert wird), können Zweck und Mittel so ineinander verwoben sein (sich gegenseitig bedingen)[12], daß eine Ableitung der Mittel aus dem Zweck nicht mehr Lückenausfüllung im Sinn der genannten Bestimmung wäre. In solchen Fällen fehlt es an einer genügend deutlichen Vereinbarung über den Zweck, und der Gesellschaftsvertrag ist nicht oder noch nicht zustande gekommen.

Weniger Schwierigkeiten bereitet die Ergänzung des Vertrags in den andern Punkten, die in der subsidiären Ordnung des Gesetzes in klarer und bestimmter Weise geregelt sind und womit die Parteien rechnen mußten. Wenn aber ersichtlich ist, daß die Parteien in gewissen Punkten eine andere als die gesetzliche Ordnung wollten und diese als wesentlich erachteten (z.B. hinsichtlich des Konkurrenzverbotes oder der Befugnis zur Geschäftsführung), so ist der Vertrag nicht zustande gekommen, wenn nicht auch hierüber Einigung erzielt worden ist[13]. – Gesellschaftsverträge können auch unter Suspensivbedingungen abgeschlossen sein, deren Wirkungen im Prinzip sich gleich beurteilen wie bei andern Verträgen[14].

Die Änderung oder Ergänzung des Vertrags erfolgt auf dem Weg eines Gesellschaftsbeschlusses, der aber nur einstimmig gefaßt werden kann, wenn der ursprüngliche Vertrag hiefür nicht etwas anderes bestimmt (Art. 534 OR; siehe hinten § 29, III 1).

4. Der Gesellschaftsvertrag als solcher bedarf zu seiner Gültigkeit keiner besonderen Form; er kann schriftlich, mündlich oder stillschweigend (durch konkludente Handlungen) abgeschlossen werden. Anders ist es, wenn erkenntlich ist, daß die Parteien sich erst mit Unterzeichnung eines schriftlichen Vertrags verpflichten wollten (Art. 16 OR). Ferner bedarf der Vertrag der öffentlichen Beurkundung, wo die Gründer sich zu Leistungen verpflichten, zu deren Erfüllung das Gesetz, zum Schutze der Parteien oder der Sicherheit des Rechtsverkehrs (insbesondere zur Klarstellung der Verfügungsgewalt), diese Form vorschreibt[15]. So, wenn der Beitrag

---

[12] Vgl. SIEGWART, Art. 530, N. 18 a. E. (wo auf die Einbeziehung von Mitteln in den Zweck hingewiesen wird) und N. 48. – Vgl. SOERGEL/SCHULTZE-V. LASAULX, vor § 715, Anm. 7.
[13] SIEGWART, Art. 530, N. 48.
[14] Vgl. SIEGWART, Art. 530, N. 45. – Ist die Gesellschaft bereits vor Eintritt der Bedingung gegenüber Dritten tätig geworden, so ist sie nach den zu den fehlerhaften Gesellschaften entwickelten Grundsätzen zu behandeln (siehe hinten II); SIEGWART, Vorbem. zu Art. 530–551, N. 110. Siehe auch vorn § 25 (sog. faktische Gesellschaften).
[15] Eingehend zu Formerfordernissen SIEGWART, Art. 530, N. 63 ff.

eines Gesellschafters in der Übertragung des Eigentums an einem bestimmten Grundstück bestehen soll (Art. 657 ZGB)[16], oder wenn er seinen Anteil an einer GmbH in die Gesellschaft einbringt (Art. 791 OR; zur Perfektion des Geschäftes bedarf es dann noch der Zustimmung der Gesellschaft und der Eintragung im Anteilbuch). Verpflichtet sich jedoch der Gesellschafter zu Leistungen, die zwar an sich formbedürftig sind, deren Objekt und Bedingungen (Umfang, Wertbestimmung) aber einer späteren Regelung vorbehalten bleiben, so kann der Gesellschaftsvertrag formlos abgeschlossen werden, da ja der Gesellschafter seine Interessen immer noch wahren kann und die Rechtssicherheit (noch) nicht auf dem Spiele steht[17]. – Der schriftlichen Form bedarf die einfache Gesellschaft, wenn sie ein Kartell im Sinne des BG über Kartelle und ähnliche Organisationen von 1963 darstellt (Art. 11 KartG). – Über die Wirkung von Verstößen gegen Formvorschriften ist im Zusammenhang mit den fehlerhaften Gesellschaftsverträgen zu sprechen.

II. Die Behandlung fehlerhafter Gesellschaftsverträge

1. Die Ausgangslage

Wie jedes Rechtsgeschäft kann auch der Gesellschaftsvertrag mit Mängeln objektiver oder subjektiver Art behaftet sein, die seine Gültigkeit ganz oder teilweise in Frage stellen. Es ist bereits mehrfach darauf hingewiesen worden, daß das allgemeine Vertragsrecht auch auf den Gesellschaftsvertrag Anwendung findet, wenn und insoweit als das Gesetz selber nicht eine Sonderregelung für die Gesellschaften aufstellt oder die besonderen Verhältnisse der Gesellschaft eine vom allgemeinen Vertragsrecht abweichende Regelung verlangen[18]. Im Bereich der Personengesellschaften befaßt sich das Gesetz nicht mit der Auswirkung von Rechtsmängeln auf die Entstehung der Gesellschaften[19]. Hingegen verlangen die besondere Natur des

---

[16] SIEGWART, Art. 530, N. 63; HARTMANN, Art. 552, N. 10. – BGE 58 II, 1932, S. 362; 60 II, 1934, S. 98. – Zum Vorvertrag siehe vorn § 27, III 4a.
[17] SIEGWART, Art. 530, N. 69. So bedarf auch eine Gesellschaft, deren Zweck in «Erwerb und Veräußerung von Grundstücken» besteht, als solche nicht der öffentlichen Beurkundung, siehe SIEGWART; HARTMANN, Art. 552, N. 10; BECKER, Art. 530, N. 11. – BGE 29 II, 1903, S. 100; KGer Solothurn, SJZ 42, 1946, S. 169 (betr. Baukonsortium).
[18] Vorn § 19, II 2.
[19] Anders bei den Kapitalgesellschaften, siehe Art. 643 Abs. 2 (sog. heilende Wirkung des Registereintrags), eine Bestimmung, die nach herrschender Lehre analog auch bei der GmbH Anwendung findet; siehe W. VON STEIGER, zu Art. 783 OR, insbes. N. 4 (mit Hinweisen). Für die Genossenschaft vgl. GUTZWILLER, ART. 838 OR, N. 9ff. – Über Gründungsmängel als «wichtige Gründe» zur Auflösung der Gesellschaft (Art. 545 Abs. 1 Ziff. 7 und Abs. 2) siehe unten Ziff. 6.

Gesellschaftsvertrags und seine Wirkungen eine Anpassung der allgemeinen Normen in gewisser Hinsicht. Besonders in Betracht fallen folgende Faktoren: Der Gesellschaftsvertrag wird meist zwischen mehr als zwei «Parteien» abgeschlossen, stellt aber rechtlich eine Einheit dar; er erschöpft sich nicht im Austausch bestimmter Leistungen, sondern bildet ein wandelbares Dauerverhältnis; er schafft eine Gemeinschaft, die als solche gegenüber Dritten tätig werden kann. Daraus können sich einander entgegengesetzte Interessenlagen ergeben, indem z.B. ein durch Täuschung zum Beitritt veranlaßter Gesellschafter auf Dahinfallen des Vertrags mit Wirkung ex tunc besteht, während Mitgesellschafter an der Fortsetzung der Gesellschaft und Dritte zum mindesten an der normalen Abwicklung der von ihr getätigten Geschäfte und der daraus resultierenden Haftungen interessiert sind. Diese besonderen Momente wirken sich bei den Handelsgesellschaften stärker aus als bei den einfachen Gesellschaften, entspringen aber alle der besonderen Natur des Gesellschaftsvertrages, bzw. der durch diesen geschaffenen Situationen, weshalb es gegeben ist. die sich im Zusammenhang mit fehlerhaften Gesellschaften erhebenden Probleme zunächst auf gemeinsamer Grundlage zu behandeln. Dabei ist namentlich zu beachten: Ob es sich um Fälle der Nichtigkeit des Gesellschaftsvertrags oder der einseitigen Unverbindlichkeit (Anfechtbarkeit) für einzelne Gesellschafter handelt[20]; ob die Gesellschaft schon tätig geworden («in Vollzug gesetzt») ist oder nicht; ob das Verhältnis der Gesellschafter unter sich oder gegenüber Dritten in Frage steht.

2. Im Nachfolgenden geht es um die Mängel eines an sich **abgeschlossenen Vertrags**. Davon sind zu unterscheiden: Die Fälle, in denen ein Vertrag noch gar nicht zustande kam (z.B. wegen fehlenden Konsenses oder wegen Handlungsunfähigkeit eines Beteiligten), oder wo ein noch unfertiger Vertrag vorliegt (z.B. wenn zwingend vorgeschriebene Formvorschriften noch nicht erfüllt worden sind oder eine Suspensivbedingung noch nicht eingetreten ist)[21]. Auch solche Mängel wurden oft unter dem Gesichtspunkt der fehlerhaften Verträge gewürdigt, insbesondere wenn die Beteiligten bereits tätig geworden sind[21a]. – Sodann der Fall des nachträg-

---

[20] Zur Lehre von der Ungültigkeit, bzw. Nichtigkeit und der Anfechtbarkeit, insbes. einseitigen Unverbindlichkeit von Rechtsgeschäften, insbes. Verträgen (Art. 20ff., 23ff. OR) wird auf die allgemeine Rechtslehre und die Doktrin zu den genannten Bestimmungen verwiesen, z.B. OSER/SCHÖNENBERGER, Art. 20, 21, 23ff.; VON TUHR/SIEGWART, §§ 29, 31, 39; GUHL/MERZ/KUMMER, §§ 7 II, 15.
[21] Vgl. OSER/SCHÖNENBERGER, Art. 20, N. 16ff.; VON TUHR/SIEGWART I, S. 213f.
[21a] Siehe z.B. SIEGWART, Vorbem. zu Art. 530ff., N. 110ff.; HARTMANN, Art. 552, N. 21; vgl. auch VON TUHR/SIEGWART I, S. 214.

lichen Eintritts eines Ungültigkeitsgrundes (z.B. Unmöglichkeit der Zweckverfolgung infolge Änderung der Verhältnisse), der zur Auflösung aus wichtigen Gründen (unten Ziff. 6) führt. – Schließlich die Mängel in der Erfüllung der vertraglichen Pflichten, die verschiedenartige Sanktionen nach sich ziehen können (hinten § 29 I).

3. Die Nichtigkeit von Gesellschaftsverträgen

a) Nichtig ist gemäß Art. 20 OR «ein Vertrag, der einen unmöglichen oder widerrechtlichen Inhalt hat, oder gegen die guten Sitten verstößt». Die Nichtigkeit kann den Gesellschaftsvertrag als Ganzes erfassen, so bei Widerrechtlichkeit des Gesellschaftszwecks (siehe unten lit. c), oder auch nur einzelne seiner Bestimmungen (z.B. übermäßige Leistungspflichten einzelner Mitglieder, Konkurrenzverbote) – woraus sich dann die Frage der Teilnichtigkeit im Sinn von Art. 20 Abs. 2 ergeben kann.

b) Einen unmöglichen Inhalt im Sinn von Art. 20 OR hat der Gesellschaftsvertrag nur, wenn es sich um objektive Unmöglichkeit handelt, liege diese in tatsächlichen Umständen begründet (z.B. bei Verwertung einer nicht realisierbaren Erfindung) oder in rechtlichen (z.B. Verweigerung der Konzession zum Betrieb eines bewilligungspflichtigen Gewerbes)[22]. Die Unmöglichkeit muß bereits beim Abschluß des Gesellschaftsvertrags vorliegen, weshalb die Unmöglichkeit, Gewinn zu erzielen, meist nicht als Nichtigkeitsgrund, sondern als Grund zur Auflösung der Gesellschaft im Sinn von Art. 545 Ziff. 1 oder 7 OR geltend zu machen ist[23].

c) Wegen Widerrechtlichkeit ist ein Gesellschaftsvertrag nichtig, wenn er gegen Gebote oder Verbote der (gesamten) Rechtsordnung verstößt und die Nichtigkeit in der betreffenden Norm ausdrücklich verfügt wird oder aus deren Sinn und Zweck hervorgeht[24]. Es führen also nicht alle Verstöße gegen zwingendes Recht zur Ungültigkeit. Die betreffenden Normen können auch andere Sanktionen vorsehen[25]: so Bestrafung; einseitige

---

[22] Vgl. OSER/SCHÖNENBERGER, Art. 20, N. 4 ff.; VON TUHR/SIEGWART I, S. 244; VOGELSANG, S. 108.
[23] SIEGWART, Art. 530, N. 32; FRAEFEL, S. 54.
[24] OSER/SCHÖNENBERGER, Art. 20, N. 15, 22; VON TUHR/SIEGWART I, S. 237 f. – So auch die ständige Rechtsprechung, neuerdings (mit Hinweis auf frühere Entscheidungen) bestätigt in BGE 96 II, 1970, S. 18 ff., 20, wonach solche Verstöße «nur insoweit nichtig sind, als die Norm diese Folge vorsieht oder der Sinn und Zweck der Vorschrift (das Nachfolgende besonders zu beachten – Verf.) sie mit Rücksicht auf die Bedeutung des zu bekämpfenden Erfolges verlangen». Zur Teilnichtigkeit siehe hinten lit. e.
[25] Über solche besondere Sanktionen siehe z.B. OSER/SCHÖNENBERGER, Art. 20, N. 23 ff.; VON TUHR/SIEGWART I, S. 237 f.; GUHL/MERZ/KUMMER, S. 67, wo auf die «Abstufung der Sanktionen» bei Verstoß gegen zwingende Vorschriften hingewiesen wird (dazu auch noch hinten lit. c im Zusammenhang mit der Teilnichtigkeit).

Unverbindlichkeit (z.B. bei Übervorteilung, Art. 21 OR), Auflösungsklagen (z.B. gemäß Art. 545, 643 Abs. 3 OR), Unklagbarkeit von Forderungen[26]; nach Kartellrecht: Unverbindlichkeit von Abreden gegenüber Dritten, nötigenfalls Aufnahmezwang (Art. 4, 6 KartG), «Befreiung» von Kartellmitgliedern von unzumutbaren Verpflichtungen (Art. 12 KartG).

d) Gegen die guten Sitten[27] kann ein Gesellschaftsvertrag verstoßen, wenn er schon durch seinen Zweck etwas Sittenwidriges anstrebt oder wenn er Gesellschaftern nach Inhalt oder Dauer unzumutbare Verpflichtungen (Leistungen, Enthaltungen, Konventionalstrafen) auferlegt; dabei spielen Verpflichtungen zu einem Verhalten, das nach sittlicher Anschauung dem freien Entschluß der Einzelnen vorbehalten bleiben soll, eine besondere Rolle[28]. In solchen Fällen wird der Vertrag oft auch ein ausdrücklich geschütztes Rechtsgut verletzen und damit auch rechtswidrig[29], so die Persönlichkeitsrechte (Art. 27, 28 ZGB, Art. 19 OR), das Recht auf ungehinderten Wettbewerb (Art. 4 KartG), das Prinzip der (relativ) gleichmäßigen Behandlung der Gesellschafter (z.B. Verbot der sog. *societas leonina*, Art. 533 Abs. 3 OR), Schutz gegen Übervorteilung (Art. 21 OR).

e) Nach allgemeinem Vertragsrecht bewirkt die Nichtigkeit eines Vertrags dessen Ungültigkeit (Wirkungslosigkeit) *ipso jure*. Die Ungültigkeit ist eine absolute und kann somit von jedem (auch von Dritten) gegenüber jedem (auch Dritten) geltend gemacht werden, ohne daß es besonderer

---

[26] Die Unklagbarkeit von Forderungen aus Spiel und Wette kann gesellschaftsrechtlich von Bedeutung sein im Hinblick auf Konsortien zur Durchführung von Differenzgeschäften und solchen Lieferungsgeschäften über Waren oder Börsenpapiere, die den Charakter eines Spiels oder einer Wette haben (Art. 513 Abs. 2). Nach der neueren Rechtsprechung beurteilt sich der Spielcharakter solcher Geschäfte nach den gesamten Umständen im konkreten Fall. Als Indizien für den Spielcharakter fallen in Betracht: Mangelnde Erfahrung der Parteien, fehlender Zusammenhang mit ihrem Beruf oder Geschäft, Planlosigkeit, Mißverhältnis zwischen verfügbaren Mitteln und Verlustrisiko. Vgl. GUHL/MERZ/KUMMER, S. 44; BGE 65 II, 1939, S. 21; 78 II, 1952, S. 61. – Die Unklagbarkeit kann die Verpflichtungen einzelner Gesellschafter treffen, u.U. auch das ganze Vertragsverhältnis, unter Vorbehalt der Rechte gutgläubiger Dritter. – Vgl. dazu SIEGWART, Art. 530, N. 36.
[27] Zu diesem Begriff siehe die oben Anm. 20 zitierte Doktrin.
[28] Vgl. OSER/SCHÖNENBERGER, Art. 20, N. 33; VON TUHR/SIEGWART I, S. 241 f. Treffendes Beispiel in BGE 48 II, 1922, S. 439: Eine einfache Gesellschaft zur Durchführung einer Strafklage («Gelegenheitsgesellschaft») ist an sich nicht widerrechtlich oder unsittlich, wenn nicht gegen besseres Wissen eingegangen, wohl aber die für den Fall eines Rückzugs der Klage durch einen Gesellschafter vereinbarte Konventionalstrafe.
[29] Vgl. OSER/SCHÖNENBERGER, Art. 20, N. 31; VON TUHR/SIEGWART I, S. 243; GUHL/MERZ/KUMMER, S. 65.

Anfechtungsverhandlungen bedürfte; gegebenenfalls ist die Ungültigkeit auch von Amtes wegen festzustellen und zu berücksichtigen[30].

Ungültig wird im Prinzip der ganze Vertrag (da er ja ein Ganzes bildet), doch mildert das Gesetz (Art. 20 Abs. 2 OR) diesen Grundsatz dadurch, daß es auch eine Teilnichtigkeit zuläßt: Trifft der Nichtigkeitsgrund nur «einzelne Teile des Vertrages, so sind nur diese nichtig, sobald nicht anzunehmen ist, daß er ohne den nichtigen Teil nicht geschlossen worden wäre». Diese zwar auf die synallagmatischen Verträge zugeschnittene Bestimmung gilt auch für den Gesellschaftsvertrag[31] und erhält hier noch besondere Bedeutung, weil dieser meist einen komplexeren Sachverhalt erzeugt (Mehrzahl der Beteiligten, Dauerverhältnis, Zweckgemeinschaft, die auch zu Dritten in Beziehung tritt) und das Bedürfnis nach Bestandesschutz sich oft stärker geltend macht als bei Austauschverträgen (was sich namentlich auch bei der «Liquidation» fehlerhafter Gesellschaftsverhältnisse zeigt, siehe unten Ziff. 5)[32].

So kann, unter den in Art. 22 Abs. 2 OR genannten Voraussetzungen[33], ein Gesellschaftsvertrag gültig bleiben, wenn erkennbar oder anzunehmen ist, daß der ungültige Beitritt eines Handlungsunfähigen von den andern von vornherein als unwesentlich betrachtet wurde, eine unmögliche Leistung für die Verfolgung des Gesellschaftszwecks nebensächlich ist, die teilweise Befreiung von einer Kartellpflicht (Art. 12 Abs. 2 KartG) die Funktionsfähigkeit des Kartells nicht in Frage stellt.

4. Die Unverbindlichkeit des Gesellschaftsvertrages

Unverbindlich ist ein Vertrag, der unter einem vom Gesetz als erheblich erklärten Willensmangel – wesentlicher Irrtum, Täuschung, Furchterregung

---

[30] Zur Nichtigkeit allgemein vgl. OSER/SCHÖNENBERGER, Art. 20, N. 54 ff.; VON TUHR/SIEGWART, S. 214 f.; GUHL/MERZ/KUMMER, S. 66 (wo, im Hinblick auf die ständige Vermehrung und Differenzierung der zwingenden Bestimmungen, die zunehmende Bedeutung der Teilnichtigkeit betont wird).

[31] Zur Teilnichtigkeit allgemein siehe die in Anm. 30 zitierten Autoren. Zur Teilnichtigkeit des Gesellschaftsvertrags z.B. SIEGWART, Vorbem. zu Art. 530–551, N. 118; HARTMANN, Art. 552, N. 22; FUNK, Art. 530, N. 3 (S. 22; beschränkt auf Teilnichtigkeit bei mehreren Zwecken). – Nach BGE 60 II, 1934, S. 99, ist Art. 20 Abs. 2 auch auf die Ungültigkeit wegen Formmangels anwendbar.

[32] Daher dürfte die bei GUHL/MERZ/KUMMER, S. 67 vertretene Auffassung, daß die Teilnichtigkeit gemäß Art. 20 Abs. 2 OR nur eigentliche Nebenabreden betreffen könne, für den Gesellschaftsvertrag nicht zutreffen.

[33] Über die Ermittlung des wirklichen oder hypothetischen (VON TUHR/SIEGWART) Parteiwillens im Sinn von Art. 20 Abs. 2 OR siehe die oben Anm. 31 zitierte Doktrin. – Über die Befugnis des Richters zur Anpassung des Gesellschaftsvertrags (in Erweiterung von Art. 20 Abs. 2 OR) an die durch Teilnichtigkeit entstandene Sachlage siehe SIEGWART, Vorbem. zu Art. 530, N. 118. Dazu auch BGE 96 II, 1970, S. 129.

(Art. 23–31 OR) – abgeschlossen wurde, ferner im Falle der Übervorteilung gemäß Art. 21 OR. Es ist heute allgemein anerkannt, daß die Bestimmungen über die Unverbindlichkeit von Verträgen wegen Willensmängeln oder Übervorteilung grundsätzlich auch auf den Gesellschaftsvertrag Anwendung finden[34]. Die besondere Natur der Gesellschaft als Zweckgemeinschaft wirkt sich aber auch in diesem Zusammenhang aus: Einerseits verlangt das Interesse der Mitglieder und Dritter an der Aufrechterhaltung des Vertrags, daß dem Mangel ein entsprechendes Gewicht zukomme. Andererseits läßt das zwischen Gesellschaftern erforderliche Vertrauensverhältnis gewisse Mängel (z.B. Irrtum oder Täuschung über die Eigenschaften eines Mitgesellschafters) schwerer wiegen als bei den andern schuldrechtlichen Verträgen[35].

Die Unverbindlichkeit des Vertrags ist eine einseitige, indem sie nur von dem Kontrahenten geltend gemacht werden kann, dessen Erklärung unter einem Willensmangel abgegeben wurde. Im übrigen ist die Unverbindlichkeit eine Art der Ungültigkeit[36]. Der Vertrag ist für den betreffenden Kontrahenten *ab initio* ungültig; er kann die zugesagten Leistungen verweigern, bereits Geleistetes zurückfordern. Er hat aber den Mangel innerhalb Jahresfrist gemäß Art. 21 oder 31 OR geltend zu machen, widrigenfalls der Mangel als geheilt gilt und der Vertrag gültig wird (unter Vorbehalt eines Anspruchs auf Schadenersatz gemäß Art. 31 Abs. 3 OR). Da der Gesellschaftsvertrag einen einheitlichen Rechtsakt darstellt, trifft der Mangel den ganzen Vertrag, die einseitige Unverbindlichkeit wirkt gegenüber allen Mitgesellschaftern und ist daher auch allen gegenüber geltend zu machen[37]. Es bedeutet dies aber nicht, daß die Gesellschaft in jedem Fall der Unverbindlichkeit dahinfallen muß. Wenn erkenntlich ist, daß der Beitritt dessen, der einen Mangel geltend macht und seine Beiträge für die Gesellschaft von untergeordneter Bedeutung sind, so kann Teilnichtigkeit im Sinne von Art. 20 Abs. 2 vorliegen und der Vertrag als solcher in Kraft bleiben[38].

---

[34] SIEGWART, Vorbem. zu Art. 530, N. 110 ff.; Art. 530, N. 50 ff.; HARTMANN, Art. 552, N. 17 ff.; GYR, S. 41 ff., FRAEFEL, S. 23.
[35] Siehe z.B. SIEGWART, Art. 530, N. 55; HARTMANN, Art. 552, N. 19 (weitgehende Aufklärungspflicht der Kontrahenten); GYR, S. 41 ff.
[36] Zur einseitigen Unverbindlichkeit und deren Folgen nach allgemeinem Vertragsrecht siehe die oben Anm. 20 zit. Doktrin.
[37] BECKER, Art. 530, N. 2; HARTMANN, Art. 552, N. 17; a.M. GYR, S. 47 f.
[38] OSER/SCHÖNENBERGER, Vorbem. zu Art. 23–33, N. 3; SIEGWART, Vorbem. zu Art. 530, N. 110, 118; GYR, S. 48 f. – BGE 60 II, 1934, S. 99.

5. Die Auseinandersetzung bei Ungültigkeit des Gesellschaftsvertrags

Die Ungültigkeit eines Vertrags – beruhe sie auf Nichtigkeit im engeren Sinn oder auf einseitiger Unverbindlichkeit – wirkt nach allgemeiner Vertragslehre auf den Zeitpunkt des Vertragsschlusses zurück (Wirkung *ex tunc*): Die eingegangenen Verpflichtungen fallen dahin, Geleistetes ist (unter Vorbehalt der Rechte gutgläubiger Dritter) zurückzuerstatten; nötigenfalls ist die Bereicherungsklage gegeben, mittelst welcher auch Ansprüche aus Beiträgen durch Arbeit geltend gemacht werden können[39]. – Hier, in bezug auf die Wirkungen der Ungültigkeit, macht sich aber die besondere Natur der Gesellschaft auch besonders deutlich geltend. Dies vor allem in bezug auf das Verhältnis zu Dritten[40]: Hier wirkt, wie im ganzen Gesellschaftsrecht, das Prinzip des Vertrauensschutzes (des Rechtsscheins). Haben die Gesellschafter gemeinsam oder durch einen bevollmächtigten Stellvertreter Geschäfte getätigt (Art. 543 Abs. 2 und 3 OR), so haben sie damit kundgegeben, auch gemeinsam die Folgen daraus zu übernehmen (Art. 544 Abs. 1 und 3). Für den Dritten ist die Ungültigkeit des Vertrags eine *res inter alios*, die nur die Gesellschafter berührt; die mit ihm abgeschlossenen Geschäfte bleiben beidseitig wirksam. Anders ist es nur, wenn der Dritte sich nicht in gutem Glauben befand, d.h. um den Mangel (die Widerrechtlichkeit, die Täuschung, die Drohung) wußte oder wissen mußte[41]. Dann ist auch kein Vertrauen zu schützen – wie ja auch im Handelsregisterrecht nur gutgläubige Dritte sich auf die Wirkungen des Publizitätsprinzips berufen können (Art. 933 OR). Im Innenverhältnis dagegen kommen die allgemeinen Regeln über die Wirkungen der Ungültigkeit zur Anwendung, soweit die Situation dies gestattet[42]. Oft wird aber die Ungültigkeit des Vertrags erst erkannt und geltend gemacht, nachdem die Gesellschaft bereits tätig geworden ist, wobei die geleisteten Beiträge umgesetzt und in andere Werte umgewandelt, Rechte und Pflichten begründet, Gewinne und Verluste erzielt worden sind. In solchen Fällen kann nur eine Liquidation nach gesellschaftsrechtlichen Grundsätzen, d.h. *ex nunc* zu einer sachgerechten Lösung führen, wobei die Bestimmungen von Art. 548 ff. OR zur Anwendung kommen, wenn die Gesellschafter sich nicht auf eine andere Lösung eini-

---

[39] Vgl. die oben Anm. 30 zit. Doktrin.
[40] Vgl. SIEGWART, Vorbem. zu Art. 530, N. 116; HARTMANN, Art. 552, N. 20; GYR, S. 51; K. WIELAND I, S. 532. – BGE 30 II, 1904, S. 308 («déclaration de responsabilité» der Gesellschafter); 34 II, 1908, S. 312 (Haftung des Gesellschafter-Vertreters); 60 II, 1934, S. 109. – Siehe auch hinten § 30 II (zur Vertretung).
[41] SIEGWART, Vorbem. zu Art. 530, N. 117; HARTMANN, Art. 552, N. 18; GYR, S. 49.
[42] SIEGWART, HARTMANN (oben Anm. 40); BGE 60 II, 1934, S. 110.

gen⁴³. – Vorbehalten bleiben die Ansprüche auf Schadenersatz aller, die durch die Ungültigkeit der Gesellschaft geschädigt worden sind, sei es auf Grund der besondern Regeln des Vertragsrechts (Art. 26 OR, fahrlässiger Irrtum), sei es aus unerlaubter Handlung (Art. 41 ff. OR), so in den Fällen von Täuschung oder Furchterregung. Damit kann wenigstens wertmäßig eine Wiederherstellung des Zustandes vor Abschluß des Vertrages bewirkt werden.

6. Die Auflösung der Gesellschaft aus wichtigen Gründen

Von der Unverbindlichkeit des Gesellschaftsvertrags wegen Willensmängeln ist zu unterscheiden die Auflösung der Gesellschaft aus einem wichtigen Grund gemäß Art. 545 Abs. 1 Ziff. 7 OR. Während die Ungültigkeit einer fehlerhaften Gesellschaft auf Umständen beruht, die im Vertragsschluß liegen (also die Entstehung der Gesellschaft betreffen) und sich (soweit möglich) *ex tunc* auswirkt, beruht die Auflösung einer Gesellschaft aus wichtigen Gründen auf Umständen, die sich seit der Entstehung entwickelt haben⁴⁴, und führt zur Liquidation nach Gesellschaftsrecht *ex nunc* (was z.B. im Hinblick auf das Schicksal der Sacheinlagen zu ganz verschiedenen Resultaten führen kann, siehe Art. 548 OR). Da aber Anfechtungsgründe oft erst geraume Zeit nach Abschluß des Gesellschaftsvertrags zutage treten und gleichzeitig wichtige Auflösungsgründe bilden können (z.B. wenn ein zur Geschäftsführung bestimmter Gesellschafter berufliche Fähigkeiten oder gar Ausweise vorgetäuscht hat, deren Fehlen das Schicksal der Gesellschaft besiegelt), so muß es dem Gesellschafter frei stehen, auch während der Anfechtungsfrist von Art. 31 OR den einen oder den andern Weg zu beschreiten⁴⁵. Sein Entscheid wird von den Umständen im

---

⁴³ a.M. HARTMANN (Anm. 41), der aber doch eine «Auseinandersetzung nach Gesamthandgrundsätzen, also ein liquidationsmäßiges Verfahren» u. U. als gegeben erachtet. – In dieser Richtung auch WÜRDINGER I, S. 44 ff., wonach die nichtige oder anfechtbare Gesellschaft grundsätzlich nach den Bestimmungen des BGB zu behandeln ist (ex tunc), bei bereits in Vollzug gesetzter Gesellschaft nach den Bestimmungen über die Rechtsgemeinschaften (Art. 741 BGB). Nach heute herrschender deutscher Lehre und Rechtsprechung findet bei fehlerhaften, aber bereits tätig gewordenen Personengesellschaften auch im internen Verhältnis eine Liquidation nach Gesellschaftsrecht, mit Wirkung ex nunc statt; siehe LEHMANN/DIETZ, S. 49 f., 91 f.; SOERGEL/SCHULTZE-V. LASAULX, § 705 BGB, Bem. 91.

⁴⁴ SIEGWART, Vorbem. zu Art. 530, N. 115; Art. 530, N. 51 ff.; HARTMANN, Art. 552, N. 17; GYR, S. 57; siehe auch hinten § 31, II 2c.

⁴⁵ SIEGWART, HARTMANN (Anm. 44). Vgl. BGE 20, 1894, S. 595 (Kommanditgesellschaft). – Gegen ein solches Wahlrecht FRAEFEL, S. 24, z.T. aus dogmatischen Gründen, im wesentlichen aber, weil bei Anfechtung des Vertrags erbrachte Arbeitsleistungen nach Bereicherungsgrundsätzen abgegolten werden können, was im gesellschaftsrechtlichen Liquidationsverfahren bei fehlendem Gewinnüberschuß nicht der Fall sei – eine Auffassung, die aber mit den Liquidationsgrundsätzen nicht im Einklang steht.

konkreten Fall abhängen, insbesondere davon, ob überhaupt eine Wiederherstellung des Zustandes vor Vertragsschluß möglich ist oder ob die Gesellschaft bereits dermaßen tätig geworden ist, daß sich eine Liquidation nach Gesellschaftsrecht aufdrängt. Nach Ablauf der Anfechtungsfrist gemäß Art. 31 OR ist allerdings nur noch die Auflösungsklage gegeben; doch schließt dies nicht aus, daß Anfechtungsgründe, die vorläufig «in Kauf genommen» wurden, nachträglich als Auflösungsgründe geltend gemacht werden können, wenn sie sich im gegebenen Zeitpunkt als solche erweisen oder sich vielleicht zu solchen entwickelt haben[46].

§ 29. Das Verhältnis der Gesellschafter unter sich

Literatur

H. OSER/W. SCHÖNENBERGER, Kommentar OR; A. VON TUHR/A. SIEGWART, Allgemeiner Teil des OR; beide zit. vorn zu § 19.

A. VOGELSANG (Etude dogmatique) und R. MÜLLER (Gesellschaftsvertrag und Synallagma), beide zit. zu § 27; F. TSCHUDI, Die Beitragspflicht des Gesellschafters und die Folgen ihrer Nichterfüllung in den Personengesellschaften des Schweizerischen Personenrechts, Diss. Bern 1956; C. WESPI, Die stille Gesellschaft, Diss. Zürich 1930; H. JOB, Ansprüche unter Kollektivgesellschaftern, Diss. Zürich 1952; O. BÜRGI, Die Anwendung der exceptio non adimpleti contractus im Gesellschaftsrecht, SJZ 57, 1961, S. 334 ff.

W. SCHERER, Die Geschäftsführung und die Vertretung in den Personengesellschaften, Diss. Zürich 1964; J. L. FREYMOND, Die Geschäftsführung und die Vertretung im Rechte der Kollektivgesellschaft, Diss. Zürich 1951.

M. SCHAEDLER, Die Abfindung des ausscheidenden Gesellschafters, Diss. Bern 1963; H. BOLLMANN, Das Ausscheiden aus Personengesellschaften, Diss. Zürich, Zürcher Beiträge 377, Zürich 1971; M. KRAMER, Die Auseinandersetzung der Gesamthandsgemeinschaften im schweizerischen Recht, Diss. Zürich 1943.

H. HAUSHEER, Erbrechtliche Probleme des Unternehmers, Abh. schweiz. R 399, Bern 1970; DERSELBE, Gesellschaftsvertrag und Erbrecht, ZBJV 105, 1969, S. 129 ff.; CH. VON GREYERZ, Die Unternehmernachfolge in den Personengesellschaften, in: Die Erhaltung der Unternehmung im Erbgang, Berner Tage für die juristische Praxis, Bern 1972; P. EHRSAM, Gesellschaftsvertrag und Erbrecht, Diss. Lausanne 1943. – W. SIEBERT, Gesellschaftsvertrag und Erbrecht bei der Offenen Handelsgesellschaft, Karlsruhe 1954; U. HUBER, Vermögensanteil, Kapitalanteil und Gesellschaftsanteil an Personengesellschaften des Handelsrechtes, Heidelberg 1970.

---

[46] SIEGWART, Art. 530, N. 52; siehe auch hinten § 31, II 2c.

Bei der einfachen Gesellschaft (wie auch bei der Kollektiv- und der Kommanditgesellschaft) unterscheidet das OR ausdrücklich zwischen dem Verhältnis der Gesellschafter unter sich (Art. 531 ff.) und ihrem Verhältnis gegenüber Dritten (Art. 543 f.). Obschon sich die beiden Bereiche in gewissen Punkten überschneiden (z.B. hinsichtlich der Bildung von Gesellschaftsvermögen und der Haftungen, Art. 544), ist es gegeben, diese Zweiteilung auch für die systematische Darstellung beizubehalten; dies auch unter Berücksichtigung, daß ja manche einfache Gesellschaften reine Innengesellschaften sind[1].

Für das Innenverhältnis sind zunächst die das ganze Gesellschaftsrecht (wenn auch in verschiedenem Grade) beherrschenden Prinzipien der Treuepflicht und der gleichmäßigen Behandlung der Gesellschafter grundlegend und richtungweisend. – Die Treuepflicht wird hier vom Gesetz in verschiedener Hinsicht noch verdeutlicht, sei es in positivem Sinn (so die Pflicht zur «Gewinnteilung» gemäß Art. 532; auch die umfassende Information gemäß Art. 541 gehört zur Treuepflicht) oder in negativem, so das (unter dem Titel «Verantwortlichkeit unter sich» stehende) weit formulierte Konkurrenzverbot gemäß Art. 536[2]. – Das Gleichheitsprinzip durchzieht das ganze Recht der einfachen Gesellschaft (so betreffend die Beiträge, die Gewinn- und Verlustbeteiligung, die Beschlußfassung, die Geschäftsführung), soweit nicht der Vertrag eine andere Lösung vorsieht[3].

I. Die Beiträge der Gesellschafter

1. Jeder Gesellschafter hat die Pflicht und das Recht[4], etwas an die Erreichung des Gesellschaftszwecks beizutragen. – Was die Art der Beiträge betrifft, so nennt das Gesetz (Art. 531 Abs. 1 OR) einerseits vermögensrechtliche («Geld, Sachen, Forderungen») oder persönliche («Arbeit»). Es ist aber heute allgemein anerkannt, daß irgendwelche Leistung, durch welche die Erreichung des Gesellschaftszwecks gefördert wird, zum Gegenstand gesellschaftsrechtlicher Beiträge gemacht werden kann[5]. So können auch Immaterialgüterrechte (Erfindungen, Manuskripte) eingebracht wer-

---

[1] Vorn § 27, IV 2.
[2] Über die allgemeine Bedeutung der Treuepflicht im Gesellschaftsrecht und bei den einzelnen Gesellschafts-Formen und Typen siehe vorn § 22. – Zum Konkurrenzverbot siehe hinten § 34 V, im Zusammenhang mit Art. 561 (Kollektivgesellschaft).
[3] Zum Gleichheitsprinzip und dessen Bedeutung bei den verschiedenen Gesellschaftsformen siehe vorn § 23.
[4] K. WIELAND I, S. 468 f., 547; SIEGWART, Art. 531, N. 3.
[5] Dazu vorn § 20, I 3; WIELAND I, S. 538 ff.; SIEGWART, Art. 531, N. 4, mit Hinweisen.

den, und als Arbeitsleistung fällt nicht nur die Geschäftsführung im engern Sinn, sondern z.B. auch die Verpflichtung zur Forschung und die Mitteilung ihrer Ergebnisse in Betracht. Aber auch die Pflicht zur Unterlassung eines bestimmten Verhaltens gilt als Beitrag, so bei Konditionen - und Gebietskartellen[6]. Unter Umständen kann auch das bloße «Dabeisein» einen Beitrag bedeuten, so wenn ein vermöglicher Gesellschafter bereit ist, durch Handeln nach außen (persönlich oder durch offene Stellvertretung) die sich daraus ergebenden Haftungen zu übernehmen und damit die Kreditbasis der Gesellschaft zu stärken[7] - ein Faktor, dem bei den Personen-Handelsgesellschaften in Anbetracht der ihnen vorgeschriebenen Publizität noch vermehrte Bedeutung zukommt. Auch die (interne) Übernahme höherer Verlustquoten kann als Beitrag gewertet werden, weil dies unter Umständen höhere Einsätze der Mitgesellschafter ermöglicht[8].

2. Die gesellschaftlichen Beiträge können unter verschiedenen Rechtstiteln geleistet werden, worauf auch das Gesetz hinweist (Art. 531 Abs. 3)[9]. Vermögensrechtliche Beiträge - sog. Einlagen - können der Gesellschaft zu Eigentum eingebracht werden (sog. *quoad dominium* oder *quoad sortem*), womit sie, nach Vollzug der erforderlichen Übertragungshandlungen, aus dem Privatvermögen ausscheiden und in das Gesellschaftsvermögen eingehen. Vermögenswerte (z.B. Gebäulichkeiten, Maschinen, Lastautos, Laboratorien) können der Gesellschaft aber auch zum bloßen Gebrauch überlassen werden (sog. Einlage *quoad usum*); der Gesellschafter bleibt ihr Eigentümer. Diese Lösung empfiehlt sich bei Gelegenheitsgesellschaften, (Baukonsortium) oder Gesellschaften besonderer Natur (z.B. Forschungsgemeinschaften). Schließlich kann der Gesellschaft auch einfach das Verfügungsrecht über gewisse Vermögenswerte eingeräumt werden in dem Sinn, daß diese zunächst im Eigentum und Besitz des Gesellschafters bleiben, die Gesellschaft aber darüber verfügen kann, worauf der Gesellschafter die erforderlichen Übertragungshandlungen vorzunehmen hat (Einlage *quoad sortem*, in der Terminologie K. WIELANDS und anderer). Man wird von dieser Möglichkeit Gebrauch machen, wenn eine Veräußerung solcher Einlagen noch in ungewisser Zukunft liegt, sowie zur Vermeidung dop-

---

[6] SIEGWART, Art. 530, N. 20 ff., 531, N. 32; HARTMANN, Art. 557, N. 8. Abweichend noch WIELAND I, S. 455 ff., wo den Kartellen der Charakter von Gesellschaften im eigentlichen Sinn abgesprochen wird.
[7] SIEGWART, Art. 531, N. 28; HARTMANN, Art. 557, N. 8.
[8] Vgl. SIEGWART, Art. 531, N. 29; siehe auch hinten II 3.
[9] Zum Nachfolgenden siehe namentlich WIELAND I, S. 540 ff.; SIEGWART, Art. 531, N. 4 ff., 17, 19; HARTMANN, Art. 557, N. 9; W. VON STEIGER, Art. 777, N. 22 ff. (zu den sog. Nebenleistungen bei der GmbH).

pelter Übertragungskosten (z.B. bei Parzellierungs- oder Patentverwertungsgesellschaften).

Von solchen rein sozialrechtlichen Beiträgen sind zu unterscheiden **individualrechtliche Leistungen auf gesellschaftlicher Grundlage**, so etwa eine vertraglich übernommene Verpflichtung, der Gesellschaft Räumlichkeiten zu vermieten oder Darlehen zu gewähren, zu festen oder jeweils üblichen Zinsbedingungen. Bei Einkaufs- oder Verkaufssyndikaten spielen Abnahme- oder Lieferungsverpflichtungen eine besondere Rolle. Für die Abwicklung solcher Geschäfte, insbesondere für die Folgen der Nichterfüllung gelten die Bestimmungen des Gesellschaftsrechts und des allgemeinen wie des besonderen Vertragsrechts (z.B. für Kauf, Miete, Darlehen)[10].

Schließlich sind auch bei der einfachen Gesellschaft **rein individualrechtliche**, nicht im Gesellschaftsverhältnis begründete Geschäfte zwischen Gesellschafter und Gesellschaft möglich, so Vorschüsse, Werkverträge, Dienstverträge, Verkäufe aus eigenen Beständen. Auch hier kommen zunächst die für die betreffenden Vertragstypen geltenden Bestimmungen zur Anwendung. Gesellschaftsrecht aber greift ein, insofern als der betreffende Gesellschafter zugleich auch Mitglied der Gesellschaft (Gesamthand) ist und als solches einer besondern Treuepflicht auch in der Abwicklung solcher Geschäfte unterliegt. Amtet der Gesellschafter zugleich als Geschäftsführer der Gesellschaft, so liegen zum mindesten latente Interessenkollisionen vor, die entsprechendes Verhalten fordern[11].

3. **Die Art und der Umfang der Beiträge** bestimmen sich zunächst nach dem Gesellschaftsvertrag, wobei in der Regel eine wenigstens grundsätzliche Regelung dieser Punkte als für den Vertragsschluß wesentlich anzusehen ist (vorn § 29 I). Wertmäßige Ungleichheiten werden in aller Regel durch entsprechend vergrößerte oder verringerte Beteiligung am Gewinn oder auf andere Weise (z.B. durch Honorierung von Arbeit) ausgeglichen. Subsidiär bestimmt Art. 531 Abs. 2 OR, daß die Gesellschafter «gleiche Beiträge» zu leisten haben, «und zwar in der Art und dem Umfange wie der vereinbarte Zweck es erheischt» – eine inhaltschwere Bestimmung, deren Anwendung Schwierigkeiten bereiten kann. Sie wird praktisch namentlich dann von Bedeutung, wenn seit der Aufnahme der Geschäftstätigkeit die Verhältnisse sich in sachlicher oder zeitlicher Beziehung geändert haben, vermehrte Leistungen erfordern und der Vertrag in dieser Hin-

---

[10] Vgl. W. VON STEIGER, a.a.O., (Anm. 9), insbes. N. 25.
[11] SIEGWART, Vorbem. zu Art. 530, N. 88 ff.

sicht nichts vorsieht¹². Weniger Schwierigkeiten bietet das Gleichheitsprinzip, das nicht sachlich gleiche, sondern gleichwertige Beiträge postuliert¹³, was eine Frage der Schätzung ist. – Auch die Art der Beiträge wird oft aus dem Vertrag oder den ihm zu Grunde liegenden Umständen und (gegebenenfalls) seiner bisherigen Anwendung zu bestimmen sein. So hat der beruflich Sachverständige (der Erfinder, Kunstexperte, Kaufmann) seine Dienste zur Verfügung zu stellen, wenn der Zweck erreicht werden soll, während andern offensichtlich die Rolle des Financiers zukommt. – Schwieriger ist die (nachträgliche) Bestimmung des Umfangs der Beiträge. Enthält der Vertrag hierüber keine oder nur ungenügende Bestimmungen (was für die Arbeitsleistungen leicht zutreffen kann, weniger für die vermögensmäßigen), so kann unter Umständen aus dem Gesellschaftszweck gefolgert werden, was vom Gesellschafter nach Treu und Glauben erwartet werden darf (z.B. hinsichtlich Arbeitszeit, Auslandreisen, Bereitstellung von Laboratorien mit den erforderlichen Hilfskräften). Läßt sich auch aus dem Gesellschaftszweck und den Begleitumständen der Umfang der Verpflichtungen nicht mit genügender Sicherheit bestimmen, so weist der Vertrag eine Lücke in (unter Umständen) wesentlichen Punkten auf und ist damit nicht perfekt geworden¹⁴. Ist dagegen der Umfang der Beiträge durch den Vertrag bestimmt oder bestimmbar, so können diese im Prinzip nur mit Zustimmung aller Gesellschafter erhöht werden, was auch für Nachschüsse zum Ausgleich entstandener Verluste gilt¹⁵. Sind Mehrleistungen unerlässlich, wenn der Gesellschaftszweck erreicht werden soll, können sich aber die Gesellschafter hierüber nicht einigen und sieht der Vertrag in dieser Hinsicht keinen Mehrheitsbeschluß vor oder kommt ein solcher nicht zustande, so muß es zur Auflösung der Gesellschaft auf Grund von Art. 545 Abs. 1 Ziff. 1 OR (Unmöglichkeit der Zweckerreichung) kommen¹⁶.

4. Die Erfüllung der Beitragspflichten und die Folgen ihrer mangelhaften Erfüllung oder Nichterfüllung

Wie bei den fehlerhaften Gesellschaften so stellt sich auch hinsichtlich der Erfüllung der Beitragspflichten die Frage, ob und, gegebenenfalls,

---

[12] Über die Änderung des Gesellschaftsvertrags, insbes. hinsichtlich der Beiträge, auf dem Wege eines Gesellschaftsbeschlusses und dessen Grenzen siehe hinten III 1.
[13] Vgl. SIEGWART, Art. 531, N. 39. Siehe auch vorn § 23 (zum Gleichbehandlungsprinzip).
[14] Vgl. SIEGWART, Art. 531, N. 38 a.E. Dazu auch vorn § 20, I 3. – Ist die Gesellschaft bereits tätig geworden, so ist sie gegebenenfalls als faktische Gesellschaft zu behandeln, siehe vorn § 25.
[15] So § 707 BGB.
[16] Dazu hinten § 31, II 1 b.

inwieweit die allgemeinen Bestimmungen des OR anwendbar sind. Bei den Beiträgen erhebt sich zusätzlich die Frage, ob, je nach dem Rechtstitel unter dem sie erbracht werden (Eigentum, Gebrauch), die Bestimmungen über besondere Vertragsarten (z.B. Kauf, Miete) heranzuziehen sind. Das Gesetz beschränkt sich auf eine Beantwortung dieser zweiten Frage und dies nur in bezug auf die Tragung der Gefahr und die Gewährspflicht, auf welche die Grundsätze des Kaufs- oder Mietrechts entsprechende Anwendung finden sollen (Art. 531 Abs. 3). – Bei der Prüfung der ersten Frage ist besonders zu berücksichtigen, daß die Bestimmungen des OR über die Erfüllung und die Folgen der Nichterfüllung (anders als z.B. diejenigen über die Gültigkeit der Verträge) deutlich auf die gegenseitigen Austauschverträge zugeschnitten sind, während der Gesellschaftsvertrag einen Typus eigener Art, jedenfalls keinen Austauschvertrag darstellt[17]. Hinzu kommt, daß die Gesellschaft unter Umständen bereits tätig geworden ist und die Gesellschafter Verpflichtungen gegenüber Dritten eingegangen sind, für die sie solidarisch einzustehen haben (Art. 544 Abs. 3 OR).

Es wird daher die Auffassung vertreten, daß die (hier besonders interessierenden) Bestimmungen über die «zweiseitigen Verträge» (Art. 82 f. OR) und das Rücktrittsrecht bei Schuldnerverzug (Art. 107–109 OR) auf die Gesellschaft keine Anwendung finden können und die Auflösung des Vertrags gemäß Art. 545 OR das gegebene Rechtsmittel darstellt[18]. Demgegenüber ist zu berücksichtigen, daß auch der Gesellschaftsvertrag einen schuldrechtlichen Vertrag darstellt und den allgemeinen Bestimmungen des OR untersteht, soweit nicht das Gesellschaftsrecht selber abweichende Bestimmungen enthält oder die besondern Verhältnisse eine andere Ordnung verlangen[19]. Die Auflösung der Gesellschaft aus wichtigen Gründen – um eine solche würde es sich hier handeln – kann die vertragstreuen Gesellschafter empfindlich treffen und sollte immer ultima ratio bleiben (trotz Schadenersatz!). Auch ein Ausschluß des vertragsbrüchigen Gesellschafters ist, wenn nicht vertraglich vorgesehen, nach OR nicht möglich[20]. Bei dieser Sachlage ist es gegeben, daß die allgemeinen Bestimmungen des OR über die Erfüllung und die Folgen der Nichterfüllung auch auf den Gesellschaftsvertrag Anwendung finden, wenn und soweit dies der Aufrechterhaltung der Gesellschaft dient und den Interessen der vertragstreuen Gesellschafter entspricht[21]. In diese Richtung weist ja auch Art. 531 Abs. 3 (Kaufs- oder Mietrecht findet «entsprechende Anwendung»). – Eine besondere Stellung nimmt dabei die Gesellschaft

---

[17] Siehe vorn § 20, I 5.
[18] OSER/SCHÖNENBERGER, Art. 82, N. 4, Art. 107, N. 8; BECKER, Art. 82, N. 3, 11, 12; O. BÜRGI, S. 334 ff.; BGE 49 II, 1923, S. 491. Siehe auch unten Anm. 21.
[19] Siehe vorn § 19, II 2; § 20, I 5.
[20] Siehe aber hinten IV 5 a. – Eine Ausschließung von Gesellschaftern aus wichtigen Gründen ist aber möglich bei den Kollektiv- und Kommanditgesellschaften (Art. 577, 598).
[21] Im gleichen Sinn SIEGWART, Vorbem. zu Art. 530, N. 63, 113 f.; Art. 530, N. 78–83; Art. 531, N. 9. Hiezu nun eingehend R. MÜLLER (Gesellschaftsvertrag und Synallagma, mit ausführlichen Hinweisen auf schweizerische und ausländische Lehre und Praxis), der bei grundsätzlicher Ablehnung der Anwendbarkeit der Bestimmungen des OR über die synallagmatischen Verträge doch eine gesonderte Prüfung der einzelnen Bestimmungen im Hinblick auf ihre Anwendbarkeit auf den Gesellschaftsvertrag postuliert (S. 68 f.) und im «Besondern Teil» vornimmt. – Eingehend dazu ebenfalls TSCHUDI, §§ 15–20.

mit bloß zwei Mitgliedern ein, die, obschon kein Austauschvertrag, in den Wirkungen doch eine analoge Situation darstellt. Hingegen ist grundsätzlich nicht entscheidend, ob die Gesellschaft bereits tätig geworden oder vorläufig noch Innengesellschaft geblieben ist, da die Gesellschafter, die bereits erfüllt oder ihre Dispositionen zur Erfüllung getroffen haben, ein erhebliches Interesse daran haben können, daß die Gesellschaft erhalten bleibt. Auf dieser Grundlage ergeben sich im einzelnen – im Nachfolgenden auf die wesentlichsten Punkte beschränkt – folgende Lösungen:

a) Bei Erfüllung der Leistungspflichten

Das Gesetz befaßt sich lediglich mit bestimmten Arten von Beiträgen und bestimmten Aspekten ihrer Erbringung. – So zunächst mit den Sachleistungen und zwar im Hinblick auf den Übergang der Gefahr und die Gewährspflicht (Art. 531 Abs. 3 OR). Auf diese Punkte sollen, je nachdem ob die Sache der Gesellschaft zu Eigentum oder zum Gebrauch überlassen wird, die Grundsätze des Kaufs- oder des Mietvertrags entsprechende Anwendung finden. Somit geht bei der Einlage zu Eigentum die Gefahr beim Abschluß des Vertrags auf die Gesellschaft über, sofern nicht Abreden oder besondere Verhältnisse eine Ausnahme begründen (Art. 185 Abs. 1 OR, unter Vorbehalt der Fälle gemäß Abs. 2 betreffend vertretbare Sachen und Abs. 4 betreffend die aufschiebend bedingten Verträge). Es besteht kein Grund bei Gesellschaften von dieser Lösung abzuweichen, da ja der einbringende Gesellschafter nach Abschluß des Vertrags über die Sache nicht mehr verfügen kann, sondern sie der Gesellschaft zur Verfügung halten muß [22].

Was die Gewährspflichten betrifft, so gelten bei der Einlage zu Eigentum im Prinzip die Bestimmungen des Kaufsrechts über die Gewährleistung des veräußerten Rechts (Entwehrung) und wegen Mängel der Sache (Art. 531 Abs. 3, 192 ff., 197 ff. OR), jedoch unter Anpassung an die bei Gesellschaften gegebene besondere Sachlage: Ob Rechts- oder Sachmängel vorliegen, beurteilt sich unter dem Gesichtspunkt des vereinbarten Gesellschaftszwecks. Vollständige Entwehrung bewirkt an sich noch nicht die Aufhebung des Gesellschaftsvertrags (Art. 195 OR), sondern verpflichtet den betreffenden Gesellschafter, die Sache zu ersetzen oder vollen Schadenersatz zu leisten. So ist auch bei teilweiser Entwehrung zu verfahren (Art. 196). Gleich liegen die Dinge, wenn die Sacheinlage rechtliche oder körperliche Mängel aufweist (Art. 197). Auch hier würde die Aufhebung des Vertrags durch Wandelung (Art. 205, 208 OR) der durch den Gesellschaftsvertrag geschaffenen Sachlage nicht gerecht. Dagegen kann der betreffende Gesellschafter auf Lieferung einer mangelfreien Sache (gegen Rückgabe der mangelhaften) oder Leistung vollen Schadenersatzes be-

---

[22] Eingehend dazu, sowie zur Gewährleistungspflicht SIEGWART, Art. 531, N. 8 ff.

langt werden[23]. Durch die Minderungsklage kann die Gesellschaft (wie nach Kaufrecht) Ersatz des Minderwertes der Sache fordern, was (wie bei der teilweisen Entwehrung) unter Umständen auch durch Änderung des Gesellschaftsvertrags erfolgen kann[24]. – In beiden Fällen der Gewährleistungspflicht (Art. 192 und 197 OR) bleibt die Auflösung der Gesellschaft aus wichtigen Gründen im Sinn von Art. 545 OR vorbehalten: Sei es, daß die Entwehrung oder die Sachmängel die Erreichung des Gesellschaftszwecks verunmöglichen oder erheblich erschweren (bei gewinnstrebenden Gesellschaften fallen auch die Gewinnchancen in Betracht); sei es aus subjektiven Gründen, so wenn dem betreffenden Gesellschafter ein die Vertrauensbasis der Gesellschaft erschütterndes Verschulden vorgeworfen werden kann[25]. Der Auflösung folgt dann die Liquidation nach Gesellschaftsrecht (ex nunc) unter Vorbehalt der Ansprüche auf Schadenersatz gegenüber dem Gesellschafter, auf dessen Verschulden die Auflösung zurückgeht.

Ist die Sache der Gesellschaft zum Gebrauch überlassen worden, so gelten die Gewährspflichten des Mietrechts (Art. 531 Abs. 3, 254 f. OR) unter Anpassung an die bei der Gesellschaft gegebenen Sachlage, wofür auf das zum Kaufrecht Gesagte verwiesen werden kann.

Besteht der Beitrag eines Gesellschafters in persönlichen Leistungen, so ist die Frage, ob er seine Pflichten richtig erfüllt (hat), auf Grund von Art. 538 OR zu beurteilen: Er hat die gleiche Sorgfalt anzuwenden wie in seinen eigenen Angelegenheiten, unter Haftung für den durch sein Verschulden der Gesellschaft entstandenen Schaden. Bezieht er für seine Tätigkeit als Geschäftsführer eine Vergütung, so haftet er nach den Bestimmungen über den Antrag (siehe hinten III, Ziff. 2, lit. e).

b) Bei Verzug oder Nichterfüllung der Leistungspflichten[26]

Die Fälligkeit der Beiträge bestimmt sich nach der allgemeinen Regel des Vertragsrechts (Art. 75 OR), wonach die Erfüllung mit dem Abschluß des Vertrags geleistet und gefordert werden kann, sofern sich nicht aus dem Vertrag oder der Natur des Rechtsverhältnisses etwas anderes ergibt. Es besteht kein Grund, bei Gesellschaften von dieser Ordnung abzugehen[27].

---

[23] a.M. SIEGWART, Art. 531, N. 9, der dem Wandelungsanspruch «das grundsätzlich rückwirkende Dahinfallen der ganzen Gesellschaft» gleichsetzt. – Wie oben im Text: WESPI, S. 53; WÜRDINGER I, S. 78.

[24] Vgl. SIEGWART, Art. 531, N. 9.

[25] Dazu hinten § 31, II 2e.

[26] Über die Modalitäten der Erfüllung und die Folgen der Nichterfüllung der gesellschaftlichen Verpflichtungen eingehend SIEGWART, Art. 530, N. 77–85; R. MÜLLER, § 7.

[27] R. MÜLLER, S. 123 ff.; Zusammenfassung S. 132. Im Ergebnis wohl gleich SIEGWART, Art. 530, N. 77 a.E.

Hingegen kann sich aus den Umständen, insbesondere aus dem Zweck der Gesellschaft (z.B. bei Baukonsortien, Saisongeschäften) ergeben, daß die Leistungen erst in einem spätern (bestimmten oder bestimmbaren) Zeitpunkt zu erbringen sind. – Befindet sich ein Gesellschafter im Verzug oder verweigert er überhaupt die Leistung, so ist zunächst die Klage auf Realerfüllung nebst Schadenersatz wegen Verspätung gegeben wie bei allen Verträgen, oder, falls dies als die zweckmäßigere Lösung erscheint, die Klage auf Schadenersatz unter Verzicht auf die Leistung (Art. 107 Abs. 2 OR). Bei einer Verpflichtung des Gesellschafters zu einem Tun oder Nichttun, kann unter Umständen die Lösung auf Grund von Art. 98 OR (Ersatzleistung auf Kosten des Schuldners und/oder Schadenersatz) gefunden werden. – Hingegen gibt es bei der Gesellschaft kein Recht auf Rücktritt vom Vertrag mit Wirkung ex tunc, wie bei den Austauschverträgen (Art. 107 Abs. 2, 109 OR)[28]. Der säumige Gesellschafter schuldet seine Leistung der Gesamtheit der Gesellschafter und diese können ein erhebliches Interesse daran haben, daß die Gesellschaft trotz Nichtleistung seitens eines oder mehrerer Partner fortgesetzt werde. Wenn aber die ausgebliebene Leistung für die Erreichung des Gesellschaftszwecks wesentlich war und auch durch Schadenersatz nicht ausgeglichen werden könnte, dann tritt an die Stelle des Rücktrittes vom Vertrag das Recht auf Auflösung der Gesellschaft aus wichtigem Grund, unter Liquidation der Gesellschaft und unter Vorbehalt von Schadenersatzansprüchen gegenüber den an der Auflösung schuldigen Gesellschaftern. Auch hier (wie bei der mangelhaften Erfüllung) ist nicht nur die objektive Bedeutung der ausgebliebenen Leistung für die Auflösung maßgebend, sondern unter Umständen schon das Dahinschwinden der Vertrauensbasis.

c) Es stellt sich noch die Frage, ob ein Gesellschafter bei der Forderung auf Erfüllung die Einreden geltend machen kann, die das allgemeine Vertragsrecht bei «zweiseitigen» Verträgen gewährt. – In Betracht fällt vor allem die Einrede des nicht erfüllten Vertrags (*exceptio non adimpleti contractus*) gemäß Art. 82 OR. Diese ist aber deutlich auf die Austauschverträge (Leistung «Zug um Zug») zugeschnitten und grundsätzlich auf Gesellschaftsverhältnisse nicht anwendbar. Der Gesellschafter

---

[28] OSER/SCHÖNENBERGER, Art. 107, N. 8; BECKER, Art. 530, N. 4; HARTMANN, Art. 552, N. 16; R. MÜLLER, S. 125 (mit weiteren Hinweisen), 132. – BGE 92 II, 1966, S. 301; 49 II, 1923, S. 491; BlZR 43, 1944, S. 329 und 40, 1941, S. 243. – SIEGWART, Art. 530, N. 83 bejaht ein Rücktrittsrecht in «den ersten Stadien der Gesellschaft», sofern es sich um bedeutsame Vertragsverletzungen handelt; ebenfalls R. MÜLLER, S. 127 ff., 132 für das «Gründungsstadium», wenn die übrigen Mitglieder gemeinsam vorgehen, sowie bei der Zweimanngesellschaft.

verpflichtet sich gegenüber allen Mitgesellschaftern zu einer Leistung an die Gesellschaft; auch ist Gleichzeitigkeit der Leistung oft praktisch unmöglich. Der Gesellschafter A kann sich daher, wenn durch die Gesellschaft oder durch den Gesellschafter B (mit der *actio pro socio*) zur Erfüllung aufgefordert, nicht darauf berufen, der Gesellschafter C habe noch nicht erfüllt (andere vertragliche Vereinbarungen immer vorbehalten). – Diese grundsätzliche Unzulässigkeit der erwähnten Einrede gilt aber nur unter zwei wesentlichen Vorbehalten: Nach Treu und Glauben ist die Einrede zuzulassen, wenn gerade der Kläger (B) selber, insbesondere bei Zweimanngesellschaften, im Verzug ist. Und nach dem Gleichbehandlungsprinzip kann (in unserem Beispiel) A verlangen, daß gleichzeitig auch C zur Erfüllung angehalten werde[29]. – Die gleichen Erwägungen sprechen auch, unter Vorbehalt der Zweimanngesellschaft, gegen die Zulässigkeit der Einrede wegen «einseitiger Zahlungsunfähigkeit» gemäß Art. 83 OR, insbesondere gegen das Rücktrittsrecht gemäß Abs. 2 dieser Bestimmung[30]. Hier gelten die besondern Bestimmungen des Gesellschaftsrechts: Ist ein Gesellschafter in Konkurs geraten oder ist sein Liquidationsanteil zur Zwangsvollstreckung gelangt, so wird dadurch die Gesellschaft aufgelöst (Art. 545 Abs. 1, Ziff. 3) und tritt, wenn keine andere Lösung vereinbart werden kann, in das Stadium der Liquidation mir den sich daraus ergebenden internen und externen Wirkungen (Art. 547–551; siehe hinten § 31, II 1 d)[31]. – Bei «Unmöglichwerden einer Leistung» im Sinn von Art. 119 OR – d.h. infolge nachträglich eintretender Umstände, die der Schuldner nicht zu verantworten hat – wird auch ein Gesellschafter von

---

[29] Die vorstehenden Ausführungen zur Unzulässigkeit der Einrede nach Art. 82 OR im Gesellschaftsrecht dürfte die heute vorherrschende Lehre wiedergeben. Vgl. WIELAND I, S. 466; OSER/SCHÖNENBERGER, Art. 82, N. 4; GUHL/MERZ/KUMMER, S. 525; BÜRGI, S. 334 ff.; TSCHUDI, S. 155 ff.; R. MÜLLER, S. 88 ff., 100 f. – Anderer Meinung z. B. FUNK, Art. 530, N. 3; VOGELSANG, S. 121. – Für eine beschränkte Zulässigkeit der Einrede, unter Abwägung der Interessen im Einzelfall: SIEGWART, Art. 530, N. 78; ähnlich HARTMANN, Art. 552, N. 15. – Die Gerichtspraxis ist spärlich und nicht schlüssig, da es meist um Einreden wegen Arglist ging; siehe die Beispiele bei SIEGWART, HARTMANN, a.a.O. und TSCHUDI, S. 155.

[30] R. MÜLLER, S. 107 ff., 114 f.; implicite TSCHUDI, S. 158 f.; vgl. auch BGE 49 II, 1923, S. 463. – Abweichend SIEGWART, Art. 530, N. 79, in Verbindung mit N. 78.

[31] Bei den Kollektiv- und Kommanditgesellschaften stehen noch die Rechtsbehelfe gemäß Art. 575, 578/579 (Ausschließung des zahlungsunfähigen Gesellschafters), 619 zur Verfügung. – Eine bloße «Verschlechterung der Vermögenslage» eines Gesellschafters, welche den «Anspruch des andern gefährdet» (Art. 83), bewirkt weder eine Auflösung der Gesellschaft noch ein Recht der übrigen Gesellschafter zur Verweigerung ihrer Leistung (Rechtsmißbrauch vorbehalten), kann jedoch, je nach Art und Bedeutung des betreffenden Beitrages, einen wichtigen Grund zur Auflösung der Gesellschaft oder (bei den Handelsgesellschaften) zur Ausschließung des «zahlungsunfähigen» Gesellschafters bedeuten; siehe R. MÜLLER und F. TSCHUDI (oben Anm. 30).

seiner Beitragspflicht befreit. Damit fallen aber weder die Gesellschaft, noch die Mitgliedschaft des betreffenden Gesellschafters eo ipso dahin. Dieser bleibt gegebenenfalls zum Einwerfen des sog. stellvertretenden *commodums* (Surrogat) oder zu einer Ersatzleistung verpflichtet, wenn dies nach dem Gesellschaftsvertrag möglich ist und dem Gesellschaftszweck dient; auch die weiteren aus der Mitgliedschaft fließenden Pflichten und Rechte bleiben vorläufig aufrechterhalten. Die anderen Gesellschafter bleiben ebenfalls gemäß Vertrag oder Gesetz verpflichtet. Wird aber durch das Dahinfallen der vereinbarten Leistung die Erreichung des Gesellschaftszwecks unmöglich (z.B. bei Nichtigerklärung eines zu verwertenden Patentes), so bewirkt dies die Auflösung der Gesellschaft (Art. 545 Abs. 1 Ziff. 1); wird aus dem gleichen Grund die Verfolgung des Gesellschaftszwecks in unzumutbarer Weise erschwert, so kann jeder Gesellschafter die Auflösung der Gesellschaft aus wichtigem Grund verlangen (Art. 545 Abs. 1 Ziff. 7)[32].

5. Die Geltendmachung der Beitragspflichten

a) Durch den Gesellschaftsvertrag – als Vertrag sui generis – verpflichten sich die Gesellschafter untereinander (genetisches Synallagma, siehe vorn § 20, I 5), Beiträge zur Erreichung des Gesellschaftszwecks zu erbringen, und zwar an die Gesellschaft (Art. 530, 531 Abs. 1, 544 Abs. 1)[33]. Es ergibt sich daraus, daß sowohl die Gesellschaft als auch die einzelnen Gesellschafter zur Geltendmachung der Beitragspflichten berechtigt sind[34]. Dies gilt für die einfache Gesellschaft wie für die Personen-Handelsgesellschaften (Art. 557 Abs. 2)[35].

b) Im normalen Verlauf der Dinge gehört es zu den Aufgaben der Geschäftsführung, fällige und benötigte Beiträge, als sozialrechtliche Verpflich-

---

[32] Zum Vorstehenden R. MÜLLER, S. 137 ff., 146; TSCHUDI, S. 100 f.; beide mit weiteren Differenzierungen hinsichtlich Art und Rechtstitel der Beiträge.

[33] Siehe vorn §§ 20, I 5, 27, I 3. – Erneut ist festzuhalten, daß die «Beiträge» der Gesellschafter in irgendwelchen Leistungen bestehen können. Die nachfolgenden Ausführungen zur Geltendmachung der Beitragspflichten beziehen sich daher nicht nur auf die vermögensrechtlichen Beiträge, sondern auf alle sozialrechtlichen Ansprüche der Gesellschaft, so auch auf ein Tun (z.B. Geschäftsführung) oder Unterlassen, sowie auf die sich aus der Verletzung gesellschaftsrechtlicher Verpflichtungen ergebenden Schadenersatzansprüche. In diesem Sinn auch die unten Anm. 39 zit. schweizerische und deutsche Doktrin.

[34] Zum Problem der «Rechtszuständigkeit» (sc. zur Geltendmachung der Beitragspflichten nach den sog. Societäts-, Gesamthands- und Kompromißtheorien) siehe die Zusammenfassung bei TSCHUDI, § 14, S. 84 ff.; JOB, § 5.

[35] Für die besondern Verhältnisse bei einer Gesellschaft in Liquidation und bei der Einforderung von Kommanditsummen siehe hinten §§ 31 III, 39 II, 42 II, 45 III.

tungen, geltend zu machen, nötigenfalls mit der sog. Gesellschafts- oder Gesamthandsklage[36]. Es ist aber möglich, daß der oder die Geschäftsführer dies unterlassen: Sei es, daß sie die Klage nicht erheben wollen, in guten Treuen (z.B. weil sie einen Rechtsstreit als aussichtslos erachten) oder schuldhafterweise (z.B. um gerade sich oder andere Gesellschafter zu «schonen»); sei es, daß sie die Beitragspflicht nicht durchsetzen können, so wenn ein Mitgeschäftsführer sein Veto einlegt (Art. 535 Abs. 2) oder, gegebenenfalls, mangels Einwilligung sämtlicher Gesellschafter (Art. 535 Abs. 3)[37]. Besonders in solchen Situationen wird die actio pro socio aktuell.

c) Die Geltendmachung der Beitragspflichten durch den einzelnen Gesellschafter, nötigenfalls mit der *actio pro socio,* ist (wie vorn ausgeführt) im Gesellschaftsvertrag begründet und wird heute im Bereich der Personengesellschaften[38] überwiegend als grundsätzlich zulässig erachtet[39],

---

[36] Die Zulässigkeit der Gesellschaftsklage war früher aus dogmatischen Gründen – mangelnde Rechtspersönlichkeit der Personengesellschaften – bestritten (so z.B. BGE 24 II, 1898, S. 731, 736), wird aber heute, nach Überwindung des starren Dualismus (siehe vorn § 21) und mit Rücksicht auf die besondere Natur des Gesellschaftsvertrags und dessen gemeinschaftsbegründenden Wirkungen, allgemein bejaht. Vgl. TSCHUDI und JOB (oben Anm. 34) und die in Anm. 39 zit. Doktrin. – BGE 37 II, 1911, S. 37 (Kommanditgesellschaft); Zürcher Obergericht, BlZR 25, 1926, S. 68, 70. – Zur besonderen Stellungnahme SIEGWARTS siehe Anm. 39.

[37] Ob die Geltendmachung von Sozialansprüchen eine außergewöhnliche Rechtshandlung im Sinn von Art. 535 Abs. 3 darstellt (so z.B. HARTMANN, Art. 557, N. 15; TSCHUDI, S. 94 f., mit Hinweisen), ist eine Ermessensfrage, die nur auf Grund der konkreten Verhältnisse im Einzelfall entschieden werden kann. Zudem kann der Gesellschaftsvertrag die Geschäftsführung zu solchen Rechtshandlungen ermächtigen. Siehe hiezu hinten III 1a.

[38] Anders bei den Körperschaften, bei denen zur Geltendmachung sozialrechtlicher Ansprüche die geschäftsführenden Organe ausschließlich zuständig sind.

[39] So HARTMANN, Art. 557, N. 4; FUNK, Art. 532, N. 1; TSCHUDI, S. 84 ff.; JOB, S. 92 f., 99 (unrichtig hier, insbes. Anm. 726, 778, die Ableitung der actio pro socio aus der «individualrechtlichen Sphäre», im Gegensatz zur Gesellschaftsklage). – BGE 24 II, 1898, S. 736; Zürcher Obergericht, BlZR 25, 1926, S. 68 ff. – Nach SIEGWART (Vorbem. zu Art. 530, N. 93.) kann die hier zur Diskussion stehende Frage (Gesellschaftsklage und/oder actio pro socio) nur von Fall zu Fall entschieden werden, je nach dem Grad der Vereinheitlichung der Gesellschaft im Innenverhältnis; Beitragspflichten könnten bei noch werbender Gesellschaft «unter Umständen» sowohl von der Gesellschaft als den einzelnen Gesellschaftern eingeklagt werden (N. 95, 96 Abs. 2). U.E. ist aber die Frage grundsätzlich, eben aus der Natur des Gesellschaftsvertrags, zu entscheiden.
Im deutschen Recht war die Zulässigkeit der actio pro socio umstritten, wird aber heute für alle Personengesellschaften in Doktrin und Rechtsprechung bejaht, dies namentlich unter Hinweis auf den Wortlaut des § 705 BGB («gegenseitige» Verpflichtung der Gesellschafter), die historische Tradition und das starke wirtschaftliche Bedürfnis nach einer solchen Klage (HUECK, OHG, § 18, II 3). Zusammenfassende Darstellung bei SOERGEL/SCHULTZE-V. LASAULX, Art. 705 BGB, Bem. 54 f. (Gesellschaftsklage), 56 f. (actio pro socio); WIELAND I, S. 546 f; einläßlich HUECK, a.a.O.; DERSELBE, Gesellschaftsrecht, S. 33; LEHMANN/DIETZ, S. 94 f.; abweichend R. REINHARDT, S. 40, 78 f., wozu noch hinten Anm. 46.

allenfalls unter Vorbehalt spezifischer Voraussetzungen (wozu unten lit. d). Der Gesellschafter klagt hier im eigenen Namen, auf eigenes Risiko und das Urteil hat Rechtskraft nur unter den Prozeßparteien[40]. Aus der besondern Natur der actio als gesellschaftsrechtliches Instrument ergeben sich zwei wesentliche Besonderheiten: Der Gesellschafter kann nur auf Leistung an die Gesellschaft klagen (wie z.B. bei der aktienrechtlichen Verantwortlichkeitsklage aus mittelbarem Schaden gemäß Art. 755 OR)[41]. Und der Kläger kann nur das verlangen, was der Beklagte gesellschaftsrechtlich schuldet. Der Kläger muß sich also rechtsgültige Gesellschaftsbeschlüsse oder seitens der Geschäftsführung (falls hiezu kraft Gesellschaftsvertrags zuständig[42]) verfügte Herabsetzungen oder Stundungen entgegenhalten lassen[43], wie auch die weiteren, einem Gesellschafter allenfalls gegebenen Einreden gegen seine Leistungspflicht (z.B. bei Unmöglichkeit der Leistung, aus dem Gleichbehandlungsprinzip, wegen Rechtsmißbrauchs seitens des Klägers[44]).

d) Es stellt sich noch die Frage, in welchem Verhältnis die beiden Klagen zueinander stehen. Nach u.E. richtiger Auffassung ist die actio pro socio grundsätzlich neben der Gesellschaftsklage, dieser gegenüber also nicht subsidiär – im Sinn eines rechtlichen «Nacheinander»[45] – gegeben. Dies folgt wiederum aus der Natur des Gesellschaftsvertrags (oben lit. a) und steht in Übereinstimmung mit der Ausgestaltung der actio (Leistung an die Gesellschaft; Leistungspflicht des beklagten Gesellschafters inhaltlich nach Maßgabe der gesellschaftsrechtlichen Ordnung, siehe

---

Im französischen Recht bedeutet die Nichterfüllung der Beitragspflichten einen wichtigen Grund zur Auflösung der Gesellschaft durch den Richter, wobei jeder Gesellschafter zur Auflösungsklage legitimiert ist (Art. 1871 CCfr., entsprechend Art. 1184 für synallagmatische Verträge). Nach Doktrin und Rechtsprechung kann die Gesellschaft den fehlbaren Gesellschafter auch ausschließen, jedenfalls wenn der Vertrag eine Ausschließung und zugleich Fortsetzung der Gesellschaft durch die übrigen Gesellschafter vorsieht (vgl. RIPERT/ROBLOT, S. 426, N. 793–795). – Nach italienischem Recht bewirkt die Nichterfüllung der Beitragspflicht seitens eines Gesellschafters keine Auflösung des Gesellschaftsvertrags, es sei denn, der betreffende Beitrag sei als (für die Verfolgung des Gesellschaftszwecks) essentiell zu betrachten (Art. 1459 CCit., *contratto plurilaterale;* siehe vorn § 20, I 5 a.E.). In gravierenden Fällen kann der fehlbare Gesellschafter ausgeschlossen werden (Art. 2286 CCit.). Die Geltendmachung der Beitragspflichten erfolgt durch Gesellschaftsklage; eine actio pro socio ist nicht gegeben. Vgl. M. GHIDINI, S. 166.

[40] So deutlich z.B. SOERGEL/SCHULTZE-V. LASAULX; HUECK, OHG; beide zit. Anm. 39.
[41] Allgemein anerkannt, siehe die in Anm. 39 zit. Doktrin.
[42] Siehe Anm. 37.
[43] Allgemein anerkannt, siehe die in Anm. 39 zit. Doktrin.
[44] Siehe oben 4c.
[45] Wie z.B. die Haftung des Kollektivgesellschafters gemäß Art. 569 (dazu hinten § 37).

oben lit. c). Vorbehalten bleiben die auch der actio durch das Gebot des Handelns nach Treu und Glauben gesetzten Schranken.

In Doktrin und Rechtsprechung wird öfter, in verschieden starken Formulierungen, betont, daß der Gesellschaftsklage gegenüber der actio pro socio der «Vorrang» zukomme[46]. Diese bedeute eine Einmischung in die Geschäftsführung und das Nebeneinander der beiden Klagen störe die Zuständigkeitsordnung (was auch ein Hauptargument für die grundsätzliche Ablehnung der actio war[46a]). Die actio sei daher nur zulässig, wenn die Geschäftsführung (zusammenfassend ausgedrückt) «versagt» und (fügen wir zur Verdeutlichung bei) auch kein Gesellschaftsbeschluß zustande kommt[47]. Daraus könnte, je nach der Stärke der Formulierungen, auf die rechtliche S u b s i d i a r i t ä t der actio geschlossen werden. – Gegenüber diesen Argumenten überwiegen aber doch diejenigen, die für die Selbständigkeit der actio pro socio sprechen. Ausschlaggebend ist die Rechtsnatur des Gesellschaftsvertrags mit den sich daraus für den einzelnen Gesellschafter ergebenden Rechten (oben lit. a und b). In praktischer Hinsicht ist zu berücksichtigen, daß der Gesellschafter nicht nur in den erwähnten besondern Situationen ein legitimes Interesse an der Erhebung der actio pro socio hat, sondern auch dann, wenn die Gesellschaft zwar eine Beitragspflicht geltend macht, aber ein Anderes oder ein Weniger fordert, als nach Auffassung des Gesellschafters geschuldet ist; Beitragspflichten sind ja oft unvollständig oder unklar formuliert oder müssen aus dem Gesetz (Art.531 Abs.2) gefolgert werden. Zur Vermeidung von Kompetenzkonflikten kann im Gesellschaftsvertrag eine entsprechende Ordnung getroffen werden, was sich in größeren Verhältnissen auch empfiehlt (siehe oben lit. b, insbes. Anm.37). Sind Gesellschafts- und Gesellschafterklage gleichzeitig hängig, so ist es Sache des Richters, über das prozeßrechtliche Schicksal der beiden Klagen zu entscheiden.

II. Das Gesellschaftsvermögen und die vermögensrechtliche Beteiligung der Gesellschafter

1. Die vermögensrechtliche Struktur der Gesellschaft

a) Wenn auch bei der einfachen Gesellschaft die Bildung eines Gesellschaftsvermögens weder rechtlich verlangt, noch praktisch unbedingt erforderlich ist[48], so bildet sich doch im normalen Verlauf der Dinge – sei es schon kraft des Gesellschaftsvertrags oder als Resultat der gesellschaftlichen Tätigkeit – ein Vermögen, das der Verfolgung des Gesellschaftszwecks dienen soll. Das OR verwendet zwar bei der einfachen Gesellschaft nirgends den Ausdruck «Gesellschaftsvermögen»[49], befaßt sich aber

---

[46] Siehe z.B. JOB, S.93ff., 103; TSCHUDI, S.94f.; Zürcher Obergericht (zit. Anm.39), S.70 (Gesellschaftsklage «in erster Linie»). – Nach R. REINHARDT, S.78f., N.167, ist die actio pro socio nur in «Notsituationen» gegeben, so wenn die Organisation der Gesellschaft nicht funktioniert.

[46a] Siehe HUECK, OHG, zit. oben Anm.39.

[47] Siehe oben Anm.37.

[48] z.B. bei Gelegenheitsgesellschaften, deren Verbindlichkeiten auch direkt von den Gesellschaftern erfüllt werden können; oder bei Forschungsgemeinschaften, wo die Arbeit in den Betrieben der Gesellschafter und auf eigene Kosten geleistet wird, allenfalls unter Ausgleich zu gegebener Zeit.

[49] Von einem «Gesellschaftsvermögen» (der Gesellschaft bürgerlichen Rechts) sprechen ausdrücklich die §§ 718ff. BGB; ebenfalls Art.2267f. CCit. (siehe vorn § 27, V 3, insbes. Anm.

in verschiedenen Zusammenhängen mit den vermögensrechtlichen Verhältnissen der Gesellschaft und den «Anteilen» ihrer Mitglieder.

In der Doktrin wird vereinzelt ausgeführt, daß die einfache Gesellschaft kein «Gesellschaftsvermögen im Sinn eines Sondervermögens» besitze (wie z.B. die Kollektiv- und Kommanditgesellschaften)[50]. Dies ist nur insofern richtig, als das Vermögen der einfachen Gesellschaft nicht einen den Gesellschaftsgläubigern reservierten Haftungsfonds darstellt, wie das bei den Handelsgesellschaften der Fall ist (Art. 570, 572, 613 OR). Im übrigen ist für die vermögensrechtliche Struktur der Gesellschaft Art. 544 maßgebend. Danach gehören Sachen, dingliche Rechte und Forderungen, die an die Gesellschaft übertragen oder für sie erworben worden sind, den Gesellschaftern «gemeinschaftlich», d.h. zu gesamter Hand, mit der Wirkung, daß sie nur gemeinschaftlich, gegebenenfalls durch Stellvertreter, über solche Werte verfügen können[51]. Schon dadurch hebt sich ein Gesellschaftsvermögen als Sondervermögen gegenüber den Privatvermögen der Gesellschafter ab. Dies kommt auch in der Liquidationsordnung deutlich zum Ausdruck (Art. 548 f.)[52]. Dazu kommt, als gesellschaftsrechtliches Moment, daß die Gesellschafter Anspruch darauf haben, daß ihre Beiträge und sonstwie erworbenen Vermögenswerte zur Verfolgung des Gesellschaftszwecks eingesetzt werden, wozu auch die Deckung der Gesellschaftsschulden[53] aus dem Gesellschaftsvermögen gehört, wie wiederum die Liquidationsordnung zeigt (Art. 549)[54]. Gegenüber Dritten wirkt sich die vermögensrechtliche Struktur der Gesellschaft als Gesamthand darin aus, daß die Gläubiger eines Gesellschafters nicht auf das Gesellschaftsvermögen greifen, sondern nur den Liquidationsanteil des Gesellschafters in Anspruch nehmen können (Art. 544 Abs. 2)[55].

b) Die einfache Gesellschaft ist, weil zur Eintragung im HReg weder verpflichtet noch fähig, auch nicht zur kaufmännischen Buchführung und Erstellung von Bilanzen verpflichtet (Art. 957 OR). Praktisch wird aber eine (allgemein formuliert) Rechnungsführung durch die Gesellschaft meist unerläßlich sein, dies namentlich auch zur Feststellung der vermögensrechtlichen Beteiligungen der Gesellschafter (Ziff. 2 hienach). Art und Weise der Rechnungsführung stehen im Ermessen der Gesellschaft, wobei namentlich in größeren Verhältnissen die allgemeinen Bestimmungen über die kaufmännische Buchführung (Art. 957 ff. OR) als Richtschnur dienen können[56]. Unter dem Gesichtspunkt des Gesellschaftsrechts – wofür

---

127). – Im schweizerischen Recht der Personengesellschaften ist von einem Gesellschaftsvermögen (als einem besondern Haftungsfonds) erst bei den Handelsgesellschaften die Rede (Art. 570, 572, 578 ff.).

[50] z.B. GUHL/MERZ/KUMMER, S. 529, unter Hinweis auf die mangelnde Einheit der einfachen Gesellschaft im Außenverhältnis.
[51] Siehe lit. b hienach.
[52] Siehe hinten § 31, III 2 b.
[53] Zu den «Gesellschaftsschulden» siehe S. 383 f.
[54] Siehe hinten § 31, III 2 b.
[55] Zum Gesellschaftsvermögen als Sondervermögen und dessen Auswirkungen siehe eingehend z.B. SIEGWART, Art. 544, N. 9 ff.; vgl. auch MEIER-HAYOZ/FORSTMOSER, S. 57 (Gesellschaftsvermögen als «Betriebskapital», mit zusätzlicher Haftung der Gesellschafter).
[56] Vgl. dazu die Ordnung bei den Handelsgesellschaften, hinten § 34 I. – Zur Buchführungspflicht und der kaufmännischen Buchführung allgemein wird auf PATRY, vorn §§ 13 f. verwiesen.

Art. 544 bestimmend ist – ist zur Vermögensstruktur der Gesellschaft festzuhalten:

Zu den Aktiven gehören alle Vermögenswerte, die der Gesellschaft «übertragen» worden sind (Art. 544 Abs. 1). So die zu Eigentum erbrachten Beiträge der Gesellschafter oder die Forderung auf solche; die im Verlauf der Gesellschaftstätigkeit im Namen und für Rechnung der Gesellschaft erworbenen Sachen oder dinglichen Rechte; der sog. Surrogationserwerb, z. B. Versicherungs- oder Schadenersatzansprüche; schuldrechtliche Forderungen und andere Rechte, z. B. Immaterialgüterrechte, Beteiligungen, Konzessionen. – Die Aktiven «gehören den Gesellschaftern gemeinschaftlich», zu gesamter Hand (Art. 544 Abs. 1)[57]; das Recht eines jeden Gesellschafters geht auf die ganze Sache (Art. 652 ZGB) oder Forderung[58]. Verfügungen über solche Rechte oder deren Geltendmachung können daher nur von allen Gesellschaftern gemeinsam, gegebenenfalls durch bevollmächtigte Stellvertreter, vorgenommen werden (Art. 653 Abs. 2 ZGB). Diese Ordnung bedeutet für Gesellschaften eine wesentliche Erschwerung ihrer Tätigkeit, in internrechtlicher Hinsicht und im Verkehr mit Dritten.

Die soeben dargelegte Ordnung des Gesamthandverhältnisses gilt aber nur subsidiär, dies in doppelter Hinsicht: Einmal bestimmt schon das ZGB (Art. 653 Abs. 1), daß sich die Rechte und Pflichten der Gesamteigentümer «nach den Regeln (richten), unter denen ihre gesetzliche oder vertragsmäßige Gemeinschaft steht», womit besonders auch die Personengesellschaften anvisiert sind. Sodann behält Art. 544 Abs. 1 OR ausdrücklich die vertragliche Ordnung vor («nach Maßgabe des Gesellschaftsvertrages»). Es wird daher allgemein angenommen, daß die Gesellschafter die Gesellschaftsaktiven auch in (quotenmäßiges) Miteigentum der Mitglieder stellen können[59].

---

[57] Unter der Herrschaft des aOR (1881) wurde das Gesellschaftsvermögen noch als im quotenmäßigen Miteigentum der Gesellschafter stehend angesehen, was aber in praktischer und rechtlicher Hinsicht als unbefriedigend empfunden wurde (siehe dazu noch unten Anm. 59). Die Wendung zum Gesamthandverhältnis erfolgte im rev. OR 1911, Art. 544, der im rev. OR 1937 unverändert übernommen wurde. Siehe hiezu SIEGWART, Art. 544, N. 7 f., mit Hinweisen. – Daß auf Grund von Art. 544 und mangels anderer Abrede (wozu gleich hienach) das Gesellschaftsvermögen im Gesamteigentum der Gesellschafter steht, ist heute allgemein anerkannt, siehe z. B. SIEGWART, a.a.O.; GUHL/MERZ/KUMMER, S. 527; MEIER-HAYOZ/FORSTMOSER, S. 128.

[58] Zu den Gesamthandsforderungen allgemein z. B. VON TUHR/SIEGWART, § 89, V; HARTMANN, Art. 562, N. 24.

[59] Siehe BECKER, Art. 544, N. 2; HARTMANN, Art. 562, N. 21; GUHL/MERZ/KUMMER, S. 527; MEIER-HAYOZ/FORSTMOSER, S. 56 (wo der Begriff «gemeinschaftliches Eigentum» Gesamt- und Miteigentum umfaßt); SIEGWART, Art. 531, N. 7, 544, N. 8 (wonach bei Miteigentum «kein eigentliches gesellschaftsrechtliches Eigentum» vorliege, sondern eine Überlassung der Anteile «zum Gebrauch und eventuell zur Verfügung» (der Gesellschaft). – Personengesellschaften begründet auf Miteigentum lassen sich am ehesten denken als (meist vorübergehende)

Von wesentlicher Bedeutung ist schließlich, daß die gesamthänderische Bindung («Verstrickung», wie in der deutschen Lehre auch gesagt wird) hinsichtlich der Verfügung über Gesamteigentum durch die gesellschaftsrechtlichen Bestimmungen über die Geschäftsführung und Vertretung aufgehoben wird, so schon für die einfache Gesellschaft (Art. 535, 543 Abs. 3)[60], stärker noch für die Handelsgesellschaften (Art. 563, 564, 603 OR) –, was in entsprechendem Zusammenhang noch näher auszuführen sein wird.

Das Gesellschaftsvermögen kann mit Gesellschaftsschulden belastet sein, die aus Rechtsgründen verschiedener Natur entstehen können[61]. Aus rechtsgeschäftlichem Handeln in Gesellschaftsangelegenheiten (Art. 543 Abs. 2, 3; Art. 544 Abs. 3); aus unerlaubten Handlungen, die von den Gesellschaftern gemeinsam oder mit ihrer Zustimmung von Vertretern begangen werden (Art. 50 OR)[62]; von Gesetzes wegen, z.B. aus Haftpflichten (Art. 55 ff. OR). – Wie die Gesellschaftsaktiven den Gesellschaftern «gemeinschaftlich» gehören, so sind auch die Gesellschaftsschulden Gemeinschaftsschulden der Gesellschafter[63]. Zu ihrer Deckung dient, internrechtlich und mangels anderer Vereinbarung, das Gesellschaftsvermögen, wie sich deutlich aus der Liquidationsordnung ergibt (Art. 549). Gegenüber Dritten aber haften die Gesellschafter nicht nach dem Gesamthandprinzip, sondern **solidarisch** (Art. 544 Abs. 3), **unbeschränkt** und (anders als im Recht der Handelsgesellschaften, Art. 568 Abs. 3) **unmittelbar**. Nach den Regeln der Solidarität (Art. 143 ff. OR) kann der Gesellschaftsgläubiger seine Forderung gegenüber allen Gesellschaftern gemeinsam oder auch nur gegenüber Einzelnen geltend machen, für die ganze Schuld oder

---

Fortsetzung von bestehenden Miteigentumsverhältnissen in Form einer Gesellschaft. Im übrigen sind solche Gestaltungen nicht zu empfehlen, da sie an einem Widerspruch leiden: Einerseits sachenrechtliche Verfügungsfreiheit des Miteigentümers (Art. 646 Abs. 3 ZGB), andererseits gesellschaftsrechtliche Bindung an den Gesellschaftszweck. Darum auch die oben Anm. 57 erwähnte Wendung vom Miteigentum zum Gesamteigentum gemäß Art. 544 Abs. 1. – Daß vermögensmäßige Beiträge auch unter andern Rechtstiteln (als zu Eigentum) erbracht werden können, wonach sie überhaupt nicht in das Gesellschaftsvermögen eingehen, wurde vorn I 2 ausgeführt. Siehe aber Art. 550, wonach bei Auflösung der Gesellschaft die Auseinandersetzung von allen Gesellschaftern gemeinsam vorzunehmen ist; dazu noch hinten § 31, III 1.

[60] Dazu hinten III 2; § 30 I.
[61] Siehe z.B. SIEGWART, Art. 544, N. 27 ff.; GUHL/MERZ/KUMMER, S. 530.
[62] Bei der einfachen Gesellschaft haften die Gesellschafter aber nicht aus Delikten, die von ihren Vertretern in Überschreitung ihrer Vollmacht begangen werden (siehe hinten § 30, I b); anders bei den Handelsgesellschaften (Art. 567 Abs. 3).
[63] Siehe OSER/SCHÖNENBERGER, Vorbem. zu Art. 143–150, N. 3; VON TUHR/SIEGWART, S. 739; abweichend (in der Formulierung) GUHL/MERZ/KUMMER, S. 530.

auch nur für Teilbeträge, wobei alle Gesellschafter verpflichtet bleiben, bis die ganze Schuld getilgt ist[64].

Auch in bezug auf die Gesellschaftsschulden gilt die gesetzliche Ordnung nur subsidiär («unter Vorbehalt anderer Vereinbarung»; Art. 544 Abs. 3). Da sich dieser Vorbehalt auf die Haftungen bezieht, können unter abweichenden Vereinbarungen nur solche mit den Gesellschaftsgläubigern verstanden werden[65]. Es ist möglich und kommt in der Praxis auch öfters vor, daß bei Abschluß von Rechtsgeschäften mit Dritten die Gesellschafterhaftungen eingeschränkt werden; sei es persönlich, indem einzelne Gesellschafter von der Haftung ganz oder teilweise befreit werden; sei es sachlich, indem die Haftung z.B. auf das Gesellschaftsvermögen oder bestimmte Vermögenswerte begrenzt wird. – Schließlich ist festzuhalten, daß die Gesellschafter unter sich, vorbehältlich Art. 533 Abs. 3, beliebige Vereinbarungen über die Gesellschaftsschulden – und letztlich eines Verlustes – treffen können, unbeschadet der gesetzlichen Regelung der Haftungen gegenüber Dritten.

2. Die Anteile der Gesellschafter am Gesellschaftsvermögen

a) Am Gesellschaftsvermögen sind die Gesellschafter kraft ihrer Mitgliedschaft beteiligt; der Anteil eines Gesellschafters ist der vermögensrechtliche Bestandteil seiner Mitgliedschaft. Das Gesetz befaßt sich in verschiedenen Zusammenhängen und Formulierungen mit den «Anteilen» der Gesellschafter, aber meist ohne zu sagen, in was sie bestehen[66]. Gegenstand und Ausmaß der Anteile sind dann auf Grund der vermögensrechtlichen Struktur der Gesellschaft und in Berücksichtigung der rechtlichen Situation, dem Zusammenhang, in welchem der Anteil zur Diskussion steht, zu ermitteln. Hiebei ist, als Ausgangspunkt, grundsätzlich zwischen dem Vermögensanteil des Gesellschafters und dessen Kapitalanteil zu unterscheiden[67].

---

[64] Zur Haftung der Gesellschafter und ihrer Geltendmachung durch die Gläubiger siehe noch hinten § 30 II, III.

[65] Siehe SIEGWART, Art. 544, N. 28.

[66] Eine nähere Umschreibung erfährt eigentlich nur der «Liquidationsanteil» (Art. 548f., 588); beim «Kapitalanteil» (des Kollektivgesellschafters) werden nur gewisse Faktoren erwähnt (Art. 558–560; dazu hinten lit. c).

[67] Diese Unterscheidung gilt grundsätzlich für die einfache Gesellschaft wie für die Kollektiv- und Kommanditgesellschaften, da diese drei Gesellschaftsformen die gleiche vermögensrechtliche Struktur aufweisen; auf Einzelheiten ist im entsprechenden Zusammenhang zurückzukommen. – Zur stillen Gesellschaft siehe hinten § 46, V 2. – Die Unterscheidung ergibt sich, wie oben im Text ausgeführt, auf Grund der Struktur der Personengesellschaften, wie sie auch aus einzelnen Bestimmungen des Gesetzes hervorgeht. Deutlich betont wird die Unterscheidung erst in der neueren Doktrin (siehe die nachfolgenden Anmerkungen).

b) Der Vermögensanteil eines Gesellschafters ergibt sich aus dessen Beteiligung am gesamten Reinvermögen der Gesellschaft gemäß deren Bilanz, gegebenenfalls unter Einbeziehung stiller Reserven. Der Vermögensanteil ist somit ein realer Wertanteil[68]. Sein Ausmaß bestimmt sich, sofern nichts anderes vereinbart, nach Maßgabe der Gewinn- und Verlustbeteiligung, wie sich deutlich aus der Liquidationsordnung (Art. 549, 588 Abs. 2 OR) ergibt. – Internrechtlich spielt der Vermögensanteil eine Rolle bei der Auflösung und Liquidation der Gesellschaft[69]; ferner zur Bestimmung des Abfindungsanspruchs eines ausscheidenden oder ausgeschlossenen Gesellschafters (Art. 576–580)[70], wobei allerdings hier die Bewertungen anders ausfallen können als bei der Liquidation der Gesellschaft[71]. – Vorbehalten bleiben vertragliche Bestimmungen betreffend Festsetzung des Vermögensanteils (z.B. für den Liquidationsfall), sowie gegebenenfalls dessen Festsetzung durch den Richter (Art. 580). – Im Außenverhältnis kommt der Vermögensanteil zur Geltung im Zusammenhang mit der Zwangsvollstreckung in das Vermögen eines Gesellschafters. Nach Art. 544 Abs. 2 können die Gläubiger eines Gesellschafters nur den Liquidationsanteil in Anspruch nehmen, der, wie soeben ausgeführt, dem Vermögensanteil entspricht; das gleiche gilt für die Kollektivgesellschaft (Art. 572, 578).

c) Der Kapitalanteil eines Gesellschafters wird im Gesetz ausdrücklich nur bei der Kollektivgesellschaft erwähnt (Art. 558, 560 OR), ist aber, bei ordnungsgemäßer Rechnungsführung, auch in der Bilanz der einfachen Gesellschaft aufzuführen. – Der Kapitalanteil setzt sich – was im Gesetz nur unvollständig zum Ausdruck kommt – zusammen aus den in Geld geschätzten Beiträgen der Gesellschafter, gutgeschriebenen Gewinnen, allenfalls auch Zinsen und Honoraren. Belastet wird das sog. Kapitalkonto des Gesellschafters mit seinem Anteil an Verlusten und seinen Entnahmen aus dem Gesellschaftsvermögen. – In der Gesellschaftsbilanz figurieren die Kapitalkonti der Gesellschafter auf der Passivseite. Die Kapitalanteile sind

---

[68] Zum Vermögensanteil U. HUBER § 7, S. 141 ff., 145 (Wertanteil), 165 ff.; VON GREYERZ, S. 72; HARTMANN, Art. 562, N. 29 (vgl. auch Art. 558, N. 11). – Der Klarheit halber ist festzuhalten, daß, in Anbetracht des die Personengesellschaften beherrschenden Gesamthandprinzips, der Vermögensanteil kein dingliches Anteilsrecht auf das Gesellschaftsvermögen oder dessen Bestandteile bedeutet, wie sich deutlich auch aus der Ordnung der Zwangsvollstreckung ergibt (siehe hinten § 30, III 2 b). – Vgl. auch § 719 Abs. 1 BGB.
[69] Siehe HARTMANN, Art. 562, N. 29 (Vermögensanteil = Liquidationsanteil).
[70] Art. 578 spricht denn auch deutlich vom «Anteil am Gesellschaftsvermögen»; ebenfalls Art. 577, 579; siehe auch Art. 580 Abs. 2 (Festsetzung des Abfindungsanspruchs eines ausscheidenden Gesellschafters durch den Richter in Berücksichtigung «der Vermögenslage der Gesellschaft»).
[71] Siehe hinten IV 5 und § 38, III 3 (Abfindung auf Grund einer sog. Fortsetzungsbilanz).

somit reine, meist variable Rechnungsziffern[72]. Ihre Bedeutung liegt vor allem in der Klarstellung der vermögensrechtlichen Verhältnisse innerhalb der Gesellschaft, insbesondere im Stadium der Liquidation[73]. Im Gesellschaftsvertrag können aber an den Kapitalanteil noch weitere Wirkungen geknüpft werden, so die Bestimmung der Gewinn- und Verlustbeteiligung oder der Stimmkraft jedes Gesellschafters[74].

d) Vom «Anteil» eines Gesellschafters spricht das Gesetz auch im Zusammenhang mit der Unterbeteiligung und der Abtretung (Art. 542). Ausgehend vom Prinzip, daß neue Gesellschafter nur mit Zustimmung aller Gesellschafter in die Gesellschaft aufgenommen werden können[75], präzisiert das Gesetz, daß die einseitige Einräumung einer Unterbeteiligung oder die Abtretung eines Anteils an einen Dritten diesen «nicht zum Gesellschafter der übrigen» mache, m.a.W. dem Dritten nicht die Mitgliedschaft in der Gesellschaft mit den sich daraus ergebenden sog. Verwaltungsrechten[76] verschaffe. E contrario folgt daraus, daß ein Gesellschafter seinen Anteil abtreten, auch verpfänden oder daran eine Unterbeteiligung einräumen kann, soweit es sich um die rein vermögensrechtlichen Bestandteile der Mitgliedschaft handelt. Daraus ergibt sich weiter, daß es im Belieben der Parteien dieser Rechtsgeschäfte (des Ober- und Unterbeteiligten, des zedierenden Gesellschafters und des Zessionars) steht, zu bestimmen, was hiebei unter «Anteil» zu verstehen ist, ob der Vermögens-, Liquidations- oder Abfindungsanteil oder nur einzelne, gegenwärtige oder zukünftige vermögensmäßige Rechte, z.B. auf Gewinne, (wertmäßige) Rückerstattung von Einlagen, Honorare u.a.m.[77]. An der intern- und externrechtlichen Stellung des Gesellschafters als solchem ändert dies nichts. Zwischen den Parteien der genannten Rechtsgeschäfte dagegen gilt deren eigenes Recht. So ist die Unterbeteiligung in der Regel nach den Bestimmungen über die einfache Gesellschaft zu behandeln[78]. Die Gültigkeit und

---

[72] Zum Kapitalanteil, siehe U. HUBER, § 8, S. 173 ff.; VON GREYERZ, S. 73; HARTMANN, Art. 558, N. 11 f.; SIEGWART, Art. 558–560, N. 4–17. – Dazu noch hinten § 34, II 3.
[73] Siehe Art. 549 Abs. 1, 588 Abs. 1. – Zur Verzinsung der Kapitalanteile gemäß Art. 558 siehe hinten § 34, II 4.
[74] Siehe hinten Ziff. 3 und III 1 b.
[75] Art. 542 Abs. 1. Diese Bestimmung ist dispositives Recht. Zur Übertragung der Mitgliedschaft gemäß Gesellschaftsvertrag siehe unten IV 2.
[76] Verwaltungsrechte hier im weiten Sinn verstanden, umfassend die eigentlichen Mitwirkungsrechte (Art. 534, 535, 550), sowie das Recht zum Entzug der Geschäftsführung, zur Kontrolle und gegebenenfalls zur Auflösung der Gesellschaft.
[77] Siehe SIEGWART, Art. 542, N. 4, mit Hinweisen; HARTMANN, Art. 562, N. 29.
[78] Zur Unterbeteiligung als besondere Erscheinungsform der einfachen Gesellschaft, als sog. Innengesellschaft, siehe vorn § 27, IV 4.

die Wirkungen der Abtretung eines Anteils bestimmen sich nach Zessionsrecht (Art. 164 ff. OR)[79]. In beiden Fällen hat der Gesellschafter die Interessen seines Vertragspartners in guten Treuen zu wahren, soweit ihm dies nach seiner gesellschaftsrechtlichen Stellung möglich ist[80].

3. Die Gewinn- und Verlustbeteiligung

Das Gesetz befaßt sich mit der Gewinn- und Verlustbeteiligung der Gesellschafter nur insofern als es bestimmt, daß mangels anderer Vereinbarung die Gesellschafter gleichen Anteil an Gewinn und Verlust haben, ohne Rücksicht auf die Art und Höhe ihrer Beiträge, wobei eine Vereinbarung über den Gewinnanteil auch für den Verlustanteil gilt und umgekehrt (Art. 533 OR). Die Frage aber, ob die Gesellschaft Gewinne anstreben und ob diese zur Verteilung an die Gesellschafter bestimmt sind, kann nur im konkreten Fall auf Grund des Gesellschaftszwecks, des Gesellschaftsvertrags und der begleitenden Umstände entschieden werden[81]. Die Verschiedenartigkeit der Gesellschaften und der von ihnen verfolgten Zwecke läßt keine generelle Vermutung zu Gunsten einer Gewinnbeteiligung zu. Für die Verlustbeteiligung dagegen gilt extern das Prinzip der solidaren Haftung jedes Gesellschafters für sämtliche Gesellschaftsschulden, letzten Endes für den Liquidationsverlust, während im internen Verhältnis auch die Verluste nach Kopfteilen zu übernehmen sind, wenn nicht anders vereinbart[82].

Durch Vereinbarung können sowohl das Ausmaß als das gegenseitige Verhältnis der Gewinn- und Verlustbeteiligung in beliebiger Weise geordnet werden, z.B. nach dem Wert der Einlagen und Zuschüsse, nach festen Quoten (womit auch der Wert der in persönlichen Leistungen bestehenden Beiträge angemessen berücksichtigt werden kann), nach Maßgabe erfolgter Lieferungen oder Bezüge (so bei Kartellen und Syndikaten) oder einfach nach Gesellschaftsbeschluß[83]. Eine Grenze ist der vertraglichen Ordnung – nach schweizerischer Lehre und Rechtsprechung – nur in folgender Hinsicht gesetzt: Gemäß Art. 533 Abs. 3 ist die Verabredung, «daß ein Gesellschafter, der zu dem gemeinsamen Zwecke Arbeit beizutragen

---

[79] SIEGWART, Art. 542, N. 4; dazu noch unten IV 3 b.
[80] Siehe Anm. 78. – SIEGWART, Art. 542, N. 5 nimmt hier eine «beschränkte analoge Anwendung von Gesellschaftsrecht» an. Bestimmend ist aber der Grundsatz von Treu und Glauben.
[81] Vgl. SIEGWART, Art. 533, N. 5; zur Abgrenzung gegenüber den partiarischen Rechtsverhältnissen siehe vorn § 27, II 1.
[82] Art. 549 Abs. 2, Art. 533 Abs. 1. – Dazu noch hinten § 31, III 2.
[83] SIEGWART, Art. 533, N. 13; einläßlicher HARTMANN, Art. 558, N. 7. – Zur Freiheit der vertraglichen Regelung BGE 55 II, 1929, S. 495.

hat, Anteil am Gewinne, nicht aber am Verluste haben soll, zulässig». Daraus wird, e contrario, meist gefolgert, daß ein vermögensmäßig an der Gesellschaft Beteiligter nicht von der Verlusttragung befreit und somit nur am Gewinn beteiligt werden darf [84].

Diese Auslegung von Art. 533 Abs. 3 ist jedoch umstritten. Abgelehnt wird sie (in der schweizerischen Doktrin) namentlich von SIEGWART (Art. 533, N. 7–12, mit Hinweisen): Ausgehend vom sozialen Zweck der erwähnten Bestimmung (besondere Schutzbedürftigkeit der Arbeitleistenden bei wirtschaftlichen Rückschlägen) [85] befürwortet SIEGWART die Zulässigkeit einer (vertraglichen) Befreiung von der Verlustbeteiligung auch derjenigen Gesellschafter, deren Beiträge, neben Sachleistungen, überwiegend in Arbeitsleistung bestehen [86], ferner auch derjenigen, die in der Gesellschaft eine stark zurückgesetzte Stellung einnehmen, was nicht nur für den Kommanditär, sondern analog auch für «andere ähnliche Fälle» gelte. Zwingend sei eine Verlustbeteiligung nur dann, wenn der Beitrag eines Gesellschafters in veräußerlichen Sachwerten bestehe, die aus dessen Privatvermögen ausscheiden und der Gesellschaft gerade auch zum Ausgleich von Verlusten zur Verfügung stehen sollen [87].

Will man zu der Kontroverse betreffend Inhalt und Tragweite von Art. 533 Abs. 3 Stellung nehmen, so wird man davon ausgehen müssen, daß sie ausschließlich das Innenverhältnis betrifft – auch der von der Verlustbeteiligung Befreite haftet gegenüber Dritten, wie allgemein anerkannt, nach den Regeln des Gesellschaftsrechts – und daß für diese primär die vertragliche Ordnung gilt, soweit nicht zwingende Bestimmungen des Gesetzes vorgehen. Entgegen der herrschenden Auffassung vermögen wir weder der erwähnten Bestimmung, noch dem «Wesen» der Personengesellschaften ein Prinzip zu entnehmen, das eine teilweise oder ganze Befreiung auch anderer als der zu Arbeitsleistungen verpflichteten Gesellschafter ausschlösse. Dazu ist schon die Fassung von Art. 533 Abs. 3 zu unbestimmt und gibt zu Ermessensfragen Anlaß [88].

---

[84] So H. HAFNER, Das Schweizerische Obligationenrecht, 2. Aufl., Zürich 1902, zu Art. 531 aOR, N. 3; BECKER, Art. 533, N. 11; HARTMANN, Art. 558, N. 7, wonach eine solche Vereinbarung nichtig ist und eventuell die Nichtigkeit des ganzen Vertrags nach sich zieht; MEIER-HAYOZ/FORSTMOSER, S. 133, unter Hinweis, daß eine gesellschaftliche Vereinigung wesensmäßig Solidarität auch in der Tragung von Verlusten verlangt; FUNK, Art. 533, N. 1; ROSSEL, S. 628 (siehe aber unten Anm. 86). – Nach BGE 24 II, 1898, S. 104 ff., 131 und 26 II, 1900, S. 241, liegt kein Gesellschaftsvertrag vor, wenn eine vermögensmäßig an einem Unternehmen beteiligte Partei nur am Gewinn, nicht am Verlust, teilhaben soll, da eine solche Vereinbarung mit Art. 531 aOR (= 533 Abs. 3 OR) und der «Natur des Gesellschaftsverhältnisses im Sinn des Gesetzes» unverträglich sei. – Vgl. im italienischen Recht Art. 2265 CCit., der unter dem Titel *Patto leonino* den völligen Ausschluß eines oder mehrerer Gesellschafter von der Gewinn- oder der Verlustbeteiligung als nichtig erklärt. – Zu der (im einzelnen abweichenden) Ordnung des französischen Rechts siehe Art. 1853, 1855 CCfr. – Zum deutschen Recht (primäre Geltung der Parteiautonomie) siehe unten Anm. 90.
[85] Dazu auch MEIER-HAYOZ/FORSTMOSER, S. 133.
[86] So auch V. ROSSEL, S. 628; BGE vom 18.2.1898 in Sem.jud. 20, 1898, S. 284.
[87] So Art. 1855 CCfr.; BGE vom 18.2.1898 in Sem.jud. 20, 1898, S. 277.
[88] So steht keineswegs fest, daß Art. 533 Abs. 3 ausschließlich Gesellschafter im Auge hat, die nur zu Arbeitsleistungen verpflichtet sind. Deutlicher in diesem Sinn lautet Art. 1853 Abs. 2 CCfr. («celui qui n'a apportée que son industrie»); ebenfalls der Entwurf des EJPD vom Juli 1879 (BBl 1880, I), Art. 541 (Befreiung des Gesellschafters, «welcher... Arbeit beizutragen hat, von jedem Beitrage an Kapital und jeder Teilnahme am Verluste»). – In der Praxis ist die Kumulierung von Arbeits- und vermögensmäßigen Beiträgen ein und desselben Gesellschafters keine seltene Erscheinung. In solchen Fällen kann der Richter über Gewinn- und Verlustbeteiligung nur nach billigem Ermessen entscheiden, wenn er den konkreten

Sodann können soziale Gründe auch zu Gunsten von Gesellschaftern sprechen, die, mit oder ohne Arbeitsverpflichtungen, Vermögenswerte beigesteuert haben. Und schließlich ist die Verlustbeteiligung – wenn auch ein gewichtiges Indiz für das Vorliegen einer Gesellschaft (siehe vorn § 27, II 1) – nicht ein begriffswesentliches Merkmal[89]. Entscheidend ist, daß die Gesellschafter einen gemeinsamen Zweck anstreben und daß jeder Gesellschafter in irgendeiner Form dazu beitragen muß – worin der Gedanke der Solidarität (der affectio societatis) ebenfalls zum Ausdruck kommt[90]. – Wenn wir damit die Regelung der Verlustbeteiligung der Parteiautonomie anheimstellen, so geschieht dies unter der Voraussetzung, daß die Parteien bewußt und frei solche Vereinbarungen eingegangen sind. Leiden diese unter rechtserheblichen Mängeln im Sinn von Art. 20–30 OR (z. B. Verstoß gegen die guten Sitten, Übervorteilung, Furchterregung), so sind sie nach den für die fehlerhaften Verträge geltenden Normen zu behandeln (ganze oder teilweise Nichtigkeit der Anfechtbarkeit; siehe vorn § 28 II).

Auf Grund der Vertragsfreiheit – und unter den soeben erwähnten Voraussetzungen – ist auch eine Vereinbarung zulässig wonach ein Gesellschafter nur am Verlust, nicht am Gewinn, beteiligt sein soll. Dem steht die Konzeption der Gesellschaft als einer Zweckgemeinschaft nicht entgegen. Es ist durchaus möglich, daß die Gesellschafter einen gemeinsamen Erfolg anstreben, während das Interesse (das Motiv!) daran bei den einzelnen Gesellschaftern ein verschiedenes sein kann, indem die einen z.B. am Gewinn, andere aber an einem andern Resultat interessiert sind und dafür auch allfällige Verluste auf sich nehmen[91].

4. Die Feststellung der Vermögensverhältnisse der Gesellschaft und die Durchführung der Gewinn- und Verlustbeteiligung

a) Wie bereits erwähnt (vorn Ziff. 1 lit. b), ist die einfache Gesellschaft den Vorschriften über die kaufmännische Buchführung und Bilanzierung nicht unterworfen. Nach Gesetz sind Abrechnungen erst für das

---

Verhältnissen gerecht werden will. – Bezeichnend die Ausführungen W. MUNZINGERS (in Motive zu dem Entwurfe eines schweizerischen Handelsrechts, Bern 1865, S. 65), wonach man, in Anbetracht der Verschiedenartigkeit der Verhältnisse, von einer gesetzlichen Regelung der Gewinn- und Verlustbeteiligung besser absehen und (mangels vertraglicher Ordnung) den Entscheid hierüber in das Ermessen des Richters stellen würde. Diese Lösung wurde dann für die Festsetzung der Gewinn- und Verlustbeteiligung des Kommanditärs übernommen (Art. 596 Abs. 2 aOR = Art. 601 Abs. 2 OR).

[89] Anders formuliert: Die Wegbedingung der Verlustbeteiligung schließt ein Gesellschaftsverhältnis nicht aus. SIEGWART, Vorbem. zu Art. 530–551, N. 66 (gamma); Art. 533, N. 7f. Vgl. auch Obergericht Bern, ZBJV 70, 1938, S. 180 (Dienstvertrag mit Verlustbeteiligung des Arbeitnehmers).

[90] Auch im deutschen Recht – das allerdings keine Art. 533 Abs. 3 entsprechende Bestimmung enthält – gilt für die Ordnung der Gewinn- und Verlustbeteiligung primär das Prinzip der Vertragsfreiheit. So jedenfalls nach herrschender Lehre für die Befreiung eines Gesellschafters von der Verlustbeteiligung; nach offenbar überwiegender Meinung auch für den Ausschluß eines Gesellschafters von der Gewinnbeteiligung. Vgl. LEHMANN/DIETZ, S. 105; SOERGEL/SCHULTZE-V. LASAULX, vor § 705 BGB, Anm. 74; HUECK, OHG, § 1, I 1.

[91] Illustrativ hiefür der vorn § 20, Anm. 7 (Zweck und Motiv) erörterte BGE 40 II, 1914, S. 114.

Stadium der Auflösung der Gesellschaft und das Stadium der Liquidation vorgesehen, auch hier ohne eingehendere Regelung[92]. Bei eigentlichen Gelegenheitsgesellschaften mag dies genügen[93]. Bei Gesellschaften jedoch, die auf eine mehr oder weniger kontinuierliche Tätigkeit von unbestimmter Dauer angelegt sind, werden periodische Rechnungslegungen meist unerläßlich sein, insbesondere wenn vertraglich Gewinn- und Verlustbeteiligungen oder gar Nachschußpflichten vorgesehen sind. Die Art und Weise der Rechnungsführung und Rechnungslegung zu bestimmen, ist Sache des Gesellschaftsvertrags oder von Gesellschaftsbeschlüssen. Fehlt es an solchen Grundlagen, so haben die Geschäftsführer, gemäß den ihnen obliegenden Sorgfaltspflichten[94] für eine genügende Ordnung des Rechnungswesens zu sorgen, entsprechend den in ihrer Gesellschaft gegebenen konkreten Verhältnissen (wie Art und Umfang der «Geschäfte», persönliche Struktur der Gesellschaft, Beteiligungen der Gesellschafter). Dabei können die Vorschriften über die kaufmännische Buchführung (Art. 957 ff. OR) als Richtlinien dienen.

b) Die Fälligkeit eines Anspruchs auf Gewinnbeteiligung bestimmt sich in erster Linie nach dem Gesellschaftsvertrag. Mangels vertraglicher Ordnung ist auf Grund der konkreten Verhältnisse zu bestimmen, wann und wie Gewinne auszurichten sind. Bei Gelegenheits- oder zeitlich terminierten Gesellschaften ist in der Regel die Durchführung der geplanten Geschäfte, bzw. das Ende der Frist abzuwarten, wobei unter Umständen Abschlagszahlungen gerechtfertigt sein können. Bei Gesellschaften mit kontinuierlicher Geschäftstätigkeit und unbestimmter Dauer gibt das Recht der Kollektivgesellschaft die geeigneten Richtlinien (Art. 558 ff.)[95]. Dies gilt auch für die Frage, ob ein Gesellschafter seinen Gewinnanteil stehen und seinem Kapitalkonto gutschreiben lassen kann.

c) Ergeben die Gesellschaftsrechnungen einen Verlust, so wird dieser zunächst den Kapitalanteilen[96] der einzelnen Gesellschafter nach Maßgabe ihrer Verlustbeteiligung belastet, woraus sich ein «Passivanteil» ergeben

---

[92] Anders bei den Handelsgesellschaften, die zu jährlichen Rechnungslegungen verpflichtet sind (Art. 558 ff.). Dazu hinten § 34, II 1.
[93] Vgl. § 721 Abs. 1 BGB, wonach ein Gesellschafter einen Rechnungsabschluß und die Verteilung von Gewinn und Verlust erst nach der Auflösung der Gesellschaft verlangen kann (Gelegenheitsgesellschaft!). Bei Gesellschaften «von längerer Dauer» haben aber Rechnungsabschluß und Gewinnverteilung «im Zweifel» am Schluß eines Geschäftsjahres zu erfolgen (Abs. 2).
[94] Art. 538, insbes. Abs. 3. Dazu hinten III 2e.
[95] SIEGWART, Art. 533, N. 16 ff. Dazu hinten § 34, II.
[96] Siehe vorn II 2c. Vgl. SIEGWART, Art. 533, N. 20 ff.

kann. Die Abdeckung eines Passivanteils kann, wenn der Vertrag dies nicht vorsieht (Nachschüsse), nur auf Grund eines einstimmigen Beschlusses verlangt werden; vorbehalten bleibt das Liquidationsverfahren. Hat ein Gesellschafter (auf Grund seiner direkten, solidaren Haftung) Gesellschaftsschulden bezahlen müssen, so stehen ihm, wenn und soweit er nicht Rückzahlung von der Gesellschaft (aus der «Gesellschaftskasse») erlangt, Regreßansprüche gegen die Mitgesellschafter nach Maßgabe der Verlustbeteiligungen zu [97].

III. Willensbildung und Geschäftsführung

Die gemeinsame Verfolgung eines gemeinsamen Zwecks bedarf einer Ordnung, die klarstellt, wie der für die Gesellschaft maßgebliche Wille zustande kommt und wie er verwirklicht, in die Tat umgesetzt wird. Dies führt zur Beschlußfassung und zur Geschäftsführung. Es ist jedoch gleich festzuhalten, daß bei den Personengesellschaften nicht alle Angelegenheiten Gegenstand gemeinsamer Willensbildung und Geschäftsführung sein müssen. Von Gesetzes wegen kann auch der einzelne Gesellschafter Entscheide treffen und verwirklichen, so in allen Angelegenheiten der «gewöhnlichen» Geschäftsführung. Durch die vertragliche Ordnung können die Bereiche der kollektiven und der individuellen Kompetenzen autonom bestimmt werden.

1. Gesellschaftsbeschlüsse [98]

Im Bereich der Personengesellschaften hat sich der Gesetzgeber mit einigen wenigen Bestimmungen über die Gesellschaftsbeschlüsse begnügt. Sie betreffen vor allem die Beschlußfassung (das «wie»), während die Frage, was Gegenstand von Gesellschaftsbeschlüssen sein soll oder kann, nur im Hinblick auf einige Punkte behandelt wird. Da diese Ordnung lückenhaft ist – man vergleiche damit das eingehende Beschlußrecht der Körperschaften –, ist sie, soweit nicht der Gesellschaftsvertrag eingreift, aus dem Wesen der Personengesellschaften zu ergänzen, wobei das «wie» der Beschlußfassung mitunter vom Gegenstand bedingt wird – weshalb wir uns zunächst diesem zuwenden.

---

[97] SIEGWART, Art. 533, N. 23. Dazu hinten §§ 30 II 3, 31 III 2.
[98] Grundsätzliches zum Beschluß, dessen Modalitäten und Rechtsnatur siehe vorn § 20 III. – Dazu nun auch H. P. WEBER-DÜRLER, Gesellschafterversammlung, Urabstimmung und Delegiertenversammlung als Beschlußfassungsformen des schweizerischen Gesellschaftsrechts, Diss. Zürich, Bern 1973, §§ 1 und 2.

a) Der Gegenstand der Gesellschaftsbeschlüsse [99]

Aus dem Wesen der Personengesellschaft als vertraglicher Gemeinschaft folgt zunächst, daß alle Fragen, welche die Grundlagen der Gesellschaft berühren, nur von den Gesellschaftern gemeinsam, eben durch Gesellschaftsbeschluß, entschieden werden können. So vor allem Änderungen oder Ergänzungen des Gesellschaftsvertrags, wozu auch die Änderungen im Mitgliederbestand gehören; die Organisation der Geschäftsführung, Vertretung und der Kontrolle; die (grundsätzliche) Festsetzung der Gewinn- und Verlustbeteiligung. – Weiter unterliegen einer Beschlußfassung alle Angelegenheiten, die durch das Gesetz oder den Vertrag ausdrücklich einer solchen unterstellt werden. Bei der einfachen Gesellschaft gehören von Gesetzes wegen dazu die sog. außergewöhnlichen Geschäfte, die Übertragung der Geschäftsführung auf einzelne Gesellschafter oder Dritte, die Aufnahme neuer Mitglieder und die Auflösung der Gesellschaft. – Umgekehrt entzieht das Gesetz gewisse Angelegenheiten einer Beschlußfassung durch die Gesellschafter in ihrer Gesamtheit und stellt sie der Entscheidung des einzelnen Gesellschafters anheim, so die Kontrolle und den Entzug der Geschäftsführung aus wichtigen Gründen, sowie das Recht jedes geschäftsführenden Gesellschafters zum Widerspruch gegen Akte der Geschäftsführung [100].

Laut ausdrücklicher Gesetzesbestimmung (Art. 535 Abs. 3) bedarf es eines einstimmigen Gesellschaftsbeschlusses [101] zur Bestellung eines Generalbevollmächtigten; ferner zur «Vornahme von Rechtshandlungen, die über den gewöhnlichen Betrieb der gemeinschaftlichen Geschäfte hinausgehen... sofern nicht Gefahr im Verzug liegt». Die Tragweite dieser Bestimmung – die im internen Bereich auch für die Personen-Handelsgesellschafter gilt – steht nicht ohne weiteres fest. – Unter Rechtshandlungen (ein Begriff, der vom OR u.a. auch beim Auftrag, bei der Prokura und der Umschreibung der Vertretungsmacht bei sämtlichen Handelsgesellschaften und der Genossenschaft verwendet wird) sind alle für die Gesellschaft rechtserheblichen Handlungen der Geschäftsführung zu verstehen, also die Rechtsgeschäfte und die Rechtshandlungen im engeren Sinn (die, ohne notwendigerweise auf Rechtswirkungen gerichtet zu sein, solche ergänzen können, z.B. Mahnungen oder Mitteilungen von Tat-

---

[99] Vgl. BECKER, Art. 534, N. 8; SIEGWART, Art. 534, N. 1 ff.; HARTMANN, Art. 557, N. 12.
[100] Einzelheiten zu den im Text erwähnten Bestimmungen hinten, in entsprechendem Zusammenhang.
[101] Zum einstimmigen Beschluß, insbes. zu dessen Unterscheidung gegenüber einem Vertrag, siehe vorn § 20, III 2. Vgl. auch SIEGWART, Art. 534, N. 6.

sachen rechtserheblicher Natur)¹⁰². Nicht zu den Rechtshandlungen gehören Maßnahmen rein tatsächlicher Natur, z.B. Geschäftsreisen, Produktion, Dienstleistungen, doch können solche unter andern Gesichtspunkten erheblich werden, z.B. als Voraussetzung zum Entzug oder zur Beschränkung der Geschäftsführung und zur Erhebung von Schadenersatzansprüchen.

Die Frage, was unter (abgekürzt) außergewöhnlichen Rechtshandlungen im Sinn von Art. 535 Abs. 3 zu verstehen ist, wird verschieden beantwortet.

Für BECKER (Art. 535, N. 2) z.B. ist maßgebend der Gesellschaftszweck, wie er sich aus dem konkreten Gesellschaftsvertrag ergibt; ein gewöhnliches Geschäft ist ein solches, das «im Gesellschaftszweck begründet sein kann, dem Gesellschaftszweck nicht fremd ist»¹⁰³. Gegen diese Auffassung spricht schon der Wortlaut der fraglichen Bestimmung: «Gewöhnlicher Betrieb der gemeinschaftlichen Geschäfte» ist zweifellos ein engerer Begriff als der Zweckbereich. Auch kann für die Maßgeblichkeit des Zwecks nicht etwa per analogiam die im Recht der Prokura und sämtlicher Handelsgesellschaften geltende, auf den Zweckbereich abstellende Ordnung der Vertretungsmacht herangezogen werden, da hier das Verhältnis zu Dritten und der Verkehrssicherheit in Frage stehen, während Art. 535 Abs. 3 das Verhältnis der Geschäftsführer zu den Gesellschaftern und deren Interessen im Auge hat und die Vertretungsmacht selbständig ordnet (Art. 543)¹⁰⁴. Hingegen kann der Gesellschaftszweck als ein Faktor unter andern auch im Rahmen von Art. 535 Abs. 3 eine Rolle spielen. – Auch der Hinweis auf das Recht des Auftrags gibt keine Antwort auf unsere Frage. Allerdings läßt Art. 540 auf das Verhältnis zwischen geschäftsführenden und nicht geschäftsführenden Gesellschaftern die Vorschriften über den Auftrag zur Anwendung kommen, aber nur so weit, «als in den Bestimmungen dieses Titels (d.h. Art. 530–551 OR) ... nichts anderes vorgesehen ist» – was aber gerade bei Art. 535, als einer Sonderordnung, zutrifft¹⁰⁵. Auftrag und Gesellschaft sind etwas Verschiedenes. Die Verfolgung eines Gesellschaftszwecks durch die Geschäftsführer ruft meist einer freieren und oft auch extensiveren Beurteilung ihrer Befugnisse, als dies beim Mandatar der Fall ist¹⁰⁶. Anderseits läßt das die Personengesellschaften beherrschende Prinzip der Solidarität – Verfolgung eines gemeinsamen Zwecks mit gemeinsamen Kräften oder Mitteln – eine engere Zusammenarbeit unter allen Beteiligten als gegeben erscheinen¹⁰⁷. Daß Art. 535 Abs. 3 auch für das interne Recht

---

¹⁰² Allgemein zum Begriff «Rechtshandlung» z.B. VON TUHR/SIEGWART I, S. 165 ff.; OSER/SCHÖNENBERGER, Vorbem. zu Art. 1–40 OR, N. 22 ff.

¹⁰³ Ähnlich SIEGWART, Art. 535, N. 13, wo zwischen «zweckgemäßer und zweckwidriger Geschäftsführung» unterschieden wird. – BGE 21, 1895, S. 595; 23, 1897, S. 203.

¹⁰⁴ Die Eigenständigkeit der gesellschaftsrechtlichen Ordnung gemäß Art. 535 Abs. 3 betont SIEGWART, Art. 535, N. 14. Auch W. SCHERER lehnt den Gesellschaftszweck als alleinigen Unterscheidungsmaßstab ab (S. 55).

¹⁰⁵ SIEGWART, oben Anm. 104 und Art. 535, N. 7. – a.M. BECKER, Art. 535, N. 5. Auch W. SCHERER erblickt, auf Grund von Art. 540 Abs. 1, im Recht des Auftrags, insbes. Art. 396 OR, den «grundlegenden Beurteilungsmaßstab» (S. 54) für den Umfang der Geschäftsführungsbefugnisse gemäß Art. 533 Abs. 3. Da aber Art. 396 Abs. 1 hiefür seinerseits «die Natur der zu besorgenden Geschäfte» als maßgebend erklärt, kommt auch SCHERER im wesentlichen zu den gleichen Ergebnissen (S. 54 f., 56), wie sie auf Grund des Gesellschaftsrechts befürwortet werden.

¹⁰⁶ Vgl. SIEGWART, Art. 535, N. 7.

¹⁰⁷ Zu beachten in diesem Zusammenhang ist auch die Vermutung der Vertretungsbefugnis der geschäftsführenden Gesellschafter gemäß Art. 543 Abs. 3. Dazu hinten § 30, I 1a.

der Kollektiv- und Kommanditgesellschaften gilt (Art. 557 Abs. 2), ist ein weiterer Grund, diese Bestimmung aus sich selbst heraus, d. h. nach gesellschaftsrechtlichen Gesichtspunkten zu interpretieren.

Die Unterscheidung zwischen den gewöhnlichen und den außergewöhnlichen Rechtshandlungen im Sinn von Art. 535 Abs. 3 ist somit eine Ermessensfrage, die nur für den konkreten Fall und unter Berücksichtigung aller Umstände rechtlicher und faktischer, persönlicher und sachlicher Natur beantwortet werden kann. Nur aus dieser Sicht ist es möglich, den so verschiedenartigen Gestaltungen der Personengesellschaften, insbesondere der einfachen Gesellschaft, gerecht zu werden. Im einzelnen ist zu beachten, daß für die Beurteilung der in Frage stehenden Angelegenheiten sowohl ihre Art als ihr Ausmaß bestimmend sein können, wobei sich diese beiden Kriterien oft gegenseitig bedingen. Ihrer Art nach sind außergewöhnliche Handlungen z. B. solche, die an die vorn erwähnten Grundlagen der Gesellschaft rühren oder ihren Zweck, so wie er vereinbart war oder von den Gesellschaftern nach Treu und Glauben verstanden werden mußte, deutlich überschreiten[108]. Ihrem Ausmaß nach müssen als außergewöhnlich Geschäfte gelten, die zu den der Gesellschaft zur Verfügung stehenden Mitteln in keinem normalen Verhältnis mehr stehen, z. B. bei Investitionen oder Kreditoperationen[109]. Gewisse Geschäfte können daher bei einer Gesellschaft als zum gewöhnlichen Betrieb gehörend betrachtet werden, bei einer andern nicht. – Bei den Kollektiv- und Kommanditgesellschaften beurteilen sich diese Fragen weitgehend nach der Natur und der Bedeutung des von der Gesellschaft betriebenen Gewerbes[110].

Im Gesellschaftsvertrag kann der Kreis der beschlußbedürftigen Rechtshandlungen erweitert oder verengert werden[111]. So kann vereinbart werden, daß auch Angelegenheiten, die sonst zur laufenden Geschäftsführung gehören würden, der Gesellschafterversammlung vorzulegen sind. Umgekehrt können auch Maßnahmen, welche die gesellschaftlichen Grundlagen berühren, und außergewöhnliche Geschäfte vom Erfordernis eines Gesellschaftsbeschlusses befreit und grundsätzlich oder unter bestimmten Voraussetzungen oder Einschränkungen an die Geschäftsführung delegiert werden. In größeren Verhältnissen wird dies auch den praktischen Be-

---

[108] Siehe W. SCHERER, S. 56; SIEGWART, Art. 535, N. 7; beide mit weiteren Beispielen. – Als deutliche Beispiele außergewöhnlicher Geschäfte werden meist hervorgehoben: Durchführung von Aktiv- und Passivprozessen gegenüber Dritten oder Gesellschaftern; Abschluß von Vergleichen; Geschäfte, die geeignet sind, die Auflösung der Gesellschaft herbeizuführen, z. B. Veräußerung des Unternehmens oder wesentlicher Teile davon.
[109] Vgl. SIEGWART, Art. 535, N. 8. Siehe auch hinten § 30, I 1 b.
[110] Dazu noch hinten § 36 I.
[111] Vgl. W. SCHERER, S. 55; SIEGWART, Art. 535, N. 6.

dürfnissen entsprechen. Voraussetzung ist allerdings, daß solche Vereinbarungen klar abgefaßt und ohne Zwang eingegangen sind und nicht gegen zwingendes Recht oder die guten Sitten verstoßen (Art. 20 OR)[112].

In der Doktrin ist – neben den gemäß Gesetz oder Vertrag notwendigen Beschlüssen – auch von sog. zulässigen Beschlüssen die Rede. Es wird die Ansicht vertreten, daß die Gesamtheit der Gesellschafter im Innenverhältnis souverän sei und daher über alle Gesellschaftsangelegenheiten verbindlich beschließen könne, auch über solche, die nach Gesetz oder Vertrag in die Zuständigkeit der geschäftsführenden Gesellschafter gehören[113]. Dies trifft aber nur unter Vorbehalt der vertraglichen Ordnung zu: Haben die Gesellschafter vereinbart, die Geschäftsführung an einzelne Gesellschafter oder Dritte zu übertragen, so haben sich die andern Gesellschafter damit von der Geschäftsführung ausgeschlossen und können in diese auch auf dem Wege eines Gesellschaftsbeschlusses nicht eingreifen. Die gewählten Geschäftsführer sind zuständig, im gesetzlichen (Art. 535 Abs. 3) oder vertraglichen Rahmen selbständig zu handeln. Andernfalls würde die im Interesse einer wirksamen Geschäftsführung vereinbarte Delegation ihren Sinn verlieren. Befriedigt dieser Zustand nicht, so kann u. U. der Entzug der Geschäftsführung (Art. 539 OR) Abhilfe schaffen, oder es muß die vertragliche Grundlage geändert werden[114].

b) Die Beschlußfassung

Nach Gesetz bedarf es zur Fassung von Gesellschaftsbeschlüssen der Zustimmung aller Gesellschafter (Art. 534 Ab. 1); es gilt also das Prinzip der Einstimmigkeit[115]. Aus Abs. 2 dieser Bestimmung geht aber hervor, daß der Vertrag Mehrheitsbeschlüsse vorsehen kann; ein dahin zielender Wille kann sich auch aus konkludenten Handlungen, so auch durch eine dauernde, unwidersprochene Übung (Usanz) ergeben. Zweckmäßigerweise wird der Vertrag die einem Mehrheitsbeschluß unterliegenden Gegenstände näher bezeichen, z.B. auch bestimmte Maßnahmen der Geschäftsführung. Sollen auch Angelegenheiten, welche die Grundlagen der Gesellschaft berühren, insbesondere Änderungen des Gesellschaftsvertrags, einem Mehrheitsbeschluß unterworfen werden, so muß dies im ursprünglichen Gesellschaftsvertrag ausdrücklich gesagt sein, unter Bezeichnung der fraglichen Punkte (z.B. Änderungen des Gesellschaftszwecks, der Beiträge, der Beteiligungen an Gewinn und Verlust, Aufnahme und Entlassungen von Mitgliedern, Kündigungsmöglichkeiten). Es folgt dies aus der vertraglichen Grundlage der Personengesellschaft und dem damit zusammen-

---

[112] Siehe vorn § 20, III 3.
[113] So HUECK, OHG, § 11, I 1; FISCHER, Großkommentar HGB zu § 119, Anm. 2 (jedoch unter Vorbehalt der vertraglich vorgesehenen Mehrheitsbeschlüsse). – Vgl. im Aktienrecht die Theorie von der sog. Omnipotenz der Generalversammlung; dazu (zusammenfassend) z.B. W. VON STEIGER, Betrachtungen über die rechtlichen Grundlagen der Aktiengesellschaft, ZBJV 91bis, 1955, S. 351; DERSELBE, Kommentar, Art. 808 OR, N. 5 mit Hinweisen.
[114] Im Ergebnis gleich FISCHER, zit. Anm. 113. – Zum Gesellschafterbeschluß im Fall einer Ausübung des sog. Vetorechts gemäß Art. 535 Abs. 2 siehe hinten Ziff. 2c.
[115] Zum einstimmigen Beschluß grundsätzlich vorn § 20, III 2.

hängenden (subsidiär geltenden) Prinzip der Einstimmigkeit. Umgekehrt: Haben die Gesellschafter Mehrheitsbeschlüsse über diese Punkte vereinbart, so haben sie von vornherein den Willen der Majorität als maßgebend anerkannt – unter Vorbehalt lediglich einer allfälligen Nichtigkeit oder Anfechtung des Beschlusses wegen Rechts- oder Sittenwidrigkeit[116]. Eine nur generell das Majoritätsprinzip einführende Vertragsbestimmung kann sich daher im Zweifel nur auf Maßnahmen der Geschäftsführung im Sinn von Art. 535 OR beziehen.

Sieht der Gesellschaftsvertrag Mehrheitsbeschlüsse vor, so berechnet sich, laut Gesetz, die Mehrheit nach der Personenzahl (Art. 534 Abs. 2, Kopfstimmrecht). Es ist aber allgemein anerkannt, daß der Gesellschaftsvertrag die Stimmkraft der Gesellschafter nach andern Kriterien ordnen kann[117], z.B. nach der Höhe der Einlagen, der Gewinn- und Verlustbeteiligung[118], Produktionskapazitäten oder auch nach rein persönlichen Gesichtspunkten (z.B. Senior zwei, Junioren je eine Stimme). Daraus können sich starke Unterschiede in der Stimmkraft der einzelnen Gesellschafter ergeben.

Es erhebt sich damit die Frage, ob Gesellschaftern das Stimmrecht vertraglich auch ganz entzogen werden kann. Nach dem zum Wesen der Gesellschaft Gesagten muß die Frage im Prinzip verneint werden. Ein Mindestmaß von Mitbestimmungsrecht ist gerade das übliche Kennzeichen eines Gesellschaftsverhältnisses. Wenn schon das Gesetz bei den Kapitalgesellschaften (AG: Art. 692 Abs. 2; GmbH: Art. 808 Abs. 4 a. E.) und der Genossenschaft (Art. 885) jedem Mitglied ein Minimalstimmrecht garantiert und zwar als unentziehbares und unverzichtbares (sog. absolutes) Recht, so muß dies a fortiori auch für die Personengesellschaften gelten, die ja eine personell und sachlich engere Gemeinschaft darstellen und für deren Schicksal letzten Endes der persönlich haftende Gesellschafter mit seinem Vermögen einzustehen hat[119]. Es kommt dabei nicht nur auf die Stimmkraft an, sondern wesentlich auch darauf, daß der Gesellschafter an der Willensbildung mitwirken und rechts- oder sittenwidrige Gesellschaftsbeschlüsse nötigenfalls anfechten kann. Damit im Zusammenhang steht auch das vom Gesetz als unentziehbar und unverzichtbar erklärte umfassende Informationsrecht jedes Gesellschafters (Art. 541).

Die Formalien der Beschlußfassung werden bei den Personengesellschaften vom Gesetz nicht geregelt. Gesellschaftsbeschlüsse können in eigentlichen Gesellschafter-Versammlungen, auf dem Zirkulationsweg, auch in formlosen Besprechungen zustande kommen. Wesentlich ist nur, daß die Gesellschafter sich zu einem bestimmten (und zum gleichen!) Vorschlag äußern können und geäußert haben, allenfalls auch durch konkludente Handlungen. – Vertraglich können das Verfahren und die Beschluß-

---

[116] Zum Vorstehenden vgl. SIEGWART, Art. 534, insbes. N. 8f.; HARTMANN, Art. 557, N. 12ff.
[117] Siehe Anm. 116.
[118] So noch E 1923, Art. 556 Abs. 3 und 557 Abs. 2. Mit der Streichung des Titels über die «Gelegenheitsgesellschaft» fielen dann auch diese Bestimmungen dahin; siehe ProtExpKomm. 1928, S. 11.
[119] SIEGWART, Art. 534, N. 8.

fassung selber beliebig geordnet werden, in größeren Verhältnissen z.B. analog dem Körperschaftsrecht, sofern nur jedem Gesellschafter die Möglichkeit zur Mitwirkung erhalten bleibt und das Gebot der Gleichbehandlung beachtet wird.

2. Die Geschäftsführung

a) Allgemeines

Unter Geschäftsführung im eigentlichen, engeren Sinn ist jede auf die Erreichung des konkreten Gesellschaftszwecks gerichtete Maßnahme tatsächlicher oder rechtlicher Natur zu verstehen. In einem weiteren Sinn kann man dazu auch die Behandlung gesellschaftlicher Angelegenheiten rechnen, die der eigentlichen Geschäftsführung als Grundlage dienen, z.B. die Festsetzung der Beiträge, die Genehmigung der Gesellschaftsrechnungen, Beschlüsse organisatorischer Natur, so die Delegation der Geschäftsführung an einzelne Gesellschafter oder Dritte[120].

Die Geschäftsführung hat eine interne und eine externe Seite: Die erstere betrifft die Stellung der Geschäftsführer und die Auswirkung ihrer Tätigkeit im Verhältnis zur Gesellschaft bzw. zu den Mitgesellschaftern, die zweite die Stellung der Geschäftsführung und die Auswirkung ihrer Tätigkeit im Verhältnis zu Dritten. Die volle Geschäftsführung umfaßt beide Seiten, und nach Gesetz gilt denn auch die Vermutung, daß jeder Gesellschafter, dem die Geschäftsführung «überlassen ist», auch zur Vertretung der Gesellschaft gegenüber Dritten ermächtigt ist (Art. 543 Abs. 3)[121]. Die Gesellschafter können aber auch eine andere Ordnung vereinbaren in dem Sinn, daß einzelne Gesellschafter oder Dritte nur zur internen Geschäftsführung (z.B. Buchführung, Leitung des technischen Betriebes, Forschungsarbeiten, vorbereitende Maßnahmen) befugt und verpflichtet sind, nicht aber zur Vertretung gegenüber Dritten. Im Interesse der Klarstellung der Verhältnisse unterscheidet auch das Gesetz scharf zwischen diesen beiden Seiten: Die interne wird unter der Bezeichnung «Geschäftsführung» behandelt (Art. 535) und generell, unter Vorbehalt besonderer Bestim-

---

[120] In der Doktrin wird «Geschäftsführung» in unterschiedlicher Weise definiert, ebenfalls die Unterscheidung zwischen Geschäftsführung im engeren und weiteren Sinn (siehe z.B. SIEGWART, Art. 535, N. 1ff.; HARTMANN, Art. 557, N. 14; J.L. FREYMOND, S. 6ff.; W. SCHERER, S. 15f.; MEIER-HAYOZ/FORSTMOSER, S. 61ff.). Dies ist mehr eine Sache der Darstellung; wesentlich ist aber die Unterscheidung zwischen den internen und externen Funktionen und Wirkungen der Geschäftsführung.

[121] Dazu hinten § 30, I 1a. – Zur Vertretung der Kollektiv- und Kommanditgesellschaften siehe Art. 563–567, 603. Dazu hinten §§ 35 II, 43 II.

mungen des Gesellschaftsrechts oder des Vertrags, dem Recht über den Auftrag unterstellt (Art. 540). Die externe Seite wird als «Vertretung» bezeichnet und bei der einfachen Gesellschaft nach den Bestimmungen über die Stellvertretung behandelt (Art. 543)[122].

Die Natur der Gesellschaft bringt es gelegentlich mit sich, daß Geschäftsführer ihre Kompetenzen überschreiten (müssen) oder daß sogar Gesellschafter, die nicht Geschäftsführer sind, sich als solche betätigen. Das Gesetz befaßt sich auch mit diesen Situationen und läßt solche Handlungen nach den allgemeinen Regeln über die Geschäftsführung ohne Auftrag beurteilen (Art. 540 Abs. 2, 419 ff. OR), wobei auch hier die besonderen Bestimmungen des Gesellschaftsrechts vorbehalten sind.

Im nachfolgenden ist von der Geschäftsführung im eigentlichen Sinn und zwar (zunächst) nur von der internen die Rede.

b) Entstehung und Beendigung der Geschäftsführung

Die Geschäftsführung kann auf Gesetz, Vertrag oder Beschluß beruhen (Art. 535 Abs. 1). – Von Gesetzes wegen ist jeder Gesellschafter zur Führung der Geschäfte berechtigt und auch verpflichtet. Die Geschäftsführung gehört zur Mitgliedschaft, der Gesellschafter ist ein «geborener» Geschäftsführer – was auch für die Mitglieder der Personen-Handelsgesellschaften (mit Ausnahme des Kommanditärs) und der GmbH (Art. 811 OR) gilt. – Durch Vertrag kann jedoch die Geschäftsführung ganz oder teilweise auf einen oder mehrere Gesellschafter und auch Dritte übertragen werden («erkorene Geschäftsführer»), womit die übrigen Gesellschafter auf ihre Befugnis verzichten (sich davon ausschließen), sich aber auch in entsprechendem Ausmaß von ihrer Pflicht zur Geschäftsführung befreien. – Auch durch Beschluß kann laut Gesetz die Geschäftsführung an bestimmte Gesellschafter oder Dritte übertragen werden. Die Gesellschafter haben zwar von Gesetzes wegen das Recht und die Pflicht zur Geschäftsführung. A tritt der Gesellschaft bei unter der Voraussetzung, daß er, aber auch B und C tätig mitwirken *(intuitu personae)*. Wollen die Gesellschafter eine andere Ordnung, so muß dies im Vertrag oder später in einem einstimmigen Beschluß zum Ausdruck kommen, es sei denn, man habe diesen Entscheid von vornherein einem Mehrheitsbeschluß unterstellt. – Die Geschäftsführung kann laut Gesetz auch an Dritte übertragen werden. Dies kann unter verschiedenen Rechtstiteln geschehen, z.B. durch Arbeitsvertrag oder

---

[122] Zum Vorstehenden siehe die in Anm. 120 zit. Doktrin. – Zur geschichtlichen Entwicklung der Unterscheidung zwischen Geschäftsführung und Vertretung siehe J.L. FREYMOND, § 3; W. SCHERER, S. 21 ff.

als Auftrag, auch in der besonderen Form der Generalbevollmächtigung[123]. Im internen Verhältnis kommen dann die für diese Rechtsverhältnisse geltenden Regeln zur Anwendung[124], besondere vertragliche Ordnung vorbehalten. Dritte können auch neben Gesellschaftern in die Geschäftsführung eingeschaltet werden, z.B. zur Ausübung besonderer Funktionen (Buchhaltung, Technisches). Eine völlige Übertragung der Geschäftsführung an Dritte kann sich nur auf die Geschäftsführung im vorerwähnten engeren Sinn beziehen. Außergewöhnliche Geschäfte im Sinn von Art. 535 Abs. 3 bedürfen, mangels anderer Ordnung, der Zustimmung der Gesellschafter. Diesen bleibt auch stets die Erledigung aller spezifisch gesellschaftsrechtlichen Angelegenheiten vorbehalten[125].

Die Beendigung der Geschäftsführerbefugnis kann aus verschiedenen Gründen erfolgen, unter denen das Gesetz sich nur mit der Entziehung befaßt. Grundsätzlich ist zu unterscheiden zwischen der gesellschaftsautonomen und der (subsidiären) gesetzlichen Ordnung der Geschäftsführung. – Beruht die Geschäftsführung auf Vertrag (Art. 535), so kann dieser auch Befristungen oder Kündigungen seitens der Gesellschaft oder der bestellten Geschäftsführer vorsehen[126]. Hier greift nun das Gesetz ein mit der Bestimmung, daß die einem Gesellschafter im Gesellschaftsvertrag eingeräumte Geschäftsführerbefugnis «ohne wichtige Gründe weder entzogen noch eingeschränkt werden kann» (Abs. 539 Abs. 1)[127]. Positiv formuliert wird damit bestimmt, daß (auch) die auf Vertrag beruhende Geschäftsführungsbefugnis stets aus wichtigen Gründen entzogen werden kann; dies wird in Art. 539 Abs. 2 bestätigt und noch dahin präzisiert, daß zur Ausübung des Entzugsrechts jeder der übrigen Gesellschafter legitimiert

---

[123] Art. 535 Abs. 1, 3. Vgl. SIEGWART, Art. 535, N. 7, 19; W. SCHERER, S. 33. – Zur Vertretung der Gesellschaft durch Dritte siehe hinten § 30, I 3.
[124] Vgl. SIEGWART, Art. 535, N. 7, 19; W. SCHERER, S. 23 f., 35.
[125] Siehe oben lit. a; SIEGWART, W. SCHERER, zit. Anm. 124.
[126] Dies ergibt sich schon aus der Möglichkeit, Gesellschafter vertraglich ganz von der Geschäftsführung auszuschließen oder in ihren Befugnissen einzuschränken (Art. 535 Abs. 1) – in majore minus – und entspricht dem das interne Gesellschaftsrecht beherrschenden Prinzip der Vertragsautonomie. – Das gleiche gilt auch für den Gesellschaftsbeschluß, der sich ja, wie oben ausgeführt, seinerseits an den Gesellschaftsvertrag halten muß.
[127] In der negativen Formulierung des Art. 539 Abs. 1 kommt zum Ausdruck, daß die Bestellung von Geschäftsführern im Gesellschaftsvertrag in aller Regel aus bestimmten Gründen, so namentlich wegen besonderer Eignung des betreffenden Gesellschafters, erfolgt. Dieser soll sich darauf verlassen können, daß an dieser Ordnung «ohne Not» nichts geändert wird – woran auch andere Gesellschafter interessiert sein können. – Vorbehalten bleiben die Fälle, in denen Gesellschaftern auf individualrechtlicher Basis (z. B. Auftrag, Arbeitsvertrag) Geschäftsführungsfunktionen übertragen werden; hier bestimmen sich die Möglichkeiten eines Entzuges nach dem in Frage kommenden Vertragsrecht (vgl. SIEGWART, Art. 535 N. 18).

ist, und zwar auch dann, wenn der Gesellschaftsvertrag «etwas anderes bestimmt». Es handelt sich hier also um ein absolutes, unentziehbares und unverzichtbares, jedem Gesellschafter einzeln zustehendes Recht[128].

Als **wichtige Gründe** nennt das Gesetz beispielsweise grobe Pflichtverletzung des Geschäftsführers oder Verlust seiner «Fähigkeit zu einer guten Geschäftsführung»[129]. Auch der Gesellschaftsvertrag kann bestimmte Tatsachen vorsehen, die zu einem Entzug der Geschäftsführung berechtigen oder diese sogar automatisch erlöschen lassen (z.B. Verlegung des Wohnsitzes, Wegfall bestimmter beruflicher Stellungen oder Funktionen). Solche vertragliche Ordnungen sind aber niemals limitativ, d.h. sie können die wichtigen Gründe im Sinn des Gesetzes nur ergänzen oder präzisieren, niemals aber beseitigen oder einschränken[130].

Beruht die Geschäftsführungsbefugnis lediglich auf dem **Gesetz**, steht sie also allen Gesellschaftern als Einzelbefugnis zu (Art. 535 Abs. 1 und 2), so stellt sich zunächst die Frage, ob auch in diesem Fall eine Entziehung aus wichtigen Gründen und in der gleichen Weise möglich ist wie bei der vertraglich begründeten Geschäftsführung. Das Gesetz äußert sich nicht dazu, was zu Kontroversen geführt hat. Die Frage ist unseres Erachtens zu bejahen. Auch unter der gesetzlichen Ordnung muß es möglich sein, Gesellschafter aus der Geschäftsführung zu entfernen, wenn wichtige Gründe dazu vorliegen. Zur Gewährung eines Entziehungsrechts besteht hier wohl noch eher Anlaß als unter der vertraglichen, eine bestimmte Auswahl treffenden Ordnung. Dafür spricht auch die gewichtige Bestimmung, daß ein Gesellschafter, dem die Geschäftsführung überlassen ist – oder bleibt! –, gemäß gesetzlicher Vermutung als ermächtigt gilt, die Gesellschaft gegenüber Dritten zu vertreten (Art. 543 Abs. 3), also auch seine Mitgesellschafter zu verpflichten.

---

[128] Dies folgt schon aus dem klaren Wortlaut von Art. 539 Abs. 2 und wird auch in der Doktrin anerkannt, siehe BECKER, Art. 539, N. 8; W. SCHERER, S. 92; J. L. FREYMOND, S. 83 f.; GUHL/MERZ/KUMMER, S. 527; im Prinzip auch SIEGWART, Art. 539, N. 9, siehe aber auch N. 4 (wozu unten Anm. 130). – Anderer Meinung HARTMANN, Art. 557, N. 17, wonach die Entziehung eines Beschlusses der übrigen Gesellschafter bedarf, was im deutschen Recht der Fall ist (§ 712 BGB), dem schweizerischen aber widerspricht.

[129] «Wichtige Gründe» werden im Gesetz auch als Gründe zur Auflösung der Gesellschaft erwähnt (Art. 545 Abs. 1, Ziff. 7 und Abs. 2). Was darunter zu verstehen ist, wird hinten § 31, II 2e, geprüft. Die in der Rechtsprechung und Doktrin hiezu aufgestellten Richtlinien gelten sinngemäß auch für den Entzug der Geschäftsführungsbefugnis aus wichtigen Gründen. Einschränkend ist lediglich festzuhalten, daß hier die Entzugsgründe in der Person des betreffenden Gesellschafters liegen müssen, wie auch aus Art. 539 Abs. 3 hervorgeht.

[130] SIEGWART, Art. 539, N. 4, allerdings unter dem Vorbehalt, daß der Vertrag an Stelle der Entziehung der Geschäftsführung «aus den gleichen Gründen» auch die Auflösung der Gesellschaft oder die Ausschließung des betreffenden Gesellschafters vorsehen könne.

In der Doktrin wird aber auch die Ansicht vertreten, daß nur die vertraglich eingeräumte, nicht die auf Gesetz beruhende Geschäftsführungsbefugnis aus wichtigen Gründen entzogen werden könne. In diesem Sinn äußert sich (für das schweizerische Recht) K. WIELAND, unter Hinweis auf Art. 539 OR[131]. Deutlicher noch vertritt diese Ansicht SIEGWART (Art. 539, N. 7 f.) mit dem Bemerken, daß die erwähnte Unterscheidung «nicht sehr wichtig» sei, da die hier in Frage kommenden Mißstände in der Geschäftsführung meist doch zur Auflösung der Gesellschaft aus wichtigen Gründen führen müßten[132]. Diese Begründung vermag aber nicht zu überzeugen. Die Auflösung einer Gesellschaft aus wichtigen Gründen sollte immer nur ultima ratio sein. Es ist sehr wohl denkbar, daß die Gesellschaft durchaus funktionsfähig wäre und nur durch in der Person von Geschäftsführern liegende Gründe in ihrer Tätigkeit behindert wird – wogegen auch das Vetorecht gemäß Art. 535 Abs. 2 auf die Dauer nicht Remedur schaffen kann. Daß das interne Recht der einfachen Gesellschaft subsidiär auch für die in der Regel auf Dauer angelegten Handelsgesellschaften gilt (Art. 557 Abs. 2, 598 Abs. 2), gibt der hier zur Diskussion stehenden Frage erhöhte Bedeutung[133] und spricht ebenfalls für die Möglichkeit eines Entzuges oder einer Einschränkung von Geschäftsführungsbefugnissen aus wichtigen Gründen, ungeachtet ihrer rechtlichen Grundlage – was auch der dem Gesellschaftsrecht immanenten Tendenz zum Bestandesschutz entspricht. Eine Mehrzahl von Autoren nimmt denn auch, ausdrücklich oder implicite, die Möglichkeit einer Entziehung der Geschäftsführung aus wichtigen Gründen in beiden Fällen (vertragliche oder gesetzliche Grundlage) an[134]. Ob sich diese Aussagen auf Art. 539 Abs. 2 stützen, indem sie dieser Bestimmung eine allgemeine, auch die Fälle der gesetzlichen Geschäftsführung erfassende Bedeutung beilegen, sei hier dahingestellt. Lehnt man eine solche Auslegung ab, so steht man vor einer Lücke des Gesetzes, die nötigenfalls vom Richter auf Grund von Art. 1 Abs. 2 ZGB und, unseres Erachtens, im Sinn der vorstehenden Erwägungen auszufüllen ist[135].

Die Entziehung erfolgt und wird perfekt durch Mitteilung unter Angabe des Grundes an den betreffenden Geschäftsführer. Bestreitet dieser

---

[131] K. WIELAND I, S. 574 Anm. 55, jedoch mit dem kritischen Bemerken, daß sich diese (auf Art. 101 ADHGB zurückgehende) Unterscheidung nicht rechtfertige, wenn (nach Gesetz) Einzelgeschäftsführungsbefugnis gilt – was nach Art. 535 Abs. 2 der Fall ist, nicht aber nach deutschem Recht, wo für die bürgerlich-rechtliche Gesellschaft (subsidiär) Gesamtgeschäftsführung gilt (§ 709 BGB).

[132] Auch nach BROSSET/SCHMIDT, S. 106 f. gibt es keine Entziehung der gesetzlichen Geschäftsführungsbefugnis, sondern gegebenenfalls nur die Auflösung der Gesellschaft aus wichtigen Gründen. Ebenfalls nach V. ROSSEL I, S. 539, wo auch die in der früheren Doktrin vertretene Ansicht, daß die auf Gesetz beruhende Geschäftsführungsbefugnis nach Mandatsrecht (Art. 404) jederzeit entzogen werden kann, mit Recht abgelehnt wird.

[133] Das Gesetz sieht hier nur die Entziehung der Vertretungsbefugnis vor (Art. 565). Anders im deutschen Recht, wonach einem Gesellschafter der OHG auch die Geschäftsführungsbefugnis entzogen werden kann (§§ 115, 117 HGB).

[134] So BECKER, Art. 535, N. 1, wonach Art. 539 auf die gesetzlich begründete Geschäftsführung «entsprechende Anwendung» finden müsse, da hier die Sachlage die gleiche sei; auch solle die Ordnung der Geschäftsführung nicht unter dem Druck einer vorzeitigen Auflösung gemäß Art. 545 stehen. – Im Ergebnis gleich (ohne Begründung) HARTMANN, Art. 557, N. 17; W. SCHERER, S. 91 f.; J. L. FREYMOND, S. 81; GUHL/MERZ/KUMMER, S. 527 a. E. (implicite); siehe aber auch S. 528, Ziff. 2. – Eine Mittellinie, wonach zwar auch die auf Gesetz beruhende Geschäftsführung aus wichtigen Gründen entzogen werden kann, jedoch nur durch einstimmigen Beschluß der übrigen Gesellschafter, befürworten FUNK, Art. 539, N. 1 (S. 41) und VOGELSANG, S. 115.

[135] Vgl. BECKER (oben Anm. 134); zu den Gesetzeslücken DESCHENAUX, Schweiz. Privatrecht II, S. 105 ff., insbes. 111 f. (zur Analogie).

die Berechtigung der Entziehung und wird er weiterhin für die Gesellschaft tätig, so haftet er den Mitgesellschaftern gegenüber nach den Regeln der Geschäftsführung ohne Auftrag (Art. 540 Abs. 2). Erfolgte aber die Entziehung zu Unrecht, so haften der oder die sie aussprechenden Gesellschafter, wenn sie nicht mit der gebotenen Sorgfalt (Art. 538) gehandelt haben, für den der Gesellschaft daraus erwachsenen Schaden (eine Folge, die allerdings vermieden wird, wenn der Geschäftsführer die Entziehung unbeachtet läßt). Führt die Entziehung zu einem Rechtsstreit, so kommt dem Urteil nur deklaratorische Wirkung zu[136]. Die Entziehung der Geschäftsführungsbefugnis läßt, falls dem betreffenden Gesellschafter auch die Vertretungsbefugnis (die «volle Geschäftsführungsbefugnis») zustand, auch diese dahinfallen[137]. Es ist aber möglich und oft auch genügend, daß nur diese entzogen wird, während für die (interne) Geschäftsführungsbefugnis der bisherige Zustand beibehalten wird. Gegenüber Dritten wirkt sich die Entziehung der Vertretungsbefugnis je nach der vorliegenden Gesellschaftsform in unterschiedlicher Weise aus. Bei der einfachen Gesellschaft gilt hiefür das Recht der Stellvertretung (Art. 543), während bei den Handelsgesellschaften die gesetzliche Regelung der Vertretungsmacht gilt (Art. 563 ff., 603 OR), was in entsprechendem Zusammenhang zu erörtern ist[138].

Eine Beendigung der Geschäftsführung durch Kündigung seitens eines Gesellschafter-Geschäftsführers ist im OR nicht vorgesehen[139], ist aber zuzulassen, wenn der Geschäftsführer wichtige Gründe geltend machen kann[140]. Das Kündigungsrecht des Gesellschafters bildet das Gegenstück zum Entzugsrecht. Sowohl der Kündende als auch andere Gesellschafter können ein Interesse daran haben, daß die Gesellschaft fortgesetzt wird,

---

[136] Vgl. zum Vorstehenden, wie auch zu weiteren sich aus dem Entzug ergebenden Folgen (z.B. vorläufige Maßnahmen, Neuordnung der Geschäftsführung, insbes. bei Abberufung des einzigen Geschäftsführers oder bei Kollektivgeschäftsführung): SIEGWART, Art. 539, N. 13 ff.; W. SCHERER, S. 93 f.; J. L. FREYMOND, S. 88 f.

[137] SIEGWART, Art. 535, N. 4, 539, N. 13; W. SCHERER, S. 100, jedoch unter Einschränkung auf die «ausdrücklich übertragene» Geschäftsführungsbefugnis.

[138] Siehe hinten §§ 30, I 1a; 35, II 1e.

[139] Wohl aber im deutschen Recht, § 712 Abs. 2 BGB.

[140] So BECKER, Art. 535, N. 1, 539, N. 7; HARTMANN, Art. 557, N. 18; W. SCHERER, S. 94 f.; J. L. FREYMOND, S. 92 ff. – Anderer Meinung SIEGWART, Art. 535, N. 25 Ziff. 1, wonach auch hier, wie beim Entzugsrecht, wichtige Gründe nur zur Auflösung der Gesellschaft gemäß Art. 545 Abs. 1 Ziff. 7 legitimieren. – Zu den wichtigen Gründen siehe oben Anm. 129. Es können hier auch andere als in der Person des Geschäftsführers (z. B. Krankheit, Alter) liegende Umstände für ein Kündigungsrecht sprechen, z. B. Verunmöglichung einer «guten Geschäftsführung» durch das Verhalten von Mitgeschäftsführern, wenn nicht auf andere Weise Remedur geschafft werden kann (vgl. J. L. FREYMOND, S. 93).

wenn eine befriedigende Neuordnung der Geschäftsführung möglich ist. – Vertraglich kann das Kündigungsrecht durch Nennung besonderer Gründe erweitert, nicht aber eingeschränkt werden, wie dies auch beim Entzugsrecht der Fall ist. Zu einer Beendigung oder Änderung der Geschäftsführungsbefugnisse von Gesellschaftern führen noch folgende Gründe: Verlust der Mitgliedschaft oder deren Umwandlung in die Stellung eines Kommanditärs (Art. 600 OR); Tod des Geschäftsführers mit vorläufiger Weiterführung der Geschäfte durch den Erben (Art. 547 Abs. 2); Auflösung der Gesellschaft und deren Liquidation, die von allen Gesellschaftern gemeinsam vorzunehmen ist (Art. 550 Abs. 1; anders jedoch bei der Kollektiv- und Kommanditgesellschaft gemäß Art. 583, 619 Abs. 1)[141].

c) *Die Ausübung der Geschäftsführung*

Nach schweizerischem Recht (Art. 535 Abs. 2 OR) steht jedem Gesellschafter-Geschäftsführer die Einzelgeschäftsführung zu, d.h. es «kann jeder von ihnen ohne Mitwirkung der übrigen handeln», gleichgültig ob die Geschäftsführung allen Gesellschaftern zusteht (die gesetzliche Ordnung) oder (gemäß Vertrag oder Beschluß) nur einzelnen. Damit erhält die einfache Gesellschaft eine wesentlich größere Aktionsfähigkeit, als dies nach dem System der Gesamtgeschäftsführung der Fall wäre[142]. Die Befugnis zur Einzelgeschäftsführung gilt aber nur unter zwei Vorbehalten: Einmal ist, wie bereits angeführt (oben Ziff. 1a) für außergewöhnliche Geschäfte die Einwilligung aller Gesellschafter einzuholen. Sodann steht jedem geschäftsführenden Gesellschafter (nach gesetzlicher Ordnung also allen Gesellschaftern) das Recht zu, «durch seinen Widerspruch die Handlung zu verhindern bevor sie vollendet ist». Wird ein solches Veto eingelegt, so wirkt es in zweierlei Hinsicht: Gesellschaftsintern sind die Geschäftsführer nicht mehr zuständig, die fragliche Handlung vorzunehmen oder zu vollenden. Das Veto ist aber seinerseits ein Akt der Geschäftsführung und darf nicht ohne hinreichende Gründe eingelegt werden; sein Mißbrauch kann den Gesellschafter schadenersatzpflichtig machen. Erachten die andern Geschäftsführer das Veto als unberechtigt, so ist die Kontro-

---

[141] Zum Vorstehenden z.B. W. SCHERER, S. 95 ff. Einzelheiten hinten in entsprechendem Zusammenhang.

[142] Einzelgeschäftsführung gilt subsidiär auch nach französischem und italienischem Recht, unter Vorbehalt des jedem Geschäftsführer zustehenden Vetorechts (Art. 1857, 1859 CCfr.; Art. 2257 CCit.). Anders im deutschen Recht, wonach uneingeschränkt Gesamtgeschäftsführungsbefugnis gilt (§ 709 BGB); sieht der Gesellschaftsvertrag Einzelgeschäftsführung durch alle oder einzelne Gesellschafter vor, so muß bei Widerspruch seitens eines Gesellschafters das Geschäft unterbleiben (§ 711 BGB).

verse durch Gesellschaftsbeschluß beizulegen[143]. Handeln die Geschäftsführer ohne Rücksicht auf das Veto, so übernehmen sie damit (wenn der Widerspruch berechtigt war) die Verantwortungen eines Geschäftsführers ohne Auftrag (Art. 540 Abs. 2). – Das Veto nimmt den Geschäftsführern auch die Vertretungsbefugnis. In bezug auf die Vertretungsmacht gegenüber Dritten gilt das Recht der Stellvertretung, unter Vorbehalt der gesetzlichen Vermutung gemäß Art. 543 Abs. 3[144].

d) Das Kontrollrecht

Die dem von der Geschäftsführung ausgeschlossenen Gesellschafter verbleibenden Mitbestimmungsrechte (z.B. in außergewöhnlichen Geschäften oder in gesellschaftsrechtlich grundlegenden Angelegenheiten) bedingen, daß sich dieser laufend und eingehend über den Gang der Dinge orientieren kann; es folgt dies auch aus dem Wesen der Personengesellschaften mit ihren persönlichen Haftungen. Das Gesetz gewährt denn auch dem Gesellschafter das Recht, «sich persönlich von dem Gange der Gesellschaftsangelegenheiten zu unterrichten», verbunden mit dem Recht in die «Gesellschaftsbücher und Papiere» der Gesellschaft Einsicht zu nehmen und sich eine Vermögensaufstellung anzufertigen (Art. 541). Dieses Informationsrecht steht auch dem gesetzlichen Vertreter eines Gesellschafters zu; zur Ausübung durch Dritte bedarf es der Zustimmung der Gesellschafter. – In sachlicher Hinsicht ist das Informationsrecht grundsätzlich unbeschränkt; so kann der Gesellschafter auch in alle mit der Geschäftsführung zusammenhängenden Unterlagen («Papiere») Einsicht nehmen, wie Korrespondenzen, Fakturen, Verträge, Urteile, Vergleiche. Auch sind die Geschäftsführer zur Auskunft verpflichtet. – Seine Schranke findet das Informationsrecht aber im zweckwidrigen Rechtsmißbrauch[145]. Wenn die Nachforschungen eines Gesellschafters offensichtlich nicht mehr durch sein legitimes Interesse an der Gesellschaftsführung motiviert sind, sondern andern Interessen dienen sollen oder dienen könnten (so namentlich in Konkurrenzverhältnissen), so ist es Recht und Pflicht der Geschäftsführung, die erforderlichen Schranken zu setzen. Mißbräuchlich (schikanös) kann auch die Art und Weise der Ausübung des Informationsrechts sein, z.B. durch un-

---

[143] Zum Vorstehenden vgl. SIEGWART, Art. 535, N. 10f.; W. SCHERER, § 12; J.L. FREYMOND, §§ 12/13. Zum beschränkten Widerspruchsrecht des Kommanditärs siehe Art. 600 Abs. 2; dazu hinten § 42 III.
[144] Dazu hinten § 30, I 1 b.
[145] Vgl. SIEGWART, Art. 541, N. 9.

vernünftige zeitliche Beanspruchung der Geschäftsführung[146]. – Das Informationsrecht ist unentziehbar und unverzichtbar; eine «entgegenstehende Vereinbarung ist nichtig» (Art. 541 Abs. 2). Diese schließt nicht aus, daß vertraglich oder durch einstimmigen Beschluß gewisse Gegenstände der Geschäftsführung einer neutralen Stelle, z.B. einer Treuhandgesellschaft, zur Kontrolle und Berichterstattung überwiesen werden. Voraussetzung allerdings bleibt, daß auch auf diese Weise der Gesellschafter eine zuverlässige und genügend aufschlußreiche Grundlage erhält, um sich ein sicheres Urteil über den Gang der Gesellschaftsangelegenheiten bilden zu können[147].

e) Die Sorgfaltspflicht

In der Besorgung «gesellschaftlicher Angelegenheiten» hat nach Gesetz (Art. 538) jeder Gesellschafter, damit auch jeder Geschäftsführende, «den Fleiß und die Sorgfalt anzuwenden, die er in seinen eigenen ... anzuwenden pflegt»; er haftet den übrigen Gesellschaftern für den durch sein Verschulden entstandenen Schaden, ohne Möglichkeit einer Vorteilsanrechnung. Nur der geschäftsführende Gesellschafter, der für seine Tätigkeit eine (besondere) Vergütung bezieht, haftet nach den Regeln des Auftragsrechts (Art. 538 Abs. 3). Nach diesem haftet der Beauftragte «im allgemeinen für die gleiche Sorgfalt wie der Arbeitnehmer im Arbeitsverhältnis» (Art. 398 Abs. 1 OR)[148] mit dem Beifügen, daß er dem Auftraggeber für getreue und sorgfältige Ausführung des ihm übertragenen Geschäftes hafte (Art. 398 Abs. 2). Nach dem neuen Recht des Arbeitsvertrages hat der Arbeitnehmer «die ihm übertragene Arbeit sorgfältig auszuführen und die berechtigten Interessen des Arbeitgebers in guten Treuen zu wahren» (Art. 321a OR)[149]. Sowohl nach Auftrags- als nach Arbeitsvertragsrecht liegen damit die Akzente auf der Sorgfalts- und der Treuepflicht der honorierten Gesellschafter-Geschäftsführer, während die nicht honorierten – nach Art. 535 Abs. 2 und Art. 537 Abs. 3 die (subsidiäre) Regel – bloß die Sorgfalt aufzuwenden haben, die sie ihren persönlichen Angelegenheiten entgegenbringen.

---

[146] Zum Vergleich: Gemäß Art. 17 Loi soc. comm. 1966 können die nicht geschäftsführenden Kollektivgesellschafter ihr Kontrollrecht nur zweimal jährlich ausüben!
[147] Zum beschränkten Kontrollrecht des Kommanditärs Art. 600 Abs. 3.
[148] Neue Fassung gemäß Art. 1 der Schlußbestimmungen zum Titel über den Arbeitsvertrag (1970). – Zu beachten auch Art. 321 OR, wonach der Arbeitnehmer die vertraglich übernommene Arbeit in eigener Person zu leisten hat, sofern nichts anderes verabredet ist oder sich aus den Umständen ergibt.
[149] Vgl. damit die eingehenderen Bestimmungen über das Maß der Sorgfalt im früheren Recht des «Dienstvertrags» (Art. 328 Abs. 3 OR), wonach auch der Bildungsgrad, die Fachkenntnisse, die Fähigkeiten und Eigenschaften des Dienstpflichtigen, die der Dienstherr gekannt hat oder hätte kennen sollen, zu berücksichtigen sind.

Diese, auf das römische Recht *(diligentia quam in suis rebus,* culpa in concreto) zurückgehende, Milderung der Sorgfaltspflicht findet sich auch im deutschen Recht (§ 708 BGB)[150], nicht aber im französischen (Art. 1850 CCfr.) und im italienischen (Art. 2260. CCit.). Ihr Wert ist umstritten. Zu Gunsten der Haftungsmilderung wird geltend gemacht, daß der Gesellschaftsvertrag auf einem besondern, persönlichen Vertrauensverhältnis beruhe; auch pflege der Gesellschafter die Gesellschaftsangelegenheiten als seine eigenen zu empfinden; zudem spiele die Haftungsmilderung nur im Bereich der leichten Fahrlässigkeit, siehe Art. 100 OR[150a]. – Demgegenüber wird betont, daß der geschäftsführende Gesellschafter auch die Interessen der Mitgesellschafter, also Fremdinteressen zu wahren habe, was ihn zu einer verkehrsüblichen Sorgfalt verpflichten sollte; auch widerspreche in gewissen Verhältnissen die Haftungsmilderung der besondern Struktur der Gesellschaft[150b]. – Die Kritik an der fraglichen Haftungsordnung ist berechtigt. Allgemein schon ist zu berücksichtigen, daß die Gesellschaft wohl eine Zweckgemeinschaft, aber durchaus nicht immer eine Interessengemeinschaft ist (vorn § 20, I 1). Dazu kommt, daß nach schweizerischem (wie auch nach französischem und italienischem) Recht, jeder Gesellschafter präsumtiver Geschäftsführer mit Befugnis zur Einzelgeschäftsführung ist, wobei das Vetorecht praktisch nicht immer spielt. Besonders unpassend erscheint die Haftungsmilderung im Bereich der Personenhandelsgesellschaften, gelten doch nicht nur diese selber, sondern auch ihre Mitglieder, mit Ausnahme des Kommanditärs, als «Kaufleute» im Rechtssinn. In der Anwendung von Art. 538 wird man diesen Momenten Rechnung tragen müssen und die Sorgfaltspflicht des Gesellschafters vor allem nach den konkreten Umständen beurteilen, die beim Abschluß des Vertrags eine Rolle gespielt haben oder doch bekannt waren. Besondere Fachkenntnisse eines Gesellschafters (als Techniker, Financier, Kunstexperte, Baumeister) berechtigen die Partner zur Erwartung, daß er mit der Sorgfalt des Fachmannes handeln werde; war er aber als spekulativ bekannt, so müssen die Partner diese Eigenschaft in Kauf nehmen und sich durch geeignete Vorkehren gegen leichtfertige Handlungen schützen. Entscheidend ist – gerade bei der Personengesellschaft als typisches *bonae fidei negotium* –, was die Partner nach Treu und Glauben gegenseitig voneinander erwarten dürfen[151].

Vertraglich kann die Sorgfaltspflicht der geschäftsführenden Gesellschafter präzisiert und verschärft werden; eine (noch weitere) Milderung hätte die Schranken des Art. 100 OR zu beachten (Wegbedingung der Haftung für grobes Verschulden ist nichtig). – Die Sorgfaltspflicht Dritter, denen die Geschäftsführung übertragen wurde, beurteilt sich nach dem zwischen diesen und der Gesellschaft bestehenden Vertragsverhältnis (Mandat, Dienstvertrag).

IV. Die Mitgliedschaft und die Mitgliederbewegungen

1. Die Mitgliedschaft

Mitgliedschaft bedeutet die Gesamtheit der Beziehungen (Rechte und Pflichten), welche einen Gesellschafter sozialrechtlich, auf Grund des Gesell-

---

[150] § 708 BGB gilt auch im Recht der OHG (siehe z.B. HUECK, OHG, § 9 IV), unterscheidet aber nicht zwischen honorierten Geschäftsführern und andern.
[150a] Vgl. z.B. SIEGWART, Art. 538, N. 9f.; OSER/SCHÖNENBERGER, Art. 99, N. 5.
[150b] Vgl. z.B. SOERGEL/SCHULTZE-V. LASAULX, § 708 BGB, Bem. 1f.; HUECK, Gesellschaftsrecht, S. 32 und in OHG § 9, IV.
[151] Zur Sorgfaltspflicht und der Haftung der Gesellschafter-Geschäftsführer siehe auch J.L. FREYMOND, S. 67 ff.

schaftsvertrags und des Gesetzes, mit der Gesellschaft, bzw. den übrigen Gesellschaftern verbinden. Die mitgliedschaftlichen Rechte und Pflichten lassen sich unterteilen in solche, die sich auf die Mitverwaltung beziehen (wie Gesellschaftsbeschlüsse, Geschäftsführung und Vertretung, Widerspruchsrecht, Kontrolle, Kündigung) oder auf das Gesellschaftsvermögen (wie Beiträge, Beteiligung an Gewinn und Verlust, Ersatzansprüche, Vermögens- und Kapitalanteil)[152]. Davon zu unterscheiden sind die rein individualrechtlichen Beziehungen, in denen ein Gesellschafter den andern als Dritter gegenübertritt, sofern sie nicht auf gesellschaftsrechtlicher Grundlage beruhen[153]. – Wie früher ausgeführt[154], bildet das Gesellschaftsverhältnis zwar ein rechtlich Ganzes, beruhend auf einem Vertrag zwischen bestimmten Partnern (Grundsatz der personellen Geschlossenheit der Gesellschaft). Trotzdem läßt das Gesetz unter bestimmten Voraussetzungen, die vertraglich erweitert werden können, Wechsel im Mitgliederbestand zu und zwar mit der Wirkung, daß als Gesamtheit die gleiche Gesellschaft weiter besteht (Grundsatz der Identität [Kontinuität] der Gesellschaft trotz Wechsel im Mitgliederbestand)[155]. Damit wird der Gesellschaft ermöglicht, Änderungen in den personellen Verhältnissen Rechnung zu tragen, unter Wahrung der Kontinuität innerhalb der Gesellschaft. Ein Interesse an einer solchen Ordnung besteht schon bei der einfachen Gesellschaft, in vermehrtem Maß aber bei den stärker konzentrierten und auf einen kontinuierlichen Geschäftsbetrieb eingestellten Handelsgesellschaften. Die Mitgliederbewegung kann sich in verschiedenen Formen vollziehen: Durch Übertragung der Mitgliedschaft unter Ausscheiden des bisherigen Gesellschafters, wobei Übergang kraft Erbrechts besondere Aspekte aufweist; durch Eintritt neuer Gesellschafter; durch Austritt oder Ausschließung von Gesellschaftern. Bei der einfachen Gesellschaft befaßt sich das Gesetz ausdrücklich nur mit dem Fall der Aufnahme neuer Mitglieder (Art. 542 Abs. 1), woran sich noch Bestimmungen über die Unterbeteiligung und die Abtretung von «Anteilen» eines Gesellschafters schließen. Diese Bestimmungen gelten auch für die Kollektiv- und Kommanditgesellschaften (Art. 557 Abs. 2, 598 Abs. 2), wo sie aber durch weitere Normen, so namentlich hinsichtlich des Ausscheidens von Gesellschaftern und der Haftungen bei Eintritten neuer und Ausscheiden bisheriger Gesellschafter ergänzt werden (Art. 575 ff., 568 f.).

---

[152] Dazu oben I, II. – Zur vermögensrechtlichen Beteiligung oben II 2.
[153] Dazu oben I 2.
[154] Siehe vorn § 28, I 2.
[155] Zu den erwähnten Grundsätzen der Geschlossenheit und der Identität einläßlich mit Hinweisen BOLLMANN, §§ 2, 6; SIEGWART, Art. 542, N. 10.

2. Die Übertragung der Mitgliedschaft

a) Von Gesetzes wegen (Art. 542 Abs. 1) kann ein Gesellschafter seine Mitgliedschaft an einen Dritten nur übertragen, wenn alle übrigen Gesellschafter einwilligen[156]. Das Erfordernis der Zustimmung entspricht dem Charakter der Gesellschaft als einer vertraglich zwischen bestimmten Personen eingegangenen Gemeinschaft. – Die Übertragung beruht somit auf zwei Voraussetzungen: Einmal bedarf sie eines zwischen dem Gesellschafter und dem Übernehmer abzuschließenden Abtretungsvertrags. Dieser bedarf zu seiner Gültigkeit der schriftlichen Form (Art. 165 OR). Öffentliche Beurkundung ist auch dann nicht nötig, wenn zum Gesellschaftsvermögen Grundstücke gehören, da ja nicht diese übertragen werden, sondern eine aus der Mitgliedschaft fließende gesamthänderische Berechtigung am Gesellschaftsvermögen[157]. Materiell beurteilt sich die Abtretung (unter den Parteien) nach den Regeln des Zessionsrechts (Art. 164 ff. OR). – Sodann muß der Abtretung der Mitgliedschaft, um gegenüber der Gesellschaft wirksam zu sein, von allen übrigen Gesellschaftern zugestimmt werden. In welcher Form dies geschieht, ist, wenn vertraglich hierüber nichts vorgeschrieben, unerheblich[158].

b) Der Gesellschaftsvertrag[159] kann für die Übertragung eine eigene Ordnung treffen: Er kann sie völlig ausschließen, so daß gegebenenfalls nur die Auflösung der Gesellschaft und die Begründung einer neuen offenstehen. Er kann die Übertragung der Mitgliedschaft auch einem Mehrheitsbeschluß unterstellen oder die Kompetenz zur Zustimmung der Geschäftsführung übertragen, beides generell oder unter bestimmten Bedingungen (z.B. betreffend Nationalität, Domizil, Branchenzugehörigkeit des Erwerbers, Garantien seitens des Zedenten)[160]. Möglich ist auch, daß im

---

[156] Art. 542 Abs. 1 spricht zwar nur von der Aufnahme neuer Mitglieder, die aber auch durch die Übertragung einer Mitgliedschaft erfolgen kann. In der Doktrin werden denn auch beide Vorgänge gemäß Art. 542 behandelt; siehe z.B. SIEGWART, Art. 542, N. 6 ff.; HARTMANN, Art. 562, N. 31; GUHL/MERZ/KUMMER, S. 529. – Zur grundsätzlichen Zulässigkeit der Übertragung einer Mitgliedschaft siehe auch BOLLMANN, S. 11 ff.; BGE 88 II, 1962, S. 234 (Hinweis auf Art. 545 Abs. 1 Ziff. 2, aus welchem die Möglichkeit der Übertragung nicht nur im Erbfall, sondern allgemein geschlossen werden könne).

[157] SIEGWART, Art. 542, N. 7, unter Vorbehalt des Falles, in dem nach Gesellschaftsvertrag Miteigentum der Gesellschafter gilt.

[158] Mit der Zustimmung drücken die übrigen Gesellschafter auch den Willen aus, die Gesellschaft fortzusetzen. BOLLMANN (S. 21, 27) spricht hier von einer Fortsetzungsklausel – ein terminus, den wir der gesellschaftsvertraglichen Ordnung vorbehalten möchten; siehe Anm. 161.

[159] Da Art. 542 dem internen Gesellschaftsrecht angehört, ist diese Bestimmung nur dispositiver Natur; vgl. BECKER, Art. 542, N. 1; HARTMANN, Art. 562, N. 31 und oben Anm. 156.

[160] SIEGWART, Art. 542, N. 8; HARTMANN, Art. 562, N. 31.

Vertrag von vornherein die Übertragung einer Mitgliedschaft an bestimmte oder bestimmbare Nachfolger vorgesehen wird[161].

Fraglich könnte sein, ob der Gesellschaftsvertrag auch die freie, nicht an die Zustimmung der übrigen Gesellschafter gebundene Übertragbarkeit der Mitgliedschaft vorsehen kann. Es scheint dies der Natur der intuitu personae begründeten Personengesellschaften zu widersprechen, muß aber auf Grund des das interne Gesellschaftsrecht beherrschenden Prinzips der Vertragsfreiheit bejaht werden[162]. In gewissen Fällen, in denen die Person des Gesellschafters keine oder nur eine geringe Rolle spielt[163] – was bei der einfachen Gesellschaft gut denkbar ist, bei den Handelsgesellschaften aber meist nur für den Kommanditär zutreffen dürfte –, kann die freie Übertragbarkeit der Mitgliedschaft auch die geeignete Ordnung sein. Voraussetzung ist allerdings, daß der Gesellschaftsvertrag die freie Übertragbarkeit ausdrücklich vorsieht und daß von ihr nicht in rechtsmißbräuchlicher Weise Gebrauch gemacht wird[164]. Der Zedent handelt noch als Gesellschafter und hat die ihm in dieser Eigenschaft gegenüber den Mitgesellschaftern gebotene Treue- und Sorgfaltspflicht zu beachten.

c) Die Wirkungen der Übertragung werden bei der einfachen Gesellschaft im Gesetz nicht besonders erwähnt. Gegenüber der Gesellschaft tritt der Übernehmer, mangels anderer Vereinbarung, im Wege der Gesamtnachfolge in alle Vermögens- und Verwaltungsrechte ein, die dem bisherigen Gesellschafter in dieser Eigenschaft zustanden, ohne daß es besonderer Übertragungshandlungen bedürfte[165]; gegebenenfalls ist der Gesellschafterwechsel im Grundbuch einzutragen, als bloß deklaratorische Maßnahme[166]. Das gleiche gilt für die Übernahme der Verpflichtungen. Nach den Regeln über die Schuldübernahme (Art. 175 f. OR) gehen diese, soweit sozialrechtlicher Natur, mit der Zustimmung der Gesellschaft vom bisherigen Gesellschafter, unter dessen Befreiung, auf den neuen über, wenn nichts anderes vereinbart wird. – Gegenüber den Gesellschaftsgläubigern hängt die Stellung des Übernehmers zunächst davon ab, ob der frühere

---

[161] Dann liegt eine sog. Fortsetzungsklausel vor, die sowohl für einen Mitgliederwechsel als auch (einschränkend) für die Fortsetzung der Gesellschaft unter den übrigen Gesellschaftern vereinbart werden kann; dazu hinten Ziff. 5. – Über die Fortsetzungs-, Eintritts- und Nachfolgeklauseln für den Fall des Todes eines Gesellschafters siehe hinten V. Zur Fortsetzungsklausel, deren Rechtsnatur und ihren Anwendungsfällen einläßlich BOLLMANN, § 3.
[162] So HARTMANN, Art. 562, N. 31; SIEGWART, Art. 542, N. 8 unter Bezugnahme auf WIELAND I, S. 658 ff. – SOERGEL/SCHULTZE-V. LASAULX, § 736 BGB, Bem. 9; LEHMANN/DIETZ, S. 125. – Zum Postulat der freien Übertragbarkeit der Mitgliedschaft (bei Handelsgesellschaften) de lege ferenda siehe hinten § 49.
[163] SIEGWART (oben Anm. 162).
[164] Vgl. HARTMANN, Art. 562, N. 31 a.E.
[165] K. WIELAND I, S. 661: «Der Übergang der Mitgliedschaft ist nicht Übergang einzelner Rechte, sondern eines Rechtsverhältnisses». SIEGWART, Art. 542, N. 9. Denkbar ist allerdings, daß die Zustimmung der Gesellschaft unter Einschränkungen erfolgt, z.B. unter Ausschluß der Geschäftsführungsbefugnisse; die Übertragung kommt dann nur zustande, wenn sich Zedent und Zessionar damit einverstanden erklären.
[166] SIEGWART (oben Anm. 162).

Gesellschafter auf Grund der Stellvertretungsregeln (Art. 543) Schuldner des Dritten geworden war[167]. Wenn ja, so vollziehen sich der Eintritt des Erwerbers in das Schuldverhältnis und die Befreiung des bisherigen Schuldners nach den Bestimmungen des Art. 181 OR («Übernahme eines Vermögens»): Nach Anzeige des Gesellschafterwechsels an den Gläubiger wird der Erwerber ohne weiteres dessen Schuldner; der bisherige Gesellschafter haftet aber noch zwei Jahre solidarisch mit dem Erwerber[168]. Möglich ist auch eine Vereinbarung zwischen den Parteien des Zessionsgeschäfts und der Gesellschaft, wonach der Erwerber nur intern die Schuld übernimmt die Haftung nach außen aber ausgeschlossen sein soll[169].

3. Die Unterbeteiligung und die Übertragung von Gesellschaftsanteilen an Dritte

Von der Übertragung der Mitgliedschaft unterscheidet das Gesetz (Art. 542 Abs. 2) ausdrücklich die Fälle, in denen ein Gesellschafter «einseitig» (d.h. ohne Zustimmung der Mitgesellschafter) einen Dritten an seinem «Anteile» beteiligt (die sog. Unterbeteiligung) oder den Anteil an den Dritten abtritt[170]. Nach der erwähnten Bestimmung kann ein Gesellschafter zwar in solcher Weise über seinen Anteil verfügen, der Dritte wird aber dadurch (auch im zweiten Fall) nicht Mitglied der Gesellschaft und kann daher auch keine persönlichen Mitgliedschaftsrechte, insbesondere keine Kontrollrechte ausüben (Art. 542 Abs. 2).

a) Von der Unterbeteiligung war bereits als einer besondern Erscheinungsform der einfachen Gesellschaft näher die Rede[171]. Sie begründet zwischen dem Gesellschafter und dem Dritten eine sog. Innengesellschaft, mit den sich daraus ergebenden gesellschaftsrechtlichen Folgen, setzt jedoch den Dritten in keine rechtliche Beziehung zur sog. Obergesellschaft.

b) Die einseitige Abtretung des Anteils[172] eines Gesellschafters an einen Dritten erzeugt eine komplexe Rechtslage, in welcher sich allgemeines Schuldrecht und besonderes Gesellschaftsrecht durchdringen. – Zwischen

---

[167] Dies ergibt sich auch aus Art. 551 (Fortbestehen der Verbindlichkeiten bei Auflösung der Gesellschaft).
[168] SIEGWART, Art. 542, N. 9; BGE 49 II, 1923 S. 251; siehe aber auch BECKER, Art. 181, N. 6.
[169] SIEGWART (oben Anm. 168).
[170] Allgemein zur vermögensrechtlichen Beteiligung des Gesellschafters siehe vorn II 2.
[171] Siehe vorn § 27, IV 4.
[172] Zur verschiedenen Bedeutung des Begriffs «Anteil» siehe vorn II 2.

den Parteien des Abtretungsgeschäfts gelten die Bestimmungen über die Abtretung von Forderungen (Zessionsrecht, Art. 164 ff. OR)[173]. Der Gegenstand der Zession wird aber vom Gesellschaftsrecht her eingeschränkt auf die vermögensrechtlichen Ansprüche des Zedenten gegenüber der Gesellschaft (Art. 164 Abs. 1, 542). Diese können in ihrer Gesamtheit oder auch nur teilweise zediert werden, wobei es sich um bereits existente oder auch um künftige Forderungen (z.B. auf Gewinnbeteiligung oder auf den Liquidationsanteil) handeln kann, sofern nur deren Rechtsgrund zur Zeit der Abtretung festgelegt ist. – Die Abtretung bedarf zu ihrer Gültigkeit der schriftlichen Form (Art. 165) und zu ihrer Wirkung gegenüber dem Schuldner (der Gesellschaft) einer Notifikation im Sinn von Art. 167. – Wesentlich ist, daß die Gesellschaft Einreden, «die der Forderung des Abtretenden entgegenstanden», auch gegenüber dem Dritten (Zessionar) geltend machen kann (Art. 169; z.B. aus mangelhafter Geschäftsführung gemäß Art. 538 Abs. 2 und 3) – womit wieder Gesellschaftsrecht auf das Zessionsgeschäft einwirken kann. – Aus Art. 542 Abs. 2 folgt weiter, daß der Gesellschafter trotz Abtretung seines «Anteils» Mitglied der Gesellschaft bleibt, mit allen sich daraus ergebenden Rechten und Pflichten[174]. So kann er weiterhin die ihm nach Gesetz oder Vertrag zustehenden Mitverwaltungsrechte (im weitern Sinn) ausüben, kann aber auch zu noch geschuldeten Leistungen verhalten werden und bleibt Dritten gegenüber den Haftungen gemäß Art. 543/544 unterworfen. – Aus dieser Doppelstellung des Zedenten gegenüber dem Zessionar und der Gesellschaft können sich Interessenkollisionen ergeben; man denke nur an den Fall der Abtretung künftiger Gewinnbeteiligungen, an deren Festsetzung der Zessionar, der Zedent und die Gesellschaft als solche in verschiedener Weise interessiert sein können. Sofern sich die Beteiligten hierüber nicht verständigt haben – generell oder von Fall zu Fall –, hilft hier nur die Maxime, daß der seinen Anteil abtretende Gesellschafter die Interessen des Dritten in guten Treuen (Art. 2 ZGB) zu wahren hat, wobei zu berücksichtigen ist, daß eine vernünftige Wahrung der Gesellschaftsinteressen auch im Interesse des Dritten liegt[175].

Art. 542 Abs. 2 ist nachgiebiger Natur. Der Gesellschaftsvertrag kann bestimmen, daß eine Unterbeteiligung oder eine Abtretung von Gesell-

---

[173] Vgl. SIEGWART, Art. 542, N. 4 mit Hinweisen; GUHL/MERZ/KUMMER, S. 529; FUNK, Art. 542, N. 2.
[174] SIEGWART, Art. 542, N. 5.
[175] SIEGWART, Art. 542, N. 5 befürwortet hier «eine beschränkte analoge Anwendung von Gesellschaftsrecht», eine Formulierung, die aber die Unterscheidung zwischen den zessions- und den gesellschaftsrechtlichen Wirkungen der Abtretung verwischt.

schaftsanteilen unzulässig sind oder nur unter bestimmten Voraussetzungen und in bestimmter Weise erfolgen können.

4. Die Aufnahme neuer Mitglieder

Von Gesetzes wegen bedarf die Aufnahme neuer Mitglieder der Zustimmung aller Gesellschafter (negativ formuliert in Art. 542 Abs. 1), entsprechend der Natur der Gesellschaft als einer geschlossenen Vertragsgemeinschaft. Der Gesellschaftsvertrag kann aber auch die Aufnahme neuer Mitglieder durch Mehrheitsbeschluß vorsehen oder in die Kompetenz der Geschäftsführung legen, beides mit oder ohne Bestimmung besonderer Voraussetzungen[176].

a) Die Aufnahme erfolgt durch Abschluß eines Vertrags zwischen den Gesellschaftern oder ihren Bevollmächtigten (u. U. der Geschäftsführer) und dem neuen Mitglied. Wie der Gründungsvertrag bedarf auch der Aufnahmevertrag von Gesetzes wegen keiner besonderen Form, sofern mit dem Erwerb der Mitgliedschaft nicht eine besondere formbedürftige Verpflichtung verbunden ist[177]. Sofern alle Gesellschafter in jeder Hinsicht gleich behandelt werden, kann der Aufzunehmende dem Gesellschaftsvertrag einfach beitreten (was auch durch konkludente Handlungen erfolgen kann). Andernfalls kann die Rechtsstellung des neuen Gesellschafters beliebig verändert werden, so auch sein Beitrag.

b) Die Wirkungen der Aufnahme: Die Identität der Gesellschaft bleibt erhalten[178]. Der neue Gesellschafter tritt unmittelbar in die ihm kraft seiner Mitgliedschaft zustehenden Verwaltungs- und Vermögensrechte ein. Das Gesellschaftsvermögen «wächst ihm an» (sog. *Akkreszenz*), ohne daß es besonderer Übertragungshandlungen bedürfte (gegebenenfalls nur der Ergänzung des Grundbucheintrags)[179]. Er übernimmt, wenn nichts anderes

---

[176] Wie dies auch für die Übertragung einer Mitgliedschaft möglich ist, siehe oben Ziff. 2 lit. b. – SIEGWART, Art. 542, N. 11; HARTMANN, Art. 562, N. 31. – Kraft Sondergesetzgebung kann auch ein sog. Aufnahmezwang bestehen, so gemäß Art. 6 Abs. 2 KartG, siehe vorn § 17, II 3.
[177] Siehe § 28, I 4.
[178] Dazu oben Ziff. 1 mit Anm. 155.
[179] Vgl. SIEGWART, Art. 542, N. 12, 14 und Art. 530, N. 63 mit Hinweisen. Gleiche Ordnung im deutschen Recht, siehe LEHMANN/DIETZ, S. 124. – Grundsätzlich und zusammenfassend mit ausführlichen Hinweisen zum Gesamteigentum als Folge der bestehenden personenrechtlichen Gemeinschaft, sowie zu den Vorgängen der Anwachsung und Abwachsung als Folge von Eintritten und Austritten, P. LIVER, Gemeinschaftliches Eigentum, zugleich Bespr. der Diss. Zürich 1963, von R. KUNZ, Über die Rechtsnatur der Gemeinschaft zu gesamter Hand, in ZBJV 100, 1964, S. 261 ff., insbes. S. 263 f.

vereinbart, mit seinem Eintritt auch die einem Gesellschafter obliegenden Verpflichtungen, z.B. zur Geschäftsführung. Dies gilt internrechtlich auch für die Gesellschaftsschulden. Wie die Aktiven wachsen auch diese (mangels anderer Abrede) dem neuen Gesellschafter an, woraus sich ergibt, daß er gegebenenfalls auch am Verlust partizipiert[180]. Gegenüber den Gesellschaftsgläubigern dagegen trifft den neuen Gesellschafter für die bestehenden Schulden keine persönliche Haftung (wenn nicht besonders vereinbart), da er sich ja bisher Dritten gegenüber weder persönlich noch kraft Stellvertretung verpflichtet hat (Art. 543)[181]. – Über die hievon abweichende Ordnung bei den Kollektiv- und Kommanditgesellschaften[182] siehe hinten § 38 II.

5. Das Ausscheiden und die Ausschließung einzelner Gesellschafter

a) Bei der einfachen Gesellschaft befaßt sich das Gesetz nicht – wie z.B. bei der Kollektivgesellschaft – mit dem Ausscheiden einzelner Gesellschafter bei fortbestehender Gesellschaft[183]. Auf Grund des für das ganze interne Gesellschaftsrecht geltenden Prinzips der Vertragsfreiheit kann aber dieser Vorgang vertraglich vorgesehen oder durch einstimmigen Beschluß aller Gesellschafter bewirkt werden[184].

Zweifellos besteht auch ein Bedürfnis nach einer solchen Lösung, da oft Gründe, die sonst von Gesetzes wegen zur Auflösung der Gesellschaft als solcher führen müssten (Art. 545 Abs. 1 Ziff. 2, 3, 6, 7) nur in der Person einzelner Gesellschafter gegeben sind, während alle übrigen Gesellschafter ein Interesse an einer möglichst kontinuierlichen Fortsetzung des gleichen Gesellschaftsverhältnisses haben. Die vertragliche Regelung kann verschiedene Modalitäten vorsehen[185]: Die Kündigung der Mitgliedschaft seitens eines Gesellschafters, allgemein oder unter bestimmten Voraussetzungen.

---

[180] Nach SIEGWART, Art. 542, N. 15 sind mangels anderer Abrede der Eintritt des neuen Gesellschafters in die Verbindlichkeiten der Gesellschaft und seine Verlustbeteiligung in der Regel zu vermuten. Siehe auch BGE 48 I, 1922, S. 403.

[181] Es wird dies in der Doktrin auch so formuliert, daß der eintretende Gesellschafter für die bestehenden Gesellschaftsschulden nur «mit seinem Anteil am Gesellschaftsvermögen» (z.B. LEHMANN/DIETZ, S. 124), «mit den in sein Gesamteigentum gefallenen Gesellschaftsaktiven» (SIEGWART, Art. 542, N. 15 a.E.) hafte.

[182] Art. 569, 612 OR.

[183] Ein Hinweis hierauf findet sich jedoch in Art. 545 Abs. 1 Ziff. 3 (Fortsetzung der Gesellschaft mit den Erben kraft vertraglicher Vereinbarung).

[184] Dazu eingehend: SIEGWART, Art. 545–547, N. 38 ff.; SCHAEDLER, S. 3 ff.; BOLLMANN, § 1.

[185] Zu den verschiedenen Modalitäten des Ausscheidens (Austritt, Ausscheiden im engern Sinn, Ausschluß) siehe SIEGWART, Art. 545–547, N. 41 ff.; BOLLMANN, S. 18 ff.; SCHAEDLER, S. 4 f.

Macht der Gesellschafter von dieser Möglichkeit Gebrauch, so liegt ein Austritt vor, unter Fortsetzung der Gesellschaft durch die übrigen. – Der Vertrag kann auch vorsehen, daß bei Verwirklichung eines bestimmten Sachverhalts ein Gesellschafter ohne weiteres ausscheidet, während die übrigen die Gesellschaft unter sich fortsetzen (Ausscheiden im engern Sinn). Als Ausscheidungsgründe kommen namentlich die im Gesetz genannten, in der Person eines Gesellschafters liegenden Auflösungsgründe in Betracht. Der Vertrag kann aber auch beliebige andere Ausscheidungsgründe nennen (z.B. Wegzug, Wegfall beruflicher oder betrieblicher Voraussetzungen). – Schließlich kann der Vertrag ein Ausscheiden Einzelner auch von einem Gesellschafterbeschluß abhängig machen, der zur Ausschließung des Betroffenen führt. Soll diese durch Mehrheitsbeschluß bewirkt werden, so muß dies im Vertrag ausdrücklich gesagt sein[186]. Der Vertrag kann bestimmte Ausschließungsgründe nennen (z.B. die soeben als Ausscheidungsgründe genannten, Verstöße gegen die Pflicht zur Konkurrenzenthaltung oder Vertragsverletzungen) oder generell einen Ausschluß aus wichtigen Gründen vorsehen. Von solchen kann in diesem Zusammenhang nur gesprochen werden, wenn durch Umstände, die in der Person des Auszuschließenden gegeben sind, die Fortsetzung der Gesellschaft mit diesem für die andern Gesellschafter unzumutbar geworden ist[187].

Von Gesetzes wegen (ohne vertragliche Grundlage oder Verständigung unter sämtlichen Gesellschaftern im einzelnen Fall) gibt es, nach (in der Schweiz) herrschender Lehre und Rechtsprechung[188] weder ein Recht auf Kündigung der Mitgliedschaft, noch ein Ausscheiden Einzelner (im engeren Sinn), noch eine Ausschließung von Gesellschaftern, auch nicht aus wichtigen Gründen. Es bleibt nur die Auflösung der Gesellschaft aus den vom Gesetz oder im Vertrag genannten Gründen mit nachfolgender Liquidation, gegebenenfalls unter Anspruch auf Schadenersatz gegenüber dem Gesellschafter, der durch schuldhaftes Verhalten Anlaß zur Auflösung gegeben hat. – Diese Auffassung bedarf jedoch, was die Ausschließung aus wichtigen Gründen betrifft, einer kritischen Überprüfung.

Illustrativ für die derzeitige Rechtslage ist BGE 94 II, 1968, S.119: Aus einer einfachen Gesellschaft (Aktionärskonsortium) wurde ein Mitglied aus (angeblich) wichtigen Gründen ausgeschlossen, ohne entsprechende Grundlage im Gesellschaftsvertrag. Die Gesellschaft berief sich auf die wachsende wirtschaftliche Bedeutung der einfachen Gesellschaften und die Not-

---

[186] Siehe vorn § 28, I 3.
[187] Zum «wichtigen Grund» allgemein siehe hinten § 31, II 1 e.
[188] Zit. bei BOLLMANN, S.21, Anm.1 und BGE 94 II, 1968, S.119f. – Abweichend SIEGWART und M. KRAMER (unten Anm.192).

wendigkeit einer Rechtsfortbildung. Das Bundesgericht kam auf Grund von Gesetzesmaterialien[189] zum Schluß, daß der Gesetzgeber die Möglichkeit einer Ausschließung aus wichtigen Gründen bei der einfachen Gesellschaft bewußt abgelehnt habe und daß angesichts des «eindeutigen Gesetzestextes»[190] eine analoge Anwendung des Rechts der Kollektivgesellschaften nicht möglich sei. Auch sei bei den einfachen Gesellschaften die Auflösung weniger schwerwiegend, weil die fortsetzungswilligen Gesellschafter ohne jegliche Förmlichkeiten eine neue Gesellschaft begründen könnten. –
Demgegenüber muß doch darauf hingewiesen werden, daß das Gesetz bei allen Personenverbindungen – mit Ausnahme der AG, bei der, als reiner Kapitalgesellschaft, nur die Kaduzierung möglich ist (Art. 681 f.) – einen Ausschluß aus wichtigen Gründen vorsieht[191]. Ein schützenswertes Bedürfnis danach kann auch bei der einfachen Gesellschaft gegeben sein, so z. B. wenn sie ihrem Zweck nach auf Dauer angelegt ist, einen größeren Personenbestand aufweist, Dritten gegenüber in erheblichem Ausmaß tätig geworden ist, wesentliche Investitionen vorgenommen hat. Dann bedeutet das Ausscheiden eines Gesellschafters und dessen Abfindung eine zweckmäßigere und einfachere Operation als die Auflösung der Gesellschaft mit nachfolgender Liquidation und Neugründung. Nach SIEGWART ist denn auch eine analoge Anwendung des Kollektivgesellschaftsrechtes auf gewisse einfache Gesellschaften nicht ausgeschlossen[192]. Für die Zulässigkeit eines Vorgehens per analogiam spricht auch, daß es sich hier um internes Gesellschaftsrecht handelt, in welchem das Recht der einfachen Gesellschaft mit demjenigen der Kollektivgesellschaft im wesentlichen übereinstimmt[193]; ferner, daß ein Ausschluß (mangels gütlicher Verständigung) nur auf Antrag aller übrigen Gesellschafter und durch Richterspruch erfolgen kann (Art. 577), wobei ohnehin die Gesamtheit der persönlichen und sachlichen Umstände zu würdigen ist[194]. – Auch in diesem Zusammenhang ist festzuhalten, daß der Gesellschaftsvertrag nicht ein gewöhnliches synallagmatisches Vertragsverhältnis erzeugt (das nur im Einverständnis der Vertragspartner aufgelöst werden kann), sondern einen Vertrag *sui generis* darstellt (siehe vorn § 20, I 5), der in verschiedener Hinsicht eine seiner sozialrechtlichen Komponente entsprechende Würdigung erheischt, wie z. B. die Behandlung fehlerhafter Gesellschaftsverträge (auch im Innenverhältnis, siehe vorn § 28, II 3) zeigt. – Ausländische Rechtsordnungen sehen denn auch ausdrücklich den Ausschluß von Gesellschaftern aus wichtigen Gründen vor[195].

---

[189] Dazu auch BOLLMANN, S. 25. – Kritisch zur Bedeutung der Entstehungsgeschichte gesetzlicher Bestimmungen, jedoch auf Grund des rein vertraglichen Charakters der einfachen Gesellschaft im Ergebnis dem erwähnten BGE zustimmend, M. KUMMER, ZBJV 106, 1970, S. 101 ff.

[190] Von einem «eindeutigen Gesetzestext» kann hier allerdings nur in dem Sinn gesprochen werden, daß das OR, anders als z. B. bei der Kollektivgesellschaft, bei der einfachen Gesellschaft den Ausschluß aus wichtigen Gründen («ausdrücklich») nicht erwähnt. Die Frage einer analogen Anwendung des Rechts anderer Gesellschaftsformen (siehe oben im Text und unten Anm. 192) bleibt offen.

[191] Art. 577; 598 Abs. 2; 822 Abs. 2, 3 (GmbH, Austritt und Ausschließung aus wichtigen Gründen); Art. 846 Abs. 2 (Genossenschaft); Art. 72 Abs. 3 ZGB (Verein).

[192] SIEGWART, Art. 547, N. 39 a. E., unter Hinweis auf die Vorbem. zu Art. 530 ff., N. 5 (insbes. Abs. 2), wo auf das Fehlen von Sonderbestimmungen über das Ausscheiden von Gesellschaftern ohne Auflösung der Gesellschaft hingewiesen und *de lege ferenda* die Anwendbarkeit des Rechts der Kollektivgesellschaft postuliert wird. – Im gleichen Sinn M. KRAMER, S. 54 f.; a. M. BOLLMANN, S. 21 ff., 25.

[193] Grundsätzlich zur Anwendung positiven Rechts per analogiam siehe z. B. DESCHENAUX, Schweiz. Privatrecht II, S. 111 ff.

[194] In die gleiche Richtung zeigt die typologische Betrachtungsweise; vgl. vorn § 24, insbes. IV.

[195] So deutlich das italienische Recht, das sowohl einen Austritt (recesso) als einen Ausschluß aus wichtigen Gründen vorsieht (CCit. Art. 2285 Abs. 2, Art. 2286). Auch das deutsche Recht ermöglicht, unter gewissen Voraussetzungen, die Ausschließung von Gesellschaftern (§ 737 BGB in Verbindung mit § 723).

b) Die Wirkungen des Ausscheidens eines Gesellschafters

Wie der Eintritt eines neuen Gesellschafters keine neue Gesellschaft erzeugt[196], so gilt auch hier der Grundsatz, daß das Ausscheiden eines Gesellschafters die Kontinuität der unter den übrigen Gesellschaftern fortgesetzten Gesellschaft – und damit deren Identität mit der vor dem Ausscheiden bestehenden Gesellschaft – nicht berührt[197]. Hieraus ergeben sich bereits bestimmte Folgen, insbesondere die Fortsetzung des Gesamthandverhältnisses im Weg der Anwachsung (Akkreszenz; wozu hinten S. 417 f.). Hinsichtlich der Rechtsnatur des Ausscheidens, dessen Zeitpunkt und spezifische Wirkungen, bestehen Kontroversen, die sich (auf das Wesentliche beschränkt) in zwei Richtungen bewegen:

Nach einer Auffassung (hienach als «erste» bezeichnet) kommt das Ausscheiden eines Gesellschafters «einer teilweisen Auflösung der Gesellschaft» gleich. Der Ausscheidende befindet sich damit in der gleichen Rechtsstellung wie die Gesellschafter im Stadium der Liquidation. Allerdings unterbleibt eine Liquidierung der Gesellschaft (mit Verwertung der Aktiven und Befriedigung der Gläubiger). Der Ausscheidende erhält nun einen Anspruch auf eine (näher zu bestimmende) Abfindung. Bis zur Festsetzung dieses Anspruchs und dessen Erfüllung (durch Ausrichtung der Abfindung) bleibt der Ausscheidende Mitglied der Gesellschaft, damit auch am Gesellschaftsvermögen gesamthänderisch beteiligt und zur Ausübung der Mitverwaltungsrechte legitimiert[198]. Das Ausscheiden und dessen Folgen – meist als Abschichtung bezeichnet – sind danach als innergesellschaftliche Vorgänge zu werten[199].

---

[196] Oben Ziff. 4.
[197] Dies kommt klar zum Ausdruck im Recht der Kollektivgesellschaft (Art. 576), das auch hier per analogiam zur Anwendung kommt. Siehe BGE 59 II, 1933, S. 419 ff. (erörtert unten Anm. 198), wo (S. 422) erklärt wird, daß die Frage, ob in casu eine einfache oder eine Kollektivgesellschaft vorliege, offen bleiben könne, da hinsichtlich der Wirkungen des Ausscheidens (in casu Festsetzung der Abfindung) für beide Gesellschaftsformen das gleiche gelte. – Kontinuität gilt auch nach deutschem Recht, siehe z.B. HUECK, Gesellschaftsrecht, S. 43 (bürgerlichrechtliche Gesellschaft) und OHG, S. 446; SOERGEL/SCHULZE-V. LASAULX, § 738 BGB, Bem. 2. – Vorzubehalten sind die Fälle des Ausscheidens eines Gesellschafters bei einer zweigliedrigen Gesellschaft oder aller Gesellschafter bis auf einen (Art. 579), in welchem allerdings keine Gesellschaft, wohl aber ein «Geschäft» fortgesetzt werden kann (hinten § 38, V). In bezug auf den oder die Ausscheidenden sind aber hier die Wirkungen die gleichen wie bei der Fortsetzung einer Gesellschaft (hinten a.a.O.).
[198] Vertreter dieser ersten Auffassung (mit Nüancierungen in einzelnen Punkten) sind namentlich K. WIELAND I, S. 717 ff. (unter Hinweis auf andere «herrschende» Lehre); SIEGWART, Art. 547, N. 46, 580, N. 28 (jedoch abweichend Art. 576, N. 8); FUNK, S. 57. – Als Bestätigung dieser Lehre wird in der Doktrin BGE 59 II, 1933, S. 419 ff. zitiert. Dies trifft aber nur unter Vorbehalten zu: Nach Auffassung des BGer erlischt die Mitgliedschaft des Ausscheidenden mit dem Eintritt des Ausscheidungsgrundes (in casu nach Ablauf der Kündigungsfrist, S. 423 f.). Wie bei der Auflösung der Gesellschaft bestehe aber diese auch im Ausscheidungsfall weiter als Liquidationsgesellschaft mit dem besonderen Zweck, das Reinvermögen der Gesellschaft und den «Anteil» des Ausscheidenden festzustellen. Der «an sich aufgelöste Gesellschaftsvertrag» wirke daher auch in dieser Hinsicht weiter mit der Folge, daß der Ausscheidende an Gesellschafterversammlungen zum erwähnten Zweck teilnehmen könne. – Gleiche Auffassung in BGE 97 II, 1971, S. 230 f. (Die Rechtsbeziehungen aus dem Gesell-

Nach anderer Auffassung (hienach als «zweite» bezeichnet) verliert der Ausscheidende seine Mitgliedschaft mit dem Eintritt des Ausscheidungsgrundes (z.B. Ablauf der Kündigungsfrist, Domizilwechsel, Ausschließung)[200]. In diesem Zeitpunkt erlöschen alle aus der Mitgliedschaft fließenden Rechte und Pflichten; der Gesellschafter scheidet aus dem Gesamthandverhältnis aus; er verliert seine Mitverwaltungsrechte, so die Geschäftsführungs- und die Vertretungsbefugnisse, das Stimmrecht und die Kontrollrechte. Dafür erhält er einen (von Anfang an) schuldrechtlichen Anspruch auf Auszahlung einer Abfindung, deren Betrag nach Maßgabe des Gesellschaftsvermögens zur Zeit des Ausscheidens und in gemeinsamem Einverständnis, also unter Mitwirkung des ausgeschiedenen Gesellschafters[201], festzusetzen ist. Die Abschichtung des Ausgeschiedenen ist daher als außergesellschaftlicher Vorgang zu werten. Der Ausgeschiedene befindet sich im Verhältnis zur Gesellschaft in der Stellung eines Dritten. Die Festsetzung der Abfindung ist als Vertrag, perfekt mit der Annahme einer Offerte, zu werten.

Für die zweite Auffassung spricht ihre Folgerichtigkeit, womit sie auch dem Bedürfnis nach Rechtssicherheit entgegenkommt. Das Ausscheiden – erfolge es auf Entschluß des Gesellschafters oder der Gesellschaft – beruht auf Gründen, die in der Person des Ausscheidenden liegen und meist für ein sofortiges Erlöschen seiner Mitgliedschaft sprechen. Damit werden auch Unsicherheiten hinsichtlich der Rechte und Pflichten des Ausscheidenden während des (manchmal langwierigen) Abschichtungsstadiums vermieden und die innergesellschaftlichen Verhältnisse mit den externrechtlichen (Vertretungsmacht und Haftungen) in Übereinstimmung gebracht.

Von der zweiten Auffassung ausgehend, lassen sich nun die Wirkungen des Ausscheidens wie folgt umreißen: Mit dem Eintritt des Ausscheidungsgrundes erlischt die Mitgliedschaft des ausscheidenden Gesellschafters. Sein Anteil am Gesellschaftsvermögen wächst den fortsetzenden Gesell-

---

schaftsvertrag – in casu Anspruch des Ausscheidenden auf Verzinsung seines Anteils – bestehen «mit verändertem Inhalt» weiter bis zur vollständigen Befriedigung des Ausgetretenen). Vgl. auch BGE 81 II, 1955, S.262 (Parteifähigkeit einer Kollektivgesellschaft bis zur Vollendung der Abschichtung). – Siehe aber auch BGE 67 I, 1941, S.245ff. und BGE vom 7.8.1951 in Schweiz.AG 25, 1952/53, S.20ff.

[199] So SIEGWART, Art.580, N.28.
[200] So HARTMANN, Art.576, N.9f., jedoch widersprechend (im Sinn der ersten Auffassung) zu Art.580, N.4; SCHAEDLER, § 6f.; BOLLMANN, S.60, 85f.; BGE 59 II 1933, S.423 (erörtert oben Anm.198). Einläßlich, mit ausführlicher Würdigung der Doktrin und Rechtsprechung, vertritt und begründet diese zweite Auffassung das HGer Zürich in BlZR 64, 1965, Nr.147, S.232f., insbes. Erw. VI (grundsätzlicher Unterschied zwischen Auflösung der Gesellschaft und Ausscheiden eines Gesellschafters), VII (Fälligkeit der Abfindung und deren Verjährung), VIII allfällige Verzinsung der Abfindungsforderung). – Auf dem Boden der zweiten Auffassung steht heute auch die deutsche herrschende Lehre (zit. bei den oben genannten Autoren und BlZR 64, 1965, S.236), so deutlich z.B. HUECK, OHG, § 29 II, insbes. Ziff.3; DERSELBE, Gesellschaftsrecht, § 10 II ,Ziff.2 (bürgerlichrechtliche Gesellschaft).
[201] Dieses Recht auf Mitwirkung des Ausgeschiedenen bei der Festsetzung der Abfindung – das auch entsprechende Kontrollrechte bedingt – ist nach Ansicht des HGer Zürich (oben Anm.200; BlZR 64, 1965, S.238) nicht etwa als Verlängerung des Gesellschaftsverhältnisses anzusehen. Es entspricht vielmehr der Ordnung, die bei der Beendigung auch anderer (synallagmatischer) Dauerschuldverhältnisse gilt. – Nach BOLLMANN (S.60, 66, 89) handelt es sich hier um «Reflexrechte – bzw. Pflichten», welche sich aus der Loslösung als solcher von der Gesellschaft ergeben. SCHAEDLER, S.20ff., spricht (einschränkend) von einem Recht auf «Nachprüfung» des ihm von den verbleibenden Gesellschaftern vorzuschlagenden Abfindungsbetrags (S.22).

schaftern an[202], ohne daß es besonderer Übertragungshandlungen bedürfte[203]. Dafür erhält der Ausscheidende eine seiner Beteiligung entsprechende und gemeinsam festzusetzende schuldrechtliche Forderung auf eine «Abfindung»[204]. Maßgebend hiefür ist der Stand des Gesellschaftsvermögens im Zeitpunkt des Ausscheidens, unter Berücksichtigung der Fortsetzung der Gesellschaft (sog. Abschichtungs- oder, prägnanter, Fortsetzungsbilanz)[205]. – Die Forderung wird fällig im Zeitpunkt ihrer Entstehung, also mit dem Eintritt des Ausscheidungsgrundes[206].

In diesem Zusammenhang wird die Meinung vertreten, daß der Ausscheidende einer gewissen Stundungspflicht unterliegt, wenn durch eine sofortige Ausrichtung der Abfindungssumme die Fortsetzung der Gesellschaft verunmöglicht oder doch erschwert würde. Begründet wird diese Pflicht – je nach dem Standort ihrer Befürworter – mit einer fortdauernden Treuepflicht des Ausscheidenden oder als Reflexwirkung des Ausscheidens unter Fortsetzung der Gesellschaft oder auf Grund von Art. 2 ZGB[207]. – Demgegenüber wird betont, daß nicht nur die Interessen der fortsetzenden Gesellschafter, sondern auch diejenigen des Ausscheidenden zu berücksichtigen sind und eine Stundung der Abfindungsforderung durch den Richter nur ganz ausnahmsweise

---

[202] So übereinstimmend Doktrin und Rechtsprechung, z.B. BGE 75 I, 1949, S.275. Die beiden oben im Text erwähnten Auffassungen differieren hier nur hinsichtlich des Zeitpunktes der Anwachsung. Ausdrücklich bestimmt «Anwachsung» das deutsche Recht § 738 BGB.

[203] So die herrschende Lehre, z.B. SIEGWART, Art.547, N.49; HARTMANN, Art.562, N.19, 27; P. LIVER (vorn Anm.179), S.264; BOLLMANN, S.73ff. – Gegebenenfalls bedarf es, wie beim Eintritt eines neuen Gesellschafters, der (rein deklaratorischen) «Berichtigung» der Eintragungen im Grundbuch durch Streichung des Ausscheidenden.

[204] Den terminus «Abfindung» verwendet das OR im Recht der GmbH (Art.822 Abs.4) und der Genossenschaft (Art.864, Marginale und 865). Bei den Personengesellschaften spricht das Gesetz vom «Anteil (sc. des Gesellschafters) am Gesellschaftsvermögen» oder dessen «Betrag» (Art.578, 580). Es handelt sich aber überall um den gleichen Vorgang, weshalb Doktrin und Rechtsprechung auch hier von Abfindung sprechen als Kurzbezeichnung, deren Gehalt (gleich «Vermögensanteil») aber nach dem Recht der Personengesellschaften zu bestimmen ist (siehe vorn § 29, II 2b; unten Anm.205). – Zur Definition der Begriffe «Abfindung» und «Abschichtung» (als Vorgang, Ergebnis, Rechtsinstitut) SCHAEDLER, S.7f., 9f.; BOLLMANN, S.78ff.

[205] Näheres zur sog. Fortsetzungsbilanz und Festsetzung der Abfindung des Ausscheidenden, allenfalls unter Berücksichtigung eines Verschuldens s. hinten § 38 III, IV. – Die Bedeutung der Fortsetzungsbilanz als Grundlage für die Abfindung ist bei den ein «Gewerbe» betreibenden Handelsgesellschaften evident, weniger bei den einfachen Gesellschaften. Doch wird auch bei diesen die Abschichtung des Ausscheidenden auf Grund einer Fortsetzungsbilanz mit Recht als die zutreffende (subsidiäre) Lösung befürwortet; so BOLLMANN, S.90f.; SOERGEL/SCHULTZE-V. LASAULX, § 738 BGB, Bem. 6; unter Vorbehalten SIEGWART, Art.547, N.47; BGE 96 V, 1970, S.58ff.

[206] So HGer Zürich (oben Anm.200), S.239f. unter Berufung auf Art.75 OR und Hinweis, daß die Liquidität einer Forderung nicht Voraussetzung ihrer Fälligkeit ist; ebenso BOLLMANN, S.82; SIEGWART, Art.580, N.27 (siehe jedoch N.28!); BGE 87 II, 1961, S.163. Anderer Meinung, wonach Fälligkeit der Abfindungsforderung erst mit deren Festsetzung eintritt: HARTMANN, Art.580, N.5; SCHAEDLER, S.11, 50 (grundsätzlich, unter Vorbehalt besonderer Fälle); HUECK, OHG, S.458. Nach WIELAND I, S.721 Anm.35, und HARTMANN, a.a.O., tritt Fälligkeit erst nach Abwicklung der sog. schwebenden Geschäfte ein (dazu unten Anm.213).

[207] Vgl. SIEGWART, Art.580, N.27; BOLLMANN, S.67, 82f.; HUECK, OHG, S.458f.

in Frage komme[208]. – Faßt man die Abfindungsforderung als eine mit dem Ausscheiden entstandene schuldrechtliche auf, so kann man ihre Stundung in der Tat nur rechtfertigen, wenn nach den besonderen Umständen des konkreten Falls die sofortige Geltendmachung der Forderung als rechtsmißbräuchlich im Sinn von Art. 2 ZGB qualifiziert werden muß.

Mit der Fälligkeit der Abfindungsforderung beginnt auch ihre Verjährung, die, wie bei allen schuldrechtlichen Forderungen, mangels abweichender gesetzlicher Ordnung, zehn Jahre beträgt[209]. – Die Forderung richtet sich bei der einfachen Gesellschaft gegen die fortsetzenden Gesellschafter; diese haften hiefür direkt (primär) und solidarisch (Art. 544 Abs. 3)[210]. Die Abfindungsforderung ist, als individualrechtliche, zedierbar, verpfändbar und vererblich, wie sie auch (als solche) Gegenstand einer gegen den Ausscheidenden gerichteten Zwangsvollstreckung bilden kann. – Ergibt die Abschichtungsbilanz einen Passivsaldo, so steht der Gesellschaft eine der Verlustbeteiligung des Ausscheidenden entsprechende Forderung gegen diesen zu[211], die (wie die Abfindungsforderung) im Zeitpunkt des Ausscheidens fällig wird.

Mit der Verwirklichung des Ausscheidungsgrundes verliert der Ausscheidende auch seine Mitverwaltungsrechte unter Vorbehalt seiner Mitwirkung bei der Festsetzung der Abfindungssumme (vorn S. 417).

Einen besondern Faktor im Abschichtungsprozeß bilden die sog. schwebenden Geschäfte, d.h. solche, die im Zeitpunkt des Ausscheidens eines Gesellschafters bereits abgeschlossen, aber noch nicht abgewickelt worden sind; von besonderer Bedeutung sind hier sog. Sukzessivlieferungsverträge, gegebenenfalls auch andere Dauerverhältnisse[212]. Hiebei ist zwischen zwei Aspekten zu unterscheiden: In vermögensrechtlicher Hinsicht bleibt der Ausgeschiedene am Ergebnis (Gewinn oder Verlust) solcher Geschäfte beteiligt. Es kann dies auf verschiedene Art geschehen; z.B. durch Einbeziehung solcher Geschäfte in die Abschichtungsbilanz (als Fortsetzungsbilanz) auf Grund von Schätzungen ihres mutmaßlichen Ergebnisses oder auch durch vorläufige Ausklammerung dieser Posten unter Vorbehalt späterer Abrechnung und Korrektur der Abfindungssumme nach Erledigung der schwebenden Geschäfte. – Die Abwicklung der schwebenden Geschäfte dagegen ist nun Sache der fortsetzenden Gesellschafter, da der Ausgeschiedene mit der Mitgliedschaft auch seine Geschäftsführungs- und Vertretungsbefugnisse verloren hat; vorbehalten bleiben ihm seine Mitwirkungsrechte bei der (endgültigen) Festsetzung der Abfindung[213]. –

---

[208] HGer Zürich (oben Anm. 200), S. 240.
[209] Art. 127, 130 OR. – Zur Verjährung siehe auch HGer Zürich (Anm. 200), S. 240f., unter Hinweis auf BGE 87 II, 1961, S. 158 ff., 163.
[210] Anders bei der Kollektiv- und Kommanditgesellschaft, bei welchen der Abfindungsanspruch zunächst gegen die (aufrechtstehende) Gesellschaft geltend zu machen ist, unter subsidiärer solidarischer Haftung der Gesellschafter (Art. 568, 604).
[211] WIELAND I, S. 720; SIEGWART, Art. 547, N. 47; HARTMANN, Art. 580, N. 20; BOLLMANN, S. 79.
[212] BOLLMANN, S. 65 f., 95 ff.
[213] Im Sinn des Vorstehenden ausdrücklich das deutsche Recht, § 740 BGB; BOLLMANN, S. 65 f., dazu auch S. 95 ff. (betr. Haftungen). Nach SIEGWART, Art. 547, N. 47, 580, N. 24 f. bleibt der Ausscheidende an den schwebenden Geschäften «beteiligt» je nach dem Grad, in welchem diese bereits zur Ausführung gelangt sind, wobei das Mitspracherecht des Ausscheidenden

Der Gesellschaftsvertrag kann – wie die Voraussetzungen – auch die Wirkungen des Ausscheidens eines Gesellschafters regeln; dies ist namentlich von Bedeutung für die Festsetzung der Abfindung. So kann der Vertrag Bestimmungen über die Errechnung des Abfindungsguthabens enthalten[214], die Art seiner Ausrichtung (in bar oder in Sachwerten, Rückgabe von vermögenswerten Leistungen), die Modalitäten der Erfüllung (Fälligkeiten, Ratenzahlungen, Stundungen). Möglich ist auch, dem Ausscheidenden jeglichen Anspruch auf eine Abfindung zu versagen[215]. Dies kann gegebenenfalls auch aus den Liquidationsbestimmungen geschlossen werden[216].

Der Gesellschaftsvertrag kann sich auch zum Verfahren der Abschichtung äußern, z.B. indem er die Festsetzung der Abfindung einem Gesellschafterbeschluß unterstellt. Soll hiebei das Majoritätsprinzip gelten, so muß dies im Vertrag ausdrücklich und im Hinblick auf den Ausscheidensfall gesagt sein. Ferner bindet ein Mehrheitsbeschluß den Ausscheidenden nur, wenn er ihm zugestimmt hat, sei es bei der Beschlußfassung selber, sei es nachträglich. Entscheidend hiefür ist der im Ausscheidungsfall aktuell oder potentiell stets vorhandene Gegensatz der Interessen des ausscheidenden und der fortsetzenden Gesellschafter[217].

---

bis zur endgültigen Abwicklung solcher Geschäfte gewahrt bleibt. Vgl. auch HARTMANN, Art. 580, N. 5, 18; SCHAEDLER, S. 38 f.

[214] Über die verschiedenen vertraglichen Abfindungsformen siehe z.B. SCHAEDLER, IV. Kapitel II, S. 59 ff. Dazu hinten § 38, III 2 B.

[215] Der vertragsautonomen Ordnung sind jedoch gewisse in den Persönlichkeitsrechten des Gesellschafters begründete Grenzen gesetzt. So könnte die Versagung oder doch starke Beschneidung der Abfindung einen indirekten Eingriff in die Handlungsfreiheit des Gesellschafters gemäß Art. 27 ZGB bedeuten, namentlich dann, wenn ein Austrittsrecht an Stelle des Kündigungsrechts gemäß Art. 545 Abs. 1 Ziff. 6 gesetzt worden ist. Die Grenzen der Vertragsfreiheit lassen sich auch hier nur unter Berücksichtigung der persönlichen und sachlichen Faktoren im konkreten Fall ziehen. Allgemein läßt sich wohl sagen, daß bei den den verschiedensten Zwecken offenstehenden einfachen Gesellschaften einer vertraglichen Abfindungsordnung mehr Spielraum gewährt ist als bei den Handelsgesellschaften. Vgl. hiezu SIEGWART, Art. 547, N. 20 a. E., Art. 580, N. 15; HARTMANN, Art. 580, N. 7; SCHAEDLER, S. 53 ff.; BOLLMANN, S. 83 f.; HUECK, OHG, S. 365 f.; BGE 62 II, 1936, S. 35 (betr. unzulässige wirtschaftliche Beschränkungen des Kündigungsrechts, Art. 27 ZGB).

[216] z.B. wenn im Vertrag einer Gesellschaft zu kulturellen Zwecken vorgesehen ist, daß bei deren Auflösung ein Aktivsaldo einer gleichgerichteten Gesellschaft oder Institution zu übergeben ist.

[217] In diesem Sinn – vom Ausscheiden als einer teilweisen Auflösung der Gesellschaft ausgehend – der oben Anm. 198 erörterte BGE 59 II, 1933, S. 419 ff., 424 f., wo eine Festsetzung der Abfindung durch Gesellschaftsbeschluß als zulässig erachtet wird, wenn der Beschluß einstimmig gefaßt wird (was im Effekt einer Vereinbarung gleichkommt – Verf.) oder (wenn der Vertrag hiefür ausdrücklich einen Mehrheitsbeschluß vorsieht) mit einer Mehrheit, der auch der Ausscheidende angehört. – Mit der Festsetzung der Abfindung durch Mehrheitsbeschluß kann gegebenenfalls vermieden werden, daß eine Minderheit die Abschichtung des

6. Die Wirkungen des Ausscheidens gegenüber Dritten

Mit dem Verlust der Mitgliedschaft fällt die **Vertretungsbefugnis** des Ausgeschiedenen, damit auch seine Ermächtigung zur Vertretung der Gesellschaft bzw. der fortsetzenden Gesellschafter dahin; vorbehalten bleibt der Fall, daß dem Ausgeschiedenen die Geschäftsführung noch «überlassen» ist (Art. 543 Abs. 3), z.B. zur Abwicklung bestimmter Rechtsverhältnisse. Darauf ist im Zusammenhang mit den Vertretungsverhältnissen zurückzukommen (hinten § 30 I).

Von besonderer Bedeutung ist die fortdauernde **Haftung** des Ausgeschiedenen für die **vor** seinem Ausscheiden entstandenen Verpflichtungen der Gesellschaft. Diese Haftung ergibt sich schon aus der ratio der persönlichen Haftung des Gesellschafters für Gesellschaftsschulden; sie folgt auch aus Art. 551 (Liquidation); ausdrücklich verfügt wird die Fortdauer der Haftung ausscheidender Gesellschafter im Recht der Handelsgesellschaften (Art. 591, 619). Die Weiterhaftung des Ausgeschiedenen ist aber an zwei Voraussetzungen gebunden: In objektiver Hinsicht muß es sich um Verpflichtungen handeln, deren Rechtsgrund (Entstehungsgrund) vor dem Ausscheiden – also vor dem Eintritt des Ausscheidungsgrundes – verwirklicht (gesetzt) wurde[218].

Wann genau der Rechtsgrund einer Verpflichtung gesetzt wurde, hängt von deren Natur (einseitiger Rechtsakt, Vertrag, Delikt) und den konkreten Umständen des Falles ab (z.B. bei Offerten mit oder ohne Befristung). – Eine besondere crux bilden die **Dauerschuldverhältnisse** (z.B. Arbeitsverträge, Miete, Sukzessivlieferungen). Dem legitimen Interesse des Gläubigers auf Fortdauer der zur Zeit der Schuldbegründung geltenden Haftungen steht das ebenfalls berechtigte Interesse des Ausgeschiedenen gegenüber, aus Verpflichtungen, an deren Abwicklung er nicht mehr mitwirken kann, entlassen zu werden. In Doktrin und Praxis werden verschiedene, z.T. entgegengesetzte Lösungen befürwortet. Vorwiegend zeichnen sich folgende Richtlinien ab[219]: Der Ausgeschiedene haftet im Prinzip auch für die sich aus Dauerschuld-

---

Ausscheidenden erschwert oder gar verunmöglicht, so daß dieser den Rechtsweg beschreiten müßte. – Unklar SIEGWART, Art. 547, N. 47 und Art. 580, N. 16, wonach Mehrheitsbeschlüsse «gegen den Ausscheidenden ... nur in sehr beschränktem Ausmaß» (was heißt das?) zuzulassen sind. – Grundsätzlich (mit Rücksicht auf den Verlust der Mitgliedschaft des Ausgeschiedenen) gegen die Möglichkeit einer Festsetzung der Abfindung durch Mehrheitsbeschluß BOLLMANN, S. 87f. (mit Hinweisen), jedoch mit dem Beifügen, daß mit dem «Vetorecht» des Ausgeschiedenen dessen Interessen auch gewahrt seien.

[218] So ausdrücklich BGE 44 II, 1918, S. 307. Dieses Kriterium wird auch in der Doktrin allgemein, für die einfache Gesellschaft wie für die Kollektiv- und Kommanditgesellschaften, anerkannt; zweifelhaft kann (wie die nachfolgenden Ausführungen zeigen) die sachliche und zeitliche Tragweite des «Rechtsgrundes» sein.

[219] Vgl. dazu, z.T. auch abweichend oder präzisierend, mit Hinweisen auf weitere Doktrin und Judikatur: WIELAND I, S. 640; SIEGWART, Art. 576, N. 5ff.; HARTMANN, Art. 576, N. 11; BOLLMANN, S. 95f. – BGE 33 II, 1907, S. 312 (fortdauernde Haftung aus einem fünfjährigen Dienstvertrag); 42 III, 1916, S. 139 (aus Fortsetzung des Dauerverhältnisses folgt noch nicht Haftungsbefreiung für bisherige Verpflichtungen). – HUECK, OHG, § 29, II 4.

verhältnissen ergebenden Verpflichtungen weiter; hingegen haftet er nicht aus nach seinem Ausscheiden und ohne seine Zustimmung begründeten sog. schulderweiternden Umständen (z. B. Verlängerung des Schuldverhältnisses, Zahlungsaufschübe, Erhöhung von Kreditlimiten). War das Schuldverhältnis kündbar und wird es vom Gläubiger in Kenntnis des Ausscheidens fortgesetzt, so gilt der Ausgeschiedene als aus der Haftung für die nach Ablauf der Kündigungsfrist entstehenden Verpflichtungen entlassen. Bei Dauerschuldverhältnissen von unbestimmter Dauer und ohne vereinbarte Kündigungsmöglichkeiten bleibt deren Auflösung aus wichtigen Gründen vorbehalten, auf die sich auch der Ausgeschiedene soll berufen können. Vorbehalten wird auch die Haftungsbefreiung des Ausgeschiedenen (für zukünftige Verpflichtungen) auf Grund von Art. 2 ZGB.

Sodann haftet der Ausgeschiedene gegenüber Dritten nur für Schulden, die ihn kraft des Stellvertretungsrechts oder auf Grund seiner eigenen Handlungen gegenüber Dritten persönlich verpflichten (Art. 543, 544 Abs. 3)[220]. – Bei der einfachen Gesellschaft kann der Ausgeschiedene, nach Fälligkeit seiner Schuld, vom Gesellschaftsgläubiger direkt (primär) belangt werden. Die Haftung verjährt innert zehn Jahren seit dem Ausscheiden des Gesellschafters oder einem späteren Fälligkeitsdatum der Schuld[221].

Ob und inwieweit dem eine Gesellschaftsschuld tilgenden Ausgeschiedenen Regreßansprüche gegen die fortsetzenden Gesellschafter zustehen, hängt einerseits von der Berechnung des Abfindungsguthabens ab, andererseits von der vertraglich oder gesetzlich geltenden Gewinn- und Verlustbeteiligung des Ausgeschiedenen.

Wurden bei der Festsetzung der Abfindungssumme[222] die Gesellschaftspassiven (anteilmäßig, nach Vertrag oder Gesetz) in Anrechnung gebracht, so steht dem von den Gesellschaftsgläubigern belangten Ausgeschiedenen gegenüber den fortsetzenden Gesellschaftern ein Regreßrecht im vollen Umfang seiner Leistung zu. Blieben Gesellschaftspassiven in der Abschichtungsbilanz unberücksichtigt, so steht dem Ausgeschiedenen, der nachträglich eine Gesellschaftsschuld begleichen mußte, eine Regreßforderung nur für die seinen Anteil an der Schuld überschießende Leistung zu[223]. Für die Befriedigung der Regreßforderung haften bei der einfachen Gesellschaft die fortsetzenden Gesellschafter direkt und solidarisch[224]. – Nach deutschem Recht gilt als nachgiebige Regel, daß die fortsetzenden Gesellschafter den Ausscheidenden von den fälligen Gesellschaftsschulden befreien und für die noch nicht fälligen Sicherheit leisten müssen (§ 738 BGB, der auch für die OHG gilt[224a]). Nach schweizerischem Recht ist die Regelung dieser Vorgänge der Vereinbarung unter den Parteien überlassen, wozu noch hinten §§ 30 II 3, 31 III 2 c, d.

---

[220] Dazu hinten § 30 I, II.
[221] Anders bei den Kollektiv- und Kommanditgesellschaften; vgl. Art. 568 Abs. 3, 591, 619.
[222] Zur Abschichtungsbilanz und Festsetzung der Abfindungssumme siehe hinten § 38, III 2 B a.
[223] Vgl. SIEGWART, Art. 576, N. 6; HARTMANN, Art. 576, N. 12; BOLLMANN, S. 97 f.; SCHAEDLER, S. 49.
[224] BOLLMANN, S. 98 ff. – Bei den Kollektiv- und Kommanditgesellschaften richtet sich der Anspruch zunächst gegen die Gesellschaft, mit subsidiärer und solidarer Haftung der Gesellschafter gemäß Art. 562, 568.
[224a] Dazu HUECK, OHG, § 29, S. 460 f.

V. Die Fortsetzung der Gesellschaft mit Erben eines Gesellschafters – Gesellschaftsrecht und Erbrecht

1. Ausgangspunkte[225]

Von Gesetzes wegen (Art. 545 Abs. 1 Ziff. 2) wird die Gesellschaft durch den Tod eines Gesellschafters aufgelöst, eine Bestimmung, die sich aus dem personenbezogenen Charakter der societas erklärt. Die gleiche Ordnung gilt denn auch für die Kollektiv- und Kommanditgesellschaften, ausgenommen im Fall des Todes eines Kommanditärs (Art. 574, 619)[226]. Mit der Auflösung tritt die Gesellschaft in das Stadium der Liquidation, mit dem oder den Erben des Gesellschafters als Mitgliedern der Gesellschaft in Liquidation[227]. In manchen Fällen steht diese Ordnung mit den Interessen der Beteiligten nicht im Einklang. Der (potentielle) Gesellschafter-Erblasser und dessen Erben können Wert auf die Fortsetzung der Gesellschaft legen, aus sachlichen Gründen (zur Erhaltung und Vermehrung der investierten Werte) oder auch aus persönlichen (z.B., um bereits in der Gesellschaft mitarbeitenden Erben die Stellung von mitbestimmenden Gesellschaftern zu verschaffen). Andererseits kann auch dem oder den nach dem Tod eines Gesellschafters verbleibenden Gesellschaftern sehr daran gelegen sein, die Gesellschaft mit den Erben fortzusetzen, insbesondere, um die Auszahlung des, unter Umständen für das Unternehmen entscheidenden, Anteils des Verstorbenen am Gesellschaftsvermögen an die Erben zu vermeiden. Das Gesetz berücksichtigt denn auch diese Sachlage, indem es den Tod eines Gesellschafters nur dann zum Auflösungsgrund stempelt, wenn «für diesen Fall nicht schon vorher vereinbart worden ist, daß die Gesellschaft mit den Erben fortbestehen soll» (Art. 545 Abs. 1 Ziff. 2). Auch dieser Vorbehalt gilt, auf Grund der vorn erwähnten gesetzlichen Verweisungen, für die Personen-Handelsgesellschaften und erhält hier mit Rücksicht auf deren typische Zwecksetzung (Betrieb eines «Gewerbes») und unter dem Gesichtspunkt des Bestandesschutzes seine besondere Bedeutung. Doktrin und Rechts-

---

[225] Aus der eingangs zu § 29 zit. neuen Literatur seien besonders hervorgehoben: H. HAUSHEER (Erbrechtliche Probleme), eingehende dogmatische Studie, mit ausführlichen Hinweisen auch auf ausländische Doktrin und Gesetzgebung; zusammenfassende Darstellungen bei CH. VON GREYERZ (unter besonderer Würdigung auch der praktischen Gegebenheiten) und H. HAUSHEER in ZBJV 105, 1969, S. 129 ff.

[226] Kritische Würdigung dieser Ordnung, mit wirtschafts- und rechtshistorischen Hinweisen bei HAUSHEER, Erbrechtliche Probleme, S. 101 ff.

[227] Zu den Rechtsverhältnissen der Gesellschaft in Liquidation, insbes. zur Rechtsstellung der Erben und der Erbengemeinschaft siehe hinten § 31, II 1 e.

praxis haben die erwähnte, lapidare Bestimmung weiter entwickelt[228], unter Berücksichtigung der verschiedenen gesellschaftsrechtlich (vertraglich) gegebenen Möglichkeiten, sowie (wovon das Gesetz nicht spricht) der unter Umständen damit verbundenen erbrechtlichen Aspekte. Die Fortsetzung einer Personengesellschaft nach dem Tod eines Gesellschafters kann in mannigfachen Spielarten erfolgen, von denen im nachfolgenden nur die bedeutsamsten in ihren wesentlichen Zügen hervorgehoben werden[229].

2. Die (einfache) Fortsetzungsklausel[230]

Im Gesellschaftsvertrag kann vereinbart werden, daß die Gesellschaft durch den Tod eines Gesellschafters nicht aufgelöst wird und zu liquidieren ist, sondern unter den verbleibenden Gesellschaftern fortgesetzt wird; eine solche Klausel kann sich auf alle Gesellschafter oder nur auf einzelne beziehen. Beim Todesfall wächst die vermögensrechtliche Beteiligung des Verstorbenen den verbleibenden Gesellschaftern an; die Erben erhalten dafür einen entsprechenden Abfindungsanspruch. Der ganze Vorgang ist rein gesellschaftsrechtlicher Natur. – Mit der einfachen Fortsetzungsklausel erhalten die Gesellschafter – wenigstens in rechtlicher Hinsicht – die Gewähr, daß die Ziele der Gesellschaft weiter verfolgt werden können; ferner daß sie nicht genötigt sind, die Gesellschaft mit ihnen vielleicht nicht genehmen Erben fortzusetzen, wie dies bei den sog. Eintritts-, Nachfolge- und Konversionsklauseln der Fall sein kann. Nachteilig kann sich allerdings im konkreten Fall die Verpflichtung zur Auszahlung der Abfindungssumme auswirken[231]; auch können mit der Fortsetzungsklausel den Erben wesentliche potentielle Werte entgehen. – Vorbehalten bleiben vom Gesell-

---

[228] Wie VON GREYERZ, S. 78 betont, wäre eine tel quel Übernahme der gesetzlichen Formulierung («... mit den Erben fortbestehen soll») in den Gesellschaftsvertrag verfehlt, da eine solche Klausel unterschiedliche Möglichkeiten in sich birgt.

[229] Zu den verschiedenen Möglichkeiten der «Unternehmenssicherung» im Hinblick auf den Tod eines Gesellschafters siehe z.B. VON GREYERZ, S. 78, 87, 100, wo, neben den im Nachfolgenden behandelten vertraglichen Vereinbarungen, auch die sog. Abfindungs- und Kapitalkontenklauseln erwähnt und erörtert werden.

[230] Wir sprechen hier von einer einfachen Fortsetzungsklausel zur Unterscheidung gegenüber der sog. Eintrittsklausel, die ebenfalls eine Fortsetzung der Gesellschaft bewirken kann. – Die Fortsetzungsklausel spielt nicht nur im Hinblick auf den Todesfall eines Gesellschafters, sondern kann auch vorsehen, daß die Gesellschaft fortgesetzt wird, wenn ein Gesellschafter aus andern Gründen ausscheidet, z.B. (siehe den instruktiven BGE 88 II, 1962, S. 209ff., 234, lit. f) bei Übertragung des Geschäftes eines Gesellschafters mit dessen Rechtsnachfolger. – Dazu auch vorn § 29, IV 2b.

[231] Zur Schonung des Gesellschaftsvermögens kann mit der Fortsetzungs- eine Abfindungsklausel verbunden werden mit Bestimmungen über die Berechnung und Auszahlung der Abfindung. Einzelheiten, auch über allfällige erbrechtliche Folgen der Abfindungsklausel bei VON GREYERZ, S. 87ff.; HAUSHEER, ZBJV 105, 1969, S. 118ff.

schaftsvertrag abweichende Vereinbarungen der verbleibenden Gesellschafter mit dem oder den Erben, z.B. durch deren Aufnahme in die Gesellschaft, sofern alle Gesellschafter zustimmen.

Da die Erben des ausgeschiedenen Gesellschafters weder in die Gesellschaft nachfolgen, noch berechtigt sind, in die Gesellschaft einzutreten, braucht der Erblasser-Gesellschafter keine besonderen, die Gesellschaft betreffenden Bestimmungen in sein Testament aufzunehmen. Es besteht lediglich die Möglichkeit, in den Schranken des Pflichtteilsrechts als Auflage im Testament Vorschriften über die ratenweise Geltendmachung oder die Stundung der Forderung auf Auszahlung der Abfindungssumme aufzustellen.

3. Die sog. Eintrittsklausel[232]

a) Die Fortsetzung der Gesellschaft nach dem Tod eines Gesellschafters kann im Gesellschaftsvertrag auch auf die Weise vorgesehen werden, daß dem oder den Erben aller oder einzelner Gesellschafter das Recht eingeräumt wird, in die Gesellschaft einzutreten; soll dieses Eintrittsrecht nur einem unter mehreren Erben zustehen, so spricht man von einer qualifizierten Eintrittsklausel. Solche Vereinbarungen stellen eine mit dem Tod des Gesellschafter-Erblassers verbindlich werdende Offerte der verbleibenden Gesellschafter an die Erben zum Eintritt in die Gesellschaft dar[233].

Die Eintrittsklausel wird zweckmäßigerweise in verschiedener Hinsicht präzisiert[234]. So kann die Bezeichnung des oder der eintrittsberechtigen Erben bereits im Gesellschaftsvertrag erfolgen, aber auch späteren Entscheidungen der verbleibenden Gesellschafter, des Gesellschafter-Erblassers, Dritter oder auch der Erben selber anheimgestellt werden[235]. Dazu können noch besondere Voraussetzungen persönlicher Natur treten (z.B. betr. fachliche Ausbildung, Wohnsitz). – In zeitlicher Hinsicht kann der Eintritt als Gesellschafter auf einen bestimmten oder bestimmbaren Termin hinausgeschoben[236] und auch schon die Annahme der Offerte befristet werden. – Wesentlich ist, daß das Eintrittsrecht auch in sachlicher, insbesondere finanzieller Hinsicht eingeschränkt werden kann (z.B. Eintritt mit einem reduzierten Kapitalanteil – sog. beschränkte Eintrittsklausel)[237].

---

[232] Dazu HARTMANN, Art. 574, N. 12; SIEGWART, Art. 545–547, N. 5 ff.; VON GREYERZ, S. 80 ff.; HAUSHEER (Erbrechtliche Probleme), S. 107 ff.; EHRSAM, S. 147 ff.
[233] Die Rechtsnatur der Eintrittsklausel ist umstritten. Vgl. HAUSHEER (Erbrechtliche Probleme), S. 107 ff., wo zu den verschiedenen Konstruktionen (z.B. Vorvertrag, Vertrag zu Gunsten Dritter, u.a.) Stellung genommen wird. Wie oben im Text HAUSHEER, S. 114, VON GREYERZ, S. 82.
[234] Vgl. VON GREYERZ, S. 80 ff., mit Hinweisen.
[235] Ist im Gesellschaftsvertrag die Bezeichnung des eintrittsberechtigten Erben andern als den verbleibenden Gesellschaftern überlassen worden und erfolgt eine «unmögliche» Nomination, so hilft als ultima ratio die Auflösung der Gesellschaft aus wichtigen Gründen, bei den Handelsgesellschaften allenfalls die Ausschließung des neuen Gesellschafters gemäß Art. 577.
[236] So gemäß BGE 23 I, 1897, S. 659 ff.
[237] Vgl. VON GREYERZ, S. 81, mit Hinweis auf SIEBERT, S. 14.

Über Annahme oder Ablehnung der Aufnahmeofferte können nur die Eintrittsberechtigten, gegebenenfalls deren gesetzliche Vertreter entscheiden[238]. Nehmen sie an, so wird die Gesellschaft mit den Erben als neuen Mitgliedern fortgesetzt; die Verpflichtung zur Zahlung der Abfindungssumme in den Nachlaß des verstorbenen Gesellschafters fällt ganz oder (bei beschränkter Eintrittsklausel) teilweise dahin. Lehnen die Eintrittsberechtigten ab, so kommt es, als gesetzliche Folge, zur Auflösung und Liquidation der Gesellschaft, sofern für diesen Fall die Fortsetzung der Gesellschaft durch die verbleibenden Gesellschafter nicht bereits vereinbart war oder nach der Ablehnung vereinbart wird[239].

b) Das Zusammenwirken von Eintrittsklausel und Erbrecht[240] hängt von der Ausgestaltung der Eintrittsklauseln ab, sowie davon, ob der Erblasser-Gesellschafter einen oder mehrere Erben hinterläßt. Ist der Eintrittsberechtigte einziger Erbe, so entstehen keine besondern erbrechtlichen Probleme, denn der Erbe kann die ihm allein zufallende Abfindungssumme in seine Kapitaleinlage rückumwandeln und wieder in die Gesellschaft einkehren.

Liegt eine einfache Eintrittsklausel vor, so kann der Erblasser das Eintrittsrecht und die Abfindungssumme oder Teile davon durch Testament demjenigen Erben zuweisen, dem er die Möglichkeit geben will, in die Gesellschaft einzutreten. Treten an Stelle des Erblassers mehrere Erben, so sollte die Klausel vorsehen, daß deren Vermögens- und Gewinnanteil, sowie ihr Stimmrecht eine entsprechende Reduktion erfahren. – Enthält der Vertrag eine qualifizierte Eintrittsklausel, ist also z.B. bloß ein Erbe eintrittsberechtigt, so erhält dieser dadurch noch keinen Anspruch gegenüber seinen Miterben auf Zuweisung der Abfindungssumme und Ausübung des Eintrittsrechts; es bedarf hiezu entsprechender testamentarischer Bestimmungen.

Eine mit dem gesellschaftsrechtlichen Eintrittsrecht verbundene erbrechtliche Pflicht zum Eintritt in die Gesellschaft ist nur außerhalb der

---

[238] So Hausheer (Erbrechtliche Probleme), S.115f.; von Greyerz, S.83, beide unter Berufung auf die Unzulässigkeit des Vertrages zu Lasten Dritter. Anderer Meinung – jedoch ohne genügend scharfe Unterscheidung zwischen Eintritts- und Nachfolgeklausel, vertraglicher Regelung und erbrechtlicher Verfügung – Siegwart, Art.545-547, N.5; Hartmann, Art. 574, N.13. – Vorbehalten bleibt die erbrechtliche Regelung, wozu oben Ziff.3b.

[239] Auch ohne Eintrittsklausel im Gesellschaftsvertrag kann die durch den Tod eines Gesellschafters aufgelöste Gesellschaft vor Beendigung ihrer Liquidation mit den Erben fortgesetzt werden, wenn alle Beteiligten dies, ausdrücklich oder durch konkludentes Handeln, vereinbaren; BGE 70 II, 1944, S.55; Siegwart, Art.545-547, N.6.

[240] Vgl. zum Nachfolgenden Hausheer, (Erbrechtliche Probleme), S.115; von Greyerz, S.83.

pflichtteilgeschützten Quote zulässig. Eine Eintrittspflicht im Gesellschaftsvertrag vorzusehen, scheitert an der Zulässigkeit des Vertrages zu Lasten Dritter.

4. Die sog. Nachfolgeklausel

a) Im Gesellschaftsvertrag kann auch vereinbart werden, daß beim Tod eines Gesellschafters dessen Mitgliedschaft auf dessen Erben übergeht. Eine solche Nachfolgeklausel – soll die Mitgliedschaft nur auf bestimmte Erben übergehen, spricht man von einer qualifizierten Nachfolgeklausel – bewirkt nach heute herrschender Ansicht die Vererblichkeit der Mitgliedschaft[241]. Die Gesellschaft wird nicht aufgelöst. Die Mitgliedschaft des Verstorbenen fällt in dessen Nachlaß. An die Stelle des Erblassers treten der Alleinerbe oder die Erbengemeinschaft in die Gesellschaft ein, mit den sich aus der Mitgliedschaft des Erblassers ergebenden Rechten und Pflichten; die Gesellschaftsaktiven wachsen den Erben an und sie werden Schuldner der Gesellschaftsschulden gemäß den gesellschaftsrechtlichen Bestimmungen.

Wie schon die Eintrittsklausel (oben Ziff. 3) kann auch die Nachfolgeklausel, insbesondere die qualifizierte, wesentliche Präzisierungen enthalten. So kann die Nachfolge von bestimmten Voraussetzungen subjektiver oder objektiver Natur (z.B. Eignung, Beruf oder Wohnsitz des Erben) abhängig gemacht werden; auch die Geschäftsführung und Vertretung bedürfen unter Umständen besonderer Regelung. – Von Bedeutung ist, daß die Nachfolge auch vermögensmäßig eingeschränkt werden kann (sog. Teilnachfolge, beschränkte Nachfolgeklausel), was dann in der Regel auch eine Modifizierung der mitgliedschaftlichen Rechte und Pflichten zur Folge hat[242].

b) Wollen der oder die Erben die Mitgliedschaft ihres Erblassers nicht übernehmen, weil sie ihnen finanziell zu riskiert oder persönlich als eine zu große Belastung erscheint, so stehen ihnen verschiedene Rechtsbehelfe zur Verfügung: Einmal – als radikalste Lösung – die Ausschlagung der Erbschaft (Art. 566 ff. ZGB). Diese kann allerdings für die Erben eine (sichere

---

[241] Die Vererblichkeit der Mitgliedschaft kraft Gesellschaftsvertrags wurde verneint z.B. von K. WIELAND I, S. 684. Bejaht wird sie z.B. von: HAUSHEER (Erbrechtliche Probleme), S. 123 ff., mit einläßlicher Begründung, insbes. unter Hinweis auf Wortlaut und Sinn von Art. 545 Abs. 1 Ziff. 2 OR (S. 134); VON GREYERZ, S. 90 ff.; P. HELD, ZBJV 76, 1940, S. 417 ff.; implicite HARTMANN, Art. 574, N. 13; wohl auch SIEGWART, Art. 545–547, N. 5 ff. – Bejahend ebenfalls, für alle drei Personengesellschaften, Bernischer Appellationshof, ZBJV 76, 1940, S. 146 ff. (Fall einer qualifizierten Nachfolgeklausel; Interpretation von Art. 545 Abs. 1 Ziff. 2 OR). – Der Deutlichkeit halber ist festzuhalten: Die Nachfolgeklausel macht die Mitgliedschaft gesellschaftsrechtlich vererblich, vererbt sie aber nicht. Die Übertragung der Gesellschafterstellung wird gestattet, nicht bewirkt (siehe SIEBERT, S. 17 f.).
[242] Einzelheiten bei VON GREYERZ, S. 91 f.

oder doch mögliche) Einbuße bedeuten und meist auch persönlich unerwünscht sein. – Die Erben können die Erbschaft auch unter öffentlichem Inventar (Art. 580 ff. ZGB) antreten, in welches auch die Schulden des Erblassers als Gesellschafter aufzunehmen sind – womit wenigstens die derzeitigen finanziellen Verhältnisse besser eingeschätzt werden können. – Nehmen die Erben vorbehaltlos an, so bleibt ihnen immer noch die Möglichkeit offen, die Auflösung der Gesellschaft aus wichtigen Gründen, die sich unter Umständen gerade aus dem Mitgliedschaftswechsel ergeben können, zu verlangen (Art. 546 Abs. 1 Ziff. 7, Abs. 2)[243] – eine Möglichkeit, die auch den verbleibenden Gesellschaftern offen steht. – Vorbehalten bleiben neue Vereinbarungen des oder der Erben mit den verbleibenden Gesellschaftern, wenn alle Beteiligten zustimmen.

5. Die sog. Konversionsklausel[244]

Gewissermaßen einen Kompromiß zwischen den bisher betrachteten gesellschaftlichen Maßnahmen zur Erhaltung der Gesellschaft trotz Tod eines Gesellschafters bildet die sog. Konversionsklausel. Damit bezeichnet man die gesellschaftsvertragliche Vereinbarung, daß die Gesellschaft mit den Erben als (bloßen) Kommanditären fortgesetzt wird, sei es daß diesen ein Recht hiezu eingeräumt wird – dann liegt eine modifizierte Eintrittsklausel vor, – sei es daß die Mitgliedschaft als in dieser Form vererblich erklärt wird – dann liegt eine modifizierte Nachfolgeklausel vor. Die Konversionsklausel kann den Interessen beider Seiten dienen: Den verbleibenden Gesellschaftern, indem damit Kapitalentzüge vermieden, aber allenfalls nicht taugliche Erben von der laufenden Geschäftsführung und der Vertretung ausgeschlossen werden können (Art. 600, 603); den Erben, indem sie weiterhin an der Substanz des Unternehmens beteiligt bleiben und für die Verbindlichkeiten der Gesellschaft von nun an nur bis zur Höhe der im HReg eingetragenen oder sonstwie kundgegebenen Kommanditsumme einstehen müssen, was auch für ihre (interne) Verlustbeteiligung gilt (Art. 601, 608).

Wie schon die Eintritts- und Nachfolgeklauseln, kann auch die Konversionsklausel auf bestimmte Erben beschränkt und auch sonst in verschiedener Hinsicht modifiziert werden; so durch Bestimmungen über die Kommandit-Einlage und Summe, die interne Rechtsstellung der Kommanditäre, die Aufteilung («Vervielfältigung») der Mitgliedschaft in mehrere Kommanditärstellen, die spätere Umwandlung der Stellung eines Kommanditärs in diejenige eines Komplementärs oder (generell) der Kommanditgesellschaft in eine Kollektivgesellschaft, u.a.m.

---

[243] Siehe HARTMANN, Art. 574, N. 15; SIEGWART, Art. 545–547, N. 7.
[244] Zur Konversionsklausel siehe z.B. HARTMANN, Art. 574, N. 14; eingehend HAUSHEER (Erbrechtliche Probleme), S. 159 ff.; VON GREYERZ, S. 96 ff.

Die Konversionsklausel hat ihre Bedeutung namentlich bei den Kollektiv- und Kommanditgesellschaften, bei letzteren zwecks Umwandlung einer Komplementär- in eine Kommanditärstellung[245]. Sie ist in diesen Fällen auch leicht zu verwirklichen, weil in der Regel die Gesellschaft schon im Handelsregister eingetragen ist und es bloß entsprechender Änderungen (u.U. auch der Firma) der Eintragungen bedarf. – In besonderen Fällen kann die Konversionsklausel auch bei einfachen Gesellschaften sinnvoll sein. Sie bedeutet dann auch eine Verpflichtung der verbleibenden Gesellschafter zur Errichtung einer Kommanditgesellschaft. Da damit auch weitere Fragen aktuell werden – man denke nur an die Gestaltung der Firma, die Umschreibung des Gesellschaftszwecks, die Ordnung der Vertretung –, sind diesbezügliche Bestimmungen im ursprünglichen Gesellschaftsvertrag unerläßlich, wenn die Konversionsklausel praktisch spielen soll.

§ 30. Die Verhältnisse der Gesellschaft gegenüber Dritten

Literatur

H. OSER/W. SCHÖNENBERGER, Kommentar OR; A. VON TUHR/A. SIEGWART, Allgemeiner Teil des OR; beide zit. zu § 19.

W. SCHERER (Geschäftsführung und Vertretung); J.L. FREYMOND (Geschäftsführung und Vertretung); R. MÜLLER (Gesellschaftsvertrag und Synallagma); H. VOGELSANG (Etude dogmatique); alle zit. zu § 29. – A. MÜLLER, Die Haftungsverhältnisse bei der einfachen Gesellschaft, Diss. Bern 1938.

---

[245] Die Bedeutung solcher Konversionen geht auch daraus hervor, daß sie in ausländischen Rechtsordnungen zum Gegenstand gesetzlicher Regelung geworden sind. So bestimmt das deutsche Recht (§ 139 HGB), daß, wenn der Gesellschaftsvertrag Nachfolgeklauseln enthält, «jeder Erbe sein Verbleiben in der Gesellschaft davon abhängig machen kann, daß ihm unter Belassung des bisherigen Gewinnanteils die Stellung eines Kommanditisten eingeräumt und der auf ihn fallende Teil der Einlage des Erblassers als seine Kommanditeinlage anerkannt wird», widrigenfalls der Erbe fristlos sein Ausscheiden aus der Gesellschaft erklären kann. – Nach französischem Recht (CCfr. Art.1868, rev. Fassung; Loi soc.comm. 1966, Art. 21) ist, wenn der Gesellschaftsvertrag Nachfolgeklauseln enthält und der verstorbene Gesellschafter minderjährige (mineurs non émancipés) Erben hinterläßt, die Kollektivgesellschaft von Gesetzes wegen in eine Kommanditgesellschaft umzuwandeln, mit dem Minderjährigen als Kommanditär, widrigenfalls sie als aufgelöst gilt. Von Interesse ist auch die Bestimmung, daß minderjährige Erben für die Gesellschaftsschulden nur bis zum Wert der ihnen zugefallenen Erbschaft haften. Zur Entstehungsgeschichte dieser neuen Bestimmungen siehe HAUSHEER, Erbrechtliche Probleme, S.178ff., unter Hinweis auf TROUILLAT, S.584 (mit Materialien).

M. GULDENER, Das schweizerische Zivilprozeßrecht, 2. Aufl., Zürich 1958 mit Supplementen I 1961, II 1964; F. FRITZSCHE, Schuldbetreibung, Konkurs und Sanierung, 2 Bde., Zürich 1955; P. BÜRGIN, Die Exekution in das Gesamthandvermögen einer einfachen Gesellschaft, ZSR 58, 1939, S. 89 ff.

Bereits im Marginale zu Art. 543 f. OR: «Das Verhältnis der Gesellschafter zu Dritten» bringt das Gesetz zum Ausdruck, daß die einfache Gesellschaft, obwohl sie in verschiedener Hinsicht als eine Gesamtheit zu betrachten ist, nach außen – wenn sie überhaupt als solche in Erscheinung tritt – nicht als eine rechtliche Einheit handelt, sondern als eine (in besonderer Weise vertraglich verbundene) Mehrzahl von Personen[1]. Anders bei den Personen-Handelsgesellschaften, wo das Gesetz vom «Verhältnis der Gesellschaft zu Dritten» spricht[2]. – Weiter ist für die einfache Gesellschaft charakteristisch und für die Ordnung ihrer Beziehungen zu Dritten von Bedeutung, daß diese nach den Regeln des allgemeinen Stellvertretungsrechts (Art. 32 ff.) zu beurteilen sind, soweit nicht das Gesellschaftsrecht hiefür besondere Vorschriften enthält (Art. 543, 40 OR). Bei den Handelsgesellschaften dagegen tritt das Moment der Verkehrssicherheit in den Vordergrund, was den Gesetzgeber zu einer besondern Ordnung der Vertretungsmacht, nach Voraussetzungen und Umfang veranlaßte[3]. – Die erwähnten Charakteristika der einfachen Gesellschaft wirken sich dann auch in der Ordnung der Haftungen der Gesellschafter für die Verpflichtungen der Gesellschaft und deren Geltendmachung, insbesondere vor Gericht und in der Zwangsvollstreckung aus.

I. Die Vertretung der Gesellschaft gegenüber Dritten

Bei der einfachen Gesellschaft ist das Recht der Vertretung komplexer Natur, indem verschiedene Situationen (Komponenten) getrennt oder meist kombiniert zu beachten sind, so: Die direkte (unmittelbare, offene) und die indirekte (mittelbare, stille) Vertretung; die Vertretung mit oder ohne Vollmacht; die vertragliche und die gesetzliche Ordnung; die Anwendbarkeit des allgemeinen Stellvertretungsrechts und besonderer Bestimmungen des Gesellschaftsrechts. Zusammengefaßt ergibt sich folgendes Bild:

---

[1] Siehe vorn §§ 27, I 4; 29, II 1.
[2] Überschriften vor Art. 562 ff., 602 ff. OR.
[3] Vgl. Art. 563–567.

1. Die Fälle der direkten Vertretung

Hiefür ist grundlegend Art. 543 Abs. 2, wonach ein Gesellschafter, der im Namen der Gesellschaft oder sämtlicher Gesellschafter[4] mit einem Dritten Geschäfte abschließt, die übrigen Gesellschafter nur insoweit berechtigen und verpflichten kann, als es die Bestimmungen über die Stellvertretung mit sich bringen. Dies gilt sowohl für die Entstehung der Vertretungsmacht eines Gesellschafters als für deren Umfang. Damit trägt das Gesetz dem Umstand Rechnung, daß das Recht der einfachen Gesellschaft – anders als für die Handelsgesellschaften – nur Bestimmungen über die Geschäftsführungsbefugnisse enthält, nicht aber über die Vertretungsbefugnisse, die der vertraglichen Ordnung überlassen werden[5] – immerhin unter dem (gleich noch zu erörternden) Vorbehalt des Art. 543 Abs. 3.

a) Die Voraussetzungen der Vertretung

Nach allgemeinem Vertretungsrecht gilt der Kardinalsatz, daß der Vertretene (nur) dann aus in seinem Namen von einem andern abgeschlossenen Vertrag[6] berechtigt oder verpflichtet wird, wenn er diesen hiezu «ermächtigt» hatte – der Fall der direkten Vertretung mit Vollmacht. Gesellschaftsrechtlich bedeutet dies, daß ein Gesellschafter durch den Abschluß von Geschäften mit Dritten die übrigen Gesellschafter nur dann berechtigen oder verpflichten kann, wenn ihm gemäß Gesellschaftsvertrag oder gültigem Gesellschaftsbeschluß oder durch konkludentes Verhalten sämtlicher Gesellschafter eine entsprechende Vertretungsmacht zustand. Gesellschaftsverträge sind aber oft lückenhaft, manchmal auch nur auf konkludentem Handeln beruhend[7], und lassen die Geschäftsführungs- und Vertretungsverhältnisse und deren Verhältnis zueinander im unklaren. Hier springt nun das Gesetz ein mit der wichtigen Bestimmung, daß eine Ermächtigung des einzelnen Gesellschafters, die Gesellschaft oder sämtliche Gesellschafter

---

[4] Wenn hier von «Gesellschaft oder sämtlicher Gesellschafter» die Rede ist, so bedeutet dies nicht etwa eine Verselbständigung der Gesellschaft nach außen, sondern entspricht nur der Tatsache, daß auch einfache Gesellschaften öfters unter einem «Namen» (Kurzbezeichnung) auftreten (siehe vorn § 27, I 4). Die Wirkungen einer gültigen Vertretung treffen, wie allgemein anerkannt, immer die Gesellschafter direkt; vgl. SCHERER, S. 17, 40 und unten II.
[5] SCHERER, S. 19; dazu auch vorn § 29, III 2 a, b.
[6] Art. 32 OR. – Zu diesem terminus siehe unten lit. b.
[7] Allgemein zum Begriff der Vertretung und deren Stellung im System des OR, sowie zur Ermächtigung und deren Rechtsnatur (als einem «vom Kausalgeschäft begrifflich unabhängigen, selbständigen, abstrakten Verhältnis») siehe OSER/SCHÖNENBERGER, Vorbem. zu Art. 32–40 OR, Art. 32, N. 13 ff., 26 ff.; ebenfalls von TUHR/SIEGWART I, §§ 41, 42; GUHL/MERZ/KUMMER, §§ 18, 19; vgl. auch E. BUCHER und H. MERZ (zit. zu § 35).

Dritten gegenüber zu vertreten, «vermutet» wird, sobald ihm die Geschäftsführung «überlassen» ist (Art. 543 Abs. 3 – der Fall einer gesetzlichen Vertretungsmacht [8]).

Diese Vertretungsmacht beruht auf zwei Gedanken: Geschäftsführung und Vertretung gehören sachlich zusammen; diese ist bloß eine besondere Funktion jener [9]. Mangels anderer Vereinbarung (die meist auf bestimmten Gründen beruht) soll ein Geschäftsführender auch Vertreter sein. Der oder die geschäftsführenden Gesellschafter können sich daher auch im internen Verhältnis auf die gesetzliche Vertretungsbefugnis gemäß Art. 543 Abs. 3 berufen [10]. Sodann dient diese auch der Verkehrssicherheit, also den Interessen Dritter, die ja in aller Regel mit den Geschäftsführern verkehren und in ihrem Vertrauen auf deren Vertretungsmacht geschützt werden sollen [11]. Mit der erwähnten gesetzlichen Vermutung wird die einfache Gesellschaft in einem wesentlichen Punkt den Personen-Handelsgesellschaften angenähert.

Umstritten ist, ob die gesetzlich vermutete Vertretungsmacht nur zu Gunsten eines ausdrücklich (durch Vertrag oder Beschluß, Art. 535 Abs. 1) mit der Geschäftsführung betrauten Gesellschafters gilt [12] oder auch zu Gunsten der Gesellschafter, die sie auf Grund ihrer gesetzlichen Zuständigkeit (Art. 535 Abs. 1 mangels anderer Ordnung) ausüben [13]. Nach dem soeben zur Begründung der gesetzlichen Vertretungsmacht Gesagten, muß diese zu Gunsten jedes Geschäftsführers gelten, ohne Rücksicht auf den Rechtsgrund dieser Funktion. Entscheidend hiefür ist, daß Art. 535 Abs. 3 (auch) der Verkehrssicherheit dienen soll. Im Verhältnis zu Dritten spielt es nun keine Rolle, ob der Geschäftsführer diese seine Stellung auf vertraglicher oder gesetzlicher Grundlage innehat. Wesentlich ist der durch seine Tätigkeit bewirkte Rechts-

---

[8] Art. 543 Abs. 3 aOR (1881) bestimmte, gerade umgekehrt, daß eine Vertretungsvollmacht nicht zu vermuten sei, «selbst dann nicht, wenn (dem Gesellschafter) die Geschäftsführung überlassen ist». Die Wendung zur heute geltenden Ordnung erfolgte im rev. OR 1911. Begründet wurde sie mit Hinweis auf den Zusammenhang zwischen Geschäftsführung und Vertretung, siehe StenBullNR XIX, 1909, S. 720. – Die gleiche Ordnung gilt auch nach CCit. Art. 2266 Abs. 2; ebenfalls nach BGB § 714 (zu Gunsten des vertraglich bestellten Geschäftsführers). Zur abweichenden Ordnung im französischen Recht siehe Art. 1862, 1864 CCfr.
Art. 563 Abs. 3 OR enthält eine sog. Rechtsvermutung, und zwar eine widerlegbare *(präsumtio juris*, zu unterscheiden von der unwiderlegbaren präsumtio juris et de jure). Zu den gesetzlichen Vermutungen allgemein OSER/SCHÖNENBERGER, Art. 1, N. 66; VON TUHR/SIEGWART I, § 21, Ziff. 6 f.; (z.T. von den Vorgenannten abweichend) H. DESCHENAUX, Schweiz. Privatrecht II, § 23 V.

[9] Siehe vorn § 29, III 2 a; SIEGWART, Art. 535, N. 1, 4; Art. 543, N. 9 f. Vgl. SCHERER, § 1 und 3 I (zur «Geschichtlichen Entwicklung der theoretischen Abgrenzung zwischen Geschäftsführung und Vertretung»). Siehe auch StenBullNR, zit. oben Anm. 8.

[10] SIEGWART, Art. 543, N. 10.

[11] SIEGWART, Art. 543, N. 10.

[12] So z.B. SCHERER, S. 19, 43, 63; vgl. auch OSER/SCHÖNENBERGER, Art. 32, N. 25 a. E. und Art. 33, N. 5.

[13] So z.B. SIEGWART, Art. 543, N. 9, unter Hinweis auf andere Meinungen in der früheren Literatur.

schein, auf den sich der Dritte soll verlassen dürfen[14]. Daß auch die Formulierung (der Wortlaut) dieser Bestimmung für diese Auffassung spricht[15], sei nur als Ergänzung erwähnt.

Die Vertretungsmacht gemäß Art. 543 Abs. 3 beruht auf einer von Gesetzes wegen geltenden Vermutung. Der Gesellschaft, bzw. jedem der übrigen Gesellschafter, steht der Nachweis offen, daß gemäß gesellschaftsautonomer Ordnung dem Geschäftsführer keine Vertretungsbefugnis zustand oder nur eine beschränkte (sachlich oder personell durch Anordnung einer Kollektivvertretung) oder daß dem Abschluß des betreffenden Geschäftes ein Veto[16] entgegenstand. – Internrechtlich bewirkt das Fehlen der Vertretungsbefugnis, daß der betreffende Gesellschafter-Geschäftsführer für die nachteiligen Folgen des Geschäftes – falls dieses nicht mehr rückgängig gemacht werden kann – einzustehen hat, woran sich unter Umständen weitere Sanktionen knüpfen können (z. B. Entzug oder Einschränkung der Geschäftsführung aus wichtigen Gründen, Art. 539)[17]. – Gegenüber dem Dritten, mit welchem das Geschäft abgeschlossen wurde, wirkt der Nachweis der fehlenden oder beschränkten Vertretungsbefugnis nur, wenn auch nachgewiesen wird, daß er davon wußte (z. B. auf Grund einer Kundgebung seitens der Gesellschaft oder auch auf andere Weise) oder bei Anwendung der nach den Umständen gebotenen Sorgfalt wissen mußte[18]. Die gesetzliche Vermutung gemäß Art. 543 Abs. 3 schützt nur den gutgläubigen Verkehr[19]. Vorbehalten bleiben die Verpflichtungen des Geschäftsführer-Gesellschafters aus dem wegen mangelnder Vollmacht dahingefallenen Geschäft[20].

Die Vertretungsbefugnis erlischt mit der Vollmacht, auf der sie beruht, handle es sich um eine rechtsgeschäftlich (im Gesellschaftsvertrag oder

---

[14] Sog. Anscheins- oder Duldungsvollmacht, die übrigens auch auf Grund von § 714 BGB (siehe oben Anm. 8) zur Wirkung kommt; siehe SOERGEL/SCHULTZE-V. LASAULX, § 714 BGB, Bem. 3. Auch das italienische Recht unterscheidet in dieser Hinsicht nicht zwischen vertraglicher oder gesetzlicher Geschäftsführung (Art. 2266 Abs. 2 CCit.). Zur Anscheins- oder Duldungsvollmacht siehe auch GUHL/MERZ/KUMMER, § 19, I 3.

[15] Art. 543 Abs. 3 spricht von einem «Überlassen» der Geschäftsführung, während nach Art. 535 Abs. 1 eine Beschränkung der Geschäftsführung auf einzelne Gesellschafter nur gilt, wenn sie diesen «ausschließlich übertragen» wird.

[16] Zum Widerspruchsrecht (Veto) eines geschäftsführenden Gesellschafters siehe vorn § 29, III 2 c.

[17] Siehe vorn § 29, III 2 b.

[18] So auf Grund des allgemeinen Stellvertretungsrechts BGE 77 II, 1951, S. 143 f., in Anwendung von Art. 33 Abs. 3 OR und Art. 3 Abs. 2 ZGB (betr. den Fall des Mißbrauchs einer externen Vertretungsvollmacht, z. B. auch durch Überschreitung).

[19] Dies gilt auch für die gesetzliche Vertretungsmacht der Gesellschafter einer Kollektiv- oder Kommanditgesellschaft (Art. 563, 603), unter Vorbehalt allerdings der Publizitätswirkungen des Handelsregisters (Art. 933), wozu hinten § 35, II c.

[20] Dazu hinten lit c.

durch Gesellschaftsbeschluß) erteilte oder auf Grund der gesetzlichen Vermutung gemäß Art. 543 Abs. 3 geltende Ermächtigung. – Im ersten Fall (rechtsgeschäftliche Ermächtigung) gilt im Prinzip das allgemeine Stellvertretungsrecht (Art. 34, 35 OR), jedoch unter Vorbehalt der besondern gesellschaftsrechtlichen Regeln[21]. Als solche kommen namentlich in Betracht Art. 539 (Entzug und Beschränkung der Geschäftsführung nur aus wichtigen Gründen), denn die Stellvertretung bildet einen Teil der Geschäftsführung[22]; ferner Art. 550 (Liquidation der Gesellschaft durch alle Gesellschafter gemeinsam). – Im zweiten Fall (Art. 543 Abs. 3) fällt mit der Geschäftsführung (oder deren Einschränkung) auch die Vermutung einer Ermächtigung zur Vertretung der Gesellschaft (in entsprechendem Ausmaß) dahin. – Gegenüber Dritten erlischt die Vertretungsmacht eines Gesellschafters, sobald er vom Erlöschen der Ermächtigung wußte oder bei Anwendung der durch die Umstände gebotenen Sorgfalt wissen mußte[23].

b) Der Umfang der Vertretung

Was den Umfang (den sachlichen Geltungsbereich) der Vertretung der Gesellschaft gegenüber Dritten betrifft, so gilt auch hiefür gemäß der Verweisung durch Art. 543 das allgemeine Stellvertretungsrecht, unter Vorbehalt besonderer gesellschaftsrechtlicher Ordnung. Zunächst ist abzuklären, was überhaupt Gegenstand einer Ermächtigung zur Vertretung sein kann. Art. 543 spricht von «Geschäften», Art. 32 von «Verträgen». Es ist aber allgemein anerkannt, daß diese Bezeichnungen zu eng sind, und daß hier-

---

[21] Hier geht es im wesentlichen um das Verhältnis von Art. 543 Abs. 2 und Art. 34 OR (freie Widerruflichkeit der Vollmacht, unter Vorbehalt von Rechten aus dem Grundverhältnis) gegenüber Art. 539 (Entzug der Geschäftsführungsbefugnis eines Gesellschafters) und damit zusammenhängend Art. 543 Abs. 3.

[22] Kontrovers: Für die Anwendbarkeit von Art. 34 auf die einfache Gesellschaft z. B. OSER/ SCHÖNENBERGER, Art. 34, N. 8; BECKER, Art. 34, N. 4; SCHERER, S. 99. Für die Entziehbarkeit der Vertretung nur aus wichtigen Gründen gemäß Art. 539 z. B. SIEGWART, Art. 543, N. 12f. (mit Hinweisen); VON TUHR/SIEGWART I, S. 318 Anm. 62; vgl. auch HARTMANN, Art. 565, N. 2. – Für den Vorrang der gesellschaftsrechtlichen Ordnung spricht die besondere Natur des Gesellschaftsverhältnisses (Zweckgemeinschaft; Recht und Pflicht der Gesellschafter zur Geschäftsführung und deren Zusammenhang mit der Vertretung; Haftungsverhältnisse). Das Gesetz sieht denn auch für die andern Personengesellschaften (Art. 565, 603) eine Entziehung der Vertretung nur aus wichtigen Gründen vor, was, wie SIEGWART a.a.O. festhält, nicht einen Umkehrschluß für die einfache Gesellschaft zuläßt. Auch der Vorbehalt in Art. 34 Abs. 1 («unbeschadet der Rechte, die sich aus einem ... andern Rechtsverhältnis, wie ... Gesellschaftsvertrag ... ergeben können») spricht nicht gegen den Vorrang von Art. 539, da auch bei einem Entzug der Vertretung aus wichtigen Gründen dem betreffenden Gesellschafter noch Ansprüche aus dem Gesellschaftsverhältnis zustehen können.

[23] Siehe vorn S. 433 und Anm. 18. – Beweispflichtig hiefür sind die übrigen Gesellschafter (GUHL/ MERZ/KUMMER, S. 531).

unter auch andere rechtsgeschäftliche Handlungen fallen, so die einseitigen und die sog. rechtsgeschäftsähnlichen Handlungen[24]. Nicht in den Anwendungsbereich der erwähnten Bestimmungen fallen vom Vertreter begangene **unerlaubte Handlungen**. Aus solchen haften die übrigen Gesellschafter nur, wenn sie als Mittäter (Anstifter, Urheber oder Gehilfen) im Sinn von Art. 50 OR mitgewirkt haben[25]. Auch die Haftung des Geschäftsherrn (Art. 55) trifft die übrigen Gesellschafter nicht, da zwischen ihnen und dem Vertreter kein Subordinationsverhältnis besteht[26]. – Im übrigen bestimmt sich der Umfang (der sachliche Geltungsbereich) sowohl der (internen) Vertretungsbefugnis als der (externen) Vertretungsmacht nach Maßgabe der erteilten Ermächtigung (Art. 33 Abs. 2 OR). Haben aber der oder die Vollmachtgeber (hier die Gesellschaft bzw. die übrigen Gesellschafter) die Ermächtigung Dritten mitgeteilt, so bestimmt sich deren Umfang nach Maßgabe der erfolgten Kundgebung (Art. 33 Abs. 3). Ist die Vertretungsmacht eingeschränkt worden, so kann dies dem Dritten nur entgegengehalten werden, wenn er davon wußte oder bei Anwendung einer ihm zumutbaren Aufmerksamkeit wissen mußte[27].

Eine besondere Situation ergibt sich bei der **gesetzlichen Vertretungsmacht** gemäß Art. 543 Abs. 3. Sie gilt vermutungsweise intern und extern, wenn einem Gesellschafter die Geschäftsführung überlassen ist (oben lit. a). Auch hier stellt sich die Frage nach dem Umfang. Nach der ratio legis – innerer Zusammenhang zwischen Geschäftsführung und Vertretung, Verkehrssicherheit – geht hier die Vertretungsmacht so weit, aber auch nur so weit, als dem Gesellschafter die Geschäftsführung zusteht. Nach

---

[24] OSER/SCHÖNENBERGER, Vorbem. zu Art. 32–40, N. 14; VON TUHR/SIEGWART, § 41 II; SIEGWART, Art. 543, N. 1. – Auch nach der Rechtsprechung kann das rechtsgeschäftliche Handeln im weitesten Sinn (wie SIEGWART a.a.O. sagt) Gegenstand der Stellvertretung bilden. Hierunter fällt auch die sog. passive Stellvertretung, z.B. Entgegennahme einer rechtserheblichen Willenserklärung; vgl. OSER/SCHÖNENBERGER, a.a.O., N. 15.

[25] So schon nach allgemeinem Stellvertretungsrecht; siehe z.B. OSER/SCHÖNENBERGER und VON TUHR/SIEGWART, zit. Anm. 24. – Für die einfache Gesellschaft bestätigen dies nun deutlich die BGE 84 II, 1958, S. 381; 90 II, 1964, S. 508; siehe auch 72 II, 1946, S. 255. Ebenso die Doktrin, z.B. GUHL/MERZ/KUMMER, S. 530; SIEGWART, Art. 530, N. 1 (unter Vorbehalt). – Die Haftung der Handelsgesellschaften aus unerlaubten Handlungen ihrer Gesellschafter-Vertreter gemäß Art. 567 Abs. 3, 603 findet im Recht der einfachen Gesellschaft keine (analoge) Anwendung. So BGE 84 II, 1958, S. 381; SIEGWART, a.a.O., befürwortet eine ausnahmsweise Anwendung von Art. 567 Abs. 3 bei einfachen Gesellschaften, die eine den Kollektivgesellschaften «ähnliche Struktur» aufweisen, also bei sog. atypischen einfachen Gesellschaften (dazu vorn § 27, II 1) – was aber, da es sich hier um externe Verhältnisse handelt, abzulehnen ist, Fälle der Täuschung des Dritten vorbehalten.

[26] BGE 84 II, 1958, S. 381.

[27] Es gilt hiefür das zur fehlenden Vertretungsbefugnis Gesagte (siehe oben lit. a) und Anm. 18.

dem Gesetz (Art. 535 Abs. 3) umfaßt die Geschäftsführungsbefugnis nicht die Geschäfte, die «über den gewöhnlichen Betrieb der gemeinschaftlichen Geschäfte hinausgehen», die sog. außergewöhnlichen Geschäfte [28]. Diese Einschränkung gilt auch für die gesetzliche Vertretungsmacht [29]. – Im Gesellschaftsvertrag oder durch Gesellschaftsbeschluß können noch weitere Einschränkungen der Geschäftsführungsbefugnis vorgenommen werden. Gegenüber dem Dritten wirken diese aber nur, soweit er davon wußte oder wissen mußte [30]. Das gleiche gilt auch bei Ausübung des Vetorechts gemäß Art. 535 Abs. 2 [31]. Umgekehrt: Werden die Geschäftsführungsbefugnisse erweitert – was auch durch konkludente Handlungen, z. B. andauerndes und bewußtes Gewährenlassen erfolgen kann –, so erweitert sich auch die Vertretungsmacht gegenüber Dritten in entsprechendem Ausmaß.

c) Die Vertretung der Gesellschaft ohne Vollmacht

Auch hiefür gilt gemäß Art. 543 Abs. 2 das allgemeine Recht der Stellvertretung, auch hier aber unter Vorbehalt gesellschaftsrechtlicher Aspekte. – Hat ein Gesellschafter im Namen der Gesellschaft mit Dritten Geschäfte getätigt, ohne hiezu – auf gesellschaftsautonomer oder gesetzlicher Grundlage – ermächtigt zu sein, oder überschreitet er eine Ermächtigung in nennenswertem Ausmaß, so werden die übrigen Gesellschafter daraus nur berechtigt und verpflichtet, wenn sie das Geschäft g e n e h m i g e n, was ausdrücklich oder durch konkludentes Handeln geschehen kann (Art. 38 OR).

---

[28] Art. 535 Abs. 3; dazu vorn § 29, III 1 a.

[29] Siehe StenBullNR XIX, 1909, S. 720 (Referent zu Art. 543 Abs. 3: Für den geschäftsführenden Gesellschafter soll die Vollmacht gelten, «soweit er eben die Geschäftsführung hat»); OSER/SCHÖNENBERGER, Art. 33, N. 3; BECKER, Art. 543, N. 5; SCHERER, S. 63; unbestimmt SIEGWART, Art. 543, N. 9 (Vermutung der Vollmacht des Geschäftsführers «zu allen Rechtshandlungen, welche die Erfüllung seiner Aufgabe mit sich bringt»); unrichtig FUNK, Art. 543, N. 3, der hiefür auf den «Bereich des Gesellschaftszweckes» abstellt, was nur für die Handelsgesellschaften gilt (Art. 564). – Auch nach § 714 BGB gilt die vermutete Vertretungsmacht des Geschäftsführers nur im Ausmaß («soweit») seiner Geschäftsführungsbefugnis. Anders nach Art. 2266 CCit., wonach mangels anderer Bestimmung im Gesellschaftsvertrag die Vertretungsmacht des geschäftsführenden Gesellschafters sich auf alle Handlungen («atti») erstreckt, die innerhalb des Gesellschaftszwecks liegen. – Zum Umfang der gesetzlichen Vertretungsmacht der Gesellschafter einer Kollektiv- und Kommanditgesellschaft siehe Art. 564, 603, wozu hinten § 35, II 1 b.

[30] Vgl. SCHERER, S. 63. – Berufen sich die übrigen Gesellschafter auf gesellschaftsinterne Beschränkungen der Geschäftsführungs- und/oder Vertretungsbefugnisse, so haben sie – gemäß der ratio legis von Art. 543 Abs. 3 (Anscheinsvollmacht, siehe oben Ziff. 1 lit. a und Anm. 14) – zu beweisen, daß der Dritte davon wußte oder wissen mußte. Vgl. auch BGE 77 II, 1951, S. 143 f., zit. oben Anm. 18. Abweichend GUHL/MERZ/KUMMER, S. 531; SIEGWART, Art. 563, N. 10, jedoch mit wesentlichen Vorbehalten.

[31] Siehe vorn § 29, III 2 c.

Erfolgt keine Genehmigung[32], so ist der Dritte an das Geschäft «nicht mehr gebunden» (Art. 38 Abs. 2) und kann vom Vertreter Schadenersatz verlangen, wenn dieser nicht beweist, daß der Dritte den Mangel der Vollmacht kannte oder hätte kennen sollen (Art. 39). – Hier ist nun aber eine gesellschaftsrechtliche Komponente zu berücksichtigen. Der im Namen der Gesellschaft oder sämtlicher Gesellschafter handelnde Vertreter ist seinerseits Mitglied der Gesellschaft. Daraus schließen Doktrin und Rechtsprechung, daß er sich auch persönlich verpflichtet hat und daher vom Dritten auf Erfüllung belangt werden kann[33]. Der Dritte kann aber hievon absehen – so wenn er nur mit der Gesamtheit der Gesellschafter kontrahieren wollte (z.B. bei erheblicher Kreditierung) oder wenn der Vertreter gar nicht in der Lage wäre, die vereinbarte Leistung zu erbringen (z.B. wegen mangelnder dinglicher Verfügungsmacht oder persönlichem Unvermögen) – und sich auf seine Schadenersatzansprüche gemäß Art. 39 beschränken[34]. – Hat der Vertreter bereits Verfügungsgeschäfte getätigt, die nicht mehr rückgängig gemacht werden können, so wird er den übrigen Gesellschaftern gegenüber für den allenfalls daraus entstandenen Schaden ersatzpflichtig[35].

2. Die indirekte Vertretung der Gesellschaft

Von indirekter (mittelbarer, stiller) Vertretung ist die Rede, wenn jemand für einen andern rechtsgeschäftlich tätig wird, ohne sich als dessen Vertreter erkennbar zu geben. Mit diesem Sachverhalt befaßt sich das Gesetz zunächst im allgemeinen Stellvertretungsrecht[36]. Gesellschaftsrechtlich tritt dazu noch die besondere Norm des Art. 543 Abs. 1, wonach ein Gesellschafter, der zwar für Rechnung der Gesellschaft, aber in eigenem Namen mit einem Dritten Geschäfte abschließt, diesem gegenüber[37] allein berechtigt und verpflichtet wird.

Der indirekten Vertretung kommt bei der einfachen Gesellschaft eine be-

---

[32] Wozu der Dritte dem Vertretenen eine angemessene Frist setzen kann, Art. 38 Abs. 2; inzwischen bleibt das Geschäft «in der Schwebe», vgl. OSER/SCHÖNENBERGER, Art. 38, N. 8 ff.
[33] So deutlich BGE 95 II, 1969, S. 59 (Verpflichtung zur Erteilung eines Auftrags). SIEGWART, Art. 543, N. 16; GUHL/MERZ/KUMMER, S. 531; M. KUMMER, ZBJV 107, 1971, S. 212; SIEGWART Art. 543, N. 16 mit Hinweis auf ZBJV 45, 1907, S. 40.
[34] SIEGWART, Art. 543, N. 16, unter Hinweis auf das hübsche Beispiel in BGE 17, 1891, S. 706 (vollmachtlose Verpflichtung einer Artistengruppe!).
[35] SIEGWART, Art. 543, N. 15. – Nicht zu Verfügungsgeschäften im erwähnten Sinn gehören Handlungen, die lediglich der Erfüllung bereits bestehender gesellschaftlicher Verpflichtungen dienen; SIEGWART, Art. 543, N. 17.
[36] Art. 32 Abs. 2, 3. Allgemein zur indirekten Vertretung: OSER/SCHÖNENBERGER, Vorbem. zu Art. 32–40, N. 5; VON TUHR/SIEGWART, S. 303, 333 ff.; GUHL/MERZ/KUMMER, S. 156.
[37] Dazu z.B. SIEGWART, Art. 543, N. 4 ff.; SCHERER, S. 40 f.; GUHL/MERZ/KUMMER, S. 530

sondere Bedeutung zu, da diese oft Innengesellschaften bilden und bilden wollen, sei es generell und permanent, sei es für bestimmte Transaktionen[38]. Die Wirkungen einer Vertretung im Sinn von Art. 543 Abs. 1 bestimmen sich nach verschiedenen Faktoren: Zunächst muß auch für den Dritten klar sein, daß der Gesellschafter im eigenen Namen berechtigt oder verpflichtet sein will und daß der Dritte damit einverstanden ist. Ist dies der Fall, so treffen die Wirkungen des Geschäftes allein den Gesellschafter; dies auch dann, wenn der Dritte auf Grund der Umstände wußte oder wissen mußte, daß der Gesellschafter für Rechnung der Gesellschaft handelte[39]. – Sodann ist zu berücksichtigen, ob der Gesellschafter seitens der Gesellschaft zum Abschluß des betreffenden Geschäftes ermächtigt war oder nicht. Wenn ja, so sind die Gesellschaft bzw. die übrigen Gesellschafter nach Maßgabe der erteilten Vollmacht internrechtlich verpflichtet und berechtigt, die Folgen des Geschäftes zu übernehmen, insbesondere die vom indirekten Vertreter eingegangenen Verpflichtungen (mit-) zu erfüllen – worauf noch besondere gesellschaftsrechtliche Bestimmungen hinweisen[40]. Gegenüber dem Dritten bleibt aber der Gesellschafter-Vertreter persönlich allein berechtigt und verpflichtet, sofern nicht eine förmliche Abtretung der Forderungen an die Gesellschaft oder eine Schuldübernahme durch diese nach den hiefür geltenden Normen[41] stattgefunden hat. – Hat der Gesellschafter im eigenen Namen und ohne Ermächtigung gehandelt, so bleibt er gegenüber dem Dritten aus dem Geschäft allein berechtigt und verpflichtet. Gesellschaftsintern kommen auf Grund der Verweisung durch Art. 540 Abs. 2 die Vorschriften über die Geschäftsführung ohne Auftrag zur Anwendung[42].

---

[38] Siehe vorn § 27, IV 2. Indirekte Vertretung für einzelne Transaktionen kommt häufig vor bei Auktionen und im Wertschriftengeschäft. – Zu den besonderen Verhältnissen bei der stillen Gesellschaft siehe hinten § 46 III, IV.

[39] SIEGWART, Art. 543, N. 4 (S. 169), N. 5; vgl. auch VON TUHR/SIEGWART, § 44 I.

[40] So Art. 532 (betr. Gewinn); Art. 401 (Auftragsrecht) in Verbindung mit Art. 532 (Übergang von Rechten); Art. 537 (Ansprüche des Gesellschafter-Vertreters aus seiner Tätigkeit für die Gesellschaft betreffend Auslagen, Verbindlichkeiten, Verlusten). – Dazu SCHERER, S. 41; SIEGWART, Art. 537, N. 4ff. (Befreiung von Verbindlichkeiten, Ersatz der Verluste, Zinsansprüche); GUHL/MERZ/KUMMER, S. 530.

[41] Art. 32 Abs. 3, 164ff., 175ff. OR.

[42] Art. 419ff. Von besonderer Bedeutung ist hier Art. 422: Pflicht der Geschäftsherren, den Geschäftsführer von seinen Verbindlichkeiten zu befreien und ihn für alle gerechtfertigten Verwendungen schadlos zu halten, wenn die Geschäftsbesorgung durch das Interesse des Geschäftsherrn – hier der Gesellschaft, bzw. der übrigen Gesellschafter – «geboten» war. Bei der Bestimmung der Tragweite dieser Norm ist die Natur der Gesellschaft als einer auf gegenseitiger Treuepflicht beruhenden Zweckgemeinschaft besonders zu berücksichtigen. In diesen Zusammenhang gehört auch Art. 538 Abs. 3, wonach ein Geschäftsführer auch außergewöhnliche Rechtshandlungen (dazu vorn § 29, III 1a) vornehmen kann, wenn «Gefahr im Verzuge» liegt.

3. Die Vertretung der Gesellschaft durch Dritte

a) Bei der Ordnung der externen Verhältnisse spricht das Gesetz nur von der Vertretung der Gesellschaft durch Gesellschafter. Anders bei der Geschäftsführung, die laut ausdrücklicher Bestimmung auch Dritten, sogar ausschließlich übertragen werden kann[43]. Zweifellos besteht aber auch bei der einfachen Gesellschaft das Bedürfnis, Dritte nicht nur zur (internen) Geschäftsführung berufen, sondern auch zur Vertretung gegenüber Dritten ermächtigen zu können. Das Gesetz trägt dem auch Rechnung, indem es in Art. 535 Abs. 3 im Zusammenhang mit der Geschäftsführung und ohne Einschränkung auf die Gesellschafter die «Bestellung eines Generalbevollmächtigten» vorsieht – eine Stellung, die schon begrifflich die Vertretungsbefugnis und die Vertretungsmacht in sich schließt[44]. Danach können also auch Dritte zu Vertretern bestellt werden. Als Dritte kommen auch Gesellschafter in Betracht, die ein Interesse daran haben können, ihre Leistungen für die Gesellschaft auf außergesellschaftlicher (individualrechtlicher) Basis, z.B. in einem Arbeitsvertrag zu ordnen. – Die Ermächtigung Dritter zur Vertretung der Gesellschaft kann in verschiedenen Formen und in verschiedenem Ausmaß erteilt werden[45]. Grundlegend hiefür ist das allgemeine Stellvertretungsrecht (unter Vorbehalt von Art. 535 Abs. 3) – während bei allen Handelsgesellschaften die Vertretungsverhältnisse durch das Gesellschaftsrecht geregelt werden, mit gelegentlichen Verweisungen auf die handelsrechtlichen Vertretungen (z.B. in Art. 555, 566 OR).

b) Am weitesten geht die im Gesetz (einzig) erwähnte Generalvollmacht (Art. 535 Abs. 3). Zur Bestellung einer solchen bedarf es der Einwilligung sämtlicher Gesellschafter. Sie beruht in der Regel (aber nicht notwendigerweise) auf einem Grundverhältnis (sog. Kausal- oder Veranlassungsgeschäft). Die Vollmacht als solche besteht aber unabhängig vom Kausalgeschäft (Prinzip der selbständigen, abstrakten Vollmacht)[46].

Was den Umfang (sachlichen Inhalt) der Generalvollmacht betrifft, so ist festzuhalten, daß das allgemeine Stellvertretungsrecht diesen Begriff (wie auch die übrigen nachstehend erörterten Vertretungsverhältnisse) überhaupt nicht erwähnt und sich daher auch nicht zum Umfang äußert[47]. Maßgebend

---

[43] Art. 533; dazu vorn § 29, III 2b.
[44] Zur Vollmacht allgemein vgl. OSER/SCHÖNENBERGER, Art. 32, N. 13ff., 26f.; VON TUHR/ SIEGWART I, S. 309.
[45] Dazu OSER/SCHÖNENBERGER, Art. 33, N. 9; VON TUHR/SIEGWART I, S. 314.
[46] Siehe OSER/SCHÖNENBERGER, Art. 32, N. 26f., Art. 34, N. 2; VON TUHR/SIEGWART I, S. 312f.
[47] Anders für die sog. handelsrechtlichen Vertretungen (Prokura und sog. Handlungsvollmachten, Art. 458ff., 462) und die Vertretung der Handelsgesellschaften (z.B. Art. 564), deren Umfang im Interesse der Verkehrssicherheit gesetzlich fixiert wird.

hiefür ist Art. 33 Abs. 2 und 3 OR: Der Umfang einer durch Rechtsgeschäft[48] eingeräumten Ermächtigung beurteilt sich nach deren Inhalt. Unter Rechtsgeschäft ist hier die «Vollmachtserklärung»[49] als solche, «der Bevollmächtigungsakt[50] selbst», zu verstehen – ein einseitiges Rechtsgeschäft (des Vollmachtgebers), das an keine Form gebunden ist, auch aus konkludentem Handeln geschlossen werden, gegebenenfalls auch im sog. Kausalgeschäft enthalten sein kann. Der Umfang der Bevollmächtigung ist durch Auslegung der Erklärung zu ermitteln, unter Berücksichtigung aller Begleitumstände des konkreten Falles[51]. – Davon ausgehend kann (in allgemeinster Formulierung) von einer Generalvollmacht im Sinn von Art. 535 Abs. 3 gesprochen werden, wenn der Dritte (siehe oben lit. a) ohne sachliche Einschränkung ermächtigt ist, für die Gesellschaft im Rahmen ihres Zweckbereichs Rechtsgeschäfte zu tätigen[52]. Hat aber der Vollmachtgeber Dritten die Ermächtigung mitgeteilt[53] – was bei einfachen Gesellschaften, die ja nicht im

---

[48] D. h. durch privatrechtlichen Akt erteilten Ermächtigung, zum Unterschied der auf öffentlichem Recht beruhenden gemäß Art. 33 Abs. 1.

[49] VON TUHR/SIEGWART I, S. 314.

[50] OSER/SCHÖNENBERGER, Art. 33, N. 3.

[51] Nähere Ausführungen dazu bei VON TUHR/SIEGWART I, S. 314f.; OSER/SCHÖNENBERGER, Art. 33, N. 5ff.; SIEGWART, Art. 535, N. 7, 19 (z. T. von unsern Ausführungen abweichend).

[52] Vorbehalten bleibt die Erteilung einer Generalvollmacht kollektiv mit einem andern generalbevollmächtigten Dritten (oder Gesellschafter als Dritten). Ausgeschlossen von der Generalvollmacht sind internrechtlich die spezifisch gesellschaftsrechtlichen gemäß Gesetz oder Vertrag einem Gesellschaftsbeschluß vorbehaltenen Angelegenheiten (siehe vorn § 29, III 1a). – In der oben (weitestgehenden) Formulierung entspricht die (zivilrechtliche) Generalvollmacht der (handelsrechtlichen) Prokura gemäß Art. 458, 459. In der Doktrin wird denn auch die Ansicht vertreten, daß gemäß Art. 458 Abs. 3 bei der einfachen Gesellschaft («als nicht kaufmännischem und unkapitalistischem Gebilde») die Prokura als konstitutives Erfordernis im Handelsregister einzutragen sei (SCHERER, S. 35; vgl. auch (eher unklar) SIEGWART, Art. 535, N. 19). Demgegenüber ist festzuhalten, daß die einfache Gesellschaft überhaupt nicht im Handelsregister eingetragen werden kann – auch dann nicht, wenn sie ein (nicht eintragspflichtiges) «Gewerbe oder Geschäft» (Art. 458 Abs. 3) betreibt –, womit auch die Möglichkeit einer Eintragung von Vertretungsverhältnissen entfällt. – Wenn auch die Erteilung einer Generalvollmacht entsprechend einer Prokura an sich möglich ist, so wird sie in der Praxis bei Gesellschaften mit wirtschaftlicher Zielsetzung doch eher (Auslegungsfrage!) als Generalhandlungsvollmacht im Sinn von Art. 462 (erster Fall) erteilt werden oder zu vermuten sein (so SIEGWART, Art. 535, N. 19; bezeichnend ist auch, daß Textausgaben des OR bei Art. 535 Abs. 3 für die Generalvollmacht auf Art. 462 hinweisen, z. B. diejenigen von W. SCHÖNENBERGER und A. ROSSEL (siehe Allg. Lit. Verz. Handelsrecht vorn S. 1); anders BROSSET/SCHMIDT, S. 103, wo auf die Prokura hingewiesen wird. – Handlungsvollmachten gemäß Art. 462 sind an sich nicht im Handelsregister eintragbar (HIS, Art. 934, N. 79; OSER/SCHÖNENBERGER, Art. 462, N. 8), weil dieses keine sachlichen Einschränkungen der Vertretungen zuläßt (vgl. z. B. Art. 555).

[53] VON TUHR/SIEGWART I, S. 311 spricht hier von externer Vollmacht, im Gegensatz zur internen, welche durch den Bevollmächtigten zur Kenntnis eines Dritten gebracht wird. Die Vorlegung einer vom Vollmachtgeber ausgestellten Vollmachtsurkunde wird einer externen Vollmacht gleichgestellt.

Handelsregister figurieren und sich daher nicht auf dessen Publizitätswirkungen berufen können, oft der Fall ist –, so beurteilt sich der Umfang der Vollmacht nach Maßgabe der erfolgten Kundgebung (Art. 33 Abs. 3 OR)[54].

Wie für die Bestellung ist auch für den Widerruf einer Generalvollmacht die Einwilligung sämtlicher Gesellschafter erforderlich[55]. – Gegenüber dem Bevollmächtigten kann die Ermächtigung jederzeit wiederrufen werden, unbeschadet der Rechte, die den Beteiligten aus dem Grundverhältnis zustehen können (Art. 34 Abs. 1). Der Widerruf einer von der Gesellschaft kundgegebenen Vollmacht wirkt gegenüber gutgläubigen Dritten nur, wenn ihnen auch der Widerruf mitgeteilt worden ist (Art. 34 Abs. 3)[56].

c) Auf der nächsten Stufe steht die sog. Gattungsvollmacht[57]. Eine solche liegt vor, wenn der Dritte zur Tätigung einer bestimmten Gattung (eines Kreises) von Geschäften ermächtigt wird, z.B. als Einkäufer, Verwalter eines Vermögenskomplexes, Vornahme von Revisionen (z.B. durch eine Treuhandgesellschaft bei Kartellmitgliedern). – Zur Rechtsnatur dieser Ermächtigung (als abstrakter, vom Kausalgeschäft unabhängiger Vollmacht), sowie zur Bestimmung ihres Umfanges (durch Auslegung) gilt das vorn zur Generalvollmacht Gesagte. – Fraglich kann sein, ob zur Bestellung einer Gattungsvollmacht ebenfalls die Einwilligung sämtlicher Gesell-

---

[54] Entscheidend sind nicht die in der Vollmacht verwendeten Ausdrücke, sondern deren Inhalt, wie ihn der Dritte nach den Umständen des Falles und in Berücksichtigung der Verkehrssitte (z.B. «federführend») in guten Treuen verstehen mußte. Vgl. Art. 18 OR (Die Auslegung von Verträgen).

[55] Nach SIEGWART kann die einem Dritten erteilte Vollmacht «jedenfalls durch einstimmigen oder Mehrheitsbeschluß» (was gilt nun, wenn hierüber nichts vereinbart wurde?) wieder entzogen werden. SCHERER verweist hiefür, je nach dem Fall, auf das Recht der Prokura oder Handlungsvollmacht (Art. 465).

Fraglich ist, ob Art. 539 Abs. 2 (gesetzliches Recht jedes Gesellschafters auf Entziehung der Geschäftsführungsbefugnis eines Gesellschafters aus wichtigen Gründen, siehe vorn § 29, III 2b) auch für den Widerruf einer Dritten erteilten Generalvollmacht gilt. SIEGWART (Art. 535, N. 20) bejaht dies, da hier der Gesellschaft nicht schlechter gestellt sein könne, als wenn ein Mitgesellschafter Geschäftsführer ist; vgl. auch VON TUHR/SIEGWART I, S. 318, Anm. 62 a.E. Gegen diese Auffassung könnte die dadurch bewirkte Unsicherheit im Rechtsverkehr mit Dritten sprechen. Nachdem nun aber Art. 565 rev. OR auch jedem Kollektivgesellschafter das Recht zur Entziehung einer Vertretungsbefugnis aus wichtigen Gründen zuerkannt hat – allerdings verbunden mit den Publizitätsmaßnahmen gemäß Art. 565 Abs. 2 –, muß dieses Recht auch dem einfachen Gesellschafter gegenüber dem Generalbevollmächtigten zugestanden werden.

[56] Vollmachten können, außer durch Widerruf, auch aus den andern in Art. 35 genannten Gründen erlöschen, so auch durch die Auflösung einer in das Handelsregister eingetragenen Gesellschaft. Für die (nicht eintragungsfähige) einfache Gesellschaft gilt (subsidiär) Art. 550, wonach die Auseinandersetzung (Liquidation) nach Auflösung der Gesellschaft von allen Gesellschaftern gemeinsam vorzunehmen ist (dazu hinten § 31, III 1).

[57] Siehe oben Anm. 45.

schafter erforderlich ist. Die Antwort hängt davon ab, ob man sie noch zu den Generalvollmachten zählen will[58]. Unter dem Gesichtspunkt von Art. 535 ist die Frage zu bejahen. Dies nicht nur, weil die Gattungsvollmacht Geschäfte von Bedeutung erfassen kann – das kann auch bei den Spezialvollmachten (unten lit. d) der Fall sein –, sondern vor allem, weil ihre Tragweite nicht von vornehrein bekannt oder erkennbar ist und weil die Gesellschafter für die durch den Vertreter eingegangenen Verpflichtungen direkt und unbeschränkt haften (Art. 544 Abs. 3). Es muß daher sowohl für die Erteilung als für die Entziehung der Gattungsvollmacht das zur Generalvollmacht Gesagte gelten[59].

d) Schließlich kann die Gesellschaft auch Spezialvollmachten zur Vornahme einer bestimmten oder mehrerer bestimmter («gezählter») Rechtshandlungen erteilen[60]. Hiefür gilt das allgemeine Recht der Stellvertretung und der Vollmacht. Fraglich kann sein, wer für die Erteilung und Entziehung einer Spezialvollmacht zuständig ist. Die Antwort muß auch hiefür vom Gesellschaftsrecht ausgehen und hängt davon ab, ob die Rechtshandlungen, zu welchen Vollmacht erteilt wird, zu den (abgekürzt) gewöhnlichen oder außergewöhnlichen im Sinn von Art. 535 Abs. 3 gehören[61]; denn die Ermächtigung zur Vornahme einer bestimmten Rechtshandlung ist dieser selbst gleichzustellen. Handelt es sich um eine gewöhnliche Rechtshandlung (z. B. Inkasso von Geldforderungen, Kauf oder Verkauf bestimmter Objekte, Durchführung einer bestimmten Veranstaltung), so sind der oder die Geschäftsführer nach Maßgabe von Art. 535 Abs. 2 (Einzelgeschäftsführung, unter Vorbehalt des Vetorechts) zur Erteilung einer Spezialvollmacht zuständig. Handelt es sich um außergewöhnliche Rechtshandlungen (z. B. Erteilung einer Anwaltsvollmacht zur Anhebung eines Prozesses von Bedeutung, Ermächtigung eines Maklers oder Kommissionärs zur Durchführung von Transaktionen, die ihrer Art oder dem Ausmaß nach nicht mehr zum gewöhnlichen Geschäftsbetrieb gehören), so bedarf auch die Erteilung einer Spezialvollmacht der Zustimmung sämtlicher Gesellschafter, sofern nicht Gefahr im Verzuge liegt (Art. 535 Abs. 3) oder der Gesellschaftsvertrag etwas anderes vorsieht. – Was für die Zuständigkeit zur Erteilung einer Spezialvollmacht gesagt wurde, gilt auch für deren Widerruf oder Einschränkung.

---

[58] So von Tuhr/Siegwart I, S. 314.
[59] Im Einzelfall kann zweifelhaft sein, ob man es mit einer Gattungsvollmacht oder mit einer Spezialvollmacht zu tun hat. Maßgebend hiefür muß (wie oben im Text ausgeführt) die Erkennbarkeit der mit der Vollmacht verbundenen Verpflichtungen der Gesellschafter sein.
[60] Siehe oben Anm. 45.
[61] Dazu vorn § 29, III 1a.

II. Die Haftung der Gesellschafter für Gesellschaftsschulden

1. Unter dem Marginale «Wirkung der Vertretung» befaßt sich das Gesetz auch mit der Haftung der Gesellschafter. Nach Art. 544 Abs. 3 haften diese für Verpflichtungen, die sie «gemeinschaftlich oder durch Stellvertretung» gegenüber Dritten eingegangen sind, solidarisch, unter Vorbehalt anderer Vereinbarung[62]. Es ist aber allgemein anerkannt[63], daß die Gesellschafter nicht nur aus gemeinsam oder durch Vertreter getätigten Rechtsgeschäften solidarisch haften, sondern auch aus gemeinsam begangenen unerlaubten Handlungen[64], sowie aus gesetzlichen Kausalhaftungen[65].

2. Die gemäß Art. 544 Abs. 3 begründeten Verpflichtungen sind Gesellschaftsschulden und als solche Gesamthandschulden der Gesellschafter[66]. Hier regelt nun aber das Gesetz die Haftung der Gesellschafter in besonderer Weise. Haften bedeutet die Verpflichtung zum «Einstehen» (heute) mit Vermögen für eine Schuld (ein Leistensollen), sei es eine eigene oder eine fremde (so bei der Bürgschaft)[67]. Während Gesamthandschuldner auch gesamthaft haften, d. h. alle gemeinsam einstehen müssen und vom Gläubiger der Schuld nur gemeinsam belangt werden können, bestimmt hier das Gesetz, daß die Gesellschafter für die Gesellschaftsschulden solidarisch haften. Es kommen somit die Bestimmungen über die (hier gesetzliche) Solidarität (Art. 143 ff. OR) zur Anwendung, wonach von mehreren Schuldnern jeder einzeln für die ganze Schuld haftet, wobei der Gläubiger nach seiner Wahl von allen oder einzelnen Solidarschuldnern je nur einen Teil oder das Ganze fordern kann, sämtliche Schuldner aber so lange verpflichtet

---

[62] Danach geht diese Bestimmung inhaltlich über ihr Marginale hinaus, indem die Haftung der gemeinsam und direkt handelnden Gesellschafter eine solche der Schuldner selbst ist und nicht eine Wirkung der Vertretung.

[63] Siehe SIEGWART, Art. 544, N. 27; GUHL/MERZ/KUMMER, S. 530. Zusammenfassend BGE 72 II, 1946, S. 255. Siehe auch unten Anm. 64 f.

[64] Art. 50 («gemeinsam ... als Anstifter, Urheber oder Mittäter»). Keine Haftung der Mitglieder einer einfachen Gesellschaft aus Delikt eines Gesellschafters, wenn dieser ohne ihr Einverständnis gehandelt hat (BGE 84 II, 1958, S. 381 ff., 383; 90 II, 1964, S. 501 ff., 508).

[65] Kausalhaftungen: Art. 55 (Haftung des Geschäftsherrn) findet keine Anwendung auf das Verhältnis zwischen Gesellschaft und Mitglied, weil hier das Unterordnungsverhältnis fehlt (BGE 84 II, 1958, S. 381), wohl aber haftet die Gesellschaft für ihre Arbeitnehmer oder andere Hilfspersonen (BGE 72 II, 1946, S. 255). – Weitere Kausalhaftungen nach Art. 56 (für Tiere, z. B. auch Jagdwild!) und Art. 58 (Werkeigentümer).

[66] Siehe vorn § 29, II 1a (zum «Sondervermögen») und b (zu den «Gesellschaftsschulden»).

[67] Zum Verhältnis von Schuld und Haftung allgemein siehe z. B. OSER/SCHÖNENBERGER, Vorbem. zu Art. 1–67 OR, N. 54 ff.; VON TUHR/SIEGWART I, § 2 VII, wo auch darauf hingewiesen wird, daß das Gesetz mitunter auch Verpflichtungen mit dem Wort Haftung bezeichnet.

bleiben, bis die ganze Forderung getilgt ist (Art. 143, 144)[68]. Dies bedeutet für den Gesellschaftsgläubiger rechtlich (namentlich prozeßrechtlich) und praktisch (Berücksichtigung der Vermögensverhältnisse der Gesellschafter) eine Vereinfachung der Rechtsverfolgung[69]. Die Gesellschafter haften ferner direkt – nicht subsidiär hinter der Gesellschaft, wie bei der Kollektivgesellschaft (Art. 568 Abs. 3) – und persönlich (d.h. mit ihrem ganzen Vermögen) für die Gesellschaftsschulden[70]. – Die Solidarhaftung der Gesellschafter gilt auch gegenüber Gesellschaftern als Drittgläubigern (z. B. als reinen Darleihern)[71].

In der Doktrin[72] werden die Haftungsverhältnisse auch so dargestellt, daß für die Gesellschaftsschulden zwei Vermögenskomplexe nebeneinander und gleichzeitig haften, das Gesellschaftsvermögen und das persönliche Vermögen der Gesellschafter. Dies ist nur insofern richtig, als die Gesellschaft ein Gesellschaftsvermögen als Sondervermögen haben kann (aber nicht muß), das internrechtlich (andere Vereinbarung vorbehalten) auch zur Erfüllung der gesellschaftlichen Verpflichtungen bestimmt ist, dies nicht nur nach Auflösung der Gesellschaft (Art. 549), sondern schon vorher[73]. Die Gesellschaftsgläubiger aber haben keinen direkten Zugriff auf das Gesellschaftsvermögen; dieses haftet ihnen nur indirekt in der Weise, daß sie in einer Zwangsvollstreckung gegen Gesellschafter auf deren Liquidationsanteil (nicht aber auf das Gesellschaftsvermögen) greifen können, andere Ordnung im Gesellschaftsvertrag vorbehalten (Art. 544 Abs. 2)[74].

Die Haftungsordnung gemäß Art. 544 Abs. 3 ist nachgiebigen Rechts, indem diese Bestimmung selber eine «andere Vereinbarung» vorbehält. Darunter kann, da die Haftungen ja das Verhältnis zu den Gläubigern

---

[68] Zur sog. passiven (Schuldner-)Solidarität allgemein siehe z.B. Oser/Schönenberger, Vorbem. zu Art. 143–150 OR, N. 3; Art. 143, N. 4ff., Art. 144; von Tuhr/Siegwart II, § 89 IV, V; § 90 II; Guhl/Merz/Kummer, S. 55 ff.

[69] So schon nach aOR Art. 544 Abs. 3. Diese zur Erleichterung der Rechtsverfolgung bei Schuldverhältnissen zu gesamter Hand bestimmte Ordnung der passiven Solidarität findet sich auch in manchen andern Fällen, z.B. gemäß Art. 50 OR (Haftung mehrerer aus gemeinsam begangenen Delikten) oder Art. 603 ZGB (Erbengemeinschaft); weitere Beispiele bei Oser/Schönenberger, Art. 143, N. 5.

[70] Die direkte und persönliche Haftung der Gesellschafter kommt zwar in Art. 544 Abs. 3 nicht zum Ausdruck, ist aber, wie allgemein anerkannt, in dieser Bestimmung mitenthalten. Subsidiarität oder Haftungsbeschränkungen gelten im Gesellschaftsrecht nur, wenn sie vom Gesetz verfügt oder zugelassen werden (Art. 568 Abs. 3, 604, 605, 802, 868ff.) oder auf Grund vertraglicher Vereinbarung mit Gläubigern.

[71] Anders bei gesellschaftsrechtlichen (internen) Verbindlichkeiten der Gesellschaft gegenüber einem Gesellschafter, so gemäß Art. 537 («Ansprüche aus der Tätigkeit für die Gesellschaft»). Auch für diese haften die andern Gesellschafter persönlich, jedoch nicht solidarisch, sondern, wenn keine «Gesellschaftskasse» besteht oder diese zur Befriedigung des Gesellschafters nicht ausreicht, nach Maßgabe der Verlustbeteiligung, mangels anderer vertraglicher Ordnung also nach Kopfteilen (Art. 533). So Siegwart, Art. 537, N. 13; A. Müller, S. 35f., 95f.

[72] z.B. A. Müller, S. 22; siehe auch vorn § 29, Anm. 181.

[73] Siehe vorn § 29, II 1a. Siegwart, Art. 544, N. 29.

[74] Dazu hinten III 2.

betreffen, nur eine Abrede mit diesen verstanden werden[75]. So können Gesellschafter, alle oder einzelne, die Haftungen z. B. auf das Gesellschaftsvermögen oder die Einlagen Einzelner oder summenmäßig beschränken, auch ganz ausschließen. Da die solidare und unbeschränkte Haftung der Gesellschafter von Gesetzes wegen vermutet wird, muß klarstehen, zu Gunsten welcher Gesellschafter und zu Lasten welcher Gläubiger solche Vereinbarungen gelten sollen, und in welchem Umfang (einzelne oder mehrere bestimmte oder bestimmbare Transaktionen)[76].

3. Haben Gesellschafter auf Grund ihrer solidaren Haftung Verpflichtungen der Gesellschaft erfüllt, so stehen ihnen gegebenenfalls Regreßrechte gegen die Mitgesellschafter zu. Ob dies der Fall ist, hängt davon ab, ob der Gesellschafter mehr geleistet hat, als er nach der materiellrechtlichen Ordnung des Innenverhältnisses zu leisten verpflichtet war. Maßgebend hiefür ist in erster Linie der Gesellschaftsvertrag – eventuell durch gültigen Gesellschaftsbeschluß ergänzt für einzelne Transaktionen –, der Gesellschafter von diesbezüglichen Verpflichtungen ganz oder teilweise (z. B. durch Beschränkung auf ihre Einlagen) befreien kann. Mangels solcher Vereinbarung gilt die gesetzliche Ordnung der Verlustbeteiligung, wonach alle Gesellschafter Verluste zu gleichen Teilen zu tragen haben, «ohne Rücksicht auf die Art und Größe ihres Beitrages» (Art. 533 Abs. 1)[77].

4. Neu in eine bestehende Gesellschaft eintretende Mitglieder haften persönlich nur für die seit ihrem Eintritt begründeten Gesellschaftsschulden, da sie ja bis dahin weder selber solche begründen noch durch Vertreter der Gesellschaft verpflichtet werden können[78]. Ausgeschiedene Gesellschafter haften nicht mehr für die seit der Verwirklichung des Ausscheidungsgrundes entstandenen Gesellschaftsschulden, unter Vorbehalt des Schutzes gutgläubiger Dritter[79].

---

[75] Oft werden Haftungsbeschränkungen oder Befreiungen nur gesellschaftsintern vereinbart, was aber die (von Gesetzes wegen geltende) solidare Haftung aller Gesellschafter gegenüber Dritten nicht aufheben kann.

[76] A. MÜLLER, S. 23 ff. unterscheidet in diesem Zusammenhang zwischen «reinen Gesellschaftsschulden», für welche die Haftung der Gesellschafter auf das Gesellschaftsvermögen beschränkt ist (S. 23), und (außer den Privatschulden) «gemischten Gesellschaftsschulden», «für welche die Gesellschafter sowohl mit dem Gesellschaftsvermögen als auch mit ihrem gesamten Vermögen persönlich haften» (S. 34) – eine Terminologie, die (namentlich die zweite Bezeichnung) etwas unklar wirkt.

[77] SIEGWART, Art. 544, N. 36, 533, N. 23; HARTMANN, Art. 568, N. 33; BROSSET/SCHMIDT, S. 117 unter Hinweis auf Sem.jud. 74, 1952, S. 465 (Cour de Justice, Genève).

[78] Siehe vorn § 29, IV 4b. Anders bei der Kollektiv- und Kommanditgesellschaft, siehe Art. 569, 612.

[79] Siehe vorn § 29, IV 6.

III. Die Rechtsstellung der Gesellschaft im Prozeß und in der Schuldbetreibung

1. Die prozeßrechtliche Stellung der Gesellschaft und der Gesellschafter

Die einfache Gesellschaft ist nicht Rechtssubjekt und genießt daher als solche weder Rechts- noch Handlungsfähigkeit. Da diese Begriffe – Rechtseigenschaften einer natürlichen oder juristischen Person [80] – dem Bundeszivilrecht entstammen, gelten sie auch für das kantonale Prozeßrecht [81]. Der einfachen Gesellschaft kommen daher weder aktive noch passive Partei- und Prozeßfähigkeit – die prozeßrechtlichen Gegenstücke der Rechts- und Handlungsfähigkeit – zu [82]. An die Stelle der Gesellschaft treten die Gesellschafter. – In einem Aktivprozeß der Gesellschaft bzw. der Gesellschafter haben diese alle zusammen als Kläger aufzutreten, da es sich dabei um die Geltendmachung von Rechten oder Forderungen handelt, die ihnen zu gesamter Hand zustehen (Art. 544 Abs. 1). Daraus entsteht (prozeßrechtlich) eine Streitgenossenschaft, und zwar eine sog. materielle und zugleich notwendige, da ihr Rechtsgrund im materiellen Recht liegt [83]. – Klagen Gesellschaftsgläubiger, so haben sie die Gesellschafter als Beklagte ins Recht zu fassen. Doch können sie nach den Regeln der Solidarität [84] auch nur einzelne Gesellschafter einklagen, so daß hier keine notwendige Streitgenossenschaft eintritt, unter Umständen aber, nach prozeßrechtlichen Gesichtspunkten, eine sog. einfache Streitgenossenschaft [85, 86].

---

[80] Siehe vorn § 21.
[81] Siehe M. Guldener, § 7 B II; A. Müller, S. 135; BGE 48 II, 1922, S. 29 ff.
[82] M. Guldener, § 11 I, insbes. Anm. 7 und II. A. Müller, S. 135; Siegwart, Vorbem. zu Art. 530–551, N. 119 f. – Anders bei den Kollektiv- und Kommanditgesellschaften, denen das Gesetz die aktive und passive Partei- und Prozeßfähigkeit «unter ihrer Firma» ausdrücklich zuerkennt (Art. 562), wozu hinten § 36 II.
[83] Guldener, § 31 C I; Siegwart, Vorbem. zu Art. 530–551, N. 119 f.; A. Müller, S. 135 f. – Kritisch zur mangelnden Parteifähigkeit der einfachen Gesellschaft mit Sondervermögen Vogelsang, S. 29, 43, 133. – Ob die Gesellschafter gegebenenfalls unter ihrem Sammelnamen klagen können, wird mehrheitlich verneint; die Praxis ist unterschiedlich (vgl. Siegwart, A. Müller, a.a.O.; zur gleichen Frage im Schuldbetreibungsrecht siehe unten Ziff. 2). – Zur Vereinfachung des Verfahrens können die Gesellschafter im Gesellschaftsvertrag oder ad hoc einzelnen unter ihnen oder dem Geschäftsführung Vollmacht erteilen, den Prozeß in ihrem Namen zu führen. Der Vereinfachung kann auch eine (fiduziarische) Abtretung dienen.
[84] Art. 544 Abs. 3; dazu oben II.
[85] Siegwart, Vorbem. zu Art. 530–551, N. 120; A. Müller, S. 136; Guldener, § 31 C II.
[86] Einfache Streitgenossenschaft, «dadurch gekennzeichnet, daß mehrere Klagen verschiedener Kläger oder gegen verschiedene Beklagte, die an sich auch getrennt erhoben werden könnten, aus Zweckmäßigkeitsgründen in einem Prozeß vereinigt werden» (Guldener, § 31 C II). – Für weitere, sich aus einer notwendigen oder einfachen Streitgenossenschaft ergebende prozeßrechtliche Fragen wird auf die prozeßrechtliche Doktrin verwiesen; siehe dazu Guldener, § 31, und dort zit. Doktrin (Anm. 32) und Rechtsprechung.

2. Die Stellung der einfachen Gesellschaft und der Gesellschafter in der Schuldbetreibung

a) Unter Schuldbetreibung sind nach schweizerischem Recht die Zwangsvollstreckungen zu verstehen, welche auf eine Geldzahlung oder eine Sicherheitsleistung gerichtet sind (Art. 38 SchKG). Hiefür sind bestimmend die Normen des BG über Schuldbetreibung und Konkurs von 1889/1949, die ihrerseits auf materiellem (privatem oder öffentlichem) Recht gründen und auf dieses wieder einwirken können [87]. – Was die einfache Gesellschaft betrifft, so ist auch hier – wie für ihre prozeßrechtliche Stellung – ihre Struktur bestimmend. Da sie nicht Rechtssubjekt und damit auch nicht rechts- und handlungsfähig ist, kann sie weder betreiben, noch betrieben werden; m.a.W., es fehlen ihr die sog. aktive und die passive Betreibungsfähigkeit [88]. An die Stelle der Gesellschaft treten die Gesellschafter.

In einer Aktivbetreibung für Gesellschaftsforderungen sind im Betreibungsbegehren die Namen sämtlicher Gesellschafter anzugeben, widrigenfalls die Betreibung nichtig und jederzeit von Amtes wegen aufzuheben ist [89]. Dies gilt insbesondere auch für die unter einer Kollektivbezeichnung (Sammelnamen) auftretenden einfachen Gesellschaften, weil sonst nicht «klar und unzweideutig» feststeht, wer betreibender Gläubiger ist [90]. Diese Vorschriften gelten auch, nach Ansicht des BGer, nicht nur für die Anhebung der Betreibung, sondern auch für allfällige weitere betreibungsrechtliche Handlungen der einfachen Gesellschaft, so für Beschwerden und Rekurse [91]. – Was zur Aktivbetreibung gesagt wurde, gilt auch für die Passivbetreibung. Der Gesellschaftsgläubiger hat die ihm haftenden Gesellschafter – einzelne oder alle, nach dem Solidaritätsprinzip – persönlich und getrennt zu betreiben, wobei auch hier die Betreibung einer Gesellschaft unter ihrem Sammelnamen durch das Betreibungsamt abzulehnen, gegebenenfalls unwirksam ist [92]. – Die Betreibung gegen die Gesellschafter erfolgt auf Pfändung oder

---

[87] Siehe vorn § 19, II 4.
[88] Siehe FRITZSCHE, § 9, I und II 1; SIEGWART, Vorbem. zu Art. 530–551, N. 121 f.; Art. 540, N. 31; A. MÜLLER, S. 131 ff.; BGE 43 III, 1917, S. 177 ff.
[89] Siehe KS des BGer (Plenum) Nr. 16 vom 3. April 1925 unter Hinweis auf frühere Praxis.
[90] KS des BGer Nr. 16 vom 3. April 1925 (anders für die Kollektiv- und Kommanditgesellschaften, Art. 562, 602 OR). BGE 43 III, 1917, S. 178; 96 III, 1970, S. 103 ff., Erw. 1 (dazu unten Anm. 91).
[91] BGE 96 III, 1970, S. 103 ff., Erw. 1 (aufschlußreich auch für die Verwendungsmöglichkeiten der einfachen Gesellschaft): Die «Schweizerische Inlandwollzentrale», eine einfache Gesellschaft, gebildet aus dem Schweiz. Schafzuchtverband und dem Verein Schweiz. Wollindustrieller, erhob Beschwerde gegen Beschlüsse einer Gläubigerversammlung im Konkurs eines Mitglieds des genannten Vereins. Die kantonale Aufsichtsbehörde trat auf die Beschwerde ein, in der Erwägung, Gläubiger seien schließlich die beiden (einfachen) Gesellschafter, so daß einfach die Parteibezeichnung zu berichtigen sei, indem an deren Stelle die beiden Gesellschafter zu nennen seien. Das BGer erklärte jedoch die Beschwerde als unwirksam, weil nicht dargetan sei, daß die zwei Gesellschafter selber Beschwerde führen wollten und dazu Auftrag erteilten. – Kritisch zu diesem Entscheid K. AMONN, ZBJV 108, 1972, S. 161 f.
[92] FRITZSCHE, SIEGWART, A. MÜLLER, zit. oben Anm. 88. – Siehe auch KS des BGer Nr. 16 vom 3. April 1925 a.E. (betr. Betreibung gegen «die Erben» je einzeln; anders bei der «Betreibung» einer unverteilten Erbschaft gemäß Art. 49 SchKG).

Konkurs, gegebenenfalls auf Wechselbetreibung, je nachdem ob der Gesellschafter im Handelsregister eingetragen ist oder nicht (Art. 39, 42 SchKG).

b) Für die Fortsetzung der Betreibung auf Pfändung oder Konkurs gelten ebenfalls materiell- und betreibungsrechtliche Vorschriften. Ausgangspunkt ist die gesellschaftsrechtliche Vorschrift, daß die Gläubiger eines Gesellschafters – Privat- oder Gesellschaftsgläubiger – nur den Liquidationsanteil des Gesellschafters, also nicht direkt das Gesellschaftsvermögen in Anspruch nehmen können, sofern aus dem Gesellschaftsvertrag nichts anderes hervorgeht (Art. 544 Abs. 2)[93]. Ferner ist zu beachten, daß die Zwangsverwertung eines Liquidationsanteils oder der Konkurs eines Gesellschafters die Auflösung der Gesellschaft bewirkt (Art. 545 Abs. 1 Ziff. 3), sofern nicht eine andere Lösung gefunden werden kann[94].

Gegenstand der Zwangsvollstreckung ist somit nur die vermögensrechtliche Beteiligung des Gesellschafters. Hingegen stehen dem Betreibungsamt zur Wahrung der Gläubigerinteressen Kontroll- und Mitwirkungsrechte zu, so hinsichtlich der Verfügungen über Gesellschaftsvermögen[95]. – Der Liquidationsanteil bestimmt sich nach der Liquidationsordnung (Art. 549), bezogen auf den Zeitpunkt der Pfändung bzw. der Eröffnung des Konkurses über den Gesellschafter. Er entspricht dem realen Vermögensanteil (als einem «Wertanteil») des Gesellschafters im erwähnten Zeitpunkt[96]. Der Zwangsvollstreckung gegen den Gesellschafter unterliegen auch dessen Individualansprüche gegenüber der Gesellschaft – so auf Zinse, Honorare, Gewinnanteil, Rückerstattung von Auslagen –, soweit sie feststehen und fällig sind[97].

In der Betreibung eines Gesellschafters auf Pfändung bestimmt sich das Verwertungsverfahren gemäß der Verordnung des Bundesgerichts über die Pfändung und Verwertung von Anteilen an Gemeinschaftsvermögen vom 17. Januar 1923, aus der hier folgende Bestimmungen als wesentlich festgehalten seien:

Anteilsrechte sollen immer erst in letzter Linie gepfändet werden; es hat also zunächst das Privatvermögen des Gesellschafters herzuhalten. Der Verwertung eines gepfändeten Anteils

---

[93] Dies ist dann der Fall, wenn gemäß Vertrag das Gesellschaftsvermögen im Miteigentum der Gesellschafter steht (siehe auch Art. 544 Abs. 1; dazu vorn § 29, II 1b), womit die betreffende Quote des Gesellschafters auch dem Zugriff seiner Gläubiger unterliegt. Siehe VO des BGer vom 17. Januar 1923 über die Pfändung und Verwertung von Anteilen an Gemeinschaftsvermögen, Art. 1 Abs. 2, SIEGWART, Art. 544, N. 8 a. E., 26; A. MÜLLER, S. 133; BGE 54 III, 1928, S. 96.

[94] Zur Auflösung der Gesellschaft aus den genannten Gründen siehe hinten § 31, II 1 d.

[95] Siehe VO des BGer (zit. Anm. 93) Art. 6; siehe auch Art. 9, Abs. 2 und Art. 12.

[96] Siehe vorn § 29, II 2a, b; hinten § 31, III 2 (zur Liquidation).

[97] SIEGWART, Art. 544, N. 18 ff.; BÜRGIN, ZSR 58, 1939, S. 93. – Nach Art. 1 Abs. 3 der VO des BGer vom 17. Januar 1923 (Anm. 93) können periodische zukünftige Erträge (Zinse, Honorare, Gewinnanteile) nur für die Dauer eines Jahres gepfändet werden.

haben, unter Führung der Betreibungsbehörden, Einigungsverhandlungen zwischen den pfändenden Gläubigern, dem Schuldner und den übrigen Gesellschaftern vorauszugehen zur Abklärung, ob durch Abfindung der Gläubiger oder durch Auflösung der Gesellschaft und Feststellung des auf den Schuldner entfallenden Liquidationsergebnisses die Verwertung des Anteils vermieden werden kann. Gelingt eine gütliche Verständigung nicht, so bestimmt die Aufsichtsbehörde, unter Berücksichtigung der Anträge aller Beteiligten, ob das Anteilsrecht als solches versteigert oder ob die Auflösung der Gesellschaft und die Liquidation des Gesellschaftsvermögens nach den Bestimmungen des Gesellschaftsrechts (Art. 548 ff. OR) herbeigeführt werden soll. Widersetzt sich ein Mitgesellschafter der Auflösung der Gesellschaft, so bietet das Betreibungsamt den Anspruch auf Auflösung der Gesellschaft und Liquidation des Gesellschaftsvermögens den Gläubigern zur Geltendmachung auf eigene Gefahr gemäß Art. 131 Abs. 2 SchKG an.

Wird über einen Gesellschafter der Konkurs eröffnet, so fällt seine vermögensrechtliche Beteiligung an der Gesellschaft in die Konkursmasse (Art. 197 SchKG) und damit in die Verwaltung der zuständigen Konkursorgane. Betreibungsrechtlich sind für die Verwertung des Liquidationsanteils zunächst die Bestimmungen der oben erwähnten VO des BGer vom 17. Januar 1923 anwendbar, indem sie die Art der Verwertung in das Ermessen der Konkursorgane stellt (Art. 16). Ferner ist zu beachten das Kreisschreiben des Bundesgerichts (Plenum) Nr. 17 vom 1. Februar 1926 über die Behandlung von Miteigentum und Gesamteigentum im Konkurs, insbesondere Ziff. 2. In diesem KS «empfiehlt» das BGer ein Vorgehen im Sinn der VO vom 17. Januar 1923: Zunächst soll die Konkursverwaltung anstreben, gemeinsam mit den Gesellschaftern das Liquidationsbetreffnis des falliten Gesellschafters festzustellen und einzuziehen. Gelingt dies nicht, so sind die Ansprüche der Konkursmasse durch die Gerichte feststellen zu lassen und einzutreiben, es sei denn, es erfolge eine Abtretung an einzelne Konkursgläubiger gemäß Art. 260 SchKG. Die Gesellschaftsschulden (für welche ja die Gesellschafter solidarisch haften) sind im Gesellschafterkonkurs im vollen Umfang zu kollozieren. Bei nur teilweiser Befriedigung der Konkursgläubiger sind die Art. 216, 217 SchKG anwendbar.

§ 31. Die Beendigung der Gesellschaft

Literatur

J. FRAEFEL, Die Auflösung der Gesellschaft aus wichtigem Grund, Diss. Zürich 1929; TH. SCHMIDLIN, Untersuchungen über ausgewählte Auflösungsgründe der einfachen Gesellschaft, Diss. Bern 1923; A. SAXER, Die Auflösung der einfachen Gesellschaft aus wichtigem Grund, Diss. Bern 1961; H. MERZ, Der maßgebende Zeitpunkt für die Auflösung der einfachen Gesellschaft und der Kollektivgesellschaft aus wichtigem Grund, in: Ius et Lex, Festgabe Max Gutzwiller, Basel 1959.

M. KRAMER, Die Auseinandersetzung der Gesamthandgemeinschaften im schweizerischen Recht, Diss. Zürich 1943; P. JÄGGI, Von der Gesellschaft auf Lebenszeit, in: Mélanges R. Secrétan, Recueil des travaux publiés par la Faculté de droit de l'Université de Lausanne, Montreux 1964; P. GAUCH, System der Beendigung von Dauerverträgen, Diss. Freiburg 1968; R. ZÄCH, Vertraglicher Ausschluß der Kündbarkeit bei den Personengesellschaften, Diss. Genf 1970, Abh.schw.R 394, Bern 1970.

Siehe auch die Literatur zu §§ 29 und 39.

I. Allgemeines

Unter dem Marginale «Beendigung der Gesellschaft» (Fin de la société) befaßt sich das Gesetz mit der Auflösung (Dissolution) und der Liquidation der Gesellschaft (Art. 545–551). Es bringt damit zum Ausdruck, daß die Gesellschaft erst endigt, zu bestehen aufgehört hat, wenn zwei Vorgänge eingetreten und abgewickelt worden sind: die Auflösung, die mit der Verwirklichung eines Auflösungsgrundes eintritt und deren Wirkung darin besteht, daß nun die Gesellschaft einen neuen Zweck erhält, denjenigen der Liquidation («Auseinandersetzung», in der Terminologie des BGB § 730). Die «werbende», d. h. im Sinn ihres bisherigen Gesellschaftszwecks tätige Gesellschaft wird damit in eine sog. Liquidationsgesellschaft umgewandelt[1]. Diese Zweckänderung bewirkt nicht etwa die Entstehung einer neuen Gesellschaft, sondern die Liquidationsgesellschaft setzt die bisherige Gesellschaft fort (Prinzip der Identität)[2]. Die Gesellschafter bleiben an den Gesellschaftsaktiven berechtigt und durch die Gesellschaftspassiven verpflichtet wie bisher. Die Zweckänderung hat aber Änderungen der Geschäftsführungs- und Vertretungsbefugnisse in persönlicher und sachlicher Hinsicht zur Folge, und die Beitragspflichten der Gesellschafter bestimmen sich nunmehr nach dem Liquidationszweck. Die Gesellschaft endigt erst nach der vollständigen Durchführung der Liquidation, mit der Abwicklung sämtlicher interner und externer Rechtsverhältnisse.

Auflösung und Liquidation sind allen Gesellschaften gemeinsame Vorgänge, doch variiert ihre Ordnung je nach den Gesellschaftsformen. Bei den Kapitalgesellschaften stehen die Interessen der Gläubiger im Vordergrund und die Ordnung ist vorwiegend zwingenden Rechts. Auch bei den Personen-Handelsgesellschaften werden die Interessen der Gesellschaftsgläubiger in einem gewissen Ausmaß berücksichtigt (siehe insbes. Art. 570ff.); doch ist die gesetzliche Ordnung der Liquidation, soweit es sich nicht um eine konkursamtliche handelt, nachgiebigen Rechts (Art. 582). Das Recht der einfachen Gesellschaft befaßt sich mit der Liquidation nur unter dem Gesichtspunkt der internen Auseinandersetzung, die gesellschaftsautonom auch anders geordnet werden kann. Die Interessen der Gesellschaftsgläubiger werden in der Form der direkten und solidarischen Haftung der Gesellschafter berücksichtigt (Art. 544 Abs. 3).

---

[1] Vgl. WIELAND I, S. 692ff.; SIEGWART, Art. 545–547, N. 37; VOGELSANG, S. 142; SOERGEL/ SCHULTZE-V. LASAULX, BGB § 730, Bem. 2. – BGE 70 II, 1944, S. 55ff.

[2] Die Identitätstheorie ist heute herrschende Auffassung (vgl. WIELAND I, S. 694, Anm. 13; HARTMANN, Art. 582, N. 3; VOGELSANG, S. 142; HUECK, Gesellschaftsrecht, S. 46. Ihre Bedeutung besteht darin, daß die Rechte und Pflichten der Gesellschafter auch nach der Auflösung der Gesellschaft weiter gelten, soweit sie nicht durch die gesetzliche oder vertragliche Liquidationsordnung modifiziert werden oder sich aus dem Liquidationszweck etwas anderes ergibt (so ausdrücklich § 156 HGB). – Nach früheren Auffassungen beruht die Liquidationsgesellschaft auf einer gesetzlichen Fiktion (wie sie noch in § 730 Abs. 2 BGB zum Ausdruck kommt). In BGE 31 I, 1905, S. 715 wurde angenommen, daß nach der Auflösung der Gesellschaft nur noch eine lose tatsächliche Gemeinschaft bestehe. – Vertreten wurde auch die ipso iure Umwandlung des Gesamteigentums in Miteigentum nach Bruchteilen.

II. Die Auflösung der Gesellschaft

Die Auflösung der Gesellschaft beginnt mit der Verwirklichung eines Auflösungsgrundes. Es ist in erster Linie Sache des Gesellschaftsvertrags, die Voraussetzungen zu nennen, unter denen die Gesellschaft endigen soll. Zudem statuiert das Gesetz (Art. 545, 546) eine Anzahl Auflösungsgründe, die sich in zwei Arten einteilen lassen: Solche, die ohne Dazutun der Gesellschafter eintreten können (abgekürzt: objektive Gründe); und solche, die dem Willen und Handeln aller oder einzelner Gesellschafter entspringen. Es ist aber gleich festzuhalten, daß auch die objektiven Auflösungsgründe nicht unbedingt (automatisch) zur Auflösung führen müssen, da den Gesellschaftern (rechtlich) stets die Möglichkeit offen bleibt, auf Grund des Gesellschaftsvertrags oder späterer Beschlüsse die Gesellschaft fortzusetzen. – Schließlich können Sachlagen eintreten, die, ohne im Gesetz erwähnt zu sein, ihrer Natur nach das Ende der Gesellschaft bedeuten (unten Ziff. 3).

1. Die objektiven Auflösungsgründe

Zu den objektiven Auflösungsgründen gehören (siehe Art. 545 Abs. 1, Ziff. 1, 2, 3, 5, 7):

a) **Die Erreichung des Gesellschaftszwecks**, z. B. bei abgeschlossener Durchführung bestimmter Transaktionen, Veranstaltungen, konsortialer Bauarbeiten, Gründung der AG. Der Vertrag ist damit «erfüllt». Die Fortsetzung der Gesellschaft (z. B. zur Wiederholung der Veranstaltung) bedarf eines einstimmigen Beschlusses aller Gesellschafter, der sich auch in konkludentem Handeln äußern kann.

b) **Die Unmöglichkeit der Zweckerreichung.** Es muß sich dabei um eine nach der Gründung der Gesellschaft eingetretene, objektive Unmöglichkeit handeln[3] (z. B. Nichtigerklärung des zu verwertenden Patentes; Ein- oder Ausfuhrverbote; entscheidende Veränderungen im Mitgliederbestand, welche die weitere Verfolgung des Gesellschaftszwecks verunmöglichen). Allenfalls kann durch Verengung des Gesellschaftszwecks die Fortsetzung der Gesellschaft ermöglicht werden. Ist fraglich, ob eine objektive Unmöglichkeit vorliegt, so können die geltend gemachten Faktoren u. U. wichtige Gründe darstellen, aus denen die Auflösung der Gesellschaft verlangt werden kann.

---

[3] Zur Unmöglichkeit des Zwecks als Hindernis zur Entstehung der Gesellschaft siehe vorn § 28, II 3b.

c) Der Ablauf der Zeit, «auf deren Dauer die Gesellschaft eingegangen worden ist» (Art. 545 Abs. 1, Ziff. 5) – ein Auflösungsgrund, der auf den ursprünglichen Parteiwillen zurückgeht. Der Gesellschaftsvertrag kann die Dauer der Gesellschaft kalendermäßig genau festsetzen oder durch eine mehr oder weniger bestimmte, aber absehbare Frist begrenzen (z. B. «während der Wintersaison»)[4]. Die Dauer der Gesellschaft kann sich auch aus dem Zweck der Gesellschaft und den Begleitumständen ergeben (z. B. der Dauer eines durch Lizenzerteilung zu verwertenden Patents; Mitwirkung bei bestimmten Veranstaltungen)[5]. – Vereinbarungen über die Dauer einer Gesellschaft unterliegen keinen gesetzlichen Beschränkungen. Einzig der Schutz der Persönlichkeit setzt der Vertragsfreiheit Grenzen, indem gesellschaftliche Verpflichtungen, deren Dauer, unter Mitberücksichtigung ihres sachlichen Gewichtes und der persönlichen Umstände, eine übermäßige Einschränkung der persönlichen Freiheit bedeuten würde, als sittenwidrig ab initio nichtig sind (Art. 27 Abs. 2 ZGB, Art. 20 OR). Es liegt dann, wenn der Gesellschaftsvertrag nicht als Ganzes dahinfällt, eine (jederzeit kündbare) Gesellschaft auf unbestimmte Dauer vor[6]. – Den Gesellschaftern steht es frei, die Gesellschaft nach Ablauf der vereinbarten Frist fortzusetzen, durch Beschluß oder konkludentes Handeln; tun sie dies, ohne eine neue Dauer festzusetzen, so gilt die Gesellschaft als auf unbestimmte Zeit erneuert (Art. 546 Abs. 3). – Im Einzelfall ist oft schwer zu unterscheiden, ob eine Gesellschaft auf bestimmte oder unbestimmte Zeit gewollt war. Es lassen sich keine präzisen, allgemeingültigen Unterscheidungsmerkmale aufstellen. Ein Entscheid hierüber kann nur unter Berücksichtigung aller Umstände des Falles getroffen werden, wobei als wegleitend zwei Postulate zu beachten sind: Die Auslegung des Vertrags (Ermittlung des Parteiwillens) nach Treu und Glauben einerseits – der Schutz der Persönlichkeit vor übermäßigen, insbesondere unüberblickbaren Verpflichtungen andererseits. Dies ist im Zusammenhang mit den Gesellschaftsverträgen auf unbestimmte Dauer weiter zu verfolgen (hinten Ziff. 2 lit. c).

---

[4] Um als Auflösungsgrund im Sinn von Art. 545 Abs. 1 Ziff. 5 zu wirken, muß die vereinbarte Dauer gleichzeitig als Höchst- und Mindestdauer gemeint sein. Ist sie nur Höchstdauer, so kann der Vertrag auch vor ihrem Ablauf gekündigt werden; ist sie nur Mindestdauer, so liegt nach deren Ablauf die Gesellschaft auf unbestimmte Dauer vor, die (mangels neuer, anderer Vereinbarung) als solche gekündigt werden kann. Siehe HUECK, Gesellschaftsrecht, S. 48 und OHG, § 24, I 1; vgl. SIEGWART, Art. 547, N. 16.

[5] In gewissen Fällen können sich die Auflösungsgründe gemäß Art. 545 Abs. 1 Ziff. 1 und 5 gegenseitig bedingen, z. B. Unmöglichkeit der Patentverwertung bis zu einem bestimmten Zeitpunkt.

[6] Siehe auch vorn § 28, II 3 d und hinten Ziff. 2 c. BECKER, Art. 546, N. 3; SIEGWART, Art. 545–547, N. 16; HARTMANN, Art. 574, N. 18.

d) Die Zwangsverwertung des Liquidationsanteils eines Gesellschafters und dessen Konkurs. – Hiefür ist zunächst auf das über die Stellung der Gesellschaft und des Gesellschafters in der Betreibung Gesagte zu verweisen (vorn § 30, III 2). Da für Personengesellschaften der intuitus personae wesentlich ist, kann keinem Gesellschafter zugemutet werden, ohne sein Einverständnis die Gesellschaft mit dem Erwerber eines gepfändeten oder in die Konkursmasse gefallenen Anteils fortzusetzen. Andererseits sind auch die Gläubiger daran interessiert, daß die im Gesellschaftsvermögen liegenden Werte realisiert und zur Befriedigung ihrer Forderungen verwendet werden können, ohne daß der Ablauf von Kündigungsfristen abgewartet werden müßte. Vorbehalten aber bleiben die in der VO des BGer vom 17. Januar 1923 und im KS der BGer vom 1. Februar 1926 vorgesehenen Einigungsverhandlungen, durch welche unter Umständen die Auflösung der Gesellschaft vermieden werden kann (siehe vorn § 30, III 2)[7].

Auch die Bevormundung eines Gesellschafters stellt an sich einen Auflösungsgrund dar, wofür die gleichen Gründe sprechen wie bei der Zwangsverwertung von Gesellschaftsanteilen. Es schließt dies aber nicht aus, daß eine Fortsetzung der Gesellschaft im Interesse aller Beteiligten liegt und daher zwischen den übrigen Gesellschaftern und den vormundschaftlichen Behörden vereinbart werden kann.

e) Der Tod eines Gesellschafters bewirkt von Gesetzes wegen die Auflösung der Gesellschaft, sofern der Gesellschaftsvertrag nicht eine Fortsetzung der Gesellschaft mit den Erben vorsieht (Art. 545 Abs. 1 Ziff. 2). Die Fortsetzung kann auch noch im Liquidationsstadium mit den Erben vereinbart werden, sofern alle Gesellschafter zustimmen. Zu den verschiedenen Fortsetzungsklauseln und deren Auswirkungen wird auf das vorn § 29 V Gesagte verwiesen.

Mangels solcher Vereinbarungen treten der Erbe oder die Erbengemeinschaft in die Rechtsstellung des verstorbenen Gesellschafters ein und werden damit Mitglieder der Liquidationsgesellschaft mit allen sich daraus ergebenden Rechten und Pflichten.

Zur Rechtsstellung der Erben eines Gesellschafters im Verhältnis zur Liquidationsgesellschaft bestehen aber Kontroversen, die zwar von größerer Bedeutung im Bereich der Handelsgesellschaften, aber auch bei der einfachen Gesellschaft zu beachten sind. So vertreten z.B. BECKER

---

[7] Wird der Liquidationsanteil eines Gesellschafters gepfändet, so bewirkt erst dessen Verwertung (in der Regel durch Versteigerung) die Auflösung der Gesellschaft. Vgl. Art. 9 der VO des BGer vom 17.1.1923 (vorn § 30, III 2); SIEGWART, Art. 547, N. 11. – Ob die Auflösung der Gesellschaft durch Konkurs zwingenden Rechts sei, ist umstritten. Verneinend: BECKER, Art. 545, N. 13 f.; SIEGWART, Art. 547, N. 11; Obergericht Zürich in BlZR 40, 1941, Nr. 91. Bejahend: Zürich, Kassationsgericht, in SJZ 39, 1942/43, S. 487.

(Art. 547, N. 5) und HARTMANN (Art. 574, N. 11; Art. 584, N. 1; siehe aber auch bei Art. 574, N. 15) die Auffassung, daß die Erben nicht Mitglieder der Liquidationsgesellschaft werden und dieser gegenüber auf Grund des Erbrechts lediglich vermögensrechtliche Ansprüche (auf die «Beteiligung» des Erblassers) erheben können. – Wo ein Eintritt der Erben in die gesellschaftsrechtliche Stellung des Erblassers bejaht wird, geschieht dies teilweise mit dem Beifügen, daß mehrere Erben nicht als Erbengemeinschaft, sondern nur je einzeln (ut singuli) nachrücken können (sog. Aufgliederung der Mitgliedschaft; z. B. bei HARTMANN, Art. 574 N. 15, bei Fortsetzung der Gesellschaft mit den Erben; ferner frühere deutsche Lehre). – Diese Auffassungen stehen jedoch weder mit der erbrechtlichen, noch mit der gesellschaftsrechtlichen Ordnung im Einklang. Für die Beurteilung der Rechtsstellung der Erben ist zunächst vom Erbrecht auszugehen. Danach erwerben diese mit dem Tod des Erblassers kraft Gesetzes die Erbschaft als Ganzes, mehrere Erben (bis zur Teilung) als gesamthänderische Erbengemeinschaft, hinsichtlich aller Rechte und Pflichten des Erblassers (Art. 560, 602 ZGB). Im Recht der Personengesellschaften gibt es keine Norm, welche diese Rechtsstellung der Erben aufheben oder modifizieren würde (vgl. Art. 686 Abs. 4, Art. 792 OR). Vielmehr deutet Art. 584 – der analogerweise auch für die einfache Gesellschaft gilt – darauf hin, daß das Gesetz mit dem Eintritt der Erben in die Liquidationsgesellschaft rechnet. Daß der Erbe oder eine Mehrzahl von Erben als Erbengemeinschaft in die Stellung ihres Erblasser-Gesellschafters nachrücken, ist denn auch (heute) herrschende Lehre[7a].

Die Erben eines Gesellschafters treten in die Rechtsstellung des Erblassers ein, wie sie dieser im Stadium der Liquidation eingenommen hätte, dies nicht nur in vermögensrechtlicher Hinsicht, sondern auch in bezug auf die sog. Verwaltungsrechte. Sie haben Anspruch auf den ihrem Erblasser zukommenden Liquidationsanteil, haben aber auch dessen Verbindlichkeiten zu erfüllen (z. B. zur Leistung noch geschuldeter und für die Liquidation benötigter Beiträge) und haften gegenüber Dritten wie ihr Erblasser (dazu unten III 2b). Wollen der oder die Erben diese Pflichten nicht übernehmen oder in bestimmter Weise einschränken, so stehen ihnen die Ausschlagung der Erbschaft oder deren Annahme unter öffentlichem Inventar gemäß den Bestimmungen des Erbrechts (Art. 566 ff., 580 ff. ZGB) offen. – Im besonderen gelten für die Erben noch die Bestimmungen der Art. 547 Abs. 2 OR (Anzeigepflicht und vorläufige Weiterführung der vom Erblasser zu besorgenden Geschäfte, wozu noch unten III 1), sowie Art. 584 (Pflicht der Erbengemeinschaft zur Bezeichnung eines gemeinsamen Vertreters für die Durchführung der Liquidation).

Sind Mitglieder einer einfachen Gesellschaft juristische Personen oder Personen-Handelsgesellschaften, so bewirkt (wie allgemein anerkannt) deren «Auflösung» an sich noch nicht die Auflösung der einfachen Gesellschaft. Diese Folge tritt erst ein, wenn die Liquidation solcher Gebilde fertig

---

[7a] Siehe hiezu (besonders eingehend) HAUSHEER, S. 9 ff., 98 ff., 140 ff.; SIEGWART, Art. 530, N. 1, 545–547, N. 7, 9; EHRSAM, S. 122 f. – So nun wohl auch die herrschende deutsche Lehre und Rechtsprechung; siehe z. B. bei SOERGEL/SCHULTZE-V. LASAULX, § 729 BGB, Bem. 4 (anders noch Vorauflage, Bem. 3) mit ausführlichen Hinweisen, auch auf andere Meinungen; LEHMANN/DIETZ, S. 115; HUECK, OHG, S. 945 f.

durchgeführt ist und diese damit dahingefallen sind. In der Zwischenzeit werden sie durch ihre Liquidatoren vertreten; wobei sich auch ereignen kann, daß im Stadium der Liquidation die Auflösung wieder rückgängig gemacht und die Liquidationsgesellschaft in eine sog. werbende zurückverwandelt (reaktiviert) wird.

2. Auflösung der Gesellschaft durch Übereinkunft, Kündigung oder aus wichtigen Gründen (Art. 545/546 OR)

a) Die Auflösung durch Übereinkunft

Wie die Gesellschaft durch Vertrag begründet wird, so kann sie auch durch «gegenseitige Übereinkunft» (Art. 545 Abs. 1 Ziff. 4) aufgelöst werden. Sieht der Vertrag nichts anderes vor, so kann die Auflösung jederzeit vereinbart werden. Es bedarf hiezu eines einstimmigen Beschlusses aller Gesellschafter, es sei denn, der Vertrag sehe ausdrücklich für diesen Fall einen Mehrheitsbeschluß vor[8]. Ob aus dem Einstellen der gesellschaftlichen Tätigkeit auf eine stillschweigende Auflösung geschlossen werden kann[9], hängt von den Umständen des Falles ab, dürfte aber im Zweifel zu verneinen sein. Es stehen ja die ordentliche Kündigung oder nötigenfalls die Auflösung aus wichtigen Gründen zu Gebot.

b) Die (ordentliche) Kündigung

Für die Personengesellschaften ist charakteristisch, daß, mangels Vereinbarung einer bestimmten oder doch bestimmbaren Dauer, jeder einzelne Gesellschafter die Möglichkeit hat, die Gesellschaft durch Kündigung zur Auflösung zu bringen – eine Möglichkeit, die in Anbetracht der persönlichen Haftung der Gesellschafter für die Gesellschaftsschulden und (gegebenenfalls) der ihnen obliegenden Leistungspflichten positiver oder negativer Natur von besonderer Bedeutung ist. Auch in dieser Hinsicht ist der autonomen Ordnung ein weiter Spielraum gelassen. – Vertraglich können die Voraussetzungen der Kündigung (z. B. erst nach Ablauf einer bestimmten Frist), die Kündigungsfrist (z. B. auf drei Monate) und ihre Wirkungen (z. B. Möglichkeit der Ausscheidung des kündenden Gesellschafters) beliebig geordnet werden. Schranken ergeben sich hier – wie schon bei den Gesellschaften auf bestimmte Dauer – bloß aus dem Gesichtspunkt des Persönlichkeitsschutzes[10]. Kündigungsfristen, die unter Berücksichtigung

---

[8] Siehe vorn § 29, III 1 c.
[9] So SIEGWART, Art. 545–547, N. 17.
[10] Siehe oben Ziff. 1 b; SIEGWART, Art. 545–547, N. 22; BECKER, Art. 546, N. 4; HARTMANN, Art. 574, N. 9 ff.

aller sachlichen und persönlichen Umstände eine übermäßige Beschränkung der persönlichen Freiheit bedeuten, sind als solche nichtig, woraus sich, wenn nicht auf Teilnichtigkeit im Sinn von Art. 20 Abs. 2 OR geschlossen werden kann, eine Gesellschaft auf unbestimmte Dauer ergeben kann[11].

c) Die Kündigung einer «Gesellschaft auf unbestimmte Dauer»

Von Gesetzes wegen kann eine Gesellschaft, die «auf unbestimmte Dauer» eingegangen worden ist, von jedem Gesellschafter auf sechs Monate gekündigt werden (Art. 545 Abs. 1 Ziff. 6; 546 Abs. 1). Der rechtspolitische Gedanke, der dieser Bestimmung zu Grunde liegt, beruht auf dem Persönlichkeitsschutz: Bindungen, deren Tragweite in zeitlicher Hinsicht nicht überblickt werden kann, sollen jederzeit (auch ohne daß «wichtige Gründe» nachzuweisen wären) lösbar sein. Die Kündbarkeit solcher Verträge wird denn auch nach (bisher) herrschender Doktrin und Praxis als zwingenden Rechts angesehen[12]. Die Kündigung soll jedoch «in guten Treuen und nicht zur Unzeit geschehen»; wo jährliche Rechnungsabschlüsse vorgesehen sind, soll die Kündigung nur auf das Ende des Geschäftsjahres erfolgen (Art. 546 Abs. 2).

Eine Gesellschaft von unbestimmter Dauer liegt vor, wenn der Gesellschaftsvertrag dies ausdrücklich sagt oder wenn er sich zum Zeitpunkt der Beendigung der Gesellschaft überhaupt nicht äußert und auch kein stillschweigender Parteiwille aus den Umständen des konkreten Falls hervorgeht[13]. Die Auslegung des Vertrags aus seinem Zweck und nach Treu und Glauben ist hier von besonderer Bedeutung und wird denn auch im Gesetz noch hervorgehoben (Art. 546 Abs. 2). – Besondere Situationen ergeben sich, wenn die Dauer der Gesellschaft von Ereignissen abhängen soll, von denen bei Vertragsschluß noch ungewiß ist, ob sie überhaupt eintreten (dann liegt eine Resolutivbedingung vor, wozu noch unten Ziff. 3), wann sie eintreten (z. B. «bis Kriegsende»), oder wenn die Gesellschaft funktionell mit einer andern Organisation von unbestimmter Dauer verknüpft ist

---

[11] Zur Teilnichtigkeit des Gesellschaftsvertrags siehe vorn § 28, II 3e.
[12] Siehe BECKER, Art. 546, N. 1; SIEGWART, Art. 545–547, N. 20; HARTMANN, Art. 574, N. 21; BGE 90 II, 1964, S. 333 ff., 341; siehe auch BGE 48 II, 1922, S. 439 (Persönlichkeitsschutz). – Gegen die bisherige Lehre und Praxis ZÄCH (Vertraglicher Ausschluß der Kündbarkeit bei den Personengesellschaften). In einer umfassenden, grundsätzlich vom Verhältnis zwischen gesetzlicher Ordnung und Privatautonomie ausgehenden Studie, bejaht ZÄCH (S. 68 ff., 101) die Möglichkeit, die Kündbarkeit einer unbefristeten Personengesellschaft durch Vereinbarung auszuschließen, gegebenenfalls unter Vorbehalt des Persönlichkeitsschutzes gemäß Art. 27 Abs. 2 ZGB (treffliche Zusammenfassung der Begründung S. 110 ff.). – Zur Problematik der Gesellschaften auf unbestimmte Dauer im Sinn von Art. 546 Abs. 1 siehe auch GAUCH (System der Beendigung von Dauerverträgen), insbes. S. 33, 41.
[13] Kasuistik hiezu z. B. bei SIEGWART, BECKER, HARTMANN (oben Anm. 12).

(z. B. bei Konsortien unter Aktionären einer AG von unbestimmter Dauer)[14]. Hier liegen wohl prima facie Vereinbarungen auf unbestimmte Zeit vor; aber eine nähere Prüfung des Falles kann ergeben, daß die Möglichkeit einer jederzeitigen Kündigung mit dem wirklichen Parteiwillen und dem Zweck des Vertrags, so wie ihn die Parteien verstanden haben oder nach Treu und Glauben verstehen mußten, unvereinbar wäre[15]. – Läßt sich die Frage nach der Dauer der Gesellschaft nicht mit genügender Sicherheit beantworten, so bleibt als ultima ratio noch die Möglichkeit einer Auflösung aus wichtigen Gründen offen.

d) Die Kündigung einer «Gesellschaft auf Lebenszeit»

Die «auf Lebenszeit» eines Gesellschafters eingegangene Gesellschaft ist in gleicher Weise wie die Gesellschaft von unbestimmter Dauer kündbar (Art. 545 Ziff. 6, 546 Abs. 1)[16]. Als grundlegend wird auch hier der Gedanke angesehen, daß Gesellschaften auf Lebenszeit als übermäßige Freiheitsbeschränkungen gelten. Die jederzeitige Kündbarkeit solcher Gesellschaften wird denn auch nach (bisher) herrschender Lehre als zwingenden Rechts betrachtet[17].

---

[14] Zu den unter dem Gesichtspunkt der «unbestimmten Dauer» besonders interessanten Aktionärbindungsverträgen siehe die Referate von R. PATRY und H. GLATTFELDER zum Schweiz. Juristentag 1959 in ZSR 78, 1959, 2. Halbband, S. 1 aff. und 141 aff.

[15] Siehe z. B. den bei PATRY (oben Anm. 14) S. 32a und 130a erwähnten Fall, in dem ein Bindungsvertrag unter den Gründern einer AG von unbestimmter Dauer schiedsgerichtlich (Mehrheitsbeschluß!), unter Berücksichtigung der Gegebenheiten in casu, nicht als eine Gesellschaft von «unbestimmter Dauer» qualifiziert wurde. – Zu diesem Thema einläßlich E. WOLF, Rechtliche Bindungen auf «ewige» Zeiten, Schweiz. AG IX, 1936/37, S. 9 ff., wo die Rechtsgültigkeit von Bindungen unter Aktionären auf die Dauer der AG «an und für sich» bejaht wird, vorausgesetzt, daß der «zugrundeliegende Zweck als hinreichend relevant erscheint für eine so weit gehende Bindung» (S. 68 und Zusammenfassung S. 104 f.).

[16] Über die Entstehungsgeschichte dieser Bestimmung, unter Hinweis auf das deutsche und französische Recht, JÄGGI (Von der Gesellschaft auf Lebenszeit), S. 113 ff.; zur Gesellschaft auf Lebenszeit auch ZÄCH, S. 61 ff.

[17] So BECKER, Art. 546, N. 1; SIEGWART, Art. 545–547, N. 21; HARTMANN, Art. 574, N. 18. Ebenso deutsche Lehre zu dem Art. 546 Abs. 1 entsprechenden § 724 BGB, z. B. SOERGEL/SCHULTZE-v. LASAULX, Bem. 1. – Kritisch zur gesetzlichen Ordnung (Art. 546 Abs. 1) als solcher, sowie zur oben wiedergegebenen Lehre JÄGGI (Von der Gesellschaft auf Lebenszeit): Zunächst (S. 116) wird auf die verschiedenen Erscheinungsformen der Abrede «auf Lebenszeit» und deren Wirkungen hingewiesen. In ihrer «schwachen Form» zielt sie auf die Beendigung der Gesellschaft (spätestens mit dem Tod des Gesellschafters, was andere Auflösungsgründe, so die Kündbarkeit, nicht ausschließt); in ihrer «starken Form» zielt sie auf die Dauer der Gesellschaft (während der ganzen Lebenszeit des Gesellschafters, unter Ausschluß anderer Beendigungsgründe); auch Zwischenformen sind denkbar. – Auf Grund einer systematischen Würdigung der verschiedenen möglichen Abreden über die Beendigung der Gesellschaft, insbes. auch unter dem Gesichtspunkt der sog. vollständigen und unvollständigen Verträge, kommt JÄGGI zum Ergebnis (S. 126), daß Art. 546 Abs. 1 nachgiebigen Rechts ist und eine Gesellschaft auf Lebenszeit «nur dann jederzeit kündbar (ist), wenn nichts anderes vereinbart wurde». – Dazu eingehend auch ZÄCH, S. 61 ff.

*e) Die Auflösung der Gesellschaft aus wichtigen Gründen
(auch außerordentliche Kündigung genannt)*

α) Bei allen Dauerschuldverhältnissen können Umstände eintreten, die eine Fortsetzung der eingegangenen Verpflichtungen als unzumutbar erscheinen lassen und ihre sofortige Auflösung, ohne Rücksicht auf vereinbarte Vertragsdauer oder Kündigungsfristen rechtfertigen. Das Gesetz sieht denn auch schon bei gewissen Austauschverträgen (Miete und Pacht, Arbeitsvertrag, Agentur) die Möglichkeit ihrer Auflösung aus wichtigen Gründen vor. In besonderem Maß besteht ein Bedürfnis nach diesem Rechtsmittel bei den (in der Regel) auf dauerndes Zusammenwirken gerichteten Gesellschaften. Nach Gesetz können denn auch alle Gesellschaften aus wichtigen Gründen (justes motifs, motivi gravi) durch gerichtliches Urteil aufgelöst werden[18]. Im einzelnen erfährt jedoch dieser Auflösungsgrund eine in subjektiver und objektiver Hinsicht verschiedene Behandlung, je nachdem um welche Gesellschaftsformen es sich handelt. – So kann bei sämtlichen Personengesellschaften jeder Gesellschafter als solcher die Auflösung aus wichtigem Grund verlangen, ebenso bei der (im schweizerischen Recht personalistisch konzipierten) GmbH, während bei der AG ein solches Begehren den Besitz von mindestens einem Fünftel des Aktienkapitals voraussetzt (Art. 736 OR). – In objektiver Hinsicht ist zu beachten, daß der Begriff der wichtigen Gründe, obschon im Gesetz überall gleichmäßig und ohne Umschreibung verwendet, verschieden gedeutet werden kann, je nach der Gesellschaftsform, um die es sich handelt und, innerhalb einer Form, je nach der konkreten Ausgestaltung der Gesellschaft. So kann bei einer Personengesellschaft als wichtiger Grund gelten, was bei einer AG unbeachtlich bleiben muß[19]; und ein unbeschränkt haftender Gesellschafter kann als unzumutbar geltend machen, was ein Kommanditär mit beschränkter Einlage noch hinnehmen muß. – Gemeinsam ist allen Gesellschaftsformen, daß der wichtige Grund nicht eo ipso die Auflösung der Gesellschaft bewirkt, sondern (mangels Verständigung unter den Parteien) erst das die Auflösung aussprechende Urteil des Richters (ob diesem rückwirkende Kraft zukommt, ist noch zu prüfen; siehe unten lit. *β*)[20].

---

[18] Vgl. Art. 545 Abs. 2, 574, 619 (Kollektiv- und Kommanditgesellschaft), 736 Ziff. 4 (AG), 820 Ziff. 4 (GmbH). Nicht ausdrücklich vorgesehen ist die Auflösung aus wichtigen Gründen bei der Genossenschaft (vgl. Art. 911; GUTZWILLER, Art. 911, N. 26 ff.).

[19] Vgl. BGE 67 II, 1941, S. 162 ff. Dazu auch vorn § 24 I, III.

[20] Anders im deutschen Recht. Nach § 723 BGB bewirkt die Geltendmachung des wichtigen Grundes (die außerordentliche Kündigung) die sofortige Auflösung der Gesellschaft bürgerlichen Rechts (SOERGEL/SCHULTZE-V. LASAULX, § 723, Bem. 28), im Gegensatz zur offenen Handelsgesellschaft, deren Auflösung aus wichtigen Gründen durch gerichtliches Urteil erfolgt (§ 133 DHGB).

Nach wiederholten Urteilen des BGer sind wichtige Gründe zur Auflösung einer Gesellschaft allgemein dann gegeben, «wenn die wesentlichen Voraussetzungen persönlicher und sachlicher Natur, unter denen der Gesellschaftsvertrag eingegangen wurde, nicht mehr vorhanden sind, so daß die Erreichung des Gesellschaftszweckes in der bei der Eingehung der Gesellschaft beabsichtigten Art nicht mehr möglich, wesentlich erschwert oder gefährdet wird» und dem Gesellschafter «die Fortsetzung der Gesellschaft nicht mehr zugemutet werden kann»[21]. Es muß sich also um Faktoren oder Entwicklungen handeln, die erst nach der Entstehung der Gesellschaft eingetreten sind oder doch erst nachträglich festgestellt werden konnten[22]. Wichtige Gründe können subjektiver Natur sein, d.h. in der Person der Gesellschafter liegen, oder objektiver Natur, d.h. in der Gesellschaftstätigkeit und den sie bedingenden Faktoren begründet sein.

Die Möglichkeit der Auflösung einer Gesellschaft aus wichtigen Gründen ist zwingenden Rechts[23]. Dies schließt aber nicht aus, daß auch der Gesellschaftsvertrag sich damit befaßt. So kann der Vertrag bestimmte Ereignisse oder Entwicklungen vorsehen, die (ohne eo ipso wirkende Auflösungsgründe zu sein) den Gesellschafter berechtigen, die sofortige Auflösung zu verlangen, z.B. Wegzug eines Gesellschafters, Mißlingen bestimmter geschäftlicher Transaktionen, Marktverhältnisse, Nichterteilung eines Patents. Der Vertrag kann aber das gesetzliche Recht zur Auflösung aus wichtigen Gründen weder entziehen, noch erschweren. M.a.W., wenn Umstände eintreten, die nach Ansicht des Richters einen wichtigen Grund zur Auflösung der Gesellschaft im Sinn des Gesetzes darstellen, so ist eine anders lautende vertragliche Bestimmung unerheblich[24]. Hingegen kann im Gesellschaftsvertrag bestimmt werden, daß bei Eintreten wichtiger Gründe der Vertrag (also die Gesellschaft) unter Beobachtung einer bestimmten, angemessenen Frist gekündigt werden kann. Dann bedarf es keines Auflösungsurteils, sondern die Gesellschaft wird durch Kündigung aufgelöst[25].

---

[21] So BGE vom 19. Juni 1945, BlZR 44, 1945, Nr. 106, unter Hinweis auf frühere Praxis. Bedeutsam an diesem Entscheid, daß er beide Komponenten zum Ausdruck bringt: Die objektive (bezogen auf den Gesellschaftszweck) und die subjektive (Unzumutbarkeit der Fortsetzung vom Standpunkt eines Gesellschafters). So auch HARTMANN, Art. 574, N. 23; SIEGWART, Art. 545–547, N. 29 (etwas unvollständig). Vgl. auch BGE 20, 1894, S. 586 f.; 61 II, 1935, S. 194.
[22] Über die Auswirkungen der Willensmängel bei Vertragsabschluß siehe vorn § 28 II.
[23] HARTMANN, Art. 574, N. 27; SIEGWART, Art. 545–547, N. 30 a. E. Daß die Bestimmungen über die außerordentliche Kündigung zwingender Natur sind, wird im deutschen Recht noch ausdrücklich festgehalten (§ 723 Abs. 3 BGB, § 133 Abs. 3 HGB).
[24] So BGE vom 19. Juni 1945 (zit. Anm. 21), unter Berufung auf SIEGWART, Art. 545–547, N. 30. Abweichend: HARTMANN, Art. 574, N. 24, der «innerhalb gewisser Grenzen» die Möglichkeit einer vertraglichen Einschränkung des Rechts zur Auflösung aus wichtigen Gründen bejaht; BECKER, Art. 545, N. 22. – Zur Zulässigkeit einer vertraglichen Einschränkung der Auflösungsgründe siehe auch BGE vom 24.11.1940 (zit. Anm. 26).
[25] So mit eingehender Begründung BGE 74 II, 1948, S. 172. Im gleichen Sinn auch HARTMANN, Art. 574, N. 26.

β) Die Geltendmachung der wichtigen Gründe und das Auflösungsurteil

Wichtige Gründe bewirken nicht eo ipso die Auflösung der Gesellschaft. Sie berechtigen jeden Gesellschafter, die sofortige Auflösung der Gesellschaft zu verlangen, was durch Mitteilung an alle Gesellschafter geschehen muß. Sind die Mitgesellschafter damit einverstanden, so liegt eine Auflösung durch Übereinkunft vor (die aber allfällige Schadenersatzforderungen nicht ausschließt). Widersetzen sich die Mitgesellschafter (alle oder einzelne) der Auflösung, so steht die Auflösungsklage zu Gebot. Zu deren Erhebung ist jeder Gesellschafter legitimiert, es sei denn, er habe den wichtigen Grund vorwiegend selbst verschuldet oder auf dessen Geltendmachung bereits ausdrücklich oder stillschweigend verzichtet[26]. Passiv legitimiert sind die Gesellschafter, die sich der Auflösung widersetzen[27]. – Der Richter kann, wenn wichtige Gründe nachgewiesen sind, nur die Auflösung der Gesellschaft aussprechen. Die Ausschließung eines fehlbaren Gesellschafters (wie bei der Kollektivgesellschaft, Art. 577) ist bei der einfachen Gesellschaft nur möglich, wenn im Vertrag vorgesehen (vorn § 29, IV 5). – Das Auflösungsurteil ist ein gegenüber allen Gesellschaftern wirkendes Gestaltungsurteil. Nach herrschender Lehre und Praxis kommt ihm konstitutive Wirkung *ex nunc* zu[28]. – Um den damit verbundenen Nachteilen vorzubeugen, kann der Richter vorsorgliche Maßnahmen treffen[29] (z. B. die ganze oder teilweise Einstellung der Geschäftstätigkeit oder die Suspendierung gesellschaftlicher Leistungen verfügen, in analoger Anwendung von Art. 574 Abs. 3). Allfällige Schadenersatzansprüche wegen schuldhafter Verursachung eines wichtigen Grundes bleiben vorbehalten.

---

[26] HARTMANN, Art. 574, N. 23, 27a; SIEGWART, Art. 545–547, N. 27 und dort zitierte Doktrin. – BGE vom 25.11.1940, BlZR 40, 1941, Nr. 37 (betr. Selbstverschulden); siehe auch BGE 20, 1894, S. 596.

[27] HARTMANN, Art. 574, N. 27a; SIEGWART, Art. 545–547, N. 28; BGE 24 II, 1898, S. 201. – Abweichend FRAEFEL, S. 111.

[28] BECKER, Art. 545, N. 20; HARTMANN, Art. 574, N. 27; SIEGWART, Art. 545–547, N. 34; WIELAND I, S. 674. – BGE 74 II, 1948, S. 173 und dort zitierte frühere Entscheide. – a. M. MERZ (Der maßgebende Zeitpunkt für die Auflösung der einfachen Gesellschaft und der Kollektivgesellschaft aus wichtigem Grund), S. 696, wonach aus materiellrechtlichen Gründen die Auflösung der Gesellschaft mit der Geltendmachung des wichtigen Grundes (Klageanhebung) eintritt.

[29] SIEGWART, Art. 545–547, N. 34; hier wird, das *ex nunc*-Prinzip abschwächend, dem Richter das Recht eingeräumt, «in besondern Fällen» dem Urteil rückwirkende Kraft, auf den Zeitpunkt der Klageeinreichung oder sogar des Eintritts des wichtigen Grundes, zu verleihen; dazu auch BGE 20, 1894, S. 596.

3. Weitere (in Art. 545 nicht genannte) Auflösungsgründe – Die Resolutivbedingung

Im Gesellschaftsvertrag kann vereinbart werden, daß die Gesellschaft mit dem Eintritt eines zukünftigen, noch ungewissen Ereignisses im Sinn von Art. 154 OR enden soll (z. B. Kriegsausbruch, Nichtigerklärung eines Patentes, Ausfuhrverbote). Dann liegt, wenn dem Vertrag nichts anderes zu entnehmen ist, bis zum Eintritt der Bedingung eine (nach Art. 545 Abs. 1 Ziff. 6 kündbare) Gesellschaft von unbestimmter Dauer vor. Da nach schweizerischem Recht der auflösenden Bedingung «in der Regel» keine Rückwirkung zukommt (Art. 154 Abs. 2)[30], bleiben die bis zur Auflösung begründeten internen und externen Rechtsverhältnisse wirksam und die Liquidation geht nach den sonst geltenden Regeln vor sich. – Die Vereinigung aller Gesellschaftsanteile in einer Hand (durch Zession, Erbschaft) läßt die Gesellschaft als solche dahinfallen, da «Einmanngesellschaften» nur bei Körperschaften möglich sind.

III. Die Wirkungen der Auflösung – Die Liquidation

1. Die Wirkungen der Auflösung in persönlicher Hinsicht

a) Die Auflösung der Gesellschaft beginnt mit der Verwirklichung des Auflösungsgrundes[31]. Ihre erste Wirkung besteht darin, daß sich jeder Gesellschafter auf die Auflösung berufen und (mangels anderer Abrede, siehe oben II) die Durchführung der Liquidation verlangen kann. – Da von nun an die Gesellschaft wohl noch weiterbesteht (Identität), aber mit dem (neuen) Zweck der Liquidation, ändert sich auch die Aufgabe der Geschäftsführer. Jeder Gesellschafter hat denn auch die Pflicht, einen ihm bekannt gewordenen Auflösungsgrund den andern mitzuteilen; bei Tod eines Gesellschafters obliegt diese Pflicht den Erben (Art. 547).

Als vorläufige Ordnung bestimmt das Gesetz, daß die bisherigen Geschäftsführungsbefugnisse eines Gesellschafters «zu seinen Gunsten»[32]

---

[30] Vgl. OSER/SCHÖNENBERGER, Art. 154, N. 2. – Anders nach deutschem Recht, § 158 Abs. 2 BGB; doch wird auch hier Rückwirkung abgelehnt, wie bei den fehlerhaften Gesellschaften (siehe vorn § 28, Anm. 43; SOERGEL/SCHULTZE-v. LASAULX, § 723 BGB, Anm. 7).

[31] Der Zeitpunkt der «Verwirklichung» der Auflösungsgründe bestimmt sich nach ihrer Art. z. B. nach Ablauf der Kündigungsfrist, bei Verwertung eines Gesellschaftsanteils, durch Auflösungsurteil.

[32] Die Wendung «zu seinen Gunsten» entspricht inhaltlich Art. 406 (Auftragsrecht) und bedeutet, daß der (noch) gutgläubige Gesellschafter sich auf seine Geschäftsführungs- und (gegebenenfalls) Vertretungsbefugnis (wofür auch die Vermutung gemäß Art. 543 Abs. 3 zu

als fortbestehend gelten, bis er von der Auflösung Kenntnis hat oder bei schuldiger Sorgfalt haben sollte (Art. 547 Abs. 1). Aber auch nach Kenntnis der Auflösung hat der Geschäftsführer nach bisheriger Ordnung nötigenfalls die Interessen der Gesellschaft zu wahren, bis die gesetzliche oder vertragliche Liquidationsordnung spielen kann[33]. Beim Tod eines Gesellschafter-Geschäftsführers wird diese Pflicht den Erben (die ja Mitglieder der Liquidationsgesellschaft geworden sind, in der gleichen Stellung wie ihr Erblasser, oben II 1e) ausdrücklich überbunden (Art. 547 Abs. 2)[34].

Als definitive Liquidationsordnung sieht das Gesetz vor, daß nach der Auflösung der Gesellschaft die Geschäfte nunmehr von allen Gesellschaftern gemeinsam geführt werden, mit Einschluß derjenigen, die bisher von der Geschäftsführung ausgeschlossen waren (Art. 550 Abs. 1). Mit andern Worten: An Stelle der bisher von Gesetzes wegen geltenden Einzelgeschäftsführungs- und Vertretungsbefugnis (Art. 535) tritt nun Gesamtgeschäftsführung, bei der sämtliche Gesellschafter mitzuwirken haben (anders bei der Kollektivgesellschaft, Art. 583). Diese Ordnung erklärt sich aus der veränderten Situation, dem nun auf die Liquidation beschränkten Zweck und der (je nach den Auflösungsgründen!) mehr oder weniger gelockerten affectio societatis unter den Gesellschaftern[35]. Mit dem Dahinfallen der Befugnis zur Einzelgeschäftsführung wird auch die Unterscheidung zwischen gewöhnlichen und außergewöhnlichen Rechtsgeschäften im Sinn von Art. 535 Abs. 3 bedeutungslos. Handlungen einzelner Gesellschafter beurteilen sich – soweit nicht stillschweigende Ermächtigung durch die andern Gesellschafter zu vermuten ist – nach den Regeln über die Geschäftsführung ohne Auftrag (analog Art. 540 Abs. 2)[36]. Für die Vertretung gegenüber Dritten gelten wie bisher die Bestimmungen über die Stellver-

---

berücksichtigen ist) berufen kann. Dritte können sich auf Art. 547 Abs. 1 nur berufen, wenn auch sie gutgläubig waren. Vgl. SIEGWART, Art. 545–547, N. 36; zur gleichlautenden Bestimmung im deutschen Recht siehe SOERGEL/SCHULTZE-V. LASAULX, § 729 BGB, Anm. 1.

[33] Es ergibt sich dies aus der gesellschaftlichen Treuepflicht und entspricht dem Auftragsrecht (Art. 540 Abs. 1, 405 Abs. 2); vgl. SIEGWART, Art. 545–547, N. 36 a. E.

[34] Die Pflicht zur Fortführung der Geschäftsführung durch die Erben wird in manchen Fällen eine praktisch fragwürdige Sache sein (was auch in der Wendung «in guten Treuen» zum Ausdruck kommt). Um so größere Bedeutung erhält die Bestimmung (Art. 547 Abs. 3), daß «die andern Gesellschafter in gleicher Weise die Geschäfte einstweilen weiterzuführen» haben. – Noch deutlicher in diesem Sinn lautet § 727 Abs. 2 BGB, wobei allerdings zu berücksichtigen ist, daß nach deutschem Recht ohnehin Gesamtgeschäftsführung gilt (§ 709 Abs. 1 BGB).

[35] Die Ausführungen SIEGWARTS (Art. 548–550, N. 9) zur Abstufung der Kompetenzen wie bei der Geschäftsführung können sich daher nur auf die vertragliche Liquidationsordnung beziehen (vgl. auch SIEGWART, a.a.O., N. 12).

[36] SIEGWART, Art. 548–550, N. 12.

tretung, was auch für die Vermutung gemäß Art. 543 Abs. 3 zutrifft[37]. – Eine Ausnahme vom Prinzip der Gesamtgeschäftsführung im Liquidationsstadium gilt für **Innengesellschaften** im Sinn von Art. 550 Abs. 2: Der Gesellschafter, der bisher gemäß Vertrag in eigenem Namen auf gemeinsame Rechnung tätig war, soll auch die Liquidationsgeschäfte auf diese Weise «erledigen», unter Rechenschaftslegung gegenüber den Mitgesellschaftern. Mit dieser Ordnung soll namentlich die Abwicklung der Geschäfte mit Dritten, mit denen ja der betreffende Gesellschafter allein in rechtlicher Beziehung stand (vorn § 27, IV 2), erleichtert werden. Nach ihrem Wortlaut scheint die erwähnte Bestimmung nur für eigentliche Gelegenheitsgesellschaften zu gelten. Die ratio legis spricht aber für eine Anwendung auch auf Innengesellschaften mit dauernder Zwecksetzung[38].

b) Die gesetzlichen Bestimmungen über die Geschäftsführung im Liquidationsstadium haben nur subsidiäre Geltung. Im **Gesellschaftsvertrag** können die Gesellschafter zum voraus einen oder mehrere Gesellschafter oder auch Dritte zu Liquidatoren ernennen und deren Rechte und Pflichten bestimmen. Es kann dies auch durch Gesellschaftsbeschluß erfolgen, wenn im ursprünglichen Vertrag vorgesehen oder wenn der Beschluß mit Zustimmung aller Gesellschafter gefaßt wird[39]. – In diesen Fällen der autonomen Ordnung sind dann auch die Kompetenzen der Liquidatoren festzulegen, insbesondere, ob sie einzeln oder nur kollektiv handeln können, und welche Befugnisse der Gesamtheit der Gesellschafter vorbehalten bleiben. Im Zweifel bedürfen Geschäfte von außergewöhnlicher Bedeutung der Zustimmung durch Gesellschaftsbeschluß gemäß bisheriger Ordnung (vorn § 29, III 1a). Als unentziehbar bleibt den Gesellschaftern auch das Kontrollrecht im bisherigen Ausmaß erhalten.

c) Die **Ernennung von Liquidatoren durch den Richter** ist zwar im Gesetz nicht vorgesehen (wie bei der Kollektivgesellschaft, Art. 583 Abs. 2), bildet aber in gewissen Situationen die einzige und notwendige Lösung[40]. So zunächst, wenn die Gesellschafter die gesetzliche Ordnung

---

[37] Anders die gesetzliche Ordnung bei den Handelsgesellschaften, Art. 583 Abs. 3.
[38] Vgl. dazu die (etwas abweichenden?) Ausführungen SIEGWARTS, Art. 548–550, N. 13 ff. – Über die Liquidation der stillen Gesellschaft siehe hinten § 46 V.
[39] Über Mehrheitsbeschlüsse siehe vorn § 29, III 1b. Auch bei vertraglicher Ordnung muß im Zweifel das Einstimmigkeitsprinzip gelten, da sich Interessengegensätze im Stadium der Auflösung intensiver auswirken können als in der aktiven Gesellschaft.
[40] SIEGWART, Art. 548–550, N. 16, weist zutreffend darauf hin, daß zwar bei der «werbenden» Gesellschaft eine richterliche Ernennung von Geschäftsführern (mangels Einigung unter den Gesellschaftern) nicht möglich sei und in solchen Fällen die Auflösung den Ausweg bilde, daß aber bei der aufgelösten Gesellschaft diese richterliche Kompetenz zu bejahen sei, weil die Liquidation durchgeführt werden muß.

(Liquidation durch sämtliche Gesellschafter in Gesamtgeschäftsführung) nicht wollen, sich aber auch nicht auf bestimmte Liquidatoren einigen können. Sodann, wenn zwar durch Vertrag oder Beschluß Liquidatoren ernannt worden sind, diese aber ihrer Aufgabe nicht gerecht werden. Dann kann ihnen (allen oder einzelnen), wie dies schon vor der Auflösung der Gesellschaft möglich ist (Art. 539), die Geschäftsführungsbefugnis aus wichtigen Gründen entzogen werden, nötigenfalls unter Bestellung neuer Liquidatoren. Schließlich ist möglich, daß die von den Gesellschaftern ausdrücklich oder stillschweigend akzeptierte gesetzliche Ordnung nicht «spielt». Dann muß auch hier der Richter eingreifen können, nötigenfalls unter Abberufung der bisherigen Gesellschafter-Liquidatoren aus (objektiv) wichtigen Gründen. – Das Recht, beim Richter die Bestellung, gegebenenfalls die Abberufung von Liquidatoren zu beantragen, steht jedem Gesellschafter zu (Art. 539, 583 Abs. 2).

2. Die Durchführung der Liquidation in sachlicher Hinsicht

a) Zum Begriff der Liquidation

Die Liquidation besteht in der Auflösung der durch die Gründung und Tätigkeit der Gesellschaft unter den Gesellschaftern und gegenüber Dritten entstandenen Rechtsverhältnisse und die Aufteilung (Übertragung) des Ergebnisses (Gewinn oder Verlust) auf die Gesellschafter nach Maßgabe von Gesetz, Vertrag oder Gesellschaftsbeschluß.

In der Doktrin wird gelegentlich unterschieden zwischen der Liquidation im weitern Sinn – entsprechend der oben gegebenen Umschreibung – und einer solchen im engeren Sinn, worunter (auch in der Geschäftssprache) die Verwertung der Gesellschaftsaktiven (insbes. deren «Versilberung») verstanden wird. Weiter wird unterschieden zwischen einer äußern und einer innern Liquidation, je nachdem, ob es sich um die Abwicklung der Beziehungen zu Dritten oder unter den Gesellschaftern handelt[40a].

Die Liquidation besteht meist aus einer Reihe von Maßnahmen, die aber gesamthaft ein einheitliches, auf den Liquidationszweck gerichtetes Verfahren darstellen (Prinzip der Einheitlichkeit der Liquidation)[41]. Dies bedeutet, daß die Liquidation, einmal begonnen, sich nicht auf die Abwicklung einzelner Rechtsverhältnisse beschränken kann, sondern vollständig durchzuführen und erst beendet ist, wenn in sämtlichen Beziehungen eine Auseinandersetzung nach Gesellschaftsrecht stattgefunden hat – was aller-

---

[40a] Vgl. hiezu z.B. SIEGWART, Art. 548–550, N. 1 f., 6f.; ferner unten lit. b, c.
[41] SIEGWART, Art. 548–550, N. 4; BGE 93 II, 1967, S. 391: «(Die Liquidation) umfaßt alle liquidationsbedürftigen Verhältnisse».

dings auf die verschiedenste Weise geschehen kann[42]. Bis dahin bleibt die Gesellschaft als Liquidationsgesellschaft bestehen.

b) Die gesetzliche Ordnung (Art. 548–551)

Das OR beschränkt sich bei der einfachen Gesellschaft auf eine subsidiäre und ganz summarische Ordnung[43]. So fehlen vor allem Bestimmungen, die den Gläubigerschutz bezwecken, da ja bei der einfachen Gesellschaft die Gesellschaftsschulden zugleich die Schulden der Gesellschafter sind, für die diese persönlich, direkt und solidarisch haften, und die Gläubiger von der Auflösung und Liquidation rechtlich nicht berührt werden (Art. 551). Eine eingehendere Ordnung findet sich bereits bei der Kollektivgesellschaft, und es wird in Doktrin und Praxis angenommen, daß deren Bestimmungen sinngemäß auch auf einfache Gesellschaften «von ähnlichem Bestand» Anwendung finden können[44]. Hingegen sind die Bestimmungen des ZGB über die Aufhebung des Gesamteigentums (Art. 654, der seinerseits auf das Miteigentum verweist) hier nicht anwendbar, da die Sonderordnung des Gesellschaftsrechts vorgeht[45]. Es hat dies namentlich zur Folge, daß die Gesellschafter nicht die Realteilung gemäß Miteigentumsrecht (Art. 651, 654 ZGB) verlangen können.

Auf Grund der gesetzlichen Bestimmungen und der bei einfachen Gesellschaften normalerweise gegebenen Rechts- und Sachlage vollzieht sich die Liquidation in der Regel wie folgt: Nach Feststellung der Aktiven und Passiven (zu denen auch die Forderungen gehören, die Gesellschaftern als Dritten zustehen, wie auch ihre Ansprüche auf Ersatz für Aufwendungen im Sinn von Art. 537) sind zunächst aus dem Gesellschaftsvermögen die Schulden zu begleichen, eventuell für nicht fällige oder umstrittene Verbindlichkeiten die erforderlichen Rückstellungen zu machen[46]. Reicht das

---

[42] Vorbehalten bleibt die Möglichkeit, die Auflösung der Gesellschaft und damit die Liquidation rückgängig zu machen; dazu unten lit. d.

[43] Vgl. die eingehendere Ordnung im deutschen Recht, §§ 730–735 BGB.

[44] SIEGWART, Art. 548–550, N. 46; BGE 93 II, 1967, S. 391. In casu ging das BGer davon aus, daß der Zweck der einfachen Gesellschaft weitgehend im Betrieb eines nach kaufmännischer Art geführten Gewerbes im Sinn von Art. 552 OR bestanden habe, was die analoge Anwendung der für die Kollektivgesellschaft geltenden Liquidationsordnung rechtfertige.

[45] So BGE 93 II, 1967, S. 392; anders noch SIEGWART, Art. 548–550, N. 24, 39.

[46] Wenn auch bei der einfachen Gesellschaft die Liquidation eine *res interna* der Gesellschafter darstellt, so gehört doch nach der gesetzlichen (subsidiären) Ordnung (Art. 549) die Tilgung der Schulden zu den Aufgaben der Liquidation. Jeder Gesellschafter hat Anspruch darauf, daß das Gesellschaftsvermögen zur Zahlung der Schulden verwendet werde, bevor es zur Rückvergütung von Einlagen oder Gewinnverteilungen kommt, ansonst er Gefahr läuft, später von Gesellschaftsgläubigern in Anspruch genommen zu werden. – So auch BECKER, Art. 549, N. 2; SIEGWART, Art. 548–550, N. 32 ff. – Vgl. auch den französischen Text des Art. 549 («payement des dettes»). – So auch § 733 BGB.

Gesellschaftsvermögen, auch bei Versilberung von Sachwerten[47], zur Deckung der Passiven nicht aus, so sind allfällig noch nicht geleistete Beiträge, soweit in diesem Stadium verwendbar und im erforderlichen Ausmaß, einzuziehen; ebenfalls Schadenersatzansprüche aus Art. 538[48]. In bezug auf die Schuldentilgung sind die Liquidatoren nur intern, nicht aber den Gläubigern gegenüber verantwortlich, da diese kein Vorrecht auf Befriedigung aus dem Gesellschaftsvermögen haben und ihnen die Gesellschafter ja direkt und solidarisch für die Gesellschaftsschulden haften. – Vorbehalten bleiben die betreibungsrechtlichen Anfechtungsklagen wegen Gläubiger-Begünstigung oder Benachteiligung gemäß Art. 285 ff. SchKG[48a].

Hierauf folgt die Auseinandersetzung unter den Gesellschaftern. Als Kardinalsatz gilt hiefür die Bestimmung, daß der Gesellschafter kein Recht hat, die Rückgabe der zu Eigentum eingebrachten (und noch vorhandenen) Vermögenswerte zu verlangen (Art. 548). Er hat aber Anspruch auf Ersatz des Wertes, zu dem die Einlage seinerzeit übernommen worden ist (Art. 548), mangels anderer Abrede auf den damaligen Verkehrswert[49], der nun noch zu schätzen ist. Ob die Vergütung dieses Wertes in bar oder durch Zuweisung von noch vorhandenen Sachwerten erfolgen soll (z. B. zur Vermeidung von Verlusten bei Verkauf), ist eine Frage der Zweckmäßigkeit, über die (als außerordentliche Maßnahme) durch Gesellschafterbeschluß zu entscheiden ist. Sachen oder Rechte, die ein Gesellschafter nur zum Gebrauch überlassen hat, fallen dagegen wieder an den Gesellschafter zurück[50]. Für persönliche Dienstleistungen kann der Gesellschafter (mangels anderer Abrede) keine Entschädigung verlangen[51].

Bleibt nach Deckung der Passiven und Rückvergütung der Einlagen ein Überschuß, so ist dieser an die Gesellschafter «als Gewinn», d.h. im Verhältnis ihrer bisherigen Gewinnbeteiligung zu verteilen (Art. 549 Abs. 1).

---

[47] BGE 93 II, 1967, S. 392: Analoge Anwendung von Art. 585 Abs. 1 OR.

[48] Ob außer den Liquidatoren auch Gesellschafter als solche mit der *actio pro socio* die Leistung noch geschuldeter Beiträge in das Gesellschaftsvermögen fordern können, ist umstritten. Verneinend BGE 45 II, 1919, S. 423, unter Berufung auf die ausschließliche Vertretungsmacht der Liquidatoren. Bejahend HARTMANN, Art. 585, N. 23 (mit Hinweisen), da die Klage mit dem Liquidationszweck nicht im Widerspruch stehe. Bejahend auch SOERGEL/SCHULTZE-VON LASAULX, § 705 BGB, Bem. 32 unter Hinweis auf die gegenseitige Verpflichtung der Gesellschafter und die Selbständigkeit der Klage. U. E. ist dieser Lösung zuzustimmen, auch in der Erwägung, daß gerade die Liquidation Anlaß zur Wahrung der Rechte des einzelnen Gesellschafters geben kann. – Vgl. vorn § 29, I 5.

[48a] SIEGWART, Art. 545–548, N. 34. Dazu hinten § 39, II 4, im Zusammenhang mit der Kollektivgesellschaft.

[49] SIEGWART, Art. 548–550, N. 38.

[50] Siehe vorn § 29, I 2.

[51] Art. 537 Abs. 3 OR; § 733 Abs. 2 BGB.

Reicht das Gesellschaftsvermögen nicht aus, um die Passiven zu decken und die Einlagen zurückzuvergüten, so haben die Gesellschafter das Fehlende als Verlust zu tragen (Art. 549 Abs. 2)[52], also nach Maßgabe der für die Verlustbeteiligung geltenden gesetzlichen oder vertraglichen Regeln (vorn § 29, II 3). Während vor der Auflösung der Gesellschaft (bei der «werbenden Gesellschaft») keine Nachschüsse zur Deckung von Verlusten verlangt werden können (vorn § 29, II 4c), gehört es zu einer ordentlichen Liquidation, daß die Gesellschafter die sie nach Gesellschaftsrecht treffenden Verlustanteile an die Liquidationsgesellschaft leisten, damit die Gläubiger gedeckt und die aus den (öfters unterschiedlichen) Verlustbeteiligungen erforderlichen (internen) Auseinandersetzungen durchgeführt werden können – weil erst damit die Liquidation vollständig durchgeführt ist (dazu noch unten lit. d)[53]. Auch diese Regel gilt (wie schon das Gebot der Schuldentilgung) nur für das interne Verhältnis; die Gläubiger können hieraus keine Rechte geltend machen, sondern müssen sich nötigenfalls an die Gesellschafter halten. – Wollen oder können Gesellschafter ihrer Nachschußpflicht nicht nachkommen, so ist es nach herrschender Lehre nicht mehr Pflicht und Recht der Liquidatoren, gegen den säumigen Gesellschafter gerichtlich und betreibungsrechtlich vorzugehen; dies ist (mangels anderer Ordnung durch Vertrag oder Beschluß) Sache der einzelnen Gesellschafter[54]. – Kann die Verlustbeteiligung eines Gesellschafters nicht beigebracht werden, so erhöht sich um diesen Betrag die Verlustbeteiligung der übrigen Gesellschafter (Umlageverfahren), und zwar im gleichen Verhältnis, in welchem sie nach Gesetz oder Vertrag einen Verlust zu tragen haben[55]. Auch in dieser Hinsicht sind jedoch allfällige (interne) Befreiungen von oder Beschränkungen der Verlustbeteiligung zu beachten (vorn § 29, II 3).

---

[52] Ein «Verlust» liegt also auch dann vor, wenn zwar die Gläubiger gedeckt sind, jedoch die Einlagen nicht oder nicht vollständig zurückvergütet werden können; SIEGWART, Art. 548–550, N. 44.
[53] Auch SIEGWART (Art. 533, N. 24, 545–548, N. 32) und HARTMANN (Art. 585, N. 22, implicite) vertreten die Auffassung, daß zur Liquidation auch die Feststellung der Verlustanteile und deren Leistung an die Gesellschaft in Liquidation gehöre, nicht aber deren Geltendmachung, die Sache der einzelnen Gesellschafter sei.
[54] Siehe Anm. 53. – Nach SIEGWART (Art. 533, N. 24) gehört es immerhin zu den Aufgaben der Liquidatoren, die Einbringung der Verlustanteile zu «vermitteln».
[55] Dies ergibt sich aus der Solidarschuldnerschaft der Gesellschafter (Art. 148 OR; vorn § 30, II 3). Ausdrücklich in diesem Sinn § 735 BGB. – Dazu SIEGWART, Art. 533, N. 25; HARTMANN, Art. 588, N. 7.

c) Die vertragliche Ordnung

Die Gesellschafter können die Liquidation wie in persönlicher so auch in sachlicher Hinsicht beliebig ordnen, sei es im ursprünglichen Gesellschaftsvertrag, sei es durch nachträgliche Vereinbarung oder Beschluß[56]. So kann, was die Aktiven betrifft, die Rückerstattung von Einlagen an Gesellschafter vorgesehen sein oder es können besondere Vereinbarungen über die Bewertung und (allfällige) Verwertung von Aktiven (z.B. Aufteilung unter Anrechnung an die Liquidationsquoten, Versteigerung) getroffen werden. – Schwebende Verpflichtungen können mit Zustimmung des Gläubigers (Art. 176 OR) von einzelnen Gesellschaftern übernommen werden. – Die Schuldentilgung aus dem Gesellschaftsvermögen kann ganz oder teilweise unterbleiben, z.B. wenn (intern) nur einzelne Gesellschafter die Schulden zu tragen haben und diese in der Liquidation zur Begleichung übernehmen, unbeschadet der solidarischen Haftung der übrigen Gesellschafter gegenüber den Gesellschaftsgläubigern (Art. 551).

Eine besondere Form der Liquidation bildet die Übernahme der Aktiven und Passiven der Gesellschaft durch einen Gesellschafter oder Dritte auf Grund des Gesellschaftsvertrags oder einer noch im Auflösungsstadium getroffenen Übereinkunft. Je nach der Vermögenslage der Gesellschaft wird dann ein vom Übernehmer zu entrichtendes Entgeld zur Rückvergütung der Einlagen und als Gewinn verteilt. Was die Gesellschaftsschulden betrifft, so gelten die Bestimmungen des Art. 181 OR betreffend die Vermögens- oder Geschäftsübernahme, sofern die danach erforderlichen Mitteilungen an die Gläubiger ergangen sind. – Diese Form der Auseinandersetzung spielt aber bei der einfachen Gesellschaft eine geringere Rolle als bei den stärker auf Kontinuität hin orientierten Personen-Handelsgesellschaften und sollen daher im Zusammenhang mit der Kollektivgesellschaft näher behandelt werden (hinten § 39, II 2 B c).

d) Die Beendigung der Liquidation

Die «Auflösung» der Gesellschaft ist erst beendet, wenn ihre Liquidation vollständig durchgeführt ist; dies ist erst der Fall, wenn sämtliche Aktiven (so oder so!) verwertet und sämtliche Gesellschaftsschulden getilgt worden sind. Bis dahin besteht die Gesellschaft als Liquidationsgesellschaft weiter. Stellt sich nach dem vermeintlichen Abschluß der Liquidation heraus, daß noch Aktiven vorhanden sind, so sind diese nach Liquidationsgrundsätzen zu verwerten und der Erlös als Gewinn zu verteilen. Das gleiche gilt, wenn

---

[56] Vgl. SIEGWART, Art. 548–550, N. 20 ff.

nachträglich noch Gesellschaftsschulden bekannt werden und zu tilgen sind; es haben dann die Gesellschafter nach Maßgabe ihrer Verlustbeteiligung für den nötigen Betrag aufzukommen (bei den Handelsgesellschaften kann der Gläubiger sogar die Wiedereintragung der bereits gelöschten Gesellschaft im Handelsregister verlangen, siehe hinten § 39, II 3). Werden jedoch Gesellschafter nach dem Abschluß der Liquidation von Gesellschaftsgläubigern für Schulden in Anspruch genommen, die sie nicht im Zuge der Liquidation übernommen haben, so steht ihnen ein Regreßanspruch gegen die Mitgesellschafter nach Maßgabe der bisher geltenden Verlustbeteiligung zu [57].

---

[57] Siehe vorn § 30, II 3.

Zweites Kapitel

Die Kollektivgesellschaft

§ 32. Zur Geschichte der Personen-Handelsgesellschaften[1], insbesondere im kantonalen Recht

Literatur

L. GOLDSCHMIDT, Universalgeschichte des Handelsrechts, Stuttgart 1891 (Nachdruck 1957); P. REHME, in EHRENSBERGS Handbuch des Handelsrechts, Bd. I, 1913; K. WIELAND (s. allg. Literaturverzeichnis) I, S. 521 ff., 734 ff. (bis in die Neuzeit). – Zur wirtschaftsgeschichtlichen Entwicklung (insbes. der Commenda) vgl. W. SOMBART, Der moderne Kapitalismus, 3. Aufl., Bd. I/1, 1919, S. 285, 300 ff., 312 ff.; Bd. II 1, 1919, S. 91 ff.; J. KULISCHER, Allgemeine Wirtschaftsgeschichte des Mittelalters und der Neuzeit, 2. Aufl., 1958, S. 291 ff. (mit zahlreichen Literaturhinweisen). – H. RENNEFAHRT, Grundzüge der bernischen Rechtsgeschichte, III. Teil, Bern 1933 (Abh. schweiz. R 81); H. KOBELT, Die Entwicklung der Handelsgesellschaften und ihres Rechts in der Schweiz, insbesondere in St. Gallen bis Ende des XVIII. Jahrhunderts, Diss. Bern 1916; J. APELBAUM, Basler Handelsgesellschaften im fünfzehnten Jahrhundert mit besonderer Berücksichtigung ihrer Formen, Diss. Basel 1915.

I. Ursprünge und Entwicklungen bis in das 18. Jahrhundert

Die Kollektiv- und Kommanditgesellschaften haben ihre Wurzeln im frühen Mittelalter. Sie sind universale Gebilde, die den Bedürfnissen von Handel und Gewerbe entsprangen, sich gewohnheitsrechtlich durchsetzten und nur allmählich Gegenstand der Gesetzgebung (Statutarrechte, Kodifikationen) wurden, wo sie eine im wesentlichen gleichmäßige Ausgestaltung erfuhren, dies in den verschiedensten Rechtsgebieten[2]. Die im Mittelalter entwickelten Züge und Prinzipien dieser Gesellschaften finden sich denn auch im modernen Recht wieder. Zu dieser gleichmäßigen Entwicklung trug auch der Umstand bei, daß den Handelsgesellschaften mit der Zeit

---

[1] In Anbetracht der engen Verwandtschaft zwischen Kollektiv- und Kommanditgesellschaft wird die geschichtliche Entwicklung dieser Gesellschaftsformen gemeinsam dargestellt.
[2] Vgl. die Übersicht vorn § 18 III. Rechtsvergleichende Ausführungen im entsprechenden Zusammenhang.

das Recht der societas als subsidiäre Ordnung zu Grunde gelegt wurde (was aber nicht für das angelsächsische Recht gilt)[3].

Die heutigen Handelsgesellschaften entstanden in Italien, dessen schon im 10. Jahrhundert aufblühende Wirtschaft, namentlich im Überseeverkehr, nach neuen Assoziationsformen drängte. – Die ältere Form, die sog. *Commenda*[4], bei der ein «Kapitalist» (commendator) einem geschäftsführenden (reisenden) «Unternehmer» Vermögenswerte (Waren, Schiff, Geld) zu bestimmter Verwendung zur Verfügung stellte, hatte ursprünglich noch den Charakter eines Kommissions- und Auftragsgeschäfts, zur Vornahme bestimmter Transaktionen[5]. Mit der Zeit nahmen diese Verbindungen dauernden Charakter an, unter kapitalmäßiger Beteiligung auch des Geschäftsführers (diese Form nun vorwiegend *Collegantia* genannt), woraus erst ein Gesellschaftsverhältnis (ähnlich der heutigen stillen Gesellschaft) entstand, mit zunehmend dominierender Stellung des geschäftsführenden Partners. Die Commenda fand dann auch im Binnengeschäft Verwendung, wo sie namentlich im Bankgewerbe von Bedeutung wurde. Die weitere Entwicklung brachte das Auftreten unter Firma, die Trennung von Geschäfts- und Sondervermögen und die Bekanntgabe der Beteiligungen, gegebenenfalls auf Grund einer Registrierungspflicht. Neben dieser *Accommandita*, Vorläuferin unserer Kommanditgesellschaft, lebte aber auch die stille Gesellschaft *(Participatio, Compagnia secreta)* weiter[6]. – Etwas jüngeren Datums ist die *Compagnia*[7], die ursprüngliche Form unserer Kollektivgesellschaft, die sich aus dem Binnengewerbe entwickelte und «von Anfang an in ihrer typischen heutigen Gestalt als gesellschaftliche Kapitals- und Arbeitsgemeinschaft ins Leben getreten ist» (K. WIELAND). Die h.L.[8] nimmt an, daß diese Gesellschaftsform aus der Familiengemeinderschaft hervorgegangen ist, indem die in Hausgemeinschaft lebenden Erben das väterliche Geschäft in ungeteilter Erbschaft weiterführten (compagnia = Brotgemeinschaft), woraus sich auch die wesentlichen Züge dieser Gesellschaftsform – wie Gleichberechtigung der Mitglieder, präsumtive Geschäftsführung und Vertretungsmacht jedes Gesellschafters, solidare und unbeschränkte Haftung aller – erklären lassen[9]. Mit der Zeit wurde die Compagnia zu einer

---

[3] Vorn § 18 III, 27 V.

[4] Zur Vorgeschichte und Entwicklung der *Commenda* s. namentlich L. GOLDSCHMIDT, S. 254 ff.; WIELAND I, S. 734 ff., wo auch die Entwicklung bis zum geltenden Recht zur Darstellung kommt; Großkommentar HGB (SCHILLING), Vorbem. zu § 161.

[5] Vgl. WIELAND I, S. 734.

[6] L. GOLDSCHMIDT, S. 270; WIELAND, S. 735.

[7] L. GOLDSCHMIDT, S. 271 ff.; WIELAND I, S. 521 ff.; Großkommentar HGB (FISCHER), § 105, Anm. 1.

[8] Siehe Anm. 7; REHME, S. 103.

[9] Der rechtliche Ursprung dieser Charakteristika, vor allem der präsumptiven Vertretungsmacht und der solidaren persönlichen Haftung aller Gesellschafter, bilden Gegenstand ausgiebiger rechtshistorischer Kontroversen. Die wesentlichsten dieser Züge sind nicht von Anfang an und auch nicht allgemein feststellbar, sondern offenbar das Ergebnis gewohnheitsrechtlicher Entwicklung. So wird die Vertretungsmacht darauf zurückgeführt, daß die Gesellschafter anfänglich sich gegenseitig Generalvollmacht erteilten; für die Solidarhaftung wird angenommen, daß sie ursprünglich mit den Gläubigern ausdrücklich vereinbart wurde. Beides wurde Übung und schließlich (aber nicht durchgehend) Gewohnheits- und Statutarrecht. Dazu eingehend GOLDSCHMIDT, insbes. S. 279-290; zustimmend WIELAND I, S. 523. – Nach andern (so LASTIG, Max WEBER u.a., zitiert bei GOLDSCHMIDT und WIELAND, a.a.O.) ist die *Compagnia* aus dem germanisch-langobardischen Familienverband oder der Hausgemeinschaft hervorgegangen – während die neuere Forschung die faktische Grundlage in der (beschränkteren) Geschäftsgemeinschaft erblickt. Des ungeachtet bleibt die Compagnia (oft auch *Societas fratrum* genannt) überwiegend eine Verbindung unter Verwandten (GOLDSCHMIDT, S. 287), womit auch ihre typische Prägung erhalten blieb.

Gesellschaft, die von beliebigen Interessenten auf Grund freier vertraglicher Vereinbarung begründet werden konnte, wobei aber die zu Gewohnheits- oder Statutarrecht gewordenen Grundzüge maßgebend blieben. Das Auftreten unter Firma («X. & compagni» u. dergl.) und die schon früh verlangte Eintragung der Gesellschafter in die Innungsmatrikel oder in allgemeine Gesellschaftsregister vervollständigen das Bild.

Für die spätere Entwicklung der Handelsgesellschaften wurde die französische Gesetzgebung von Bedeutung. In der *Ordonnance du commerce* (1673) finden wir die Compagnia als *Société générale* in ihren wesentlichen Zügen wieder, allerdings mit verschärften Publizitätspflichten. Für die *Société en commandite* wird nun deutlich verfügt, daß die Kommanditäre (nach gehöriger Erfüllung der Publizitätspflichten) nur bis zum Betrag der bekanntgegebenen Kommandite haften, aber nur nach Maßgabe des Gesellschaftsvertrags und gegenüber der Gesellschaft, so daß der Kommanditär die ihm gegen die Gesellschaft zustehenden Einreden auch den Gesellschaftsgläubigern gegenüber geltend machen konnte. Diese Ordnung galt auch noch unter der Herrschaft des *Code de commerce* (1807), wo die Société générale nun *Société en nom collectif* genannt wird. Erst im Verlaufe des 19. Jahrhunderts wurde in der Rechtsprechung erkannt, daß der Kommanditär gegenüber den Gesellschaftsgläubigern ohne Rücksicht auf das interne Gesellschaftsverhältnis bis zur bekanntgegebenen Kommanditsumme haftet; allerdings können die Gläubiger nur Leistung an die Konkurs- oder Liquidationsmasse verlangen[10].

In Deutschland werden beide Gesellschaftstypen auch schon im Mittelalter festgestellt[11]. Die ältere Form war (wie in Italien) die Commenda, verwendet namentlich im Seeverkehr, die in zwei Abarten erscheint: Die sog. Sendeweggesellschaft (Sendegut!), beruhend auf einseitiger Kapitalbeteiligung (wie die accommendatio i.e.S.) und die sog. Wedderleginge, auch «rechte Gesellschaft» oder «rechte Kumpanie» genannt, beruhend auf zweiseitiger Kapitalbeteiligung (wie die Collegantia). – Die offene Handelsgesellschaft (entsprechend der Compagnia) scheint erst im späten Mittelalter aufgekommen zu sein[12] und weniger Bedeutung erlangt zu haben. Sie erscheint unter verschiedenen Bezeichnungen (z.B. auch Kumpanie), ging offenbar auch aus dem Familienverband hervor und empfing erst nach und nach ihre «merkantile Signatur» (REHME) und rechtliche Ausprägung. – Zum Gegenstand eigentlicher Kodifikation wurden diese Handelsgesellschaften[13] erst im ADHGB (1861) als «offene Handelsgesellschaft» (= Kollektivgesellschaft) und Kommanditgesellschaft. Die Regelung entsprach den aus der Geschichte bekannten Zügen und ging im wesentlichen auch in das HGB (1891) ein, mit gewissen Ergänzungen und Verdeutlichungen[14].

In der Schweiz sind Handelsgesellschaften auch schon im Mittelalter nachweisbar[15]. Ihre Entwicklung verlief im wesentlichen derjenigen im Ausland parallel, wobei seit dem 14. Jahrhundert neben Vertrag und Gewohnheitsrecht auch behördliche Erlasse (z.B. Verbot der Association

---

[10] So auch Art. 610 OR, während nach § 171 HGB der Gesellschaftsgläubiger den Kommanditisten auch bei bestehender Gesellschaft direkt belangen kann. Dazu hinten § 43, III 3 b.

[11] Für Deutschland siehe namentlich REHME, S. 162 ff. Ob die deutschen Personen-Handelsgesellschaften autochthone Gebilde sind (wie REHME u.a., z.B. KULISCHER, S. 291 annehmen), oder ob ihre Entstehung und Entwicklung auf italienischen Einfluß zurückzuführen ist, scheint nicht abgeklärt (vgl. WIELAND I, S. 523).

[12] Die OHG wird erstmals 1449 im Gesellschaftsvertrag der Brüder Fugger, Augsburg, festgestellt (WIELAND I, S. 523, Anm. 35).

[13] Über andere Vereinigungen (Gemeinschaften), z.B. die Reederei, die als Vorläufer der AG anzusehen sind, s. Schweiz. Privatrecht VIII, 2. Halbband (zum Aktienrecht; in Vorbereitung).

[14] Für die OHG ist die Erhaltung des Unternehmens bei Wechsel im Personenbestand der Gesellschaft (§§ 141 Abs. 1, 142), für die Kommanditgesellschaft die klare Trennung zwischen dem Innen- und Außenverhältnis sowie die direkte Haftung des Kommanditisten gegenüber den Gesellschaftsgläubigern bedeutsam. Dazu WIELAND I, S. 524, 738 f. und hinten § 40, IV.

[15] KOBELT gibt S. 52 ff. Beispiele von frühen Handelsgesellschaften.

mit Stadtfremden) auf das Gesellschaftsrecht einwirkten[16]. Nach einer Periode der Stagnation während der Religionskriege setzte in der zweiten Hälfte des 17. und im 18. Jahrhundert eine neue Entwicklung ein, die, auch unter dem Einfluß der *Ordonnance du commerce*, ihren Niederschlag in vermehrter Regelung der Gesellschaften durch geschriebenes Recht, allerdings meist dispositiver Natur, fand[17].

II. Kantonale Gesetzgebungen – Das schweizerische Obligationenrecht von 1881

Die kantonalen Gesetzgebungen des 19. Jahrhunderts gingen auf verschiedene Weise vor. So regelten z. B. Zürich und Bern[18] die Handelsgesellschaften im Rahmen ihrer Zivilgesetzbücher, während andere es bei ihren bisher geltenden Sonderordnungen bewenden ließen (z. B. St. Gallen)[19] oder bestehendes Recht durch Sondergesetze revidierten (so Basel[20] und Genf[21]). – In materieller Hinsicht weist das kantonale Recht dieser Zeit übereinstimmende, aber auch unterschiedliche Ordnungen auf.

Wegleitend wurde das Zürcher Gesetz, das die «eigentliche Handelsgesellschaft (Kollektivgesellschaft, offene Gesellschaft)» besonders einläßlich behandelt, klar konzipiert und dabei neue Gedanken entwickelt hat, die zum Teil auch in die späteren Kodifikationen eingegangen sind[22]. Zur Begründung einer Kollektivgesellschaft bedarf es eines schriftlichen Vertrags und der Eintragung im Ragionenbuch. Ist die Gesellschaft vor der Erfüllung dieser Formalitäten als solche aufgetreten, so haften die Gesellschafter Dritten gegenüber nach den Regeln der Kollektivgesellschaft (Vertrauensprinzip, Verkehrsschutz). Geschäftsführungsbefugnis und Vertretungsmacht stehen präsumtiv jedem Gesellschafter zu. Für Gesellschaftsbeschlüsse (wo nach Vertrag oder Gesetz erforderlich) gilt das Prinzip der Einstimmigkeit. Kommt kein Beschluß zustande, muß aber im Interesse der Gesellschaft gehandelt werden, so «hat die Meinung eines oder mehrerer Gesellschafter als Gesellschaftsmeinung zu gelten, welche der Natur und den Interessen der Gesellschaft am besten entspricht» (!); gegebenenfalls hat der Richter nach Ermessen zu entscheiden (§ 1286). Eigenartig werden die vermögensrechtlichen Verhältnisse behandelt. So werden in

---

[16] KOBELT, S. 45 ff.
[17] RENNEFAHRT III, S. 260 ff.; KOBELT, S. 65 ff.
[18] Das Privatrechtliche Gesetzbuch, Abt. Obligationenrecht, für den Kanton Zürich 1855/56, §§ 1257-1341; Zivilgesetzbuch für den Kanton Bern 1831, Satzungen 873-894.
[19] Gesellschaftsrechtliche Normen in der Markt- und Wechselordnung von 1717, im Stadtbuch von St. Gallen 1726, im Gerichtsbuch 1781 und in Verordnungen des kaufmännischen Direktoriums; s. KOBELT, S. 65.
[20] Gesetz über Kommanditen und anonyme Gesellschaften 1847, Basel (aufgehoben durch das Einführungsgesetz von 1882 zum OR), das die Kommanditgesellschaft (§§ 1-3) gegenüber der in früheren Gerichtsordnungen geregelten «gewöhnlichen Handelsgesellschaft» (mit unbeschränkter Solidarhaftung der Gesellschafter) auf Grund der bekannten Kriterien abgrenzt.
[21] In Genf galt von 1798 bis 1814 das französische Recht. Der *Code de commerce* blieb als provisorisches Recht weiterhin in Kraft, da der Revisionsentwurf nie Gesetzeskraft erhielt; man begnügte sich mit kleinen Änderungen betreffend die Rechtsstellung des Kommanditärs. Vgl. FLAMMER und FICK, als Herausgeber der «Lois civiles et commerciales du canton de Genève» 1859.
[22] Zürcher PGB, §§ 1257–1328.

§ 1272 das Eigentum der Gesellschaft und partielles Eigentum einander gegenübergestellt, was auf ein Alleineigentum der Gesellschaft am Gesellschaftsvermögen und eine Verselbständigung der Gesellschaft gegenüber ihren Mitgliedern schließen läßt[23]. Die Gesellschafter haften solidarisch, aber «mittelbar» für die Gesellschaftsschulden; ihre Haftung kann erst nach durchgeführtem Gesellschaftskonkurs geltend gemacht werden. – Das Recht der Kommanditgesellschaft stimmt im wesentlichen mit dem heute geltenden OR überein, wobei hervorzuheben ist, daß schon nach Zürcher Recht der «Kommanditist» gegenüber den Gesellschaftsgläubigern nicht direkt haftet, sondern erst im Zusammenhang mit dem Gesellschaftskonkurs belangt werden kann (§§ 1336–1338) – eine Lösung, die dann auch in das OR einging (Art. 610 OR)[24].

Der Entwurf MUNZINGERS zu einem schweizerischen Handelsrecht[25] (1864) berücksichtigte, wie aus den Motiven hervorgeht, neben kantonalem Recht auch das vor kurzem erlassene AHGB, aber auch die französische Entwicklung der Handelsgesellschaften. Für den Entwurf eines schweizerischen Obligationen- und Handelsrechtes (1871) konnte MUNZINGER dann noch den wichtigen Dresdener Entwurf heranziehen. Die Botschaft 1879 erwähnt die allgemeine Übereinstimmung der vorgeschlagenen Ordnung der Handelsgesellschaften mit den «Rechtsanschauungen und Bedürfnissen des gesamten europäischen Handelsstandes», insbesondere auch mit der französischen Praxis und dem deutschen Recht, weist aber auch auf gewisse Punkte von prinzipieller Bedeutung hin, in denen der Entwurf und ihm folgend das OR 1881 eigene Wege gegangen sind[26]. Das OR vom 30. März 1911 übernahm die Handelsgesellschaften in ihrer bisherigen Gestalt, und erst die Revision des handelsrechtlichen Teils, die zum OR 1936 führte, brachte Ergänzungen und Präzisierungen, die aber die Struktur dieser Gesellschaften nicht änderten (und von denen im entsprechenden Zusammenhang die Rede sein wird).

---

[23] In diesem Sinn ein bei P. E. ULLMER, Kommentar zum privatrechtlichen Gesetzbuch des Kantons Zürich 1870, Bd. II, S. 190, N. 1948 zitiertes Urteil des Zürcher Obergerichts, wonach die Gesellschaft ein von den einzelnen Mitgliedern «verschiedenes Rechtssubjekt» sei. Als solches sei die «Gesellschaft als Ganzes als Eigentümerin» aufzufassen. Dazu auch J. C. BLUNTSCHLI, 1. Erl. zu § 567 des Zürcher PGB.

[24] Im Vergleich zum Zürcher Recht mutet das, allerdings 25 Jahre früher erlassene, vom «Radikalen» J. L. SCHNELL entworfene Berner Gesetzbuch (s. Satzungen 873 ff.) noch recht altmodisch an. So hat die Unterlassung der Gründungsformalitäten (schriftlicher Gesellschaftsvertrag, Eintragung in ein öffentliches Register) zwar nicht die Ungültigkeit der Gesellschaft zur Folge, begründet aber im Falle eines Gesellschaftskonkurses «den Verdacht einer betriegerischen Absicht» (so auch die unordentliche Buchführung), Satzg. 873. Das Gesellschaftsvermögen gehört den Mitgliedern im Verhältnis ihrer Beiträge. Gesellschafter, die sich «nur zu der Anwendung ihres Fleißes zu der Beförderung der gesellschaftlichen Angelegenheiten verpflichten, haben keinen Anteil an dem Capitale», Satzg. 876. Gesellschaftsbeschlüsse werden, mangels vertraglicher Regelung, nach den Bestimmungen über das Miteigentum gefaßt, Satzg. 879; es sind dies die Satzungen 396, 397, wonach allgemein das Majoritätsprinzip gilt, jedoch mit der Einschränkung, daß Mehrheitsbeschlüsse «in Betreff der Substanz oder einer wesentlichen Veränderung der Benützungsart» für die Minderheit nicht verbindlich sind, «wenn sie lieber aus der Gemeinschaft treten will» und der Vertrag sie nicht daran hindert, Satzg. 397. – In den andern wesentlichen Punkten stimmt das bernische mit dem Zürcher Gesetz überein.

[25] Siehe vorn § 19, II 1.

[26] Was besonders die Handelsgesellschaften betrifft, so hebt die Botschaft 1879, S. 211 namentlich folgende Änderungen gegenüber dem ADHGB hervor: Verwendbarkeit dieser Gesellschaften auch für nichtkaufmännische Zwecke; Milderung der solidaren Haftung analog der einfachen Bürgschaft; Erhaltung der Gesellschaft oder des Geschäftes bei Ausscheiden einzelner oder aller Gesellschafter bis auf einen.

§ 33. Begriff und Entstehung der Kollektivgesellschaft

I. Begriff und charakteristische Merkmale der Kollektivgesellschaft

Gemäß Art. 552 OR ist «die Kollektivgesellschaft eine Gesellschaft, in der zwei oder mehr natürliche Personen, ohne Beschränkung ihrer Haftpflicht gegenüber den Gesellschaftsgläubigern, sich zum Zwecke vereinigen, unter einer gemeinsamen Firma ein Handels-, ein Fabrikations- oder ein anderes nach kaufmännischer Art geführtes Gewerbe zu betreiben». Danach wird die Kollektivgesellschaft durch folgende Merkmale charakterisiert:

1. Die Kollektivgesellschaft ist eine Gesellschaft. Als solche stellt sie eine auf Vertrag beruhende Zweckgemeinschaft dar, wie wir sie in ihrer allgemeinsten Prägung bei der einfachen Gesellschaft kennengelernt haben. Das Gesetz verweist denn auch – was die internen Verhältnisse betrifft – auf den Gesellschaftsvertrag als primäre und auf das Recht der einfachen Gesellschaft als subsidiäre Rechtsquelle (Art. 557).

Daß die Kollektivgesellschaft auf einem Gesellschaftsvertrag als *essentiale* beruht, geht erst aus der heute (OR 1936) geltenden, oben zitierten Begriffsbestimmung mit aller Deutlichkeit hervor. Das OR 1881, Art. 552, formulierte: «Eine Kollektivgesellschaft ist vorhanden, wenn zwei oder mehrere Personen ... unter einer gemeinsamen Firma ein ... Gewerbe betreiben», stellte also auf objektive Merkmale ab, wie sie für Dritte erkennbar sind. Im gleichen Sinn lautete der italienische Text[1]. Im deutschen Text wurde diese Fassung in sämtlichen Revisionsentwürfen (bis und mit E 1928) beibehalten. Dagegen wies der französische Text schon im OR 1881 die die subjektiven, vertraglichen Elemente betonende Formulierung auf: «La société en nom collectif est celle que contractent deux ou plusieurs personnes à l'effet de faire le commerce ... sous une raison sociale ...», eine Formulierung, die von sämtlichen Entwürfen übernommen wurde und (mit Ergänzungen) in das geltende Recht einging. Erst die Redaktionskommission brachte dann den deutschen und italienischen Text in Übereinstimmung mit dem französischen[2]. Damit steht nun eindeutig fest, daß nicht nur im Innenverhältnis, sondern auch gegenüber Dritten eine Kollektivgesellschaft erst dann – aber auch immer dann – vorliegt, wenn die Gesellschafter sich über die im Gesetz als begriffswesentlich hervorgehobenen (gleich noch zu erörternden) Merkmale geeinigt haben. Es schließt dies nicht aus, daß unter Umständen gutgläubige Dritte sich auf das Recht der Kollektivgesellschaft auch dann berufen können, wenn intern kein gültiger Gesellschaftsvertrag zustande gekommen ist – was im Zusammenhang mit der fehlerhaften Gesellschaft weiter zu erörtern ist (unten II 3). Vgl. zum Vorstehenden SIEGWART, Art. 552, N. 18.

2. Wie die andern Handelsgesellschaften und die Genossenschaft müssen auch die Kollektiv- und die Kommanditgesellschaft unter einer «gemein-

---

[1] «Via ha società in nome collettivo, quando due o più persone ... esercitano sotto una ragione sociale e per conto comune, un commercio ... .»
[2] «La società in nome collettivo e quella nella quale due o più persone fisiche ... si riuniscono allo scopo ... .»

samen Firma» («raison sociale», «ditta»)³ auftreten, unter einem Namen (Bezeichnung), durch den sie und das von ihnen betriebene Gewerbe⁴ individualisiert und von andern Unternehmungen unterschieden werden können. Die Führung einer Firma liegt sowohl im Interesse der Unternehmung selber, als auch der Öffentlichkeit, weshalb man auch von Firmenberechtigung und Firmenpflicht spricht⁵. Die Bildung der Firma muß gesetzlichen Bestimmungen entsprechen, so für die Kollektiv- und die Kommanditgesellschaften den Art. 947 f. OR. Es ist aber für die Entstehung einer Kollektivgesellschaft nicht entscheidend, daß ihre Firma diesen Vorschriften genügt. Wird die Gesellschaft pflichtgemäß (s. unten Ziff. 5) zur Eintragung im Handelsregister angemeldet, so erfolgt eine Prüfung der Firma und damit auch der Rechtsnatur der Gesellschaft im Eintragungsverfahren. Sind aber die Gesellschafter ohne Eintragung ihrer Gesellschaft unter einer «gemeinsamen Firma» aufgetreten, so liegt eine Kollektivgesellschaft vor, auch wenn die Firma den gesetzlichen Erfordernissen nicht entspricht⁶.

Im Einzelfall kann fraglich sein, ob eine «Firma» im Sinn von Art. 552 vorliegt oder der «Name» (Kurzbezeichnung) einer einfachen Gesellschaft (siehe vorn § 27, II 2). Keine Zweifel sind möglich, wenn die Gesellschaft unter einer Bezeichnung auftritt, welche den Vorschriften des Art. 947 entspricht, also die Familiennamen sämtlicher Gesellschafter enthält (z. B. «A und B») oder doch einen Gesellschafter nennt mit einem «das Gesellschaftsverhältnis andeutenden Zusatz» (z. B. A & Cons.; Kasuistik bei His, Art. 947, N. 1 ff.). In der Praxis verwenden aber (nicht eingetragene) Unternehmungen mitunter Bezeichnungen, welche wohl ein Gesellschaftsverhältnis «andeuten», wobei unklar bleibt, welche Gesellschaftsform vorliegt; vgl. die vorn § 27 Anm. 23 erwähnten Fälle, insbesondere BGE 73 I, 1947, S. 311 ff., 314 («Gesellschaft für Torfausbeutung Willisau», vom BGer als Kollektivgesellschaft qualifiziert). Da das Gesetz den Begriff «Firma» inhaltlich nirgends festlegt, ist nach den Umständen des Falles, so auch der Art und Weise, in der die Bezeichnung verwendet wird, zu entscheiden, ob eine Firma im Sinne der in Frage stehenden gesetzlichen Bestimmung, hier des Art. 552, vorliegt. Maßgebend hiefür ist nicht die Qualifizierung des Rechtsverhältnisses im Gesellschaftsvertrag, sondern der Eindruck, den die Bezeichnung und ihre Verwendung bei Dritten erwecken muß, denn davon hangen wesentliche externe Wirkungen ab, so vor allem die Vertretungs- und Haftungsverhältnisse; in der Praxis werden diese Fragen auch in andern Zusammenhängen aktuell, so zwecks Feststellung der Steuerpflicht oder der Betreibungsfähigkeit (nötigenfalls kraft Zwangseintragung, siehe BGE 79 II, 1953, S. 179 ff.) einer Gesellschaft⁷.

Mit der Eintragung der Kollektivgesellschaft unter ihrer Firma in das Handelsregister gelten dann auch die weiteren firmenrechtlichen Bestimmungen des OR und der HRegV, so betreffend die Firmen-Wahrheit, die

---

³ Zu dem (doppelsinnigen) Begriff des terminus «Firma» und den Vorschriften über die Firmenbildung allgemein siehe PATRY, vorn § 11, I; HIS, Art. 934, N. 6 ff., 944, N. 3 ff.; vorn § 18, I 2 a. E.
⁴ Über den Begriff «Gewerbe» siehe hinten Ziff. 4; vgl. auch vorn § 16, II 3.
⁵ Vgl. HIS, Art. 944, N. 30; PATRY, vorn § 11, Einleitung.
⁶ HARTMANN, Art. 552, N. 32; SIEGWART, Art. 552, N. 6 ff., insbes. N. 9. BGE 73 I, 1947, S. 311 ff.
⁷ Vgl. zum Vorstehenden SIEGWART, Art. 552, N. 6 ff., insbes. 9; PATRY, vorn § 11, II 1.

Wahrung öffentlicher Interessen, die Änderungen der Firma und, von besonderer Bedeutung, die Ausschließlichkeit und den Schutz der eingetragenen Firma (Art. 951, 956 OR)[8].

3. Die **unbeschränkte Haftung der Gesellschafter** ist das dritte konstitutive Merkmal der Kollektivgesellschaft. Aus seiner negativen Formulierung folgt, daß die unbeschränkte Haftung nicht ausdrücklich kundgegeben werden muß; es genügt, daß Dritten gegenüber keine Beschränkungen bekannt gegeben werden[9]. Ist die Kollektivgesellschaft als solche im Handelsregister eingetragen worden, so folgt die unbeschränkte Haftung jedes Gesellschafters aus dem Gesetz (Art. 552, 554, 568 OR). Ist die Gesellschaft nicht (oder noch nicht) eingetragen, sind aber die Gesellschafter unter einer Firma noch außen tätig geworden, so haften die Gesellschafter ebenfalls unbeschränkt, es sei denn, es seien Haftungsbeschränkungen mit Gesellschaftsgläubigern ausdrücklich vereinbart worden[10].

4. Als viertes Merkmal nennt das Gesetz den Willen der Gesellschafter («Zweck»), ein Handels-, Fabrikations- oder ein anderes nach kaufmännischer Art geführtes **Gewerbe** zu betreiben. Es entspricht dies der historischen Entwicklung und der wirtschaftlichen Funktion der Kollektivgesellschaft[11]. Ihr Normaltypus ist die «**kaufmännische Gesellschaft**» (wie sie im Marginale zu Art. 552 genannt wird), und ihre Ordnung erfolgte unter dem Gesichtspunkt einer Handelsgesellschaft. Hingegen ist der Betrieb eines nach kaufmännischer Art geführten Gewerbes nicht ein begriffswesentliches Merkmal der Kollektivgesellschaft. Nach schweizerischem Recht (Art. 553 OR) steht diese Gesellschaftsform auch zur Verfolgung anderer Zwecke zur Verfügung, woraus die sog. (Marginale zu Art. 553) «**Nicht kaufmännischen Gesellschaften**» entstehen können. Für diese gilt zwar ebenfalls das Recht der kaufmännischen Gesellschaft; sie bedürfen aber zu ihrer Entstehung der Eintragung im Handelsregister (Fall einer konstitutiven Wirkung des Handelsregisters)[12].

---

[8] Zum Firmenschutz allgemein PATRY, vorn § 12; HIS, Art. 956, insbes. N. 2, 6 (Personengesellschaften).

[9] Während aOR Art. 552 darauf abstellte, daß keine Beschränkung der «Haftbarkeit nach Maßgabe der folgenden Titel (sc. Kommandit- und Aktiengesellschaft, Genossenschaft)» vorgenommen wird, formuliert das OR 1936 dieses (negative) Erfordernis zugleich allgemeiner und direkter: «... ohne Beschränkung ihrer Haftung gegenüber den Gesellschaftsgläubigern». – Vgl. dazu E 1919 Art. 552, E 1923 Art. 564, ProtExpKomm 1928, S. 20.

[10] Über interne Haftungsbeschränkungen, die Wegbedingung oder Begrenzung der Haftungen gegenüber Gesellschaftsgläubigern und deren Wirkungen siehe hinten §§ 37 I, 40 I (Kommanditgesellschaft).

[11] Vgl. vorn § 32.

[12] Dazu PATRY, vorn § 10, insbes. II 2.

Der Begriff des kaufmännischen Gewerbes *(entreprise)* im Sinn von Art. 552 und 934 OR (Eintragungspflicht) wird durch Art. 52 Abs. 3 HRegV definiert als «eine selbständige, auf dauernden Erwerb *(revenu)* gerichtete wirtschaftliche Tätigkeit»[13], eine Bestimmung, die in Art. 53 HRegV für die verschiedenen Arten von Gewerben ergänzt und präzisiert wird. – Zu den nicht kaufmännischen Gesellschaften gehören nach Art. 553 solche, die «kein nach kaufmännischer Art geführtes Gewerbe betreiben» (z. B. in den sog. liberalen Berufen). Ferner werden von der Eintragungspflicht (als konstitutives Erfordernis) befreit die sog. Kleingewerbe im Sinn von Art. 54f. der HRegV.

5. Im Zusammenhang mit der Begriffsbestimmung der kaufmännischen Kollektivgesellschaft statuiert das Gesetz auch die Pflicht zur Eintragung der Gesellschaft in das Handelsregister (Art. 552 Abs. 2). Es handelt sich hier aber um eine bloße Ordnungsvorschrift; der Eintragung kommt, wie allgemein anerkannt[14], keine konstitutive Wirkung zu. Sie entfaltet aber gegenüber gutgläubigen Dritten die sog. positiven und negativen Publizitätswirkungen[15]. Anders verhält es sich mit den nichtkaufmännischen Gesellschaften. Diese bedürfen zu ihrer Entstehung der Eintragung, der hier somit konstitutive (rechtsbegründende) Wirkung zukommt (Art. 553)[16]. Verfolgen mehrere auf Grund eines Gesellschaftsvertrags unter einer gemeinsamen Firma Zwecke, die nicht unter den Begriff eines nach kaufmännischer Art geführten Gewerbes fallen (oben Ziff. 4), so sind sie zwar nicht eintragungspflichtig («eintragsbedürftig»), werden aber mangels Eintragung auch nicht zu einer Kollektivgesellschaft, sondern bleiben nach den allgemeinen Grundsätzen eine einfache Gesellschaft und unterstehen deren Recht. Tragen sie aber ihre «Firma» ein, so sind sie zur Kollektivgesellschaft geworden, genießen die daraus fließenden Rechte und unterstehen den damit verbundenen Pflichten (wozu noch hinten III 2).

---

[13] Zu den terminologischen Unstimmigkeiten hinsichtlich der Bezeichnungen Gewerbe, Unternehmen, Unternehmung, Geschäft, insbes. im Vergleich mit den französischen und italienischen Bezeichnungen, siehe vorn § 16, II 3. – Zum Begriff des kaufmännischen Gewerbes *(entreprise)* allgemein siehe PATRY, vorn § 5 I, II. – Nach dem bedeutsamen BGE 84 I, 1958, S. 187 ff. (Erw. 2) besteht ein «Gewerbe» in einer organisierten (planmäßigen) Tätigkeit, die insgesamt auf eine Wiederholung von gleichartigen und auf Erwerb zielenden Geschäften gerichtet ist. Die Dauer im zeitlichen Sinn bildet kein selbständiges Element des «Gewerbes».
[14] Vgl. ProtExpKomm 1928, S. 19–23; Botschaft 1928, S. 8; BGE 63 II, 1937, S. 92; HARTMANN, Art. 554, N. 3; SIEGWART, Art. 552/553, N. 22; PATRY, vorn § 10, II 1.
[15] Art. 933 OR; PATRY, vorn § 10, I.
[16] Vgl. ProtExpKomm 1928, S. 23 f.; Botschaft 1928, S. 8; PATRY, vorn § 10, II 2 a; HARTMANN, Art. 553, N. 3; SIEGWART, Art. 552/553, N. 23.

II. Die Entstehung der Kollektivgesellschaft

1. Der Gesellschaftsvertrag

Als Gesellschaft beruht die Kollektivgesellschaft stets auf einem Gesellschaftsvertrag, also einer «vertragsgemäßen Verbindung von zwei oder mehreren Personen zur Erreichung eines gemeinsamen Zweckes mit gemeinsamen Kräften oder Mitteln» (Art. 530). Was vorn (§ 28 I) zum Abschluß des Gesellschaftsvertrags gesagt wurde, gilt grundsätzlich auch für den Vertrag der Kollektivgesellschaft[17]. Das Gesetz unterwirft diesen jedoch noch zwei besonderen Anforderungen, wovon die eine die Möglichkeit der Mitgliedschaft, die andere den Inhalt des Gesellschaftsvertrags betrifft. Zusammenfassend ergibt sich folgendes:

a) Die Vertragsparteien

Gesellschafter einer Kollektivgesellschaft können (heute) nur natürliche Personen («personnes physiques») sein.

Das rev. OR hat damit eine alte Streitfrage entschieden. Nach aOR (Art. 552) konnten «Personen» schlechthin Kollektivgesellschaften begründen, was in der Praxis (wenn auch nicht unbestritten) dahin ausgelegt wurde, daß auch juristische Personen und Personen-Handelsgesellschaften sich zu Kollektivgesellschaften vereinigen oder Mitglieder einer solchen werden konnten. Der E 1923 (Art. 564) sah denn auch vor, daß «Personen oder Firmen» die Mitgliedschaft offenstehen solle. Die Expertenkommission beschloß aber die Beibehaltung der bisherigen Formulierung, in der Meinung jedoch, daß der Entscheid darüber, ob der Begriff «Personen» auch juristische Personen umfasse, der «Auslegung» (!) überlassen bleibe. Damit war wenigstens klargestellt, daß Personengesellschaften nicht Mitglieder von Kollektivgesellschaften sein können, was in der Botschaft 1928 noch bestätigt und damit begründet wurde, daß solche Mitgliedschaften zu Komplikationen führen müßten, so namentlich hinsichtlich der Firmenbildung, der Vertretungsverhältnisse und im Konkursfall. In den eidgenössischen Räten wurde dann schließlich auch den juristischen Personen die Mitgliedschaft in Kollektivgesellschaften versagt, was in der definitiven Fassung des Art. 552 OR und dann auch in Art. 41 HRegV klar zum Ausdruck gebracht wurde[18]. Damit erhält der personenbezogene Charakter dieser Gesellschaftsform eine besondere Betonung, zugunsten (namentlich) einer verantwortungsbewußten Geschäftsführung. Sodann wird einer rechtsmißbräuchlichen Umgehung der Haftungsbestimmungen vorgebeugt, indem es nun nicht mehr möglich ist, daß juristische Personen (oft mit geringem Eigenkapital), deren Mitglieder nicht oder nur beschränkt und nur intern für deren Verbindlichkeiten haften, «unbeschränkt haftende» Kollektivgesellschafter werden können[19]. – Die gleiche Ordnung gilt nun auch für die unbeschränkt haftenden Mitglieder einer Kommanditgesellschaft (Art. 594 Abs. 2), während bei der GmbH – trotz ihrer personalistischen Konzeption (siehe z. B. Art. 802 OR [Haftungen] und

---

[17] Wobei auch hier besonders auf den Gesellschaftsvertrag als einheitlichen Rechtsakt hingewiesen wird (siehe vorn § 28, I 2).

[18] Vgl. ProtExpKomm 1928, S. 19ff.; Botschaft 1928, S. 8; StenBullStR 1931, S. 152, 1935, S. 79; StenBullNR 1934, S. 229. – SIEGWART, Art. 552, N. 11; HARTMANN, Art. 552, N. 24.

[19] Vgl. MEIER-HAYOZ/FORSTMOSER, S. 141f. Kritisch zur neuen Ordnung der Mitgliedschaft HARTMANN, Art. 552, N. 25. – Zur deutschen GmbH & Cie., die auch bei den Beratungen des rev. OR eine Rolle gespielt hat (ProtExpKomm 1928, S. 22), siehe hinten § 40, IV.

Art. 811 [Geschäftsführung]) – die Mitgliedschaft auch juristischen Personen und «Handelsgesellschaften» (sc. Kollektiv- und Kommanditgesellschaften) offen steht (Art. 772)[20].

Der Abschluß des Gesellschaftsvertrags setzt die Handlungsfähigkeit im Sinn von Art. 13 ZGB voraus. – Minderjährige und Bevormundete können mit Zustimmung ihrer gesetzlichen Vertreter Mitglieder einer Kollektivgesellschaft werden, unter Vorbehalt der Zustimmung der im Einzelfall zuständigen Vormundschaftsbehörden, wofür auf das Vormundschaftsrecht verwiesen wird (Art. 403, 421 Ziff. 7, 422 Ziff. 3 ZGB)[21]. – Eine Ehefrau kann einer Kollektivgesellschaft nur mit Zustimmung ihres Ehegatten, allenfalls des Richters, beitreten, sofern die Gesellschaft (was ja die Regel ist) ein «Gewerbe» betreibt (Art. 167 ZGB)[22]. – Ehegatten können unter sich oder gemeinsam mit Dritten eine Kollektivgesellschaft eingehen (Art. 177 Abs. 1 ZGB); sofern dadurch das eingebrachte Gut der Ehefrau oder das Gemeinschaftsgut «betroffen» wird, bedarf es dazu der Zustimmung der Vormundschaftsbehörde (Art. 177 Abs. 2 ZGB)[23].

b) Der Vertragsinhalt

Zu den begriffswesentlichen Merkmalen der Kollektivgesellschaft, haben wir gesehen (vorn I 2), gehört die gemeinsame Firma. Die Gesellschafter müssen also vereinbaren, unter einer Bezeichnung aufzutreten, die ihr Gesellschaftsverhältnis zum Ausdruck bringt. Ist dies der Fall und haben sich die Gesellschafter auch über den zu verfolgenden Zweck geeinigt, so ist, wenn keine weiteren Punkte als wesentlich vorbehalten wurden und noch

---

[20] Siehe z. B. W. VON STEIGER, Art. 772, N. 3.
[21] Vgl. EGGER, Zürcher Kommentar zum ZGB, II. Bd., 3. Abt., 2. Aufl. 1948, Art. 422 ZGB, N. 10; SIEGWART, Art. 552, N. 13; HARTMANN, Art. 552, N. 27.
[22] Dazu P. LEMP, Berner Kommentar, Bd. II, 3. Aufl. 1963, Art. 167 ZGB, N. 4; SIEGWART, HARTMANN (oben Anm. 21).
[23] Dazu eingehend und differenzierend P. LEMP (oben Anm. 22), Art. 177 ZGB, N. 4 ff. Nach LEMP (N. 21 f.) ist Art. 177 Abs. 2 nicht anwendbar auf Verpflichtungen, die lediglich eine Haftung des eingebrachten Gutes der Ehefrau oder des Gemeinschaftsgutes gegenüber Dritten bewirken, wie die Gründung einer Personengesellschaft; die Zustimmung der Vormundschaftsbehörde sei nur nötig, wenn Einlagen (Kapitaleinlagen, Kommanditsumme, Stammeinlage einer GmbH) aus den erwähnten Vermögenskomplexen erbracht werden. Dieser Meinung kann nicht beigepflichtet werden. Als Mitglied einer Kollektivgesellschaft haftet jeder Ehegatte unbeschränkt und persönlich, d. h. mit seinem ganzen Vermögen, für die Gesellschaftsschulden; diese Verpflichtung wiegt um so schwerer, als ihre Tragweite nicht absehbar ist und jedem Gesellschafter (subsidiär) die weitgehende Vertretungsmacht gemäß Art. 564 zusteht. Art. 177 Abs. 2 muß daher nach seiner ratio (Schutz der ehelichen Gemeinschaft, insbes. bei Interessenkollision, siehe LEMP, a.a.O., N. 4) wie nach seiner weiten Formulierung («betreffen») auch auf die Gründung einer Kollektivgesellschaft unter Ehegatten anwendbar sein; die Vormundschaftsbehörde kann dann je nach den Umständen des einzelnen Falls entscheiden. – Vgl. dazu auch SIEGWART, Art. 552, N. 13; Vorbem. zu Art. 530–551, N. 31 ff. (unbestimmt, was die hier zur Diskussion stehende Frage betrifft); HARTMANN, Art. 552, N. 28.

offengeblieben sind, bereits eine Kollektivgesellschaft mit den sich daraus ergebenden Folgen entstanden. Einzig die nichtkaufmännische Kollektivgesellschaft bedarf zu ihrer Entstehung (intern und gegenüber Dritten) noch der Eintragung im Handelsregister.

Nun werden aber meist und gerade bei den kaufmännischen Gesellschaften **weitere Punkte** einer vertraglichen Regelung unterworfen, so betreffend die Beiträge, die Gewinn- und Verlustbeteiligungen, die Geschäftsführung und Vertretung, die Auflösung und Liquidation. Zudem werden für die Eintragung im Handelsregister noch bestimmte Angaben verlangt[24], so über den Sitz und die Adresse der Gesellschaft, den Zeitpunkt ihres Beginns und die «Natur des Geschäftes» (Art. 554 OR, Art. 42 HRegV), über welche sich die Gesellschafter also spätestens zur Zeit der Eintragung schlüssig werden müssen. Wenn und insoweit als anzunehmen ist, daß die Parteien solche Punkte als wesentlich betrachten und vor einer Einigung hierüber nicht gebunden sein wollen, so ist bis dahin jedenfalls intern noch keine Gesellschaft entstanden (Art. 2 OR) – gleich wie bei der einfachen Gesellschaft (vorn § 28, I 3).

Sind aber die Gesellschafter nach außen bereits unter einer Firma aufgetreten[25], ohne entsprechende Vorbehalte anzubringen, so kommt Dritten gegenüber das Recht der Kollektivgesellschaft zur Anwendung, was namentlich für die Vertretungsmacht und die unbeschränkten Haftungen von Bedeutung ist. Voraussetzung hiefür ist aber, daß das Auftreten unter Firma im Einverständnis der Beteiligten erfolgte. Enthält die Firma Namen von Gesellschaftern, welche hiezu weder ausdrücklich noch stillschweigend ihre Zustimmung gegeben haben, so werden diese daraus nicht verpflichtet und können sich gegebenenfalls auch einer Eintragung im Handelsregister widersetzen[26].

2. Besondere Entstehungsarten

Eine Kollektivgesellschaft kann auch durch eine sog. **formwechselnde Umwandlung** einer andern Personengesellschaft entstehen. Eine solche liegt vor, wenn eine bestehende Gesellschaft, ohne Auflösung und Liquidation, ihre Rechtsform in der Weise ändert, daß nun die spezifischen Merkmale der Kollektivgesellschaft gegeben sind. So z. B., wenn eine einfache Gesellschaft dazu übergeht, unter einer gemeinsamen Firma ein Gewerbe zu

---

[24] Zu deren Bedeutung siehe hinten III.
[25] Zum «Auftreten» unter gemeinsamer Firma vgl. SIEGWART, Art. 552 f., N. 8 b.
[26] SIEGWART, Art. 552, N. 6; HARTMANN, Art. 552, N. 32.

betreiben; oder wenn der Kommanditär ausscheidet oder seine Haftungsbeschränkung aufgibt, unter Fortsetzung des Geschäfts durch die übrigen Gesellschafter. Die wesentlichste Wirkung solcher Umwandlungen besteht darin, daß die Identität der Gesellschaft erhalten bleibt, so daß auch keine Übertragung des Gesellschaftsvermögens erfolgt. In analoger Weise kann auch eine formwechselnde Umwandlung der Kollektivgesellschaft in eine einfache Gesellschaft (vorn § 28, I 1 c) oder eine Kommanditgesellschaft erfolgen[27].

In diesem Zusammenhang ist festzuhalten, daß formwechselnde Umwandlungen von Personengesellschaften nur innerhalb dieser Gesellschaftskategorie vorgenommen werden können[28]. Wollen sich Kapitalgesellschaften in eine Personengesellschaft umwandeln, oder umgekehrt, so bedarf es dazu gesellschaftsrechtlich der Auflösung und Liquidation der bestehenden und Errichtung der neuen Gesellschaft; dabei kann aber die Liquidation des Unternehmens (Gewerbes) unterbleiben, wenn das Gesellschaftsvermögen als Ganzes auf die neue Gesellschaft übertragen wird. – Die Umwandlung «einer Genossenschaft in eine Handelsgesellschaft ohne Liquidation» gemäß Art. 4 der Schluß- und Übergangsbestimmungen zum rev. OR und der VO des BR vom 29.12.1939 war (wie durch BGE 92 I, 1966, S. 400 festgestellt wurde) nur in der Übergangszeit (erstreckt bis 30.6.1947) möglich; die erwähnte VO des BR wurde durch BRB vom 1.4.1966 (nachträglich) aufgehoben. – Ergänzend sei noch auf die Möglichkeit der Umwandlung einer AG in eine GmbH gemäß Art. 824 ff. hingewiesen. – Zur Stillen Gesellschaft siehe hinten § 46, II 2 a.

Von Interesse ist der Vergleich mit dem deutschen Recht, das, auf Grund des sog. Umwandlungsgesetzes vom 11.10.1957/25.8.1969, neben den formwechselnden auch sog. übertragende Umwandlungen kennt. Von solchen ist die Rede (im Nachfolgenden auf das Gesellschaftsrecht beschränkt), wenn das Vermögen einer sich auflösenden Gesellschaft im Wege der Universalsukzession auf eine andere Gesellschaft übertragen wird; die Umwandlung kann eine «errichtende» oder eine «verschmelzende» sein. Die für die formwechselnde Umwandlung wesentlichste Rechtsfolge – die Identität der beiden Gesellschaften – fällt hier weg[29].

Internrechtlich setzen solche Umwandlungen – sofern der ursprüngliche Gesellschaftsvertrag nichts anderes vorsieht – die Zustimmung sämtlicher Gesellschafter voraus, da es sich hiebei um Änderungen von grund-

---

[27] Zur Umwandlung von Gesellschaften allgemein siehe WIELAND I, § 82; ferner die hienach Anm. 29 zit. deutsche Doktrin. Insbesondere zu den Personengesellschaften siehe z.B. SIEGWART, Vorbem. zu Art. 530 ff., N. 6; Art. 530, N. 68 (betr. Form); HARTMANN, Art. 594, N. 11, 13; HUECK, Gesellschaftsrecht, § 38 II; FISCHER, Großkommentar HGB, Art. 105, Anm. 64 a ff.
[28] Nach WIELAND (I, S. 817) setzen eigentliche (sc. formwechselnde) Umwandlungen von Gesellschaften die Gleichartigkeit ihres Außenverhältnisses voraus, weshalb er die Umwandlung einer bürgerlichrechtlichen Gesellschaft in eine Handelsgesellschaft ausschließt (Anm. 2). Entscheidend ist aber die Gleichartigkeit der vermögensrechtlichen Struktur, das Gesamthandverhältnis, so daß auch Umwandlungen von einfachen Gesellschaften in Kollektivgesellschaften erfolgen können, was in der schweizerischen und der neueren deutschen Doktrin (oben Anm. 27) anerkannt ist.
[29] Zum Umwandlungsgesetz und den Auswirkungen der formwechselnden und übertragenden Umwandlungen im einzelnen siehe eingehend z.B. LEHMANN/DIETZ, § 63; HUECK, Gesellschaftsrecht, § 38 und OHG, § 1, III; FISCHER, Großkommentar HGB, § 105, Anm. 64 ff.

legender Bedeutung handelt. – Gegenüber Dritten wirkt die Umwandlung, nachdem sie ihnen kundgegeben worden ist, insbesondere durch die vorgeschriebenen Eintragungen, gegebenenfalls Löschungen (Kommanditgesellschaft), nötigenfalls Zwangseintragungen im Handelsregister.

Auch andere Gesamthandgemeinschaften, insbesondere Erbengemeinschaften, können in eine Kollektivgesellschaft «übergehen». Dies ist (als deutlichstes Beispiel) der Fall, wenn die Erben ein vom Erblasser als Einzelfirma geführtes Geschäft nun unter einer gemeinsamen Firma weiterführen, ohne ihre Haftung gegenüber Dritten einzuschränken[30].

3. Fehlerhafte Gesellschaftsverträge

Was bei der einfachen Gesellschaft zu den nichtigen oder anfechtbaren Verträgen gesagt wurde (vorn § 28, II), gilt auch für die Kollektiv- und Kommanditgesellschaften. Welche Folgen diese Fehler nach sich ziehen, beurteilt sich auch bei diesen Gesellschaften danach, ob die internen oder die externen Beziehungen zur Frage stehen; ferner, ob die Gesellschaft bereits in einem gewissen Ausmaß tätig geworden ist oder nicht. Bei den Handelsgesellschaften kommt als besonderes Moment die vorgeschriebene Eintragung im Handelsregister dazu. Ist diese erfolgt, so können sich gutgläubige Dritte darauf verlassen, daß die Gesellschaft ihnen gegenüber zu Recht besteht, mit allen sich daraus ergebenden Wirkungen. In diesem Glauben sind sie aber auch dann zu schützen, wenn eine nicht eingetragene Gesellschaft ohne Kundgabe von Haftungsbeschränkungen unter einer Firma ihre Tätigkeit aufgenommen hat. – Anders, was das interne Verhältnis betrifft: Die Eintragung vermag die Mängel nicht zu beheben und die Auseinandersetzung zwischen den «Gesellschaftern» einer nichtigen oder als ungültig erklärten Gesellschaft erfolgt mit Wirkung ex tunc oder nach den gesellschaftsrechtlichen Grundsätzen der Liquidation, je nachdem, welche Lösung der Sachlage am besten gerecht wird – wie vorn (§ 28, II 5,6) zur einfachen Gesellschaft ausgeführt. Auch die Möglichkeit einer bloßen Teilnichtigkeit des Vertrags ist zu berücksichtigen, wie auch die Geltendmachung eines Vertragsmangels als wichtigen Grund zur Auflösung (vorn a.a.O.).

---

[30] Dazu SIEGWART, Vorbem. zu Art. 530 ff., N. 48; Art. 530, N. 68; Art. 552, N. 21; HARTMANN, Art. 552, N. 12; WIELAND I, S. 527; HUECK, OHG, § 6, V 5; kritisch FISCHER, Großkommentar HGB, Anm. 65f.

4. Die Form des Gesellschaftsvertrags

Nach Gesetz bedarf der Gesellschaftsvertrag zu seiner Gültigkeit keiner besonderen Form. Er kann mündlich abgeschlossen oder auch aus konkludenten Handlungen gefolgert werden, so namentlich durch das im Einverständnis der Beteiligten erfolgte Auftreten unter gemeinsamer Firma. Formbedürftig ist der Gesellschaftsvertrag nur, wenn er Transaktionen oder Verpflichtungen zum Inhalt hat, die als solche nur in bestimmter Form rechtsgültig vorgenommen, bzw. eingegangen werden können (siehe vorn § 28, I 4), z.B. die Illation von Grundstücken oder die Übernahme von Bürgschaften (Art. 493 OR). Haben die Parteien den Abschluß des Vertrags in bestimmter Form in Aussicht genommen, so kommt er auch erst mit deren Erfüllung zustande; extern ist aber das Auftreten gegenüber Dritten maßgebend. – Wenn auch der Gesellschaftsvertrag zu seiner Gültigkeit keiner besondern Form bedarf, so ergibt sich doch das Erfordernis einer gewissen Schriftlichkeit aus dem Handelsregisterrecht: Wie bereits erwähnt und gleich noch weiter auszuführen sein wird, haben die Gesellschafter im Eintragungsverfahren eine «Anmeldung» persönlich zu unterzeichnen oder schriftlich mit beglaubigter Unterschrift einzureichen (Art. 556 OR), die die wesentlichen Merkmale der Kollektivgesellschaft enthält und zugleich nach außen zum Ausdruck bringt.

III. Die Eintragung in das Handelsregister und ihre Wirkungen

1. Die Eintragung

Die kaufmännischen Kollektivgesellschaften sind in das Handelsregister des Ortes einzutragen, an dem sie ihren Sitz haben (Ordnungsvorschrift) – die nichtkaufmännischen Gesellschaften bedürfen dieser Eintragung zu ihrer Entstehung (Art. 554, 553 OR; siehe vorn I 4). Kommt eine kaufmännische Kollektivgesellschaft ihrer Eintragungspflicht nicht nach, so ist sie von Amtes wegen einzutragen (Art. 941 OR; Art. 57–63 HRegV).

Die Eintragung muß enthalten: Die Personalien jedes Gesellschafters (auch seine Staatsangehörigkeit!); die Firma und den Sitz der Gesellschaft; den Zeitpunkt, in dem die Gesellschaft ihren Anfang nimmt – dies zur Festsetzung der Wirkungen gegenüber Dritten; allfällige Beschränkung der Vertretungsbefugnisse der Gesellschafter. Die Handelsregister-Verordnung (Art. 42) verlangt zudem die Angabe der «Natur des Geschäfts». – Unter diesen Angaben bedürfen hier – was die Firma betrifft, wird auf das vorn (I 2) Gesagte verwiesen – besonderer Betrachtung folgende Punkte:

a) Der Sitz der Gesellschaft[31]

Das Gesetz verlangt die Eintragung des Orts, wo die Gesellschaft ihren Sitz (siège, sede) hat (Art. 554). Der Sitz einer Gesellschaft ist, wie der Wohnsitz einer natürlichen Person, ein Rechtsbegriff, nach Voraussetzungen und Wirkungen. Der Sitz von Handelsgesellschaften liegt am Ort ihrer Hauptniederlassung (Art. 934), und diese befindet sich bei Personengesellschaften da, wo der tatsächliche Mittelpunkt ihres «gesellschaftlichen Lebens», ihres «geschäftlichen Betriebes» liegt[32]. Einer Bestimmung des Sitzes im Gesellschaftsvertrag kommt nicht entscheidende Bedeutung zu; maßgebend sind die faktischen Verhältnisse[33]. Wenn die Unternehmung an verschiedenen Stellen betrieben wird (Verwaltung, Fabrikation, Vertrieb), so ist ein «Schwerpunkt» zu bestimmen, da die Gesellschaft nur eine Hauptniederlassung und somit nur einen Sitz haben kann[34]. Dabei ist zu berücksichtigen, daß die Bedeutung des Sitzes namentlich in seinen Wirkungen als Gerichtsstand, Betreibungsort und Erfüllungsort liegt (hinten Ziff. 2 d)[35].

Auch die Personengesellschaften können Zweigniederlassungen oder Filialen (succursales; succursali) errichten (Art. 935 OR; Art. 69ff. HRegV). Eine Zweigniederlassung ist gegeben, «wenn eine Betriebsstelle trotz Unterordnung unter das Hauptunternehmen eine gewisse wirtschaftliche und geschäftliche Selbständigkeit und Unabhängigkeit genießt»[36]. Sie ist an ihrem (eigenen) Sitz einzutragen, unter Bezugnahme auf die Eintragung der Hauptniederlassung. Rechtlich liegt die Bedeutung der Zweigniederlassung vor allem in ihrer Wirkung als Gerichtsstand (hinten Ziff. 2 d).

---

[31] Allgemein zum Sitz bzw. Hauptniederlassung von Unternehmungen siehe His, Art. 932, N. 23; Art. 934, N. 104ff.; Patry, vorn § 6, II 1; § 9, I 2. – Zu den Formalien der Eintragung eingehend Patry, vorn § 9, II.

[32] So Siegwart, Art. 554, N. 11; präzisierend: «Sitz ist der Ort, an welchem die Rechtsverhältnisse der Gesellschaft als konzentriert gedacht werden.» Ebenso BGE vom 3. Juni 1947, siehe Schweiz. AG 20, 1947/48, S. 71. – Abweichend Hartmann, Art. 554, N. 13 und Funk, Art. 554, N. 7, wonach der Sitz bzw. die Hauptniederlassung am «Mittelpunkt des geschäftlichen Betriebes» liegt.

[33] His, Art. 934, N. 109; Siegwart, Art. 554–556, N. 11. – Anders bei den juristischen Personen, bei denen der statutarische Sitz (unter Vorbehalt mißbräuchlicher Verwendung) maßgebend ist, vgl. His und Siegwart, a.a.O.

[34] Hartmann, Art. 554, N. 14 und Praxis; abweichend (als Postulat) Siegwart, Art. 554, N. 11ff.

[35] Das Überwiegen der «Drittinteressen» betont auch Siegwart, Art. 554–556, N. 12; BGE 89 I, 1963, S. 407ff.

[36] BGE 68 I, 1942, S. 112; siehe auch BGE 79 I, 1953, S. 70ff. und 81 I, 1955, S. 15ff. – Allgemein zur Zweigniederlassung siehe Patry, vorn § 6, II 1 c und His, Art. 935 OR. – Zu den Zweigniederlassungen der Personengesellschaften vgl. Hartmann, Art. 554, N. 15; Siegwart, Art. 554–556, N. 17ff.

b) *Allfällige Beschränkungen der Vertretungsbefugnis*

Nach Gesetz steht die Befugnis zur Geschäftsführung und Vertretung der Gesellschaft gegenüber Dritten jedem Gesellschafter einzeln zu (siehe hinten § 35). Vertraglich können aber diese Befugnisse eingeschränkt werden, so durch die Beschränkung auf einzelne Gesellschafter oder durch Anordnung von Kollektivvertretungen, sei es unter Gesellschaftern, sei es unter Gesellschaftern und Prokuristen. Zur Wirksamkeit gegenüber Dritten bedürfen solche Beschränkungen der Eintragung im Handelsregister, es sei denn, sie seien ihnen anderswie bekannt geworden (Art. 563, 933 Abs. 2, «negative Publizitätswirkung» des Handelsregisters)[37]. Andere Einschränkungen der Vertretungsbefugnis sind nicht eintragsfähig. So können, wie auch bei allen andern Handelsgesellschaften, keine sachlichen oder summenmässigen Beschränkungen eingetragen werden. Bei den Personen-Handelsgesellschaften ist es auch nicht möglich, allfällige Beschränkungen der Vertretungsbefugnisse auf einzelne Niederlassungen (Haupt- oder Zweigniederlassungen) in das Handelsregister einzutragen, wie dies bei den Kapitalgesellschaften und der Genossenschaft der Fall ist (vgl. Art. 555 mit Art. 718 Abs. 2, 814, 899 Abs. 2 OR); zu ihrer Wirksamkeit gegenüber Dritten bedürfen solche Beschränkungen entsprechender Kundgebung[38].

c) *Die «Natur des Geschäftes»*

Über die gesetzliche Grundlage (Art. 554) hinausgehend, aber entsprechend der bisherigen Praxis, schreibt Art. 42 Handelsregister-Verordnung vor, daß «bei Einzelfirmen, Kollektiv- und Kommanditgesellschaften die Natur des Geschäftes und bei juristischen Personen ihr Zweck kurz und sachlich einzutragen» ist.

Was unter «Natur des Geschäftes» zu verstehen ist, ist unklar und steht auch nicht in Übereinstimmung mit dem französischen Text: «L'inscription doit indiquer, avec concision et précision (!) l'objet de l'entreprise des raisons individuelles, sociétés en nom collectif et en commandite, de même que le but des personnes morales». Den (vom Verf.) hervorgehobenen Bezeichnungen kommt auch inhaltliche Bedeutung zu, so im Hinblick auf die sachliche Umschreibung der Vertretungsmacht gemäß Art. 564 (siehe hinten § 35, II 1 b).

In der Doktrin wird vertreten, daß unter «Natur des Geschäftes» lediglich die Angabe, ob eine Kollektiv- oder eine Kommanditgesellschaft vorliege, zu verstehen sei (nicht der Gesellschaftszweck im Sinn von Art. 552)[39]. Dieser Auffassung stehen jedoch schon der Wortlaut des deutschen Textes («Geschäft»), deutlicher aber noch der französische Text entgegen, der vom «objet de l'entreprise», also vom Gegenstand der Unternehmung (vgl. den deutschen und französischen Text des Art. 641 Ziff. 3 OR) spricht[40]. Im Sinn des französischen Textes (wenn auch mit wieder-

---

[37] Vgl. PATRY, vorn § 10, I 2; dazu hinten § 35, II 1 c.
[38] Vgl. PATRY, vorn § 9, III 3; HARTMANN, Art. 555, N. 3; 564, N. 1; ProtExpKomm, S. 156 ff., 159.
[39] So HARTMANN, Art. 554, N. 21.
[40] Italienischer Text: «La natura dell'azienda».

um abweichender Terminologie!) sind die Blätter des Handelsregisters abgefaßt und geht die Eintragungspraxis vor: In Kolonne 4, betitelt «Art», «Nature», wird die Rechtsnatur der Gesellschaft eingetragen (Kollektivgesellschaft, Kommanditgesellschaft, allfällige Umwandlungen). In Kolonne 13, betitelt «Geschäftsnatur, Gesellschaftszweck usw.», «Genre de commerce, objet de la société etc.», erfolgt die Angabe des Tätigkeitsbereichs der Gesellschaft, z.B. «Uhrenfabrik», «Engroshandlung mit Wein und Spirituosen»[41].

Danach kommt also – man mag die Ausdrücke drehen wie man will – auch die Zweckbestimmung der Personengesellschaften zur Eintragung und Veröffentlichung. Wie weit diese Angabe für die sachliche Umschreibung der Vertretungsmacht maßgebend ist, wird im entsprechenden Zusammenhang noch zu prüfen sein (hinten § 35, II 1 b).

2. Die Wirkungen der Eintragung im Handelsregister

a) Mit der Eintragung wird zunächst die Rechtsnatur der Kollektiv- und Kommanditgesellschaften nach außen kundgegeben. Wenn dem Eintrag – abgesehen von den nichtkaufmännischen Kollektivgesellschaften – auch nicht konstitutive Bedeutung zukommt, so können sich gutgläubige Dritte doch darauf verlassen, daß ihnen gegenüber das Recht der Kollektiv- oder Kommanditgesellschaft zur Anwendung kommt (siehe vorn I 5).

b) Mit der Eintragung wird die Gesellschaft der Konkursbetreibung und der besondern Wechselbetreibung (sog. formelle Wechselstrenge) unterworfen; dies gilt auch für die Mitglieder der Kollektivgesellschaft und die unbeschränkt haftenden Gesellschafter der Kommanditgesellschaft persönlich (Art. 39 SchKG, unter Vorbehalt von Art. 43, der für Steuern und andere im öffentlichen Recht begründete Leistungen nur die Spezialexekution zuläßt). Daß Forderungen gegen die Gesellschaft im Konkursverfahren (Generalexekution) durchzusetzen sind, ist zwingenden Rechts, da nur so eine (wenn auch in bestimmter Rangfolge) gleichmässige Befriedigung der Gesellschaftsgläubiger aus dem Gesellschaftsvermögen bewirkt werden kann[42].

---

[41] Vgl. L. E. JAQUEROD/F. VON STEIGER, Eintragungsmuster für das Handelsregister mit Erläuterungen, Zürich 1943, S. 352f.
[42] BGE 55 III, 1929, S. 146, wo auch festgehalten wird, daß bei einer Betreibung einer nicht eingetragenen Personengesellschaft das Betreibungsamt von Amtes wegen durch das Handelsregisteramt abklären lassen muß, ob eine Eintragungspflicht besteht. Anders nur, wenn dem Betreibungsamt zuverlässig bekannt ist, daß die Gesellschaft kein kaufmännisches Gewerbe betreibt – in welchem Fall auch keine betreibungsfähige Gesellschaft vorliegt. Vorbehalten bleibt das Recht des Gläubigers, beim Handelsregisteramt die Zwangseintragung der Kollektivgesellschaft zu verlangen (Art. 57 HRegV). Vgl. SIEGWART, Art. 554–556, N. 38.

c) Die eingetragene Firma genießt den besonderen **Firmenschutz** gemäß Art. 946 Abs. 1, 951 Abs. 1, 956 OR [43].

d) Der Sitz der Gesellschaft begründet, gemäß Art. 59 der Bundesverfassung, einen **Gerichtsstand** in den gegen die (nach Art. 562 partei- und prozeßfähige) Gesellschaft als solche angestrengten Prozessen [44].

Fraglich ist, ob der bei den Kapitalgesellschaften und der Genossenschaft vorgesehene besondere Gerichtsstand der Zweigniederlassung für die aus ihrem Geschäftsbetrieb entstandenen Verbindlichkeiten auch bei den Personen-Handelsgesellschaften gegeben ist. Aus der Tatsache, daß bei der Revision des OR (1936) ein solcher Sondergerichtsstand nur bei den genannten Körperschaften, nicht aber bei den Personengesellschaften vorgesehen wurde, wird (u. E. mit Recht) geschlossen, daß bundesrechtlich ein Gerichtsstand der Zweigniederlassung bei Personengesellschaften nicht gegeben ist [45]. Maßgebend hiefür sind somit die kantonalen Prozeßordnungen, von denen sich die meisten, ausdrücklich oder implicite, zugunsten dieses Sondergerichtsstandes aussprechen oder interpretieren lassen [46] – was auch im Interesse des Rechtsverkehrs liegt.

Der Gerichtsstand des Sitzes gilt nur für die Klagen, die sich gegen die Gesellschaft als solche richten, nicht für Klagen Dritter oder der Gesellschaft gegen einzelne **Gesellschafter** oder für Prozesse der Gesellschafter untereinander. Die Gesellschafter sind an ihrem Wohnsitz einzuklagen [47]. Vorbehalten bleiben Gerichtsstands- oder Schiedsgerichtsklauseln.

Der Sitz der Gesellschaft begründet ebenfalls einen **Betreibungsort** für die gegen die Gesellschaft als solche gerichteten Schuldbetreibungen (Art. 46 Abs. 2 SchKG). Die Zweigniederlassung begründet keinen besonderen Betreibungsort; die von der Filiale eingegangenen Verbindlichkeiten sind solche der Gesellschaft und an deren Sitz einzutreiben [48]. Für Forderungen gegen einzelne Gesellschafter gilt als Betreibungsort ihr persönlicher Wohnsitz (Art. 46 Abs. 1 SchKG) [49].

---

[43] Zum Firmenschutz allgemein und der Personengesellschaften im besondern siehe PATRY und HIS (oben Anm. 8).

[44] BGE 53 I, 1927; HARTMANN, Art. 554, N. 16; SIEGWART, Art. 554–556, N. 14. – PATRY, vorn § 10, III.

[45] SIEGWART, Art. 554–556, N. 18 ff.; a. M. HARTMANN, Art. 554, N. 16.

[46] SIEGWART, Art. 554–556, N. 21 mit Nachweisen.

[47] HARTMANN, Art. 554, N. 17 und SIEGWART, Art. 554–556, N. 15, beide mit weitern prozeßrechtlichen Ausführungen (so betr. Streitgenossenschaft, innerkantonale Gerichtsstände). BGE 26 I, 1900, S. 299 (Kommanditgesellschaft); 56 I, 1930, S. 67.

[48] SIEGWART, Art. 554–556, N. 17; BGE 55 III, 1929, S. 117. – Hingegen begründet die schweizerische Zweigniederlassung einer im Ausland domizilierten Firma einen Betreibungsort für die auf Rechnung der ZN eingegangenen Verbindlichkeiten; siehe Art. 50 Abs. 1 SchKG, Art. 935 Abs. 2 OR. Dazu H. FRITZSCHE (zit. vorn zu § 30) I, S. 73.

[49] SIEGWART, Art. 554–556, N. 15. BGE 37 I, 1911, S. 474, wo aber die Betreibung im Ausland wohnender Gesellschafter für Gesellschaftsschulden am Sitz der Gesellschaft in der Schweiz als zulässig erklärt wird. Das BGer verweist hiefür auf Art. 50 Abs. 1 SchKG, ferner (materiellrechtlich) darauf, daß die Kollektivgesellschaft keine juristische Person sei und «im Grunde» die Gesellschafter die Subjekte der Betreibung gegen die Gesellschaft seien (!).

e) Nicht vom Eintrag abhängig ist die **Buchführungs- und Bilanzpflicht** der Kollektiv- und Kommanditgesellschaften (Art. 558). Nach Art. 957 OR setzt diese Pflicht nicht den Eintrag im Handelsregister voraus, sondern die Verpflichtung zur Eintragung und diese ist bei den kaufmännischen Personengesellschaften gegeben, sobald sie unter einer Firma auftreten (Art. 552 Abs. 2). Damit kommen dann auch, neben den allgemeinen Vorschriften über die Buchführung und Bilanz (Art. 957 ff.) die besonderen Bestimmungen über die Gewinn- und Verlustrechnung der Kollektiv- und Kommanditgesellschaften (Art. 558, 598) zur Anwendung[50].

Bei den nichtkaufmännischen Kollektivgesellschaften kommt hinzu, daß ihre Eintragung konstitutive Wirkung hat. Sind sie einmal kraft Eintragung als Kollektivgesellschaften entstanden, so gelten für sie auch die damit verbundenen, vorn erwähnten Wirkungen. Eine Ausnahme hievon wird in Doktrin und Praxis, hinsichtlich der Buchführungs- und Bilanzpflicht gemacht: Weil die nichtkaufmännische Kollektivgesellschaft nicht eintragungsbedürftig, sondern nur eintragsfähig ist und die Buchführungs- und Bilanzpflicht von der Eintragungspflicht abhängt, sei die nichtkaufmännische Gesellschaft auch nach ihrer Eintragung nicht buchführungs- und bilanzpflichtig[51]. – Dazu ist allerdings ein Fragezeichen zu setzen. Die Bestimmungen der Art. 957/58 OR sind nicht nur im Interesse der eintragungspflichtigen Subjekte selber, sondern wesentlich auch im Interesse der Dritten und des Rechtsverkehrs erlassen. Wenn sich nun eine Gesellschaft durch ihre Eintragung als Kollektivgesellschaft «konstituiert» und als solche nach außen kundgegeben hat, so sollten sich Dritte – für die ja die Natur der Gesellschaft als sog. nichtkaufmännische nicht ohne weiteres ersichtlich ist – darauf verlassen können, daß die Gesellschaft die Pflichten eines «ordentlichen» Kaufmanns übernimmt. Auch die Gesellschaft und die Gesellschafter, die ja mit der Eintragung der Konkursbetreibung unterliegen, haben ein Interesse an einer periodischen Klarstellung der Vermögensverhältnisse im Sinn der Art. 957/58.

IV. Ausländisches Recht

Im **deutschen Recht** entspricht der Kollektivgesellschaft die sog. **Offene Handelsgesellschaft (OHG)**, geordnet in den §§ 105–160 HGB. Die OHG weist die gleichen begriffswesentlichen Merkmale auf, wie die Kollektivgesellschaft (Gesellschaft, Firma, unbeschränkte Haftung der Gesellschafter); hingegen ist ihr Zweck gesetzlich auf den Betrieb eines «Handelsgewerbes» (im Sinne der §§ 1–3 HGB) beschränkt. – Mitglieder einer OHG können natürliche und (nach heute herrschender Auffassung) juristische Personen, sowie die unter einer Firma auftretenden Personengesellschaften (OHG und Kommanditgesellschaft) sein. Die Errichtung einer OHG ist gesellschaftsrechtlich an keine Form gebunden (unter Vorbehalt besonderer, an sich formbedürftiger Vereinbarungen); die Eintragung im HReg ist vorgeschrieben, aber nicht konstitutiv. – Die OHG beruht auf dem Gesamthandprinzip, wird aber in verschiedener Hinsicht wie eine juristische Person behandelt: «Sie kann unter ihrer Firma Rechte erwerben und Verbindlichkeiten eingehen, Eigentum und andere dingliche Rechte an Grundstücken erwerben, vor Gericht klagen

---

[50] Über die Unterscheidung zwischen der allgemeinen und zwingenden Buchführungs- und Bilanzpflicht gemäß Art. 957 ff. und den besondern, gesellschaftsrechtlichen und dispositiven (?) Vorschriften des Art. 558 siehe hinten § 34, II 1.
[51] So HARTMANN, Art. 553, N. 3; 558, N. 1; PATRY, vorn § 13, II 1 a; BGE 79 I, 1953, S. 57. Nicht eindeutig HIS, Art. 957, N. 57.

und verklagt werden» (§ 124 HGB). – Die wesentlichsten Unterschiede zwischen der OHG und der Kollektivgesellschaft liegen in der Ordnung der Vertretungsmacht und der Haftungen der Gesellschafter (wozu hinten § 35 III, 37 V).

Im französischen Recht wird die *Société en nom collectif* heute durch die *Loi soc. comm.* 1966 (Art. 10–22) und dem Décret 1967 (beide mit Nachträgen) geordnet, wobei das Recht der société simple (Art. 1832 ff. CCfr.) subsidiär zur Anwendung kommt. Die französische Kollektivgesellschaft ist eine *société commerciale* kraft ihrer Rechtsform und erlangt die *personnalité morale* mit der Eintragung im Handelsregister (Art. 1 Abs. 2, Art. 5 Abs. 1 Loi soc. comm. 1966). Die spezifischen Merkmale der Gesellschaft – Gesellschaftsvertrag, Firma, unbeschränkte Haftung – werden in den erwähnten gesetzlichen Bestimmungen festgehalten. Das Décret 1967 (Art. 6–16) befaßt sich mit Materien wie: Form und Hinterlegung von Gesellschaftsverträgen («status»), «nom commercial», Protokollierung von Gesellschaftsbeschlüssen, Rechnungslegung, Kontrollrechten und der Geltendmachung von Haftungsansprüchen (!).

Das italienische Recht regelt die *Società in nome collettivo* in den Art. 2291–2312 CCit. Sie beruht – wie alle Gesellschaften – auf dem Gesellschaftsvertrag im Sinne von Art. 2247, steht aber auch andern als wirtschaftlichen Zwecken offen (Art. 2249 Abs. 2; siehe vorn § 18, III 3). Subsidiär gilt das Recht der einfachen Gesellschaft (Art. 2293). – Von besonderer Bedeutung sind die weitgehenden Vorschriften über den Inhalt des Gründungsvertrags («Atto costitutivo») und dessen Veröffentlichung: Im Gründungsakt sind – außer den z. B. auch im schweizerischen Recht zur Eintragung im HReg erforderlichen Angaben (Gesellschafter, Firma, Sitz, Zweck, Vertretung) – aufzuführen: Die Beiträge jedes Gesellschafters und deren Bewertung; die (arbeitsmäßigen) Leistungen, zu denen die sog. «soci di opera» verpflichtet sind; die Gewinn- und Verlustbeteiligungen jedes Gesellschafters; die Dauer der Gesellschaft (Art. 2295). Der Gründungsakt ist innerhalb 30 Tagen zur Eintragung im Registro delle imprese einzureichen. Mangels Eintragung ist die Gesellschaft gegenüber Dritten dem Recht der einfachen Gesellschaft unterworfen, vorbehältlich der unbeschränkten und solidaren Haftung der Gesellschafter für die Gesellschaftsschulden und der gesetzlich vermuteten Vertretungsmacht jedes Gesellschafters (Art. 2291, 2296, 2297; siehe auch hinten § 35 III). Diese Bestimmungen bringen eine gewisse Annäherung der Kollektivgesellschaft an die Kapitalgesellschaften und verleihen der Eintragung (bzw. deren Unterlassung) in einem gewissen Ausmaß rechtsbegründende Wirkungen.

Im englischen Recht entspricht der Kollektivgesellschaft die *Partnership*, geregelt im *Partnership Act* 1890 (modifiziert durch die *Companies Acts* 1948 [Section 429, 434] und 1967 [Section 119 f.], welche Begrenzungen der Mitgliederzahl, unterschiedlich je nach Geschäftsnatur, vorsehen). Partnership bezeichnet eine Verbindung von Personen, welche gemeinsam ein Geschäft («business», worunter auch Dienstleistungen, z. B. in den sog. liberalen Berufen fallen) zum Zweck der Gewinnerzielung betreiben (Sect. 1). In Sect. 2 werden Kriterien aufgeführt, durch welche sich die partnership von andern Rechtsverhältnissen, z. B. den partiarischen oder sachenrechtlichen unterscheidet. Die partnership tritt unter einer Firma («firm name») auf, bildet aber keine juristische Person («legal entity»), ausgenommen in Schottland (Sect. 4); Rechtssubjektivität kommt ihr nur insofern zu, als sie (nach Prozeß- und Konkursrecht) unter ihrer Firma klagen oder beklagt werden, auf Konkurs betreiben oder betrieben werden kann.

Nach dem amerikanischen *Uniform Partnership Act* (UPA) ist die *partnership* eine Vereinigung von zwei oder mehr Personen, die gemeinsam («as co-owners») ein Unternehmen («business») zum Zweck der Gewinnerzielung betreiben (§ 6 Abs. 1); der Terminus «business» schließt «every trade, occupation, or profession» ein (§ 2). In § 7 UPA werden Kriterien aufgeführt, welche für oder gegen die Existenz einer partnership sprechen.

§ 34. Die Verhältnisse der Gesellschafter unter sich

Literatur

Siehe die Literatur zu den §§ 29 und 38.

J. DARMS, Das Konkurrenzverbot in den Gesellschaftsverhältnissen nach schweizerischem Obligationenrecht (Art. 536, 558), Diss. Fribourg 1923; E. SCHWEINGRUBER, Die wirtschaftlich schwächere Vertragspartei, Diss. Bern 1930; H. D. RAUTMANN, Wettbewerbenthaltungspflicht im Gesellschaftsrecht, Diss. Bern 1965.

I. Allgemeines – Kollektivgesellschaft und einfache Gesellschaft

Wie schon bei der einfachen Gesellschaft unterscheidet das Gesetz auch bei der Kollektivgesellschaft zwischen den internen und den externen Rechtsverhältnissen und ordnet diese in zwei getrennten Abschnitten. Für das «Verhältnis der Gesellschafter unter sich» (Art. 557–561 OR) gilt zunächst der Gesellschaftsvertrag. So weit keine Vereinbarung getroffen, kommt das Recht der einfachen Gesellschaft zur Anwendung, jedoch unter Vorbehalt einiger abweichender Bestimmungen, die sich aus der Natur der Kollektivgesellschaft als Handelsgesellschaft erklären. Diese Sonderordnung betrifft die vermögensrechtliche Struktur der Gesellschaft, insbesondere die Pflicht zur Rechnungslegung, die Rolle des «Kapitalanteils» des Gesellschafters und die Verwirklichung (Bezug) finanzieller Ansprüche der Gesellschafter bei bestehender Gesellschaft, das Konkurrenzverbot (Art. 558–561). – Das Gesetz enthält aber noch weitere besondere Bestimmungen, die zunächst das Innenverhältnis betreffen, sich dann aber auch externrechtlich auswirken, so über das Ausscheiden und die Ausschließung von Gesellschaftern und die Folgen dieser Vorgänge (Art. 576–581), ferner im Zusammenhang mit der Liquidation. – Schließlich ist zu beachten, daß auch dann, wenn auf Grund der gesetzlichen Verweisung (Art. 557 Abs. 2) das Recht der einfachen Gesellschaft zur Anwendung kommt, dies nur unter Berücksichtigung der besondern Zwecksetzung der Kollektiv- und Kommanditgesellschaft (Betrieb eines nach kaufmännischer Art geführten Gewerbes) und ihrer rechtlichen Struktur geschehen darf, wobei den Einwirkungen des Außenverhältnisses (z. B. der gesetzlichen Vertretungsmacht gemäß Art. 563/64 OR) auf die Innenverhältnisse besondere Bedeutung zukommt. Dies gilt namentlich, wenn es um Wertungen tatbeständlicher oder rechtlicher Faktoren geht (z. B. Sorgfalt, wichtige Gründe, Kontrolle).

In Anbetracht dieser Sachlage wird im Nachfolgenden unter den gesellschaftsinternen Verhältnissen lediglich die Sonderordnung des zweiten Abschnittes (Art. 557–561) behandelt, während in den folgenden Paragraphen interne und externe Verhältnisse in ihrem Zusammenhang betrachtet werden. – Was den sachlichen Anwendungsbereich des Rechts der einfachen Gesellschaft betrifft, so ergibt sich dieser aus dem Gesetz (Art. 531–542) und unsern Ausführungen in § 29.

II. Die Rechnungslegung der Gesellschaft[1]

1. Gesetzliche Grundlagen

Die kaufmännische Kollektivgesellschaft ist zur Eintragung in das Handelsregister verpflichtet und unterliegt damit, auch wenn sie nicht eingetragen ist, der allgemeinen Buchführungs- und Bilanzpflicht, wie sie in den Art. 957–964 OR festgelegt ist. Diese Bestimmungen sind zwingenden Rechts[2]. Ihre Mißachtung kann zu Schadenersatz verpflichten und strafrechtliche Sanktionen zur Folge haben[3]. Zu diesen allgemeinen Vorschriften treten bei den Kollektiv- und Kommanditgesellschaften noch die besondern Bestimmungen des Art. 558 OR, wonach auf Grund jährlicher Gewinn- und Verlustrechnungen und Bilanzen «der Gewinn oder Verlust zu ermitteln und der Anteil jedes Gesellschafters zu errechnen ist»; daran schließen sich noch Bestimmungen über die Verzinsung der Anteile und die Behandlung vereinbarter Honorare in den Abschlüssen der Gesellschaft (Art. 558–560). Da diese Sonderbestimmungen das interne Verhältnis betreffen – der Gläubigerschutz liegt in der persönlichen Haftung der Gesellschafter –, werden sie als dispositives, nur subsidiär geltendes Recht betrachtet[4]. Ihre Bedeutung liegt darin, daß sie für kaufmännische Gesellschaften die sachlich richtige Ordnung darstellen und daß jeder Gesellschafter die Befolgung dieser Vorschriften verlangen oder ihre Nichtbefolgung ahnden kann, wenn darüber nichts anderes vereinbart wurde.

2. – a) Die Gewinn- und Verlustrechnung

Während nach den allgemeinen Bestimmungen die buchführungspflichtigen Unternehmungen lediglich sog. Betriebsrechnungen zu erstellen haben (Art. 957 ff. OR), verlangt das Gesetz von der Kollektivgesellschaft (wie auch von allen übrigen Handelsgesellschaften) jährliche Gewinn- und Verlustrechnungen, welche den Gesamterfolg des Unternehmens, herrührend

---

[1] Allgemein zur Buchführungs- und Bilanzpflicht siehe PATRY, vorn §§ 13–15; HIS, Art. 957 ff. OR.
[2] Umstritten ist, ob die Vorschriften über Buchführung und Bilanz privat- oder öffentlichrechtlichen Charakters sind; vgl. HIS, Art. 957, N. 19 ff. Auf dem Boden des schweizerischen Rechts vertritt HIS (u.E. mit Recht) die Auffassung, daß es sich hierbei um privatrechtliches zwingendes Recht handelt; lediglich die Art. 963 (Editionspflicht) und 964 (Vorbehalt der Strafbestimmungen) seien öffentlichrechtlicher Natur. Vgl. auch PATRY, vorn § 13, II.
[3] Siehe hinten IV 2 a.
[4] HARTMANN, Art. 558, N. 1; SIEGWART, Art. 558–560, N. 1–3 bezeichnet die Pflicht gemäß Art. 558 als «gesellschaftliche und darum vorwiegend dispositive». – Über die Grenzen der gesellschaftsautonomen Ordnung siehe hinten IV 2.

aus dem Betrieb i.e.S. und den kapitalmässigen Entwicklungen, zum Ausdruck bringen[5].

b) Die Bilanz

Für die Kollektiv- und Kommanditgesellschaft stellt das Gesetz keine Sondervorschriften auf. Es gelten für sie die allgemeinen, für alle eintragspflichtigen Gewerbe erlassenen Bilanzvorschriften (Art. 958–961). Danach haben die Personen-Handelsgesellschaften, ausgehend von einer Eröffnungsbilanz mit Inventar, auf Schluß jedes Geschäftsjahres eine Bilanz vorzulegen, die nach allgemein anerkannten kaufmännischen Grundsätzen und unter Befolgung des Prinzips der «Bilanzwahrheit und -klarheit» erstellt, den «Beteiligten einen möglichst sichern Einblick in die wirtschaftliche Lage des Geschäfts» ermöglichen soll (Art. 959). Von Bedeutung sind die Bewertungsvorschriften, wonach die Bilanz in der Landeswährung aufzustellen ist und die Aktiven «höchstens nach dem Wert anzusetzen sind, der ihnen im Zeitpunkt, auf welchen die Bilanz errichtet wird, für das Geschäft zukommt» (Art. 960). Diese, im Interesse der Gesellschafter und der Unternehmung liegenden Richtlinien lassen der Gesellschaft Freiheit in den Bewertungen nach zwei Seiten hin: Einmal werden die Wertansätze nur nach oben hin begrenzt (Maximalansätze), während es der Gesellschaft freisteht, durch tiefere Bewertungen stille Reserven zu schaffen (wozu noch hinten IV). Sodann sind die Aktiven zum Wert einzusetzen, der ihnen im kritischen Zeitpunkt «für das Geschäft», d.h. unter dem Gesichtspunkt seiner Fortsetzung, unter Berücksichtigung aller Chancen und Risiken zugemessen werden kann (sog. dynamische oder Fortsetzungs-Bilanz). Diese Bewertungsart gilt (mangels anderer Abrede) auch für die beim Ausscheiden von Gesellschaftern zu erstellende sog. Abschichtungsbilanz, während die Liquidationsbilanz auf die durch die Auflösung der Gesellschaft entstehende Lage abstellen muß[6].

3. Die Kapitalanteile der Gesellschafter

Als einen besondern Bilanzposten nennt das Gesetz (Art. 558) den für jeden Gesellschafter auf Grund der Gewinn- und Verlustrechnung und der

---

[5] Zur Betriebsrechnung, Gewinn- und Verlustrechnung sowie zur Frage der sog. Doppelten Buchführung siehe PATRY, vorn § 13, IV; § 14, I; HIS, Art. 958, N. 6 ff., 11 ff.
[6] Zur Bilanz allgemein, den verschiedenen Arten der Bilanzierung und den hiefür geltenden Normen siehe PATRY, vorn § 14, II; HIS, Art. 958 N. 19 ff. Zur Jahresbilanz als sog. Fortsetzungsbilanz siehe PATRY, vorn § 14, III 1 b; HIS, Art. 958, N. 30.

Bilanz zu errechnenden «Kapitalanteil» («part de l'actif social», «quota nel patrimonio sociale»)[7]. Was inhaltlich unter dem Kapitalanteil zu verstehen ist, legt das Gesetz nicht fest[8]. Es befaßt sich damit lediglich unter gewissen Gesichtspunkten, so der Verzinsung, der Möglichkeit von Gutschriften und den Auswirkungen einer Verminderung des Kapitalanteils auf vermögensrechtliche Ansprüche der Gesellschafter[9]. Begriff und Funktion des Kapitalanteils sind auf Grund der vermögensrechtlichen Struktur der Kollektivgesellschaft zu ermitteln. Hiefür kann auf das zur einfachen Gesellschaft Gesagte (vorn § 29, II 2) verwiesen werden, da in dieser Hinsicht die beiden Gesellschaftsformen übereinstimmen. Als wesentlich ist festzuhalten:

Vom Kapitalanteil ist zu unterscheiden der Vermögensanteil, der die Beteiligung eines Gesellschafters am gesamten Reinvermögen der Gesellschaft ausdrückt, einen realen Wertanteil darstellt und seine ihm eigenen Wirkungen entfaltet (dazu vorn § 29, II 2b). Der Kapitalanteil eines Gesellschafters dagegen ist ein Bilanzposten, eine reine Rechnungsziffer, die sich aus Gutschriften (insbesondere für Einlagen und nicht bezogene Guthaben) und Belastungen (z.B. aus Verlustbeteiligungen) des betreffenden Kapitalkontos ergibt (siehe vorn § 29, II 2c). Der Kapitalanteil beziffert nicht den Anteil des Gesellschafters am effektiven Gesellschaftsvermögen; er wirkt sich auch nicht aus auf die Berechtigung an den Aktiven und die Verpflichtungen aus den Passiven der Gesellschaft, die als Gesamthandverhältnisse keine Aufteilung in Quoten zulassen. Als reiner Bilanzposten kann der Kapitalanteil auch nicht abgetreten werden oder Gegenstand der Zwangsvollstreckung gegen einen Gesellschafter bilden; hiefür ist der Liquidationsanteil bestimmend (Art. 572 Abs. 2). Er ist auch nicht maßgebend für die Beteiligungen der Gesellschafter an Gewinn und Verlust, sowie am (endgültigen) Liquidationsergebnis, die sich nach Kopfteilen bestimmen (Art. 557 Abs. 2, 539, 549, 588)[10]. Die Bedeutung des Kapitalanteils liegt

---

[7] Die Terminologie kann zu Mißverständnissen Anlaß geben. Das aOR sprach von «Anteilen» und «Einlagekapital» (Art. 556–558), ebenso E 1923, Art. 570, 574. Der terminus «Kapitalanteil» wurde von der Expertenkommission beschlossen (ProtExpKomm 1923, S. 34–39), womit klargestellt wurde, daß es sich hier nicht um die ursprüngliche Kapitaleinlage handelt, aber auch nicht um den Anteil am effektiven Gesellschaftsvermögen, wie aus dem französischen Text geschlossen werden könnte.

[8] Zu beachten ist, daß Art. 558 Abs. 1, im Zusammenhang mit dem Erfordernis einer Gewinn- und Verlustrechnung, vom «Anteil» jedes Gesellschafters spricht, worunter nur der Anteil an Gewinn und Verlust gemäß Jahresrechnung verstanden werden kann.

[9] Art. 558 Abs. 2, 559 Abs. 3, 560 Abs. 1; hiezu hinten Ziff. 4f. und III.

[10] Anders nach deutschen Recht (§§ 121, 122, 155 HGB), wonach der Kapitalanteil (subsidiär) maßgebend für die Gewinnverteilung und die Auseinandersetzungsguthaben der Gesellschafter sein soll. – Zur geschichtlichen Entwicklung des Begriffs Kapitalanteil und dessen Funktion z.B. BAUMBACH/DUDEN, § 129 HGB, Ziff. 3 A.

darin, daß er den jeweiligen Bestand der Einlage des Gesellschafters angibt, insbesondere auch in Berücksichtigung der erwähnten (oben Anm. 9) Sonderbestimmungen; im Stadium der Liquidation spielt er insofern eine Rolle, als das Liquidationsergebnis (nach Deckung der Gesellschaftsgläubiger) zunächst zur Rückzahlung «des Kapitals» an die Gesellschafter verwendet werden soll[11].

Da die Sonderbestimmungen der Art. 558 ff. nachgiebigen Rechts sind, kann der Gesellschaftsvertrag über die Kapitalanteile auch anders bestimmen, insbesondere deren Wirkungen erweitern, z.B. durch Ordnung der Gewinn- und Verlustbeteiligung oder der Stimmkraft jedes Gesellschafters nach Maßgabe der Kapitalanteile (dazu noch hinten IV).

4. Die Verzinsung der Kapitalanteile

Nach Gesetz «dürfen jedem Gesellschafter für seinen Kapitalanteil Zinsen nach Vertrag» gutgeschrieben werden und zwar auch dann, wenn das abgelaufene Geschäftsjahr mit einem Verlust abschließt und dadurch der Kapitalanteil verringert worden ist; der Zinssatz beträgt mangels anderer Vereinbarung 4% (Art. 558 Abs. 2). Damit ist klargestellt, daß die Verzinsung des Anteils nicht etwa eine «Vorzugsdividende» aus erzieltem Gewinn bedeutet (wie im deutschen Recht[12]), sondern eine Schuld der Gesellschaft[13]. Dies geht auch daraus hervor, daß der Gesellschafter seine Zinsen, wenn und soweit als dies der Vertrag vorsieht, schon während des Geschäftsjahres beziehen und im Konkurs der Gesellschaft seine Forderung für verfallene

---

[11] Die vorstehende Deutung des Kapitalanteils und dessen Funktionen dürfte der heute vorwiegenden Auffassung entsprechen. Siehe die vorn § 29, Anm. 72 zit. Doktrin; insbes. zur Kollektivgesellschaft: HARTMANN, Art. 558, N. 11; SIEGWART, Art. 558–560, N. 4, 11 (nicht ganz eindeutig). – Im wesentlichen stimmen unsere Ausführungen auch mit der herrschenden deutschen Lehre und Rechtsprechung überein; siehe insbes. FISCHER, Großkommentar HGB, § 120, Anm. 18 ff.; HUECK, OHG, § 16 V. In der neueren (deutschen) Lehre vollzieht sich aber eine Wendung in dem Sinn, daß der Kapitalanteil nicht mehr als ein bloßer Bilanzposten (Rechnungsziffer) aufgefaßt wird, sondern als ein Beteiligungsrecht (Wertrecht), das auch übertragbar sei. Dazu FISCHER, a.a.O., insbes. Anm. 20 ff. (teilweise zustimmend, siehe Anm. 22); besonders eingehend und ablehnend HUECK, a.a.O., insbes. S. 235 a.E.

[12] Art. 6 des ADHGB sprach jedem Gesellschafter eine vom Gewinn unabhängige Verzinsung seines Kapitalanteils von 4% zu (wie aOR Art. 556 Abs. 2). Um die dadurch ermöglichte Begünstigung der Gesellschafter mit Kapitalanteil zu vermeiden, bestimmt § 121 HGB (subsidiär), daß vom Jahresgewinn jedem Gesellschafter zunächst ein Anteil in der Höhe von vier vom Hundert seines Kapitalanteils gebühre (sog. Vorzugsdividende). Reicht der Jahresgewinn hierzu nicht aus, so bestimmen sich die Anteile nach einem entsprechend niedrigeren Satz. – Siehe FISCHER, Großkommentar HGB, § 121, Anm. 2 f.

[13] HARTMANN, Art. 558, N. 14; ProtExpKomm 1928, S. 31 f. – In Art. 556 Abs. 3 aOR wurden die Zinssätze noch ausdrücklich als Gesellschaftsschuld bezeichnet.

Zinse als Gläubiger geltend machen kann (Art. 558 Abs. 2, 570 Abs. 2). Als Berechnungsgrundlage für die Verzinsung gilt nicht etwa die ursprüngliche Kapitaleinlage, sondern der jeweilige Kapitalanteil, gegebenenfalls also der durch Verluste verminderte Anteil (Art. 560 Abs. 1).

Die Formulierung von Art. 558 Abs. 2 gibt zu Interpretationsfragen Anlaß. Aus den Wendungen «dürfen», «gemäß Vertrag» könnte auch geschlossen werden, daß eine Verzinsung der Kapitalanteile nur erfolgen darf, wenn der Vertrag dies vorsieht. Die herrschende Meinung spricht jedoch dieser Bestimmung subsidiäre Geltung zu in dem Sinne, daß die Verzinsung (im Zweifel zu 4%) immer dann erfolgt, wenn sie nicht ausgeschlossen worden ist; das «gemäß Vertrag» beziehe sich bloß auf den Zinssatz[14]. Diese Auffassung beruft sich darauf, daß sie schon nach aOR Art. 556 Abs. 2 galt, und daß man, wie aus den Materialien ersichtlich, nichts habe ändern wollen; das Neue an der Bestimmung des rev. OR liege lediglich darin, daß man die Verzinsung des Eigenkapitals ausdrücklich zulassen wollte, auch für den Fall, daß das Geschäftsjahr mit einem Verlust abschließt[15]. Sachlich wird dies damit begründet, daß Gesellschafter oft ihr ganzes Vermögen in der Gesellschaft investiert haben und für ihren Unterhalt auf eine Verzinsung angewiesen sind[16]. – Demgegenüber ist zu bemerken, daß Art. 558 Abs. 2 eine Begünstigung der «Kapitalisten» unter den Gesellschaftern bedeutet, indem die Verzinsung den Gewinnsaldo verringert oder gar zu einem Verlust führen kann, den die «nur» Arbeit beitragenden (also nicht zinsberechtigten) Gesellschafter mittragen müssen. Darum auch die andere Ordnung gemäß HGB § 121 (siehe oben Anm. 12). Der Benachteiligung der zweiten Gesellschaftergruppe kann allerdings abgeholfen werden, wenn der Vertrag den Geschäftsführern feste (gewinnunabhängige) Vergütungen oder andere Vorteile zugesteht. Verträge sind aber oft lückenhaft und die Entwicklungen ungewiß. In Anbetracht der Benachteiligung der Gesellschafter ohne Kapitalanteil ließe sich auch die Auffassung vertreten, daß eine Verzinsung der Kapitalanteile nur erfolgen darf, wenn dies zwischen allen Gesellschaftern vereinbart war oder wird. Art. 558 Abs. 2 wäre damit nicht überflüssig (wie SIEGWART bemerkt), denn es ist nicht selbstverständlich, daß Eigenkapital verzinst wird, auch wenn die Gesellschaft mit Verlust arbeitet, und dies gegebenenfalls unter Benachteiligung einer Kategorie von Gesellschaftern.

5. Die Honorare der geschäftsführenden Gesellschafter

Allgemein gilt für die Personengesellschaften die (subsidiäre) Regel, daß einem Gesellschafter «für persönliche Bemühungen» kein Anspruch auf besondere Vergütung zusteht (Art. 537 Abs. 3; vorn § 29, III 2 e). Bei den in der Regel auf den Betrieb eines kaufmännischen Gewerbes gerichteten Kollektiv- und Kommanditgesellschaften entspricht es der Sachlage, daß vertraglich den geschäftsführenden Gesellschaftern eine feste Vergütung für ihre Arbeit zugesprochen wird. Eine Honorierung drängt sich namentlich dann

---

[14] SIEGWART, Art. 558, N. 21 a; HARTMANN, Art. 558, N. 13.
[15] Nach Art. 556 Abs. 2 aOR «werden jedem Gesellschafter von seinem Anteil Zinse zu vier vom Hundert gutgeschrieben». Die Entwürfe zum rev. OR sprachen in der deutschen Fassung alle von «Zinsen gemäß Vertrag, mangels vertraglicher Abrede zu vier (E 1928: fünf) vom Hundert». Im französischen Text der Entwürfe fehlt die Wendung «gemäß Vertrag»; sie wurde erst von der Redaktionskommission eingefügt.
[16] So Botschaft 1928, S. 10; ferner die Berichte zu den Entwürfen. Vgl. SIEGWART, Art. 558, N. 21.

auf, wenn Geschäftsführer über kein oder nur über ein geringes Kapitalkonto verfügen, die Gewinnbeteiligung sich aber wesentlich nach den Kapitaleinlagen bestimmen soll. Das Gesetz berücksichtigt diese Sachlage, indem es vertraglich festgesetzte Honorare ausdrücklich als Gesellschaftsschulden erklärt, die bereits bei der Ermittlung von Gewinn und Verlust als solche in Rechnung zu stellen sind, wenn vertraglich vorgesehen schon während des Geschäftsjahres bezogen werden dürfen und im Konkurs der Gesellschaft als Gläubigerforderung geltend gemacht werden können (Art. 558 Abs. 3, 559 Abs. 2, 570 Abs. 2). – Im einzelnen Fall kann fraglich sein, ob ein festes gewinnunabhängiges Honorar oder eine Gewinnbeteiligung, allenfalls durch die Mitgesellschafter garantiert, vereinbart wurde. Die Antwort kann nur auf Grund einer Würdigung des gesamten Sachverhaltes im konkreten Fall gegeben werden[17]. Als wesentlich werden dabei die soziale und wirtschaftliche Stellung des betreffenden Gesellschafters und die Bedeutung seiner Mitwirkung in Betracht fallen.

6. Die Genehmigung der Gewinn- und Verlustrechnung und der Jahresbilanz

Die Erstellung der Abschlüsse ist zunächst Aufgabe der Geschäftsführung. Eine förmliche Abnahme und Genehmigung durch die Gesellschafter – wie sie im Recht der Kapitalgesellschaften vorgeschrieben ist – ist bei den Personengesellschaften nicht vorgesehen. Hingegen ordnet Art. 961 an, daß Inventar, Betriebsrechnung (bei den kaufmännischen Gesellschaften die Gewinn- und Verlustrechnung) und Bilanz «von dem Firmainhaber, gegebenenfalls von sämtlichen persönlich haftenden Gesellschaftern zu unterzeichnen» sind. Die Vorschrift bezweckt die Feststellung der Verantwortungen, ist zwingenden Rechts und trifft die Gesellschafter persönlich; eine Unterzeichnung durch Stellvertreter wäre nur auf Grund einer Spezialvollmacht (z. B. bei längerer Landesabwesenheit) gültig[18]. Es ergibt sich daraus die Notwendigkeit einer Genehmigung der Abschlüsse durch sämtliche Gesellschafter. Bei Verweigerung der Unterzeichnung hat der Richter zu entscheiden.

---

[17] Nach HARTMANN (Art. 558, N. 17) sind solche Vereinbarungen im Zweifel als Regelung der Gewinnbeteiligung anzusehen, während nach SIEGWART (Art. 558–560, N. 23) Art. 558 Abs. 3 diese «Tendenz» gerade abschwächt.

[18] HIS, Art. 961, N. 2, 4. Vgl. HARTMANN, Art. 558, N. 9f.

7. Die Gewinn- und Verlustbeteiligung der Gesellschafter

Aufgrund der generellen Verweisung des Art. 557 Abs. 2 kommt auch auf die Gewinn- und Verlustbeteiligung der Gesellschafter das Recht der einfachen Gesellschaft als subsidiäre Ordnung, in einzelnen Punkten ergänzt durch die soeben erörterten Sonderbestimmungen der Art. 558–560, zur Anwendung. Danach hat jeder Gesellschafter, ohne Rücksicht auf die Art und Höhe seines Beitrags, gleichen Anteil an Gewinn und Verlust. Wie bei der einfachen Gesellschaft kann auch hier der Vertrag eine beliebige andere Ordnung (siehe vorn § 29, II 3) vorsehen – wozu bei den zum Betrieb eines kaufmännischen Gewerbes bestimmten und als Dauerverhältnisse gedachten Handelsgesellschaften noch mehr Anlaß bestehen wird als bei der einfachen Gesellschaft. Vorbehalten bleibt das Verbot der *societas leonina* im Sinn von Art. 533 Abs. 3 (vorn § 29, II 3).

III. Die Verwirklichung der vermögensrechtlichen Ansprüche der Gesellschafter

1. Vom Recht auf Zinse, Honorare und Gewinnbeteiligung sind zu unterscheiden die Ansprüche zum Bezug dieser Leistungen zu Lasten der «Gesellschaftskasse» (Art. 559 Abs. 1 und 2). – Als subsidiäre Regel gilt, daß Zinse und Honorare nach Ablauf eines Geschäftsjahres bezogen werden dürfen. Aus sozialen Gründen bestimmt jedoch das Gesetz, daß Zinse und Honorare schon während eines Geschäftsjahres bezogen werden können, wenn (und insoweit als) der Vertrag dies vorsieht. – Anders verhält es sich mit dem Bezug von Gewinnanteilen. Diese können erst nach Feststellung (also Genehmigung) der Bilanz der Gesellschaftskasse entnommen werden. Auch diese Bestimmung gilt nur subsidiär. Sieht der Gesellschaftsvertrag Vorbezüge aus Gewinn vor (z. B. anstelle von Honoraren und Verzinsungen) und zeigt der Jahresabschluß einen Verlust, so ist dieser den Kapitalkonti der Gesellschafter zu belasten (was sich dann auf die späteren Gewinnverteilungen auswirkt).

2. In der Praxis kommt nicht selten vor, daß Gesellschafter Zinse und Gewinnanteile (seltener wohl Honorare) nicht beziehen, um diese Gelder weiter in der Gesellschaft arbeiten zu lassen. Das Gesetz berücksichtigt diese Praxis, indem es bestimmt, daß das nicht Bezogene dem Kapitalanteil des betr. Gesellschafters gutzuschreiben ist, sofern kein Gesellschafter dagegen Einwendungen erhebt (Art. 559 Abs. 3). Dieser Vorbehalt erklärt sich daraus, daß die Erhöhung von Kapitalanteilen die Gesellschaft auch

belasten kann (so durch erhöhte Zinsverpflichtungen), unter Umständen auch das Verhältnis unter den Gesellschaftern verschiebt (so namentlich, wenn das Stimmrecht und die Gewinnbeteiligung sich nach den Kapitalanteilen bemessen sollen).

3. Die durch den Jahresabschluß ausgewiesenen Verluste sind den Kapitalanteilen der Gesellschafter zu belasten, mangels anderer Abrede zu gleichen Teilen (Art. 533). Am Anspruch eines Gesellschafters auf Ausrichtung seines Honorars ändert dies nichts. Er behält auch seinen (vertraglichen oder gesetzlichen) Anspruch auf Ausrichtung von Zinsen, jedoch sind diese auf dem durch die Verlustbeteiligung verminderten Kapitalanteil zu berechnen, gegebenenfalls unter Berücksichtigung der während des Geschäftsjahres zu Lasten des Anteils erfolgten Entnahmen aus der Gesellschaftskasse. Spätere Gewinne sind zunächst zur Wiedererhöhung des Kapitalanteils zu verwenden (d.h. diesem gutzuschreiben) und dürfen, wenn nicht anders vereinbart, erst wieder bezogen werden, «wenn die durch Verlust entstandene Verminderung wieder ausgeglichen ist» (Art. 560 Abs. 1). Als Berechnungsgrundlage hiefür dient aber nicht der ursprüngliche Vermögensbeitrag («Kapitaleinlage»), sondern der Betrag des Kapitalanteils vor Eintritt des Verlustes[19], in der Regel also (wenn nicht Gewinnausschüttungen im Verlauf des Geschäftsjahres vorgesehen sind) der Betrag des Anteils gemäß der letzten Jahresbilanz. – Wesentlich ist die Bestimmung (Art. 560 Abs. 2), daß die Gesellschafter weder verpflichtet sind, höhere als die im Vertrag vorgesehenen Einlagen zu leisten, noch ihre durch Verlust verminderten Einlagen zu ergänzen. Darin liegt zweierlei: Einmal können die vertraglich vereinbarten «Einlagen» – worunter die Beiträge im Sinn von Art. 531 zu verstehen sind – nicht erhöht werden. Dies folgt schon aus ihrer vertraglichen Grundlage und wird im Gesetz eigentlich überflüssigerweise, aber zur Verdeutlichung bestätigt[20]. Anders liegen die Dinge, wenn der Gesellschaftsvertrag die Beiträge nicht festlegt oder in so unbestimmter Weise, daß deren Art und Umfang nicht mit genügender Sicherheit bestimmt werden können. Dann sind – wie bei der einfachen Gesellschaft – die Beiträge nach dem vereinbarten Zweck zu bestimmen (Art. 531 Abs. 2), was gegebenenfalls zur Erhöhung oder Vermehrung bereits erbrachter Lei-

---

[19] ProtExpKomm 1928, S. 39; Botschaft 1928, S. 11; HARTMANN, Art. 560, N. 3; SIEGWART, Art. 558–560, N. 34. Anderer Meinung FUNK, Art. 560, N. 1.
[20] HARTMANN, Art. 560, N. 5; vgl. ProtExpKomm 1928 zu Art. 574; E 1923, S. 34 ff.; abschwächend SIEGWART, Art. 534, N. 9, wonach «eine nicht ungebührliche Erhöhung der Beiträge durch Mehrheitsbeschlüsse» zulässig sein soll. Wo aber liegen die Grenzen?

stungen führen kann[21]. – Sodann befreit Art. 560 Abs. 2 die Gesellschafter von der Pflicht, durch Nachschüsse ihre durch Verluste, allenfalls auch durch Wertverminderungen erbrachter Sacheinlagen, verminderten «Einlagen» zu ergänzen[22]. – Auch die Bestimmungen des Art. 560 Abs. 2 sind nachgiebigen Rechts und können vertraglich modifiziert werden (siehe unten IV).

IV. Die vertragliche Ordnung der vermögensrechtlichen Verhältnisse und ihre Grenzen

1. Der Anwendungsbereich

Wie bei der einfachen Gesellschaft bestimmen sich auch bei der Kollektivgesellschaft die internrechtlichen Verhältnisse zunächst nach dem Gesellschaftsvertrag, demgegenüber die gesetzlichen Bestimmungen (Art. 531–542, 557–561 OR) nur subsidiäre Geltung haben. Dies gilt auch im Hinblick auf die im Recht der Kollektivgesellschaft besonders geregelten Punkte.

So kann der Vertrag besondere Vorschriften über die Buchführung und Bilanzierung aufstellen. Er kann von der Erstellung einer eigentlichen Gewinn- und Verlustrechnung dispensieren, andererseits auch eingehendere Bestimmungen über die Erstellung einer solchen aufstellen, z. B. hinsichtlich der Bewertungen, Abschreibungen und Rückstellungen, Bildung von ordentlichen und besonderen Reserven. – Auch die Bildung und die Auswirkungen (z. B. betreffend Verzinsung und Gewinnbeteiligung) der Kapitalanteile können im Gesellschaftsvertrag beliebig geordnet werden. Es ist auch möglich, einem Gesellschafter, dessen Beitrag nur in Arbeitsleistungen oder in der Übernahme von Haftungen besteht, einen «Kapitalanteil» zuzuteilen, als Grundlage für die Bemessung der Stimmkraft, die Verzinsung, die Berechnung der Gewinn- und Verlustbeteiligung und des Vermögensanteils im Falle des Ausscheidens und der Liquidation. Auch das ist möglich, daß gemäß Vertrag von der Bildung eigentlicher Kapitalanteile abgesehen und dafür die Aufteilung der Rechte und Pflichten nach gleichen oder ungleichen Quoten vorgesehen wird. – Schließlich gilt Vertragsfreiheit auch für die Bezüge aus der Gesellschaftskasse und die Verwirklichung der Gewinn- und Verlustbeteiligung. So können z. B. bei Verminderung der Kapitalanteile der Bezug von Zinsen und Honoraren suspendiert

---

[21] Siehe vorn § 27, I 3; § 29, I 3.
[22] HARTMANN, Art. 560, N. 6; ProtExpKomm 1928 (oben Anm. 20).

oder eingeschränkt und die Verpflichtung zur Leistung von Nachschüssen (zur Deckung von Verlusten) oder höheren Einlagen vereinbart werden – sei es, daß diese zum voraus bestimmt oder ausdrücklich der Festsetzung durch einstimmigen oder Mehrheitsbeschluß überlassen sind. Umgekehrt können die Gesellschafter im Vertrag oder durch einstimmigen Beschluß die Ausgleichspflicht gemäß Art. 560 Abs. 1 a.E. aufheben – was zwar nicht weise, aber rechtlich möglich ist, da es sich auch hier um ein Internum der Gesellschafter handelt.

2. Grenzen der Gesellschaftsautonomie

Der subsidiäre Charakter der gesetzlichen Bestimmungen und die dadurch ermöglichte Freiheit in der Gestaltung der Abschlüsse, der Verwendung der Gewinne und der Behandlung der Verluste hat den Vorteil, daß sie eine elastische Anpassung an die im Einzelfall gegebenen konkreten Verhältnisse gestattet, birgt aber das Risiko einer Gefährdung von Gesellschafter- und Gläubigerinteressen in sich.

So kann eine unrichtige, unklare oder unvollständige Darstellung der Betriebsergebnisse oder der Vermögensverhältnisse zu einer falschen Beurteilung der Lage seitens der Gesellschafter und damit zu sachlich unrichtigen Entschlüssen und Beschlüssen führen. Was das Verhältnis zu Dritten betrifft, so wird das Fehlen jeglicher Kapital- und Gläubigerschutzbestimmungen stets mit dem Hinweis auf die unbeschränkte und solidare Haftung der Gesellschafter für die Gesellschaftsschulden erklärt. Damit trägt man aber den rechtlichen und faktischen Verhältnissen nicht genügend Rechnung. Anders als bei der einfachen Gesellschaft haben sich die Gläubiger der Personen-Handelsgesellschaften zunächst an die Gesellschaft und deren Sondervermögen (als primärem Haftungsobjekt) zu halten. Auf das Privatvermögen der Gesellschafter können sie erst greifen, wenn die Gesellschaft aufgelöst (so auch durch Konkurs) oder erfolglos betrieben worden oder wenn der Gesellschafter selbst in Konkurs gefallen ist (Art. 568 Abs. 3, 574) – also in oft an sich schon vermögensmäßig prekären Situationen. Zudem müssen die Gesellschaftsgläubiger in der Zwangsvollstreckung gegen die Gesellschafter mit deren Privatgläubigern konkurrieren, was ihren Anteil empfindlich schmälern kann. – Schwerer noch können die faktischen Verhältnisse wiegen. Die Gesellschafter haben oft ihr ganzes Vermögen in der Gesellschaft investiert – womit ja auch die Verzinsung ihrer Kapitalanteile motiviert wurde (vorn II 4) – was den Wert ihrer persönlichen Haftung illusorisch machen kann. Auch verhält es sich nicht immer so (wie auch gesagt wird), daß das, was dem Gesellschaftsvermögen entzogen wird (durch Bezug von Zinsen, Honoraren, Gewinnanteilen oder Rückerstattung von Einlagen), sich im Privatvermögen der Gesellschafter wiederfindet! Wohl können die Gläubiger sich Bilanzen vorlegen lassen und über die Vermögensverhältnisse der Gesellschafter sich erkundigen (wie z.B. bei Gewährung von Bankkrediten üblich); aber im täglichen Geschäftsverkehr ist die wünschbare Vigilanz nicht immer vorhanden und oft auch nicht tunlich.

Die Freiheit der Gesellschaft in der Rechnungslegung über ihre Vermögensverhältnisse und in ihren Dispositionen über Gewinne, Verluste und Kapitalien besteht denn auch nur innerhalb gewisser Grenzen.

a) Was die Buchführung und Rechnungslegung betrifft, so ist daran zu erinnern[23], daß die Kollektivgesellschaft als eintragungspflichtige Unternehmung (Regelfall) zum mindesten den allgemeinen und zwingenden Bestimmungen über die kaufmännische Buchführung unterworfen ist. Danach hat die Gesellschaft die Bücher «ordnungsmässig», entsprechend «Art und Umfang» des Geschäftes zu führen und die Bilanzen nach «allgemein anerkannten kaufmännischen Grundsätzen», unter Beachtung der Prinzipien der Bilanzwahrheit und -klarheit zu erstellen (Art. 957, 959).

Verstöße gegen diese Gebote können zunächst privatrechtliche Sanktionen[24] auslösen, wie Verweigerung der Genehmigung von Abschlüssen, Abberufung der verantwortlichen Geschäftsführer[25], als ultima ratio auch Austritt oder Auflösung der Gesellschaft aus wichtigen Gründen, Schadenersatzansprüche seitens Gesellschafter oder Dritter. – Die erwähnten gesetzlichen Gebote werden zudem durch den Vorbehalt (Art. 964) strafrechtlicher Sanktionen verstärkt, womit auch die Interessen Dritter und des Geschäftsverkehrs wahrgenommen werden. Vorsätzliche oder fahrlässige Mißachtung der gesetzlichen Pflicht, Geschäftsbücher ordnungsgemäß zu führen und aufzubewahren (Art. 962 OR), wird an sich als Übertretung bestraft (Art. 325 StGB). Unter den sog. Konkursdelikten sind in diesem Zusammenhang hervorzuheben: Unterlassung der Buchführung (Art. 166 StGB), der «betrügerische» und der «leichtsinnige» Konkurs (Art. 163 Ziff. 1 Abs. 2, 165 Ziff. 1 StGB). Diese Strafbestimmungen finden Anwendung auf «die schuldigen Gesellschafter, Direktoren, Bevollmächtigten und Liquidatoren» einer Kollektiv- oder Kommanditgesellschaft (Art. 172 Abs. 2 StGB). – Nach dem BG über Schuldbetreibung und Konkurs kann fehlende oder mangelhafte Buchführung auch zur Verweigerung einer Nachlaßstundung führen (Art. 294).

b) Das Recht zur freien Verfügung über gesellschaftliches Vermögen findet seine Schranken allgemein am Verbot des Rechtsmißbrauchs, im besondern an den, dem Gläubigerschutz dienenden Bestimmungen des Schuldbetreibungs- und Konkursgesetzes über die Anfechtbarkeit bestimmter Rechtshandlungen (Art. 285 ff. SchKG). – Die «Bevorzugung eines Gläubigers» kann auch eine strafbare Handlung gemäß Art. 167 des Schweizerischen Strafgesetzbuches bilden. – Da diese Vorgänge erst im Fall des Konkurses oder einer erfolglosen Betreibung der Kollektivge-

---

[23] Siehe vorn § 33, III 2 e; oben II.
[24] Zu den Sanktionen allgemein sowie auch nach Sondergesetzgebung siehe HIS, Art. 964; PATRY, vorn § 13, II 2.
[25] Zu den Sorgfaltspflichten der Geschäftsführer siehe hinten § 35, I 1.

sellschaft relevant werden, ist auf die damit zusammenhängenden Fragen im entsprechenden Zusammenhang zurückzukommen (hinten § 39, II 5).

V. Das Konkurrenzverbot

Das OR befaßt sich bei verschiedenen vorwiegend personenbezogenen und ein Vertrauensverhältnis begründenden Instituten mit sog. Konkurrenzverboten[26]. Besonderer Anlaß hiezu besteht bei den Personengesellschaften, als Zweckgemeinschaften, deren Mitglieder einer gegenseitigen Treuepflicht unterworfen sind[27]. Im einzelnen wird diese Materie in verschiedener Weise geordnet, je nach der Natur des Rechtsverhältnisses und den vom Gesetzgeber verfolgten, rechtspolitischen Zielen. Die Unterschiede betreffen sowohl die Voraussetzungen von Konkurrenzverboten als deren Geltungsbereich in persönlicher und sachlicher Hinsicht. Es ist denn auch anerkannt, daß ein Konkurrenzverbot nach «der Eigenart des Rechtsverhältnisses, innerhalb dessen es auftritt», zu beurteilen ist[28]. Innerhalb der Familie der Personengesellschaften sind aber die für die einfache Gesellschaft und die Kollektiv- und Kommanditgesellschaften geltenden Bestimmungen (Art. 536, 561, 598) in ihrem Zusammenhang zu würdigen[29].

---

[26] So beim Arbeitsvertrag (Art. 340–340c), wo die Pflicht des Arbeitnehmers zur Konkurrenzenthaltung nach Beendigung des Arbeitsverhältnisses schriftlich vereinbart werden muß und das Gesetz Begrenzungen des Verbots in sachlicher, örtlicher und zeitlicher Hinsicht vorschreibt (Art. 340 Abs. 2, 340a, 340c). – Auch beim Agenturvertrag bedarf ein Konkurrenzverbot (zu Lasten des Agenten) einer vertraglichen Vereinbarung, wobei die Bestimmungen über den Arbeitsvertrag entsprechend anwendbar sind (Art. 418a Abs. 2, 418c Abs. 2). – Für Prokuristen und Generalhandlungsbevollmächtigte gilt ein Konkurrenzverbot (subsidiär) von Gesetzes wegen (Art. 464 OR); inhaltlich kommt das Verbot dem für Kollektivgesellschafter geltenden (Art. 561) nahe. – Ebenfalls auf (subsidiärer) gesetzlicher Grundlage beruhen die Konkurrenzverbote im Recht der Personengesellschaften (Art. 536, 561). – Gleiches gilt für die (in der Schweiz personalistisch konzipierte) GmbH, wobei aber, mangels anderer statutarischer Vorschrift, das Konkurrenzverbot nur die geschäftsführenden Gesellschafter trifft (Art. 777 Ziff. 5, 818).

[27] Zur Treuepflicht allgemein und im Recht der Personengesellschaften siehe vorn § 22, I 3, II 1.

[28] Siegwart, Art. 561, N. 1, mit Hinweis, daß das Konkurrenzverbot meist nur als «Begleiterscheinung oder Nachwirkung eines anderen Rechtsverhältnisses» vorkommt; insbesondere seien die im Recht des Arbeitsvertrags zum Schutz des Arbeitnehmers erlassenen Bestimmungen auf anders gelagerte Verhältnisse nicht anwendbar. Vgl. auch Hartmann, Art. 561, N. 5. Nichtanwendbarkeit der dienstvertraglichen Bestimmungen auf andere Verhältnisse betonen auch BGE 51 II, 1925, S. 222 ff. (Verkauf des Geschäfts an den andern Gesellschafter); BGE 56 II, 1930, S. 50 ff. (Verkauf von Aktien unter Konkurrenzverbot).

[29] Von Bedeutung ist insbesondere die Anwendbarkeit von Art. 536 auf die andern Personengesellschaften; siehe Siegwart, Art. 561, N. 5; Hartmann, Art. 561, N. 2; Becker, Art. 536, N. 6. Siehe auch hinten Ziff. 2 lit. b.

1. Einfache Gesellschaft

Bei der einfachen Gesellschaft darf «kein Gesellschafter zu seinem besondern Vorteil Geschäfte betreiben, durch die der Zweck der Gesellschaft vereitelt oder beeinträchtigt würde» (Art. 536 = Art. 536 aOR). Entsprechend dem weiten Anwendungsbereich der einfachen Gesellschaft, der die Verfolgung der verschiedensten geschäftlichen und nichtgeschäftlichen Zwecke umfaßt, ist diese Bestimmung sehr weit formuliert und trifft nicht nur eine wettbewerbsartige Tätigkeit des Gesellschafters[30]. Entscheidend ist, ob dessen Handlungen die Verwirklichung des Gesellschaftszwecks verunmöglichen oder doch beeinträchtigen oder dies bewirken könnten[31]. Ob dies der Fall ist, ist eine Ermessensfrage, die nur nach den persönlichen und sachlichen Umständen des Falls, auf Grund einer Abwägung der legitimen Interessen der Gesellschaft und des einzelnen Gesellschafters und nach den Grundsätzen von Treu und Glauben beantwortet werden kann[32].

Art. 536 ist nachgiebigen Rechts. Das sog. Konkurrenzverbot kann vertraglich ausgedehnt, eingeschränkt (z. B. durch Gestattung bestimmter Tätigkeiten) oder präzisiert werden (dies in sachlicher, örtlicher oder zeitlicher Hinsicht). – Grenzen sind der Vertragsautonomie gesetzt durch den Schutz der Persönlichkeit gegen unzulässige Beschränkungen auch in ihrer wirtschaftlichen Betätigung[33]. Bei den einfachen Gesellschaften werden Konkurrenzverbote wohl selten eine Freiheitsbeschränkung «in einem das Recht oder die Sittlichkeit verletzenden Grade» bedeuten. Aktuell wird aber die Frage bei den Kartellen. Beruhen solche auf einem Gesellschaftsvertrag, so stellen die vereinbarten Beschränkungen des Wettbewerbs meist

---

[30] Insofern ist das Marginale zu Art. 536 («Konkurrenzverbot») zu eng formuliert und im Sinn des (Ober-)Marginale zu Abschnitt V («Verantwortlichkeit unter sich») zu verstehen. In Betracht fallen auch andere Handlungen, die ein Gesellschafter zu seinem Vorteil und zum Nachteil der Gesellschaft vornimmt, z. B. Benützung gesellschaftlicher Einrichtungen zu seinem persönlichen Nutzen. Das Schwergewicht des Art. 536 liegt allerdings im Verbot konkurrenzierender Handlungen (z. B. durch Tätigung eigener Geschäfte innerhalb des Zweckbereichs der Gesellschaft oder durch Unterstützung in irgendwelcher Form von Konkurrenzunternehmen), wobei das Verbot auch Sachverhalte treffen kann, die nicht von Art. 561 (Kollektivgesellschaft) erfaßt werden (siehe hinten Ziff. 2b). Zum Vorstehenden siehe SIEGWART, Art. 536, N. 1, mit Beispielen aus älterer Praxis; zur Auslegung von Art. 539 und 561 vgl. auch RAUTMANN, S. 49 ff.

[31] Es genügt der Nachweis der Möglichkeit einer Beeinträchtigung, was schon aus dem Wortlaut des Art. 536 («würde») hervorgeht und aus der ratio legis folgt. In diesem Sinn auch BECKER, Art. 536, N. 1 f. («Gefährdung» des Gesellschaftszwecks). Mißverständlich daher SIEGWART, Art. 561, N. 3 (Art. 536 verlangt «Nachweis eines wirklichen Schadens»).

[32] Vgl. SIEGWART, Art. 536, N. 3.

[33] Art. 27 Abs. 2 ZGB (siehe vorn § 19, II 3 a.E.); Art. 19, 20 OR. Zur Tragweite dieser Bestimmungen siehe hinten Ziff. 2 lit. e.

die Hauptleistungen der Gesellschafter dar und fallen zudem unter die Bestimmungen des Kartellgesetzes (Art. 2). Wenn sich «die Stellung (des Gesellschafters) erheblich verschlechtert hat oder sonst ein wichtiger Grund vorliegt, der die Kartellverpflichtung nach Treu und Glauben unzumutbar macht», so kann der Gesellschafter auf gänzliche oder teilweise Befreiung von seinen Verpflichtungen klagen (Art. 12 KartG)[34].

2. Kollektivgesellschaft

Das für die Kollektivgesellschafter geltende Konkurrenzverbot (Art. 561)[35] entspricht der gesetzlichen Konzeption dieser Gesellschaftsform als (in aller Regel) «kaufmännische Gesellschaft» (Marginalie zu Art. 552). Dem Gesellschafter ist untersagt, im «Geschäftszweige der Gesellschaft für eigene oder fremde Rechnung Geschäfte zu machen oder sich als unbeschränkt haftender Gesellschafter, Kommanditär oder Mitglied einer Gesellschaft mit beschränkter Haftung zu beteiligen». Dieses Verbot unterscheidet sich von dem im Recht der einfachen Gesellschaft geltenden (Art. 536) in zwei wesentlichen Punkten: Einmal ist es beschränkt auf Handlungen des Gesellschafters im Geschäftsbereich («Geschäftszweig») der eigenen Gesellschaft, während bei der einfachen Gesellschaft jede den Gesellschaftszweck beeinträchtigende Handlung verpönt ist (siehe vorn Ziff. 1). Es ist aber anerkannt, daß Art. 536 auch für die Kollektivgesellschaft gilt[36] – was schon aus der Treuepflicht des Gesellschafters folgt. – Sodann untersagt Art. 561 die erwähnten Handlungen (Geschäfte, Beteiligungen) schlechthin, als solche, ob dadurch die Gesellschaft wirklich geschädigt werde oder nicht. Das Gesetz geht damit von der – auf allgemeiner Erfahrung beruhenden – Vermutung aus, daß solche Handlungen eines Gesellschafters der Gesellschaft und damit den Mitgesellschaftern zum Nachteil gereichen[37]. Das Kriterium für die Anwendbarkeit des spezifischen Konkurrenzverbotes gemäß Art. 561 liegt somit einzig darin, ob die inkriminierte

---

[34] Zur Beendigung des Konkurrenzverbotes und zu den Sanktionen siehe hinten Ziff. 2 lit. c und d.
[35] Zur Entstehungsgeschichte dieser umstrittenen Bestimmung vgl. aOR, Art. 558; E 1923, Art. 575; E 1928, Art. 561; ProtExpKomm 1928, S. 39 ff.; Botschaft 1928, S. 10; StenBullStR 1931, S. 154; NR 1934, S. 231, 1935, S. 79. – Dem Art. 561 entspricht im deutschen Recht § 112 HGB, wonach ein Gesellschafter ohne Einwilligung der andern Gesellschafter «im Handelszweige» der Gesellschaft weder Geschäfte machen, noch an einer andern «gleichartigen Handelsgesellschaft» als «persönlich haftender Gesellschafter» teilnehmen darf.
[36] Siehe oben Anm. 29.
[37] Vgl. SIEGWART, Art. 561, N. 5; RAUTMANN, S. 53 («potentielle» Beeinträchtigung).

Tätigkeit des Gesellschafters innerhalb des Geschäftsbereichs der Gesellschaft liegt oder nicht[38]. – Im einzelnen ist dazu festzuhalten:

a) In persönlicher Hinsicht trifft das Verbot jeden Gesellschafter, ob er an der Geschäftsführung teilhabe oder nicht. Unerheblich ist, ob dem Gesellschafter die Verletzung des Verbots bewußt war; hingegen kann sein Verschulden im Zusammenhang mit den Sanktionen eine Rolle spielen (siehe unten lit. d).

b) In sachlicher Hinsicht sind zwei Aspekte erheblich:
Das Verbot trifft Handlungen des Gesellschafters, die im Geschäftszweig der Gesellschaft liegen. Dieser (schon in Art. 558 aOR verwendete) Terminus bedarf der Auslegung nach den Umständen des Falls. Da es sich hier um ein gesellschaftsrechtliches Internum handelt, ist hiefür in erster Linie der Gesellschaftsvertrag maßgebend – wenn ein förmlicher Vertrag vorliegt und dieser sich hiezu mit genügender Klarheit äußert! Nach erfolgter Eintragung im Handelsregister – dem aber keine rechtsbegründende Wirkung zukommt – gibt auch die durch Art. 42 HRegV vorgeschriebene Angabe der «Natur des Geschäftes» (z. B. Herstellung und Vertrieb elektrischer Apparate, Weinhandlung en gros, Durchführung von Transporten) Auskunft, wofür auf das vorn § 33, III 1c Gesagte verwiesen wird. Maßgebend ist aber stets die von der Gesellschaft tatsächlich ausgeübte Geschäftstätigkeit, die enger oder weiter sein kann, als der im Gesellschaftsvertrag vereinbarte Zweck oder die im HReg angegebene Geschäftsnatur[39].

Die dem Gesellschafter verbotenen Handlungen können in der Tätigkeit einzelner «Geschäfte» bestehen, sofern diese in den Geschäftsbereich der Gesellschaft fallen[40]. – Von besonderer Bedeutung ist das Verbot der Beteiligung des Gesellschafters an «einer andern Unternehmung» als unbeschränkt haftender Gesellschafter, Kommanditär oder Mitglied einer GmbH. Diese Bestimmung ist, entsprechend der ratio legis, einschränkend dahin auszulegen, daß nur die Beteiligung an Unternehmungen,

---

[38] HARTMANN, Art. 561, N. 19.
[39] HARTMANN, Art. 561, N. 10; SIEGWART, Art. 561, N. 10.
[40] Der (altüberlieferte) Ausdruck «Geschäfte machen» ist nach dem Sprachgebrauch des Geschäftsverkehrs zu bestimmen (FISCHER, Großkommentar HGB, § 112, Anm. 5a). Er umfaßt nicht nur den Abschluß von Rechtsgeschäften, sondern auch andere Handlungen, welche die Gesellschaft wettbewerbsmäßig schädigen könnten, wie: Finanzierungen; Tätigkeit als Kommissionär, Agent, Makler; erhebliche Mitwirkung in einem andern (potentiell konkurrenzierenden) Unternehmen. Vgl. hiezu HARTMANN, Art. 561, N. 11; eingehend: FISCHER, a.a.O.; HUECK, OHG, S. 196 f.

die im Geschäftszweig der Gesellschaft tätig sind, verboten ist[41]. Ferner ist festzuhalten, daß auch andere Beteiligungen als die in Art. 561 genannten als unzulässig erachtet werden müssen.

Eindeutig verbietet Art. 561 die Beteiligung des Gesellschafters an einer andern Kollektivgesellschaft, einer Kommanditgesellschaft, einer Kommanditaktiengesellschaft als unbeschränkt haftender Gesellschafter (Art. 764) und einer GmbH[42]. Das Gesetz scheint hier nur auf das Moment der Haftung für die Schulden der (andern) Unternehmung abzustellen, die in der Tat solchen Beteiligungen ein besonderes Gewicht gibt[43]. Doch spielten auch andere Erwägungen eine Rolle, so die in praxi manchmal entscheidende Stellung des Kommanditärs, die Möglichkeit einer Auswertung von Geschäftsgeheimnissen in der andern Unternehmung, die Erhaltung der Arbeitskraft eines Gesellschafter-Geschäftsführers[44].

Nicht erwähnt in Art. 561 ist die Beteiligung eines Gesellschafters an einer einfachen Gesellschaft und damit auch nicht an einer Stillen Gesellschaft (die ja nach schweizerischem Recht nur als besondere Erscheinungsform der einfachen Gesellschaft behandelt wird)[45]. Solche Beteiligungen können aber unter Umständen eine empfindliche Schädigung der Kollektivgesellschaft in finanzieller und personeller Hinsicht bewirken. Dies ist namentlich der Fall, wenn sog. atypische Verhältnisse vorliegen; so z.B. wenn dem «Stillen», auf Grund seiner kapitalmäßigen Beteiligung und besonderer interner Vereinbarungen das entscheidende Wort zukommt, wobei auch noch die «Anonymität» seiner Stellung zu berücksichtigen ist. Nachdem aber der Gesetzgeber den Kreis der verbotenen Beteiligungen in Art. 561 festgelegt hat[46], sind Konkurrenzierungen der vorerwähnten Art auf Grund von Art. 536 zu beurteilen[47]. – In Art. 561 nicht erwähnt und allgemein – in der Doktrin allerdings unter Vorbehalten – als zulässig erachtet ist die Beteiligung eines Gesellschafters an einer Aktiengesellschaft, was sich aus der ganz anders gearteten Stellung des Aktionärs erklärt. Aber auch hier können Situationen vorliegen – so bei den atypi-

---

[41] Art. 558 aOR verbot die Beteiligung an einer andern «gleichartigen» Unternehmung, ebenso die Entwürfe zum rev. OR 1937, womit aber stets die Gleichartigkeit des Geschäftszweiges, nicht etwa der Rechtsform der andern Unternehmung gemeint war (vgl. HARTMANN, Art. 561, N. 14); diese ergibt sich auch aus der Art der verbotenen Beteiligungen. – So ebenfalls nach deutschem Recht; vgl. FISCHER, Großkommentar HGB, § 112, Anm. 7; HUECK, OHG, S. 197f.

[42] Von Interesse ist, daß das in Art. 558 aOR enthaltene Verbot einer Beteiligung als Kommanditär in die E 1919 und 1923 nicht aufgenommen wurde, in der Expertenkommission lebhaft umstritten war (siehe ProtExpKomm 1928, S. 39f.) und erst im E 1928 (Art. 561) wieder erscheint. Das Verbot der Beteiligung an einer GmbH wurde, obschon von der Expertenkommission befürwortet (ProtExpKomm, S. 43), nicht in den E 1928 (Art. 561) aufgenommen und erst im Verlauf der parlamentarischen Beratungen beigefügt. – Zum Vorstehenden siehe auch Botschaft 1928, S. 10.

[43] Noch deutlicher kommt das Moment der Haftung zum Ausdruck im § 112 HGB (siehe oben Anm. 35), wonach nur die Beteiligung als persönlich (d.h. unbeschränkt) haftender Gesellschafter an einer Handelsgesellschaft untersagt ist; außer Betracht fallen damit Beteiligungen als Kommanditist, Aktionär, Mitglied einer GmbH, stiller Gesellschafter, besondere Verhältnisse (siehe unten Anm. 47) vorbehalten. Vgl. FISCHER, Großkommentar HGB, § 112, Anm. 7f.; HUECK, OHG, S. 197.

[44] Siehe insbes. ProtExpKomm 1928, S. 39ff.; Botschaft 1928, S. 10; SIEGWART, Art. 561, N. 5 a.E.

[45] Siehe vorn § 17, II 1 und hinten § 46.

[46] Die Ausdehnung der unzulässigen Beteiligungen auf die nun in Art. 561 genannten geschah gegen erhebliche Widerstände (siehe oben Anm. 35, 42); diese Bestimmung darf jedenfalls nicht extensiv interpretiert werden.

[47] Im Ergebnis gleich HARTMANN, Art. 561, N. 14. – Vgl. auch FISCHER, Großkommentar HGB, § 112, Anm. 8; HUECK, OHG, S. 197. – Abweichend FUNK, Art. 561, N. 1 Abs. 2.

schen, sog. personenbezogenen AG⁴⁸ –, in welchen dem betreffenden Gesellschafter eine beherrschende Stellung in der AG zukommt und die Frage einer unzulässigen Konkurrenzierung aktuell werden kann. Aus den oben genannten Gründen sind auch solche Fälle aufgrund von Art. 536 zu beurteilen⁴⁹.

c) Die D a u e r des gesetzlichen Konkurrenzverbotes ist gleich derjenigen des Gesellschaftsverhältnisses⁵⁰. Dabei ist zu beachten, daß die A u f l ö s u n g der Gesellschaft noch nicht deren Beendigung bedeutet. Die Gesellschaft besteht als sog. Liquidationsgesellschaft weiter mit dem nun (eingeschränkten) Zweck, die Liquidation durchzuführen⁵¹. Dementsprechend gilt das Konkurrenzverbot auch noch während des Stadiums der Liquidation, aber nur in bezug auf Handlungen des Gesellschafters, welche eine erfolgreiche Liquidation beeinträchtigen würden⁵². Da diese öfters geraume Zeit beansprucht, andererseits dem Gesellschafter die Aufnahme einer neuen Tätigkeit (oft der gleichen Branche) nicht erschwert werden darf, ist in diesem Stadium das Konkurrenzverbot eher zu Gunsten des Gesellschafters auszulegen. – Das Gesellschaftsverhältnis und damit das Konkurrenzverbot endigen auch beim A u s s c h e i d e n des Gesellschafters. Eine Fortdauer des Verbots nach diesem Zeitpunkt bedarf einer Vereinbarung im Gesellschaftsvertrag oder ad hoc mit Zustimmung aller Gesellschafter. Das gleiche gilt im Sonderfall des Ausscheidens aller Gesellschafter bis auf einen, der das «Geschäft» übernimmt (Art. 579). Über die Grenzen solcher Vereinbarungen siehe hinten lit. e.

d) Die S a n k t i o n e n , mittelst welcher Verletzungen des Konkurrenzverbotes geahndet werden können, sind im Gesetz (Art. 536, 566) nicht geregelt. Sie ergeben sich aus dem allgemeinen Schuldrecht und aus gesellschaftsrechtlichen Bestimmungen⁵³. – Im Vordergrund stehen die Klagen auf U n t e r l a s s u n g der inkriminierten Handlungen, gegebenenfalls auf B e s e i t i g u n g des rechtswidrigen Zustandes⁵⁴; ferner die Klage auf S c h a -

---

⁴⁸ Siehe vorn § 24, I.
⁴⁹ Im Ergebnis gleich: HARTMANN, Art. 561, N. 14; SIEGWART, Art. 561, N. 13 («ausnahmsweise» Anwendung von Art. 536); FUNK, Art. 561, N. 1 (bei «maßgebender Beteiligung als Aktionär»). – Die Botschaft 1928, S. 10 bemerkt, etwas obenhin, daß es sich hier um dispositives Recht handle und weitere Konkurrenzverhältnisse (sc. durch Beteiligungen) «sich von selbst regeln», wobei nötigenfalls immer noch die Berufung auf wichtige Gründe (Art. 545 und 577) möglich sei. – Zum Fall einer eigentlichen Umgehung eines Konkurrenzverbots siehe hinten lit. e und Anm. 60.
⁵⁰ Allgemeine Lehre; siehe z. B. HARTMANN, Art. 561, N. 8; SIEGWART, Art. 561, N. 10, 14; HUECK, OHG, S. 204 f.
⁵¹ Siehe vorn § 31, I, III 1; hinten § 38, II 1 c.
⁵² Allgemeine Lehre; siehe HARTMANN, SIEGWART (oben Anm. 50); HUECK, OHG, § 32, II 2.
⁵³ Zum Nachfolgenden vgl. HARTMANN, Art. 561, N. 17 ff.; SIEGWART, Art. 561, N. 15 f., 39 ff.
⁵⁴ Eine Beseitigung des rechtswidrigen Zustandes wird aber oft nur mit Zustimmung eines Dritten möglich sein, so namentlich bei Beteiligungen; siehe unten Anm. 55.

denersatz, sofern der beklagte Gesellschafter nicht sein Nichtverschulden beweisen kann. Als besondere Rechtsfolge wird nach herrschender Auffassung das Recht der Gesellschaft auf Übernahme des verbotenen Geschäfts, wie dies im Recht der Prokura (Art. 464 Abs. 2 OR) vorgesehen ist, bejaht[55]. Gesellschaftsrechtlich können in gravierenden Fällen auch die Ausschließung des beklagten Gesellschafters (Art. 577) oder gar die Auflösung der Gesellschaft aus wichtigen Gründen in Frage kommen, letzteres dann, wenn die Voraussetzungen einer vertrauensvollen Zusammenarbeit dahingefallen sind oder mit der Ausschließung des schuldigen Gesellschafters die weitere Tätigkeit der Gesellschaft aus persönlichen oder sachlichen (finanziellen) Gründen lahmgelegt wird. – Zur Erhebung dieser Klagen sind sowohl die Gesellschaft als jeder einzelne Gesellschafter mittelst der actio pro socio legitimiert[56].

e) Das Konkurrenzverbot des Art. 561 ist nachgiebigen Rechts; es kann vertraglich oder durch einstimmigen Gesellschaftsbeschluß, generell oder ad hoc, für alle oder einzelne Gesellschafter, eingeschränkt oder ausgedehnt und durch besondere Sanktionen verschärft werden.

Das Verbot einschränkend können gewisse Geschäfte oder sonst unzulässige Beteiligungen freigegeben werden. Ausdehnungen des Verbots können in verschiedener Weise erfolgen. So durch Verpönung bestimmter Geschäfte oder Beteiligungen, die außerhalb des «Geschäftszweiges» der Gesellschaft liegen oder im Gesetz nicht genannte Unternehmungsformen betreffen. Besondere Beachtung erheischen räumliche und zeitliche Fixierungen der vertraglichen Konkurrenzverbote, wie sie

---

[55] Die Aufnahme einer solchen Sanktion in das Recht der Kollektivgesellschaft wurde von der Expertenkommission ausdrücklich abgelehnt, u.a. auch, weil ihre Verwirklichung, so namentlich bei Beteiligungen, oft von der Zustimmung Dritter abhängt; siehe ProtExpKomm, S. 41 ff. – Ein sog. Eintrittsrecht der Gesellschaft ist, an Stelle von Schadenersatz und nur im Verhältnis zwischen Gesellschaft und Gesellschafter, vorgesehen im § 113 HGB; eingehend dazu z.B. HUECK, OHG, S. 200 ff. – Die Anwendung von Art. 464 Abs. 2 per analogiam im Gesellschaftsrecht wird u.a. von SIEGWART (Art. 561, N. 16, 14) und HARTMANN (Art. 561, N. 20) befürwortet, bei HARTMANN mit der Präzisierung, daß ein Eintrittsrecht nur in dem Sinn bestehe, daß der Gesellschafter der Gesellschaft die «Vorteile» aus dem betreffenden Geschäft zu überlassen habe, während gegenüber dem Dritten das Geschäft gültig bleibe – eine Lösung, der wir zustimmen und die auch mit Art. 532 im Einklang steht. – In praxi wird das Recht der Gesellschaft auf «Übernahme» (im Sinn von Art. 464 Abs. 2) namentlich bei einzelnen Handlungen («Geschäfte machen», z.B. als Käufer oder Verkäufer, Kommissionär, Makler) des Gesellschafters aktuell, bei Beteiligungen nur dann, wenn sie frei abtretbar sind oder der Dritte zustimmt. Die Gesellschaft kann aber auch die Beteiligung hinnehmen und nur deren Erträgnisse beanspruchen.

[56] Es handelt sich hier um sozialrechtliche Ansprüche; siehe HARTMANN, Art. 561, N. 17; SIEGWART, Art. 561, N. 8.

namentlich beim Ausscheiden von Gesellschaftern oder im Zusammenhang mit Geschäftsübernahmen (auf Grund von Art. 579 OR oder im Zug der Liquidation der Gesellschaft) aktuell werden. Solche Beschränkungen spielen naturgemäß bei den Handelsgesellschaften – deren Tätigkeitsbereich oft auch das berufliche Wirkungsfeld der Gesellschafter umfasst – eine größere Rolle als bei der einfachen Gesellschaft. Die Rechtsprechung räumt aber auch bei den Handelsgesellschaften der Vertragsautonomie ein weites Feld ein[57]. Als Leitsatz darf gelten, daß vertragliche Konkurrenzverbote ihre Grenzen nur im **Persönlichkeitsschutz** und im Verbot der rechts- und sittenwidrigen Verträge (Art. 27 Abs. 2 ZGB; Art. 19, 20 OR) haben; sie dürfen dem betroffenen Gesellschafter nicht die Grundlagen seiner wirtschaftlichen Existenz entziehen oder diese gefährden[58]. Ist dies der Fall, so ist das Verbot nichtig, wobei auch Teilnichtigkeit im Sinn von Art. 20 Abs. 2 in Frage kommt[59]. – Ist das vertraglich vereinbarte Konkurrenzverbot als zulässig zu betrachten, so unterliegen Verletzungen den gleichen Sanktionen wie beim gesetzlichen Verbot (siehe vorn lit. d)[60]. – Sieht der Vertrag als Verschärfung des Konkurrenzverbots **Konventionalstrafen** vor, so gelten hiefür die allgemeinen Bestimmungen des OR (Art. 160 ff.)[61].

---

[57] Siehe z.B. BGE 25 II, 1899, S. 877; 51 II, 1925, S. 220 ff. und (besonders) S. 297 ff. – Vgl. HARTMANN, Art. 561, N. 5; SIEGWART, Art. 561, N. 7, 24 ff.
[58] Siehe BGE 50 II, 1924, S. 486; 53 II, 1927, S. 329 ff.; 56 II, 1930, S. 53. – HARTMANN, Art. 561, N. 5; SIEGWART, Art. 561, N. 24. – Zur Bedeutung der für das Konkurrenzverbot gewährten Gegenleistung siehe BGE 51 II, 1925, S. 220 ff. und S. 297 ff.
[59] Einläßlich SIEGWART, Art. 561, N. 31; HARTMANN, Art. 561, N. 5a. – Entgegen bundesgerichtlicher Praxis wird in der Doktrin (siehe SIEGWART, HARTMANN, a.a.O., mit Hinweisen) auch die analoge Anwendung von Art. 357 OR (jetzt 340 a, Abs. 2, wonach der Richter ein übermäßiges Konkurrenzverbot nach seinem Ermessen einschränken kann) befürwortet, da dieser Bestimmung allgemeine Bedeutung zukomme. Vgl. auch GUHL/MERZ/KUMMER, S. 537.
[60] In diesem Zusammenhang ist auch auf die sog. **Umgehungsgeschäfte** hinzuweisen. Benützt z.B. ein Gesellschafter eine von ihm beherrschte AG, um ein weiter als Art. 561 gehendes, vertraglich vereinbartes Konkurrenzverbot zu umgehen, so liegt ein vom Gesellschafter zu verantwortender Rechtsmißbrauch vor. Vgl. BGE 71 II, 1945, S. 272.
[61] Gesellschaftsrechtlich von besonderer Bedeutung sind Art. 160 Abs. 1 (Möglichkeit der Kumulierung von Erfüllung und Strafe, auch bei wiederholten Verletzungen des Konkurrenzverbotes) und Art. 163 (Herabsetzung übermäßig hoher Strafen nach richterlichem Ermessen). Einzelheiten mit Hinweisen bei SIEGWART, Art. 561, N. 41.

§ 35. Die Geschäftsführung und die Vertretung der Gesellschaft

Literatur

J. L. FREYMOND, Die Geschäftsführung und Vertretung im Recht der Kollektivgesellschaft, Diss. Zürich 1951; W. SCHERER, Die Geschäftsführung und die Vertretung in den Personengesellschaften, Diss. Zürich 1964; F. KÜNZLI, Die Vertretungsverhältnisse bei der Kollektivgesellschaft, Diss. Zürich 1971; H. J. HALBHEER, Die Haftung der Personengesellschaft aus unerlaubter Handlung ihrer Mitglieder, Diss. Zürich 1956.

E. BUCHER, «Organschaft, Prokura, Stellvertretung, zugleich Auseinandersetzung mit BGE 95 II 442 (Prospera GmbH)» in: Lebendiges Aktienrecht, Festgabe W. F. Bürgi, Zürich 1971; H. MERZ, Vertretungsmacht und ihre Beschränkungen im Recht der juristischen Personen, der kaufmännischen und der allgemeinen Stellvertretung, Festgabe H. Westermann, Karlsruhe 1974; G. GAUTSCHI, Berner Kommentar zum ZGB, VI. Bd., Das Obligationenrecht, 2. Abt., 4. Teilbd. (Der einfache Auftrag), 3. Aufl. 1971.

R. REINHARDT, Die Fortentwicklung des Rechts der Offenen Handelsgesellschaft und Kommanditgesellschaft in der neueren deutschen Lehre und Rechtsprechung, ZBJV 103, 1967, S. 329 ff.

Wie bei der einfachen Gesellschaft ist auch bei den Personen-Handelsgesellschaften zu unterscheiden zwischen der Geschäftsführung im Innenverhältnis und gegenüber Dritten. Die volle Geschäftsführung umfaßt zwar beide Wirkungskreise, im einzelnen jedoch können die Regelungen des Innen- und des Außenverhältnisses voneinander abweichen, dies schon nach der (subsidiären) gesetzlichen Ordnung, mehr noch nach der vertraglichen[1].

I. Die Geschäftsführung

1. Die (subsidiäre) gesetzliche Ordnung

Für die Geschäftsführung (als interne Angelegenheit) verweist das Gesetz auf das Recht der einfachen Gesellschaft (Art. 557 Abs. 2 OR). Danach ist jeder Gesellschafter zur Geschäftsführung berechtigt und verpflichtet. Und

---

[1] Zur Geschäftsführung als interne und der Vertretung als externe Funktion siehe vorn § 29, III 2. Dazu auch J. L. FREYMOND, 1. Teil (zur historischen Entwicklung siehe § 1) und SCHERER, 1. Teil. – Grundsätzlich und eingehend zum allgemeinen Stellvertretungsrecht im Verhältnis zum besondern Recht der gesetzlichen Vertretung bei den Handelsgesellschaften KÜNZLI, §§ 1 f.; E. BUCHER, I, II, VII (Zusammenfassung); H. MERZ, S. 399 f.

zwar gilt Einzelgeschäftsführung, sofern es sich nicht um Angelegenheiten[2] handelt, «die über den gewöhnlichen Betrieb der gemeinschaftlichen Geschäfte hinausgehen» und damit der Zustimmung aller, gegebenenfalls (nach Vertrag) durch Mehrheitsbeschluß bedürfen (Art. 535). Für die Abgrenzung der gewöhnlichen gegenüber den außergewöhnlichen Geschäften gelten im Prinzip die gleichen Kriterien wie bei der einfachen Gesellschaft[3]. Dabei ist allerdings zu berücksichtigen, daß die Kollektivgesellschaft in der Regel ein «nach kaufmännischer Art geführtes Gewerbe» betreibt (Art. 552), so daß bei der Beurteilung der Frage, ob ein gewöhnliches oder ein außergewöhnliches Geschäft vorliegt, auch der allgemeine Handelsbrauch zu beachten ist (z.B. bei Warenkrediten, Bürgschaften, Immobiliargeschäften).

Jedem zur Geschäftsführung befugten Gesellschafter steht auch das Recht zum Widerspruch gegen die Handlungen der Mitgeschäftsführer (Art. 535 Abs. 2) zu[4]. Der Umstand, daß dem Kollektivgesellschafter von Gesetzes wegen eine organmäßige Vertretungsmacht zukommt, verstärkt noch die Bedeutung des Vetorechts: Während bei der einfachen Gesellschaft ein Gesellschafter nur nach den Grundsätzen der Stellvertretung verpflichtet werden kann, ist ein geschäftsführender Kollektivgesellschafter in der Lage, seine Mitgesellschafter gutgläubigen Dritten gegenüber zu verpflichten, sofern er nur im Rahmen des Gesellschaftszwecks handelt (Art. 564)[5]. Um so mehr haben die andern Geschäftsführer Grund zur Überwachung, nötigenfalls zur Verhinderung von Akten der Geschäftsführung. Allerdings vermag das Veto, falls es nicht beachtet wird, die Gültigkeit des Rechtsgeschäfts gegenüber gutgläubigen Dritten nicht zu hindern (wie bei der einfachen Gesellschaft), aber es werden damit doch die Verantwortungen im internen Gesellschaftsverhältnis festgelegt. Andererseits darf nicht übersehen werden, daß die Kollektivgesellschaft als Handelsgesellschaft einer ihrer Geschäftsnatur entsprechenden Aktionsfähigkeit bedarf – ein Grund mehr, daß das Vetorecht nicht in übertriebener, rechtsmißbräuchlicher Weise ausgeübt werden darf.

Die Sorgfaltspflicht des geschäftsführenden Gesellschafters beurteilt sich, wie bei der einfachen Gesellschaft, nach der Sorgfalt, die er in seinen eigenen Angelegenheiten anzuwenden pflegt (Art. 538; vorn § 29, III 2 e), also nach subjektiven, nicht nach objektiven Kriterien. Das Gesetz geht auch

---

[2] «Rechtshandlungen»; zu diesem Begriff siehe vorn § 29, III 1 a.
[3] Vorn § 29, III 1 a.
[4] Über die Voraussetzungen und Folgen des Vetorechts vorn § 29, III 2 c.
[5] Näheres dazu hinten II 1 b.

bei den Personen-Handelsgesellschaften davon aus, daß die Gesellschafter sich kennen und in einem persönlichen Vertrauensverhältnis stehen (das Prinzip des *intuitus personae*). Die schon bei der einfachen Gesellschaft gegen diese Ordnung erhobene Kritik[6] hat im Hinblick auf die Handelsgesellschaften ihre besondere Berechtigung und führt zum Postulat, daß nach Ausmaß und Inhalt diejenige Sorgfalt aufzuwenden ist, die die Gesellschafter bei Begründung des Gesellschaftsverhältnisses voneinander erwartet haben und nach Treu und Glauben erwarten durften[7]. Im übrigen haftet auch hier der Gesellschafter für den durch sein Verschulden den Mitgesellschaftern entstandenen Schaden; der geschäftsführende Gesellschafter, der für seine Tätigkeit eine Vergütung bezieht, haftet nach Auftragsrecht, wofür auf das bei der einfachen Gesellschaft Gesagte verwiesen werden kann (vorn § 29, III 2 e).

Für die Beendigung der Befugnis zur Geschäftsführung gilt das Recht der einfachen Gesellschaft, dies sowohl was die Beendigungsgründe als auch die Modalitäten ihrer Geltendmachung betrifft (siehe vorn § 29, III 2 b).

Von besonderer Bedeutung ist auch bei der Kollektivgesellschaft die Frage, ob nur die vertraglich bestellten Geschäftsführer aus wichtigen Gründen abberufen werden können (Art. 539 Abs. 1) oder ob die Entziehung der Geschäftsführungsbefugnis auch dann möglich ist, wenn dies (lediglich) auf dem Gesetz beruht (Art. 535 Abs. 1). Aus den für die einfache Gesellschaft geltenden Erwägungen (vorn a.a.O.) muß auch bei den Personen-Handelsgesellschaften eine Entziehung der (gesetzlichen) Geschäftsführungsbefugnis aus wichtigen Gründen möglich sein[8]. Allerdings sieht Art. 565 eine Entziehung der «Vertretungsbefugnis», beruhe diese auf Vertrag oder Gesetz, aus wichtigen Gründen vor[9]. Damit ist aber das Problem für die – in aller Regel ein kaufmännisches Gewerbe betreibenden und auf Dauer angelegten – Handelsgesellschaften nicht gelöst. Auch die Möglichkeit einer Auflösung aus wichtigen Gründen – auf die als Ersatzlösung hingewiesen wird – widerspricht hier dem Postulat des Bestandesschutzes meist noch mehr als bei der einfachen Gesellschaft.

2. Die vertragliche Ordnung der Geschäftsführung

Da die Geschäftsführung (im engeren Sinn) ein Internum der Gesellschaft bildet, kommt auf sie, kraft der Verweisung von Art. 557, ebenfalls

---

[6] Vorn § 29, III 2 e.
[7] Vorn § 29, III 2 e, in fine.
[8] So HARTMANN, Art. 557, N. 17; SCHERER, S. 91 f.; FREYMOND, S. 81. Anderer Meinung SIEGWART, Art. 557, N. 2, 539, N. 8; WIELAND, I, S. 574, Anm. 55 (aufgrund von Art. 535 OR, jedoch kritisch zur Unterscheidung zwischen vertraglicher und gesetzlicher Geschäftsführungsbefugnis hinsichtlich ihrer Entziehung). – Nach § 117 HGB können sowohl die vertragliche als die gesetzliche Geschäftsführungsbefugnis durch richterlichen Entscheid aus wichtigen Gründen entzogen werden, wozu es eines Antrags der übrigen Gesellschafter bedarf; eingehend hiezu HUECK, OHG, § 10, VII; FISCHER, Großkommentar HGB, § 117, Anm. 2 ff., 10 ff. – Zur Abberufung der Gesellschafter-Geschäftsführer nach französischem und italienischem Recht siehe Loi soc. comm. 1966, Art. 18, bzw. CCit. Art. 2293, 2259.
[9] HARTMANN, Art. 565, N. 2; SIEGWART, Art. 565, N. 1. Dazu hinten II 3 a.

das Recht der einfachen Gesellschaft zur Anwendung. Wie dort kann auch bei der Kollektivgesellschaft die Geschäftsführung im Gesellschaftsvertrag oder durch (vertragskonformen) Beschluß in einer von der subsidiären Ordnung des Gesetzes (Art. 535) abweichender Weise geordnet werden, dies in persönlicher, sachlicher und organisatorischer Hinsicht[10]. Bei den Handelsgesellschaften wird, in Anbetracht ihrer Zwecksetzung, noch mehr Anlaß zu solch gesellschaftsautonomen Regelungen bestehen als bei den einfachen Gesellschaften. Beispiele: Bestellung bestimmter Geschäftsführer (mit oder ohne Befugnis zur Vertretung nach außen, siehe unten II); Beendigung von Geschäftsführungsbefugnissen; Aufteilung verschiedener Funktionen (Buchhaltung, Ein- und Verkauf, Technisches) unter den Gesellschaftern; Festlegung von (internen) Kompetenzen, nach Art der Geschäfte oder summenmäßig; Bestimmung der beschlußbedürftigen Geschäfte im Sinn von Art. 535 und Regelung der Beschlußfassung (Art. 534); Modalitäten des Widerspruchsrechts (Art. 535 Abs. 2) und der Ausübung des Kontrollrechts.

II. Die Vertretung

1. Ausgangspunkte

Zur vollen Geschäftsführung gehört (wie bereits erwähnt, vorn § 29, III 2a) die Vertretung der Gesellschaft gegenüber Dritten. Diese hat zwei Seiten: Eine gesellschaftsinterne, die Vertretungsbefugnis, und eine externe, die Vertretungsmacht. Die Vertretungsbefugnis, d.h. die Ermächtigung eines Gesellschafters, die Gesellschaft nach außen zu verpflichten und zu berechtigen, steht als Ausfluß der Geschäftsführung jedem Gesellschafter einzeln zu, sofern durch Vertrag oder Beschluß nichts anderes bestimmt wird. So kann die Vertretungsbefugnis einzelnen Gesellschaftern ganz entzogen oder sie kann in personeller Hinsicht (durch Anordnung von Kollektivvertretungen) oder in sachlicher Hinsicht (durch Beschränkung der Vertretungsbefugnis auf Geschäfte bestimmter Natur oder bestimmten Umfangs oder von Filialen) eingeschränkt werden[11]. Anders verhält es sich mit der Vertretungsmacht, d.h. der rechtlichen Fähigkeit, die Gesellschaft nach außen zu berechtigen und zu verpflichten. Hier treten nun, bei den Handelsgesellschaften besonders deutlich, die Interessen der Rechts-

---

[10] Vgl. dazu vorn § 29, III 1 (Beschluß) und 2 (Geschäftsführung).
[11] Eingehend hiezu KÜNZLI, § 3, insbes. IV B 2 (S. 90f.).

sicherheit im Geschäftsverkehr auf den Plan, und damit befassen sich die Bestimmungen des Gesetzes über die «Vertretung» (Art. 563/64). Während bei der einfachen Gesellschaft hiefür auf das Recht der Stellvertretung verwiesen wird, unter Vorbehalt der «Vermutung» gemäß Art. 543 Abs. 3[12], erfolgt bei den Personen-Handelsgesellschaften die Regelung der Vertretungsmacht unter dem Gesichtspunkt des Rechtsscheins (Publizität, Vertrauensschutz). Wenn das Handelsregister keine entgegenstehenden Eintragungen enthält, sind gutgläubige Dritte zu der Annahme berechtigt, es sei jeder einzelne Gesellschafter zur Vertretung der Gesellschaft ermächtigt, und zwar zur Vornahme aller Rechtshandlungen, die der Zweck der Gesellschaft mit sich bringen kann. Diese Ordnung wird allgemein als «gesetzliche Vertretung» bezeichnet[13]. Sie ist dies in doppeltem Sinn:

a) Einmal im Hinblick auf die **Bestellung der Vertreter**. Jeder einzelne Gesellschafter gilt als Vertreter, sofern laut Handelsregister die Vertretung nicht bestimmten Gesellschaftern (betr. Dritte siehe hinten Ziff. 4) unter Ausschluß der übrigen übertragen oder Kollektivvertretung angeordnet worden ist (Art. 563), und dies ohne Rücksicht auf die gesellschaftsinterne Ordnung. Es kann sich somit ergeben, daß Vertretungsbefugnis und Vertretungsmacht sich nicht decken; so wenn die Vertretungsbefugnis eines Gesellschafters dahingefallen, aber im Handelsregister (noch) nicht gelöscht worden ist, womit der betreffende Gesellschafter gegenüber gutgläubigen Dritten weiterhin als ermächtigt gilt, die Gesellschaft zu vertreten[14].

---

[12] Über die doppelte Wirkung dieser Vermutung im Innen- und im Außenverhältnis siehe vorn § 30, I 1 a.
[13] HARTMANN, Art. 563, N. 3; SIEGWART, Art. 563, N. 1; WIELAND, I, S. 584. Für die Entstehungsgeschichte der Art. 563, 564 OR, insbes. im Hinblick auf die Unterscheidung zwischen Innen- und Außenverhältnis, ist aufschlußreich ProtExpKomm 1928, S. 43 ff., 156 ff. – Zur Rechtsnatur der gesetzlichen Vertretung (umstritten), siehe z. B. FISCHER, Großkommentar HGB, § 125, Anm. 3; HUECK, OHG, § 20, I. Die Frage kann (wie auch die genannten Autoren ausführen) dahingestellt bleiben, weil ohne Bedeutung für die praktische Rechtsanwendung, insbes. was die Wirkungen dieser Vertretung betrifft. – Zum Begriff der Vertretungsmacht und deren Rechtsnatur nach Stellvertretungsrecht und nach Gesellschaftsrecht (rechtshistorisch) im besonderen siehe KÜNZLI, S. 10, Anm. 30, S. 89 f.; eingehend auch E. BUCHER, II; H. MERZ, I.
[14] Herrschende Lehre, siehe z. B. HARTMANN, Art. 563, N. 2; KÜNZLI, S. 88-91. – Ergänzend ist aber festzuhalten, daß dem HReg auch in dieser Hinsicht nur Publizitätswirkungen zukommen. Überlassen die Gesellschafter, ausdrücklich oder stillschweigend (sog. Gewährenlassen) einem nach HReg nicht zur Vertretung ermächtigten Gesellschafter Vertretungsfunktionen, so müssen sie dessen Rechtshandlungen auch gegen die Gesellschaft gelten lassen. Die Frage wurde namentlich auch im Zusammenhang mit der Delikthaftung aktuell, siehe BGE 66 II, 1940, S. 249 (dazu noch hinten, lit. d). Im gleichen Sinn auch BGE 96 II, 1970, S. 439: Rechtsgültige Vertretung einer AG durch den Alleinaktionär, dem die Geschäftsführung und Vertretung stillschweigend überlassen worden war, ohne Eintragung im HReg.

b) Sodann besteht «gesetzliche Vertretung» auch in inhaltlicher (sachlicher) Hinsicht. Während bei der einfachen Gesellschaft der Umfang der Vertretungsmacht sich nach der Ermächtigung durch den oder die Vertretenen beurteilt[15], bestimmt er sich bei den Handelsgesellschaften nach Gesetz. Die zur Vertretung befugten Gesellschafter «sind ermächtigt, im Namen der Gesellschaft alle Rechtshandlungen[16] vorzunehmen, die der Zweck der Gesellschaft (‹le but social›) mit sich bringen kann», wobei «eine Beschränkung des Umfangs der Vertretungsbefugnis gegenüber gutgläubigen Dritten keine Wirkung hat» (Art. 564). Diese Bestimmung betrifft den Umfang sowohl der Vertretungsbefugnis, als der Vertretungsmacht:

Gesellschaftsintern sind die Gesellschafter (denen die Vertretungsbefugnis nicht entzogen worden ist) von Gesetzes wegen berechtigt, die Gesellschaft im Rahmen ihres Zweckbereichs nach außen zu vertreten. Da aber die Vertretungsbefugnis, wie bereits ausgeführt, ein Internum der Gesellschaft darstellt, kann sie durch Vertrag oder (gegebenenfalls) durch Beschluß eingeschränkt werden (eine Ausdehnung kommt praktisch kaum in Frage), z. B. durch Limitierung auf bestimmte Beträge oder Begrenzung auf bestimmte Sparten der Geschäftstätigkeit oder auf Zweigniederlassungen. Eine Mißachtung solcher Einschränkungen kann gesellschaftsrechtliche Folgen haben (z. B. Entzug der Vertretungsbefugnis) und Schadenersatzpflicht nach sich ziehen.

Gegenüber gutgläubigen Dritten aber gilt jeder zur Vertretung befugte Gesellschafter als ermächtigt, die Gesellschaft im Rahmen ihres Zweckbereichs rechtsgültig zu vertreten, ohne Rücksicht auf allfällige Beschränkungen des Umfanges der Vertretungsbefugnis, die ja auch nicht eintragsfähig sind[17]. Maßgebend ist nicht, was der Vertreter tun darf, sondern was er tun kann. Die Vertretungsmacht des Gesellschafters bestimmt sich lediglich nach dem Zweck, wie ihn die Gesellschaft im Handelsregister[18] oder durch ihr sonstiges Verhalten kundgegeben hat. Dieses Kriterium ist objektiv zu verstehen. Bestimmend ist nicht, was sich die Gesellschafter unter dem Zweck und dessen Bereich vorgestellt haben, sondern wie er vom Dritten, im Rechtsverkehr, verstanden werden muß. Dabei gelten als im Zweckbereich liegend nicht nur Rechtshandlungen, die der Gesellschaft «nützlich sind oder in (ihren) Betrieben gewöhnlich vorkommen, sondern

---

[15] Siehe vorn § 30, I 1 b; unter Vorbehalt von Art. 543 Abs. 3.
[16] Zum Begriff «Rechtshandlungen» siehe oben Anm. 2.
[17] Art. 555; siehe vorn § 33, III 1 b.
[18] HRegV 42: «Natur des Geschäftes»; dazu vorn § 33, III 1 c.

alle Rechtshandlungen die, objektiv betrachtet, im Interesse des von ihr verfolgten Zweckes liegen können, d.h. durch diesen nicht geradezu ausgeschlossen werden»[19].

Diese in der Doktrin und Rechtsprechung bisher geltende Auslegung von Art. 561 OR ist im BGE 95 II, 1969, S. 442 (betr. *Prospera* GmbH), insbes. Erw. 7, in einem wesentlichen Punkt modifiziert worden. Zwar bestätigt das BGer zunächst die im Vorstehenden wiedergegebene Deutung der «Vertretungsmacht», schränkt diese nun aber dahin ein, daß es im konkreten Fall – Bürgschaft und Verpfändung zu Lasten einer Finanzgesellschaft (GmbH, Art. 814 = Art. 564 OR) durch deren Vertreter, jedoch zur Sicherstellung seiner eigenen Geschäfte – den guten Glauben des Dritten (Kreditgebers) als unbehelflich erklärte und die Überschreitung der Vertretungsmacht der Stellvertretung ohne Vollmacht gemäß Art. 38 OR gleichstellte. – Damit gibt aber das BGer das Prinzip der gesetzlichen Vertretungsmacht der Vertreter (Organe) der Handelsgesellschaften (und der Genossenschaft) preis und stellt sich hiefür auf den Boden des nur für die einfache Gesellschaft geltenden allgemeinen Stellvertretungsrechts – was der ratio legis widerspricht und abzulehnen ist[19a].

c) Die gesetzliche Ordnung der Vertretungsmacht gilt gegenüber «gutgläubigen Dritten». Für die Bestellung der Vertreter ist zunächst das Handelsregister maßgebend. Enthält dieses keine entgegenstehenden Eintragungen, so dürfen Dritte annehmen, es sei jeder Gesellschafter zur Vertretung ermächtigt. Es liegt hier aber lediglich eine (negative) Publizitätswirkung des Handelsregisters vor. Dritte können sich darauf verlassen und unterliegen keinen weitern Erkundigungspflichten[20]. Wissen sie aber, daß einem Gesellschafter die Vertretungsbefugnis fehlt, so namentlich auf Grund einer Mitteilung der Gesellschaft oder eines Vorbehalts seitens des handelnden Gesellschafters, so können sie sich auch nicht mehr auf die Vertretungsmacht gemäß Handelsregister berufen. – Was den Umfang der Vertretungsmacht betrifft, so ist der Zweckbereich maßgebend. Beschränkungen der Vertretungsbefugnis wirken aber auch gegenüber Dritten, denen sie zu Kenntnis gebracht worden sind. Den Beweis dafür, daß der Dritte das Fehlen oder eine Beschränkung der Vertretungsmacht gekannt hat, hat die Gesellschaft zu erbringen (Art. 3 ZGB).

---

[19] Siehe BGE 95 II, 1969, S. 442 ff., insbes. 450, unter Bestätigung bisheriger, zitierter Rechtsprechung. – So auch: HARTMANN, Art. 564, N. 7; SIEGWART, Art. 564, N. 2 ff.; W. VON STEIGER, Art. 814 OR, N. 5 ff.; FREYMOND, S. 31 f.; SCHERER, S. 63 ff.; KÜNZLI, S. 138 ff. (mit ausführlicher Kasuistik). – Zur Vertretungsmacht der Liquidatoren einer Gesellschaft siehe hinten § 45 III. Zu der z. T. andern Ordnung der Vertretungsmacht im ausländischen Recht siehe unten III.

[19a] Den erwähnten Entscheid ablehnend auch: M. KUMMER, ZBJV 107, 1971, S. 214 ff.; E. BUCHER (mit eingehender dogmatischer Begründung), S. 39 ff., insbes. 50 ff.; H. MERZ, S. 401 ff. – Im BGE 96 II, 1970, S. 439 bestätigt das BGer den vorerwähnten *Prospera*-Entscheid hinsichtlich der (objektiven) Umschreibung des Zweckbereichs (einer AG: Art. 718 = Art. 564), nimmt aber zu der ein Jahr früher vorgenommenen Praxisänderung nicht Stellung.

[20] Art. 933 Abs. 2. – BGE 65 II, 1939, S. 85 ff. (Vertretungsmacht der Liquidatoren). – SIEGWART, Art. 564, N. 8; W. VON STEIGER, Art. 814, N. 9.

d) Die gesetzliche Vertretungsmacht des Gesellschafters erstreckt sich auch auf die unerlaubten Handlungen. Nach Art. 567 Abs. 3, der mit Einschränkungen auch für die Kommanditgesellschaft gilt (Art. 603), haftet die Gesellschaft für den Schaden aus unerlaubten Handlungen, die ein Gesellschafter in Ausübung seiner geschäftlichen Verrichtungen begeht. Mit der genannten Bestimmung sanktionierte das rev. OR eine feststehende Rechtsprechung[21]. Die Kollektivgesellschaft wird damit weiterhin der juristischen Person angenähert, die gemäß Art. 55 ZGB auch für das deliktische Verhalten ihrer Organe haftet[22]. – Voraussetzung der Deliktshaftung ist, daß ein Gesellschafter in Ausübung seiner geschäftlichen Verrichtungen handelt. Dabei ist zu unterscheiden: Handelt es sich um ein rechtsgeschäftliches Verhalten eines Gesellschafters (z. B. Aufnahme eines Darlehens unter täuschenden Angaben), so haftet die Gesellschaft nur, wenn der Gesellschafter zur Vertretung ermächtigt war (was sich aus dem Handelsregister oder sonstigen Kundgebungen der Gesellschaft ergibt) und die Handlung im Rahmen des Zweckbereichs der Gesellschaft lag – Faktoren, die auch für den Dritten (Geschädigten) erkennbar sind[23]. – Für andere unerlaubte Handlungen eines Gesellschafters kommt es nicht darauf an, ob er zur Vertretung der Gesellschaft befugt war, sondern lediglich darauf, ob er in Ausübung gesellschaftlicher Funktionen und noch innerhalb des Zweckbereichs der Gesellschaft gehandelt hat (so z. B. bei Patentverletzungen durch den mit der technischen Leitung betrauten Gesellschafter oder bei Akten des unlauteren Wettbewerbs)[24]. – Der Gesellschaft steht kein Exkulpationsbeweis im Sinn von Art. 55 OR zu, da sie nicht «Geschäftsherr» des Gesellschafters ist. Die unerlaubten Handlungen der Gesellschafter werden der Gesellschaft zugerechnet, wie der juristischen Person diejenigen ihrer Organe. Was als unerlaubte Handlung zu gelten hat, bestimmt sich nach Art. 41 ff. OR; die Gesellschaft haftet somit auch in Fällen, in denen eine Haftung ohne Verschulden gegeben ist[25]. – Von der zivil-

---

[21] ProtExpKomm 1928, S. 55; Botschaft 1928, S. 11.
[22] Vgl. z. B. EGGER, Art. 54–55 ZGB, N. 18 ff.
[23] So deutlich BGE 66 II, 1940, S. 249, 253, unter Hinweis auf die Möglichkeit einer de facto («mit Wissen aller Gesellschafter oder aus Fahrlässigkeit derselben») entstandenen Vertretung (siehe oben Anm. 14), wobei der gute Glaube des Dritten zu vermuten ist; siehe auch ZBJV 39, 1903, S. 293. – HALBHEER, S. 37 f.; KÜNZLI, S. 170 f.; SIEGWART, Art. 567, N. 1 ff.; abweichend (?) HARTMANN, Art. 567, N. 7, siehe unten Anm. 24.
[24] BGE 66 II, 1940, S. 253. – SIEGWART, Art. 567, N. 7; HARTMANN, Art. 567, N. 7, wonach es «nebensächlich ist, ob der Gesellschafter überhaupt vertretungsberechtigt war»; KÜNZLI, S. 170 f.; HALBHEER, S. 237 (Kasuistik). Vgl. auch EGGER, Art. 54–55 ZGB, N. 18. – Zur Haftung der Gesellschaft für unerlaubte Handlungen des Prokuristen siehe unten Ziff. 4a.
[25] HARTMANN, Art. 567, N. 9; SIEGWART, Art. 567, N. 6.

rechtlichen «Deliktsfähigkeit» der Kollektivgesellschaft ist die strafrechtliche Verantwortung zu unterscheiden. Diese kann nur die schuldigen Gesellschafter treffen, sofern nicht Spezialgesetzgebung die Haftbarkeit der Gesellschaft und damit der Mitgesellschafter anordnet[26].

2. Die Wirkungen der Vertretung

Durch die von einem vertretungsberechtigten Gesellschafter im Rahmen seiner Vertretungsmacht abgeschlossenen Rechtsgeschäfte wird die Gesellschaft berechtigt und verpflichtet (dies in Übereinstimmung mit den Regeln der Stellvertretung, Art. 32 Abs. 1 OR), vorausgesetzt, daß der Gesellschafter im Namen (unter der Firma) der Gesellschaft gehandelt hat, oder daß seine Absicht, für die Gesellschaft zu handeln, für den Dritten erkennbar aus den Umständen hervorgeht (Art. 567)[27]. – Ist Kollektivvertretung angeordnet worden (Art. 554 Abs. 2 Ziff. 4), so gilt in den Fällen der sog. Passivvertretung jeder der Vertreter als zur Entgegennahme der Willenserklärung mit Wirkung für die Gesellschaft ermächtigt[28]. Von Bedeutung ist, daß die für die Gültigkeit einer Rechtshandlung erforderlichen subjektiven Voraussetzungen bei jedem der Kollektivvertreter gegeben sein müssen; so ist das Geschäft bei Willensmangel auf seiten auch nur eines Vertreters für die Gesellschaft unverbindlich, bei mangelndem guten Glauben seitens eines Vertreters unwirksam[29].

Die Haftung der Gesellschaft für den Schaden aus unerlaubten Handlungen ihrer Vertreter, gegebenenfalls auch anderer Gesellschafter[30], hebt die direkte Haftung der Täter nicht auf. Diese bleiben – wie auch die Organe der juristischen Person – für ihr Verschulden persönlich und unmittelbar, solidarisch mit der Gesellschaft haftbar[31]. Muß die Gesellschaft für den

---

[26] So z.B. nach Bankengesetz, Art. 49, für Bußen und Kosten. – HARTMANN, Art. 569, N. 11; BGE 41 I, 1915, S. 215 (betr. juristische Personen). – Betreffend Konkursdelikte siehe vorn § 34, IV 2 a.
[27] Vgl. HARTMANN, Art. 567, N. 3 ff.; SIEGWART, Art. 567, N. 3; KÜNZLI, S. 162 ff. – Vgl. BGE 27 II, 1901, S. 48 ff.; 28 I, 1902, S. 392. – Ob die Absicht, für die Gesellschaft (Firma) zu handeln, erkennbar vorhanden war, ist Tatfrage, siehe BGE 14, 1888, S. 325; ebenso die hier zit. Autoren.
[28] BGE 35 I, 1909, S. 782. KÜNZLI, S. 126 mit Hinweisen. – So ausdrücklich § 125 Abs. 2 HGB.
[29] SIEGWART, Art. 554–556, N. 27 a.E.; HARTMANN, Art. 563, N. 21; eingehend zur Ausübung der «Gesamtvertretungsmacht» KÜNZLI, S. 121 ff., insbes. zur sog. Wissensvertretung (Willensmängel, guter Glaube) S. 126 ff.; dazu auch H. REICHWEIN, SJZ 66, 1970, S. 1 ff.
[30] Siehe oben Ziff. 1 lit. d und Anm. 14, 23.
[31] SIEGWART, Art. 567, N. 8; HARTMANN, Art. 567, N. 6. Appellationshof Bern, ZBJV 72, 1936, S. 578. – Dies gilt gemäß Art. 55 Abs. 3 ZGB auch für die Organe einer juristischen Person; siehe EGGER, Art. 54–55 ZGB, N. 22.

Schaden aufkommen, so steht ihr ein Regreßrecht gegen die Fehlbaren zu. Subsidiär, hinter der Gesellschaft haften auch die übrigen Gesellschafter persönlich, wie für alle Verpflichtungen der Gesellschaft.

3. Die Beendigung der Vertretungsbefugnis, insbesondere die Entziehung aus wichtigen Gründen

a) Die gesetzliche Vertretungsbefugnis eines Gesellschafters erlischt bei Auflösung der Gesellschaft (es tritt dann die besondere Liquidationsordnung in Kraft), bei Ausscheiden des Gesellschafters, oder wenn dieser handlungsunfähig wird oder in Konkurs fällt[32]. Dazu tritt bei den Personen-Handelsgesellschaften noch die Entziehung der Vertretungsbefugnis eines Gesellschafters aus wichtigen Gründen (Art. 565) und zwar – anders als bei der einfachen Gesellschaft[33] – ohne Rücksicht darauf, ob die Vertretung auf Gesetz oder auf Vertrag beruht[34]. Dies erklärt sich daraus, daß bei den Handelsgesellschaften die Vertretung größere Risiken mit sich bringt, indem jeder Gesellschafter als Vertreter gilt und die Vertretungsmacht von Gesetzes wegen weiter reicht als bei den einfachen Gesellschaften (wo die Vollmacht maßgebend ist). Auch bedeutet die Auflösung der Gesellschaft aus wichtigem Grund bei den in der Regel auf Dauer angelegten Handelsgesellschaften eine schwerere Beeinträchtigung der Gesellschaftsinteressen, als dies bei der einfachen Gesellschaft der Fall ist. Andererseits bewirkt die Bestimmung, daß, in Abweichung vom allgemeinen Stellvertretungsrecht (Art. 34), dem Gesellschafter die Vertretungsbefugnis nur aus wichtigen Gründen entzogen werden kann[35], eine größere Stabilität der Rechtsverhältnisse sowohl unter den Gesellschaftern als gegenüber Dritten[36].

---

[32] Mit einem Konkurs verliert der Gesellschafter die Verfügungsfähigkeit über sein Vermögen, damit auch über seine Beteiligung an der Gesellschaft und wird in dieser Hinsicht durch die Konkursorgane vertreten. Damit fällt auch seine Geschäftsführungs- und Vertretungsbefugnis dahin, was im HReg zur Wirkung gegenüber gutgläubigen Dritten einzutragen ist. Siehe SIEGWART, Art. 563, N. 5f., 572, N. 3; HARTMANN, Art. 563, N. 7; KÜNZLI, S. 189.
[33] Art. 539 Abs. 1; siehe aber vorn § 29, III 2 b.
[34] ProtExpKomm 1928, S. 53 (Votum SIEGWART); HARTMANN, Art. 565, N. 2; SIEGWART, Art. 565, N. 1; SCHERER, S. 101; KÜNZLI, S. 174ff.
[35] Zum Begriff «wichtige Gründe» siehe vorn § 29, III 2 b, insbes. Anm. 129.
[36] Für die Entziehung der Vertretungsbefugnis eines Kollektivgesellschafters verweisen sämtliche Entwürfe zum rev. OR auf die Bestimmungen über den Entzug der Geschäftsführung bei der einfachen Gesellschaft, trotz den in der Expertenkommission dagegen erhobenen Bedenken; siehe ProtExpKomm 1928, S. 55ff., E 1928, Art. 565 Abs. 1. Die heute geltende Fassung von Art. 565 Abs. 1 geht auf die parlamentarischen Beratungen zurück.

b) Aktiv legitimiert zur Entziehung der Vertretungsbefugnis aus wichtigen Gründen ist an sich jeder Gesellschafter. Da aber diese Maßnahme, um gegenüber gutgläubigen Dritten wirksam zu werden, der Eintragung im Handelsregister (Löschung der Vertretungsbefugnis) bedarf, und ein solches Begehren von allen Gesellschaftern zu unterzeichnen ist[37], bedarf es praktisch der Zustimmung aller Mitgesellschafter, welche an dieser Maßnahme ja auch interessiert sind. Unter Umständen genügt auch eine Beschränkung der Vertretungsbefugnis, die aber gutgläubigen Dritten gegenüber nur durch Anordnung einer Kollektivvertretung bewirkt werden kann, da andere Einschränkungen nicht möglich sind (Art. 555).

c) Widersetzt sich der Betroffene der Entziehung oder Beschränkung seiner Vertretungsbefugnis oder stimmen Mitgesellschafter diesen Maßnahmen und deren Eintragung im Handelsregister nicht zu, so kann jeder Gesellschafter den Richter anrufen. Dieser hat lediglich zu prüfen, ob wichtige Gründe vorliegen, welche die Entziehung rechtfertigen; wenn ja, so hat er sie auszusprechen. Zu einer bloßen Einschränkung und damit Neuordnung der Vertretungsmacht ist der Richter nicht zuständig, wenn nicht der Kläger selber dies beantragt[38]. Das Urteil ist deklaratorischer Natur[39]. Gegenüber dem Betroffenen wird daher der Entzug bereits mit dessen Erklärung wirksam; gegenüber gutgläubigen Dritten erst mit der Eintragung im Handelsregister. – Da bei Widerstand des betroffenen Gesellschafters, insbesondere im Prozeßfall, eine unsichere Lage entsteht, kann jeder Gesellschafter, «wenn Gefahr im Verzug liegt und er die wichtigen Gründe» «glaubhaft» macht, beim Richter den vorläufigen Entzug der Vertretungsmacht verlangen (Art. 565)[40]. Entspricht der Richter diesem Begehren, so ist der vorläufige Entzug im Handelsregister einzutragen, womit dem Betroffenen die Vertretungsmacht für die Dauer dieser Verfügung entzogen ist, ohne

---

[37] Art. 556 Abs. 1 OR; Art. 52 Abs. 1 und 59 Abs. 2 HRegV.
[38] HARTMANN, Art. 565, N. 4; KÜNZLI, S. 186f. – Als Beschränkung kommt aber nur die Anordnung einer Kollektivvertretung in Betracht (Art. 555); ferner (kaum praktisch) die Beschränkung auf eine Prokura oder Generalhandlungsvollmacht (Art. 462), was aber nur mit Zustimmung des beklagten Gesellschafters möglich wäre, da es sich hier um die Begründung besonderer Rechtsverhältnisse (Mandat, Arbeitsvertrag) handelt.
[39] HARTMANN, Art. 565, N. 10; SIEGWART, Art. 565, N. 2; SCHERER, S. 101; KÜNZLI, S. 182. Siehe auch vorn § 29, III 2 b.
[40] Sämtliche Entwürfe sahen für die vorläufige Entziehung der Vertretungsmacht ein summarisches Verfahren gemäß kantonalem Recht vor. Aus verfassungsrechtlichen Gründen und mit Rücksicht auf die diesbezüglichen Verschiedenheiten in den kantonalen Prozeßordnungen wurde auf eine bundesrechtliche Vorschrift verzichtet. Nach geltendem Recht ist es Sache der Kantone, das Verfahren zu bestimmen. Siehe dazu SIEGWART, Art. 565, N. 3f.

Rücksicht darauf, ob sie durch das endgültige Urteil bestätigt wird oder nicht[41].

d) Möglich ist, daß der Entzug der Vertretungsmacht **vertraglich** geregelt wird, sei es durch Nennung bestimmter Gründe (Altersgrenze, dauernde Landesabwesenheit), sei es, daß ein Entzug einfach gemäß einem Gesellschaftsbeschluß erfolgen kann. Dabei sind allerdings der Vertragsfreiheit Grenzen gesetzt: Das Entzugsrecht kann wohl erleichtert, aber nicht völlig entzogen oder erschwert werden[42]. Das Recht ist zum Schutz jedes Gesellschafters gedacht, insbesondere im Hinblick auf die inhaltlich beschränkbare und weitgehende Vertretungsmacht der Vertreter und die unbeschränkte Haftung jedes Gesellschafters. Liegen Umstände vor, die als wichtige Gründe im Sinn des Gesetzes (Art. 539 Abs. 3, gemäß Auslegung durch Doktrin und Rechtsprechung) zu werten sind – z.B. bei Mißbrauch der Vertretungsmacht oder erwiesener Unfähigkeit zur Geschäftsführung –, so kann sie jeder Gesellschafter, ohne Rücksicht auf die vertragliche Regelung, geltend machen und nötigenfalls gerichtlich durchsetzen. Dies gilt auch gegenüber dem Gesellschaftsbeschluß, der wohl die Geltendmachung vertraglicher oder gesetzlicher Entzugsgründe bewirken, dem einzelnen Gesellschafter aber sein Entzugsrecht nicht nehmen oder seine Ausübung erschweren kann. Dieses Recht ist unentziehbar und der Gesellschafter kann auch nicht zum vornherein (vertraglich) darauf verzichten[43].

4. Die Vertretung der Gesellschaft durch Prokuristen und Generalhandlungsbevollmächtigte[44]

a) Umfang der Vertretungsmacht

Als Inhaber eines «nach kaufmännischer Art geführten Gewerbes» kann die Kollektivgesellschaft Prokuristen und sog. Generalhandlungsbevollmächtigte im Sinn von Art. 458 und 462 OR zur Führung des Gewerbes

---

[41] SIEGWART, Art. 565, N. 5. – Verneint der Richter das Vorliegen wichtiger Gründe, so steht dem beklagten Gesellschafter u.U. ein Anspruch auf Schadenersatz zu.

[42] Vgl. HARTMANN, Art. 565, N. 6 a.E.; KÜNZLI, S. 179f.

[43] So KÜNZLI, S. 179f. Unbestimmt HARTMANN, Art. 565, N. 7, wonach ein vertraglich vorgesehener Gesellschaftsbeschluß «an die Stelle richterlicher Entscheidung gesetzt» werden kann, wobei allerdings dem von der Entziehung betroffenen Gesellschafter die Anrufung des Richters gewahrt bleiben soll, das unentziehbare Entzugsrecht des einzelnen Gesellschafters aber nicht vorbehalten wird; siehe aber auch N. 6 a.E.

[44] Zur Prokura und den Handlungsvollmachten allgemein siehe PATRY, vorn § 6, I; HIS, Art. 934, N. 79. Zur Prokura im Zusammenhang mit dem Recht der Stellvertretung und der Organschaft E. BUCHER, S. 39 ff., insbes. 46 ff.

ermächtigen (Art. 566). Die (interne) Vertretungsbefugnis dieser Bevollmächtigten bestimmt sich nach dem Inhalt der Vollmacht, die (externe) Vertretungsmacht nach den Bestimmungen über die Prokura und die Generalvollmacht.

Danach gilt der Prokurist gegenüber gutgläubigen Dritten als ermächtigt, alle Arten von Rechtshandlungen (einschließlich Wechselzeichnungen) vorzunehmen, «die der Zweck des Gewerbes oder Geschäftes des Geschäftsherrn mit sich bringen kann», ausgenommen die Veräußerung und Belastung von Grundstücken, zu denen es einer besonderen Ermächtigung bedarf (Art. 459). Unter diesem Vorbehalt fällt die Vertretungsmacht des Prokuristen zusammen mit derjenigen des (vertretungsberechtigten) Gesellschafters. Diese bestimmt sich zwar nach dem «Zweck der Gesellschaft» (Art. 564). Da dieser regelmäßig, insbesondere aber als Voraussetzung zur Bestellung einer Prokura, im Betrieb eines nach kaufmännischer Art geführten Gewerbes besteht (Art. 552, 458), ist die Vertretungsmacht in beiden Fällen (Prokurist, Gesellschafter) als gleichbedeutend zu betrachten[45]. Der Prokurist wird denn auch herkömmlicherweise als das alter ego des Geschäftsherrn bezeichnet. – Aus dieser Umschreibung der Vertretungsmacht des Prokuristen folgt (negativ), daß dieser nicht zu Rechtshandlungen ermächtigt ist, die nicht mit der Verfolgung des Gesellschaftszwecks zusammenhängen. Dies gilt namentlich für die spezifisch gesellschaftsrechtlichen Angelegenheiten, deren Behandlung den Gesellschaftern vorbehalten bleibt (z.B. Vertragsänderungen, Aufnahme und Ausscheiden von Gesellschaftern, Ordnung der Geschäftsführung und Vertretung, Veräußerung des Geschäftes, Konkurserklärung)[46]. – Die Frage stellt sich, ob die Gesellschaft auch für den Schaden aus unerlaubten Handlungen haftet, die ein Prokurist in Ausübung seiner geschäftlichen Verrichtungen begeht (analog zur Haftung für den Gesellschafter gemäß Art. 567 Abs. 3). Die Doktrin unterscheidet hiefür zwischen zwei Fällen[47].

---

[45] Zum «Zweckbereich» und dessen Bestimmung nach objektiven Kriterien siehe oben II 1 b; speziell zur Prokura siehe OSER/SCHÖNENBERGER, Art. 459 OR, N. 2 ff. – Die Gleichstellung der Vertretungsmacht von Prokurist und Gesellschafter bejahen auch HARTMANN, Art. 566, N. 2; KÜNZLI, S. 198 (mit Hinweisen, insbes. auf G. GAUTSCHI, Berner Kommentar, Art. 459 OR, N. 1). Ebenfalls die Rechtsprechung: BGE 38 II, 1912, S. 105; 84 II, 1958, S. 170; 95 II, 1969, S. 450, Erw. 3 (dazu auch vorn S. 517).

[46] WIELAND, I, S. 357, Anm. 5; HARTMANN, Art. 566, N. 2; KÜNZLI, S. 198 f. – Zu den Grenzen der Prokura allgemein OSER/SCHÖNENBERGER, Art. 459 OR, N. 5–11.

[47] Siehe KÜNZLI, S. 172, unter Hinweis auf die (auch nicht einhellige) deutsche Doktrin (z.B. FISCHER, Großkommentar HGB, § 126, Anm. 24 ff.; HUECK, OHG, § 19, IV). – Zu bemerken, daß im deutschen Recht die Haftung der Gesellschaft für unerlaubte Handlungen ihrer Ver-

Bejaht wird die Haftung der Gesellschaft, wenn der Prokurist nur gemeinsam mit einem Gesellschafter handeln kann (sog. halbseitige Prokura) oder wenn er auch Gesellschafter ist, da in beiden Fällen die Vertretungsmacht eines Gesellschafters den Ausschlag geben soll. – Verneint wird die Frage, wenn der Prokurist Dritter (mit Einzelvertretung) ist. In diesem Fall komme eine Haftung der Gesellschaft für unerlaubte Handlungen des (oder der) Prokuristen nur nach Maßgabe von Art. 55 OR (Haftung des Geschäftsherrn, mit Befreiungsmöglichkeit) in Frage. – U.E. ist die erwähnte Frage unter dem Gesichtspunkt der Vertretungsmacht des Prokuristen und der Verkehrssicherheit zu prüfen, da es ja hier um das Verhältnis zu Dritten geht. Nun steht dem Prokuristen (wie vorn ausgeführt) im Geschäftsverkehr die gleiche Vertretungsmacht zu, wie dem Gesellschafter-Vertreter. Zudem ist die Prokura im HReg einzutragen (Art. 458 Abs. 2; wobei der Geschäftsherr schon vorher durch die Handlungen des Prokuristen verpflichtet wird), womit die bekannten (positiven) Publizitätswirkungen des HReg eintreten. Gegenüber gutgläubigen Dritten verpflichtet damit der Prokurist die Gesellschaft auch durch seine unerlaubten Handlungen; dies auch dann, wenn er nicht Gesellschafter ist[48].

Der Generalbevollmächtigte gilt als ermächtigt, alle Rechtshandlungen vorzunehmen, «die der Betrieb eines derartigen Gewerbes ... gewöhnlich mit sich bringt», mit Ausnahme bestimmter Angelegenheiten (gemäß Art. 462 Abs. 2 OR). Damit wird die Unterscheidung zwischen gewöhnlichen und außergewöhnlichen Geschäften von Bedeutung, wie sie bereits im Zusammenhang mit der Geschäftsführung in der einfachen Gesellschaft erörtert worden (vorn § 29, III 1a), hier nun aber im Hinblick auf die Vertretungsmacht zu würdigen ist[49].

b) Die Bestellung einer Prokura oder einer Generalhandlungsvollmacht bedarf im internen Verhältnis, als außergewöhnliche Maßnahme, der Zustimmung aller Gesellschafter, sofern der Vertrag hiefür nicht Mehrheitsbeschluß vorsieht[50]. Zur rechtsgültigen Bestellung gegenüber Dritten ist die Zustimmung aller zur Vertretung befugten Gesellschafter erforderlich und auch genügend (Art. 566)[51]. Die Prokura ist zur Eintragung im Handelsregister anzumelden, kann aber auch schon auf Grund konkludenter Handlungen (durch Kundgebung seitens der vertretungsbefugten Gesellschafter oder auch durch bloßes Gewährenlassen) zur Wirkung gelangen (Art. 458 Abs. 2)[52].

---

treter aus § 31 BGB (Haftung des Vereins für zu Schadenersatz verpflichtende Handlungen seiner Vertreter, sog. Organhaftung) abgeleitet wird.
[48] Ergänzend ist festzustellen, daß die Stellung des Prokuristen nicht nur auf einem «Dienstvertrag», sondern auch auf andern Rechtsgrundlagen, insbes. einem Auftrag, beruhen kann; siehe Art. 465. Vgl. dazu OSER/SCHÖNENBERGER, Art. 459 OR, N. 8 unter Hinweis auf Vorbem. zu Art. 32–40 OR, N. 14, insbes. lit. e.
[49] OSER/SCHÖNENBERGER, Art. 462, N. 12; KÜNZLI, S. 199, mit weiteren Hinweisen und Kasuistik.
[50] HARTMANN, Art. 566, N. 4f.; SIEGWART, Art. 566, N. 2; KÜNZLI, S. 196.
[51] HARTMANN, SIEGWART (oben Anm. 50); KÜNZLI, S. 193ff.
[52] Siehe Anm. 51; OSER/SCHÖNENBERGER, Art. 458, N. 24.

Die Erteilung von Spezialhandlungsvollmachten (Art. 462) wird als Akt der Geschäftsführung innerhalb des Zweckbereichs der Gesellschaft angesehen und kann somit von jedem vertretungsberechtigten Gesellschafter (gegebenenfalls kollektiv) vorgenommen werden[53].

Der Widerruf einer Prokura oder Generalvollmacht bedarf intern, als außergewöhnliche Maßnahme, der Zustimmung aller Gesellschafter, gegebenenfalls eines Mehrheitsbeschlusses. Nach außen dagegen ist jeder vertretungsbefugte Gesellschafter zum Widerruf der genannten Vollmachten legitimiert und zwar jederzeit, d.h. ohne daß es der Berufung auf wichtige Gründe bedürfte (Art. 566). Es steht dies in Übereinstimmung mit den Bestimmungen über die Stellvertretung (Art. 34, 465 OR), woraus sich auch ergibt, daß die den Prokuristen oder Handlungsbevollmächtigten aus dem zwischen ihnen und der Gesellschaft bestehenden Grundverhältnis (Dienstvertrag, Auftrag) zustehenden Rechte vorbehalten bleiben.

c) Auch Gesellschafter können zu Prokuristen oder Generalbevollmächtigten bestellt werden[54]. Ein Bedürfnis danach kann sich z. B. ergeben, wenn «Junioren» oder neu eintretende Gesellschafter zur Geschäftsführung nach außen ermächtigt werden sollen, jedoch zunächst mit den sich aus diesen Vertretungsverhältnissen ergebenden Beschränkungen der Vertretungsmacht und der jederzeitigen Möglichkeit ihrer Entziehung, ohne daß wichtige Gründe geltend gemacht werden müßten. Eine solche Ordnung bedingt allerdings, daß die Verhältnisse klargestellt werden: Ein Gesellschafter kann nicht gleichzeitig als Vertreter der Gesellschaft und als Prokurist in Erscheinung treten. Zu Prokuristen oder Handlungsbevollmächtigten können also nur Gesellschafter bestellt werden, denen die gesetzliche Vertretungsbefugnis entzogen war oder wird, was aus dem Handelsregister oder in anderer Form erfolgenden Kundgebungen ersichtlich sein muß[55].

d) Umstritten ist die Frage, ob die Vertretung der Gesellschaft, unter Ausschluß aller Gesellschafter, durch sog. «verdrängende Vollmachten» auf Dritte übertragen werden kann – das Problem der sog. Fremdorganschaft. Unerlässliche Voraussetzung hiezu wäre eine entsprechende vertragliche Vereinbarung unter allen Gesellschaftern; allenfalls, wenn ver-

---

[53] HARTMANN, Art. 566, N. 4; SIEGWART, Art. 566, N. 2; KÜNZLI, S. 193, Anm. 2.
[54] So WIELAND, I, S. 586, Anm. 10; HARTMANN, Art. 566, N. 3; KÜNZLI, S. 195. – Anderer Meinung SIEGWART, Art. 554–556, N. 28 a.E., unter Berufung auf ältere Praxis.
[55] HARTMANN, Art. 566, N. 3; KÜNZLI, S. 112, 195.

traglich vorgesehen, ein Gesellschaftsbeschluß. Auch könnte eine Fremdorganschaft verschiedene Spielarten aufweisen [56].

Die Zulässigkeit einer (ausschließlichen) Fremdorganschaft wird überwiegend verneint [57], im wesentlichen unter Berufung auf das kraft des gesetzlichen, personalistischen Typus der Kollektiv- und Kommanditgesellschaft geltende Prinzip der Selbstorganschaft und damit der Selbstverantwortung für die im Namen der Gesellschaft getätigten Rechtshandlungen. Mindestens einem Gesellschafter müsse die volle gesetzliche Vertretungsmacht zustehen, allenfalls in Verbindung mit einem Prokuristen, der Gesellschafter oder Dritter sein könne. Ein vertraglicher Ausschluß aller Gesellschafter von der Vertretung sei in der Regel als eine Umwandlung der (gesetzlichen) Befugnis jedes Gesellschafters zur Einzelvertretung in eine Gesamtvertretung aller Gesellschafter umzudeuten [58]. – Auf diesem Boden steht auch die Praxis des Eidg. Amtes für das Handelsregister, wonach mindestens ein Gesellschafter zur unbeschränkten Vertretung der Gesellschaft eingetragen werden muß, allenfalls kollektiv mit einem Prokuristen oder einem unbeschränkt vertretungsberechtigten Dritten [59].

Für die Zulässigkeit einer die Gesellschaft ausschließenden Fremdorganschaft werden praktische und rechtliche Argumente geltend gemacht. Ein wirkliches Bedürfnis hiefür bestehe z.B. bei dauernder Landesabwesenheit, Handlungsunfähigkeit oder doch mangelnder geschäftlicher Eignung der Gesellschafter oder ihrer gesetzlichen Vertreter; auch in andern Situationen könne das Geschäft nur durch eine Neutralisierung der Geschäftsführung und Vertretung durch ausschließliche Fremdorganschaft funktionsfähig bleiben und eine (sachlich) unnötige Auflösung der Gesellschaft vermieden werden. In rechtlicher Hinsicht beruft man sich auf die mannigfachen atypischen Erscheinungen auch im Bereich der Personengesellschaften und dem für sie geltenden Prinzip der Privatautonomie, wobei aber auch deren Grenzen hervorgehoben werden (z.B. Sittenwidrigkeit, insbes. bei unwiderruflichen Vollmachten; Vorbehalt ihrer Beendigung aus wichtigen Gründen) [60].

III. Ausländisches Recht

Unter dem Gesichtspunkt des Rechtsverkehrs interessieren namentlich die Bestimmungen über die Vertretung der Gesellschaft. – Dem schweizerischen Recht am nächsten kommt das französische Recht. Danach ist jeder Gesellschafter «gérant», mit Einzelvertretungsbefugnis,

---

[56] Siehe Beispiele bei R. REINHARDT, Fortentwicklung, ZBJV 103, 1967, S. 348 ff.
[57] So KÜNZLI, S. 97 f., 113 f.; HARTMANN, Art. 563, N. 11; WIELAND, I, S. 585; FISCHER, Großkommentar HGB, § 125, Anm. 4; HUECK, OHG, S. 281 f.; LEHMANN/DIETZ, S. 156.
[58] So z.B. KÜNZLI, FISCHER, HUECK (oben Anm. 57). Um den Nachteilen einer Gesamtvertretung zu begegnen, kann eine Prokura, allenfalls mit Ermächtigung zur Veräußerung und Belastung von Liegenschaften (Art. 459 Abs. 2) bestellt werden. – Zusammenfassende und kritische Würdigung der herrschenden Lehre bei R. REINHARDT, S. 352 ff.
[59] Auskunft des Eidg. Amts für das Handelsregister.
[60] Für die Zulässigkeit einer ausschließlichen Fremdorganschaft eingehend R. REINHARDT, insbes. S. 348 ff., 356 f.; H. U. RICHARD, Atypische Kommanditgesellschaften, Diss. Zürich 1971, S. 71 f., unter Hinweis auf BGE 77 III, 1951, S. 119, 122 (der aber in dieser Hinsicht nicht schlüssig ist, da er sich mit der Übertragung der Geschäftsführung, einem gesellschaftsrechtlichen Internum, auf Dritte befaßt). – Auch SIEGWART, Art. 554–556, N. 29 erachtet eine «Ausschaltung aller Gesellschafter von der Vertretung und Führung des Betriebes ausschließlich durch Prokuristen» als zulässig, wobei die Behandlung aller nicht in den Vollmachtsbereich des Prokuristen fallenden Angelegenheiten durch die Gesellschafter oder deren gesetzliche Vertreter vorbehalten bleibt.

wenn der Vertrag nicht einen oder mehrere Gesellschafter oder Dritte zu gérants ernennt oder einen diesbezüglichen Beschluß vorbehält. Inhaltlich umfaßt die Vertretungsmacht alle Handlungen («actes»), die im Zweckbereich («dans l'objet social») der Gesellschaft liegen. Statutarische Beschränkungen dieser Vertretungsmacht können Dritten nicht entgegengehalten werden. Der Widerspruch eines gérant ist Dritten gegenüber unwirksam, sofern nicht bewiesen wird, daß der Dritte davon Kenntnis hatte. Siehe Art. 12, 14 Loi soc. comm. 1966.

Nach italienischem Recht wird die Vertretungsbefugnis jedes Gesellschafters vermutet; Vereinbarungen, wonach die Vertretung nur einzelnen Gesellschaftern zustehen oder inhaltlich eingeschränkt werden soll, können Dritten nur entgegengehalten werden, wenn bewiesen wird, daß sie diesen bekannt waren. Die Vertretungsmacht erstreckt sich auf alle innerhalb des Zweckbereichs («oggetto sociale») der Gesellschaft liegenden Handlungen, unter Vorbehalt der Prokura und der im Gründungsakt («atto costitutivo») vereinbarten Beschränkungen; diese werden aber Dritten gegenüber nur wirksam, wenn sie im Register («registro delle imprese») eingetragen sind oder dem Dritten bekannt waren. Siehe Art. 2297, 2298 CCit.

Auch nach deutschem Recht gilt Einzelvertretungsbefugnis jedes Gesellschafters, wenn der Vertrag nicht Gesamtvertretung aller oder mehrerer Gesellschafter oder gemeinsam mit Prokuristen vorschreibt (§ 125 HGB). Anders als im schweizerischen Recht ist die Entziehung der Vertretungsmacht eines Gesellschafters aus wichtigen Gründen nur auf Antrag der übrigen Gesellschafter durch gerichtliche Entscheidung möglich (§ 127 HGB). Der wichtigste Unterschied der deutschen Regelung im Vergleich zur schweizerischen betrifft den Umfang der Vertretungsmacht. Nach § 126 HGB erstreckt sich diese auf alle gerichtlichen und außergerichtlichen Geschäfte und Rechtshandlungen (also nicht nur auf die im Zweckbereich der Gesellschaft liegenden, wie nach Art. 564 OR), wobei eine Beschränkung des Umfanges Dritten gegenüber unwirksam ist; vorbehalten bleibt lediglich die Beschränkung auf den Betrieb einer oder mehrerer Niederlassungen. Dieser Grundsatz der Unbeschränktheit und Unbeschränkbarkeit der Vertretungsmacht gilt auch für die Kapitalgesellschaften, die Genossenschaft und die Prokura, nicht aber für den Verein[61]. Vorbehalten bleiben allerdings gewisse Fälle des Mißbrauchs der Vertretungsmacht. Unbestritten ist, daß niemand sich auf die Unbeschränktheit berufen kann, wenn der Vertreter und der Dritte beim Abschluß eines Rechtsgeschäfts bewußt zum Schaden der Gesellschaft gehandelt haben (Fall der sog. Kollusion), da hier ein sittenwidriges Geschäft (§ 138 BGB) vorliegt. War dem Dritten der Mißbrauch der Vertretungsmacht (z.B. bei Überschreitung interner Beschränkungen) nicht bekannt, so kann ihn die Gesellschaft nicht geltend machen, auch dann nicht, wenn fahrlässige Unkenntnis vorliegt, da den Dritten in dieser Hinsicht keine Prüfungspflicht trifft (offenbar herrschende Lehre, gestützt auf § 126 Abs. 2). Hiezu wird allerdings wiederum ein Vorbehalt gemacht für den Fall, daß der Gesellschafter arglistig, bewußt die Interessen der Gesellschaft geschädigt hat[62].

Zum angelsächsischen Recht siehe zunächst vorn §§ 18 IV, 33 IV. – Nach englischem Recht basieren die Vertretungsverhältnisse der partnership auf dem Recht der Stellvertretung (*«agency»*), wobei zwischen der (internrechtlichen) Vollmacht (actual authority) und der Vertretungsmacht (apparent oder ostensible authority, power to bind the firm) unterschieden wird. Dies kommt zum Ausdruck in den §§ 5–8 des *Partnership Act*. Nach § 5 gilt jeder partner als Vertreter (agent) der partnership und der Mitpartner, wenn und insoweit als er innerhalb des Gesellschaftszwecks (purpose of the business) und in der für die Firma üblichen Geschäften (usual way) für die partnership tätig wird (sog. apparent authority, Anscheinsvollmacht). Die Vertretungsmacht des partners fällt jedoch dahin, wenn er zur Tätigung des betreffenden Geschäftes nicht ermächtigt war (keine actual authority besaß, z.B. auch bei summenmäßigen Begrenzungen) und der Dritte darum wußte; dies gilt auch, wenn der Dritte nicht wußte oder annahm, daß er es mit einem partner (und damit mit einer partnership) zu tun hatte (Fall des sog. undisclosed principal, z.B. bei sog. sleeping partnerships). Im einzelnen wird noch unterschieden

---

[61] Siehe FISCHER, Großkommentar HGB, § 126, Anm. 14.
[62] Siehe FISCHER (oben Anm. 61), Anm. 20.

zwischen commercial und non-commercial partnerships; ferner liegen bestimmte Rechtshandlungen als solche außerhalb der apparent authority[63]. – Auch im amerikanischen Recht basieren die Vertretungsverhältnisse der partnership auf dem Recht der Stellvertretung. Es wird hiefür auf § 9 des *Uniform Partnership Act* verwiesen, der zunächst die Vertretungsmacht des partners in (ungefähr) gleicher Weise umschreibt wie das englische Recht, anschließend aber eine eingehendere Regelung der innerhalb oder außerhalb der Vertretungsmacht liegenden Geschäfte aufstellt (§ 9 Ziff. 3 f.; §§ 10–14)[64].

§ 36. Die Rechtsfähigkeit der Gesellschaft – Der Gesellschaftsprozeß

Literatur

Siehe die Literatur zu § 21.

G. BRUNSCHVIG, Die Kollektivehrverletzung, Zürich 1937; M. GULDENER, Das schweizerische Zivilprozeßrecht (zit. zu § 30); P. GYSIN, Die Parteifähigkeit der Kollektivgesellschaft, Diss. Basel 1925.

Während bei der einfachen Gesellschaft das Gesetz vom «Verhältnis der Gesellschafter gegenüber Dritten» spricht, befaßt es sich bei den Personen-Handelsgesellschaften mit dem «Verhältnis der Gesellschaft zu Dritten»[1]. Es bringt damit bereits zum Ausdruck, daß bei diesen im Außenverhältnis «der Gesichtspunkt der Einheit der Gesellschaft gegenüber der Vielheit der Gesellschafter überwiegt»[2]. Unter diesem Gesichtspunkt des Außenverhältnisses regelt das Gesetz die Rechts- und Parteifähigkeit der Gesellschaft, ihre Vertretung, die Haftung der Gesellschafter gegenüber den Gesellschaftsgläubigern und den Konkurs von Gesellschaft und Gesellschaftern.

---

[63] Siehe zum Vorstehenden LINDLEY (On Partnership), Book II, Chap. I, Sect. 1; A. UNDERHILL, Principles of the Law of Partnership, 10. Aufl., London 1975, Chap. 3. – Zur Haftung aus unerlaubten Handlungen eines Gesellschafters siehe hinten § 37, V.

[64] Eingehend zu den Vertretungsverhältnissen der amerikanischen partnership V. VON SINNER, Das Recht der Partnership in den Vereinigten Staaten von Amerika, Schriftenr. d. Inst. f. internat. Recht 10, Basel 1955 (mit Text des Uniform Partnership Act), §§ 48–51.

[1] Vgl. Marginale zu Art. 543 ff. einerseits, die Überschriften zu Art. 562 ff. und 602 ff. andererseits.

[2] HUECK, Gesellschaftsrecht, S. 76. – Das HGB spricht zwar in der Überschrift zum Außenverhältnis «vom Rechtsverhältnis der Gesellschafter zu Dritten», in dem Art. 562 OR entsprechenden § 124 aber doch von der zivil- und prozeßrechtlichen Stellung der «offenen Handelsgesellschaft».

I. Die Rechtsfähigkeit der Gesellschaft

1. Allgemeines

Nach Art. 562 kann die Kollektivgesellschaft unter ihrer Firma Rechte erwerben und Verbindlichkeiten eingehen. Damit kommt der Gesellschaft als solcher Rechtsfähigkeit zu. Wie bereits ausgeführt[3], bedeutet dies nicht, daß der Gesellschaft volle Rechtssubjektivität wie den Körperschaften zuerkannt wird. Subjekte der unter der Gesellschaftsfirma erworbenen Rechte und eingegangenen Verbindlichkeiten sind die Gesellschafter, aber in ihrer Verbundenheit als Gemeinschaft, als Einheit, deren Identität durch ihre Firma gekennzeichnet wird[4]. Wieweit diese Rechtsfähigkeit reicht, ergibt sich aus der Struktur der Gesellschaft und der Natur der in Frage stehenden Rechtsverhältnisse.

2. Inhalt und Grenzen der Rechtsfähigkeit[5]

a) In vermögensrechtlicher Hinsicht genießt die Kollektivgesellschaft unbeschränkte Rechtsfähigkeit. Sie kann Eigentum und beschränkt dingliche Rechte an Fahrnis und Grundeigentum[6] erwerben, Besitzesrechte ausüben, schuldrechtliche Forderungen erwerben und Verbindlichkeiten eingehen; sie unterliegt den gesetzlichen Haftpflichten (z.B. als Geschäftsherrin) und hat für die von den Gesellschaftern in dieser Eigenschaft begangenen Delikte einzustehen (Art. 567 Abs. 3)[7]. – Die Kollektivgesellschaft kann als solche auch Immaterialgüterrechte innehaben; so an ihrer Firma; an Marken, Muster und Modellen; an Erfindungen und Patenten; aus Urheberrechten. Die Gesellschaft wird auch aus den Bestimmungen über den unlauteren Wettbewerb berechtigt und verpflichtet. – Der unter ihrer Firma erscheinenden Kollektivgesellschaft kommen auch Persönlichkeitsrechte zu, soweit die sog. äußern (sozialen) Persönlichkeitsgüter in

---

[3] Vorn §§ 18, I 3; 21, II 1.
[4] Herrschende Lehre, z.B. WIELAND, I, S. 613f.; HARTMANN, Art. 562, N. 2; SIEGWART, Art. 562, N. 1.
[5] Über Inhalt und Grenzen der Rechtsfähigkeit von Kollektivgesellschaften z.B. WIELAND, I, S. 615ff.; HARTMANN, Art. 562, N. 4ff.; SIEGWART, Art. 562, N. 2ff. – FISCHER, Großkommentar HGB, § 124, Anm. 3ff.; HUECK, OHG, § 19 II.
[6] Im Grundbuch wird denn auch als Eigentümerin die Gesellschaft unter ihrer Firma eingetragen; die Gesellschafter brauchen nicht genannt zu werden, siehe Art. 31 Abs. 4 GBV; BGE 60 III, 1934, S. 96; HARTMANN, Art. 562ff. mit weitern Ausführungen zur grundbuchlichen Behandlung von Immobiliarvermögen der Gesellschaft; SIEGWART, Art. 562, N. 2.
[7] Zur Deliktsfähigkeit der Kollektivgesellschaft s. vorn § 35, II 1 d.

Frage stehen, wie Geschäftsehre (guter Ruf), Kreditwürdigkeit, Geheimsphäre. Wie die juristischen Personen (Art. 53 ZGB) haben auch die Personengesellschaften als solche Anspruch auf Achtung in der Außenwelt[8]. Im konkreten Fall ist u. U. zu prüfen, ob die Angriffe im wesentlichen die Gesellschaft als «Firma» treffen oder einzelne Gesellschafter. Trifft beides zu, so sind Gesellschaft und Gesellschafter klageberechtigt[9].

Die ältere Lehre und Praxis versagte den Personengesellschaften «das persönliche Rechtsgut der Ehre», weil Ehrverletzungen nur das persönliche Empfindungsleben verletzen könnten, oder weil es sich hier um Kollektivbeleidigungen handle, die von den Einzelnen zu ahnden seien. Später setzte sich die Ansicht durch, daß auch Personengesellschaften des Ehrenschutzes teilhaftig seien, insbesondere im Hinblick auf ihre geschäftliche Stellung[10]. – Der neueren Lehre ist zuzustimmen. Maßgebend ist hier nicht die juristische Struktur der Personengesellschaft (als Gesamthandverhältnis), sondern ihre Geltung im Geschäftsleben. Wenn die juristischen Personen – wie allgemein anerkannt – Anspruch auf Achtung ihrer «sozialen» Stellung erheben und geltend machen können, so muß dies auch den unter Firma auftretenden Personen-Handelsgesellschaften zugestanden werden. Namentlich bei größeren Gesellschaften steht im Publikum oft die durch die Firma gekennzeichnete Unternehmung im Vordergrund, während die Teilhaber (wenn auch im Handelsregister eingetragen) mehr oder weniger im Hintergrund bleiben.

Auch in öffentlichrechtlicher Hinsicht kann der Kollektivgesellschaft als solcher Rechtssubjektivität zukommen, z.B. als Inhaberin von gewerblichen Konzessionen. – Über die Stellung der Gesellschaft im Steuerrecht siehe hinten § 47.

b) Grenzen der Rechtsfähigkeit der Kollektivgesellschaft ergeben sich aus gesetzlichen Bestimmungen oder aus der Natur der in Frage stehenden Rechtsverhältnisse. In die erstgenannte Kategorie fallen z.B. die Bestimmungen, wonach Personengesellschaften nicht unbeschränkt haftende Mitglieder anderer Personen-Handelsgesellschaften sein[11] oder als solche der Verwaltung einer Kapitalgesellschaft oder Genossenschaft angehören können[12]. In die zweite Kategorie fallen vor allem die sich aus dem Familienrecht ergebenden Rechte und Pflichten. Im Erbrecht ist die Stellung der Gesellschaft komplexer: Es steht ihr naturgemäß kein gesetzliches Erbrecht

---

[8] Über die Entwicklung des Persönlichkeitsschutzes juristischer Personen und die Unterscheidung zwischen den inneren (persönlichen) und den äußeren (sozialen) Persönlichkeitsgütern z.B. EGGER, Art. 53 ZGB, N. 9ff., Art. 28, N. 24, 35ff.

[9] HARTMANN, Art. 562, N. 5; SIEGWART, Art. 562, N. 3; vgl. auch KGer St. Gallen, SJZ 30, 1933/34, S. 17.

[10] HARTMANN, Art. 564, N. 5; SIEGWART, Art. 564, N. 3; BRUNSCHVIG, S. 19f.

[11] Art. 552, 594 Abs. 2 OR. Dazu vorn § 33, II 1 a.

[12] Art. 707 Abs. 3, 894 Abs. 2 OR. – Hingegen können auch Personengesellschaften als solche zu Geschäftsführern einer GmbH bestellt werden; im HReg sind dann die natürlichen Personen einzutragen, denen die Vertretungsbefugnis für die GmbH zustehen soll (Art. 815 Abs. 2 OR; dazu W. VON STEIGER, Art. 852 OR, N. 2–6).

zu, noch kann sie beerbt werden; wohl aber ist sie erbfähig und kann daher als Erbin eingesetzt oder mit einem Vermächtnis bedacht werden[13].

c) Der Rechtsfähigkeit der Gesellschaft im umschriebenen Sinn entspricht ihre Handlungsfähigkeit. Sie kann Rechte erwerben und Verbindlichkeiten eingehen, indem die gesetzlichen oder die von ihr bestellten Vertreter für sie tätig werden, sei es ausdrücklich unter Verwendung der Firma, sei es, daß eine Vertretung der Gesellschaft aus den Umständen zu schließen ist[14]. – Wie bereits ausgeführt (vorn § 35, II 1 b) gelten die Vertreter der Gesellschaft gegenüber gutgläubigen Dritten als ermächtigt, im Namen der Gesellschaft alle Rechtshandlungen vorzunehmen, die der Zweck der Gesellschaft mit sich bringen kann (Art. 564). Diese (inhaltliche) Beschränkung der Vertretungsmacht trifft aber nur die Handlungsfähigkeit der Gesellschaft, bzw. die Vollmacht ihrer Vertreter, nicht aber die Rechtsfähigkeit der Gesellschaft. Die in Überschreitung des Zweckbereichs getätigten Geschäfte liegen nicht *ultra vires*[15] der Gesellschaft. Genehmigen die Gesellschafter – im vornherein oder nachträglich, ausdrücklich oder durch konkludente Handlungen – solche Geschäfte, so wird die Gesellschaft daraus berechtigt und verpflichtet. Vorbehalten bleiben lediglich die durch das objektive Recht der Rechtsfähigkeit von Personengesellschaften gezogenen Grenzen (oben lit. b).

II. Die Stellung der Gesellschaft und der Gesellschafter im Prozeß und in der Schuldbetreibung

1. Partei- und Prozeßfähigkeit

Im Prozeß entspricht der Rechtsfähigkeit die Parteifähigkeit. Die Kollektivgesellschaft kann unter ihrer Firma als Klägerin auftreten und als

---

[13] FISCHER, Großkommentar HGB, § 124, Anm. 3; HUECK, OHG, S. 273.
[14] Siehe vorn § 35, II 2.
[15] Im Sinn der (klassischen) *ultra vires*-Doktrin des englischen Rechts, wonach Rechtsgeschäfte, die außerhalb des im Gründungsakt einer Company festgelegten Zweckbereiches liegen, ab initio und auch gegenüber Dritten nichtig (void) sind und auch nicht von den Gesellschaftern genehmigt werden können, weil der Gesellschaft die Rechtsfähigkeit (legal capacity) dazu fehlt. Anders, wenn die directors ihre Vertretungsbefugnis *(authority)* überschreiten. Klare Darstellung dieser Verhältnisse z. B. bei L. C. B. GOWER (Modern Company Law), 5. Kapitel. – Daß im schweizerischen Recht die ultra vires-Lehre im erwähnten Sinn nicht gilt, ist herrschende Lehre; siehe z. B. W. F. BÜRGI, Art. 718 (= 564) OR, N. 3; F. VON STEIGER, Das Recht der Aktiengesellschaft in der Schweiz, 4. Aufl., Zürich 1970, S. 35; B. VON WALDKIRCH, Die Handlungsfähigkeit der AG in der Schweiz, Diss. Bern, 1953, S. 52. – Zum *principe de la spécialité*, das ebenfalls die Rechtsfähigkeit einer Gesellschaft einschränken will, siehe vorn § 21, I 1; dazu auch W. F. BÜRGI, Art. 718 OR, N. 6.

Beklagte belangt werden. Diese Ordnung bedeutet nicht, daß der Gesellschaft juristische Persönlichkeit zukommt, sondern bewirkt, daß die Gesellschafter in ihrer Verbundenheit als rechtliche Einheit im Prozeß auftreten. Dies hat zur Folge, daß ein Wechsel im Mitgliederbestand nach Anhebung des Prozesses ohne Einwirkung auf die Identität der Gesellschaft als Prozeßpartei bleibt; Partei sind die jeweiligen unter der Gesellschaftsfirma klagenden oder beklagten Gesellschafter. Die Parteifähigkeit der Gesellschaft gilt auch für Prozesse zwischen Gesellschaft und Gesellschafter. Sie ist auch noch im Liquidationsstadium gegeben. Die Parteifähigkeit der Gesellschaft hängt nicht von ihrer Eintragung im Handelsregister ab, sondern lediglich davon, ob die Gesellschaft rechtlich entstanden ist (siehe vorn § 33, II)[16].

Der (materiellrechtlichen) Handlungsfähigkeit der Gesellschaft entspricht ihre Prozeßfähigkeit. Die Gesellschaft handelt im Prozeß rechtsgültig durch ihre gesetzlichen oder von ihr vertraglich bestellten Vertreter, wobei ein Wechsel in der Vertretung den Fortgang des Prozesses nicht berührt[17].

Die Rechts- und Handlungsfähigkeit der Personengesellschaften, wie auch ihre Partei- und Prozeßfähigkeit beruhen auf Bundesprivatrecht und sind damit auch im kantonalen Prozeßrecht anzuerkennen[18]. Aus materiellrechtlichen Gründen ist dem Gesellschafter auch die Möglichkeit gegeben, sich als Nebenintervenient am Gesellschaftsprozeß zu beteiligen. Er haftet für die Verbindlichkeiten der Gesellschaft, das im Gesellschaftsprozeß ergangene Urteil ist für ihn verbindlich (unter Vorbehalt persönlicher Einreden, siehe unten Ziff. 2), und er hat daher ein rechtliches Interesse am Ausgang des Prozesses[19].

2. Die Wirkungen des Urteils im Gesellschaftsprozeß

Die Parteifähigkeit der Gesellschaft hat zur Folge, daß das im Gesellschaftsprozeß ergangene (rechtskräftige) Urteil zunächst für oder gegen die Gesellschaft als solche wirkt, also von der Firma oder gegen diese geltend zu machen ist. Da aber materiellrechtlich die Gesellschafter in ihrer Verbundenheit Prozeßpartei sind, erstrecken sich die Wirkungen des Urteils auch auf die Gesellschafter, wenn und insoweit als diese für die Verbindlichkeiten der Gesellschaft nach dem Prinzip der subsidiären Haftung ein-

---

[16] M. GULDENER, § 11, I 2; HARTMANN, Art. 562, N. 9ff.; SIEGWART, Art. 562, N. 6ff.
[17] Zur Prozeßfähigkeit siehe M. GULDENER, § 11, II; SIEGWART, Art. 562, N. 8.
[18] M. GULDENER, § 7, B II; HARTMANN, Art. 562, N. 6.
[19] M. GULDENER, § 32, II 1; HARTMANN, Art. 562, N. 14; SIEGWART, Art. 562, N. 11.

zustehen haben. Dies vorausgesetzt, kommt dem gegen die Gesellschaft ergangenen Urteil materielle Rechtskraft auch gegenüber dem Gesellschafter zu. Dieser kann somit das Bestehen der gerichtlich festgestellten Gesellschaftsschuld nicht bestreiten. Er kann auch keine Einreden (z. B. aus Unverbindlichkeit, Erlaß, Verjährung) mehr erheben, die der Gesellschaft zustanden, von ihr aber nicht geltend gemacht worden sind. Das Urteil schafft hinsichtlich der Gesellschaftsschuld auch dem Gesellschafter gegenüber *res judicata*[20]. Der Gesellschafter kann aber gegenüber dem Urteil die Einreden geltend machen, die ihm persönlich zustehen, sei es als absolute, z. B. wegen mangelnder Handlungsfähigkeit, sei es gegenüber dem ihn belangenden Gläubiger, z. B. wegen Verrechnung, Erlaß, Stundung, oder weil seine Haftung im konkreten Fall aufgehoben oder begrenzt worden ist, oder wegen Verjährung der Haftungsschuld (Art. 591)[21].

Eine besondere Situation besteht im Vollstreckungsverfahren gemäß SchKG. Beruht eine Forderung auf einem vollstreckbaren gerichtlichen Urteil, so kann der Gläubiger definitive Rechtsöffnung verlangen, wogegen dem Schuldner nur sehr beschränkte Verteidigungsmöglichkeiten gegeben sind (Art. 80 f. SchKG). Die Anwendung dieser Bestimmungen im Vollstreckungsverfahren gegen den haftenden Gesellschafter würde somit der materiellen Rechtslage nicht gerecht. Die Praxis hat daher, unter Zustimmung der Doktrin[22], das Verfahren so geordnet, daß der Gesellschaftsgläubiger auf Grund des gegen die Gesellschaft ergangenen Urteils im Verfahren gegen den Gesellschafter nur provisorische Rechtsöffnung verlangen kann. Es hat dies zur Folge, daß der Schuldner schon im summarischen Rechtsöffnungsverfahren alle ihm persönlich zustehenden «Einwendungen» geltend machen kann. Sind diese «glaubhaft», so weist der Rechtsöffnungsrichter das Begehren des Gläubigers ab, womit dieser auf den ordentlichen Rechtsweg verwiesen ist; gewährt er die provisorische Rechtsöffnung, so steht dem Schuldner immer noch die Aberkennungsklage im ordentlichen Rechtsweg offen (Art. 83 SchKG).

---

[20] Über die formelle und materielle Rechtskraft eines Urteils allgemein siehe GULDENER, § 35, II, III. Zur Rechtskraft eines gegen die Gesellschaft ergangenen Urteils gegenüber haftenden Gesellschaftern siehe GULDENER, S. 311, insbes. Anm. 44; HARTMANN, Art. 562, N. 16; SIEGWART, Art. 562, N. 12.
[21] Übereinstimmend HARTMANN, Art. 562, N. 16; SIEGWART, Art. 562, N. 10 ff., insbes. N. 12.
[22] HARTMANN, Art. 562, N. 16; SIEGWART, Art. 562, N. 12.

§ 37. Die Haftung der Gesellschafter für die Verbindlichkeiten der Gesellschaft und ihre Durchsetzung

Literatur

H. OSER/W. SCHÖNENBERGER, Kommentar OR; A. VON TUHR / A. SIEGWART, Allgemeiner Teil des OR; beide zit. vorn zu § 19.

J. PELET, La théorie dualiste de l'obligation et son application au droit suisse, Diss. Lausanne 1937; O. K. KAUFMANN, Die Haftungsverhältnisse in der schweizerischen GmbH, Diss. Zürich 1940; D. VON WYSS, Die Haftung des Kollektivgesellschafters für die Verbindlichkeiten der Gesellschaft, Diss. Zürich 1953.

H. FRITZSCHE, Schuldbetreibung, Konkurs und Sanierung, 2 Bde., Zürich 1955; C. JAEGER, Das BG betreffend Schuldbetreibung und Konkurs, 2 Bde., Zürich 1911; C. JAEGER/M. DÄNIKER, Schuldbetreibungs- und Konkurs-Praxis der Jahre 1911–1945, 2 Bde., Zürich 1947.

Die Ordnung der Haftungsverhältnisse bei den Kollektiv- und Kommanditgesellschaften unterscheidet diese grundlegend von den andern Gesellschaften. Sie ist, abgesehen von ihrer historischen Motivierung (vorn § 32), namentlich daraus zu erklären, daß die Personen-Handelsgesellschaften unter ihrer Firma als rechtliche Einheiten am Geschäftsverkehr teilnehmen, daß sie aber keinerlei Geboten im Hinblick auf die Bildung und Erhaltung von haftendem Gesellschaftskapital unterworfen sind[1]. An die Stelle von Bestimmungen über den Gläubigerschutz tritt von Gesetzes wegen die Haftung der Gesellschafter für die Gesellschaftsschulden. Damit wird auch die Kreditfähigkeit der Gesellschaft gestärkt. – Nach Gesetz (Art. 568) haften die Kollektivgesellschafter für alle Verbindlichkeiten der Gesellschaft solidarisch und persönlich (mit ihrem ganzen Vermögen); eine entgegenstehende Vereinbarung unter den Gesellschaftern hat Dritten gegenüber keine Wirkung. Der einzelne Gesellschafter kann jedoch, auch nach seinem Ausscheiden, für Gesellschaftsschulden erst dann «persönlich belangt» werden, wenn er selbst in Konkurs geraten oder wenn die Gesellschaft aufgelöst oder erfolglos betrieben worden ist (Prinzip der Subsidiarität). Die Haftung des Gesellschafters aus einer zu Gunsten der Gesellschaft eingegangenen Solidarbürgschaft bleibt vorbehalten (Art. 568 Abs. 3). – Damit übernahm das rev. OR die schon unter der Herrschaft des aOR geltende

---

[1] Siehe vorn § 32. – Ob das Fehlen von Bestimmungen über Kapital-Bildung und -Schutz die persönliche Haftung der Gesellschafter erklärt (wie meistens ausgeführt wird) oder ob es sich umgekehrt verhält, ist eine rechtshistorische Frage, die hier unerörtert bleibt (siehe immerhin vorn § 32 I, Anm. 9).

Haftungsordnung, jedoch mit zwei Ergänzungen: Der Konkurs des Gesellschafters wird ausdrücklich als Haftungs-Auslösungsgrund genannt. Ferner wird nun die Solidarbürgschaft eines Gesellschafters für Gesellschaftsschulden ausdrücklich anerkannt und vorbehalten, womit eine in Doktrin und Praxis bestehende Kontroverse positivrechtlich entschieden wurde (unten IV). – Die geltende Haftungsordnung ruft einer Erörterung im Hinblick auf die von ihr betroffenen Personen, den Inhalt und die spezifische Ausgestaltung der Haftung und deren Durchsetzung, besonders im Konkurs.

I. Subjekte der Haftung

Subjekte der Haftung sind die Personen, welche zur Zeit der Entstehung der Gesellschaftsschuld Mitglieder der Gesellschaft waren[2]. Eine Wegbedingung der Haftung im Gesellschaftsvertrag ist an sich möglich, hat aber nur interne Wirkung (Art. 568 Abs. 2), so namentlich in bezug auf die Regreßverhältnisse. Gegenüber Dritten kann sich der Gesellschafter nur durch eine ausdrückliche Wegbedingung der Haftung entziehen (z.B. wenn der Gesellschafter mit einem bestimmten Geschäft nicht einverstanden war) oder (generell) dadurch, daß er seine Mitgliedschaft nicht kundgibt, m.a.W. stiller Gesellschafter wird. – Eine Erweiterung der Gesellschafterhaftung bewirkt die gesetzliche Vorschrift, daß neueintretende Gesellschafter auch für die vor ihrem Beitritt entstandenen Verbindlichkeiten der Gesellschaft mit ihrem ganzen Vermögen haften (Art. 569). Es bedeutet dies eine wesentliche Vereinfachung der Rechtsverfolgung, indem so die Schaffung verschiedener Gesellschafter- und Gläubigerkategorien vermieden wird. Dieser Haftung kann sich der neu eintretende Gesellschafter nur durch ihre förmliche Wegbedingung gegenüber Gesellschaftsgläubigern oder dadurch entziehen, daß er der Gesellschaft nur als stiller Gesellschafter beitritt. Der ausscheidende Gesellschafter haftet für die bis zu seinem Ausscheiden entstandenen Gesellschaftsschulden noch während fünf Jahren seit der Veröffentlichung seines Ausscheidens, sofern nicht wegen der Natur der Forderung eine kürzere Verjährungsfrist gilt (Art. 591). Auf die Verjährung der Gesellschafterhaftung ist im Zusammenhang mit der Auflösung der Gesellschaft zurückzukommen (hinten § 45, IV).

---

[2] Über die möglichen Einreden des Gesellschafters gegen seine Inanspruchnahme für Gesellschaftsschulden siehe unten III 3.

II. Der Inhalt der Gesellschafterhaftung und ihre besondere Ausgestaltung

1. Der Gegenstand der Haftung

Haften bedeutet die Pflicht, für eine Verbindlichkeit einzustehen, wobei das Ausmaß und die Art der Haftungen, je nach der rechtlichen Situation in der sich die Haftungsfrage stellt, durchaus verschieden gestaltet sein können[3]. Bei der Kollektivgesellschaft steht zunächst fest, daß kraft gesetzlicher Bestimmung die Gesellschafter für alle Verbindlichkeiten der Gesellschaft haften, ohne Rücksicht auf deren Rechtsgrund (Rechtsgeschäft, Delikt, Bereicherung, mitgliedschaftliche Verpflichtungen gegenüber andern Personenverbindungen, öffentliches Recht)[4]. – Dazu gehören auch die Verbindlichkeiten, welche die Gesellschaft gegenüber Gesellschaftern als Dritten, auf individualrechtlicher Basis eingegangen ist (z.B. aus Kauf, Darlehen, Miete); ferner der schuldrechtliche Anspruch des ausgeschiedenen Gesellschafters. Für solche Gesellschaftsschulden haften die Gesellschafter dem Gesellschafter-Gläubiger solidarisch[5]. – Anders verhält es sich mit den sozialrechtlichen Ansprüchen von Gesellschaftern, so auf Gewinn, Zinse, Honorare, Ersatz von Auslagen. Für solche Ansprüche haften die Mitgesellschafter nicht solidarisch – d.h. jeder für die ganze Schuld – sondern, wenn das Gesellschaftsvermögen zur Befriedigung nicht ausreicht, nach den vertraglichen oder (subsidiär) gesetzlichen Regeln über die Gewinn- und Verlustbeteiligung[6].

2. Zum Problem der inhaltlichen Ausgestaltung der Gesellschafterhaftung (Realerfüllung oder Interessenhaftung?)

a) Mit der Feststellung, daß die Gesellschafter für alle Gesellschaftsschulden haften, ist die Frage noch nicht beantwortet, auf was sie «persönlich belangt» werden können (der Inhalt der Haftungsschuld). Im we-

---

[3] Grundsätzlich zu den Begriffen Schuld und Haftung siehe OSER/SCHÖNENBERGER, Vorbem. zu Art. 1–67 OR, N. 57 ff.; VON TUHR/SIEGWART, I, § 2, insbes. VII; VON WYSS, S. 41 ff.; PELET, La théorie dualiste, insbes. S. 128 f.; O.K. KAUFMANN, insbes. § 4. – Zur (inhaltlich) unterschiedlichen Bedeutung des Begriffs «Haftung» siehe SCHÖNENBERGER/JÄGGI, Zürcher Kommentar zum OR, 3. Aufl. 1973, Vorbem. vor Art. 1, N. 50 ff.

[4] Allgemeine Lehre, siehe z.B. HARTMANN, Art. 568, N. 7; FISCHER, Großkommentar HGB, § 128, Anm. 1.

[5] Vgl. VON WYSS, S. 27–31; HARTMANN, Art. 580, N. 4. Siehe auch vorn § 29, IV 5 b.

[6] VON WYSS, S. 31 f. – Hingegen können die Gesellschafter ihre Ansprüche auf verfallene Zinse, Honorar und Ersatz ihrer Auslagen im Konkurs der Gesellschaft eingeben (Art. 570 Abs. 2).

sentlichen handelt es sich darum: Können die Gesellschafter – die Auslösung der persönlichen Haftung vorausgesetzt – zur Realerfüllung der Gesellschaftsverbindlichkeiten angehalten werden oder haben sie bloß pekuniär für das Interesse einzustehen, das der Gesellschaftsgläubiger an der Erfüllung der Verbindlichkeit durch die Gesellschaft hat. Die Frage ist namentlich dann von Bedeutung, wenn die Gesellschaft nicht zu einer Zahlung, sondern zu Sach- oder Dienstleistungen oder zu Unterlassungen verpflichtet ist. Die Antworten lauten verschieden, nicht nur von Land zu Land (infolge Verschiedenartigkeit der positivrechtlichen Regelungen), sondern auch auf dem Boden ein und derselben Rechtsordnung, so auch in der schweizerischen Doktrin.

b) Die Kontroversen werden besonders deutlich in der deutschen Lehre und Rechtsprechung. Vorweg ist festzuhalten, daß gemäß § 128 HGB die Gesellschafter für die Verbindlichkeiten der Gesellschaft «den Gläubigern als Gesamtschuldner persönlich (unbeschränkt) haften», jedoch nicht (wie im schweizerischen Recht) subsidiär, sondern unmittelbar[7]. Umstritten ist der Inhalt der «Haftung», wobei sich im wesentlichen zwei grundsätzlich verschiedene Auffassungen abzeichnen: Die sog. Erfüllungstheorie – als herrschende Lehre und Rechtsprechung bezeichnet – geht von der Struktur der Gesellschaft als einem Gesamthandverhältnis aus, damit von der Identität von Gesellschafts- und Gesellschafterschuld, woraus sich ergebe, daß der Gesellschafter auf das gleiche belangt werden kann, wozu die Gesellschaft verpflichtet ist. Anhänger der Erfüllungstheorie[8] bezeichnen zwar die Struktur der Gesellschaft als untauglichen Ausgangspunkt zur Beantwortung der Frage nach dem Inhalt der Gesellschafterhaftung, bekennen sich aber zur Erfüllungstheorie auf Grund der ratio legis von § 128, der die Sicherheit der Gesellschaftsgläubiger und damit die Erhöhung der Kreditfähigkeit der Gesellschaft bezwecke. Im einzelnen weist die Erfüllungstheorie bedeutsame Differenzierungen auf (nach Art der Verbindlichkeiten, Fähigkeit des Gesellschafters zur Realerfüllung, u.a.m.), die sie im Ergebnis der zweiten Theorie annähern. – Die sog. Haftungstheorie[9] geht ebenfalls von der primären «Haftung» des Gesellschafters aus, sieht darin aber lediglich dessen Pflicht, für das Erfüllungsinteresse des Gesellschaftsgläubigers einzustehen, gleich einem «selbstschuldnerischen Bürgen» (WIELAND), ohne Rücksicht auf die Natur der Gesellschaftsschuld. Vorbehalten bleiben Vereinbarungen, aus denen hervorgeht, daß Gesellschafter persönlich zu erfüllen haben, was insbesondere auch für Unterlassungspflichten (wie Konkurrenzenthaltungen, kartellrechtliche Verpflichtungen) zutreffe[10].

Die schweizerische Doktrin, ebenfalls (wie die deutsche) von der Struktur der Gesellschaft als Gesamthandverhältnis ausgehend, steht (oder stand?) grundsätzlich ebenfalls auf dem Boden der Erfüllungstheorie. So ist nach HARTMANN der Gesellschafter zur (Real-)Erfüllung der Gesellschaftsschuld verpflichtet, wenn er «die Leistung der Natur der Sache nach selbst bewirken oder sie wenigstens durch seine Mitgesellschafter erzwingen (was heißt das?) kann». Nur wenn diese Voraussetzung nicht gegeben ist, hat er für das Erfüllungsinteresse des Gesellschaftsgläubi-

---

[7] Was in der Lehre auch mit Wendungen wie «primär», «auf gleicher Stufe» (wie die Gesellschaft) ausgedrückt wird. – Eingehend hiezu, sowie zum Inhalt der Haftung z.B. FISCHER, Großkommentar HGB, § 128, Anm. 1–9; HUECK, OHG, § 21, II; LEHMANN/DIETZ, § 21, IV.
[8] z.B. FISCHER, § 128 HGB, Anm. 3, 9; HUECK, OHG, § 21, II 3.
[9] So z.B. WIELAND, I, S. 636 ff.; MÜLLER-ERZBACH, Deutsches Handelsrecht, 3. Aufl., 1928, S. 205.
[10] WIELAND, I, S. 638.

gers an der Leistung der Gesellschaft einzustehen[11]. – Grundsätzlich gleich, wenn auch weniger bestimmt, äußert sich SIEGWART[12]. – Anders VON WYSS[13], der, in Anbetracht des im schweizerischen Recht geltenden Subsidiaritätsprinzips[14], die Erfüllungstheorie ablehnt und die Haftung des Gesellschafters als eine «bürgschaftsähnliche Erscheinung» qualifiziert – eine Auffassung, der hier grundsätzlich beigepflichtet wird. – Die schweizerische Rechtsprechung hat sich, bezeichnenderweise, unseres Wissens nie direkt mit dem uns hier beschäftigenden Problem befaßt. Wo die Haftung des Gesellschafters zur Diskussion steht, geschieht dies unter andern, meist betreibungsrechtlichen Aspekten[15].

c) Auf dem Boden des schweizerischen Rechts ist der Auffassung, wonach die Gesellschafter einer Kollektivgesellschaft dem Gesellschaftsgläubiger für das Erfüllungsinteresse haften, zuzustimmen. Dies ergibt sich zwar nicht aus einem a priori feststehenden Begriff der «Haftung»[16], wohl aber aus der Entstehungsgeschichte und dem Zweck von Art. 568 OR, sowie aus der gesetzlichen Ordnung der Haftungs-Auslösungsgründe nach dem Prinzip der Subsidiarität[17]. Allerdings wird dieses Prinzip in einem wesentlichen Fall, dem Konkurs des Gesellschafters, durchbrochen; aber gerade hier kann der Gesellschaftsgläubiger, auf Grund des sog. Umwand-

---

[11] HARTMANN, Art. 568, N. 5, 7. – Auch in der deutschen Lehre wird betont, daß die Haftung des Gesellschafters zunächst in seiner Verpflichtung besteht, die Leistung durch die Gesellschaft zu bewirken; siehe die oben Anm. 7, 8 zitierten Autoren.

[12] SIEGWART, Art. 568/69; vgl. N. 1 mit N. 21.

[13] VON WYSS, § 5, insbes. S. 53 f.; dazu noch unten Anm. 18.

[14] VON WYSS, S. 57 ff., mit Hinweisen, so auf Botschaft des BR zum aOR, BBl 1880, S. 211.

[15] So wird zwar in BGE 45 II, 1919, S. 299, 301 f. die Identität von Gesellschafts- und Gesellschafter-Schuld betont, unter Vorbehalt der Subsidiarität. Zum Entscheid standen aber die Frage nach der Zulässigkeit einer Solidarbürgschaft eines Gesellschafters zugunsten der Gesellschaft und die Wirkungen eines Nachlaßvertrages der Gesellschaft auf die Gesellschafterschuld. – Siehe auch die BGE 32 II, 1906, S. 467, 477 f. (Nachlaßvertrag der Gesellschaft); 42 III, 1916, S. 37 (Betreibung der Gesellschaft als solcher, trotzdem die Gesellschafter die Träger der Gesellschaftsschulden sind); 46 II, 1920, S. 468, 471 (Bürgschaft).

[16] Über die inhaltlich unterschiedliche Bedeutung des Begriffs «Haftung» siehe einläßlich SCHÖNENBERGER/JÄGGI (oben Anm. 3), insbes. N. 58. – Im Gesellschaftsrecht legt das Gesetz nirgends die Art der Haftungen (im oben II 2 erörterten Sinn) fest, sondern regelt nur deren Ausmaß und die Modalitäten ihrer Geltendmachung. Gerade daraus ergeben sich aber Rückschlüsse für die Bestimmung des Inhalts der Haftung. So ist klar, daß der Kommanditär nur zur Leistung der Kommandite (an die Gesellschaft) verhalten werden kann (Art. 608, 610). Das Recht der GmbH verweist auf das Recht der Kollektivgesellschaft, was aber nur für die Haftungs-Auslösungsgründe gilt, während inhaltlich der Gesellschafter nur zur Deckung des Stammkapitals verpflichtet ist (Art. 802 Abs. 1, 2 OR); wo bei der Genossenschaft eine persönliche Haftung der Genossenschafter besteht, haften diese nur für den Verlust, den die Gläubiger der Genossenschaft in deren Konkurs erleiden (sog. Ausfallhaftung; Art. 869 f., 873; Verfahren gemäß VO des BGer vom 20.12.1937 über den Genossenschaftskonkurs). – Was die Kollektivgesellschaft betrifft, so sind, wie oben im Text (II, 2) ausgeführt, die (rechtliche) Selbständigkeit der Gesellschaft im Außenverhältnis und die Subsidiarität der Gesellschafterhaftung bestimmend.

[17] Subsidiarität – ein in der Rechtslehre entwickelter, zusammenfassender Begriff – bedeutet ein «Nacheinander» hinsichtlich der Geltendmachung von Verpflichtungen durch Regelung ihrer Voraussetzungen. Im Gesellschaftsrecht wird die Subsidiarität der Gesellschafter-

lungsprinzips (Art. 211 SchKG), nur sein Erfüllungsinteresse geltend machen. – Vorbehalten bleiben Fälle, in denen dem Gesellschaftsgläubiger Realerfüllung durch einen oder mehrere bestimmte Gesellschafter zugesichert worden war oder wo er dies nach Treu und Glauben erwarten durfte, so besonders bei Unterlassungspflichten. Die nachfolgenden Ausführungen mögen dies verdeutlichen.

d) Was die Entstehungsgeschichte von Art. 568 OR betrifft, ist festzuhalten, daß sich der Gesetzgeber, auf kantonaler und später auf Bundesebene, bewußt von der deutschen Ordnung (direkte Belangbarkeit des Gesellschafters; ADHGB § 112, HGB § 128) distanziert und die Haftung des Gesellschafters nach dem Prinzip der Subsidiarität geregelt hat. Bestimmend hiefür waren eine deutliche Betonung der rechtlichen Einheit der Gesellschaft im Außenverhältnis, der Wunsch nach einer gewissen Milderung der Gesellschafterhaftung und das Bestreben nach möglichster Klarheit der rechtlichen Ordnung[18]. In Art. 568 Abs. 3 OR wurde denn auch das Prinzip der Subsidiarität der Gesellschafterhaftung ausdrücklich sanktioniert. In den Entwürfen und Beratungen zum rev. OR (1937) wurde dieses Prinzip nie in Frage gestellt. Es erfolgte lediglich eine Ergänzung der betreffenden Bestimmung, indem ein weiterer Haftungs-Auslösungsgrund beigefügt wurde, der Konkurs des Gesellschafters (Art. 568 Abs. 3); dies in Anpassung an Art. 218 Abs. 2 SchKG und die sich darauf stützende Gerichtspraxis.

e) Der Inhalt der Gesellschafterhaftung erfährt eine weitere Verdeutlichung durch die gesetzliche Regelung ihrer Auslösungsgründe (der Voraussetzungen ihrer Geltendmachung), wobei die verschiedenen Fälle gesondert zu würdigen sind.

Als erste Voraussetzung nennt das Gesetz den Konkurs des Gesellschafters[19]. Nach dem das Konkursrecht beherrschenden Prinzip der Generalliquidation sämtlicher Aktiven und Passiven des Gemeinschuldners, auch der aufschiebend bedingten Verbindlichkeiten und solcher mit ungewisser Verfallzeit, werden auch die subsidiären Haftungen des Gesellschafters fällig und in dessen Konkurs einbezogen (Art. 208, 210, 218 Abs. 2 SchKG) – widrigenfalls die Gesellschafterhaftung illusorisch würde. Dazu

---

haftungen in unterschiedlicherweise geregelt, je nach der Rechtsform der Gesellschaft und dem Inhalt der Haftung (siehe oben Anm. 16). – Zur Subsidiarität der Gesellschafterhaftungen in ausländischen Rechtsordnungen siehe unten V.

[18] Über die Entstehungsgeschichte des § 128 HGB siehe von Wyss, S. 37 (mit Hinweisen). – Zur Entwicklung der Subsidiarität der Gesellschafterhaftung im schweizerischen Recht siehe oben II 2 d; ferner von Wyss, S. 32ff., wo auch auf die maßgebenden Stellungnahmen J. C. Bluntschlis zum Privatrechtlichen Gesetzbuch für den Kanton Zürich (1855) und W. Munzingers in seinen Motiven zum Entwurf eines schweizerischen Handelsrechts (1865) hingewiesen wird. – Von Bedeutung namentlich die Botschaft des BR zum OR (BBl 1880 I, S. 149ff.), wo die Abweichung vom deutschen Recht betont und hiefür auch auf die französische Rechtsprechung hingewiesen wird, welche die Gesellschafterhaftung analog der einfachen Bürgschaft behandle; zum heutigen französischen Recht siehe unten V. – Vgl. auch ProtExpKomm 1928, S. 55ff.

[19] Hingegen bedeutet die fruchtlose Pfändung eines Gesellschafters gemäß Art. 43 SchKG (für «im öffentlichen Recht begründete Forderungen») keinen Haftungsauslösungsgrund.

tritt auch das sog. Umwandlungsprinzip, wonach Forderungen, die nicht eine Geldzahlung zum Gegenstand haben, «in Geldforderungen von entsprechendem Wert umzuwandeln sind» (Art. 211 SchKG). In diesem Fall kann der Gesellschaftsgläubiger also nur sein Erfüllungsinteresse geltend machen [20].

Als zweiten Haftungs-Auslösungsgrund nennt das Gesetz die Auflösung der Gesellschaft oder deren erfolglose Betreibung [21]. Aufgelöst wird die Gesellschaft durch ihren Konkurs oder aus den für die einfache Gesellschaft geltenden Gründen (Art. 574 Abs. 1, Art. 545 OR) [22]. Im Konkurs der Gesellschaft gilt wiederum das soeben erwähnte Umwandlungsprinzip (Erfüllungsinteresse), unter Vorbehalt des sog. Eintrittsrechts der Konkursverwaltung (Art. 211 Abs. 2 SchKG) [23]. Wird die Gesellschaft aus den in Art. 545 genannten Gründen aufgelöst, so haben die Liquidatoren – wenn die Gesellschaft oder das «Geschäft» nicht auf die eine oder andere Weise fortgesetzt werden – «die Verpflichtungen der aufgelösten Gesellschaft zu erfüllen» (Art. 585 Abs. 1 OR) [24]. In beiden Fällen – der konkursamtlichen und der privatrechtlichen Liquidation – können die Gesellschaftsgläubiger nach der klaren, wenn auch mit Recht kritisierten [25] Gesetzesbestimmung (Art. 568 Abs. 3) die Gesellschafter «per-

---

[20] «... Erfüllungsinteresse, also das positive, im Gegensatz zum negativen Vertragsinteresse. Es soll durch Entschädigung in Geld derjenige Zustand hergestellt werden, der dem Werte nach der Realerfüllung möglichst gleichkommen soll» (FRITZSCHE, S. 65, mit Hinweisen).

[21] «Erfolglose Betreibung» im Sinn von Art. 43 SchKG (siehe oben Anm. 19); diese stellt nicht einen Auflösungsgrund für die Gesellschaft dar, löst aber die Gesellschafterhaftung aus, da sie in der Regel die Insolvenz der Gesellschaft bezeugt.

[22] Hingegen bewirkt der Konkurs eines Gesellschafters nicht – wie bei der einfachen Gesellschaft (Art. 545 Abs. 1 Ziff. 3) – die Auflösung der Kollektivgesellschaft; siehe Art. 571 Abs. 2.

[23] Näheres zum Konkurs der Kollektivgesellschaft siehe hinten § 39, I 1 a.

[24] Dazu hinten § 39, II 1 b (Liquidation).

[25] So VON WYSS, S. 67 ff. (mit Hinweisen), der de lege ferenda eine Belangbarkeit des Gesellschafters erst im Fall der erwiesenen Zahlungsunfähigkeit der Gesellschaft oder des Gesellschafters zur Diskussion stellt (wie im italienischen Recht, Art. 2304 CCit.; siehe unten V). Kritisch zum geltenden Recht auch GUHL/MERZ/KUMMER, S. 541. – In der Tat stellt die sofortige Belangbarkeit des Gesellschafters auch bei noch aufrechtstehender (Liquidations-)Gesellschaft keine glückliche Lösung dar. Sie widerspricht der rechtlichen Selbständigkeit der Kollektivgesellschaft im Außenverhältnis, dem Grundgedanken der subsidiären Haftung des Gesellschafters und steht auch mit der Ordnung der Liquidation (Art. 585 Abs. 1, 588 Abs. 1) nicht im Einklang. Wenn zur Rechtfertigung des geltenden Rechts gesagt wird (vgl. VON WYSS, S. 68), daß im Stadium der (privatrechtlichen) Liquidation die Gefährdung von Gläubigerinteressen durch Verschiebungen von Gesellschaftsvermögen in das Privatvermögen von Gesellschaftern besonders aktuell erscheine, so ist darauf hinzuweisen, daß solche Manipulationen auch vor der Auflösung der Gesellschaft möglich sind; kommen dadurch Gesellschaftsgläubiger zu Verlust, so stehen gegebenenfalls Anfechtungsklagen gemäß Art. 285 ff. zur Verfügung (dazu noch hinten § 39, II 4).

sönlich belangen», ohne das Ergebnis der Liquidation abwarten zu müssen[26]. Für die These, daß auch in diesen Fällen die Gesellschafter nur für das Erfüllungsinteresse einzustehen haben, sprechen rechtliche und praktische Gründe: In rechtlicher Hinsicht ist grundlegend die Konzeption der Gesellschaft als eine im Außenverhältnis (unter ihrer Firma) selbständige, rechts- und handlungsfähige Einheit[27]. Dazu kommt das gerade in den Fällen der Auflösung der Gesellschaft spielende Prinzip der Subsidiarität der Gesellschafterhaftung, das seinen Zweck nur erfüllt, wenn diese Haftung auf das Erfüllungsinteresse des Gläubigers beschränkt wird[28]. Darin sah der Gesetzgeber auch eine genügende Sicherung der Gläubigerinteressen und Stärkung der Kreditfähigkeit der Gesellschaft. – In praktischer Hinsicht ist festzuhalten, daß der Gesellschafter oft gar nicht in der Lage ist, die Verpflichtungen der Gesellschaft realiter selber zu erfüllen, namentlich wenn diese auf eine Sachleistung oder ein Tun (z.B. aus Verkaufs-, Werk- oder Transportverträgen) lauten[29] – was an sich zu unklaren Situationen und Rechtsstreitigkeiten führen kann, die, wenn die Haftung auf das Erfüllungsinteresse beschränkt ist, vermieden werden können. – Vorbehalten bleiben, wie bereits erwähnt (oben lit. c), die Fälle, in denen auf Grund besonderer Vereinbarungen mit dem Gesellschaftsgläubiger oder nach den Umständen des Falles auf eine Verpflichtung eines, mehrerer oder aller Gesellschafter zur Realerfüllung zu schließen ist[30].

III. Die Geltendmachung der Gesellschafterhaftung

Für die Geltendmachung der Haftung des Gesellschafters für die Verbindlichkeiten der Gesellschaft sind im wesentlichen die Prinzipien der

---

[26] Vorbehalten bleibt der Fall des gleichzeitigen Konkurses von Gesellschaft und Gesellschafter (Art. 218 Abs. 1 SchKG); dazu unten III 4.
[27] Die rechtliche Selbständigkeit der Gesellschaft im Außenverhältnis gilt auch nach deutschem Recht (§ 124 HGB), wird hier aber gerade durch die direkte Belangbarkeit des Gesellschafters (§ 128 HGB) – jedenfalls wenn man der sog. Erfüllungstheorie folgt – in ihren Auswirkungen wesentlich abgeschwächt. Für die Betonung dieser Selbständigkeit durch den schweizerischen Gesetzgeber siehe oben II 2 a.
[28] In rechtstheoretischer Hinsicht betont VON WYSS (S. 53 f.), daß der Gesellschafter nicht, einerseits, persönlich zur Erfüllung derselben Verbindlichkeiten wie die Gesellschaft verpflichtet sein, andererseits erst dann belangt werden könne, wenn die Gesellschaft aufgelöst oder zahlungsunfähig geworden sei (sofern es sich um vermögensrechtliche Ansprüche handle).
[29] Für diese Fälle sieht denn auch die auf dem Boden der Erfüllungstheorie stehende Lehre die Umwandlung der Forderung auf Realerfüllung in eine solche auf Ersatzleistung (Haftung für das Erfüllungsinteresse) vor; siehe oben Anm. 7, 11, 12 zit. Doktrin.
[30] Dies spielt namentlich bei Unterlassungspflichten der Gesellschaft eine Rolle.

Subsidiarität, der Solidarität und der Akzessorietät maßgebend. Dazu treten noch Bestimmungen des Schuldbetreibungs- und Konkursrechts.

1. Von den Voraussetzungen der persönlichen Belangbarkeit eines Gesellschafters nach dem Prinzip der Subsidiarität (Art. 568) war soeben (II, im Zusammenhang mit dem Inhalt der Gesellschafterhaftung) die Rede. Es zeigte sich, daß dieses Prinzip in einem wesentlichen Fall – dem Konkurs des Gesellschafters – durchbrochen wird. Ergänzend ist festzuhalten, daß der Konkurs der Gesellschaft denjenigen des Gesellschafters nicht zur Folge hat – was auch umgekehrt gilt (Art. 571; sog. Prinzip der Unabhängigkeit von Gesellschafts- und Gesellschafter-Konkurs).

2. Die solidare Haftung der Gesellschafter im Sinn von Art. 568 Abs. 1 bedeutet, daß diese unter sich solidarisch haften; nicht etwa im Verhältnis zur Gesellschaft, welches ja durch die Subsidiarität der Gesellschafterhaftung charakterisiert ist[31]. Auf die solidare Haftung der Gesellschafter kommen zunächst die allgemeinen Bestimmungen des OR über die Solidarität (Art. 143 ff.) zur Anwendung[32], jedoch mit Abweichungen, die sich aus dem Gesellschaftsrecht ergeben: Danach kann der Gesellschaftsgläubiger, die Auflösung der Gesellschaft vorausgesetzt, sämtliche oder auch nur einzelne Gesellschafter belangen, für die ganze Gesellschaftsschuld oder auch nur teilweise, wobei die Befriedigung des Gläubigers durch einen (oder mehrere) Gesellschafter auch die übrigen befreit (Art. 144, 147).

Eine besondere gesellschaftsrechtliche Regelung erfahren die Regreßrechte: Nach den allgemeinen Bestimmungen über die Solidarität haben die Solidarschuldner je einen gleichen Teil der Schuld zu übernehmen; der mehr als seinen Teil Leistende kann für den Mehrbetrag auf seine Mitschuldner Rückgriff nehmen, wobei das von einem Mitschuldner nicht Erhältliche von den andern wiederum gleichmässig zu übernehmen ist – wenn sich aus dem Rechtsverhältnis unter den Solidarschuldnern nicht etwas anderes ergibt (Art. 148 OR). Bei den Kollektiv- und Kommanditgesellschaften stehen dem Gesellschafter, gegebenenfalls seiner Konkursmasse, Rückgriffsrechte in zwei Richtungen zu: Einmal gegen die Gesellschaft, als der primär verpflichteten und mit dem Gesellschaftsvermögen haftenden Schuldnerin, sei sie noch aktiv («werbend») oder bereits aufgelöst und li-

---

[31] HARTMANN, Art. 568, N. 14; VON WYSS, S. 26, mit Hinweisen; wohl auch SIEGWART, Art. 568/69 OR, N. 19 und MEIER-HAYOZ/FORSTMOSER, S. 145. – Abweichend (jedenfalls in der Formulierung) GUHL/MERZ/KUMMER, S. 541 a.E.

[32] Siehe HARTMANN, SIEGWART, VON WYSS, zit. Anm. 31. – Gesellschaftsgläubiger kann auch ein Gesellschafter als Dritter sein.

quidierend[33]. Sodann gegen die Mitgesellschafter als solidarisch Mitverpflichtete, sofern die Voraussetzungen ihrer Belangbarkeit durch die Gesellschaftsgläubiger gegeben sind[34]. – Was den Umfang der Rückgriffsrechte betrifft, ist zwischen diesen beiden Fällen zu unterscheiden: Gegenüber der Gesellschaft kann der Gesellschafter für das von ihm (an Stelle der Gesellschaft) Geleistete in vollem Umfang Rückgriff nehmen[35]. Gegenüber den Mitgesellschaftern gilt nach der (subsidiären) gesellschaftsrechtlichen Sonderordnung das Gleichheitsprinzip, wonach die Gesellschafter gleichen Anteil auch am Verlust haben (Art. 557, Art. 533 Abs. 1); die Mitgesellschafter haften demnach gegenüber dem zahlenden Gesellschafter quotenmäßig (nach «Kopfanteilen»). Diese Ordnung entspricht auch dem allgemeinen Recht der Solidarität (Art. 148). In allen Fällen bleiben aber abweichende Vereinbarungen unter den Gesellschaftern über die Verlustbeteiligung vorbehalten[36]. Es kann sich somit ergeben, daß dem eine Gesellschaftsschuld begleichenden Gesellschafter überhaupt keine Regreßrechte zustehen, oder nur im reduzierten Umfang oder nur gegenüber bestimmten Mitgesellschaftern.

3. Da die Gesellschafter für die Verbindlichkeiten der Gesellschaft einzustehen haben, gilt für die Gesellschafterhaftung grundsätzlich das Prinzip der sog. Akzessorietät[37]. Es handelt sich hier aber – im Vergleich zum Bürgschaftsrecht – um ein Abhängigkeitsverhältnis besonderer Ausgestaltung, weshalb die Haftung des Gesellschafters oft als eine «bürgschaftsähnliche» Erscheinung bezeichnet wird. Ihre Eigenart zeigt sich schon in den Voraussetzungen, indem die Haftung der Gesellschafter auf Gesetz beruht und ohne Förmlichkeiten mit dem Erwerb der Mitgliedschaft entsteht[38]. Sodann haftet der Gesellschafter nicht (wie der Bürge) für eine bestimmte Schuld und bis zu einem bestimmten Höchstbetrag, sondern für sämtliche Verbindlichkeiten der Gesellschaft, ohne Rücksicht auf deren Umfang und Rechtsnatur (s. oben II 1). Und schließlich sind auch die Auswirkungen verschieden, indem der Gesellschafter schlechtweg für das

---

[33] SIEGWART, Art. 568 OR, N. 38; VON WYSS, S. 27; HARTMANN, Art. 568 OR, N. 32 (unzutreffend jedoch die Begründung mit Art. 537 OR).
[34] Siehe oben Anm. 33: SIEGWART, N. 40; HARTMANN, N. 33; VON WYSS, S. 27 ff.
[35] Siehe oben Anm. 33: SIEGWART, N. 38 f.; HARTMANN, N. 32, unter Vorbehalt der Verlustbeteiligung des Gesellschafters.
[36] Siehe oben Anm. 33: SIEGWART, N. 40 f.; HARTMANN, N. 33 ff.; VON WYSS, S. 27 ff.
[37] Dazu einläßlich VON WYSS, § 6, insbes. II d. – Allgemein zur Akzessorietät und ihr Verhältnis zur Solidarität OSER/SCHÖNENBERGER, Vorbem. zu Art. 143 ff., N. 5; VON TUHR/SIEGWART II, S. 745; O. K. KAUFMANN, S. 29 f.
[38] Art. 568 Abs. 1, 2; oben I.

Erfüllungsinteresse des Gesellschaftsgläubigers haftet, während die Haftung des Bürgen in bestimmter Weise begrenzt ist[39]. Dazu kommt noch die besondere Ordnung des Gesellschaftsrechts über die Voraussetzungen zur Geltendmachung der Gesellschafterhaftung (Art. 568)[40].

Im übrigen gilt auch für die Gesellschafterhaftung als Leitsatz, daß diese soweit, aber auch nur soweit reicht, als eine Gesellschaftsschuld besteht. Der Gesellschafter kann somit gegenüber dem Gesellschaftsgläubiger alle Einreden erheben, die der Gesellschaft zustehen. Er ist hiezu verpflichtet, wenn er nicht seine Regreßrechte gegenüber der Gesellschaft und den Mitgesellschaftern verlieren will[41]. Diese Einreden können sich beziehen: Auf die Existenz einer Gesellschaftsschuld, z.B. wegen Nichtigkeit, Unverbindlichkeit, Erlaß, Verrechnung, Verjährung; auf das Ausmaß der geltend gemachten Verbindlichkeit, z.B. auch auf Grund eines von der Gesellschaft abgeschlossenen Nachlaßvertrages[42]; auf die Fälligkeit der Schuld, z.B. wegen Nachlaß-Stundung[43]. Hingegen können dem Gläubiger keine Einwendungen entgegengehalten werden, die sich nicht auf die Schuld als solche, sondern auf die gesellschaftlichen Verhältnisse beziehen, z.B. wegen Unverbindlichkeit des Gesellschaftsvertrages oder der Mitgliedschaft des belangten Gesellschafters, es sei denn, der Gläubiger habe vor Begründung der Verbindlichkeit um diese Mängel gewußt[44]. – Zudem kann der Gesellschafter die sog. persönlichen Einreden geltend machen. Diese können genereller Natur sein, z.B. wegen mangelnder Handlungsfähigkeit des Gesellschafters oder einer ihm persönlich gewährten Nachlaßstundung. Sie können sich auch aus dem persönlichen Verhältnis des Gesellschafters zu dem oder den Gesellschaftsgläubigern ergeben, z.B. wegen Wegbedingung der persönlichen Haftung, aus Verrechnung (Art. 575 Abs. 3 OR), wegen Verjährung der Haftungsschuld (Art. 591 OR)[45].

---

[39] Art. 499 OR. – Zur besondern Natur der Gesellschafterhaftung und ihrer rechtspolitischen Begründung siehe z.B. VON WYSS, S. 60.

[40] Vgl. Art. 568 mit 501 OR.

[41] Analog Bürgschaftsrecht, Art. 502 OR. – SIEGWART, Art. 568/69 OR, N. 23; HARTMANN, Art. 568 OR, N. 29 ff.; VON WYSS, S. 80 ff. – § 129 HGB befaßt sich ausdrücklich mit den verschiedenen «Einwendungen» des von den Gesellschaftsgläubigern belangten Gesellschafters. – ProtExpKomm 1928, S. 55.

[42] Siehe oben Anm. 41; SIEGWART, N. 24 (Nachlaßvertrag).

[43] Siehe oben Anm. 41. – Festzuhalten, daß die privatrechtliche Auflösung der Gesellschaft noch keine Fälligkeit der Forderungen gegenüber der Gesellschaft oder den Gesellschaftern bewirkt, wohl aber der Konkurs der Gesellschaft; siehe SIEGWART (oben Anm. 41), N. 22. – Zur Einrede der mangelnden Fälligkeit siehe auch E 1923, Art. 582 Abs. 3 und ProtExpKomm 1928, S. 55.

[44] Oben Anm. 41; SIEGWART, N. 23; HARTMANN, N. 31; VON WYSS, S. 31 f. – Zu den Auswirkungen der Nichtigkeit oder Anfechtbarkeit des Gesellschaftsvertrags siehe vorn §§ 28, II; 33, II 3.

[45] Siehe oben Anm. 44.

4. Im Konkurs des Gesellschafters tritt dessen Konkursmasse, vertreten durch die Konkursverwaltung, in die Rechtsstellung des Gesellschafters; dies gilt insbesondere auch hinsichtlich der Solidarität (Regreßrechte) und der Akzessorietät (Einreden!) der Gesellschafterhaftungen[46]. – Da der Konkurs immer die Generalliquidation aller Aktiven und Passiven des Gemeinschuldners bewirkt, sind im Konkurs des Gesellschafters auch die Rechte seiner Privatgläubiger abzuwickeln, wobei die gesellschaftlichen Beteiligungen des Gemeinschuldners eine besondere Rolle spielen. Das Gesetz – ausgehend von der rechtlichen Selbständigkeit der Gesellschaft im Außenverhältnis und der Haftung des Gesellschaftsvermögens ausschließlich für die Gesellschaftsschulden[47] – trägt diesen Verhältnissen Rechnung, indem es den Privatgläubigern der Gesellschafter jeglichen Zugriff auf das Gesellschaftsvermögen versagt, ihnen aber das Recht gibt, auf den Liquidationsanteil und bestimmte weitere Forderungen des Gesellschafters gegenüber der Gesellschaft zu greifen (Art. 572)[48,49]. Im Zusammenhang damit steht das Recht der Privatgläubiger eines Gesellschafters oder dessen Konkursverwaltung, die Auflösung der Gesellschaft und damit die Aushändigung des Liquidationsanteils[50] zu verlangen, sofern sie nicht durch die Gesellschaft oder durch Mitgesellschafter befriedigt werden (Art. 575).

Eine besondere Situation ergibt sich bei **gleichzeitigem Konkurs von Gesellschaft und Gesellschaftern**[51]. Hier kommt die Subsidiarität der Gesellschafterhaftung auch vollstreckungsrechtlich zum Ausdruck: Gemäß Art. 218 Abs. 1 SchKG ist zunächst der Konkurs der Gesellschaft abzuwickeln; im Konkurs des Gesellschafters können die Gesellschaftsgläubiger dann nur noch den im Konkurs der Gesellschaft unbezahlt gebliebenen Rest ihrer Forderungen (sog. Ausfallsforderung) geltend ma-

---

[46] Siehe oben III 2, 3.
[47] Art. 562, 570.
[48] Wie bereits ausgeführt (vorn § 30, III 2 b) befaßt sich auch das Schuldbetreibungs- und Konkursrecht mit der Verwertung des Liquidationsanteils eines Gesellschafters. An dieser Stelle sei auf das Kreisschreiben Nr. 17 des Plenums des BGer vom 1. Februar 1926 über «Gemeinschaftliches Eigentum im Konkurs» hingewiesen, das in Ziff. 2 einige Bestimmungen der Verordnung des BGer über die «Pfändung und Verwertung von Anteilen an Gemeinschaftsvermögen» vom 17. Januar 1923 als maßgebend erklärt. Einzelheiten siehe vorn § 30, III 2 b.
[49] In der Betreibung eines Gesellschafters auf Pfändung (Art. 43 SchKG) gilt die oben in Anm. 48 zit. VO des BGer vom 17. Januar 1923. Einzelheiten siehe vorn § 30, III 2 b.
[50] Zur Bestimmung des Liquidationsanteils siehe vorn § 30, III 2 b (einfache Gesellschaft).
[51] Gleichzeitigkeit der Konkurse liegt vor, wenn die beiden Konkursverfahren noch nebeneinander laufen. Siehe C. JAEGER, Schuldbetreibung und Konkurs, Art. 218 SchKG, N. 2; FRITZSCHE, S. 78.

chen⁵². – Sind mehrere Gesellschafter gleichzeitig im Konkurs, so gelten, kraft Art. 571 Abs. 3 OR, die Bestimmungen des Konkursrechtes über den «gleichzeitigen Konkurs mehrerer Mitverpflichteter» (Art. 216 SchKG), gegebenenfalls auch diejenigen über «Teilzahlungen von Mitverpflichteten» (Art. 217 SchKG)⁵³.

IV. Die Solidarbürgschaft des Gesellschafters zu Gunsten der Gesellschaft

1. Die Subsidiarität der Gesellschafterhaftung bedeutet eine gewisse Erschwerung ihrer Geltendmachung, indem der Gesellschaftsgläubiger den aufrecht stehenden Gesellschafter erst belangen kann, wenn die Gesellschaft privat- oder konkursrechtlich aufgelöst oder erfolglos betrieben worden ist. Wohl können Gesellschafter durch besondere Vereinbarungen mit dem Gläubiger auf diese Subsidiarität verzichten⁵⁴ (z. B. als Voraussetzung zur Gewährung von Krediten an die Gesellschaft), doch bringen solche, oft undeutliche Erklärungen noch nicht die im konkreten Fall erwünschte Stärkung der Gläubigerposition. In der Praxis bestand daher stets ein Bedürfnis nach einer zusätzlichen Sicherung von Gesellschaftsgläubigern vermittelst der positivrechtlich klar geordneten und im Wirtschaftsleben gut eingespielten Solidarbürgschaft⁵⁵. Nachdem in Doktrin und Praxis aber umstritten war, ob ein Gesellschafter Gesellschaftsschulden verbürgen könne⁵⁶, hat das rev.OR diese Möglichkeit nun ausdrücklich bejaht (Art. 568 Abs. 3)⁵⁷.

2. Die Solidarbürgschaft⁵⁸ eines Gesellschafters für Gesellschaftsschulden bedarf zu ihrer Entstehung der Erfüllung der vom Bürgschaftsrecht nach

---

⁵² C. JAEGER (Anm. 51) Art. 218 SchKG, N. 5; FRITZSCHE (oben Anm. 51).
⁵³ Ergänzend ist noch auf Art. 218 Abs. 2 SchKG hinzuweisen: Wenn nur über den Gesellschafter, nicht über die Gesellschaft der Konkurs eröffnet ist, so stehen der Konkursmasse, wenn sie Gesellschaftsschulden bezahlt hat, die der Konkursmasse eines Bürgen gewährten Rückgriffsrechte (Art. 215 SchKG) zu.
⁵⁴ SIEGWART, Art. 568, N. 5; BGE 45 II, 1919, S. 303.
⁵⁵ Bezeichnend, daß auch nach deutschem Recht, wo ja die unmittelbare Haftung des Gesellschafters gilt (§ 128 HGB), der Gesellschafter sich für die OHG verbürgen kann; herrschende Lehre und Rechtsprechung, siehe HUECK, OHG, § 21, II 6.
⁵⁶ Zu dieser Kontroverse siehe etwa HARTMANN, Art. 568, N. 25; H. REICHEL, Zum Bürgschaftsrecht. Verbürgung für Schulden einer Kollektivgesellschaft, SJZ 18, 1921/1922, S. 265 ff.; VON WYSS, S. 39 f. – Siehe auch unten Anm. 57.
⁵⁷ ProtExpKomm 1928, S. 56 f., 149, 523 f.; E 1928, Art. 568 Abs. 4; Botschaft 1928, S. 11. – Kritisch zur Zulassung der Solidarbürgschaft des Gesellschafters z. B. HARTMANN, Art. 568, N. 36.
⁵⁸ Mit der Solidarbürgschaft wäre auch die einfache Bürgschaft zugelassen. Diese bietet jedoch wegen der für sie geltenden Subsidiarität gemäß Art. 495 Abs. 1 OR keine nennenswerte Besserstellung und blieb daher unerwähnt. Siehe HARTMANN, Art. 568 OR, N. 38.

Form und Inhalt verlangten Voraussetzungen (Art. 492–495)[59]. Danach hat sich der Gesellschafter gegenüber dem Gesellschaftsgläubiger schriftlich zu verpflichten, für die Erfüllung der Gesellschaftsschuld einzustehen, bis zu einem in der Bürgschaftsurkunde selbst zahlenmäßig bestimmten Höchstbetrag, unter Beifügung des Wortes «solidarisch» oder mit andern gleichbedeutenden Ausdrücken.

Die Wirkungen der Solidarbürgschaft bestimmen sich ebenfalls nach Bürgschaftrecht und zeigen sich, im Vergleich zur Gesellschafterhaftung, namentlich in folgendem: Wegfall der Subsidiarität der Haftung in dem Sinn, daß der Gesellschaftsgläubiger den Bürgen belangen kann, sobald die Gesellschaft «mit ihrer Leistung im Rückstand und erfolglos gemahnt worden oder (ihre) Zahlungsunfähigkeit offenkundig ist» (Art. 496 Abs. 1 OR). In inhaltlicher Hinsicht ist festzuhalten, daß der Bürge, mangels anderer Abrede, nur für die Hauptschuld und die gesetzlichen Folgen eines Verschuldens oder Verzuges des Hauptschuldners (also für das Erfüllungsinteresse) einzustehen hat, nicht aber für die Folgen einer Vertragsaufhebung (das negative Vertragsinteresse, Art. 107 ff. OR) oder für eine Konventionalstrafe (Art. 499 Abs. 2 Ziff. 1 OR) – während der Gesellschafter schlechtweg für alle Gesellschaftsschulden haftet[60]. – Die Akzessorietät der Bürgschaftsschuld unterliegt gewissen Einschränkungen; so geht im Fall eines Nachlaßvertrages der Gesellschaft ein Gesellschaftsgläubiger unter den in Art. 303 SchKG genannten Bedingungen seiner Rechte gegen den Bürgen nicht verlustig – wogegen der Nachlaßvertrag der Gesellschaft sich auch zu Gunsten des Gesellschafters auswirkt.

Die Beendigung der Bürgschaftsschuld bestimmt sich nach Bürgschaftsrecht (Art. 509 ff.) Für ihre Verjährung gilt die ordentliche Frist von zehn Jahren seit Fälligkeit (Art. 127 OR) – während die Gesellschafterhaftung innert fünf Jahren seit der Veröffentlichung der Auflösung der Gesellschaft oder des Ausscheidens des Gesellschafters verjährt (Art. 591)[61].

3. Unter Vorbehalt dieser besondern Folgen der Bürgschaft bleibt die Rechtsstellung des Gesellschafter-Bürgen unverändert. Er haftet dem Gesellschaftsgläubiger gegenüber für alle nicht von der Bürgschaft

---

[59] Zu beachten, daß gemäß Art. 494 Abs. 2 OR der im HReg eingetragene Kollektivgesellschafter oder Komplementär einer Kommanditgesellschaft zur Eingehung einer Bürgschaft nicht der Zustimmung des Ehegatten bedarf.
[60] Siehe oben II 1.
[61] Zu den Besonderheiten der Solidarbürgschaft eines Gesellschafters, insbes. im Vergleich zur Gesellschafterhaftung, siehe HARTMANN, Art. 568 OR, N. 40–46; SIEGWART, Art. 568/69 OR, N. 3–9; VON WYSS, S. 57 ff.

erfaßten Verbindlichkeiten der Gesellschaft nach Gesellschaftsrecht. Auch intern gegenüber der Gesellschaft und den Mitgesellschaftern beurteilen sich die Folgen der Gesellschafter-Bürgschaft nach Gesellschaftsrecht. Es zeigt sich dies namentlich im Zusammenhang mit dem Regreßrecht, wofür Art. 507 Abs. 3 ausdrücklich das zwischen dem Bürgen und dem Hauptschuldner bestehende Rechtsverhältnis vorbehält. Für die Rückgriffsansprüche des Gesellschafter-Bürgen sind also letzten Endes die gesetzlichen oder vertraglichen Bestimmungen über die Verlustbeteiligung maßgebend[62].

V. Ausländisches Recht

Nach deutschem Recht (§ 128 HGB) haften die Gesellschafter persönlich (mit ihrem ganzen Vermögen) als Gesamtschuldner für die Verbindlichkeiten der Gesellschaft. Diese Haftung ist eine primäre; der Gesellschaftsgläubiger kann die Gesellschafter unmittelbar belangen, ohne daß diese die Einrede der Vorausklage erheben könnten. Inhaltlich besteht die Haftung (nach überwiegender Meinung) in der Verpflichtung des Gesellschafters, die Leistung durch die Gesellschaft zu bewirken oder aber selber realiter zu erfüllen, sofern er dies tun kann, widrigenfalls er für das Interesse des Gläubigers, also für Schadenersatz in Geld haftet[63].

Nach französischem Recht haften («répondent») die Gesellschafter unbeschränkt und solidarisch für die Gesellschaftsschulden. Ihre Haftung ist subsidiär nur in dem Sinn, daß die Gesellschaftsgläubiger zunächst die Gesellschaft durch einen «acte extrajudiciaire» in Verzug setzen müssen und die Gesellschafter erst belangen können, wenn die Gesellschaft nicht innerhalb (mindestens) acht Tagen die Verbindlichkeit erfüllt oder durch Garantien sichergestellt hat[64]. Was die Rechtsnatur und den Inhalt der Gesellschafterhaftungen betrifft, so sind diese (nach offenbar herrschender Meinung) als Solidarbürgschaften zugunsten der Gesellschaft zu qualifizieren und entsprechend dem Bürgschaftsrecht des Code civil zu behandeln[65].

Nach italienischem Recht haften («rispondono») die Gesellschafter unbeschränkt und solidarisch für alle Verbindlichkeiten der Gesellschaft (Art. 2291 CCit.). Hier gilt das Prinzip der Subsidiarität ohne jegliche Einschränkung: Die Gesellschaftsgläubiger können, auch wenn sich die Gesellschaft bereits in Liquidation befindet, die Gesellschafter erst nach durchgeführter

---

[62] HARTMANN, Art. 568, N. 45; SIEGWART, Art. 568/69, N. 9.
[63] Siehe oben II 2 b.
[64] Art. 10 Loi soc. comm. 1966, ergänzt durch Art. 15 des Décret vom 23. März 1967, wonach die Frist durch richterliche Verfügung verlängert werden kann.
[65] Eingehende Darstellung der Haftungsverhältnisse mit ausführlichen Hinweisen auf Doktrin und Rechtsprechung im Juris-classeur des Sociétés (siehe Allg. Literaturübersicht, vorn S. 216) 57 (Société en nom collectif; Responsabilité des Associés), 1970, insbes. S. 5 ff., 8, 10 ff. – Die Qualifizierung der Gesellschafterhaftung als eine *Caution solidaire* entspricht der Eigenschaft der französischen Kollektivgesellschaft als eine personne morale und dem französischen Bürgschaftsrecht, wonach jede gültige obligation (de donner, de faire ou de ne pas faire) einfach oder solidarisch verbürgt werden kann, ohne Begrenzung auf einen bestimmten Betrag; siehe Art. 2011 ff., 2021, 1200 CCfr.; vgl. etwa M. PLANIOL/G. RIPERT, Traité pratique de droit civil français, Paris 1954, T. XI, Cautionnement par R. SAVATIER, N. 1516, wo aber auch bemerkt wird, daß bei den «obligations de faire» der Bürge nur für Schadenersatz wegen Nichterfüllung haftet.

Vollstreckung in das Vermögen der Gesellschaft persönlich belangen (Art. 2304 CCit.)[66]. Es ergibt sich daraus, daß die Solidarhaftung nur unter den Gesellschaftern, nicht auch im Verhältnis zur Gesellschaft besteht; ferner, daß die Gesellschafter nicht auf Realerfüllung belangt werden können, sondern nur für das Erfüllungsinteresse des Gesellschaftsgläubigers haften, soweit dieses im Vollstreckungsverfahren gegen die Gesellschaft nicht befriedigt worden ist[67].

Zum **angelsächsischen** Recht siehe zunächst vorn §§ 18 III, 33 IV, 35 III. Für das englische und das amerikanische Recht ist charakteristisch, daß sich die Haftung *(liability)* der partner und deren Geltendmachung durch die Gesellschaftsgläubiger nach materiellrechtlichen (im kontinentalen Sinn) und prozeßrechtlichen Gesichtspunkten bestimmen. Auf das Wesentlichste beschränkt läßt sich dazu festhalten:

Das **englische** Recht ordnet die Haftungen (materiell) im Partnership Act 1890, Sect. 9–18. Aus den von der Firma getätigten **Rechtsgeschäften** (debts and obligations) haften die (derzeitigen) partner gemeinsam (jointly, gesamthänderisch; in Schottland gemeinsam und einzeln). Aus **unerlaubten Handlungen** (torts), die ein partner in Ausübung der gewöhnlichen Geschäftstätigkeit oder mit Zustimmung der Mitpartner begeht, haften sowohl die Firma als sämtliche partner, diese gemeinsam und auch einzeln («jointly and severally»). Für die prozeßrechtliche Geltendmachung der Haftungen und deren Vollstreckung in das Gesellschaftsvermögen und/oder das Privatvermögen der partner gelten besondere Regeln, welche dem Gläubiger die Wahl zwischen verschiedenen Verfahren lassen[68]. – Für das **amerikanische** Recht kann (als wegweisend) auf den Uniform Partnership Act 1914, §§ 13–17, verwiesen werden. Wie im englischen Recht wird auch hier zwischen der (gemeinsamen) Haftung der partner aus den Rechtsgeschäften der Firma und der Haftung aus unerlaubten Handlungen (jointly and severally) unterschieden. Für die prozeßrechtliche Geltendmachung der Haftung und deren Vollstreckung in das Gesellschaftsvermögen und/oder die Privatvermögen der partner sind prozeßrechtliche Regeln zu beachten[69].

---

[66] Art. 2304 CCit.: («Responsabilità dei soci»): I creditori sociali, anche se la società è in liquidazione, non possono pretendere il pagamento dai singoli soci, se non dopo l'escussione del patrimonio sociale». – Der terminus «escussione» ist hier nicht als Vorausklage, sondern als Vollstreckung zu verstehen. Dies ergibt sich schon aus dem Text der Bestimmung und wird auch in der Doktrin betont; siehe z.B. GHIDINI, S. 260 («procedura executiva»); ebenso das «Italienische Zivilgesetzbuch (1942)», herausgegeben vom MAX-PLANCK-INSTITUT für Ausländisches und Internationales Privatrecht, 2. Aufl., Hamburg 1968, wo «escussione» mit «Zwangsvollstreckung» übersetzt wird. – Begründet wird diese Lösung mit der Verselbständigung (autonomia) des primär haftenden Gesellschaftsvermögens und dem Schutz des subsidiär (successiva) haftenden persönlichen Vermögens des Gesellschafters; GHIDINI, S. 259.

[67] Siehe GHIDINI, S. 260.

[68] Zu den Haftungen und deren Geltendmachung nach Prozeß- und Vollstreckungsrecht siehe LINDLEY (zit. vorn § 35, Anm. 63); A. UNDERHILL (zit. vorn § 35, Anm. 63), Chap. 3, S. 66 ff.

[69] Eingehend zu den Haftungsverhältnissen der amerikanischen Partnership V. VON SINNER (zit. vorn § 35, Anm. 64), §§ 52–53.

§ 38. Die Mitgliederbewegung – Eintritt und Ausscheiden von Gesellschaftern[1]

Literatur

E. SPÖRRI, Eintritt und Austritt von Gesellschaftern bei den Handelsgesellschaften, Diss. Bern, Abh. schweiz. R 235, Bern 1947; M. SCHAEDLER, Die Abfindung des ausscheidenden Gesellschafters, Diss. Bern 1963; H. BOLLMANN, Das Ausscheiden aus Personengesellschaften, Diss. Zürich, Zürcher Beiträge 377, Zürich 1971.

P. HAUSHERR, Die Übernahme mit Aktiven und Passiven durch einen Kollektivgesellschafter unter Ausscheiden der übrigen Gesellschafter, Diss. Freiburg 1928; H. WIKI, Übernahme und Fortsetzung des Geschäftes einer Kollektivgesellschaft durch einen Gesellschafter, Diss. Bern 1956.

I. Allgemeines[1]

Wie bei den einfachen Gesellschaften bilden auch bei den Personen-Handelsgesellschaften der Eintritt neuer und das Ausscheiden bisheriger Mitglieder naturgegebene Vorgänge, denen das positive Recht Rechnung tragen muß, wenn es den wechselnden Verhältnissen gerecht werden soll. Allerdings bedeutet ein Mitgliederwechsel bei den (personell und sachlich) stärker konzentrierten und in der Regel auf den Betrieb einer Unternehmung gerichteten Handelsgesellschaften einen stärkeren Eingriff in die internen und namentlich in die externen Verhältnisse, als dies bei den einfachen Gesellschaften der Fall ist. Das Gesetz befaßt sich denn auch bei den Handelsgesellschaften eingehender mit diesen Vorgängen, wobei der Schutz der Gläubiger, aber auch das Interesse an der Erhaltung der Unternehmung besondere Berücksichtigung erfahren.

Eine Feststellung sei hier vorweg gemacht, da sie für alle Arten der Mitgliederbewegung (Abtretung der Mitgliedschaft, Eintritt neuer und Ausscheiden bisheriger Gesellschafter) zutrifft: Auch bei einer Änderung des Mitgliederbestandes bleibt die rechtliche Identität der Gesellschaft erhalten[2]. Dieser schon für die einfache Gesellschaft geltenden Erscheinung (vorn § 29, IV 1) kommt bei den unter Firma als Einheit auftretenden Han-

---

[1] Zur Mitgliedschaft als solcher und den verschiedenen Arten der Mitgliedschaftsrechte siehe vorn § 29, IV 1.
[2] Bei der Kollektivgesellschaft wird das Prinzip der Identität bestätigt in Art. 576 OR: Die Gesellschaft «endigt... nur für den Ausscheidenden; im übrigen besteht sie mit allen bisherigen Rechten und Pflichten fort».

delsgesellschaften eine um so größere Bedeutung zu. Unter Umständen muß infolge eines Mitgliederwechsels die Firma geändert werden, aber die neue Firma ist der Name der gleichen Gesellschaft[3]. Diese fortdauernde Identität wirkt sich in den internen Verhältnissen aus (z.B. im Vorgang der sog. Akkreszenz) wie auch in den externen (z.B. in der fortdauernden Parteifähigkeit der Gesellschaft trotz Mitgliederwechsel während des Prozesses).

II. Der Eintritt neuer Mitglieder

1. Die Voraussetzungen

In interner Hinsicht befaßt sich das Gesetz nicht mit dem Eintritt neuer Mitglieder in die Kollektivgesellschaft; es gilt hiefür das Recht der einfachen Gesellschaft (Art. 557, 542 OR). Unter Hinweis auf das hiezu bereits Gesagte[4] sei hier nur folgendes festgehalten: Ob der Eintritt eines neuen Gesellschafters auf dem Weg der Übertragung einer bestehenden Mitgliedschaft oder einer Neuaufnahme erfolge, von Gesetzes wegen ist hiezu stets die Einwilligung sämtlicher Gesellschafter erforderlich. Vertraglich können diese Vorgänge beliebig anders geordnet werden, mangels vertraglicher Grundlage aber nur durch einstimmigen Beschluß sämtlicher Mitglieder. Im Fall der Abtretung einer Mitgliedschaft bedarf es auch hier einer förmlichen Zession (Art. 164 ff. OR).

2. Die Wirkungen

Auch die Wirkungen des Eintritts neuer Mitglieder beurteilen sich nach dem Recht der einfachen Gesellschaft. – Beruht der Eintritt auf der Abtretung einer bestehenden Mitgliedschaft, so tritt der neue Gesellschafter – wenn nichts anderes vereinbart – im Weg der Gesamtnachfolge in die Rechtsstellung des Zedenten ein, wie sie nach Gesetz und Vertrag bestand, handle es sich um die Verwaltung der Gesellschaft (Geschäftsführung und Vertretungsbefugnis) oder deren Vermögen (Aktiven und Passiven). – Auch bei der Aufnahme eines neuen Gesellschafters in die bestehende Gesellschaft (Schaffung einer neuen Mitgliedschaft) tritt dieser in die Stellung ein, wie sie nach Gesetz oder Vertrag für alle Gesellschafter oder für

---

[3] Siehe Art. 947 Abs. 2, 948 OR (Kontinuität der «Firma» bei Mitgliederwechsel).
[4] Vorn § 29, IV 4; zur Unterbeteiligung und zur Abtretung von «Anteilen» ebenda Ziff. 3. Vgl. auch vorn § 34, II 3.

ihn besonders festgelegt wird, ohne daß es besonderer Übertragungs- oder Übernahmeakte bedürfte.

Gegenüber Dritten wirkt der Mitgliederwechsel oder die Aufnahme neuer Gesellschafter erst, wenn diese durch den Eintrag im Handelsregister oder sonstwie bekanntgegeben worden sind (Art. 554, 933 OR, Art. 59 HRegV). – Von Bedeutung ist die besondere Ordnung der Haftungsverhältnisse. Während bei der einfachen Gesellschaft der neue Gesellschafter für die vor seinem Eintritt begründeten Gesellschaftsschulden nicht haftet (vorn § 29 IV, 4b), bestimmt das Gesetz, daß der neueintretende Kollektivgesellschafter solidarisch mit den übrigen Gesellschaftern auch für die vor seinem Eintritt entstandenen Verbindlichkeiten der Gesellschaft mit seinem ganzen Vermögen haftet, wobei eine entgegenstehende Vereinbarung unter den Gesellschaftern Dritten gegenüber keine Wirkung hat (Art. 569)[5]. Von dieser Haftung kann sich der Gesellschafter nur durch Vereinbarung mit den Gesellschaftsgläubigern (allen oder einzelnen) befreien. Die Haftung des Beitretenden erstreckt sich auf alle bereits «entstandenen» Gesellschaftsschulden, ohne Rücksicht auf deren Rechtsgrund (Vertrag, Delikt, Gesetz)[6]. Unerheblich ist auch, ob die in Frage stehenden Verbindlichkeiten dem Gesellschafter bei seinem Eintritt bekannt waren. Beruht der Eintritt auf einem Willensmangel (z.B. Täuschung betreffend den Vermögensstand der Gesellschaft), so gilt hiefür das zur Gründung einer Personengesellschaft Gesagte: Im Verhältnis unter den Gesellschaftern kann der Willensmangel zur Anfechtung des Aufnahmevertrages oder zur Auflösung der Gesellschaft aus wichtigem Grund führen; gegenüber gutgläubigen Dritten ist er irrelevant[7].

III. Das Ausscheiden von Gesellschaftern

1. Ausgangspunkte

Das Gesetz behandelt das Ausscheiden von Gesellschaftern im Zusammenhang mit der Auflösung der Kollektivgesellschaft (Art. 574ff. OR). Diese tritt ein mit der Verwirklichung eines der gesetzlichen oder vertrag-

---

[5] Zur Haftung der Kollektivgesellschafter allgemein siehe vorn § 37, insbes. I (Haftung neu Eintretender).
[6] Zum Gegenstand der Gesellschafterhaftung siehe vorn § 37, II 1. – Zum Zeitpunkt der Entstehung (Verwirklichung des Rechtsgrundes) einer Gesellschaftsschuld und zur Haftung aus Dauerschuldverhältnissen siehe vorn § 29, IV 6, insbes. Anm. 218, 219, mit Hinweisen.
[7] HARTMANN, Art. 569, N. 4; SIEGWART, Art. 568/69, N. 11. – Vgl. auch GUHL/MERZ/KUMMER, S. 542f. – BGE 60 II, 1934, S. 109; 71 II, 1945, S. 39.

lichen Auflösungsgründe, von denen aber nur ein einziger – der Konkurs der Gesellschaft – zwingenden Rechts ist. Das Gesetz sieht denn auch vor, daß auf Grund einer Vereinbarung die Auflösung vermieden werden kann, indem bloß einzelne Gesellschafter ausscheiden, die Gesellschaft aber von den übrigen fortgesetzt wird (Art. 576). – In der gleichen Richtung wirkt die Bestimmung, daß die Auflösung der Gesellschaft aus wichtigen Gründen vermieden werden kann, wenn diese vorwiegend in der Person einzelner Gesellschafter liegen. Auch ohne vorherige Vereinbarung können diese ausgeschlossen werden, unter Fortsetzung der Gesellschaft durch den oder die übrigen Gesellschafter (Art. 577). – Einen Sonderfall bildet die Ausschließung eines Gesellschafters, der in Konkurs gefallen oder dessen Liquidationsanteil gepfändet worden ist (Art. 578 im Zusammenhang mit Art. 575). – In beiden Fällen (Ausscheiden i.e.S. und Ausschließung) kann sich ergeben, daß nur ein fortsetzungswilliger Gesellschafter übrig bleibt. Diesem wird ermöglicht, das «Geschäft» (die Unternehmung) fortzusetzen, ohne daß es zu dessen Liquidation kommen müßte (Art. 579). – Im einzelnen ist zu diesen Vorgängen folgendes zu bemerken:

2. Das Ausscheiden von Gesellschaftern auf Grund einer Vereinbarung

A. Die Voraussetzungen

Nach Gesetz ist das Ausscheiden eines oder mehrerer Gesellschafter unter Fortsetzung der Gesellschaft durch die übrigen Gesellschafter möglich, wenn ein entsprechendes Übereinkommen vor der Auflösung geschlossen worden ist (Art. 576 OR). Es ist aber allgemein anerkannt[8], daß eine solche Vereinbarung auch nach dem Eintritt eines Auflösungsgrundes, ja sogar nach der Eintragung der Auflösung im Handelsregister getroffen werden kann. Es entspricht dies auch dem das ganze interne Gesellschaftsrecht beherrschenden Grundsatz der Vertragsautonomie. Die Vereinbarung kann im ursprünglichen oder später erweiterten Gesellschaftsvertrag enthalten sein; sie kann auch in die Form eines Beschlusses gekleidet werden. Vertragsänderung und Beschluß bedürfen der Zustimmung aller Gesellschafter oder ihrer Rechtsnachfolger, wenn der Vertrag nicht ausdrücklich hiefür etwas anderes vorsieht.

In inhaltlicher Hinsicht kann die Vereinbarung die verschiedenartigsten Fälle und Regelungen vorsehen[9].

---

[8] Vgl. z.B. SIEGWART, Art. 576, N. 1 f.; HARTMANN, Art. 576, N. 1; eingehend zur «Fortsetzungsklausel» BOLLMANN, 2. Abschnitt, § 2, II; § 3.
[9] Vgl. z.B. HARTMANN, Art. 576, N. 3 ff.

Sie kann ganz allgemein lauten oder nur bestimmte Gesellschafter (ausscheidende und/oder fortsetzende) betreffen. Sie kann imperativ oder fakultativ formuliert sein (müssen – können). – Die Vereinbarung kann die Fortsetzung der Gesellschaft vorsehen, für alle oder einzelne der im Gesetz oder im Vertrag genannten Auflösungsfälle (Art. 545). Die Auflösungsgründe können in der Person eines Gesellschafters liegen, wie Tod, Bevormundung, Konkurs oder Zwangsverwertung seines Liquidationsanteils, Kündigung des Gesellschaftsvertrages. Es kommen aber auch objektive (von der Person des Gesellschafters unabhängige) Auflösungsgründe in Betracht, wie Zeitablauf oder Unmöglichkeit der Zweckerreichung; es besteht kein Anlaß, für solche Fälle die Möglichkeit einer Fortsetzung der Gesellschaft auf Grund der vorhandenen Substanz, gegebenenfalls unter Anpassung des Gesellschaftszweckes an neue Verhältnisse, auszuschließen; vielmehr muß auch hier der Grundsatz der Vertragsfreiheit gelten. – Die Vereinbarung kann noch einen Schritt weitergehen und ein Ausscheiden von Gesellschaftern unter Fortsetzung der Gesellschaft durch die übrigen vorsehen, auch wenn kein Auflösungsgrund vorliegt. So kann bestimmt werden, daß Gesellschafter (alle oder einzelne) unter bestimmten Umständen, die in ihrer Person liegen können oder nicht (z. B. Erreichen einer Altersgrenze, Wegzug, Ablauf einer Frist) aus der Gesellschaft ausscheiden können oder müssen. – Die Vereinbarung kann ein an keine Voraussetzung gebundenes Austrittsrecht gewähren, womit der Fall einer Kündigung der Mitgliedschaft als solcher gegeben ist; in der Regel wird eine Kündigungsfrist vorgesehen sein, im Zweifel dürften die Bestimmungen des Art. 546 (Kündigung des Gesellschaftsvertrages) die richtige Lösung geben.

B. Die Wirkungen des Ausscheidens von Gesellschaftern

a) Im Verhältnis der Gesellschafter unter sich

In internrechtlicher Hinsicht befaßt sich das Gesetz mit den Wirkungen des Ausscheidens nur insoweit, als es den Ausscheidenden einen sog. Abfindungsanspruch gewährt (Art. 577 ff.). Im übrigen beurteilen sich die Folgen des Ausscheidens nach den bei der einfachen Gesellschaft entwickelten Grundsätzen (siehe vorn § 29, IV 5b). Unter Hinweis auf das dort Gesagte ist folgendes festzuhalten:

α) Die Mitgliedschaft des Ausscheidenden erlischt mit dem Eintritt des Ausscheidungsgrundes[10]. Von diesem Zeitpunkt an fallen auch die Mitverwaltungs-Rechte und -Pflichten des Ausgeschiedenen dahin. Seine Kontrollrechte beschränken sich auf die zur (gemeinsamen) Festsetzung der Abfindung erforderliche Einsichtnahme in die «Gesellschaftsangelegenheiten» (Art. 541)[11].

β) Die vermögensrechtliche Beteiligung des Ausgeschiedenen wächst den fortsetzenden Gesellschaftern an, ohne daß es besonderer Übertragungshandlungen bedürfte. An Stelle seiner Beteiligung erhält der Ausgeschiedene eine schuldrechtliche Forderung auf eine «Abfindung»[12], die im Zeitpunkt

---

[10] Zu den Kontroversen betreffend den Zeitpunkt des Ausscheidens siehe vorn § 29, IV 5 b.
[11] Siehe hiezu vorn § 29, Anm. 201.
[12] Zum Terminus «Abfindung» siehe vorn § 29, Anm. 204.

des Ausscheidens fällig wird[13] und für deren Erfüllung das Gesellschaftsvermögen, nötigenfalls die Gesellschafter – wie für eine Schuld gegenüber Dritten – persönlich und solidarisch haften (Art. 569).

γ) Die Festsetzung des **Abfindungsbetrags** hat unter Mitwirkung des Ausgeschiedenen – der nun «Dritter» geworden ist – zu erfolgen. Bestimmend hiefür sind – andere Vereinbarungen vorbehalten – zwei Faktoren: Einerseits die «Vermögenslage der Gesellschaft im Zeitpunkt des Ausscheidens» des Gesellschafters (Art. 580 Abs. 2), wie sie sich auf Grund einer sog. **Fortsetzungsbilanz** ergibt[14]. Anderseits der «Vermögensanteil» des Ausscheidenden[15], d.h. die ihm nach Vertrag oder Gesetz zukommende Quote am effektiven Gesellschaftsvermögen; mangels anderer vertraglicher Ordnung gilt hiefür die Gewinn- und Verlustbeteiligung des Ausscheidenden (Art. 533). – Für diesen Modus zur Festsetzung der «Abfindung» sprechen sowohl die Entstehungsgeschichte der fraglichen Bestimmung als die ratio legis.

Die Festsetzung des Abfindungsbetrages bildete lange Zeit Gegenstand von Kontroversen. – In Art. 577 aOR wurde die Frage lediglich im Zusammenhang mit zwei Sonderfällen des Ausscheidens aufgegriffen und nur bestimmt, daß der Anteil in Geld zu entrichten sei. Die Entwürfe zum rev. OR gingen zu einer generellen, für alle Ausscheidungs- und Ausschließungsfälle geltenden Lösung über. Mangels Einigung unter den Parteien sollte die Abfindungssumme durch den Richter festgesetzt werden und zwar: Nach E I (Art. 582) gemäß den «vertraglichen Bilanzvorschriften», mangels solcher nach seinem Ermessen; nach E II (Art. 594) nach freiem Ermessen auf Grund einer zu erstellenden «Liquidationsbilanz». Die Expertenkommission lehnte aber beide Lösungen ab, weil die genannten Bilanzen der beim Ausscheiden von Gesellschaftern entstehenden Situation nicht Rechnung trügen; auch sollte das Ermessen des Richters nicht ausschlaggebend sein. Den legitimen Interessen des Ausscheidenden werde man nur gerecht, wenn die Abfindungssumme auf Grund der wirklichen Vermögenslage der Gesellschaft zur Zeit des Ausscheidens ermittelt werde, und zwar unter Berücksichtigung der Fortsetzung der Gesellschaft (der Unternehmung) durch den oder die andern. Um nicht einen neuen terminus technicus (wie Auseinandersetzungs- oder Vermögensbilanz) zu schaffen und damit neue Unsicherheiten zu erzeu-

---

[13] Zur Fälligkeit der Abfindungsforderung und zur Frage einer Stundungspflicht siehe vorn § 29, IV 5 b, insbes. auch Anm. 206–208.

[14] Zu den Bilanzen der Kollektivgesellschaft vorn § 34, II 2 b. – Zur sog. Abschichtungsbilanz als Fortsetzungsbilanz HIS, Art. 958, N. 30, 33. Ebenfalls BGE 93 II, 1967, S. 247 ff., 253 (unter Hinweis auf Art. 580 Abs. 2 und Betonung, daß maßgebend der «lebende Geschäftswert» ist, wie er sich für den fortsetzenden Gesellschafter ergibt). – Eingehend zur «Abfindungsbilanz» und zur Bewertung des «Unternehmens» (als Ganzes), unter Berücksichtigung auch der immateriellen Werte i.w.S. (Firma, Firmenmarken, Goodwill, Chancen, Risiken u.a.m.) SCHAEDLER, Kap. III, insbes. S. 23 ff., 30 ff. (mit Bilanzierungsbeispielen). Im wesentlichen übereinstimmend HARTMANN, Art. 580, N. 14 ff. – Eingehend zu den verschiedenen möglichen Berechnungsmethoden auch SIEGWART, Art. 580, N. 1 ff. – Zur Bewertung der «schwebenden Geschäfte» siehe vorn § 29, IV 5 b a.E.; SCHAEDLER, S. 38; BOLLMANN, S. 6 f., 95 f.: HARTMANN, Art. 580, N. 18; SIEGWART, Art. 580, N. 24 f.

[15] Zum «Vermögensanteil» (als realem Wertanteil, im Unterschied zum «Kapitalanteil» als reiner Rechnungsziffer) siehe vorn § 29, II 2 b; 34, II 3. Vgl. auch SCHAEDLER, S. 39 ff. (mit Berechnungsbeispielen).

gen, stellte die Expertenkommission schließlich auf den Sachverhalt «Vermögenslage der Gesellschaft» ab, was dann in den geltenden Art. 579 OR überging. Neu kam später hinzu, daß der Richter bei der Festsetzung der Abfindungssumme auch ein allfälliges Verschulden des Ausscheidenden zu berücksichtigen habe[16].

δ) Die vertragliche Ordnung. – In internrechtlicher Hinsicht können im Gesellschaftsvertrag oder durch besondere Vereinbarungen auch die Wirkungen des Ausscheidens von Gesellschaftern beliebig geordnet werden – was im Gesetz in bezug auf die Festsetzung des Abfindungsbetrages noch ausdrücklich festgehalten wird (Art. 580). – Dies gilt, einmal, für die spezifisch gesellschaftsrechtlichen Wirkungen. So kann das Ausscheiden von Gesellschaftern aus dem Gesellschaftsverhältnis auf einen spätern Zeitpunkt verschoben werden, z. B. bis zur (gemeinsamen oder gerichtlichen, eventuell schiedsgerichtlichen) Festsetzung des Abfindungsbetrags oder dessen Auszahlung. Ferner können Mitverwaltungs-Rechte und Pflichten des Ausscheidenden während einer gewissen Zeitdauer vereinbart werden, so hinsichtlich der Geschäftsführung und der Ausübung von Kontrollrechten, insbesondere bei noch schwebenden Geschäften. – Anlaß zu gesellschaftsautonomer Regelung wird oft die Festsetzung der Abfindung geben, dies auch hinsichtlich des Verfahrens und der Modalitäten der Erfüllung[17].

Die Vertragsautonomie findet ihre Grenzen im Schutz der Persönlichkeit des Gesellschafters (Art. 27 Abs. 2 ZGB; Art. 19 Abs. 2 OR), dem bei den Personen-Handelsgesellschaften (im Vergleich zur einfachen Gesellschaft) eine erhöhte Bedeutung zukommt. Gesellschafter können hier (abgesehen vom Kommanditär) nur natürliche Personen sein, die öfters auch ihre ganze persönliche und wirtschaftliche Existenz einsetzen. Eine für den Gesellschafter ungünstige Regelung der Wirkungen seines Ausscheidens kann dessen (zukünftige) Handlungsfreiheit eher gefährden als dies (normalerweise) bei den einfachen Gesellschaften der Fall ist[18]. – Andererseits kann sich auch ergeben, daß der Ausscheidende eine höhere Abfindung erhält, als sie ihm nach Vertrag oder Gesetz zukäme. Geschieht dies mit Zu-

---

[16] Vgl. ProtExpKomm 1928, S. 82 ff., 159 ff.; Botschaft 1928, S. 12 (unklar!). StenBullStR 1931, S. 158; NR 1934, S. 233. – Von Interesse ist, daß im Recht der GmbH statt von der «Vermögenslage der Gesellschaft» vom «wirklichen Wert» eines Gesellschafteranteils gesprochen wird (Art. 792 Abs. 2; 794 Abs. 1, Ziff. 4; 800 Abs. 1 OR), womit aber das gleiche gemeint ist (vgl. SCHAEDLER, S. 24; W. VON STEIGER, Art. 792 OR, N. 16 ff.).

[17] Zur vertraglichen Festsetzung der Abfindung und den verschiedenen Abfindungsarten eingehend SCHAEDLER, Kap. IV, insbes. S. 59 ff.; HARTMANN, Art. 580, N. 9 ff.; SIEGWART, Art. 580, N. 12 ff. – Siehe auch vorn § 29, IV 5 b.

[18] Zu den Grenzen der Vertragsfreiheit in den verschiedenen Ausscheidensfällen eingehend SCHAEDLER, Kap. IV, S. 52 ff. Vgl. auch HARTMANN, Art. 580, N. 7; SIEGWART, Art. 580, N. 15. – Siehe auch vorn § 29, Anm. 215 (mit Hinweisen).

stimmung aller Mitgesellschafter (z. B. um das Ausscheiden zu «fördern»), so handelt es sich um eine innerhalb der Vertragsautonomie liegende Sache. Werden aber dadurch Gläubiger benachteiligt, so kann eine Anfechtung der Abfindung gemäß Art. 285 ff. SchKG in Frage kommen.

b) Im Verhältnis der Gesellschafter gegenüber Dritten

Im Außenverhältnis wirkt sich das Ausscheiden eines Gesellschafters auf seine Vertretungsmacht sowie auf seine Haftung für die Gesellschaftsschulden aus.

Gemäß Art. 581 OR ist das Ausscheiden eines Gesellschafters in das Handelsregister einzutragen (und nach den Bestimmungen des Handelsregisterrechts zu veröffentlichen, Art. 931 ff. OR). Damit fällt die gesetzliche Vertretungsmacht des betreffenden Gesellschafters dahin[19]. Unterläßt die Gesellschaft die Eintragung, so kann das Ausscheiden des Gesellschafters Dritten gegenüber nur entgegengehalten werden, wenn bewiesen wird, daß diese davon wußten (Art. 933 Abs. 2). – War die Gesellschaft überhaupt nicht im Handelsregister eingetragen, aber nach außen tätig geworden, so können sich Dritte auf die gesetzliche Vertretungsmacht des Ausgeschiedenen berufen, wenn und solange sie in dieser Hinsicht «gutgläubig» waren (Art. 563 OR)[20].

Die Haftung des Ausgeschiedenen für die Gesellschaftsschulden verjährt «in fünf Jahren seit der Veröffentlichung seines Ausscheidens oder der Auflösung der Gesellschaft im Schweizerischen Handelsamtsblatt», besondere Verhältnisse vorbehalten (Art. 591 ff. OR)[21]. – Im übrigen gelten für die Haftung des Ausgeschiedenen die allgemein für die Gesellschafterhaftung geltenden Prinzipien: In inhaltlicher Hinsicht haftet er für alle vor seinem Ausscheiden entstandenen Verbindlichkeiten der Gesellschaft, ohne Rücksicht auf deren Rechtsnatur[22]. Die Geltendmachung der Haftung bestimmt sich auch nach dem Ausscheiden des Gesellschafters nach den Prinzipien der Subsidiarität (Art. 568 Abs. 3 OR)[23], der Solidarität[24] und der Akzessorietät[25]. – Vorbehalten bleiben auch hier allfällige Vereinbarungen mit den Gesellschaftsgläubigern betreffend den Inhalt oder die Geltendmachung von Gesellschafterhaftungen.

---

[19] Art. 563 f. in Verbindung mit Art. 933 Abs. 1 OR (positive Wirkung des HReg).
[20] Siehe vorn § 35, II 1 c.
[21] Zu den Verjährungen allgemein siehe hinten § 39, III, bei der «Fortsetzung des Geschäftes» gemäß Art. 579 hinten V.
[22] Vorn § 37, II 1. – Zur Haftung aus Dauerschuldverhältnissen vorn § 29, IV 6, insbes. Anm. 219.
[23] Vorn § 37, III 1.
[24] Vorn § 37, III 2 (auch zu den Regreßrechten).
[25] Vorn § 37, III 3 (Einreden).

IV. Die Ausschließung von Gesellschaftern

1. Die Ausschließung aus wichtigen Gründen

a) Die Voraussetzungen

Bei der einfachen Gesellschaft ist die Ausschließung von Gesellschaftern aus wichtigen Gründen nur möglich, wenn der Gesellschaftsvertrag dies vorsieht – so wenigstens nach vorwiegender Lehre und Rechtsprechung [26]. Anders bei den Personen-Handelsgesellschaften, bei denen das Gesetz eine solche Maßnahme ausdrücklich gestattet (Art. 577, 598 Abs. 2 OR) – dies im Interesse der Erhaltung der Gesellschaft und der von ihr betriebenen Unternehmung. – Die Ausschließung eines Gesellschafters ist an zwei Voraussetzungen gebunden: Einmal müssen wichtige Gründe, aus denen die Auflösung der Gesellschaft verlangt werden könnte [27], «vorwiegend in der Person» des auszuschließenden Gesellschafters liegen. Es muß sich somit um Gründe subjektiver Art handeln. Als wichtige Gründe gelten Umstände, unter denen die Fortsetzung der Gesellschaft mit dem betreffenden Gesellschafter dem oder den übrigen Mitgliedern nicht mehr zugemutet werden kann [28]. Unerheblich ist, ob der wichtige Grund auf ein Verschulden des Gesellschafters zurückzuführen ist oder nicht. – Sodann bedarf es zur Ausschließung eines Antrags aller übrigen Gesellschafter an den Richter, der aber (wie gleich noch auszuführen) nach freiem Ermessen entscheiden kann.

Da auch die Ausschließung eine interne, innerhalb der Gesellschaftsautonomie liegende Maßnahme bedeutet, kann sie im Gesellschaftsvertrag näher geregelt werden, dies hinsichtlich ihrer Voraussetzungen (durch Nennung bestimmter Ausschließungsgründe) [29], ihrer Wirkungen (insbesondere betreffend die «Abfindung» des Ausgeschlossenen) und des Ausschließungsverfahrens [30]. – Grenzen sind der Vertragsautonomie durch den Persönlichkeitsschutz gesetzt, dem hier, in Anbetracht der Natur dieser Maßnahme, besondere Bedeutung zukommt.

---

[26] Kontrovers, siehe vorn § 29, IV 5 a. BGE 94 II, 1968, S. 119.
[27] Siehe Art. 545 Abs. 1 Ziff. 7; Art. 574 Abs. 1.
[28] Zum Begriff der «wichtigen Gründe» siehe § 31, II 2 e, insbes. auch Anm. 21.
[29] Vgl. HARTMANN, Art. 577, N. 2, 5 (Vertragliche Ausschließungsgründe nicht bindend für den Richter, sondern nur «Wegleitung»); im gleichen Sinn SIEGWART, Art. 577, N. 1 a.E. und SCHAEDLER, S. 19.
[30] Kontrovers, siehe lit. b hienach.

b) Das Verfahren der Ausschließung

Unterzieht sich ein Gesellschafter dem Ausscheidungsbegehren der Mitgesellschafter, so hat es damit sein Bewenden und es bleibt nur noch die Festsetzung der Abfindung offen, die mangels Einigung unter den Gesellschaftern durch den Richter vorzunehmen ist.

Widersetzt sich der Gesellschafter seiner Ausschließung, so kann gemäß Gesetz (Art. 577) der Richter die Ausschließung verfügen, wenn alle übrigen Gesellschafter dies in der Form einer Klage oder Widerklage (z. B. gegen eine Auflösungsklage) beantragen. Dabei sind zwei Punkte hervorzuheben.

Einmal: Die Ausschließung ist in das Ermessen des Richters gestellt, auch wenn sämtliche Gesellschafter sie beantragen[31]. Liegen nach Ansicht des Richters keine genügenden Ausschließungsgründe vor, so weist er das Begehren ab, womit es (vorläufig) sein Bewenden hat. Daß der Richter in diesem Fall auf Auflösung der Gesellschaft erkennen kann[32], ist abzulehnen. Die Auflösung bewirkt eine ganz andere Situation (Liquidation) als die Ausschließung, und es muß den Beteiligten überlassen bleiben, über das weitere Schicksal der Gesellschaft zu befinden[33].

Sodann: Kontrovers ist, ob Art. 577 zwingend ist in dem Sinn, daß die Ausschließung von Gesellschaftern nur durch den Richter und nur auf Antrag aller übrigen Gesellschafter erfolgen kann[34]. Dies ist zu verneinen. Auf Grund des für das ganze interne Gesellschaftsrecht geltenden Prinzips der Vertragsfreiheit können die Gesellschafter vertraglich nicht nur die Ausschließungsgründe, sondern auch das Ausschließungsverfahren frei regeln. So kann vereinbart werden, daß das Recht zur Erhebung der Ausschließungsklage einer Gesellschaftermehrheit oder sogar einzelnen Gesellschaftern zustehen soll[35]. Der Vertrag kann noch weiter gehen und bestimmen, daß die Ausschließung durch Gesellschaftsbeschluß erfolgen kann, aus bestimmten oder allgemein aus wichtigen Gründen[36]. Hingegen bleibt

---

[31] Dafür spricht schon der Wortlaut von Art. 577 («kann»); vgl. E 1923, Art. 591 und ProtExpKomm 1928, S. 73. So auch die herrschende Lehre; siehe HARTMANN, Art. 577, N. 6; SIEGWART, Art. 577, N. 1; FUNK, Art. 577, N. 2.

[32] So SIEGWART, Art. 577, N. 6, mit Hinweisen. – Siehe auch KGer Luzern, ZBJV 62, 1926, S. 31.

[33] In diesem Sinn HARTMANN, Art. 577, N. 6a, sofern die Auflösung nicht durch entsprechende Eventualbegehren oder Widerklage verlangt wird.

[34] So HARTMANN, Art. 577, N. 4, unter Berufung auf WIELAND, I, S. 717 und ProtExpKomm 1928, S. 72 (wo aber nichts gegen eine abweichende vertragliche Ordnung gesagt ist).

[35] So SIEGWART, Art. 577, N. 4; FUNK, Art. 577, N. 2. – Bei der GmbH kann die Mehrheit der Gesellschafter, die zugleich die Mehrheit des Stammkapitals vertritt, die Erhebung einer Ausschließungsklage beschließen (Art. 822 Abs. 3 OR).

[36] So SIEGWART, Art. 577, N. 5; FUNK, Art. 577, N. 2; BOLLMANN, S. 58. – Dies ist auch die gesetzliche Ordnung bei der Genossenschaft (Art. 846 OR: Ausschließung durch die Generalversammlung, unter Vorbehalt des Rekurses an den Richter).

der Rechtsweg immer vorbehalten. Der Ausgeschlossene kann den Beschluß anfechten[37], aus formellen Gründen (Rechtmäßigkeit der Beschlußfassung) oder weil seiner Meinung nach keine vertraglichen oder gesetzlichen Ausschließungsgründe vorliegen[38]. Im letzteren Fall beschränkt sich die Kognitionsbefugnis des Richters auf die Frage, ob die geltend gemachten Gründe gegeben sind oder nicht. Auch hier findet die Vertragsfreiheit ihre Grenze im Persönlichkeitsschutz.

c) Die Wirkungen der Ausschließung

Das auf Ausschließung erkennende Urteil wirkt – wie das Auflösungsurteil aus wichtigen Gründen[39] – konstitutiv. Die Ausschließung ist perfekt im Zeitpunkt, da das Urteil rechtskräftig wird[40]. Erfolgt die Ausschließung durch (unangefochtenen) Gesellschaftsbeschluß, so wird dieser intern mit seiner Mitteilung an den betroffenen Gesellschafter wirksam[41]. Gegenüber gutgläubigen Dritten wirken Urteil oder Beschluß mit ihrer Eintragung im Handelsregister (Art. 581).

Kann der Richter im Ausschließungsprozeß – wie bei der Auflösungsklage (Art. 574 Abs. 3) – vorsorgliche Maßnahmen anordnen? Die Expertenkommission hat einen dahinzielenden Antrag abgelehnt[42], und das Gesetz spricht sich dazu nicht aus. Für eine analoge Anwendung der erwähnten Bestimmung könnte die oft gleichgeartete Interessenlage sprechen. Die Frage kann aber offenbleiben, da die wichtigste der hier in Betracht fallenden Maßnahmen – die Entziehung einer dem Beklagten zustehenden Vertretungsbefugnis aus wichtigen Gründen – bereits auf Grund von Art. 565 Abs. 2 von jedem Gesellschafter verlangt und, wenn vom Richter verfügt, im HReg eingetragen werden kann[43]. Stand dem Gesellschafter bloß die (interne) Geschäftsführung zu, so kann deren Entzug aus wichtigen Gründen gemäß Art. 539 erfolgen[44].

Im übrigen zieht die Ausschließung eines Gesellschafters die gleichen internen und externen Rechtsfolgen nach sich wie sein Ausscheiden kraft Übereinkunft[45]. – Besonderer Erwähnung bedarf lediglich das auch dem Ausgeschlossenen grundsätzlich zustehende Recht auf eine Abfindung

---

[37] Zur Anfechtung von Gesellschaftsbeschlüssen allgemein siehe vorn § 20, III 3.
[38] Vgl. SIEGWART, Art. 577, N. 5; HARTMANN, Art. 577, N. 4; BOLLMANN, S. 58 f. – Zulässig ist auch die Vereinbarung, daß der Entscheid über die Ausschließung einem Schiedsgericht übertragen wird; BGE 69 II, 1943, S. 118.
[39] Siehe vorn § 31, II 2 e β.
[40] HARTMANN, Art. 577, N. 11; SIEGWART, Art. 577, N. 5; siehe auch zu Art. 545–547, N. 34, 45; BOLLMANN, S. 57 f.; SCHAEDLER, S. 19.
[41] Vgl. SIEGWART, BOLLMANN (oben Anm. 40).
[42] ProtExpKomm 1928, S. 73, 76, aber auch 81.
[43] Vorn § 35, II 3.
[44] Vgl. zum Vorstehenden HARTMANN, Art. 577, N. 10, wo auch auf die nach kantonalem Prozeßrecht zulässigen Maßnahmen hingewiesen wird.
[45] Oben III 2 B; HARTMANN, Art. 577, N. 2; SIEGWART, Art. 577, N. 8.

(Art. 577, 580). Mangels einer Übereinkunft zwischen den Parteien ist diese (im Ausschließungsprozeß) durch den Richter festzusetzen. Hiefür gelten zunächst die für das Ausscheiden von Gesellschaftern allgemein geltenden Richtlinien: Die Abfindung bestimmt sich nach dem (realen) Vermögensanteil des Gesellschafters, wie er sich auf Grund der Abschichtungsbilanz (=Fortsetzungsbilanz) ergibt[46]. Als Besonderheit kommt bei der Ausschließung eines Gesellschafters hinzu, daß bei der Festsetzung der Abfindung auch ein allfälliges Verschulden des Ausgeschlossenen zu berücksichtigen ist. Ob ein Verschulden vorliegt und wie seine Folgen zu bewerten sind, ist nach richterlichem Ermessen zu bestimmen[47].

2. Die Ausschließung eines zahlungsunfähigen Gesellschafters

Während bei der einfachen Gesellschaft der Konkurs eines Gesellschafters[48] oder die Pfändung seines Liquidationsanteils die Auflösung der Gesellschaft zur Folge hat (Art. 545 Abs. 1 Ziff. 3), sieht bei der Kollektivgesellschaft das Gesetz – im Interesse der Erhaltung der Gesellschaft und ihrer Unternehmung – andere Lösungen vor, bestehend: Entweder in der direkten Befriedigung der Gläubiger seitens der Gesellschaft oder der Mitgesellschafter (Art. 575 Abs. 3); oder in der Ausschließung des zahlungsunfähigen Gesellschafters unter Ausrichtung seines Anteils am Gesell-

---

[46] Oben Ziff. 2 B a γ.

[47] Daß bei der Festsetzung der Abfindung ein allfälliges Verschulden des Ausscheidenden zu berücksichtigen ist (Art. 580 Abs. 2), gilt – wie sich schon aus der systematischen Stellung dieser Bestimmung ergibt – nicht nur für die Fälle der Ausschließung aus wichtigen Gründen, wird hier aber besonders aktuell. – Da die zu einer Ausschließung führenden wichtigen Gründe in Umständen verschiedenster Art liegen können, läßt sich auch die Frage des Verschuldens (im Sinn von Art. 580 Abs. 2) nur nach den Gegebenheiten des einzelnen Falls beurteilen. Als allgemeine Richtlinie muß gelten, daß der Ausschluß aus Gründen erfolgt, die der betreffende Gesellschafter zu verantworten hat, und daß durch seinen Ausschluß die Gesellschaft (oder ein Mitgesellschafter) einen Schaden erleidet (z. B. durch Verminderung der Kreditfähigkeit, Entzug erforderlicher, sachlicher oder persönlicher Mittel, allgemeine Erschwerung der Zweckverfolgung). – Die Folgen des Verschuldens können in einer Kürzung des Abfindungsbetrags, allenfalls (zur Schonung der Gesellschaft) in dessen Stundung (Ratenzahlungen) oder in andern geeignet erscheinenden Sanktionen bestehen. – Gegebenenfalls sind auch zu Gunsten des Ausgeschlossenen «Herabsetzungsgründe» gemäß Art. 44, 99 Abs. 3 OR zu berücksichtigen. – Vgl. zum Vorstehenden eingehend SCHAEDLER, S. 42 ff., insbes. S. 46 ff.; SIEGWART, Art. 580, N. 20 ff.; HARTMANN, Art. 580, N. 19; BOLLMANN, S. 90 ff. (kritisch zur Lösung der Verschuldensfrage in Art. 580). – Siehe auch Urteil des Obergerichts Thurgau vom 13.7.1939, SJZ 37, 1940, S. 202.

[48] Zum Konkurs des Gesellschafters siehe auch vorn § 37, III 4 (Geltendmachung der Gesellschafterhaftung).

schaftsvermögen an die Konkursverwaltung, im Falle der Pfändung an das Betreibungsamt (Art. 578). Die Gesellschafter werden den zweiten Weg wählen, wenn die Schulden des Gesellschafters den Wert seines Anteils übersteigen oder wenn ihnen die Fortsetzung der Gesellschaft mit dem betreffenden Gesellschafter unerwünscht ist, so namentlich im Hinblick auf die Kreditfähigkeit der Gesellschaft. Es handelt sich demnach um einen besondern Fall der Ausschließung, wobei der wichtige Grund in der Zahlungsunfähigkeit des Gesellschafters liegt.

Voraussetzungen der Ausschließung sind: Auf seiten des betreffenden Gesellschafters die Pfändung seines Liquidationsanteils verbunden mit der Kündigung der Gesellschaft seitens des betreibenden Gläubigers oder die Konkurseröffnung (die ja stets zur Generalliquidation führt, so daß die Kündigung nicht abgewartet werden muß). Auf seiten der Mitgesellschafter muß ein einstimmiger Beschluß auf Ausschließung gefaßt werden, wenn nicht im Vertrag für diesen Fall ein Mehrheitsbeschluß oder auch ein automatisches Ausscheiden des zahlungsunfähigen Gesellschafters vorgesehen ist. Die Anrufung des Richters wird überflüssig, da der Ausschließungsgrund evident ist[49].

Die Festsetzung des Abfindungsbetrages erfolgt nach den Grundsätzen wie sie allgemein für das Ausscheiden von Gesellschaftern gelten (Art. 577, 580 Abs. 2)[50]. An der Festsetzung wirken neben dem Ausgeschlossenen (der auf die Abfindung einen gesellschaftsrechtlichen Anspruch hat) die Konkursverwaltung oder die Betreibungsbehörden mit zur Wahrung der Gläubigerrechte. Nötigenfalls hat über diesen Punkt der Richter zu entscheiden[51].

Übersteigt die Abfindungssumme den zur Deckung der Gläubiger benötigten Betrag, so fällt er dem Ausgeschlossenen zu. In dessen Konkurs können auch die Forderungen der Gesellschaftsgläubiger geltend gemacht werden (Art. 568 Abs. 3; vorn § 37, II 2e). Übersteigen die Leistungen der Konkursmasse an die Gläubiger die dem Ausgeschlossenen (nach internem Gesellschaftsrecht) obliegende Haftungsschuld, so steht der Masse gegen-

---

[49] Vgl. ProtExpKomm 1928, S. 76; SIEGWART, Art. 578, N. 1; HARTMANN, Art. 578, N. 2ff.; SCHAEDLER, S. 45 f. – Zu beachten sind ferner die VO des BGer über die Pfändung und Verwertung von Anteilen an Gemeinschaftsvermögen vom 17. 1. 1923 und das Kreisschreiben Nr. 17 des BGer vom 1. 2. 1926 betreffend gemeinschaftliches Eigentum im Konkurs; Einzelheiten siehe vorn § 30, III 2 b.

[50] HARTMANN, Art. 578, N. 8; SIEGWART, Art. 578, N. 4. – Demnach ist auch bei der Ausschließung gemäß Art. 578 der auszurichtende «Anteil» des Gesellschafters nach dem effektiven Stand des Gesellschaftsvermögens zur Zeit der Ausschließung zu bestimmen, gegebenenfalls unter Berücksichtigung eines Verschuldens (Art. 578, 580 Abs. 2).

[51] Siehe Zitate oben Anm. 50.

über der Gesellschaft ein Regreßrecht zu. Ist der Anteil des Ausgeschlossenen passiv, so steht der Gesellschaft eine entsprechende Forderung gegenüber der Masse zu[52].

V. Ein Sonderfall: Die Fortsetzung des «Geschäfts» durch einen Gesellschafter (Art. 579 OR)

1. Die Voraussetzungen

Die Sorge des Gesetzgebers um die Erhaltung einer geschäftlichen Unternehmung kommt besonders deutlich zum Ausdruck in Art. 579, der sich mit den Folgen der Ausschließung eines Gesellschafters aus einer zweigliedrigen Gesellschaft befaßt[53]. Danach kann im Fall der Ausschließung eines falliten Gesellschafters (gemäß Art. 578) der andere Gesellschafter das «Geschäft» («les affaires») fortsetzen, wobei er dem Ausgeschlossenen «seinen Anteil am Gesellschaftsvermögen» auszurichten hat (Art. 579 Abs. 1). Das gleiche kann der Richter verfügen, wenn die Auflösung der Gesellschaft wegen eines vorwiegend in der Person des einen Gesellschafters liegenden wichtigen Grundes (gemäß Art. 577) gefordert wird (Art. 579 Abs. 2)[54]. Obschon Art. 579 sich nur auf die zweigliedrige Gesellschaft bezieht (siehe Marginale), ist allgemein anerkannt[55], daß er auch auf mehrgliedrige Gesellschaften sinngemäß Anwendung findet, da ja hier die Interessenlage in objektiver und subjektiver Hinsicht die gleiche ist.

Vertraglich können die Voraussetzungen zur Fortsetzung des Geschäfts durch einen Gesellschafter bei Ausscheiden des oder der übrigen Gesellschafter erweitert werden[56]. So kann z. B. der Gesellschaftsvertrag

---

[52] Zu den Regreßrechten eines Gesellschafters siehe vorn § 37, III 2. – Vgl. SIEGWART, Art. 578, N. 5; HARTMANN, Art. 578, N. 8. – Vor Eröffnung des Gesellschafterkonkurses getroffene Vereinbarungen über die Höhe von Abfindungen sind für die Konkursverwaltung verbindlich, unter Vorbehalt ihrer Anfechtung wegen ungebührlicher Benachteiligung der Gläubiger, so nach Bezirksgericht Aarau, SJZ 40, 1944, S. 158.

[53] Zur Entstehungsgeschichte und Anwendungsbereich von Art. 579 siehe E 1923, Art. 593; ProtExpKomm 1928, S. 77 ff., 913 ff.; Botschaft 1928, S. 12; BGE 75 I, 1949, S. 273 ff.; HARTMANN, Art. 579, N. 1.

[54] Die beiden Fälle der Fortsetzung waren schon im aOR vorgesehen, dort aber in klarer Weise auseinander gehalten (Art. 577 Abs. 2, 578). Im rev. OR wurden die beiden Bestimmungen in den einen Art. 579 zusammengefaßt (in redaktionell eher unklarer Weise). Vgl. HARTMANN, Art. 579, N. 1. Modifiziert wurde aOR hinsichtlich der Rechtsnatur und der Wirkungen der «Fortsetzung», wozu unten Ziff. 2.

[55] Siehe HARTMANN, Art. 579, N. 6; SIEGWART, Art. 579, N. 1 (vgl. auch Art. 547, N. 50); BROSSET/SCHMIDT, S. 176; WIKI, S. 2 (mit weiteren Hinweisen).

[56] Vgl. hiezu HARTMANN, Art. 579, N. 5; eingehend zur Fortsetzung des Geschäfts auf vertraglicher Grundlage WIKI (siehe Disposition, S. 4 f.).

vorsehen, daß ein Gesellschafter bei Kündigung der Gesellschaft durch den oder die Mitgesellschafter das Geschäft «fortsetzen» kann, unter Abfindung der Ausscheidenden gemäß Übereinkunft, allenfalls wie nach der gesetzlichen Ordnung (Art. 580 Abs. 2)[57].

2. Die Wirkungen der Fortsetzung

a) In gesellschaftsrechtlicher Hinsicht haben die oben erörterten Vorgänge die **Auflösung der Gesellschaft** zur Folge, da es im Bereich der Personengesellschaften keine Einmanngesellschaft gibt[58]. Hingegen unterbleibt die Liquidation der Gesellschaft. Darin liegt der wesentliche Unterschied der Fortsetzung im Sinn von Art. 579 gegenüber der Übernahme des Geschäfts mit Aktiven und Passiven gemäß Art. 181 OR seitens eines Gesellschafters oder eines Dritten, insbesondere im Stadium der Liquidation einer aufgelösten Gesellschaft. Dies ergibt sich aus der Rechtsnatur der Fortsetzung und zeigt sich in ihren spezifisch vermögensrechtlichen Wirkungen.

b) Die Rechtsnatur der Fortsetzung des Geschäfts und ihre Wirkungen waren bis zum rev. OR umstritten. – Art. 577 Abs. 2 aOR sprach von einer Fortsetzung unter «Übernahme sämtlicher Aktiven und Passiven» durch den Fortsetzenden; so auch noch E 1923 (Art. 593). In der Handelsregisterpraxis wurde dieser Vorgang denn auch als Auflösung der Kollektivgesellschaft unter Übernahme der Aktiven und Passiven verbunden mit der Eintragung einer neuen Einzelfirma (des Fortsetzenden) behandelt. Anders die Grundbuchpraxis, welche darin eine Anwachsung erblickte und daher auch auf eine förmliche Übertragung des (bisher der Gesellschaft gehörenden) Grundstücke verzichtete[59]. In der Expertenkommission waren die Auffassungen geteilt[60], doch einigte man sich schließlich dahin, den Ausdruck «Übernahme» fallen zu lassen und nur von «Fortsetzung» des Geschäfts zu sprechen, wobei die rechtliche Qualifikation dieses Vorganges der Rechtsprechung überlassen bleiben sollte[61]. Geklärt wurde die Rechtslage dann durch BGE 75 I, 1949, S. 273 und (darauf basierend) durch das Kreisschreiben des Eidg. Amtes für das Handelsregister vom 4. Januar 1950[62], wonach die Fortsetzung des Geschäfts gemäß Art. 579 weder eine Liquidation der Gesellschaft noch eine Übernahme des Unternehmens mit Aktiven und Passiven (Art. 181 OR) bedeutet, sondern eine Umwandlung des Gesamthandvermögens in Alleineigentum des Fortsetzenden durch Anwachsung. Dementsprechend sind auch die Eintragungen im Handelsregister vorzunehmen (Einzelheiten im zitierten Kreisschreiben). – Vorbehalten bleibt aber die fiskalische Behandlung (Handänderungsgebühr) der Fortsetzung ge-

---

[57] Zu den Vereinbarungen für den Fall des Todes eines Gesellschafters siehe vorn § 29, V.
[58] Nach BGE 75 I, 1949, S. 273 kann bei einer Fortsetzung des Unternehmens gemäß Art. 579 eine Wiedereintragung der Gesellschaft nicht mehr verlangt werden. – Vgl. aber auch BGE 81 II, 1955, S. 358 (Fortbestehen der Gesellschaft bis zur vollständigen Durchführung der Auseinandersetzung unter den Gesellschaftern).
[59] Siehe ProtExpKomm 1928, S. 913 ff.
[60] Siehe oben Anm. 53.
[61] ProtExpKomm 1928, S. 914 f.
[62] Publiziert in ZBGR 31, 1950, S. 57.

mäß kantonalem Recht, was schon in der Expertenkommission erwähnt[63] und in BGE 84 I, 1958, S. 134 ff. bestätigt wurde.

Daraus ergibt sich:

c) Die **Gesellschaftsaktiven** wachsen dem Fortsetzenden an, ohne daß es besonderer Übertragungsakte bedürfte; es handelt sich hiebei weder um eine Sondernachfolge in einzelne Vermögenswerte, noch um eine Gesamtnachfolge[64]. – Der Ausgeschlossene erhält eine Forderung auf **Abfindung** nach den allgemein für das Ausscheiden geltenden Regeln, also auf Grund der wirklichen Vermögenslage der Gesellschaft, unter Berücksichtigung eines allfälligen Verschuldens (Art. 580)[65].

d) Die **Verbindlichkeiten** werden zu solchen des Fortsetzenden, für die er bei Fälligkeit direkt zu belangen ist, mit seinem ganzen Vermögen (dem bisherigen Gesellschafts- und seinem Privatvermögen) einzustehen hat und für welche die gewöhnlichen Verjährungsfristen gelten. – Im Konkurs des Fortsetzenden nehmen die Gesellschaftsgläubiger die gleiche Rechtsstellung ein wie die andern Gläubiger ohne eine Aussonderung des (früheren) Gesellschaftsvermögens zur Befriedigung ihrer Forderungen verlangen zu können[66].

e) Die **Haftungen** des oder der Ausgeschlossenen für die Gesellschaftsschulden dauern fort bis zu ihrer Verjährung gemäß den Bestimmungen von Art. 591 Abs. 1 (wie für jeden Ausscheidenden). Hingegen bewirkt der Vorgang nach Art. 579 – obschon er die Auflösung der Gesellschaft zur Folge hat – nicht die **Belangbarkeit** des Ausgeschiedenen; das Geschäft besteht ja weiter und der Gesellschaftsgläubiger hat sich zunächst an den Fortsetzenden zu halten. Die Haftungen können erst geltend gemacht werden, wenn der Ausgeschiedene in Konkurs fällt (Art. 568 Abs. 3). Die gleiche Wirkung hat aber auch der Konkurs oder die erfolglose Betreibung des Fortsetzenden[67]. Dies ist zwar im Gesetz nicht vorgesehen, ergibt sich aber

---

[63] ProtExpKomm 1928, S. 914 f.
[64] Siehe oben Ziff. 2 lit. b; HARTMANN, Art. 579, N. 7, mit Hinweisen.
[65] Oben IV 1 c; HARTMANN, Art. 579, N. 10. Vgl. auch BGE 93 I, 1967, S. 247: Setzt nach dem Tod eines Gesellschafters der andere das Geschäft faktisch fort, so hat die Auseinandersetzung mit den Erben nicht aufgrund einer Liquidations-, sondern einer Abfindungsbilanz zu erfolgen.
[66] HARTMANN, Art. 579, N. 8. Wie SIEGWART (Art. 579, N. 5) bemerkt, kann dies u. U. zu einer Schlechterstellung der (bisherigen) Gesellschaftsgläubiger führen, was jedoch nach Ansicht des BGer (BGE 75 I, 1949, S. 273) in Kauf genommen werden kann, da bei Konkurs des Fortsetzenden die ausgeschiedenen Gesellschafter belangt werden können, sofern die Haftungsschuld nicht verjährt ist.
[67] SIEGWART, Art. 579, N. 7; BGE 75 I, 1949, S. 273; vgl. auch HARTMANN, Art. 579, N. 11; BOLLMANN, § 8.

aus der Natur der «Fortsetzung» – der Fortsetzende tritt rechtlich und wirtschaftlich an die Stelle der Gesellschaft – und den legitimen Interessen der bisherigen Gesellschaftsgläubiger.

f) Die Fortsetzung des Geschäfts durch einen Gesellschafter unter Ausscheiden der übrigen ist im Handelsregister einzutragen (Art. 581). Damit verbindet sich eine Änderung der Firma, da ja nun die Gesellschaft dahingefallen ist. Wünscht der Fortsetzende die bisherige Firma weiterzuführen, so bedarf es hiezu der ausdrücklichen oder stillschweigenden Zustimmung der bisherigen Inhaber (des Geschäfts) oder ihrer Erben; zudem ist das Nachfolgeverhältnis in einem Zusatz zum Ausdruck zu bringen (Art. 953 OR)[68].

§ 39. Die Auflösung der Kollektivgesellschaft und ihre Liquidation – Verjährungen

Literatur

H. OSER/W. SCHÖNENBERGER, Kommentar OR; A. VON TUHR/A. SIEGWART, Allg. Teil des OR; beide zit. vorn zu § 19.

H. FRITZSCHE, Schuldbetreibung und Konkurs; C. JAEGER, Kommentar SchKG; beide zit. vorn zu § 37.

F. KÜNZLI, Die Vertretungsverhältnisse bei der Kollektivgesellschaft, Diss. Zürich 1971; J. PINÖSCH, Die rechtliche Stellung des Liquidators einer Kollektiv- und Aktiengesellschaft nach schweizerischem Recht, Diss. Zürich 1936; R. HEBERLEIN, Die Kompetenzausscheidung bei der Aktiengesellschaft in Liquidation unter Mitberücksichtigung der Kollektivgesellschaft nach schweizerischem Recht, Diss. Zürich 1969; TH. MANGOLD, Die Verjährung der Haftung des Kollektivgesellschafters, Diss. Zürich 1947; L. BREITENBACH, Die Haftung des ausgeschiedenen Kollektivgesellschafters für die Schulden der Gesellschaft, Diss. Freiburg/Schweiz 1944.

Siehe auch die Literatur zu § 31.

Wie bereits bei der einfachen Gesellschaft ausgeführt, bedeutet die Auflösung einer Gesellschaft den Beginn eines neuen Stadiums, das mit der Beendigung der Liquidation seinen Abschluß findet[1]. Während aber bei

---

[68] Siehe auch HIS, Art. 953, N. 28, unter Hinweis, daß die Belassung des Namens von Ausgeschiedenen keine Haftungen nach sich zieht, da ja das Nachfolgeverhältnis zum Ausdruck kommen muß.

[1] Über die «Auflösung» der Gesellschaften allgemein vorn § 31, I.

der einfachen Gesellschaft die gesetzliche Ordnung sich nur mit den internen Auswirkungen des Auflösungsprozesses befaßt, werden bei den Personen-Handelsgesellschaften auch Außenwirkungen der Auflösung berücksichtigt, dies allgemein im Interesse des Verkehrs (Publizität) und im besondern zum Schutz der Gesellschaftsgläubiger. Diese Tendenz findet ihren Ausdruck zunächst in der Vorschrift, daß sowohl der Beginn der Auflösung (bei Eintritt des Auflösungsgrundes) als auch ihr Abschluß (nach durchgeführter Liquidation) im Handelsregister einzutragen und zu publizieren sind[2]. Ferner erfahren der Konkurs der Gesellschaft und die Auswirkungen eines Gesellschafterkonkurses eine besondere Behandlung. Von besonderem Interesse ist das Bestreben des Gesetzgebers, die Erhaltung der von der Gesellschaft betriebenen Unternehmung zu unterstützen, wie dies in Art. 585 Abs. 3 zum Ausdruck kommt. Im übrigen gilt für die Auflösung und Liquidation der verschiedenen Personengesellschaften im wesentlichen die gleiche Ordnung, indem – wie schon bei der einfachen Gesellschaft gesagt und im nachfolgenden weiter auszuführen sein wird – die für die einzelnen Gesellschaftsformen geltenden Regeln sich kraft ausdrücklicher oder in der Praxis vorgenommener Verweisungen gegenseitig ergänzen.

I. Die Auflösung

1. Die Voraussetzungen

Die Kollektivgesellschaft wird aufgelöst durch die Eröffnung des Konkurses. Im übrigen gelten für ihre Auflösung die Bestimmungen über die einfache Gesellschaft, wenn und soweit das Recht der Kollektivgesellschaft nicht eine andere Regelung trifft (Art. 574 OR).

a) Der Konkurs der Gesellschaft[3]

Wie bei allen im Handelsregister eingetragenen Gesellschaften bewirkt der Konkurs der Kollektivgesellschaft deren Auflösung mit nachfolgender konkursamtlicher Liquidation[4]. Ist die Gesellschaft entstanden und tätig geworden, ohne sich vorher eintragen zu lassen, so kann das Konkursver-

---

[2] Art. 574 Abs. 2, 589, 937 OR; Art. 33, 59 HRegV.
[3] Zum Konkurs der Gesellschaft sowie zum gleichzeitigen Konkurs von Gesellschaft und Gesellschaftern vorn § 37, III 4.
[4] Nicht aber die «erfolglose Betreibung» der Gesellschaft (Art. 43 SchKG); diese bewirkt lediglich die Belangbarkeit der Gesellschafter für die Gesellschaftsschulden (Art. 568 Abs. 3 OR).

fahren erst stattfinden, wenn die Eintragung nachgeholt worden ist, nötigenfalls als zwangsweise Eintragung gemäß Art. 57 HRegV. Wie die Eröffnung des Konkurses, so sind auch dessen Widerruf oder Einstellung im Handelsregister einzutragen; ebenfalls der Abschluß des Konkursverfahrens, womit dann auch die Löschung der Gesellschaft erfolgt[5].

Keinen Auflösungsgrund stellt der ordentliche Nachlaßvertrag (Art. 293 ff. SchKG) der Gesellschaft dar; kommt er nach der Eröffnung des Gesellschaftskonkurses zustande, so bewirkt er dessen Widerruf, worauf das weitere Schicksal der Gesellschaft wieder in den Händen der Gesellschaft liegt[6]. Anders liegen die Dinge beim Nachlaßvertrag mit Vermögensabtretung (sog. Liquidationsvergleich, Art. 316a ff. SchKG). Sein Abschluß ist nach erfolgter Bestätigung durch die Nachlaßbehörde von den Liquidatoren zur Eintragung in das Handelsregister anzumelden; ebenso die Beendigung der Liquidation, worauf die Löschung der Gesellschaft im Handelsregister erfolgt (Art. 64 Abs. 2, 66 Abs. 3 HRegV).

Eine Besonderheit des Liquidationsvergleichs besteht darin, daß nicht das ganze Vermögen des Schuldners in das Nachlaßverfahren einbezogen und verwertet werden muß; ferner können sich die Gläubiger ein Nachforderungsrecht vorbehalten (Art. 316b Abs. 1 Ziff. 1 und Abs. 3 SchKG). Es ist auch denkbar, daß eine Gesellschaft ihren Gläubigern bestimmte Aktiven mit oder ohne Nachforderungsrecht überläßt, andere aber zurückbehält, um damit weiter Geschäfte zu treiben. Kann wirklich von einer Fortsetzung der Gesellschaftstätigkeit gesprochen werden, so zieht der betreffende Liquidationsvergleich auch nicht die Auflösung der Gesellschaft nach sich.

b) Die andern gesetzlichen Auflösungsgründe

Auch bei der Kollektivgesellschaft ist es zunächst Sache des Gesellschaftsvertrags, die Gründe zu nennen, deren Verwirklichung die Auflösung der Gesellschaft nach sich ziehen soll. – Von Gesetzes wegen gelten die im Recht der einfachen Gesellschaft vorgesehenen (objektiven oder subjektiven) Auflösungsgründe (Art. 545 f.); wobei auch hier festzuhalten ist, daß keiner der gesetzlichen Gründe unbedingt zur Auflösung und Liquidation der Gesellschaft führen muß, da den Gesellschaftern (rechtlich) stets die Möglichkeit offen bleibt, auf Grund des Gesellschaftsvertrags oder späterer Vereinbarungen die Auflösung zu vermeiden und die Gesellschaft fortzusetzen. Im Prinzip kann somit auf das zur Auflösung der einfachen Gesellschaft Gesagte verwiesen werden (vorn § 31, II).

---

[5] Art. 939 OR; Art. 64–68 HRegV. Bei Einstellung des Konkurses mangels Aktiven können die Vertreter der Gesellschaft gegen die Löschung Einsprache erheben, Art. 66 Abs. 2 HRegV.
[6] Art. 317 Abs. 3 SchKG. Über die Auswirkungen des Nachlaßvertrages auf die Haftungen vorn § 37, III 3.

Abweichungen vom Recht der einfachen Gesellschaft ergeben sich zunächst auf Grund ausdrücklicher – in erster Linie der Erhaltung der Gesellschaft und ihrer Unternehmung dienender – Gesetzesbestimmungen. So hat der Konkurs eines Gesellschafters oder die Pfändung seines Liquidationsanteils nicht (wie bei der einfachen Gesellschaft) die Auflösung der Gesellschaft zur Folge. Die Konkursverwaltung oder der betreibende Gläubiger erhalten lediglich das Recht, die Auflösung der Gesellschaft und deren Liquidation zu verlangen, wobei die Gesellschaft oder die übrigen Gesellschafter die Wirkung einer solchen Kündigung durch Befriedigung der Gläubiger oder Auszahlung des Vermögensanteils abwenden können (Art. 575, 578) – wie bereits in anderem Zusammenhang erörtert (vorn § 38, IV 2). – Eine weitere Sonderbestimmung gibt die Möglichkeit, an Stelle der Auflösung aus wichtigen Gründen die Ausschließung von Gesellschaftern zu verlangen (Art. 577)[7].

Im übrigen ist zu beachten, daß die den Kollektivgesellschaften eigene tatbeständliche und rechtliche Struktur unter Umständen auch eine besondere Wertung gewisser Auflösungsgründe nahelegt. So wird man bei den ein nach kaufmännischer Art geführtes Gewerbe betreibenden Gesellschaften kaum je von einer Erreichung des Gesellschaftszweckes sprechen können und weniger leicht von einer Unmöglichkeit der Zweckerreichung. Andererseits wird man, in Anbetracht der gesetzlichen Haftungen der Kollektivgesellschafter für alle Gesellschaftsschulden, unbefriedigende Verhältnisse in der Geschäftsführung und Vertretung eher als wichtige Gründe zur Auflösung der Gesellschaft werten als bei einer einfachen Gesellschaft.

c) Besondere Auflösungsgründe

In der Doktrin wird als Auflösungsgrund auch die Übertragung des Geschäftes erwähnt, wobei dieser Vorgang mehr oder weniger scharf umschrieben wird[8]. Es gilt jedoch zu unterscheiden: Die Veräußerung des Geschäfts kann einen Akt der Geschäftsführung darstellen (der als außerordentliches Geschäft der Zustimmung aller Gesellschafter bedarf)[9], ohne daß damit der Wille, die Gesellschaft aufzulösen und zu liquidieren, verbunden sein müßte. Eine Fortsetzung der Gesellschaft ist namentlich dann gegeben, wenn nicht alle Aktiven und Passiven auf den Erwerber übertragen werden und die zurückbehaltene Substanz genügt, um weiterhin

---

[7] Siehe vorn § 38, IV 1. Zur Problematik der Ausschließung von Mitgliedern einer einfachen Gesellschaft vorn § 29, IV 5 a.
[8] Vgl. z.B. HARTMANN, Art. 574, N. 28 ff.; SIEGWART, Art. 574, N. 12 ff.
[9] Siehe vorn § 29, III 1 a.

eine geschäftliche Tätigkeit zu entfalten, wenn auch mit eingeschränktem oder verändertem Zweck (womit u. U. auch eine Firmaänderung nötig wird)[10]. So kann von der Übertragung einer Handelsunternehmung der Liegenschaftsbesitz ausgenommen und die Gesellschaft als Immobiliengesellschaft weiterbestehen und ausgebaut werden. – Die Veräußerung des Geschäfts kann aber auch den Willen zur Auflösung und Liquidation der Gesellschaft in sich schließen. Dies ist wohl dann anzunehmen, wenn alle zum Betrieb der Unternehmung wesentlichen Aktiven (namentlich auch die Immaterialgüter) und Passiven auf den Erwerber übergehen. Die Veräußerung stellt dann gleichzeitig einen Auflösungsgrund und einen Akt der Liquidation dar, auf dessen Modalitäten und Wirkungen noch zurückzukommen ist (unten II, 2 Bc).

Eine besondere Form der Auflösung stellt das Ausscheiden aller Gesellschafter bis auf einen dar, der das Geschäft im Sinn von Art. 579 fortsetzt. Die Gesellschaft wird damit aufgelöst; ihr Vermögen wird aber nicht liquidiert, sondern die Ausscheidenden werden nach den für diesen Fall geltenden Grundsätzen abgefunden (siehe vorn § 38, V).

Keine Auflösung der Gesellschaft bewirkt eine sog. formwechselnde Umwandlung der Kollektivgesellschaft in eine einfache oder eine Kommanditgesellschaft. Die Gesellschaft verändert damit bloß ihre Rechtsform – allenfalls verbunden mit einer Zweckänderung (so bei Umwandlung in eine einfache Gesellschaft) oder Anpassung ihrer Firma an die gesetzlichen Vorschriften (so bei Umwandlung in eine Kommanditgesellschaft) – behält aber ihre rechtliche Identität[11].

II. Die Liquidation

1. Allgemeines

Wie bereits zur einfachen Gesellschaft ausgeführt (vorn § 31, I), bewirkt die Auflösung der Gesellschaft (der Eintritt des Auflösungsgrundes) noch nicht deren Beendigung. Die Gesellschaft tritt nun in eine neue Phase ein: Sie erhält einen neuen Zweck, aus der werbenden Gesellschaft wird eine Liquidationsgesellschaft, deren Zweck in der Abwicklung aller externen und internen Rechtsverhältnisse der Gesellschaft besteht. Die Gesellschaft behält aber ihre rechtliche Identität. Sie bleibt rechts- und handlungsfähig, aktiv und passiv partei- und prozeßfähig; sie unterliegt weiterhin der

---

[10] Vgl. z.B. OSER/SCHÖNENBERGER, Art. 181, N. 5.
[11] Siehe hiefür das zur Entstehung der Gesellschaft Gesagte, vorn § 33, II 2.

Konkursbetreibung (nötigenfalls unter Nachholung der Eintragung im Handelsregister). Die rechtliche Existenz der Gesellschaft hört erst mit der vollständigen Durchführung der Liquidation nach der Aktiv- und Passivseite auf. Trotz dieser Fortdauer der Gesellschaft bewirkt aber ihre Auflösung, daß die Gesellschaftsgläubiger nun die Gesellschafter auf Grund ihrer Haftung für die Gesellschaftsschulden belangen können (Art. 568 Abs. 3).

Für die Liquidation[12] der Kollektivgesellschaft hat der Gesetzgeber – entsprechend der geschichtlichen Entwicklung dieser Gesellschaft und ihrer Natur als Handelsgesellschaft – eine eingehendere Ordnung erlassen, die, wie bereits ausgeführt[13], sinngemäß auch bei den einfachen Gesellschaften Anwendung findet. Umgekehrt haben gewisse grundsätzliche Vorschriften über die Liquidation der einfachen Gesellschaft auch für die Kollektivgesellschaft Geltung, z. B. die Bestimmungen betreffend die Behandlung der Einlagen (Art. 548 OR) oder die Aufteilung des Liquidationsverlustes (Art. 549 Abs. 2). Es wird hiefür auf die vorstehenden Ausführungen zur Liquidation der einfachen Gesellschaft verwiesen (§ 31, III 2). Im Nachfolgenden kommen die Punkte zur Sprache, in denen das Recht der Kollektivgesellschaft von demjenigen der einfachen Gesellschaft abweicht oder dieses ergänzt oder die sonstwie eine besondere Beachtung erheischen.

Wie bei der einfachen Gesellschaft, so ist auch bei der Kollektivgesellschaft die gesetzliche Liquidationsordnung nachgiebigen Rechts[14] und gilt nur unter Vorbehalt einer (gemäß Vertrag oder Beschluß) gesellschaftsautonomen Regelung; die konkursrechtliche Liquidation unterliegt den Vorschriften des SchKG (Art. 582 OR).

2. Die gesetzliche Ordnung

A. Die Liquidatoren und deren Rechtsstellung

a) Die Bestellung der Liquidatoren

Während bei der einfachen Gesellschaft die Auseinandersetzung nach Auflösung der Gesellschaft von allen Gesellschaftern gemeinsam vorzunehmen ist (Art. 550 OR), gelten bei der Kollektivgesellschaft die bisher zur Vertretung der Gesellschaft befugten Gesellschafter als Liquidatoren, sofern in ihrer Person kein Hindernis besteht und die Gesellschafter sich

---

[12] Zum Begriff der Liquidation und den differenzierten Deutungen dieses Terminus siehe vorn § 31, III 2 a.
[13] Siehe vorn § 31, III 2 b.
[14] ProtExpKomm 1928, S. 86; HARTMANN, Art. 582, N. 3; SIEGWART, Art. 582, N. 3f.

nicht auf andere Liquidatoren einigen (Art. 583 OR). Es werden somit alle oder einzelne Gesellschafter Liquidatoren, je nach der vor der Auflösung geltenden Vertretungsordnung. Auch wenn es bei der bisherigen Ordnung bleibt, sind die Liquidatoren als solche in das Handelsregister einzutragen (Art. 583 Abs. 3). Zur Übernahme dieses Amtes sind die Gesellschafter in gleicher Weise berechtigt und verpflichtet wie zur Geschäftsführung. Durch diese Ordnung wird Kontinuität der Geschäftsführung auch im Stadium der Liquidation erzielt; ferner, in Verbindung mit der Eintragung der Auflösung als solcher, eine Klarstellung der Vertretungsverhältnisse, was im Hinblick auf die Einschränkung der Vertretungsbefugnisse von Bedeutung ist.

Vom Amt eines Liquidators ist ausgeschlossen der Gesellschafter, in dessen Person ein «Hindernis» besteht, wobei es sich um eine absolute, tatsächliche oder rechtliche Verhinderung handeln muß (wegen Krankheit, dauernder Abwesenheit, Bevormundung, Konkurs)[15]. Die gesetzlichen Vertreter des «Verhinderten» (Vormund, Konkursverwaltung) können nicht an dessen Stelle treten. Mangelnde Eignung oder Vertrauenswürdigkeit eines Liquidators stellen an sich noch keinen Ausschließungsgrund dar, u. U. aber einen wichtigen Grund, aus dem jeder Gesellschafter beim Richter die Abberufung des Gesellschafters und nötigenfalls dessen Ersetzung durch einen andern Gesellschafter oder einen Dritten verlangen kann (Art. 583 Abs. 2)[16]. Eine Bestellung von Liquidatoren durch den Richter muß auch erfolgen, wenn keine gesetzlichen Liquidatoren das Amt übernehmen können und keine vertragliche Regelung zustande kommt.

b) Die Rechtsstellung der Liquidatoren

Die Liquidation bedeutet (wie bereits mehrfach erwähnt) die Fortsetzung der Geschäftsführung mit neuem Zweck. Die Liquidatoren stehen daher grundsätzlich in der gleichen Stellung wie die Geschäftsführer-Vertreter in der «werbenden» Gesellschaft (vor der Auflösung). Ihre organmäßige Stellung kommt auch darin zum Ausdruck, daß die Gesellschaft für die unerlaubten Handlungen der Liquidatoren haftet wie für diejenigen der Geschäftsführer (Art. 585 Abs. 4, 567 Abs. 3). Mit Rücksicht auf den besondern Zweck der Liquidationsgesellschaft und zur Präzisierung der Rechtslage hat das Gesetz noch ergänzende Liquidationsvorschriften erlassen. Gesamthaft ergibt sich folgendes Bild.:

---

[15] HARTMANN, Art. 583, N. 3; SIEGWART, Art. 583, N. 4; BGE 68 I, 1942, S. 116. – Nach BGE 69 III, 1943, S. 1f. werden die Erben eines (vertretungsbefugten) Gesellschafters nicht Liquidatoren («Die Vertretungsbefugnis ist unvererblich»); es bedarf hiezu eines einstimmigen Gesellschaftsbeschlusses oder einer Bestellung durch den Richter.

[16] Siehe oben Anm. 15.

Wie die Geschäftsführer der aktiven Gesellschaft, so sind auch die Liquidatoren einzeln zur Geschäftsführung befugt – wenn nicht vorher eine andere Regelung galt oder anläßlich der Auflösung angeordnet wurde; es kann aber jeder Liquidator gegen die Maßnahmen des andern Einspruch erheben. Zu außergewöhnlichen Geschäften ist auch im Liquidationsstadium die Einwilligung der übrigen Gesellschafter (Nichtliquidatoren) einzuholen, wenn nicht Gefahr im Verzug liegt (Art. 535)[17]. Ob es sich um ein außergewöhnliches Geschäft handelt, ist (wie immer) vom Standpunkt der konkreten Gesellschaft aus, nun aber unter dem Gesichtspunkt des Liquidationszwecks zu beurteilen[18]. – Jedem Gesellschafter bleibt auch das Kontrollrecht im bisherigen Ausmaß erhalten. – Vorbehalten bleibt auch das Recht der Gesellschafter, durch einstimmigen Beschluß den Liquidatoren verbindliche Weisungen zu erteilen; Mehrheitsbeschlüsse genügen, wenn der Gesellschaftsvertrag sie ausdrücklich für die Liquidation oder uneingeschränkt für alle Gesellschaftsangelegenheiten vorsieht[19].

Die Vertretung der «Gesellschaft in Liquidation» steht – gegenüber gutgläubigen Dritten – jedem Liquidator einzeln zu, sofern das Handelsregister nicht entgegenstehende Eintragungen enthält (Art. 583 Abs. 3, 563 OR). – Der Umfang der Vertretungsmacht bestimmt sich (wie schon vor der Auflösung) nach dem Gesellschaftszweck (Art. 564). Dieser besteht nun in der Liquidation der Gesellschaft und umfaßt somit nur diejenigen Rechtshandlungen der Liquidatoren, die damit direkt oder indirekt im Zusammenhang stehen: diese Einschränkung ist namentlich von Bedeutung im Hinblick auf allfällige «neue Geschäfte». Eine Beschränkung des Umfangs der Vertretungsmacht der Liquidatoren hat gegenüber gutgläubigen Dritten keine Wirkung (Art. 564 Abs. 2)[20].

Hat es die Gesellschaft unterlassen, ihre Auflösung oder allfällige Änderungen der Vertretungsbefugnisse in das Handelsregister einzutragen,

---

[17] Dazu vorn § 29, III 1 a. SIEGWART, Art. 583, N. 17; BGE 45 II, 1919, S. 423; einschränkend HARTMANN, Art. 585, N. 5.

[18] Zu außergewöhnlichen Liquidationsgeschäften gehören von Gesetzes wegen die Veräußerung von Grundstücken sowie von Aktiven zu einem «Gesamtübernahmepreis» (Art. 585 Abs. 3); dazu unten B lit. c.

[19] SIEGWART, Art. 583, N. 17; HARTMANN, Art. 585, N. 7; siehe auch vorn § 29, III 1 lit. a in fine.

[20] Allgemein zu den Vertretungsverhältnissen bei den Kollektivgesellschaften vorn § 35, II. – Zur Vertretung der Liquidationsgesellschaft, insbes. zur Vertretungsmacht der Liquidatoren, KÜNZLI, § 7, insbes. II; SIEGWART, Art. 585/86, N. 3 f.; HARTMANN, Art. 585, N. 11 ff. – HARTMANN (a.a.O., N. 12) hebt mit Recht hervor, daß im Verhältnis zu Dritten der Vertretungsmacht der Liquidatoren nicht zu enge Grenzen gezogen werden dürfen, da es für Außenstehende oft kaum erkennbar ist, ob ein Geschäft zur Liquidation gehört oder nicht. Die Beweislast dafür, daß ein Geschäft in erkennbarer Weise außerhalb des Liquidationszwecks lag, treffe daher die (ablehnende) Gesellschaft.

so bleibt es gegenüber gutgläubigen Dritten bei der bisherigen Vertretungsordnung (Art. 933 Abs. 2). Damit entfällt auch die Einschränkung der Vertretungsmacht auf den Liquidationszweck [20a].

B. Die Durchführung der Liquidation

a) Die Behandlung der laufenden Geschäfte

Die Liquidatoren haben die laufenden Geschäfte zu beendigen, wozu einerseits die Geltendmachung von Forderungen (irgendwelcher Art), andererseits die Erfüllung der Verpflichtungen der Gesellschaft (z. B. zu Lieferungen, Dienstleistungen, Zahlungen) gehören (Art. 585 Abs. 1). Diese Pflicht der Liquidatoren besteht aber nur im internrechtlichen Verhältnis: Die Gesellschafter können sich darauf berufen, wozu sie meist ein persönliches Interesse haben werden; nicht aber die Gesellschaftsgläubiger, die sich mangels Befriedigung durch die Gesellschaft an die haftenden Gesellschafter halten müssen (Art. 568 Abs. 3)[21]. Möglich ist aber, daß die Erledigung dieser Angelegenheiten in suspenso gelassen wird, indem – als Liquidationsmaßnahmen – Gesellschaftsforderungen an Gesellschafter abgetreten und Gesellschaftsschulden von Gesellschaftern übernommen werden. Dazu bedarf es (da es sich um Abweichungen von der gesetzlichen Ordnung handelt) der Zustimmung sämtlicher Gesellschafter[22]. – Zur Abwicklung laufender Geschäfte sind gegebenenfalls hängige Prozesse zu Ende zu führen oder auch neue anzuheben, wozu ebenfalls die Liquidatoren zuständig sind (Art. 585 Abs. 2)[23].

b) Neue Geschäfte

Schon die Abwicklung der schwebenden Geschäfte erfordert öfters die Tätigung neuer Rechtsgeschäfte (z. B. zur Beschaffung von Material, Ausführung von Transporten). Im aOR war denn auch vorgesehen, daß die Liquidatoren «zur Beendigung schwebender Geschäfte» auch neue eingehen können (Art. 585 Abs. 2). In der Praxis hat sich diese Formulierung als zu eng erwiesen, da es im Interesse der Liquidation liegen kann, daß neue Geschäfte getätigt werden, die nicht direkt im Zusammenhang mit bereits abgeschlossenen stehen, z. B. zur Ergänzung des Warenlagers, Miete geeigneter Lokale, Neuanstellung von Personal, was unter Umständen die Beschaffung von Geldmitteln durch Darlehen oder Kredite erfordert. Das

---

[20a] HARTMANN, Art. 585, N. 12. – BGE 65 II, 1939, S. 85; vgl. auch BGE 66 II, 1940, S. 254.
[21] Im Prinzip gleiche Ordnung im Recht der einfachen Gesellschaft (Art. 549), wozu vorn § 31, III 2 b. – SIEGWART, Art. 585, N. 5; vgl. auch HARTMANN, Art. 585, N. 3, 15.
[22] Siehe auch unten Ziff. 3.
[23] HARTMANN, Art. 585, N. 21; SIEGWART, Art. 585/86, N. 8.

rev. OR bestimmt nun, daß die Liquidatoren neue Geschäfte eingehen können, «soweit es der Liquidationszweck erfordert» (Art. 585 Abs. 2)[24], womit ihre Geschäftsführungsbefugnis und die Vertretungsmacht erweitert werden.

Ausgeschlossen sind demnach (von Gesetzes wegen) nur neue Geschäfte, die keine Beziehungen zur Liquidation aufweisen, sondern als solche einer «werbenden Gesellschaft» betrachtet werden müssen, so namentlich Geschäfte spekulativer Art. Die Gesellschafter können solche Geschäfte ablehnen, wobei es, wie bei der Beurteilung der Vertretungsmacht überhaupt, darauf ankommt, ob die Überschreitung der Vertretungsbefugnis (des Liquidationszwecks im weiten Sinn) für den Dritten erkennbar war oder nicht[25]. Die Gesellschafter können aber das an sich unzulässige Geschäft genehmigen, wie sie auch von vornherein den Liquidatoren über den Liquidationszweck hinausgehende Geschäftsführungs- und Vertretungsbefugnisse erteilen können.

Die Gesellschafter haften für die zulässigen oder von ihnen genehmigten neuen Geschäfte nach den Grundsätzen der Kollektivgesellschaft, wobei zu beachten ist, daß sie auch aus diesen neuen Verbindlichkeiten sofort und direkt belangt werden können, da ja die Gesellschaft in Auflösung ist (Art. 568 Abs. 3)[26].

c) Die Veräußerung von Gesellschaftsaktiven

Zur Verwertung der Gesellschaftsaktiven im Weg der Veräußerung – im Gesetz, einem Sprachgebrauch folgend, «Versilberung» genannt – sind die Liquidatoren ermächtigt und verpflichtet, «soweit es die Auseinandersetzung verlangt» (Art. 585 Abs. 1 OR)[27]. Dies ist namentlich der Fall, wenn anders die Befriedigung der Gesellschaftsgläubiger nicht möglich wäre oder die Auseinandersetzung unter den Gesellschaftern (so zum Ausgleich der Liquidationsbetreffnisse) eine Versilberung von Aktiven er-

---

[24] ProtExpKomm 1928, S. 95.
[25] Was oben (A, lit. b), insbes. Anm. 20, zur Einschränkung der Vertretungsmacht der Liquidatoren auf den Liquidationszweck gesagt wurde, gilt grundsätzlich auch für den Abschluß «neuer Geschäfte». Auch diese können von der Gesellschaft gegenüber dem Dritten nur abgelehnt werden, wenn für diesen deutlich erkennbar war, daß das Geschäft in keinem Zusammenhang mit der Liquidation stand. Vgl. HARTMANN, Art. 585, N. 20; SIEGWART, Art. 585/86, N. 6; KÜNZLI, S. 216; BGE 27 II, 1901, S. 54f.
[26] SIEGWART, Art. 585/86, N. 7.
[27] Nach aOR Art. 582 Abs. 1 gehörte die Versilberung der Gesellschaftsaktiven zu den gesetzlichen Obliegenheiten der Liquidatoren. E 1923 (Art. 599) brachte dann die in Art. 585 Abs. 1 rev. OR erwähnte Einschränkung auf den Liquidationszweck, womit auch zum Ausdruck gebracht werden sollte, daß eine «Zuscheidung» von Aktiven an Gesellschafter statthaft ist; siehe ProtExpKomm 1928, S. 94. – Zur Versilberung vgl. HARTMANN, Art. 585, N. 16; SIEGWART, Art. 585/86, N. 9ff., 588, N. 3; KÜNZLI, S. 218f.

heischt. Die erwähnte Bestimmung bringt auch zum Ausdruck, daß einer Zuteilung von Gesellschaftsaktiven im Zuge der Liquidation von Gesetzes wegen nichts entgegensteht[28]. Doch gilt auch hier der Kardinalsatz, daß die Gesellschafter keinen Anspruch auf Rückerstattung ihrer Sacheinlagen haben, wenn dies nicht vertraglich vereinbart war (Art. 548 Abs. 1 OR) oder in einem Liquidationsvertrag vereinbart wird[29].

Besondere Bestimmungen gelten für die Veräußerung von Grundstücken, sowie von Vermögenskomplexen zu einem «Gesamtübernahmepreis» (Art. 585 Abs. 3):

In die Kompetenz der Liquidatoren fällt auch die Veräußerung von Grundstücken. Dies gilt, primär, für die Bestimmung des Verfahrens (öffentliche oder private Versteigerung, freihändiger Verkauf). Ist ein Gesellschafter mit der von den Liquidatoren «beschlossenen Art» («mode d'aliénation») der Veräußerung nicht einverstanden, so entscheidet hierüber auf sein Begehren der Richter (Art. 585 Abs. 3)[30].

Eine Liquidationsmaßnahme besonderer Art besteht in der Veräußerung des ganzen Geschäfts an Gesellschafter oder Dritte zu einem «Gesamtübernahmepreis» (Art. 585 Abs. 3). Auch hiezu sind primär die Liquidatoren befugt. Es kann aber jeder Gesellschafter gegen eine solche Maßnahme Einspruch erheben und im Streitfall den Richter anrufen; das gleiche gilt, wenn die Liquidatoren eine dahinzielende Kaufsofferte (seitens Gesellschafter oder Dritter) ablehnen[31]. Die erwähnte Bestimmung bedarf der Präzisierung.

Das Gesetz (Art. 585 Abs. 3) spricht von einem «Verkauf zu einem Gesamtübernahmepreis», ohne jedoch den Gegenstand dieser Transaktion zu bezeichnen. Die Doktrin spricht in diesem Zusammenhang von einer Veräußerung «des ganzen Geschäftes»[32] – eine zu enge Formulie-

---

[28] Siehe oben Anm. 27.
[29] HARTMANN, Art. 588, N. 2 f.; SIEGWART, Art. 588, N. 3, unter Hinweis auf das Recht der einfachen Gesellschaft. – Siehe auch unten Ziff. 3.
[30] Nach Art. 582 Abs. 3 aOR mußte die Veräußerung von Grundstücken im Weg der öffentlichen Versteigerung erfolgen, sofern nicht sämtliche Gesellschafter mit einer andern Verwertungsart einverstanden waren. Zur Fassung des geltenden Art. 585 Abs. 3 siehe ProtExpKomm 1928, S. 92 ff.; E 1928, Art. 585 Abs. 3; StenBullStR 1935, S. 81. – Nach herrschender Lehre kann der Richter nicht nur über die Art der Veräußerung, sondern, auf Antrag des Gesellschafters, auch über weitere Modalitäten (Person des Erwerbers, Preis, Zahlungsbedingungen) entscheiden; vgl. SIEGWART, Art. 585/86, N. 12; HARTMANN, Art. 585, N. 18 f. – Das gerichtliche Verfahren zur Behandlung solcher Einsprachen bestimmt sich nach kantonalem Recht (anders noch E 1928, Art. 585, der hiefür ein summarisches Verfahren vorschrieb); vgl. SIEGWART, HARTMANN, a.a.O.
[31] Als Veräußerung im Sinn von Art. 585 Abs. 3 fällt auch eine Übertragung des Geschäfts oder bestimmter Vermögenskomplexe in der Form einer Sacheinlage oder Sachübernahme gemäß Art. 628 (AG) in Betracht.
[32] z. B. HARTMANN, Art. 585, N. 15; SIEGWART, Art. 585/86, N. 14.

rung. – Das aOR (Art. 582) befaßte sich nicht mit diesem Vorgang. In der Praxis wurden jedoch Veräußerungen des Geschäftes oder auch nur bestimmter Vermögenskomplexe (zu einem Gesamtpreis) als zulässige Liquidationsmaßnahmen anerkannt und gegenüber Teilungsansprüchen der Gesellschafter geschützt[33]. Die Entwürfe zum rev.OR übergingen diese Maßnahmen mit Stillschweigen (merkwürdigerweise auch die Expertenkommission). Die Bestimmung betreffend einen «Verkauf zu einem Gesamtübernahmepreis» wurde im Verlauf der parlamentarischen Beratungen eingefügt, wobei von einer «Liquidation en bloc, also ... Verkauf zu einem Gesamtübernahmepreis» oder von «Verkauf des Geschäftes en bloc» die Rede war[34]. Dieser Bestimmung liegt der Gedanke zugrunde, daß die Veräußerung eines ganzen Geschäfts oder doch eines sachlich zusammenhängenden Komplexes von Vermögenswerten[35] in der Regel vorteilhafter ist, als deren Zerstückelung und Einzelverwertung; daher kann ein Gesellschafter auch die Ablehnung entsprechender Kaufsofferten durch die Liquidatoren gerichtlich angreifen[36].

Die Wirkungen der Veräußerung eines Geschäfts oder eines Vermögenskomplexes im Sinn von Art. 585 Abs. 3 beurteilen sich nach den Bestimmungen des Art. 181 OR (Übernahme eines Vermögens oder eines Geschäfts mit Aktiven und Passiven)[37]. Damit unterscheidet sich dieser Vorgang – nicht nur den Voraussetzungen sondern auch den Wirkungen nach – deutlich von der «Fortsetzung» des Geschäfts durch einen Gesellschafter gemäß Art. 579. – Die Gesellschaftsaktiven wachsen dem Erwerber nicht an, sondern sind auf ihn in den allgemein hiefür vorgeschriebenen Formen zu übertragen[38]. Die Gesellschaftspassiven gehen ex lege auf den Erwerber über, sobald er deren Übernahme den Gläubigern mitgeteilt oder in «öffentlichen Blättern» kundgegeben hat (Art. 181 Abs. 1 OR)[39]. Es handelt sich dabei um eine kumulative Schuldübernahme mit besondern Wirkungen: Der Erwerber, auch wenn er Gesellschafter war, haftet für die übernommenen Passiven nach den für diese allgemein geltenden Verjährungsbestimmungen (Art. 181 Abs. 1, 592 Abs. 2 OR). Die

---

[33] Vgl. hiezu SIEGWART, HARTMANN (oben Anm. 32); BGE 42 II, 1916, S. 294f.
[34] StenBull: StR 1931, S. 158f.; NR, S. 234.
[35] Vgl. BGE 42 II, 1916, S. 294 (Gesamtveräußerung zweier der Gesellschaft gehörenden Fabriken); vgl. auch Obergericht Bern, ZBJV 81, 1945, S. 322ff. (Versteigerung des Geschäftsbetriebes unter Vorbehalt der Zuweisung gewisser Aktiven an die Gesellschafter).
[36] Zum gerichtlichen Verfahren, den zulässigen Begehren des widersprechenden Gesellschafters (auch betreffend die Verkaufsbedingungen) und die Kognitionsbefugnisse des Richters gilt das zur Veräußerung von Grundstücken Gesagte; siehe insbes. oben Anm. 30.
[37] Vgl. SIEGWART, Art. 585/86, N. 14, unter Hinweis auf Art. 548–550, N. 46ff.; HARTMANN, Art. 585, N. 17. – Zur Übernahme eines Vermögens oder eines Geschäfts mit Aktiven und Passiven vgl. OSER/SCHÖNENBERGER, Art. 181 OR, insbes. N. 5ff., und VON TUHR/SIEGWART, II, S. 844; beide Autoren weisen auch auf die Möglichkeit einer Einschränkung der Übertragung auf bestimmte Vermögenskomplexe («Sondervermögen») hin. – Siehe auch oben Anm. 35.
[38] Vgl. SIEGWART, Art. 548–550, N. 46; VON TUHR/SIEGWART, II, S. 844 (keine Universalsukzession); einschränkend OSER/SCHÖNENBERGER, Art. 181 OR, N. 6.
[39] OSER/SCHÖNENBERGER, Art. 181, N. 2, 3; abweichend VON TUHR/SIEGWART, II, S. 844, insbes. Anm. 112, wonach die Parteien inter se die Übernahme von Passiven durch den Erwerber ausschließen können, unter Vorbehalt der betreibungsrechtlichen Anfechtungsklagen.

bisherigen Schuldner – hier also die Gesellschafter, sofern sie nicht Erwerber sind – haften jedoch solidarisch mit dem Erwerber noch während zwei Jahren; diese Frist beginnt mit der Kundgebung der Übernahme, bei später fällig werdenden Forderungen mit dem Eintritt ihrer Fälligkeit (Art. 181 Abs. 2, 592 Abs. 2 OR). Im übrigen hat die Schuldübernahme gemäß Art. 181 die gleichen Wirkungen wie die Übernahme einer einzelnen Schuld (Art. 181 Abs. 3)[40].

d) Die Liquidation der internen Gesellschaftsverhältnisse

Für die Auseinandersetzung unter den Gesellschaftern hat das revOR eine im Vergleich zum aOR eingehendere Ordnung erlassen (Art. 586–590)[41]. – Bei Beginn der Liquidation haben die Liquidatoren eine Bilanz aufzustellen. In dieser sog. Liquidationsbilanz sind die Aktiven nicht mehr, wie in der ordentlichen Jahresbilanz, unter dem Gesichtspunkt der Fortsetzung des Geschäftes zu bewerten[42], sondern zu ihrem voraussichtlichen Veräußerungswert einzusetzen, wobei die Art und Weise der Liquidation (oben lit. c) eine Rolle spielen kann. Bei länger dauernden Liquidationen sind jährliche Zwischenbilanzen zu errichten (Art. 587).

Die für die Liquidation «entbehrlichen» (d.h. nicht zur Deckung der Geschäftsschulden und Liquidationskosten benötigten) Gelder und Werte sollen vorläufig auf Rechnung des endgültigen Liquidationsanteils unter die Gesellschafter verteilt werden (Art. 586). Wertmäßig bestimmen sich diese Rückleistungen nach Maßgabe der Kapitalanteile[43]. In welcher Form sie erfolgen sollen (ob in bar oder Sachwerten), hängt von der Art und Weise der Liquidation ab. Die Abschlagsverteilungen erfolgen unter Vorbehalt («vorläufig») von Rückforderungen, wenn die Liquidation dies erheischt[44].

Die abschließende Auseinandersetzung kann erst nach Tilgung der Gesellschaftsschulden erfolgen, wobei für streitige oder noch nicht fällige Verbindlichkeiten die erforderlichen Rückstellungen vorzunehmen sind (Art. 586 Abs. 2). Wenn und soweit die Gesellschaftsaktiven nicht genügen, um die Gesellschaftsgläubiger zu befriedigen, haben die Liquidatoren allenfalls noch unerfüllte Verpflichtungen der Gesellschafter gegenüber der

---

[40] Damit sind die Bestimmungen der Art. 178f. OR (betreffend den Übergang von Nebenrechten und der Einreden aus dem bisherigen Schuldverhältnis) gemeint. Vgl. OSER/SCHÖNENBERGER, Art. 181, N. 18; VON TUHR/SIEGWART, II, S. 848.
[41] Vgl. ProtExpKomm 1928, S. 96 ff.
[42] Zu den Bilanzen der Kollektivgesellschaft vorn § 34, II 2 b.
[43] HARTMANN, Art. 586, N. 6; SIEGWART, Art. 585/86, N. 18.
[44] ProtExpKomm 1928, S. 97. HARTMANN, SIEGWART (oben Anm. 43).

Gesellschaft (z.B. zugesagte Beiträge, wegen unbefugter Bezüge, aus Schadenersatzpflicht) geltend zu machen und nötigenfalls einzuklagen[45]. Hingegen können sie von den Gesellschaftern keine Nachschüsse verlangen, wenn dies nicht vertraglich vereinbart war.

<small>Umstritten ist, ob auch der einzelne Gesellschafter ausstehende Leistungen von Mitgesellschaftern einfordern und mit der *actio pro socio* einklagen kann. Verneinend BGE 45 II, 1919, S. 423, weil die Vertretung der Gesellschaft ausschließlich den Liquidatoren zustehe. Bejahend z.B. HARTMANN[46] mit dem Beifügen, daß der Gesellschafter nur Zahlung an die Liquidationsmasse verlangen kann[47]. Dieser Auffassung ist zuzustimmen. Die Liquidatoren und auch die übrigen Gesellschafter können die Geltendmachung solcher Forderungen aus subjektiven Gründen oder auch aus objektiven (z.B. Beurteilung der Rechtslage) zu Unrecht unterlassen. Wie schon vor der Auflösung der Gesellschaft muß der Gesellschafter auch im Liquidationsstadium die Möglichkeit haben, auf die erwähnte Weise Remedur zu schaffen.</small>

e) Die Verteilung des Liquidationsergebnisses

α) Nach Durchführung der Liquidation durch Verwertung der Aktiven und Deckung oder Sicherstellung der Passiven, haben die Liquidatoren eine Schlußabrechnung zu erstellen, aus der das Ergebnis der Liquidation (der Vermögensstand der Liquidationsgesellschaft) und die auf die Gesellschafter entfallenden Liquidationsbetreffnisse ersichtlich sind[48]. – Aus dem zur Verfügung stehenden Gesellschaftsvermögen sind zunächst die Kapitalanteile[49] der Gesellschafter (Art. 588 Abs. 1) – gemäß Liquidations-Eingangsbilanz, unter Abzug allfälliger Abschlagsverteilungen – auszurichten. Die Gesellschafter haben ferner Anspruch auf eine Verzinsung ihrer Kapitalanteile für die Liquidationszeit, jedoch nur, wenn und soweit

---

<small>
[45] HARTMANN, Art. 585, N. 22; BGE 23 I, 1897, S. 287; 45 II, 1919, S. 423.

[46] HARTMANN, Art. 585, N. 23.

[47] Wie schon vor der Auflösung der Gesellschaft; siehe vorn § 29, I 5, insbes. lit. c und d. – Für die Zulassung der actio pro socio auch im Stadium der Liquidation ebenfalls HUECK, OHG, S. 507.

[48] Das Gesetz sieht keine Liquidations-Schlußbilanz vor (wie z.B. § 154 HGB). Eine solche war noch in E 1923, Art. 601 vorgesehen. Diese Bestimmung wurde dann auf Antrag der Redaktionskommission weggelassen, da «bei Beendigung der Liquidation für eine Bilanz kein Raum vorhanden ist und eine bloße Schlußabrechnung erstellt werden muß» (ProtExpKomm 1928, S. 930). Diese Abrechnung ist aber zu erstellen, sobald die Vermögenslage der Liquidationsgesellschaft feststeht, worauf erst die Verteilung von Gewinn- oder Verlust auf die Gesellschafter festgestellt und durchgeführt werden kann. Vgl. HARTMANN, Art. 587, N. 8; SIEGWART, Art. 587, N. 3.

[49] Art. 588 Abs. 1 spricht von Rückzahlung des «Kapitals», worunter (präziser) die Kapitalanteile der Gesellschafter zu verstehen sind. Zu diesem Begriff siehe vorn § 29, II 2, insbes. lit. c; § 34, II 3. – Vgl. dazu Art. 549 (einfache Gesellschaft), wonach die geleisteten «Vermögensbeiträge» zurückzuerstatten sind. Bei der Kollektivgesellschaft bilden diese Bestandteil der Kapitalanteile, wie sie in den sog. Kapitalkonti der Gesellschafter ausgewiesen werden (siehe vorn § 34, II 3) und nun für die Rückerstattung bei der Liquidation maßgebend sind. Vgl. z.B. HARTMANN, Art. 580, N. 4.
</small>

die Mittel der Gesellschaft nach Auszahlung der Kapitalanteile hiezu ausreichen[50].

β) Ein **Liquidationsgewinn** liegt vor, wenn nach Deckung der Gesellschaftsschulden und Ausrichtung der Kapitalanteile an die Gesellschafter noch ein Überschuß bleibt (z.B. infolge Auflösung stiller Reserven). Dieser ist «nach den Vorschriften über die Gewinnbeteiligung» unter die Gesellschafter zu verteilen (Art. 588 Abs. 2). Hiefür sind also nicht mehr die Kapitalanteile maßgebend; die Gesellschafter haben vielmehr (mangels anderer Ordnung im Gesellschaftsvertrag oder durch einstimmigen Gesellschaftsbeschluß) die gleichen Anteile am Liquidationsgewinn (Verteilung nach Köpfen, Art. 533 Abs. 1 OR)[51].

γ) Das Recht der Kollektivgesellschaft enthält keine Bestimmungen über die Rechtsfolgen eines **Liquidationsverlustes**[52]; diese ergeben sich aus der vermögensrechtlichen Struktur der Gesellschaft und den Bestimmungen über die Liquidation der einfachen Gesellschaft (Art. 549 Abs. 2 OR)[53]. – Ein Liquidationsverlust liegt bereits vor, wenn das Gesellschaftsvermögen zwar ausreicht, um die Gesellschaftsgläubiger zu decken, aber nicht mehr genügt, um die Kapitalanteile der Gesellschafter zurückzuzahlen. Der Fehlbetrag ist dann den einzelnen Kapitalkonti zu belasten, und zwar (wenn nichts anderes vereinbart war oder wird) im Verhältnis ihrer Verlustbeteiligung; vorbehalten bleibt der Ausgleich zwischen Aktiv- und Passivanteilen der Gesellschafter (siehe unten lit δ). – Ein nun auch **extern** wirkender Liquidationsverlust liegt vor, wenn das Gesellschaftsvermögen nicht ausreicht, um die Gesellschaftsgläubiger vollständig zu befriedigen. Dann können keine Rückzahlungen an die Gesellschafter erfolgen und die ungedeckt gebliebenen Gesellschaftsschulden sind auf die Gesellschafter nach den für die Verlustbeteiligung geltenden Regeln umzulegen. – Für die Befriedigung der **Gesellschaftsgläubiger** haben die Liquidatoren nicht mehr zu sorgen. Es ist Sache der Gläubiger, ihre Forderungen gegenüber den Gesellschaftern (allen oder einzelnen) geltend zu machen. – Muß ein Gesellschafter mehr leisten als ihm nach der internen Verlustbeteiligung

---

[50] Art. 588 Abs. 1. – Vgl. ProtExpKomm 1928, S. 98f. – Zur Verzinsung der Kapitalanteile vor der Auflösung der Gesellschaft siehe vorn § 34, II 4.
[51] Zur Gewinn- und Verlustbeteiligung vor der Auflösung der Gesellschaft vorn § 34, II 2 a, 6, 7.
[52] Vom Liquidationsverlust und dessen Wirkungen war auch in den Entwürfen und den Beratungen der Expertenkommission nie die Rede.
[53] Siehe SIEGWART, Art. 588, N. 5 (Hinweis auf das Recht der einfachen Gesellschaft); eingehend HARTMANN, Art. 587, N. 3; 588, N. 7. – Zum Liquidationsverlust und dessen Wirkungen bei der einfachen Gesellschaft vorn § 31, III 2 b in fine.

obliegt, so steht ihm ein entsprechender Regreßanspruch gegenüber seinen Mitgesellschaftern zu, wofür ihm diese solidarisch haften. Diese Auseinandersetzung gehört nicht mehr zur Liquidation, sondern ist Sache der Gesellschafter[54].

δ) Eine besondere Angelegenheit bildet der Ausgleich zwischen Aktiv- und Passivanteilen der Gesellschafter. – Sind alle Anteile aktiv, so sind mit deren Rückzahlung und nach Verteilung eines Liquidationsgewinnes auch die diesbezüglichen Beziehungen unter den Gesellschaftern aufgelöst. – Bestehen neben aktiven Kapitalanteilen auch passive[55] und reicht das Gesellschaftsvermögen nicht zur Deckung der Aktivkonten aus, so erhalten die Gesellschafter nur im Verhältnis ihrer Aktivkonten gekürzte Zuteilungen. Der oder die Gesellschafter mit Passivkonten haben dann den andern den Betrag ihres Privatkontos zu vergüten, im Verhältnis der Aktivkonten. Die Durchführung dieses Ausgleichs ist nicht mehr Aufgabe der Liquidatoren (falls sie diesen nicht direkt übertragen und von ihnen angenommen wird), sondern unter den Gesellschaftern direkt zu erledigen; Gläubiger und Schuldner des Ausgleichsanspruchs sind die einzelnen Gesellschafter. Kann der Ausfall von einem oder mehreren Gesellschaftern mit Passivkonti nicht beigebracht werden, so haften die übrigen Gesellschafter hiefür nach Maßgabe ihrer Verlustbeteiligung[56].

3. Die vertragliche Ordnung

Da die gesetzliche Liquidationsordnung dispositiver Natur ist (Art. 582), insbesondere auch keine zwingenden Bestimmungen zum Gläubigerschutz enthält, steht es den Gesellschaftern frei, im Gesellschaftsvertrag oder durch spätere Vereinbarungen die Liquidation der Gesellschaft nach eigenem Gutdünken zu ordnen. So können andere als die bisher zur Vertretung befugten Gesellschafter oder auch Dritte als Liquidatoren bestellt werden. Ihre Geschäftsführungs- und Vertretungsbefugnis kann enger oder weiter gezogen werden als im Gesetz vorgesehen; gegenüber gutgläubigen Dritten gilt aber die Vertretungsmacht im gesetzlichen Ausmaß (Art. 585 Abs. 2)[57]. Auch kann die Rückerstattung von eingebrachten Sachen oder Rechten (z. B. Erfindungen) oder die Zuteilung von Aktiven oder Passiven (z. B. erst

---

[54] Zum Vorstehenden siehe oben Anm. 53, insbes. HARTMANN, a.a.O.; HUECK, OHG, § 32, V, insbes. Ziff. 4.
[55] Vorn § 29, II 2 c; § 34, II 3.
[56] HARTMANN, oben Anm. 53; HUECK, OHG, § 32, XI, insbes. Ziff. 2.
[57] Oben II 2 A b.

später fällig werdende Verpflichtungen aus Kauf- oder Werkverträgen) an einzelne Gesellschafter oder mehrere gemeinsam vereinbart werden. Schließlich kann auch die Verteilung des Liquidationsgewinns oder Verlusts nach einem andern als dem bisher für die Gewinn- und Verlustbeteiligung geltenden Schlüssel erfolgen.

Grenzen der vertraglichen Ordnung setzt auch hier das Gebot des Persönlichkeitsschutzes[58]. Ferner bleiben die betreibungsrechtlichen Anfechtungsklagen vorbehalten, denen im Zusammenhang mit der Liquidation von Handelsgesellschaften besondere Bedeutung zukommt (unten Ziff. 5). – Schließlich ist dem Gesellschaftsgläubiger bereits im Stadium der Liquidation (Art. 568 Abs. 3) die Möglichkeit gegeben, die persönliche Haftung der Gesellschafter geltend zu machen, wenn er nach der Sachlage im konkreten Fall Anlaß dazu zu haben glaubt.

4. Die Beendigung der Liquidation

Die Liquidation der Gesellschaft ist (erst) nach endgültiger Durchführung der nach Gesetz oder Gesellschaftsvertrag vorgeschriebenen Liquidationsmaßnahmen beendet, also: Nach Verwertung (in irgend einer Form) der Gesellschaftsaktiven, Tilgung der Gesellschaftspassiven[59], Erstellung der Schlußabrechnung und (gegebenenfalls) Ausrichtung der Liquidationsanteile an die Gesellschafter. Außerhalb der Liquidation bleiben Ansprüche der Gesellschafter untereinander, so zum Ausgleich von Kapitalkonten oder aus Regreßrechten bei Inanspruchnahme durch Gesellschaftsgläubiger[60].

Nach Beendigung der Liquidation haben die Liquidatoren «die Löschung der Firma» im Handelsregister zu veranlassen (Art. 589, in Verbindung mit Art. 938 OR und Art. 33 HRegV)[61]. Damit fallen die registerrechtlichen (Publizitäts-) Wirkungen der (bisherigen) Eintragung dahin[62]. Ist aber die Liquidation noch nicht vollständig durchgeführt, so können

---

[58] Vorn § 38, III 2 B a in fine.
[59] Sind Verbindlichkeiten der Gesellschaft im Zuge der Liquidation von Gesellschaftern übernommen worden, so sind sie erst «liquidiert», wenn der betreffende Gläubiger der (privativen) Schuldübernahme zugestimmt hat (Art. 176 OR). – Solange noch Gesellschaftsprozesse hängig sind, ist die Liquidation noch nicht beendet; Tribunal Cantonal Vaud., JT 116, 1968, III, S. 28.
[60] Siehe oben Ziff. 2, B e.
[61] Kritik an der Formulierung «Löschung der Firma» bei His, Art. 938, N. 9 ff.: Zu löschen ist die ganze Eintragung über ein Unternehmen.
[62] Art. 589 ist (wie schon Art. 554) nur Ordnungsvorschrift und hat keine konstitutiven Wirkungen; solange die Liquidation nicht vollständig durchgeführt ist, besteht die Gesellschaft weiter; Cour de Justice Genève, Sem. jud. 70, 1948, S. 598.

Gesellschafter oder Gesellschaftsgläubiger gegen die Löschung Einsprache erheben[63]. – Auch eine Wiedereintragung der bereits gelöschten Gesellschaft ist möglich, wenn nachträglich noch nicht verwertete Aktiven oder unerfüllte Gesellschaftsverbindlichkeiten zum Vorschein kommen. Die Liquidation ist dann von den bisherigen, allenfalls neu zu ernennenden Liquidatoren zu Ende zu führen[64].

Die Bücher und Papiere der aufgelösten Gesellschaft sind während zehn Jahren nach der Löschung der Firma im Handelsregister an einem von den Gesellschaftern, nötigenfalls vom Handelsregisteramt zu bezeichnenden Ort aufzubewahren (Art. 590). Unter den «Papieren» sind sämtliche Geschäftsakten der Gesellschaft zu verstehen (Inventare, Bilanzen, Korrespondenzen). Die Gesellschafter und ihre Erben behalten das Recht, in die Bücher und Papiere Einsicht zu nehmen.

5. Die betreibungsrechtlichen Anfechtungsklagen[65]

a) Betreibungsrechtliche Ausgangspunkte

Das BG über Schuldbetreibung und Konkurs enthält in seinem Zehnten Titel (Art. 285–292) eine Ordnung der Anfechtungsklagen (sog. *actiones paulianae* oder Paulianische Klagen). Diese haben zum Zweck, bestimmte im Gesetz genannte Rechtshandlungen ungültig erklären zu lassen, wenn und insoweit als diese eine Benachteiligung betreibender Gläubiger zur Folge haben. Im einzelnen wird unterschieden zwischen den sog. Schenkungs-, Überschuldungs- und Absichts- (oder Delikts-)Anfechtungen, deren Voraussetzungen in den Art. 286–288 SchKG festgelegt sind. – Zur Erhebung der Klagen sind legitimiert: Jeder Gläubiger, der einen provisorischen oder definitiven Verlustschein erhalten hat; ferner die Konkursverwaltung, gegebenenfalls die Konkursgläubiger, denen ein Anfechtungsanspruch zediert worden ist (Art. 283 Abs. 2 SchKG). – Passiv legitimiert sind diejenigen Personen, die mit dem Schuldner das anfechtbare Rechtsgeschäft abgeschlossen haben oder von ihm in anfechtbarer Weise befriedigt worden sind (Art. 290 SchKG)[66]. – Eine erfolgreiche Anfechtung hat die Ungültigkeit des betreffenden Rechtsgeschäfts zur Folge (Art. 285) mit den in Art. 291 SchKG statuierten, spezifisch betreibungsrechtlichen Wirkungen (sog. Rückgewähr). Die zivilrechtliche Gültigkeit der Rechtshandlung wird – wie

---

[63] Vgl. ProtExpKomm 1928, S. 101 f. – Das Einspracheverfahren bestimmt sich nach den für die Einsprache Dritter geltenden Art. 32 f. HRegV. – Löschungen von Amtes wegen bestimmen sich nach Art. 938 («wenn das Geschäft ... zu bestehen aufhört») und 941 OR; Art. 60, gegebenenfalls (besondere Löschungsgründe) Art. 68 Abs. 2 HRegV. Vgl. His, Art. 938, N. 22, 26; Hartmann, Art. 589, N. 5; einschränkend Siegwart, Art. 589, N. 1.

[64] Die Wiedereintragung kann von Liquidatoren, Gesellschaftern und Dritten verlangt werden. Gläubiger können an der Wiedereintragung besonders interessiert sein, da die Gesellschaft damit wieder konkursfähig wird (Art. 39 Abs. 1 Ziff. 5 SchKG) und gegebenenfalls Anfechtungsklagen erhoben werden können; BGE 57 I, 1931, S. 39 ff. (Wiedereintragung einer AG nach Einstellung ihres Konkurses mangels Aktiven [Art. 230 SchKG], um den Gläubigern die Geltendmachung von Anfechtungsansprüchen zu ermöglichen). His, Art. 939, N. 54; Hartmann, Art. 589, N. 7.

[65] Das weitschichtige Gebiet der Anfechtungsklagen kann hier nur in seinen Grundzügen und im Hinblick auf gesellschaftsrechtliche Aspekte behandelt werden.

[66] Weiteres zur Passivlegitimation siehe Art. 290 SchKG; Fritzsche, S. 274.

allgemein anerkannt – von der Anfechtungsklage nicht berührt. – Zu beachten sind die Befristungen der (materiellen) Anfechtbarkeit gemäß Art. 286 und 287, sowie die Verjährung der Anfechtungsklagen gemäß Art. 292 SchKG.

b) Gesellschaftsrechtliche Aspekte

In bezug auf die Kollektiv- und Kommanditgesellschaften ist zu berücksichtigen, daß diese im Außenverhältnis rechts-, prozeß- und konkursfähig sind. Nimmt die Gesellschaft gegenüber Dritten (auch Gesellschaftern als Dritten) anfechtbare Rechtshandlungen vor, so sind diese im Konkurs der Gesellschaft anzufechten, nicht etwa im Konkurs eines Gesellschafters[67]. Kommen anfechtbare Rechtshandlungen erst nach der Löschung der Gesellschaft im Handelsregister zu Tage, so kann deren Wiedereintragung zwecks Ermöglichung von Anfechtungsklagen verlangt werden[68].

Eine besondere Situation liegt vor, wenn gesellschaftsintern, im Verhältnis zwischen Gesellschaft und Gesellschaftern in Art. 286–288 SchKG genannte Rechtshandlungen vorgenommen werden. Für die internrechtlichen Vorgänge, auch im Liquidationsstadium, gilt das Prinzip der Gesellschaftsautonomie, gemäß Vertrag, Vereinbarungen ad hoc oder (gültigen) Beschlüssen; besondere Kapital- oder Gläubigerschutzbestimmungen fehlen, an deren Stelle tritt die persönliche Haftung der Gesellschafter für alle Gesellschaftsschulden. Die Gesellschaftsautonomie gilt aber nur unter Vorbehalt der dem Gläubigerschutz dienenden paulianischen Anfechtungsklagen[69]. Die im SchKG relevierten Rechtshandlungen können schon vor der Auflösung der Gesellschaft liegen[70]; von besonderer Bedeutung sind Anfechtungsklagen im Zusammenhang mit der Abschichtung von Gesellschaftern (Bestimmung des Abfindungsbetrages und dessen Ausrichtung) und der Liquidation der Gesellschaft.

Eine andere Rechtslage ergibt sich bei der einfachen Gesellschaft. Diese bildet ein reines Gesamthandverhältnis, das als solches weder prozeß-, noch konkurs- oder überhaupt betreibungsfähig ist. Paulianische Anfechtungsklagen können daher nur im Konkurs oder bei erfolgloser Pfändung der einzelnen Gesellschafter erhoben werden.

c) Zu den einzelnen Anfechtungsklagen

Mit der Schenkungspauliana können nicht nur Schenkungen im eigentlichen Sinn angefochten werden, sondern allgemein «unentgeltliche

---

[67] Dies gilt auch dann, wenn über die Gesellschaft der Konkurs eröffnet und mangels Aktiven gemäß Art. 230 SchKG geschlossen worden ist. Siehe BGE 65 III, 1939, S. 137; FRITZSCHE, S. 275.
[68] BGE 57 I, 1931, S. 39 ff.; 65 III, 1939, S. 137.
[69] Zu den «anfechtbaren Vermögensverschiebungen» vgl. SIEGWART, Art. 570, N. 3 ff.
[70] z. B. durch unzulässige Bezüge oder Verrechnungen, siehe unten lit. c und Anm. 72.

Verfügungen»; darunter fallen auch Rechtsgeschäfte, bei denen der Schuldner eine Gegenleistung angenommen hat, die zu seiner eigenen Leistung in einem Mißverhältnis steht (Art. 286 SchKG). – Unter diesen Bestimmungen könnte – per analogiam – auch die Ausrichtung von Abfindungen oder Liquidationsbetreffnissen an Gesellschafter fallen, die den ihnen nach Gesetz oder Vertrag geschuldeten Vermögens- bzw. Liquidationsanteil in einem den Gesellschaftsgläubiger schädigenden Ausmaß übersteigen. In solchen Fällen wird oft – aber nicht notwendigerweise – der Tatbestand einer «Absichtsanfechtung» (Art. 288) vorliegen [71].

Im Geschäftsleben bedeutsamer ist die **Überschuldungspauliana** (Art. 287 SchKG), mittelst welcher gerade auch gesellschaftsinterne Rechtshandlungen angefochten werden können; so die Verrechnung einer noch geschuldeten Kommanditsumme mit einer dem Kommanditär gegenüber der Gesellschaft zustehenden Forderung [72]. Die Anfechtbarkeit der in Art. 287 SchKG genannten Rechtshandlungen fällt aber dahin, wenn der Beklagte beweist, daß er die Überschuldung der Gesellschaft nicht gekannt hat (Art. 287 Abs. 2 SchKG).

Mit der **Absichtsanfechtung** (Deliktspauliana) können alle Rechtshandlungen angegriffen werden, die der Schuldner in der «dem andern Teile erkennbaren Absicht» vorgenommen hat, seine Gläubiger zu benachteiligen oder einzelne Gläubiger zum Nachteil anderer zu begünstigen, ohne Rücksicht auf den Zeitpunkt ihrer Vornahme (Art. 288 SchKG). Die Anwendbarkeit dieser (in der Gerichtspraxis wohl häufigsten) Anfechtungsklage hängt somit (lediglich) von zwei Voraussetzungen ab: Subjektiv von der fraudulösen Absicht; objektiv von der Benachteiligung aller oder einzelner Gläubiger. Unter diesen Voraussetzungen sind alle Rechtshandlungen einer Gesellschaft anfechtbar, gleichgültig ob sie gegenüber Dritten oder gegenüber Gesellschaftern (im innergesellschaftlichen Verhältnis) getätigt worden sind.

III. Verjährungen

1. Allgemeines

In einem besondern Abschnitt (Art. 591–593) befaßt sich das Gesetz mit der Verjährung der «Forderungen der Gesellschaftsgläubiger gegen einen

---

[71] Vgl. FRITZSCHE, S. 263.
[72] BGE 42 III, 1916, S. 489 ff. Siehe auch BGE 24 II, 1898, S. 731 ff., 737 (Vorbehalt der Anfechtbarkeit von Bezügen gemäß Art. 557 Abs. 1 aOR mittelst der Deliktspauliana).

Gesellschafter für die Verbindlichkeiten der Gesellschaft». Es geht hier also um die Haftungen der Gesellschafter im Sinn von Art. 568 OR. Dabei werden zwei Fälle unterschieden: Die Haftung der Gesellschafter bei Auflösung der Gesellschaft und diejenige der vorher bereits ausgeschiedenen Gesellschafter.

Diese besondere Verjährungsordnung gilt nur im Verhältnis der Gesellschafter gegenüber Dritten, gegebenenfalls auch für (individualrechtliche) Forderungen von Gesellschaftern als Dritte (z.B. als Darleiher, Verkäufer, Vermieter). – Nicht unter die besondere Verjährungsordnung fallen Forderungen aus Verhältnissen der Gesellschafter unter sich (Art. 591 Abs. 3 OR), so namentlich solche, die sich aus der Auflösung und Liquidation der Gesellschaft ergeben (z.B. auf Ausgleich der Aktiv- und Passivkonten, aus Regreßforderungen bei Inanspruchnahme durch Gesellschaftsgläubiger, Schadenersatzansprüche)[73].

Die besondere Verjährungsordnung hat keine Auswirkungen auf den Inhalt und die Rechtsnatur der Haftungsschuld. Insbesondere gilt weiterhin das Prinzip der Akzessorietät, wonach dem Gesellschafter alle Einreden zustehen, welche die Gesellschaft erheben könnte, so auch diejenige aus der Verjährung der Gesellschaftsschuld[74].

2. Die besondern Verjährungsfristen

a) Gemäß Art. 591 verjähren die Haftungsschulden der Gesellschafter in fünf Jahren seit der Veröffentlichung der Auflösung der Gesellschaft oder des Ausscheidens eines Gesellschafters im Schweizerischen Handelsamtsblatt, sofern nicht wegen der Natur der Forderung eine kürzere Verjährungsfrist gilt[75]. Wird die Forderung erst nach dieser Veröffentlichung fällig, so beginnt die Verjährung mit dem Zeitpunkt der Fälligkeit.

Die gleiche Ordnung galt schon nach aOR (Art. 585 f.). Maßgebender Zeitpunkt für den Beginn der Verjährung war aber die Eintragung der Auflösung oder des Ausscheidens im Handelsregister; so auch noch E 1928, Art. 591. Die nun geltende Ordnung (Beginn der Verjährung mit der Veröffentlichung) entspricht Art. 932 Abs. 2 rev. OR und schafft klarere Verhältnisse im Rechtsverkehr. Dabei ist aber folgendes zu beachten:

Der Beginn der Verjährung mit der Veröffentlichung im SHAB setzt eine gültige Eintragung der Auflösung oder des Ausscheidens im Handels-

---

[73] SIEGWART, Art. 591–593, N. 16; HARTMANN, Art. 591, N. 13.
[74] Vorn § 37, III 3.
[75] Kürzere Verjährungsfristen gemäß Art. 60, 128 OR.

register voraus[76]. Ferner: War die Gesellschaft überhaupt nicht im HReg eingetragen, so kann auch keine Veröffentlichung im SHAB erfolgen. Es gelten dann die gewöhnlichen Verjährungsfristen[77].

b) Für die Unterbrechung[78] der Verjährung (der Haftungsschulden) ist zunächst Art. 593 zu beachten: Ist ein Gesellschafter ausgeschieden, so vermag die Unterbrechung der Verjährung gegenüber der fortbestehenden Gesellschaft oder einem andern Gesellschafter die Verjährung gegenüber dem Ausgeschiedenen nicht zu unterbrechen. Diese – schon in Art. 595 aOR enthaltene – Bestimmung erklärt sich daraus, daß die Beziehungen zwischen dem Ausgeschiedenen und der Gesellschaft nun aufgelöst sind und der Ausgeschiedene auf den Ablauf der Dinge in der Gesellschaft nicht mehr einwirken kann[79]. Unterbrochen wird die Verjährung der Haftungsschuld des Ausgeschiedenen also nur durch gegen ihn persönlich gerichtete oder von ihm vorgenommene Rechtshandlungen gemäß Art. 135 OR.

c) Umstritten ist, ob die gegenüber der Gesellschaft oder einem Gesellschafter erfolgte Unterbrechung der Verjährung sich auch gegenüber den Gesellschaftern – generell, damit auch gegenüber den «fortsetzenden» im Sinn der Art. 576–579 – auswirkt.

Bejaht wird dies deutlich im BGE 83 II, 1957, insbes. Erw. 6, unter Hinweis auf «herrschende» Lehre[80]. Entscheidend hiefür ist (nach BGer) die Struktur der Kollektivgesellschaft und das Verhältnis der Gesellschafter zur Gesellschaft und zur Gesellschaftsschuld. Dieses ist (trotz Subsidiarität der Gesellschafterhaftungen) enger als dasjenige unter Solidarschuldnern oder zwischen Hauptschuldnern und Bürgen. Die Bestimmungen des Art. 136 OR betreffend Unterbrechung der Verjährung bei Solidarschuld- und Bürgschaftsverhältnissen müssen daher *a fortiori* auch im Verhältnis Gesellschaft-Gesellschafter anwendbar sein. – Verneint wird die Frage namentlich von HARTMANN[81]: Art. 136 OR gilt nur bei «echter Solidarität» und darf als Ausnahmebestimmung nicht ausdehnend interpretiert werden. Solidarität besteht aber nur unter den haftenden Gesellschaftern, nicht auch im Verhältnis zwischen Gesellschaft und Gesellschaftern. Gesellschaftsschuld und Haftungsschuld bewahren daher hinsichtlich der Verjährung und ihrer Unterbrechung ihre Selbständigkeit. – Wenn auch die Argumentation HARTMANNS dogmatisch zutreffend ist und zur Begründung des BGer Fragezeichen gesetzt werden können, so ist diesem im Ergebnis doch zuzustimmen. Ergänzend kann auch auf die Akzessorietät der Haftungsschuld (siehe oben Ziff. 1) hingewiesen werden, die ebenfalls für einen Gleichlauf der Bestimmungen über die Verjährungen und ihre Unterbrechung spricht. Art. 593 ist, nach seinem Wortlaut, seiner

---

[76] So deutlich BGE 83 II, 1957, S. 41 ff. (S. 48: «Veröffentlichung heilt das Fehlen oder die Nichtigkeit der Eintragung nicht»).
[77] HARTMANN, Art. 591, N. 11; SIEGWART, Art. 591–593, N. 2.
[78] Zur Unterbrechung der Verjährung allgemein siehe Art. 135 ff.
[79] HARTMANN, Art. 593, N. 4 a.E.; BGE 83 II, 1957, Erw. 6; siehe auch ProtExpKomm 1928, S. 112.
[80] z. B. WIELAND I, S. 730; SIEGWART, Art. 591–593, N. 4; MANGOLD, S. 22, 45.
[81] HARTMANN, Art. 593, N. 3.

Stellung im Gesetz und der ratio legis (siehe vorn lit. b) als Ausnahmebestimmung zugunsten des ausgeschiedenen Gesellschafters zu werten.

d) In Art. 592 befaßt sich das Gesetz noch mit zwei besondern Situationen: Verjährung bei Geschäftsübernahme (Art. 592 Abs. 2). – Übernimmt ein Gesellschafter das Geschäft mit Aktiven und Passiven, so kann er den (bisherigen) Gesellschaftsgläubigern die bei Auflösung der Gesellschaft geltende (Art. 591) fünfjährige Verjährungsfrist nicht entgegenhalten; es gelten für ihn, wie für jeden Unternehmer im Sinn von Art. 181, die ordentlichen Verjährungsbestimmungen. – Für den oder die ausgeschiedenen Gesellschafter gilt im Fall der Geschäftsübernahme durch einen Gesellschafter oder einen Dritten nicht die fünfjährige Verjährungsfrist (gemäß Art. 591) sondern die zweijährige (gemäß Art. 181 Abs. 2 OR). Art. 592 Abs. 2 bedeutet somit nur eine Angleichung des Gesellschaftsrechts an die allgemein bei Geschäftsübernahmen geltende Ordnung [82].

Befriedigung bei ungeteiltem Gesellschaftsvermögen. – Gemäß Art. 592 Abs. 1 kann dem Gläubiger, der seine Befriedigung nur aus ungeteiltem Gesellschaftsvermögen sucht, die fünfjährige Verjährungsfrist (gemäß Art. 591) nicht entgegengehalten werden. Diese Bestimmung gilt einmal im Fall, da nach formellem Abschluß der Liquidation und Löschung der Gesellschaft im Handelsregister noch Gesellschaftsaktiven zum Vorschein kommen und vom Gläubiger, nach Wiedereintragung der Gesellschaft, beansprucht werden [83]. Sodann gilt Art. 592 Abs. 1 auch im Fall, da ein Gesellschafter, dem Ansprüche an das Gesellschaftsvermögen zustehen, nach Auflösung der Gesellschaft (Art. 568 Abs. 3) und vor Abschluß der Liquidation vom Gläubiger belangt wird. In beiden Fällen gelten auch gegenüber dem Gesellschafter die ordentlichen Verjährungsfristen, was, in Anbetracht der oft langen Dauer der Liquidation (vor oder nach Löschung der Gesellschaft), eine Stärkung der Gläubigerposition bedeutet [84].

---

[82] Vgl. Art. 587 Abs. 2 aOR; Art. 606 Abs. 3 E 1923. In der Expertenkommission war diese Bestimmung umstritten, siehe ProtExpKomm 1928, S. 106 ff.
[83] Vorn II 4.
[84] Vgl. Art. 587, Abs. 1 aOR; ProtExpKomm 1928, S. 106 ff.; HARTMANN, Art. 592, N. 2 f.; SIEGWART, Art. 591–593, N. 14.

Drittes Kapitel

Die Kommanditgesellschaft

§ 40. Begriff der Kommanditgesellschaft

Literatur

U. RICHARD, Atypische Kommanditgesellschaften, Diss. Zürich, Bern 1971; L. E. JAQUEROD/F. VON STEIGER, Eintragungsmuster für das Handelsregister mit Erläuterungen, Zürich 1943.

I. Gesetzliche Grundlagen – Terminologisches

1. Grundlagen

Das OR umschreibt die Kommanditgesellschaft als «eine Gesellschaft, die zwei oder mehrere Personen zum Zwecke vereinigt, ein Handels-, ein Fabrikations- oder ein anderes nach kaufmännischer Art geführtes Gewerbe unter einer gemeinsamen Firma in der Weise zu betreiben, daß wenigstens ein Mitglied unbeschränkt, eines oder mehrere andere aber als Kommanditäre nur bis zum Betrag einer bestimmten Vermögenseinlage, der Kommanditsumme, haften» (Art. 594 Abs. 1 OR). Kommanditgesellschaften können – wie die Kollektivgesellschaften – auch zu andern als den soeben genannten Zwecken errichtet werden, bedürfen aber zu ihrer rechtlichen Entstehung der Eintragung im Handelsregister (Art. 595). – Ein Vergleich mit der Kollektivgesellschaft (wie in Art. 552 OR umschrieben) ergibt, daß die Kommanditgesellschaft die gleichen konstitutiven Merkmale aufweist wie die Kollektivgesellschaft und sich von dieser nur durch eine andere Ordnung der Haftungsverhältnisse – beschränkte Haftung bestimmter Gesellschafter – unterscheidet. Man hat denn auch die Kommanditgesellschaft als eine «modifizierte Kollektivgesellschaft» oder eine «Nebenart», eine «Abart» dieser Gesellschaft bezeichnet[1]. Man kann dieser Auffassung zustim-

---

[1] Vgl. WIELAND I, S. 732; HARTMANN, Art. 594, N. 4; MEIER-HAYOZ/FORSTMOSER, S. 153; HUECK, Gesellschaftsrecht, S. 94; LEHMANN/DIETZ, S. 191.

men – muß dazu aber gleich festhalten, daß die Ordnung der beiden Gesellschaftsformen im einzelnen neben Übereinstimmungen auch bedeutsame Unterschiede aufweist, die der Kommanditgesellschaft doch ein deutlich eigenständiges Gepräge geben.

Für die internrechtlichen Verhältnisse verweist das Gesetz (subsidiär, Art. 598 OR) auf das Recht der Kollektivgesellschaft[2], jedoch unter Vorbehalt besonderer Bestimmungen betreffend die Geschäftsführung, die Kontrollrechte und die Gewinn- und Verlustbeteiligung des Kommanditärs (Art. 599–601). – Im Verhältnis der Gesellschaft zu Dritten, insbesondere was die Vertretung durch die Gesellschafter und deren Haftungen betrifft, kommt das Recht der Kollektivgesellschaft nur auf die sog. Komplementäre zur Anwendung; in bezug auf die Kommanditäre gelten hiefür besondere Regeln (Art. 605 ff. OR), so auch was die Geltendmachung der Haftung durch die Gesellschaftsgläubiger betrifft (Art. 610). – Weitere Unterschiede betreffen die Voraussetzungen der Mitgliedschaft des Kommanditärs (Art. 594 Abs. 2), wobei auch zu beachten ist, daß dieser – als solcher – nicht der Konkursbetreibung unterliegt (Art. 39 Abs. 1 Ziff. 3 SchKG, e contrario) und sein Tod oder seine Entmündigung nicht die Auflösung der Gesellschaft zur Folge haben (Art. 619 Abs. 2)[3].

Was das Verhältnis der internen zur externen Ordnung betrifft, wird in der Doktrin die Frage aufgeworfen, ob die besondere Regelung des Innenverhältnisses als eine Folge der beschränkten Haftung zu verstehen sei, oder umgekehrt. So ist z. B. nach K. WIELAND[4] die Kommanditgesellschaft «ihrem Wesen nach ... noch immer eine Gesellschaft mit beschränkter Beitragspflicht. ... Funktionell betrachtet stellt sich die Haftung in den Dienst der Einlage und nicht umgekehrt». – Demgegenüber ist darauf hinzuweisen, daß die geschichtliche Entwicklung der Kommanditgesellschaft eine Verlagerung des Schwergewichts von der beschränkten Einlage auf die beschränkte Haftung des Kommanditärs gebracht hat[5]. De lege lata ist die Rechtsstellung des Kommanditärs im Innenverhältnis eher als Auswirkung seiner beschränkten Haftung zu verstehen; dies gilt besonders für das schweizerische Recht, das die Haftung des Kommanditärs nicht nur summenmäßig beschränkt, sondern auch betont nach dem Prinzip der Subsidiarität ausgestaltet hat (Art. 610)[6]. Dies ist auch bei der Würdigung der sich aus dem Innenverhältnis ergebenden Fragen zu berücksichtigen.

---

[2] Der Hinweis bezieht sich zunächst auf Art. 557 OR, der seinerseits (subsidiär) auf das Recht der einfachen Gesellschaft verweist. Kraft Art. 598 kommen aber auch die Art. 558–561 (betreffend Rechnungslegung der Gesellschaft, vermögensrechtliche Ansprüche der Gesellschafter, Konkurrenzverbot) zur Anwendung, unter Berücksichtigung der besondern Rechtsstellung des Kommanditärs.

[3] Die vertragliche Ordnung der Kommanditgesellschaft kann diese noch deutlicher von der Kollektivgesellschaft abheben, so bei den atypischen Kommanditgesellschaften; siehe unten III.

[4] WIELAND I, S. 731 ff., insbes. S. 739.

[5] Siehe vorn § 32.

[6] Anders nach § 171 HGB, siehe unten IV.

2. Terminologisches

In terminologischer Hinsicht ist, zur Klarstellung der nachfolgenden Ausführungen, zweierlei festzuhalten: Die beschränkt haftenden Gesellschafter werden im Gesetz **Kommanditäre** (commanditaires, accomandanti) genannt. Die unbeschränkt haftenden Gesellschafter werden im Gesetz als solche bezeichnet, in Doktrin und Praxis meist mit dem Ausdruck «**Komplementäre**», der zwar ungenau ist, aber der Einfachheit halber auch im Nachfolgenden verwendet wird[7].

In bezug auf die beschränkte Haftung der Kommanditäre sagt das Gesetz, daß diese «nur bis zum Betrag einer bestimmten **Vermögenseinlage, der Kommanditsumme**, haften». Diese (auch im französischen und italienischen Gesetzestext[8] erfolgte) Gleichsetzung der Begriffe Vermögenseinlage und Kommanditsumme stellt eine Entgleisung dar, die, wie gleich noch auszuführen sein wird, besondere Auslegungsfragen zur Folge hat. In der Rechtspraxis ist zudem oft einfach von «Kommandite» die Rede, wobei bald die Kommanditeinlage, bald die Kommanditsumme gemeint ist[9]. – Vermögenseinlage und Haftungssumme sind aber zwei verschiedene Dinge, die, wenn sie auch rechtlich und praktisch zusammenhängen (und gerade deshalb!), deutlich auseinanderzuhalten sind.

Die Gleichsetzung von Vermögenseinlage und Kommanditsumme geht auf Art. 590 aOR zurück und erscheint in allen drei Entwürfen zum revOR. In der Expertenkommission[10] wurde deutlich darauf hingewiesen, daß die beiden Begriffe auseinanderzuhalten sind, da die Vermögenseinlage (apport) das interne Gesellschaftsverhältnis betreffe und die Kommanditsumme (la commandite) den gegenüber den Gesellschaftsgläubigern geltenden Haftungsbetrag ausdrücke, der größer oder kleiner sein könne als die Einlage. Es wurde beantragt, den Ausdruck Einlage überhaupt fallen zu lassen und überall nur von Kommanditsumme zu sprechen. Trotzdem dieser Antrag angenommen wurde, kehrte man wieder zur ursprünglichen Formulierung

---

[7] «Komplementär» ist eine ungenaue Bezeichnung für den unbeschränkt haftenden Gesellschafter, weil dieser ja den Gesellschaftsgläubigern gegenüber direkt und in vollem Umfang für die Gesellschaftsschulden haftet, nicht bloß «ergänzend», wie es nach der sprachlichen Bedeutung der Bezeichnung der Fall wäre.

Das deutsche Recht spricht von persönlich haftenden Gesellschaftern und Kommanditisten (§ 161 HGB), das französische von associés commandités und associés commanditaires (Art. 23, Loi soc. comm. 1966), das italienische von soci accomandatari und soci accomandanti (Art. 2313 CCit.).

[8] Art. 594 in fine: (Les) «commanditaires ne sont tenus qu'à concurrence d'un apport déterminé, dénommé commandite». – Die accomandanti haften «solo fino al totale d'un determinato conferimento patrimoniale, detto capitale accomandato».

[9] Auch im Handelsregister wird durchwegs der Ausdruck «Kommandite» verwendet und zwar auch im Hauptregister, Kolonne 6, deren Überschrift lautet: «Kapital, Anteile, Kommandite, Haftung, Nachschüsse». Siehe die Beispiele bei JAQUEROD/VON STEIGER, S. 145 ff., 354.

[10] ProtExpKomm 1928, S. 114 ff.

und damit zur Gleichsetzung von Einlage und Haftungssumme zurück[11]. Hingegen ist dann in den Einzelbestimmungen nur noch von Kommanditsumme die Rede – auch da, wo nach dem Sinn der Norm die Einlage des Kommanditärs in das Gesellschaftsvermögen gemeint ist (so in Art. 596 Abs. 3, Art. 601 Abs. 3, Art. 616 Abs. 2 OR) oder wo es sachlich richtiger gewesen wäre, auf die Einlage abzustellen (so in Art. 601 Abs. 1)[12]. Darauf ist in entsprechendem Zusammenhang zurückzukommen.

II. Kommanditeinlage und Kommanditsumme

1. Die Kommanditeinlage

Unter der Kommanditeinlage ist der vom Kommanditär an die Gesellschaft geleistete oder noch geschuldete Vermögensbeitrag zu verstehen. Wie zur Geschichte der Kommanditgesellschaft dargelegt, stellte anfänglich die Einlage das wesentliche Element der gemeinsamen Unternehmung dar, aus welchem sich dann allmählich die beschränkte Haftung des Kommanditärs als begriffswesentliches Merkmal der Kommanditgesellschaft entwickelte. Auch in der modernen Konzeption dieser Unternehmungsform stellt die Einlage oft einen erheblichen, manchmal einen entscheidenden Beitrag zur Erreichung des Gesellschaftszwecks dar. Unter Umständen ist aber den wirtschaftlichen Bedürfnissen der Gesellschaft schon gedient, wenn ein oder mehrere Gesellschafter nach außen die Haftung für die Gesellschaftsschulden übernehmen und damit die Kreditbasis der Unternehmung stärken und erweitern. Wie allgemein im Recht der Personengesellschaften, gilt auch hier die Übernahme von Haftungen als ein gesellschaftsrechtlich relevanter Beitrag[13]. Das Gesetz überläßt denn auch die Ordnung der Beitragspflichten des Kommanditärs als eine gesellschaftsinterne Angelegenheit der freien Vereinbarung unter den Gesellschaftern (Art. 598). Es ist Sache des Gesellschaftsvertrags zu sagen, ob der Kommanditär eine Kommanditeinlage zu leisten hat, wenn ja wann, in welchem Ausmaß, in welcher Form (in bar oder als Sacheinlage) und unter welchem Rechtstitel (zu Eigentum, zum Gebrauch, als Darlehen etc.)[14].

---

[11] E 1928, Art. 594; StenBullStR 1931, S. 161. – Auch das deutsche Recht verwendet den Terminus «Vermögenseinlage», wo die Haftungssumme des Kommanditisten gemeint ist (siehe §§ 161, 171 HGB). Die Doktrin und Rechtsprechung stellen dazu (berichtigend) fest, daß zwischen einer internrechtlichen «Pflichtsumme» und der «Haftungssumme» gegenüber den Gesellschaftsgläubigern zu unterscheiden ist; vgl. z.B. LEHMANN/DIETZ, S. 192.
[12] Vgl. die Kritik der gesetzlichen Terminologie bei HARTMANN, Art. 594, N. 4; SIEGWART, Art. 594/95, N. 9.
[13] Siehe vorn § 29 I 1.
[14] Siehe hinten § 42, II.

2. Die Kommanditsumme

Die Kommanditsumme ist der Betrag, bis zu welchem der Kommanditär gegenüber den Gesellschaftsgläubigern für die Gesellschaftsschulden einzustehen hat. Sie bestimmt die summenmäßig beschränkte Haftung des Kommanditärs und stellt (wie eingangs erwähnt) das begriffswesentliche Merkmal der Kommanditgesellschaft dar. Auch die Kommanditsumme beruht zunächst auf einer Vereinbarung unter den Gesellschaftern; gegenüber Dritten gilt sie kraft Eintragung im Handelsregister oder anderer Kundgebung[15]. Als Haftungssumme gehört sie dem Außenverhältnis an und ihre Funktionen werden im Gesetz im wesentlichen unter diesem Gesichtspunkt geregelt. Die Haftung gemäß der erklärten Kommanditsumme ist – wie ja allgemein im Recht der Personengesellschaften das Innen- und das Außenverhältnis ihre eigenen Wege gehen können – im Prinzip unabhängig von der Kommanditeinlage[16]. Sie kann erhöht oder herabgesetzt werden, ohne daß dies die (interne) Beitragspflicht des Kommanditärs berühren müßte. – Schließlich kann die Haftung des Kommanditärs gegeben sein, auch wenn der Gesellschaftsvertrag fehlerhaft ist und die Kommanditeinlage verweigert werden kann[17].

3. Zusammenhänge

Sind demgemäß Kommanditeinlage und Kommanditsumme voneinander unabhängig, so bestehen doch zwischen diesen beiden Begriffen faktische und rechtliche Zusammenhänge von erheblicher Bedeutung. – In faktischer Hinsicht ergibt sich schon aus der geschichtlichen Entwicklung – kann aber auch in der heutigen Praxis festgestellt werden –, daß Einlage und Haftungssumme oft wertmäßig miteinander übereinstimmen[18]. Der Kommanditär ist bereit, eine bestimmte Leistung effektiv zu erbringen, z.B. Geld einzuschießen oder einen Sachwert einzubringen, will aber sein Risiko und die Haftung gegenüber den Gesellschaftsgläubigern auf diese Beteiligung beschränken.

Diesem Moment trägt nun das Gesetz Rechnung – und damit kommen wir zum rechtlich bedeutsamsten Zusammenhang zwischen Einlage und

---

[15] Siehe hinten § 43, III.
[16] Zur begrifflichen Unterscheidung zwischen Kommanditeinlage und Kommanditsumme siehe HARTMANN, Art.594, N.3f.; SIEGWART, Art.594/95, N.8f.; WIELAND I, S.739, 760 Anm.12.
[17] Zu den fehlerhaften Gesellschaftsverträgen siehe vorn § 28 II, insbes. Ziff.5.
[18] Worauf WIELAND I, S.739 besonderes Gewicht legt («nur in Erwägung dieser Regelerscheinung sind die für die KG geltenden Einzelsätze richtig zu verstehen»). – Übereinstimmung von Kommanditeinlage und Kommanditsumme als Regelfall bejahen auch SIEGWART, Art. 594/95, N.8; HARTMANN, Art.598, N.8. – Dazu noch hinten § 42, II 2b.

Kommanditsumme –, indem es bestimmt, daß der Kommanditär von der Haftung befreit wird, wenn und insoweit als er eine Einlage in das Gesellschaftsvermögen geleistet und nicht wieder zurückbezogen hat (Art. 610 Abs. 2)[19]. Es gilt von Gesetzes wegen die Haftung als konsumiert, soweit der Kommanditär eine das Gesellschaftsvermögen vermehrende Einlage macht.

Daraus kann sich eine weitere Beziehung zwischen Kommanditsumme und Kommanditeinlage ergeben, nämlich dann, wenn diese nicht in bar, sondern mittelst sog. Sacheinlagen erbracht worden ist. In welcher Form und unter welchem Rechtstitel Kommanditeinlagen zu erbringen und zu welchem Wert diese anzurechnen sind, ist dem Ermessen der Gesellschafter anheimgestellt und im Gesellschaftsvertrag zu bestimmen. Werden Sacheinlagen vereinbart, so sind diese unter Angabe ihres (von der Gesellschaft geschätzten) Wertes im Handelsregister einzutragen, was Dritten eine bessere Beurteilung der Vermögenslage der Gesellschaft ermöglicht (Art. 596 Abs. 3). Da sich nun die Kommanditsumme um den Betrag der eingebrachten Einlage verringert, so bleibt den Gesellschaftsgläubigern von Gesetzes wegen der Nachweis vorbehalten, daß der erklärte Wertansatz von Sacheinlagen ihrem wirklichen Wert im Zeitpunkt ihres Einbringens nicht entsprochen hat (Art. 608 Abs. 3), womit sich gegebenenfalls die Haftungssumme im entsprechenden Ausmaß wieder erhöht[20].

Ein besonderes Verhältnis zwischen Kommanditsumme und Kommanditeinlage ergibt sich bei der Auflösung der Gesellschaft (Art. 610). Die Gesellschaftsgläubiger können nun die Haftung des Kommanditärs geltend machen, aber sie können Zahlung der Kommanditsumme nur in das Gesellschaftsvermögen (in Liquidation) verlangen, womit diese funktionell zu einer Einlage wird und als Bestandteil des Gesellschaftsvermögens zur Befriedigung der Gesellschaftsgläubiger in ihrer Gesamtheit zur Verfügung steht[21].

III. Besondere Erscheinungsformen

In der neueren Doktrin und Rechtsprechung wird den sog. atypischen Kommanditgesellschaften eine in rechtlicher und praktischer Hinsicht be-

---

[19] Gleiche Ordnung für die Haftung des Gesellschafters bei der GmbH (Art. 802 Abs. 2 OR), mit dem Unterschied, daß hier der Gesellschafter auch für die Deckung der Stammeinlagen der andern Gesellschafter einzustehen hat.
[20] Zu den Sacheinlagen siehe ferner hinten § 41, II 2.
[21] Siehe hinten § 45, III.

sondere Bedeutung zuerkannt. Von atypischen Gesellschaften sprechen wir, wenn auf Grund der (zulässigen) gesellschaftsautonomen Ordnung eine Gesellschaft gebildet wird, die in erheblichen Punkten vom gesetzlichen Typus (dem «Leitbild») der betreffenden Gesellschaftsform abweicht [22]. Der gesetzliche Typus der Kommanditgesellschaft [23] ist charakterisiert durch die dominierende Stellung des Komplementärs, dem gegenüber der Kommanditär in Rechten und Pflichten zurückgesetzt wird – dies sowohl im Außenverhältnis (beschränkte Haftung, keine Vertretungsbefugnis) als auch in den gesellschaftsinternen Beziehungen (z.B. keine Geschäftsführung, beschränkte Widerspruchs- und Kontrollrechte, Verlustbeteiligung nur bis zum Betrag der Kommanditsumme und Gewinnbeteiligung je nach den Umständen). Durch diese unterschiedliche Behandlung der beiden Gesellschafterkategorien hebt sich die Kommanditgesellschaft deutlich ab von den einfachen und Kollektivgesellschaften, deren Mitglieder von Gesetzes wegen in jeder Hinsicht in gleichen Rechten und Pflichten stehen.

Das gesetzliche Leitbild der Kommanditgesellschaft ist das Resultat ihrer geschichtlichen Entwicklung und entspricht «im Durchschnitt» den dieser Gesellschaftsform zugrunde liegenden tatsächlichen (wirtschaftlichen und persönlichen) Verhältnissen. In der Praxis können die Dinge aber auch anders, ja gerade umgekehrt liegen. Das Schwergewicht verlagert sich de facto auf die Kommanditäre, wenn deren vermögensrechtlicher Beteiligung (in Form der Kommanditeinlagen oder Haftungssummen) für die Verfolgung des Gesellschaftszwecks eine entscheidende oder doch erhebliche Bedeutung zukommt; in der gleichen Richtung können auch persönliche Umstände (Erfahrung, besondere geschäftliche Fähigkeiten von Kommanditären) wirken. Da für die Ordnung der gesellschaftsinternen Verhältnisse in erster Linie der Gesellschaftsvertrag, subsidiär das Recht der Kollektivgesellschaft bzw. der einfachen Gesellschaft gelten (Art. 598, 577 OR) [24], ist es möglich, solchen besondern Gegebenheiten auch rechtlich Rechnung zu tragen. So können die Widerspruchs- und Kontrollrechte der Kommanditäre modifiziert oder Kommanditäre zu Geschäftsführern bestellt werden. In größeren Verhältnissen kann sich die Gesellschaft eine förmliche Organisation geben, mit Gesellschafterversammlung, Aufsichtsorgan und Geschäftsleitung auch durch Dritte. Für die Beschlußfassung können das Majoritätsprinzip eingeführt und die Stimmkraft nach der vermögensrecht-

---

[22] Hiezu vorn § 24, insbes. II und III (Eruierung des gesetzlichen Typus auf Grund einer Gesamtbetrachtung aller für eine bestimmte Gesellschaftsform geltenden Normen).
[23] Zum gesetzlichen Typus der Kommanditgesellschaft z.B. RICHARD, S. 14 ff., mit Hinweisen.
[24] Vorbehalten bleiben die besondern Bestimmungen der Art. 599–601, die nach allgemeiner Auffassung nachgiebiges Recht sind – was allerdings noch zu prüfen ist (dazu hinten § 42).

lichen Beteiligung (Kommanditeinlage oder -summe) bemessen werden. Öfters wird auch, zum «Bestandesschutz», die Übertragbarkeit der Mitgliedschaft unter Lebenden oder von Todes wegen vorgesehen. Auf solchen Grundlagen entsteht dann die sog. **körperschaftliche oder kapitalistische Kommanditgesellschaft**, als bedeutsamste Erscheinungsform unter den atypischen Kommanditgesellschaften[25].

Im einzelnen weisen die als atypisch angesprochenen Kommanditgesellschaften die verschiedenartigsten Strukturen auf, was auch mit ihren besondern Zwecksetzungen zusammenhängt. Die Doktrin bemüht sich, diese besonderen Erscheinungsformen unter gewissen Gesichtspunkten zu ordnen. – So unterscheidet z. B. SCHILLING[26] drei Gruppen: 1. Die Kommanditgesellschaft nach dem gesetzlichen (vom Vertragsprinzip geprägten) Leitbild, allenfalls mit Modifikationen in Einzelpunkten; 2. Mischformen, beruhend auf dem Vertragsprinzip, verbunden mit körperschaftlicher Verfassung (zwei Organe: Geschäftsführung durch Komplementäre, Gesellschafterversammlung mit Beschlußfassung nach Majoritätsprinzip und Stimmkraft nach Kapitalbeteiligung); 3. Die körperschaftlich-kapitalistisch organisierte Gesellschaft (drei Organe: Gesellschafterversammlung, Aufsichtsorgan, Geschäftsleitung). – Unter Hervorhebung ihrer **Motivierungen** nennt RICHARD[27] folgende Sondertypen: Die Sondervermögen-Kommanditgesellschft; die Gesellschaft zur Haftungsumgehung; die kapitalistische oder körperschaftliche Gesellschaft; als weitere Sondererscheinungen die Ehegatten- und die Treuhand-Kommanditgesellschaften. – Gewissermaßen auf die **Stufenfolge** in der «Umstrukturierung» von Kommanditgesellschaften zu Kapitalgesellschaften weisen MEIER-HAYOZ/SCHLUEP/OTT[28] hin – unter Betonung, daß manche der als atypisch charakterisierten Merkmale durchaus noch im Bereich des gesetzlichen Leitbildes liegen und man von wirklich atypischen Kommanditgesellschaften erst sprechen könne, wo die Herrschaft über die Gesellschaft deutlich in den Händen der Kommanditäre liege.

Wir schließen uns der von MEIER-HAYOZ/SCHLUEP/OTT vertretenen Auffassung an; mit dem Beifügen, daß sich nur aus einer Gesamtbetrachtung der im Einzelfall vorliegenden Gesellschaftsstruktur schließen läßt, ob eine

---

[25] Zur historischen Entwicklung der sog. körperschaftlich-kapitalistischen Kommanditgesellschaft siehe RICHARD, S. 25 ff. Dieser Typus findet sich, auch in der Schweiz, schon im ausgehenden 15. und im 16. Jahrh., trat dann zurück, um im spätern 19. und im 20. Jahrh. wieder zu stets wachsender Bedeutung zu gelangen. Gründe hiezu waren, namentlich im Vergleich zur AG, steuerrechtliche Vorteile, geringe Publizitätspflichten und die Verbindung von personalistischen mit kapitalistischen Elementen. In Deutschland wurde die Bildung solcher Kommanditgesellschaften wesentlich durch die sog. Umwandlungsgesetzgebung (1934–1969) gefördert (siehe z. B. LEHMANN/DIETZ, S. 193 f., 477 f.). – Von Interesse ist, daß die Kommandit AG (Art. 764 ff. OR), welche ebenfalls zwischen unbeschränkt und nur mit ihrer Einlage haftenden Mitgliedern (sog. Unternehmer- und Anlegeraktionären) unterscheidet und dazu noch die Vorteile einer Körperschaft bietet, in der Schweiz praktisch aufgegeben ist. Die mit dieser Gesellschaftsform angestrebten Ziele lassen sich einfacher und steuerrechtlich günstiger mit einer Kommandit- oder einer stillen Gesellschaft verwirklichen. Vgl. MEIER-HAYOZ/FORSTMOSER, S. 219 f.; HUECK, Gesellschaftsrecht, S. 236.
[26] SCHILLING, Großkommentar HGB, Vorbem. zu § 161 ff., Anm. 4 ff.
[27] RICHARD, S. 25 ff., mit einläßlicher Darstellung der solche Sondererscheinungen charakterisierenden Momente und der sich daraus ergebenden Wirkungen.
[28] MEIER-HAYOZ/SCHLUEP/OTT, Typologie im schweizerischen Gesellschaftsrecht (zit. zu § 24), S. 313 ff.

derart vom gesetzlichen Leitbild abweichende Figur vorliegt, daß sich die (typologische) Frage nach dem «anwendbaren Recht», insbesondere nach der Zulässigkeit der vertraglichen Ordnung stellen kann[29]. Dies ist im entsprechenden Zusammenhang weiter zu verfolgen (so hinsichtlich der Verwaltungs- und Kontrollrechte, der Vertretung und der Haftungen). Als Richtlinie sei hiezu - unter Hinweis auf das zur typologischen Betrachtungsweise allgemein Gesagte –[30] vorweg nur festgehalten, daß auch bei den Personengesellschaften das Prinzip der Vertragsfreiheit nur innerhalb gewisser Grenzen gilt. Einschränkungen ergeben sich zunächst aus zwingenden Bestimmungen oder Grundsätzen des Gesellschaftsrechts, wobei allerdings gerade bei Personengesellschaften der zwingende Charakter einer Norm zweifelhaft oder mehr eine Frage des Ausmaßes entsprechend den gegebenen Verhältnissen sein kann. Grenzen setzen ferner die sog. obersten Gebote der Rechtsordnung, in diesem Zusammenhang besonders der Schutz der Persönlichkeit (Art. 27 Abs. 2 ZGB) sowie die ganze oder teilweise Nichtigkeit von Verträgen, die gegen die guten Sitten verstoßen[31].

IV. Ausländisches Recht[32]

Auf Grund ihrer geschichtlichen Entwicklung (vorn § 32) wurde auch die Kommanditgesellschaft in den modernen Gesetzgebungen nach im wesentlichen gleichen Prinzipien gestaltet. Im nachfolgenden werden daher nur einige, für die Vergleichung mit dem schweizerischen Recht interessierende Punkte hervorgehoben.

In Deutschland wird die Kommanditgesellschaft in den §§ 161–177 des HGB geregelt. Anders als im schweizerischen Recht (Art. 594 Abs. 2 OR) steht die Mitgliedschaft, auch diejenige der Komplementäre, juristischen Personen und (Personen-) Handelsgesellschaften offen. Damit konnten sich Typen entwickeln, die einem Grundgedanken der Kommanditgesellschaft - der unbeschränkten, persönlichen Haftung einer Gesellschafterkategorie - zuwiderlaufen und denen der schweizerische Gesetzgeber bewußt vorgebeugt hat; als sprechendes Beispiel hiefür sei auf die ziemlich verbreitete «GmbH & Cie, KG» hingewiesen[33]. – Ein weiterer

---

[29] Grundsätzlich dazu vorn § 24, insbes. IV–VI.
[30] Vorn § 24, II, VI.
[31] Einläßlich zur Bedeutung allgemeiner Normen des ZGB und OR hinsichtlich atypischer Kommanditgesellschaften RICHARD, S. 110 ff.
[32] Eingehendere Darstellung des deutschen, französischen und englischen Rechts der Kommanditgesellschaft bei RICHARD, S. 41 ff.
[33] Die GmbH & Cie KG entsteht dadurch, daß die Mitglieder einer GmbH mit dieser zusammen eine Kommanditgesellschaft gründen, mit der GmbH als (meist einzigem) persönlich haftenden Gesellschafter und den GmbH-Mitgliedern als Kommanditisten, womit alle Gesellschafter nur (in bestimmter Weise) beschränkt haften. Für die Bildung dieses Gesellschaftstypus waren vorerst steuerrechtliche Motive maßgebend (Vermeidung einer Doppelbesteue-

wesentlicher Unterschied besteht in der Regelung der Haftungen. Wie schon die Mitglieder der OHG[34] und damit auch die Komplementäre der Kommanditgesellschaft, haften auch die Kommanditisten gegenüber den Gesellschaftsgläubigern direkt («unmittelbar», § 171 HGB), nicht subsidiär wie nach schweizerischem Recht (Art. 610 OR; dazu hinten § 43, III 3). – Von der Geschäftsführung ist der Kommanditist als solcher ausgeschlossen (§ 164, nachgiebigen Rechts); ebenso von der Vertretung der Gesellschaft (§ 170). – Zu den Haftungsproblemen bei atypischen Kommanditgesellschaften siehe hinten § 43, III 4b.

In Frankreich wird die *société en commandite simple* heute geregelt in den Art. 23–33 der Loi soc. comm. 1966 sowie den Art. 17–19 des Décret 1967. Sie ist (wie die Société en nom collectif; siehe vorn § 33, IV) eine société commerciale und erwirbt Rechtspersönlichkeit (personnalité morale) mit ihrer Eintragung in das Handelsregister (Art. 1,5 Loi soc. comm. 1966). Die Komplementäre (associés commandités) unterstehen dem für die Kollektivgesellschafter geltenden Recht; die Kommanditäre (associés commanditaires) haften für die Gesellschaftsschulden bis zur Höhe ihres «apport», der nicht in Arbeit (industrie) erbracht werden kann (Art. 23). Für die Geltendmachung der Haftungen verweist das Décret 1967 auf das Recht der Kollektivgesellschaft (Art. 17, 15; hiezu vorn § 37, V). – Von Bedeutung für den Rechtsverkehr ist die sog. *défense d'immixtion du commanditaire* gemäß Art. 28 des Gesetzes. Danach kann der Kommanditär im Außenverhältnis keinen «acte de gestion externe» vornehmen, auch nicht auf Grund einer Vollmacht («procuration»). Handelt der Kommanditär diesem Verbot zuwider, so hat dies zwar nicht die Nichtigkeit der betreffenden Rechtshandlung zur Folge; er haftet aber, persönlich und solidarisch mit den Komplementären, für die aus seinen Handlungen resultierenden Verbindlichkeiten der Gesellschaft. Je nach der Zahl und der Bedeutung (importance) der vom Kommanditär getätigten Geschäfte kann er auch als im vollen Umfang, solidarisch mit den Komplementären, für sämtliche Verbindlichkeiten der Gesellschaft oder auch nur für einzelne als haftbar erklärt werden (Art. 28 Abs. 2 Loi 1966). – Den Kommanditären stehen bestimmte Kontroll- und Auskunftsrechte zu (Art. 29 Loi 1966). In Art. 18 des Décret wird präzisiert, daß die Ausübung dieser Kontroll- und Aufsichtsrechte (surveillance) sowie eine konsultative Mitwirkung (avis et conseils) des Kommanditärs nicht als actes de gestion externe im Sinn des Gesetzes gelten[35]. – Vgl. dazu das englische Recht (Sect. 6 des Limited Partnership Act 1907, wozu gleich hienach).

Das italienische Recht regelt die *Società in Accomandita Semplice* in den Art. 2313–2324 CCit. Für die Komplementäre (soci accomandatari) gilt das Recht der Kollektivgesellschaft; insbesondere steht nur ihnen die Geschäftsführung und Vertretung der Gesellschaft zu (Art. 2313, 2318 Abs. 2, 2320). – Die Kommanditäre (soci accomandanti) haften bis zur Höhe ihrer Kommanditeinlage (quota conferita). Von der Geschäftsführung (amministrazione) und Ver-

---

rung), später (nach 1945) vermehrt auch wirtschaftliche (Selbstfinanzierung). In der Rechtsprechung wurde die GmbH & Cie zunächst nur als zivilrechtlich, später (nach 1945) auch als unter steuerrechtlichen Gesichtspunkten gültig anerkannt, unter Zustimmung der Doktrin. Vgl. SCHILLING, Großkommentar HGB, § 161, Anm. 20ff.; HUECK, Gesellschaftsrecht, S. 10f.; LEHMANN/DIETZ, § 30, wo aber auch darauf hingewiesen wird, daß bei unterkapitalisierten Gesellschaften dieses Typus meist ein Mißbrauch der Gesellschaftsform vorliege, der zum «Durchgriff» auf die Mitglieder der GmbH führen könne. – Zur Ordnung der Mitgliedschaft im revOR siehe hinten § 41, I 1, insbes. Anm. 1.

[34] Vorn § 37, V.

[35] Vgl. zum Vorstehenden RIPERT/ROBLOT, S. 463f. Zu den (zulässigen) *actes de gestion internes* gehört auch die Teilnahme an einer Gesellschaftsversammlung (délibération en commun), deren Einberufung jeder Komplementär sowie ein Viertel der Kommanditäre, die zugleich ein Viertel des Kapitals vertreten, verlangen können; die Beschlußfassung erfolgt gemäß statutarischer Anordnung (Art. 27 Loi soc. comm. 1966).

tretung sind sie ausgeschlossen, unter Vorbehalt von Spezialvollmachten für bestimmte Geschäfte. Der Kommanditär, der diesem Verbot (divieto) zuwiderhandelt, haftet Dritten gegenüber unbeschränkt und solidarisch für alle Verbindlichkeiten der Gesellschaft und kann zudem von der Gesellschaft aus wichtigen Gründen ausgeschlossen werden (Art. 2320, 2286)[36]. – Für die Geltendmachung der Haftungen durch die Gesellschaftsgläubiger gilt (unter Vorbehalt von Art. 2312 Abs. 2) das Recht der Kollektivgesellschaft (Art. 2315, 2324; siehe vorn § 37, V).

Zum angelsächsischen Recht siehe zunächst vorn § 18, III und § 33 IV (partnership).

In England wird die Kommanditgesellschaft *(Limited Partnership)* im Limited Partnership Act von 1907 geregelt[37]. Dieser behandelt sie als eine Abart der gewöhnlichen Partnership und erklärt ausdrücklich das Recht der partnership – enthalten im Partnership Act 1890 und den in der Rechtsprechung (Common Law und Equity) entwickelten Regeln – als subsidiär anwendbar (Sect. 7). – Die Ltd. Partnership wird gebildet aus unbeschränkt haftenden Gesellschaftern (General Partner) und solchen, die nur mit ihrer Einlage haften (Ltd. Partner). Die (Kommandit-) Einlage ist bei der Gründung der Gesellschaft effektiv zu erbringen und während der Dauer der Gesellschaft in deren Vermögen zu belassen, widrigenfalls der Kommanditär im Ausmaß der direkt oder indirekt erfolgten Rückbezüge oder Leistungen für die Verbindlichkeiten der Gesellschaft haftbar wird (Sect. 4, Ziff. 3). – Von der Geschäftsführung (management of the partnership business) und der Vertretung der Gesellschaft gegenüber Dritten (power to bind the firm) ist der Kommanditär ausgeschlossen. Nimmt er an der Geschäftsführung teil, so wird er für die während der Zeit seiner Mitwirkung entstandenen Verbindlichkeiten der Gesellschaft wie ein General Partner haftbar (Sect. 6, Ziff. 1). Dem Ltd. Partner stehen aber ziemlich weitgehende Kontroll- und allgemeine Aufsichtsrechte zu, die in eine gewisse Mitwirkung ausmünden können (Sect. 6, Ziff. 1, Abs. 2)[38].

Im amerikanischen Recht ist die Ltd. Partnership schon im frühen 19. Jahrhundert durch einzelstaatliche Gesetzgebung erfaßt worden[39]. Der Uniform Partnership Act 1914 erklärt seine Bestimmungen als auf Ltd. Partnerships anwendbar, unter Vorbehalt abweichender einzelstaatlicher Gesetzgebung (Sect. 6), womit diese Gesellschaftsform (wie in England) als eine Abart der gewöhnlichen Partnership verstanden wird. Eine eingehende Ordnung erfuhr dann die Kommanditgesellschaft im Uniform Limited Partnership Act von 1916, der in einzelnen Zügen oder Formulierungen vom englischen Recht abweicht. – Der Ltd. Partner hat eine Einlage (nicht in «services») in das Gesellschaftsvermögen zu leisten, die nur unter bestimmten Voraussetzungen (z. B. zur Befriedigung der Gläubiger) ganz oder teilweise zurückgezogen werden darf, widrigen-

---

[36] Die Kommanditäre können aber unter der Direktion der Komplementäre-Amministratori mitarbeiten; die Statuten können auch für bestimmte Angelegenheiten (operazioni) die Genehmigung oder doch Begutachtung (autorizzazioni oder pareri) durch die Kommanditäre vorsehen und diesen Aufsichtsrechte einräumen. Von Gesetzes wegen stehen den Kommanditären die üblichen Kontrollrechte (Bilanzen, Bücher, Unterlagen) zu. Siehe hiezu Art. 2320 Abs. 2, 3 CCit.

[37] Modifiziert durch den Companies Act 1967, Sect. 121 betreffend die Anzahl von Partnern in bestimmten Geschäftszweigen.

[38] Diese Bestimmung ist so typisch «englisch» formuliert, daß sie hier in extenso wiedergegeben werden soll: «Provided that a limited partner may by himself or his agent at any time inspect the books of the firm and examine into the state and prospects of the partnership business, and may advise with the partners thereon.» – UNDERHILL, a.a.O. (§ 35, Anm. 63), S. 160, bemerkt hiezu, daß es in Anbetracht dieses proviso schwer halte, die Grenze zwischen einer zulässigen und unzulässigen (die Haftung des Ltd. Partner auslösenden) Mitwirkung zu ziehen; als rechtserheblich betrachtet er eine Mitwirkung, die zu einer Entscheidung (decision) führt. Vgl. hiezu das französische Recht (oben, insbes. auch Anm. 35).

[39] Siehe VON SINNER (zit. vorn § 18, Anm. 44); CRANE, § 26.

falls der Kommanditär «compensation» zu leisten hat (Sect. 2, 16). – Der Ltd. Partner nimmt an der Geschäftsführung nicht teil; hingegen stehen ihm die gleichen Kontroll- und Informationsrechte zu wie dem General Partner sowie ausdrücklich genannte Mitgliedschaftsrechte (Sect. 10). – Der Ltd. Partner haftet als solcher nicht für die Gesellschaftsschulden (Sect. 1, 7); es haftet nur seine Einlage (Fall einer «gegenständlich beschränkten Haftung»). Hat er aber in einem seine Rechte als Ltd. Partner übersteigenden Ausmaß am «control of the business» teilgenommen, so haftet er wie ein General Partner (Sect. 7)[40]. – Die Geltendmachung der Gläubigerrechte bestimmt sich nach Prozeß- und Konkursrecht (Sect. 22 f.).

§ 41. Die Entstehung der Kommanditgesellschaft

I. Der Gesellschaftsvertrag

Wie die andern Personengesellschaften beruht auch die Kommanditgesellschaft auf einem Vertrag, der, neben den allgemeinen Merkmalen des Gesellschaftsvertrags (vorn § 20 I), die soeben erörterten spezifischen Merkmale gemäß Art. 594 OR (Firma, Haftungsbeschränkung) aufweist.

1. Die Parteien des Gesellschaftsvertrags

Unbeschränkt haftende Gesellschafter können – wie bei der Kollektivgesellschaft – nur natürliche Personen sein, Kommanditäre jedoch «auch juristische Personen und Handelsgesellschaften»[1] (Art. 594 Abs. 2). Somit können auch Kollektiv- und Kommanditgesellschaften Kommanditäre werden, wobei die Mitgliedschaft diesen Gesellschaften als Einheit zusteht, nicht den einzelnen Gesellschaftern; diese werden nach den für die Handelsgesellschaften geltenden Regeln in der Kommanditgesellschaft vertreten[2].

---

[40] Was unter «control» (ein typisch amerikanischer Terminus) zu verstehen ist, wird im Gesetz nicht festgelegt. CRANE (§ 12) bemerkt hiezu, daß der Ltd. Partner größere Risiken laufe, wenn er Aufsichts- und Vetorechte ausübe.

[1] Über den Begriff «Handelsgesellschaften» siehe vorn § 18, I 2. Nach aOR Art. 590 konnten «Personen» Mitglieder von Kommanditgesellschaften werden. Die E 1919 und 1923 öffneten die Mitgliedschaft den «Personen und Firmen» (Personen-Handelsgesellschaften). Die Exp Komm kehrte wieder zur alten Fassung zurück (ProtExpKomm 1928, S. 117; E 1928, Art. 594), wobei gemäß Botschaft 1928, S. 17 der Entscheid darüber, was unter «Personen» zu verstehen sei, wie bisher der Rechtsprechung überlassen bleiben sollte. Die heute geltende Ordnung wurde im Parlament beschlossen (StenBull: StR 1931, S. 161, 1935, S. 81; NR 1934, S. 236), entsprechend bisheriger Praxis. – Kritisch dazu SIEGWART, Art. 594/95, N. 15.

[2] HARTMANN, Art. 594, N. 28; siehe auch SIEGWART, Art. 594/95, N. 15. – Zu den Haftungen der Kollektiv- und Kommanditgesellschaften und ihrer Mitglieder als Kommanditäre siehe hinten § 43, III.

Einfache Gesellschaften können weder als Komplementäre noch als Kommanditäre Mitglieder einer Kommanditgesellschaft werden, da ihnen die hiezu erforderliche rechtliche Einheit abgeht[3].

Was die Mitgliedschaft von Minderjährigen, Bevormundeten und Ehefrauen sowie die Gesellschaft unter Ehegatten betrifft, so gilt grundsätzlich das zur Kollektivgesellschaft Gesagte (vorn § 33 II 1a) auch für die Kommanditgesellschaft. Hier jedoch ist noch die besondere Rechtsstellung des Kommanditärs zu berücksichtigen, wobei die Bedeutung sowohl der Kommanditeinlage als der Kommanditsumme (der Haftungssumme) zu berücksichtigen ist. Die Begrenzung der Haftung des Kommanditärs kann die Zustimmung – wo erforderlich – der zuständigen Behörden (Vormund, Vormundschaftsbehörden, Richter) erleichtern.

2. Der Vertragsinhalt

Aus der Begriffsbestimmung der Kommanditgesellschaft ergibt sich, daß der Gesellschaftsvertrag eine Vereinbarung über den zu verfolgenden Zweck, das Auftreten unter gemeinsamer Firma (beides wie bei der Kollektivgesellschaft) und die auf eine Kommanditsumme beschränkte Haftung eines oder mehrerer Gesellschafter enthalten muß.

Die Frage stellt sich, ob auch eine Vereinbarung über die Kommanditeinlage *(apport)* als einem weitern Essentiale des Gesellschaftsvertrags vorliegen muß, wie dies prima vista aus der gesetzlichen Begriffsbestimmung (Art. 594 Abs. 1 in fine) geschlossen werden könnte. Wie bereits ausgeführt, sind aber Kommanditsumme und Kommanditeinlage zwei voneinander unabhängige Begriffe; ob, wann und wie die Kommanditäre eine Einlage zu erbringen haben, ist als gesellschaftsinterne Angelegenheit in das Ermessen der Gesellschafter gestellt[4]. Schweigt sich der Vertrag darüber aus und stellt sich später die Frage der Einlagepflicht eines Kommanditärs, so ist sie auf Grund allgemein gesellschaftsrechtlicher Normen und unter Berücksichtigung der Umstände des Falles zu entscheiden – was im Zusammenhang mit den Beitragspflichten der Gesellschafter noch zu behandeln ist (hinten § 42, II 2b).

In einem Fall allerdings hat sich der Gesellschaftsvertrag - im Gründungsstadium oder bei einem späteren Hinzutritt eines Kommanditärs – zur Kommanditeinlage zu äußern, nämlich dann, wenn eine solche in der Form einer Sacheinlage erbracht werden soll. Da diese unter Angabe eines bestimmten Wertansatzes im Handelsregister einzutragen ist, wobei alle Gesellschafter mitzuwirken haben (Art. 596 Abs. 3. Art. 597), muß im Zeitpunkt der Anmeldung auch eine vertragliche Regelung der Kommanditeinlage vorliegen.

---

[3] HARTMANN, Art. 594, N. 30; WIELAND I, S. 830. Siehe auch vorn § 28, I 1a.
[4] Vgl. HARTMANN, Art. 598, N. 6 ff.; SIEGWART, Art. 528, N. 3; WIELAND I, S. 744.

Wie bereits zur Kollektivgesellschaft ausgeführt, werden im Gesellschaftsvertrag meist noch weitere Punkte geregelt (so betreffend die Beiträge, Geschäftsführung und Vertretung, Gewinn- und Verlustbeteiligungen). Haben sich die Parteien mit solchen Fragen befaßt und sind diese als wesentlich zu beurteilen, so ist der Vertrag erst perfekt, wenn auch hierüber Einigung erzielt worden ist (siehe § 32, II 1b).

Gegenüber Dritten ist die Kommanditgesellschaft entstanden, sobald die Gesellschafter unter einer gemeinsamen Firma und Kundgabe der beschränkten Haftung eines oder mehrerer Gesellschafter aufgetreten sind. Dies geschieht in der Regel durch Eintragung im Handelsregister. Da diese aber nicht konstitutiv wirkt, kann eine Kommanditgesellschaft im Verhältnis zu Dritten, denen gegenüber die Gesellschafter in der erwähnten Weise aufgetreten sind, auch ohne Eintragung entstehen[5]. – Nur die nicht kaufmännische Kommanditgesellschaft bedarf zu ihrer Entstehung der Eintragung im Handelsregister (Art. 595)[6].

Durch Umwandlung kann eine Kommanditgesellschaft entstehen, wenn Kollektivgesellschafter von einem bestimmten Zeitpunkt an und mit Einwilligung der Mitglieder nur noch beschränkt haften wollen und dies durch Eintragung im Handelsregister oder auf andere Weise kundgeben. Die Gesellschaft ändert damit nur ihre Rechtsform, behält aber ihre rechtliche Identität[7]. – In diesen Zusammenhang gehört auch die Umwandlung einer Kollektivgesellschaft in eine Kommanditgesellschaft kraft der sog. Konversionsklausel[8].

3. Die Form des Gesellschaftsvertrags

Der Gesellschaftsvertrag als solcher bedarf – wie bei der Kollektivgesellschaft – keiner besondern Form; die Gesellschaft kann auch durch mündliche Absprache entstehen. Formbedürftig ist der Vertrag nur, wenn er Verpflichtungen enthält, die als solche formbedürftig sind[9]. Auch die Verpflichtung zur Übernahme einer beschränkten Haftung im Ausmaß der Kommanditsumme kann formlos begründet werden, da deren Eintragung

---

[5] Es gilt hiefür das zur Kollektivgesellschaft Gesagte (vorn § 33, I 5, II 1b), unter Betonung, daß die Bekanntgabe einer beschränkten Haftung essentiell ist. – Vgl. HARTMANN, Art. 594, N. 40; SIEGWART, Art. 594/95, N. 20, 22.

[6] Zur nicht kaufmännischen Gesellschaft siehe vorn § 33, I 4, 5.

[7] Zu den sog. formwechselnden Umwandlungen siehe vorn § 33, II 2.

[8] Zur Konversionsklausel und ihrer Anwendbarkeit siehe vorn § 29, V 5. – Aufschlußreich zur Umwandlung einer Kollektiv- in eine Kommanditgesellschaft auf Grund einer Konversionsklausel BGE 95 II, 1969, S. 547.

[9] Vgl. vorn §§ 28, I 4; 33, II 4.

im Handelsregister wohl vorgeschrieben ist, diese aber nicht konstitutiv wirkt[10]. Wie bei der Kollektivgesellschaft gebietet aber auch hier das Handelsregisterrecht eine gewisse Schriftlichkeit insofern, als in dieser von allen Gesellschaftern oder ihren Bevollmächtigten zu unterzeichnenden «Anmeldung» die wesentlichen Merkmale der betreffenden Gesellschaft bekanntzugeben sind (Art. 597).

4. Fehlerhafte Gesellschaftsverträge

Es gilt hiefür das zur Kollektivgesellschaft Gesagte[11]: Maßgebend ist, ob die internen oder die externen Beziehungen zur Frage stehen; ferner ob die Gesellschaft bereits in einem gewissen Ausmaß tätig geworden ist oder nicht. Die vom Kommanditär übernommene und kundgegebene Haftpflicht bleibt gegenüber gutgläubigen Dritten auch dann bestehen, wenn der Vertrag unter den Gesellschaftern anfechtbar ist. – Vorbehalten bleiben die Fälle der mangelnden Handlungsfähigkeit von Gesellschaftern und der Nichtigkeit des Gesellschaftsvertrags.

5. Zum Gesellschaftsvertrag

Mit dem Abschluß des Gesellschaftsvertrags ist die Kommanditgesellschaft als ein einheitliches Ganzes entstanden. Wenn auch Komplementäre und Kommanditäre intern und extern in verschiedenen Rechtsstellungen stehen, so bildet der Vertrag doch eine Einheit, die jeden Gesellschafter mit jedem andern in gleicher Weise verbindet. Dies schließt nicht aus, daß bestimmte Gesellschafter unter sich Vereinbarungen zur Wahrung ihrer gemeinsamen Interessen treffen. Es entsteht dadurch eine einfache Gesellschaft, die aber die Rechtsverhältnisse der Kommanditgesellschaft nicht berührt.

Art. 593 aOR enthielt noch die Bestimmung: «Sind in einer Kommanditgesellschaft mehrere unbeschränkt haftende Gesellschafter, so ist die Gesellschaft mit Bezug auf sie zugleich eine Kollektivgesellschaft»; ähnlich noch E 1923, Art. 613. In der Expertenkommission wurde diese Bestimmung schließlich gestrichen, unter Hinweis darauf, daß sie juristisch unrichtig und zudem überflüssig sei; aus den übrigen Bestimmungen des Gesetzes gehe deutlich hervor, daß für die Komplementäre das Recht der Kollektivgesellschaft gelte, was auch der Sinn der erwähnten Bestimmung gewesen sei (ProtExpKomm 1928, S.121f., 930f.). Vgl. auch BGE 23 I, 1897, S.283, 289.

---

[10] Die Expertenkommission hat einen Antrag, die Kommanditgesellschaft erst mit der Eintragung entstehen zu lassen, abgelehnt; ProtExpKomm 1928, S.114.
[11] Vorn § 33, II 3, unter Hinweis auf § 28, II (s. insbes. Ziff. 5f.).

II. Die Eintragung in das Handelsregister und ihre Wirkungen

1. Die Eintragspflicht

Als Handelsgesellschaft hat sich die Kommanditgesellschaft am Ort ihres Sitzes in das Handelsregister eintragen zu lassen (Art. 934 OR), was in Art. 596 OR bestätigt wird unter Nennung der eintragungspflichtigen Angaben. Dazu gehören einmal die gleichen Gegebenheiten, deren Eintragung schon der Kollektivgesellschaft vorgeschrieben sind (Personalien der Gesellschafter; Firma, Sitz und Vertretung der Gesellschaft; Beginn der Geschäftstätigkeit; «Natur des Geschäftes», gemäß Art. 42 HRegV), so daß auf das dort Gesagte (§ 33, III) verwiesen werden kann. Dazu sind aber noch besondere, für die Kommanditgesellschaft geltende Normen zu beachten:

Sind Kommanditäre juristische Personen oder Handelsgesellschaften, so ist auch deren Firma und Sitz anzugeben. – In die Firma der Kommanditgesellschaften dürfen nur die Namen von Komplementären aufgenommen werden (Art. 947 Abs. 4 OR)[12]. Enthält die Firma den Namen eines Kommanditärs, so haftet dieser unbeschränkt wie ein Komplementär (Art. 607 OR) – was aber nicht bedeutet, daß damit die Kommanditgesellschaft als solche dahinfällt und als Kollektivgesellschaft anzusehen ist[13]. – Einzutragen ist auch der «Betrag der Kommanditsumme jedes Kommanditärs» (Art. 596 Abs. 2, Ziff. 2). Darunter ist die Haftungssumme zu verstehen, die mit einem bestimmten Betrag in Schweizer Währung anzugeben ist[14].

2. Die Sacheinlagen

a) Allgemeines

Neu in das revOR aufgenommen wurde die Bestimmung, daß in Sachwerten (nicht in bar) zu erbringende Kommanditeinlagen[15] «ausdrücklich und mit bestimmtem Wertansatz zu bezeichnen und in das Handelsregister einzutragen» sind (Art. 596 Abs. 3). Damit wird die Kommanditge-

---

[12] Zu beachten ist Art. 947 Abs. 3 OR, wonach die Firma einer Kommanditgesellschaft neben dem Namen wenigstens eines Komplementärs einen das Gesellschaftsverhältnis andeutenden Zusatz enthalten muß (z.B. «und Cie»). Da die gleiche Bestimmung auch für die Kollektivgesellschaft gilt (Abs. 1), ist in solchen Fällen aus der Firma nicht ersichtlich, ob eine Kollektiv- oder Kommanditgesellschaft vorliegt. Dies kann nur auf Grund des Handelsregisters (Art. 596 Abs. 2 Ziff. 2: Betrag der Kommanditsumme) festgestellt werden.
[13] Siehe hinten § 43, III 4a.
[14] Siehe vorn § 40, I 2, II 2; SIEGWART, Art. 596/97, N. 4.
[15] Das Gesetz spricht hier von «Kommanditsumme», meint aber – wie vorn § 40, I 2 ausgeführt – die Kommanditeinlage, was sich auch deutlich aus Art. 608 Abs. 3 und Art. 610 Abs. 2 ergibt.

sellschaft den Kapitalgesellschaften angenähert[16]. Diese Vorschrift war im Verlauf der Beratungen zum revOR stark umstritten und bildete auch nach Erlaß Gegenstand von Kritik[17].

Nach bisher geltendem Recht waren lediglich der Kommanditär und der «Betrag seiner Vermögenseinlage» einzutragen (Art. 591 Abs. 2, Ziff. 2). Anläßlich der Revision machten sich zwei gegensätzliche Tendenzen geltend. Auf der einen Seite wurde, aus Gründen der geschäftlichen Diskretion und unter Hinweis auf die unbeschränkte Haftung des Komplementärs, die Pflicht zur Kundgebung von Sacheinlagen und deren Bewertung abgelehnt. Von der andern Seite wurde auf die mit Kommanditen getriebenen Mißbräuche, insbesondere durch Überbewertungen, hingewiesen und zum Schutz des gutgläubigen Verkehrs (Kommandite als Kreditbasis) wie auch des Kommanditärs (durch die Eintragung wird die Beweislast für die Unrichtigkeit der Angaben dem Gläubiger zugeschoben, Art. 608 Abs. 3) die erwähnten Angaben verlangt. Zusätzlich wurde noch vorgeschlagen, einen Mindestbetrag der Kommanditsumme vorzuschreiben (absolut oder im Verhältnis zum übrigen Geschäftsvermögen)[18]. E 1919 (Art. 598) und ihm folgend E 1923 (Art. 610) sahen von einer Mindestgrenze der Kommandite ab, schrieben aber die dem heutigen Recht entsprechenden Angaben über die Sacheinlagen und deren Eintragung vor. Die Expertenkommission schloß sich schließlich dieser Lösung an, nachdem der Referent noch auf die prophylaktische Wirkung dieser Vorschriften hingewiesen hatte[19]. E 1928 Art. 596 Abs. 3 übernahm die Lösung der vorangehenden Entwürfe und dabei blieb es auch in den parlamentarischen Beratungen. Die Pflicht zur Kundgebung von Sacheinlagen und deren Bewertung gemäß Art. 596 Abs. 3 OR erhält aber ihre volle Bedeutung erst im Zusammenhang mit der Bestimmung des Art. 608 Abs. 3 (neu), wonach dem Gesellschaftsgläubiger bei der Geltendmachung der Haftung des Kommanditärs der Nachweis von Überbewertungen offensteht[20].

b) Der Gegenstand von Sacheinlagen und ihre Bewertung

Als Sacheinlagen fallen irgendwelche Leistungen in Betracht, die einen bilanzfähigen und verwertbaren – daher auch übertragbaren – Vermögenswert darstellen[21]: Mobilien und Immobilien, Wertschriften; Immaterialgüterrechte (Erfindungen, Patent- und Urheberrechte); ein Geschäft mit Aktiven und Passiven, gegebenenfalls mit den damit verbundenen Markenrechten; Forderungen des Kommanditärs (als Drittgläubiger der Gesell-

---

[16] Vgl. Art. 628 Abs. 1, 641 Ziff. 6 (AG); Art. 778 Abs. 1, 781 Ziff. 6 (GmbH). Siehe auch Art. 833 Ziff. 2, 834 Abs. 2 (Genossenschaft).
[17] Zu diesen Kontroversen siehe namentlich: Bericht (von EUGEN HUBER) zu E 1919, S. 24 f.; ProtExpKomm 1928, S. 119 ff., 163 f.; Botschaft 1928, S. 16; StenBull: StR 1931, S. 161, 1935, S. 82; NR 1934, S. 237, 1935, S. 162. – HARTMANN, Art. 596, N. 7 f.; kritisch zur neuen Ordnung SIEGWART, Art. 596/97, N. 4 f.
[18] Siehe Bericht zum E 1919, S. 25; ProtExpKomm, S. 113 ff.
[19] ProtExpKomm 1928, S. 163 f.
[20] Dazu hinten § 43, III 2d.
[21] Zum Gegenstand der Sacheinlagen HARTMANN, Art. 596, N. 9; 598, N. 7; 608, N. 17. – Da auch das Recht der Kapitalgesellschaften und der Genossenschaft sich mit Sacheinlagen befaßt (s. oben Anm. 16) ist, soweit es sich um ihren Gegenstand handelt, auch die diesbezügliche Doktrin und Rechtsprechung zu berücksichtigen.

schaft im Weg der Verrechnung)²²; Arbeitsleistungen, soweit sie eine Vermehrung des Gesellschaftsvermögens bewirken (z.B. Bauprojekte)²³; Gebrauchsrechte (z.B. Lizenzen). Ein eindeutiges Kriterium für die Einlagefähigkeit von Sachwerten läßt sich nicht aufstellen; richtungweisend hiefür ist der Gläubigerschutz.

Die Bewertung von Sacheinlagen ist (zunächst) in das Ermessen der Gesellschaft gestellt. Möglich ist, daß ihnen gesellschaftsintern ein anderer Wert beigemessen wird, als der im Handelsregister publizierte. Im Verhältnis zu den Gesellschaftsgläubigern aber ist nur der «wirkliche Wert (der Sacheinlage) im Zeitpunkt ihres Einbringens» (Art. 608 Abs. 3) maßgebend[24].

Der Handelsregisterführer hat sich mit den Sacheinlagen nur insoweit zu befassen, als er auf eine klare Bezeichnung der einzubringenden Werte achten muß. Sind Vermögenskomplexe Gegenstand der Kommanditeinlage, so dienen Belege (Inventare, Bilanzen) der Vervollständigung[25]. Hingegen erstreckt sich die Kognitions-Befugnis der Handelsregisterbehörden nicht auf die angegebenen Bewertungen[26]. Deren Beurteilung ist Sache der mit der Gesellschaft in Rechtsverkehr tretenden Dritten, im Fall der Auflösung der Gesellschaft der betroffenen Gläubiger oder der Konkursverwaltung (Art. 608 Abs. 3, 610 OR).

Sanktionen. – Wie alle Vorschriften über die Eintragungen von Personengesellschaften im Handelsregister, stellt auch Art. 596 Abs. 3 OR eine bloße Ordnungs-, nicht eine Gültigkeitsvorschrift dar. Unterläßt die Gesellschaft die Eintragung, so hat dies nicht die Ungültigkeit der diesbezüglichen Vereinbarungen und erfolgten Sacheinlagen zur Folge[27]. Gegenüber Dritten aber hat der Kommanditär nachzuweisen, daß ihnen diese

---

[22] Nach SIEGWART (Art. 596/97, N. 6) und HARTMANN (Art. 596, N. 9) ist eine Einlage durch Verrechnung nicht eintragungspflichtig, da hier eine Überbewertung nicht in Frage komme. Dies steht keineswegs fest, und den Gesellschaftsgläubiger kann jede nicht in bar erfolgte Einlage interessieren. Im Handelsregister (Hauptregister, Kolonne 8) ist denn auch die Angabe von Verrechnungen ausdrücklich vorgesehen, siehe bei JAQUEROD/VON STEIGER (zit. zu § 40), S. 149, 354. – Vorbehalten bleibt die Anfechtung der Verrechnung gemäß SchKG; siehe vorn § 39, II 5.

[23] Gegenstand von Sacheinlagen können nicht sein: Dienstleistungen, Kenntnisse, Erfahrungen (know how). Vgl. SIEGWART, Art. 628, N. 11; F. VON STEIGER, Das Recht der Aktiengesellschaft in der Schweiz, 4. Aufl., 1970, S. 30.

[24] Zu den für den «wirklichen Wert» maßgebenden Kriterien siehe hinten § 43, II 2 d β.

[25] Vgl. das Beispiel bei JAQUEROD/VON STEIGER, S. 147.

[26] HARTMANN, Art. 596, N. 11; SIEGWART, Art. 596/97, N. 6. Zur Kognitionsbefugnis des Handelsregisterführers allgemein siehe PATRY, vorn § 8, IV. P. BECK, Die Kognition des Handelsregisterführers im Recht der Aktiengesellschaft, Diss. Zürich 1954.

[27] HARTMANN, Art. 596, N. 14. – Anders verhält es sich bei den Kapitalgesellschaften und der Genossenschaft (s. oben Anm. 16). Hier sind der Gegenstand der Sacheinlagen und deren Bewertung in den Statuten anzugeben – eine zwingende Formvorschrift, deren Mißachtung

Sachlage bekannt war (Art. 933 Abs. 2 OR; negatives Publizitätsprinzip), daß die Sacheinlage geleistet worden ist und den von ihm behaupteten (haftungsbefreienden) Wert hatte, widrigenfalls er bis zur Höhe der Kommanditsumme für die Gesellschaftsschulden haftet. – Dazu tritt noch die unbeschränkte Haftung der Komplementäre.

3. Die Wirkungen der Eintragung

Wie bei der Kollektivgesellschaft kommt auch bei der Kommanditgesellschaft der Eintragung nicht rechtsbegründende, wohl aber die positive Publizitätswirkung zu. Die Gesellschaft gilt nach der Veröffentlichung der Eintragung Dritten gegenüber als Kommanditgesellschaft, gleichgültig ob die Eintragung dem Dritten bekannt war oder nicht (Art. 933 Abs. 1 OR). Ist die Gesellschaft, ohne eingetragen zu sein, nach außen tätig geworden, so gilt sie Dritten gegenüber als Kommanditgesellschaft nur, wenn sie beweisen kann, daß dem Dritten ihre rechtliche Existenz als Kommanditgesellschaft bekannt war (sog. negative Publizitätswirkung des Handelsregisters, Art. 933 Abs. 2). Dies ist dann der Fall, wenn die Gesellschafter unter einer gemeinsamen Firma aufgetreten sind und dem oder den Dritten die beschränkte Haftung einer oder mehrerer Gesellschafter mitgeteilt haben. Unterbleibt diese Mitteilung, so gilt die Gesellschaft (wenn sie unter einer Firma aufgetreten ist) Dritten gegenüber als Kollektivgesellschaft mit unbeschränkter Haftung aller Gesellschafter. Eine Erkundigungspflicht Dritter besteht nicht. – Diese für die Entstehung und Eintragung der Kommanditgesellschaft als solche geltenden Regeln werden im Gesetz bezüglich der Kommanditsumme noch besonders festgehalten und präzisiert (Art. 608, 609).

Im übrigen erzeugt die Eintragung der Kommanditgesellschaft die gleichen Wirkungen wie bei der Kollektivgesellschaft. Die Gesellschaft wird der Konkurs- und Wechselbetreibung unterworfen (Art. 39 SchKG); sie kann den besondern Firmenschutz verlangen (Art. 956 OR); buchführungs- und bilanzpflichtig wird die Kommanditgesellschaft schon als eintragungspflichtige Handelsgesellschaft, nicht erst mit der Eintragung (Art. 957, 958 OR). Von den Gesellschaftern werden nur die Komplementäre der Konkurs- und Wechselbetreibung unterworfen (Art. 39 Ziff. 3 SchKG), nicht aber die Kommanditäre, wenn sie nicht in anderer Eigenschaft (z. B. als Inhaber von eingetragenen Einzelfirmen oder als Handelsgesellschaften) konkursfähig sind.

---

die Nichtigkeit der diesbezüglichen Vereinbarungen und der erfolgten Sacheinlage nach sich zieht. – BGE 64 II, 1938, S. 279.

§ 42. Die Verhältnisse der Gesellschafter unter sich

Literatur

Siehe Literatur zu § 29, insbes. W. SCHERER (Geschäftsführung und Vertretung in den Personengesellschaften); J. L. FREYMOND (Geschäftsführung und Vertretung im Rechte der Kollektivgesellschaft); F. TSCHUDI (Beitragspflicht des Gesellschafters).

U. RICHARD, Atypische Kommanditgesellschaften (zit. zu § 24); B. CHRIST, Das Kontrollrecht des Kommanditärs, in: Festgabe zum schweizerischen Juristentag 1973, hg. von der Juristischen Fakultät der Universität Basel, Basel 1973, S. 39 ff.

I. Allgemeines

Wie bei der Kollektivgesellschaft überläßt das Gesetz auch bei der Kommanditgesellschaft die Ordnung der internen Gesellschaftsverhältnisse der Vereinbarung unter den Gesellschaftern. Soweit eine solche fehlt, gilt das Recht der Kollektivgesellschaft, damit auch der einfachen Gesellschaft (Art. 598, 557–561, 531–542 OR). Vorbehalten bleiben einige besondere Bestimmungen über die Geschäftsführung, die Kontrollrechte des Kommanditärs und dessen Beteiligung an Gewinn und Verlust (Art. 598–601). Gegenüber dem Gesellschaftsvertrag sind diese Sonderbestimmungen nachgiebigen Rechts[1].

Als Ausgangspunkte für die Betrachtung der Rechtsstellung der Komplementäre und Kommanditäre sind festzuhalten: Der Gesellschaftsvertrag bildet ein Ganzes, das die Vertragschließenden, unabhängig von ihrer unterschiedlichen Rechtsstellung, zu einer Gesellschaft verbindet. Damit sind auch die Kommanditäre Gesellschafter im vollen Sinne dieses Wortes, mit allen sich daraus ergebenden Rechten und Pflichten, soweit sich nicht aus dem Gesetz oder der gesellschaftsautonomen Ordnung Einschränkungen ergeben. Zu einer solchen besteht bei der Kommanditgesellschaft besonderer Anlaß, da ja jedenfalls die Haftungsbeschränkung vereinbart und (zur Wirkung gegenüber Dritten) kundgegeben werden muß, was meist einer eingehenderen vertraglichen Ordnung des Innenverhältnisses ruft. Aber auch die vertragliche Regelung hat einen «Kernbereich der Mitgliedschaft»[2] jedes Gesellschafters, so auch des Kommanditärs, zu respektieren. Dieser umfaßt – summarisch formuliert – die unentziehbaren

---

[1] HARTMANN, Art. 598, N. 2. Zu den Widerspruchs- und Kontrollrechten des Kommanditärs siehe unten III 1 c.
[2] SCHILLING, Großkommentar HGB, § 161, Anm. 32.

Rechte des Gesellschafters, z. B. sein Recht auf Kündigung der Gesellschaft aus wichtigen Gründen; ferner die Mitbestimmungsrechte jedes Gesellschafters in Fragen, die seine eigene Mitgliedschaft betreffen, z. B. bei Änderungen des Gesellschaftsvertrags hinsichtlich der Beitragspflichten. Zu diesen gesellschaftsrechtlichen Grenzen der Vertragsfreiheit treten die Einschränkungen, die sich aus dem Gebot des Persönlichkeitsschutzes (Art. 27 Abs. 2 ZGB) und der ganzen oder teilweisen Nichtigkeit der gegen die guten Sitten verstoßenden Verträge (Art. 20 OR) ergeben. Der Wirkungsbereich dieser obersten Gebote bestimmt sich nach den Verhältnissen im konkreten Fall, was bei den Kommanditgesellschaften, in Anbetracht der oft sehr unterschiedlichen Stellung der Gesellschafter, insbesondere bei atypischen Gesellschaften, besonders zu beachten ist. – Umgekehrt unterliegt jeder Gesellschafter, auch der Kommanditär, allgemein gesellschaftlichen Pflichten, insbesondere der bei allen Personengesellschaften geltenden Treuepflicht (vorn § 22, II); wobei der Wirkungsbereich auch dieses Gebotes gemäß der oft sehr unterschiedlichen Ausgestaltung der Mitgliedschaften zu bestimmen ist, wie sich z. B. in der Frage des Konkurrenzverbotes zeigt (siehe hinten V).

II. Die Beitragspflichten

1. Die vertragliche Ordnung

Im Gesellschaftsvertrag können die Beitragspflichten der Gesellschafter beliebig geordnet werden. Wesentlich ist nur, daß jeder Gesellschafter in irgendeiner Form einen Beitrag zur Verfolgung des Gesellschaftszwecks zu erbringen hat. – Für die Komplementäre gilt das zur einfachen Gesellschaft Gesagte (vorn § 29, I). Wenn diese auch in praxi meist mit Vermögen und/oder Arbeitsleistungen an der Gesellschaft beteiligt sind, so kann auch schon die bloße Übernahme der unbeschränkten Haftung einen rechtlich genügenden Beitrag darstellen.

Auch die Beiträge der Kommanditäre können frei geregelt werden. Die Übernahme einer Haftungssumme genügt zum Erwerb der Mitgliedschaft[3]. Die Einlagen können wertmäßig niedriger oder höher festgesetzt

---

[3] HARTMANN, Art. 598, N. 6; WIELAND I, S. 744: Die Einlagepflicht des Kommanditärs gehört nicht zum Wesen der Kommanditgesellschaft; BGE 27 II, 1901, S. 36, wo betont wird, daß es allgemein mehr auf die Kreditfähigkeit des Kommanditärs ankomme als auf seine Einlage. – Anders z. B. nach französischem und englischem Recht, siehe vorn § 40, IV.

werden als die Kommanditsummen[4]. Im ersten Fall können die Gesellschaftsgläubiger, die Liquidatoren oder die Konkursverwaltung eine Nachleistung bis zur Höhe der Kommanditsumme verlangen, soweit dies zur Gläubigerbefriedigung erforderlich ist (Art. 610 Abs. 2); im zweiten Fall ist die Einforderung der die Haftungssumme übersteigenden Einlage eine rein gesellschaftsinterne Angelegenheit.

Wie bei den andern Personengesellschaften sind von diesen sozialrechtlichen Beiträgen zu unterscheiden die Rechte und Pflichten aus individualrechtlichen Geschäften, die ein Gesellschafter wie ein Dritter (z. B. als Darleiher, Verkäufer, Vermieter) mit der Gesellschaft eingeht[5].

2. Die gesetzliche Ordnung

Das Gesetz enthält weder für die Kommandit- noch für die Kollektivgesellschaften besondere Bestimmungen über die Beiträge der Gesellschafter. Es gilt hiefür, wenn der Vertrag lückenhaft oder unklar ist, subsidiär das Recht der einfachen Gesellschaft (Art. 531), allerdings unter Berücksichtigung der rechtlichen Struktur der Kommanditgesellschaft. Als Ausgangspunkt gilt wiederum die Bestimmung, daß jeder Gesellschafter zur Verfolgung des Gesellschaftszwecks einen Beitrag zu leisten hat (Art. 531 Abs. 1).

a) Für die **Komplementäre** gilt im Prinzip die Bestimmung, daß sie, mangels anderer Vereinbarung, gleiche Beiträge zu leisten haben, und zwar in der Art und dem Umfange, wie der vereinbarte Zweck es erheischt (Art. 531 Abs. 2). Wie bereits zur einfachen Gesellschaft ausgeführt (vorn § 29, I 3), kann in solchen Fällen die Leistungspflicht der Gesellschafter nur in Würdigung aller subjektiven und objektiven Umstände und nach den Geboten von Treu und Glauben festgesetzt werden. Dies gilt besonders bei der Kommanditgesellschaft, mit ihrer unterschiedlichen Ausgestaltung der Mitgliedschaften, insbesondere bei den sog. atypischen Gesellschaften.

b) Nicht gleich liegen die Dinge beim **Kommanditär**. Dieser hat zwar stets eine bestimmte Haftungssumme zu übernehmen und nötigenfalls zu erbringen, dies aber nur, soweit es die externen Beziehungen erheischen. – Wie steht es nun mit seiner (internrechtlichen) **Kommanditeinlage**?

Zunächst muß feststehen, ob der Kommanditär überhaupt eine Einlage zu erbringen hat. Das Gesetz verpflichtet ihn nicht dazu, auch nicht durch subsidiäre Bestimmungen. Ist dem Vertrag hierüber nichts zu entnehmen, so

---

[4] Zu den Begriffen Kommanditeinlage und Kommanditsumme vorn § 40, I 2, II.
[5] Vorn §§ 20, I 3; 29, I 2.

ist auf Grund der gesamten Umstände des Falles zu eruieren, ob eine Einlagepflicht gewollt war oder von den Mitkontrahenten nach Treu und Glauben erwartet werden durfte. Dies ist z.B. der Fall, wenn ohne einen vermögensmäßigen Beitrag – in der oder jener Form – des Kommanditärs die Gesellschaft den vereinbarten Zweck nicht oder nur unter wesentlich erschwerten Bedingungen verfolgen könnte[6].

Steht eine Einlagepflicht des Kommanditärs grundsätzlich fest, so kann sich, mangels genügend deutlicher Regelung im Vertrag, die Frage nach ihrem Ausmaß stellen, insbesondere ob die Einlage wertmäßig der Kommanditsumme entsprechen soll.

Hierüber gehen die Auffassungen – wenigstens in den Betonungen – auseinander. Einerseits wird gesagt, daß im Zweifel die Kommanditeinlage gleich groß sein soll wie die Kommanditsumme, da dies in der Praxis normalerweise der Fall sei und auch den rechtlichen Beziehungen zwischen diesen beiden Faktoren (Art. 601, Verlusttragung; Art. 610 Abs. 2, Konsumtion der Haftung durch die Einlage) entspreche[7]. – Anderseits wird die grundsätzliche Unabhängigkeit der beiden Begriffe betont; jedenfalls bestehe keine gesetzliche Vermutung für ihre Übereinstimmung. In Anbetracht der erwähnten Praxis könne aber die Höhe der Kommanditsumme als «Indiz» für die Höhe der Einlage angesehen werden und zur Ermittlung des Parteiwillens dienen[8].

Die Praxis der Kommanditgesellschaften ist aber so vielgestaltig, daß es kaum möglich ist, die Frage der Einlagepflicht des Kommanditärs allgemein auf Grund von Vermutungen, Richtlinien oder Indizien zu entscheiden. Sie kann nur nach den Umständen des konkreten Falles beantwortet werden. Grundlage für das (richterliche) Ermessen bildet auch hier Art. 531 Abs. 2, wonach letzten Endes die sich aus dem vereinbarten Gesellschaftszweck ergebenden Erfordernisse maßgebend sind[9].

Werden weitere Beiträge des Kommanditärs vereinbart oder von der Gesellschaft angenommen (z.B. wenn der Kommanditär seine Gewinnanteile im Gesellschaftsvermögen beläßt), so kann sich die Frage stellen, unter welchem Rechtstitel diese Leistungen erfolgen; sie ist in intern- und externrechtlicher Hinsicht von Bedeutung. Es kann sich um erhöhte Kommandit-

---

[6] Zu eng ist daher die Auffassung (so bei TSCHUDI, S. 18f., wohl auch bei HARTMANN, Art. 598, N. 8), daß eine Einlagepflicht des Kommanditärs nur durch den Gesellschaftsvertrag begründet werden könne. – Daß der in Art. 594 Abs. 1 verwendete Terminus «Vermögenseinlage» fehl am Platz ist, wurde vorn § 40, I 2 ausgeführt.

[7] So SIEGWART, Art. 594/95, N. 8, Art. 598, N. 4. – Nach WIELAND (I, S. 754) besteht zwar keine gesetzliche Vermutung für die Übereinstimmung von Haftungssumme und Einlagepflicht, doch bilde diese eine «Richtlinie» in Zweifelsfällen und es sei «bis zum Beweis des Gegenteils anzunehmen, daß der Kommanditist eine der Haftungssumme entsprechende Einlage zugesagt habe» (a.a.O., Anm. 8).

[8] HARTMANN, Art. 598, N. 8.

[9] Worauf auch TSCHUDI, S. 19 hinweist.

einlagen handeln – so jedenfalls, wenn auch die Kommanditsumme entsprechend erhöht wird, – aber auch um individualrechtliche Leistungen, für welche der Kommanditär Gesellschaftsgläubiger wird. Daß die Kommanditsumme übersteigende Beiträge «in der Regel» als solche außergesellschaftlicher Art anzusehen sind[10], dürfte kaum zutreffen; der Kommanditär kann bereit sein, seine sozialrechtliche (und damit in der Regel dauernde) Einlage zu vergrößern, ohne aber seine persönliche Haftung gegenüber Dritten zu erhöhen. Mangels klarer Regelung unter den Beteiligten kann auch diese Frage nur unter Würdigung des gesamten Sachverhalts (Grund und Art der betreffenden Leistung, persönliche Verhältnisse, buchhalterische Behandlung) entschieden werden.

3. Die Geltendmachung der gesellschaftlichen Beitragspflichten

Die Geltendmachung der von Komplementären und Kommanditären geschuldeten Beitragspflichten gehört normalerweise zu den Obliegenheiten der Geschäftsführung, nötigenfalls vermittelst der sog. Gesellschafts- oder Gesamthandsklage[11]. Wie bei der einfachen und der Kollektivgesellschaft ist aber auch bei der Kommanditgesellschaft jeder Gesellschafter legitimiert, von Komplementären und Kommanditären geschuldete Beiträge vermittelst der *actio pro socio* einzuklagen. Dies gilt auch für den Kommanditär, der, unter Vorbehalt bestimmter gesetzlicher oder vertraglicher Einschränkungen, Gesellschafter im vollen Sinn des Wortes ist und an der Erfüllung der Beitragspflichten seiner Mitgesellschafter unter Umständen ein noch größeres Interesse hat als die Komplementäre[12]. – Die Gesellschaftsgläubiger jedoch können noch geschuldete Kommanditeinlagen erst nach Auflösung

---

[10] So SIEGWART, Art. 598, N. 4, unter Berufung auf BGE 23 I, 1897, S. 283 und 24 II, 1898, S. 198; in beiden Fällen wurden aber die die Kommanditeinlage übersteigenden Beiträge schon vertraglich als Darlehen behandelt.

[11] Vorn § 29, I 5 b.

[12] Zur Begründung und Wirkung der *actio pro socio*, sowie deren Verhältnis zur Gesellschaftsklage siehe vorn § 29, I 5 b und ff. – Widersprüchlich HARTMANN, der in Art. 594, N. 6 das Recht zur Einforderung der Kommandite nur der Gesellschaft zuerkennt (Gesellschaftsklage), in Art. 598, N. 4 aber den einzelnen Gesellschafter, auch den Kommanditär, als zuständig erachtet, die actio pro socio zu erheben. In BGE 37 II, 1911, S. 35 wird ausgeführt, die Pflicht zur Einzahlung einer Kommanditsumme (gemeint war aber eine Kommanditeinlage) bestehe nur gegenüber der Gesellschaft, nicht gegenüber den einzelnen Gesellschaftern (in casu einem Mitkommanditär). – Demgegenüber ist (unter Hinweis auf unsere oben zit. Ausführungen) erneut festzuhalten, daß mit der actio pro socio ja nur Leistung an die Gesellschaft verlangt werden kann. Es besteht kein Grund, den Kommanditär hievon auszuschließen, auch nicht im Verhältnis zum Mitkommanditär.

der Gesellschaft einklagen, im Rahmen der Kommanditsumme und nur insoweit als dies zur Befriedigung ihrer Rechte erforderlich ist (Art. 610 Abs. 2)[13].

III. Die Geschäftsführung

1. Die gesetzliche Ordnung

a) Die Ausgangslage

Nach der (subsidiären) Regelung des Gesetzes wird die Geschäftsführung der Gesellschaft durch den oder die unbeschränkt haftenden Gesellschafter (als Recht und Pflicht) besorgt. Der Kommanditär ist als solcher zur Führung der Geschäfte der Gesellschaft weder berechtigt noch verpflichtet (Art. 600 Abs. 1). Diese Bestimmungen erklären sich aus der geschichtlichen Entwicklung der Kommanditgesellschaft und der besondern faktischen und rechtlichen Stellung des Kommanditärs. Sie sind aber auch im Zusammenhang mit der Regelung des Außenverhältnisses zu verstehen, wonach die Vertretung der Gesellschaft den Komplementären vorbehalten ist (Art. 603); denn zur vollen Geschäftsführung gehört auch die Vertretung, und es dient der Klarstellung der Verhältnisse, wenn (mangels anderer Vereinbarung) die interne und externe Seite der Geschäftsführung miteinander übereinstimmen.

b) Die Stellung der Komplementäre

Für die Geschäftsführung durch die Komplementäre gilt in jeder Hinsicht das Recht der Kollektiv- bzw. der einfachen Gesellschaft[14]. Dies gilt insbesondere auch für: den Entzug der Geschäftsführungsbefugnisse aus wichtigen Gründen; die Sorgfaltspflichten; die Befugnis zur Einzelgeschäftsführung und das Widerspruchsrecht der geschäftsführenden Komplementäre; die Kompetenzordnung hinsichtlich der gewöhnlichen Geschäfte und der außergewöhnlichen Angelegenheiten; die Kontrollrechte; das Konkurrenzverbot (gemäß Art. 561). – Entspricht die subsidiäre Ordnung des Gesetzes der Interessenlage im konkreten Fall nicht, so kann der Gesellschaftsvertrag es anders bestimmen, unter Vorbehalt gewisser unentziehbarer Rechte jedes Gesellschafters (unten Ziff. 2).

---

[13] Zur Geltendmachung der Einzahlungspflicht eines Kommanditärs nach Auflösung der Gesellschaft (Art. 610 Abs. 2) siehe hinten §§ 43, III 3 b, 45, III 2.
[14] Dazu vorn §§ 29, III 2; 35 I 1.

c) Die Stellung der Kommanditäre

α) Die Kontroll- und Informationsrechte

Da der Kommanditär von der Geschäftsführung ausgeschlossen ist, muß er die Möglichkeit haben, sich wenigstens in einem gewissen Ausmaß über den Stand der Geschäfte zu unterrichten. Das Gesetz trägt dem Rechnung, indem es dem Kommanditär das Recht gibt, eine Abschrift der Gewinn- und Verlustrechnung und der Bilanz zu verlangen und deren Richtigkeit unter Einsichtnahme in die Bücher und Papiere zu prüfen oder durch einen Sachverständigen prüfen zu lassen, wobei dieser im Streitfall durch den Richter zu bezeichnen ist (Art. 600 Abs. 3).

Das aOR enthielt keine Bestimmung über das Kontrollrecht des Kommanditärs, in der Praxis wurde er aber in dieser Hinsicht gleich behandelt wie ein nichtgeschäftsführender Kollektivgesellschafter, also nach dem Recht der einfachen Gesellschaft (Art. 541). Das revOR regelt nun ausdrücklich das Kontrollrecht des Kommanditärs, jedoch in einer Weise, die im Vergleich zum bisherigen Rechtszustand eher eine Schwächung seiner Rechtsstellung bedeutet: Art. 600 Abs. 3 gewährt dem Kommanditär lediglich das Recht, die (meist jährlichen) Abschlüsse der Gesellschaft zu prüfen oder prüfen zu lassen, während dem nichtgeschäftsführenden Kollektivgesellschafter das Recht zusteht, sich jederzeit «von dem Gang der Gesellschaftsangelegenheiten zu unterrichten» (Art. 557 Abs. 2, 541). – Der Auffassung, daß dieses Informationsrecht des Kommanditärs durch Art. 600 Abs. 2 nicht ausgeschlossen wird, ist beizupflichten[15]. Dieses Recht steht im Einklang mit dem (gleich zu erwähnenden) Widerspruchs- und Mitwirkungsrecht des Kommanditärs in außergewöhnlichen Angelegenheiten und der Tendenz des revOR, die Stellung des Kommanditärs zu verstärken.

β) Das Widerspruchsrecht

Einen Schritt weiter in der Beteiligung des Kommanditärs am Geschehen der Gesellschaft bedeutet sein Recht, gegen Handlungen der Geschäftsführung, die nicht zum «gewöhnlichen Geschäftsbetrieb der Gesellschaft gehören», Widerspruch zu erheben (Art. 600 Abs. 2, e contrario)[16]. Was zum

---

[15] Vgl. ProtExpKomm 1928, S. 123; HARTMANN, Art. 600, N. 1, 7, 11; SIEGWART, Art. 599/600, N. 11–14; BGE 30 II, 1904, S. 463.

[16] Nach aOR Art. 595 war ein Widerspruchsrecht des Kommanditärs «gegen die Vornahme einer Handlung der Geschäftsführung» ausdrücklich ausgeschlossen. Zur Entstehungsgeschichte des geltenden Art. 600 Abs. 2 siehe SIEGWART, Art. 599/600, N. 4. – Zum Widerspruch als Akt der Geschäftsführung, seinen Wirkungen und Grenzen (Mißbrauch) siehe vorn §§ 29, III 2c, 35 I 1. – Wie HARTMANN (Art. 600, N. 3) zutreffend ausführt, darf das Widerspruchsrecht des Kommanditärs in außergewöhnlichen Angelegenheiten nicht auf ein bloß negatives Vetorecht eingeschränkt werden, sondern ist als Recht zur positiven Mitwirkung aufzufassen. Die Geschäftsführung hat daher dem Kommanditär geplante Geschäfte mitzuteilen, allenfalls (Stillschweigen kann Zustimmung bedeuten) mit ihm zu besprechen; kommt es mangels Verständigung zu einem Gesellschaftsbeschluß, so ist der Kommanditär beizuziehen, wobei sich dann (fügen wir bei) die Beschlußfassung nach den gesetzlichen oder vertraglichen Bestimmungen richtet. Im Ergebnis wohl gleich SIEGWART, Art. 599/600 N. 6. – Gleiche Auffassung nach deutscher herrschender Lehre, siehe schon WIELAND I, S. 152, insbes. Anm. 36; SCHILLING, Großkommentar HGB, § 164, Anm. 5;

gewöhnlichen Geschäftsbetrieb im Sinn dieser Bestimmung gehört und was zu außergewöhnlichen Angelegenheiten, beurteilt sich nach den Umständen im konkreten Fall und den Gesichtspunkten, wie sie zur einfachen Gesellschaft entwickelt worden sind[17]. – Daß das Widerspruchsrecht des Kommanditärs im allgemeinen einschränkend auszulegen sei[18], darf nicht als Regel gelten. Unter Umständen sind – auch wo noch nicht von einer «atypischen» Gesellschaft gesprochen werden kann – Kommanditeinlage und/oder Kommanditsumme von solcher Bedeutung, daß sich eher eine Auslegung von Art. 600 Abs. 2 zugunsten des Kommanditärs rechtfertigt.

γ) *Gesellschaftsbeschlüsse*

Das Vetorecht der Komplementäre und Kommanditäre, wie auch die Notwendigkeit der Mitwirkung aller Gesellschafter in allen Angelegenheiten, welche die Grundlagen der Gesellschaft betreffen, ruft die Gesellschaftsbeschlüsse auf den Plan[19]. An diesen nimmt der Kommanditär in der gleichen Rechtsstellung teil wie der Komplementär (siehe oben I). Er hat daher gegebenenfalls auch das Recht, zu verlangen, daß Gesellschaftsbeschlüsse gefaßt werden (z. B. zur Genehmigung der Jahresabschlüsse, Bestimmung der Gewinn- und Verlustbeteiligung, Entzug der Geschäftsführung aus wichtigen Gründen, Auflösung der Gesellschaft). Mangels anderer Abrede gilt das Prinzip der Einstimmigkeit, wobei allen Gesellschaftern das gleiche Stimmrecht zusteht[20].

2. Die vertragliche Ordnung

a) *Die Ausgangslage*

Wie bereits erwähnt, kommt bei der Kommanditgesellschaft in Anbetracht

---

HUECK, Gesellschaftsrecht, S. 97f. – Zur Mitwirkung des Kommanditärs nach andern ausländischen Rechtsordnungen siehe vorn § 40, IV.

[17] ProtExpKomm 1928, S. 123 verweist hiefür auf Art. 535 Abs. 3 OR; ebenso die Botschaft 1928, S. 17. – Zur Abgrenzung der gewöhnlichen von den außergewöhnlichen Rechtshandlungen siehe vorn § 29, III 1a.

[18] So, wenn auch mit Differenzierungen, HARTMANN, Art. 600, N. 4; SIEGWART, Art. 599/600 N. 6. – Daß der Kommanditär die Auflösung der Gesellschaft oder den Ausschluß eines Gesellschafters aus wichtigen Gründen verlangen kann (worauf ProtExpKomm 1928, S. 123 hinweist), darf nicht zu einer einschränkenden Auslegung des Widerspruchsrechts führen. Dieses kann sich auf Tatsachen stützen, die noch keine wichtigen Gründe darstellen. Auch ist die Kommanditgesellschaft in der Regel doch auf Dauer gewollt und an Kontinuität interessiert.

[19] Zum Recht der Gesellschaftsbeschlüsse allgemein, ihrem (notwendigen oder fakultativen) Gegenstand, den Modalitäten der Beschlußfassung und deren Gültigkeit siehe vorn §§ 20, III; 29, III 1.

[20] Art. 534. HARTMANN, Art. 598, N. 11.

ihrer personellen und vermögensrechtlichen Struktur der vertraglichen Ordnung besondere Bedeutung zu, dies auch bei noch durchaus üblichen Erscheinungsformen. Die Vertragspraxis weist die verschiedensten, nach Art und Grad vom gesetzlichen Typus dieser Gesellschaftsform abweichende oder diesen ergänzende Ordnungen auf, motiviert durch den spezifischen Gesellschaftszweck, die wirtschaftliche Bedeutung der Unternehmung, die Zahl der Gesellschafter und deren Zusammensetzung, das Gewicht ihrer Beiträge oder auch Persönlichkeit, traditionelle Faktoren (z.B. bei Entstehung der Gesellschaft durch Umwandlung) u.a.m. Unter diesen Varianten seien hier bloß einige erwähnt, die im Vergleich zum gesetzlichen Typus besonders interessieren; dabei sind auch die Grenzen der Vertragsfreiheit zu beachten.

b) Die Geschäftsführung

Die (interne) Geschäftsführung kann einzelnen oder allen Komplementären ganz oder teilweise entzogen und einzelnen oder allen Kommanditären oder auch Dritten übertragen werden[21]. Vorbehalten bleibt aber die Vertretung der Gesellschaft gegenüber Dritten (hinten § 43, II). Bei solchen Änderungen der Geschäftsführungsbefugnisse kann sich dann die Frage nach ihren Auswirkungen auf die Haftungen der Kommanditäre stellen (hinten § 43, III 4 b).

c) Das Widerspruchsrecht

Im Zusammenhang mit der Geschäftsführung steht die Regelung der Widerspruchsrechte der Gesellschafter beider Kategorien. So kann das Vetorecht der Kommanditäre im geschäftlichen Bereich erweitert oder verengert werden, z.B. durch Begrenzung auf Transaktionen bestimmter Art oder bestimmten Ausmaßes. Vorbehalten bleiben aber Angelegenheiten, welche die Grundlagen des Gesellschaftsverhältnisses, insbesondere die Mitgliedschaft des Kommanditärs betreffen und nötigenfalls einer Beschlußfassung bedürfen (wozu unten lit e)[22]. – Das gleiche gilt im Prinzip für die Komplementäre, wobei allerdings, in Anbetracht ihrer unbeschränkten Haftung, der Vertragsfreiheit engere Grenzen gesetzt sein können.

---

[21] HARTMANN, Art. 600, N. 5; SIEGWART, Art. 599/600, N. 7; SCHERER, S. 29 f., 33 f.; RICHARD, S. 94; BGE 77 III, 1951, S. 122. – Bei Übertragung der alleinigen Geschäftsführung auf Dritte bleiben aber die spezifisch gesellschaftlichen Rechte und Pflichten der Komplementäre und Kommanditäre, insbes. in Angelegenheiten, die einer Beschlußfassung bedürfen, vorbehalten; vgl. hiezu (z.T. abweichend) HARTMANN, Art. 599, N. 4; SIEGWART, Art. 599/ 600, N. 10; WIELAND I, S. 753; SCHERER, S. 33 f., insbes. Anm. 37.

[22] Vgl. HARTMANN, SIEGWART (oben Anm. 21); SCHERER, S. 83.

d) Die Kontroll- und Informationsrechte

Die Kontrollrechte der Gesellschafter, auch des Kommanditärs, können erweitert oder – unter gleich zu erwähnenden Vorbehalten – eingeschränkt werden. So ist es durchaus gegeben, einem (auch nicht geschäftsführenden) Kommanditär mit wesentlicher Einlage oder Haftungssumme zusätzlich die weitgehenden Einsichts- und Informationsrechte eines Kollektiv- bzw. einfachen Gesellschafters (Art. 541) einzuräumen. – Nicht gleich verhält es sich mit den Einschränkungen[23]. Was den Kommanditär betrifft, so sind dessen Kontrollrechte durch Art. 600 Abs. 3 ohnehin begrenzt. Weitere Einschränkungen, z.B. durch Verweigerung der «Einsichtnahme in die Bücher und Papiere»[24], können nur in Ausnahmefällen, z.B. zur Wahrung von gesetzlichen Geschäfts- oder Berufsgeheimnissen[25], als zulässig erachtet werden. Dem Konflikt zwischen den legitimen Interessen der Gesellschaft und denjenigen des Kommanditärs kann dadurch begegnet werden, daß im Gesellschaftsvertrag eine unabhängige Kontrollstelle im Sinn des Aktienrechts (Art. 727 ff. OR) vorgesehen wird, wobei aber dem Kommanditär (als Minimum) das Recht auf Vorlegung der Gewinn- und Verlustrechnungen und Bilanzen[26], sowie auf eine zu deren Verständnis erforderliche Information erhalten bleiben. – Das gleiche gilt im Prinzip auch für den nicht geschäftsführenden Komplementär. In Anbetracht seiner unbeschränkten (nur im Einzelfall abdingbaren) Haftung müssen ihm zum mindesten die auch einem Kommanditär zustehenden Kontrollrechte erhalten bleiben.

e) Gesellschaftsbeschlüsse

Auch die Gesellschaftsbeschlüsse können im Vertrag einer vom Gesetz abweichenden Ordnung unterworfen werden, dies sowohl hinsichtlich ihres Gegenstandes als auch der Beschlußfassung. So kann z.B. die Kompetenz zur Vornahme von «Rechtshandlungen, die über den gewöhnlichen Betrieb der gemeinschaftlichen Geschäfte hinausgehen», der Geschäftsführung,

---

[23] Gegen die Möglichkeit einer Einschränkung der gesetzlichen Kontrollrechte HARTMANN, Art. 600, N. 12; im Prinzip, jedoch differenzierend, auch SIEGWART, Art. 599/600, N. 15, 541 N. 9. Gegen einen «gänzlichen» Entzug der Kontrollrechte des Kommanditärs (z.B. auch durch ausschließliche Übertragung an ein «Kontrollorgan») RICHARD, S. 98f. – Volle Vertragsfreiheit befürwortet CHRIST, S. 39 ff., unter Vorbehalt des Persönlichkeitsschutzes gemäß Art. 27 Abs. 2 ZGB, für dessen Wirkungsbereich auch die Dauer der gesellschaftlichen Bindung, Kündigungsbedingungen, Bedeutung der Kommandit-Einlagen und Summen zu berücksichtigen seien.

[24] Art. 600 Abs. 3. Dazu vorn § 29, III 2d.

[25] CHRIST, S. 39 ff., verweist hiefür besonders auf die in der Form von Personengesellschaften auftretenden «Privatbanken» (dazu vorn § 19, II 4) und das Bankengeheimnis.

[26] Vgl. RICHARD, CHRIST, oben Anm. 23.

gegebenenfalls (so bei korporativer Struktur der Gesellschaft) einem besondern Gremium (z.B. einem Gesellschafterausschuß) übertragen werden. – Der Vertrag kann für alle oder einzelne Angelegenheiten Mehrheitsbeschlüsse vorsehen sowie die Stimmkraft der Gesellschafter nach irgendwelchen Kriterien festsetzen; soll hiefür die vermögensmäßige Beteiligung maßgebend sein, so kann unter Umständen die Herrschaft über die Gesellschaft ganz bei den Kommanditären liegen. Vorbehalten bleibt aber das Recht jedes Gesellschafters, auch des Kommanditärs, zur Teilnahme an Gesellschaftsversammlungen und Ausübung seines gesetzlich oder vertraglich bestimmten Stimmrechts [27].

f) Körperschaftliche Organisation

Die vorstehend erörterten vertraglichen Vereinbarungen können vereinzelt vorkommen, bilden aber in größern Verhältnissen oft Bestandteil einer umfassenden körperschaftlichen Organisation der Gesellschaft. So kann der Vertrag verschiedene Organe – Gesellschafterversammlung, Gesellschafterausschuß (=Verwaltungsrat der AG), Geschäftsführung (=Direktion) und eine (außergesellschaftliche) Kontrollstelle – vorsehen, deren Bestellung regeln und deren Kompetenzen voneinander abgrenzen, wofür auch auf von der Gesellschafterversammlung zu erlassende Reglemente verwiesen wird. Dem Bestandesschutz der Unternehmung dienen Bestimmungen über Kündigungsrecht, Übertragung von Mitgliedschaften (insbesondere der Kommanditäre) sowie Fortsetzungsklauseln geltend unter Lebenden und/oder auf den Todesfall [28]. – Das für die internen Gesellschaftsverhältnisse geltende Prinzip der Vertragsfreiheit gestattet auch solche Ordnungen, soweit sie nicht zwingenden Bestimmungen oder Prinzipien des Gesetzes zuwiderlaufen.

g) Grenzen der Vertragsfreiheit

Zusammenfassend läßt sich festhalten, daß gerade bei den Kommanditgesellschaften – in Anbetracht ihres gemischt personalistisch-kapitalistischen Charakters – die Grenzen der Vertragsfreiheit oft fließend und nur unter Würdigung des gesamten Sachverhalts im konkreten Fall zu bestimmen sind. Dazu kommt, daß zur Eintragung im Handelsregister nur wenige, vornehmlich das Außenverhältnis betreffende Angaben verlangt werden und

---

[27] HARTMANN, Art. 598, N. 11; RICHARD, S. 100f.; vgl. auch SCHILLING, Großkommentar OHG, § 131, Anm. 32.
[28] Vgl. den bei RICHARD im Anhang (S. 157ff.) wiedergegebenen Modellvertrag («Vertrag Haab»).

auch kein Gesellschaftsvertrag vorzulegen ist; damit entfällt auch die Kognition des Handelsregisterführers hinsichtlich der Legalität der vertraglichen Ordnung, wie sie für die juristischen Personen vorgesehen ist (Art. 940 Abs. 2 OR). Um so mehr Bedeutung kommt den allgemeinen Prinzipien zu.

IV. Die vermögensrechtlichen Verhältnisse, insbesondere die Gewinn- und Verlustbeteiligung der Gesellschafter

Zu den vermögensrechtlichen Verhältnissen innerhalb der Kommanditgesellschaft äußert sich das Gesetz direkt nur, soweit die Gewinn- und Verlustbeteiligung des Kommanditärs in Frage steht (Art. 601 OR). Im übrigen gilt, unter Vorbehalt vertraglicher Vereinbarungen, das Recht der Kollektivgesellschaft.

1. Die gesetzliche Ordnung

a) Ausgangspunkte

Ein Gesellschaftsvermögen bildet, vermehrt und verringert sich in gleicher Weise wie bei der Kollektivgesellschaft. Es steht im Gesamteigentum aller Gesellschafter, auch der Kommanditäre, die damit auch an allfälligen stillen Reserven beteiligt sind[29]. – Die Gesellschaft ist, weil eintragungspflichtig, zur Erstellung jährlicher Gewinn- und Verlustrechnungen und Bilanzen verpflichtet, in welchen auch die Kapitalanteile[30] der einzelnen Gesellschafter auszuweisen sind. Dem Kapitalkonto eines Kommanditärs sind die von ihm geleisteten Kommanditeinlagen, gegebenenfalls nicht bezogene Zinse, Gewinnanteile und Honorare gutzuschreiben; vermindert wird sein Konto durch Verluste und Bezüge, woraus (wie bei der Kollektivgesellschaft) ein Passivkonto des Kommanditärs entstehen kann[31].

Einer besonderen Prüfung bedarf die Gewinn- und Verlustbeteiligung der Gesellschafter, sowie deren Ansprüche auf Zinsen und Honorare. In Anbetracht der unterschiedlichen Rechtsstellung der Gesellschafter und im Interesse der Gesellschaftsgläubiger regelt das Gesetz diese Fragen in einer

---

[29] HARTMANN, Art. 601, N. 2; SIEGWART, Art. 594/95, N. 14, 602, N. 1; WIELAND I, S. 733 f. – BGE 29 II, 1903, S. 667; 45 II, 1919, S. 533 (eingehend zur Bilanz der Kommanditgesellschaft).

[30] Auch bei der Kommanditgesellschaft ist zu unterscheiden zwischen dem (realen) Vermögensanteil und dem (bilanzmäßigen) Kapitalanteil (siehe vorn § 29, II 2) jedes Gesellschafters, auch des Kommanditärs.

[31] Umstritten, siehe unten Anm. 41.

von der Kollektivgesellschaft zum Teil abweichenden Weise, wobei zwischen der Stellung der Komplementäre und der Kommanditäre zu unterscheiden ist und zudem die Rechte und Pflichten verschiedener Art auseinanderzuhalten sind (Art. 601).

b) Komplementäre

Für die Komplementäre gilt das Recht der Kollektivgesellschaft. Danach sind sie berechtigt, unabhängig vom Geschäftsergebnis Zinsen zu 4% und Honorare zu beziehen oder ihrem Kapitalanteil gutschreiben zu lassen (Art. 558/59; dazu vorn § 34, II 4f.). – Was ihre Gewinn- und Verlustbeteiligung betrifft, so müßte (gemäß Art. 558 Abs. 2 und 533 Abs. 1 OR) das Prinzip ihrer Gleichstellung gelten. Da aber auch die Kommanditäre von Gesetzes wegen an Gewinn und Verlust beteiligt sind und hiefür besondere Regeln gelten, können die Beteiligungen der Komplementäre nur im Zusammenhang mit denjenigen der Kommanditäre festgesetzt werden[32].

c) Kommanditäre

Was die Kommanditäre betrifft, so ist zunächst zu prüfen, ob auch ihnen von Gesetzes wegen ein Recht auf Verzinsung ihrer Kapitalanteile zusteht. Das Gesetz äußert sich nicht direkt zu dieser Frage; in der Doktrin wird sie verschieden beantwortet[33]. – Für einen Zinsanspruch des Kommanditärs spricht die gesetzliche Verweisung auf das Recht der Kollektivgesellschaft. Es bestehen auch keine sachlichen Gründe, den Kommanditär in dieser Hinsicht anders zu behandeln als den Komplementär. Der Grundgedanke ist doch, daß zunächst das in der Unternehmung investierte Kapital eine angemessene Verzinsung erhalten soll. Auch die Interessen Dritter sprechen nicht dagegen, denn der Gläubigerschutz wird durch besondere Bestimmungen gewahrt. – Ist die Kommanditsumme nicht voll einbezahlt (d.h. durch entsprechende Einlagen gedeckt) oder ist sie nach erfolgter Einzahlung (durch Verluste oder Rückzahlungen) vermindert worden, so «dürfen ihr Zinse, Gewinne und allfällige Honorare nur soweit zugeschrieben werden, bis sie ihren vollen Betrag wieder erreicht hat» (Art. 601

---

[32] HARTMANN, Art. 601, N. 4 spricht von einem «zu engen Wortlaut des Gesetzes». – Dazu noch unten lit. d.

[33] Ein gesetzlicher Zinsanspruch des Kommanditärs wird bejaht von HARTMANN (Art. 601, N. 16) und SIEGWART (von diesem nur, wenn und soweit das Jahresergebnis eine Verzinsung gestattet; Art. 598, N. 6); verneint von GUHL/MERZ/KUMMER, S. 556. – Nach deutschem Recht haben Komplementäre und Kommanditäre Anspruch auf eine Vordividende (nicht Verzinsung) von 4% (§ 168 Abs. 1 HGB, unter Hinweis auf § 121 HGB; siehe vorn § 34, Anm. 12).

Abs. 3)³⁴. Wird dieses Gebot nicht eingehalten, so lebt die Haftung des Kommanditärs gegenüber den Gesellschaftsgläubigern in dem Umfang wieder auf, als die Kommanditsumme infolge der Auszahlung von Zinsen oder Gewinn nicht oder nicht mehr gedeckt ist (Art. 611 Abs. 1, wozu noch hinten § 43, III 2 d). – Hat der Kapitalanteil den Betrag der Kommanditsumme erreicht, so hat der Kommanditär wieder Anspruch auf Auszahlung von Zinsen, Gewinn und Honorar. Läßt er solche Guthaben weiterhin bei der Gesellschaft stehen, so sind solche Überschüsse (mangels anderer Vereinbarung) nicht als sozialrechtliche Einlagen sondern als individualrechtliche Forderungen zu behandeln³⁵.

d) Die Gewinn- und Verlustbeteiligung der Gesellschafter
(Komplementäre und Kommanditäre)

Mit der Gewinn- und Verlustbeteiligung befaßt sich das Gesetz scheinbar nur in bezug auf den Kommanditär. Mangels Vereinbarung unter den Gesellschaftern entscheidet der Richter hierüber nach freiem Ermessen, mit der Einschränkung, daß der Kommanditär am Verlust höchstens bis zum Betrag seiner Kommanditsumme teilnimmt (Art. 601 Abs. 1, 2). Der Entscheid nach freiem Ermessen und die Beschränkung der Verlustbeteiligung des Kommanditärs wirken aber eo ipso auch auf die Beteiligungen der Komplementäre ein. Die erwähnten Bestimmungen bilden daher die Grundlage für die Beurteilung der Gewinn- und Verlustbeteiligung beider Gesellschafterkategorien.

Fehlt es gänzlich an einer Vereinbarung – im Gesellschaftsvertrag oder durch rechtsgültigen Gesellschafterbeschluß (siehe unten Ziff. 2) – und kann eine solche auch nicht aus konkludentem Verhalten der Gesellschafter geschlossen werden, so soll der Richter die Gewinn- und Verlustbeteiligung nach «freiem Ermessen» festsetzen. Es handelt sich hiebei um einen Ermessensentscheid («pouvoir d'appréciation») im Sinn von Art. 4 ZGB, den der Richter nach «Recht und Billigkeit» zu treffen hat³⁶ – eine Lösung,

---

³⁴ Die Formulierung des (subsidiären) Art. 601 Abs. 3 ist nicht klar. Nach ihrem Wortlaut «dürfen» dem Kapitalkonto des Kommanditärs Zinsen usw. «nur» im erwähnten Ausmaß gutgeschrieben werden; vgl. die (inhaltlich) entsprechende Ordnung im Recht der Kollektivgesellschaft (Art. 559 Abs. 3; zur Begründung vorn § 34, III 2). – Art. 601 Abs. 3 enthält aber auch eine (subsidiäre) Verpflichtung («soll») zur Wiederäufnung im erwähnten Sinn, dies im Interesse der Gesellschaft und der Gesellschaftsgläubiger. So deutlich ProtExpKomm 1928, S. 124; HARTMANN, Art. 601, N. 12 ff.; SIEGWART, Art. 601, N. 7 f. – Ebenso § 169 HGB.
³⁵ So HARTMANN, Art. 601, N. 13; SIEGWART, Art. 601, N. 7. – Kritisch hiezu oben II 2b.
³⁶ Dazu grundsätzlich DESCHENAUX, Schweiz. Privatrecht II, S. 130 ff., insbes. S. 136 f.; MEIER-HAYOZ, Berner Kommentar (zit. zu § 19), Art. 4, insbes. N. 9, 28, 60 ff.

die sich aus der Verschiedenartigkeit der Rechtsstellung der Gesellschafter und dem Gewicht ihrer Beiträge (irgendwelcher Art) zur Erreichung des Gesellschaftszwecks erklärt[37]. – Danach gilt hier nicht das Prinzip der Gleichstellung aller Gesellschafter – wie für die einfache und die Kollektivgesellschaft (Art. 533 Abs. 1, 557 OR)[38] –, sondern der Richter hat unter Würdigung und gegenseitiger Abwägung aller Faktoren persönlicher und sachlicher Natur zu entscheiden, die auf das Geschäftsergebnis eingewirkt haben. In der Praxis sind die Verhältnisse zu verschiedenartig, als daß sich hiefür Regeln oder gar Vermutungen aufstellen ließen, doch sind jedenfalls drei Faktoren von besonderer Bedeutung:

> Einmal die Geschäftsführung, also die von den Gesellschaftern als solchen geleistete Arbeit, was auch für die allenfalls mitarbeitenden Kommanditäre gilt. – Sodann die von den Gesellschaftern eingebrachten oder zur Verfügung gestellten vermögenswerten Beiträge irgendwelcher Art, nach ihrem Ausmaß und ihrer Bedeutung für das Geschäftsergebnis. – Schließlich die von den Gesellschaftern übernommenen unbeschränkten oder beschränkten Haftungen gegenüber Dritten und die dadurch bewirkte Kreditfähigkeit der Gesellschaft[39]. Dabei kann sich – auch wo nicht ausgesprochen atypische Verhältnisse vorliegen – ergeben, daß die von den Kommanditären übernommenen Haftungssummen von größerer Bedeutung sind als die unbeschränkten Haftungen der Komplementäre (namentlich wenn jene in bonis sind, diese nicht!).

Die für den Richter maßgebenden Gesichtspunkte sind natürlich auch von den Gesellschaftern zu beachten, wenn sie z. B. im Zusammenhang mit den Jahresabschlüssen, mangels vorheriger vertraglicher Ordnung über Gewinn- und Verlustbeteiligungen zu befinden haben. Möglich ist, daß der Vertrag nur Bestimmungen über die Gewinn- oder die Verlustbeteiligung enthält, sei es allgemein, sei es für die eine oder andere Gesellschafterkategorie oder auch nur für einzelne Gesellschafter. In diesem Fall haben die Gesellschafter eine, wenn auch unvollständige, vertragliche Ordnung getroffen. An die Stelle des freien Ermessens tritt die (subsidiäre) gesetzliche Bestimmung (Art. 533 Abs. 2 OR) in die Lücke, wonach die Vereinbarung über die Gewinnbeteiligung auch für die Verlustbeteiligung gilt und umgekehrt[40].

Vorbehalten bleibt die Begrenzung der Verlustbeteiligung des Kommanditärs gemäß Art. 601 Abs. 1: Am Verlust nimmt der Kommanditär «höchstens bis zum Betrag seiner Kommanditsumme teil». Da-

---

[37] Gleiche Lösung auch in Art. 596 Abs. 2 aOR. Vgl. § 168 Abs. 2 HGB, wonach für die Gewinnbeteiligung der Gesellschafter «ein den Umständen nach angemessenes Verhältnis als bedungen» gilt.
[38] HARTMANN, Art. 601, N. 1, 7; SIEGWART, Art. 601, N. 1, 4.
[39] Vgl. HARTMANN, Art. 601, N. 5; SIEGWART, Art. 601, N. 4; WIELAND I, S. 747 f.
[40] HARTMANN, Art. 601, N. 2; SIEGWART, Art. 601 N. 3; BGE 42 II, 1916, S. 128 f.

nach bestimmt die Haftungssumme (subsidiär) auch die obere Grenze der internen Verlustbeteiligung des Kommanditärs. Dies bedeutet nicht, daß der Kommanditär einen allfälligen Passivkonto[41] auszugleichen hätte; seine Beitragspflicht beschränkt sich auf die Leistung der vereinbarten Einlage. Die Verlustbeteiligung des Kommanditärs hat aber zur Folge, daß dieser Gewinne, Zinsen und Honorare stehen und seinem Kapitalanteil gutschreiben lassen muß, bis dieser den Betrag der Kommanditsumme erreicht hat (siehe oben 1 c).

Nach Art. 596 aOR nahm der Kommanditär am Verlust «nur bis zum Betrage seiner eingezahlten oder rückständigen Einlage Anteil», so auch noch die E 1919 (Art. 604) und 1923 (Art. 617). Die Expertenkommission ersetzte dann überall den Begriff «Kommanditeinlage» durch «Kommanditsumme» (siehe vorn § 40, I 2), so auch hier, ohne Begründung (siehe ProtExpKomm 1928, S.114, 124; E 1928, Art. 601 Abs. 1, wobei im französischen Text, wie überall, der Ausdruck «commandite» verwendet wird). In der Doktrin wird geltend gemacht, daß es sachlich richtiger gewesen wäre, am Terminus «Einlage» festzuhalten, da es ja hier um die internen Beziehungen gehe und die Beschränkung der Verlustbeteiligung des Kommanditärs auf den vereinbarten Vermögensbeitrag dem mutmaßlichen Parteiwillen (und, ist beizufügen, der historischen Entwicklung) entspreche. In Anbetracht des Wortlauts von Art. 601 Abs. 3 müsse aber die neue Lösung (Haftungssumme auch bestimmend für die interne Verlustbeteiligung) hingenommen werden (unter Vorbehalt einer anderen Vereinbarung)[42]. – Die erwähnte Kritik ist berechtigt. Auch nach deutschem Recht (§ 167 Abs. 3 HGB) nimmt der Kommanditär am Verlust nur bis zum Betrag der geschuldeten Einlage teil; ebenso nach französischem Recht (Loi soc. comm. 1966, Art. 23 Abs. 2). Die fragliche Bestimmung über die Verlustbeteiligung des Kommanditärs kann nur im Zusammenhang mit der «Auffüllungspflicht» gemäß Art. 601 Abs. 3 verstanden werden.

2. Die vertragliche Ordnung

Den Gesellschaftern steht es frei, die Beteiligung der Gesellschafter an Gewinn und Verlust sowie die Frage der Verzinsung der Vermögensbeiträge und der Honorierung der Gesellschafter in beliebiger, den konkreten Verhältnissen angepaßter Weise zu regeln. Art. 601 ist in vollem Um-

---

[41] Umstritten ist, ob das Kapitalkonto eines Kommanditärs durch Verlustbeteiligung überhaupt passiv werden, «unter Null» sinken kann. – Verneinend: WIELAND I, S. 746, Anm. 11; SIEGWART, Art. 601, N. 12 (als «Vermutung»). – Bejahend: HARTMANN, Art. 601, N. 2 (Passivsaldo des Kapitalanteils; anders bei vertraglicher Beschränkung der Verlustbeteiligung auf die Kommanditeinlage, siehe Art. 601, N. 10). Ebenfalls die herrschende deutsche Lehre, siehe z.B. SCHILLING, Großkommentar HGB, § 167, Anm. 14; LEHMANN/DIETZ, S. 201; HUECK, Gesellschaftsrecht, S. 98. In der Tat ist nicht ersichtlich, weshalb der Kommanditär in dieser Hinsicht günstiger gestellt sein soll als der Komplementär. Ein Passivkonto verpflichtet ihn – wie alle obgenannten Autoren betonen – ja nicht zu einer Nachdeckung, auch nicht bei Auflösung der Gesellschaft, sondern lediglich zur «Auffüllung» durch Stehenlassen von Zinsen und Gewinnanteilen. Und für die Haftung gegenüber Dritten ist einzig die kundgegebene Kommanditsumme maßgebend.

[42] HARTMANN, Art. 601, N. 1, 8.

fang dispositiver Natur; es gilt dies auch für die Pflicht zur Auffüllung der Kommanditeinlage gemäß Abs. 3[43]. Die Gesellschafter können auch in dieser Hinsicht eine andere Regelung treffen, doch müssen die Kommanditäre gewärtigen, daß ihre Haftung in dem Umfang wieder auflebt, als ihre Einlage durch den Bezug von Zinsen und Gewinnen unter den Betrag der Kommanditsumme gesunken ist (Art. 610 Abs. 2).

Besondere Bedeutung kommt der Frage der **Verlustbeteiligung** des Kommanditärs zu. – «Normal» (und der geschichtlichen Entwicklung der Kommanditgesellschaft entsprechend) erscheint die Vereinbarung, daß der Kommanditär am Verlust bis zum Betrag der vereinbarten Kommanditeinlage teilnimmt, m.a.W. das riskiert, was er einwirft oder einzuwerfen sich verpflichtet hat (wie dies nach Art. 596 aOR die gesetzliche Vermutung war). Ist die Einlage durch Verluste aufgezehrt, so kann (bei einer solchen Vereinbarung) der Kommanditär nicht mehr mit weiteren Verlusten belastet werden. Muß er auf Grund seiner Haftpflicht mehr leisten als die vereinbarte Einlage, so hat er ein entsprechendes Regreßrecht gegen die Mitgesellschafter.

Kraft Vereinbarung kann der Kommanditär von der Verlustbeteiligung teilweise oder auch ganz **befreit** werden[44]. Dies wird meist mit der zurückgesetzten Stellung des Kommanditärs, insbesondere hinsichtlich der Geschäftsführung, begründet. Dazu kommt, daß der Kommanditär immer eine Haftung gegenüber den Gesellschaftsgläubigern zu übernehmen hat, worin an sich schon eine gesellschaftsrechtliche Leistung liegt. Als Ausnahmeerscheinung ist die Verlustbefreiung vom Kommanditär nachzuweisen, allenfalls auf Grund von Indizien[45]. – Anderseits kann auch eine **unbeschränkte Verlustbeteiligung** des Kommanditärs vereinbart werden. Ist dies der Fall, so ist er internrechtlich, insbesondere hinsichtlich der Kontrollbefugnisse und des Widerspruchsrechts, wie ein Komplementär zu behandeln[46].

---

[43] HARTMANN, Art. 601, N. 14f.; SIEGWART, Art. 601 N. 7.
[44] Zur Problematik der *societas leonina* siehe vorn § 29, II 3.
[45] Zur Befreiung des Kommanditärs von der Verlustbeteiligung siehe HARTMANN, Art. 601, N. 9; SIEGWART, Art. 601, N. 9. – Als Indizien werden z. B. betrachtet: Sicherung der Kommanditeinlage durch Faustpfänder; Verpflichtung zur Rückzahlung der Kommanditeinlage bei Auflösung der Gesellschaft; frühere Stellung des Kommanditärs als gewinnberechtigter Angestellter der Gesellschaft.
[46] Vgl. HARTMANN, Art. 601, N. 11.

V. Das Konkurrenzverbot

1. Die Ausgangslage

Bei der Kommanditgesellschaft enthält das revOR, wie schon das aOR, keine besondere Regelung der die Gesellschafter treffenden Konkurrenzverbote. Ob Komplementäre und Kommanditäre solchen unterworfen sind, ist – als internrechtliche Angelegenheit – kraft der generellen Verweisung gemäß Art. 598 nach dem Gesellschaftsvertrag, mangels anderer Vereinbarung nach dem Recht der Kollektivgesellschaft zu beurteilen.

Diese Ordnung galt schon unter dem aOR. Nach den E 1919 und 1923 (Art. 618) sollten die Komplementäre dem für die Kollektivgesellschafter geltenden Konkurrenzverbot unterworfen sein, die Kommanditäre dagegen nur, wenn der Vertrag dies so bestimmt. Vorschlägen aus Wirtschaftskreisen folgend, beschloß dann die Expertenkommission, das Konkurrenzverbot der Kollektivgesellschaft auf alle Gesellschafter der Kommanditgesellschaft auszudehnen, dies namentlich mit Rücksicht auf die auch dem Kommanditär zustehenden Befugnisse (Widerspruchs- und Kontrollrechte)[47]. Diese Bestimmung findet sich aber nicht mehr im E 1928; die Botschaft 1928 (S. 17) bemerkt dazu nur, daß kraft der allgemeinen Verweisung gemäß Art. 598 das Konkurrenzverbot der Kollektivgesellschaft Anwendung finde – woran auch das Parlament nichts mehr änderte. Damit gilt die unter dem aOR bestehende Ordnung weiter.

2. Die gesetzliche Ordnung

Wenn auch (mangels anderer Vereinbarung) das Konkurrenzverbot der Kollektivgesellschaft (Art. 561) grundsätzlich für Komplementäre und Kommanditäre gilt[48], so ist doch auch deren unterschiedliche Rechtsstellung zu berücksichtigen. Eine differenzierte Betrachtungsweise drängt sich hier auch deshalb auf, weil Art. 561 – anders als bei der einfachen Gesellschaft (Art. 536 OR) – alle dort genannten Handlungen und Beteiligungen der Gesellschafter von vorneherein untersagt, ohne Rücksicht darauf, ob diese die Gesellschaft effektiv schädigen oder schädigen könnten[49]. Ist schon bei der Kollektivgesellschaft die Tragweite des Konkurrenzverbots weitgehend eine nach den Umständen des Falls zu beantwortende Ermessensfrage, so gilt dies a fortiori für die rechtlich und faktisch so verschiedenartig strukturierten Kommanditgesellschaften. Grundlegend für die Beurteilung dieser Verhältnisse ist die bei allen Personengesellschaften

---

[47] ProtExpKomm 1928, S. 125, 150.
[48] Daß auch der Kommanditär dem Konkurrenzverbot unterliegt, ist herrschende Lehre, siehe z.B. HARTMANN, Art. 598, N. 13; SIEGWART, Art. 598, N. 5; BGE 30 II, 1904, S. 463.
[49] Zum Konkurrenzverbot im Recht der Kollektivgesellschaft, seinem Geltungsbereich und den Sanktionen siehe vorn § 34, V 2.

gebotene Treuepflicht der Gesellschafter[50]. – Als besondere Faktoren fallen z. B. in Betracht:

Geschäftsführende Gesellschafter, handle es sich um Komplementäre oder Kommanditäre, haben ihre Arbeitskraft der Kommanditgesellschaft, insbesondere nicht einer Konkurrenzunternehmung zu widmen. Dazu kommt, daß sie vollen Einblick in die Verhältnisse der Gesellschaft (Finanzen, Verfahren, Planung) haben. Das Konkurrenzverbot will solchen Interessens- (auch Gewissens-) Konflikten vorbeugen[51]. – Stehen Kommanditären Widerspruchsrechte auch im gewöhnlichen Geschäftsbetrieb zu, so werden sie damit praktisch zu Mitgeschäftsführern, womit auch für sie das Konkurrenzverbot gilt. – Wesentlich ist die Ausgestaltung der Kontrollrechte des Kommanditärs. Werden dessen Rechte (Art. 600 Abs. 3) vertraglich erweitert, so erhöht sich dadurch die Gefahr von (gewollten oder ungewollten) Indiskretionen und Interessenkonflikten, was die Anwendbarkeit des Konkurrenzverbots gemäß Art. 561 auf den Kommanditär rechtfertigen kann. – Nimmt dagegen der Kommanditär eine stark zurückgesetzte Stellung ein, was meist mit einer relativ geringen (vermögensmäßigen) Beteiligung zusammenhängt, so kann für ihn das Konkurrenzverbot gemildert werden, namentlich wenn er auch im Konkurrenzunternehmen eine zurückgesetzte Stellung einnimmt.

3. Die vertragliche Ordnung

Vertraglich kann das Konkurrenzverbot für beide Gesellschafterkategorien präzisiert, eingeschränkt, aufgehoben oder erweitert werden – wofür auf das zur Kollektivgesellschaft Gesagte (vorn § 34, V 2 e) verwiesen wird.

---

[50] Zur Treuepflicht im Gesellschaftsrecht siehe vorn § 22, II.
[51] Gemäß § 165 HGB gilt das Wettbewerbsverbot der OHG nicht für Kommanditisten. Ob ein geschäftsführender Kommanditist einem solchen untersteht, ist umstritten. Einheitlich wird aber vertreten, daß er auch in dieser Hinsicht der gesellschaftlichen Treuepflicht untersteht und die Gesellschaft schädigende Handlungen zu unterlassen hat. Siehe z. B. HUECK, Gesellschaftsrecht, S. 98; LEHMANN/DIETZ, S. 200.

§ 43. Das Verhältnis der Gesellschaft und der Gesellschafter gegenüber Dritten

Literatur

U. RICHARD, Atypische Kommanditgesellschaften (zit. zu § 24); A. KOLLER, Grundfragen einer Typuslehre im Gesellschaftsrecht (zit. zu § 24); O. K. KAUFMANN, Die Haftungsverhältnisse in der schweizerischen Gesellschaft mit beschränkter Haftung, Diss. Zürich 1940; M. PEDRAZZINI, Stille Gesellschaft oder (offene) einfache Gesellschaft?, SJZ 52, 1956, S. 369 ff.

Siehe auch die Literatur zu den §§ 35, 36 und 37.

I. Allgemeines

Die Rechtsstellung der Kommanditgesellschaft nach außen wird vom Gesetz in gleicher Weise umschrieben wie bei der Kollektivgesellschaft. Sie kann unter ihrer Firma Rechte erwerben und Verbindlichkeiten eingehen, vor Gericht klagen und verklagt werden (Art. 602 OR). Es gilt somit das hierüber zur Kollektivgesellschaft Gesagte (vorn § 36) auch für die Kommanditgesellschaft. Sie tritt, ohne juristische Person im engeren Sinne zu sein, nach außen als Einheit auf, der als solcher Rechts- und Handlungsfähigkeit zukommt. Im Prozeß ist sie aktiv und passiv partei- und prozeßfähig in dem Sinne, daß die jeweiligen Gesellschafter unter der Gesellschaftsfirma als Kläger oder Beklagte auftreten; das im Gesellschaftsprozeß ergangene Urteil schafft somit gegenüber den Gesellschaftern, auch den Kommanditären, *res judicata*, vorbehältlich deren persönliche Einreden[1].

Verschieden vom Recht der Kollektivgesellschaft oder besonders geordnet werden jedoch: Die Vertretungsverhältnisse; die Haftung des Kommanditärs nach Inhalt und Geltendmachung; gewisse Vorgänge bei der Zwangsvollstreckung gegen die Gesellschaft und die Kommanditäre.

II. Die Vertretungsverhältnisse

1. Vertretung durch Komplementäre

Zur Vertretung der Kommanditgesellschaft nach außen sind von Gesetzes wegen einzig Komplementäre berechtigt und verpflichtet (Art. 603). Es gilt hiefür das Recht der Kollektivgesellschaft, so daß, mangels einer andern vertraglichen und kundgegebenen Ordnung, jeder Komplementär

---

[1] Vorn § 36, II.

einzeln vertretungsberechtigt ist und gegenüber gutgläubigen Dritten die Gesellschaft im Rahmen ihres Zweckbereichs rechtsgültig vertritt (Vertretungsmacht)[2]. Dem oder den Komplementären kann die Vertretungsbefugnis aus wichtigen Gründen entzogen werden (Art. 565 OR), wozu auch der Kommanditär antragsberechtigt ist[3].

2. Vertretung durch Kommanditäre

a) Dem Kommanditär steht keine organmäßige Vertretungsbefugnis und Vertretungsmacht zu. Er kann aber von der Gesellschaft zur Vornahme einzelner Rechtshandlungen oder zur Führung des «Gewerbes» als Prokurist oder Handlungsbevollmächtigter ermächtigt werden[4]. Dann bestimmt sich der Umfang der Vertretungsmacht nach der Art der erteilten Vollmacht, wovon bereits bei der Kollektivgesellschaft die Rede war (vorn § 35, II 4). – Die Bestellung eines Kommanditärs zum Prokuristen oder Generalhandlungsbevollmächtigten bedarf der Zustimmung aller vertretungsbefugten Komplementäre; zum Widerruf der genannten Vollmachten ist jeder von ihnen berechtigt, ohne daß es hiezu der Geltendmachung wichtiger Gründe bedürfte (Art. 566)[5]. Vorbehalten bleibt aber das Recht des Abberufenen auf Schadenersatz (Art. 465 Abs. 1 OR). Es gelten hiefür die gleichen Regeln wie bei der Kollektivgesellschaft.

b) Handelt der Kommanditär im Namen der Gesellschaft, ohne dazu ermächtigt zu sein, so wird nur er aus dem Geschäft berechtigt und verpflichtet, nicht die Gesellschaft, der aber nach den Bestimmungen über die Geschäftsführung ohne Auftrag Rechte und Verpflichtungen erwachsen können[6]. Genehmigt die Gesellschaft das Geschäft, so gilt dieses als von Anfang an rechtsgültig für die Gesellschaft abgeschlossen; der Kommanditär haftet daraus nach Gesellschaftsrecht[7].

---

[2] Art. 603, 563ff. OR. – Dazu vorn § 35, II.

[3] HARTMANN, Art. 603, N. 8; SIEGWART, Art. 603, N. 2; siehe auch vorn § 42, I.

[4] Worauf auch Art. 605 hinweist. Dazu noch unten lit. c. Zu entsprechenden Regelungen im ausländischen Recht siehe vorn § 40, IV.

[5] HARTMANN, Art. 603, N. 12; WIELAND I, S. 754, Anm. 4; ObGer Bern, ZBJV 69, 1933, S. 279. – Abweichend SIEGWART, Art. 605, N. 5, wonach eine im Gesellschaftsvertrag vereinbarte Prokura des Kommanditärs nur aus wichtigen Gründen entziehbar ist. Dem ist jedoch entgegenzuhalten, daß bei der Kommanditgesellschaft um so weniger Anlaß besteht, von der bei der Kollektivgesellschaft geltenden Ordnung abzugehen, als der unbeschränkt haftende Komplementär in der Lage sein muß, dem nur beschränkt haftenden Kommanditär-Prokuristen die (sehr weite!) Vertretungsmacht zu entziehen.

[6] Art. 540 Abs. 2, 422 OR. HARTMANN, Art. 605, N. 3; SIEGWART, Art. 605, N. 2.

[7] SIEGWART, abweichend HARTMANN, beide oben Anm. 6.

c) Schließt der Kommanditär im Namen der Gesellschaft und auf Grund einer **Vollmacht**, so als Prokurist oder Handlungsbevollmächtigter, Geschäfte ab, so wird daraus die Gesellschaft berechtigt und verpflichtet, wenn und soweit diese Geschäfte im Rahmen der Vollmacht liegen. Besondere Wirkungen treten aber ein, wenn der Kommanditär gehandelt hat, «ohne ausdrücklich zu erklären, daß er nur als Prokurist oder als Bevollmächtigter handle»[8]. Dann haftet er aus diesen Geschäften gutgläubigen Dritten gegenüber gleich einem unbeschränkt haftenden Gesellschafter (Art. 605). Daraus folgt: Das Geschäft ist für die Gesellschaft im Rahmen der erteilten Vollmacht verbindlich, aber die Haftungsverhältnisse ändern sich. Der Kommanditär wird durch solches Handeln zwar nicht schlechtweg zum Komplementär, aber er haftet wie ein solcher, d.h. unbeschränkt (und subsidiär), dies jedoch nur in bezug auf das in Frage stehende Geschäft[9]. Diese Wirkung tritt jedoch nur gegenüber «gutgläubigen Dritten» ein (Art. 605).

Wer ist gutgläubiger Dritter im Sinn dieser Bestimmung? Nach aOR Art. 598 Abs. 3 galt in solchen Fällen die unbeschränkte Haftung des Kommanditärs gegenüber jedem Dritten, ohne Rücksicht auf dessen «guten Glauben». Die Entwürfe milderten diese Lösung auf die erwähnte Weise. In ProtExpKomm 1928 (S. 126f.) wird dazu ausgeführt, daß nun dem Kommanditär eine *exceptio doli* gegeben werde, wenn er beweisen kann, daß der Dritte seine Eigenschaft als Prokurist usw. «gekannt» hat, womit sowohl gegenüber der Formalwirkung des Registereintrages als gegenüber der starren Auswirkung des bisherigen Rechts eine glückliche Mitte eingehalten werde, die den Anforderungen der bona fides Rechnung trage. – Nach herrschender Lehre[10] muß der Kommanditär, wenn er die unbeschränkte Haftung von sich abwenden will, beweisen können, daß der Dritte um seine Eigenschaft als bloßer Prokurist usw. gewußt hat, wobei allgemeine Kundgebungen durch Zirkulare oder Eintragungen im Handelsregister nicht genügen. Mit andern Worten, es gibt im Rahmen von Art. 605 kein Kennenmüssen des Dritten. – Dazu ist ein Fragezeichen zu setzen, was die Eintragungen im Handelsregister betrifft. Nach Art. 933 Abs. 1 OR ist «die Einwendung, daß jemand eine Dritten gegenüber wirksam gewordene Eintragung nicht gekannt habe, ausgeschlossen» (positive Publizitätswirkung). War die Eigenschaft des Kommanditärs als Prokurist eingetragen und publiziert, so besteht kein Grund, von diesem Axiom des Handelsregisterrechts abzugehen.

---

[8] Ob der Kommanditär sich in genügender Weise als bloß Bevollmächtigter der Gesellschaft zu erkennen gegeben hat, ist Tatfrage. Entscheidend ist nicht die juristische Bezeichnung (z.B. «Prokurist»), sondern ob für den Dritten deutlich erkennbar war, daß der Kommanditär nicht als Gesellschafter handelte. HARTMANN, Art. 605, N. 4; SIEGWART, Art. 605, N. 8.

[9] Dies folgt schon aus dem Wortlaut des Art. 605 und ist herrschende Lehre. Handelt aber der Kommanditär wiederholt in der genannten Weise, so kann sich dies zugunsten der Gutgläubigkeit des Dritten auswirken. Vgl. SIEGWART, Art. 605, N. 10; HARTMANN, Art. 605, N. 4. – Vgl. dazu das französische Recht, vorn § 40, IV.

[10] HARTMANN, Art. 605, N. 4; SIEGWART, Art. 605, N. 8.

3. Vertretung durch Dritte

Die Kommanditgesellschaft kann, wie die Kollektivgesellschaft, Vertretungsbefugnisse auch Dritten, insbesondere als Prokuristen oder Handlungsbevollmächtigte, erteilen. Für die Voraussetzungen und die Beendigung der Vertretung durch Dritte kann auf das zur Kollektivgesellschaft Gesagte verwiesen werden (vorn § 35, II 4, insbesondere lit. d).

Bei den Kommanditgesellschaften kommt – in Anbetracht ihrer besondern Struktur, insbesondere bei Vorliegen atypischer Verhältnisse – der (umstrittenen) Frage nach der Möglichkeit sog. verdrängender Vollmachten («Fremdorganschaft») besondere Bedeutung zu[11]. Die Meinung scheint zu überwiegen, daß mindestens einem Komplementär die volle Vertretungsmacht zustehen muß, allenfalls in Verbindung mit einem Prokuristen oder Handlungsbevollmächtigten (Gesellschafter oder Dritter) zur Führung des Gewerbes[12].

III. Die Haftungsverhältnisse

1. Ausgangspunkte

Wie bereits zu den Merkmalen der Kommanditgesellschaft ausgeführt, werden bei dieser die Haftungen der Gesellschafter nach Ausmaß und Geltendmachung verschieden geordnet, je nachdem ob es sich um Komplementäre oder Kommanditäre handelt.

Die Komplementäre haften für die Gesellschaftsschulden persönlich und unbeschränkt, im Sinn einer Interessenhaftung (vorn § 37, II), wie die Kollektivgesellschafter. Auch die Geltendmachung der Haftung ist gleich geordnet wie bei der Kollektivgesellschaft: Der Komplementär haftet subsidiär, was in Art. 604 ausdrücklich festgehalten wird durch die Bestimmung, daß er «erst dann persönlich belangt werden kann», wenn die Gesellschaft aufgelöst oder erfolglos betrieben worden ist. Diese Bestimmung ist jedoch lückenhaft, indem, wie allgemein anerkannt[13], der Komplementär wie der Kollektivgesellschafter auch dann persönlich belangt werden kann, wenn er selber in Konkurs gefallen ist, was sich aus Art. 568 Abs. 3 OR und dem Konkursrecht (Generalexekution) ergibt.

---

[11] Zu dieser Frage siehe insbes. RICHARD, S. 94 ff., insbes. 96, 98; ferner vorn § 35, II 4d und die dort (Anm. 57, 60) zit. Doktrin.
[12] Im HReg sind aber auch Kommanditgesellschaften eingetragen, deren Vertretung dem Kommanditär (ohne als solcher bezeichnet zu sein) zusteht, allein oder kollektiv mit einem Dritten. (Auskunft des Schweiz. Amts für das Handelsregister)
[13] HARTMANN, Art. 604, N. 6; SIEGWART, Art. 604, N. 1.

Die besondere Haftung des Kommanditärs ist durch zwei Merkmale gekennzeichnet: Inhaltlich, indem ihr Ausmaß durch die Kommanditsumme begrenzt und durch effektive Leistung der Kommanditeinlage absorbiert wird. Sodann hinsichtlich ihrer Geltendmachung, indem die Gesellschaftsgläubiger «während der Dauer der Gesellschaft» kein Klagerecht gegen den Kommanditär haben und nach Auflösung der Gesellschaft lediglich Leistung an die Liquidationsmasse verlangt werden kann. Vorbehalten bleiben bestimmte Fälle, in denen der Kommanditär unbeschränkt wie ein Komplementär haftet (Art. 605–607 OR). Diese Rechtslage ist im folgenden zu präzisieren und zu ergänzen.

2. Die Haftung des Kommanditärs

a) Haftung mit dem Vermögensanteil

Zunächst haftet der Kommanditär – als Gesellschafter und Gesamteigentümer – mit seinem Anteil am Gesellschaftsvermögen, das ja primär für die Gesellschaftsschulden einzustehen hat[14]. Darüber hinaus haftet er, soweit zur Befriedigung der Gesellschaftsgläubiger erforderlich, persönlich mit seinem Privatvermögen und solidarisch mit den übrigen Gesellschaftern, Komplementären und Kommanditären.

b) Gegenstand der Haftung

Die Kommanditäre haften für sämtliche Gesellschaftsschulden, ohne Rücksicht auf ihre Rechtsnatur, soweit nicht für bestimmte Verbindlichkeiten eine Haftung ausbedungen wurde. Auch die Haftung des Kommanditärs ist, wie diejenige des Kollektivgesellschafters, eine Interessenhaftung; er hat für das Interesse einzustehen, das der Gläubiger an der Erfüllung durch die Gesellschaft hatte[15].

In zeitlicher Hinsicht präzisiert das Gesetz, daß neueintretende Kommanditäre auch für die vor ihrem Beitritt entstandenen Verbindlichkeiten

---

[14] SIEGWART, Art. 610–612, N. 7; HARTMANN, Art. 608, N. 4. Auch ein die Kommanditsumme allenfalls überschießender Teil der Kommanditeinlage geht in das Gesellschaftsvermögen ein und haftet mit diesem für die Gesellschaftsschulden; siehe HARTMANN, SIEGWART, a.a.O.; WIELAND I, S. 757.

[15] Dazu vorn § 37, II 2. – SIEGWART, Art. 610–612, N. 8; WIELAND I, S. 759. Anderer Meinung (wie zur Haftung des Kollektivgesellschafters) HARTMANN, Art. 608, N. 2; 610, N. 2; siehe jedoch N. 21! – Zum deutschen Recht siehe unten Ziff. 3, Anm. 35. Daß der Gesellschaftsgläubiger den Kommanditär nicht auf Realerfüllung der Gesellschaftsschuld belangen kann, ergibt sich für das schweizerische Recht deutlich daraus, daß der Gläubiger ja nicht Leistung an sich, sondern nur an die Gesellschaft, bzw. deren Liquidations- oder Konkursmasse verlangen kann.

der Gesellschaft haften, wobei anders lautende Vereinbarungen unter den Gesellschaftern gegenüber Dritten ungültig sind, – wie dies auch für die Kollektivgesellschafter und die Komplementäre der Kommanditgesellschaft gilt (Art. 612, 569). – Ein aus der Gesellschaft ausgeschiedener Kommanditär haftet für die bis zu seinem Ausscheiden entstandenen Gesellschaftsschulden, wobei als maßgebender Zeitpunkt gegenüber gutgläubigen Dritten die Eintragung im Handelsregister gilt, wie bei der Kollektivgesellschaft[16]. Vorbehalten bleibt aber die Haftungsbefreiung auch des ausgeschiedenen Kommanditärs gemäß Art. 610 Abs. 2 (wozu unten lit. d).

c) Das Ausmaß der Haftung

Die Haftung wird (nach oben) begrenzt durch die bekanntgegebene Kommanditsumme (Art. 608 Abs. 1 OR). Diese kann durch Vereinbarung unter den Gesellschaftern erhöht oder vermindert werden, wobei sich diese Vorgänge nach Voraussetzungen und Wirkungen voneinander unterscheiden.

α) Bei Erhöhung der Kommanditsumme: Haben der Kommanditär, oder mit seinem Wissen die Gesellschaft, eine höhere Summe bekanntgegeben, so haftet der Kommanditär mit dieser (Art. 608 Abs. 2). Erfolgte die Kundgabe durch das Handelsregister, so wirkt sich die Erhöhung zugunsten aller Gesellschaftsgläubiger aus, also hinsichtlich der bereits entstandenen und noch entstehenden Gesellschaftsschulden. – Anders verhält es sich, wenn die Erhöhung (vielleicht vorläufig) nur bestimmten Dritten (oder einem bestimmten Kreis von Dritten) bekanntgegeben wurde. Dann gilt sie nur gegenüber den Adressaten dieser Mitteilung, mit der gleichen Wirkung wie bei öffentlicher Kundgabe[17].

β) Bei Verminderung der Kommanditsumme: Vereinbaren die Gesellschafter eine Herabsetzung der Haftungssumme, so wird diese Dritten gegenüber erst dann wirksam, wenn sie im Handelsregister eingetragen und veröffentlicht worden ist (Art. 609 Abs. 1)[18]. Dabei ist unerheblich, ob der

---

[16] Art. 619 Abs. 1, 591. Siehe vorn § 38, III 2 B b.
[17] Zum Vorstehenden siehe HARTMANN, Art. 608, N. 9 ff.; SIEGWART, Art. 608/09, N. 6 f.
[18] Art. 609 spricht von einer «durch Vereinbarung mit den übrigen Gesellschaftern oder durch Bezüge» verminderten «Kommanditsumme». Hier ist wieder ein Fall mißverständlicher Terminologie (siehe vorn § 40, I 2), was auch aus ProtExpKomm 1928, S. 135 f. hervorgeht. Durch Bezüge des Kommanditärs, erfolgen sie auf Grund einer Vereinbarung oder eigenmächtig, kann die Kommanditsumme (die Haftungssumme) nie vermindert werden, unter Umständen aber die Kommanditeinlage, was dann die Auffüllungspflicht gemäß Art. 601 Abs. 3 und 611 zur Folge haben kann. Vgl. HARTMANN, Art. 609, N. 1; SIEGWART, Art. 609, N. 8.

Dritte von der Herabsetzung Kenntnis hat oder nicht. Entscheidend ist die Eintragung, der hiermit extern konstitutive Wirkung zukommt. Hingegen kann Haftung mit einer herabgesetzten Kommanditsumme mit Gesellschaftsgläubigern ausdrücklich vereinbart werden.

Daß die Herabsetzung der Kommanditsumme, ohne Rücksicht auf das Wissen Dritter, erst mit ihrer Eintragung im Handelsregister wirksam wird, bedeutet eine Einschränkung des in Art. 933 Abs. 2 OR enthaltenen Prinzips, wonach bei Unterlassung vorgeschriebener Eintragungen der Nachweis offenbleibt, daß dem Dritten die betreffende Tatsache bekannt war (sog. negative Publizitätswirkung). Wie aus den Materialien zu Art. 609, dessen Wortlaut und der ratio legis hervorgeht, ist diese Sonderregelung gewollt. Da die Vereinbarungen unter den Gesellschaftern und deren allfällige Mitteilung an Dritte oft unklar sind (Kommanditeinlage oder Kommanditsumme? maßgebender Zeitpunkt?), liegt es im Interesse der Rechtssicherheit, daß hier auf die Eintragung als extern einzig entscheidenden Faktor abgestellt wird. Gesellschaftsintern dagegen kann die Verminderung der Kommanditsumme gültig vereinbart werden, was gegebenenfalls Regreßrechte des von den Gläubigern auf die volle Summe belangten Kommanditärs begründet[19].

Dem Prinzip des Vertrauensschutzes entspricht es, daß der Verminderung der Kommanditsumme nicht (wie der Erhöhung) rückwirkende Kraft zukommt; für die vor ihrer Eintragung entstandenen Verbindlichkeiten haftet der Kommanditär mit der bisherigen (unverminderten) Kommanditsumme weiter (Art. 609 Abs. 2.)

Aus dieser Ordnung der Haftungen bei Veränderung der Kommanditsumme kann sich ergeben, daß bei der Liquidation der Gesellschaft Gläubigergruppen mit verschiedener Rechtsstellung (Haftungsansprüchen) zu berücksichtigen sind, was sich namentlich im Konkurs der Gesellschaft auswirken kann (unten IV 1, Anm. 57).

d) Die Haftungsbefreiung des Kommanditärs

α) Von seiner Haftung für die Gesellschaftsschulden wird der Kommanditär befreit, wenn und insoweit als er die «Kommanditsumme» – in der Form einer Kommanditeinlage – bereits geleistet hat und ihm diese nicht ganz oder teilweise zurückerstattet wurde (Art. 610 Abs. 2, e contrario). Mit andern Worten, effektiv erfolgte Einlagen werden dem Kommanditär auf seine Haftungssumme angerechnet. Dies gilt auch für den Fall, daß die Einlage eine Wertverminderung erfahren hat oder durch Geschäftsverluste (wertmäßig) vermindert oder gar aufgezehrt worden ist[20]. Die Haftung

---

[19] Vgl. hiezu: Art. 604 aOR; Art. 626 E 1923 («in jedem Fall erst dann»); ProtExpKomm 1928, S. 135f. Übereinstimmend auch die Doktrin: WIELAND I, S. 767f.; HARTMANN, Art. 609, N. 2; SIEGWART, Art. 608/09, N. 10; 619, N. 19. – Gleiche Ordnung mit gleichen Wirkungen auch nach deutschem Recht (§ 174 HGB, wo mit Einlage die «Hafteinlage» gemeint ist); SCHILLING, Großkommentar HGB, § 174, Anm. 1f.

[20] HARTMANN, Art. 610, N. 13; SIEGWART, Art. 610–612, N. 12; beide unter Hinweis, daß solche Wertverminderungen gar nicht im HReg eingetragen werden könnten (da dieses nur die Haftungssumme wiedergibt – Verf.).

lebt aber wieder auf, wenn und insoweit als die Einlage dem Kommanditär wieder zurückerstattet wurde.

Aus der gesetzlichen Ordnung ergibt sich, daß (im Einverständnis aller Gesellschafter erfolgte) Rückerstattungen von Kommanditeinlagen – unter Vorbehalt der erwähnten Haftungsbestimmungen – rechtlich zulässig sind. Dies wurde aber in Doktrin und Rechtsprechung bestritten. So besteht nach O. K. KAUFMANN, entsprechend der Beitragspflicht des Kommanditärs «eine echte Kapitalerhaltungspflicht; Rückzahlungen vergrößern nicht nur die Haftung, sie sind verboten»[21]. – Im gleichen Sinn BGE 45 II, 1919, S. 533, wonach «die Kommandite nicht nur die Haftung des Kommanditärs begrenzen, sondern anderseits auch den Gläubigern eine gewisse unabänderliche Sicherheit bieten (soll), wie dies im Aktienrecht hinsichtlich des Grundkapitals gilt». – Dem ist entgegenzuhalten, daß die Einlagepflicht ein vertraglich zu ordnendes Internum darstellt (vorn §§ 40, II 1; 42, II 1); wenn die Gesellschaft auf eine Einlage verzichten kann (weil die Übernahme einer Haftungssumme für ihre Zwecke genügt), so kann sie eine erfolgte Einlage auch herabsetzen. Und der Hinweis auf die Aktiengesellschaft geht fehl, weil hier die Gesellschafter nicht persönlich haften (Art. 680 OR) sondern nur das Gesellschaftsvermögen, dessen Erhaltung noch besondere Bestimmungen dienen (z. B. Art. 725; ferner die Verantwortung der Geschäftsführung nach Art. 754 OR). Bei der Kommanditgesellschaft fehlen solche Bestimmungen. An deren Stelle treten die unbeschränkten und beschränkten Haftungen der Gesellschafter, wobei das Wiederaufleben der Haftung des Kommanditärs gemäß Art. 610 Abs. 3 seinen Rechtsgrund nicht in einer widerrechtlichen Handlung (mit Schadenersatzpflicht) oder ungerechtfertigten Bereicherung (vgl. BGE 45 II, 1919, S. 541) hat, sondern in der besondern Haftungsordnung der Kommanditgesellschaft[22].

Als Rückerstattungen im Sinn von Art. 610 Abs. 2 sind alle Leistungen der Gesellschaft an den Kommanditär als solchen (nicht als Drittgläubiger) zu verstehen, welche zu Lasten des Gesellschaftsvermögens erfolgen, handle es sich um (kapitalmäßige) Rückzahlungen der Kommanditeinlagen oder um die (einen Verlust bewirkende) Ausrichtung von Zinsen und Gewinnen (Art. 611 Abs. 1)[23]. Der Kommanditär ist aber nicht verpflichtet, Zinsen und Gewinn zurückzubezahlen, wenn er auf Grund einer ordnungsmäßigen Bilanz gutgläubig annehmen durfte, die Bedingungen solcher Auszahlungen seien erfüllt (Art. 611 Abs. 2).

β) Eine besondere Situation besteht, wenn die Kommandite in Form von Sachwerten geleistet worden ist. Diese sind im Handelsregister bekanntzugeben, unter Angabe ihres Wertes (Art. 596 Abs. 3 OR)[24]. Dieser bestimmt primär das Ausmaß der durch die Sacheinlage bewirkten Haftungsbefreiung. Der Kommanditär hat bloß nachzuweisen, daß die Leistung er-

---

[21] Siehe O. K. KAUFMANN, S. 63, 65; vgl. auch GUHL/MERZ/KUMMER, S. 557 f.
[22] Siehe HARTMANN, Art. 610, N. 12; SIEGWART, Art. 610–612, N. 19 (unter Vorbehalt betreibungsrechtlicher Anfechtungsklagen).
[23] Zu den Rückbezügen siehe HARTMANN, Art. 610, N. 12 ff.; SIEGWART, Art. 610–612, N. 19 ff. – In Art. 611 Abs. 1 ist wieder unrichtigerweise von Kommanditsumme statt von Kommanditeinlage die Rede; siehe oben Anm. 18 und die Kritik SIEGWARTS, a.a.O., N. 22.
[24] Über die verschiedenen Formen und Arten der Sacheinlagen siehe vorn §§ 40, II 3; 41, II 2.

bracht worden ist. Hingegen bleibt dem Gläubiger der Nachweis offen, daß der bekanntgegebene Wertansatz dem «wirklichen Wert» der Sacheinlagen im Zeitpunkt ihres Einbringens nicht entsprochen hat (Art. 608 Abs. 3) – was eine Umkehrung der Beweislast bedeutet. Die Ermittlung des wirklichen Wertes einer Sacheinlage muß unter dem Gesichtspunkt der Haftungsbefreiung erfolgen. Demnach ist entscheidend der objektive Wert, um welchen das Gesellschaftsvermögen bereichert und damit die Haftungsgrundlage für die Gläubiger erhöht worden ist[25].

Der «wirkliche Wert» einer Sacheinlage ist ein problematischer Begriff, der in der Doktrin verschieden gedeutet wird. Einig ist man sich im ganzen darüber, daß nicht der von der Gesellschaft zur Zeit des Einbringens oder in den Bilanzen angenommene (sog. subjektive) Wert maßgebend, sondern daß die Bewertung auf Grund objektiver Kriterien vorzunehmen ist. Diese werden jedoch verschieden umschrieben. Es wird gesprochen vom «wahren Wert», vom «Kapitalwert», vom «Geschäftswert», vom «Versilberungswert». Entscheidend ist der Wert, welcher dem Gesellschaftsvermögen durch die Leistung der Sacheinlage tatsächlich zugeflossen ist, was sich nach den Umständen beurteilt, z.B.: Für zu Eigentum eingebrachte Sachen gilt ihr Anschaffungswert auf dem freien Markt, für Wertpapiere ihr Kurswert. Für Einlagen zum Gebrauch ist ihr zu schätzender Gebrauchswert, z.B. ihr Mietwert maßgebend (insoweit als die Gesellschaft hiefür nicht Gegenleistungen an den Kommanditär erbringt). – Arbeitsleistungen können auf die Kommanditsumme angerechnet werden, soweit sie die Gesellschaft tatsächlich bereichert haben, z.B. durch ein gebrauchsfähiges Projekt; die Verpflichtung als solche zu Arbeitsleistungen kann nicht kapitalisiert werden, also nicht haftungsbefreiend wirken. – Die bei der Bewertung von Einlagen erforderlichen Schätzungen sind so vorzunehmen, wie sie ein Sachverständiger unter Berücksichtigung der im Geschäftsverkehr üblichen Maßstäbe vornehmen würde[26].

3. Die Geltendmachung der Haftungen

a) *Gegenüber dem Komplementär*

Die Komplementäre haften gegenüber den Gesellschaftsgläubigern, auch was die Geltendmachung der Haftung betrifft, in gleicher Weise wie ein Kollektivgesellschafter. Demnach kann, wenn die Voraussetzungen dazu gegeben sind[27], jeder Gesellschaftsgläubiger den oder die Komplementäre aus der Gesellschaftsschuld belangen und zwar zur Leistung an sich selber. Auch hier haftet der Komplementär für das Interesse, das der Gesellschaftsgläubiger an der Erfüllung seiner Forderung durch die Gesellschaft hatte

---

[25] Vgl. HARTMANN, Art. 608, N. 17 f.; SIEGWART, Art. 608/09; WIELAND I, S. 762; SCHILLING, Großkommentar HGB, § 171, Anm. 13 ff.; LEHMANN/DIETZ, S. 205.
[26] Im Ergebnis stimmen die hier vertretenen Auffassungen mit der in Anm. 19 zitierten Doktrin überein; besonders eingehend SCHILLING, a.a.O. Doch sind Abweichungen im einzelnen zu verzeichnen, z.B. bei SIEGWART, der auf den Geschäftswert gemäß Betriebsbilanz abstellen will (Art. 610–612, N. 12 f.) oder bei LEHMANN/DIETZ, S. 205, der für eingebrachte Sachen ihren Versilberungswert als maßgebend erachtet.
[27] Art. 604 OR; dazu oben Ziff. 1 (Ergänzung durch Konkurs des Komplementärs).

(vorn § 37, II 2). Auch für die Geltendmachung von Einreden gegen den Gesellschaftsgläubiger und Regreßansprüchen gegenüber der Gesellschaft und den Mitgesellschaftern gilt das Recht der Kollektivgesellschaft[28].

b) Gegenüber dem Kommanditär

α) Das Procedere

Anders gestaltet sich die Geltendmachung der Haftungen des Kommanditärs. Die Gesellschaftsgläubiger können «während der Dauer» der Gesellschaft die Kommanditäre überhaupt nicht belangen, sondern erst nach der Auflösung der Gesellschaft (Art. 610 Abs. 1). Aufgelöst wird die Gesellschaft durch ihren Konkurs oder aus den andern im Gesetz genannten Auflösungsgründen (hinten § 45, II)[29].

Im Konkurs der Gesellschaft ist die Konkursverwaltung, als gesetzliche Vertreterin der Gläubigerschaft, ausschließlich legitimiert, die Leistung der noch geschuldeten Kommandite an die Konkursmasse zur gleichmäßigen Verteilung an die Gesellschaftsgläubiger zu verlangen; es sei denn, die Forderung sei an Gläubiger zur individuellen Geltendmachung gemäß Art. 260 SchKG abgetreten worden[30].

Im Fall der Auflösung aus andern Gründen steht das Klagerecht sowohl den Liquidatoren als auch jedem einzelnen Gesellschaftsgläubiger zu, wobei dieser aber Leistung nicht an sich selbst, sondern nur an die Liquidationsmasse verlangen kann (Art. 610 Abs. 2). Da es Aufgabe der Liquidatoren ist, für die Befriedigung der Gläubiger zu sorgen, so ist es auch an ihnen, die Haftung des Kommanditärs geltend zu machen, wenn und soweit dies zur Deckung der Gesellschaftsgläubiger erforderlich erscheint. Sie handeln dabei, analog der Konkursverwaltung, als Vertreter der Gläubigerschaft[31]. Es spielt dann auch keine Rolle, ob der Kommanditär intern zur Leistung einer Einlage verpflichtet war; maßgebend ist der Gesichtspunkt

---

[28] Zum Vorstehenden siehe HARTMANN, Art. 604, N. 1 ff.
[29] Über die Geltendmachung der Haftung des Kommanditärs in dessen Konkurs siehe unten lit. γ.
[30] Das Klagerecht der Konkursverwaltung ist in Art. 610 Abs. 2 ausdrücklich erwähnt. Nach HARTMANN (Art. 610, N. 21) und SIEGWART (Art. 610–612, N. 35) schließt das Klagerecht der Konkursverwaltung dasjenige der Gesellschaftsgläubiger aus, vorbehältlich Art. 260 SchKG. Anderer Meinung O. K. KAUFMANN, S. 65 f., wonach auch jeder einzelne Gläubiger die Leistung der Kommandite an die Konkursmasse verlangen kann – was allerdings (wie auch KAUFMANN bemerkt) nicht in seinem Interesse liegt, da er dabei das Ergebnis mit den andern Gläubigern teilen muß, während er bei einem Vorgehen nach Art. 260 SchKG die Leistung des Kommanditärs zunächst zur Deckung seiner Forderung verwenden kann.
[31] ProtExpKomm 1928, S. 131, 134 f. HARTMANN, Art. 610, N. 19; SIEGWART, Art. 610–612, N. 40.

der Haftung³². Neben den Liquidatoren können, wie ausgeführt, auch die Gesellschaftsgläubiger selbständig auf Zahlung der Kommanditsumme an die Liquidationsmasse klagen³³. Sie werden dies namentlich dann tun, wenn ihrer Meinung nach die Liquidatoren die Gläubigerinteressen in dieser Hinsicht ungenügend wahren; damit kann auch ein oft langwieriges und unbefriedigendes Verfahren auf Abberufung von Liquidatoren vermieden werden³⁴.

Die Haftungsordnung nach Art. 610 Abs. 1 unterscheidet sich grundsätzlich von derjenigen nach aOR und ausländischen Rechtsordnungen. – Nach Art. 603 aOR hatten zwar die Gesellschaftsgläubiger während der Dauer der Gesellschaft auch «keinerlei direktes Klagerecht» gegen den Kommanditär. Nach Auflösung der Gesellschaft durch Konkurs konnten die Gesellschaftsgläubiger Leistung der Kommanditsumme an die Konkursmasse verlangen, bei Auflösung aus andern Gründen aber direkt gegen den Kommanditär vorgehen (in beiden Fällen unter Vorbehalt der «Absorption» der Kommanditsumme, wie nach heute geltendem Recht). Die direkte Haftung des Kommanditärs gegenüber den Gesellschaftsgläubigern wurde in der Expertenkommission aufgehoben, hauptsächlich um einen «Wettlauf» der Gläubiger auf die Kommanditsumme zu vermeiden und auch aus dogmatischen Gründen (Gesamtgläubigerverhältnis)³⁵.

β) Die Einreden des Kommanditärs

Wird der Kommanditär auf Grund seiner Haftung in Anspruch genommen, so stehen ihm Einreden verschiedener Art zur Verfügung; seine Stellung unterscheidet sich in verschiedener Hinsicht von derjenigen des Komplementärs, der nach dem Recht der Kollektivgesellschaft haftet (oben Ziff. 1).

Zunächst kann der Kommanditär seine Haftungsbefreiung gemäß Art. 610 Abs. 2 geltend machen, wobei es unerheblich ist, von welcher Seite

---

[32] Diese Ordnung bedeutet eine Ausnahme vom Prinzip, daß die Liquidatoren von Personengesellschaften nur das Interesse der Gesellschaft zu wahren haben (siehe vorn § 31, III 2b). Bei der Kommanditgesellschaft vertreten die Liquidatoren die Gesamtheit der Gläubiger, nicht die Gesellschaft, die nur die Leistung der Kommanditeinlage verlangen kann. Siehe die Zitate oben Anm. 31.

[33] Über die Erstellung verschiedener Kollokationspläne siehe HARTMANN, Art. 610, N. 23 ff.; SIEGWART, Art. 610-612, N. 49 ff.; unten IV 1, Anm. 57.

[34] Hat der Kommanditär mehr geleistet als er nach Maßgabe seiner (internen) Verlustbeteiligung verpflichtet war, so stehen ihm entsprechende Regreßrechte gegenüber der Gesellschaft und seinen Mitgesellschaftern zu. Hiefür gilt analog das Recht der Kollektivgesellschaft. Siehe hiezu vorn § 37, III 2; HARTMANN, Art. 610, N. 33; SIEGWART, Art. 610-612, N. 54 f.

[35] ProtExpKomm 1928, S. 131 ff. – Zur Geltendmachung der Haftungen des Kommanditärs nach ausländischem Recht siehe vorn § 40, IV. – Das deutsche Recht weicht vom schweizerischen in zweierlei Hinsicht ab: Einmal haftet der Kommanditist gegenüber den Gesellschaftsgläubigern (im Rahmen seiner Haftungssumme) unmittelbar (§ 171 HGB) und kann von diesen auch schon vor der Auflösung der Gesellschaft belangt werden. – Sodann schuldet der Kommanditist (gleich wie der Gesellschafter einer OHG; siehe vorn § 37, II 2b) im Prinzip die gleiche Leistung wie die Gesellschaft (sog. Erfüllungstheorie). Siehe hiezu SCHILLING, Großkommentar HGB, § 171, Bem. 3 ff., insbes. 9, mit Hinweisen (anders WIELAND I, S. 759).

der Haftungsanspruch geltend gemacht wird[36]. – Sodann stehen dem Kommanditär, als Solidarschuldner, die Einreden zu, die auch die Gesellschaft dem betreffenden Gläubiger gegenüber erheben könnte (wie bei der Kollektivgesellschaft, vorn § 37, III 3), z. B. daß eine Schuld gar nicht entstanden oder bereits getilgt ist oder wegen mangelnder Erfüllung seitens der Gegenpartei nicht geltend gemacht werden kann – vorausgesetzt, daß die Gesellschaftsschuld nicht bereits durch ein gegen die Gesellschaft ergangenes Urteil rechtskräftig festgestellt worden ist[37].

Persönliche Einreden kann der Kommanditär nur geltend machen, soweit es sich um solche handelt, die ihm gegenüber der Gesamtheit der Gläubiger zustehen, z. B. wegen Verjährung der Haftungsschuld[38]. Solche Einreden sind erheblich, gleichgültig ob der Kommanditär von der Konkursverwaltung, den Liquidatoren oder einzelnen Gesellschaftsgläubigern belangt wird. – Wie aber, wenn es sich um Einreden gegen bestimmte Gesellschaftsgläubiger handelt? Gegenüber der Konkursverwaltung und den Liquidatoren müssen solche Einreden versagen, da diese als Vertreter der gesamten Gläubigerschaft handeln (oben lit. a) und die Kommanditsumme zur gleichmäßigen Befriedigung aller Gesellschaftsgläubiger einfordern. Anders liegen die Dinge, wenn einzelne Gesellschaftsgläubiger die Haftung des Kommanditärs geltend machen. Zwar können auch sie nur Leistung an die Liquidationsmasse verlangen. Aber der einzelne Gläubiger handelt nicht als Vertreter der gesamten Gläubigerschaft; er kann auch nur seine eigene Forderung geltend machen und die Leistung der Kommanditsumme nur im

---

[36] Den Beweis dafür, daß eine haftungsbefreiende Einlage geleistet worden ist, hat der Kommanditär zu erbringen. Wer den Beweis für Rückbezüge, welche die Haftung wieder aufleben lassen, zu erbringen hat, ist umstritten. Nach früher herrschender Auffassung traf die Beweislast hiefür den Gläubiger, weil die Fortdauer eines einmal begründeten Zustandes zu vermuten sei (vgl. WIELAND I, S. 762, Anm. 18). Da aber Rückleistungen ein Internum der Gesellschaft darstellen (Buchhaltung, Belege), hat nach neuerer und richtiger Auffassung der Kommanditär nachzuweisen, daß die Einlage nicht zurückgezogen wurde (so schon WIELAND I, S. 761f., weil es sich hier um eine «Dauerverpflichtung» handle), dies jedenfalls dann, wenn der Gläubiger die Verminderung der Einlage glaubhaft macht (SIEGWART, Art. 610–612, N. 19) oder die Umstände gegen den Kommanditär sprechen (HARTMANN, Art. 610, N. 32). – Auch bei der GmbH hat nach herrschender Auffassung der Gesellschafter nachzuweisen, daß das Stammkapital gedeckt und – auf glaubwürdige Bestreitung seitens des Klägers hin – nicht durch unzulässige Bezüge vermindert worden ist (siehe JANGGEN/BECKER, Art. 802, N. 22; W. VON STEIGER, Art. 802, N. 16).

[37] HARTMANN, Art. 610, N. 26. Zur Kollektivgesellschaft siehe vorn § 36, II 2.

[38] HARTMANN, Art. 610, N. 28. – Umstritten ist die Frage der Verrechnung. Nach HARTMANN, a.a.O., kann der Kommanditär eine ihm gegenüber der Gesellschaft zustehende Forderung auch den Gläubigern gegenüber zur Verrechnung bringen. SIEGWART (Art. 610–612, N. 36) verneint die Verrechnungsmöglichkeit wegen mangelnder Gegenseitigkeit der Forderungen. In diesem Fall besteht aber doch ein Zusammenhang zwischen den beiden Forderungen unter dem Gesichtspunkt der Haftungsbefreiung.

Rahmen dieser Forderung verlangen. Es entspricht dieser Sachlage, daß der Kommanditär diesem Gläubiger gegenüber Einwendungen aus dem zwischen ihnen bestehenden Verhältnis erheben kann, z.B. wenn die Haftung diesem Gläubiger gegenüber wegbedungen worden ist oder wenn der Kommanditär diesem gegenüber eine eigene Forderung zur Verrechnung bringen kann[39].

Unzulässig gegenüber den Gesellschaftsgläubigern sind auch Einreden aus dem **internen** Gesellschaftsverhältnis, z.B. wegen vereinbarter Haftungsbefreiung. Unverbindlichkeit des Gesellschaftsvertrages kann der Kommanditär nur gegenüber bösgläubigen Dritten geltend machen; es gilt hiefür das zur Kollektivgesellschaft Gesagte (vorn § 37, III 3).

γ) Der Konkurs des Kommanditärs

Obschon Konkurs die Liquidation sämtlicher Verbindlichkeiten des Gemeinschuldners, auch der bedingten und befristeten, bedeutet, bleibt es den Gesellschaftsgläubigern versagt, ihre Ansprüche aus der Haftpflicht des Kommanditärs in dessen Konkurs geltend zu machen, solange die Gesellschaft aktiv (noch nicht aufgelöst) ist; dies ergibt sich deutlich aus Art. 610 Abs. 1[40]. Es ist Sache der Gesellschaft, d.h. ihrer Geschäftsführer, die Interessen der Gesellschaft und damit indirekt auch ihrer Gläubiger zu wahren. Die Gesellschaft kann jedenfalls im Konkurs diejenigen Forderungen anmelden, die ihr gegenüber dem Kommanditär als Drittschuldner oder als Gesellschafter zustehen, so auch auf Leistung der vereinbarten Kommanditeinlage, wenn und insoweit diese noch geschuldet ist (z.B. auch aus ungerechtfertigten Bezügen). Wie verhält es sich aber, wenn die Kommanditsumme (die Haftungssumme) höher ist, als die Einlage?

Ob in diesem Fall die Gesellschaft eine Forderung bis zur Höhe der Kommanditsumme (soweit noch nicht gedeckt) geltend machen kann, ist umstritten. Richtig dürfte die Auffassung sein, daß die Gesellschaft die Haftung des Kommanditärs in dem Ausmaß geltend machen kann, als unter Berücksichtigung der derzeitigen Vermögenslage der Gesellschaft zur Deckung der Gesellschaftsschulden notwendig ist – widrigenfalls die Haftung des Kommanditärs illusorisch würde[41]. Vorbehalten bleibt jedoch das Recht der Gesellschaft, die Konkursmasse des Kommanditärs mit dessen Anteil abzufinden oder den Kommanditär unter Auszahlung seines Liquidationsanteils auszuschließen (Art. 619 Abs. 2, 575 Abs. 3, 578 OR).

---

[39] Anderer Meinung HARTMANN, Art. 610, N. 29. Für eine beschränkte Zulassung persönlicher Einreden gegen einzelne Gesellschaftsgläubiger SIEGWART, Art. 610–612, N. 37. Vgl. auch WIELAND I, S. 760, Anm. 14.
[40] HARTMANN, Art. 610, N. 6; im Ergebnis gleich SIEGWART, Art. 610–612, N. 44.
[41] So SIEGWART, Art. 610–612, N. 44, wonach hier den Geschäftsführern der (aktiven) Gesellschaft die gleichen Funktionen zufallen, wie den Liquidatoren einer aufgelösten Gesellschaft. – Nach HARTMANN (Art. 610, N. 6) kann die Gesellschaft im Konkurs des Kommanditärs nur die gesellschaftsintern geschuldete Kommanditeinlage fordern.

4. Fälle der unbeschränkten Haftung des Kommanditärs

a) Die gesetzliche Ordnung

In drei Fällen haftet der Kommanditär unbeschränkt, nach den für den Komplementär geltenden Regeln.

So – wie bereits im Zusammenhang mit den Vertretungsverhältnissen ausgeführt (oben II 2c) – wenn der Kommanditär für die Gesellschaft auf Grund einer Vollmacht Geschäfte tätigt, ohne jedoch deutlich kund zu tun, daß er nur als Prokurist oder Bevollmächtigter – und damit nur im Rahmen dieser Vollmachten – handle (Art. 605). Die unbeschränkte Haftung bezieht sich aber nur auf das in Frage stehende Geschäft[42].

Sodann tritt unbeschränkte Haftung des Kommanditärs ein, wenn die Gesellschaft vor ihrer Eintragung in das Handelsregister im Verkehr aufgetreten ist (Art. 606). Voraussetzung dieser Haftung ist, daß die Kommanditgesellschaft mit Wissen und (eventuell stillschweigender) Zustimmung des Kommanditärs so handelt, was namentlich im Gründungsstadium oder anläßlich der Umwandlung einer Kollektiv- in eine Kommanditgesellschaft vorkommen kann. Die unbeschränkte Haftung gilt für alle vor der Eintragung, bzw. deren Veröffentlichung (Art. 932 Abs. 2 OR) «entstandenen Verbindlichkeiten», ohne Rücksicht auf deren Rechtsnatur[43]. Hingegen bleibt dem Kommanditär der Nachweis vorbehalten, daß dem oder den in Frage stehenden Dritten «die Beschränkung seiner Haftung bekannt war» (Art. 606). Dies ist nur der Fall, wenn der Dritte um die Eigenschaft des Gesellschafters als Kommanditär positiv wußte; bloße Kenntnis, daß eine Kommanditgesellschaft vorliegt, genügt nicht[44].

Schließlich haftet der Kommanditär unbeschränkt wie ein Komplementär, wenn sein Name – entgegen den Vorschriften des Handelsregisterrechts (Art. 947 Abs. 3, 4 OR) in der Firma der Gesellschaft enthalten ist (Art. 607). Bei einer eingetragenen Kommanditgesellschaft dürfte dies in Anbetracht der bei der Eintragung zu beachtenden Formalitäten kaum vorkommen,

---

[42] Einzelheiten siehe oben II 2c.
[43] Anderer Meinung SIEGWART, Art. 606, N. 5, wonach sich diese Bestimmung sinngemäß nur auf die rechtsgeschäftlich eingegangenen Verbindlichkeiten der Gesellschaft beziehen könne, nicht auf solche aus Delikt oder Gesetz. In der Tat hatten noch E 1923 (Art. 622) und E 1928 (Art. 606) von «eingegangenen» Verbindlichkeiten (engagements «contractés») der Gesellschaft gesprochen. Nach der heute geltenden Fassung (im französischen Text «dettes sociales nées») der Bestimmung muß sich diese auf alle Verbindlichkeiten der Gesellschaft beziehen. Wenn der Kommanditär mit der Eröffnung der Geschäftstätigkeit vor der Eintragung der Gesellschaft einverstanden war, muß er diese, auch dem Gegenstand nach unbeschränkte, Haftung in Kauf nehmen. Immerhin bleibt ihm im rechtsgeschäftlichen Verkehr die *exceptio doli* gegen den Dritten vorbehalten (HARTMANN, Art. 606, N. 6).
[44] HARTMANN, Art. 606, N. 5; SIEGWART, Art. 606, N. 6 ff. (einschränkend).

wohl aber im Gründungsstadium und bei der Umwandlung einer Kollektiv- in eine Kommanditgesellschaft. Voraussetzung ist wiederum, daß die Verwendung des Namens mit Zustimmung oder Duldung des Kommanditärs erfolgt ist[45]. Die unbeschränkte Haftung gilt für alle Geschäfte, welche die Gesellschaft unter der fraglichen Firma getätigt hat. Auch hier muß dem Kommanditär – obschon im Gesetz nicht, wie in den beiden ersten Fällen, erwähnt, – der Nachweis offenstehen, daß der Dritte um seine Eigenschaft als Kommanditär wußte und daher nicht mit seiner unbeschränkten Haftung rechnen konnte[46].

In diesen drei soeben erörterten Fällen trifft den Kommanditär eine unbeschränkte Haftung, weil er persönlich oder mit seinem Einverständnis die Gesellschaft unter Umständen aufgetreten ist, aus denen der Dritte nicht auf die beschränkte Haftung des Gesellschafters schließen konnte. Mit dieser Wirkung verbindet sich eine publizistische, indem die Gesellschafter, namentlich der Kommanditär, ein Interesse daran haben, auch in diesen Situationen ihr Verhältnis deutlich kund zu geben, insbesondere durch Eintragung im Handelsregister. Im übrigen aber wird der Kommanditär nicht zum Komplementär; die internen und externen Verhältnisse bleiben dem Recht der Kommanditgesellschaft unterworfen.

Die Geltendmachung dieser Haftungen richtet sich nach den für den Komplementär geltenden Regeln (oben 3a).

b) Unbeschränkte Haftung des Kommanditärs bei atypischen Verhältnissen?

In neuerer Zeit wird zunehmend die Frage erörtert, ob den Kommanditär nicht auch eine unbeschränkte Haftung treffe, wenn er (summarisch formuliert) die Gesellschaft «kontrolliert», effektiv deren Geschicke leitet; so wenn ihm die Geschäftsführung übertragen wurde, allenfalls verstärkt durch Vertretungsbefugnisse auf Grund allgemeiner oder besonderer Vollmachten[47]. Wo die Frage bejaht wird, geschieht dies meist unter Berufung auf allgemeine Prinzipien der Rechtsordnung oder doch des Gesellschaftsrechts, sog. Ordnungsprinzipien, so (in verschiedenen Formulierungen ausgedrückt) das «Gleichgewicht von Macht und Verantwortung» («Herrschaft und Haftung») – letzten Endes beruhend auf der Gerechtigkeitsidee[48]. Eine weitere Note brachte in die Diskussion das typologische Den-

---

[45] Führen Komplementäre den gleichen Familiennamen, muß für genügend Kennzeichnung gesorgt werden, widrigenfalls der Kommanditär unbeschränkte Haftung riskiert. Vgl. HARTMANN, Art. 607, N. 3; SIEGWART, Art. 607, N. 1 (differenzierend).
[46] HARTMANN, Art. 607, N. 7; SIEGWART, Art. 607, N. 6, sofern bei Geschäftsbeschluss die beschränkte Haftung des Kommanditärs nicht ausdrücklich vorbehalten wurde.
[47] Siehe vorn § 40, III. Oft liegt in solchen Fällen auch das kapitalmäßige Übergewicht beim Kommanditär.
[48] Zu den sog. Ordnungsprinzipien siehe noch hinten § 46, IV. Ihre Bedeutung variiert je nach der gesetzlichen Ausgestaltung der verschiedenen Gesellschaftsformen.

ken; so, wo es den gesetzlichen Typus (das «Leitbild» des Gesetzgebers) einer Gesellschaft dem vertraglichen Typus gegenüberstellt und eine Umkehrung der gesetzlichen Ordnung in ihr Gegenteil ablehnt[49].

Was die Kommanditgesellschaft betrifft, wurde die Frage der unbeschränkten Haftung des herrschenden Kommanditärs zunächst im deutschen Recht erörtert. Namhafte Autoren haben sie bejaht, unter Berufung auf die oben erwähnten Ordnungsprinzipien. In neuerer Zeit hat diese Auffassung an Boden verloren[50]; der Bundesgerichtshof hat sie abgelehnt[51]. – In der Schweiz wurde das Problem aktuell, als das Bundesgericht die Haftung eines herrschenden stillen Gesellschafters gegenüber den Gläubigern der Gesellschaft (genauer: des Komplementärs) ablehnte[52]. Es war nur folgerichtig, wenn die Diskussion nun auf die Kommanditgesellschaft ausgedehnt und die Frage, ob ein herrschender Kommanditär unbeschränkt haftbar erklärt werden könne, auf Grund der gesetzlichen Ordnung dieser Gesellschaftsform näher geprüft wurde[53].

Wie bereits ausgeführt, gilt für die Gestaltung der gesellschaftsinternen Verhältnisse (unter gewissen Vorbehalten) das Prinzip der Vertragsautonomie; vom gesetzlichen Typus abweichende Ordnungen der hier zur Diskussion stehenden Art sind zulässig. Zwingend vorgeschrieben sind die unbeschränkten Haftungen der Komplementäre; ferner der Kommanditäre in den in Art. 505–507 OR geregelten Fällen, in welchen sie wie Komplementäre auftreten oder für (gutgläubige) Dritte als solche erscheinen. Die Frage ist nur, ob darüber hinaus «herrschende» Kommanditäre auf Grund allgemeiner Prinzipien als unbeschränkt haftbar erklärt werden können. Dies ist zu verneinen. Atypische Kommanditgesellschaften sind seit langem bekannt[54]. Wenn auch der heutige Gesetzgeber die unbeschränkte Haftung des Kommanditärs auf die erwähnten Fälle begrenzt hat, so steht dies im Einklang mit der Struktur dieser Gesellschaftsform. Eine Kommanditgesellschaft besteht ja nur, wenn Gesellschafter ihre Eigenschaft als Kom-

---

[49] Siehe z.B. bei R. BÄR, Grundprobleme des Minderheitsschutzes in der Aktiengesellschaft, ZBJV 95, 1959, S. 383f.; PEDRAZZINI, S. 369, 371.
[50] Siehe die Nachweise bei RICHARD, S. 46f. – In der neueren Lehre überwiegt der Gesichtspunkt des Rechtsmißbrauchs, einer «mißbräuchlichen Verwendung der Rechtsform der Kommanditgesellschaft»; LEHMANN/DIETZ, S. 206; HUECK, Gesellschaftsrecht, § 19, VIII 3. – Zur GmbH & Cie KG siehe vorn § 40, IV insbes. Anm. 33.
[51] Bundesgerichtshof in Zivilsachen, 45, 1966, S. 204ff.
[52] BGE 81 II, 1955, S. 520ff. – Dazu eingehend PEDRAZZINI, S. 369ff.; K. NAEF, ZBJV 96, 1960, S. 257ff. (zit. zu § 46).
[53] So eingehend nun RICHARD, insbes. S. 46ff. (deutsches Recht), 84ff. (schweizerisches Recht), mit ausführlichen Hinweisen auf weitere schweizerische Doktrin.
[54] Vorn § 40, insbes. Anm. 25.

manditäre und damit ihre beschränkte Haftung kundgeben, in der Regel im Handelsregister, allenfalls auf andere rechtsgenügliche Weise. Damit sind die Haftungsverhältnisse gegenüber Dritten klargestellt, und diese können und müssen sich danach richten. Eine unbeschränkte Haftung von Kommanditären auf Grund eines «allgemeinen» – und gesetzlich kaum zu formulierenden – Prinzips anzunehmen, widerspricht der begriffswesentlichen Struktur der Kommanditgesellschaft[55]. – Vorbehalten bleibt, wie in der ganzen Rechtsordnung, das Verbot einer rechtsmißbräuchlichen Verwendung der Kommanditgesellschaft im konkreten Fall[56].

IV. Die Zwangsvollstreckung gegen die Gesellschaft und die Gesellschafter

Für die Zwangsvollstreckung gegen die Gesellschaft und die Gesellschafter gelten im wesentlichen die gleichen Bestimmungen wie für die Kollektivgesellschaft. Diese werden z.T. im Recht der Kommanditgesellschaft wiederholt, wozu noch, mit Rücksicht auf die besondere Rechtsstellung des Kommanditärs, einige ergänzende Vorschriften treten (Art. 613–618 OR). Zusammenfassend und unter Hinweis auf das zur Haftung der Gesellschafter Gesagte, ergibt sich folgende Ordnung:

1. Der Konkurs der Gesellschaft hat denjenigen der Gesellschafter nicht zur Folge und umgekehrt (Art. 615). – Im Konkurs der Gesellschaft

---

[55] Im Ergebnis gleich, mit weiteren Begründungen, RICHARD (oben Anm. 53).
[56] Zum Rechtsmißbrauch allgemein siehe vorn § 22, I 2. – Zur mißbräuchlichen Verwendung von Rechtsinstituten, insbes. der Kommanditgesellschaft, und der Gesetzesumgehung, siehe RICHARD, S. 110f., 113f., mit Hinweisen auf Doktrin und Rechtsprechung; vgl. auch H. MERZ, Berner Kommentar, Einleitungsband, Art. 2, N. 92f.; KOLLER, S. 139ff. – Das BGer erblickt einen Rechtsmißbrauch (u.a.) in einer «zweckwidrigen Verwendung eines Rechtsinstituts zur Verwirklichung von Interessen, die dieses Rechtsinstitut nicht schützen will» (BGE 94 I, 1968, S. 667; 86 II, 1960, S. 421). Zu den «Grenzen zweckbezogener Auslegung» siehe MERZ, a.a.O., N. 338f. – Nach dem oben (im Text) Gesagten wird man nur mit großer Zurückhaltung von einer rechtsmißbräuchlichen («zweckwidrigen») Verwendung der Kommanditgesellschaft sprechen dürfen. Sind die Haftungsverhältnisse in der vorgeschriebenen Weise bekanntgegeben worden, so ist den vom Gesetzgeber mit diesem Institut verfolgten «Zwecken» – Schaffung einer Personen-Handelsgesellschaft mit beschränkten Haftungen – Genüge geleistet. Um einen Rechtsmißbrauch annehmen zu können, müßten im konkreten Fall noch besondere Umstände vorliegen, insbes. Täuschung (dolus) des Vertragsgegners, wie dies bei einer sog. Kommanditgesellschaft zur Haftungsumgehung der Fall sein könnte. Vgl. RICHARD, S. 112; EGGER, Zürcher Kommentar (zit. zu § 19), Art. 2, N. 30ff.; BGE 53 II, 1927, S. 135; Obergericht Bern, ZBJV 93, 1957, S. 441. – Vgl. auch BGHZ (oben Anm. 51).

wird das Gesellschaftsvermögen nur zur Befriedigung der Gesellschaftsgläubiger verwendet, unter Ausschluß der Privatgläubiger der Gesellschafter (Art. 616 Abs. 1)[57]. An der Konkursverwaltung ist es, vom Kommanditär die Leistung der zur Befriedigung der Gesellschaftsgläubiger erforderlichen Kommanditsumme zu verlangen, unter Vorbehalt der Haftungsbefreiung gemäß Art. 610 Abs. 2. Besonders wird noch verfügt, daß der Kommanditär seine auf Rechnung der Kommanditsumme bereits erbrachten Leistungen nicht als Konkursforderung geltend machen kann (Art. 616 Abs. 2). – Die Komplementäre können von den Gesellschaftsgläubigern belangt werden, sobald der Konkurs der Gesellschaft eröffnet worden ist (da ja der Konkurs der Gesellschaft deren Auflösung bewirkt). Sie haften dann noch für den im Konkurs der Gesellschafter erlittenen Ausfall (Art. 617), was bedeutet, daß das Ergebnis des Gesellschaftskonkurses abzuwarten ist. Das Privatvermögen des Komplementärs haftet den Gesellschaftsgläubigern in Konkurrenz mit den Privatgläubigern des Gesellschafters (Art. 617).

2. Der Konkurs des Komplementärs löst dessen Belangbarkeit für die Gesellschaftsschulden aus (Art. 568 Abs. 3 OR). Gegenstand der Zwangsvollstreckung sind (wie bei der Kollektivgesellschaft) der Liquidationsanteil des Gesellschafters und gegebenenfalls dessen Ansprüche auf Zinsen, Gewinn und Honorar (Art. 613 Abs. 2).

Die Konkursverwaltung kann die Auflösung und Liquidation der Gesellschaft verlangen, was diese aber durch Befriedigung der Konkursmasse oder durch Ausschließung des Gesellschafters und Ausrichtung seines Anteils am Gesellschaftsvermögen vermeiden kann (Art. 575 OR).

3. Der Konkurs des Kommanditärs oder die Pfändung seines Liquidationsanteils löst seine Belangbarkeit für Gesellschaftsschulden nicht aus. Es ist Sache der Gesellschaft, in diesem Moment die Interessen der Gesellschaftsgläubiger (und damit auch der übrigen Gesellschafter) zu wahren, indem sie die nach dem Stand des Gesellschaftsvermögens erforderliche Kommanditsumme einverlangt (oben III 3 b γ), wobei sie mit den Privatgläubigern konkurriert (Art. 618). Auch hier bleiben die Rechte der Gesellschaft gemäß Art. 575 vorbehalten.

---

[57] Sind Gesellschafter aus der (noch aktiven) Gesellschaft ausgeschieden oder sind Kommanditsummen herabgesetzt worden, so kann sich die Notwendigkeit der Erstellung verschiedener Kollokationspläne ergeben, eines allgemeinen und besonderen (für «Altgläubiger»). Siehe hiezu HARTMANN, Art. 610, N. 23 ff.; SIEGWART, Art. 610–612, N. 49 ff.; BGE 48 III, 1922, S. 208 ff.; 59 III, 1933, S. 199 ff. – Zu gleichgearteten Verhältnissen bei der GmbH vgl. W. VON STEIGER, Kommentar GmbH, Einl. V, N. 79.

4. Bei gleichzeitigem Konkurs von Gesellschaft und Komplementär, gilt Art. 218 Abs. 1 SchKG (vorn § 37, III 4). Sind Gesellschaft und Kommanditär im Konkurs, so ist es Aufgabe der Konkursverwaltung der Gesellschaft, die noch geschuldete Haftungssumme im Konkurs des Kommanditärs geltend zu machen.

§ 44. Die Mitgliederbewegung

Literatur
Siehe die vor § 38 aufgeführten Publikationen.

Internrechtlich gilt für den Mitgliederwechsel bei der Kommanditgesellschaft die gleiche Ordnung wie für die Kollektivgesellschaft, bzw. die einfache Gesellschaft (Art. 598, 557 Abs. 2 OR). Besonderer Berücksichtigung bedürfen aber die Wirkungen solcher Vorgänge auf die Haftungen der Kommanditäre, dies in bezug auf den Umfang der Haftung und deren Absorption durch erfolgte Einlagen[1].

I. Der Mitgliederwechsel im internen Gesellschaftsverhältnis

1. Die gesetzliche Ordnung

a) Eintritt und Ausscheiden von Gesellschaftern

Der Eintritt neuer und der Austritt bisheriger Gesellschafter, Komplementäre und Kommanditäre, bedarf (mangels anderer vertraglicher Ordnung) der Zustimmung aller Gesellschafter. Die Identität der Gesellschaft wird durch den Mitgliederwechsel nicht berührt.

Vermögensrechtlich gilt für beide Arten von Gesellschaftern der Grundsatz der An- bzw. Abwachsung[2]. – Der Ausscheidende, auch der Kommanditär, hat Anspruch auf eine seiner vermögensrechtlichen Beteiligung

---

[1] Zum Mitgliederwechsel, seinen Voraussetzungen und Wirkungen, siehe vorn § 29, IV; § 38. – HARTMANN, Art. 602, N. 10 ff.; SIEGWART, Art. 598, N. 7 f.; GUHL/MERZ/KUMMER, S. 558 f.
[2] Siehe vorn § 29, IV 2c, 5b; § 38, II 2, III 2 B. – GUHL/MERZ/KUMMER, S. 542, 559; BlZR 57, 1958, S. 202, Erw. 7. – Anders BGE 51 I, 1925, S. 431; 78 I, 1952, S. 12, Erw. 3.

entsprechende Abfindung, die nach den gleichen Grundsätzen festzusetzen ist und in gleicher Weise geltend gemacht werden kann, wie bei der Kollektivgesellschaft. Insbesondere kann der Kommanditär nicht seine Kommanditeinlage zurückfordern (wenn dies nicht vereinbart worden ist), sondern der Abfindungsbetrag ist auf Grund der wirklichen Vermögenslage der Gesellschaft zur Zeit des Ausscheidens des Kommanditärs (sog. Abschichtungsbilanz) zu errechnen[3].

Auch für die Ausschließung von Gesellschaftern aus wichtigen Gründen gilt das Recht der Kollektivgesellschaft, handle es sich um Komplementäre oder Kommanditäre. Dabei ist allerdings zu berücksichtigen, daß unter Umständen Faktoren, die zur Ausschließung eines Komplementärs berechtigen würden, beim Kommanditär wegen seiner zurückgesetzten Stellung (wenn es sich in casu so verhält!) weniger schwer ins Gewicht fallen[4].

Schließlich ist auch bei der Kommanditgesellschaft die Fortsetzung des Geschäfts durch einen Gesellschafter unter Ausscheiden der übrigen im Sinn von Art. 579 OR möglich, unter den Voraussetzungen und mit den Wirkungen, wie sie bei der Kollektivgesellschaft dargelegt worden sind (vorn § 38, V). Auch der Kommanditär hat Anspruch auf alleinige Fortsetzung des Geschäfts, wenn die Umstände des Falles dies rechtfertigen[5].

b) Übertragung der Kommandite

Einen besonderen Fall bildet die Übertragung der «Kommandite», eine geläufige Bezeichnung für die Übertragung des gesamten Gesellschaftsanteils, der Mitgliedschaft eines Kommanditärs, an einen Dritten, verbunden mit einem Mitgliederwechsel. Dieser Vorgang bedarf, wie der Austritt und der Eintritt, der Zustimmung sämtlicher Gesellschafter, wenn nicht im Gesellschaftsvertrag hiefür erleichternde Bedingungen vorgesehen sind. – Mit der Übertragung der Kommandite tritt der Erwerber in die Rechtsstellung des Veräußerers ein, wie sie im Zeitpunkt der Übertragung bestand. Dies gilt namentlich auch hinsichtlich der Einlagepflicht des Kom-

---

[3] Zu den vermögensrechtlichen Folgen des Ausscheidens von Gesellschaftern siehe vorn § 29, IV 5 b; 38, III 2 B. – Als sog. partiellen Austritt erwähnt GUHL/MERZ/KUMMER, S. 559 f. «die Verminderung einer Kommandite durch vertragliche Vereinbarung unter den Gesellschaftern oder durch Rückzahlung an den Kommanditär, unter Fortbestand der Kommanditgesellschaft in ihrer bisherigen Zusammensetzung». Es liegt hiebei aber nicht ein Austritt vor, sondern lediglich eine Änderung der internen Gesellschaftsverhältnisse mit Auswirkungen auf die Haftung des Kommanditärs, wenn eine Rückzahlung erfolgte (Art. 610 Abs. 2).
[4] HARTMANN, Art. 619, N. 5; SIEGWART, Art. 619, N. 16; BGE 30 II, 1904, S. 462. Über die Folgen einer Zwangsvollstreckung in das Vermögen des Kommanditärs siehe vorn § 43, IV 3.
[5] HARTMANN, Art. 619, N. 5. Vgl. SIEGWART, Art. 619, N. 16 f.

manditärs, die auf den Erwerber übergeht, wenn und soweit der Veräußerer sie noch nicht erfüllt hat (was sich dann in der Regel auf die Bestimmung des Übernahmepreises auswirkt). – Gesellschaftsintern können beliebige andere Vereinbarungen getroffen werden (z.B. Befreiung des Erwerbers von Einlagepflichten oder Verlustbeteiligung[6].

2. Die vertragliche Ordnung

Als gesellschaftsrechtlich interne Vorgänge können der Eintritt neuer und das Ausscheiden bisheriger Mitglieder, Komplementäre und Kommanditäre, Gegenstand vertraglicher Ordnung sein. Zu einer solchen besteht bei der Kommanditgesellschaft – in Anbetracht der unterschiedlichen Rechtsstellung der Gesellschafter – besonderer Anlaß; dies namentlich auch dann, wenn Kommanditäre in größerer Zahl (meist als Erben) beteiligt und mit der Gesellschaft praktisch nur vermögensmäßig (gleich Aktionären) verbunden sind[7].

Der Vertrag kann für die Aufnahme neuer Gesellschafter Mehrheitsbeschlüsse, für das Ausscheiden von Mitgliedern bestimmte Kündigungsrechte oder den Eintritt bestimmter Tatsachen vorsehen, unter Fortsetzung der Gesellschaft durch die übrigen Gesellschafter und Festsetzung der Abfindungssummen – wie bei den andern Personengesellschaften[8].

Für die Übertragung von Mitgliedschaften unter Lebenden – z.B. im Fall einer Kündigung – kann der Vertrag den übrigen Gesellschaftern das Recht zur Übernahme des betreffenden Gesellschaftsanteils gewähren, mit Prioritäten zugunsten bestimmter Komplementäre oder Kommanditäre oder auch Dritter (z.B. präsumtiver Erben) unter Festsetzung des Übernahmepreises[9]. – Der Vertrag kann auch die Übertragung der «Kommandite» (siehe oben Ziff. 1 b) an Dritte gestatten, frei oder mit Zustimmung der übrigen Gesellschafter[10].

---

[6] Vgl. HARTMANN, Art. 602, N. 10 ff.; SIEGWART, Art. 598, N. 8; 619, N. 17 ff. – Über die Unterbeteiligung und die einseitige Abtretung von «Anteilen» oder einzelnen Vermögensrechten an Dritte siehe vorn § 29, II 2d, IV 3.
[7] So ist z.B. im Schweiz. Handelsregister eine industrielle Kommanditgesellschaft X & Cie eingetragen, mit 2 Komplementären und 21 Kommanditären. Diese üben ihre Mitgliedschaftsrechte in einer Gesellschafterversammlung aus, deren Befugnisse denen der Generalversammlung einer AG gleichkommen; Beschlüsse werden mit einfachem, in besondern Fällen mit qualifiziertem Mehr gefaßt, wobei sich die Stimmkraft nach dem Kapitalanteil jedes Gesellschafters bestimmt.
[8] Vgl. vorn § 29, IV 2b; § 38, II, III.
[9] Vgl. den «Vertrag Haab», wiedergegeben bei RICHARD, S. 158 ff.; im wesentlichen gleiche Ordnung auch in dem oben Anm. 7 erwähnten Fall X & Cie.
[10] HARTMANN, Art. 602, N. 10 f.; RICHARD, S. 107; BGE 88 II, 1962, S. 234. – Freie Übertragbarkeit der Kommandite gemäß Vertrag gilt auch nach deutschem Recht; siehe z.B. LEH-

Was die Übertragung von Mitgliedschaften von Todes wegen betrifft, so ist zunächst zu beachten, daß der Tod eines Kommanditärs nicht die Auflösung der Gesellschaft bewirkt (Art. 619 Abs. 2). An Stelle der Abfindung der Erben kann der Vertrag die Fortsetzung der Gesellschaft auf Grund von sog. einfachen oder qualifizierten Eintritts- oder Nachfolgeklauseln vorsehen[11]. – Der Tod eines Komplementärs dagegen hat die Auflösung der Gesellschaft zur Folge, eine Wirkung, die aber vertraglich durch die soeben erwähnten Fortsetzungsklauseln abgewendet werden kann. Zu beachten ist, daß auf Grund einer sog. Konversionsklausel die Erben eines Komplementärs als Kommanditäre eintreten sollen oder können[12].

II. Die Wirkungen des Mitgliederwechsels gegenüber Dritten

Gegenüber Dritten hat der Mitgliederwechsel besondere Wirkungen zur Folge. Ausscheidende Gesellschafter, auch die Kommanditäre (unter Vorbehalt ihrer Haftungsbefreiung durch geleistete Einlagen), haften für die zur Zeit ihres Ausscheidens bestehenden Gesellschaftsschulden noch während fünf Jahren seit der Veröffentlichung ihres Ausscheidens (Art. 619, 591 OR). – Neueintretende Komplementäre und Kommanditäre haften auch für die vor ihrem Eintritt begründeten Verbindlichkeiten der Gesellschaft (Art. 569, 612 OR; vorn § 43). Im Fall der Übertragung einer Kommandite (oben I 1 b) haften somit der Veräußerer (im Rahmen der Verjährungsfrist) und der Erwerber bis zur angegebenen Kommanditsumme, wenn und insoweit diese nicht durch bereits geleistete Einlagen gedeckt ist (Art. 610 Abs. 2). Im Verhältnis zu den Gesellschaftsgläubigern ist es un-

---

MANN/DIETZ, S. 210. – Nach Art. 30 Loi soc. comm. 1966 sind die parts sociales (der Komplementäre und der Kommanditäre) nur mit Zustimmung aller Gesellschafter übertragbar. Die Statuten können aber eine freie Übertragbarkeit unter Gesellschaftern vorsehen; ferner die Übertragung von Kommanditen an Dritte mit Zustimmung aller Komplementäre und der Mehrheit (nach Köpfen und Kapital) der Kommanditäre. – Nach CCit. Art. 2322, Abs. 2 ist, wenn der Vertrag nicht anders bestimmt, die Quota des Kommanditärs übertragbar, wenn die Mehrheit der Gesellschafter, die zugleich die Mehrheit des Kapitals vertritt, zustimmt.

[11] Zu den Eintritts- und Nachfolgeklauseln siehe vorn § 29, V 3, 4.
[12] Zur Konversionsklausel siehe vorn § 29, V 5. – Die Vertragspraxis zeigt interessante Varianten, wofür auf die oben Anm. 7 und 9 genannten Beispiele verwiesen wird. Im einen Fall («Vertrag Haab») wird die Gesellschaft mit den Erben des Komplementärs als Kommanditären fortgesetzt, sofern nicht binnen Jahresfrist einer der Erben (von der Gesellschafterversammlung) zum Komplementär gewählt wird. Im andern Fall (X & Cie) wird die Gesellschaft mit den Erben des Komplementärs als unbeschränkt haftenden Gesellschaftern fortgesetzt, sofern diese nicht innert 6 Monaten die Umwandlung der Beteiligung in eine Kommandite verlangen.

erheblich, von welcher Seite die Deckung erfolgt ist. Im internen Verhältnis sind die getroffenen Vereinbarungen maßgebend, was gegebenenfalls zu Regreßansprüchen seitens des Veräußerers oder des Erwerbers führen kann[13].

§ 45. Die Auflösung der Kommanditgesellschaft und ihre Liquidation – Verjährungen

Literatur
Siehe die zu den §§ 31 und 39 zitierten Publikationen.

I. Die gesetzlichen Grundlagen

Für die Auflösung und die Liquidation der Kommanditgesellschaft verweist das Gesetz auf das Recht der Kollektivgesellschaft (Art. 619 Abs. 1 OR). Dieses erklärt, was die Auflösungsgründe betrifft, das Recht der einfachen Gesellschaft (Art. 545 f. OR) als anwendbar, wozu noch die Auflösung der Gesellschaft durch ihren Konkurs tritt (Art. 574 Abs. 1 OR). Die Liquidation der Kommanditgesellschaft vollzieht sich nach den Art. 583 ff. OR. Für beide Vorgänge – Auflösung und Liquidation – bleibt die gesellschaftsautonome Ordnung vorbehalten, soweit sie nicht zwingendem Recht (z. B. Konkursrecht) widerspricht. Es wird daher im Nachfolgenden auf das zur einfachen und Kollektivgesellschaft Gesagte verwiesen und lediglich die der Kommanditgesellschaft eigene Ordnung betreffend ihre Auflösung und Liquidation zur Sprache gebracht[1].

II. Die Auflösung der Gesellschaft

Die Auflösungsgründe sind in Art. 545 f. und 574 f. genannt, wozu gegebenenfalls noch besondere Gründe treten (vorn § 39, I 1c). Soweit die Gründe von den Gesellschaftern geltend zu machen sind (wie Kündigung

---

[13] Vgl. zum Vorstehenden HARTMANN, Art. 602, N. 11 ff.; SIEGWART, Art. 598, N. 8; Art. 619, N. 17 ff.
[1] Allgemein zu den Begriffen Auflösung und Liquidation und ihren Wirkungen siehe vorn § 31, I, III, insbes. 2a; § 39, Einl. und II 1.

gemäß Gesetz, Vertrag oder aus wichtigen Gründen), kann sich auch der Kommanditär darauf berufen, da ihm ja die Stellung eines gleichberechtigten Gesellschafters zukommt, soweit Gesetz oder Vertrag nichts anderes bestimmen[2].

In Abweichung vom Recht der Kollektivgesellschaft bestimmt das Gesetz, daß der Tod oder die Entmündigung des Kommanditärs die Auflösung der Gesellschaft nicht zur Folge haben (Art. 619 Abs. 2). – Im Fall des Todes eines Kommanditärs treten dessen Erben an seine Stelle, sofern der Vertrag nichts anderes bestimmt oder die Gesellschafter mit den Erben nichts anderes vereinbaren[3]. – Ist der Kommanditär eine juristische Person oder eine Personenhandelsgesellschaft (Art. 594 Abs. 2) und wird diese durch Konkurs oder aus andern Gründen aufgelöst, so bedeutet dies zunächst Fortsetzung der Kommanditgesellschaft mit einer (z. B.) Gesellschaft in Liquidation. Diese ist ja mit der bisherigen Gesellschaft identisch; auch kann die Liquidation wieder rückgängig gemacht werden. Die Geschäftsführer der Kommanditgesellschaft haben die ihrer Gesellschaft zustehenden Rechte auf eine noch geschuldete Kommanditeinlage sowie, nötigenfalls, aus Haftung in der Liquidation der Kommanditärin geltend zu machen, widrigenfalls die Kommanditgesellschaft Gefahr liefe, daß die Aktiven der Kommanditärin an deren Gläubiger oder an ihre Mitglieder verteilt würden. Ist die Liquidation der Kommanditärin fertig durchgeführt, so kommt dies einem Ausscheiden des Kommanditärs gleich[4].

Im Fall einer Entmündigung eines Kommanditärs dauert dessen Mitgliedschaft fort und wird durch den gesetzlichen Vertreter ausgeübt, wenn hiefür nichts anderes vereinbart war oder wird[5].

Ausdrücklich wird im Gesetz noch festgehalten (Art. 619 Abs. 2), daß bei Konkurs des Kommanditärs oder Pfändung seines Liquidationsanteils die für den Kollektivgesellschafter geltenden Bestimmungen entsprechend anwendbar sind (dazu vorn § 43, IV 3).

---

[2] Vorn § 42, I. – HARTMANN, Art. 619, N. 3 f.; SIEGWART, Art. 619, N. 1. – Gegebenenfalls ist bei der Beurteilung von «wichtigen Gründen» die (rechtlich und faktisch) besondere Stellung des Kommanditärs zu berücksichtigen, wie im Fall der Ausschließung von Gesellschaftern (vorn § 44, I 1a).

[3] Dazu vorn § 44, I 2; vgl. auch §§ 29, V; 31, II 1 e.

[4] HARTMANN, Art. 619, N. 21; SCHILLING, Großkommentar HGB, § 177, Anm. 9. – Über den Konkurs des Kommanditärs siehe vorn § 43, IV 3.

[5] Vgl. HARTMANN, Art. 619, N. 23; SIEGWART, Art. 619, N. 4. – Die Bevormundung eines Kommanditärs kann aber einen wichtigen Grund zur Kündigung des Gesellschaftsvertrages geben, so namentlich wenn der Kommanditär eine wirtschaftlich oder persönlich (Geschäftsführung) wesentliche Stellung in der Gesellschaft einnimmt. – Siehe auch vorn § 41, I 1.

III. Die Liquidation

1. Gemäß dem hier geltenden Recht der Kollektivgesellschaft (Art. 583 OR) amten als Liquidatoren die zur Vertretung der Gesellschaft befugten Komplementäre. Kommanditäre können aber vertraglich, durch Beschluß oder gegebenenfalls durch den Richter, zu Liquidatoren ernannt werden. Im übrigen wird ihre Stellung durch die Auflösung nicht berührt. Sie haften beschränkt für neue Liquidationsgeschäfte (Art. 585 Abs. 2). Sie behalten ihr Mitspracherecht in außergewöhnlichen Geschäften[6]. Ein Kontrollrecht steht ihnen zu wie bisher, wie auch das Recht, die gerichtliche Ernennung oder Abberufung von Liquidatoren zu verlangen[7].

2. Die Rechtsstellung und Aufgaben der Liquidatoren sind die gleichen wie bei der Kollektivgesellschaft (Art. 585)[8]. Insbesondere haben sie auch die Verbindlichkeiten der Gesellschaft zu erfüllen (Art. 585 Abs. 1) als eine gesellschaftsinterne Verpflichtung. Zu dem Zweck haben sie nötigenfalls die von den Gesellschaftern noch geschuldeten Einlagen einzuziehen. Wenn und soweit als zur Deckung der Gesellschaftsschulden erforderlich, haben die Liquidatoren von den Kommanditären Zahlung der Kommanditsumme in die Liquidationsmasse zu verlangen. Sie tun dies als Vertreter der Gesamtgläubigerschaft[9]; der Kommanditär kann sich von dieser Leistung nur durch den Nachweis befreien, daß er dieser Haftungssumme entsprechende Einlagen bereits geleistet und nicht wieder zurückerhalten hat. Kommen die Liquidatoren dieser Pflicht nicht nach (z. B. weil sie die Haftung des Kommanditärs als erloschen betrachten oder aus persönlichen Gründen), so kann jeder Gesellschaftsgläubiger den Kommanditär unter den gleichen Bedingungen auf Zahlung an die Liquidationsmasse belangen (Art. 610 Abs. 2).

3. Aus dem Netto-Ergebnis der Liquidation sind zunächst die Kapitalkonti der Gesellschafter zurückzuzahlen. Ergibt sich ein Liquidations-

---

[6] Siehe vorn § 39, II 2 A b. – SIEGWART, Art. 619, N. 10; Art. 583, N. 17. Nach HARTMANN (Art. 619, N. 27) steht den Kommanditären nur noch ein Recht zum Widerspruch gegen die in Art. 585 Abs. 3 genannten besondern Geschäfte zu, aber nicht mehr in außergewöhnlichen Geschäften gemäß Art. 600 Abs. 2, weil nun die Geschäftsführung vollständig auf die Liquidatoren übergehe. Dieser Ansicht kann nicht beigepflichtet werden, da sie sachlich nicht begründet ist, zudem gerade im Liquidationsstadium außergewöhnliche Geschäfte besondere Risiken in sich bergen können.

[7] Zum Vorstehenden vgl. HARTMANN, Art. 619, N. 24–27; SIEGWART, Art. 619, N. 10.

[8] Siehe vorn § 39, II 2 A, B.

[9] HARTMANN, Art. 610, N. 19; SIEGWART, Art. 610–612, N. 40f. – Siehe auch vorn § 43, III 3b α.

gewinn, so ist der Kommanditär daran in gleicher Weise beteiligt wie bisher am Jahresgewinn; ebenso am Liquidationsverlust, für welchen der Kommanditär nötigenfalls bis zur Höhe seiner Kommanditsumme einzustehen hat[10]. – Vertraglich können aber andere Lösungen vereinbart werden, z.B. Ausschluß einer Gewinn- oder Verlustbeteiligung des Kommanditärs oder deren Begrenzung, oder durch Zusicherung der Rückerstattung der Kommanditeinlage.

IV. Verjährungen

Auch für die Verjährungen der Forderungen gegen die Gesellschafter verweist Art. 619 auf das Recht der Kollektivgesellschaft (Art. 591–593 OR)[11].

1. Gegenüber den Gesellschaftsgläubigern haften Komplementäre und Kommanditäre während fünf Jahren seit der Veröffentlichung ihres Ausscheidens oder der Auflösung der Gesellschaft. Diese Frist gilt auch gegenüber den Liquidatoren oder der Konkursverwaltung, wenn und insoweit als sie die Bezahlung der Kommanditsumme (der Haftungssumme), allenfalls die Rückleistung zu Unrecht bezogener Beträge, in die Liquidationsmasse verlangen (oben Ziff. 3)[12].

2. Anders verhält es sich, wenn die Liquidatoren – allenfalls ein Gesellschafter mittelst der *actio pro socio* (vorn § 42, II 3) – eine vereinbarte und noch geschuldete Kommanditeinlage einfordern, insbesondere zum Ausgleich interner Liquidationsverluste. Hier geht es nicht um Haftungen sondern um gesellschaftsinterne Verpflichtungen, für welche die gewöhnlichen Verjährungsfristen gelten. Dies trifft auch auf die Ansprüche der Gesellschafter untereinander (z.B. Regreßansprüche) zu[13].

---

[10] Zum Vorstehenden vgl. HARTMANN, Art. 619, N. 28; SIEGWART, Art. 619, N. 10f.
[11] Zu den Verjährungen, ihrer Unterbrechung und den besondern Fällen der Geschäftsübernahme und der Befriedigung bei ungeteiltem Gesellschaftsvermögen siehe vorn § 39, III; zu den Haftungen bei Mitgliederwechsel siehe vorn § 44, II.
[12] HARTMANN, Art. 619, N. 30; SIEGWART, Art. 619, N. 20.
[13] HARTMANN, Art. 619, N. 30; SIEGWART, Art. 619, N. 20; Art. 591–593, N. 16.

Viertes Kapitel

§ 46. Die stille Gesellschaft

Literatur

C. WESPI, Die stille Gesellschaft im schweizerischen Recht, Diss. Zürich 1930;
A. EGGER, Die rechtliche Natur der stillen Beteiligung an einem Unternehmen, Ausgewählte Schriften und Abhandlungen, hg. von W. HUG, Bd. II, Zürich 1957;
M. PEDRAZZINI, Stille Gesellschaft oder (offene) einfache Gesellschaft?, SJZ 52, 1956, S. 369 ff.; K. NAEF, Kennt das schweizerische Recht die stille Gesellschaft?, ZBJV 96, 1960, S. 257 ff., 305 ff.; H. J. HABERMAS, Die stille Gesellschaft im deutschen und schweizerischen Recht, Diss. Bern 1961. – H. REICHWEIN, Die Stellung des stillen Gesellschafters im Konkurs, SJZ 45, 1949, S. 358 ff.

H. PAULICK, Handbuch der stillen Gesellschaft, 2. Aufl., Köln 1971.

Siehe auch die Literatur zu § 24, insbes. A. KOLLER (Grundfragen einer Typuslehre); U. RICHARD (Atypische Kommanditgesellschaften).

I. Grundlagen

Unter einer stillen Gesellschaft wird (allgemein, unter Vorbehalten formuliert) eine Personenverbindung verstanden, die als solche nach außen nicht in Erscheinung tritt. Sie stellt also eine Innengesellschaft dar, weist aber noch besondere Merkmale auf, die sie als eine solche eigener Art charakterisieren[1]. Bei der stillen Gesellschaft stellt der eine, der Stille, einem andern, dem Komplementär (auch Geschäftsherr oder Unternehmer genannt), Mittel zur Verfügung, die dieser zu einem vereinbarten Zweck zu verwenden hat, wobei nach außen nur der Komplementär handelnd auftritt, ohne Vertretungsmacht und unter Ausschluß jeglicher Haftung des Stillen gegenüber Dritten.

Die Begründung einer stillen Gesellschaft kann aus den verschiedensten Motiven wirtschaftlicher oder persönlicher Natur erfolgen[2], zum Beispiel:

---

[1] EGGER, S. 208; PEDRAZZINI, S. 370; vgl. auch SIEGWART, Vorbem. zu Art. 530, N. 8. Dazu noch unten II.
[2] Dazu NAEF, S. 260 ff., wo auch auf die namentlich in Deutschland aufkommende Verwendung der stillen Gesellschaft zur Beteiligung der Belegschaft an der Unternehmung in verschiedenen Abstufungen, bis zur Einräumung eines gewissen Mitbestimmungsrechts («Mitunternehmerschaft»), hingewiesen wird.

Auf Seite des Stillen die Beteiligung an Unternehmungen unter dem Gesichtspunkt ihrer Wertsicherungsfunktion (die beim Darlehen fehlt) oder auch nur zur Wahrung der Diskretion[3]. Auf Seiten des Komplementärs das Bedürfnis nach Kapital ohne Kundgabe nach außen (z.B. bei stillen Sanierungen), unter Beibehaltung seiner Stellung als Geschäftsherr. Bei Familiengesellschaften die Umwandlung einer offenen Beteiligung (z.B. des Seniors) in eine stille oder bei Eintritt eines Juniors oder Erben. Auch steuerrechtliche Erwägungen können eine Rolle spielen[4].

Die stille Gesellschaft ist schon seit dem frühen Mittelalter bekannt[5], hat seither verschiedenartige Entwicklungen durchlaufen und ist heute in manchen Ländern, so in unsern Nachbarstaaten, als eine Gesellschaftsform eigener Art gesetzlich anerkannt und (wenigstens teilweise) geordnet[6]. Der schweizerische Gesetzgeber hat bewußt darauf verzichtet, die stille Gesellschaft einer eigenen gesetzlichen Ordnung zu unterwerfen. Sie gilt nach herrschender Rechtsprechung und Lehre als einfache Gesellschaft, und zwar als eine Innengesellschaft besonderer Art[7].

Die Entwürfe MUNZINGER zu einem Handelsgesetzbuch (1864) und FICK zum OR (1875) sahen eine Ordnung der stillen Gesellschaft vor, jedoch ohne Erfolg. Diese Bestrebungen wurden anläßlich der Revision des handelsrechtlichen Teils des OR wieder aufgenommen, so in E 1919 (Art. 623 f.) und E 1923 (Art. 635 ff.); beide Entwürfe ordneten die stille Gesellschaft zwar im Anschluß an die Kommanditgesellschaft, aber (gemäß früherer Auffassung) auf der Grundlage des Darlehens. Die Expertenkommission lehnte aber diese Vorschläge ab, als unzweckmäßig (Schwierigkeit der Begriffsbestimmung) und unnötig[8]. Im E 1928 wurde die stille Gesellschaft nicht mehr erwähnt. Hingegen hält die Botschaft 1928, S. 7 fest, daß die stille Gesellschaft – charakterisiert durch die Beteiligung am Geschäft eines andern – dem Recht der einfachen Gesellschaft unterstehe[9].

Die stille Gesellschaft ist somit als eine aus dem Gewohnheitsrecht hervorgegangene Gesellschaftsform anerkannt und grundsätzlich dem Recht

---

[3] z.B. bei Konkurrenzverhältnissen, siehe BGE 81 II, 1955, S. 520 ff., 524.
[4] Vgl. BGE 48 I, 1922, S. 422 ff. – Vgl. hinten § 47.
[5] Siehe vorn § 32, I; NAEF, S. 257 ff., wo auch die weiteren Entwicklungen erwähnt werden.
[6] Dazu unten II 3.
[7] Dies ist das Fazit, das sich aus der Rechtsprechung, der neueren Doktrin und den Materialien zum rev.OR ziehen läßt, wobei die Formulierungen mehr oder weniger deutlich gehalten sind.
[8] ProtExpKomm 1928, S. 145 ff. Die Befürworter einer gesetzlichen Regelung der stillen Gesellschaft begründeten ihre Vorschläge namentlich damit, daß die gesetzliche Vermutung gemäß Art. 543 Abs. 3 (Vertretungsmacht des geschäftsführenden Gesellschafters) förmlich ausgeschlossen werden sollte und daß der sog. *employé intéressé* vor der Verlustbeteiligung zu schützen sei.
[9] Auch die Botschaft 1928, S. 7 befaßt sich mit dem *employé intéressé*, empfiehlt aber, auf eine Sonderregelung der stillen Gesellschaft zu verzichten, da solche Beteiligungen in den verschiedensten Spielarten (mit oder ohne Verlustbeteiligung) vorkämen und nach dem Prinzip der Vertragsfreiheit auch zulässig seien.

der einfachen Gesellschaft unterstellt worden. Sie hat damit eine Basis erhalten, welche auch die Richtlinien gibt, nach welchen umstrittene Fragen zu lösen sind. Andererseits ist festzuhalten, daß es sich bei der stillen Gesellschaft um eine Gesellschaftsform eigener Art handelt, und daß die Regeln der einfachen Gesellschaft nur soweit Anwendung finden können, als dies mit den besondern Merkmalen der stillen Gesellschaft vereinbar ist. Dieser Vorbehalt gilt für das Innen- wie für das Außenverhältnis.

II. Die spezifischen Merkmale der stillen Gesellschaft und deren Entstehung – Ausländisches Recht

1. Die spezifischen Merkmale

a) Die stille Gesellschaft ist Gesellschaft, also eine vertragliche Zweckgemeinschaft, in welcher beide Gesellschafter etwas zur Förderung des Zweckes beizutragen haben[10]. Der Zweck muß nicht notwendigerweise im Betrieb eines kaufmännischen Gewerbes liegen, sondern kann auch in der Durchführung einzelner Transaktionen bestehen – wie dies ja allgemein für die einfache Gesellschaft gilt[11]. Der Beitrag des Stillen wird aber in das Vermögen des Komplementärs geleistet; es entsteht kein Gesellschaftsvermögen[12].

---

[10] Nach andern Meinungen, einläßlich dargelegt z.B. bei EGGER, S.202ff., soll die stille Gesellschaft behandelt werden als: modifiziertes Darlehen, formlose Kommanditgesellschaft, gesellschaftsähnliches Gebilde, uneigentliche Gesellschaft, u.a.m. Heute gilt in Doktrin und Praxis die gesellschaftsrechtliche Konzeption der stillen Gesellschaft, charakterisiert durch die *affectio societatis* im Sinn von Art.530 OR (vorn §§ 20 I, 27 I). So u.a. EGGER, S.208; HABERMAS, S.62 mit weiteren Hinweisen; NAEF, S.269f.; SIEGWART, Vorbem. zu Art.530, N.7; WESPI, S.20ff. – BGE: 81 II, 1955, S.520ff., insbes. 524; 49 II, 1923, S.490ff. («Gelegenheitsgesellschaft»); 48 I, 1922, S.402ff. – Handelsgericht Zürich, BlZR 43, 1944, S.322; KtGer Schaffhausen, SJZ 54, 1958, S.42ff. (mit besonders einläßlicher Abwägung der pro und contra «Gesellschaft» sprechenden Momente).

[11] Vorn § 27, IV 3. – NAEF, S.287; HABERMAS, S.69. Anderer Meinung: WESPI, S.19, 35; VOGELSANG (zit. vorn zu § 27), S.34; nach SIEGWART, Vorbem. zu Art.530–551, beteiligt sich der Stille «in der Regel» an einem kaufmännischen Geschäft. – Zum ausländischen Recht siehe unten Ziff.3.

[12] So die heute überwiegende Lehre, z.B. EGGER, S.205; NAEF (mit weiteren Hinweisen), S.284; HABERMAS, S.68; WESPI, S.41, 57. – Nach SIEGWART, Vorbem. zu Art.530–551, N.10–12, sind die Eigentumsverhältnisse in der stillen Gesellschaft umstritten, doch sei eine Vermutung für Gesamteigentum (also Gesellschaftsvermögen) anzunehmen, wogegen allerdings zu bedenken sei, «daß der Ausschluß der Haftung nach Außen in dem Fehlen des Gesamteigentums nach Innen einigermaßen eine natürliche Parallele findet». Siehe auch ein (nicht weiter begründetes) *obiter dictum* in BGE 48 I, 1922, S.412, wonach beide Gesellschafter «Inhaber» des Geschäftes seien und das Geschäftskapital ihnen «gemeinsam» gehöre. – Nach BECKER,

b) Ein weiteres Merkmal ist, daß nach außen nicht die Gesellschaft auftritt, sondern der Komplementär unter seiner eigenen Firma oder in seinem eigenen Namen, ohne Vertretungsmacht im Sinn von Art. 543 Abs. 3 OR. Die stille Gesellschaft ist also, in thesi jedenfalls, Innengesellschaft, die nach außen nicht in Erscheinung tritt[13].

Daraus folgt die Befreiung des Stillen von jeglicher Haftung für die Verbindlichkeiten des gemeinsamen Unternehmens, für die nach außen lediglich der Komplementär einzustehen hat[14]. Dies gilt, wie heute allgemein anerkannt, auch dann, wenn das (stille) Gesellschaftsverhältnis Dritten gegenüber kundgegeben oder sonstwie bekannt geworden ist[15].

c) Ferner ist Merkmal der stillen Gesellschaft, daß der Stille nicht nur am Gewinn, sondern auch am Verlust beteiligt ist[16]. Dies ist allerdings nicht ein spezifisches Merkmal dieser Gesellschaftsform, sondern die Folge daraus, daß sie als Gesellschaft und zwar als einfache Gesellschaft behandelt wird[17]. Eine vertragliche Befreiung des Stillen von der Verlustbeteiligung läßt auf ein partiarisches Verhältnis schließen – unter Vorbehalt allerdings von Art. 533 Abs. 3 OR (Beitrag des Stillen in Form von Arbeit)[18].

Aus der gesellschaftsrechtlichen Stellung des Stillen, insbesondere seiner Gewinn- und Verlustbeteiligung, folgt, daß diesem die (unentziehbaren) Kontrollrechte gemäß Art. 541 OR zustehen, sowie – andere vertragliche Ordnung vorbehalten – die Mitwirkungsrechte in außergewöhnlichen Angelegenheiten gemäß Art. 535 Abs. 3 OR (dazu noch hinten III 1).

d) Somit muß – damit eine stille Gesellschaft entstehe – der übereinstimmende Wille der Parteien auf die Begründung einer Zweckgemein-

---

Art. 530, N. 22, hat der Erwerb von Eigentum durch den Inhaber des Unternehmens fiduziarischen Charakter, weshalb eine vertragswidrige Verwendung ein Delikt darstelle.

[13] Dazu noch unten IV 1.

[14] Andere Begründung der Haftungsbefreiung bei PEDRAZZINI, S. 371, insbes. im Hinblick auf die atypischen stillen Gesellschaften; dazu unten IV 2.

[15] BGE 81 II, 1955, S. 522 ff., 524, in Übereinstimmung mit der Doktrin; siehe z.B. BECKER, Art. 530, N. 20; HABERMAS, S. 100 ff.; NAEF, (mit Hinweisen), S. 279; PEDRAZZINI, S. 371; PAULICK, S. 128 f.

[16] Herrschende Lehre und Praxis, siehe z.B.: NAEF, S. 272 f.; HABERMAS, S. 65; WESPI, S. 60; GUHL/MERZ/KUMMER, S. 525 f. – BGE 81 II, 1955, S. 520; ObGer Bern, ZBJV 52, 1916, S. 607; ObGer Luzern, ZBJV 59, 1923, S. 257; siehe auch Anm. 17. – Vgl. aber ObGer Bern, ZBJV 60, 1924, S. 611, wo trotz proportionaler Gewinn- und Verlustbeteiligung eines *employé intéressé* ein Gesellschaftsverhältnis wegen der «inégalité sociale entre les parties» verneint wurde – womit die Akzente unrichtig gesetzt sind.

[17] Art. 533; NAEF, S. 272. – Zum ausländischen Recht unten Ziffer 3.

[18] Art. 533 Abs. 3 gilt auch für den Stillen, so NAEF, HABERMAS, WESPI (oben Anm. 16); REICHWEIN, S. 360 f. – HGer Zürich, BlZR 43, 1944, S. 322; KtGer Schaffhausen, SJZ 54, 1958, S. 43; ObGer Luzern, ZBJV 59, 1923, S. 257. – Siehe aber auch vorn § 29, II 3.

schaft (im gesellschaftsrechtlichen Sinn) gerichtet sein, mit Gewinn- und Verlustbeteiligung (auch) des Stillen, wobei dessen Beitrag in das Vermögen des Komplementärs geleistet wird, der nach außen in eigenem Namen auftritt, ohne zur Vertretung des Stillen ermächtigt zu sein[19].

2. Die Entstehung der stillen Gesellschaft

a) Die stille Gesellschaft entsteht auf Grund eines ausdrücklich oder stillschweigend (durch konkludentes Verhalten) abgeschlossenen Vertrags, wofür auf das zur einfachen Gesellschaft Gesagte verwiesen werden kann (vorn § 27, I). Häufig entsteht sie durch Umwandlungen bestehender Rechtsverhältnisse gesellschaftsrechtlicher oder anderer Art, z.B. wenn ein Mitglied einer Personengesellschaft austritt und seinen Vermögensanteil als «stille Beteiligung» im Gesellschaftsvermögen stehen läßt. Oder wenn partiarische Darlehens- oder Arbeitsverhältnisse in eine stille Gesellschaft übergehen; ob ein solcher Übergang stattgefunden hat, ist mitunter nicht leicht festzustellen und kann nur auf Grund einer Würdigung der gesamten Sachlage entschieden werden, wobei den Mitwirkungs- und Kontrollrechten eine besondere Bedeutung zukommt (vorn § 27, II 1, unten III 1).

b) Als Parteien können beidseitig «Personen» im Sinn von Art. 530 OR auftreten[20].

In der Doktrin wird als Besonderheit der stillen Gesellschaft hervorgehoben, daß es sich hier um ein Zweiparteienverhältnis handle: Beteiligt ein Komplementär mehrere Stille an seiner Unternehmung, so entstehen verschiedene, voneinander unabhängige stille Gesellschaften. Dies hindert aber nicht, daß sich mehrere Stille zu einer Interessengemeinschaft (= einfache Gesellschaft) zusammenschließen und als solche dem Komplementär gegenüberstehen. Auch ist möglich, daß sich mehrere Stille (z.B. als Geldgeber in Sanierungsfällen oder bei konsortialen Beteiligungen) von vorneherein als Gesamtgläubiger und Gesamtschuldner mit einem Komplementär verbinden[21].

---

[19] Im wesentlichen gleich die Definition der schweizerischen stillen Gesellschaft bei NAEF, S. 288. – Man muß sich aber klar sein, daß «Gebilde» wie die stille Gesellschaft des schweizerischen Rechts kaum in eine Definition zu fassen sind. Wie EGGER, S. 207 f., zutreffend hervorhebt, ist keines der genannten Elemente (wie Gewinn- und Verlustbeteiligung, vermögensrechtliche Struktur, Geschäftsführung, «Geheimheit») für sich allein entscheidend. Als «allgemeine Direktive» könne einzig die *affectio societatis* (siehe oben Anm. 10; wir würden lieber, etwas weniger euphemistisch, vom animus societatis sprechen) gelten, welche auch die nötige Bewegungs- und Beurteilungsfreiheit für die Behandlung des Einzelfalles offen lasse.

Zur Abgrenzung der stillen Gesellschaft gegenüber den partiarischen Rechtsverhältnissen sowie zur Unterbeteiligung (Untergesellschaft) siehe vorn § 27, II 1 bzw. IV 4.

[20] Also natürliche und juristische Personen, sowie auch Kollektiv- und Kommanditgesellschaften. Zur Mitgliedschaft von einfachen Gesellschaften (z.B. Konsortien) siehe vorn § 28, I 1a.

[21] Vgl. BECKER, Art. 530, N. 22; SIEGWART, Vorbem. zu Art. 530–551, N. 9; HABERMAS, S. 16 f.

c) Auch für die Wirkungen von Gründungsmängeln (Nichtigkeit, Anfechtbarkeit) gilt das zur einfachen Gesellschaft Gesagte (vorn § 28, II). Eine Besonderheit liegt nur insofern vor, als bei der stillen Gesellschaft keine Drittinteressen zu berücksichtigen sind, da ja nach außen nur der Komplementär verpflichtet ist. Ob im internen Verhältnis eine Auseinandersetzung nach den allgemeinen Regeln des Vertragsrechts (Wirkung ex tunc) oder nach Gesellschaftsrecht (ex nunc, z. B. unter Berücksichtigung von Wertvermehrungen) zu erfolgen hat, hängt davon ab, ob und inwieweit die Gesellschaft bereits tätig geworden («vollzogen») ist [22].

3. Ausländisches Recht

In Deutschland ist die stille Gesellschaft geordnet in den §§ 335–342 HGB. Sie beruht auf einer Beteiligung am Handelsgewerbe eines andern in der Weise, daß die Vermögenseinlage des Stillen in das Vermögen des Inhabers des Handelsgeschäftes übergeht. Stille Beteiligungen an Unternehmen, die nicht Handelsgewerbe im Sinn des HGB sind, werden nach dem Recht der bürgerlich-rechtlichen Gesellschaft behandelt. Aus den Geschäften des Inhabers wird nur dieser berechtigt und verpflichtet. Begriffswesentlich ist für die stille Gesellschaft eine Gewinnbeteiligung, während eine Verlustbeteiligung vertraglich ausgeschlossen werden kann (§ 336 Abs. 2). Dem Stillen stehen (subsidiär) keine Geschäftsführungsbefugnisse und nur ein beschränktes Überwachungsrecht zu [23]. Am Verlust nimmt der Stille nur bis zum Betrag seiner eingezahlten oder rückständigen Einlage teil. – Im Konkurs des Inhabers hat der Stille eine Forderung in der Höhe seiner Einlage, soweit sie seine Verlustbeteiligung übersteigt, wie ein Konkursgläubiger. Gegen die Rückzahlung der Einlage des Stillen oder Erlaß seiner Verlustbeteiligung steht dem Konkursverwalter ein besonderes Anfechtungsrecht zu. – Vertraglich können durch Gewährung von gesellschaftlichen Mitgliedschaftsrechten (insbes. Geschäftsführungs- und Kontrollrechten) atypische stille Gesellschaften gebildet werden, die besondere Rechtsfragen aufwerfen (siehe hinten IV 2).

Im Vergleich zum schweizerischen Recht wird die deutsche stille Gesellschaft – obschon heute allgemein als Gesellschaft anerkannt – doch mehr als partiarisches Darlehen behandelt; in der Optik des deutschen Rechts bildet die schweizerische stille Gesellschaft schon eine atypische Form [24], wie sich dies besonders in der unterschiedlichen Gestaltung der Innenverhältnisse (Verlustbeteiligung, Mitwirkungs- und Kontrollrechte) zeigt. Die deutsche Doktrin und Rechtsprechung kann daher nur unter Vorbehalten zur Würdigung der schweizerischen stillen Gesellschaft herangezogen werden [25].

Italien: Die *Associazione in partecipazione* des italienischen Rechts (Art. 2549–2554 CCit.) weist im wesentlichen die gleichen Züge auf wie die deutsche stille Gesellschaft. So ist die Verlustbe-

---

[22] Für die Auseinandersetzung nach gesellschaftsrechtlichen Regeln NAEF, S. 329; siehe auch HABERMAS, S. 112 f. – In Deutschland ist die Frage der Behandlung von fehlerhaften stillen Gesellschaften umstritten; siehe dazu LEHMANN/DIETZ, S. 220 f.; HABERMAS, S. 28 ff.; NAEF, S. 329.

[23] § 338 HGB; gemäß Abs. 3 kann der Richter aus wichtigen Gründen weitergehende Kontrollrechte gewähren. – Der Stille hat auch keine Zustimmungs- oder auch nur Widerspruchsrechte in außergewöhnlichen Geschäften; siehe LEHMANN/DIETZ, S. 222; HUECK, Gesellschaftsrecht, S. 108; SCHILLING, Großkommentar HGB, § 335 Anm. 49.

[24] So PAULICK, S. 33.

[25] HABERMAS, S. 63; WESPI, S. 9.

teilligung nicht mehr zwingend vorgeschrieben (Art. 2549; anders noch der Codice di Commercio, Art. 233). Die Geschäftsführung liegt beim Komplementär (associante), und dem Stillen (associato) steht (gesetzlich) nur ein sog. «controllo contabile» zu[26]. Hingegen kann sich die associazione auch auf einzelne Geschäfte beschränken (Art. 2549).

Frankreich: Im französischen Recht entspricht der stillen Gesellschaft die *Société en participation* gemäß Loi soc. comm. 1966, Art. 419–422 (im Ccomm. fr. Art. 41 ff. unrichtigerweise noch «Associations en participation» genannt). Sie ist als reine Innengesellschaft konzipiert, wobei das Gesetz nicht zwischen Komplementären und Stillen unterscheidet[27]. Die Société en participation wird als echte Gesellschaft anerkannt, beruht (wie alle Gesellschaften) auf dem Recht der société simple des Code civil[28], genießt aber keine personalité morale und untersteht auch nicht den für die Handelsgesellschaften geltenden allgemeinen Bestimmungen der Art. 1–9 Loi soc. comm. – Gegenüber Dritten handelt der associé im eigenen Namen; er wird auch allein aus den von ihm (für die Gesellschaft abgeschlossenen) Geschäften verpflichtet, es sei denn, er habe im Einverständnis mit seinen Mitgesellschaftern deren Namen dem Dritten bekanntgegeben (Art. 421)[29].

III. Das Verhältnis der Gesellschafter unter sich

Wie bei allen Personengesellschaften können auch die Parteien der stillen Gesellschaft ihre internen Beziehungen – im Rahmen des dispositiven Rechts – frei regeln. Da die stille Gesellschaft als eine besondere Art der einfachen Gesellschaft gilt (oben I), so kommen als subsidiäres Recht die Art. 533–542 OR zur Anwendung, soweit nicht der Sondertypus eine abweichende Regelung fordert. Als wesentlich seien folgende Punkte hervorgehoben:

1. Die Geschäftsführung

Die Geschäftsführung liegt beim Komplementär, als Geschäftsherrn. Dieser ist gegenüber dem Stillen zu der Sorgfalt verpflichtet, wie sie dem geschäftsführenden einfachen Gesellschafter obliegt, also zur «diligentia quam in suis negotiis», gegebenenfalls nach Auftragsrecht (Art. 538; vorn § 29, III 2e). Dem Stillen stehen die Kontrollrechte des nicht geschäftsführenden einfachen Gesellschafters zu, wie sie in Art. 541 – als unentziehbare

---

[26] Vgl. NAEF, S. 273 ff.
[27] Art. 419 Abs. 1 Loi soc. comm. 1966: La société en participation n'existe que dans les rapports entre associés et ne se révèle pas aux tiers. – Dazu RIPERT/ROBLOT, S. 469: Cette forme de société est celle qui ressemble le plus à la société du droit romain.
[28] Siehe vorn § 27, V 2, insbes. Anm. 122. TROUILLAT, S. 170, unter Hinweis auf die Gewinn- und Verlustbeteiligung der associés; ebenso RIPERT/ROBLOT, S. 473, wonach auch eine Einschränkung der Verlustbeteiligung eines associé auf seinen apport als zulässig zu erachten ist.
[29] Zur Rechtsstellung des *dormant partner* nach angelsächsischem Recht, insbesondere der Haftung des sog. *undisclosed principal* gemäß Stellvertretungsrecht (agency) sei hier nur auf NAEF, S. 316 f. verwiesen; siehe auch VON SINNER (zit. vorn § 18, Anm. 44), Anhang I, S. 100 f.

und unverzichtbare Rechte – umschrieben sind[30]. Zur Bestellung eines Generalhandlungsbevollmächtigten, sowie zur Vornahme von außergewöhnlichen Rechtsgeschäften im Sinn von Art. 535 Abs. 3 bedarf es der Einwilligung des oder der Stillen[31].

Vertraglich kann die Geschäftsführung teilweise oder auch ganz dem Stillen übertragen werden, wie diesem auch die Prokura, Handlungsvollmachten oder Spezialvollmachten erteilt werden können[32]. Aus solchen Vereinbarungen entstehen **atypische** stille Gesellschaften, die besondere Fragen aufwerfen, insbesondere bezüglich der Haftung (siehe unten IV 2). In solchen Fällen müssen aber dem Komplementär, als dem nach außen haftenden Gesellschafter, mindestens die Kontrollrechte nach Art. 541 und die Mitwirkungsrechte gemäß Art. 535 Abs. 3 erhalten bleiben[33].

2. Die vermögensrechtlichen Verhältnisse

Die Gewinn- und Verlustbeteiligung des Stillen sind – als begriffswesentliche Merkmale der stillen Gesellschaft – vertraglich zu bestimmen, was ausdrücklich oder durch konkludentes Verhalten erfolgen kann. Ist der Vertrag lückenhaft oder unklar, so gilt (nach wohl überwiegender Auffassung)[34] Art. 533, wonach alle Gesellschafter gleichen Anteil an Gewinn und Verlust haben und die Vereinbarung (nur) betreffend die Gewinnbeteiligung auch für die Verlustbeteiligung gilt und umgekehrt.

Zur Anwendbarkeit von Art. 533 bei der stillen Gesellschaft ist allerdings ein Fragezeichen zu setzen. Diese Bestimmung ist auf den Normaltyp der einfachen Gesellschaft zugeschnitten, der von der grundsätzlichen Gleichstellung der Gesellschafter ausgeht. Für die stille Gesellschaft ist aber – wie auch für die Kommanditgesellschaft – gerade die ungleiche Stellung der Gesellschafter charakteristisch. Der Beitrag des Stillen, sei er vermögensrechtlicher Art oder

---

[30] Dazu vorn § 29, III 2 c, d, wo auch auf gewisse Schranken des Informationsrechts hingewiesen wird. – Unentziehbarkeit der Kontrollrechte des Stillen betonen auch: NAEF, S. 272; HABERMAS, S. 63, 65; EGGER, S. 208.

[31] Zu den außergewöhnlichen Rechtshandlungen im Sinn von Art. 535 Abs. 3 siehe vorn § 29, III 1 a, 2 c. – In der Doktrin werden diese Mitwirkungsrechte des Stillen als begriffswesentliche Erfordernisse bezeichnet (siehe oben Anm. 30; GUHL/MERZ/KUMMER, S. 525). Wie vorn (§ 29, III 1 a) ausgeführt, können aber solche Angelegenheiten – als gesellschaftsrechtliche Interna – vertraglich auch anders geordnet werden, soweit dies mit der Stellung des Stillen als Gesellschafter noch vereinbar ist.

[32] Zur Übertragung der Geschäftsführung, ganz oder teilweise, an den Stillen siehe HABERMAS, S. 73 f., 91, 96; NAEF, S. 280 f.; SIEGWART, Vorbem. zu Art. 530–551, N. 9. – BGE 47 II, 1921, S. 156 ff.; 59 II, 1933, S. 419; 81 II, 1955, S. 520 ff.

[33] Steht dem Stillen gegenüber dem Komplementär ein eigentliches Weisungsrecht zu, so liegt nach HABERMAS, S. 73 f., keine stille Gesellschaft mehr vor, sondern ein Dienstverhältnis; anderer Meinung ist NAEF, S. 261, 281, unter Hinweis besonders auf die sog. Sanierungsbeteiligungen. Vgl. BGE 48 I, 1922, S. 402 ff.

[34] HABERMAS, S. 111 f. (zur Liquidation); NAEF, S. 328; BGE 48 I, 1922, S. 402 ff.

bestehe er in Arbeit, kann ganz geringfügig, er kann aber auch für den Erfolg des Geschäfts oder der einzelnen Transaktion entscheidend sein. Das gleiche gilt auch für den Komplementär, wozu noch dessen Haftung gegenüber Dritten (und deren Einfluß auf die Kreditfähigkeit der Gesellschaft) zu berücksichtigen ist. Es dürfte daher der Sachlage besser entsprechen, wenn die Gewinn- und Verlustbeteiligung des Stillen – vorausgesetzt, daß eine solche grundsätzlich feststeht – nach den Regeln der Kommanditgesellschaft, also nach freiem Ermessen des Richters bestimmt würde (Art. 601 Abs. 2 OR)[35].

Für die Erstellung der (zur Ermittlung der Gewinn- und Verlustbeteiligung erforderlichen) Abschlüsse gilt das Recht der einfachen Gesellschaft[36]. Vorbehalten bleiben die für den eintragungspflichtigen Komplementär (z. B. Kollektivgesellschaft) geltenden Vorschriften über die kaufmännische Buchführung (gemäß Art. 957 ff. oder Spezialgesetzgebung).

3. Treuepflicht

Für beide Parteien einer stillen Gesellschaft gilt auch die gesellschaftsrechtliche Treuepflicht, als Pflicht nicht nur zur Unterlassung zweckstörender Handlungen, sondern auch zur (positiven) Förderung des Gesellschaftszwecks (siehe vorn § 22). Dies gilt in erster Linie für den Komplementär, aber auch für den Stillen, wenn und insoweit dieser zur Mitwirkung berufen ist[37]. Positivrechtlich findet der Treuegedanke Ausdruck im Gebot der Gewinnteilung gemäß Art. 532 OR, sowie im Konkurrenzverbot des Art. 536, wonach kein Gesellschafter zu seinem besonderen Vorteile Geschäfte betreiben darf, durch die der Zweck der Gesellschaft vereitelt oder beeinträchtigt würde. Wie bereits ausgeführt (vorn § 34, V 1), geht es hier um Ermessensfragen, welche nur auf Grund der konkreten Verhältnisse im Einzelfall beantwortet werden können. Für den Stillen wird namentlich von Bedeutung sein, wie weit er den Gang der Dinge bei der stillen Gesellschaft beeinflussen kann[38].

---

[35] WESPI, S. 61; vgl. auch SIEGWART, Vorbem. zu Art. 530–551, N. 2 Abs. 2. – Nach § 336 Abs. 1 HGB gilt, falls der Anteil des Stillen an Gewinn und Verlust nicht bestimmt ist, «ein den Umständen nach angemessener Anteil als bedungen». – Zur Bestimmung des Gewinn- und Verlustanteils des Kommanditärs gemäß Art. 601 Abs. 2 OR siehe vorn § 42, IV 1 d.
[36] Dazu vorn § 29, II 1 b.
[37] Vgl. HABERMAS, S. 79 ff. (mit Hinweisen); LEHMANN/DIETZ, S. 222.
[38] HABERMAS, S. 82; vgl. auch SIEGWART, Art. 536, N. 1, 3.

IV. Die Verhältnisse der stillen Gesellschaft und der Gesellschafter gegenüber Dritten

1. Die Vertretung der Gesellschaft

Wie bereits ausgeführt (oben II 1b), gilt als Merkmal der stillen Gesellschaft, daß nach außen der Komplementär für die Gesellschaft handelt, unter seiner eigenen Firma oder in seinem eigenen Namen, ohne Vertretungsmacht zu Gunsten oder zu Lasten des Stillen. Allerdings können dem Stillen Vollmachten zur Vertretung der Gesellschaft – genauer: des Komplementärs, bzw. seiner Firma – erteilt werden; geschieht dies in der Form einer Prokura, so kann der Stille, allein oder kollektiv mit dem Komplementär, das Geschäft im Sinn von Art. 459 OR führen. Wesentlich ist, daß in diesen Fällen der Stille in seiner Eigenschaft als bevollmächtigter Vertreter auftritt und nicht in einer Art und Weise, aus der der Dritte in guten Treuen schließen durfte, daß er es mit einem haftenden Gesellschafter zu tun habe [39].

2. Die Haftungsverhältnisse

a) Aus der alleinigen Vertretungsmacht des Komplementärs folgt, daß auch nur er persönlich für die Verbindlichkeiten der Gesellschaft haftet. Der Stille haftet nur mit seiner Einlage in das Vermögen des Komplementärs. Dies gilt nach heutiger Lehre und Rechtsprechung auch dann, wenn dem Dritten die Existenz der stillen Gesellschaft bekannt war [40].

b) Grundsätzliche Kontroversen bestehen hinsichtlich der Haftungsverhältnisse bei atypischen stillen Gesellschaften, in welchen dem Stillen eine (zusammenfassend ausgedrückt) dominierende [41], dem Komplementär eine nur ausführende Stellung zukommt. Solche Verhältnisse können sich ergeben und namentlich dann vorliegen, wenn dem Stillen auf Grund seiner überwiegenden wirtschaftlichen Beteiligung auch organisatorisch (Geschäftsführung, Vertretungsvollmachten) das entscheidende

---

[39] BGE 81 II, 1955, S. 522 ff.; unten Anm. 49.
[40] Oben II 1b und Anm. 15.
[41] Der Ausdruck «dominierend» wird hier als eine Kurzbezeichnung für einen Sachverhalt verwendet, der in der Doktrin unterschiedlich bestimmt wird. So soll z.B. nach PEDRAZZINI (S. 371) eine Umgestaltung der «typischen Machtlage» ... «nicht nur im Falle einer eigentlichen Unterordnung des Geschäftsinhabers unter den stillen Teilhaber, sondern schon bei einer Gleichstellung beider Partner im Innenverhältnis» vorliegen – während z.B. PAULICK (S. 102) zur Auslösung der persönlichen Haftung des Stillen eine «Umkehrung der Machtverhältnisse» verlangt. Dazu NAEF, S. 310. – Siehe auch unten Anm. 43.

Wort zukommt. Die Kontroverse geht darum, ob in solchen Fällen der Stille sich auf seine Haftungsbefreiung berufen kann. Diese Frage ist uns bereits im Zusammenhang mit der Haftung des dominierenden Kommanditärs begegnet (vorn § 43, III 4b). Sie wurde dort verneint mit Rücksicht auf die gesetzliche Struktur der Kommanditgesellschaft und der damit verbundenen Publizität, unter Vorbehalt mißbräuchlicher Verwendung dieser Gesellschaftsform. Bei der stillen Gesellschaft steht das Problem unter andern Vorzeichen.

Für eine unbeschränkte persönliche Haftung des dominierenden Stillen haben sich namhafte deutsche und italienische Autoren ausgesprochen, unter Berufung auf allgemeine Prinzipien, unter denen namentlich zwei hervorstechen[42]. So wird in der deutschen Lehre ein «wirtschaftsverfassungsrechtliches Prinzip» (sog. Ordnungsprinzip) hervorgehoben, wonach der leitende Unternehmer voll für den geschäftlichen Erfolg seiner Betätigung im Wirtschaftsverkehr eintreten soll. M.a.W.: Der Macht (Herrschaft) entspricht die Verantwortung (Haftung)[43]. – In der italienischen Doktrin wird die Diskussion namentlich unter dem Gesichtspunkt des *concetto della realtà giuridica* (der wirklichen Machtlage) geführt, dem gegenüber der *concetto dell'apparenza* (des Rechtsscheins) zurückzutreten habe[44]. In der Schweiz vertritt die persönliche Haftung des dominierenden Stillen deutlich PEDRAZZINI, unter Berufung auf den «das Gesellschaftsrecht beherrschenden Grundsatz der Verknüpfung von Initiative und Verantwortung», die «funktionsmäßige Verbindung von Innen- und Außenverhältnis» und den «Grundsatz der Typizität, welcher der Vertragsfreiheit bezüglich der Rechtsfolgen enge Grenzen zieht»[45].

Gegen die unbeschränkte, persönliche Haftung des dominierenden Stillen und für das Rechtsscheinsprinzip («concetto dell'apparenza») sprechen sich die (wohl überwiegende) schweizerische Doktrin, aber auch deutsche Autoren aus[46]. Den vorerwähnten Auffassungen werden namentlich folgende Argumente entgegengehalten: Für die Haftungsfragen sind nicht die internen Machtverhältnisse entscheidend, sondern die auch das Recht der Personengesellschaften

---

[42] Hervorgehoben bei NAEF, S.306ff. (V A, Ziff. 1–5); HABERMAS, S.87ff.

[43] PAULICK, S.117f., unter Hinweis auf G.HAUPT/R.REINHARDT, Gesellschaftsrecht, 4.Aufl., 1952; nach PAULICK liegt in solchen Fällen eine Tarnung vor, ein Mißbrauch der Gesellschaftsform, ein Verstoß gegen einen «zwingenden wirtschaftsverfassungsrechtlichen Grundsatz». Eingehend zur Entwicklung des Prinzips vom Gleichgewicht zwischen Herrschaft und Haftung in der deutschen Lehre U.RICHARD, S.46ff., mit weiteren Hinweisen; ebenfalls NAEF und HABERMAS, oben Anm.42.

[44] So namentlich von L.MOSSA, Società interna e responsabilità esterna, Rivista del Diritto Commerciale 37, 1939, S.29ff.; zur italienischen Lehre mit weiteren Hinweisen siehe NAEF, S.308ff. (wo auch auf die Bedeutung des Begriffs der *impresa* in diesem Zusammenhang hingewiesen wird, siehe Anm.155) und PEDRAZZINI, S.370f., insbes. Anm.2, 5.

[45] PEDRAZZINI, insbes. S.371, 373, mit eingehender Würdigung der Entwicklungen in Deutschland, Italien und Frankreich.

[46] Dazu NAEF, insbes. S.312ff.; HABERMAS, S.90ff.; KOLLER, S.134ff., insbes. 138f.; vgl. auch RICHARD, S.46ff. (deutsches Recht), 84ff. (schweizerisches Recht). – Deutlich SCHILLING, Großkommentar HGB, § 335, Anm.73, § 164, Anm.17 (insbes. gegen die Berufung auf ein angebliches wirtschaftsverfassungsrechtliches Prinzip (s. oben Anm.43) und unter Hinweis auf den Entscheid des Bundesgerichtshofs 45, 1966, S.208 (Ablehnung der unbeschränkten Haftung eines herrschenden Kommanditisten, was a fortiori auch für den Stillen gelte, unter Vorbehalt eines Rechtsmißbrauchs); LEHMANN/DIETZ, S.224; E. VON CAEMMERER, Votum am Schweiz. JURISTENTAG 1968, ZSR 87 II, 1968, S.665ff., insbes. 668f.

beherrschenden Grundsätze des Stellvertretungsrechts[47]. – Bei den Personengesellschaften gibt es (auf Grund der für das interne Verhältnis geltenden Vertragsfreiheit) keinen (zwingenden) Grundsatz der Kongruenz von Innen- und Außenverhältnis, wie das Beispiel der Kommanditgesellschaft deutlich zeigt. – Dem (postulierten) Prinzip des Gleichgewichts von Macht und Verantwortung wird gerade bei der stillen Gesellschaft dadurch Rechnung getragen, daß auch der Stille intern am Verlust der Gesellschaft beteiligt ist, was oft schwerer wiegen kann als die Haftung nach außen. – Schließlich ist es kaum möglich, eine für den Rechtsverkehr und damit die Rechtssicherheit genügend deutliche Grenzlinie zwischen typischen und (im hier relevanten Sinn) atypischen stillen Gesellschaften zu ziehen, bzw. ein den «atypischen» und persönlich haftenden Stillen bezeichnendes, «justiziables» Kriterium zu finden[48].

Die schweizerische Rechtsprechung äußert sich u.W. nirgends direkt zur Frage der persönlichen Haftung eines dominierenden Stillen. Verschiedene Entscheide lassen aber deutlich erkennen, daß für die Haftungsfrage das Auftreten der Gesellschafter im Außenverhältnis («concetto dell'apparenza») entscheidend sein soll[49].

c) Dieser (zweiten) Auffassung ist, jedenfalls im Ergebnis, zuzustimmen. Die stille Gesellschaft ist heute auch in der Schweiz als eine Gesellschafts-

---

[47] NAEF, S. 313 f. – Handelt der Stille als Prokurist oder auf Grund besonderer Vollmachten für Rechnung der Gesellschaft, so vertritt er den Komplementär.

[48] Siehe zum Vorstehenden NAEF, HABERMAS, KOLLER, oben Anm. 46.

[49] So BGE 47 II, 1921, S. 156 ff. (maßgebend ist, ob der Stille, dem die aktive «kaufmännische Direktion» übertragen und [intern] Vertretungsbefugnis erteilt wurde, nach außen, z.B. in der Firma oder sonstwie, wie ein Gesellschafter aufgetreten ist). In der gleichen Richtung BGE 48 I, 1922, S. 402 ff. Vgl. auch KtGer Schaffhausen, SJZ 54, 1958, S. 42 ff. (weitgehende Einmischung eines Kreditinstitutes in den Geschäftsbetrieb einer Einzelfirma, mit Beteiligung am Rohgewinn, begründet eine einfache Gesellschaft). – Neuerdings wird (was die Haftung des Stillen betrifft) auf BGE 81 II, 1955, S. 520 ff., S. 524 gewissermaßen als *leading case* hingewiesen (was aber in Anbetracht des komplexen Sachverhalts nur unter Vorbehalten zutrifft): A und B vereinbarten, gemeinsam, aber unter der Einzelfirma B, ein Geschäft zu betreiben, wobei B den Geldverkehr zu besorgen und die Buchhaltung zu überwachen hatte. Das Betriebskapital wurde von A in Form eines Darlehens zur Verfügung gestellt, über dessen Verwendung er allein zu bestimmen hatte; Gewinn- und Verlustbeteiligung je zur Hälfte. In der Folge nahm die Firma B bei C Darlehen auf, mit ausdrücklicher «Garantie» des A. Die Darlehensverträge wurden, unter der Firma B, von A und B unterzeichnet. Dem C war aber bekannt, daß A nach außen auf keinen Fall «als Gesellschafter erscheinen oder beteiligt sein wollte» (er stand unter einem Konkurrenzverbot!). Nach Eröffnung des Konkurses über die Firma B belangte C den A als Gesellschafter auf Grund von Art. 544 Abs. 3 OR. Die erste Instanz qualifizierte das Verhältnis zwischen A und B als einfache Gesellschaft und hieß die Klage gut; die zweite Instanz ließ die gesellschaftsrechtliche Frage offen und verurteilte A auf Grund seiner Garantieerklärung. Das BGer verneinte eine gesellschaftsrechtliche Haftung des A, weil hier zwar eine einfache Gesellschaft vorliege, aber in der Form einer stillen Gesellschaft, wobei die Eigenschaft des A als Stiller bekannt war; C durfte «in guten Treuen aus der Teilnahme des Beklagten an den Verhandlungen ... und der Mitunterzeichnung der Darlehensverträge nicht den Schluß auf das Vorliegen eines offenen Gesellschaftsverhältnisses ... ziehen, den ein nicht eingeweihter gutgläubiger Dritter allenfalls hätte ziehen dürfen» (die Klage wurde auf Grund der Garantieerklärung zugesprochen). – Gesellschaftsrechtlich ist an diesem Entscheid von Bedeutung, daß das BGer für die Frage der Haftung des Stillen ausschließlich auf das Außenverhältnis abstellte. Ob die Mitunterzeichnung des gesamten Darlehensvertrags durch A irrelevant war, kann allerdings bezweifelt werden; kritisch dazu NAEF, S. 315 f., unter Hinweis auf Art. 543 Abs. 2. – Zur deutschen Rechtsprechung siehe oben Anm. 46.

form eigener Art, als Sonderform der einfachen Gesellschaft anerkannt, implicite auch durch den Gesetzgeber. Daß sie nicht kodifiziert worden ist, ist ein Grund mehr, sich an die in Doktrin und Praxis entwickelten spezifischen Merkmale dieser Gesellschaftsform zu halten, worunter – für die Haftungsfrage – dem Auftreten der Gesellschafter gegenüber Dritten entscheidende Bedeutung zukommt; vermischt man externe und interne Verhältnisse, indem man die Haftung der Gesellschafter nach der sog. Machtlage bestimmt, so verliert die stille Gesellschaft ihre Kontur, zum Schaden der Rechtssicherheit im Geschäftsverkehr, aber auch im Innenverhältnis. Eine persönliche Haftung des Stillen ist somit nur gegeben, wenn er nach außen in einer Art und Weise aufgetreten ist, aus welcher der Dritte «in guten Treuen» schließen durfte, daß er mit einem haftenden Gesellschafter zu tun habe[50]. Es entspricht dieser Sachlage, daß hiebei dem richterlichen Ermessen ein weiter Spielraum gegeben ist.

Vorbehalten bleiben – wie schon zur unbeschränkten Haftung des Kommanditärs ausgeführt – Fälle des offenbaren Mißbrauchs der stillen Gesellschaft als besondere Gesellschaftsform, bzw. die Berufung des Stillen auf seine Haftungsbefreiung gegen Treu und Glauben[51].

d) Damit sei die Bedeutung der sog. Ordnungsprinzipien (oder, wohl besser formuliert, Ordnungsgedanken) keineswegs verkannt; man muß sich aber klar sein, um was es dabei geht. Ordnungsprinzipien entspringen (wo sie ernst zu nehmen sind) der Gerechtigkeitsidee – so wie diese von den Vertretern solcher Prinzipien verstanden wird – und konkretisieren sie im Hinblick auf bestimmte Rechtsverhältnisse. Sie stellen in erster Linie Postulate (Leitbilder) dar, gerichtet an den Gesetzgeber (auch den Richter als Gesetzgeber, Art. 1 Abs. 2 ZGB), werden aber auch zur Interpretation bestehender Institute oder Normen herangezogen. Die Motivierung solcher Prinzipien entspringt Denkweisen verschiedener Art: Meist werden sie ethisch begründet; oft entspringen sie spezifisch wirtschafts- oder sozialpolitischem Denken, wobei auch allgemein politische Einstellungen wesentlich mitwirken können. Aber auch rein rechtliche Überlegungen rufen Ordnungsprinzipien auf den Plan, z.B. die Forderung nach einer Harmonie der Rechtsordnung (so das Postulat der sog. Drittwirkung von Verfassungsrechten, siehe vorn § 19, I 3).

Im Gesellschaftsrecht – als Ordnung von Zweckgemeinschaften – kommt den Ordnungsprinzipien besondere Bedeutung zu, dies sowohl im Bereich der Personengesellschaften als auch der Körperschaften[52]. Beispiele: Das Prinzip der gleichmäßigen Behandlung der Gesellschafter; Macht ruft entsprechender Verantwortung; Risiko- und Verlustbeteiligungen bedingen adä-

---

[50] So z.B. wenn der Name eines ausgeschiedenen unbeschränkt haftenden Gesellschafters noch in der Firma des Komplementärs figuriert; oder wenn in Sanierungsfällen der («stille») Geldgeber nach außen maßgebend auftritt; auch persönliches oder wirtschaftliches «Prestige» des Stillen können die Beurteilung seiner Stellung durch den Dritten beeinflussen. Siehe die oben Anm. 49 zit. Praxis.

[51] Siehe hiezu vorn § 43, III 4b, insbes. Anm. 56.

[52] Siehe hiezu z.B. W. VON STEIGER, Über die Verantwortungen des Hauptaktionärs, Ius et Lex, Festgabe für M. Gutzwiller, Basel 1959, S. 699 ff., unter Hinweis auf amerikanische Rechtsprechung und die Entwicklungen im deutschen Aktienrecht.

quate Mitwirkungs- und Kontrollrechte; Gesellschaftsverhältnisse von unbestimmter oder allzu langer Dauer müssen (zum mindesten) aus wichtigen Gründen lösbar sein. – Solchen Ordnungsgedanken hat das positive Recht, ausdrücklich oder implicite, bereits weitgehend Rechnung getragen, sei es in allgemeinen Prinzipien (z.B. Handeln nach Treu und Glauben, Persönlichkeitsschutz) oder in besondern Bestimmungen, so deutlich im Recht der Personengesellschaften. Wo dies nicht der Fall ist (oder zu sein scheint), ist jeweils kritisch zu prüfen, wie weit postulierte Ordnungsprinzipien mit zwingend geltendem Recht, insbesondere, den begriffswesentlichen Strukturen der in Frage stehenden Gesellschaftsformen, sowie mit dem ebenfalls in die Waagschale zu werfenden Gebot der Rechtssicherheit, vereinbar sind. Auf diesen Grundlagen ist – um zum Ausgangspunkt dieser (summarischen) Erörterungen zurückzukehren – auch die Frage nach der Haftung «dominierender» Kommanditäre oder stiller Gesellschafter zu beurteilen.

V. Die Beendigung der stillen Gesellschaft

1. Die Auflösungsgründe

Die stille Gesellschaft wird aufgelöst aus den für die einfache Gesellschaft geltenden Gründen (Art. 545 OR). Der Gesellschaftsvertrag kann weitere Gründe vorsehen oder die im Gesetz genannten modifizieren oder ausschließen, soweit diese nicht zwingender Natur sind[53].

In der schweizerischen Doktrin wird zur Diskussion gestellt, ob der Tod des Stillen ein Auflösungsgrund sein soll, oder ob die Gesellschaft nicht mit den Erben fortgesetzt wird, wie dies beim Tod des Kommanditärs (subsidiär) Rechtens ist (Art. 619 Abs. 2 OR), und auch nach deutschem Recht (subsidiär) gilt (§ 339 Abs. 2 HGB)[54]. Dies wird verneint unter Hinweis auf die engere gesellschaftliche Verbindung unter den Partnern der schweizerischen stillen Gesellschaft, insbesondere die (dem deutschen Stillen fehlenden) Mitwirkungs- und weitgehenden Kontrollrechte[55]. Diese stehen allerdings auch dem Kommanditär zu (Art. 600 OR). Doch dürfte Art. 545 Abs. 2 (Fortsetzung der Gesellschaft mit den Erben eines Gesellschafters nur auf Grund vertraglicher Vereinbarung) den besondern, in der Praxis oft recht unbestimmten Verhältnissen in einer stillen Gesellschaft besser entsprechen als die Fortsetzung mit den Erben von Gesetzes wegen.

2. Die Auseinandersetzung zwischen Komplementär und stillem Gesellschafter

Die einfache Gesellschaft endigt (wie auch die andern Gesellschaften) erst nach durchgeführter Liquidation (vorn § 31, I). Anders verhält es sich bei der stillen Gesellschaft, die ja kein Gesellschaftsvermögen hat. Mit der Verwirklichung des Auflösungsgrundes erhält der Stille eine schuldrecht-

---

[53] Siehe vorn § 31 II.
[54] Vgl. NAEF, S.323, Anm. 188. Siehe vorn § 45 II, wo auch zu den Wirkungen der Auflösung einer juristischen Person oder Personengesellschaft (als Kommanditäre) Stellung genommen wird.
[55] HABERMAS, S.107; WESPI, S.89.

liche Forderung gegenüber dem Komplementär auf Auszahlung seines Anteils an der Unternehmung[56]. – Zur Erstellung der Auseinandersetzungsbilanz ist der Komplementär verpflichtet, jedoch unter Mitwirkung des Stillen, wie dies bei der einfachen Gesellschaft vorgesehen ist (Art. 550 OR).

Der Anteil des Stillen ist in gleicher Weise zu berechnen wie derjenige eines ausscheidenden einfachen Gesellschafters, also auf Grund einer sog. Abschichtungsbilanz. In dieser ist der wirkliche (objektive) Wert der Unternehmung auszuweisen, einschließlich offene und stille Reserven (die ja nicht ausgeschütteten Gewinn darstellen)[57].

Umstritten ist, ob auch Wert-Erhöhungen oder -Verminderungen des Anlagevermögens, sowie die im sog. Goodwill enthaltenen Werte zu berücksichtigen sind. Da der Stille, wenn auch nicht Gesamthänder, so doch Mitunternehmer ist, oft mit erheblicher Einlage, sowie Gewinn- und Verlustbeteiligung, ist dies zu bejahen[58].

Am Aktiv- oder Passivsaldo gemäß Auseinandersetzungsbilanz partizipiert der Stille nach den für seine Gewinn- und Verlustbeteiligung geltenden Bestimmungen, mangels anderer Vereinbarung also zur Hälfte. Gegebenenfalls muß also der Stille den zur Deckung seines Verlustanteils erforderlichen Betrag noch einschießen[59].

Im Gesellschaftsvertrag können die Parteien die Wirkungen der Auflösung beliebig anders ordnen (unter Vorbehalt lediglich der Mitwirkungs- und Kontrollrechte des Stillen). So können für die Erstellung der Auseinandersetzungsbilanz andere Kriterien, für die Beteiligung am Gewinn- und Verlustsaldo andere Schlüssel, vereinbart oder die Verlustbeteiligung des Stillen auf seine Einlage beschränkt werden. Der Vertrag kann auch Realliquidation vorsehen, andererseits auch Befriedigung des Stillen durch Zuteilung von Sachwerten, ja auch durch Übertragung der ganzen Unternehmung, wobei unter Umständen der Komplementär abzufinden ist[60].

---

[56] NAEF, S. 324 ff.; HABERMAS, S. 109; beide mit Hinweisen auf ausländisches Recht – was auch für die nachstehenden Zitate gilt.
[57] NAEF, S. 325 ff.; HABERMAS, S. 111 f.; BGE 59 II, 1933, S. 425. Siehe auch vorn § 29, IV 5 b.
[58] NAEF, S. 327; HABERMAS, S. 111. Anderer Meinung WESPI, in Übereinstimmung mit der deutschen Lehre, die aber, wie NAEF und HABERMAS (a.a.O.) hervorheben, aus der mehr partiarischen Konzeption der deutschen (typischen) stillen Gesellschaft zu erklären ist (siehe oben II 3).
[59] NAEF, S. 328; HABERMAS, S. 111 f. Siehe aber auch oben III 2: Festsetzung der Gewinn- und Verlustbeteiligung, je nach den Umständen des Falles, wie bei der Kommanditgesellschaft (Art. 601 Abs. 2).
[60] HABERMAS, S. 109 f.; NAEF, S. 324.

VI. Die Zwangsvollstreckung in das Vermögen der Gesellschafter

1. Die Ausgangslage

Da bei der stillen Gesellschaft gegenüber Dritten nur der Komplementär (direkt oder durch Stellvertretung) auftritt, kann auch nur er Schuldner der für die Gesellschaft eingegangenen Verbindlichkeiten sein und aus solchen betrieben werden. Eine Schuldbetreibung gegen den Stillen kommt nur für dessen persönliche Schulden in Frage. In beiden Fällen kann es zum Konkurs der Betriebenen kommen (wenn sie konkursfähig sind; Art. 39 SchKG). Da für die Auflösung der stillen Gesellschaft das Recht der einfachen Gesellschaft gilt (oben V 1), bewirkt der Konkurs des Komplementärs oder des Stillen die Auflösung ihrer Gesellschaft (Art. 545 Abs. 1 Ziff. 3 OR)[61]. Für die Abwicklung dieser Konkursverfahren ist die besondere vermögensrechtliche Struktur der stillen Gesellschaft zu berücksichtigen, wobei zwischen den Konkursen des Komplementärs und des Stillen zu unterscheiden ist.

2. Der Konkurs des Komplementärs

Dem Stillen kommt die Stellung eines Gläubigers zu. Seine Forderung geht auf das, was ihm bei einer (nicht konkursrechtlichen) Auflösung der Gesellschaft zukäme (sein Abschichtungsguthaben), gegebenenfalls unter Berücksichtigung (Abzug) seiner Verlustbeteiligung[62]. Er steht damit im gleichen Rang wie die andern Kurrentgläubiger des Komplementärs. Wurde für den Fall einer Auflösung ein besonderer Abfindungsmodus vereinbart, so bleibt dieser vorbehalten[63].

---

[61] Der Auflösungsgrund einer Zwangsverwertung des «Liquidationsanteils» eines Gesellschafters (Art. 545 Abs. 1 Ziff. 3) fällt hier außer Betracht, da die stille Gesellschaft kein Gesellschaftsvermögen hat und es folglich auch keine Liquidationsanteile der Gesellschafter geben kann; vgl. HABERMAS, S. 107, Anm. 2. – Zur besondern Rechtsstellung des Stillen siehe noch unten Ziff. 3.

[62] So HABERMAS, S. 114 ff.; REICHWEIN, S. 359 (mit rechnerischen Beispielen); WESPI, S. 107 ff. Im Ergebnis wohl gleich GUHL/MERZ/KUMMER, S. 526, unter Hinweis auf § 341 HGB. Unklar SIEGWART, Vorbem. zu Art. 530–551, N. 11 Abs. 2 (differenzierend je nachdem ob Stiller «Gesamteigentümer» ist oder nicht). – Eine Konkursforderung des Stillen «wegen seiner Einlage» unter Vorbehalt seiner Verlustbeteiligung gewährt auch § 341 Abs. 1 HGB. Vgl. WIELAND I, S. 778; LEHMANN/DIETZ, S. 225; HUECK, Gesellschaftsrecht, S. 111, mit rechnerischen Beispielen.

[63] z. B. Beschränkung der Verlustbeteiligung des Stillen auf seine Einlage; Recht des Stillen auf Rückerstattung einer nicht zu Eigentum erbrachten Einlage (unter Vorbehalt seiner Verlustbeteiligung), was ihm ein Aussonderungsrecht gemäß Art. 242 SchKG gibt; vgl. HABERMAS, S. 117, Anm. 1.

Umgekehrt hat die Konkursmasse des Komplementärs eine Forderung gegen den Stillen im Rahmen seiner Verlustbeteiligung und soweit dies zur Befriedigung der Gläubiger des Komplementärs erforderlich ist[64].

3. Der Konkurs des Stillen

Die oben zum Konkurs des Komplementärs erwähnten Regeln gelten, im umgekehrten Sinn, auch für den Konkurs des Stillen: Seine Gläubiger, bzw. die Konkursverwaltung können den Komplementär auf das belangen, was dem Stillen bei einer (nicht konkursrechtlichen) Auflösung der Gesellschaft zukäme (sein Abschichtungsguthaben)[65]. Diese Forderung wird gleich behandelt wie diejenige der andern Kurrentgläubiger des Komplementärs.

Umgekehrt kann der Komplementär im Konkurs des Stillen eine Konkursforderung für das eingeben, was ihm der Stille im Rahmen seiner Verlustbeteiligung (unter Abzug seiner bereits geleisteten Einlage) noch schuldet[66]. Diese Forderung teilt das Schicksal der andern Kurrentforderungen.

---

[64] HABERMAS, S. 117; WESPI, S. 107. Vgl. § 341 Abs. 2 HGB.
[65] HABERMAS, S. 117; WESPI, S. 107.
[66] HABERMAS, S. 117; WESPI, S. 107.

Fünftes Kapitel

Exkurse

§ 47. Die Personengesellschaften im Steuerrecht*

Literatur

R. SCHÄUBLE, Die Besteuerung der Personengesellschaften, Diss. St. Gallen, Finanzwirtschaft und Finanzrecht 10, Bern 1972; J.-J. GAUTIER, La Société en nom collectif et l'impôt direct en droit suisse, Diss. Genève 1941; E. KÄNZIG, Die eidgenössische Wehrsteuer, Basel 1962, N. 2–5 zu Art. 80; A. REIMANN/ F. ZUPPINGER/E. SCHÄRRER, Kommentar zum Zürcher Steuergesetz, Bern 1961, Bd. I, N. 1 ff. zu § 11.

I. Steuerpflicht bei Personengesellschaften

Bei der steuerlichen Behandlung der Personengesellschaften stellt sich vorerst die Frage, ob die Gesellschaft zum Steuersubjekt zu machen sei oder ob die Steuerfaktoren den Gesellschaftern zuzurechnen sind. Für den Entscheid sind letztlich einzig Zweckmäßigkeitsüberlegungen von Bedeutung, denn die Rechtsnatur der Personengesellschaften scheint beide Lösungen zuzulassen.

Bei den direkten Steuern des Bundes[1] und der Kantone[2] gelten die Personengesellschaften im allgemeinen nicht als Steuersubjekt. Der Geschäftsertrag und das Geschäftsvermögen werden vielmehr unmittelbar den Gesellschaftern zugerechnet und bei ihnen steuerlich erfaßt.

Bei den indirekten Steuern, insbesondere im Recht der Warenumsatzsteuer, aber auch im Verrechnungs- und Stempelsteuergesetz gelten

---

* Verfasser: Prof. Dr. iur. CHRISTOPH VON GREYERZ, Bern.
[1] Art. 18 Abs. 2 BRB über die Erhebung einer Wehrsteuer vom 9. Dezember 1940; vgl. jedoch auch Art. 3, Ziff. 3 und 4.
[2] Vgl. die Aufstellung bei SCHÄUBLE, S. 43; auch der Kanton Freiburg rechnet nun Vermögen und Einkommen den Gesellschaftern zu (Art. 16, Gesetz vom 7. Juli 1972 über die Kantonssteuern).

Personengesellschaften als Steuersubjekte. Im Warenumsatzsteuerrecht wird – vor allem im Hinblick auf die Baukonsortien – sogar die einfache Gesellschaft als steuerpflichtig angesehen[3].

Auch wenn die Gesellschafter und nicht die Gesellschaft besteuert werden, ist dafür zu sorgen, daß Gewinn und Vermögen der Gesellschaft als Ganzes nach einheitlichen Grundsätzen ermittelt wird. Weiter ergibt sich das Problem, wie das Einkommen den einzelnen Gesellschaftern zugewiesen werden soll, wie also der gemeinsam verdiente Gewinn unter den Partnern aufzuteilen ist. Wird der Gewinn ausgeschüttet oder gutgeschrieben, so ist hierauf abzustellen, sofern die Gewinnverwendungsregeln nicht eine Steuerumgehung darstellen. Die nicht verteilten Gewinne, zu denken ist etwa an nicht ausgewiesene Teile des Jahreserfolges, sind nach der vertraglichen Vereinbarung über die Gewinnanteile zuzuweisen. Fehlt es an solchen Regeln, so erfolgt die Zuweisung zu gleichen Teilen.

Zur Erklärung dieser Aufteilung und Zuweisung wird, vor allem in Deutschland, zur sogenannten Bilanzbündeltheorie gegriffen: Danach gilt die Gesellschaftsbilanz theoretisch als bloße Zusammenfassung der einzelnen Gesellschafterbilanzen. Diese Theorie beruht auf der Vorstellung, daß jeder Teilhaber selbst seinen eigenen Betrieb führt, und bezweckt, die gesetzliche Regel, daß nicht die Gesellschaft, sondern jeder einzelne Steuersubjekt ist, zu erklären[4].

II. Ausscheiden von Gesellschaftern durch Tod

Auch im Steuerrecht gibt das Ausscheiden eines Teilhabers zu Schwierigkeiten Anlaß[5].

Kein ernsthaftes Problem entsteht, wenn die Erben des Erblasser-Gesellschafters in die Gesellschaft nachfolgen und dort an seine Stelle treten: Die Erbschaftssteuer wird auf dem Wert der vererbten Gesellschafterstellung erhoben.

Enthält der Gesellschaftsvertrag lediglich eine Fortsetzungsklausel[6], scheidet also der Verstorbene ohne Ersatz aus der Gesellschaft aus, welche von den verbleibenden Gesellschaftern fortgesetzt wird, und wird den Erben des Ausgeschiedenen eine Abfindungssumme ausgerichtet, so liegt eine Teilliquidation vor. Übersteigt die Abfindungssumme den Buchwert der Beteiligung des ausgeschiedenen Gesellschafters, was in der Regel der Fall sein dürfte, so fallen Liquidationsgewinn- und – je nach Kanton – allen-

---

[3] W. WELLAUER, Die eidgenössische Warenumsatzsteuer, Basel 1959, Randziffer 80 ff.
[4] Vgl. zum Problem SCHÄUBLE, S. 37 ff. mit Hinweisen.
[5] Für die privatrechtlichen Aspekte vgl. vorn § 29, IV 5 und V.
[6] Vgl. hierzu vorn § 29, V 2.

falls Liegenschaftsgewinnsteuern an[7]. Überdies wird die Erbschaftssteuer geschuldet. Kein Liquidationsgewinn liegt vor, wenn die Gesellschaft keine unternehmerische Tätigkeit ausübt. Ein eigentliches Geschäftsvermögen besteht nicht, somit kann auch keine Liquidationsgewinnsteuer erhoben werden. Allerdings können kantonale oder kommunale Liegenschaftsgewinnsteuern anfallen.

Umstritten ist die Frage, ob die Begünstigung der überlebenden Gesellschafter, die dadurch entstehen kann, daß dem Ausscheidenden kein Anspruch auf einen Anteil an den Reserven zusteht, indem ihn die Abfindungsklausel lediglich auf die Auszahlung in der Höhe seines Kapitalkontos verweist, eine Schenkung oder Zuwendung von Todes wegen darstellt[8]. Das Bundesgericht hat in einem einläßlichen und nuancierten Entscheid[9] dargelegt, daß eine Abfindung zu Buchwerten, also unter Außerachtlassung der Reserven, dann eine Schenkung darstellen könne, wenn im Zeitpunkt, in welchem die Abfindungsklausel in den Vertrag aufgenommen wurde, die Parteien den Willen hatten, den andern eine unentgeltliche Zuwendung zu machen, und wenn, wie in casu, durch die Klausel nur einer der Gesellschafter begünstigt wurde.

III. Besteuerung im interkantonalen Verhältnis

Befindet sich der Sitz einer Kollektivgesellschaft in einem Kanton und der Wohnsitz der Gesellschafter in einem andern, so fragt sich, welchem Kanton das Besteuerungsrecht zusteht[10].

Die Praxis des Bundesgerichtes in Doppelbesteuerungssachen geht dahin, daß bei kaufmännischen Kollektiv- und Kommanditgesellschaften Geschäftsvermögen, Zins und Gewinnanteile am Sitz der Gesellschaft, das Arbeitsentgelt am Wohnsitz der Gesellschafter besteuert werden kann[11]. Anders bei den nichtkaufmännischen Gesellschaften und den einfachen, insbesondere den stillen Gesellschaften: Die Beteiligung und der Ertrag daraus sind am Wohnsitz des Gesellschafters zu versteuern, wenn zur Verfolgung des Gesellschaftszweckes keine festen Anlagen und Einrichtungen

---

[7] SCHÄUBLE, S.111ff.; E. KÄNZIG, Die Unternehmernachfolge als steuerrechtliches Problem, in: Die Erhaltung der Unternehmung im Erbgang, Berner Tage für die juristische Praxis 1970, Bern 1972.
[8] So noch CHR. VON GREYERZ, Die Unternehmernachfolge in den Personengesellschaften, in: Die Erhaltung der Unternehmung im Erbgang, Bern 1972, S. 87.
[9] BGE 98 Ia, 1972, S. 258ff.
[10] Etwas anders stellt sich die Frage in denjenigen Fällen, in welchen entweder der Gesellschaftssitz nicht mit dem Ort der wirklichen Geschäftsführung zusammenfällt, oder in welchen die Gesellschaft mehrere Betriebsstätten unterhält.
[11] Zur Besteuerung der Personengesellschaft im interkantonalen Verhältnis vgl. A. SCHLUMPF, Bundesgerichtspraxis zum Doppelbesteuerungsverbot, 3. Aufl., neu bearb. durch K. DÜRR, Zürich 1963, S. 123ff.; E. HÖHN/E. DAVID, Doppelbesteuerungsrecht – Eine Einführung in das interkantonale und internationale Steuerrecht der Schweiz, Finanzwirtschaft und Finanzrecht 12, Bern/Stuttgart 1973, S. 152ff. und 223ff.; K. LOCHER, Das interkantonale Doppelbesteuerungsrecht, Bd. 2, § 8 IV, Basel 1953.

dienen[12]. Anderseits werden die Gesellschaftsanteile, der Anteil am Gewinn und das allfällige Arbeitsentgelt dann am Sitz der Gesellschaft besteuert, wenn die Gesellschaft ein Geschäft betreibt und ständige Anlagen und Einrichtungen besitzt; entsprechend einem allgemeinen Grundsatz begründet ein solcher Geschäftsbetrieb als sogenannter Geschäftsort ein Spezialsteuerdomizil[13].

Die Aussonderung des Arbeitsentgeltes, die sogenannte Gehaltsfreistellung bei den kaufmännischen Gesellschaften, gibt in der Praxis dann zu Schwierigkeiten Anlaß, wenn keine vertragliche Abmachung vorliegt oder wenn die Saläre in keinem Verhältnis zu den übrigen Beziehungen stehen. Hier wird die Steuerverwaltung eine Korrektur vornehmen.

Schwierigkeiten tauchen ferner auf bei der Frage der steuerlichen Verrechnung von Privatschulden des Gesellschafters mit seinem Gesellschaftsanteil. Im innerkantonalen Verhältnis können Privatschulden, die das Privatvermögen übersteigen, von diesem Anteil abgezogen werden. Im interkantonalen Verhältnis wird dieser Schuldenabzug nach der Rechtssprechung des Bundesgerichtes offenbar nicht zugelassen: Privatschulden dürfen danach nur dem Privatvermögen belastet werden. Begründet wird dies unter anderem mit dem Hinweis darauf, daß das Gesellschaftsvermögen ein Sondervermögen sei, welches primär den Gesellschaftsgläubigern hafte, was eine volle Zuweisung der Privatschulden an den Wohnsitzkanton rechtfertige[14].

IV. Besteuerung im internationalen Verhältnis

1. OECD-Musterabkommen

Das Musterabkommen[15] enthält keine Sondervorschrift für die Besteuerung der Personengesellschaft. In den Erläuterungen zu den in Art. 3 des Musterabkommens enthaltenen Begriffsumschreibungen wird im Gegenteil festgehalten, daß die Kollektivgesellschaft («Partnership») nicht als Person

---

[12] BGE 98 Ia, 1972, S. 212 ff.
[13] HÖHN/DAVID, a.a.O. (Anm. 11), S. 224; SCHÄUBLE, S. 54; SCHLUMPF, a.a.O. (Anm. 11), S. 135.
[14] BGE 60 I, 1934, S. 99
[15] Das von der OECD (Organisation for Economic Co-operation and Development; Übereinkommen über die Organisation für wirtschaftliche Zusammenarbeit und Entwicklung vom 14. Dezember 1961) erarbeitete Musterabkommen zur Vermeidung der Doppelbesteuerung des Einkommens und des Vermögens ist wegleitend für die meisten bilateralen Doppelbesteuerungsabkommen. Das Musterabkommen bildet Anlage I zum Bericht des Fiskalkomitees der OECD vom Juli 1963, Sammlung schweizerischer Abkommen und Ausführungsvorschriften, bearb. von der Eidg. Steuerverwaltung, Bd. III, I D, Bern (ohne Datum).

gelte und auch nicht als eine in einem Vertragsstaate ansässige Person. Deshalb wird empfohlen, in die einzelnen Doppelbesteuerungsabkommen eine Sondervorschrift über die Besteuerung von Personengesellschaften aufzunehmen, um derart Doppelbesteuerung und Nichtbesteuerung zu vermeiden.

Die Schweiz teilt zwar diese Auffassung nicht, indem nach unserer Ansicht Personengesellschaften im internationalen Steuerrecht als «Personen» gelten und demnach einen Wohnsitz in der Schweiz haben können. Dementsprechend behandelt die Schweiz im internationalen Recht Kollektiv- und Kommanditgesellschaften mit Sitz und Ort der Leitung in der Schweiz als abkommensberechtigt[16], und zwar gleichgültig, wo sich der Wohnsitz der Gesellschafter befindet.

Gleichwohl wurde der sogenannte OECD-Vorschlag in einige von der Schweiz abgeschlossene Doppelbesteuerungsabkommen übernommen, indem festgelegt wird, daß die Beteiligung an Personenhandelsgesellschaften sowie der Ertrag daraus in dem Staate steuerbar ist, wo sie eine Betriebsstätte unterhalten[17].

Enthält das Doppelbesteuerungsabkommen keine Vorschrift oder besteht kein Doppelbesteuerungsabkommen, so ergibt sich die Besteuerung aus der allgemeinen Bestimmung, daß Unternehmungsgewinne am Ort der Betriebsstätte steuerbar sind[18].

2. Insbesondere das Doppelbesteuerungsabkommen mit Deutschland

Unter dem alten Doppelbesteuerungsabkommen Schweiz-Deutschland vom 15. Juli 1931 bestand ein Qualifikationsstreit hinsichtlich der Behandlung der stillen Gesellschaft. Es erweist sich, daß der Begriff der stillen Gesellschaft in Deutschland und in der Schweiz nicht in der gleichen Weise vom partiarischen Darlehen abgegrenzt wird, was zu unterschiedlichen steuerlichen Behandlungen führt: Wird die stille Gesellschaft dem Darlehen gleichgestellt, und werden die Erträge demnach als Einkünfte aus beweglichem Kapitalvermögen angesehen, so erfolgt die Besteuerung in dem Staate, in welchem der Gläubiger seinen Wohnsitz hat. Wird indessen die stille Gesellschaft als Beteiligung an einem gesellschaftlichen Unternehmen betrachtet, so wird der Beteiligungsertrag im Sitzstaat des Unternehmens besteuert[19]. Streit entstand vor allem über die

---

[16] W. ALTDORFER, Personengesellschaften und Arbeitsgemeinschaften im internationalen Steuerrecht, Steuerrevue 28, 1973, S. 142 ff. – Vgl. im übrigen die verschiedenen Landesreferate zum Thema «Personengesellschaften und Arbeitsgemeinschaften im internationalen Steuerrecht»; 2. Thema des Kongresses der International Fiscal Association (IFA) 1973 in Lausanne, in: Cahiers de droit fiscal international, vol. LVIIIb, Rotterdam 1973.

[17] So etwa in den Abkommen mit Frankreich, Norwegen und Österreich; vgl. ferner HÖHN/DAVID, a.a.O. (Anm. 11), S. 225.

[18] HÖHN/DAVID, a.a.O.

[19] Vgl. hierzu F. WINKLBAUER, Die stille Gesellschaft im deutsch-schweizerischen Doppelbesteuerungsabkommen, Steuerrevue 26, 1971, S. 474 ff.

steuerliche Behandlung von Verabredungen, bei denen der stille Gesellschafter nicht am Gesellschaftsvermögen beteiligt ist. Die Schweiz behandelt solche Verabredungen nicht als stille Gesellschaft, sondern gleicht sie dem partiarischen Darlehen an und besteuert den Ertrag daraus entsprechend am Wohnsitz des stillen Gesellschafters. In Deutschland liegt in einem solchen Fall indessen eine typische stille Gesellschaft vor, weshalb eine Besteuerung des Geschäftsgewinnes im Gesellschaftsstaat erfolgen kann. Diese unterschiedliche Behandlung führt offensichtlich zu einer echten Doppelbesteuerung, wenn die Gesellschaft Sitz in einem Staat und die Gesellschafter Wohnsitz im anderen haben.

Im neuen Doppelbesteuerungsabkommen Schweiz-Deutschland vom 11. August 1971 ist dieser Streitpunkt beseitigt worden, indem Art. 10 Abs. 6 die «Einnahmen aus Beteiligungen an einem Handelsgewerbe als stiller Gesellschafter im Sinne des deutschen Rechts» den Dividenden gleichstellt und damit das Besteuerungsrecht grundsätzlich jenem Staat zuweist, wo der Empfänger seinen Wohnsitz hat.

§ 48. Zur wirtschaftlichen Bedeutung der Personengesellschaften

I. Einfache Gesellschaften

Eine einigermaßen zuverlässige Schätzung der Anzahl einfacher Gesellschaften ist nicht möglich, da sie nicht im Handelsregister erscheinen und anderes statistisches Material in dem uns hier interessierenden Zusammenhang nur unter wesentlichen Vorbehalten herangezogen werden kann, weil es unter andern Gesichtspunkten erarbeitet wird[1]. Dazu kommt, daß eine Abgrenzung der einfachen Gesellschaften gegenüber andern Rechtsverhältnissen – partiarischen, aber auch gesellschaftlichen (siehe unten II) – in der Praxis oft schwierig ist und auch sog. gesellschaftsähnliche Rechtsverhältnisse und gemischte Gesellschaftsformen vorkommen[2]. Es steht aber außer

---

[1] So erfassen die eidgenössischen Betriebszählungen «Unternehmungen» aller Rechtsformen, auch die einfachen Gesellschaften, deren Zahl (1965) mit (nur!) 4782 angegeben wird. Diese Erhebungen basieren aber auf eigenen Kriterien und Selbstdeklarationen der erfaßten «Betriebe», und ihre Ergebnisse weichen denn auch (was die zahlenmäßige Erfassung der verschiedenen Gesellschaftsformen betrifft) mehr oder weniger stark von den Angaben der Statistischen Jahrbücher der Schweiz (die auf den Mitteilungen des Eidg. Amts für das Handelsregister beruhen) ab. Von Interesse sind die Resultate der Betriebszählungen hinsichtlich der Aufgliederung der Unternehmungen nach Branchen und Dimensionen (diese dargestellt nach Anzahl der Beschäftigten). – Vgl. zum Vorstehenden die Eidgenössiche Betriebszählung September 1965, Bd. I, in: Statistische Quellenwerke der Schweiz, Heft 409, Reihe Df. I, Bern 1967.

[2] Dazu vorn § 27, II, IV 5.

Zweifel, daß die einfachen Gesellschaften im Wirtschaftsleben eine bedeutende Rolle spielen; sei es, daß sie direkt (als solche) wirtschaftliche Zwecke verfolgen oder andern Unternehmungsformen dauernd oder vorübergehend als Grundlage dienen[3].

II. Kollektiv- und Kommanditgesellschaften

1. Im Wirtschaftsleben früherer Zeiten nahmen die Personen-Handelsgesellschaften, wie ihre Geschichte zeigt, eine bedeutende Stellung ein. Das Bild änderte sich, als im 19. Jahrhundert, auf Grund des sog. Normativsystems, die Aktiengesellschaften einen mächtigen Aufschwung nahmen, wozu sich im 20. Jahrhundert noch die Gesellschaften mit beschränkter Haftung gesellten[4]. In der Schweiz nehmen die Personengesellschaften im Vergleich mit den Kapitalgesellschaften heute zahlenmäßig eine bescheidene Stellung ein[5]. Auffallend ist namentlich ihre relativ schwache Zunahme in den letzten Jahrzehnten (vgl. Tabelle I, Seite 678)[6].

---

[3] Vgl. hiezu vorn § 27, III 1, 2, 4; IV, 4. – Eine wesentliche Rolle spielt die einfache Gesellschaft auch in ihrer besondern Erscheinungsform als stille Gesellschaft; siehe vorn § 46.

[4] Die nachfolgenden Ausführungen und zahlenmäßigen Vergleiche beschränken sich auf den Bereich der «Handelsgesellschaften» im Sinn des OR (siehe Titel der 3. Abt.). Für die Genossenschaften, die in Anbetracht ihrer spezifischen Aufgaben und Strukturen eine besondere Stellung einnehmen, siehe z.B. FORSTMOSER, Kommentar, System. Teil, S. 46 ff.

[5] Anders z.B. in Deutschland, wo die OHG als die meistverbreitete Gesellschaftsform gilt und die Kommanditgesellschaften seit dem ersten, vermehrt noch nach dem zweiten Weltkrieg einen starken Aufschwung nahmen. Bestimmend hiefür waren, neben fiskalischen Faktoren, die Entwicklungen des Aktienrechts (Erhöhung des Mindestkapitals, verschärfte Bilanzierungsvorschriften und Publizitätspflichten), verbunden mit den sog. Umwandlungsgesetzen, die eine Abwanderung zahlreicher AG zu den (ihnen am nächsten liegenden) Kommanditgesellschaften (darunter auch Großunternehmen der Industrie) zur Folge hatten; auch die für die Personengesellschaften «milderen» Betriebsverfassungsgesetze wirkten an diesen Entwicklungen mit. Vgl. zum Vorstehenden z.B. LEHMANN/DIETZ, S. 131 f., 193 f.; HUECK, Gesellschaftsrecht, S. 19 f., 61, 95 f.; M. PLUM, zit. zu § 49, wo auch auf andere Faktoren, wie Traditionsbewußtsein, Prestigedenken, hingewiesen wird.

[6] Hiezu ist allerdings zu bemerken, daß die den Personen-Handelsgesellschaften vorgeschriebene Eintragung in das HReg nicht rechtsbegründende Wirkung hat. In manchen Fällen unterbleibt sie, sei es bewußt, häufiger wohl noch, weil sich die Beteiligten über die Rechtsform ihrer Gesellschaft («Firma») nicht im klaren sind (was dann im Zusammenhang mit steuerrechtlichen Differenzen, Schuldbetreibungen und auch privatrechtlichen Streitigkeiten mit Dritten oder auch unter Gesellschaftern zum Vorschein kommt). Auch ist die Vigilanz der regionalen Handelsregisterbehörden (Zwangseintragungen, Art. 934 OR, 57 HRegV) unterschiedlich. In praxi dürfte die Zahl der Handelsgesellschaften nicht unerheblich größer sein, als aus den offiziellen Statistiken hervorgeht. – Andererseits ist zu beachten, daß gut die Hälfte der Aktiengesellschaften nur das vorgeschriebene Minimalkapital von Fr. 50000.– aufweisen (siehe Statistisches Jahrbuch der Schweiz, 1973, S. 403), wovon bei der Gründung nur 20 % einzuzahlen sind.

2. Die Gründe dieser Entwicklung sind mannigfach; im Nachfolgenden kann lediglich auf einige als bedeutsam erscheinende Faktoren hingewiesen werden.

Allgemein ist zu beachten, daß das schweizerische Aktienrecht – namentlich im Vergleich zu den modernen Aktiengesetzen des Auslandes – ausgesprochen «toleranter» Natur ist und Bildungen gestattet, in welchen Vorzüge der Personengesellschaften mit solchen der AG weitgehend verbunden werden können[7]. Diese (schon früher bestehenden) Möglichkeiten haben offensichtlich in den letzten Dezennien vermehrte Beachtung gefunden, was auch mit einer stärkeren Tendenz zum Ausschluß persönlicher Haftungen – im Auf und Ab des heutigen Wirtschaftslebens besonders beachtlich – zusammenhängen mag. Ob und inwieweit die (erst 1937 eingeführte, aber in letzter Zeit relativ stärker zunehmende) Gesellschaft mit beschränkter Haftung das Wachstum der Personengesellschaften, insbesondere der ihr am nächsten liegenden Kommanditgesellschaft, beeinträchtigt hat, muß hier dahingestellt bleiben.

Dazu treten noch besondere Faktoren, steuer- und erbrechtlicher Natur, welche zur Erklärung der oben geschilderten Entwicklungen beitragen mögen.

Steuerliche Überlegungen scheinen auf den ersten Blick für die Personengesellschaften und gegen die Errichtung einer Aktiengesellschaft zu sprechen, indem bei den Kollektiv- und Kommanditgesellschaften einzig der Gesellschafter besteuert wird: Vermögen und Einkommen werden ausschließlich bei ihm steuerrechtlich erfaßt (vgl. vorn § 47). Im Gegensatz hierzu kommt es bei der Aktiengesellschaft zu einer wirtschaftlichen Doppelbelastung: Der Unternehmenserfolg und das im Unternehmen angelegte Kapital werden steuerlich zweimal belastet, einmal durch die Reinertrags- und Kapitalsteuer bei der Aktiengesellschaft und ein zweites Mal beim Aktionär: Hier wird die Aktie der Vermögenssteuer unterworfen und der als Dividende ausgerichtete Gewinn von der Einkommenssteuer erfaßt. Diese Doppelbelastung wiegt aber dann nicht schwer, wenn, wie dies öfters der Fall ist, der Gewinn nicht ausgerichtet, sondern im Unternehmen zurückbehalten und überdies durch Bezüge, die auch steuerlich als Aufwand behandelt werden, geschmälert wird.

Unter dem Gesichtspunkt der Belastung durch die Sozialabgaben ist die AG – ceteris paribus – eindeutig günstiger, indem die Beiträge für die Alters- und Hinterlassenenversicherung, für die Invalidenversicherung und die Erwerbsausfallentschädigung (AHV/IV/EO-Beiträge) nicht auf dem ganzen Unternehmensgewinn, sondern bloß auf den Salären erhoben wird.

In der Praxis spielt auch die mit der Aktiengesellschaft verbundene Erleichterung der Erbteilung eine oft entscheidende Rolle: Der Tod des Unternehmers hat auf den rechtlichen Bestand der Aktiengesellschaft keinen Einfluß. In den Nachlaß fallen nicht Aktiven und Passiven der Unternehmung, sondern die Aktien und allenfalls Darlehensforderungen gegenüber der Gesellschaft. Sowohl Aktien wie Darlehensforderungen können durch den Unternehmer mittels Teilungsvorschrift im Testament derart den Erben zugewiesen werden, daß der im Unternehmen tätige Nachfolger über die Stimmenmehrheit verfügt, während die erbrechtlichen Ansprüche seiner Geschwister durch die verbleibenden Aktien, die allenfalls mit Vorrechten versehen werden, und durch die Darlehensforderungen abgegolten werden.

---

[7] Zum Beispiel: Zusammenfallen von Unternehmungsbesitz und Unternehmungsleitung (vgl. hiezu vorn §§ 18, II 3; 24 I, Typologie); Anonymität; Beschränkung der Haftung auf die gezeichneten Aktien; starke Vinkulierung der Aktien (Mitgliedschaften intuitu personae); large Bilanzierungs- und Publizitätsvorschriften; Vereinfachung der erbrechtlichen Nachfolge (wozu noch oben im Text). – Ob die z. Zt. im Gang befindliche Reform des schweizerischen Aktienrechts nicht wieder eine gegenläufige Entwicklung zu Gunsten der Personengesllschaften zur Folge haben wird, bleibt abzuwarten.

3. Von Interesse sind aber nicht nur die zahlenmäßigen Bewegungen der einzelnen Gesellschaftsformen, sondern auch deren Auswirkungen auf die «Solidität» der von ihnen betriebenen Unternehmen. Es wird öfters darauf hingewiesen, daß die persönliche und vermögensrechtliche Struktur der Personengesellschaften eine besondere Vertrauenswürdigkeit dieser Unternehmungsformen, insbesondere der Kollektivgesellschaft, bewirke[8]. – Eine Probe auf's Exempel wäre z.B. die Konkursstatistik[9].

Tabelle I: Entwicklung der Handelsgesellschaften, 1946–1971

Jahr	Kollektivgesell-schaften	Kommanditgesell-schaften	Aktiengesell-schaften	GmbH
1946	8 876	2922	19 203	1047
1947	9 339	3072	19 814	1201
1948	9 705	3185	20 379	1286
1949	9 851	3269	20 740	1349
1950	9 920	3361	21 303	1398
1951	9 905	3406	21 949	1437
1952	9 957	3453	22 748	1476
1953	9 967	3479	23 799	1489
1954	9 997	3575	24 856	1501
1955	10 069	3620	26 189	1539
1956	10 153	3642	27 223	1521
1957	10 045	3698	28 277	1522
1958	10 013	3718	29 384	1544
1959	10 005	3692	31 264	1593
1960	10 015	3730	33 883	1648
1961	10 046	3786	36 651	1783
1962	10 212	3807	39 879	1932
1963	10 340	3811	43 462	2135
1964	10 518	3875	46 267	2360
1965	10 665	3932	48 712	2491
1966	10 753	3958	51 014	2559
1967	10 797	3957	53 367	2608
1968	10 875	3964	56 564	2656
1969	10 986	3940	60 746	2714
1970	11 100	3927	65 382	2776
1971	11 199	3891	71 064	2809

Quellen: Statistische Jahrbücher der Schweiz, Basel, Jahrg. 1961, S. 388 und 1972, S. 394.

---

[8] Vgl. z.B. LEHMANN/DIETZ, S. 131; HUECK, OHG, § 4 IV; MEIER-HAYOZ/FORSTMOSER, S. 151 ff.
[9] So z.B. LEHMANN/DIETZ, S. 131, wonach die OHG in der Konkursstatistik weitaus am günstigsten abschneidet.

Die schweizerische Konkursstatistik (siehe Tabellen II und III) ergibt aber ein für die Personengesellschaften weniger günstiges Bild als dies (wohl ziemlich allgemein) angenommen wird. So bestand in den Jahren 1954–1971[10] zwischen der Anzahl der (eingetragenen) einzelnen Gesellschaftsformen und den über sie eröffneten Konkursen (vgl. Tabellen I und III) im Durchschnitt folgendes Verhältnis (in promille): Kollektivgesellschaften 1,82; Kommanditgesellschaften 3,89; Aktiengesellschaften 2,9; GmbH 5,17. Wohl stehen die Kollektivgesellschaften am besten da, aber der Unterschied zur AG ist nicht sehr erheblich und die Kommanditgesellschaften schneiden sogar wesentlich ungünstiger ab als die Aktiengesellschaften. Auffallend ist das Ergebnis bei der GmbH – trotz ihrer personalistischen Konzeption.

Tabelle II. Konkurseröffnungen, Konkurserledigungen und Nachlaßverträge bei den Handelsgesellschaften, 1954–1971

	Konkurseröffnung					Konkurserledigung					Nachlaßverträge				
	Total	Kol-G	Kdt-G	AG	GmbH	Total	Kol-G	Kdt-G	AG	GmbH	Total	Kol-G	Kdt-G	AG	GmbH
1954	1485	25	29	79	13	842	13	15	54	11	257	10	6	32	4
1955	1446	21	13	75	13	884	20	12	55	7	250	13	12	17	2
1956	1489	25	25	73	15	906	15	11	46	9	229	8	6	24	2
1957	1473	24	10	106	10	865	15	13	54	7	252	21	9	19	0
1958	1582	25	26	120	13	880	7	10	59	5	257	16	13	19	2
1959	1403	19	15	93	16	969	13	20	74	5	252	6	7	34	1
1960	1305	14	9	68	8	909	19	6	58	9	201	9	4	25	0
1961	1208	6	14	80	8	715	7	9	57	6	133	5	2	11	1
1962	1149	11	17	60	2	706	6	10	53	5	102	7	2	8	0
1963	1262	15	9	71	6	816	10	11	54	4	104	2	2	13	1
1964	1292	14	12	116	11	741	10	7	45	1	97	5	3	19	0
1965	1409	20	17	139	9	816	12	12	60	10	83	4	2	13	2
1966	1483	20	15	172	6	953	9	5	95	6	147	3	7	22	0
1967	1594	19	19	193	12	909	12	14	100	5	132	5	2	27	0
1968	1783	22	22	216	14	1009	14	11	114	7	155	2	1	28	0
1969	1640	20	15	207	14	1092	16	14	102	7	143	10	7	34	2
1970	1700	25	7	213	12	1143	18	11	139	9	–	–	–	–	–
1971	1533	22	7	191	4	1102	14	12	124	13	–	–	–	–	–

Quellen: Basistabellen des Eidg. Statistischen Amtes (nicht publiziert), beruhend auf Meldungen des Eidg. Amts für das Handelsregister.

---

[10] Gemäß den vom Eidg. Statistischen Amt (nur) für diesen Zeitraum erstellten sog. Basistabellen. Rechnerische Auswertung (Tabelle III) durch stud. rer. pol. H. MÜLLER, Betriebswirtschaftliches Institut, Abt. Operations Research, der Universität Bern.

Tabelle III. Konkurseröffnungen, Konkurserledigungen und Nachlaßverträge bei den Handelsgesellschaften, in promille der eingetragenen Gesellschaften, 1954–1971

Jahr	Konkurseröffnungen				Konkurserledigungen				Nachlaßverträge			
	Kol-G	Kdt-G	AG	GmbH	Kol-G	Kdt-G	AG	GmbH	Kol-G	Kdt-G	AG	GmbH
1954	2.5	8.1	3.2	8.7	1.5	4.2	2.2	7.3	1.0	1.7	1.3	2.7
1955	2.1	3.6	2.9	8.4	2.0	3.3	2.1	4.5	1.3	3.3	0.6	1.3
1956	2.5	6.9	2.7	9.9	1.5	3.0	1.7	5.9	0.8	1.6	0.9	1.3
1957	2.4	2.7	3.7	6.6	1.5	3.5	1.9	4.6	2.1	2.4	0.7	0
1958	2.5	7.0	4.1	8.4	0.7	2.7	2.0	3.2	1.6	3.5	0.6	1.3
1959	1.9	4.1	3.0	10.0	1.3	5.4	2.4	3.1	0.6	1.9	1.1	0.6
1960	1.4	2.4	2.0	4.9	1.9	1.6	1.7	5.5	0.9	1.1	0.7	0
1961	0.6	3.7	2.2	4.5	0.7	2.4	1.6	3.4	0.5	0.5	0.3	0.6
1962	1.1	4.5	1.5	1.0	0.6	2.6	1.3	2.6	0.7	0.5	0.2	0
1963	1.5	2.4	1.6	2.8	1.0	2.9	1.2	1.9	0.2	0.5	0.3	0.5
1964	1.3	3.1	2.5	4.7	1.0	1.8	1.0	0.4	0.5	0.8	0.4	0
1965	1.9	4.3	2.9	3.6	1.1	3.1	1.2	4.0	0.4	0.5	0.3	0.8
1966	1.9	3.8	3.4	2.3	0.8	1.3	1.9	2.3	0.3	1.8	0.4	0
1967	1.8	4.8	3.6	4.6	1.1	3.5	1.9	1.9	0.5	0.5	0.5	0
1968	2.0	5.5	3.8	5.3	1.3	2.8	2.6	2.6	0.2	0.3	0.5	0
1969	1.8	3.8	3.4	5.2	1.5	3.6	1.7	2.6	0.9	1.8	0.6	0.7
1970	2.3	1.8	3.3	4.3	1.6	2.8	2.1	3.2	–	–	–	–
1971	2.0	1.8	2.7	1.4	1.3	3.1	1.7	4.6	–	–	–	–

Grundlagen: Tabellen I und II.

§ 49. Zur Frage von Reformen im Recht der Personengesellschaften

Literatur

M. PLUM, Der fortschreitende Strukturwandel der Personalgesellschaft durch Vertragsgestaltung, in: Hundert Jahre deutsches Rechtsleben, Festschrift Deutscher Juristentag, Karlsruhe 1960, Bd. II, S. 137 ff.; R. REINHARDT, Die Fortentwicklung des Rechts der Offenen Handelsgesellschaft und Kommanditgesellschaft in der neueren deutschen Lehre und Rechtsprechung, ZBJV 103, 1967, S. 329 ff.

I. Die Ausgangslage

Die Personengesellschaften des heutigen Rechts ruhen auf altüberlieferten Grundlagen. Die einfache Gesellschaft wurzelt in der *societas* des römischen Rechts, die Personen-Handelsgesellschaften im mittelalterlichen Gewohnheits- und Statutarrecht. In den nachfolgenden Entwicklungen, so auch in den seit dem 17. Jahrhundert einsetzenden Kodifikationen, blieben die strukturell wesentlichen Züge dieser Gesellschaftsformen erhalten. Die Gesetzgeber der Neuzeit konnten daher auf altbewährte Modelle und eine seit langem eingespielte Praxis abstellen. Die heute geltenden Gesetze ließen denn auch den Personengesellschaften ihre charakteristischen Züge und begnügten sich mit Präzisierungen und Ergänzungen, wo solche auf Grund der gemachten Erfahrungen (namentlich hinsichtlich der Publizität) als geboten erschienen. Dies gilt besonders auch für die Schweiz. In einigen Staaten, so in Italien und Frankreich, spielten allerdings auch Änderungen in den Grundlagen der Rechtsordnung oder neue Methoden der Gesetzgebung[1] eine Rolle, aber ohne daß dadurch das überlieferte Bild (die Substanz) der Personengesellschaften verändert worden wäre. – Da die erwähnten Gesetzesrevisionen relativ neuen Datums sind[2], sollte scheinen, daß zu eigentlichen Reformen kein Anlaß besteht.

II. Reformtendenzen

In der Doktrin und der Praxis des 20. Jahrhunderts zeichnen sich jedoch Tendenzen ab, die eine «Fortentwicklung» des Rechts der Personengesellschaften – de lege ferenda oder Rechtsprechung – postulieren oder doch zur Diskussion stellen.

Dies trifft namentlich für Deutschland zu. Man beruft sich hiefür u.a. auf ein gewandeltes Verständnis des Gesellschaftsrechts, Umbiegungen der bestehenden Gesellschaftsformen durch die Vertragspraxis (z. B. die GmbH & Cie, oder die sog. kapitalistische Kommanditgesellschaft), ein Bedürfnis nach vermehrter Aktionsfähigkeit der Handelsgesellschaften und Bestandesschutz (des Unternehmens) bei wechselndem Personenbestand der Gesellschaft. Daß auch juristische Personen unbeschränkt haftende Mitglieder von

---

[1] So in Italien der Korporationenstaat und die *Impresa* als Grundfigur eines (allerdings nur spärlich entwickelten) Unternehmungsrechts; in Frankreich die Unterteilung des Gesellschaftsrechts in allgemeine und besondere Bestimmungen. Dazu vorn § 18, III und zu den einzelnen Gesellschaftsformen.

[2] Dies gilt auch für die Kodifikationen des angelsächsischen Partnershiprechts; siehe vorn § 18, III 5.

Offenen Handelsgesellschaften und Kommanditgesellschaften sein können, erweitert den Problemkreis[3].

In der Schweiz ist, seit Erlaß des revOR 1937, kein aktuelles Bedürfnis nach einer Reform des Rechts der Personengesellschaften im Weg der Gesetzgebung zu erkennen. Wohl wird – wie in unsern früheren Ausführungen hervorgehoben – zu einzelnen Bestimmungen oder auch Lücken der gesetzlichen Ordnung kritisch Stellung genommen. Doch scheinen sich solche Fragen, wo sie nicht an zwingende Ordnungen rühren[4], auch ohne Gesetzesreform befriedigend lösen zu lassen – sei es auf dem Boden des Vertragsrechts[5] oder durch sinngemäße Auslegung gesetzlicher Bestimmungen[6] oder deren Ergänzung im Analogieverfahren[7]. Dabei kommt – in Anbetracht der deutlich

---

[3] Siehe die zusammenfassende Darstellung von REINHARDT (ZBJV 103, 1967, S.329ff.), der namentlich drei Probleme hervorhebt. Die Bedeutung der Lehre von der sog. faktischen, insbes. der faktisch aufgelösten Gesellschaft im Verhältnis zu der allgemeinen Rechtsgeschäftslehre (S.332ff.); die Übertragbarkeit der Mitgliedschaft als ganzes Rechtsverhältnis (S.337ff.), die im deutschen Recht auf Schwierigkeiten stößt, welche (wie auch REINHARDT hervorhebt, S.346) nach schweizerischem Recht nicht bestehen; schließlich das Problem der «Fremdorganschaft» (Geschäftsführung und Vertretung der Gesellschaft durch Dritte auf Grund sog. verdrängender Vollmachten, S.348ff.), ein Problem von «geradezu revolutionärer Bedeutung» (S.356). – Eine eingehende Analyse des Strukturwandels der Personalgesellschaften durch die Vertragspraxis, deren Motivierung und der sich daraus ergebenden Rechtsfragen gibt M.PLUM (zit. oben), mit dem Ergebnis (S.191), daß von einem Eingreifen des Gesetzgebers abzusehen sei und erforderliche Anpassungen auf dem Boden des geltenden Rechts (so auch durch Berücksichtigung von Grundsätzen des Rechts der Kapitalgesellschaften; Hinweis auf H.WÜRDINGER, AcP 24, 1938, S.129ff.) möglich seien. – Zum heutigen Stand der Frage einer Revision des Rechts der Personalgesellschaften, insbes. der Kommanditgesellschaft siehe SCHILLING, Großkommentar HGB, Vorbem. zu § 161, Anm.8f., unter Hervorhebung der kritischen Punkte (z.B. auch der Sorgfaltspflichten geschäftsführender Gesellschafter, Verbesserung der Kontrollrechte).

[4] So sind die – z.B. von HARTMANN (Art.552, N.24f.) als verfehlt bezeichneten – Art.552 Abs.1 und 594 Abs.2, wonach Kollektivgesellschafter oder Komplementäre einer Kommanditgesellschaft nur natürliche Personen sein können, zwingenden Rechts. Sie beruhen auf bestimmten Konzeptionen und rechtspolitischen Erwägungen des Gesetzgebers (siehe vorn § 33, II 1a), und es besteht u.E. auch unter den heutigen Verhältnissen kein Anlaß, de lege ferenda darauf zurückzukommen.

[5] Beispiele: Die sog. atypischen Gesellschaften, deren interne und externe Verhältnisse sich durch die vertragliche Ordnung und Erteilung von Vollmachten zweckentsprechend ordnen lassen. – Die Übertragbarkeit der Mitgliedschaft unter Lebenden oder von Todes wegen (Art.542, 545 Abs.1 Ziff.2, 557; siehe vorn § 29, IV 2b, V).

[6] Beispiele: Die Sorgfaltspflichten des geschäftsführenden Gesellschafters gemäß Art.538, 557 Abs.2 (diligentia quam in suis negotiis?; siehe vorn §§ 29, III 2e, 35, I 1. – Die Entziehung der (gesetzlichen) Geschäftsführungsbefugnis eines einfachen Gesellschafters aus wichtigen Gründen (Art.539; siehe vorn § 29, III 2b, S.399f.); die Verlustbeteiligung als Kriterium eines Gesellschaftsverhältnisses (siehe vorn §§ 27, I 1; 29, II 3; 46, II 1c).

[7] Beispiel: Die Möglichkeit der Ausschließung eines einfachen Gesellschafters aus wichtigen Gründen von Gesetzes wegen (ohne vertragliche Grundlage; siehe vorn § 29, IV 5a). – Zum Analogieverfahren allgemein siehe z.B. DESCHENAUX, Schweiz. Privatrecht, Bd. II, § 14,

personalistischen Konzeption dieser Gesellschaften – gewissen allgemeinen (obersten) Prinzipien der Rechtsordnung besondere Bedeutung zu, so vor allem dem Gebot des Handelns nach Treu und Glauben und dem Persönlichkeitsschutz[8]. Als ultima ratio bleibt die durch Art. 1 Abs. 2 ZGB dem Richter übertragene Aufgabe, nach der Regel zu entscheiden, die er als Gesetzgeber aufstellen würde, wenn er dem Gesetz oder dem Gewohnheitsrecht keine Antwort auf die von ihm zu entscheidende Frage entnehmen kann, unter Beachtung bewährter Lehre und Überlieferung[9].

Auf diesem Boden ist es möglich, veränderten Verhältnissen weitgehend Rechnung zu tragen, ohne die gerade für die Personengesellschaften so erwünschte Elastizität ihrer rechtlichen Ausgestaltung zu schmälern – während Eingriffe des Gesetzgebers (mitunter auch nur zeitbedingten Strömungen folgend) unerwünschte Erstarrungen zur Folge haben können[10]. – Möge man nun auf die eine oder andere Weise vorgehen, eine Leitlinie scheint uns bestimmend zu sein: Die Erhaltung von Gesellschaftsformen, die durch das Bild des unter persönlicher Verantwortung und Haftung handelnden Unternehmers geprägt sind.

---

insbes. III. Vgl. auch SIEGWART, Vorbem. Art. 530–551, N. 5, wo auf die Bedeutung des Parteiwillens sowie des Analogieverfahrens, aber auch auf Postulate de lege ferenda hingewiesen wird.

[8] So hinsichtlich der Bestimmung und Bemessung der (summarisch formuliert) Mitwirkungsrechte der Gesellschafter, sowie (von besonderer Bedeutung) ihrer Kontrollrechte.

[9] Zu den Voraussetzungen, Grenzen und den Wirkungen der richterlichen Funktionen gemäß Art. 1 Abs. 2 ZGB siehe die vorn § 19, Anm. 57 zit. Doktrin.

[10] Eine andere Frage ist die Wünschbarkeit redaktioneller, insbes. terminologischer Präzisierungen. Vorstehend wurde verschiedentlich darauf hingewiesen, daß der Gesetzestext an Unklarheiten leide, wofür als deutlichstes Beispiel auf die mißverständliche Verwendung der Termini «Vermögenseinlage», «Kommanditsumme» hingewiesen wird (vorn § 40, I 2). Wenn auch Doktrin und Praxis bemüht waren, solche (und andere) Unstimmigkeiten klarzustellen, so bleiben doch Unsicherheiten, welche bei nächster «passender Gelegenheit» behoben werden sollten.

Gesetzesregister

Sachregister

Gesetzesregister

I. Bundesverfassung

Art. 4	256f., 298$_{N2}$, 300
Art. 31	74, 85, 86, **105**, 106, 107, 108, 109, 110, 112, 113, 255
Art. 31bis	85, 106$_{N10}$
Art. 31ter	111
Art. 31^{quinquies}	112$_{N51}$
Art. 32	112$_{N51}$
Art. 32^{quater}	111
Art. 33	82, 83$_{N56}$, 111, 135$_{N33}$
Art. 56	**254f.**, 256
Art. 59	488
Art. 64	254

II. Schweizerisches Zivilgesetzbuch, vom 10. Dezember 1907

Art. 1	43, 44 *Abs. 2:* 265, 308, 339, 683
Art. 1 ff.	262, 265
Art. 2	113, 257, 262, 288, **292f.**, 295, 297, 299, 308
Art. 3	517
Art. 4	262, 621
Art. 7	259f.
Art. 9	145, 148
Art. 11	*Abs. 2:* 298$_{N2}$
Art. 13	480
Art. 17 f.	355
Art. 27 ff.	263, 362, 452, 456$_{N12}$, 510, 556, 597, 609, 617$_{N23}$
Art. 28	114, 169$_{N31}$, 171, 263
Art. 29	169$_{N31}$, 171
Art. 47	125$_{N11}$
Art. 52	*Abs. 1:* 147, 286 *Abs. 2:* 148 *Abs. 3:* 150$_{N42}$
Art. 52 ff.	262
Art. 53	262, 530
Art. 55	*Abs. 2:* 262, 518
Art. 57	262$_{N39}$
Art. 58	262$_{N39}$
Art. 59	*Abs. 1:* 233 *Abs. 2:* 232, **240f.**
Art. 60 ff.	**233f.**, 263, 329
Art. 61	*Abs. 2:* 147, 329$_{N25}$
Art. 62	240, 263, **336ff.**, 356
Art. 72	*Abs. 3:* 415$_{N191}$
Art. 75	278
Art. 167	135$_{N30}$, 356, 480
Art. 177	356, 480
Art. 296	135$_{N29}$
Art. 336 ff.	331
Art. 403	480
Art. 412	135$_{N29}$, 146
Art. 421	*Ziff. 7:* 480
Art. 421 ff.	356
Art. 422	*Ziff. 3:* 480
Art. 426 ff.	125$_{N11}$
Art. 566 ff.	427f.
Art. 580 ff.	428
Art. 602 ff.	331
Art. 646 ff.	235$_{N16}$, 264, **332f.**
Art. 652 f.	264, **333**
Art. 653	*Abs. 1:* 382
Art. 654	465

Art. 657	359	Art. 154	461
Art. 712a ff.	235$_{N17}$, 333	Art. 160 ff.	510
Art. 955 ff.	125$_{N11}$	Art. 164 ff.	387, **408 f.**, 551
Art. 973	145	Art. 175 f.	409
		Art. 181	45, 71$_{N5}$, 98, 99$_{N46}$, 116$_{N66}$, 191$_{N39}$, 468, **564 ff.**, 577

III. Schweizerisches Obligationenrecht, vom 30. März 1911/ 18. Dezember 1936

		Art. 182	45, 71$_{N5}$
		Art. 185	373
Art. 1	267, 357	Art. 190	151$_{N45}$
Art. 2	357, 481	Art. 191	*Abs. 2:* 151$_{N45}$
Art. 16	358 f.	Art. 192 ff.	373 f.
Art. 18	*Abs. 1:* 274, 328	Art. 197 ff.	373 f.
Art. 19	362, 510, 556	Art. 205 ff.	373 f.
Art. 20	*Abs. 1:* **278**, 279, 324, 361, 452, 510 *Abs. 2:* 361, **363**, 364	Art. 215	151$_{N45}$
		Art. 313	*Abs. 2:* 151$_{N45}$
		Art. 321a	203
Art. 21	362, 364	Art. 322a	203$_{N39}$
Art. 22	340	Art. 333	115$_{N61}$
Art. 23 ff.	267, 280, **364**	Art. 347 ff.	93$_{N19}$
Art. 26	366	Art. 348b	92$_{N18}$
Art. 31	366 f.	Art. 418a ff.	93$_{N19}$
Art. 32	431$_{N6}$, **434 f.**	Art. 458 ff.	13$_{N30}$, 44$_{N6}$, **89**, 522 ff., 662
Art. 33	435, **440 f.**	Art. 459	90$_{N7, N9}$, 140$_{N57}$
Art. 34	441	Art. 460	91$_{N10}$, 140$_{N60}$
Art. 38	436 f.	Art. 462	91, 92$_{N16}$, 524 ff.
Art. 39	437	Art. 492 ff.	547 f.
Art. 41 ff.	366, 518	Art. 494	*Abs. 1:* 151
Art. 50	383, 435	Art. 530	231, 236, **267 ff.**, **324 ff.**, 657
Art. 55	435, 518	Art. 530 ff.	45$_{N8}$
Art. 55 ff.	383	Art. 531	*Abs. 1:* 325, 368, 657 *Abs. 2:* 270, 325, 358, **370 f.**, 499 *Abs. 3:* 351, 369, 373 f.
Art. 61	125		
Art. 75	374		
Art. 82 f.	372 f., **375 f.**	Art. 532	368, 661
Art. 98	375	Art. 533	*Abs. 1 u. 2:* 387, 445, 660 *Abs. 3:* **387 f.**, 498, 656
Art. 100	406		
Art. 107–109	372 f., 375	Art. 534	358, **395 f.**
Art. 119	376 f.	Art. 535	*Abs. 1:* 398 f. *Abs. 2:* **403 f.**, 512 *Abs. 3:* **392 ff.**, 439, 442, 512, 573, 656, 660
Art. 127	172		
Art. 143 ff.	383, 443, 542		
Art. 148	542 f.	Art. 536	368, **504 f.**, 661
		Art. 537	465

Art. 538	374, **405f.**, 512f., 659	Art. 564	90_{N7}, 140_{N57}, **516f.**, 531
Art. 539	**399f.**, 464	Art. 565	520ff.
Art. 540	*Abs.1:* 398	Art. 566	523f.
	Abs.2: 398, 404, 438, 462	Art. 567	*Abs.1 u. 2:* 519
Art. 541	201_{N21}, 202, 203, 349, **404f.**, 659		*Abs.3:* **518f.**, **524f.**
Art. 542	*Abs.1:* 408f., 412	Art. 568	*Abs.1:* 534ff.
	Abs.2: **347ff.**, 386f., **410ff.**		*Abs.2:* 535
Art. 543	*Abs.1:* 437f.		*Abs.3:* 120_{N79}, 202_{N24}, 534, 539ff., 546ff.
	Abs.2: 431ff., 436	Art. 569	535, 552
	Abs.3: 338, 343, 365, 397, 421, **432ff.**, 463, 656	Art. 571	*Abs.1 u. 2:* 542
Art. 544	*Abs.1:* 382, 446		*Abs.3:* 546
	Abs.2: 385, 448	Art. 572	385, 494, 545
	Abs.3: 338, 365, **383f.**, 442, 444	Art. 574ff.	552ff., 567
Art. 545	*Abs.1:* 451–457, 666, 668	Art. 575	545, 561, 569, 644
	Abs.2: 458ff.	Art. 576	553f.
Art. 546	*Abs.1:* 456f.	Art. 577	558ff., 569
	Abs.2: 456	Art. 578	385, 562, 569
Art. 547	462	Art. 579	**563ff.**, 570, 646
Art. 548	365f., 384_{N66}, 466, 571	Art. 580	188_{N26}
Art. 549	*Abs.1:* 466	Art. 581	557
	Abs.2: 467, 571, 580f.	Art. 582	571
Art. 550	*Abs.1:* 462f., 667	Art. 583	572, 651
	Abs.2: 346, 463	Art. 584	454
Art. 551	468	Art. 585	*Abs.1:* 574, 575, 651
Art. 552	*Abs.1.:* 475ff.		*Abs.2:* 574f., 651
	Abs.2: 133, 478		*Abs.3:* 572, 576, 577
Art. 553	132_{N8}, 133, 148_{N33}, 477f.		*Abs.4:* 572
Art. 554	481, 484ff.	Art. 586	578
Art. 555	486, 521	Art. 587	188_{N25}, 578
Art. 556	136_{N38}, 484	Art. 588	*Abs.1:* 579
Art. 557	475, 511f.		*Abs.2:* 580
Art. 558	192_{N45}, 194_{N56}, 201_{N18}	Art. 589	582f.
	Abs.1: 385, 489, 493f., 494_{N8}, 620	Art. 590	583
	Abs.2: 385, 495f.	Art. 591	535, 544, 557, 565, 586f.
	Abs.3: 497	Art. 592	*Abs.1:* 588
Art. 559	498f.		*Abs.2:* 577f., 588
Art. 560	385, 499f.	Art. 593	587f.
Art. 561	199_{N8}, 201, **505ff.**, 625	Art. 594	*Abs.1:* 589
Art. 562	120_{N79}, 529ff.		*Abs.2:* 600f., 650
Art. 563	515ff.	Art. 595	132_{N8}, 148_{N33}, 589, 602

Art. 596	*Abs. 1 u. 2:* 604	Art. 689	*Abs. 5:* 264$_{N48}$
	Abs. 3: 594, 601, **604 ff.**	Art. 690	264$_{N48}$
Art. 597	136$_{N38}$, 603	Art. 696	192$_{N46}$, 194$_{N56}$, 201$_{N21}$, 202$_{N33}$
Art. 598 ff.	608 ff.	Art. 697	199$_{N6}$, 201$_{N21}$, 202
Art. 600	*Abs. 1:* 613	Art. 698	*Ziff. 3:* 193$_{N47}$, 201$_{N19}$
	Abs. 2: 614	Art. 704	208
	Abs. 3: 202$_{N27}$, 614	Art. 706	134, 278
Art. 601	*Abs. 1 u. 2:* 621 ff., 661	Art. 708	*Abs. 4 u. 5:* 246
	Abs. 3: 620 f.	Art. 718	90$_{N7}$, 140$_{N57}$
Art. 602	627	Art. 722	179$_{N31}$, 199$_{N8}$
Art. 603	140$_{N57}$, 627	Art. 725	*Abs. 3, 4:* 208$_{N66}$
Art. 604	630	Art. 727	200$_{N14}$
Art. 605	629, 640	Art. 728	200$_{N17}$
Art. 606	640	Art. 730	200
Art. 607	162$_{N51}$, 640 f.	Art. 735	188$_{N25}$
Art. 608	*Abs. 1 u. 2:* 632	Art. 736	*Ziff. 4:* 297, 306
	Abs. 3: 635	Art. 742	188$_{N25}$
Art. 609	*Abs. 1:* 632 f.	Art. 748 ff.	96$_{N35}$
	Abs. 2: 633	Art. 762	220
Art. 610	*Abs. 1:* 636, 639	Art. 763	120$_{N80}$
	Abs. 2: 610, 613, 624, **633 f.**, 636, 637, 648	Art. 764	148$_{N32}$, 236$_{N22}$
Art. 611	634	Art. 780	*Abs. 2:* 136$_{N39}$
Art. 612	632, 648	Art. 782	93$_{N24}$
Art. 613–618	643 f.	Art. 783	*Abs. 1:* 132$_{N8}$, 148$_{N32}$
Art. 619	*Abs. 1:* 648, 649, 652	Art. 804	174$_{N4}$
	Abs. 2: 648, 650	Art. 805	194$_{N56}$
Art. 620	*Abs. 2:* 290	Art. 808	*Abs. 5:* 278
	Abs. 3: 179$_{N32}$	Art. 814	90$_{N7}$, 140$_{N57}$
Art. 621 ff.	342	Art. 817	208$_{N66}$
Art. 640	*Abs. 2:* 136$_{N40}$	Art. 818	199$_{N8}$, 203$_{N35}$
Art. 642	93$_{N24}$	Art. 819	200$_{N14}$, 201$_{N21}$, 203$_{N36}$
Art. 643	*Abs. 1:* 132$_{N8}$, 148$_{N32}$	Art. 822	*Abs. 2 u. 3:* 415$_{N191}$
	Abs. 2: 65$_{N12}$, 67$_{N23}$, 149, 150, 359$_{N19}$	Art. 828	232$_{N4}$, 237$_{N25, 26}$
	Abs. 3: 149, 150, 362	Art. 835	*Abs. 3:* 136$_{N40}$
	Abs. 4: 149, 150		*Abs. 4:* 139$_{N56}$
Art. 645	341 f.	Art. 837	93$_{N24}$
Art. 647	*Abs. 3:* 148	Art. 838	132$_{N8}$, 148$_{N32}$
Art. 662 ff.	174$_{N4}$, 179$_{N31}$, 205	Art. 840	*Abs. 2:* 202$_{N29}$
Art. 663	*Abs. 2:* 71$_{N5}$, 176$_{N11}$, 190$_{N31}$	Art. 846	*Abs. 2:* 415$_{N191}$
Art. 665 ff.	176$_{N11}$, 189, 190$_{N32}$		
Art. 680	202$_{N29}$, 290$_{N31}$, **297 f.**, 306		

Art. 854	262, 300		Art. 943	138
Art. 856 ff.	174_{N4}, 201_{N21}, 202_{N33}		Art. 944	44_{N5}, **155_{N6}**, 156_{N9}, 157, 158, 160, 162
Art. 859	*Abs. 1:* 201_{N20} *Abs. 2:* 237_{N26}, 300		Art. 945	162, 166
Art. 866	294_{N15}		Art. 946	162, 165, 167, 488
Art. 867	300		Art. 947	162, 163, 166, 476, 604, 640
Art. 868	202_{N29}		Art. 948	476, 551_{N3}
Art. 869	139_{N56}, 202_{N29}		Art. 949	163
Art. 870	139_{N56}, 202_{N29}		Art. 950	163
Art. 879	*Abs. 2, Ziff. 3:* 194_{N56}		Art. 951	101_{N53}, 167, 168
Art. 885	300		Art. 953	84_{N66}, 155_{N1}, 160_{N29}, 162, 227, 566
Art. 891	263_{N44}, 278		Art. 955	157, 158_{N19}
Art. 899	90_{N7}, 140_{N57}		Art. 956	84_{N63}, 101_{N53}, 131, 151, 157, 158, 159_{N22}, 165, 167, **168**, 169, 170, 171, 172, 488, 607
Art. 902	*Abs. 3:* 194_{N56}			
Art. 903	208_{N66}		Art. 957	44_{N7}, 151, **174**, 175, 178, 179, 180, 181, 182, 183, 184_{N4}, 185, 186, 187, 198, 502
Art. 906	200_{N14}			
Art. 926	220			
Art. 927	13_{N30}, 44_{N4}, 124		Art. 957 ff.	44_{N7}, 194, 381 f., 489, 492, 607
Art. 927	*Abs. 3:* 126		Art. 958	184, 187, 188, 190, 191, 195, 493
Art. 928	125_{N11}		Art. 959	193, 196, 493, 502
Art. 930	125_{N12}		Art. 960	189, 493
Art. 932	*Abs. 1:* 152 *Abs. 2:* 142, 153 *Abs. 3:* 153		Art. 961	493, 497
			Art. 962	181, 183_{N1}, 502
			Art. 963	182, 183_{N1}, 197_{N2}
Art. 933	65_{N14}, 145, 478_{N15}, 552 *Abs. 1:* 91_{N11}, **142**, 143, 153, 607, 629 *Abs. 2:* 91_{N12}, **143**, 144, 146, 557, 574, 607, 633		Art. 964	197_{N2}, 502
			Art. 965 ff.	45_{N9}
			Art. 1000	65_{N13}
			Art. 1007	65_{N13}
Art. 934	72, 84, 178, 179, 226, 334, $\overline{478}$, 485, 604 *Abs. 1:* 84, 116, 130, **132**, 143, 147 *Abs. 2:* 84, 116, 130, **131**, 147, 157		Schluß- und Übergangsbestimmungen der Titel XXIV–XXXIII	
			Art. 2 ff.	48_{N21}
			IV. Verordnung über das Handelsregister, vom 7. Juni 1937	
Art. 935	74, 84_{N65}, 93_{N24}, 485			
Art. 937	143			
Art. 938	582, 583_{N63}			
Art. 940	128, 129		Art. 10	*Abs. 2:* 244 *Abs. 3:* 155_{N4}
Art. 941	137_{N44}, 180, 484 f., 583_{N63}			
Art. 942	136_{N37}		Art. 19	136_{N36}

Art. 20	139
Art. 22	*Abs. 2:* 136
Art. 32	*Abs. 2:* 127, 133, 134, 158
Art. 33	582
Art. 38	128, 157, 159, 221
Art. 41	244_{N7}
Art. 42	481, **486 f.**, 506, 604
Art. 44	156_{N9}, 158, 160
Art. 45	159, 160, 161, 243
Art. 46	159, 160, 161
Art. 52	*Abs. 3:* 15_{N39}, 71_{N6}, **72**, 73, 74, 75, 76, 83_{N58}, 84, 106, 226, 478
Art. 52 ff.	12_{N27}, 178, 226, 334
Art. 53	12_{N27}, 132, 478 *A:* 6_{N5}, 7_{N7}, 77_{N32} *B:* 6_{N5} *C.* 80_{N42}, 81_{N49}
Art. 54	12_{N27}, 77_{N31}, 80_{N45}, 81_{N49}, 132, 133
Art. 54 f.	478
Art. 56	84_{N65}
Art. 57 ff.	137, 484, 568
Art. 59	552
Art. 60	157, 583_{N63}
Art. 61	157
Art. 66	*Abs. 1 u. 2:* 138_{N51}
Art. 68	138, 583_{N63}
Art. 69 ff.	93_{N24}
Art. 85	*Abs. 4:* 208_{N72}
Art. 89	138
Art. 113 ff.	125_{N13}, 126_{N15}

V. Bundesgesetz über Schuldbetreibung und Konkurs, vom 11. April 1889

Art. 5–7	125_{N11}
Art. 39	264, 487 *Abs. 2:* 153
Art. 41	151
Art. 43	151, 487, 539_{N19}

Art. 46	488
Art. 55	116
Art. 80 f.	533
Art. 83	207_{N64}, 533
Art. 162	208_{N65}
Art. 170	207_{N64}
Art. 174	207_{N64}
Art. 183	207_{N64}
Art. 197	449
Art. 208 ff.	264, 539
Art. 211	538 f., 540
Art. 216 f.	264, 449, 546
Art. 218	264, 545, 645
Art. 285 ff.	466, 502, 557, **583 ff.**
Art. 293 ff.	568
Art. 294	181_{N44}, 502
Art. 303	264, 547
Art. 311	264
Art. 316a ff.	568
Art. 317a	207_{N64}

VI. Verordnung des Bundesgerichts über die Pfändung und Verwertung von Anteilen an Gemeinschaftsvermögen, vom 17. Januar 1923

Art. 1 ff.	448 f., 545_{N49}
Art. 9 ff.	449
Art. 16	449, 545_{N48}

VII. Bundesgesetz über die Kartelle und ähnliche Organisationen, vom 20. Dezember 1962

Art. 1 ff.	114
Art. 2	227, 238_{N30}, 505
Art. 3	*lit. c:* 227, 238
Art. 4	362
Art. 6	*Abs. 2:* 362
Art. 11	359

Art. 12	362, 505		Art. 163	*Ziff. 1*, *Abs. 2*: 210, 502
	Abs. 2: 363		Art. 165	*Ziff. 1*: 502
Art. 13	238$_{N30}$		Art. 166	180, 181, 502
			Art. 167	502
			Art. 172	*Abs. 1*: 180$_{N39}$
				Abs. 2: 180$_{N39}$, 502
			Art. 251	210
			Art. 273	198$_{N5}$
			Art. 325	180, 181, 502
			Art. 326	180$_{N39}$

**VIII. Bundesgesetz über die Banken und Sparkassen,
vom 8. November 1934/11. März 1971**

Art. 1	265
Art. 3	180$_{N38}$, 265
Art. 4 f.	265
Art. 6	174$_{N4}$, 206$_{N51}$, 265
Art. 11 ff.	265
Art. 18 ff.	180$_{N38}$, 265
Art. 18	182$_{N57}$, 200$_{N15}$
Art. 23^{quinquies}	181$_{N46}$
Art. 25 ff.	265
Art. 38 ff.	265

**XII. Bundesratsbeschluss über die Erhebung einer Wehrsteuer,
vom 9. Dezember 1940**

Art. 3	*Ziff. 3, 4:* 670$_{N1}$
Art. 21	*Abs. 1, lit. d:* 86, 178$_{N25}$, 179, 187$_{N18}$
	Abs. 1, lit. f: 86, 187$_{N18}$
Art. 22	*Abs. 1, lit. b:* 86, 190$_{N32}$
Art. 43	152$_{N49}$, 178$_{N25}$, 187$_{N18}$
Art. 89	*Abs. 2:* 207$_{N58}$
Art. 92	*Abs. 1:* 181$_{N45}$
Art. 129	210$_{N84}$

**IX. Bundesgesetz über den unlauteren Wettbewerb,
vom 30. September 1943**

Art. 1	*Abs. 2, lit. d:* 164$_{N3}$
	lit. f: 198$_{N5}$
	lit. g: 198$_{N5}$
Art. 1 ff.	113
Art. 2	227
Art. 7	172$_{N51}$
Art. 13	*lit. f u. g:* 198$_{N5}$

**XIII. Bundesrepublik Deutschland
Bürgerliches Gesetzbuch,
vom 18. August 1896**

§ 21	247, 338
§ 22	247
§ 54	248, 338
§ 138	527
§§ 705 ff.	247, 351
§ 714	432$_{N8}$, 436$_{N29}$
§§ 741 ff.	332$_{N32}$

**X. Pariser Verbandsübereinkunft zum Schutze des gewerblichen Eigentums,
vom 20. März 1883/
14. Dezember 1900/2. Juli 1911/
6. November 1925/2. Juni 1934**

Art. 8	169, 170

**Handelsgesetzbuch,
vom 10. Mai 1897**

§ 1	*Abs. 1:* 77$_{N32}$
§§ 1–3	489
§ 2	11
§ 4	79$_{N41}$

**XI. Schweizerisches Strafgesetzbuch,
vom 21. Dezember 1937**

Art. 54	135$_{N32}$
Art. 110	*Ziff. 5:* 178$_{N27}$, 210

§ 9	207_{N56}
§ 10	*Abs. 2:* 153
§ 15	*Abs. 3:* 145, 146, 153
§ 17	155_{N1}
§ 38	174_{N3}, 178_{N22}, 186_{N14}, 194_{N56}
§ 43	186_{N11}
§§ 48 ff.	89_{N2}
§§ 105 ff.	247, 489
§ 113	509_{N55}
§ 121 f.	494_{N10}
§ 124	490
§ 125	527
§ 126	253_{N55}, 527
§ 127	527
§ 128	**537**, 539_{N18}, 548
§ 155	494_{N10}
§§ 161 ff.	247, 597
§ 164	598
§ 170	598
§ 171	598
§§ 335 ff.	247, 658
§ 336	*Abs. 2:* 658
§ 343	10_{N13}, 151_{N45}

Aktiengesetz, vom 30. Januar 1937/ 6. September 1965

§§ 1 ff.	46
§ 70	*Abs. 1:* 102_{N64}
§ 76	221 f.
§ 82	*Abs. 1:* 253
§ 151	177_{N15}
§ 157	177_{N15}
§ 177	207_{N56}
§ 302	*Abs. 2:* 97_{N40}
§ 311	97_{N40}

Betriebsverfassungsgesetz, vom 15. Januar 1972

§ 1	115_{N62}
§§ 54 ff.	97_{N40}

XIV. Frankreich
Code civil
von 1804

Art. 1200	548_{N65}
Art. 1832	248 f., 352, 490
Art. 1862	352, 432_{N8}
Art. 1873	352_{N122}
Art. 2011 ff.	548_{N65}
Art. 2021	548_{N65}

Code de commerce, vom 10. September 1807

Art. 1	73
Art. 1 ff.	9, 15_{N37}, 17, 30, 32_{N74}, 38
Art. 8 (in der Fassung vom 22.9.1953)	174_{N3}, 175, 178_{N22}, 186
Art. 10 (in der Fassung vom 22.9.1953)	186
Art. 11 (in der Fassung vom 22.9.1953)	186
Art. 12 (in der Fassung vom 22.9.1953)	175_{N8}, 181_{N47}
Art. 18	352_{N122}
Art. 631	*Ziff. 3:* 9_{N10}
Art. 632, 633	77_{N32}

Décret relatif au registre du commerce, vom 23. März 1967

Art. 1 ff.	123
Art. 8	*Ziff. 10:* 89_{N2}
Art. 41	147_{N29}

Loi sur les sociétés commerciales, vom 24. Juli 1966

Art. 1	*Abs. 2:* 490, 598
Art. 1 ff.	30_{N64}, 68_{N25}
Art. 5	141_{N2}, 148
	Abs. 1: 249, 490, 598
Art. 10 ff.	490, 548_{N64}
Art. 12	527
Art. 14	253_{N55}, 527
Art. 23	*Abs. 2:* 598
Art. 23 ff.	598

Art. 28	598		Art. 2297	490
Art. 29	598		Art. 2304	549
Art. 98	*Abs. 2:* 253$_{N55}$		Art. 2312	*Abs. 2:* 599
Art. 124	*Abs. 2:* 253$_{N55}$		Art. 2313 ff.	598
Art. 419	*Abs. 1:* 659$_{N7}$		Art. 2315	599
Art. 419 ff.	249, 659		Art. 2318	598
Art. 421	659		Art. 2320	*Abs. 1, 2:* 598, 599
				Abs. 3: 598$_{N36}$
			Art. 2549	659
			Art. 2549 ff.	658 f.
			Art. 2555	98

XV. Italien
Codice civile von 1942

Art. 1 ff.	12, 18, 19, 44
Art. 14 ff.	249
Art. 17	249
Art. 2028	12$_{N26}$, 15$_{N39}$, 71$_{N3}$
Art. 2082	250
Art. 2135	12$_{N26}$, 71$_{N3}$
Art. 2185	15$_{N39}$
Art. 2195	12$_{N26}$, 71$_{N3}$
Art. 2247	250, 352, 353, 490
Art. 2249	*Abs. 2:* 353, 490
Art. 2266	*Abs. 2:* 353$_{N124}$, 432$_{N8}$, 436$_{N29}$
Art. 2267	*Abs. 1:* 353$_{N124}$
Art. 2268	353$_{N124}$
Art. 2286	599
Art. 2291 ff.	490, 548
Art. 2293	353, 490
Art. 2295	490
Art. 2296	490

XVI. Europäische Wirtschaftsgemeinschaft
Vertrag von Rom zur Gründung der Europäischen Wirtschaftsgemeinschaft, vom 25. März 1957

Art. 54	*Abs. 3:* 52, 252 f.$_{N53}$
Art. 58	*Abs. 1, 2:* 252 f.$_{N53}$
Art. 100-102	52
Art. 220	52

Richtlinie des Rates zur Koordinierung der Schutzbestimmungen, vom 9. März 1968

Art. 2 ff.	253
Art. 7 ff.	253
Art. 9	123$_{N3}$, 141$_{N2}$, 145$_{N21}$, 146, 253$_{N55}$
Art. 10 ff.	253

Sachregister

Aberkennungsklage 533
Abfindung; siehe auch Abschichtung 417 ff. 420, 554 f., 560 ff., 646, 667
– Begriff 418$_{N204}$
– bei Verschulden 418$_{N205}$, 561, insbes.$_{N47}$
Abfindungsbilanz 418, 555 f., 562, 667
Abschichtung; siehe auch Abfindung 416 ff., 418$_{N204}$
– Rechtsnatur 416 f.
Abschichtungsbilanz siehe Abfindungsbilanz
Actio pro socio; siehe auch Beiträge, Gesellschaftsklagen 320, 326, **378 ff.**, 612
– Subsidiarität? 379 f.
– bei Liquidation 466$_{N48}$, 579
Änderung
– der Eintragung im HReg 125, 128, 135, 136
– der Geschäftsfirma 158
Allgemeine Geschäftsbedingungen 58, 59
Allgemeiner Teil des Handelsrechts; siehe auch Handelsrecht **13 ff.**, 16, 44, 56, 61, 76, 84
Anfechtbarkeit (des Gesellschaftsvertrages) siehe Gesellschaftsvertrag
Anfechtungsklage (im Aktienrecht); siehe auch Eintragung im Handelsregister, vorsorgliche Maßnahme 134, 138
Anfechtungsklagen (actiones Paulianae) siehe Schuldbetreibung
Animus und affectio societatis 294$_{N15}$, 300, 319, 325, 357, 655$_{N10}$, 657$_{N19}$
Anscheins- oder Duldungsvollmacht; siehe auch Vollmachten 433$_{N14}$
Anteil (des Gesellschafters) 384 ff.
– Abtretung 386 f.
– Kapitalanteil, Kapitalkonto 385 f., 493 f., 619, 667
– – Verzinsung 495 f., 620 f.
– Liquidationsanteil 385, 448
– Unterbeteiligung 347, 386 f.
– Vermögensanteil 385, 494
– Wertanteil 385, 448

Antikes Recht 24, 25
– attisches 25
Anwachsung (Akkreszenz)
– bei Ausscheiden von Gesellschaftern 416 f., 554, 645
– bei Eintritt von Gesellschaftern 412, 551, 645
– bei Fortsetzung des Geschäfts 565
Aufbewahrung; siehe auch Buchführung 181
Auffanggesellschaft siehe einfache Gesellschaft
Auflösung (der Gesellschaft); siehe auch Identität, Kündigung, Liquidation, wichtige Gründe
– Gründe 451 ff., 567 ff., 649 f., 666
– – besondere Beendigungsgründe 461, 569 f.
– Juristische Personen, aufgelöste 454, 650
– durch Urteil 460
– Wirkungen siehe Liquidation
– – vorläufige 461 f.
Aufsichtsbehörde (im Handelsregisterrecht); siehe auch Handelsregister, Behörden 80, **125**, 126, 127, 138
Ausländische Bezeichnung; siehe auch Firmenrecht 159, 160, 161
Ausschlagung, erbrechtliche 427, 453 f.
Außengesellschaften 345 f.
Außenverhältnis (Handelsregister); siehe auch Eintragung (Rechtswirkungen) **63**, 77, 141 ff.
Außergewöhnliche Rechtshandlungen (Geschäfte) siehe Rechtshandlungen
Azienda; siehe auch Unternehmung 11, 13, 14, 45, 98, 226, 229

Bankengesetz 265
Bedingungen
– resolutive 461
– suspensive 358
Beiträge (Leistungen, Mittel); siehe auch actio pro socio, Einlagen, Gesellschaftsklage
– Art 270, 368 ff., 609 ff.

– Einreden 375 ff.
– – exceptio de non adimpleti contractus 375
– Erfüllung 371 ff.
– Geltendmachung 377 ff.
– Rechtstitel 369
Bénéfice; siehe auch Gewinn (gain) 75
Berufe; siehe auch Tätigkeit
– freie, wissenschaftliche, professions libérales **82f.**, 87, 106, 111, 115, 478
– gewerbepolizeiliche Vorschriften 110, 135
– Handwerk 33, **78ff.**, 82, 106, 115, 176
– Landwirtschaft 81 f., 85, 87, 115
Beschluß; siehe auch Beschlußfassung
– allgemein 275 ff., 391
– einstimmiger 276 f., 392, 395
– Gegenstand 392 ff.
– – bei außergewöhnlichen Rechtshandlungen 393 ff.
– Grundlagen 276
– mangelhafter (anfechtbarer, nichtiger) 277 ff.
– Rechtsnatur 275, insbes.$_{N46}$
– zulässiger 395
Beschlußfassung; siehe auch Beschluß
– einstimmige Beschlüsse 276 f., 392, 395
– Einzelstimme 279
– Formalien 395 f.
– Mehrheitsbeschlüsse 395 f.
– Omnipotenz 395$_{NJ13}$
Bestandesschutz; siehe auch Fortsetzung, Kontinuität 401, 513, 563
Betrieb(s-); siehe auch Geschäft, Gewerbe, Landwirtschaftsbetrieb, Unternehmung 7, 16, 88, 91, 93, 99, 101, 109, 111, 115, 132, 138, 178, 185, 186
– Ergebnis 174 ff., 186 f., 191, 203 ff.
– Geheimnis; siehe auch Fabrikations-, Geschäftsgeheimnis 198, 199, 205
– Gemeinschaft 98, **101,** 102, 198, 203
– Gewinn, Beteiligung 201, 203
– Kommission, Betriebsrat 119, 203, 204
– Rechnung 175, 184, 187, 190, **194ff.**, 204, 207
Bevormundete siehe Parteien
Bewertungen siehe Bilanz
Bilanz
– Aktiv- und Passivposten 190, 194, 195, 208
– Angleichung der Rechtsvorschriften im Gemeinschaftsrecht 52
– Arten
– – Abfindungsbilanz 418, 555 f., 562, 667
– – Abschichtungsbilanz siehe Abfindungsbilanz
– – Eröffnungsbilanz 184$_{N5}$, 191

– – Fortsetzungsbilanz 418, 493, 555
– – Jahresschlußbilanz 189, 191 ff., 204, 205 ff., 208
– – Liquidationsbilanz 184$_{N5}$, 188, 192, 578
– Aufstellung 180, 184, 190
– – Grundsätze
– – – Bilanzklarheit 177, **186,** 193, 196
– – – Bilanzwahrheit 177, **186,** 193, 196
– Ausgleich 191
– Begriff **190**
– Gliederungsschema 177, 186, 193, 194, 196
– Prüfung 182, 194
Bonae fidei negotium 319, 406
Branchensystem siehe Firmenrecht
Buchführung
– Begriffe
– – doppelte 176, 177, 185, 195
– – einfache 176, 185, 195, 196
– – gefälschte 210
– – gesonderte 179
– – kaufmännische 13, 44, 76, 86, 151, 152, **173ff.,** 177, 179, 182 ff., 189, 198, 199, 209, 389, 489, 492
– – konsolidierte 179
– – ordnungsmäßige 174, 180, 186, 197, 200, 209
– Dokumente **183ff.**
– Forderungs- und Schuldverhältnis 175, 181, 187, 198, 204, 208
– Inventar
– – Eröffnungsinventar 188, 189, 493
– – Jahresschlußinventar 188, 189
– – Liquidationsinventar 188
– Journal 185
– Rechtsvorschriften
– – Buchführungspflicht 151, 174, **178ff.,** 183, 187, 188, 191, 195, 197, 381 f., 389, 492 ff., 502, 661
– – Buchführungsrecht, formelles **177**
– – – materielles **183**
Buchführungsrecht; siehe auch Betriebsergebnis, Bilanz, Buchführung, Geschäftsbericht, Inventar
– Abschreibung, Begriff 190
– – Zulässigkeit im Steuerrecht 86
– Aktiven und Passiven 175, 176, 187 ff., 191, 194, 195, 381 f.
– Aufbewahrungspflicht 180, 181
– Aufwendungen 175, 192, 195
– Auskunft (Information); siehe auch Kontrollrechte 179, 194, 197, **198ff.,** 201 ff., 208 f., 210
– Computer 185

- Dokumente **183 ff.**, 185, 190, 209
- Einsichtsrecht 199, 201 ff., 208
- Ergebnis 175$_{N8}$, 184, 186, 187, 191, 192, 194, 195, 199, 204, 205
- Ertrag, Erträgnis 175, 195, 199
- formelles **177**
- Geschäftsbericht 192, 202, 208
- Geschäftsbücher 182, 183 f., 198, 202
- Geschäftsergebnis 195
- Geschäftsgeheimnis 198 ff., 205
- Geschäftsverbindlichkeiten 174, 187, 191, 202
- Gewinn (gain) 75, 76, 78, 174, 178$_{N25}$, 189, 190, 192, 201 ff.
- – Betriebsgewinn 192
- – Gewinn- und Verlustrechnung 52, 177$_{N16}$, 192, 194 ff., 201, 202, 204, 205, 207 ff., 381 f., 390, 492 f., 497
- – Nettogewinn 194
- Information siehe Auskunft
- Kontenplan (Gliederungsschema), plan comptable 177, 186, 193, 194, 196
- Kontrolle 174, 195, 198, 200, 209$_{N73}$
- materielles **183 ff.**
- Publizität 201$_{N21}$, **204 ff.**
- Reserven 191, 192, 500
- – stille 189, 190, 193, 493, 619, 667
- Revisionsbericht, Revisoren 200, 202
- Statistik 199, 200, 207
- Stichtag 175, 187, 191
- Strafrecht 180, 181, 198$_{N5}$, 210, 502
- Urkunden 178$_{N27}$, 210
- Verjährungsfrist 181
- Veröffentlichung 201$_{N21}$, **204 ff.**, 208

Buchung
- Freiheit der Verbuchungsmittel 184 ff.
- Maschinen 185
- Methoden 175, 184
- Stoff 184, 186, **187**
- Verfahren 177
- Wert 188, 189, 191

Comptabilité siehe Buchführung
Computer (im Buchführungsrecht) 185
Concetto dell'apparenza 663
- della realtà giuridica 663
Confiance; siehe auch Vertrauensschutz 146
Contratto plurilaterale; siehe auch Gesellschaftsvertrag 272$_{N22a}$, **273**, 379$_{N39}$

Datenverarbeitungsanlagen 185
Deklaratorische Wirkung siehe Eintragung im Handelsregister

Dezentralisierung
- im Handelsregisterrecht 124, 125
- der Unternehmung 92, 93
Diligentia quam in suis rebus; siehe auch Sorgfaltspflichten 296$_{N24}$, 320, 406, 659, 682
Doppelgesellschaft 335
Doppelte Buchführung siehe Buchführung
Drittwirkung (der Grundrechte) 256, 300
Droit
- des affaires 6
- industriel 6
- des marchands 26
- professionnel 10, 15
Dualismus und Monismus; siehe auch Prinzip der formalen Rechtsanwendung, Typologie 283, 285, 289, 296, 308
- «Mittellinie» 288
Durchgriffsproblem 285$_{N11}$, 309

Editionspflicht; siehe auch Buchführungsrecht **182**
Edits de la République de Genève 37
Ehefrauen siehe Parteien
Eidgenössisches Amt für das Handelsregister 125 ff., 130, 136, 152, 161, 164$_{N2}$
Einfache Buchführung siehe Buchführung
Einfache Gesellschaft; siehe auch Gesellschaft (allgemein), Gesellschaftsvertrag
- atypische 337 f.
- als Auffanggesellschaft 240, 309, 324
- Gelegenheitsgesellschaft 339, **346 ff.**
- Gründungsgesellschaft 339 f.
- – Vorgesellschaft 340 ff.
- als Grundform 236, 267, 335
- Innen- und Außengesellschaft 344 ff.
- Joint Venture 251, **353 ff.**
- Parteien 355 f.
- als Stille Gesellschaft 345, 654, 659
- Unterbeteiligung **347 ff.**, 410
- und Verein ohne Persönlichkeit 233, **336 ff.**
- Vermögen 380 f.
- Zweck 324 f., 334 f.
- – Gewerbe 334
- – ideeller, wirtschaftlicher 334
Einheit (der Rechtsordnung)
- öffentliches und privates Recht 256
- des Privatrechts 5, 18 ff., 47, 261
- – Autonomie des Handelsrechts **17 f.**, 30
- – Eingliederung des Handelsrechts in das Zivilrecht **17 ff.**, 64
- der Unternehmung 115, 117

Einlagen; siehe auch Beiträge
- Kommanditeinlage siehe Kommanditgesellschaft
- quoad dominium, sortem, usum 369f.
- Sacheinlage siehe Kommanditgesellschaft

Einreden; siehe auch exceptio **375ff.**, 533, 544, 636, **637ff.**

Einsichtsrecht; siehe auch Kontrollrechte
- im Buchführungsrecht 199, 201 ff., 208
- im Handelsregisterrecht 123, 124

Einspruch (im Handelsregisterrecht)
- privatrechtlicher 127, 133
- Verfahren 127, 133
- vorsorgliche Maßnahme 125$_{N14}$, 127, 133, 134

Eintragung in die Geschäftsbücher; siehe auch Buchung 184, 185, 188

Eintragung im Handelsregister
- Änderung 125, 128, 132, 135, 136, 483, 551, 552, 557
- Anmeldung beim Handelsregisterführer 128, 130, **136,** 137, 144
- Inhalt **139f.**, 484ff., 604ff.
- Löschung 125, 128, 132, 135, 136, **138,** 483, 568, 582
- Pflicht zur 80, 83, 86, 88, 89, 122, 130, **132ff.**, 137, 141, 143, 147, 184, 484ff., 604ff.
- Recht auf 84, **131**
- Rechtswirkungen
- – deklaratorische 147, 148
- – heilende 67$_{N23}$, 149, 150
- – konstitutive 95, **148ff.**, 179, 477, 478, 484, 489, 582$_{N62}$, 633
- – Nebenwirkungen **150ff.**
- – öffentlicher Glaube **144,** 145
- – Publizitätswirkung
- – – negative 91, 142, **143,** 145, 478, 517, 574, 582, 602, 633
- – – positive 91, **142,** 145, 478, 487, 582, 607, 629
- – – Zeitpunkt des Eintritts 152, 153
- nach Umsatz 80
- Verfahren
- – von Amtes wegen 138
- – Anmeldung 128, 130, **136,** 137, 144
- – Einspruch 125$_{N14}$, 127, 133, 134
- – Verweigerung 127, 133, 158
- – Voraussetzungen 76, 81, **129ff.**
- – formelle **135ff.**
- – materielle **130ff.**
- Wiedereintragung 138
- zwangsweise 136, 137, 483, 484, 568

Einzelfirma, Einzelkaufmann
- Geschäftsfirma 155, 157, 159, 162, 163, 166, 167, 168, 171
- Haftung 118ff.
- Handelsregistereintrag 134, 135, 136, 138, 140, 146, 147
- kaufmännische Buchführung 173, 185, 199, 200

Einzelunternehmung mit beschränkter Haftung 119

Employé intéressé 654$_{N8, 9}$, 656$_{N16}$

Enseigne (im Firmenrecht) 156, 169

Entreprise; siehe auch Betrieb, Geschäft, Gewerbe, Unternehmen, Unternehmung
- du groupe 97

Erbengemeinschaft **331,** 356, 423$_{N227}$, **453f.**

Erfolgsrechnung; siehe auch Betriebsrechnung 195, 196

Eröffnungsbilanz; siehe auch Bilanz 184, 191

Eröffnungsinventar; siehe auch Inventar 184$_{N5}$, 187, 191

Erwerb (dauernder) 72, 75ff., 85, 86, 106, 112

Europäisches Recht (Gemeinschaftsrecht) 51ff., 252f.
- Aktiengesellschaft 52, 253
- Angleichung der Rechtsvorschriften 52
- Freihandelszone 51
- Wirtschaftsgemeinschaft 51 ff., 114, 122, 144

Exceptio de non adimpleti contractus: siehe auch actio pro socio, Beiträge, Einreden 375f.

Fabrikationsgeheimnis; siehe auch Betriebs-, Geschäftsgeheimnis 198, 203

Fabrikationsgewerbe 77, 79, 80, 92, 100ff., 115, 117ff., 122, 134, 135, 147, 148, 157, 185

Faktische Gesellschaften 310ff.
- und fehlerhafte Gesellschaften 312

Fallgerechtigkeit 307

Familien-AG 304, 306

Familienname (im Firmenrecht) 159, **162f.,** 166, 170, 171, 476, 604, 640f.

Fiktionstheorie 283

Firma; siehe auch Geschäftsfirma 13, 44, 84, 98, 101, 131, 139, 147, **154ff.**, 181$_{N49}$
- Abkürzung
- – der Geschäftsfirma 166
- – der Rechtsform 163, 476
- Begriff **155ff.**
- – Enseigne 156, 169
- – Familienname 159, **162f.,** 166, 170, 171, 476, 604, 640f.
- – Gesellschaftsname, Gesellschaftsfirma 156

– – Handelsname 155, 156, 164 ff., 170, 171, 476
– – Name siehe Familienname, Handelsname
– – Partikel 159
– – Reklame 158
– – Warenzeichen 156
– Bezeichnung
– – ausländische, internationale 159$_{N24}$, 160, 161
– – nationale **159 ff.**
– – Phantasiebezeichnung 159, **163**, 170
– – regionale 159
– – territoriale 159 ff.
– Bildung **154 ff.**, 159, 160, 162, 163, 164
– – Eigenständigkeit (originalité) 164, 165, 166, 167, **168 ff.**
– – freie Wahl 155, 168$_{N24}$
– – Wahrheit (véracité) **158 ff.**, 162, 164, 171
– Gebrauch 159, 168, 169, 170, 171
– – ausschließlicher 131, 165, 167 ff.
– Inhaber 169, 170, 172
– Inhalt **161 ff.**
– Schutz **163 ff.**, 171
Firmenrecht
– Anwendungsbereich **156**
– Aufmerksamkeit 166
– Branchensystem 168
– Eigenständigkeit 156, 164, 165, 166, 167, **168 ff.**, 171
– Eindruck 158, 159, 164, 166
– – falscher 158
– freie Firmenwahl 155, 168$_{N24}$
– Gattungsbegriffe 170
– Irreführung 158, 165, 166
– Nebentätigkeit 160
– Persönlichkeitsschutz 170
– Priorität
– – der Eintragung 165
– – des Gebrauchs der Firma 169
– Unterlassungsklage 172
– Unterscheidbarkeit 166, 167, 168, 171
– Verjährungsfrist 172
– Veröffentlichung 169
– Verwechslung 156, 159, 164, 165 ff., 168
– Verwechslungsgefahr 164 ff., 169, 170
– Verwirrung 164
– vorsorgliche Maßnahme 172
– Wahrheit, véracité, vérité 159, 476
– Wahrscheinlichkeit 165, 172
– Wechsel des Geschäftsinhabers 162, 551
Fondé de procuration; siehe auch Prokurist 89 ff.
Fonds de commerce; siehe auch Unternehmen 11, 14, 98, 100, 116, 118, 229 f.

Forderungs- und Schuldverhältnis siehe Buchführung
Formale Rechtsanwendung (Prinzip), Formenfixierung, Formzwang; siehe auch numerus clausus 288, 303$_{N2a}$, 307
Formalismus des Handelsrechts 60, 63
Fortsetzung (der Gesellschaft, des Geschäfts); siehe auch Anwachsung, Bestandesschutz, Identität, Kontinuität
– bei Ausscheiden von Gesellschaftern 416
– – insbes. nach Art. 579 OR 563, 646
– bei Eintritt von Gesellschaftern 409, 412
– mit Erben 423 ff., 453 f.
– Fortsetzungsklauseln 409$_{N161}$, 424 ff.
– bei Liquidation 450, 570

Gattungsbegriffe siehe Firmenrecht
Gefahr im Verzug 392
Gefahrstragung 372
Geheimhaltungspflicht siehe Betriebs-, Fabrikations-, Geschäftsgeheimnis
Gelegenheitsgesellschaft 335, 339, **346 f.**, 348$_{N105}$
Gemeinschaftliches Eigentum; siehe auch Rechtsgemeinschaften
– Gesamteigentum 333, 465
– Miteigentum **332 f.**, 382
– in der Schuldbetreibung 448 f., 545$_{N48}$
Gemeinschaftsrecht siehe europäisches Recht
Gemischter Vertrag 328
Genossenschaft 237, 242, 294, 300
Gerechtigkeitsidee 299, 641, 665
Gesamthandverhältnisse; siehe auch Anwachsung 283 ff., 284$_{N4}$, 288$_{N23}$, 290, **382**, 446
Geschäft; siehe auch Betrieb, Buchführungsrecht, Geschäftsfirma, Gewerbe, Unternehmen, Unternehmung 88, 98, 131, 209
– Betrieb 79, 94, 132, 138, 174, 175, 184$_{N5}$, 186, 188, 191, 198, 204
– Geheimnis 198 ff., 205, 507, 617
– Inhaber 90, 92, 99, 101, 109, 116, 135, 162
– Übertragung 98, 468, 564 ff., 576
Geschäftsfähigkeit 134
Geschäftsfirma; siehe auch Firma, Firmenrecht 154 ff.
Geschäftsführung; siehe auch Beschluß, Kontrollrechte, Liquidation, Sorgfaltspflichten, Vertretung, Widerspruchsrecht 16, 112, 198 ff., 203, 206
– ohne Auftrag 398, 404, 628
– Ausübung 403 f.

– – außergewöhnliche Rechtshandlungen siehe Rechtshandlungen
– Beendigung 398 ff., 513
– – Entziehung aus wichtigen Gründen **399 ff.**, 513
– Begriffliches 397 f.
– – externe, interne, volle 397
– durch Dritte 398
– Einzelgeschäftsführung 403, 512
– Entstehung; gesetzliche, vertragliche 398 f., 511 f., 513 f., 613, 616
– Gesamtgeschäftsführung 403$_{N142}$
– der Liquidatoren siehe Liquidation
Geschäftsunfähigkeit 146
Geschäftsverkehr 6, 10, 20, 60, 63, 110, 127, 137, 139, 141, 144, 155, 159
Geschäftsvermögen 99, 173, 175, 191
Geschlossenheit (Prinzip); siehe auch Intuitus personae, Mitgliederbewegung, Typologie
– der Gesellschaftsform 306
– der Mitgliedschaften 407
Gesellschaft (allgemein); siehe auch Außengesellschaft, Gelegenheitsgesellschaft, Gründungsgesellschaft, Innengesellschaft, Unterbeteiligung, Vorgesellschaft
– atypische Gesellschaften siehe bei den einzelnen Gesellschaftsformen
– Begriffliches 231 ff., 303$_{N2a}$
– Erscheinungsformen 236 ff.
– – im ausländischen Recht 247 ff.
– gemischte Gesellschaftsformen 351
– gesellschaftsähnliche Rechtsverhältnisse 350
– Handelsgesellschaften (Begriff) 243 f.
– – «Firmen» 243 f.
– Zweckgemeinschaft 232, 235, 267, 327$_{N11}$, 475, 655
Gesellschaftsfirma; siehe auch Firma 157, 162, 163, 168, 171
Gesellschafts- oder Gesamthandsklage 378
Gesellschaftsvertrag (allgemein); siehe auch Gesellschaft, Synallagma
– allgemein 267 ff.
– Abschluß 355 ff.
– – einheitlicher Rechtsakt **357**, 603
– Contratto plurilaterale 273
– Doppelnatur 272
– fehlerhafter (nichtiger, anfechtbarer) 312, **359 ff.**, 483, 603, 658
– Form **358 f.**, 484, 602
– Merkmale 267 ff.
– Parteien siehe dort

– Rechtsnatur 271 ff.
– – und Synallagma 271 f.
– Zweck 267 ff.
– – und Motive 268
Gewährspflichten 372, **373 f.**
Gewerbe; siehe auch Betrieb, Eintragung im Handelsregister, Geschäft, Handels- und Gewerbefreiheit, Unternehmung 12, 28, 33, 35, 72 ff., 83, 84, 85, 86, 88 ff., 106, 107, 111, 115, 132, 133, 135, 136, 137, 138, 140, 141, 146 ff., 151, 152, 178, 179, 226, 228, 334, 477 f.
– Eintragungspflicht 137
– Nützlichkeit des Begriffes **83 ff.**
– quasikaufmännisches Gewerbe 80
Gewerbepolizei 7, 21, 35, 110, 135, 141
– Eingriffe 110
Gewerbliches Eigentum 45, 49, 50, 100, 382, 529
Gewinn (gain) siehe Buchführungsrecht
Gewinn- und Verlustbeteiligung 387 ff., 390, 621 ff., 656, 658, 660 f.
Gewohnheitsrecht 22, 26, 28, 29, 36, 57, 110, 265 f., 470, 654
Glaube; siehe auch Treu und Glauben
– guter Glaube 64, 90, 143, 145, 149
– öffentlicher Glaube **144**, 145
Gleichheitsprinzip 298 ff.
– und affectio societatis 300
– und Gerechtigkeitsidee 299
– und gute Sitten 300
– und Willkürverbot 300
Gliederungsschema; siehe auch Buchführung 177, 186, 193, 194, 196
GmbH & Cie, KG 597
Groupe de sociétés; siehe auch Konzern 97, 249
Groupement d'intérêt économique 249
Gründungsgesellschaft 339 f.
Grundform siehe einfache Gesellschaft
Grundsatz; siehe auch principe, Theorie
– der Eigenständigkeit (originalité) im Firmenrecht 156, 164, 165, 166, 167, **168 ff.**, 171
– der freien Firmenwahl 155, 168$_{N24}$
– der Klarheit der Bilanz 177, **186**, 193, 196
– der Kontinuität der Unternehmung 72, 73, 115 ff.
– des möglichen Wettbewerbs 114
– der negativen Publizitätswirkung 91, 142, 143, 145, 478, 517, 574, 582, 602, 633
– des öffentlichen Glaubens 144, 145

– der positiven Publizitätswirkung 91, 142, 145, 478, 487, 582, 607, 629
Guter Glaube siehe Glaube, Treu und Glauben

Haftungen (der Gesellschafter); siehe auch Einreden, unerlaubte Handlungen
– Akzessorietät **543 f.**, 547
– bei atypischen Gesellschaften 641 f., 663
– ausscheidender Gesellschafter **421 f.**, 557, 565 f., 648
– direkte (unmittelbare) 444, 537, 548
– eintretender Gesellschafter 409 f., 413, 552, 648 f.
– Einzelunternehmung mit beschränkter Haftung 119
– Erfüllungstheorie 537
– Gegenstand 443, 536, 631
– Haftungsbefreiung 634 f., 637 f., 656
– Haftungstheorie 537
– – Interessenhaftung (Erfüllungsinteresse) **537 ff.**, 630, 631
– Kausalhaftungen 443
– bei Liquidation 572
– Solidarität **443 f.**, 447, 534, 542
– Subsidiarität 118, 538 f., 542, 630, 631, 636
– Umwandlungsprinzip 538 f., 540
Handel
– Begriff **5 ff.**
– Geschichte **20 f.**
Handels- und Gewerbefreiheit 40, 85 ff., **105 ff.**, 255
– Begriff 106
– und Vereinsfreiheit 254 f.
– verfassungsmäßige Gewährleistung
– – Begünstigte **105 ff.**
– – Beschränkungen 111, 112
– – Gegenstand 108 ff.
– Verhältnismäßigkeit im Verfassungsrecht 110
Handelsgebräuche (usances commerciales) 59, 280 f.
Handelsgeschäft siehe Geschäft
Handelsgesellschaften (Terminus) 243 f., 328
Handelsgewerbe siehe Gewerbe
Handelsname siehe Firma
Handelsprivilegien der Eidgenossen 34
Handelsrecht
– allgemeiner Teil **13 ff.**, 16, 44, 55, 61, 76, 84
– Anwendungsbereich 5 ff.
– – Gebiet 12 ff.
– Aufgaben 60 ff.
– Begriff 1 ff.
– – objektive und subjektive Lehre 8, 9

– kantonales, Entwicklung 32 ff., 321 ff., 473 ff.
– Normen
– – internationale 49 ff.
– – nationale 30 ff.
– – supranationale 32, **51 ff.**, 252
– und Privatrecht
– – Autonomie 17 ff., 30
– – Eingliederung 17 ff.
– – Integration 20, 42
– – Privatautonomie 57 ff.
– Rechtsquellen **43 ff.**
Handelsrechtliche Verträge 14, 17, 36, 57, 151
Handelsrechtliche Vertretung 44, **88 ff.**, 522 ff.
Handelsregister
– Behörden
– – Aufsichtsbehörde 80, **125 ff.**, 138
– – Eidgenössisches Amt 125 ff., 130, 136, 152, 161, 164
– – Kognitionsbefugnis 127, 128, 133, 149, 157, 606
– – Verantwortlichkeit 124, 125
– Dezentralisierung der Ämter 124, 125
– Eintragung siehe Eintragung im Handelsregister
– Institution
– – Bedeutung 122
– – Öffentlichkeit 125
– – Publizitätsfunktion 123
– Verfahren siehe Eintragung im Handelsregister
Handelsregisterrecht
– Aufsichtsbehörde 80, **125**, 126, 127, 138
– Auskunft (Information) 123, 124, 137, 139, 141, 144, 146
– Disziplinarmaßnahme 126
– Einsichtsrecht 123, 124
– Einspruch, privatrechtlicher 133
– – Verfahren 127, 133
– – vorsorgliche Maßnahme 125$_{N14}$, 127, 133, 134
– Gesetzmäßigkeit 126, **128 ff.**, 144
– Konkurs 13, 116, 132, 138, 151
– Maßnahme, vorläufige 134
– – vorsorgliche 125$_{N14}$, 127, 133, 134
– Nichtigkeit 143, 145, 150, 153
– öffentlicher Glaube **144**, 145
– privatrechtlicher Einspruch 133
– Prüfungen 123, 134
– Publizität
– – negative Wirkung 91, 142, 143, 145, 478, 517, 574, 582, 602, 633
– – positive Wirkung 91, 142, 145, 478, 487, 582, 607, 629

– – Publizitätsfunktion des Handelsregisters 123
– – Publizitätspflicht 143
– Unkenntnis 143, 146
– Verfügung, Eintragungs- 125
– – der Handelsregisterbehörde 124
– – des Handelsregisterführers 136
– – vorsorgliche 127, 133, 134
– Veröffentlichung 123, 125, 142, 143, 151 ff.
– vorsorgliche Maßnahme 125_{N14}, 127, 130, 133, 134
– Zentralisierung 124
Handelsreisende 46, 92
Handelsverkehr siehe Geschäftsverkehr
Handlungsbevollmächtigter 89, 91, 524 f.
Handlungsfähigkeit (der Handelsgesellschaften); siehe auch Prozeßfähigkeit, ultra vires 446, 531, 627
Handwerker oder Handwerksbetrieb 33, **78 ff.**, 82, 106, 115, 176
Hauptniederlassung 84, 93, 94, 116, 118, 132, 147, 485
Heilungstheorie 67_{N23}, 149, 150
Hilfspersonen, kaufmännische 78
Honorare 496

Identität (der Gesellschaft)
– der Liquidationsgesellschaft 450, 570
– bei Mitgliederwechsel 407, 412, 416, 550, 645
– bei Umwandlungen (formwechselnden) 482, 602
Impresa; siehe auch Unternehmung 11, 12, 88, 226, 229
Incoterms 53, 59
Individualrechtliche Leistungen 370, 407
– auf gesellschaftsrechtlicher Grundlage 370
Information (im Buchführungsrecht); siehe auch Kontrollrechte
– Auskunftsrecht im Gesellschaftsrecht 201, 202, 203, 404, 614, 617
– Publizität 204 ff.
– Recht auf
– – unternehmensinterne **198 ff.**
– – unternehmensexterne **204 ff.**
Innengesellschaften 344 f., 348_{N105}, 350, 463, 656
Innungen 28
Institution (französische Doktrin) 223
Integration
– der Gesellschaften 96
– des Handelsrechts im Privatrecht **20**, **42**, 44

Interessen; siehe auch Motiv, Zweck
– geschäftliche 164, 167
– private 7, 197, 217 f.
– öffentliche 159, 160, 177, 197, 207, 219 ff.
Interessengemeinschaften 268 f., 327
Interessenhaftung; siehe auch Haftungen
– der Kollektivgesellschafter 536 ff.
– des Kommanditärs 631
– des Komplementärs 630
Internationale
– Bezeichnung (im Firmenrecht) 159
– Handelskammer 32
– Normen des Handelsrechts **49 ff.**
– Wirtschaftsorganisationen 59
Intuitus personae 398, 409, 453, 513
Inventar (im Buchführungsrecht)
– Eröffnungsinventar 188, 189
– Jahresschlußinventar 188, 189
– Liquidationsinventar 188
Ius (in der Geschichte des Handelsrechts)
– gentium 25
– mercatorium 26, 29
– nundinarum 29

Joint Venture 251, **353 f.**
Journal (im Buchführungsrecht) 185

Kantonales Handelsrecht siehe Handelsrecht
Kartelle 46, 114, 224, 227, 234, **238**, 334, 362
– herrschende Position 114
Kaufmann
– Begriff 6, 8 ff., 20, 70, 178, 184, 209
– Rechtsstellung 134
– – Kaufmannseigenschaft 13 ff., 79, 122, 147, 150, 194_{N56}
– – – Vermutung 122, 142, 143, 145, 147, 148
– – Kaufmannsstand 24
Kognitionsbefugnis der Handelsregisterbehörde 127, 128, 133, 149, 157, 606
Kollektivgesellschaft; siehe auch Gesellschaft, Gesellschaftsvertrag, Handlungsfähigkeit, Rechtsfähigkeit
– Begriff 475
– – kaufmännische, nicht kaufmännische 132, 133, 477, 489
– Eintragungen im HReg 139, 484 ff.
– – Wirkungen 147, 148, 487 ff.
– Entstehung 479 ff.
– – Form 484
– – Umwandlung, formwechselnde, 489 ff.
– – Vertrag 479 ff.

– Firma 475f.
– Natur des Geschäfts 486f.
– Parteien 479f.
– Sitz 485
– Zweck 477f.
– Zweigniederlassung 485
Kommanditgesellschaft; siehe auch
 Gesellschaft, Gesellschaftsvertrag,
 Handlungsfähigkeit, Rechtsfähigkeit
– atypische 303, 594ff., 641ff.
– Begriff 529
– – kaufmännische, nicht kaufmännische 132, 133, 477, 602
– Eintragungen im HReg 139, 604ff.
– – Wirkungen 147, 148, 607
– Entstehung 600ff.
– – Form 602f.
– – Umwandlung, formwechselnde 602
– – Vertrag 601f., 603
– Firma 604
– GmbH & Cie, KG 597
– Kommandite 591, 646
– – Übertragung 646
– Kommanditeinlage **592**, 610f., 651
– Kommanditsumme **592f.**, 622f., 651
– – Erhöhung 632
– – Verminderung 632f.
– Parteien 600f.
– Sacheinlagen **604ff.**, 634
– Terminologisches 591f.
Konkurrenzverbote 201f., **503ff.**, 625ff., 661
Konkurs; siehe auch Handelsregisterrecht, Schuldbetreibung, Pfändung
– als Auflösungsgrund 453, 567f., 649f., 666
– als Ausschließungsgrund 561f., 644
– Delikte 502
– gleichzeitiger von Gesellschaft und Gesellschaftern 545, 645
– Generalliquidation 539
– Konkursstatistik 679f.
– als Kündigungsgrund 569
– Umwandlungsprinzip 538, 540
– Unabhängigkeit von Gesellschafts- und Gesellschafterkonkurs 542
– Zwangsverwertung von Liquidationsanteilen 449, 453
Kontinuität der Unternehmung; siehe auch Fortsetzung 72, 73, 115ff.
Kontrollrechte
– der Gesellschafter **201ff., 404f.**, 491, 613, 614, 617, 659
– – mißbräuchliche Ausübung 404

– der Handelsregisterbehörden 128, 147
– der Steuerbehörde 207
Konzerne; siehe auch Groupes de sociétés 92, 95, **96**, 97, 118, 179, 224, 238f.
– herrschende Gesellschaft 97
Konzessionssystem 108, 109, 220
Kündigung; siehe auch Auflösung, wichtige Gründe
– des Gesellschaftsverhältnisses
– – ordentliche 455
– – aus wichtigen Gründen 458ff.
– – bei unbestimmter Dauer oder auf Lebenszeit 456f.
– der Mitgliedschaft 413f.

Landwirtschaftsbetrieb **81**, 82, 87, 106, 115, 116
Law Merchant 30$_{N59}$
Leasing 100, 160, 187, 192
Lex Rhodia de jactu 25
Liquidation; siehe auch Auflösung, Identität, Konkurs, Pfändung, Regreßrechte
– Auseinandersetzung (interne) 466ff., 578ff., 651f., 665f.
– – actio pro socio 466$_{N48}$, 579
– – Nachschüsse 467, 579
– – Umlageverfahren 467
– Beendigung 468f., 582f.
– Begriffliches 450$_{N2}$, 464
– Einheitlichkeit, Prinzip 464
– Liquidationsbilanzen 184, 188, 192, 578
– – Schlußabrechnung 579
– Liquidationsgesellschaft 450, 570f.
– – Zweck 450
– Liquidationsinventar 188
– Liquidatoren
– – Bestellung (durch Gesetz, Gericht, Vertrag) 461f., 571f., 651, 667
– – Geschäftsführung 462, 573, 651
– – – außergewöhnliche Geschäfte 462, 573, 651
– – – laufende Geschäfte 574
– – – neue Geschäfte 574f., 651
– – Vertretungsmacht 572, **573f.**
– Schuldentilgung 465f., 578f.
– Veräußerung der Aktiven 575ff.
– – zu Gesamtübernahmepreis (Geschäft, Vermögenskomplex) 468, **576f.**
– – Grundstücke 576
– – «Versilberung» 575
– Widerspruchsrechte 576f.
Liquidationsvergleich siehe Nachlaßvertrag

Löschung
- der Eintragungen im Handelsregister siehe dort
- der Geschäftsfirma 172, 181

Maison de commerce; siehe auch Betrieb, Geschäft 98
Maßnahmen
- im Handelsregisterrecht
- - Disziplinarmaßnahme 126
- - vorläufige 134
- - vorsorgliche 125_{N14}, 127, 133, 134
- im Verfassungsrecht (Handels- und Gewerbefreiheit)
- - gewerbepolizeiliche 110
- - handelspolitische 110
- - der Wirtschafts- und Sozialpolitik 110, 111, 112
Mediationsakte 40
Messe 27, 29, 33
Minderjährige siehe Parteien
Minderkaufmann 79
Mitgliederbewegung; siehe auch Abfindung, Abschichtung, Anwachsung, Identität, Fortsetzung, Haftungen, Mitgliedschaft
- Allgemeines 406f., 551f.
- Aufnahmen (siehe auch Eintritt) 406, 551, 645ff.
- - Wirkungen 412f., 551f., 645f., 648f.
- Ausscheiden 413ff., 552ff., 645ff.
- - Wirkungen 416ff., 421ff., 554ff., 645f., 648f.
- Ausschließung **414ff.**, **558ff.**, 646
- - Wirkungen 416ff., 421f., 560f., 648
- Eintritt von Erben 423ff.
- - statt Auflösung 453f.
- - kraft vertraglichen Klauseln 424ff.
- Fortsetzungsklauseln 408_{N158}, 424f.
- Übertragung der Mitgliedschaft siehe Mitgliedschaft
Mitgliedschaft; siehe auch Anteile, Mitgliederbewegung, Unterbeteiligung
- Inhalt 406f.
- Rechtsnatur (Grundverhältnis) 272
- - Causa des Gesellschaftsvertrages 272_{N26}
- Übertragung 408, 551, 646ff.
- - Abtretungsvertrag und Zustimmung 408
- - - Wirkungen 409f.
- - von «Anteilen» 386, 410f.
Mitsprache, Mitbestimmungsrechte 102, 115, 119, 203, 204, 228, 230
Mittelalter 9, 22, 26, 28, 30
Modellvertrag «Haab» 618_{N28}

Monismus und Dualismus siehe Dualismus
Motive; siehe auch Interessen, Zweck 268, 349_{N105}
Muster und Modelle, gewerbliche 46

Nachlaßstundung 181, 209_{N74}
Nachlaßvertrag 151, 209_{N74}, 544, 547, 568
- mit Vermögensabtretung (Liquidationsvergleich) 568
Name
- der einfachen Gesellschaft 326, 329, **476**
- im Firmenrecht siehe Firma, Firmenrecht
Nationale
- Bezeichnung im Firmenrecht **159ff.**
- Normen des Handelsrechts 30ff.
Nebenleistungs-AG 297_{N33}
Nebentätigkeit siehe Firmenrecht
Nebenwirkungen siehe Eintragung im Handelsregister
Negative Publizitätswirkung siehe Eintragung im Handelsregister, Publizität
Nichtigkeit
- des Gesellschaftsvertrags siehe dort
- im Handelsregisterrecht siehe dort
Nichtkaufmann 9, 14, 16, 20
Normativsystem 109, 220
Numerus clausus; siehe auch Geschlossenheit (Prinzip) **239ff.**, 307, 308f.

Objektive Lehre siehe Handelsrecht
Obligationenrecht 1881/1936
- Allgemeine Bestimmungen (Anwendbarkeit) 259ff.
- Entstehungsgeschichte 257f.
Observanz 280f.
Öffentlicher Glaube siehe Glaube, Handelsregisterrecht
Öffentliches Inventar 428, 454
Ordnungsprinzipien 304, 641, 663, **665f.**
Organe; siehe auch unerlaubte Handlung 52, 103, 138, 200, 262, 286, 518
- Fremdorganschaft **525f.**, 630, 682_{N3}
- Selbstorganschaft 526
Organisation (gesellschaftsrechtliche)
- bei atypischen Personengesellschaften 344, 513f., 595
- Organisationsvertrag 272
- organisatorische Normen 218f., 270f.
Originalité (Eigenständigkeit) siehe Firmenrecht

Parteien
- der einfachen Gesellschaft 355f.

– der Kollektivgesellschaft 479f.
– der Kommanditgesellschaft 600f.
– der stillen Gesellschaft 657f.
– – Zweiparteienverhältnis? 657
Parteifähigkeit (der Gesellschaften); siehe auch Rechtsfähigkeit 446, 531, 627
Parteiwille als Rechtsquelle 56
Partiarische Rechtsverhältnisse **327f.**, 656, 657$_{N19}$
Partikel siehe Firma
Partnership und Limited partnership; siehe auch Uniform Acts (USA) 250, 490, 527, 549, 599f.
Patrimoine, patrimoine d'affectation siehe Vermögen, Zweckvermögen
Persönlichkeitsrechte (der Gesellschaft) 529f.
Persönlichkeitsschutz
– im Firmenrecht 170, 171
– im Gesellschaftsrecht 256, 263, 362, 420$_{N215}$, 452, 456$_{N12}$, 510, 556, 558, 597, 609, 617$_{N23}$
– im Zivilrecht 114
Personengesellschaften 120, 123, 136, 138, 139, 162, 163, 166, 167, 192, 199, 201, 236, 245f., 319ff.
Personenstand 139, 156
Personnalité morale (französische), grande, petite 249
Pfändung und Verwertung eines Liquidationsanteils
– Gegenstand 385, 448
– Verfahren 448
– Verwertung von Anteilen an Gemeinschaftsvermögen 448f., 453
– Wirkungen
– – Auflösungsgrund 448, 453$_{N7}$, 569
– – Ausschließungsgrund 561, 569
– – Kündigungsrecht 569
Phantasiebezeichnung siehe Firma
Praesumtio juris (Rechtsvermutung) 432$_{N8}$
– et de jure 432$_{N8}$
Principe de la spécialité (statutaire) 284, 253$_{N55}$, 288$_{N23}$, 533$_{N15}$
Priorität siehe Firmenrecht
Privatautonomie siehe Handelsrecht
Privatvermögen siehe Vermögen
Prokura, Prokurist (fondé de procuration); siehe auch Vollmachten **89ff.**, 139, 140, **522ff.**, 628f., 662
Propriété commerciale 13, 16, 45, 101
Prozeßfähigkeit (der Gesellschaften); siehe auch Handlungsfähigkeit 406, 531f., 627

Publizität siehe Buchführungsrecht, Handelsregisterrecht

Quasi
– Corporations 251$_{N39}$
– kaufmännisches Gewerbe 80
– Persönlichkeit 115, 244
– – der Personenhandelsgesellschaften 115, 244
– – der Unternehmung 115

Raison de commerce siehe Geschäftsfirma
– individuelle siehe Einzelfirma
– sociale siehe Gesellschaftsfirma
Realitätstheorie 283
Rechnungsführung 203, 381ff., 492ff.
Rechnungsjahr 175
Rechnungsperiode 195, 196
Rechnungswesen 174, 199ff., 205ff.
Rechtsfähigkeit der Gesellschaften; siehe auch Parteifähigkeit 446, **529ff.**, 627
– der Unternehmung 117
Rechtsgemeinschaften (des ZGB); siehe auch gemeinschaftliches Eigentum 235, **330ff.**
«Rechtshandlungen»
– Begriff 392f., 516
– – außergewöhnliche **393ff.**, 403, 462, 512, 573, 613, 617, 651, 660
Rechtsmißbrauch; siehe auch Treu und Glauben 285$_{N11}$, **292f.**, 309, 403, 404, 643, 665
– im Firmenrecht 172
Rechtsschein und Vertrauensschutz; siehe auch Verkehrssicherheit 64, 65, 365, 432f., 515, 663
Rechtsträgerschaft 115, **117ff.**, 155
Rechtszuständigkeit 377$_{N34}$
Regreßrechte 422, 445, 469, 542f., 548, 581, 633, 636, 649, 652
Res extra commercium 5
– in commercio 5
– judicata 533, 627
Reserven siehe Buchführungsrecht
– stille 189, 190, 193, 385, 493, 500
Revisionsbericht, Revisoren siehe Buchführungsrecht
Richtlinie (im EG-Recht) 52ff., 123, 144, 252f.
Römisches Recht 5, 6, 23, 25, 319f.

Sacheinlagen siehe Kommanditgesellschaft
Schuldbetreibung; siehe auch Pfändung, Konkurs
– Aberkennungsklage 533

- Anfechtungsklagen (actiones Paulianae) 466, 502, 557, 582, **583 ff.**
- Anwendbarkeit des SchKG 264
- erfolglose Betreibung 539$_{N19}$, 540, 567$_{N4}$
- Rechtsöffnung 533
- – Einwendungen 533
- Umwandlungsprinzip siehe Konkurs
- Zwangsverwertung eines Liquidationsanteils 448 f.

Selbständigkeit der Unternehmung siehe Unternehmung

Sitten, gute (Sittenwidrigkeit) 278, **292**, 300, 362

Societas 319 ff.
- Europea 253
- Leonina 320, 362, **387 ff.**, 388$_{N84}$, 498, 624$_{N44}$, 656

Sondergesetzgebung; siehe auch Bankengesetz, Kartelle, Schuldbetreibung 264 f.

Sorgfaltspflichten; siehe auch Diligentia
- der Geschäftsführer 390, **405 f.**, 512 f., 613 659
- des Gesellschafters 405
- bei Handelsgesellschaften 406
- bei stillen Gesellschaften 659

Statistik
- im Buchführungsrecht 199, 200, 207
- Konkursstatistik 679 ff.

Statutarrecht 26, 472

Statuten
- Auslegung 273 ff.
- – Normen- und Vertragstheorie 273
- Rechtsnatur 223, 273 f.

Steuerrecht
- bei Ausscheiden von Gesellschaftern durch Tod 671 f.
- – Fortsetzungsklausel 671
- – Bilanzbündeltheorie 671
- direkte Steuern 670
- Doppelbesteuerung 93, 672
- – interkantonale 672 f.
- – Doppelbesteuerungsabkommen
- – – mit Deutschland 674 f.
- – – OECD-Musterabkommen 673
- Geschäfts- und Privatvermögen 99, 115
- und Handelsrecht 69
- indirekte Steuern 670
- – Stempel-, Verrechnungs-, Warenumsatzsteuer 670
- und kaufmännisches Gewerbe 86 f., 152, 178$_{N25}$, 179, 187$_{N18}$
- stille Reserven 190$_{N32}$
- Veranlagung, amtliche 192, 207

- Verrechnungen von Gesellschaftsanteil und Privatschulden 673
- Vorlage (der Jahresrechnung) 207
- Wehrsteuer-Buße 210
- Zweigniederlassung 94

Stille Gesellschaft; siehe auch Innengesellschaft, partiarische Rechtsverhältnisse, Unterbeteiligung
- affectio societatis 655$_{N10}$, 657$_{N19}$
- atypische 662
- ausländisches Recht 658 f.
- concetto dell'apparenza, concetto della realtà giuridica 663
- employé intéressé siehe Employé
- Zweiparteienverhältnis? 657

Stille Reserven siehe Reserven

Stockwerkeigentum 235, 333

Strafrecht
- im Buchführungsrecht 180, 181, 198$_{N27}$, 210, 502
- Konkursdelikte 502

Streitgenossenschaft 446

Supranationale Normen des Handelsrechts 32, 51 ff., 252 f.

Suum quique 299

Synallagma; siehe auch Gesellschaftsvertrag
- funktionelles 272
- genetisches 271, 377

Tätigkeit; siehe auch Berufe
- im allgemeinen Handelsrecht
- – gewerbliche 48, 99, 101, 155
- – kaufmännische 6, 9, 16, 44, 67, **76 ff.**, 85, 88, 99, 101, 132, 147, 151, 179, 183, 184, 191, 192, 194, 196, 197
- – quasi-kaufmännische **80 ff.**
- – selbständige 72, 73, 75, 135
- – wirtschaftliche 72, 76, 85, 88, 98, 101, 102, 104, 109, 113, 114, 135
- im Firmenrecht
- – Haupttätigkeit 163
- – Nebentätigkeit 160

Technische Realität (der juristischen Person) 284

Territoriale Bezeichnung siehe Firmenrecht

Theorie; siehe auch Grundsatz, principe
- de la causalité 145
- Heilungstheorie (théorie de la guérison) 67$_{N23}$, 149, 150
- Veranlassungstheorie 145

Treu und Glauben; siehe auch Rechtsmißbrauch, Sorgfaltspflichten, Treuepflicht 113, 114, 164, 165, 209, **292 f.**, 297, 406, 513

Treuepflichten; siehe auch Treu und
  Glauben 201, 202, 289, **293ff.**, 306, 368,
  609, 661
Typologie; siehe auch formale Rechtsanwendung, numerus clausus
- atypische Gesellschaften siehe bei den
  einzelnen Gesellschaftsformen
- Begriff und Typus 303$_{N2a}$
- Leitbild 302, 305f.
- Problemstellung 302f.
- Typen
- – faktische 303
- – gesetzliche 302f., 305f.

Übertragung von Aktiven und Passiven 45,
  98, 99
Ultra vires-Doktrin 284, 288$_{N23}$, **531**
Umwandlungen, formwechselnde; siehe
  auch Identität 356, **481ff.**, 602, 657
Unerlaubte Handlung (durch Vertreter)
- bei einfacher Gesellschaft 435
- bei Kollektiv- und Kommanditgesell-
  schaften 518, 529, 536, 572, 627f.
- durch Prokuristen 523f.
Uniform Acts (USA) 251
- Limited Partnership Act 599f.
- Partnership Act 490
Unkenntnis siehe Handelsregisterrecht
Unlauterer Wettbewerb; siehe auch Wett-
  bewerb 113, 164, 165, 168, 169, 172
Unterbeteiligung **347ff.**, 410
Unterlassungsklage siehe Firmenrecht
Unternehmen; siehe auch Unternehmung,
  Kartelle, Konzerne
- als Rechtsgegenstand 98
- als Rechtsobjekt (Theorie) 11
- Unternehmens-Kooperation 224, 238
- Unternehmens-Konzentration 224, 238
- Unternehmens-Stiftung 239
Unternehmung; siehe auch Betrieb, Geschäft,
  Gewerbe, Unternehmen
- Begriff 70ff., 104, 225ff., 228
- – als Rechtssubjekt **11**, 120
- – Einzelunternehmung mit beschränkter
  Haftung 119
- – Kontinuität 72, 73, 115ff.
- – Nützlichkeit 83ff.
- – Quasipersönlichkeit de lege ferenda 117ff.
- – Rechtsträgerschaft 120
- – Selbständigkeit 72, 73f., 93, 94, 96, 115ff.,
  155, 179, 225, 228
- Dezentralisierung **92**, 93

- kaufmännische **70ff.**, 99, 101, 130, 151,
  155, 174f., 179, 180, 185, 186, 201, 207,
  208
- Organisation **87ff.**
- Personengemeinschaft 98
- Privatunternehmung 108, 109
- Unternehmungsrecht? 224ff., 228f.
Unterscheidbarkeit siehe Firmenrecht
Urkunden (Dokumente) siehe Buch-
  führungsrecht
Usances commerciales siehe Handels-
  gebräuche

Verein; siehe auch einfache Gesellschaft,
  Vereinsfreiheit 43$_{N2}$, 108, 147f., 157, 161,
  171, 233
- nicht rechtsfähiger 233, **336ff.**
- Zweck **234**
Vereinsfreiheit **254f.**
Verfassungsmäßige Gewährleistung siehe
  Handels- und Gewerbefreiheit
Verkehrssicherheit; siehe auch Rechtsschein
  60, 142, 149, 150, 219, 241, 432, 435
Verlust siehe Buchführungsrecht
Verlustschein 180, 583
Vermögen; siehe auch Geschäftsvermögen,
  Zweckvermögen
- Anlagevermögen 189
- der einfachen Gesellschaft 381
- Geschäfts- oder Privatvermögen im
  Steuerrecht 86, 99, 115
- Privatvermögen 86, 99, 115, 118, 120, 173,
  174, 187
- Vermögensabtretung 138
- Vermögensgesamtheit 98
- im Buchführungsrecht
- – Vermögensinventar 207
- – Vermögenslage 174ff., 179, 181, 184,
  186ff., 192, 198ff., 203ff.
- – Vermögensstand 180, 194, 210
Vermutung der Kaufmannseigenschaft
  siehe Kaufmann
Veröffentlichung
- im Buchführungsrecht 172, 177, 201,
  204ff., 208
- im Firmenrecht 169
- im Handelsregisterrecht 123, 125, 142, 143,
  151ff.
Vertrag als Rechtsquelle des Handelsrechts
  56ff.
Vertrauensschutz; siehe auch Rechtsschein,
  Verkehrssicherheit 64, 90, 146

Vertretung; siehe auch Geschäftsführung,
   Liquidation, Rechtsschein, Vollmachten,
   unerlaubte Handlung
- Ausgangspunkte 430, **514 ff.**
- Beendigung 433 f., 520 ff.
- – Entziehung 433 f., 520 ff., 628
- Befugnis 89 ff., 140, 143, 514 f.
- – nach Gesetz 515, 627 f.
- – nach Stellvertretungsrecht 431, 437
- – kraft Vermutung 431 ff.
- direkte 431 ff.
- durch Dritte siehe Vollmachten
- indirekte 437 f.
- kaufmännische **88 ff.**
- Kollektivvertretung 519
- Umfang 434 f., **516 ff.**, 628
- – gutgläubige Dritte 433, 515 f., **517**, 628
- – kraft Vermutung (gesetzliche) **432 ff.**,
   435 f.
- – nach Zweckbereich **516 f.**, 628
- Wissensvertretung 519$_{N29}$
Vertretungsmacht 92, 139, 140, 431, 514 f.,
   628
- nach Stellvertretungsrecht 434 f.
Verwechslung, Verwechslungsgefahr,
   Verwirrung siehe Firmenrecht
Vollmachten; siehe auch Vertretung,
   Prokura
- Anscheins- oder Duldungsvollmacht 433$_{N14}$
- Erteilung 90 ff.
- Gattungsvollmacht 441 f.
- Generalvollmacht 439 ff., 522 ff.
- Prokura 91, 123, 522 ff., **523 f.**, 628, 630,
   662
- Spezialvollmacht 442, 525
- Unterschrift, gemeinsame 140
- verdrängende (Fremdorgangeschäft)
   525 f., 630, 682
- vermutete 432 ff., 435
Vorgesellschaft 340 ff.
Vorsorgliche Maßnahme oder Verfügung
- im Firmenrecht 172
- im Handelsregisterrecht 125$_{N14}$, 127, 130,
   133, 134
Vorvertrag 340

Wahrheit siehe Bilanz, Eintragung im
   Handelsregister, Geschäftsfirma
Warenzeichen siehe Firma
Wettbewerb
- Grundsatz des freien Wettbewerbs 108,
   113, 114

- – des möglichen Wettbewerbs 114
- unlauterer 13, 164, 165, 169, 172
- unternehmerische Freiheit im Privatrecht
   112 ff.
- wirtschaftlicher 167
Wichtige Gründe
- zur Auflösung von Gesellschaften 458 ff.
- zur Ausschließung von Gesellschaftern
   414 ff., 558 ff., 646
- zur Entziehung
- – von Geschäftsführungsbefugnissen
   399 f.
- – von Vertretungsbefugnissen 402, 520 ff.,
   628
Widerspruchsrechte (Veto); siehe auch
   außergewöhnliche Rechtshandlungen
- des einfachen Gesellschafters 403 f.
- – Schranken 403 f.
- des Kollektivgesellschafters 512
- des Kommanditärs 614, 616, 626
- des Komplementärs 613
Wiedereintragung im Handelsregister 138
Wirtschafts-
- gemeinschaft 51 ff., 114, 122, 144
- geschichte der Schweiz 33, 35, 36
- ordnung 111
- politik
- – der Unternehmung 207
- – im Verfassungsrecht 111
- recht 7, 71

Zeitpunkt der Rechtswirkungen der
   Eintragung im Handelsregister siehe
   dort
Zivilgesetzbuch (schweizerisches)
- Anwendbarkeit im Gesellschaftsrecht
   (allgemein)
- – Einleitungstitel 261
- – Juristische Personen 262 f.
- – Persönlichkeitsschutz 114, 170, 263
- – Sachenrecht 263 f.
- – Vereinsrecht 263
Zünfte 9, 33, 35, 36, 40
Zwangsweise Eintragung im Handelsregister siehe dort
Zweck (allgemein); siehe auch Motiv,
   Interesse 267 ff.
Zweckgemeinschaften siehe Gesellschaft
   (allgemein)
Zweckvermögen 119, 223
Zweigniederlassung 74, 85, **93 ff.**, 116 ff.,
   120, 147, 161, 170, 179, 485, 488